FACHWISSEN HOTEL · RESTAURANT · KÜCHE

Restaurant & Gast

REINHOLD METZ
HERMANN GRÜNER
THOMAS KESSLER

9. Auflage des bisherigen Titels „Der junge Restaurantfachmann“

PFANNEBERG

Bestell-Nr.: 04054

Autoren

Reinhold Metz	Fachlehrer und Küchenmeister	86825 Bad Wörishofen
Hermann Grüner	Studiendirektor	82467 Garmisch-Partenkirchen
Thomas Kessler	Fachlehrer und Hotelbetriebswirt	94209 Regen-March

Lektorat

Reinhold Metz

Verlagslektorat

Benno Buir

Bildbearbeitung

Verlag Europa-Lehrmittel 70771 Leinfelden-Echterdingen

Das vorliegende Buch wurde auf der **Grundlage der neuen amtlichen Rechtschreibregeln** erstellt.

9. Auflage 2005

Druck 5 4 3 2

Alle Drucke derselben Auflage sind parallel einsetzbar, da sie bis auf die Behebung von Druckfehlern untereinander unverändert sind.

ISBN 3-8057-0549-2

Umschlaggestaltung: BOROS – Agentur für Kommunikation, 42285 Wuppertal
Layout, Grafik und Satz: RKT-SoftWareLine GmbH, 42799 Leichlingen – www.softwareline.de
Satz (ab 9. Auflage): Satz+Layout Werkstatt Kluth GmbH, 50374 Erftstadt
Druck: B.o.s.s Druck und Medien GmbH, 47574 Goch

Vorwort

„Was bleibt ist die Veränderung, nur was sich verändert bleibt."

Themen und Inhalte der Grundstufe sind neu bearbeitet und dem Rahmenlehrplan noch deutlicher angepasst worden. Projekte kennzeichnen die neue Unterrichtsgestaltung. „Restaurant & Gast" bietet 13 präzise ausgearbeitete und erprobte Fallbeispiele.

Die bewährte Fachsystematik wurde beibehalten, weil diese auf übersichtliche Weise gleichsam die warenkundliche und technologische Basis für jede Art von Unterrichtsgestaltung bereit hält.

„Restaurant & Gast" ist somit ein hervorragendes „Werkzeug" –

- **als begleitender Wissensspeicher für die gesamte neue Ausbildungsform**
- **als unverzichtbares Arbeitsmittel im handlungsorientierten Unterricht**
- **als grundlegendes Nachschlagewerk auch im späteren Berufsleben**
- **um Berufsfähigkeit zu vermitteln und Flexibilität zur Bewältigung wandelnder Anforderungen zu entwickeln**

Grundlage ist die **methodisch-didaktische Konzeption:**

- konsequenter Farbeinsatz und handlungsbezogene Abbildungen tragen zur schnellen Wissensaufnahme bei
- die anschauliche, klare und fachlich korrekte Sprache vermittelt einen direkten Zugang zu den Themen
- der enge Bezug zwischen Theorie und Praxis erleichtert das Begreifen fachlicher Zusammenhänge und das Planen von Arbeitsabläufen
- Praxisbezogene Beispiele und Aussagen fördern die Fähigkeiten bei der Gästeberatung und führen rasch zu Verkaufserfolgen

Dem handlungsorientierten Arbeiten dienen

- ein klares Inhaltsverzeichnis
- ein umfassendes Sachwortverzeichnis
- Schritt für Schritt-Abbildungen
- Aufgaben zur Verknüpfung der Texte sowie zu nachbereitenden Überlegungen am Ende der Abschnitte

Gästeorientiertes Verhalten wird vorbereitet durch

- Vermittlung von praxisbezogenem Fachwissen in den Bereichen Service, Hausdamenabteilung, Betriebsorganisation, Warenwirtschaft, Restaurantorganisation, Getränkepflege und -verkauf, Führen einer Station, Bankett und Sonderveranstaltungen
- Marketing im Gastgewerbe
- Servierkunde für die Fachstufen sowie Beratung und Verkauf im Restaurant
- Informationen über den Umgang mit Gästen und Verhalten bei Reklamationen

Mit Hilfe dieses Fachbuches werden Leserinnen und Leser in der Lage sein, sich selbstständig Sachverhalte zu erschließen, mit fortschreitender Ausbildung Handlungskompetenz zu erlangen und sich die Grundlagen für gastorientiertes Handeln anzueignen.

Kein Schulbuch kann in jeder Unterrichtssituation gleich gut und oft eingesetzt werden. Kein Autor ist fehlerfrei: Für Anregungen und Kritik sind Autoren und Verlag dankbar.

Wir wünschen allen Benutzerinnen und Benutzern des Buches viel Spaß und Erfolg.

Winter 2004/2005

Autoren und Verlag

Inhaltsverzeichnis

Einführung

Küche

Service

Magazin

Lebensmittel – Speisen

Menü – Speisekarte

Service Fachstufe

Marketing

Beratung – Verkauf

Wirtschaftsdienst

Warenwirtschaft

Betriebsorganisation

Restaurantorganisation

Getränkepflege

Stationsführung

Bankettbereich

Sonderveranstaltung

Einführung in die Berufe

1 Geschichtliche Entwicklung des Gastgewerbes

historical evolution of the hotel and restaurant business *le développement historique de l'hôtellerie*

Zu allen Zeiten waren Menschen aus unterschiedlichen Gründen unterwegs und in der Fremde darauf angewiesen, Obdach und Nahrung zu erhalten.

1.1 Gastfreundschaft

hospitality
l'hospitalité (w)

Nicht immer hatten „Reisende" die „Taschen voller Geld". Außerdem waren sie als Fremde rechtlos und hatten weder Anspruch auf öffentlichen Schutz noch auf öffentliche Hilfe. Griechen, Römer und Germanen betrachteten es deshalb als sittliche Pflicht, Schutz, Obdach und Speise anzubieten, d. h. Gastfreundschaft zu gewähren.

1.2 Gastgewerbe

hotel/restaurant business
l'hôtellerie (w) et la restauration

Mit dem immer stärker werdenden Reise- und Geschäftsverkehr im 12. Jahrhundert veränderte sich die Situation. Die ursprünglichen Einrichtungen waren den zunehmenden Anforderungen und Bedürfnissen nicht mehr gewachsen. Aus diesem Grunde entwickelte sich das **Beherbergen** und **Bewirten** immer mehr zu einem Gewerbe. Es entstand das, was wir das *Gastgewerbe* nennen. Zwischen dem *Gasthof* der Anfangszeit mit seinem bescheidenen und begrenzten Angebot und dem modernen *Hotel,* das höchsten Ansprüchen gerecht wird, liegt jedoch ein langer Entwicklungsprozess. Dieser Prozess war stets gekennzeichnet durch die enge Beziehung zwischen dem Gewerbe auf der einen und dem Bedürfnis der Menschen auf der anderen Seite.

Der Gast ist Mittelpunkt unseres Tuns, nicht nur, weil er Geld bringt, sondern weil wir als Gastgeber Verpflichtungen nachkommen wollen. Der Gast ist nicht für uns da, sondern wir haben für den Gast fit zu sein.

Einführung

1.3 Gastgewerbliche Betriebe heute

hotel and restaurant commercial operations today
l'industrielle d'entreprises (w) aujourd'hui

Geblieben sind die elementaren Angebote *Beherbergung* und *Bewirtung*, denen die beiden Betriebsarten *Hotel* und *Restaurant* entsprechen. Darüber hinaus gibt es heute eine Vielzahl abgewandelter Betriebsarten, die sich aus den unterschiedlichsten Bedürfnissen der Wohlstandsgesellschaft entwickelt haben. Ausschlaggebend für die Unterschiede sind:

- Zweckbestimmung,
- Art und Umfang des Angebotes,
- Art, Umfang und Komfort der Einrichtung.

Bewirtungsbetriebe
Restaurant
z.B. Gaststätte, Wirtshaus, Schnellgaststätte, Bistro Autobahnraststätte, Bahnhofsgaststätte, Imbissstube, Kaffeehaus, Konditorei – Café

Restaurant

Darunter versteht man einen Bewirtungsbetrieb, der seinen Gästen eine größere Auswahl von Speisen und Getränken anbietet und der mit einem gewissen Komfort ausgestattet ist.

Die übrigen Bewirtungsbetriebe unterscheiden sich im wesentlichen durch ihre jeweilige Zweckbestimmung.

Beherbergungsbetriebe
Hotel
Pension, Kurpension, Kurheim, Fremdenheim, Gasthof, Motel, Hotel garni.

Hotel

Das ist ein Beherbergungsbetrieb, der über eine größere Bettenzahl, eine anspruchsvollere Ausstattung der Zimmer und der sonstigen Räumlichkeiten verfügt. Es ist auf die Bewirtung der Gäste eingestellt und besitzt außer einem Restaurant für die Hausgäste meist ein zusätzliches Restaurant für Passanten.

- **Hotel garni**
  ist die Bezeichnung für ein Hotel, das zur Bewirtung lediglich Frühstück und u.U. kalte Speisen anbietet.
- **Gasthöfe**
  sind vorzugsweise in ländlichen Gegenden angesiedelt, haben eine geringere Anzahl von Betten und sind in ihrem Angebot auf bescheidenere Ansprüche ausgerichtet.
- **Pensionen,**
  auch in Form von Kurheimen, nehmen ausschließlich Hausgäste auf, während sie Passanten nicht bewirten.
- **Motels**
  sind Betriebe, die vor allem auf motorisierte Gäste spezialisiert sind. Sie liegen in der Regel in der Nähe von Fernstraßen und bieten genügend Parkmöglichkeiten (oft direkt vor der Zimmertür) an.

2 Ausbildung

education
la formation

Die Anforderungen der modernen Arbeitswelt haben zu einer Neuorientierung der beruflichen Ausbildung geführt.

2.1 Ausbildungsordnung

training program
le règlement sur la formation

Grundlage dafür ist die **„Verordnung über die Berufsausbildung im Gastgewerbe“.** In ihr sind die Berufe festgelegt und ihre Ausbildungsinhalte beschrieben (Berufsbilder).

Berufsbezeichnungen

Die staatlich anerkannten Berufe sind:

- Koch/Köchin
- Fachkraft im Gastgewerbe
- Restaurantfachmann/Restaurantfachfrau
- Hotelfachmann/Hotelfachfrau
- Hotelkaufmann/Hotelkauffrau
- Fachmann/Fachfrau für Systemgastronomie

In der **Grundstufe der Berufsschule** (erstes Ausbildungsjahr) werden die Berufsgruppen gemeinsam unterrichtet.

Gliederung der Ausbildung

Die Ausbildungsdauer der Fachkraft beträgt zwei Jahre, die der anderen Berufe drei Jahre. Fachkräfte können ihre Ausbildung im dritten Jahr wahlweise als Hotel- oder Restaurantfachkraft fortsetzen. Diese Möglichkeit ergibt sich aufgrund der exakten Gliederung der Ausbildung (**Stufenausbildung**).

Ausbildungsrahmenpläne

Die Ausbildungsinhalte der einzelnen Stufen sind in der Verordnung vorgegeben. Darüber hinaus sind sie in den Ausbildungsplänen inhaltlich detailliert den jeweiligen Ausbildungshalbjahren zugeordnet.

2.2 Ausbildungsberufe des Gastgewerbes: Übersicht

trade professions of the hotel and restaurant business: Summary

métiers d'instructeur de l'hôtellerie: L'aperçu

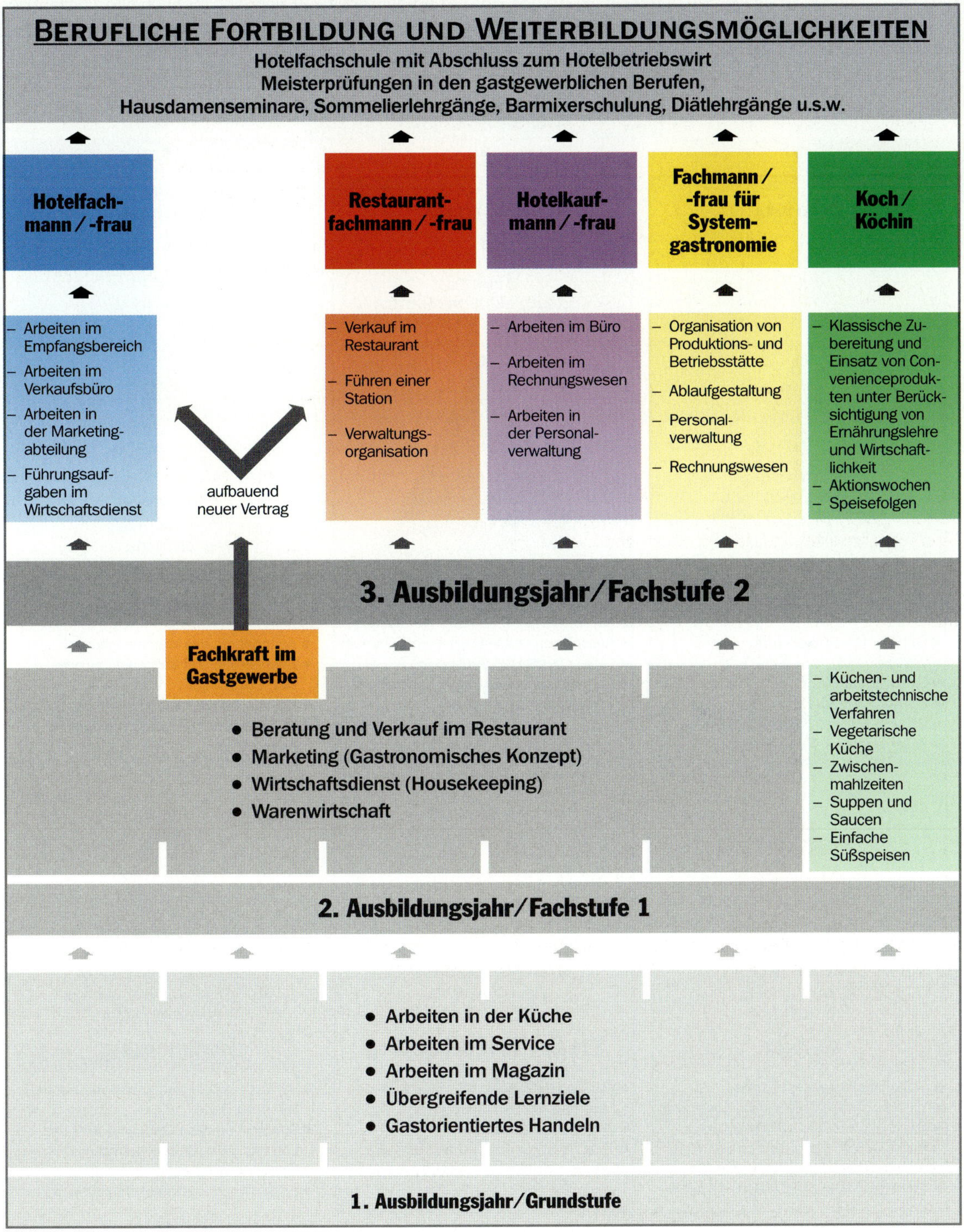

3 Personal im Gastgewerbe

staff in the hospitality trade
personnel récapitulatif dans l'hôtellerie

Die Organisationsformen werden durch die Größe des Hotels und der damit verbundenen, notwendigen Anzahl der Mitarbeiter bestimmt. In größeren Betrieben werden weitere Funktionen hinzugefügt. In kleineren werden mehrere Funktionen zusammengefasst. Nachfolgend ist ein Organisationsmodell eines mittleren Betriebes dargestellt.

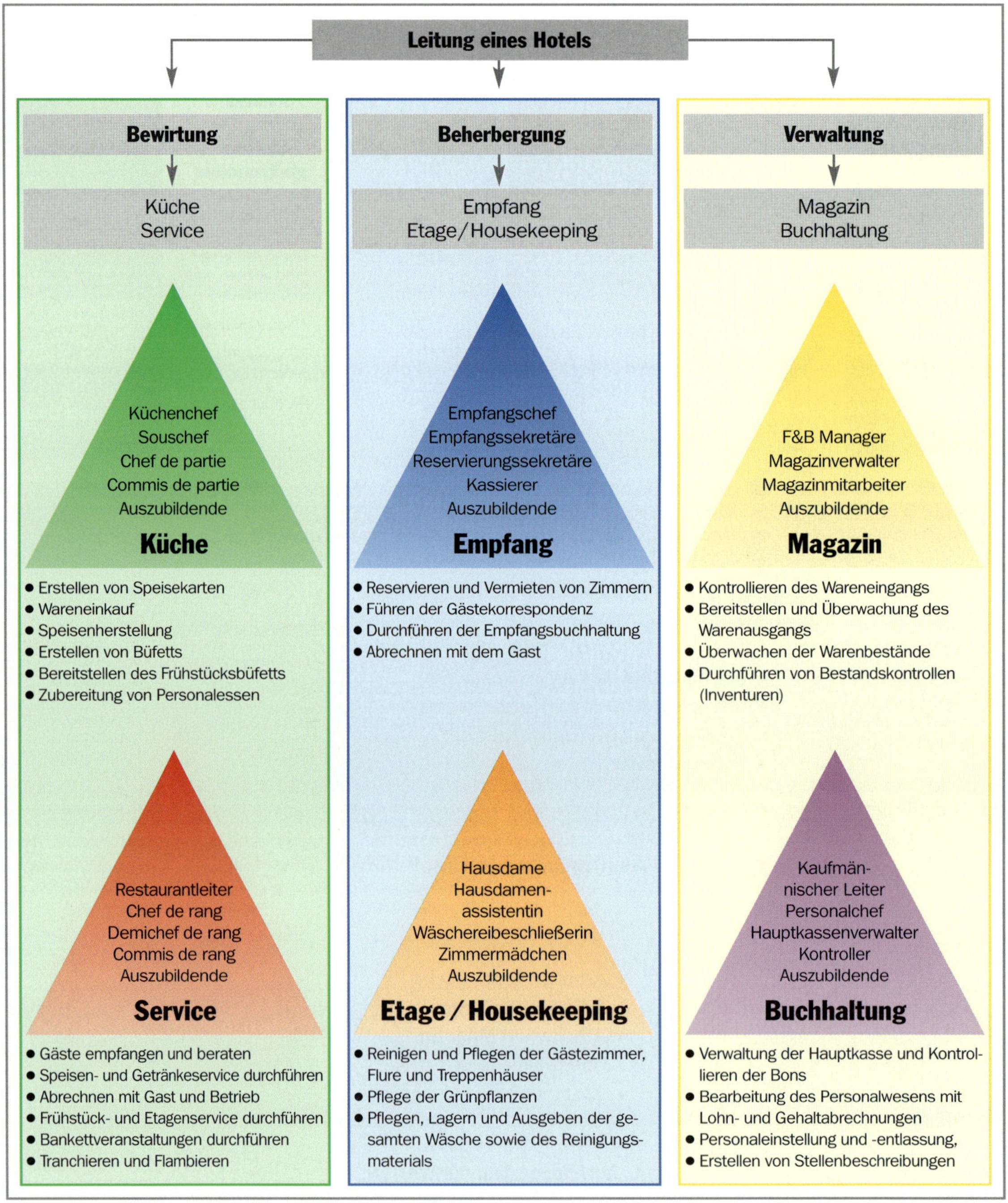

Naturwissenschaftliche Grundlagen

Die ernährungswirtschaftlichen Berufe stehen mit ihrem Tätigkeitsfeld, dem Verarbeiten von Lebensmitteln, zwischen der Lebensmittelerzeugung und dem Verzehr.

Erzeugung
Anbau von Pflanzen, Aufzucht und Mast von Tieren

⬇ ⬇ ⬇

Verarbeitung
Zubereitung von Speisen durch Kochen, Braten, Backen usw.

⬇ ⬇ ⬇

Verzehr

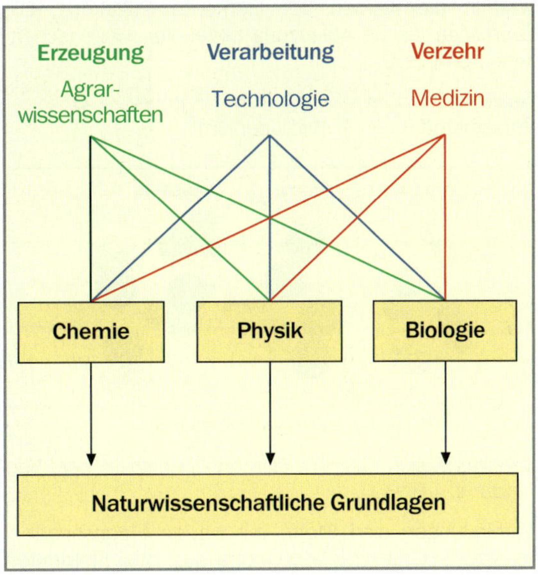

In diesen Bereichen wird Althergebrachtes durch die Wissenschaft erfasst und bestätigt, aber auch durch neue Erkenntnisse verdrängt. Moderne Fertigungsmethoden gründen auf wissenschaftlichen Erkenntnissen. Diese beruhen auf der Erforschung grundlegender Vorgänge.

Die **Agrarwissenschaften** liefern die Grundlagen für optimale Anbau- und Aufzuchtmethoden. Fertigungsabläufe werden durch die **Technologie** erklärt. Die Wirkung der Inhaltsstoffe der Nahrung auf den Körper des Menschen erforscht und lehrt die **Medizin.**

Wichtige Erkenntnisse dieser Wissenschaften sind hier mit **beruflichem Bezug** als naturwissenschaftliche Grundlagen dargestellt.

Chemie ist die Wissenschaft von der Zusammensetzung und Umwandlung der Stoffe.

Physik ist die Lehre von den Zuständen der Stoffe und ihren Veränderungen.

Biologie befasst sich mit dem Lebendigen, den Tieren und den Pflanzen.

Dass es Gebiete gibt, die mehreren Wissenschaftsgebieten zuzuordnen sind, zeigt die Tatsache, dass man z. B. von biochemischen Vorgängen spricht.

Beispiele für das Zusammenwirken der Wissenschaften:

Biologie
Zucht, Mast
Qualität
→ **Fleisch**
→ **Physik:** Schneiden von Fleisch, Klopfen von Schnitzeln
→ **Chemie:** Pökeln von Schinken, Marinieren von Fleisch
→ **Biologie:** Reifen und Verderben

Biologie
Arten
Anbaumethoden
→ **Rettich**
→ **Physik:** Raffeln, Schneiden, „Weinen“ nach Salzen
→ **Chemie:** Wirkung der Inhaltsstoffe

1 Chemische Grundlagen

chemical fundamentals
la chimie de base

1.1 Element – Verbindung

Elemente sind Stoffe, die sich durch chemische Vorgänge nicht weiter teilen lassen. Der Einfachheit halber werden die Namen der Elemente abgekürzt. Die Grundlage für die Abkürzung bildet der wissenschaftliche Name, z.B.

Sauerstoff	→	Oxigenium	→	O
Wasserstoff	→	Hydrogenium	→	H

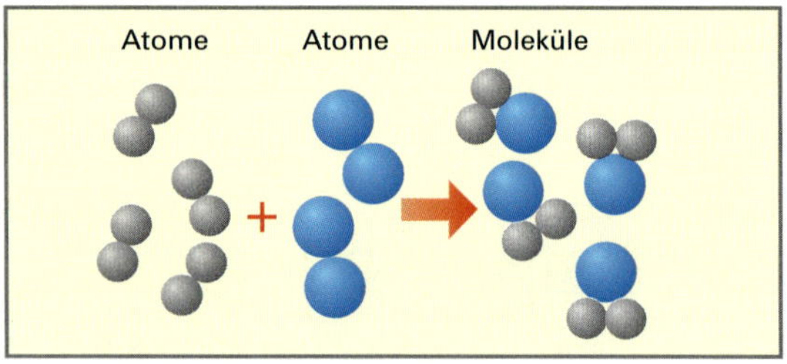

Abb. 1: Aus Elementen entstehen Verbindungen.

Vereinigen sich mehrere Elemente, entsteht eine **Verbindung,** z.B. H_2O.

Verbindungen sind Stoffe mit neuen Eigenschaften. Wasser z.B. ist eine Verbindung aus zwei Elementen Wasserstoff und einem Element Sauerstoff.

1.2 Atom – Ion – Molekül

Die kleinsten Teile eines Elements sind die **Atome.** Atome *eines* Elements sind untereinander gleich.

Bau der Atome

Alle Atome bestehen aus einem *Kern* und den ihn auf sogenannten *Schalen* umkreisenden *Elektronen.* Der Kern besteht aus *Protonen,* die elektrisch positiv geladen sind, und *Neutronen,* die keine Ladung aufweisen **(Abb. 2).**

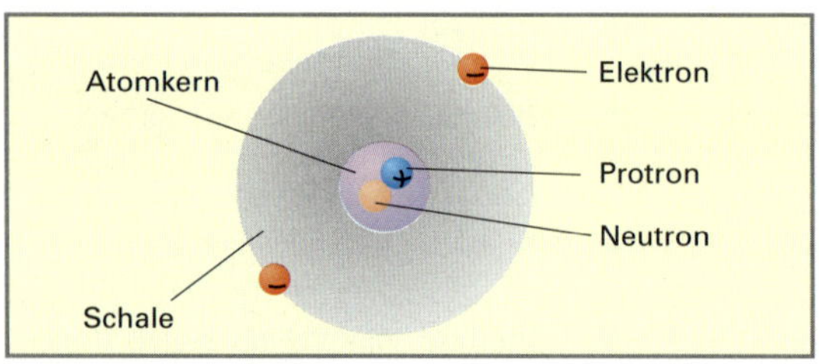

Abb. 2: Aufbau des Atoms

Auf den Schalen bewegen sich die negativ geladenen Elektronen. Jedes einzelne Atom ist in der elektrischen Ladung ausgeglichen, weil die Summe der positiven und der negativen Teilchen gleich ist.

Ionen

Wenn Atome aus der Schale Elektronen abgeben oder in die Schale Elektronen aufnehmen, sind sie nicht mehr neutral. Man bezeichnet sie als **Ionen (Abb. 3).**

- → Weniger Elektronen als ursprünglich → positives Ion.
- → Mehr Elektronen als ursprünglich → negatives Ion.
- → Kennzeichnung: hochgestelltes $^+$ oder $^-$ nach dem Symbol des betreffenden Elements, z.B. Na^+, O^{--}.

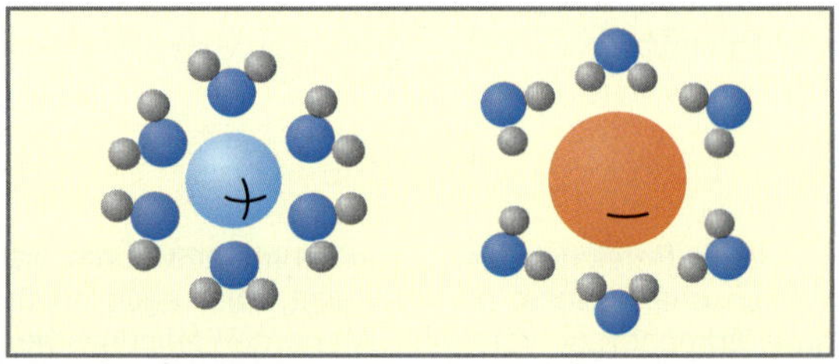

Abb. 3: Ionenbildung

Zwischen unterschiedlich geladenen Ionen bestehen starke Anziehungskräfte, sie führen zur *Ionenbindung.*

Moleküle

Moleküle sind zwei oder mehr untereinander verbundene Atome. Dabei kann es sich um Atome gleicher oder unterschiedlicher Elemente handeln **(Abb. 4).**

Moleküle sind nach außen ohne Ladung, also neutral.

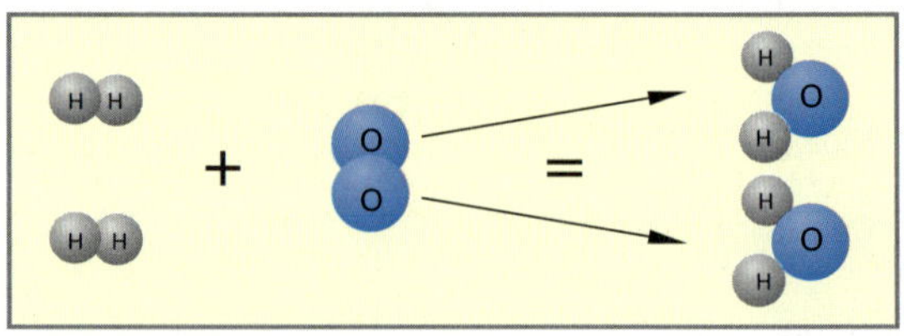

Abb. 4: Molekülbildung

BEISPIEL

Wasser: Aus zwei *Molekülen* Wasserstoff (H_2) und einem *Molekül* Sauerstoff (O_2) entstehen zwei *Moleküle* Wasser (H_2O).

1.3 Formeln, Sprache der Chemie

Der Chemiker bezeichnet die einzelnen Elemente und Verbindungen mit Formeln, die über die Zusammensetzung des Stoffes genaue Auskunft geben.

Formelart

Die **Summenformel** nennt die Anzahl der von jedem Element enthaltenen Atome.

Wasser	Zuckerstoffe
H_2O	$C_6H_{12}O_6$

Die **Strukturformel** ist aussagekräftiger, denn sie zeigt an, wie die Atome einander zugeordnet sind.

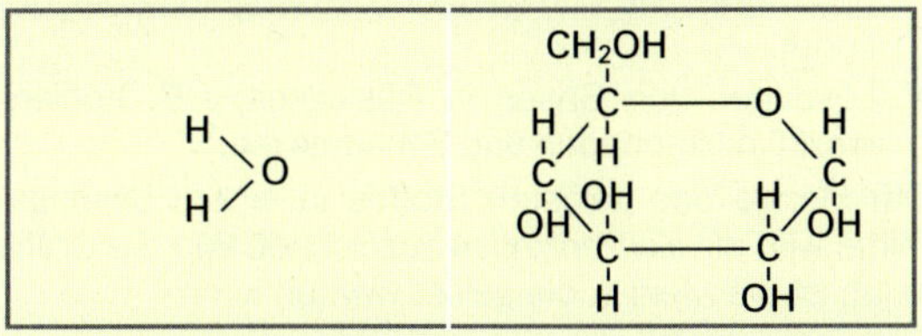

Das **grafische Symbol** ist eine Vereinfachung, die uns das Denken und Verstehen erleichtert. Es ist meist an die Strukturformel angelehnt.

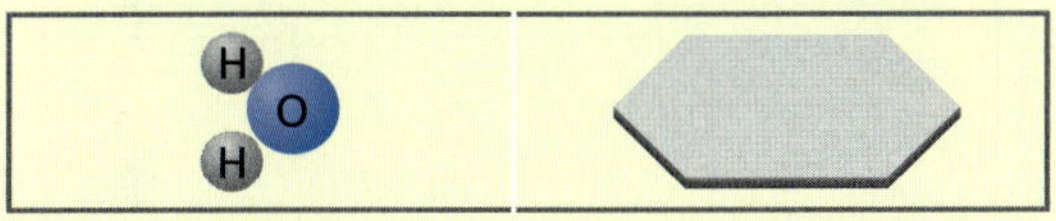

BEISPIELE:

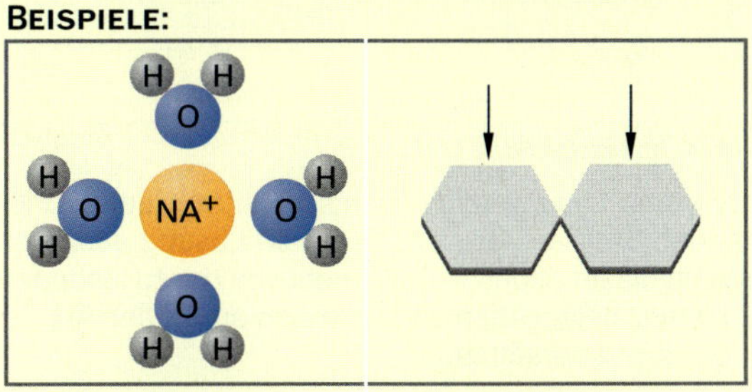

Wasser lagert sich um Natrium-Ion | Zwei Einfachzucker verbinden sich zu Zweifachzucker

Abb. 1: Formelschreibweisen

1.4 Säuren – Basen – Salze

Säuren bestehen immer aus Wasserstoff und einem Säurerest.

Der Wasserstoff
- bewirkt die saure Reaktion,
- führt zu einem pH-Wert unter 7,
- färbt blaues Lackmus rot.

Säure ➞ pH niedrig ➞ Lackmus rot

BEISPIEL:

Wasserstoff	**+**	**Säurerest**	**➞**	**Säure**
H	+	Cl	➞	Salzsäure
H_2	+	SO_4	➞	Schwefelsäure
H	+	COOH	➞	Ameisensäure

Basen bestehen immer aus einer OH-Gruppe und einem Metall.

Die OH-Gruppe
- bedingt die alkalische oder basische oder laugenhafte Wirkung,
- führt zu einem pH-Wert über 7,
- färbt rotes Lackmus blau.

In Wasser gelöste Basen heißen **Laugen.**

NaOH in Wasser gelöst ist die Natronlauge. Der Bäcker bezeichnet sie entsprechend der Verwendung als Brezenlauge.

BEISPIEL

Metall	**+**	**OH-Gruppe**	**➞**	**Lauge/Base**
Na	+	OH	➞	Natronlauge
K	+	OH	➞	Kalilauge
Ca	+	$(OH)_2$	➞	Kalkwasser

Salze entstehen durch die Reaktion von Säuren und Basen.

Dabei werden die Eigenschaften von Säure und Base **neutralisiert.** Die Zahl der H-Ionen und der OH-Ionen ist ausgeglichen.

BEISPIEL:

HCl	**+**	**NaOH**	**➞**	**NaCl**	**+**	**H_2O**
Salzsäure	+	Natronlauge	➞	Kochsalz	+	Wasser

pH-Wert – Säurewert

Der pH-Wert ist eine Messzahl. Sie zeigt an
- ob Säure oder Base vorhanden ist,
- wie stark die Säure oder Base ist.

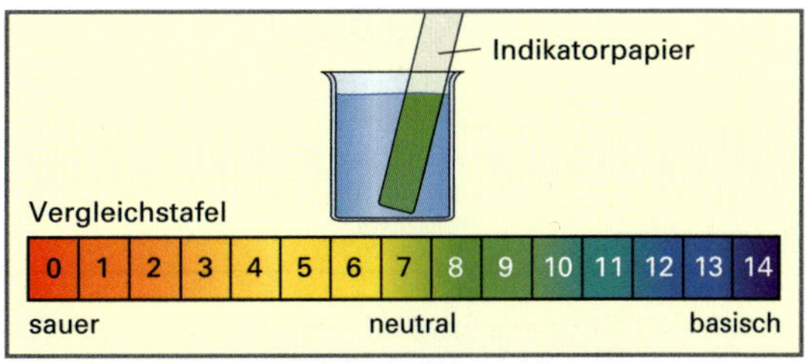

Abb. 2: Messung des pH-Wertes mit Indikatorpapier

Indikatoren sind „Anzeiger“, die bei einem bestimmten pH-Wert die Farbe ändern. Am häufigsten wird Lackmus verwendet (**Abb. 2**).

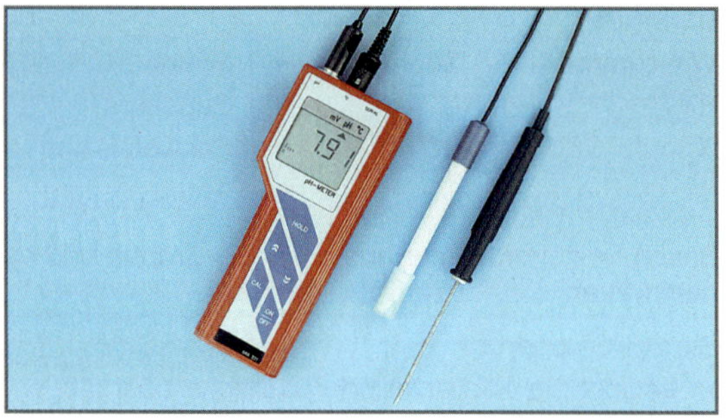

Abb. 1: pH-Wert-Messgerät

Das Gerät hat eine Sonde, die mit dem Lebensmittel in Verbindung gebracht wird. Über eine Leitung werden die Daten zum Gerät geführt und dort auf der Skala angezeigt.

1.5 Lösungen

Die einzelnen Stoffe verhalten sich unterschiedlich, wenn sie mit Wasser in Verbindung kommen. Zur Erläuterung wählen wir aus dem Bereich der Lebensmittel Kochsalz, Gebrauchszucker (Rohr- oder Rübenzucker) sowie Gelatine, eine Eiweißart.

Ionenlösung

Gibt man Kochsalz in Wasser, zerfällt das Salzkristall in die Ionen Na^+ und Cl^-. Um diese elektrisch geladenen Teilchen lagern sich Wassermoleküle an. Die Ionen verbinden sich erst wieder zu Kochsalz, wenn das Wasser verdampft (**Abb. 2**).

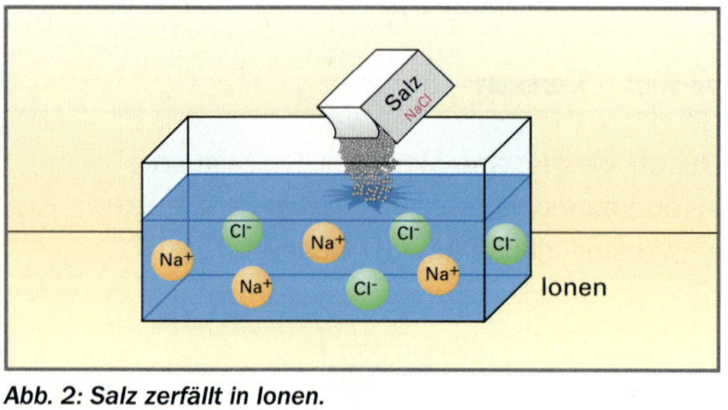

Abb. 2: Salz zerfällt in Ionen.

Molekularlösungen

Ein Molekül Gebrauchszucker besteht aus einem Teil Traubenzucker und einem Teil Fruchtzucker. Die Zuckermoleküle lagern sich zusammen und bilden ein Zuckerkristall. Bringt man Zucker in eine Flüssigkeit, löst sich zwar das Kristall auf, doch die Moleküle bleiben unverändert erhalten (**Abb. 3**).

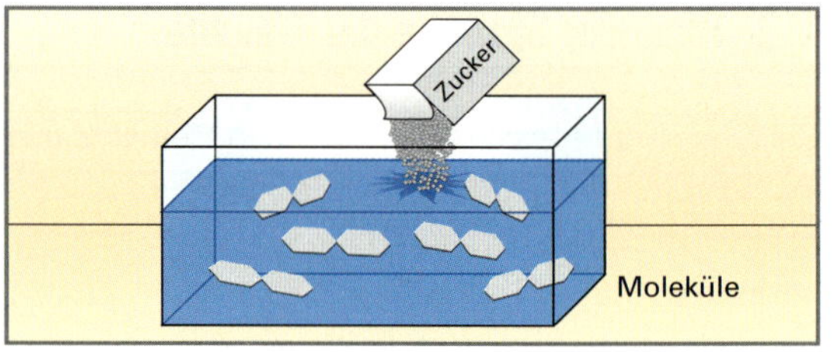

Abb. 3: Zuckermoleküle zerfallen nicht.

Ionenlösungen und Molekularlösungen bezeichnet man als **echte Lösungen.** Neben festen gelösten Stoffen wie Salz oder Zucker gibt es auch

- Lösungen von Flüssigkeiten in Flüssigkeiten, z. B. in Spirituosen, wo sich Alkohol in wässriger Lösung befindet,
- Lösungen von Gasen in Flüssigkeit, z. B. Kohlendioxid in Limonaden und Schaumwein.

Die Menge des gelösten Stoffes in einem Lösungsmittel wird als *Konzentration* bezeichnet. Wie die Grafik zeigt, ist die Menge, die gelöst werden kann

- je nach Stoff unterschiedlich,
- von der Temperatur abhängig (**Abb. 4**).

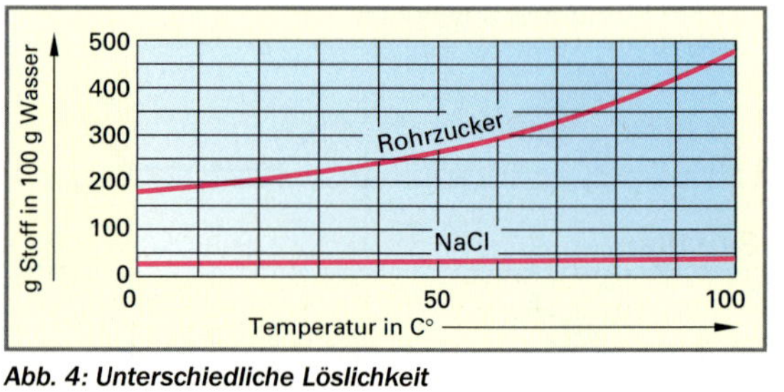

Abb. 4: Unterschiedliche Löslichkeit

Kann das Lösungsmittel nichts mehr von dem zu lösenden Stoff aufnehmen, so ist die **Lösung gesättigt.** Wird in dieser Situation noch mehr von der zu lösenden Substanz beigegeben, setzt sie sich am Boden ab, die Lösung ist **übersättigt.**

Kolloidale Lösungen

Eiweiß bildet Riesenmoleküle, die um ein Vielfaches größer sind als z. B. die Zuckermoleküle. Riesenmoleküle bleiben auch in der Lösung als eine Einheit erhalten, doch sie **lagern Wassermoleküle** an. Man spricht von **kolloidalen Lösungen** (**Abb. 5**).

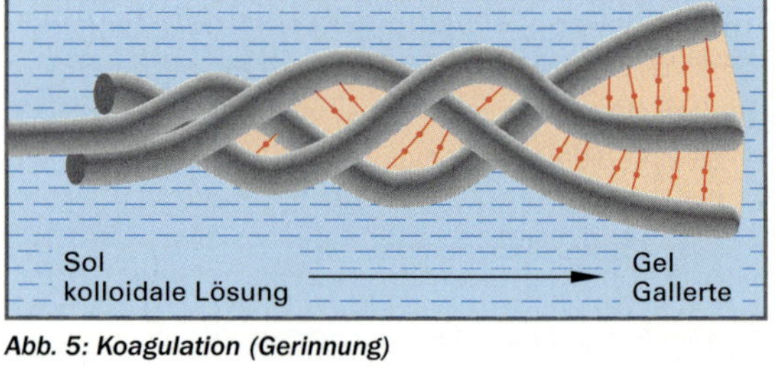

Abb. 5: Koagulation (Gerinnung)

Sol ist eine kolloidale Lösung, z. B. aufgelöste Gelatine, Eiklar.

Gel, Gallerte ist geronnenes Eiweiß, z. B. gekochtes Ei, Aspik, Joghurt.

Dieses Erstarren nennt man Gerinnen oder Koagulieren (Seite 20, **Abb. 5**). Ein Eiweiß-Sol kann durch Zugabe von Säure oder durch Erhitzen zum Gerinnen gebracht werden.

1.6 Emulsionen

Fett schwimmt auf Wasser, weil es leichter ist als dieses (**Abb. 1**). Anders ist das bei Emulsionen.

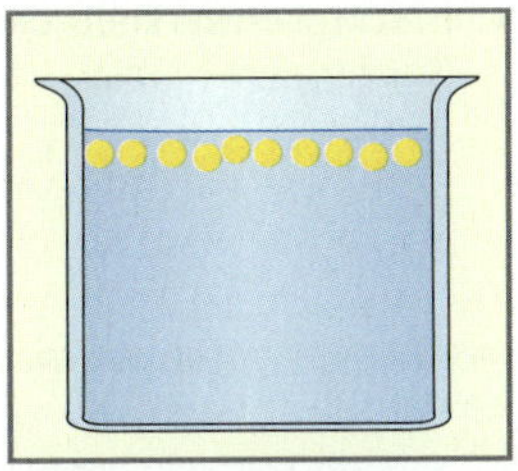

Abb. 1: Fett auf Wasser

Emulsionen sind feinste Verteilungen einer Flüssigkeit (Fett) in einer anderen (Wasser) mit der sie sich üblicherweise nicht vermischt (**Abb. 2**).

Diese bleibende Verteilung ermöglichen Emulgatoren oder Schutzstoffe, die die Oberflächenspannung und damit die „Abstoßungskraft" der Moleküle herabsetzen.

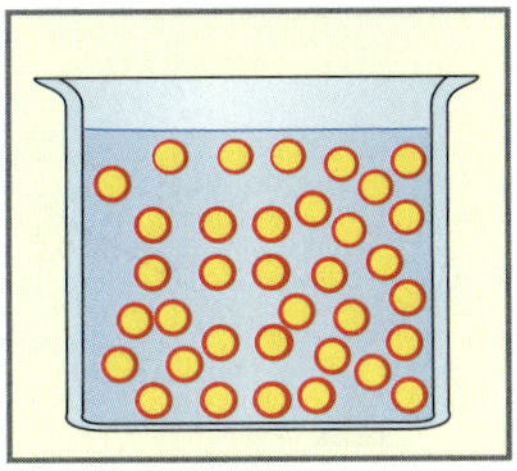

Abb. 2: Emulsion

Bekannte Emulsionen	Emulgator
Milch: Fett in Wasser	Eiweiß der Milch
Sahne: Fett in Wasser	Eiweiß der Milch
Butter: Wasser in Fett	Eiweiß der Milch
Mayonnaise: Wasser in Fett	Eigelb

1.7 Diffusion – Osmose

In einer Flüssigkeit sind die Moleküle in ständiger Bewegung. Je wärmer eine Flüssigkeit, desto stärker die Bewegung. Dabei stoßen die Teilchen wie Billardkugeln aneinander und verändern unkontrolliert ihre Richtung. So kommt es nach einer bestimmten Zeit zu einer selbstständigen Vermischung der Teilchen und es herrscht überall die gleiche Konzentration. Diesen Vorgang nennt man **Diffusion** (**Abb. 3**).

Die Wände der tierischen und pflanzlichen Zellen hindern den freien Austausch der Teilchen, die Diffusion wird eingeschränkt. Die Zellwände enthalten jedoch feinste Poren, die nur für Wasser durchlässig sind, nicht aber für die viel größeren Eiweiß- oder Zuckermoleküle. Diese Zellwände werden deshalb als halbdurchlässige Membranen bezeichnet.

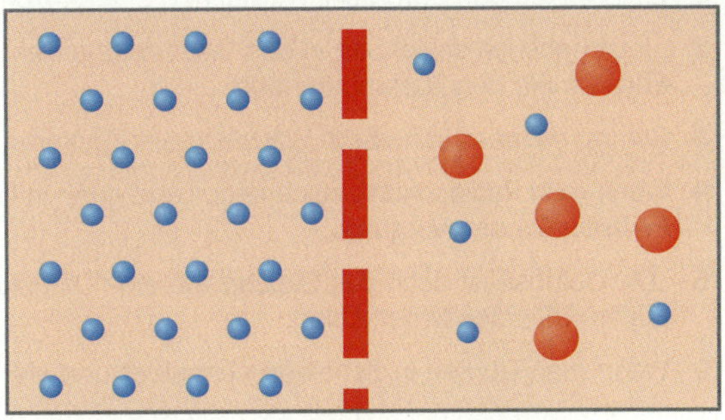

Abb. 3: Zellwand ist nur für Wasser durchlässig.

Der Ausgleich unterschiedlicher Konzentrationen ist darum nur in einer Richtung möglich: Wassermoleküle wandern zum Ort der höheren Konzentration. Diesen Vorgang bezeichnet man als **Osmose.**

BEISPIELE

Durch die Haut nimmt die Kirsche Wasser auf, kann aber keine Zuckermoleküle abgeben. Durch die Quellung platzt letztlich die reife Kirsche.

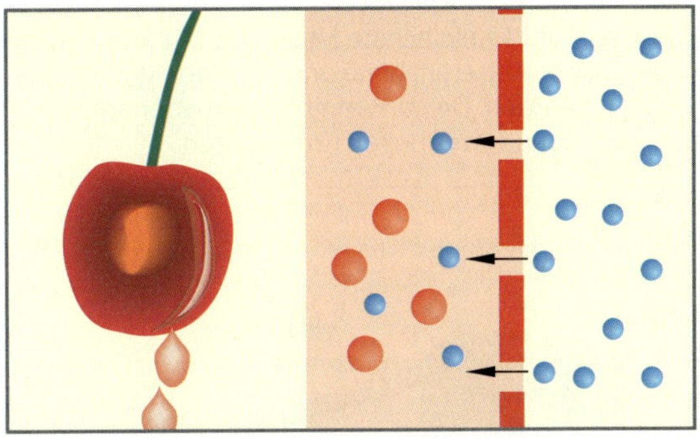

Abb. 4: Die Kirsche zieht Wasser.

Werden Früchte gezuckert, ist die Zuckerkonzentration außerhalb der Frucht höher als im Fruchtfleisch. Das Wasser wandert durch die Fruchtwand zum Zucker (**Abb. 5**).

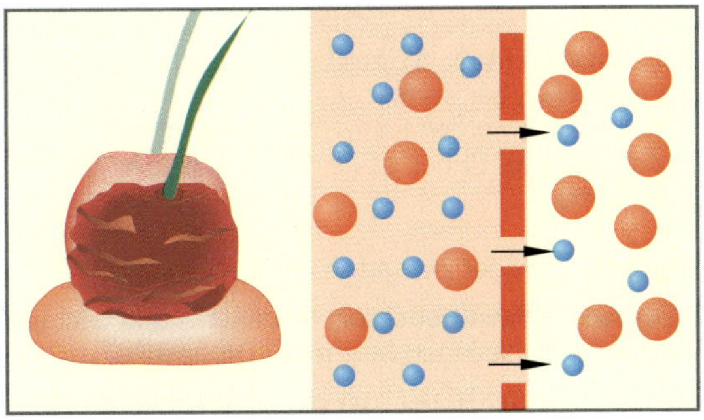

Abb. 5: Der Zucker zieht Saft aus der Kirsche.

Aufgaben

1. Erklären Sie den Unterschied zwischen einem Atom und einer Verbindung.
2. „Jetzt habe ich soviel Salz in das Wasser gegeben, dass es sich nicht mehr auflöst." Erklären Sie den Zusammenhang.
3. Stimmt es, dass in heißem Wasser mehr Zucker aufgelöst werden kann als in kaltem?
4. Wenn man Radieschen einschneidet und dann in Wasser legt, erhält man dekorative „Blüten". Erklären Sie den Vorgang.
5. „Die Osmose ist doch das Gleiche wie eine Diffusion," sagt der eine. Der andere meint: „Aber nur fast." Erklären Sie den Unterschied.
6. Wenn man Gurken in Scheiben schneidet und als Salat anmacht, schwimmen diese nach kurzer Zeit in Flüssigkeit.
   Kennen Sie den Grund?

2 Physikalische Grundlagen

physical fundamentals
la physique de base

2.1 Hebelgesetz

Der Hebel ist die einfachste Maschine. Wir wenden ihn in vielfältiger Weise an, ohne uns der Hebelgesetze bewusst zu werden. Deren Kenntnis kann aber sehr nützlich sein, denn Hebel helfen Kraft sparen.

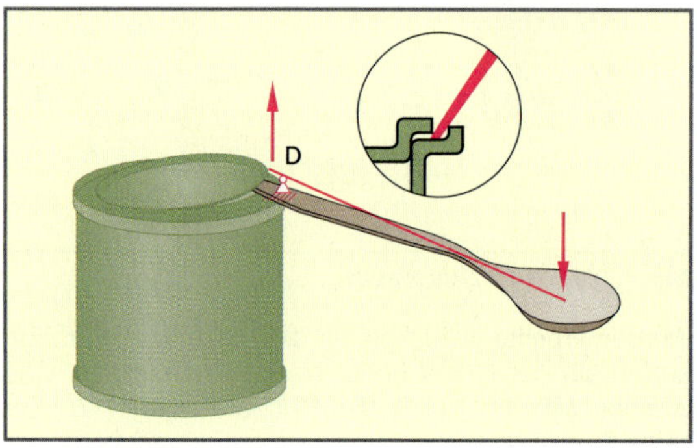

***Abb. 1:** Hebelwirkung*

Das Beispiel **(Abb. 1)** zeigt eine Dose mit einem Klemmdeckel, der so fest sitzt, dass er mit der Hand nicht geöffnet werden kann. Nutzt man das Griffende eines Löffels als Hebel, ist es ein Leichtes, den Deckel abzuheben.

Man unterscheidet zwei Arten von Hebeln.

Beim **zweiseitigen Hebel** liegen Kraftarm und Lastarm auf zwei verschiedenen Seiten der Drehachse.

Beim **einseitigen Hebel** liegt die Drehachse am Ende der Hebelstange.

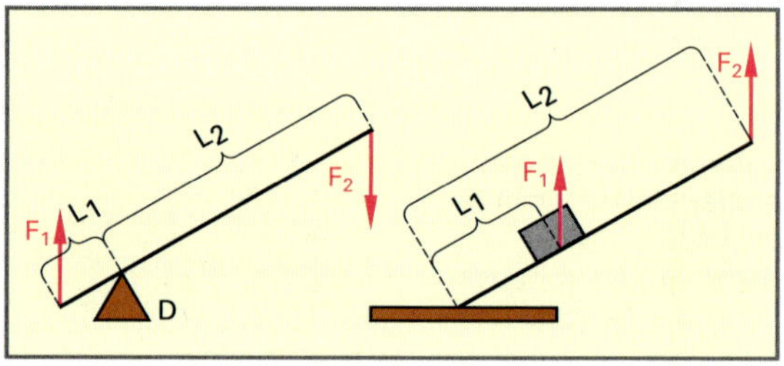

***Abb. 2:** Zweiseitiger Hebel und einseitiger Hebel*

An einem Hebel herrscht Gleichgewicht, wenn

Kraft · Kraftarm	=	Last · Lastarm
$F_1 \cdot L_1$		$F_2 \cdot L_2$
Drehmoment 1	=	Drehmoment 2

2.2 Hebel als Werkzeuge

Bei **Scheren** sind zwei Hebel verbunden; über den gemeinsamen Drehpunkt setzt die Kraft an **(Abb. 3)**.

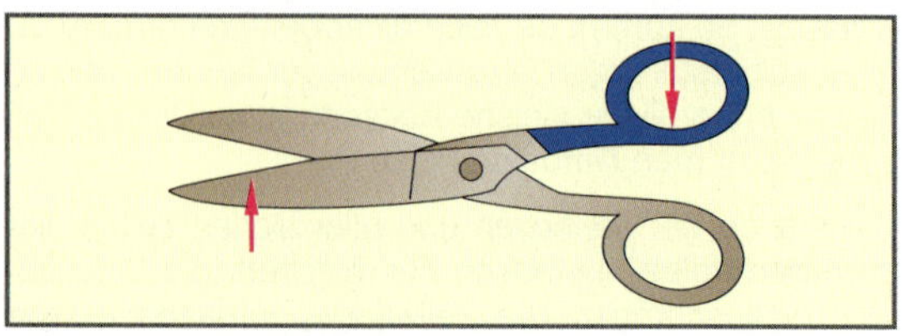

***Abb. 3:** Hebelwirkung bei einer Schere*

Die Schnittkraft ist „innen“ in der Schere am stärksten. Darum liegt bei der Geflügelschere auch der „Knochenschneider“ nahe am Drehpunkt. Die Flossenschere hat zusätzlich Zähne, damit die glitschigen Flossen nicht durch den Druck nach außen weggeschoben werden.

Die **Püreepresse,** wie man sie z.B. zum Durchdrücken von gekochten Kartoffeln benutzt, ist um so leichter zu bedienen, je länger die Kraftarme sind. Man greift darum ganz außen an die Hebel.

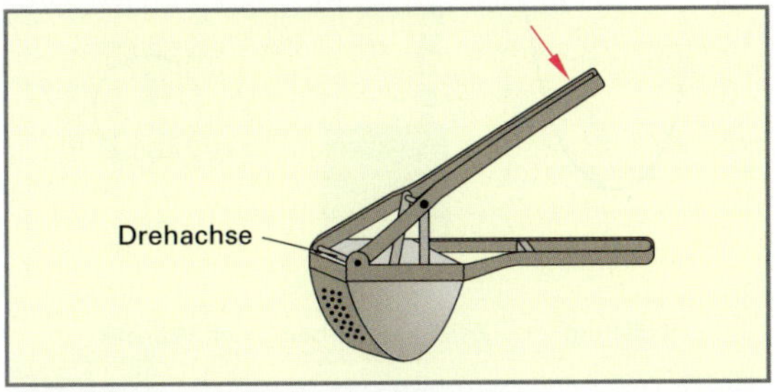

Abb. 1: Püreepresse

Mit **Flaschenöffnern** arbeitet es sich am leichtesten, wenn man sie ganz außen fasst, denn durch den langen Hebel wird die Kraft am besten genutzt **(Abb. 2)**.

Abb. 2: Flaschenöffner

2.3 Tragen und Heben von Lasten

Das Heben und Tragen ist nicht nur mühsam, es belastet auch die Wirbelsäule. Diese besteht aus fein gestalteten, nicht austauschbaren Wirbelkörpern, die zusammen eine leicht geschwungene S-Form bilden. Zwischen den Wirbelkörpern sind die Bandscheiben eingelagert. Dieses faserige Knorpelgewebe ermöglicht die Beweglichkeit der Wirbelsäule.

Wer falsch hebt und trägt, wird auf die Dauer nicht ohne Bandscheibenschäden bleiben. Diese können von einfachen Schmerzen beim Aufrichten des Körpers bis zu Ischias und Lähmung reichen.

Beim **Tragen von Lasten** soll der Körper gleichmäßig belastet werden, damit Spannungen in der Wirbelsäule vermieden werden. Darum ist die Last nach Möglichkeit auf beide Arme zu verteilen **(Abb. 3)**.

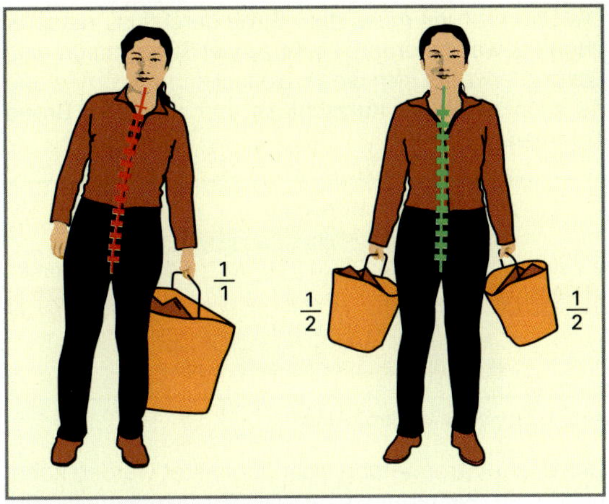

Abb. 3: Falsches und richtiges Tragen

Lasten werden aus den Knien aufgenommen. Dann ist die Belastung auf die Wirbel gering und gleichmäßig verteilt. Die „Arbeit“ leisten die Beinmuskeln **(Abb. 4)**.

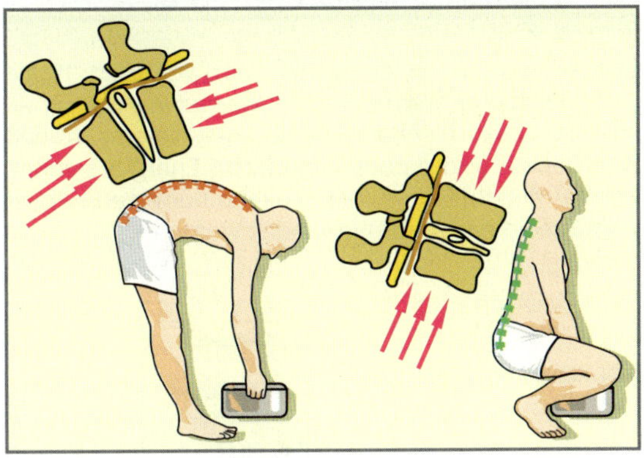

Abb. 4: Falsches und richtiges Heben

2.4 Elektrizität

Die wichtigste Energieart ist heute der elektrische Strom. Er lässt sich leichter als jede andere Energieart verteilen und dosieren, die Anwendungsmöglichkeiten sind vielfältiger.

Wird eine Stromquelle über einen Leiter mit einem Verbraucher verbunden, entsteht ein Stromkreis **(Abb. 5)**.

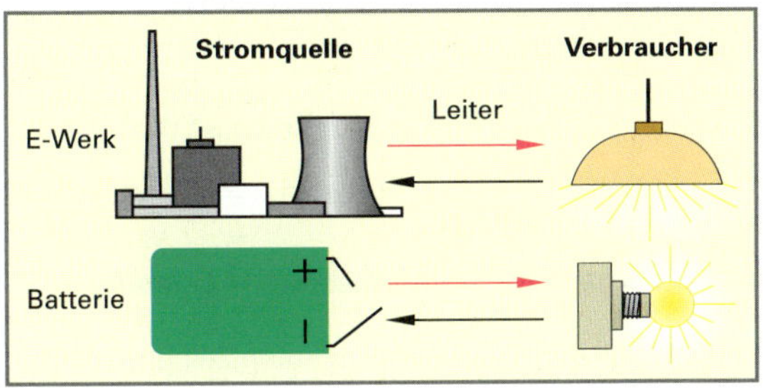

Abb. 5: Stromkreis

Die Stromleitung muss dem Stromdurchfluss entsprechend gewählt werden. Fließt zu viel Strom durch eine Leitung, erwärmt sich diese, die Isolierung schmilzt und es kann zu einem **Kurzschluss** und zu einem **Brand** kommen.

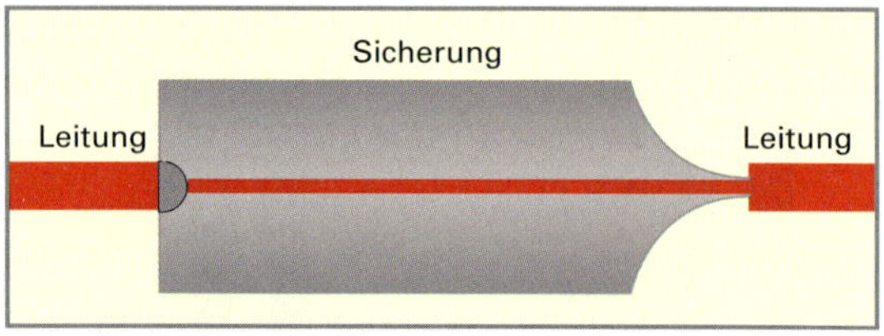

Abb. 1: Sicherung im Stromkreis

Damit eine Stromleitung nicht überlastet werden kann, baut man **Sicherungen** in die Stromkreise ein. Bei Überlastung **unterbrechen** sie den **Stromkreis (Abb. 1)**. Das schützt Leitung und Geräte.

2.5 Energie – Arbeit – Leistung

Energie kann in verschiedener Form vorliegen: Kohle und Öl enthalten Wärmeenergie, Wasser in einem Speichersee kann mechanische Energie liefern. In den Kraftwerken wird daraus **elektrische Energie** erzeugt. Energie entsteht nicht neu, es kann nur eine Energieform in eine andere umgewandelt werden.

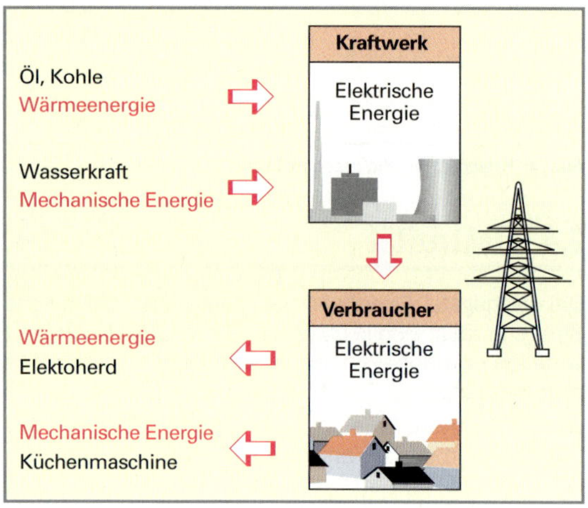

Abb. 2: Energietransport

Die Einheit für die elektrische Leistung ist **Watt** (W).

Volt	·	Ampere	=	Watt
V	·	**A**	=	**W**
Stromspannung	·	**Stromstärke**	=	**Leistung**

Wird die Leistung in einer bestimmten Zeit erbracht, so spricht man von **Arbeit**.

Sie wird gemessen bei mechanischer Arbeit als Ws und bei Wärmeerzeugung als Joule.

Watt · 1 Sekunde = 1 Wattsekunde (Ws) ≙ 1 Joule (J).

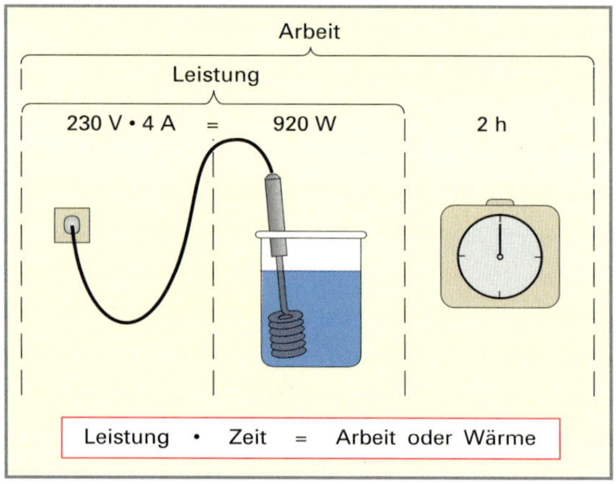

Abb. 3: Elektrische Arbeit

Das Leistungsschild auf Geräten gibt über deren Leistungsfähigkeit Auskunft. In **Abb. 3** z. B. 920 W.

Weil die Einheit Wattsekunde sehr klein ist, misst der Zähler den Verbrauch in kWh, in Kilowatt je Stunde. Er misst also die „Arbeit", die aus dem Stromnetz entnommen wird.

Der **Anschlusswert** ist die höchstmögliche Stromaufnahme bei voller Leistung, z. B. wenn der Herd aufgeheizt wird.

Der **Verbrauchswert** ist der tatsächliche Energieverbrauch, z. B. die Energie, welche der Heizplatte nach und nach zugeführt wird.
Der Verbrauchswert ist immer geringer als der Anschlusswert.

2.6 Wärmelehre

Die Wärme nimmt bei der Verarbeitung von Lebensmitteln eine wichtige Rolle ein: Alle Garverfahren, das Backen und mehrere Konservierungsverfahren stehen in engem Zusammenhang mit den Einflüssen der Wärme.

Aber auch das Kühlen und Frosten, also der Entzug von Wärme, sind Gebiete der Wärmelehre.

Aggregatzustände

Führt man einer Flüssigkeit Wärme zu, so schwingen deren Moleküle schneller, bis sie aus der Flüssigkeit ausbrechen und in den gasförmigen Zustand übergehen. Bei der Abkühlung verhält es sich genau umgekehrt. Die langsamer werdenden Moleküle verdichten sich aus dem gasförmigen Zustand zur Flüssigkeit und werden bei weiterer Abkühlung fest.

Für Wasser ergibt sich bei normalem Luftdruck die folgende Übersicht.

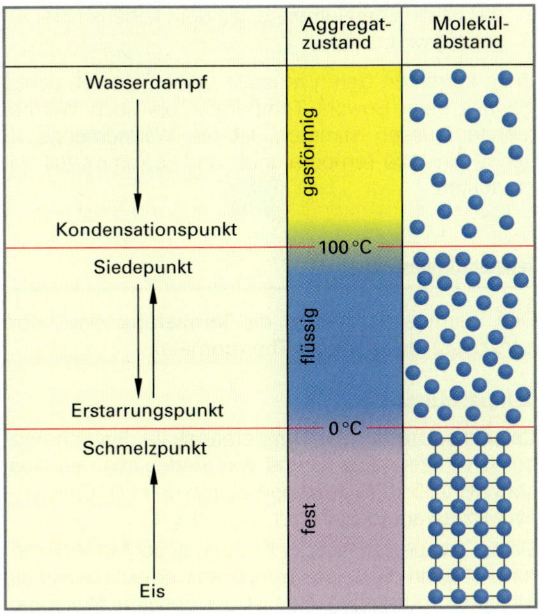

Abb. 1: Aggregatzustände

Wasser kann aber auch unmittelbar vom festen in den gasförmigen Zustand übergehen, aus Eis wird dann sofort Wasserdampf. Das nennt man **Sublimation.**

Die Sublimation

- nutzt man beim Gefriertrocknen z. B. bei löslichem Kaffee,
- führt zu Gefrierbrand bei Lebensmitteln, die unverpackt gefrostet werden.

Die Zustandsformen fest, flüssig und gasförmig nennt man die Aggregatzustände. Die Übergangstemperatur von einem **Aggregatzustand** in einen anderen ist für jeden Stoff typisch. Bei Wasser liegen diese Werte z. B. bei 0 °C und bei 100 °C.

Fett ist ein Gemisch von unterschiedlichen Fettmolekülen. Da jede Art den ihr eigenen Schmelzpunkt hat, schmilzt oder erstarrt das Fett nicht bei einem bestimmten Temperaturpunkt, sondern innerhalb eines Temperaturbereiches. Man spricht darum vom **Schmelzbereich** und **Erstarrungsbereich (Abb. 2).**

Der Siedepunkt wird auch als **Rauchpunkt** bezeichnet, weil sich das Fett in gasförmigem Zustand als Rauch zeigt.

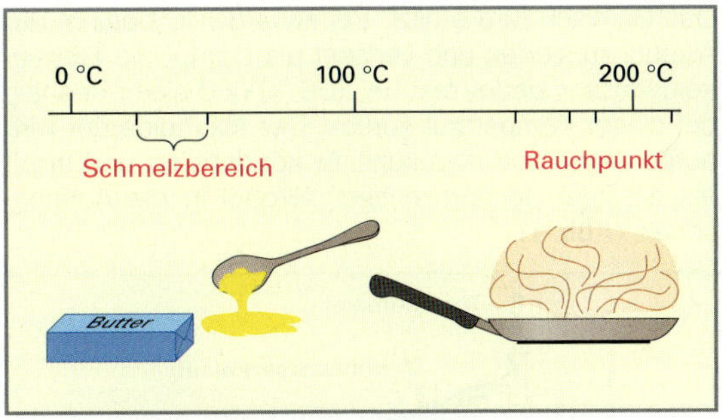

Abb. 2: Schmelzbereich und Rauchpunkt

Der Siedepunkt ist vom Druck abhängig.

Wasser lässt sich unter normalem atmosphärischem Druck nicht über 100 °C erhitzen, die trotzdem weiter zugeführte Wärme führt zum Verdampfen des Wassers (Dampf = gasförmiges Wasser).

Je höher der Außendruck ist, desto schwerer haben es die Wassermoleküle, als Gas zu entweichen, desto höher ist die Siedetemperatur des Wassers **(Abb. 3).** Es kann also heißer als 100 °C werden. Diese Temperaturerhöhung führt zu einer Verkürzung der Garzeit.

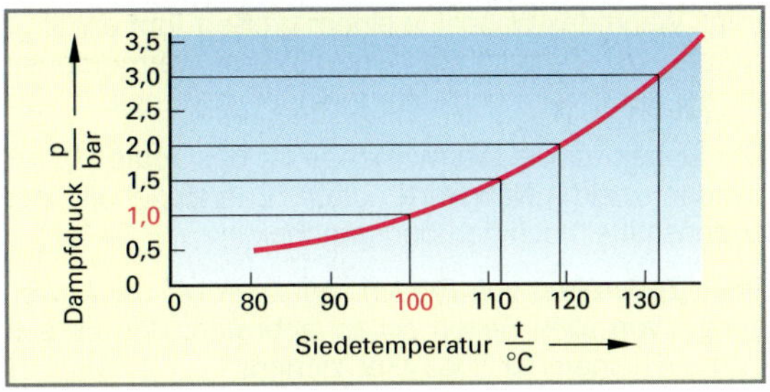

Abb. 3: Siedetemperatur ist vom Druck abhängig.

Aus diesem Grund werden die Dampfdrucktöpfe auch Schnellkochtöpfe genannt. Ein weiteres Beispiel für die Anwendung einer erhöhten Siedetemperatur sind die **Autoklaven,** die in der Industrie zum Sterilisieren von Konserven verwendet werden.

Wird Luft abgepumpt und somit der Luftdruck verringert, entsteht ein **Vakuum.** Das Wasser siedet bei geringerer Temperatur und gibt dabei Wasserdampf ab. Man nutzt dies z. B. beim Eindicken von Kondensmilch. Die niedrigere Siedetemperatur vermindert hierbei die Ausbildung des Kochgeschmacks.

Destillieren

Den unterschiedlichen Siedepunkt von Flüssigkeiten kann man nutzen, um diese voneinander zu trennen. Im Nahrungsgewerbe wird auf diese Weise z. B. Alkohol von Wasser getrennt.

Das Gemisch wird erhitzt. Bei etwa 80 °C beginnt der Alkohol zu sieden und verlässt als Dampf die Flüssigkeit. Wasser siedet erst bei 100 °C und bleibt deshalb bei dieser Temperatur zurück. Der Alkoholdampf wird aufgefangen und abgekühlt. Er kondensiert und tropft als flüssiger hochprozentiger Alkohol in die Auffangschale **(Abb. 1)**.

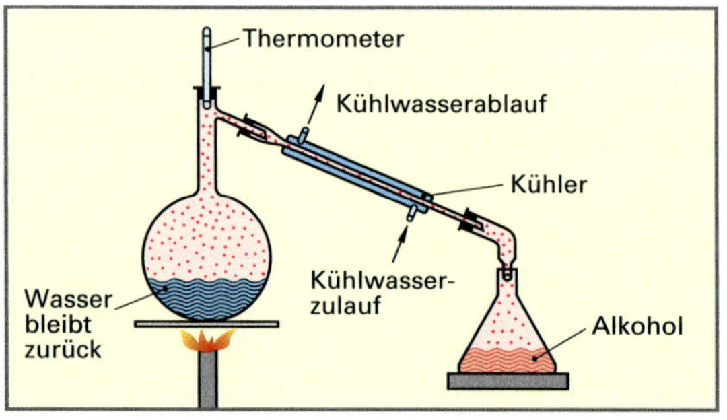

Abb. 1: Destillation

Wärmemenge und Temperatur

In einem großen Topf mit Wasser steckt eine Menge Wärme, obwohl die Temperatur vielleicht nur 60 °C beträgt. Wenn das Wasser in einem großen Topf erwärmt werden soll, benötigt man eine größere Wärmemenge als bei der Erwärmung einer geringeren Menge.

Die Einheit für die Wärmemenge ist das **Joule (J)**; wir werden beim Nährwert- oder Energiegehalt der Lebensmittel noch darüber sprechen.

Beim Zubereiten von Fleisch liest man oft die Anweisung: „Von allen Seiten scharf anbraten, das Fleisch darf auf keinen Fall Flüssigkeit ziehen."

Bei einer solchen Arbeitsanweisung werden Temperatur und erforderliche Wärmemenge nicht klar getrennt.

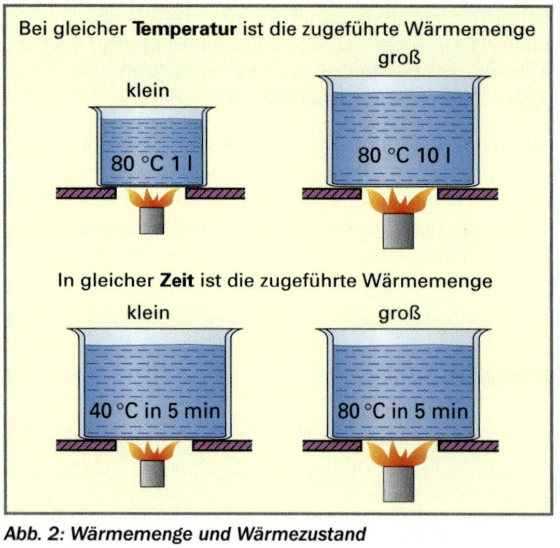

Abb. 2: Wärmemenge und Wärmezustand

Es ist zu unterscheiden zwischen:

- **Temperatur,**
  das ist die mit dem Thermometer im Augenblick messbare Wärme
  und
- **Wärmemenge,**
  das ist die Energiemenge, die dem Lebensmittel zugeführt wird.

Beim korrekten Garen müssen beide Faktoren richtig gewählt sein: Sowohl Temperatur als auch Wärmemenge müssen stimmen. Ist die Wärmemenge zu gering, sinkt die Temperatur ab, und es kommt zu Fehlprodukten.

Temperaturmessung

Den Wärmezustand oder die **Temperatur** eines Körpers misst man mit dem **Thermometer.**

Temperaturskalen

Celsius setzte auf der Temperaturskala den Schmelzpunkt von Eis mit 0 °C und den Siedepunkt des Wassers mit 100 °C fest. Temperaturen unter 0 °C werden als Minusgrade bezeichnet, z. B. –18 °C.

Da die Temperatur auf der Bewegung der Moleküle beruht, ist dann die tiefste Temperatur erreicht, wenn die Moleküle völlig ruhen. Das ist der **absolute Nullpunkt,** kälter kann es nicht werden.

Nach **Kelvin** beginnt die Temperaturskala bei 0 K. Der Schmelzpunkt des Wassers liegt bei 273 K. Der Abstand auf der Skala ist für beide Systeme gleich. 1 K ≙ 1 °C.

Einen Vergleich zeigt die Temperaturskala.

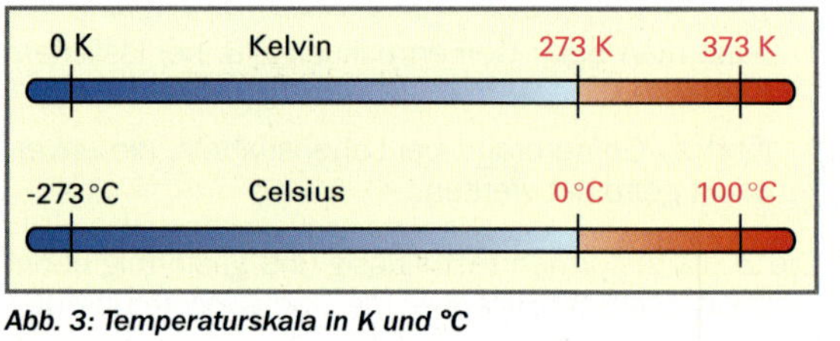

Abb. 3: Temperaturskala in K und °C

Thermometer

Zur Messung von Temperaturen benutzt man Thermometer. Diese zeigen über die Wärmeausdehnung den Wärmezustand an. Nach der Bauart unterscheidet man Flüssigkeitsthermometer und Bimetallthermometer.

Flüssigkeitsthermometer enthalten Quecksilber oder Alkohol. Diese dehnen sich bei Erwärmung in ein luftleeres Rohr hinein aus. Auf der Skala ist die Temperatur abzulesen. Quecksilber erstarrt bei minus 40 °C. Bei Minusgraden verwendet man darum statt Quecksilberthermometer solche mit Alkoholfüllung, die meist blau oder rot eingefärbt ist.

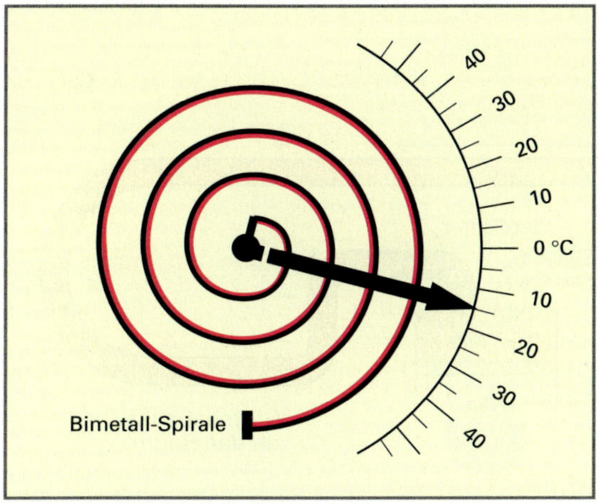

Abb. 1: Bimetall-Thermometer

Beim **Bimetallthermometer** sind zwei Streifen unterschiedlicher Metalle fest miteinander verbunden. Bei Temperaturänderung dehnen sich die Metalle unterschiedlich aus und die Streifen verbiegen sich. Diese Durchbiegung wird auf einen Zeiger übertragen, die Temperatur ist an der Skala ablesbar (**Abb. 1**).

Temperaturregelung

Temperaturregler oder **Thermostate** finden wir z. B. im Fettbackgerät, im Kühlschrank, im Froster, bei elektrischen Automatik-Kochplatten und zur Regelung der Zimmertemperatur.

Die Regler haben die Aufgabe, eine bestimmte vorgewählte Temperatur möglichst genau zu halten.

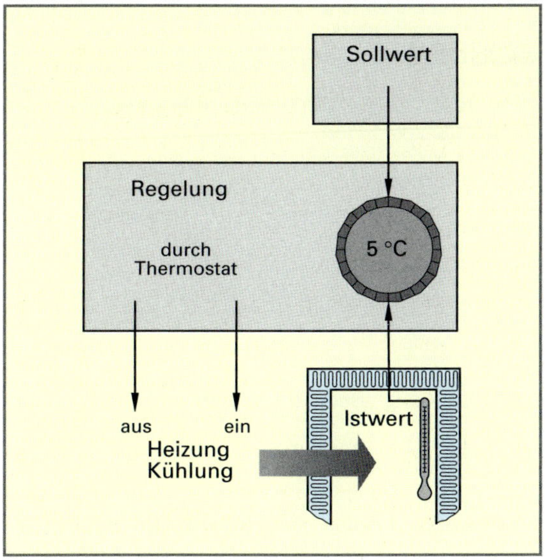

Abb. 2: Regelung durch Thermostat

Prinzip

Die Temperatur wird vorgewählt wie sie sein **soll** ➞ **Sollwert.**

Ein Temperaturfühler meldet dem Thermostat, wie die Temperatur **ist** ➞ **Istwert.**

Im Thermostat werden die beiden Informationen verknüpft. Weicht der Ist-Wert, die tatsächliche Temperatur, vom Soll-Wert, der vorgewählten Temperatur, ab, wird durch den Thermostat entsprechend geschaltet (**Abb. 2**).

Kühlmaschine – Wärmepumpe

Die Kühlmaschinen von Kühlschränken und Frostern arbeiten nach dem gleichen Prinzip wie die Wärmepumpen, die Wärme ins Haus bringen.

Bei den kühlenden Maschinen wird die Wärme aus dem „Kühlraum" herausgezogen, die Wärmepumpe schafft umgekehrt Wärme in den Raum. Die Voraussetzungen dazu beruhen auf physikalischen Gesetzen.

Werden Flüssigkeiten oder Gase zusammengepresst, entsteht Wärme. Beim Aufpumpen des Fahrrades hat dies jeder schon einmal festgestellt. Umgekehrt wirkt eine verdampfende Flüssigkeit kühlend.

Die Technik fasst Verdichten = Wärmeabgabe und Verdampfen = Wärmeaufnahme zu einem Kreislauf zusammen. Im Röhrensystem befindet sich ein Arbeitsmittel, das bereits bei sehr niedriger Temperatur verdampft.

Kühlschrank: Das gasförmige Arbeitsmittel wird komprimiert, die dabei entstehende Wärme leitet man außen am Kühlschrank ab. Durch diese Temperaturherabsetzung verflüssigt sich das zusammengepresste Arbeitsmittel (Aggregatwechsel). In Rohrschlangen in dem zu kühlenden Raum wird der Druck über ein (regelbares) Ventil wieder herabgesetzt, das Arbeitsmittel verdampft dadurch (erneuter Aggregatwechsel) und entzieht dabei, wie gewünscht, der Umgebung Wärme. Anschließend gelangt das gasförmige Arbeitsmittel wieder in den Kompressor, der Kreislauf ist geschlossen (siehe **Abb. 1** auf folgender Seite).

Bei der „Kälteerzeugung" zum Kühlen und Frosten wird also die Wärme den zu kühlenden Räumen entzogen und an die Luft abgegeben.

Die **„Wärmepumpen"** holen die Wärme aus der Luft oder aus dem Grundwasser und pumpen sie in das Haus, wo sie als Heizung genutzt wird. Das Prinzip ist das Gleiche, nur wird jeweils die Technik mit anderem Ziel eingesetzt.

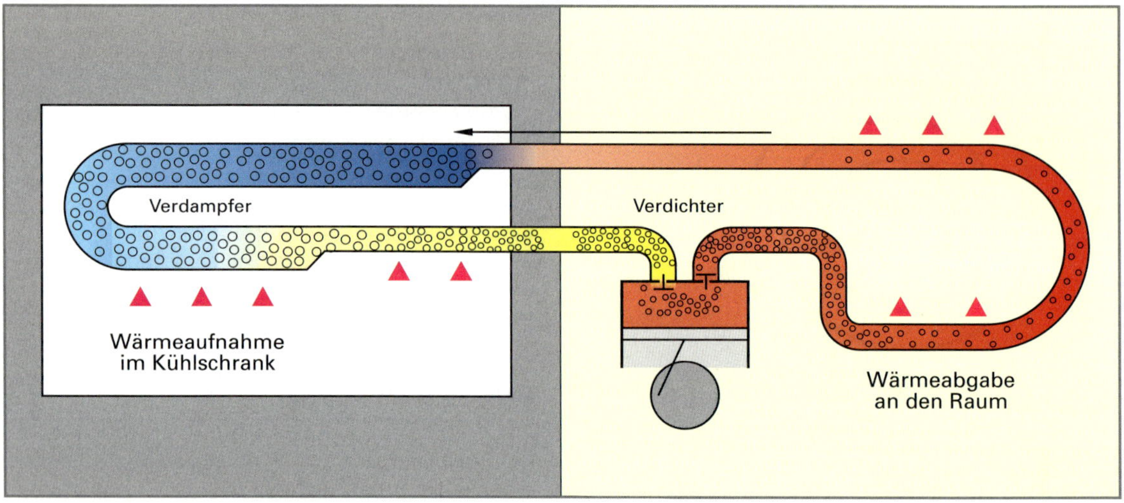

Abb. 1: Prinzip eines Kühlschrankes

Aufgaben

1 Andere Berufe haben auch Merksätze. Schlosser lernen: „Unglaublich ist des Schlossers Kraft, wenn er sich Verlängrung schafft".
Erklären Sie im Zusammenhang mit dem Hebelgesetz.

2 „Der Neue ist noch schwach. Erkläre ihm, wie er die gekochten Kartoffeln leichter durch die Presse bringt", sagt Ihr Ausbilder.
Was werden Sie dem Neuen sagen?

3 Nennen Sie zwei Regeln, wie bei der Arbeit die Belastung der Bandscheiben vermindert werden kann.

4 Erfahrenes Servicepersonal trägt ein volles Tablett nahe am Körper.
Welchen Grund haben diese Personen?

5 Eine Leitung mit 230 V ist mit 10 Ampere abgesichert.
Können drei Tauchsieder mit je 900 Watt eingeschaltet werden?

6 „Wer tiefgekühlte Hähnchen annimmt, muss genau darauf achten, dass die Verpackung nicht verletzt ist."
Erklären Sie diese Anweisung im Zusammenhang mit den Aggregatzuständen.

7 Warum haben Fette einen Schmelzbereich und nicht einen Schmelzpunkt?

8 Warum wird der Dampfdrucktopf auch Schnellkochtopf genannt?

9 „Wir erhitzen unsere Konserven in Autoklaven."
Erklären Sie, was der Betrieb mit den Konserven macht.

10 Wie wird aus Wein mit etwa 10% Alkohol ein Weinbrand?

11 „Die meisten Rezeptschreiber blicken nicht durch. Sie schreiben bei großer Hitze anbraten und meinen: Es muss eine genügende Wärmemenge vorhanden sein."
Erklären Sie diese Aussage im Zusammenhang mit dem Anbraten von 2 kg Gulaschfleisch auf einem Haushaltsherd.

12 „Ein Kühlschrank schaltet in bestimmten Zeitabständen ein und aus. Erklären Sie diesen Ablauf." So lautete eine Prüfungsfrage. Wie wäre Ihre Antwort?

3 Biologische Grundlagen

biological fundamentals
la biologie de base

3.1 Zelle – Gewebe

Hauptbestandteile der Zelle sind

- Zellkern, mit den gespeicherten Erbinformationen,
- Zellplasma oder Zellsaft, worin die Nährstoffe wie Zucker, Stärke oder Öl eingelagert sind,
- Zellwand, die die ganze Zelle umfasst.

Bei der Zellwand bestehen zwischen der pflanzlichen und der tierischen Zelle Unterschiede.

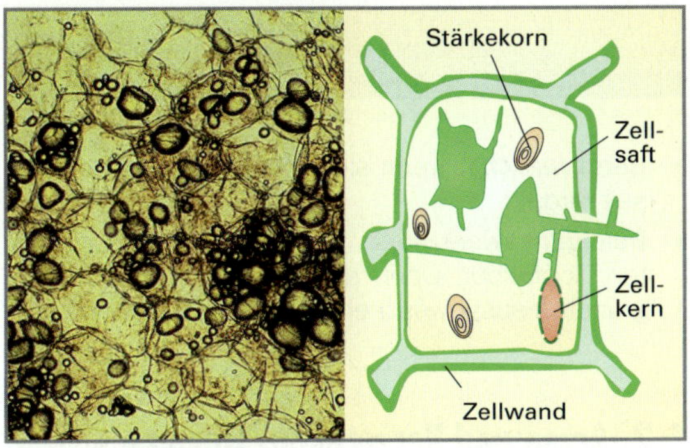

Abb. 1: *Pflanzliche Zelle*

Während die tierische nur von einem dünnen Eiweißhäutchen umgeben ist **(Abb. 2)**, besitzen pflanzliche Zellen feste, manchmal auch „holzige" Wände **(Abb. 1)**.

Viele Zellen sind zu einem **Gewebe** oder **Zellverband** vereinigt. Diese sind bei den Tieren stärker spezialisiert als bei den Pflanzen. Das macht sich bei den Vorbereitungsarbeiten in der Küche bemerkbar. So kann bei den Tieren das Stützgewebe = Knochen verhältnismäßig leicht vom Muskelgewebe getrennt werden. Bei Pflanzen sind die härteren, faserigen oder holzigen Stützbestandteile nicht so einfach von den übrigen Geweben zu trennen.

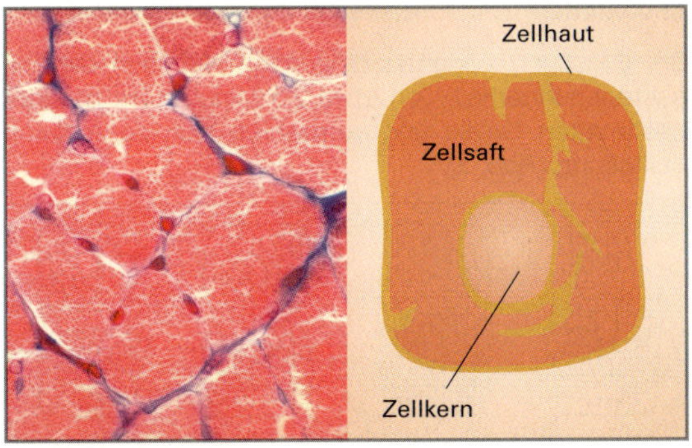

Abb. 2: *Tierische Zelle*

3.2 Fotosynthese

Die Energie auf der Erde entstammt überwiegend der Sonne. Die Blätter der Pflanzen sind „Solarzellen", mit denen ein Teil dieser Energie aufgefangen wird. Mit Hilfe dieser Energie entsteht aus dem **Wasser** des Bodens und dem Kohlendioxid der Luft **Einfachzucker.** Sauerstoff wird dabei an die Luft abgegeben **(Abb. 3).**

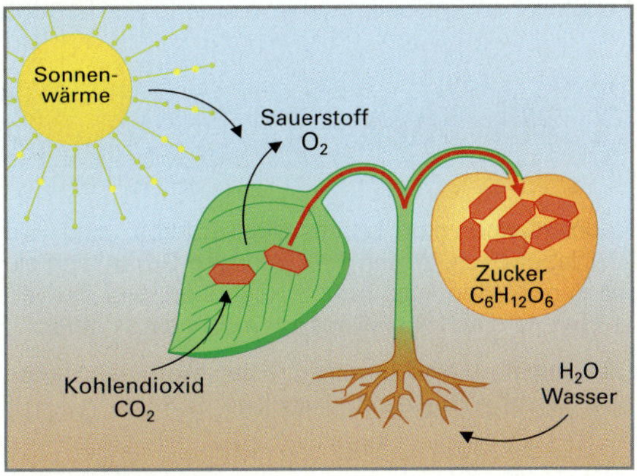

Abb. 3: *Fotosynthese*

Die Strahlungsenergie der Sonne wird auf diese Weise in den Blättern der Pflanze zu chemischer Energie. Bei der Verdauung wird diese Energie wieder frei und als Wärme (Körperwärme) oder mechanische Energie (Kraft) genutzt.

Den Aufbau organischer Stoffe wie Zucker oder Fett aus anorganischen Stoffen nennt man **Assimilation** (Angleichung an das Lebendige). **Dissimilation** ist der Abbau der organischen Nährstoffe zu anorganischer Substanz **(Abb. 4).**

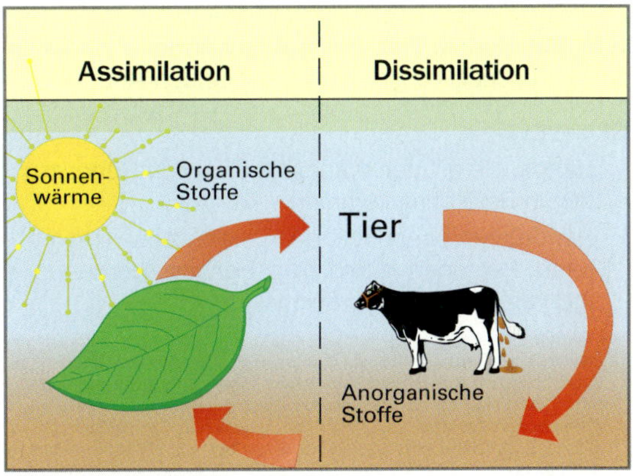

Abb. 4: *Stoffkreislauf*

Hygiene

Hygiene wird allgemein als Sauberkeit verstanden; man sagt z. B. unhygienisch und meint meist unsauber.

Lebensmittelhygiene umfasst mehr, nämlich

- Ursachen, die zum Verderb der Lebensmittel führen, und
- Maßnahmen, um den Verderb zu verhindern.

Damit dient die Lebensmittelhygiene dem Schutz des Verbrauchers und der Erhaltung seiner Gesundheit.

Entsprechende Bestimmungen sind in der Lebensmittelhygieneverordnung festgelegt.

1 Mikroben

microbes
les microbes (m)

Hauptursache des Lebensmittelverderbs sind die Kleinlebewesen. Wegen ihrer geringen Größe sind sie mit dem bloßen Auge nicht zu erkennen; erst die Vergrößerung durch das Mikroskop macht sie sichtbar.

Die Begriffe Kleinlebewesen oder Mikroorganismen oder Mikroben bedeuten dasselbe.

Obwohl die einzelnen Mikroben nicht zu erkennen sind, sind sie teilweise

- als **Kolonien sichtbar,** weil sie wegen der starken Vermehrung in sehr großer Zahl auftreten, z. B. als Schimmel auf Brot;
- an **Auswirkungen erkennbar,** z. B. an schmieriger Wurst, riechendem Fleisch, gärigem Fruchtsaft.

1.1 Vorkommen

Mikroben kommen **überall** vor. Besonders zahlreich sind sie jedoch im **Erdboden** und in **Abwässern** vorhanden. Durch die **Luft** werden die Keime verbreitet.

Im **Umgang mit Lebensmitteln** treten die Mikroben vermehrt dort auf, wo Nahrung, Wärme und ausreichend Feuchtigkeit gleichzeitig vorhanden sind.

BEISPIELE

- **Hände,** die mit den unterschiedlichsten Gegenständen in Berührung kommen,
- **Handtücher,** besonders dann, wenn diese von mehreren Personen gleichzeitig benutzt werden und mehrere Tage im Gebrauch sind,
- **Berufswäsche,** wenn sie nicht rechtzeitig gewechselt wird,
- **Reinigungswerkzeuge** wie Spüllappen, Spülbürsten, Topfreiber, wenn diese nach Gebrauch nicht gründlich ausgewaschen und getrocknet werden.

1.2 Arten und Vermehrungsformen

Im Zusammenhang mit den Lebensmitteln unterscheidet man folgende Mikrobenarten:

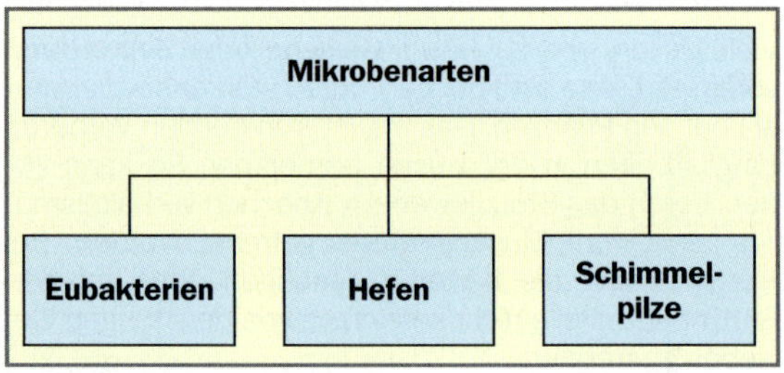

Eubakterien[1] sind Einzeller.

Bei günstigen Lebensbedingungen wachsen die Eubakterien innerhalb von etwa 20 Minuten bis zu einer bestimmten Größe und vermehren sich dann durch **Zellteilung (Abb. 1).**

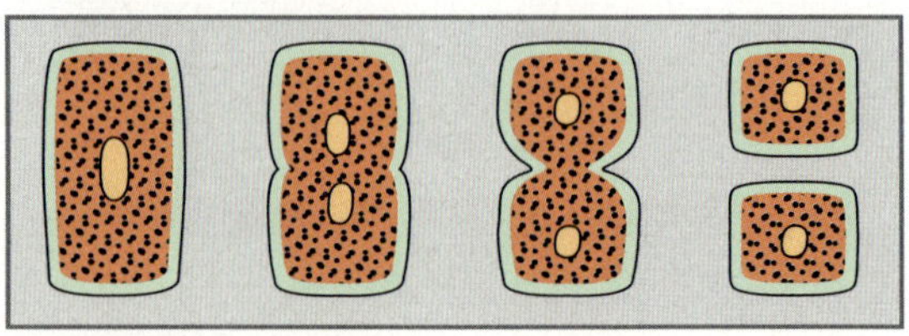

Abb. 1: Eubakterien vermehren sich durch Teilung.

[1] Eubakterien ist ein Oberbegriff. Bazillen sind Arten von Eubakterien, die Sporen bilden können, Clostridien wachsen unter Sauerstoffabschluss. Der Begriff Bakterien ist als Gattungsbezeichnung nicht mehr gebräuchlich. Keime nennt man Arten, die Krankheiten verursachen. Für manche Lebensmittel, z. B. Speiseeis, sind Höchstwerte festgelegt. Auf eine Unterscheidung der Eubakterien wird verzichtet, weil das für die betriebliche Praxis ohne Bedeutung ist.

Wenn die Lebensbedingungen schlecht sind, können die **Bazillen,** eine Untergruppe der Eubakterien, **Sporen bilden.** Sporen sind eine **Überlebensform.** Die Zelle gibt zunächst den Zellsaft weitgehend ab und bildet

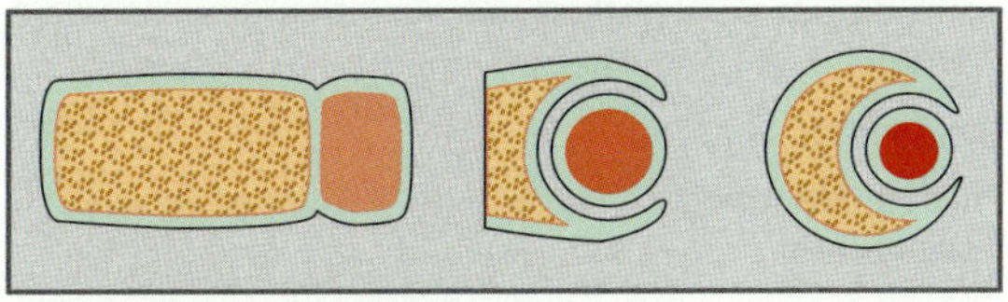

Abb. 1: Bazillen bilden Sporen.

dann aus der verbleibenden Zellhaut eine besondere Umhüllung. Eine Spore ist entstanden (**Abb. 1**). Alle Lebensvorgänge ruhen, und der Zellrest ist besonders widerstandsfähig gegen Wärmeeinwirkung und Desinfektionsmittel. Bei günstigen Lebensbedingungen werden aus den Sporen wieder Bazillen.

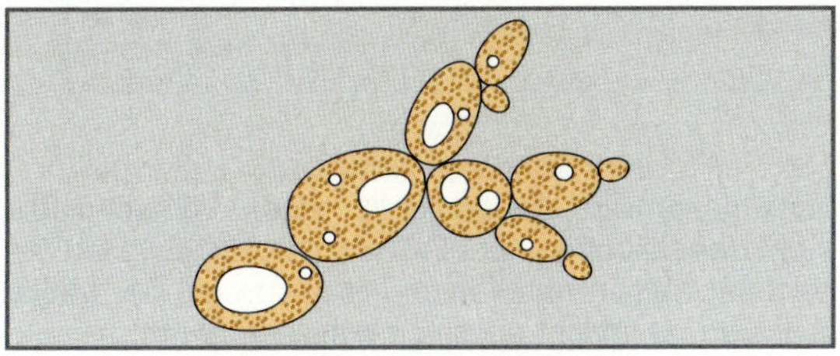

Abb. 2: Hefen vermehren sich durch Sprossung.

Hefen sind Einzeller, die sich vorwiegend von Zuckerstoffen ernähren. Sie vermehren sich durch **Sprossung;** dabei sprießt aus der Mutterzelle jeweils eine Tochterzelle (**Abb. 2**).

Schimmelpilze (**Abb. 3**) sind Mehrzeller, die sehr anspruchslos sind und auch noch auf verhältnismäßig trockenen Lebensmitteln wachsen können. Sie vermehren sich auf zwei Arten: Auf dem Lebensmittel verbreiten sie sich mit **Samen,** den **Sporen,** im Lebensmittel über das **Wurzelgeflecht (Mycel).**

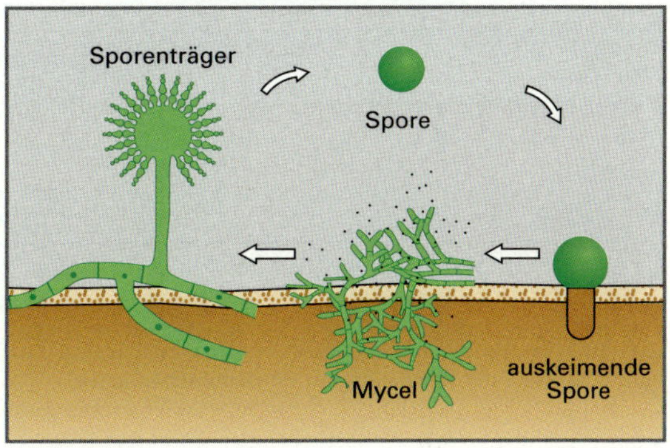

Abb. 3: Schimmel bildet Sporen.

Pilzarten, die ungiftig sind und z. B. bei Käse mitgegessen werden, bezeichnet man als **Edelpilze** oder Edelschimmel.

1.3 Lebensbedingungen der Mikroben

Wie alle Lebewesen, so entwickeln sich auch Kleinlebewesen nur, wenn bestimmte Lebensbedingungen erfüllt sind. Bei eingeschränkten Bedingungen sind Wachstum und Vermehrung verlangsamt oder eingestellt; die Mikroben können auch absterben.

Mikroben erfordern an Lebensbedingungen

Nahrung	Milieu (pH-Wert)	Temperatur	Feuchtigkeit (a_w-Wert)	Sauerstoff

Nahrung

Die meisten Mikroben bevorzugen bestimmte Nährstoffe, so ist eine Grobeinteilung möglich.

Art	Beispiel	bevorzugt befallen
Eiweißspaltende Mikroben	Salmonellen	Fleisch, Wurst, Fisch, Geflügel
	Fäulnisbakterien	Milch, Frischkäse, Creme
Kohlenhydratspaltende Mikroben	Hefen	Kompott, Fruchtsaft, Creme
Fettspaltende Mikroben		Butter, Margarine, Speck
Schimmel	Schimmelpilze	alle Lebensmittel

Milieu (pH-Wert)

Wie Menschen oft bestimmte Geschmacksrichtungen bevorzugen, so besitzen Mikroben vergleichsweise eine Vorliebe für Säuren oder Basen (Laugen).

Säuren sind gekennzeichnet durch **H^+-Ionen,**

Basen besitzen **OH^--Ionen.**

In reinem Wasser ist die Anzahl der H^+- und OH^--Ionen ausgeglichen. $H^+ + OH^- \rightarrow H_2O$.

Wasser hat den pH-Wert 7, es ist neutral.

Der **pH-Wert ist eine Meßzahl,** die angibt, wie stark eine Säure oder Lauge ist.

Die meisten Eubakterien bevorzugen neutrale bis schwach laugenhafte Umgebung. Durch **Säurezugabe** kann darum die Tätigkeit der Mikroben eingeschränkt werden.

BEISPIELE

Fisch in Marinade,
Essiggurken,
Fleisch in Essigbeize, Sauerkraut.

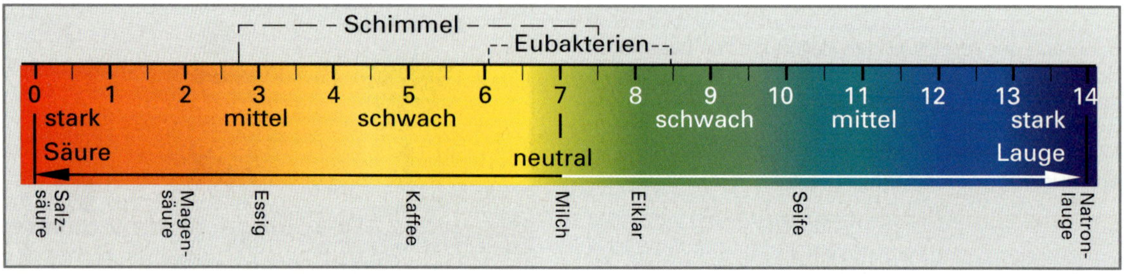

Abb. 1: pH-Wert mit Beispielen von Wachstumsbereichen

Temperatur

Mikroben bevorzugen je nach Art bestimmte Temperaturen. Man unterscheidet drei Gruppen:

Niedrige Temperatur liebende (psychrophile)
Man nennt sie darum auch „Kühlschrankbakterien". Sie kommen vor allem in Verbindung mit Fleisch und Fisch vor.

Mittlere Temperatur bevorzugende (mesophile)
Dazu zählen die Darmbakterien, Fäulnisbakterien, aber auch Hefen.

Höhere Temperatur liebende (thermophile)
Hierzu gehören die sporenbildenden Bazillen.

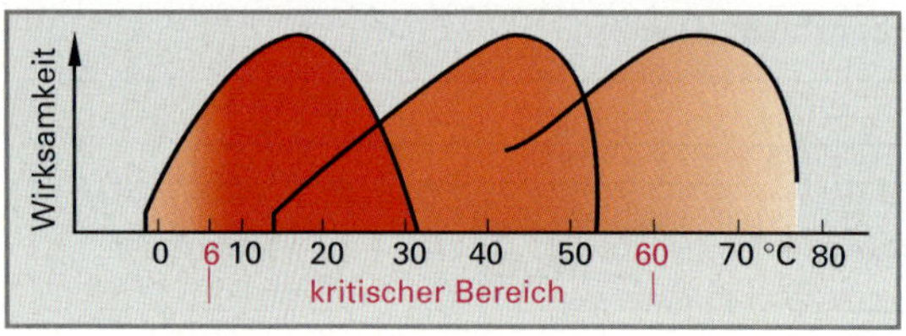

Abb. 2: Wachstumsbereiche für Mikroben

Zwischen +6 °C und +60 °C vermehren sich Kleinlebewesen am stärksten. Verarbeitung und Lagerung von Lebensmitteln in diesem Bereich können problematisch sein. Man spricht darum vom **kritischen Bereich.**

Feuchtigkeit (a_w-Wert)

Mikroben benötigen Wasser als Lösungsmittel für die Nährstoffe und als **Transportmittel,** um die Bausteine der Nährstoffe in das Zellinnere zu bringen. Da die Mikroben zu etwa 70 % aus Wasser bestehen, ist das Wasser für sie auch **Baustoff.**

Vom gesamten Wassergehalt eines Lebensmittels steht den Mikroben nur ein Teil zur Verfügung. Man bezeichnet diesen Anteil auch als das freie oder **aktive Wasser** und spricht auch von **Wasseraktivität.**

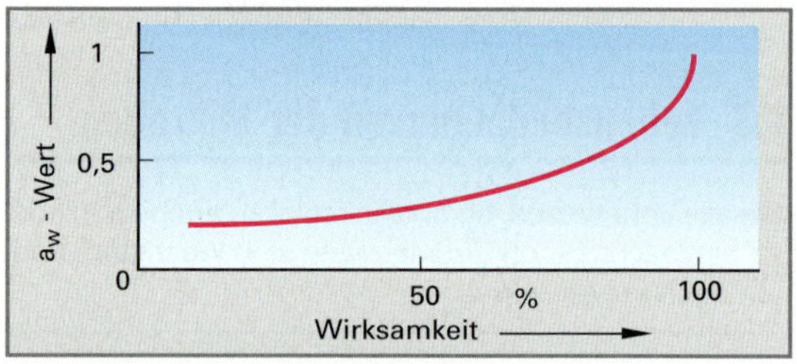

Abb. 3: Mikroben benötigen Feuchtigkeit

Der **a_w-Wert ist eine Messzahl.** Reines Wasser hat den Wert 1,0; absolut wasserfreie Stoffe den a_w-Wert 0.

Die Lebensbedingungen der Mikroben können **verschlechtert** werden, wenn man den Anteil des Wassers verringert und damit den **a_w-Wert senkt.**

a_w-Wert-Senkung ist möglich durch

- **Trocknen** – Wasser verdunstet und ist im Lebensmittel nicht mehr vorhanden, z. B. Trockenobst, Püree-Pulver, getrocknete Küchenkräuter;
- **Salzbeigabe** – Wasser wird chemisch an Salz gebunden und ist damit nicht mehr aktiv, z. B. Pökelwaren, Salzheringe;
- **Zuckerzugabe** – Wasser wird chemisch an Zucker gebunden, z. B. bei Konfitüre, Gelee, Sirup, kandierten Früchten o. ä.
- **Frosten** – Wasser wird zu festem Eis und ist in festem Zustand nicht mehr aktiv.

Sauerstoff

Die meisten Kleinlebewesen sind auf Sauerstoff angewiesen. Es gibt aber auch Arten, die ohne Sauerstoff auskommen, und solche, die sowohl mit als auch ohne Sauerstoff leben können.

Aerobier	Anaerobier	Fakultative Anaerobier
benötigen Sauerstoff	leben ohne Sauerstoff	leben mit und ohne Sauerstoff
leben auf und in den Lebensmitteln	leben in den Lebensmitteln, in Konserven	leben in und auf den Lebensmitteln
Bazillen, Fäulniserreger, Essigbakterien, **Schimmelpilze**	**Botulinus**-Bazillen	**Hefen** Milchsäurebakterien, Fäulniserreger

Edelpilzkäse

Bombage

Roggenbrot

1.4 Lebensäußerungen der Mikroben

Mikroben verändern die Lebensmittel auf zwei Arten:

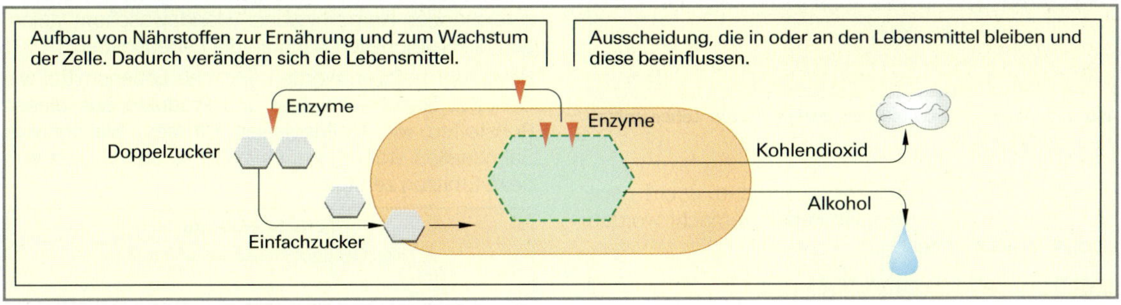

Abb. 1: Veränderungen der Lebensmittel durch Mikroben

Bedeutung der Mikroben im Umgang mit Lebensmitteln

Verbesserung des Ausgangspunktes
genutzt bei

- Herstellungsverfahren, z.B. Bier, Wein, Brot;
- Veredelungsverfahren, z.B. Bildung von Geruchs- und Geschmacksstoffen bei Brot, Sauermilch;
- Konservierungsverfahren, z.B. Sauerkraut.

Diese **erwünschten Veränderungen** werden durch gesteuerten Einsatz bestimmter Mikroben erreicht und bei der **Lebensmittelverarbeitung** behandelt.

Schädigung des Ausgangspunktes
tritt auf als

- Lebensmittelverderb, z.B. Schimmelbildung, Gärigwerden, Ranzigwerden;
- Lebensmittelvergiftung durch Ausscheidungen der giftigen Mikroben;
- Lebensmittelinfektion, wenn Krankheitserreger durch Lebensmittel übertragen werden.

Unerwünschte und gesundheitsschädigende Veränderungen müssen vermieden werden. Siehe folgenden Abschnitt.

Schutz der Umwelt
durch

- biologische Reinigung der Abwässer und natürliche Selbstreinigung der Gewässer;
- Abbau von Abfällen und Resten zu organischen Substanzen (Kompost), die den Pflanzen wieder als Nahrung zur Verfügung stehen.

2 Lebensmittelinfektionen – Lebensmittelvergiftungen

food poisoning *les intoxications (w) alimentaires*

Der Genuss verdorbener Lebensmittel führt fast immer zu Übelkeit, Kopfschmerzen, Erbrechen und Durchfall. Man unterscheidet:

Lebensmittelvergiftungen treten ein, wenn **Gift (Toxin)** bereits mit den Lebensmitteln aufgenommen wird, z. B. bei botulinusvergifteten Bohnen (Bombage). Die Beschwerden treten bereits nach einigen Stunden auf.

Lebensmittelinfektionen werden von **krankmachenden Mikroben**, z. B. Salmonellen, verursacht. Die Krankheit besteht in einem Kampf (Abwehrreaktion) des Körpers gegen die „Eindringlinge". Infektionen treten erst längere Zeit (Inkubationszeit) nach der Nahrungsaufnahme auf.

Rund 75% der durch Lebensmittel verursachten Krankheitsfälle werden durch Salmonellen hervorgerufen. Die Eitererreger stehen mit 10% an zweiter Stelle. Beide Krankheitserreger riecht und schmeckt man nicht, denn sie verursachen keinen unangenehmen Geruch oder Geschmack.

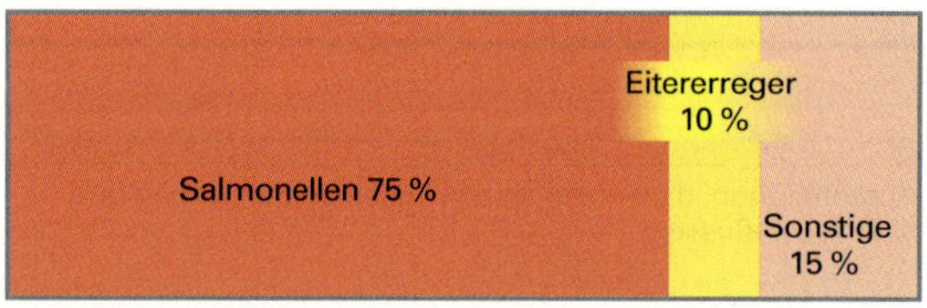

Abb. 1: Salmonellen verursachen die häufigsten Lebensmittelvergiftungen.

Überprüft man die Krankheitsausbrüche, sucht nach den Ursachen, fragt man, wo Fehler gemacht worden sind, so stellt man fest:

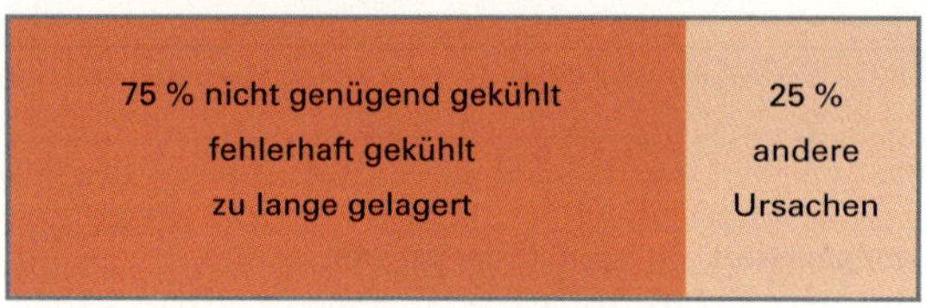

Abb. 2: Menschliche Fehler sind die Hauptursache.

Diese Tatsachen müssen beachtet werden, wenn man Krankheiten vermeiden will, die durch Lebensmittel hervorgerufen werden.

Schutz der Gesundheit bedeutet:

- Ansteckung der Lebensmittel durch Keime verhindern. Dazu muss der Weg der Krankheitserreger auf die Lebensmittel bekannt sein.
- Keimvermehrung verhindern – Lebensmittel kühlen. Wie rasch sich Mikroben bei günstigen Lebensbedingungen vermehren können, zeigt die Grafik.

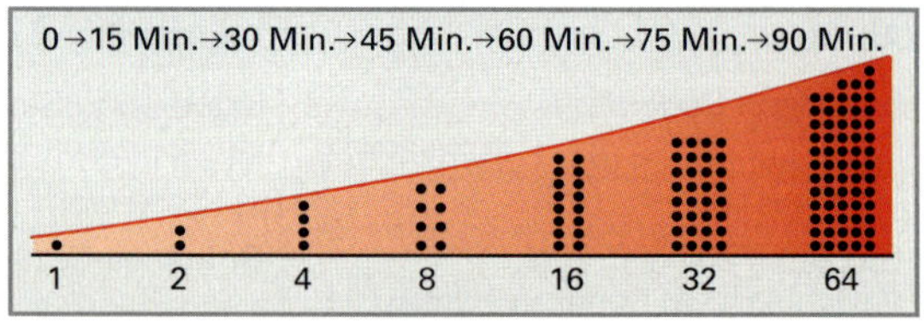

Abb. 3: Mikrobenvermehrung

Speisen entweder heiß bereithalten oder rasch abkühlen und bei Bedarf wieder erwärmen.

Entsprechend der Häufigkeit des Auftretens werden die Salmonellen ausführlich behandelt, die anderen Erreger entsprechend kürzer.

2.1 Salmonellen

Salmonella-Bakterien stammen **ursprünglich immer von Tieren**, sie werden aber auch über andere Lebensmittel wie z. B. Eier übertragen. Salmonellen können im Darm von Tieren und Menschen leben, ohne diesen unmittelbar zu schaden.

Man nennt die Betroffenen **Dauerausscheider.** Bei unzureichender Körperhygiene (Händewaschen) gelangen die Salmonellen dann an die Lebensmittel.

Bevorzugt befallen werden tierische Lebensmittel wie Geflügel, Hackfleisch, Eier und Produkte aus diesen Rohstoffen wie Geflügelsalat, Cremes, Mayonnaise. Salmonellen sterben bei etwa 80 °C ab, das Gift wird beim Erhitzen zerstört.

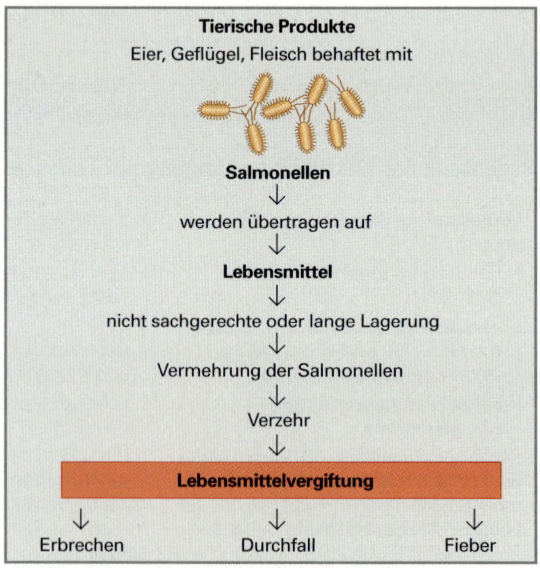

Abb. 4: Weg der Salmonelleninfektion

Pasteurisierte und sterilisierte Lebensmittel enthalten wegen der Erhitzung keine Salmonellen. Erkrankungen treten vor allem nach dem Genuss von infiziertem, rohem Fleisch auf.

- Untersuchungen des Personals sind nach dem Bundesseuchengesetz vorgeschrieben.
- Besonders gefährdet sind Personen mit einem geschwächten Magen-Darm-Trakt.
- Verpackungsmaterial von tiefgekühltem Geflügel aus der Küche bringen, Tauwasser wegschütten.
- Händewaschen schützt vor Übertragung.
- Wegen Übertragungsgefahr besondere Sorgfalt mit Eiern.

2.2 Eitererreger (Staphylokokken)

Eitererreger kommen vor allem in **eitrigen Wunden** vor, werden aber auch bei **Schnupfen** über die Atemluft ausgeschieden.

Eitererreger bevorzugen Lebensmittel mit viel Feuchtigkeit und hohem Eiweißgehalt bei warmer Aufbewahrung. **Besonders anfällig** sind darum Salate, gekochter Schinken, Cremes und Tortenfüllungen.

Die Eitererreger **sondern Gift (Toxine) ab.** Die Bakterien werden bei etwa 80 °C zerstört. Das Gift der Eitererreger ist jedoch **gegen Wärme widerstandsfähig.**

- Verletzungen vollständig mit wasserdichtem Material abdecken.
- Nicht unkontrolliert niesen.
- Cremes rasch abkühlen.
- Salate kühl aufbewahren.

2.3 Bodenbakterien (Botulinus-Bakterien)

Botulinus-Bakterien entstammen immer dem Erdreich. Besonders anfällig sind eiweißhaltige Lebensmittel unter Luftabschluss, z. B. **Dosen, Gläser, vakuumverpackte Waren.** Bodenbakterien sind Anaerobier und können darum auch unter Luftabschluss wirken.

Befallene Lebensmittel haben einen üblen Geruch, bei Konserven ist die Flüssigkeit getrübt. Diese deutlich wahrzunehmenden Veränderungen lassen den Genuss vermeiden. Sporen der Bodenbakterien und die Toxine überdauern das Kochen.

- Gemüse sorgfältig waschen.
- Vakuumverpackte Lebensmittel kühl lagern.
- Bombagen nicht verwenden.

Die Erkrankung durch Bodenbakterien heißt **Botulismus.**

2.4 Fäulniserreger

Fäulniserreger kommen überall vor, besonders zahlreich im Erdboden und in Abwässern. An die Lebensmittel gelangen sie bei **unsauberer Arbeitsweise** und durch Übertragung von Insekten (Fliegen).

Fäulniserreger bevorzugen Wärme, können mit oder ohne Sauerstoff leben und vermehren sich vor allem auf eiweißreichen Lebensmitteln. Das Schmierigwerden von Fleisch und Wurst ist auf ihre Tätigkeit zurückzuführen.

Befallene Lebensmittel sind unansehnlich und riechen übel. Darum sind Vergiftungserscheinungen durch Fäulniserreger selten.

2.5 Schimmel

Die unerwünschten Schimmelpilze kommen als Sporen in der Luft vor und befallen **alle Lebensmittel.**

Schimmel ist anspruchslos, bevorzugt Backwaren, ungeräucherte Wurstwaren und Obst.

Schimmelpilze wachsen auf und in den Lebensmitteln.

Auf den Lebensmitteln wird der Schimmel als **Pilzrasen** sichtbar.

In den Lebensmitteln wachsen die **Pilzwurzeln**, das **Mycel**, das nicht sichtbar ist.

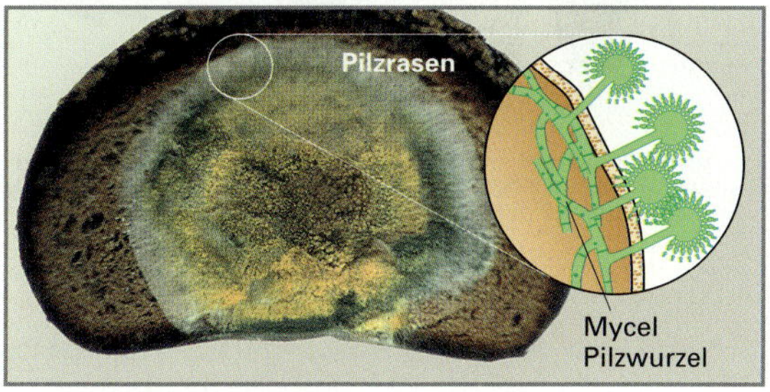

Abb. 1: Schimmel auf Brot

Pilze bilden Toxine (Gifte). Weil nicht erkennbar ist, wie weit das Pilzgeflecht reicht, sind vom Schimmel befallene Lebensmittel sorgfältig zu beurteilen, denn Pilzgifte schädigen die Leber.

- Kühle und trockene Aufbewahrung schützt vor Schimmelbefall.
- Schimmelige Lebensmittel wegwerfen oder Schimmel großzügig ausschneiden.

3 Schädlingsbekämpfung

pest control
la lutte antiparasites

Als Schädlinge bezeichnet man Tiere, die Lebensmitteln Schaden zufügen. Diese Schädigung kann erfolgen durch

- Fraßschäden, z. B. Speckkäfer, Mehlmilbe,
- Verunreinigungen, z. B. durch Kot, Reste abgestorbener Tiere,
- Übertragung von Mikroben, z. B. durch Fliegen.

Moderne Bauweisen machen den Schädlingen das Einnisten schwieriger als dies früher der Fall war. Dennoch finden sie vielfach Gelegenheit, Schlupfwinkel aufzuspüren. Da Schädlinge sehr scheu sind, wird ihre Anwesenheit oft nur an den „Spuren" morgens zu Arbeitsbeginn erkannt. Eine konsequente Bekämpfung hilft, Schäden und Reklamationen zu vermeiden.

Nager: Mäuse, Ratten

Gelangen durch offene Türen, Kellerfenster und Rohrschächte in die Betriebsräume.

Bekämpfung durch Gitter an den Kellerfenstern. Aufstellen von Fallen. Auslegen von Berührungsgiften, die zu innerem Verbluten führen.

Insekten: Schaben, Motten, Milben, Käfer

Bevorzugen Wärme, leben in Ritzen und hinter Möbeln und Geräten.
Sie schaden durch Fraß und Verunreinigungen.

Abhilfe durch gründliche Reinigung.
Mehrmalige Anwendung von chemischen Bekämpfungsmitteln, damit auch die später ausschlüpfende Brut erfasst wird.

Fliegen

Brutstätten sind Abfälle und Kot.
Sie schaden durch Übertragung von Krankheits- und Fäulniserregern.

Bekämpfung durch Fliegengitter.
Abdecken der Lebensmittel, damit die Fliegen ferngehalten werden.
Abfallbehälter gut verschließen und regelmäßig reinigen.
Eventuell chemische Bekämpfungsmittel.

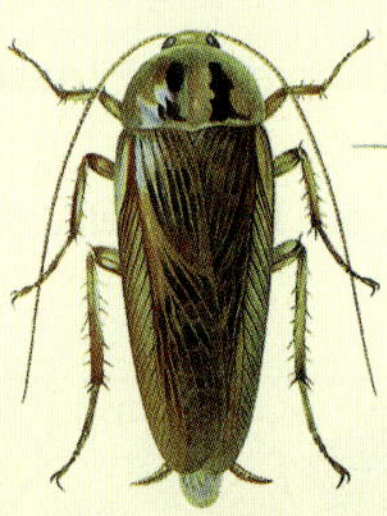

Deutsche Schabe
Körper bis 12 mm lang, Spannweite bis 12 mm

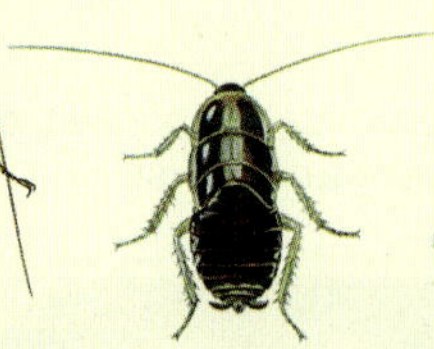

ältere Larve

geöffnetes Eipaket mit **Jungschaben**

leere Tönnchenpuppe mit abgehobenem Deckel

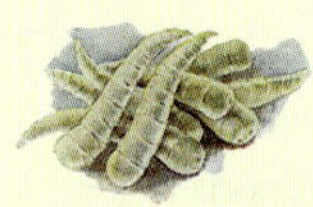

Larve (= Maden) der Stubenfliege bis 12 mm lang

Stubenfliege
bis 8 mm lang

Getreidedmotte
bis 19 mm Flügelspannweite

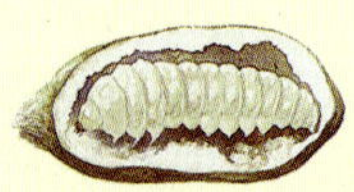

Raupe
bis 6 mm lang in einem Weizenkorn

Weizenkörner mit Fraßschäden

Silberfischchen

4 Reinigung und Desinfektion

🇬🇧 *cleaning and disinfection*
🇫🇷 *le nettoyage et la désinfection*

4.1 Reinigen in Lebensmittelbetrieben

Reinigen ist das Entfernen von Schmutz oder Verunreinigungen. Als **Schmutz** bezeichnet man in Lebensmittelbetrieben alle Stoffe, die auf einer Oberfläche unerwünscht sind, also nicht nur die Erde, die Kartoffeln anhaftet, sondern auch Reste einwandfreier Speisen auf Tellern und Geschirren.

Verunreinigungen können gefährliche Brutstätten für Mikroben und Ungeziefer sein.

Rein sind Gegenstände, bei denen Schmutz, Verunreinigungen und Mikroben weitgehend entfernt sind.

Sauber bezeichnet man Gegenstände dann, wenn das Auge keinen Schmutz mehr erkennen kann.

Reinigen mit Wasser

Im Nahrungsgewerbe muss zum Reinigen **Trinkwasser** verwendet werden.

Das Wasser hat mehrere Aufgaben:

- **Auflösen von Schmutz,** z. B. Zucker, Salz, ungeronnenes Eiweiß;
- **Quellen von Schmutz,** z. B. Reste von Teigen, Teigwaren, Bratenresten, Eierspeisen;
- **Abtragen von Schmutz;** die losgelösten Schmutzteilchen werden in der Schwebe gehalten und weggespült.

Wärme fördert die Reinigungswirkung, denn

- **Fett schmilzt** und wird leichter abgespült,
- **Auflösen und Quellen** gehen **rascher** vor sich.

Die günstigste Spültemperatur liegt zwischen 50 und 60 °C. Zu heißes Wasser lässt den Schmutz „festbacken" und kann zu Verbrennungen führen.

Wirkung der Reinigungsmittel

Durch den Zusatz von Reinigungsmitteln wird das **Wasser entspannt,** es verliert seine Oberflächenspannung und **benetzt besser.** Dadurch schiebt es sich leichter unter den Schmutz und kann auch **Fett ablösen.** Die waschaktiven Teilchen legen sich dann um das Fett, **emulgieren** es und **halten es in der Schwebe,** sodass es sich nicht wieder festsetzt und abtransportiert werden kann.

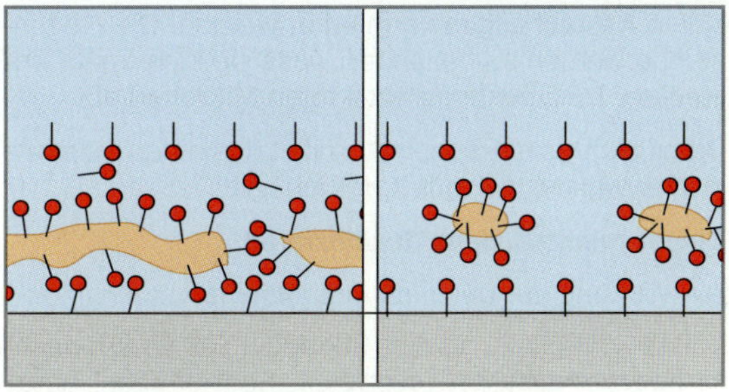

Abb. 1: Schmutz wird abgehoben und emulgiert.

Mechanische Einwirkung

Beim Reinigen kommen zu Wasser, Reinigungsmittel und Wärme immer auch mechanische Kräfte.

Das können sein:

- **Wasserdruck,** z. B. bei Spülmaschinen für Haushalt und Gewerbe. Die „Kraft" erhält das Wasser durch eine Pumpe. Die Düsen konzentrieren diese Kraft auf eine eng begrenzte Fläche, von der dann der Schmutz abgehoben wird.
- **Spüllappen,** wie er häufig beim Spülen von Hand verwendet wird.
- **Spülbürste und Reiber;** sie können nur bei harten Gegenständen und festsitzendem Schmutz, z. B. festgebrannten Resten, verwendet werden.

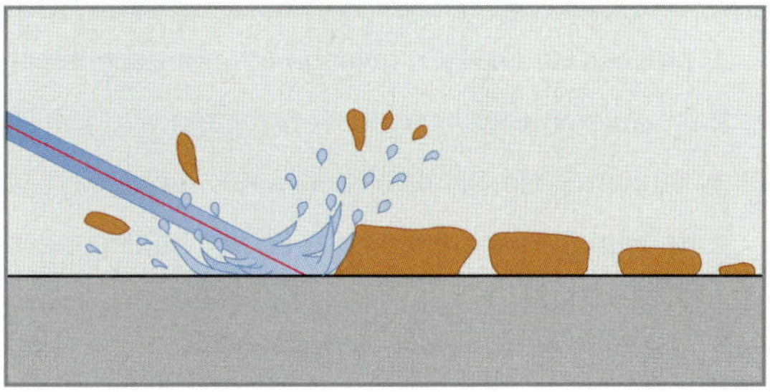

Abb. 2: Wasserdruck hebt den Schmutz ab.

Der härtere Gegenstand dringt in den weicheren ein. Darauf ist bei der Anwendung von Werkzeugen und Scheuermitteln zu achten, wenn Beschädigungen an der zu reinigenden Flache vermieden werden sollen.

Achtung!

Wenn Hochdruckreiniger eingesetzt werden, kann Wasser in Fugen eindringen und Risse in Boden und Wänden bilden.

An elektrischen Küchengeräten kann Spritzwasser zu Kurzschluss führen.

4.2 Desinfizieren in Lebensmittelbetrieben

Infizieren bedeutet anstecken, Krankkeitserreger übertragen, eine Infektion verursachen. Durch **Desinfizieren** sollen **Ansteckungen vermieden** werden. Die Gegenstände werden so behandelt, dass sie nicht mehr anstecken. **Desinfektionsmittel töten Mikroben** ab.

Damit die Desinfektionsmittel nicht durch den Schmutz in ihrer Wirkung gehindert werden, gilt:

Zuerst reinigen, dann desinfizieren.

Die **Wirkung der Desinfektionsmittel** ist abhängig von der

- **Konzentration** der Lösung
  je konzentrierter, desto wirkungsvoller;
- **Anwendungstemperatur**
  je heißer, desto wirksamer;
- **Einwirkungszeit**
  je länger, desto wirksamer;
  je länger die Einwirkungszeit, desto geringer kann die Konzentration des Mittels sein.

Nach dem **Anwendungsbereich** unterscheidet man:

- **Grobdesinfektionsmittel** mit breitem Anwendungsbereich, z. B. für Küchen, in denen ja alle Nährstoffe vorkommen, und
- **Feindesinfektionsmittel** für Hände.

Arbeitsschutz

Unverdünnte Desinfektionsmittel sind in der Regel ätzend. Vorsicht im Umgang! Desinfektionsmittel müssen in besonderen Behältnissen aufbewahrt werden.

Umweltschutz

Reinigungs- und Desinfektionsmittel können die Umwelt belasten. Darum:

möglichst wenig Chemie,

richtig dosieren, denn zu hohe Zugabe bringt keine bessere Wirkung.

Temperatur so hoch wie möglich halten, Einwirkungszeit so lange wie möglich.

Besser mechanisch als chemisch.
Besser heiß als ätzend.

Aufgaben

1 Welches ist die Hauptursache für den Lebensmittelverderb?

2 Im Zusammenhang mit Lebensmitteln wird von Koloniebildung gesprochen. Erklären Sie.

3 Nennen Sie Beispiele aus dem Küchenbereich, wo Mikroben vermehrt auftreten.

4 Nennen Sie mindestens drei Lebensbedingungen von Mikroben und veranschaulichen Sie diese durch je ein Beispiel.

5 Erklären Sie den „kritischen Bereich“.

6 Manche Lebensmittel werden durch Säure haltbar wie z. B. Sauerkraut und Essiggurken. Begründen Sie.

7 Mikroben können in Lebensmitteln zu erwünschten Veränderungen führen. Geben Sie drei Beispiele.

8 Warum soll Verpackungsmaterial von tiefgekühltem Geflügel sofort entsorgt werden?

9 Ein Großteil des Lebensmittelverderbs ist durch menschliche Fehler verursacht. Geben Sie drei Beispiele.

10 Nennen Sie Schädlinge, die in Lebensmittelbetrieben vorkommen können.

11 Schädlinge werden oft nur an ihren „Spuren“ erkannt. Was versteht man unter „Spuren“? Wo können sich Schädlinge „verstecken“?

12 Beschreiben Sie was geschieht, wenn ohne Spülmittel abgespült wird.

13 Worauf ist beim Einsatz von Hochdruckreinigern zu achten?

Umwelt- und Verbraucherschutz

1 Umweltschutz

environmental protection
la protection de l'environnement

Uns ist bewusst, dass wir die Umwelt in absehbarer Zeit zerstören, wenn sich unser Verhalten nicht grundlegend ändert. Auf welche Weise belasten wir die Umwelt?

- **Wir verbrauchen unbedacht zuviel Rohstoffe und zuviel Energie.**

  Bestimmte Vorkommen sind in weniger als 100 Jahren erschöpft. Das zeigen uns Berechnungen für die Energiearten Erdöl und Erdgas und z.B. für die Rohstoffe Kupfer und Zinn.

- **Wir schaffen zuviel Abfall oder Müll.**

  Die Abfallmengen, insbesondere die durch überflüssige Verpackungen, sind zwar verringert worden, doch sind noch erhebliche Einsparungen möglich. Durch sachgerechte Sortierung des Abfalls ist eine höhere Recyclingquote möglich.

- **Wir belasten die Umwelt durch unser Verhalten.**

  Verbrennungsrückstände aus den Motoren sowie Treibgase gefährden die Luftschicht der Erde;

  Schwefel aus Verbrennungsrückständen führt zu saurem Regen, der wiederum Wälder vernichtet und die Gewässer belastet;

  Unkrautvernichtungs- und Schädlingsbekämpfungsmittel gelangen in Lebensmittel und Trinkwasser und schaden so unmittelbar unserer Gesundheit.

Umweltschutz ist nur im Zusammenwirken vieler möglich.

Der Staat muss durch entsprechende Gesetze und Verordnungen Rahmenbedingungen schaffen, die Behörden zum Handeln berechtigen und auch zum Handeln zwingen.

Die **Verantwortung des einzelnen** ist gefordert. Entsprechend den Hauptbereichen der Umweltbelastung kann man unterscheiden:

Einsparung von Energie, z.B. Öl, Gas, Kohle,

- durch vernünftiges Heizen; Absenken der Raumtemperatur um 1 °C spart 6 Prozent Energie.
- durch richtiges Lüften; kein Dauerlüften, sondern kurzzeitig und dafür mehrmals.
- durch Beachten der Saisonzeiten bei Obst und Gemüse, denn der Energieaufwand für Treibhäuser und für lange Transporte ist sinnlos.
- durch sinnvolle Benutzung der Verkehrsmittel.

Einsparung von Rohstoffen bedeutet Müll vermeiden.

- z.B. bei Verpackungsmaterial (Papier, Kunststoffe)
- z.B. Mehrwegflaschen statt Einwegflaschen, Nachfüllpackungen usw.

Abfall sortieren und soweit möglich einer **Wiederverwertung** zuführen. Diesen Wertekreislauf nennt man **Recycling.** Glas fällt in großen Mengen in Form von Flaschen an. Eine getrennte Lagerung erlaubt die Rückführung in den Kreislauf der Glasbereitung, wodurch Rohstoffe und Energie gespart werden.

- **Altpapier,** auch Verpackungsmaterial, jedoch ohne Kunststoffanteile, wird von den Papiermühlen neu aufgearbeitet.
- **Verbrauchtes Fett,** z.B. aus der Fritteuse, ist getrennt zu lagern und wird als Sondermüll abgeholt. Nach entsprechender Aufarbeitung kann es für technische Zwecke genutzt werden.
- **Speisereste und Lebensmittelabfälle** werden am sinnvollsten als Vieh-(Schweine-)futter genutzt. Vor einer Verfütterung sind sie jedoch in eigens dafür zugelassenen Betrieben zu erhitzen, damit auf dem Weg über Speisenreste keine Tierseuchen verbreitet werden.

Schutz des Abwassers, z.B. durch

- **Fettabscheider;** Fettreste, die beim Spülen vom Wasser weggetragen werden, kommen im Abfluss-System mit den kalten Rohren in Verbindung. Sie erstarren und haften an den Wänden. Mit der Zeit wird auf diese Weise der Rohrquerschnitt immer enger und die Rohre verstopfen. Außerdem können Fettreste von den Mikroben in den Faultürmen der Klärwerke nur schwer abgebaut werden (siehe Abb. auf der nächsten Seite).

- **Stärkeabscheider** halten die von den Kartoffelschälmaschinen freigelegten Stärketeilchen zurück. Diese würden sich auf dem Grund der Kanalrohre festsetzen und den Wasserdurchfluss hindern.

- **Richtige Dosierung von Spül- und Desinfektionsmitteln.** Jedes Zuviel der für Sauberkeit und Hygiene durchaus notwendigen Helfer der Chemie bleibt „unverbraucht" und wirkt in der Umwelt weiter, dort aber als Belastung.

Bei der Lagerung der Abfälle ist unbedingt auf Sauberkeit und Ordnung zu achten. Hygiene und damit die Gesundheit sind höherwertig als Abfallverwertung.

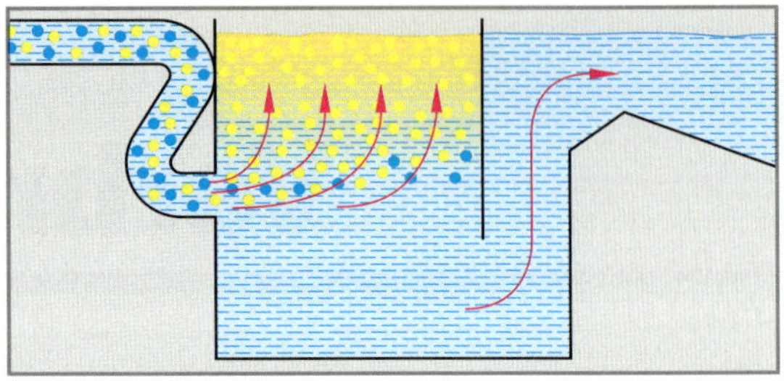

Abb. 1: Fettabscheider, Schema

Umwelt im Zusammenhang

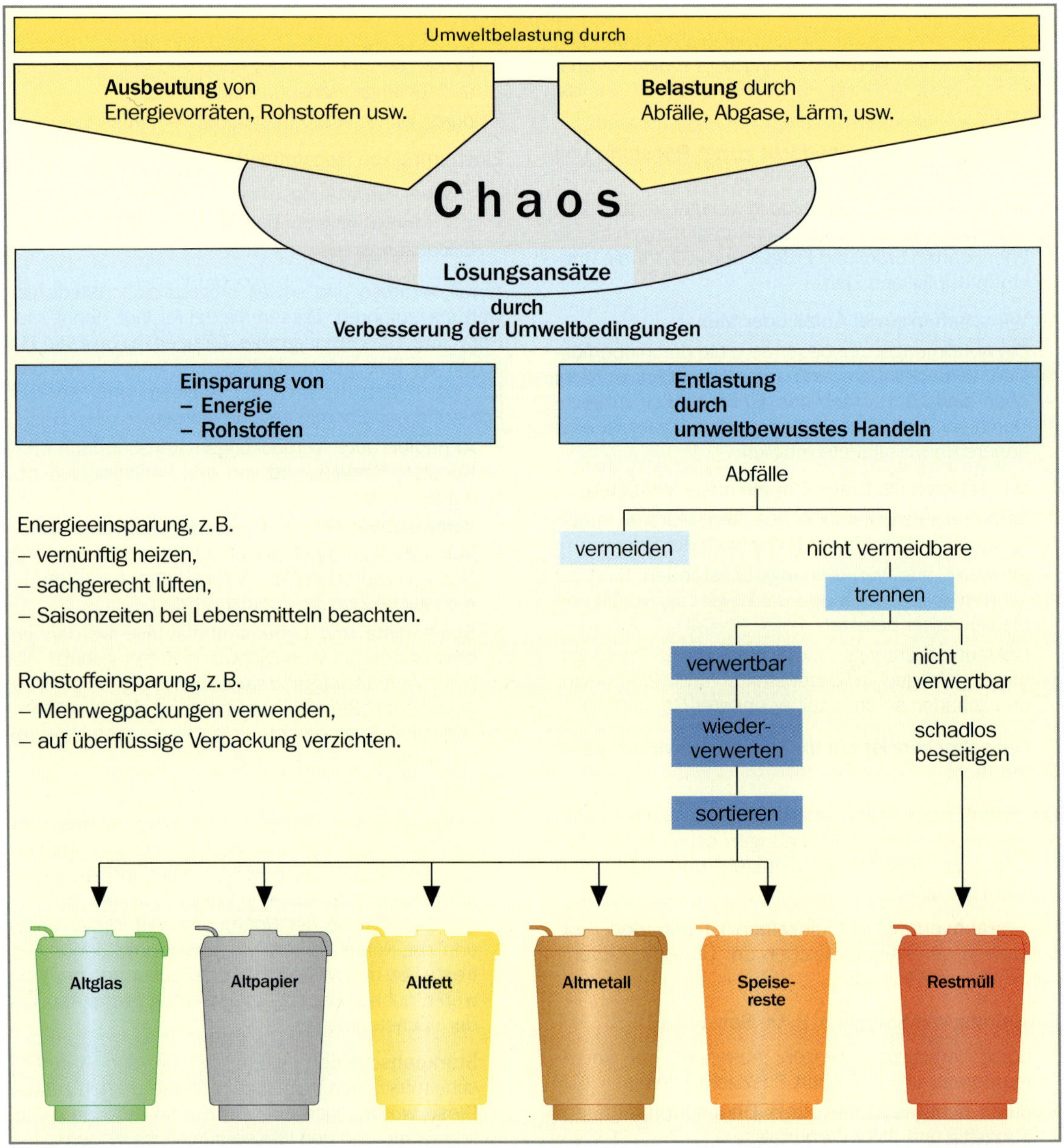

2 Verbraucherschutz

consumer protection
la protectio de le consommateur

Als die Menschen noch von den selbst angebauten Feldfrüchten lebten und ihre eigenen Haustiere zur Fleischversorgung hatten, wusste man genau, was auf den Tisch kam. Schon im Mittelalter lebte der Bauer außerhalb der Stadt und der Handwerker im Stadtgebiet. Damit waren Erzeugung und Verbrauch von Lebensmitteln bereits voneinander getrennt.

Heute kann man den Weg eines Lebensmittels vom Erzeuger zum Verbraucher in den seltensten Fällen nachvollziehen. Das ist der Grund, warum der Gesetzgeber Verordnungen zum Schutz des Verbrauchers erlassen hat. Diese Bestimmungen binden Erzeuger, Verarbeiter und Handel. Auch wenn man im Einzelfall besonders als Betroffener, sich über Vorschriften mokiert: Der Schutz des Verbrauchers, des Gastes ist wichtiger als Erschwernisse in Produktion oder Vertrieb. Einen Überblick über Vorgaben des Gesetzgebers wollen wir uns an einigen wichtigen Beispielen verschaffen.

2.1 Lebensmittel- und Futtermittelgesetzbuch (LFMG)

food and feed article law *la loi sur la protection des produits alimentaires*

Das **Lebensmittel- und Futtermittelgesetz** ist die rechtliche Grundlage im Umgang mit Lebensmitteln und für die meisten anderen auf Lebensmittel bezogene Vorschriften, wie

- **Gesetze,** z. B. Milchgesetz, Fleischbeschaugesetz,
- **Verordnungen,** z. B. Lebensmittelhygieneverordnung,
- **Leitsätze,** z. B. Leitsätze für Fleisch und Fleischerzeugnisse,
- **Richtlinien,** z. B. Richtlinien für Feine Backwaren, Richtlinien für Backmittel.

Zweck des Gesetzes ist

Schutz vor Gesundheitsschädigungen

§ 1 (1) 1 … **bei Lebensmitteln … den Schutz** der Verbraucher durch Vorbeugung gegen eine oder Abwehr einer Gefahr **für die menschliche Gesundheit sicher zu stellen.**

§ 5 Verbote zum Schutz der Gesundheit

Es ist verboten,

1. Lebensmittel für andere derart herzustellen oder zu behandeln, dass ihr Verzehr gesundheitsschädlich … ist,
2. Stoffe, die keine Lebensmittel sind, und deren Verzehr gesundheitsschädlich ist, in den Verkehr zu bringen …

Schutz vor Täuschung

§ 1 (1) 2 **vor Täuschung beim Verkehr mit Lebensmitteln … zu schützen.**

§ 11 Vorschriften zum Schutz vor Täuschung

Es ist verboten,
Lebensmittel unter irreführender Bezeichnung, Angabe oder Aufmachung gewerbsmäßig in den Verkehr zu bringen oder für Lebensmittel allgemein oder im Einzelfall mit irreführenden Darstellungen oder sonstigen Aussagen zu werben.

Während das Lebensmittel- und Futtermittelgesetz (LFMG) das Grundsätzliche regelt, bestimmen Verordnungen die Einzelheiten. Einige davon lernen wir auf den folgenden Seiten beispielhaft kennen.

Das bisherige Lebensmittel- und Bedarfsgegenständegesetz (LMBG) wird seit dem 1.1.2005 durch das Lebensmittel- und Futtermittelgesetz (LFMG) ersetzt. Wesentliche Überlegungen dabei: Sicherheit der Lebensmittel vom Acker oder vom Stall bis hin zum Verbraucher. Bisherige Vorschriften betrafen vorwiegend die Verarbeitung und den Handel. Nun ist auch die Produktion einbezogen.

Einführung

2.2 Kennzeichnung von Lebensmitteln

labelling of foodstuffs — *le marquage distinctif des produits alimentaires*

Wer in einer Bäckerei „offene Ware“ wie Kleingebäck von der Verkäuferin erhält oder im Restaurant ein Menü bestellt, und wissen will, welche Zutaten enthalten sind, kann das Personal direkt fragen. Anders ist es bei der Selbstbedienung.

Die Lebensmittelkennzeichnungsverordnung (LMKV) schreibt darum vor, was zur Information des Verbrauchers auf dem Etikett von verpackten Waren (Fertigpackungen) stehen muss.

Beispiel

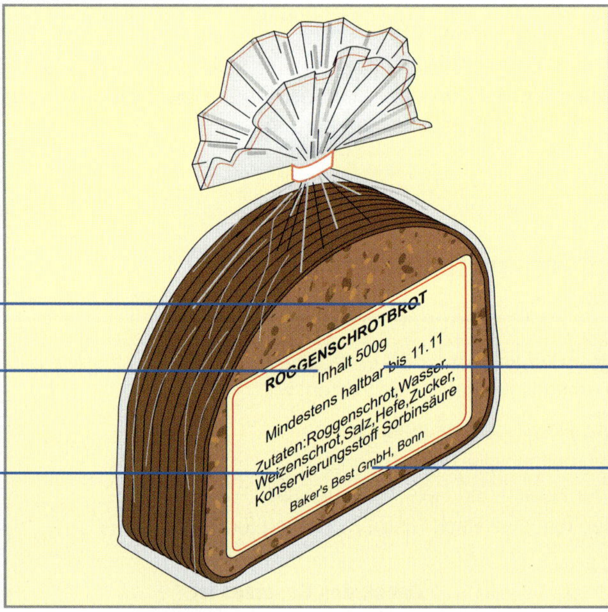

Verkehrsbezeichnung, das ist der Name des Produkts

Menge

Zutatenliste

Mindesthaltbarkeit oder **Verbrauchsdatum**

Hersteller oder Vertreiber, damit der Verbraucher weiß, an wen er sich bei Reklamationen wenden kann.

Zutaten sind alle Stoffe, die bei der Herstellung eines Lebensmittels verwendet werden. Beim frischen Brot z. B. Mehl, Getreideschrot, Wasser; Salz und Hefe.

Diese Zutaten sind in absteigender Folge anzugeben, also die größten Anteile zuerst, die geringsten zuletzt.

Wenn nun das Brot geschnitten, verpackt und auf Vorrat gehalten wird, kann es leicht schimmeln. Darum gibt man manchmal Sorbinsäure als Konservierungsstoff bei. Konservierungsstoffe sind Zusatzstoffe.

Wenn eine Zutat

- den Namen gibt, z. B. Roggenschrotbrot, Erdbeerjoghurt oder
- wesentlich ist, z. B. Kräuterbutter

muss der Anteil dieser Zutat in Prozent genannt werden. Man nennt dieses Besonderheit auch **Mengenkennzeichnung** oder **QUID-Richtlinie.**

Quantitative	mengenmäßige
Ingredient	Zutaten-
Declaration	angabe

Zusatzstoffe sind eine besondere Gruppe von Zutaten, die zugegeben werden, um besondere Wirkungen zu erzielen. Solche erwünschten Wirkungen können sein:

- *besondere Beschaffenheit,* z. B. Gelatine bei Joghurt, damit keine Flüssigkeit absetzt.
- *Erzielung bestimmter Eigenschaften oder Wirkungen,* z. B. Carotin, um dem Pudding eine schöne Farbe zu geben,
- *Konservierung,* welche die Haltbarkeit verlängert.

Empfindliche Personen können auf bestimmte Stoffe allergisch reagieren. Diesen Menschen ist die Zutatenliste eine Hilfe, denn man kann dort ungünstig wirkende Stoffe erkennen und dann das Produkt meiden.

Jeder Zusatzstoff hat eine Nummer. Wenn auf dem Etikett nicht die genaue Bezeichnung des Zusatzstoffes genannt ist, sondern nur der Gruppenname, muss die E-Nummer angegeben werden.

Beispiel

Mit Konservierungsstoff Sorbinsäure oder
Mit Konservierungsstoff (E 200)

Die Zusatzstoffe werden je nach der Verwendung in Gruppen eingeteilt.

Zur Information eine Tabelle mit Beispielen.

Gruppenname	Wirkung	Beispiele	Anwendung z. B.
Emulgatoren	halten Gemische von Fett und Wasser zusammen	Mono- und Diglyceride	Fertigsuppen, Salatmayonnaise
Antioxidantien	hemmen die Verbindung der Lebensmittel mit dem Sauerstoff der Luft und verzögern so den Verderb	Ascorbinsäure (Vitamin C), Tocopherol (Vitamin E), Milchsäure	Konfitüren, Salatsaucen, Pflanzenöle
Farbstoffe	geben den Zubereitungen eine ansprechende Farbe	Riboflavin, Carotin	Cremespeisen, Pudding, Kräuterliköre
Konservierungsmittel, chemische	hemmen die Tätigkeit von Mikroben und verhindern so den Verderb	Benzoesäure, Sorbinsäure PHB-Ester	Feinkostprodukte wie Fleisch- oder Heringssalat, Toastbrot

Mindesthaltbarkeits- und Verbrauchsdatum

Lebensmittel sind nur beschränkt haltbar. Darum müssen die Hersteller den Weiterverarbeiter, den Händler und den Endverbraucher darüber informieren, wie lange ein Produkt bei sachgemäßer Lagerung *mindestens haltbar* ist. Diesen Zeitpunkt nennt das **Mindesthaltbarkeitsdatum.**

Haltbarkeit	vorgeschriebene Kennzeichnung
weniger als drei Monate	▸ mindestens haltbar bis (Tag und Monat)
bis 18 Monate	▸ mindestens haltbar bis (Monat und Jahr)
länger als 18 Monate	▸ mindestens haltbar bis (Jahr)

Wenn die auf dem Etikett genannte Frist abgelaufen ist bedeutet das nicht, dass ein Lebensmittel verdorben ist, dass man es nicht mehr verwenden dürfte. Es muss jedoch sorgfältig auf Mängel geprüft werden.

Das **Verbrauchsdatum** ist bei leichtverderblichen Lebensmitteln wie z. B. Hackfleisch anzugeben.

Die Kennzeichnung lautet:

Verbrauchen bis spätestens 12. 10. …

Nach dem genannten Termin darf das Lebensmittel dann **nicht mehr verwendet** werden.

Preisangaben

Sinn dieser Bestimmungen ist es, dem Verbraucher/Gast Preisvergleiche zu ermöglichen. Darum ist jeder, der Waren oder Dienstleistungen anbietet, zur konkreten Angabe der Preise verpflichtet. Die Preise müssen Endpreise sein, es dürfen keine weiteren Zuschläge hinzukommen. In der Gastronomie spricht man von Inklusivpreisen.

- Im Einzelhandel muss bei Lebensmitteln neben dem Gewicht und dem Einzelpreis auch der Preis pro kg, (€/kg) genannt werden.

Salami (200 g Paket) **4,00 €**
20,00 €/kg

- Gaststätten und Restaurants müssen neben dem Eingang ein Verzeichnis der wesentlichen Speisen und Getränke anbringen. Das erlaubt dem Gast eine erste Orientierung vor dem Betreten des Lokales.
- Bei Getränken (außer bei Aufgussgetränken) muss neben dem Preis auch die Menge genannt werden. Also nicht: Glas Wein 4,00 €.
- Eine Preisangabe wie Forelle blau, nach Größe ist nicht erlaubt. Richtig ist es so:

Forelle (blau), nach Größe
Preis: xx,yy €/100 g

2.3 Lebensmittelhygieneverordnung (LMHV)

food hygiene regulations

le décret sur l'hygiène des produits alimentaires

Das Lebensmittel- und Bedarfsgegenständegesetz enthält in § 8 Verbote zum Schutz der Gesundheit. Die dort angeführten allgemeinen Grundsätze werden in Verordnungen genauer ausgeführt.

Die **Lebensmittelhygieneverordnung** (LMHV) enthält die Bestimmungen für einen **hygienisch einwandfreien Umgang** mit den Lebensmitteln und damit für die **gesundheitliche Unbedenklichkeit** unserer Speisen. Es ist nach einem besonderen Verfahren vorzugehen.

HACCP-Konzept

HACCP ist ein Konzept für die Produktsicherheit. Mit Hilfe dieses Verfahrens wird jeder Abschnitt der Speisen- und Getränkeproduktion auf Gefahrenstellen für die Gesundheit unserer Gäste überprüft.

Was bedeutet die Abkürzung?

	Wörtlich	sinngemäß
H = Hazard	= Gefahr, Risiko	Risiko-
A = Analysis	= Analyse,	analyse und
C = Critical	= kritisch	kritische
C = Control	= Kontroll-	Prüf- und Steuerungs-
P = Point	= Punkte	Punkte

Anmerkung: das englische Wort *control* darf hier nicht mit *Kontrolle* übersetzt werden. Hier bedeutet es *unter Kontrolle haben, beherrschen, steuern.*

Kontrollpunkte kann man auch mit **Schlüsselsituationen** übersetzen. An diesen Stellen muss man prüfen und nötigenfalls eingreifen. Dieses Wissen hilft uns, die Vorschriften zu verstehen.

Das HACCP-Konzept verlangt von jedem Betrieb

- selbst herauszufinden, wo „kritische Punkte" innerhalb des Betriebes bestehen,
- zu entscheiden, was unternommen werden muss, um die Gefahr zu verhindern oder zu mindern,
- Prüfergebnisse festzuhalten (zu dokumentieren).

Die Verantwortung liegt beim Unternehmer.

Das Kontrollsystem umfasst drei Bereiche.

Betriebshygiene
Küchenräume

Produkthygiene
Lagerung
Arbeitsverfahren

Personalhygiene
Einhaltung der
Hygieneanweisungen

Die Grafik zeigt uns, dass viele Erkrankungen in Verbindung mit Lebensmitteln durch menschliches Verhalten bedingt sind: Erhitzungsfehler, Übertragung durch Menschen, Hygienemängel, Herstellungsfehler, Lagerungsfehler. Alles Dinge, die nicht sein müssten.

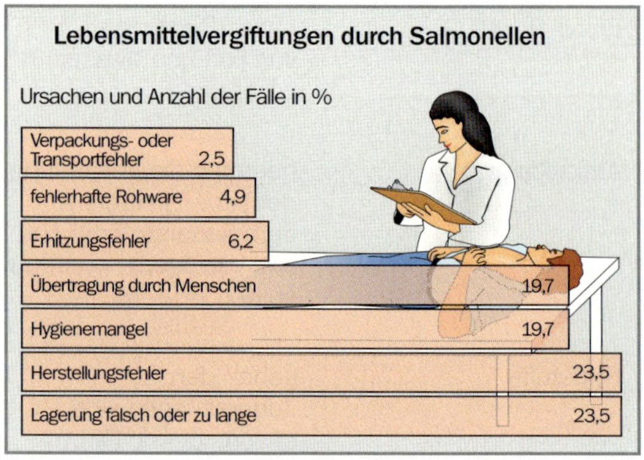

Abb. 1: Lebensmittelvergiftungen

Aus den vorangegangenen Abschnitten wissen wir von den Mikroben, ihren Vermehrungsweisen und ihren Lebensbedingungen. Nun geht es darum, entsprechende Hygienemaßnahmen anzuwenden.

Die Lebensmittelhygieneverordnung (LMHV) kennt:

Bestimmungen über:
- **Betriebsräume**
- **Personal**
- **Umgang mit Lebensmitteln**
  - Rohstoffe
  - Arbeitsverfahren
  - Vorrätighalten

Betriebsräume und Einrichtung

Hygienisch einwandfreies Arbeiten ist nur dort möglich, wo auch die äußeren Voraussetzungen dazu vorhanden sind. Zum Schutze des Verbrauchers nennen Gesetze und Verordnungen Mindestanforderungen. Die Betriebsräume müssen darum von den entsprechenden Behörden genehmigt werden.

Voraussetzungen sind:

Wände müssen hell und leicht zu reinigen sein. Nur so wird eine Verschmutzung leicht erkannt und ist problemlos zu entfernen. Darum sollen die Wände bis zu mindestens 2 Meter Höhe mit Fliesen belegt oder wenigstens mit heller Ölfarbe gestrichen sein.

Fußböden müssen wasserdicht sein. Darum verwendet man in der Regel Fliesen und verschließt die verbleibenden Fugen mit Zement. Die Rutschgefahr wird herabgesetzt durch eine besondere Oberflächengestaltung, wie z. B. durch Nocken oder Stege.

Abb. 1: Einwandfreier Fußboden

Toiletten müssen so angeordnet sein, dass sie nicht direkt mit den Produktionsräumen in Verbindung stehen. So wird die Gefahr der Keimverschleppung herabgesetzt.

Waschplätze müssen sich in der Nähe der Arbeitsplätze befinden und mit fließendem Wasser ausgestattet sein. Sie müssen getrennt von den Reinigungsbecken für Geschirr oder Rohstoffe angebracht werden.

Das Lebensmittelrecht schreibt vor, dass die **Einrichtungsgegenstände** so beschaffen sein müssen, dass sie bei bestimmungsgemäßem Gebrauch die menschliche Gesundheit nicht schädigen können. Darum dürfen sie nicht rosten und müssen leicht zu reinigen sein.

Neben den Eigenschaften des Materials, das zur Herstellung von Einrichtungsgegenständen verwendet wird, kommt es wesentlich auf die **Art der Formgebung** und Verarbeitung an. Wo keine Schmutzecken sind, kann sich auch kein Schmutz festsetzen. Daran sollte auch bei der Auswahl der Geräte gedacht werden.

Kühlräume sind sauber zu halten, denn Lebensmittelreste und Verschmutzungen können Bakterien enthalten.

Zwischenreinigen verbessert die Hygiene. Nach jedem Arbeitsvorgang Arbeitsflächen und Geräte reinigen.

Tücher, die in der Küche verwendet werden, sind täglich zu reinigen.

Bei **Spülmaschinen** dürfen Programme (Zeit, Temperatur) nicht geändert werden, denn sonst können Bakterien überleben.

Ungeziefer ist zu bekämpfen, denn es kann Keime übertragen.

Personal

„Alle Hygienemaßnahmen haben nur dann Aussicht auf Erfolg, wenn die persönliche Hygiene der Mitarbeiter einwandfrei ist."

Dieser Satz aus einem Handbuch der Hygiene macht deutlich:

Das Verhalten der Menschen entscheidet wesentlich über den Stand der Hygiene innerhalb eines Betriebes.

Hygieneregeln

1. Vor Beginn der Arbeit Ringe und Armbanduhr ablegen.
2. Vor Beginn der Arbeit und nach dem Gang zur Toilette Hände gründlich waschen.
3. Beim Husten oder Niesen sich von den Lebensmitteln abwenden.
4. Verletzungen, z.B. kleine Schnitte an den Händen mit wasserundurchlässigem Verband versorgen.
5. Beim Umgang mit Lebensmitteln ist eine Kopfbedeckung zu tragen.
6. Beim Umgang mit Lebensmitteln ist das Rauchen verboten.

Hände – Handtuch

Hände sind gefährliche Überträger von Mikroben. Darum muss die persönliche Hygiene besonders beachtet werden. Hände werden unter fließendem warmem Wasser gereinigt.

Seife hilft den Schmutz zu lösen. Seifenspender müssen mit der gewaschenen Hand nicht mehr berührt werden und verhindern darum die Übertragung von Bakterien.

Handtücher werden bei der Benutzung **feucht** und durch Lebensmittelreste **verschmutzt.** Bei entsprechender Raumtemperatur bietet das Mikroben eine nahezu **ideale** Vermehrungsgelegenheit.

Übliche Handtücher sind darum eine **Gefahr für die Hygiene.** Besonders problematisch sind **Gemeinschaftshandtücher,** die von mehreren Personen benutzt werden. Sie bergen neben der Möglichkeit der Bakterienvermehrung auch die **Gefahr der Bakterienübertragung** von Mensch zu Mensch.

Darum hat man andere Möglichkeiten zum Trocknen der Hände geschaffen.

Papierhandtücher sind aus saugfähigem Papier und zum einmaligen Gebrauch bestimmt. Gebrauchte Stücke kommen in den Papierkorb und werden vernichtet.

Stoffhandtuchspender geben jeweils ein Stück frisches Tuch zur einmaligen Benutzung frei. Gebrauchtes Tuch und unbenutztes Tuch sind voneinander getrennt, sodass Bakterien nicht übertragen werden können.

Einführung

Berufskleidung

Mit modernen Waschmitteln ist es zwar möglich, auch bei niederen Temperaturen weiße Wäsche zu erhalten.

„Weiß" ist aber nicht immer „hygienisch einwandfrei". Nur bei **hoher Temperatur** werden die **Mikroben** getötet. Für Berufswäsche, die ja bei fast allen Nahrungsmittelberufen auch mit eiweißhaltigen Speiseresten verschmutzt ist, empfiehlt es sich darum, einzuweichen und die **Hauptwäsche bei 95 °C** durchzuführen.

Das Infektionsschutzgesetz

- **schreibt für alle Beschäftigten, die mit Lebensmitteln umgehen, vor**
  - vor Aufnahme der Tätigkeit **Erstbelehrung durch das Gesundheitsamt** oder einen beauftragen Arzt,
  - **jährliche Belehrung** über Hygiene durch den Betrieb
- **regelt das Verhalten bei Auftreten übertragbarer Krankheiten z. B.**
  - Meldung der Krankheit,
  - Verbot der beruflichen Tätigkeit für Erkrankte,
  - Anordnung von Entseuchungsmaßnahmen.

Umgang mit Lebensmitteln

In der gewerblichen Küche muss ein Teil der Vorbereitungsarbeiten im Voraus erfolgen, abgetrennt von der Weiterverarbeitung. Man nennt das zeitliche und thermische Entkoppelung.

Ferner ist es unvermeidlich, dass bei den einzelnen Mahlzeiten Zubereitungen übrigbleiben, weil die Zahl der Gäste nicht im Voraus festliegt.

Die sachgerechte Aufbewahrung bis zur Weiterverwendung hilft, Verluste an Geschmack und Aussehen geringzuhalten und dem Verderb vorzubeugen.

Alle vorbereiteten Lebensmittel werden bis zur Weiterverwendung im Kühlschrank oder Kühlraum aufbewahrt.

Heiße Zubereitungen müssen möglichst schnell abgekühlt werden. Dazu ist es unbedingt notwendig, dass die Waren zunächst in mehrere kleinere oder flache Gefäße umgefüllt werden.

Man hat Folgendes festgestellt: Ein großer Topf mit 30 kg Gulasch, eingefüllt nach dem Garen mit 95 °C, benötigt im Kühlraum mehr als zwei Tage um im Inneren auf + 10 °C abgekühlt zu sein.

Für krankmachende Mikroben sind das ideale Zeiträume um sich zu vermehren.

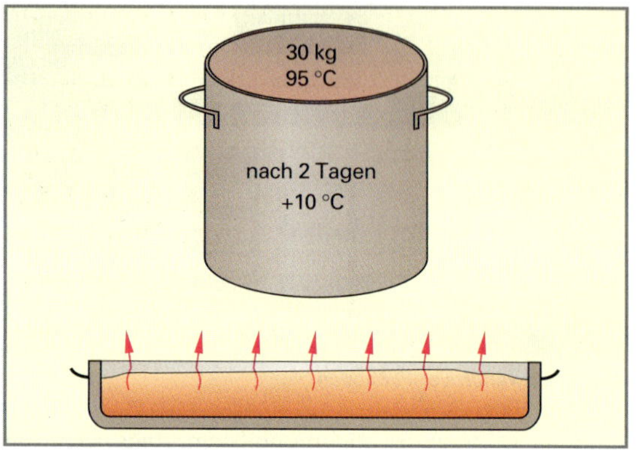

Abb. 1: Abkühlung im Vergleich

Auf flachen Gastronorm-Schalen wird die Wärme viel schneller abgegeben.

Auch daran ist zu denken: Wenn eine Kühlmaschine dauernd läuft, wenn sie nicht mehr abschaltet, ist eine ausreichende Kühlung nicht mehr gewährleistet.

Maßnahmen, die eine optimale Aufbewahrung gewährleisten:

Leichtverderbliche Lebensmittel sind gekühlt zu lagern, damit sich Bakterien nicht vermehren können.

Fleischwaren (rein) und unvorbereitete **pflanzliche Lebensmittel** (unrein) getrennt lagern und bearbeiten, denn Erdreste enthalten Keime.

Tiefgefrorenes Fleisch und Geflügel sachgemäß auftauen. Das **Tauwasser** wegschütten.

Speisen, die auf Vorrat zubereitet werden, entweder **heiß halten** oder **rasch abkühlen und wieder erwärmen,** denn im kritischen Temperaturbereich vermehren sich die Bakterien rasch.

Abfälle außerhalb der Küche lagern, damit keine Bakterien übertragen werden können.

Durchführung der Hygienevorschriften

Hier verlangt die Lebensmittelhygieneverordnung die **Eigenkontrolle** innerhalb der Betriebe. Die amtliche Lebensmittelüberwachung ist dann gleichsam die „Kontrolle der Kontrolle".

Die Betriebe sind aufgefordert

- **Kontrollpunkte festzulegen.** Darunter versteht man Schlüsselsituationen, an denen die Qualität oder die gesundheitliche Unbedenklichkeit eines Produktes gefährdet sein kann, z. B. Fleisch wird nicht im Kühlraum gelagert. Wird die Gesundheit gefährdet, spricht man von **kritischen Kontrollpunkten.**

- **Sicherungsmaßnahmen festlegen.** Z. B. die Anweisung, Fleisch, Fisch und Milchprodukte sind unmittelbar nach der Annahme der Waren in die entsprechenden Kühlräume zu bringen.
- **Aufstellen eines Reinigungs- und Hygieneplanes.**
- **Überwachung der Maßnahmen an den kritischen Punkten,** das sind die betriebseigenen Kontrollen. Betriebseigene Kontrollen
  - müssen zwar nicht aufgezeichnet werden,
  - müssen aber nachprüfbar durch die amtliche Lebensmittelkontrolle sein.

  Es ist darum sinnvoll, die durchgeführten Kontrollen und die Ergebnisse schriftlich festzuhalten, weil nur auf diese Weise die geforderte Sorgfalt nachgewiesen werden kann.

Schriftliche Pläne für Reinigungs- und Hygienemaßnahmen sind von Vorteil. Sie

- legen die geforderten Arbeiten unmissverständlich fest,
- bleiben auch bei Personalwechsel bestehen,
- dienen der Überwachung gegenüber als Nachweis.

2.4 Lebensmittelüberwachung

food supervision
le contrôle des produits alimentaires

Was nützen die strengsten Vorschriften, wenn sie nicht kontrolliert werden?

Die Kontrolle der Lebensmittelbetriebe ist Sache der Bundesländer. Aus diesem Grund können die zuständigen Behörden unterschiedliche Namen tragen. Die Grundsätze der Verfahren sind dennoch gleich.

Überwachungsbeamte oder **Lebensmittelkontrolleure** sind fachlich ausgebildete Personen; oft haben sie einen Beruf aus dem Lebensmittelgewerbe und kennen sich darum aus.

Bei den **Kontrollen** dürfen sie während der Geschäftszeiten

- Räume und Einrichtungen des Betriebes auf den hygienischen Zustand überprüfen,
- Rohstoffe und Endprodukte auf Hygiene und die Einhaltung lebensmittelrechtlicher Vorschriften überprüfen (ob z. B. ein Wiener Schnitzel aus Kalbfleisch ist),
- Proben von Produkten nehmen und diese zur lebensmittelrechtlichen Untersuchung senden.

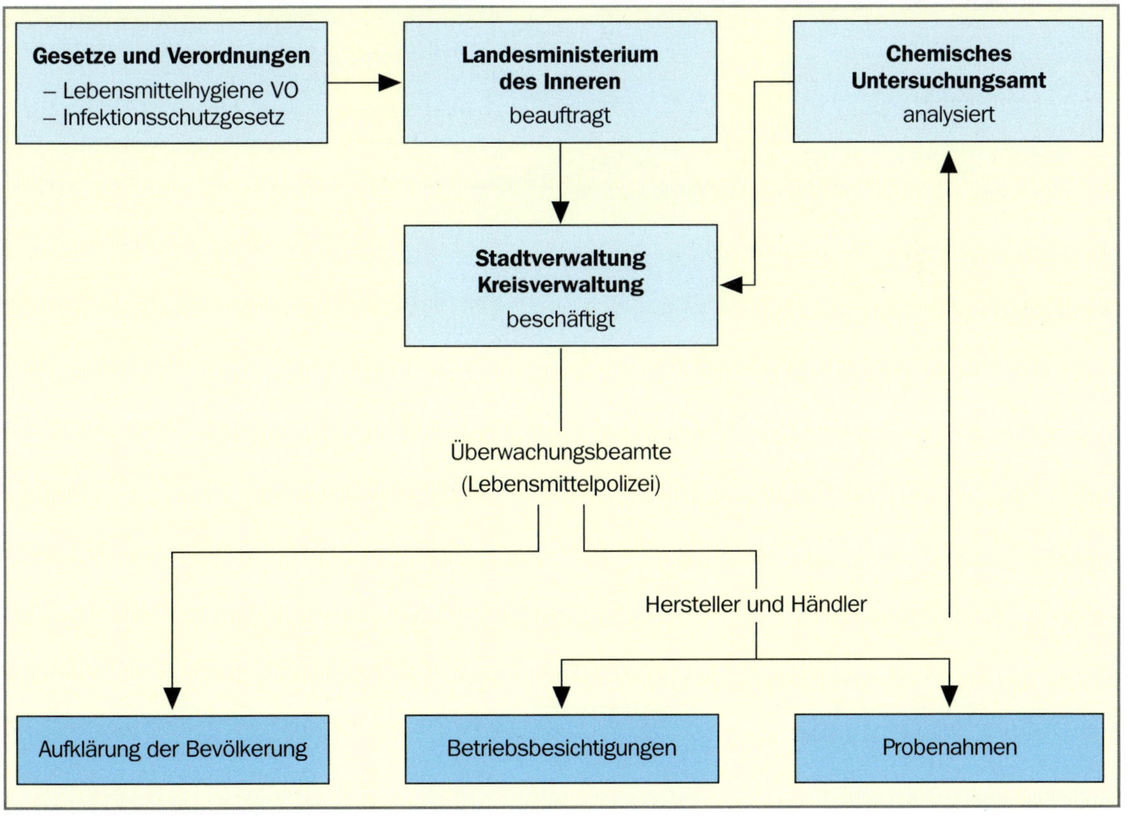

Einführung

Werden **Proben** entnommen, so hat der Betriebsinhaber das Recht auf eine **Gegenprobe.** Diese kann er auf eigene Kosten untersuchen lassen. Damit hat er bei einer ungerechtfertigten Anklage ein wichtiges Beweismittel zu seiner Entlastung.

Die Kontrollen werden nach dem Zufallsprinzip durchgeführt. Liegen Beschwerden von Verbrauchern/Gästen vor, wird die Kontrolle angeordnet. Der Betriebsinhaber und das Personal sind nach dem Gesetz verpflichtet, die amtlichen Kontrolleure nicht zu behindern. Sie müssen auch Fragen über die Rohstoffe und die Herstellungsverfahren beantworten.

AUFGABEN

1 Welches sind die zwei wesentlichen Ziele des Lebensmittelrechts?

2 „Wenn ich verpacktes Brot kaufe, erfahre ich, welche Zutaten enthalten sind. Warum ist das für frisches Brot in der Bäckerei nicht vorgeschrieben?“ Welche Antwort geben Sie?

3 Worin liegt der Unterschied zwischen Zutaten und Zusatzstoffen?

4 Aus welchen Gründen können Zusatzstoffe beigegeben werden? Nennen Sie drei Bereiche mit je einem Beispiel.

5 Auf einem Becher mit Joghurt steht: „Mindestens haltbar bis 14.03. ...“. Im Kühlschrank ist ein Becher nach hinten gerutscht und übersehen worden. Darf man das Produkt am 20.03. noch essen?

Arbeitssicherheit

1 Unfallverhütung

prevention of accidents
la prévention des accidents

Ein Blick auf die Unfallstatistik zeigt, dass innerhalb des Hotelgewerbes die Küche der gefährlichste Bereich ist.

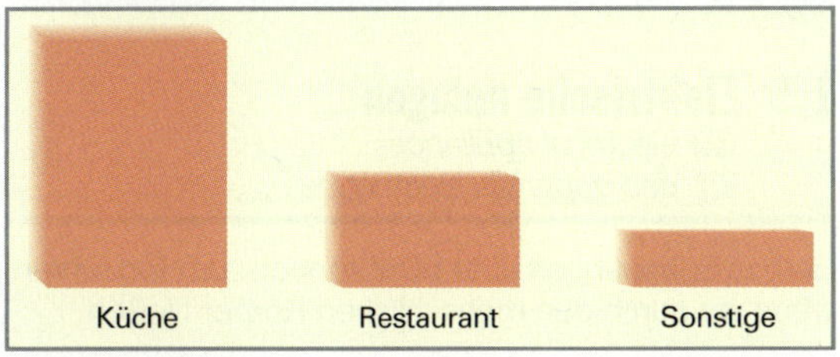

Abb. 1: Unfallbereiche

Betrachtet man die Unfallschwerpunkte, stehen die sogenannten Wegeunfälle im Vordergrund. Ein Großteil davon entfällt auf Verletzungen, die beim Laufen, Gehen und Steigen auch außerhalb der Küche entstehen. Im Bereich des Restaurants überwiegt diese Art. In der Küche stehen Schnittverletzungen im Umgang mit Messern und Geräten im Vordergrund, gefolgt von Unfällen, die im Umgang mit Maschinen entstanden sind. Aber auch falsches Heben und Tragen führt zu Verletzungen.

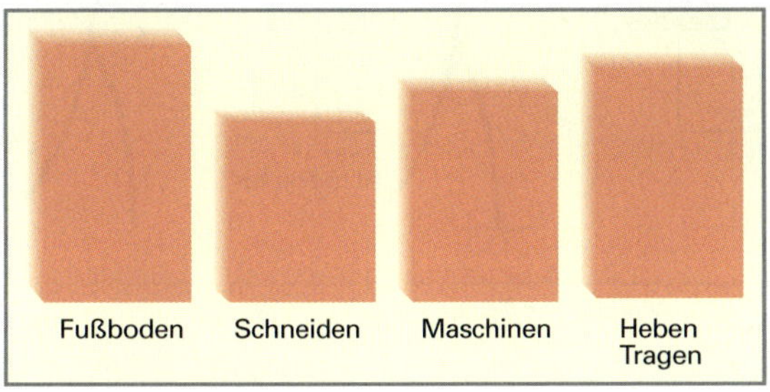

Abb. 2: Unfallschwerpunkte

1.1 Fußboden

floor — le plancher

Etwa 20 Prozent der Unfälle, die sich in der Küche ereignen, sind Stürze. Wenn auch oft Eile und Hast zum Sturz beitragen, so sind die eigentlichen Ursachen meist

- ein verschmutzter und damit nicht rutschfester Boden,
- Gegenstände, die im Laufbereich abgestellt und vom Verletzten übersehen worden sind.

Stürze können vermieden werden. Deshalb

- Wege frei halten,
- Schuhe mit rutschfesten Sohlen tragen; abgetragene Straßenschuhe taugen nicht für den Beruf,
- Verschüttetes sofort aufwischen,
- kleinere Fettmengen am Boden mit Salz bestreuen,
- vor dem Betreten des Gefrierraumes Schuhsohlen abstreifen, denn an feuchten Sohlen bildet sich sofort eine Eisschicht.

1.2 Feuerschutz

fire preventing — la protection de feu

Wenn ein Brand entsteht, wirken zusammen:

- brennbarer Stoff,
- Sauerstoff,
- Entzündungstemperatur.

Soll ein Brand gelöscht werden, muss mindestens einer dieser Faktoren ausgeschaltet werden.

Wasser entzieht die Entzündungswärme.

Als Löschmittel ist es aber nur geeignet bei Bränden mit Holz, Pappe und Papier.

Es ist ungeeignet für Öl, Fett, Benzin usw., denn diese flüssigen Stoffe würden bei Wassereinwirkung nur verspritzen und damit den Brandherd vergrößern.

Feuerlöscher entziehen den Sauerstoff.

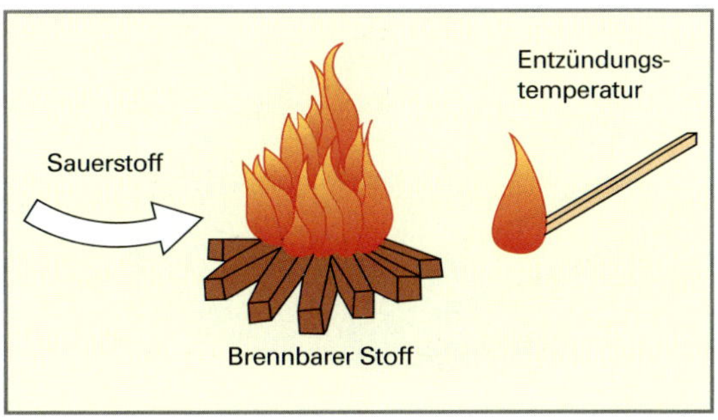

Abb. 3: Brandfaktoren

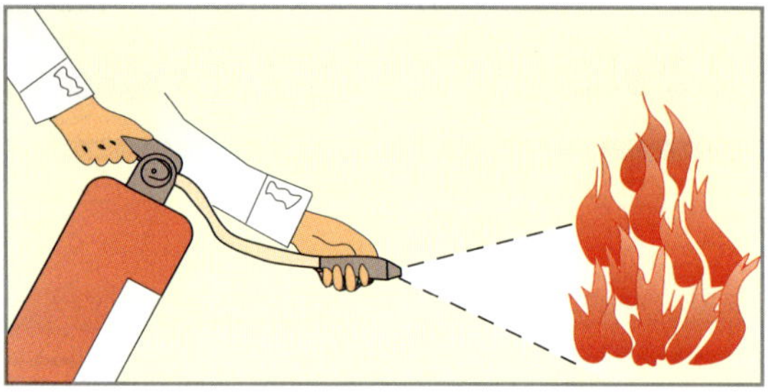

Abb. 1: Trocken-Feuerlöscher

Grundsätzlich wird die Brandstelle von unten her bekämpft. Weil so der Sauerstoffzutritt verhindert wird, erstickt die Flamme.

Bei der Anschaffung von Feuerlöschern ist eine Beratung durch den Fachmann erforderlich, denn entsprechend des möglichen Einsatzes ist die zweckmäßigste Art des Löschmittels zu wählen.

1.3 Messer, schneidende Maschinen

In Verbindung mit Messern *(knives / de couteaux)* und schneidenden Werkzeugen *(cutting machines / de machines à couper)* entstehen etwa 12 Prozent der Unfälle im Gastgewerbe. Auf die Beschäftigten in der Küche bezogen, geschieht jeder dritte Unfall in Verbindung mit Messern. Mit zu den schlimmsten Unfällen in der Küche gehören die „ausrutschenden Messer" bei der Fleischzerlegung.

Besonders gefährdet sind:

- Hände (Schnitt- und Stichwunden).
- Bauchgegend (Darmverletzung).
- Oberschenkel (Schlagader).

Wirksamen Schutz bei der Fleischzerlegung bieten:

- Stechschutzschürze,
- Stechschutzhandschuh.

Schneidewerkzeuge nie in das Spülwasser legen! Wer nicht Bescheid weiß, greift in das Wasser und verletzt sich.

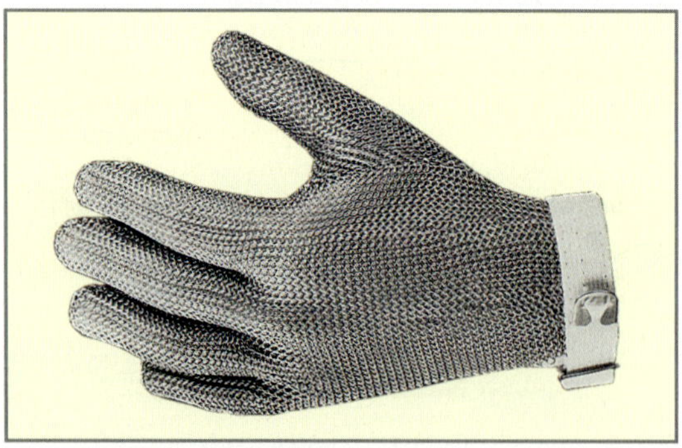

Abb. 2: Stechschutzhandschuh

1.4 Maschinen 🇬🇧 *machines* 🇫🇷 *des machines*

Die Berufsgenossenschaft prüft neue Maschinen und Geräte, ob sie den Unfallverhütungsvorschriften entsprechen, und stellt darüber ein Prüfungszeugnis aus. Auf dieses Prüfungszeugnis ist beim Einkauf zu achten, denn der Betriebsinhaber ist verpflichtet, dafür zu sorgen, dass die im Betrieb verwendeten Maschinen unfallsicher sind.

Schutzvorrichtungen dürfen nicht entfernt werden.

Im einzelnen sind die Schutzvorrichtungen bei den entsprechenden Maschinen beschrieben.

1.5 Elektrische Anlagen

🇬🇧 *electrical appliances*
🇫🇷 *des appareils électriques*

Bereits Spannungen über 50 V können zum Tod führen, wenn sie durch den menschlichen Körper fließen.

Für gewerbliche Räume sind Geräte und Steckvorrichtungen mit Schutzkontakt vorgeschrieben. Isolationsfehler werden dabei nach außen nicht wirksam, weil Fehlspannungen über den Schutzleiter abgeleitet werden und nicht durch den menschlichen Körper fließen.

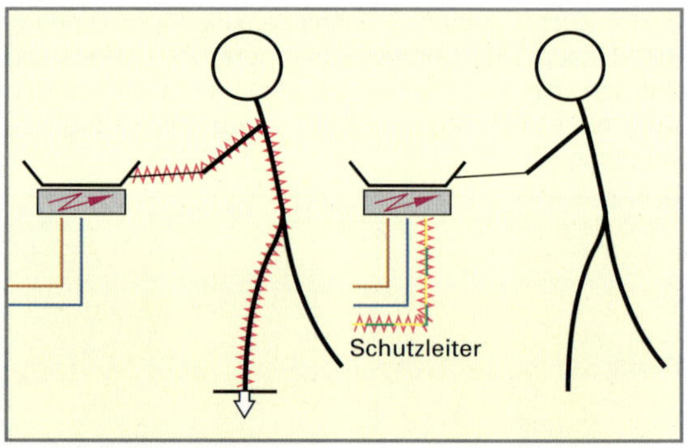

Abb. 3: Wirkung des Schutzleiters

Verlängerungskabel ohne Schutzleiter setzen die Schutzwirkung außer Kraft.

Beispiel

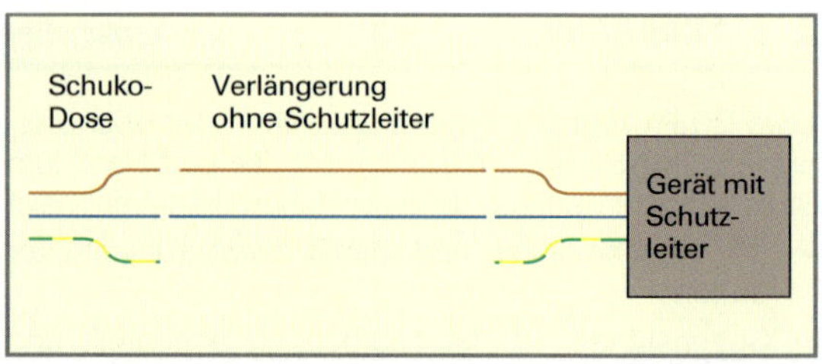

Abb. 4: Unterbrochene Schutzleitung

Wer an Geräten mit Schutzleitungen oder Schuko-Steckdosen Änderungen vornimmt, handelt verantwortungslos. Eine kleine Verwechslung, und der Schutzleiter kann todbringend sein.

Nur der Elektrofachmann darf installieren und Änderungen vornehmen.

In der Küche ist es besonders gefährlich, beschädigte Leitungen selbst zu reparieren, denn bei Feuchtigkeit kann der elektrische Strom die Isolierung überwinden und dadurch zu Unfällen führen.

Schutzmaßnahmen bei elektrischen Unfällen

Elektrischer Strom wirkt nur, wenn er fließen kann.

Darum:

- Vor Rettungsmaßnahmen Stromkreis unterbrechen (Sicherung, Retter ist isoliert, z.B. auf Unterlage von Karton).
- Nach einem „Stromschlag" zum Arzt, denn die elektrische Spannung beeinflusst die Herztätigkeit.

1.6 Sicherheitszeichen

security signs *de signes de sécurité*

Sicherheitszeichen geben Informationen in bildhafter Form. Durch die Art der Gestaltung sollen sie, ohne weitere Erläuterung, „für sich sprechen". Ähnlich wie bei den Verkehrszeichen macht schon die Form Aussagen über die Art der Information.

Warnzeichen

Abb. 1: Gefahrenstelle

Abb. 2: Leicht entzündlich

Abb. 3: Ätzend

Abb. 4: Giftig

Abb. 5: Gesundheitsschädlich

Abb. 6: Umweltgefährlich

Verbotszeichen

Abb. 7: Verbot mit Wasser zu löschen

Abb. 8: Rauchen, offenes Licht und Feuer verboten

Abb. 9: Rauchen verboten

Abb. 10: Kein Trinkwasser

Gebotszeichen

Abb. 11: Gehörschutz tragen

Abb. 12: Augenschutz benutzen

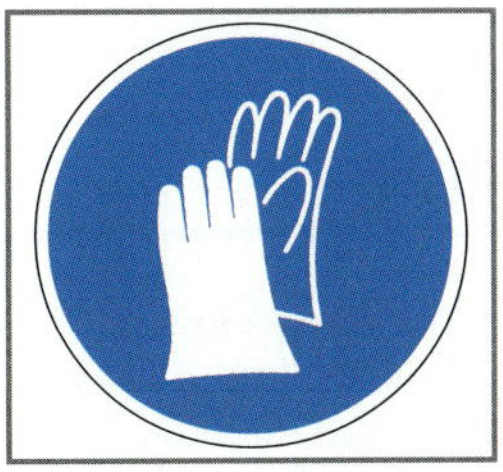

Abb. 13: Schutzhandschuhe tragen

Abb. 14: Schutzschuhe tragen

Hinweiszeichen

Abb. 1: Fluchtweg

Abb. 2: Erste Hilfe

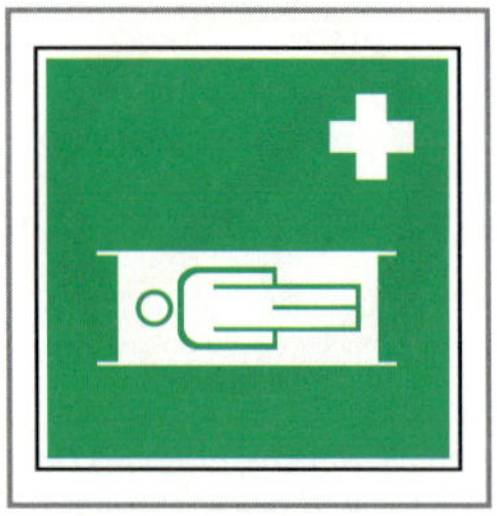

Abb. 3: Krankentrage

Abb. 4: Feuerlöscher

Maschinen und Geräte dürfen nur dann benutzt werden, wenn sie den jeweiligen Sicherheitsvorschriften entsprechen. Da der Unternehmer im Gastgewerbe nicht alle Vorschriften für Technisches kennen kann, wird empfohlen, bei der Bestellung zur Bedingung zu machen, dass die Maschinen den anerkannten sicherheitstechnischen Regeln entsprechen.

Hersteller, die ihre Maschinen und Geräte prüfen lassen, erhalten von der Prüfstelle eine Prüfbescheinigung mit dem GS-Zeichen. **GS** bedeutet **G**eprüfte **S**icherheit.

Abb. 5: GS-Zeichen für geprüfte Sicherheit

2 Erste Hilfe

first aid
le premiers soins

Erste Hilfe hat die Aufgabe, bei Verletzungen oder Unfällen **weitere Schäden** zu **vermeiden.**

Die eigentliche Hilfe gibt der Arzt.

Es ist falsch, Verletzungen selbst kurieren zu wollen und den Weg zum Arzt als den Gang eines Feiglings anzusehen. Kleinere Verletzungen müssen nicht sofort behandelt werden. Es genügt, wenn innerhalb von sechs Stunden, also z.B. in der Zimmerstunde, der Arzt aufgesucht wird.

Selbst die kleinste Wunde kann zu einer Entzündung der Lymphgefäße, der sogenannten Blutvergiftung, oder zu einem Wundstarrkrampf führen oder „wild", also mit Wucherungen, ausheilen.

2.1 Schnitt- und Stichwunden

Im Umgang mit Messern kommt es, besonders bei Beginn der Ausbildung, häufig zu Schnitt- und Stichwunden. Dabei kann der harmlos aussehende glatte Schnitt über tieferliegende Verletzungen hinwegtäuschen.

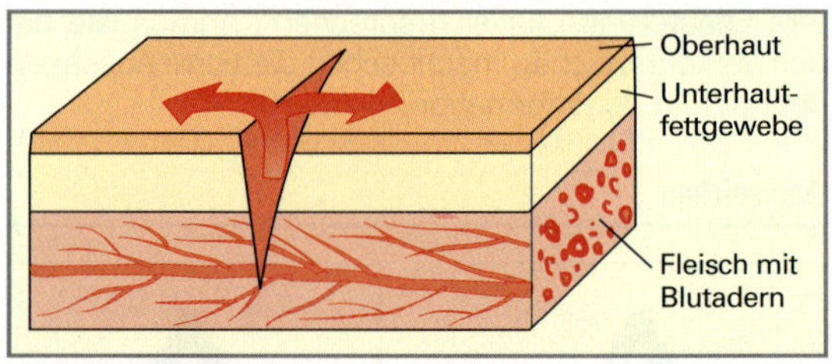

Abb. 6: Schnittwunde

Es ist dringend zu beachten:

- Wunden nicht auswaschen.
- Keine keimtötenden Flüssigkeiten und Puder anwenden.

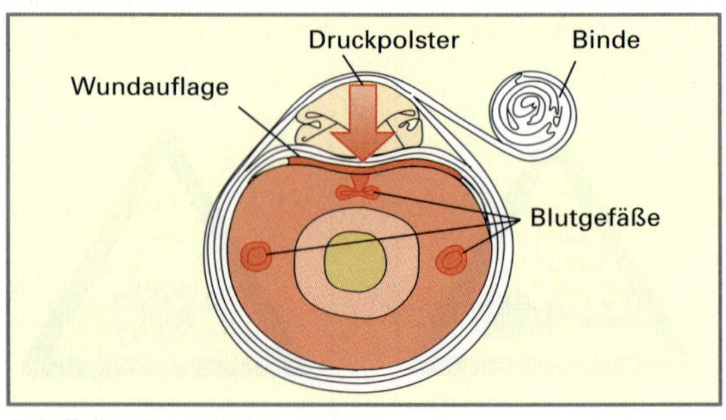

Abb. 7: Druckverband

Wunde mit keimfreiem Verband abdecken, das verletzte Glied hochlagern. Die Blutung wird dadurch geringer. Bei stärkerem Blutverlust Druckverband anlegen. Dazu legt man über den keimfreien Verband eine weitere Binde und zieht diese fester an. Abbindungen dürfen nur in Notfällen vorgenommen werden, der Verletzte muss anschließend sofort zum Arzt.

Wunden sollten nach der Ersten-Hilfe-Leistung bald, jedoch innerhalb von sechs Stunden von einem Arzt versorgt werden.

2.2 Ohnmacht und Bewusstlosigkeit

Bei einer **Ohnmacht** ist der Mensch kurze Zeit (1 bis 2 Minuten) „ohne Macht über sich selbst".

Bewusstlosigkeit ist länger andauernd. Der Mensch ist in diesem Zustand hilflos, es droht Erstickungsgefahr durch Verlegung der Atemwege.

Ursachen können sein: Sauerstoffmangel (schlechte Luft), große Hitzeeinwirkung, elektrischer Strom sowie Missbrauch von Alkohol und Drogen. Auch plötzliche Aufregung und großer Schmerz können die Bewusstlosigkeit auslösen.

Bewusstlosigkeit erkennt man daran, dass die betroffene Person nicht ansprechbar ist.

Ohnmächtige und Bewusstlose werden
- an die frische Luft gebracht (Sauerstoff),
- in Seitenlage gebracht,
- von beengender Kleidung befreit,
- in ärztliche Behandlung übergeben.

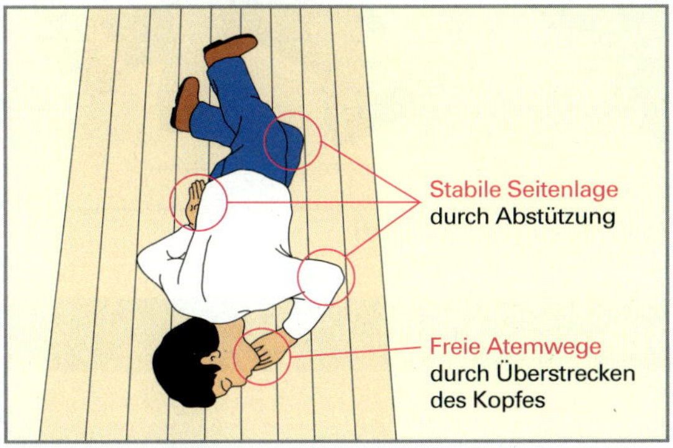

Abb. 1: Stabile Seitenlage

2.3 Verbrennungen und Verbrühungen

Verbrennungen und Verbrühungen sind in der Küche sehr häufig, sie sind zudem äußerst schmerzhaft.

Jede Verbrennung oder Verbrühung ist eine Schädigung der Haut. Je nach Schwere unterscheidet man:

- Verbrennungen 1. Grades: die Haut wird rot,
- Verbrennungen 2. Grades: es entstehen Blasen,
- Verbrennungen 3. Grades: Haut und darunterliegende Gewebe verkohlen oder verkochen.

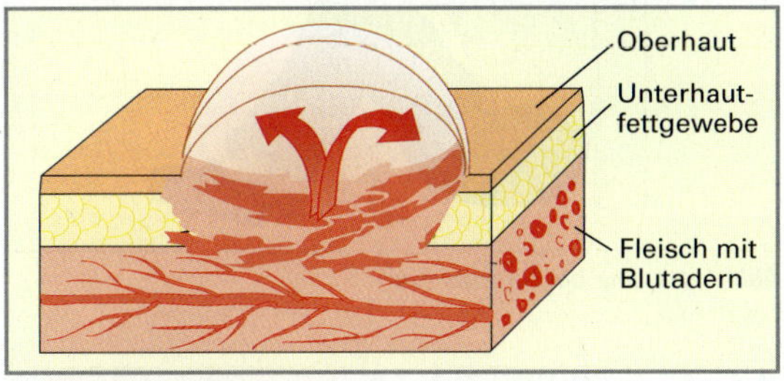

Abb. 2: Brandwunde

Erste Maßnahmen

Bei **Verbrennungen** an Armen und Beinen den betroffenen Körperteil in kaltes Wasser tauchen. Und zwar so lange, bis die Schmerzen aufhören. Das dauert etwa 15 Min. Kein Eiswasser verwenden, denn das würde zu weiteren Schädigungen führen.

Bei **Verbrühungen**, z.B. durch kochend-heiße Flüssigkeit oder Dampf, die Bekleidung aufschneiden und vorsichtig entfernen. Auf keinen Fall vom Körper reißen, das würde die schützende Haut zerstören.

Dann:

Nur bei leichten Verbrennungen (1. Grad: leichte Rötung der Haut) darf Fett oder Salbe zur Schmerzlinderung verwendet werden. Brandblasen nicht aufstechen!

Bei Verbrennungen 3. Grades, z.B. durch Frittürenfett, ist die Haut zerstört, die Stelle ist darum wie eine Wunde mit einem keimfreien Verband oder einer Brandbinde zu behandeln.

Unbedingt sofort zum Arzt!

Bei größeren Verbrennungsflächen (z.B. Kleidung hat Feuer gefangen) den Verletzten zudecken. Schluckweise alkoholfreie Flüssigkeit zu trinken geben, damit die Nieren durch die Giftstoffe nicht geschädigt werden. An der Haut festklebende Kleidungsstücke nicht abreißen. Krankenwagen rufen, nicht selbst ins Krankenhaus transportieren.

2.4 Nasenbluten

Nasenbluten entsteht bei hohem Blutdruck, der als Ursache Überanstrengung, Aufregung, aber auch äußere Einwirkungen haben kann.

Man beugt den Kopf leicht vornüber und legt kalte Umschläge in den Nacken (s. Abb. 1, S. 54).

Ist die Blutung nicht stillbar, Arzt rufen.

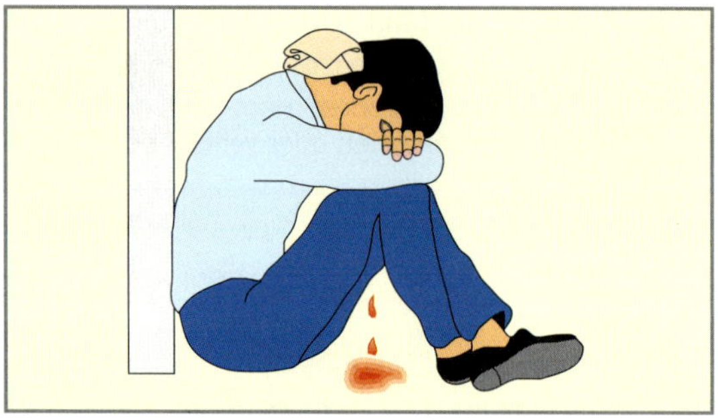

Abb. 1: Haltung bei Nasenbluten

2.5 Fremdkörper im Auge

Fremdkörper unter dem Oberlid: Oberlid über Unterlid ziehen und wieder nach oben schieben. Die Wimpern des Unterlides halten den Fremdkörper fest.

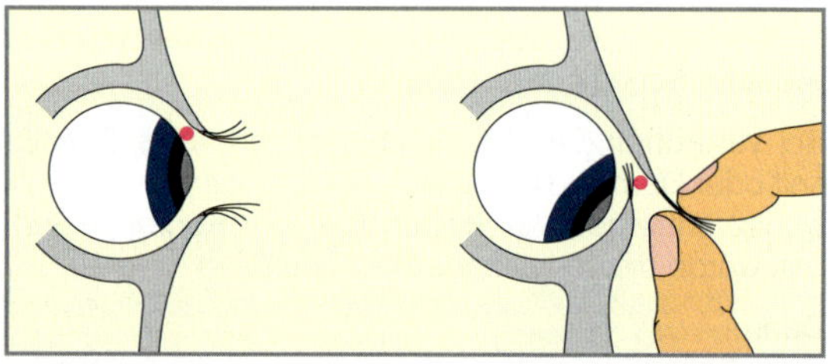

Abb. 2: Fremdkörper im Auge

Fremdkörper unter dem Unterlid: Verletzten nach oben sehen lassen und das Unterlid herunterziehen. Mit Taschentuch vorsichtig zur Nase hin herauswischen.

2.6 Unfälle mit elektrischem Strom

In Küchenbetrieben arbeitet man mit Spannungen von 230 und 400 Volt. Die Stärke des „Schlages", den man beim Berühren einer elektrischen Leitung erhält, hängt weniger von den Umständen ab, unter denen man einen Stromleiter berührt. Das Ausmaß der Schädigung hängt von der Leitfähigkeit des Bodens ab.

Bei Stromunfällen zuerst Strom abschalten.

Dazu:

Schalter betätigen, Stecker herausziehen, Sicherung herausdrehen.

Ist das nicht möglich, den Verletzten mit nichtleitenden, trockenen Gegenständen (siehe Abb. 3 Ⓑ) aus dem Stromkreis retten.

Dabei auf Bodenisolierung (siehe Abb. 3 Ⓐ) achten, z. B. Karton, Küchentücher.

Den Verletzten flach lagern; ist er scheintot, mit Wiederbelebung beginnen; wenn er wieder bei Bewusstsein ist, Wasser zu trinken geben.

Ein durch Stromeinwirkung Verunglückter muss auf jeden Fall zu einem Arzt gebracht werden, auch wenn keine Gefährdung erkennbar ist.

Der Stromfluss durch den Körper kann zu Herzstörungen führen.

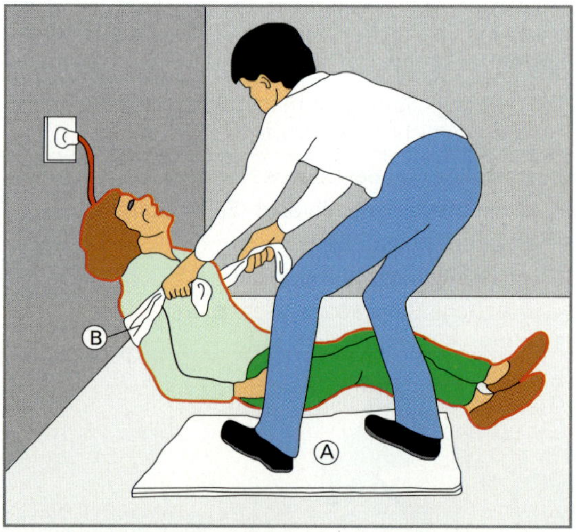

Abb. 3: Rettung bei Stromunfall

Küche

Aufgaben

1 Nennen Sie die Hauptgründe für Sturzunfälle.
2 „Zu einem Brand kann es auch kommen, wenn gar keine Flamme vorhanden ist," sagt Karl. Heiner meint: „Das gibt es nicht!" Nehmen Sie Stellung.
3 Nach welchem Prinzip wird ein Brand mittels eines Feuerlöschers bekämpft? Warum muss man mit dem Feuerlöscher „von unten gegen den Brand angehen"?
4 Erklären Sie, wie ein Druckverband wirkt.
5 Worin liegt der Unterschied zwischen Bewusstlosigkeit und Ohnmacht? Wie leisten Sie jeweils erste Hilfe?
6 Michael hat sich heißes Frittürenfett über den Fuß geschüttet. Was unternehmen Sie?
7 Ihr Kollege „hängt am Strom". Sie wollen helfen und zuerst den Stromkreis an der Sicherung unterbrechen. Doch der Sicherungskasten ist abgesperrt. Was unternehmen Sie?

Arbeitsplanung

Wichtige Ziele der Berufsausbildung sind Selbstständigkeit und fachliche Sicherheit. Diese Fähigkeiten werden für so wichtig erachtet, dass sie im Mittelpunkt der Abschlussprüfung stehen.

Beispiele aus den Prüfungsanforderungen:

- Ausbildungsberuf Koch:
  Selbstständig nach Vorgaben ein Menü erarbeiten und mit einem Arbeitsablaufplan versehen.
- Ausbildungsberuf Restaurantfachmann/-frau:
  Planen des Service für eine Veranstaltung. Dazu: Ablaufplan sowie Menüvorschläge einschließlich korrespondierender Getränke und eine Liste organisatorischer Vorarbeiten erstellen.
- Ausbildungsberuf Hotelfachmann/-frau:
  Planen einer verkaufsfördernden Maßnahme … Ablaufplan erstellen … Prüfliste erarbeiten.

Um diese Anforderungen erfüllen zu können, muss man fähig sein

- Informationen zu beschaffen und auszuwerten,
- Arbeitsabläufe zu organisieren und das
- Ergebnis zu bewerten.

Diese Überlegungen bestimmen die folgenden Abschnitte.

1 Informationen beschaffen und auswerten

Niemand kann alles wissen, das ist auch nicht notwendig. Wichtig ist: man muss wissen, wo etwas steht und wie man damit umgeht. Das nennt man Beschaffen von Informationen.

1.1 Fachbuch

Das **Inhaltsverzeichnis** zeigt die Gliederung und den Aufbau eines Buches. Es verschafft einen Überblick und steht meist am Anfang eines Buches.

12	Fleisch	347
12.1	Bedeutung für die Ernährung	347
12.2	Fleischuntersuchung	347
12.3	Aufbau des Fleisches	348
12.4	Veränderungen nach dem Schlachten	349
12.5	Lagerung	350
	Aufgaben	364
13	Geflügel und Wildgeflügel	365
13.1	Bedeutung für die Ernährung	365

Abb. 1: Beispiel eines Inhaltsverzeichnisses

Das **Sachwortverzeichnis** verweist auf Einzelheiten, auf die sinntragenden Wörter, die im Text meist hervorgehoben sind. Es führt ins Detail und steht am Ende des Buches.

Sucht man nach einem bestimmten Begriff, von dem man nicht weiß, in welchem Abschnitt er behandelt wird, dann schlägt man im Sachwortverzeichnis nach. Es ist nach dem Alphabet geordnet.

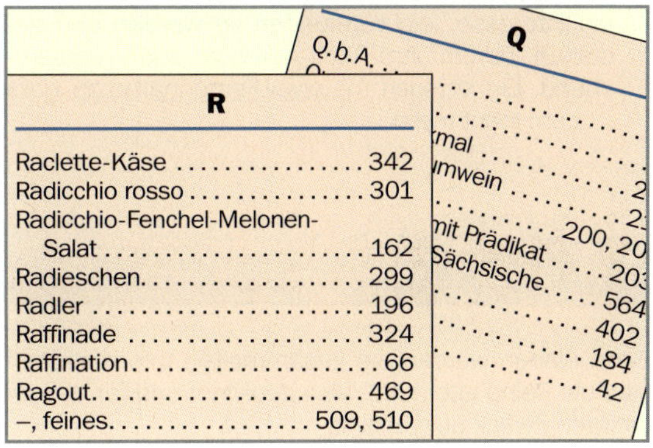

Abb. 2: Beispiel eines Sachwortverzeichnisses

1.2 Fachzeitschriften / Fachzeitungen

Fachzeitschriften und -zeitungen können immer aktueller sein als Fachbücher, denn sie erscheinen monatlich oder wöchentlich.

Wer Neues sucht, wer Entwicklungen beobachten will, wird sich darum laufend aus der Fachpresse informieren.

Es macht aber keinen Sinn, Fachzeitungen einfach zu „sammeln“. Bei Bedarf weiß man nur: „Da war doch …“ und dann beginnt das große Suchen.

Um einen Überblick zu erhalten ist es sinnvoll,

- interessante Beiträge auszuschneiden oder zu kopieren und
- geordnet abzulegen.

Zu Ablagemöglichkeiten siehe Abschnitt Büroorganisation.

Abb. 1: Fachzeitschriften/Fachzeitungen

1.3 Internet

Das Internet bietet eine Fülle von Informationen, allerdings in unterschiedlicher Art und Qualität.

- **Angebote für Lebensmittel und Geräte** erhält man über die Seiten der einzelnen Firmen. Diese haben ein Interesse, leicht gefunden zu werden und gestalten darum ihre Web-Adresse auch entsprechend. Ein Versuch mit www.Firmenname.de oder ....com lohnt meist.
- **Rezepte** gibt es unter vielen Adressen. Ein „Profi" sollte jedoch bedenken, dass manches, was im zahlenmäßig kleinen Bereich einer Familie ein netter Gag, eine Überraschung sein kann, im gewerblichen Bereich allein wegen des Zeitaufwandes nicht machbar ist. Es gilt, kritisch auszuwählen. Ein zusätzlicher Rat: im „Ernstfall" arbeitet man nur mit Rezepten, die man bereits erprobt hat.

Wie kommt man im Internet an Rezepte?

1. Suchmaschine wählen
2. Suchbegriff eingeben, z.B. Artischocke, Tomate
   - Suchbegriff mit dem Wort „Rezept" verbinden. *Verbinden bedeutet, je nach Suchmaschine, „und", „+" oder „&" zwischen die Begriffe zu stellen*
   - Der Suchlauf bringt dann nur Rezepte und z.B keine Angebote für Gemüsesamen.
3. Rezept ausdrucken

1.4 Prospekte

Prospekte dienen zunächst der Werbung. Sie informieren aber auch z.B. über Tischporzellan, Besteck oder Wäsche. Man erhält sie, wenn man Firmen anschreibt oder Ausstellungen besucht. Wenn Sie die Anschriften nicht kennen, versuchen Sie es im Internet z.B. www.Firmenname.de oder sehen Sie im Anzeigenteil der Fachzeitung nach.

2 Planen

Beim Planen werden die gesammelten Informationen „auf die Reihe gebracht", also geordnet und für den jeweiligen Zweck ausgewählt.

2.1 Checklisten / Prüflisten

Wer kennt das nicht: das Problem hatten wir doch schon einmal. Wie haben wir es damals gemacht? Eigentlich müssten wir das doch noch wissen. Warum haben wir es nicht notiert?

Sinn einer Checkliste ist es, einmal Gedachtes, bereits Bewährtes festzuhalten und damit für die Zukunft

- die Arbeit zu erleichtern und
- Sicherheit zu haben.

Die in einer Checkliste festgehaltenen Überlegungen, ergänzt durch Erfahrungen,

- lassen uns rationeller arbeiten,
- führen zu Perfektionierung,
- geben Sicherheit und
- entlasten im Tagesgeschäft.

Anlegen von Checklisten

- Bei Vorgängen
  1. die gesamte Aufgabe in Teile zerlegen,
  2. die Teilschritte in die richtige Reihenfolge bringen und festhalten,
  3. eine Kontroll- oder Prüfspalte anbringen.
- Bei Zusammenstellungen/Auflistungen
  1. alle Teile einzeln – wirklich einzeln – auflisten,
  2. Ähnliches zu Gruppen zusammenfassen, z.B. Lebensmittel, Geschirr, Besteck usw., denn das erleichtert die Arbeit,
  3. Kontrollspalte (zum Abhaken) anbringen.

Die Liste mit dem Computer ist einfach zu erstellen, wenn man die Funktion „Tabelle" verwendet.

Checkliste für	Erledigt	Bemerkung

Abb. 1: Checkliste

2.2 Ablaufplan – Zeitleiste

Wer rationell arbeiten will, muss die einzelnen Arbeitsschritte in einer sinnvollen Reihenfolge erledigen, also den zeitlichen Ablauf planen. In der Praxis sagt man auch: „Man muss die Sache auf die Reihe bringen."

Dabei sind in der Küche z. B. Garzeiten zu berücksichtigen oder Zeiten, in denen eine Creme stocken (fest werden) muss.
Im Service ist z. B. an das Kühlen von Getränken oder die Beschaffung von Blumen zu denken.

Arbeitspläne können auf unterschiedliche Art angelegt werden.

- **Querformat**
  Der Ablauf wird von links nach rechts dargestellt. Diese Form der Darstellung bringt Vorteile, wenn mehrere Vorgänge gleichzeitig ablaufen.

- **Hochformat**
  Der Ablauf wird von oben nach unten dargestellt.

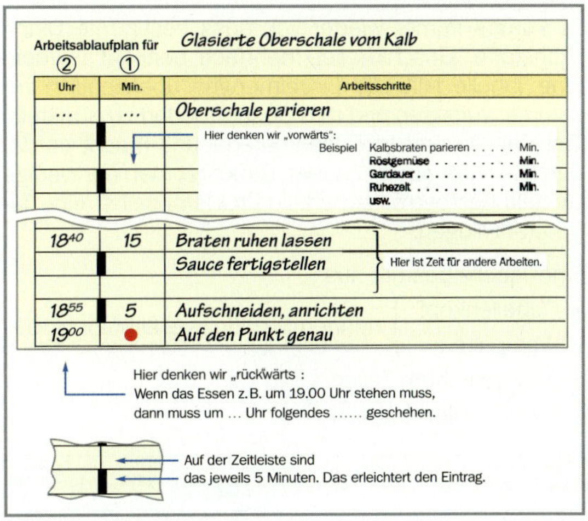

Abb. 3: Ablaufplan Hochformat

Bei der Anlage dieses Ablaufplanes kann mit zwei Spalten gearbeitet werden.

① In dieser Spalte wird der allgemeine Ablauf eingetragen, also die festen Zeiten z. B. für das Garen von Salzkartoffeln. Diese Zeiten können den Rezepturen entnommen werden.

② In dieser Spalte geht es um die konkrete Anwendung. Wenn ein Essen z. B. um 19.00 Uhr stehen muss, dann muss um ... Uhr Folgendes geschehen. Hier wird also rückwärts gedacht. Betrachten Sie die unterschiedlichen Abbildungen.

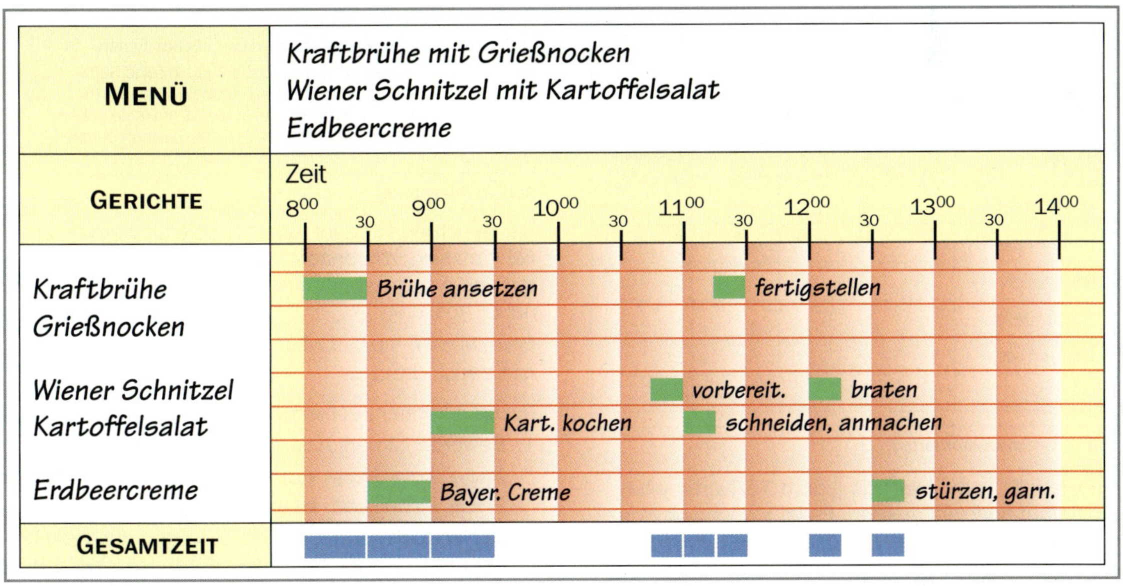

Abb. 2: Ablaufplan Querformat

Küche

2.3 Tabellen

Es kommt immer wieder vor, dass bestimmte Dinge (Rohstoffe, Geschirrteile) mehrfach benötigt werden. Eine Tabelle hilft, die Einzelmengen übersichtlich zusammenzufassen und den Gesamtbedarf zu ermitteln. Eine Tabelle ordnet Zahlenmaterial und macht es dadurch leichter überschaubar. Beachtet man nur wenige Gestaltungsregeln, ist es kein Problem, selbst eine Tabelle anzulegen.

Eine Tabelle besteht aus

- Tabellenkopf } nennen Ordnungsgesichtspunkte
- Vorspalte }
- waagerechten Zeilen
- senkrechten Spalten

	KOPF			
			SPALTE	
VORSPALTE				
	ZEILE		FELD	

Abb. 1: Tabelle

Es ist von Vorteil, wenn die Merkmale mit der höheren Anzahl (Rohstoffe, Geschirrteile) in die Vorspalte eingetragen werden, denn diese kann umfassender sein als der Tabellenkopf. Oder anders gesagt: auf einem Blatt sind mehr Zeilen als Spalten unterzubringen.

Geschirrbedarf	Abteilung: ______ Name: ______ Datum: ______			
Geschirr	**Raum Aachen**	**Raum Köln**	**Großer Saal**	**Gesamt**
Untertassen				
Kaffeetassen				
Mittelteller				
Suppenteller				
Flache Teller				

Abb. 2: Geschirranforderung

Eine Tabelle kann zwar mit jedem Textverarbeitungsprogramm angelegt werden. Es ist jedoch von Vorteil, eine Tabellenkalkulation, z. B. Excel, zu verwenden, weil dann mithilfe des Programms erforderliche Berechnungen durchgeführt werden können.

2.4 Rezepte

Rezepte sind Arbeitsanweisungen für das Zubereiten von Speisen oder Getränken.

Rezepte bestehen *mindestens* aus folgenden Abschnitten:

1. Aufzählung der Zutaten und
2. Arbeitsanleitung.

Rezepte sind übersichtlicher, wenn die Zutaten getrennt von den Arbeitsanweisungen stehen.

Zutaten und Arbeitsanleitung

verbunden	getrennt
600 g Butter mit 300 g Zucker vermengen, 3 Eier unterarbeiten, ...	600 g Butter 300 g Zucker 3 Eier Butter und Zucker vermengen, Eier

LAMMKEULE IM KRÄUTERMANTEL

Zutaten

1	Lammkeule (750 – 1250 Gramm)
3 – 5	Knoblauchzehen
	Thymian, Rosmarin, Oregano, Olivenöl
	Für die Sauce:
250 ml	Trockener Sherry
1 EL	Creme Double
500 g	Kalbsknochen
	Suppengemüse, Salz, Pfeffer

Zubereitung

Fleisch

Lammkeule waschen und trocken tupfen.

Knoblauchzehen schälen und in feine Stifte schneiden. Mit einem schmalen Messer ca. 1,5 cm tiefe Taschen in die Lammkeule schneiden. Knoblauchstifte in diese Taschen stecken.

Abb. 3: Rezeptblatt

Bei Gerichten, die „auf Abruf" zubereitet werden, empfiehlt es sich, zu trennen zwischen Vorbereitungsarbeiten und Arbeitsschritten bei der Fertigstellung. Z. B. ein neuer Abschnitt

`Bei Abruf mit frischer Butter kurz erhitzen, dann ...`

Rezepte können/sollen *erweitert* werden durch

1. Bewertungsmerkmale, z. B.

   `Apfelschnitze nur kurz dünsten, damit Form erhalten bleibt.`

2. Hygieneanweisungen, die z. B. wegen der Vorschriften der Hygieneverordnung erforderlich sind, z. B.

   `Noch am gleichen Tag verarbeiten, nicht länger als 2 Stunden warm halten`

Küche

Die **Mengenangaben** erfolgen

- bei Frischware für das Rohgewicht, weil man beim Vorbereiten diese abwiegt,
- bei Tiefkühlware und vorgefertigten Produkten als Nettogewicht.

Beim Abwiegen der Rohstoffe ist es praktischer, wenn die Mengenangaben links stehen, also vor dem Namen der Zutat. Diese Anordnung kann auch innerhalb einer Tabellenkalkulation verwendet werden.

Die **Arbeitsanleitung** soll

- die Arbeitsschritte in der korrekten Reihenfolge anführen,
- auf kritische Punkte hinweisen, eventuell begründen, z. B.
  ... technologisch
  gesamtes Mehl auf einmal beigeben, damit sich keine Klumpen bilden (bei Brandteig), langsam erhitzen, damit sich das Eiweiß lösen kann (Klären).
  ... hygienisch (critical control point)
  nach dem Auftauen unbedingt Tisch, Geschirr und Hände waschen – Material zum Abkühlen in flache Gefäße umfüllen.

Verwalten von Rezepten

Rezepturen halten Information fest. Sollen diese bei Bedarf zur Verfügung stehen, muss man sie „verwalten".

Rezepte festhalten

Das **Rezeptbuch** ist die älteste Art, Rezepte festzuhalten. Das ist einfach, hat aber den Nachteil, dass die Rezepte nicht austauschbar sind und das Buch in seinem Umfang begrenzt ist.

Abb. 1: Rezeptbuch

Ein **Rezeptordner** oder Ringbuch ist in Anlage und Gestaltung variabel. Man steckt das Rezept in eine Sichthülle und ordnet es entsprechend ein. Ergänzungen oder Abbildungen können leicht hinzugefügt werden. Wird ein Rezept benötigt, kann man die Hülle mit an den Arbeitsplatz nehmen.

Abb. 2: Rezeptordner

Eine **Datei im Computer** ist beliebig erweiterbar und unter verschiedensten Gesichtspunkten zu verwalten. Verwendet man entsprechende Datenbanken, können sie einfach auf unterschiedliche Produktionsmengen umgerechnet werden. Bei Bedarf werden die Rezepte ausgedruckt.

Rezeptverwaltungsprogramme (Freeware) im Internet:
www.ruhr-uni-bochum.de/Kochfreunde
www.kochbuch.unix.-ag.uni-kl.de

Abb. 3: Rezeptblatt aus der Datenbank

Küche

Rezepte ordnen

Für das Einordnen von Rezepten gibt es grundsätzlich zwei Möglichkeiten.

- Die **Speisenfolge** als Ordnungsgesichtspunkt hilft bei der Menügestaltung.
  Man gliedert nach
  - Vorspeisen
  - Suppen
  - Fischgerichte,
  - Fleischgerichte
    - Kalb
    - Schwein
    - usw.
  - Gemüse
    - Gericht
    - Beilage
  - usw.
- Gruppierung nach **Hauptrohstoffen** hilft z.B. in folgenden Fällen:
  - Gast wünscht besondere Produkte z.B. Jagdessen, Fischerfest. Dann gelten nicht die üblichen Menü-Regeln. Man versucht innerhalb der Speisenfolge möglichst oft Wild oder Fisch einzusetzen.
  - Sonderangebote sollen gezielt genutzt werden. Z.B. Karpfen oder Lachs oder Erdbeeren sind besonders günstig. Ein Händler bietet einen Restposten gefrosteten Blattspinat an.

Mithilfe der Datenverarbeitung kann man jedes Rezept einmal speichern und dann unter beiden Gesichtspunkten abrufen.

Aufgaben

1 Aus einem Fachbuch kann man sich auf mindestens zwei Wegen Informationen beschaffen. Nennen Sie zwei Arten und geben Sie jeweils ein Beispiel. Denken Sie z.B. an die Begriffe Suppen und Windbeutel.

2 Warum macht es wenig Sinn, Fachzeitungen einfach zu sammeln? Machen Sie Vorschläge, wie Rezepte „abgelegt“ werden können.

3 Versuchen Sie über das Internet Informationen zu „Tomate“ und „Tomatensuppe“ zu erhalten. Bedenken Sie, nur durch Eingrenzung der Suchanfrage erhält man vernünftige Ergebnisse!

4 Schlagen Sie in diesem Buch bei „Zubereitungsreihen“ *Gebratene Poularde* nach. Wählen Sie eine passende Beilage und fertigen Sie für die Zubereitung auf einer Zeitleiste einen Ablaufplan.

5 Entwerfen Sie mit dem Lineal oder mit der „Tabelle“ des Textverarbeitungsprogramms eine Check- oder Prüfliste. Versetzen Sie sich in folgende Situation: Nächste Woche kochen Sie in der Freizeit für eine Gruppe von acht Bekannten *Spaghetti mit Tomatensauce.* An dem Ort, an dem Sie kochen werden, sind keine Waren vorhanden. Füllen Sie die Checkliste *vollständig* aus!

6 Damit es auch zeitlich klappt, fertigen Sie zur Situation bei Aufgabe 5 einen Ablaufplan auf einer Zeitleiste.

7 Als Nachspeisen sind an einem Tag zwei Puddings geplant, Reispudding für 30 Personen und Kabinettpudding für 25 Personen.

a) Schlagen Sie die Rezepte in diesem Buch nach.

b) Rechnen Sie die Rezepte auf die genannte Personenzahl um.

c) Erstellen Sie eine Tabelle und fassen Sie die notwendigen Zutaten zu einer Materialanforderung zusammen.

Ernährung

1 Einführung

introduction
l'introduction (w)

Zum Aufbau des Körpers und zur Erhaltung des Lebens bedarf der Mensch der Ernährung. Wenn wir essen oder trinken, nehmen wir die verschiedensten Lebensmittel zu uns. Das Lebensmittelrecht bezeichnet als **Lebensmittel** alles, was vom Menschen gegessen, gekaut oder getrunken werden kann.

Die Inhaltsstoffe der Lebensmittel unterscheidet man in die Gruppen **Nährstoffe**, **Wirkstoffe** und **Begleitstoffe.**

- Zu den **Nährstoffen** zählen Kohlenhydrate, Fette und Eiweiß.
- **Kohlenhydrate** und **Fette** sind vorwiegend Energielieferanten, z. B. für
  - Aufrechterhaltung des Lebens durch Atmung und Herztätigkeit,
  - Aufrechterhaltung der Körpertemperatur,
  - Arbeitsleistung, z. B. Berufstätigkeit.

  Man nennt sie darum auch **Energie- oder Betriebsstoffe.**
- **Eiweißstoffe** (**Proteine**) und **Wasser** sind vorwiegend Baustoffe, z. B. für
  - Wachstum, das ist der Aufbau neuer Zellen,
  - Erhaltung des Körpers, das ist die fortlaufende Zellerneuerung.

  Eiweiß, Wasser und Mineralstoffe bilden zusammen die **Baustoffe** des menschlichen Körpers.
- **Wirkstoffe** oder **Reglerstoffe** regeln Abläufe im Körper und dienen dem Schutz vor bestimmten Krankheiten. Dazu zählen **Vitamine** und **Mineralstoffe.**
- Zu den **Begleitstoffen** rechnet man:

  Ballast- oder Faserstoffe. Sie können durch die Verdauung nicht aufgeschlossen werden, regen aber die Darmbewegung an und beugen damit einer Verstopfung vor.

  Duft- und Geschmacksstoffe fördern die Absonderung von Verdauungssäften und damit den Appetit.

  Sekundäre Pflanzeninhaltsstoffe (SPS)

Die einzelnen Nährstoffe behandeln wir unter folgenden Gesichtspunkten:

- Wie ist der **Aufbau** des Nährstoffs? Welche **Arten** unterscheidet man?
- Welche **küchentechnischen Eigenschaften** haben wir zu beachten? Wie können wir sie bei der Nahrungszubereitung nutzen?
- Welche **Bedeutung für den menschlichen Körper** haben die einzelnen Nährstoffe?

Aus der Beantwortung dieser Fragen ergibt sich die Gliederung für die folgenden Abschnitte.

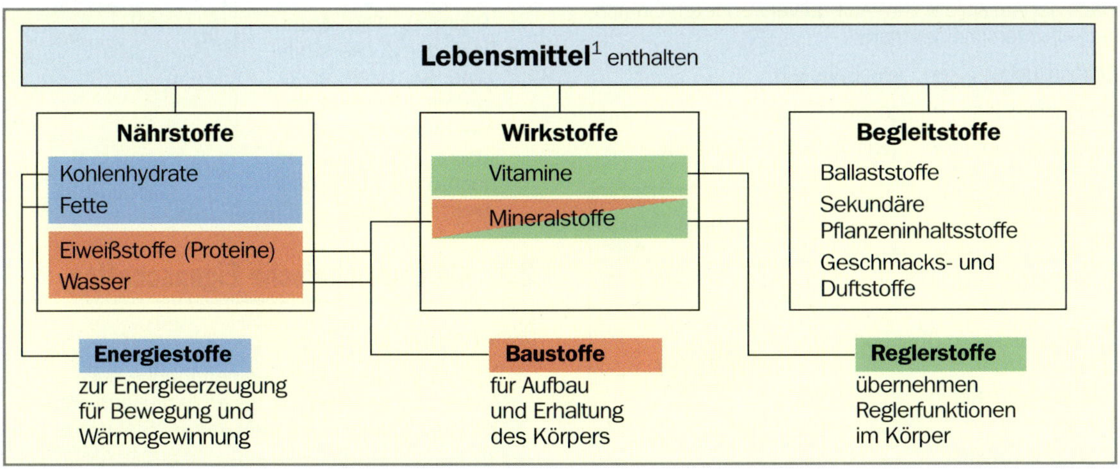

[1] Nach Auskunft der Deutschen Gesellschaft für Ernährung (DGE) spricht man nur noch von Lebensmitteln. Man unterscheidet nicht mehr zwischen Nahrungs- und Genussmitteln.

2 Kohlenhydrate

carbohydrates
les hydrates de carbone

2.1 Aufbau – Arten

Von den einzelnen Nährstoffen werden die Kohlenhydrate in der größten Menge aufgenommen; sie sind ein bedeutender Energielieferant.

Kohlenhydrate entstehen in der Pflanze. Sie bildet aus dem Kohlendioxid (CO_2) der Luft und dem Wasser (H_2O) des Bodens mit Hilfe des Blattgrüns (Chlorophyll) sowie des Sonnenlichtes **Einfachzucker.**

Diesen Vorgang nennt man **Fotosynthese** (s. auch S. 29). Die dazu erforderliche Energie liefert die Sonne.

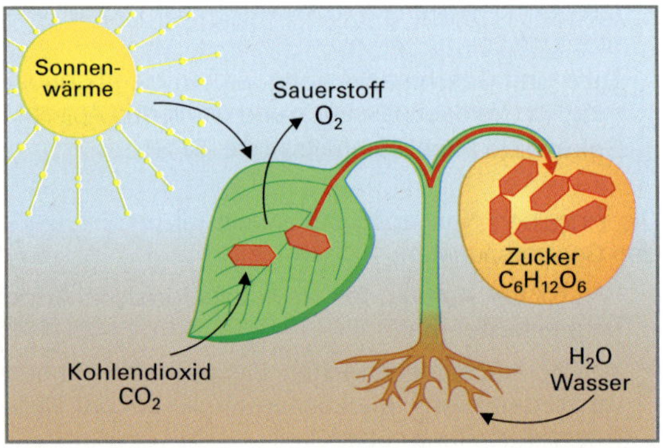

Abb. 1: Fotosynthese

Unter dem Begriff Kohlenhydrate wird eine ganze Gruppe von Nährstoffen zusammengefasst. Sie bestehen zwar alle aus den gleichen Atomen, unterscheiden sich aber im chemischen Aufbau.

Nach der Anzahl der zum Aufbau verwendeten Einfachzucker unterscheidet man:

Einfachzucker	➞	ein Baustein
Zweifachzucker	➞	je zwei Bausteine
Vielfachzucker	➞	je 5 bis 5000 Bausteine

- **Einfachzucker** (Monosaccharide) je **ein** Baustein einfacher Zucker, z. B.:
  Traubenzucker in Obst und Honig
  Fruchtzucker in Obst und Honig
  Schleimzucker in Milch.

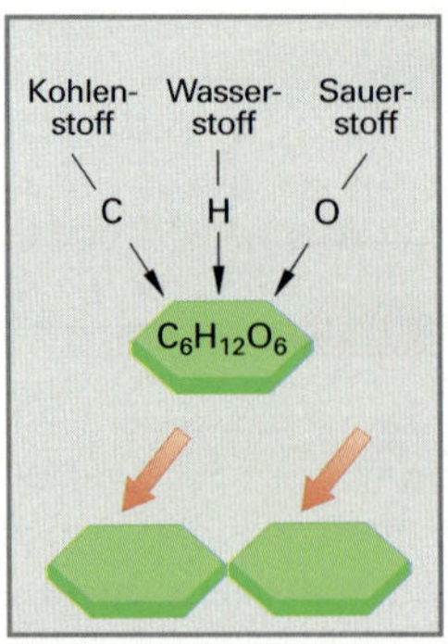

- **Zweifachzucker** (Disaccharide) ➞ je **zwei** Bausteine Einfachzucker

Gebrauchszucker ist **Rohr-** oder **Rübenzucker** von Zuckerrohr oder Zuckerrübe.

Malzzucker in gekeimtem Getreide und Bier

Milchzucker in Milch und Milchprodukten

- **Vielfachzucker** (Polysaccharide) **viele** Bausteine Einfachzucker
  - **Stärke** besteht aus 300 bis 500 Einfachzuckermolekülen und dient den Pflanzen als Vorratsstoff, den sie in Knollen (Kartoffel) oder Körnern (Getreide) ablagern.

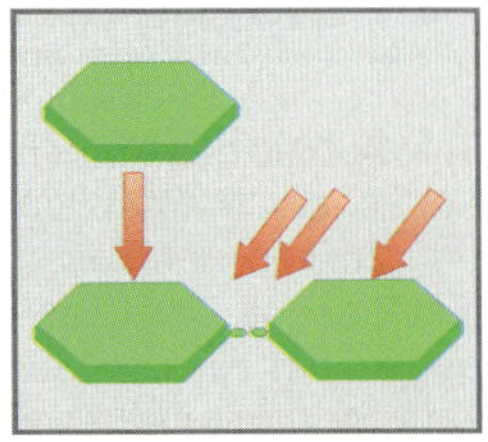

Stärke besteht aus:

- *Amylopektin,* das verzweigte Ketten von Einfachzuckern hat und wasserunlöslich ist, und
- *Amylose* mit unverzweigten Ketten, die sich in Wasser lösen.
- *Dextrine* entstehen durch Abbau, wenn Stärke ohne Wasser erhitzt wird, z. B. in der Mehlschwitze.
- **Zellulose** ist die Gerüstsubstanz der Pflanzen. Die Moleküle der Zuckerstoffe sind so dicht angeordnet, dass sie von der menschlichen Verdauung nicht zu Einfachzucker abgebaut werden können.

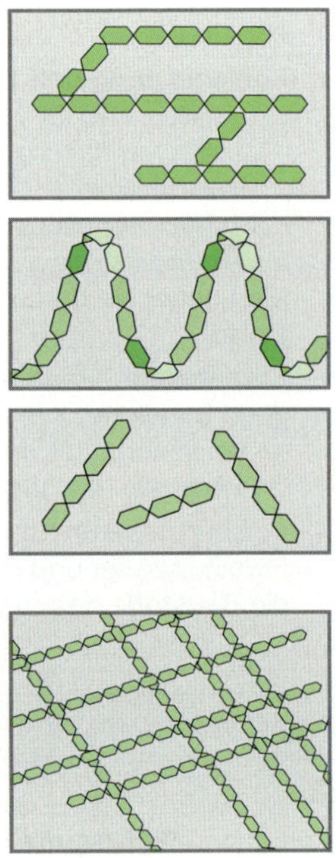

Abb. 2: Aufbau der Kohlenhydrate

2.2 Küchentechnische Eigenschaften

VERSUCHE

1. Schmelzen Sie in einer kleinen Pfanne etwa 200 g Zucker und erhitzen Sie, bis er zu rauchen anfängt. Während dieser Zeit entnehmen Sie wiederholt Proben und geben diese auf eine geölte Metallplatte. Kosten Sie und vergleichen Sie dabei Farbe und Geschmack.

2. Schwitzen Sie würfelig geschnittene Zwiebeln goldbraun an, beachten Sie den aufsteigenden Geruch und probieren Sie nach dem Abkühlen.
3. Schneiden Sie von einem Apfel oder einer Kartoffel eine 3 cm dicke Scheibe und schaben Sie eine kleine Mulde aus; diese füllen Sie mit Zucker. Überprüfen Sie nach 20 Min.
4. Wie verhält sich Zucker, wenn er in der Küche in einem offenen Gefäß aufbewahrt wird?
5. Bringen Sie ein offenes Glas mit Honig an einen trockenen Ort. Sehen Sie nach einer Woche nach, ob sich eine Haut gebildet hat.
6. Zerkleinern Sie 25 g Hefe (Haushaltspackung) und vermengen Sie diese in einer Tasse mit der gleichen Menge (ca. 25 g) Zucker.
   a) Sehen Sie nach 20 Minuten nach.
   b) Ist die Mischung nach einer Woche in Gärung übergegangen?
7. Lösen Sie in 0,5 l Wasser von ca. 37 °C ein Päckchen Hefe auf. Trennen Sie diese Aufschlämmung in zwei Kolbengläser. Glas a) erhält keinen Zusatz, in Glas b) geben Sie 30 g Zucker. Vergleichen Sie nach einer Stunde.
8. Bringen Sie 0,75 l Wasser zum Kochen, rühren Sie 120 g Weizenstärke, die mit 0,25 l Wasser vermengt ist, ein und bringen Sie das Ganze zum Kochen. Welche Veränderung tritt ein?
9. Vergleichen Sie die Beschaffenheit (Konsistenz) der heißen und der erkalteten Masse.
10. Stellen Sie einen Teil des Stärkekleisters in einer Tasse eine Woche in den Kühlschrank. Welche Veränderungen sind eingetreten? Beobachten Sie vor allem die Stellen zwischen Kleister und Porzellan.
11. Stellen Sie den Thermostat der Bratröhre oder des Backofens auf 150 °C. Ein Backblech mit Papier belegen und auf diesem 1 cm hoch 250 g Weizenstärke verteilen. Nehmen Sie das Blech nach einer Stunde aus dem Ofen. Wie haben sich Farbe und Geschmack verändert?

    Stellen Sie wie bei Versuch 8 einen Kleister her. Vergleichen Sie die Ergebnisse von Versuch 8 und 11.
12. Schmelzen Sie 150 g wasserfreies Fett in einem Topf mit etwa 10 bis 12 cm Durchmesser, rühren Sie 150 g Mehl darunter und geben Sie davon ein bis zwei Kochlöffel voll auf einen Teller. Den Rest lassen Sie goldgelb werden. Vergleichen Sie Geruch und Geschmack.

Gebrauchszucker

ist Rohr- oder Rübenzucker, ein Zweifachzucker. Wir kaufen ihn unter dem Namen „Zucker".

Zucker löst sich leicht in Wasser. Warmes Wasser kann mehr Zucker aufnehmen als kaltes. Auf Vorrat gehaltene Zuckerlösungen (Läuterzucker), z. B. für Fruchtsalate, zum Verdünnen von Glasuren, dürfen nicht zu dick hergestellt werden. Nach dem Abkühlen kristallisiert sonst der Zucker aus.

Zucker schmilzt bei Hitze. Dabei wird aus den Kristallen zunächst eine klare, durchsichtige Masse. Erkaltet ist der geschmolzene Zucker hart. **Karamell** ist entstanden, die Grundmasse für die meisten Bonbonarten. Bei weiterem Erhitzen wird Karamell gelb, später goldbraun. So wird er für Karamellcreme und für Krokant verwendet. Mit zunehmender Hitze wird die Farbe des Karamells immer dunkler, der Geschmack wird allerdings bitterer. Das nutzt der Koch, wenn er Saucen nachdunkelt, wenn er der Fleischbrühe eine gebräunte Zwiebel beigibt; der Patissier verwendet mit Wasser abgelöschten, sehr dunklen Karamel als **„Couleur"** zum Färben von Cremes und Glasuren.

Zucker zieht Wasser an, er wirkt hygroskopisch und verklumpt deshalb in feuchten Räumen. Am schnellsten verklumpt Puderzucker. Zucker wirkt auch konservierend, denn er entzieht Kleinlebewesen das erforderliche Wasser und senkt so den a_w-Wert.

Küche

Einfachzucker

Z. B. Traubenzucker und Fruchtzucker, ist **besonders stark wasseranziehend.** Diese Eigenschaft nutzt man bei Gebäck (z. B. Honigkuchen), das längere Zeit weich bleiben soll. Honig ist das Nahrungsmittel mit dem höchsten Einfachzuckergehalt.

Ist Zucker in Lebensmitteln in größerer Menge enthalten (Marmelade, Gelee), bindet er so viel Wasser an sich, dass Bakterien nicht mehr wirken können, Zucker konserviert also, weil er den a_w-Wert senkt.

Stärke

Stärke ist in kaltem Wasser unlöslich. Sie ist schwerer als Wasser und setzt sich darum ab. Rohe Stärke ist vom Körper kaum verwertbar. Darum werden stärkehaltige Lebensmittel gegart. Mehl wird zu Brot verbacken, Teigwaren werden gekocht, Kartoffeln isst man nur in gegartem Zustand.

Abb. 1: In kaltem Wasser unlöslich

Ab einer Temperatur von 70 °C beginnt Stärke zu **verkleistern.** Dabei entwickeln sich Bindekräfte, die das Wasser festhalten, es wird „gebunden"; vergleiche Vanillesauce, aufgegossene Mehlschwitze. Die **durch Stärke gebundene Flüssigkeit nennt man Kleister.**

Abb. 1: In warmem Wasser quellend

Abb. 2: Stärkekleister

Wird erkalteter Stärkekleister gerührt, lässt die Festigkeit nach, weil man einen Teil der Bindekräfte zerstört.

Stärkekleister verliert nach einiger Zeit an Bindekraft. Man nennt das **Entquellung** oder **Retrogradation.** Dies führt teilweise zu unerwünschten Veränderungen an Lebensmitteln: Brötchen verlieren die Frische, sie werden altbacken und Vanillecreme „zieht Wasser".

Stärkekleister kann z. B. bei Saucenbindung die Eiweißgerinnung verhindern, weil er eine **Schutzschicht zwischen den Eiweißmolekülen** bildet.

Dextrin

entsteht durch Abbau der Stärkemoleküle beim Erhitzen ohne Wasser. Dextrine entstehen z. B. in der Kruste von Gebäcken, geben Farbe und Aroma. In der Küche wird die Stärke beim Herstellen einer Mehlschwitze (Roux) zu Dextrinen abgebaut. Mit Dextrin gebundene Flüssigkeiten haben eine geringere Zähigkeit als mit Stärke gebundene. Darum wird auch für helle gebundene Suppen (Spargel, Blumenkohl) eine helle Roux hergestellt, obwohl die Verwendung von Mehlbutter (Beurre manié) verarbeitungstechnisch einfacher wäre.

Zellulose

umschließt als Zellwand die Nährstoffe. Bei der Zubereitung von Rohkost ist darum darauf zu achten, dass die Zellwände für die Verdauungssäfte durchlässig gemacht werden.

Das kann geschehen durch

Zerkleinern, denn dabei werden die Zellwände zerstört, oder durch *Marinieren,* denn durch die Säureeinwirkung werden die Zellwände durchlässig.

Zusammenfassung der küchentechnischen Eigenschaften

Gebrauchszucker löst sich leicht in Wasser, schmilzt bei Wärmeeinwirkung, zieht Wasser an.

Einfachzucker (Traubenzucker, Fruchtzucker) sind besonders stark wasseranziehend. Sie werden verwendet zu Gebäck, das feucht bleiben soll.

Stärke ist in kaltem Wasser unlöslich, quillt in warmem Wasser, verkleistert bei etwa 70 °C, wird beim Erhitzen ohne Wasser zu Dextrin, ist verkleistert leichter verdaulich.

Stärkekleister ist abgekühlt dicker als in warmem Zustand, verliert seine Festigkeit durch Rühren, schützt den Nährstoff Eiweiß vor dem Ausflocken, gibt bei längerer Aufbewahrung Wasser ab.

Dextrin entsteht aus Stärke beim Erhitzen ohne Wasser, schmeckt süßlich, gibt schwächere Bindung als Stärke.

Zellulose der Zellwände wird durch Hitze und mechanische Einwirkung gelockert, ist für den menschlichen Körper unverdaulich, regt als Ballaststoff die Verdauung an.

2.3 Bedeutung für den menschlichen Körper

Durch die Verdauung werden Stärke, Dextrin und Zuckerstoffe zu ihren Bausteinen, den Einfachzuckern, abgebaut. Diese liefern vorwiegend Energie.

Die Verdauung der Kohlenhydrate beginnt bereits im Mund, wo die Enzyme des **Mundspeichels** den Stärkeabbau einleiten. **Bauchspeichel** und **Dünndarmsäfte** liefern weitere Enzyme, die alle Kohlenhydrate zu Einfachzuckern abbauen; die Einfachzucker gelangen dann durch die Darmwand ins Blut.

Die Leber wirkt bei der Versorgung des Körpers mit Energie als Ausgleichsorgan. Vorübergehende Überschüsse an Zuckerstoffen speichert sie als Glykogen.

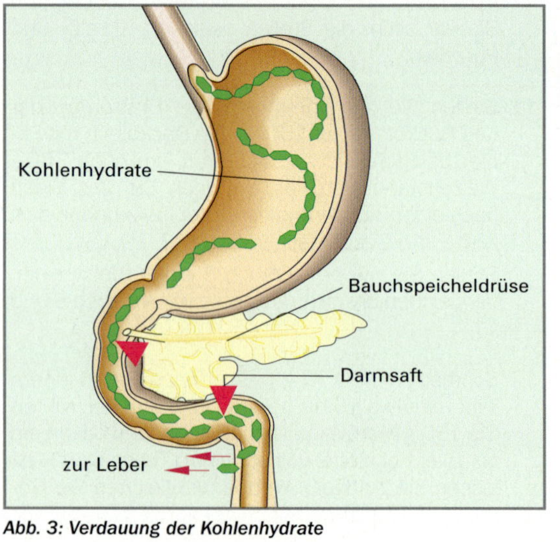

Abb. 3: Verdauung der Kohlenhydrate

Sinkt der Blutzuckerspiegel, wandelt die Leber Glykogen wieder in Einfachzucker um und gibt diesen an das Blut ab.

Dauernde Überschüsse an Kohlenhydraten werden in Fett umgewandelt und als Energievorrat im Unterhautfettgewebe abgelagert. Zu viele Kohlenhydrate führen damit letztlich zu einer Gewichtszunahme.

Bei Zuckerkranken (Diabetikern) ist die Insulin-Produktion gedrosselt oder eingestellt, die Regelung des Blutzuckerspiegels ist gestört. Diabetiker bedürfen einer besonderen Diät (Seite 90).

2.4 Versorgung mit Kohlenhydraten

Zucker	100	Hülsenfrüchte	50
Makkaroni	72	Trockenobst	60
Mischbrot	52	Bananen	16
Kartoffeln, ohne Schalen	19	Äpfel	12
Trinkmilch	5	Gemüse	10

***Abb. 1:** Durchschnittlicher Kohlenhydratgehalt in Prozent*

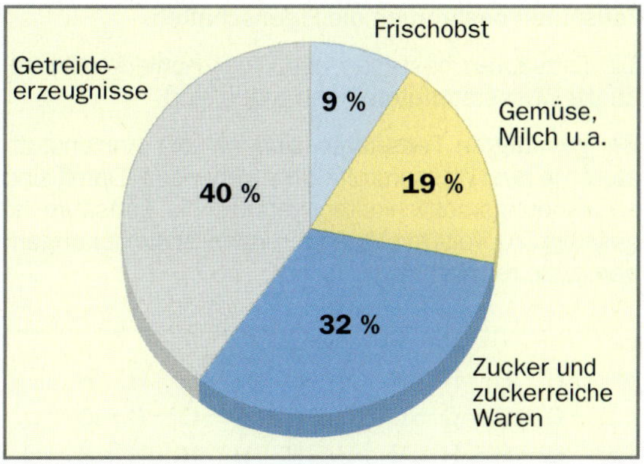

***Abb. 2:** Durchschnittliche Kohlenhydratversorgung in Prozent*

Kohlenhydrate liefern die größte Menge an Nährstoffen. Die Übersichten zeigen beispielhaft die unterschiedlichen Anteile der Kohlenhydrate an Lebensmitteln und die wichtigsten Quellen für die Versorgung mit Kohlenhydraten.

Die Nährwerttabelle gibt zusätzliche Auskunft.

Aufgaben

1 Erklären Sie den Unterschied zwischen Lebensmitteln und Nährstoffen.

2 Worin liegt die Ursache für den hohen Energiebedarf bei Kindern?

3 Auch der erwachsene Mensch benötigt Baustoffe. Erläutern Sie diese Feststellung.

4 Beschreiben Sie, wie die Kohlenhydrate in der Pflanze entstehen.

5 Welche Gruppen von Kohlenhydraten werden unterschieden?

6 Zucker verändert beim Erhitzen Farbe und Geschmack. Nennen Sie Beispiele aus der Lebensmittelzubereitung, bei denen diese Veränderungen genutzt werden.

7 Bei welchen Zubereitungen entsteht Stärkekleister? Welche Aufgabe hat er dabei?

8 Warum darf Puddingpulver nicht mit heißer Milch angerührt werden?

3 Fette

fats
les graisses (w)

3.1 Aufbau – Arten

Die Pflanze baut Fett auf aus Kohlenstoff, Wasserstoff und Sauerstoff. Es sind dies zwar die gleichen Grundstoffe (Elemente) wie bei den Kohlenhydraten, eine andersartige chemische Zusammensetzung führt jedoch zu völlig anderen Eigenschaften.

Bausteine des Fettes sind Glycerin und Fettsäuren.

Fett entsteht, wenn an ein Molekül Glycerin drei Fettsäuren angelagert werden. Von den verschiedenen Fettsäuren sind am Aufbau der Speisefette überwiegend beteiligt: Stearinsäure, Ölsäure, Palmitinsäure, Linolsäure.

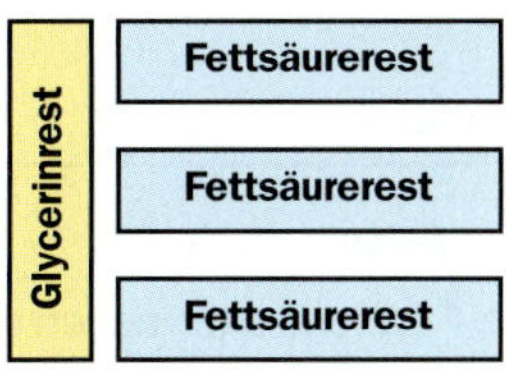

Bei festen Fetten ist der Anteil an Stearinsäure und -Palmitinsäure hoch, bei Ölen (flüssigen Fetten) überwiegen Ölsäure und Linolsäure.

Fettsäuren bestimmen die Eigenschaften.

Die Fettsäuren bestehen aus einer Kohlenstoffkette, an die Wasserstoffatome gebunden sind.

Bei **gesättigten Fettsäuren** sind an alle Kohlenstoffatome je zwei Wasserstoffatome gebunden. Damit sind alle Bindungsmöglichkeiten genutzt, die Fettsäure ist gesättigt. Zu weiteren Veränderungen ist sie nur ungern bereit, sie reagiert träge.

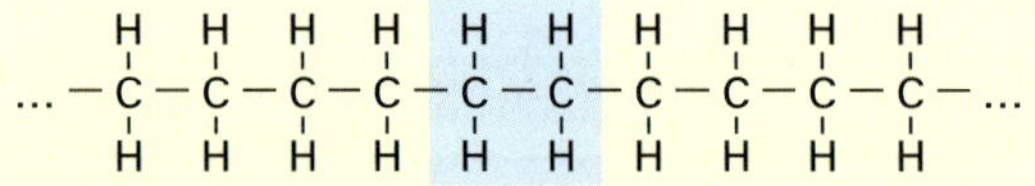

gesättigte Fettsäure

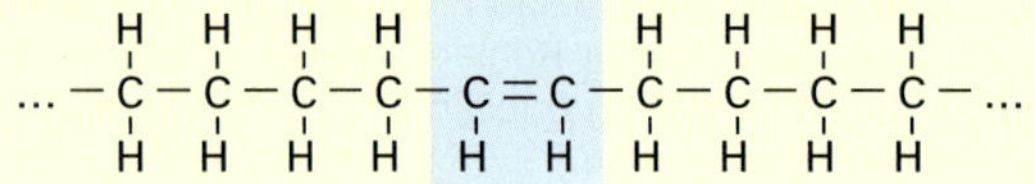

ungesättigte Fettsäure

Bei **ungesättigten Fettsäuren** sind noch Bindekräfte frei. Nach der Anzahl der freien Bindekräfte bezeichnet man die Fettsäuren als einfach, zweifach oder mehrfach ungesättigt. Die freien Stellen können noch Bindungen eingehen. Ungesättigte Fettsäuren reagieren darum leicht.

Fettsäure / Eigenschaft	ungesättigt	gesättigt
Reaktionsbereitschaft	hoch	gering
Ernährungswert	hoch	gering
Veränderung durch Sauerstoff und Wärme	stark	gering
Lagerfähigkeit	beschränkt	lange

Fette mit einem hohen Anteil an gesättigten Fettsäuren haben wirtschaftliche Vorteile: Sie sind länger verwendbar (z.B. Fritteuse) und länger lagerfähig. Fette mit einem hohen Anteil an ungesättigten Fettsäuren sind für die Ernährung wertvoller.

Behandlung der Fette

Naturbelassene Fette

Naturbelassene Fette enthalten neben dem Fett Stoffe des Produktes, aus dem sie gewonnen worden sind. Diese können erwünscht sein, wie z.B. bei naturbelassenem Olivenöl (Olio vergine), sie können aber auch den Geschmack und das Aussehen beeinträchtigen.

Raffination

Raffination bedeutet wörtlich: Verfeinern. Das geschieht durch Beseitigung wertmindernder Bestandteile. Bei der Raffination von Fetten werden Bestandteile entzogen, die den Geruch oder den Geschmack beeinträchtigen. Aber es werden dabei auch solche Fettbegleitstoffe entfernt oder zerstört, die für die Ernährung wertvoll sind.

Härtung

Tierische Fette, wie Butter, Schmalz, Talg, waren früher die hauptsächlichen Speisefette. Diese sind halbfest oder fest.

Ölhaltige Früchte (wie z.B. Oliven) und ölhaltige Samen (z.B. Erdnuss, Kokosnuss) liefern dagegen flüssiges Öl. Um der Gewohnheit entgegenzukommen, werden diese Öle gehärtet, also halbfest oder fest gemacht.

Das ist möglich, weil die Ölsäure und die Stearinsäure eine Kettenlänge von 18 Kohlenstoffatomen haben. Die Formeln zeigen, dass sich die beiden Fettsäuren nur in zwei Wasserstoffatomen unterscheiden: Stearinsäure $C_{18}\,H_{36}\,O_2$, Ölsäure $C_{18}\,H_{34}\,O_2$. Durch eine chemische Reaktion ist es möglich, an die Ölsäure zwei Atome Wasserstoff anzulagern. Damit wird aus der Ölsäure eine Stearinsäure und in der Folge aus einem Öl ein festes Fett.

Durch entsprechende Kombinationen ist es möglich, Fette mit jedem erwünschten oder technologisch erforderlichen Schmelzbereich herzustellen.

3.2 Küchentechnische Eigenschaften

VERSUCHE

1. Füllen Sie einen flachen Topf mit etwa 25 cm Durchmesser halb mit kaltem Wasser. Geben Sie kleine Mengen verschiedener Fettarten auf je ein Stückchen Papier (ca. 5 × 5 cm), beschriften Sie entsprechend und legen Sie die Papiere mit dem Fett auf das Wasser. Erwärmen Sie langsam und stellen Sie mit Hilfe eines Thermometers die jeweilige Schmelztemperatur fest.
2. Erhitzen Sie in einem engen Topf 250 g Butter oder Margarine, bis sie „kocht". Stellen Sie mit einem Thermometer (Einteilung bis 200 °C) die Temperatur fest.
   Auf welche Temperatur ist die Fritteuse Ihres Betriebes eingestellt?
3. Wie verändert sich Butter (Margarine) aus Versuch 2, wenn man länger erhitzt? Warum treten die Veränderungen bei Frittürenfett nicht auf?

4. Erhitzen Sie in einer kleinen Eisenpfanne bei starker Wärmezufuhr eine kleine Menge wasserfreies Fett. Beobachten Sie den Rand der Pfanne. Wie riecht das Fett nach längerem Erhitzen? Achtung! Passenden Deckel bereithalten – falls das Fett zu brennen beginnt, die Pfanne damit abdecken.
5. Bereiten Sie vier Reagenzgläser mit je 10 cm^3 Salatöl vor. Geben Sie in Glas a) keinen Zusatz, in Glas b) einen Teelöffel Eiklar, in Glas c) etwas Spülmittel, in Glas d) einige Tropfen Galle. Schütteln Sie jedes Glas etwa eine halbe Minute. Beobachten Sie dann Tröpfchengröße und Aufrahmungsgeschwindigkeit.
6. Nur von der Lehrkraft durchzuführen!
   Über einen Bunsenbrenner in einer Porzellanschale etwas wasserfreies Fett bis zum Rauchen erhitzen und entzünden. Durch ein Glasrohr (etwa 80 – 100 cm) einige Tropfen Wasser in das Fett leiten. Was geschieht? Fett durch Abdecken löschen.
7. Legen Sie das Einschlagpapier von Butter mit den anhaftenden Fettresten auf das Fensterbrett. Kosten Sie die Butter nach einem Tag.

Fett ist spezifisch leichter als Wasser und steigt darum nach oben.

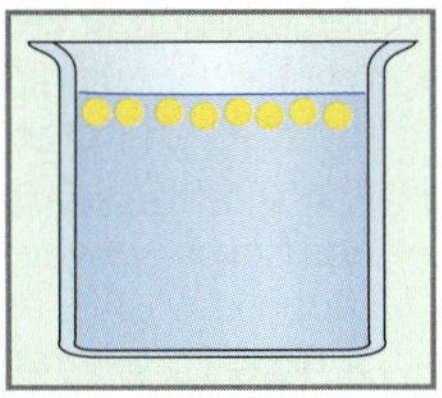

Fett und Öle haben eine geringere Dichte als Wasser. Darum schwimmen „Fett-Augen“ auf der Suppe, darum „schwimmt“ auf manchen Saucen Fett. Diese unterschiedliche Dichte macht es leicht, Fett von Wasser zu trennen. Das Abschöpfen von Fett nennt der Koch - degraissieren. Bei erkalteten Flüssigkeiten kann das Fett einfach abgehoben werden.

Fette können emulgiert werden.

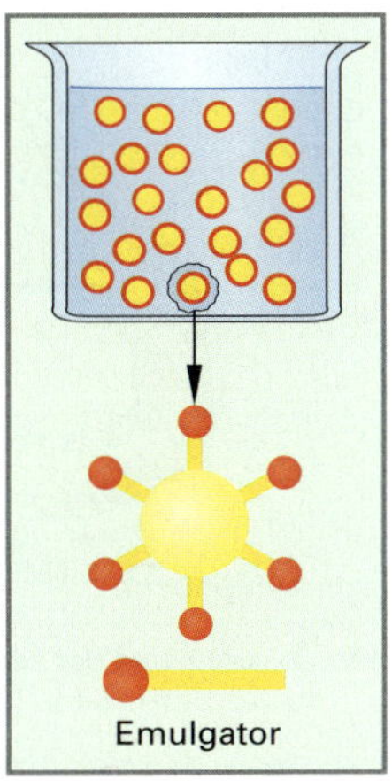

Als Emulsionen bezeichnet man dauerhafte Vermischungen von Fett und Wasser. Um eine Emulsion zu erhalten, sind Emulgatoren erforderlich, welche die Oberflächenspannung herabsetzen, sodass Fett und Wasser sich nicht mehr abstoßen.

Das ist durch den besonderen Aufbau der Emulgatoren möglich: Ein Ende des Emulgatormoleküls verbindet sich mit dem Fett, ist fettfreundlich, das andere verbindet sich mit dem Wasser, ist wasserfreundlich. So entsteht gleichsam eine Klammer zwischen Stoffen, die sich normalerweise abstoßen.

Wie lange eine Emulsion hält, hängt von der Größe der Fetttröpfchen ab. Wird z.B. beim Rühren einer Mayonnaise das Öl zu rasch beigegeben, bilden sich zu wenig Eiweiß-Schutzhüllen, und die Mayonnaise gerinnt. Bei der Milch kann durch das Homogenisieren, bei dem man die Fetttröpfchen zerkleinert, das Aufrahmen verhindert werden.

In der Küche finden wir als Emulgatoren z.B. Eigelb, aber auch Seife und Spülmittel.

BEISPIELE FÜR EMULSIONEN

Milch: 3,5 % Fett und Wasser
Sahne: 30 % Fett und Wasser
Butter: 82 % Fett und Wasser

Ferner Mayonnaise, Holländische Sauce, Buttercreme, Leberwurst usw.

Fette haben unterschiedliche Schmelzbereiche.

Als Schmelzpunkt bezeichnet man die Temperatur, bei der ein Körper vom festen in den flüssigen Zustand übergeht. Speisefette sind Gemische aus Fetten unterschiedlicher Zusammensetzung.

Darum schmelzen sie nicht bei einem ganz bestimmten Schmelz**punkt**, sondern innerhalb eines **Schmelzbereiches.** Den Zusammenhang zwischen der Art der am Fettaufbau beteiligten Fettsäuren und dem Schmelzbereich zeigt die Zusammenstellung.

Fettart	Schmelzbereich	Fettsäuren	
		gesättigte	ungesättigte
Kokosfett	40 – 50 °C	90	10
Butter	30 – 35 °C	50	5
Schweinefleisch	25 – 35 °C	40	60
Erdnussöl	ca. 5 °C	20	80

Der Schmelzbereich bestimmt die Verwendung.

- **Öle** verwendet man für Salate, Mayonnaise,
- **weiche Fette** wie Butter, Margarine nutzt man als Streichfett; sie bilden auch die Grundlage für Rührkuchen und Rührcremes (Buttercreme),
- **feste Fette** sind stark wärmebelastbar. Sie sollen so warm wie möglich verzehrt werden, weil ihr Schmelzbereich in der Nähe der Körpertemperatur liegt und das Fett sonst im Mund erstarren könnte und sich an der Gaumenplatte festlegen würde.

Fette sind unterschiedlich hoch erhitzbar.

Alle Fette sind über 100 °C hinaus erhitzbar und erlauben darum andere Garverfahren als dies möglich ist, wenn nur Wasser verwendet wird. Außerdem können sich die geschmacksgebenden Röststoffe erst ab etwa 120 °C bilden.

Alle Fette beginnen von einer bestimmten Temperatur an zu rauchen und sich zu zersetzen. Man spricht deshalb vom **Rauch- oder Zersetzungsbereich.** Oberhalb dieses Temperaturbereichs entsteht Acrolein, das gesundheitsschädlich ist.

Die Temperaturbelastungsfähigkeit ist von der Fettart abhängig.

Butter und *Margarine* sollten deshalb nicht über 150 °C erhitzt werden. Sie eignen sich nur zum Dünsten, nicht aber zum Braten.

Butterschmalz kann stärker erhitzt werden.

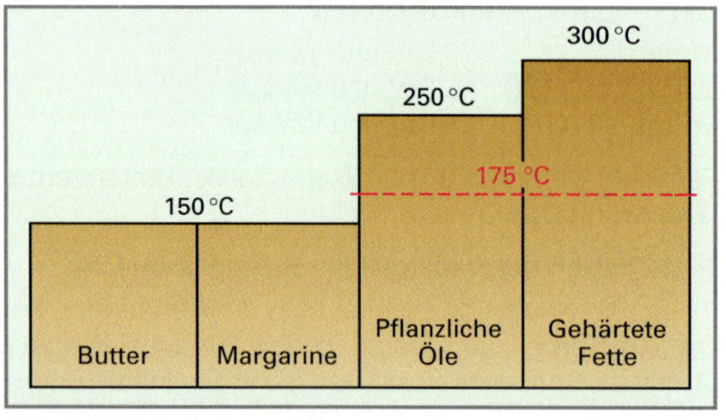

Abb. 1: Erhitzbarkeit von Fetten

Reine Pflanzenfette können zwar höher erhitzt werden. Die Temperatur sollte jedoch 175 °C nicht überschreiten. Dadurch wird die Bildung von schädlichem Acrylamid eingeschränkt.

Fette trennen.
Fette bilden Trennschichten und verhindern das Zusammenkleben oder Festkleben. Darum fettet man Backbleche und Kuchenformen.

Die splitterig lockere Struktur von Blätterteig ist nur möglich, weil Fettschichten die einzelnen „Teigblätter" voneinander trennen.

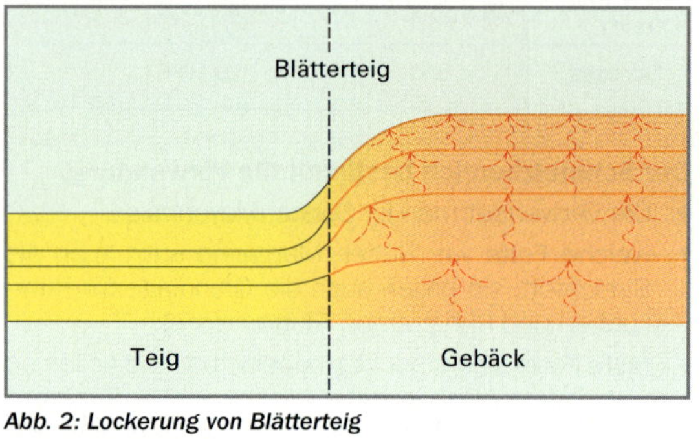

Abb. 2: Lockerung von Blätterteig

Fette verderben.
Fette können sich in ihre Bestandteile Glycerin und Fettsäuren trennen. Ursachen dieser Zersetzung können sein:

- **Einwirkung von Luftsauerstoff.** Diese Veränderung ist bei allen Fetten möglich, läuft aber bei den Fettarten, die ungesättigte und damit reaktionsfreudigere Fettsäuren enthalten, rascher ab. Licht und Wärme begünstigen diese Veränderung. Darum soll z. B. die Fritteuse zurückgeschaltet werden, wenn sie nur in Betriebsbereitschaft ist.
- **Einwirkung von Mikroben,** die vor allem in wasserhaltigen Fetten wie Butter oder Margarine vorhanden sind.

Fette sind darum **kühl, dunkel** und möglichst **verpackt** aufzubewahren. Speisen mit hohem Fettanteil sollten auch in tiefgekühltem Zustand nicht länger als sechs Monate gelagert werden.

3.3 Bedeutung für den menschlichen Körper

Im Körper werden die mit der Nahrung aufgenommenen Fette durch die Verdauung in ihre Bausteine **Glycerin** und **Fettsäuren** zerlegt.

Dazu werden sie zunächst erwärmt. **Gallensaft emulgiert** die Fette und vergrößert so die Gesamtoberfläche des Fettes.

Verdauungssäfte aus der Bauchspeicheldrüse und dem Dünndarm **spalten die Fette.**

Die Fettbausteine Glycerin und Fettsäuren werden von der **Lymphbahn aufgenommen.**

Die Bedeutung des Nährstoffes Fett für die Ernährung ist durch folgende Eigenschaften gekennzeichnet:

- Fett ist der Nährstoff mit dem höchsten Energiegehalt: 1 Gramm Fett ≙ 37 kJ.[1]
- Fett liefert **essenzielle Fettsäuren,** auf deren Zufuhr der Körper angewiesen ist, weil er sie nicht selbst bilden kann. Alle essenziellen Fettsäuren sind **ungesättigte Fettsäuren.** Die Linolsäure ist die wichtigste.

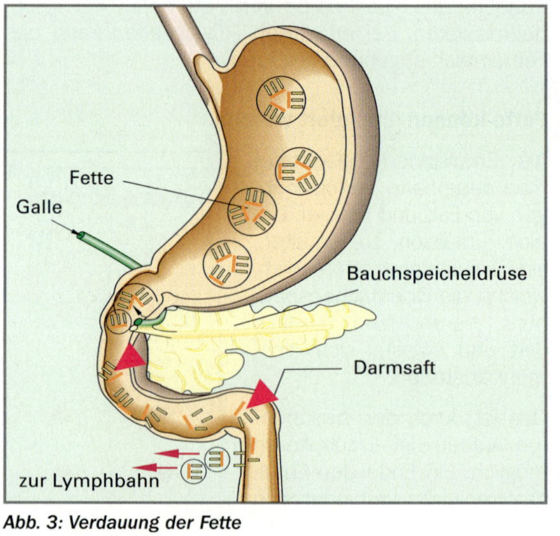

Abb. 3: Verdauung der Fette

[1] Der physiologische Brennwert ist je nach Fettart unterschiedlich. 37 kJ/g entsprechen den Werten der Nährwertkennzeichnungsverordnung.

Gesättigte Fettsäuren sind für die Ernährung weniger wertvoll. Der Ernährungsbericht besagt, dass allgemein ausreichend ungesättigte Fettsäuren aufgenommen werden. Eine spezielle Auswahl, etwa Diätmargarine, ist nur auf ärztliche Anordnung erforderlich.

- Fett ist Träger der **fettlöslichen Vitamine A, D und E.** Diese können im Körper nur dann verwertet werden, wenn bei der Verdauung zugleich Fett zugegen ist. Bei gemischter Ernährung ist das gewährleistet. Nur wenn z.B. spezielle Rohkosttage eingelegt werden, ist auf eine Fettzufuhr, etwa Salatöl, zu achten.

Überschüssiges Fett wird als **Energiereserve** im Unterhautfettgewebe gespeichert. Bei Bedarf kann es wieder zur Energiegewinnung herangezogen werden.

Ein Ernährungsproblem ist heute die Überversorgung mit Fett. Dem verhältnismäßig **geringen Energieverbrauch** steht eine **reichliche Fettaufnahme** gegenüber. Wir neigen dazu, zu viel Energie aufzunehmen. Wir bewegen uns meist zu wenig und essen vielfach reichlich.

Eine Einschränkung des Fettverbrauchs im persönlichen Bereich ist möglich.

- **Streichfett** in Maßen anwenden; z.B. bei fettreichem Belag wie Leberwurst oder Fettkäse darauf verzichten.
- **Brat- und Kochfett** nur in notwendiger Menge verwenden, evtl. auf fettreiche Zubereitungen wie Pommes frites verzichten.
- **Begleitfette** verringern; man nennt diese Fette auch verborgene Fette, weil sie beim Verzehr nicht sichtbar sind, z.B. in Fettkäse, Teewurst, Mayonnaise und Saucen.

3.4 Versorgung mit Fetten

Die Übersichten zeigen Fettgehalte von Lebensmitteln, die wir als Fettlieferanten kennen. Diese nennt man **sichtbare Fette.** Daneben gibt es Lebensmittel, bei denen man zunächst nicht an den hohen Fettgehalt denkt, weil das Auge das Fett nicht erkennt. Darum spricht man von **verborgenem** oder **nicht sichtbarem Fett.**

Durchschnittlicher Fettgehalt in Gramm je 100 g Lebensmittel

Plattenfett	100
Speiseöle	100
Schweineschmalz	100
Butter	82
Margarine	80
Speck, fett	80
Halbfettmargarine	40

Abb. 1: Sichtbare Fette

Mettwurst	51
Blutwurst	44
Leberwurst	40
Schlagsahne	30
Hartkäse	16 – 28
Schweinefleisch, mittelfett	21
Eier	10

Abb. 2: Verborgene Fette

Küche

Aufgaben

1 Welche Gemeinsamkeiten und welche Unterschiede bestehen hinsichtlich der Zusammensetzung zwischen Kohlenhydraten und Fetten?

2 Wenn Salatmarinaden längere Zeit stehen, setzt sich das Öl oben ab. Erklären Sie.

3 Bei Wasser spricht man vom Schmelzpunkt, bei Fetten vom Schmelzbereich. Erklären Sie.

4 Von Erdnüssen wird berichtet, dass sie Grundlage für Salatöl und festes Fett sein können. Ist das möglich? Wenn ja, begründen Sie.

5 Bei vielen Rezepturen steht: „Vor dem Service mit einigen Butterflocken vollenden." Nehmen Sie dazu Stellung.

6 Kurt isst ein Blätterteiggebäck und trinkt dazu eine Cola. „Komisch", sagt er, „meine Gaumenplatte ist so glitschig." Versuchen Sie zu erklären.

7 Ein Stück Frühstücksbutter wiegt 25 g. Der Fettgehalt beträgt 82 %; ein Gramm Fett liefert 37 kJ. Der Tagesbedarf eines Leichtarbeiters liegt bei 10 000 kJ am Tag. Wieviel Prozent des täglichen Energiebedarfes liefert die Frühstücksbutter?

4 Eiweiß (Protein)

proteins
les protéins (w)

4.1 Aufbau – Arten

Eiweiß unterscheidet sich in der chemischen Zusammensetzung von den Kohlenhydraten und den Fetten. Wie diese enthält es zwar die Elemente Kohlenstoff (C), Wasserstoff (H) und Sauerstoff (O), zusätzlich aber **immer Stickstoff (N).** Bei manchen Eiweißarten können noch Schwefel (S) oder Phosphor (P) hinzukommen.

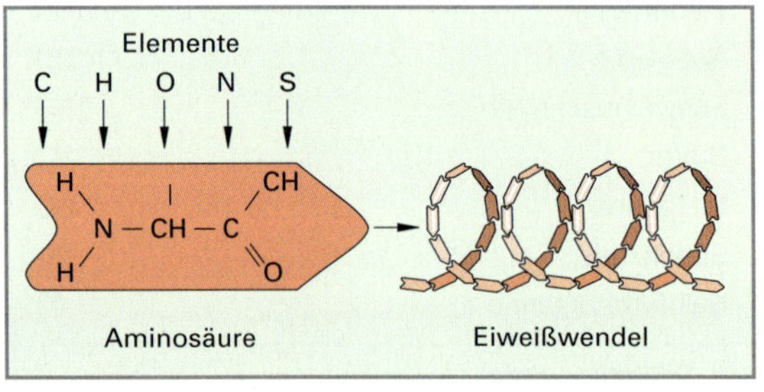

Aus diesen Elementen entstehen die **Aminosäuren,** die Bausteine aller Eiweißarten. Die Aminosäuren verketten sich wendelartig.

Das Bild zeigt den Grundaufbau aller Eiweißstoffe. Die Vielfalt der Eiweißarten entsteht, wenn Aminosäuren sich in unterschiedlichen Folgen aneinanderfügen und zusätzlich andere Stoffe (Nichteiweißstoffe) anlagern.

Unterscheidung nach der Zusammensetzung

Aminosäure + Aminosäure + Aminosäure	Aminosäure + Aminosäure + Nichteiweißstoffe
einfache Eiweißstoffe/Proteine	**zusammengesetzte Eiweißstoffe/Proteide**[1]

Unterscheidung nach der Form

Die gewendelten Eiweißstoffe formen sich weiter. Bilden sie kugelige Gebilde, nennt man sie **Globuline** (Globus – Kugel) oder **kugelförmige Eiweißstoffe.**

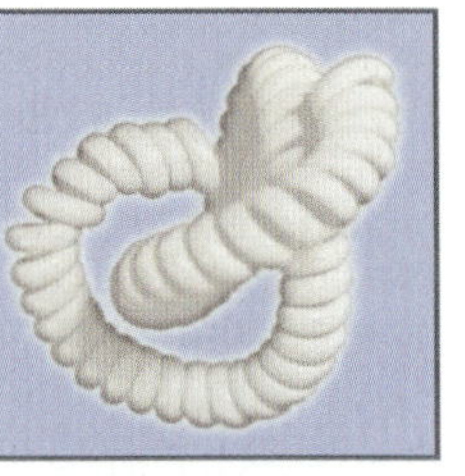

Globulin ist reichlich enthalten in Fleisch, Fisch und Hülsenfrüchten.

Verbinden sich die Eiweißstoffe kabelartig, so nennt man sie **fibrilläre** Proteine oder **faserförmige Eiweißstoffe** (Fiber [lat.] Faser).

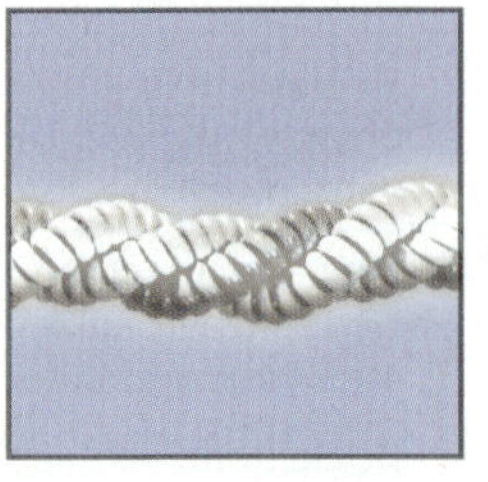

Die faserförmige Beschaffenheit gibt Festigkeit, wie sie für Bindegewebe erforderlich ist.

Eiweißstoffe

- einfache Eiweißstoffe
  - globulär kugelförmig
    - **Albumin** – Milch, Ei, Fisch, Fleisch, Kartoffel
    - **Globulin** – Fleisch, Fisch, Hülsenfrüchte
    - **Kleber** – Getreide
  - fibrillär faserförmig
    - **Kollagen** – Bindegewebe
- zusammengesetzte Eiweißstoffe
  - **Myoglobin Hämoglobin** – Fleisch, Blut
  - **Caseinogen** – Milch, Milchprodukte

1 Man spricht nur noch von Proteinen. Der Begriff Proteide gilt als veraltet.

4.2 Küchentechnische Eigenschaften

VERSUCHE

1. Bearbeiten Sie 50 g mageres Hackfleisch mit dem Mixer und vermengen Sie es anschließend mit 150 g Wasser. Seihen Sie nach 5 Min. ab.
2. Bearbeiten Sie Hackfleisch wie oben, setzen Sie aber dem Wasser 6 bis 8 g Salz zu.
3. Bereiten Sie aus 100 g Weizenmehl und Wasser einen mittelfesten Teig, lassen Sie ihn 20 Min. ruhen und kneten Sie ihn in der Hand unter fließendem Wasser. Formen Sie die zurückbleibende gelbe, klebrige Masse zu einer Kugel und backen Sie diese in einer Backröhre.
4. Vermischen Sie lauwarme Milch mit einigen Tropfen Zitronensaft oder Essig. Wenn Dickmilch entstanden ist, erhitzen Sie diese.
   Führen Sie den Versuch nicht mit Zitronensaft oder Essig, sondern mit Lab (Apotheke) durch und verkosten Sie Quark und Molke aus beiden Versuchen.
5. Gelatine ist aus Häuten und Knochen gewonnenes Leimeiweiß. Wir verwenden es zu folgenden Versuchen, denn es würde zu viel Zeit in Anspruch nehmen, es dafür erst auszukochen.
   Tauchen Sie ein Blatt Gelatine in ein Becherglas mit kaltem Wasser, ein zweites Blatt in ein Becherglas mit kaltem Wasser, dem einige Tropfen Zitronensaft oder Essig zugefügt sind.
6. Weichen Sie zwei Blatt Gelatine 5 Min. in kaltem Wasser ein. Gießen Sie dann das Wasser ab und erwärmen Sie langsam. Stellen Sie die aufgelöste Gelatine an einen kühlen Ort.
7. Bereiten Sie aus einem Bouillonwürfel, der auch kleingehackte Kräuter enthält, 0,75 l Brühe. Teilen Sie die Flüssigkeit, wenn sie auf mindestens 50 °C abgekühlt ist, in zwei Hälften.
   Vermischen Sie einen Teil mit einem Eiklar und erwärmen Sie langsam unter stetem Rühren. Wenn die Brühe aufwallt, heben Sie mit einer Schöpfkelle den Schaum ab.
   Vergleichen Sie das Aussehen beider Brühen.
8. Stellen Sie ein Wasserbad und drei kleine Kuchenformen (oder Dariole-Formen, Formen für Sülzkoteletts) bereit. Entsprechend der Größe der Formen bereiten Sie ein Gemenge aus Milch und Ei im Verhältnis 1:1, also eine Royale.
9. Füllen Sie die Formen a) und b). In den Rest für Form c) rühren Sie je anteiliges Ei einen Teelöffel Stärke (Mondamin, Gustin) und füllen Sie dann die Form.
   Erhitzen Sie im Wasserbad. Wenn die Masse in den Formen stockt, entnehmen Sie Form a). Die Formen b) und c) weiter erhitzen, bis die Gerinnung eintritt. Stellen Sie die Temperaturen mit einem Thermometer fest.

Albumin ist wasserlöslich und gerinnt bei 70 °C.

Kocht man Fleisch, geschälte Kartoffeln oder Linsen, setzt sich am Topfrand ein weißgrauer **Schaum** ab. Dieser besteht hauptsächlich aus ausgelaugtem und geronnenem Albumin.

In der Hotelküche wird dieser Schaum von der Brühe abgeschöpft, damit eine klare Suppe serviert werden kann. Im Haushalt sollte man darauf verzichten, denn Albumine sind wertvolle Eiweißstoffe.

Albumin zieht in Flüssigkeiten Trübstoffe an.

Beim Erwärmen von Eiweiß werden Bindekräfte frei, welche Trübstoffe anziehen und an sich binden. Wenn bei stärkerer Wärmeeinwirkung das Eiweiß dann gerinnt, steigt es nach oben und nimmt die Mischung von Eiweiß und Trübstoffen mit sich. Mit einem Schaumlöffel kann es von der Oberfläche abgeschöpft werden.

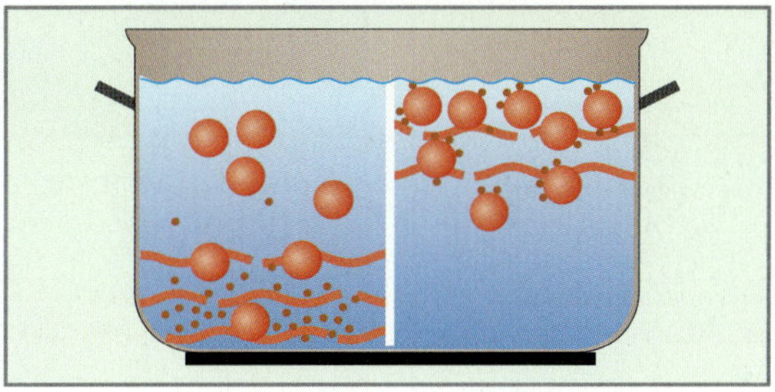

Man nutzt diese Wirkung des Albumins, wenn klare, trübstofffreie Flüssigkeiten erzielt werden sollen.

BEISPIELE

- Klären von Brühen,
- Herstellen von Aspik,
- Bereitung von Weingelee.

Albumin bindet Flüssigkeiten.

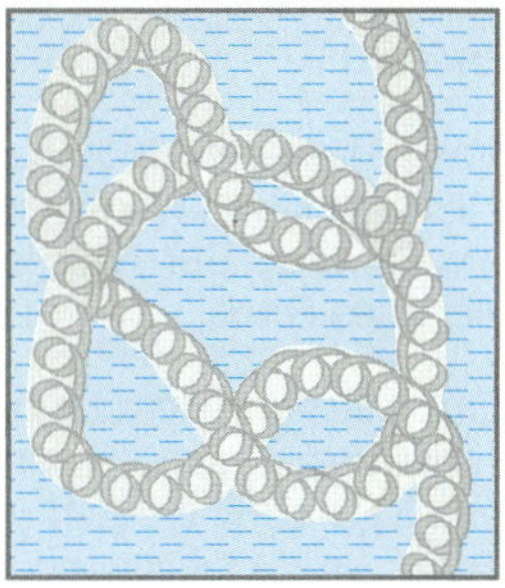

Albumin lagert beim Erwärmen Flüssigkeit an und bindet sie. Dies nutzt man z.B. bei der Herstellung von Karamellcreme und Eierstich. Zu beiden Produkten werden Milch und Eier in etwa gleichem Verhältnis vermischt. In **kaltem** Zustand ist die Mischung **flüssig,** denn die Bindekräfte haben sich noch nicht entfaltet.

Küche

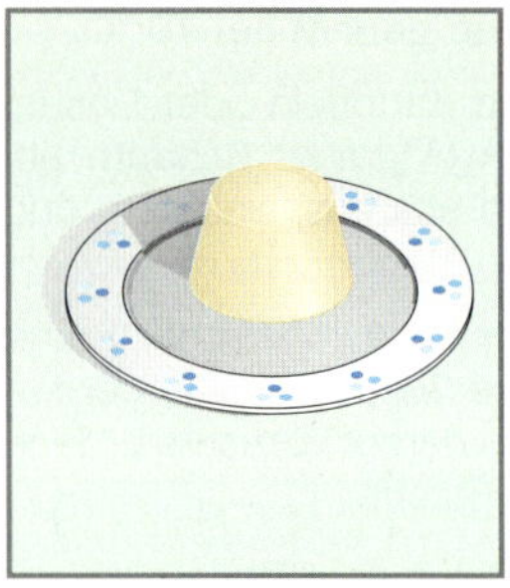

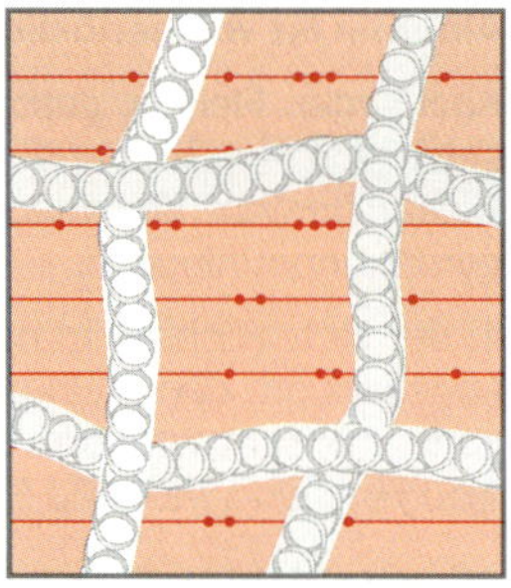

Bei etwa 70 °C binden die Eiweißstoffe. Es entsteht eine kompakte, **geleeartige Masse.**

Beim **Legieren** von Suppen und Saucen nutzt man die gleiche Art von Bindung. Weil die Eiermenge geringer gehalten wird, entsteht eine **sämige Bindung.**

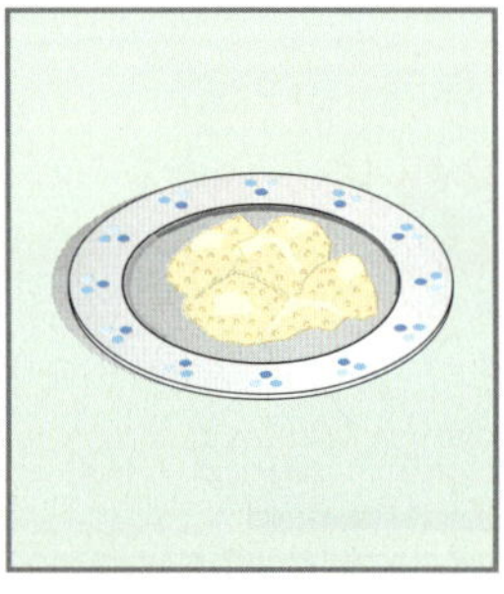

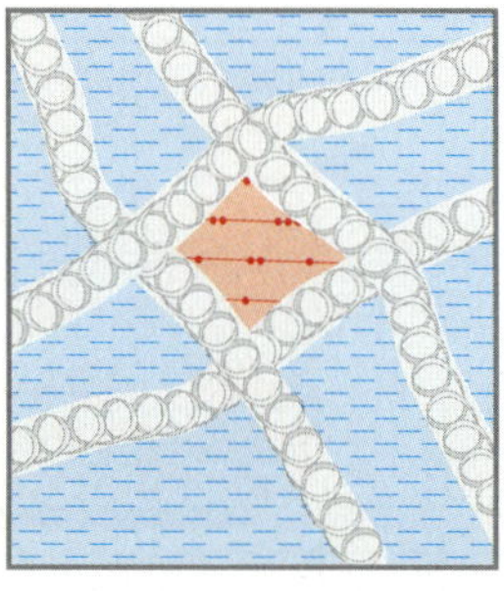

Steigt die Temperatur zu hoch, brechen die Bindekräfte zusammen: Das Gel „bricht" und teilt sich in Gerinnsel und ungebundene Flüssigkeit. In zu hoch erhitzten Suppen und Saucen schwimmen **Gerinnsel.**

Globulin bildet die Grundlage der Wurstherstellung.

Globulin kommt fast immer zusammen mit Albumin vor, z. B. in Fleisch, Fisch, Milch und Eiern.

Im Unterschied zu Albumin löst sich Globulin nur in salzigen Flüssigkeiten. Wird es erwärmt, gerinnt es bei etwa 70 °C.

Von besonderer Bedeutung sind die Globuline bei der Herstellung von Wurstmasse. Der Fleischer bezeichnet sie als **Brät.** Der Koch stellt Vergleichbares her und nennt es **Farce.**

Durch feine Zerkleinerung im Kutter werden aus der Fleischfaser die Globuline freigelegt. Nach **Beigabe von Salz** lösen sie sich und **lagern Wasser an,** das in Form von Eis beigegeben wird. Das fertige Brät wird in Därme gefüllt. Beim abschließenden **Brühen** (75 °C) gerinnen die Eiweißstoffe und machen die Wurst schnittfest.

Der Koch formt z. B. Klößchen und pochiert diese in einer Brühe. Technologisch ist das der gleiche Vorgang wie die Wurstherstellung.

Klebereiweiß bildet das Gerüst im Brot.

Das Weizenmehl enthält die Eiweißarten Gliadin und Glutenin. Bei der Teigbereitung nehmen sie Wasser auf, quellen und verbinden sich zu einer zähen, dehnbaren Masse, dem **Kleber.**

Damit der Kleber gut ausgebildet wird, bearbeitet man Weizenteige, bis sie sich vom Gefäß lösen oder bis sie Blasen werfen.

Abb. 1: Kleber bildet das Brotgerüst.

Bei Mürbeteigen erwartet man ein lockeres, leicht brechendes Gebäck. Darum wird auf die Ausbildung des Klebers verzichtet. Man knetet die Mürbeteige nicht, sondern vermengt die Zutaten nur kurz.

Bindegewebe verkürzt sich beim Erhitzen.

Die einzelnen Fleischfasern sind vom Bindegewebe umschlossen und werden durch dieses zusammengehalten. Bei Wärmeeinwirkung verkürzt sich das Bindegewebe, es zieht sich zusammen. Dabei drückt es den Fleischsaft aus den Fasern. Das Fleisch wird trocken. Durch entsprechende Behandlung des Fleisches wird dem entgegengewirkt:

- **Klopfen** – Bindegewebefasern reißen ein,
- **Einschneiden** – Speck- oder Bindegeweberand wird durchtrennt.

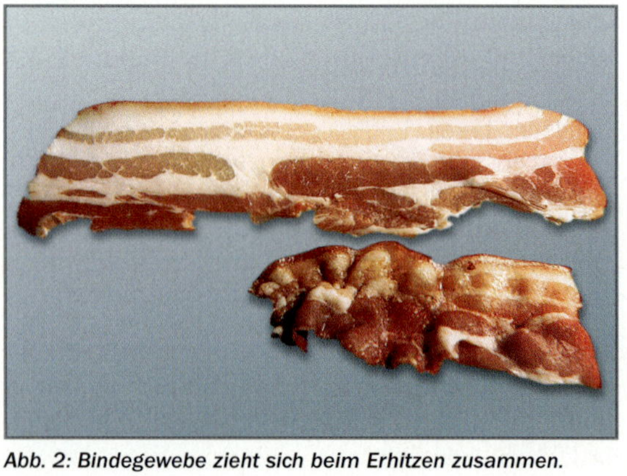

Abb. 2: Bindegewebe zieht sich beim Erhitzen zusammen.

Bindegewebe werden durch Säure verändert.

Fleischstücke mit viel Bindegewebe werden beim Braten trocken und fest. Legt man das Fleisch aber in eine Marinade, lockert die Säure (Essigsäure, Milchsäure, Weinsäure) die Fasern des Bindegewebes und verwandelt sie in leicht kaubare Gelatine. Der Braten ist dann mürbe und saftig.

Kollagen bildet eine Gallerte.

Schwarten, Knorpel und Knochen enthalten viel Kollagen oder Leimeiweiß. Dieses wird durch Kochen gelöst und geht in die Flüssigkeit über. In gereinigter und getrockneter Form wird es als **Gelatine** angeboten.

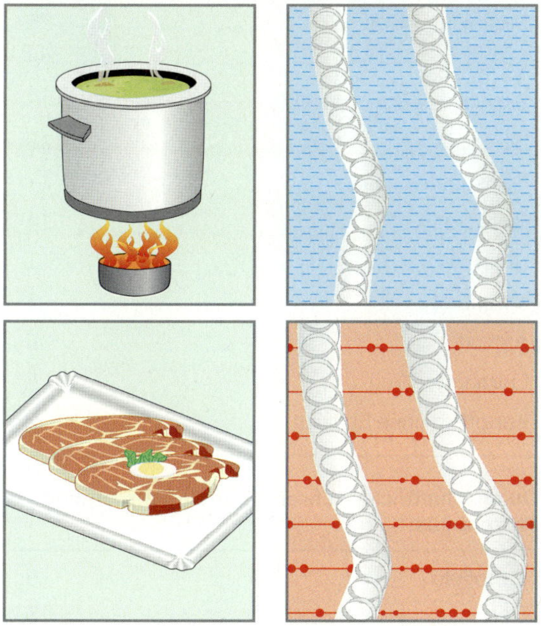

Gelatine wird eingeweicht und in warmer Flüssigkeit gelöst. Dabei zeigt sich noch keine Bindung.

Beim Abkühlen bildet sich eine Gallerte, z. B. bei Aspik oder Sülze.

Bei Wiedererwärmen wird die Gallerte wieder flüssig.

Caseinogen gerinnt durch Säure und Lab.

Beim Caseinogen der Milch ist mit dem Eiweißteil der Mineralstoff Calcium eng verbunden. Darum gerinnt Milch beim Kochen nicht. Wenn jedoch durch Milchsäure das Calcium abgetrennt wird, gerinnt das Eiweiß z. B. bei Sauermilch und Joghurt.

Wird die angesäuerte Milch erwärmt, trennt sie sich in Eiweißgerinnsel (Quark) und Flüssigkeit (Molke).

Ähnlich verhält sich die Milch, wenn ihr Lab zugesetzt wird. Lab ist ein Enzym aus dem Magen der Kälber.

Verderb

Eiweißhaltige Lebensmittel verderben besonders leicht, denn viele Mikroben bevorzugen Eiweiß. Lebensmittel, die von Mikroben befallen sind, riechen und schmecken unangenehm. Bei Fleisch und Wurst zeigt sich der Mikrobenbefall in einer schmierigen Oberfläche.

Verdorbene, eiweißhaltige Lebensmittel sind gesundheitsschädlich; sie führen zu Übelkeit, Durchfall und Erbrechen.

4.3 Bedeutung für den menschlichen Körper

Wie die anderen Nährstoffe müssen auch die Eiweißstoffe durch die Verdauung zu den Bausteinen, den Aminosäuren, abgebaut werden. Sie gelangen dann durch die Darmwand in den Blutkreislauf.

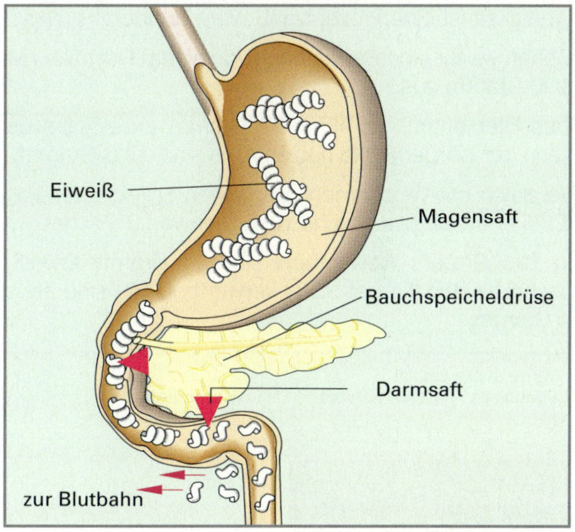

Der Eiweißabbau beginnt im **Magen.** Die **Salzsäure** des Magensaftes lässt das Eiweiß zunächst **gerinnen. Enzyme spalten** dann die Eiweißmoleküle in Bruchstücke. Diese werden anschließend von den Enzymen des Bauchspeichels und des Darmsaftes zu den Aminosäuren abgebaut.

Eiweißstoffe dienen dem Körper vorwiegend als **Baustoff.** Bei Kindern und Heranwachsenden ist das Eiweiß notwendig zum **Aufbau**, bei Erwachsenen zum **Ersatz** verbrauchter oder abgenützter Körpersubstanz.

Führt man dem Körper mehr Eiweißstoffe zu als er zum Aufbau und zur Erneuerung benötigt, verwendet er diese zur **Energiegewinnung.**

Essenzielle Aminosäuren – Biologische Wertigkeit

Die Aminosäuren werden im Körper zu körpereigenem Eiweiß aufgebaut. Jede Eiweißart (Haut, Bindegewebe, Haare) wird dabei nach einem ganz bestimmten, im voraus festgelegten Muster gebildet. Manche Aminosäuren kann der Körper selbst bilden, bei anderen ist er jedoch auf die Zufuhr angewiesen. Man nennt diese Aminosäuren **lebensnotwendig** oder **unentbehrlich** oder **essenziell.** Eiweißarten mit vielen essenziellen Aminosäuren sind darum für den Körper besonders wertvoll.

Der Anteil der einzelnen Aminosäuren im Nahrungseiweiß entspricht nicht immer der Zusammensetzung von Körpereiweiß. Die Verwertbarkeit von Nahrungseiweiß wird durch die essenzielle Aminosäure bestimmt, die mit dem geringsten Anteil vorhanden ist. (Der Körper kann nicht „weiterbauen“, wenn ein bestimmter Baustein fehlt. Auch wenn genügend andere Bausteine vorhanden sind, bleiben die Kombinationsmöglichkeiten begrenzt.) Man nennt darum die essenzielle Aminosäure, die mit dem geringsten Anteil vorhanden ist, die **begrenzende Aminosäure.** Sie bestimmt auch die biologische Wertigkeit.

Die **biologische Wertigkeit** einer Eiweißart gibt an, wie viel Gramm Körpereiweiß aus 100 Gramm Nahrungsmitteleiweiß gebildet werden können. Die biologische Wertigkeit ist eine Prozentzahl. „Vom Hundert“ ≙ %.

Gehen wir für eine Berechnung von einem Fischfilet mit 100 Gramm aus.

Das Filet enthält 17 % = 17 Gramm Eiweiß. Davon kann der Körper 80 % nutzen. Das sind 13,6 Gramm.

Vergleich mit Weizenmehl, das einen Eiweißanteil von 11% und eine biologische Wertigkeit von 35 % hat.

In 100 Gramm Weizenmehl sind 11 Gramm Eiweiß, davon für den Körper 35 % verwertbar, das sind etwa 4 Gramm.

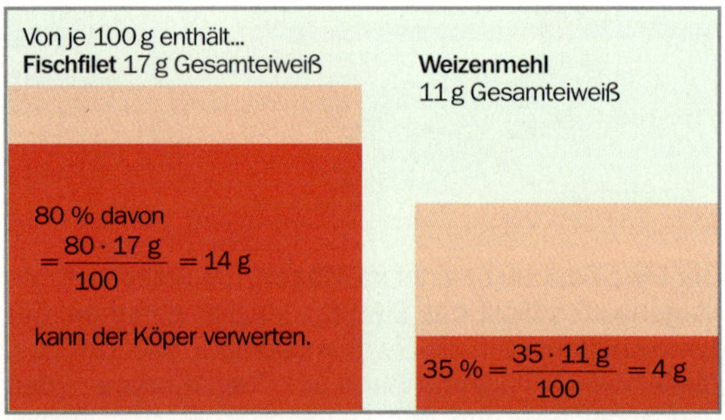

Tierisches Eiweiß enthält mehr essenzielle Aminosäuren als pflanzliches. Unterschiedliche Eiweißarten können sich gegenseitig ergänzen und damit zusammen eine höhere biologische Wertigkeit haben.

Vegetarier achten bei der Zusammenstellung der Kost besonders auf die begrenzenden Aminosäuren. Bei sinnvoller Kombination können sie den Eiweißbedarf voll decken.

4.4 Versorgung mit Eiweiß

Über die Versorgung mit Eiweiß geben die Tabellen Auskunft.

Durchschnittlicher Eiweißgehalt in Gramm je 100 g Lebensmittel

Hartkäse, Vollfett	25
Linsen	24
Schweinefleisch, mittelfett	18
Heringsfilet	18
Speisequark, mager	17
Blutwurst	14
Hühnerei	11
Mischbrot	7
Joghurt	5
Entrahmte Milch	4
Kartoffeln ohne Schalen	2

Durchschnittliche Eiweiß-(Protein-)Versorgung in Prozent aus:

Kartoffeln	5
Eier	5
Milchprodukten	12
Fisch, Hülsenfrüchten u.a.	18
Getreideprodukten	20
Fleisch/Fleischwaren	40

Aufgaben

1 Eiweiß muss sein. Erklären Sie das unter Verwendung des Begriffes essenzielle Aminosäuren.

2 Nennen Sie Merkmale, nach denen die Eiweißarten unterschieden werden.

3 Durch welche küchentechnischen Vorgänge kann man Eiweiß zum Gerinnen bringen?

4 Der Eiweißbedarf je kg Körpergewicht ist je nach Lebensalter unterschiedlich. Begründen Sie.

5 Milch hat eine hohe biologische Wertigkeit. Darum ist Quark ein Eiweißlieferant von hoher Qualität. Können Sie diesen Satz näher begründen?

6 „Fleisch ist ein Stück Lebenskraft“, sagt die Werbung. Man kann dazu unterschiedlicher Meinung sein. Sammeln Sie Argumente.

5 Vitamine

vitamins
les vitamines (w)

5.1 Wichtige Arten und deren Aufgaben

Für eine gesunde Ernährung unabdingbar sind als Wirkstoffe die **Vitamine** und **Mineralstoffe** (Kapitel 6). Wegen ihrer Aufgaben im Körper werden sie auch als **Regler- und Schutzstoffe** bezeichnet. Der menschliche Organismus ist auf eine regelmäßige Zufuhr angewiesen, weil er diese Stoffe nicht selbst bilden und nur begrenzt speichern kann.

Eine Unterversorgung oder **Hypovitaminose** äußert sich im einfachsten Falle mit Abgespanntheit und einer Störung des Wohlbefindens. Ein Mangel führt jedoch in vielen Fällen zu ernsthaften Erkrankungen. Man nennt diese Art von Erkrankungen deshalb auch **Mangelkrankheiten.**

Früher wurden die Vitamine in der Reihenfolge der Entdeckung mit Buchstaben bezeichnet. Später benannte man sie teilweise nach der Wirkung, z. B. „antiskorbutisches Vitamin".

Heute haben die Vitamine Namen, die entweder zu ihrer Funktion oder der chemischen Beschaffenheit Bezug haben. Hier werden alte und neue Bezeichnungen genannt.

Bei richtiger Ernährung mit gemischter Kost wird der gesunde menschliche Körper in den allermeisten Fällen ausreichend mit Vitaminen versorgt.

Mangelerscheinungen erkennt der Arzt, er verordnet zum Ausgleich entsprechende Medikamente.

Bestimmte **Vitaminpräparate** können ohne ärztliches Rezept gekauft werden. Und die Werbung verspricht wahre Wunder dem, der diese Präparate konsumiert. Dazu sollte man wissen:

- Längerfristig sollte man nicht ohne den Rat des Arztes Vitaminpräparate einnehmen.
- Werden zu viel wasserlösliche Vitamine aufgenommen, scheidet der Körper diese über die Niere mit dem Harn aus.
- Werden zu viele fettlösliche Vitamine aufgenommen, speichert sie der Körper. Das kann zu Gesundheitsstörungen führen, die man **Hypervitaminose** nennt. Das bedeutet eine Erkrankung durch zu viele Vitamine.

Küche

Auswahl von Vitaminen, deren Zufuhr öfters unzureichend ist.

Vitamin	Mangelkrankheit	Vorkommen	empfindlich gegen			
			Licht	Luft	Wasser	Wärme
fettlöslich						
A **Retinol** Vorstufe ist **Karotin**	Entzündungen der Haut und der Schleimhäute, Nachtblindheit, Widerstandskraft gegen Infektionen lässt nach	Butter, Lebertran, Eigelb, Milch, Carotin in Karotten, Möhren, Aprikosen	++	++	–	–
D **Calciferol**	Wachstumsstörungen, Knochenerweichung, Rachitis	Butter, Margarine Milch, Lebertran	–	++	–	–
wasserlöslich						
B_1 **Thiamin**	Verdauungsstörungen, Muskelschwund, rasche Ermüdung, Nervosität	Hefe, Vollkornerzeugnisse, Vollmilch, Quark, Ei, Fleisch, Fisch, Kartoffeln	–	+	+	+
B_2 **Riboflavin**	Schlaflosigkeit, Nervosität	Schweinleber, Niere Vollmilchprodukte	–	–	+	+
C **Ascorbinsäure**	Ermüdung, „Frühjahrsmüdigkeit", Zahnfleischerkrankung, Skorbut	Südfrüchte, Obst, Hagebutten, schwarze Johannisbeeren, Kartoffeln, alle grünen Pflanzen	++	++	++	++
Folsäure	Müdigkeit, Leistungsminderung, schlechte Wundheilung	Gemüse, Weizenkeime Bierhefe	–	–	–	–

5.2 Erhaltung bei der Vor- und Zubereitung

Entsprechend den Eigenschaften der Vitamine wird bereits bei Transport und Lagerung von Obst und Gemüse durch den Einfluss von Luft, Wärme und Licht ein Teil der Vitamine zerstört.

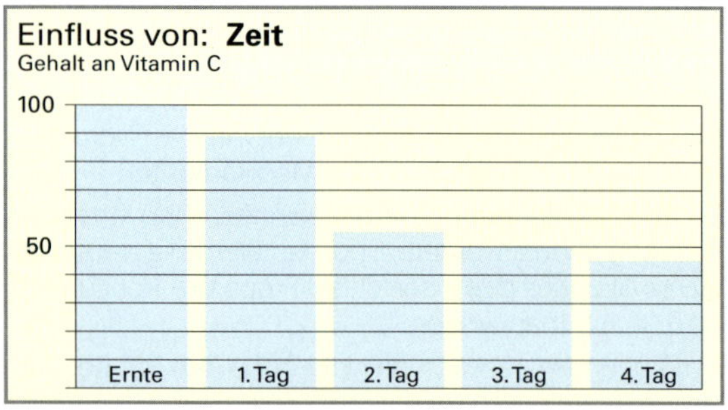

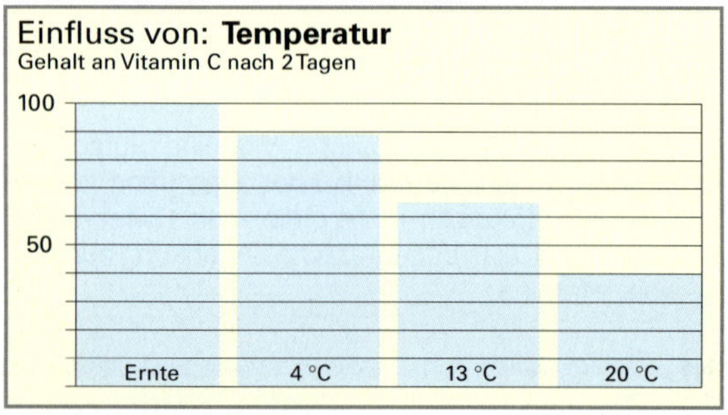

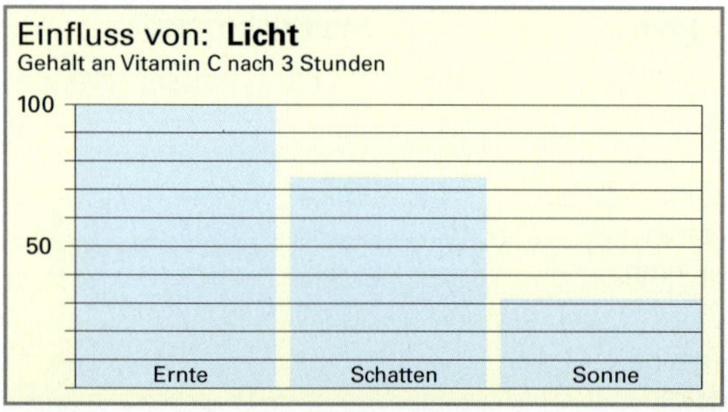

Aber auch die **Art der Vorbereitung** hat großen Einfluss auf das Ausmaß der Verluste.

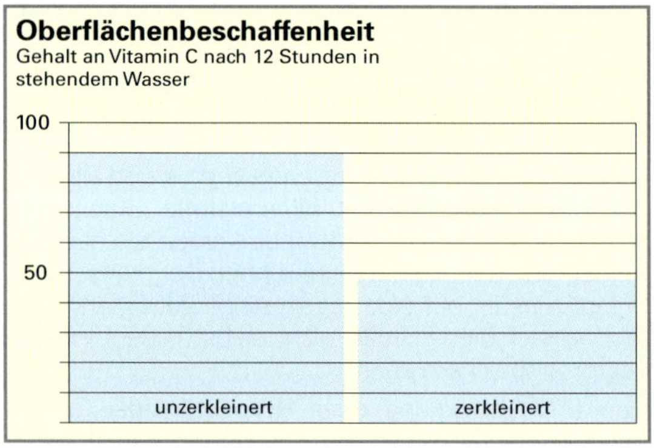

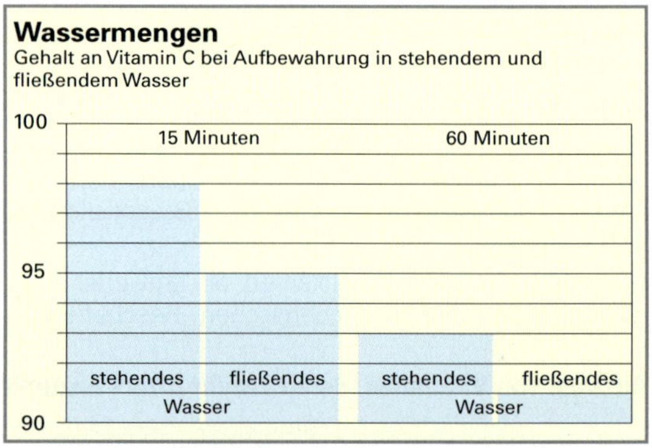

Um Vitaminverluste zu vermindern ist zu beachten:

- Gemüse kühl und dunkel aufbewahren,
- kurz und unzerkleinert waschen,
- geschälte Kartoffeln möglichst kurz und in möglichst wenig Wasser aufbewahren,
- geputzte Gemüse nicht in Wasser legen, sondern mit Folie abdecken,
- blanchieren nur, wenn unbedingt notwendig,
- Kochgeschirr beim Garen abdecken.

AUFGABEN

1 Vitamine werden in zwei Gruppen eingeteilt. Nennen Sie diese und begründen Sie die Aufteilung aus der Sicht der Lebensmittelzubereitung.

2 Opti sagt: „Heute enthält das Essen mehr Vitamine als früher." „Im Gegenteil", meint Pessi, „alles konserviert, nichts mehr frisch." Erstellen Sie eine Tabelle nach nebenstehendem Muster und tragen Sie die möglichen Argumente ein.

Heute enthält die Nahrung im Vergleich zu früher	
mehr Vitamine	weniger Vitamine

3 Die Frühjahrsmüdigkeit wird mit Vitaminmangel in Verbindung gebracht. Erläutern Sie.

4 Welche Handlungsweisen bei Transport, Lagerung und Verarbeitung führen zu großen Vitaminverlusten?

5 „Vitamine schaden nie." Stimmt diese Aussage?

6 Nennen Sie Lebensmittel mit viel Vitamin C und Vitamin D.

6 Mineralstoffe

mineral elements
les éléments (m) minéraux

6.1 Bedeutung für den menschlichen Körper

Mineralstoffe sind die unverbrennbaren anorganischen Bestandteile der Lebensmittel.

Die Mineralstoffe werden vom Körper zwar nicht verbraucht, doch wird über den Stoffwechsel immer ein Teil ausgeschieden und muss darum mit der Nahrung, vor allem bei erhöhter Belastung, ständig wieder zugeführt werden.

Eine ausreichende Versorgung des Körpers mit Mineralstoffen ist lebensnotwendig.

Mineralstoffe werden eingeteilt nach:

Aufgaben

- **Baustoffe für** Knochen, Zähne, Körperzellen, z.B. Calcium, Phosphor, Magnesium
- **Reglerstoffe,** welche die Eigenschaften der Körpersäfte beeinflussen, z.B. Natrium, Kalium, Chlor

Anteil im Körper

- **Mengenelemente,** z.B. Kochsalz, Calcium, Phosphor
- **Spurenelemente,** z.B. Eisen, Jod, Fluor

6.2 Vorkommen und Aufgaben

Mineralstoff	notwendig für	kommt reichlich vor in
Calcium	Aufbau der Knochen und Zähne, Blutgerinnung	Milch und Milchprodukten, Gemüse
Magnesium	Knochenaufbau Enzymtätigkeit	Milch, Milchprodukten, Getreide
Kalium	Erregung von Muskeln und Nerven	Kartoffeln, Gemüse, Obst, Milch, Milchprodukte
Eisen	Blutbildung	Leber, grünem Gemüse, Vollkornbrot
Phosphor	Aufbau der Nerven und Knochen	Leber, Fleisch, Fisch, Milch und Milchprodukten, Vollkornbrot, Nüssen
Jod	Tätigkeit der Schilddrüse	Fischen, Meerestieren, Jodsalz (enthält je kg 5 mg Jod)
Kochsalz	ausreichende Gewebespannung	in fast allen Nahrungsmitteln

6.3 Erhaltung bei der Vor- und Zubereitung

Mineralstoffe sind wasserlöslich. Darum entstehen beim Waschen, beim Aufbewahren von Gemüsen in Wasser und beim Blanchieren große Verluste. Deshalb:

- Gemüse kurz und unzerkleinert waschen,
- geputzte Gemüse nicht in Wasser legen,
- blanchieren nur, wenn unbedingt notwendig.
- Einweich- und Kochwasser weiterverwenden.

Einen erhöhten Bedarf an Wirkstoffen können Schwangere, Stillende sowie Säuglinge und ältere Menschen haben. Bei starker Belastung (Beruf, Sport) kann ebenfalls ein Mehrbedarf auftreten.

In diesen Fällen ist es möglich, dass der Bedarf durch bewusste Nahrungsauswahl (siehe auch vorstehende Tabelle) ergänzt werden muss. Vitamin- und Mineralstoffpräparate sollten über längere Zeit jedoch nur nach Rücksprache mit dem Arzt eingenommen werden.

7 Begleitstoffe

🇬🇧 *dietary fibres*
🇫🇷 *les fibres (w) alimentaires*

Ballaststoffe oder Faserstoffe wurden früher für überflüssig gehalten. Man betrachtete die unverdauliche Zellulose als unnützen Ballast. Heute weiß man, dass diese Stoffe wichtige Aufgaben übernehmen, indem sie sogenannten Zivilisationskrankheiten vorbeugen.

Ballaststoffe

- quellen im Verdauungstrakt auf, erhöhen dadurch die Speisemenge und wirken so der Verstopfung entgegen
- verzögern die Aufnahme der Nährstoffe in die Blutbahn – das Essen hält länger vor
- begünstigen die im Darm lebenden Mikroben (Darmflora).

Viele nehmen heute zu wenig Ballaststoffe auf, weil man mehr Fleisch, Milchprodukte und Zuckerreiches isst jedoch weniger Brot und Kartoffeln verzehrt als früher.

Für eine ausreichende Ballaststoffversorgung:

Nicht nur weißes Brot essen.
Reichlich Gemüse und Obst in den Speiseplan einbauen.

Sekundäre Pflanzeninhaltsstoffe (SPS) oder **bioaktive Pflanzenstoffe** entstehen in geringen Mengen in den Pflanzen; im menschlichen Körper wirken sie **gesundheitsfördernd.** Seit langem ist das z. B. bei Knoblauch bekannt.

Neuerdings hat man eine Reihe anderer Stoffe entdeckt, die sich positiv auf die menschliche Gesundheit auswirken.

Bioaktive Pflanzenstoffe

- stärken das Immunsystem,
- wirken antibakteriell,
- halten den Stoffwechsel stabil,
- beugen Herz- und Krebserkrankungen vor.

Will man die Vorteile der bioaktiven Pflanzenstoffe nutzen, gilt der einfache Grundsatz:

Reichlich Gemüse unterschiedlicher Art. Es ist nicht notwendig, auf bestimmte Arten besonders zu achten.

Versorgung mit Vitaminen, Mineralstoffen und Wirkstoffen (Übersicht)

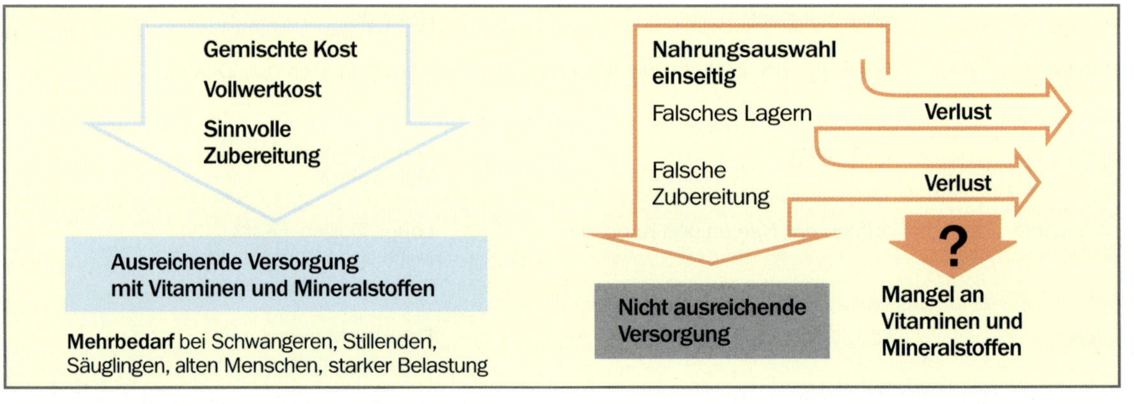

AUFGABEN

1 Nennen Sie vier Regeln, die in der Küche beachtet werden müssen, damit Vitamine und Mineralstoffe möglichst erhalten werden.

2 Welche „Fehler" der gewerblichen Küche führen zu hohen Verlusten an Wirkstoffen? Gibt es Gründe, die diese Verfahren rechtfertigen?

3 Man sagt, je höher der Ballaststoffanteil, desto geringer die Gefahr eines Darmkrebses. Erklären Sie den Zusammenhang.

4 Nennen Sie drei Gruppen von Menschen mit einem erhöhten Bedarf an Vitaminen und Mineralstoffen und begründen Sie den Mehrbedarf.

8 Wasser

water
l'eau (w)

Chemisch reines Wasser (H_2O) setzt sich aus zwei Atomen Wasserstoff und einem Atom Sauerstoff zusammen. Im natürlichen Wasserkreislauf durchdringt der Regen jedoch verschiedene Erdschichten. Diese wirken einerseits als Filter, andererseits löst das Wasser aus diesen Schichten Mineralstoffe.

Nach dem Lebensmittelrecht muss
Trinkwasser klar, farb-, geruch- und geschmacklos sein und darf keine gesundheitsschädlichen Stoffe enthalten.

8.1 Wasserhärte

Die **Menge** der im Wasser gelösten Mineralstoffe bestimmt die **Wasserhärte.** Sie wird nach der internationalen Einheit Millimol (mmol/l) gemessen. Je nach Mineralstoffgehalt spricht man von hartem oder weichem Wasser. Hartes Wasser bildet beim Erhitzen Kesselstein, der sich in Gefäßen, Heizungskesseln und Rohren absetzt.

8.2 Küchentechnische Eigenschaften

Wasser laugt aus.
Durch den besonderen chemischen Aufbau des Wassermoleküls verhalten sich die einzelnen Wasserteilchen wie Magnete: Sie haben einen positiven und einen negativen Pol. So können sie sich **leicht zwischen andere Stoffe** schieben und deren Anziehungskräfte aufheben. Diese Stoffe bleiben dann im Wasser gelöst. Heißes Wasser ist „beweglicher" als kaltes und löst darum schneller.

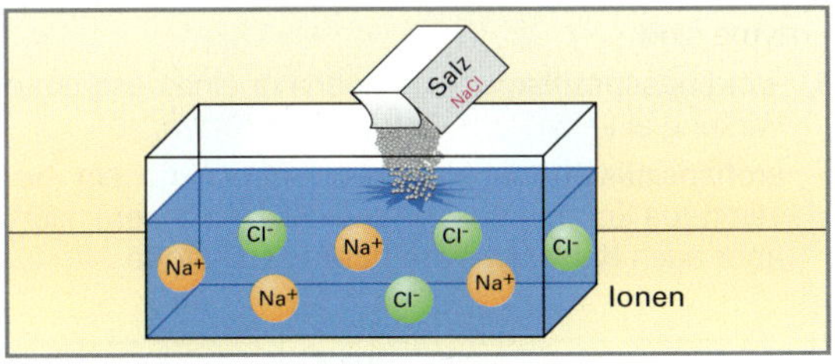

Abb. 1: Wasser löst.

Die lösende Wirkung des Wassers ist

- **erwünscht** bei Aufgussgetränken wie Tee oder Kaffee oder bei der Herstellung von Bouillon,
- **unerwünscht,** wenn Auslaugverluste vermieden werden sollen. Dann bringt man die Lebensmittel möglichst nur kurz mit Wasser in Berührung, z.B. werden die Gemüse kurz und unzerkleinert gewaschen.

Wasser lässt Lebensmittel aufquellen.
Manchen Lebensmitteln wie Linsen, gelben Erbsen, Pilzen, Dörrobst wird das Wasser entzogen, um sie haltbar zu machen.

Bringt man diese Lebensmittel wieder ins Wasser, weicht man sie also ein, so saugen sie sich mit Wasser voll und quellen.

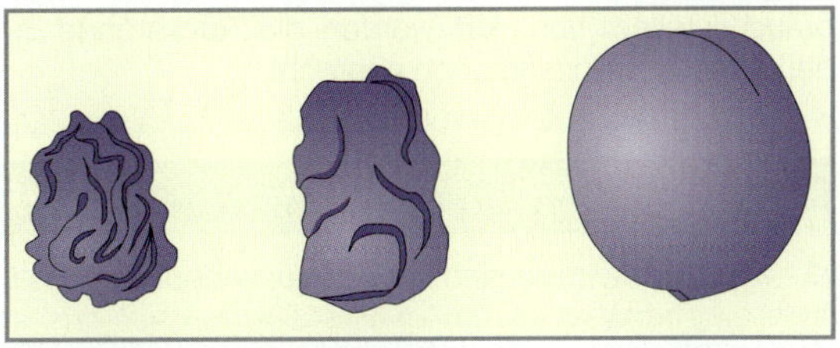

Abb. 2: Wasser lässt quellen.

Wasser dient als Garmedium.
Bei den Garverfahren Kochen, Dämpfen und Dünsten wird die Wärme durch das Wasser auf die Lebensmittel übertragen.

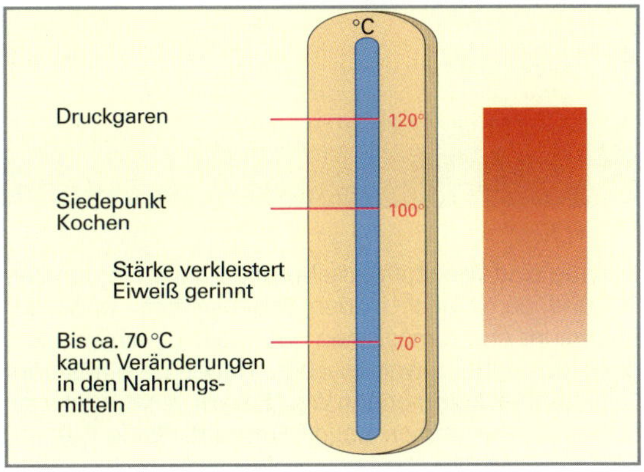

Abb. 3: Temperatur und Garzeit

Dabei nutzt man auch die Erkenntnis, dass der **Siedepunkt des Wassers vom Druck abhängig** ist.

Bei normalem Druck kocht das Wasser bei 100 °C. Die Temperatur kann trotz weiterer Wärmezufuhr nicht mehr steigen. Erhöht man den Druck, wie z.B. im Dampfdrucktopf oder bei Autoklaven, verdampft das Wasser bei erhöhter Temperatur (vgl. S. 25).

Höhere Temperatur bedeutet kürzere Garzeit.
Darum spricht man auch vom „Schnell"-Kochtopf. Verringert man dagegen den Druck, so „kocht" das Wasser bereits bei geringerer Temperatur. Diesen Zustand stellt man absichtlich her, wenn man Luft abpumpt (entzieht) und so einen **Unterdruck**, ein **Vakuum** erzeugt, z.B. beim Eindicken von Kondensmilch, um den Kochgeschmack zu vermeiden.

Küche

8.3 Bedeutung für den menschlichen Körper

Wasser dient dem Körper, der zu etwa 60% aus Wasser besteht, als **Baustoff.**

Als Lösungsmittel hilft das Wasser die Bausteine der Nährstoffe, die Vitamine und Mineralstoffe, aus den Speisen zu lösen, sodass sie die Darmwand durchdringen können.

Als **Transportmittel** nimmt Wasser die gelösten Stoffe in Blut und Lymphe auf und bringt sie zu den Verbrauchsstellen. Von dort werden die Rückstände zu den Ausscheidungsorganen gebracht.

Zur **Wärmeregelung** gibt der Körper durch die Poren der Haut Wasser ab. Dieses verdunstet und kühlt dadurch den Körper ab.

Der Körper bedarf einer täglichen Wassermenge von 2 bis 2,5 Litern. Diese wird teilweise durch den Wassergehalt der Lebensmittel gedeckt, zum größeren Teil aber durch Getränke ergänzt.

Der Wasserbedarf ist erhöht bei

- trockener und heißer Witterung, weil die Schweißabsonderung ansteigt, wie auch bei
- körperlicher Anstrengung und dem
- Genuss kräftig gesalzener oder scharfer Speisen.

Aufgaben

1 Welche Nachteile sind mit der Verwendung von hartem Wasser verbunden?

2 Der Mensch benötigt täglich mindestens 2 Liter Wasser. Kaum jemand trinkt soviel. Wie wird dann der Flüssigkeitsbedarf gedeckt?

3 Wasser laugt aus. Nennen Sie je drei Beispiele wo dieser Vorgang erwünscht bzw. nicht erwünscht ist.

4 Warum werden in einem Dampfdrucktopf die Lebensmittel schneller gar?

9 Enzyme

enzymes
les enzymes (m)

Enzyme sind Wirkstoffe, die Veränderungen in den Zellen und damit auch in den Lebensmitteln entweder überhaupt erst ermöglichen oder aber beschleunigen, ohne sich dabei zu verbrauchen. Neben dem aus dem Griechischen kommenden Wort **Enzym** verwendet man auch den lateinischen Begriff **Ferment.** Beide Begriffe bedeuten das Gleiche.

Man bezeichnet Wirkstoffe wie z.B. die Enzyme auch als **Katalysatoren;** werden diese in lebendigen Organismen gebildet, spricht man von **Biokatalysatoren.**

9.1 Wirkungsweise

Enzyme bewirken die verschiedensten Abläufe. Sie

- **bauen in der Pflanze Nährstoffe auf** – aus Einfachzuckern werden Zweifach- und Vielfachzucker,
- **verändern die Lebensmittel** – Schlachtfleisch reift, angeschnittene Äpfel werden braun,
- **bauen Nährstoffe ab** – z.B. bei der Verdauung,
- **bauen arteigene Körperstoffe auf** – z.B. Haare, Haut, Fett im Unterhautfettgewebe.

Enzyme bestehen aus **Eiweiß** und einer **Wirkstoffgruppe.** Diese Wirkstoffgruppe ist spezialisiert. Darum sind auch die Enzyme nur zu besonderen Veränderungen an jeweils einem speziellen Nährstoff fähig, können also auch bewusst sehr differenziert eingesetzt werden.

Enzyme sind

- **wirkungsspezifisch,** sie können nur eine bestimmte Wirkung einleiten, z.B. Aufbau von Fetten,
- **stoffspezifisch** (substratspezifisch), d.h., ein bestimmtes Enzym kann z.B. nur Fett verändern, nicht aber auch Kohlenhydrate oder Eiweißstoffe.

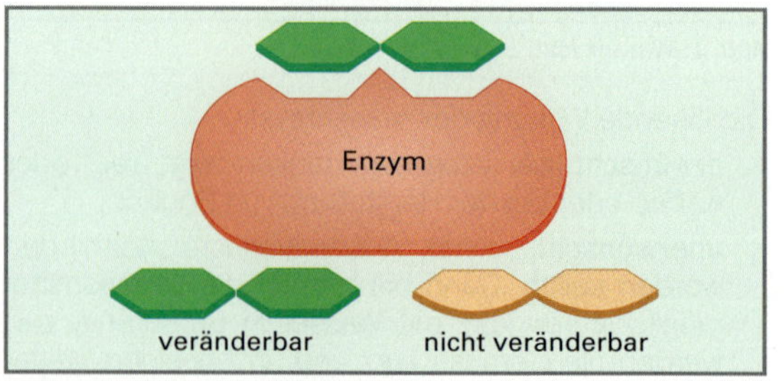

***Abb. 1:** Enzyme sind stoffspezifisch.*

Das nachstehende Beispiel des Stärkeabbaues zeigt, dass für jede Stufe ein anderes Enzym erforderlich ist. So kann z. B. die Amylase nur den Vielfachzucker Stärke in Zweifachzucker spalten. Dieses Beispiel aus dem Bereich der Kohlenhydrate ist auf alle anderen Stoffe übertragbar.

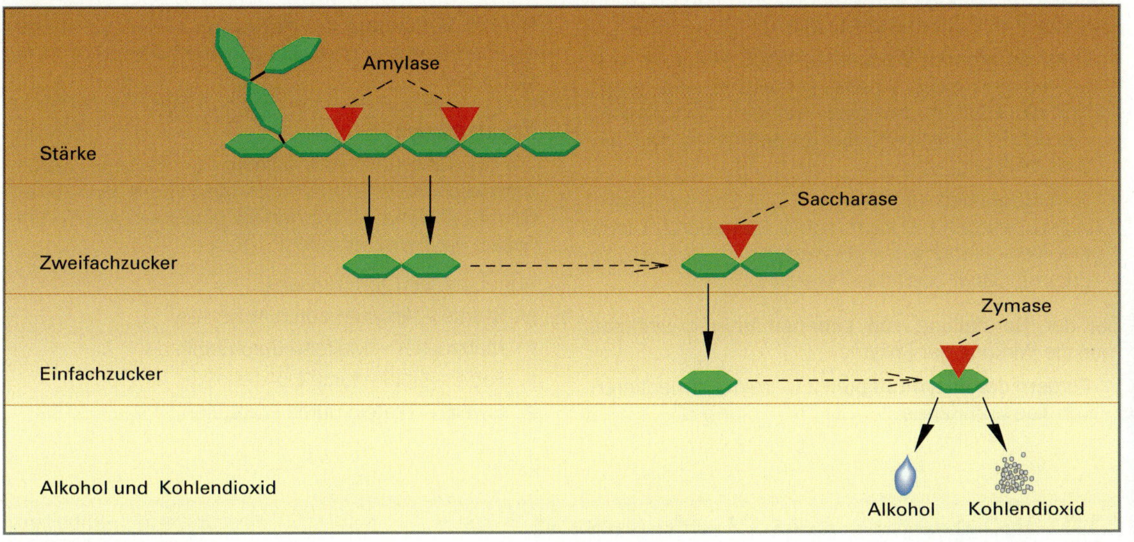

Abb. 1: Abbau von Stärke

9.2 Bedingungen der Enzymtätigkeit und deren Steuerung

Versuche

1. Bereiten Sie aus 100 cm³ Wasser und 5 g Stärke einen Kleisterbrei. Verteilen Sie ihn auf die Gläser 1 bis 4.
2. In die Gläser 2, 3 und 4 wird je ein Teelöffel Speichel gegeben und untergerührt. Stellen Sie Glas 2 in den Kühlschrank, Glas 3 in ein Wasserbad mit 37 °C; Glas 4 muss aufgekocht und anschließend in ein Wasserbad gestellt werden.
3. Zerdrücken Sie ein Stückchen rohes Fischfilet, vermischen Sie es mit einem Teelöffel Speichel und füllen Sie es in Glas 5, das Sie anschließend ins Wasserbad stellen.
4. Nach ca. 20 Min. vergleichen Sie die Gläser. Nr. 1, 2, 4 und 5 zeigen keine Veränderungen. In Glas 3 hat sich der Stärkebrei verflüssigt. Prüfen Sie mit wässeriger Jodlösung!

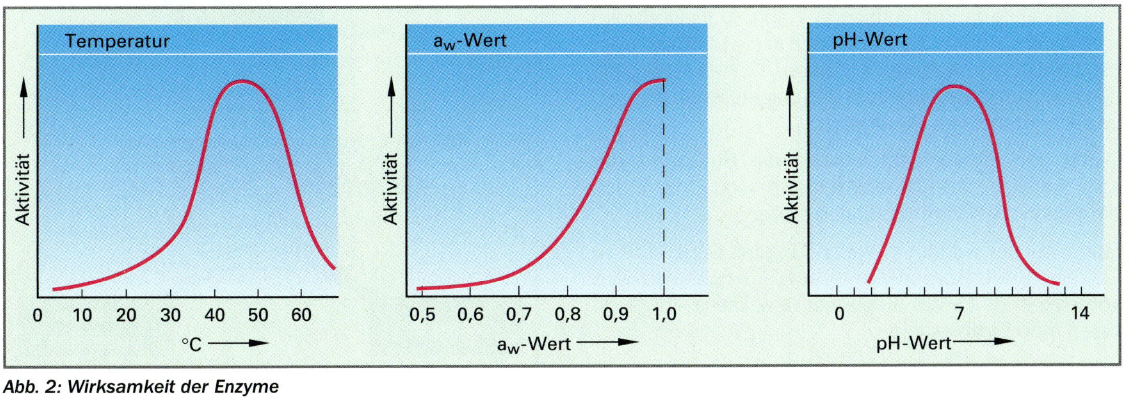

Abb. 2: Wirksamkeit der Enzyme

Die **Wirksamkeit der Enzyme** ist abhängig

- **von der Temperatur.** – Bis ca. 40 °C steigt die Wirksamkeit an; bei höheren Temperaturen wird das Eiweiß geschädigt, es verändert sich und die Wirksamkeit des Enzyms lässt nach.
- **vom verfügbaren Wasser** (a_w**-Wert**). – Für die Veränderungen muss Wasser vorhanden sein, damit sich die Teilchen „bewegen" können. Das Wasser, das den Enzymen verfügbar ist, nennt man auch **aktives Wasser.**
- **vom Säurewert (pH-Wert).** – Die Enzyme bevorzugen neutrale bis leicht saure Umgebung. Durch eine Verschiebung des pH-Wertes kann deshalb die Enzymtätigkeit beeinflusst werden.

Bei der **Herstellung von Lebensmitteln** beeinflusst man die Wirkung der Enzyme:

- **Fördern der Enzymtätigkeit** z. B. beim Fermentieren von Tee und Kaffee.
- **Hemmen der Enzymtätigkeit** z. B. beim Blanchieren von Gemüse vor dem Frosten oder durch die Zugabe von Säure (Essigsäure, Benzoesäure) zur Konservierung.

Bei der **Verdauung der Nährstoffe** wirken die körpereigenen Enzyme und zerlegen die Nährstoffe in die Bausteine.

Zusatzwissen

Die wissenschaftlichen Namen der Enzyme werden entsprechend einer internationalen Vereinbarung nach dem Stoff benannt, auf den sie einwirken. Alle Enzyme haben die Endsilbe „ase".

Abgebaut wird zum Beispiel:

- Stärke – Amylum durch Amylasen
- Malzzucker – Maltose durch Maltasen
- Fette – Lipide durch Lipasen
- Eiweiß – Protein durch Proteasen.

Küche

10 Verdauung und Stoffwechsel

digestion and metabolism
la digestion et le métabolisme

Mit den Lebensmitteln nehmen wir die Nährstoffe auf, die der Körper zum Aufbau (Muskeln, Knochen) und zur Energiegewinnung (Kraft, Wärme) benötigt. Dies wurde schon bei der Behandlung der einzelnen Nährstoffe aufgezeigt. Jetzt werden Verdauung und Stoffwechsel zusammenhängend dargestellt.

Lebensmittel nennt der Gesetzgeber alles, was gegessen, gekaut oder getrunken wird.

Durch die Verdauung werden die Lebensmittel zerkleinert (Zähne, Magen) und in die Bausteine **zerlegt. Verdauung ist der Abbau der Nahrung in die Bausteine der Nährstoffe.** Das geschieht im Magen-Darm-Kanal, vorwiegend im Dünndarm. Als Werkzeuge für die Aufspaltung der Nährstoffe in die Bausteine dienen die Enzyme.

Die Bausteine der Nährstoffe (Einfachzucker, Aminosäuren, Glycerin und Fettsäuren) sind so kleine Moleküle, dass sie durch die Darmwand in die Blutbahn oder die Lymphbahn gelangen können. Diesen Übergang aus dem Verdauungskanal in den „eigentlichen Körper" bezeichnet man als **Resorption.**

Durch den Blutkreislauf werden die Bausteine der Nährstoffe zu den Körperzellen gebracht. Dort finden die eigentlichen Veränderungen statt:

Einfachzucker werden in Verbindung mit Sauerstoff zu Energie (Kraft, Körperwärme), aus Aminosäuren wird körpereigenes Eiweiß aufgebaut usw. Diese Vorgänge nennt man **Stoffwechsel.**

Um die Beiträge der einzelnen Nahrungsmittel für die Energieversorgung des Körpers miteinander vergleichen zu können, wird deren Energiegehalt genannt. Dazu verwendet man die Maßbezeichnung kJ ≙ Kilojoule.

Es liefern	1 g Kohlenhydrate	17 kJ
	1 g Eiweiß	17 kJ
	1 g Fett	37 kJ[1]

Abb. 1: Verdauung und Stoffwechsel

[1] Wert nach Nährwertkennzeichnungsverordnung

Verdauung im Überblick

Im Mund

Speichel enthält das Enzym **Amylase.** Es beginnt mit dem Abbau der Stärke. Zugleich macht der Speichel die durch das Kauen zerkleinerte Nahrung gleitfähig.

Im Magen

Magensaft enthält **Salzsäure** und eiweißabbauende Enzyme. Die Säure tötet die meisten der mit der Nahrung aufgenommenen Mikroben ab und lässt das Eiweiß gerinnen. Im angesäuerten Speisebrei beginnen **Peptidasen** mit dem Abbau der Eiweißstoffe.

Im Zwölffingerdarm

kommt **Gallenflüssigkeit** zum Speisebrei. Galle wird von der Leber produziert und in der Gallenblase gespeichert. Die Galle emulgiert das Fett, es entstehen viele kleinste Fettteilchen, die sich leichter aufspalten lassen.

Von der Bauchspeicheldrüse fließen **Lipasen** (fettspaltende Enzyme), **Peptidasen** (eiweißspaltende Enzyme) und **kohlenhydratspaltende Enzyme** in den Speisebrei.

Im Dünndarm

kommen weitere Verdauungsenzyme dazu. Die Nährstoffe werden zu folgenden Bausteinen zerlegt:

- Kohlenhydrate werden zu Einfachzucker,
- Fette zu Glycerin und Fettsäuren,
- Eiweißstoffe zu Aminosäuren.

Diese Bausteine gelangen als verwertbare Anteile der Nahrung durch die Wand des Dünndarms in den Körper.

Einfachzucker und Fettsäuren werden vom Blut transportiert, Fett von der Lymphe aufgenommen.

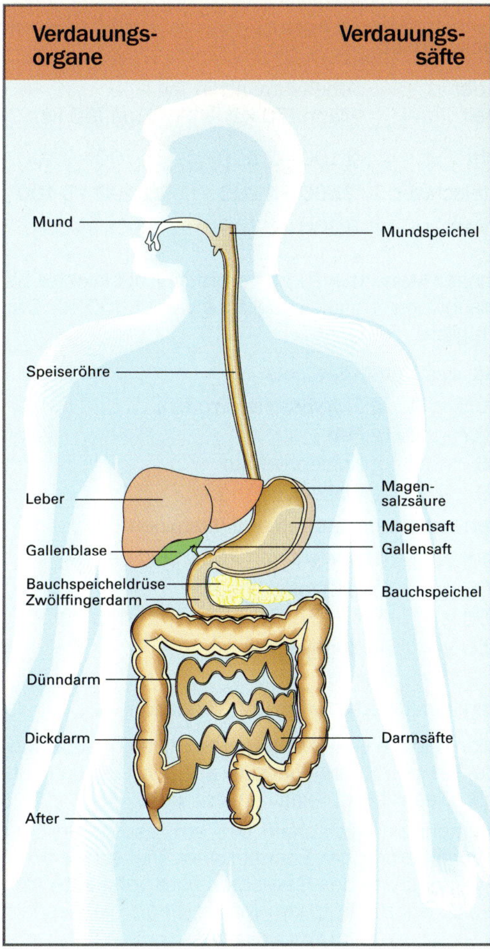

Verdauungsvorgänge: Kohlenhydrate	Verdauungsvorgänge: Eiweiß	Fett
Enzyme des **Mundspeichels** beginnen mit dem Abbau der Stärke.		
	Salzsäure und Proteasen leiten im **Magen** den Eiweißabbau ein.	
		Gallensaft emulgiert Fett zu feinsten Tröpfchen.
Enzyme der **Bauchspeichel**drüse zerlegen Zuckerstoffe weiter. Enzyme des **Darmsaftes** zerlegen restlichen Zweifach- zu Einfachzucker.	Enzyme in **Bauchspeichel** und **Darmsaft** zerlegen die Eiweißteile zu Aminosäuren.	Das Enzym Lipase aus **Bauchspeichel**drüse spaltet Fett in Glycerin und Fettsäuren.
Einfachzucker werden vom **Blut** aufgenommen.	**Aminosäuren** werden vom **Blut** aufgenommen.	**Glycerin** und **Fettsäuren** werden von der **Lymphbahn** aufgenommen.

11 Vollwertige Ernährung

full value nutrition
le régime alimentaire complet

Durch eine vollwertige Ernährung sollen die Leistungsfähigkeit des Menschen gefördert und ernährungsbedingte Erkrankungen vermieden werden.

Grundsätze vollwertiger Ernährung

- **Die richtige Nahrungsmenge:**
  Die Energiezufuhr muss auf den Bedarf des Körpers abgestellt sein. Wer über längere Zeit den Bedarf des Körpers mit der Energiezufuhr nicht zur Übereinstimmung bringt, hat Gewichtsprobleme (vgl. unten).
- **Die richtige Zusammenstellung:**
  Nicht die Menge allein macht es, es muss auch das Richtige sein, was man zu sich nimmt. Das bedeutet, dass bei einer vollwertigen Ernährung darauf zu achten ist, dass alle essenziellen Nährstoffe auch in ausreichender Menge zugeführt werden.
- **Die richtige Verteilung der Nahrung:**
  Der menschliche Körper unterliegt biologisch bedingten Schwankungen innerhalb des Tagesablaufs. Wer den zeitlich unterschiedlichen Bedarf des Körpers beachtet, lebt besser und leichter.

11.1 Energiebedarf

Der Körper bedarf selbst bei Ruhe und Schlaf zur Erhaltung der Lebensvorgänge, wie Atmung, Kreislauf, Verdauung usw., einer gewissen Energiemenge. Diese nennt man Grundumsatz.

Der **Grundumsatz** ist abhängig von

- Alter – mit zunehmendem Alter wird der Grundumsatz geringer,
- Geschlecht – bei Frauen geringer als bei Männern,
- Körpermasse – je „gewichtiger", desto höher der Grundumsatz.

Faustregel:
100 kJ je kg Körpergewicht pro Tag.

Der **Leistungsumsatz** berücksichtigt den zusätzlichen Energiebedarf für körperliche Leistung wie Arbeit und Sport.

Grundumsatz
+ Leistungsumsatz
= Gesamtumsatz

Leichtarbeiter sind z. B. Feinmechaniker, Sekretärinnen, Boten;

Mittelschwerarbeiter sind z. B. Verkäuferinnen, Restaurantfachleute, Köche, Hotelfachleute;

Schwerarbeiter sind z. B. Maurer, Zimmerer.

Abb. 1: Energiebedarf

Grundumsatz (Durchschnittswerte)		
Alter	männlich kJ	weiblich kJ
25	7300	6000
45	6800	5600
65	6200	5200

Arbeitsumsatz		
Art der Arbeit	Arbeitsumsatz je Tag in kJ Mann (70 kg)	Frau (60 kg)
leicht	2100–2500	1700–2100
mittelschwer	2500–4200	2100–3400
schwer	4200–6700	über 3400

Ein junger Mann mit 70 kg verbraucht bei leichter bis mittelschwerer Tätigkeit täglich etwa 11000 kJ. Das sind täglich

je 1 kg des Körpergewichts:

0,5 – 1 g Eiweißstoffe (Protein)
0,7 – 0,8 g Fett
6 – 7 g Kohlenhydrate
30 – 40 g Wasser

Spuren von Mineralstoffen und Vitaminen,

bei einem Körpergewicht von 70 kg sind das etwa:

60 g Eiweißstoffe (Protein)
50 g Fett
450 g Kohlenhydrate
2 – 3 l Wasser

Spuren von Mineralstoffen und Vitaminen.

Tabellen und die Grafik oben zeigen, dass der überwiegende Teil des Energiebedarfs auf den Grundumsatz entfällt. Dieser bleibt relativ unverändert.

Wer abnehmen will, schafft das am raschesten über eine Verringerung der Energiezufuhr. Viel schwerer ist eine Verringerung des Gewichtes über verstärkte Aktivität, z. B. Sport. (Trotzdem fördert Sport die Gesundheit.)

11.2 Nahrungsauswahl

Eine Ernährung ist dann vollwertig, wenn alle erforderlichen Nährstoffe in der benötigten Menge aufgenommen werden. Das meint auch der Merksatz:

Iss das Richtige.

Dafür eignet sich am besten eine abwechslungsreiche, gemischte Kost. Die Deutsche Gesellschaft für Ernährung (DGE) gibt mit dem Ernährungspyramide eine Hilfe, um die Lebensmittelauswahl zu überprüfen.

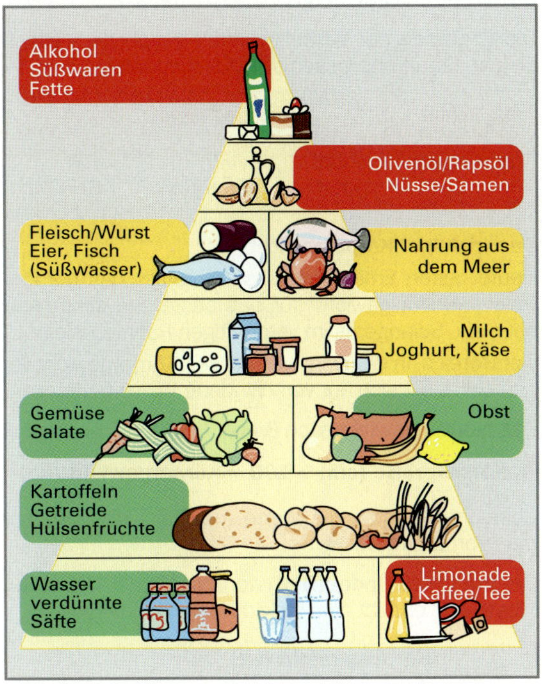

Abb. 1: Ernährungspyramide

Getränke sind der mengenmäßig größte Anteil der täglichen Nahrungsaufnahme und bilden darum unten an der Pyramide einen breiten Balken.

Die Hülsenfrüchte (reife Bohnen, Erbsen und Linsen) sind wegen ihres hohen Kohlenhydratgehaltes nicht dem Gemüse sondern der Gruppe Kartoffeln, Getreide zugeordnet.

Weil nur die Meeresfische das Spurenelement Jod liefern, sind sie als eigene Gruppe angeführt. Die Süßwasserfische sind die anderen Eiweißlieferanten Fleisch und Ei zugeordnet.

Die Farben bei den Texten bedeuten:
Grün reichlich
Gelb mit Bedacht
Rot wenig verzehren

Vollwertig essen und trinken ist einfach, wenn die **10 Regeln der DGE** beachtet werden.

1. **Vielseitig essen**
   Genießen Sie die Vielfalt der Lebensmittel, kombinieren Sie. Es gibt keine „guten" oder „verbotenen" Lebensmittel.

2. **Getreideprodukte – mehrmals am Tag und reichlich Kartoffeln**
   Brot, Nudeln, Reis, bevorzugt aus Vollkorn, sowie Kartoffeln enthalten kaum Fett aber viele Wirkstoffe.

3. **Gemüse und Obst – Nimm „5" am Tag**
   Fünf Portionen Gemüse oder Obst am Tag versorgen den Körper gut mit Wirkstoffen. Es kann sich z.B. um einen rohen Apfel, kurz gegartes Gemüse oder auch um Saft handeln.

4. **Täglich Milch und Milchprodukte, Einmal in der Woche Fisch; Fleisch, Wurstwaren sowie Eier in Maßen**
   Bei Fleischerzeugnissen und Milchprodukten ist auf den Fettgehalt zu achten.

5. **Wenig Fett und fettreiche Lebensmittel**
   Fett ist auch Geschmacksträger. Darum schmekken fettreiche Speisen meist besonders gut. Weil es viel Energie liefert, macht Fett aber auch „fett". Auf unsichtbare Fette in Fleischerzeugnissen, Süßwaren, Milchprodukten und in Gebäck achten.

6. **Zucker und Salz in Maßen**
   Genießen Sie zuckerreiche Lebensmittel und Getränke mit reichlich Zucker nur in Maßen.

7. **Reichlich Flüssigkeit**
   Wasser hat im Körper vielfältige Aufgaben. Trinken Sie rund 1,5 Liter jeden Tag.

8. **Schmackhaft und schonend zubereiten**
   Garen Sie bei niederen Temperaturen und kurz. So bleiben Geschmack und Nährstoffe erhalten.

9. **Nehmen Sie sich Zeit, genießen Sie Ihr Essen**
   Bewusstes Essen hilft, richtig zu essen. Auch das Auge isst mit.

10. **Achten Sie auf Ihr Wunschgewicht und bleiben Sie in Bewegung**
    Mit dem richtigen Gewicht fühlen Sie sich wohl und mit reichlich Bewegung bleiben Sie in Schwung. Tun Sie etwas für Fitness, Wohlbefinden und Ihre Figur.

Veränderte Lebensbedingungen und geänderte Essgewohnheiten machen es erforderlich, über die Zufuhr von Wirkstoffen grundsätzlich nachzudenken.

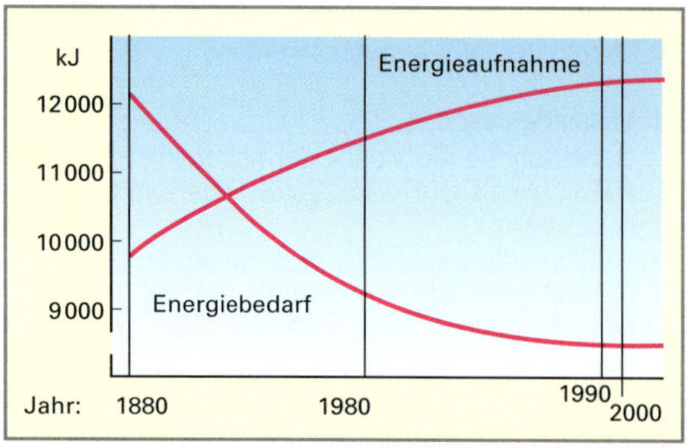

Abb. 1: Energieaufnahme und Energiebedarf

Im Gegensatz zu früher ist die **körperliche Belastung geringer:** Kraftarbeit übernehmen die Maschinen. Dafür ist der Mensch nervlich mehr angespannt. Die Ernährung ist heute **energiereicher.**

Man isst „besser". Das bedeutet mehr (verstecktes) Fett, mehr Zucker, weniger Ballaststoffe. Damit ist die Nahrung energiereicher und zugleich ärmer an Wirkstoffen. Man spricht darum auch von „leeren Kalorien".

Wer sich richtig ernähren will, muss also nicht nur weniger essen, sondern auch das Richtige auswählen.

Eine Hilfe ist die Nährstoffdichte.

Die Nährstoffdichte ist ein Messwert, der angibt, in welchem Verhältnis ein wichtiger Nahrungsbestandteil zur Energieaufnahme steht.

Wer viel Energie benötigt, isst größere Mengen (**Abb. 2**, linke Säule). Auch wenn die wichtigen Nährstoffe nicht so dicht vorliegen, reichen sie für eine gesunde Ernährung aus.

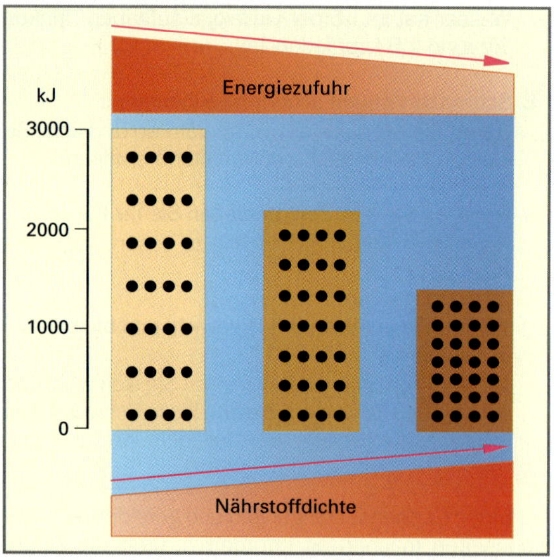

Abb. 2: Energiezufuhr und Nährstoffdichte

Benötigt man dagegen weniger Energie, isst man vernünftigerweise weniger. Die aufgenommene Nahrungsmenge ist gering (**Abb. 2**, rechte Säule). Jetzt muss man darauf achten, dass in der geringeren Nahrungsmenge die wichtigen Nahrungsbestandteile entsprechend dicht enthalten sind.

Je höher der Wert für einen bestimmten Nährstoff, desto besser für eine ausreichende Versorgung.

BEISPIEL

Bei Zucker ist die Nährstoffdichte für Vitamin C gleich Null, denn Zucker liefert nur Energie. Bei Endiviensalat liegt der Wert dagegen bei 140. Der Vitamin-C-reiche Salat liefert kaum Energie.

Die Einwände der Wissenschaftler gegen die vielfach übliche Ernährung lassen sich zusammenfassen.

Die Fehler		und die Folgen	
Wir essen	zu viel zu süß zu fett	zu viel Energie	zu viel Gewicht

Das „richtige" Körpergewicht

Heute halten Ernährungswissenschaftler das persönliche „Wohlfühlgewicht" für das beste. Sie schränken aber ein: Solange es im vernünftigen Rahmen bleibt.

Der Bereich, in dem ein vernünftiges Körpergewicht liegen soll, lässt sich auf verschiedene Weise feststellen.

Das **Normalgewicht** nach Broca:

Körpergröße (cm) – 100 = Körpergewicht (kg)

Überschreitet man die Werte mehr als 10%, spricht man von Übergewicht.

Der **Body Mass Index (BMI)** wörtlich „Körper-Gewichts-Messwert" erlaubt eine individuellere Beurteilung.

$$\mathbf{BMI} = \frac{\textbf{Körpergewicht (kg)}}{(\textbf{Körpergröße (m)})^2}$$

Der ermittelte BMI wird nun im Zusammenhang mit dem Alter ausgewertet.

Auswertung des BMI-Wertes			
Alter	unter	BMI-Wert zwischen	über
19 bis 24 Jahre	19	19 – 24	24
25 bis 34 Jahre	20	20 – 25	25
35 bis 44 Jahre	21	21 – 26	26
45 bis 54 Jahre	22	22 – 27	27
55 bis 64 Jahre	23	23 – 28	28
über 65 Jahre	24	24 – 29	29
	Untergewicht	Normalgewicht	Übergewicht

Der Wert kann auch aus einer Tabelle abgelesen werden.

Ein junger Mann ist 170 cm groß und wiegt 60 kg. Sein BMI-Wert?

Ermittlung des BMI-Wertes

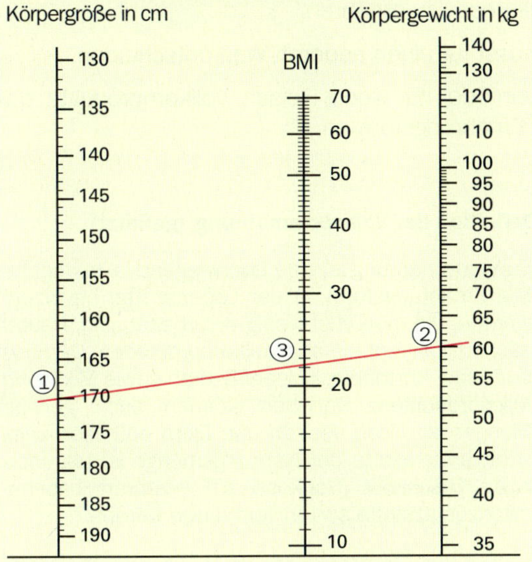

Ein Lineal wird links an der entsprechenden Größe ① und gleichzeitig rechts am aktuellen Gewicht ② angelegt. An der mittleren Linie ③ kann der BMI-Wert abgelesen werden.

11.3 Verteilung der täglichen Nahrungsaufnahme

Der Körper hat eine innere „biologische" Uhr, die nicht nur unser Leistungsvermögen beeinflusst, sondern auch Signale aussendet, die uns an die Nahrungsaufnahme erinnern.

Ein Teil der täglich aufgenommenen Nahrung ist zur Deckung des Leistungsumsatzes notwendig, damit der Körper wieder „Kraft" erhält. Darum sollte die Nahrungsaufnahme der Leistungsbereitschaft angepasst werden. Das Schaubild zeigt die Zusammenhänge zwischen Leistungsbereitschaft und Nahrungsaufnahme.

Nahrungsaufnahme und Leistungsbereitschaft

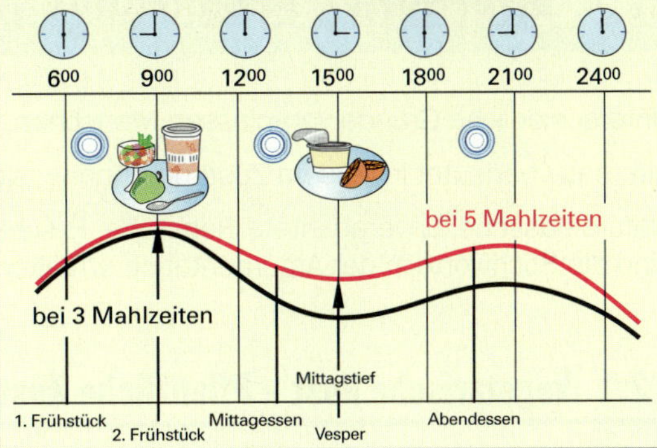

Regeln für die Verteilung der Nahrungsaufnahme:

- **Fünf kleine Mahlzeiten sind besser als drei große,** denn die Energiezufuhr ist der Leistungsbereitschaft angepasst und Heißhunger wird vermieden.
- **Ein vollwertiges Frühstück bringt die Startenergie,** die der menschliche Organismus nach der Schlafpause benötigt. Mit dem Frühstück soll man etwa ein Viertel der Tagesenergiemenge aufnehmen.
- **Das Mittagessen ist die Hauptmahlzeit,** sie soll etwa ein Drittel des täglichen Energiebedarfs decken.
- **Das Abendessen darf nicht belasten.** Das Abendessen zu Hause bietet Gelegenheit, eventuelle Mängel einer Außerhaus-Verpflegung auszugleichen und für eine ausreichende Zufuhr an Vitaminen und Mineralstoffen zu sorgen.
- **Zwischenmahlzeiten sollen so liegen, dass sie die Leistungsbereitschaft fördern,** also zwischen 9 Uhr und 10 Uhr, wenn die Leistungskurve absinkt, und gegen 15 Uhr nach dem Mittagstief.

Aufgaben

1. Warum ist der Grundumsatz nicht bei allen Menschen gleich?
2. Der Ernährungskreis unterteilt unsere Lebensmittel in Gruppen. Welche Lebensmittelgruppen sollen bevorzugt werden? Begründen Sie.
3. Eine Ernährungsregel der DGE lautet: Würzig, aber nicht salzig. Erklären Sie den Unterschied.
4. Nennen Sie die drei häufigsten Ernährungsfehler, die zu Übergewicht führen.
5. „Wir essen zu viele leere Lebensmittel", ist ein häufig gehörter Vorwurf. Nehmen Sie dazu Stellung.
6. Zwischenmahlzeiten erhöhen die Leistungsfähigkeit. Erläutern Sie.

12 Alternative Ernährungsformen

nutrition alternatives
les formes (w) de nutrition alternatives

Unterschiedliche Gründe veranlassen Menschen, sich alternativ zu ernähren.

Alternativ bedeutet in diesem Zusammenhang: sich bewusst für einen anderen Weg entscheiden.

Naturbelassene, unverarbeitete Rohstoffe, Frischkost, kein oder nur wenig Fleisch, Vollkornprodukte, das sind die Stichworte in der Argumentation um alternative Ernährungsformen.

12.1 Vegetarische Kost – Pflanzliche Kost

Vegetarier wollen bewusst eine vorwiegend aus pflanzlichen Produkten bestehende Ernährung. Sie essen keine Lebensmittel, die von getöteten Tieren stammen.

Darüber hinaus lehnen Vegetarier meist auch Genussmittel wie Alkohol oder Nikotin ab.

Man unterscheidet bei den Vegetariern drei Gruppen:

- **Ovo-Lakto-Vegetarier**
  essen neben Pflanzen auch Produkte von Tieren, also Eier, Milch und Milcherzeugnisse.
- **Lakto-Vegetarier**
  verzichten zusätzlich auf den Genuss von Eiern, weil ein befruchtetes Ei schon Leben in sich birgt.
- **Veganer**
  leben nur von pflanzlichen Produkten. Sie lehnen alles ab, was von Tieren kommt, sogar Honig.

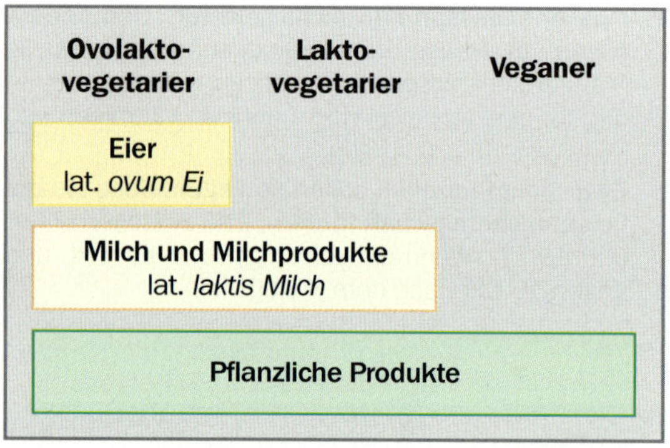

12.2 Vollwerternährung

Die Vollwerternährung ist zu unterscheiden von der vollwertigen Ernährung.

Die Vollwerternährung hat über die Gesundheitsverträglichkeit hinaus die Ziele der Umweltverträglichkeit und der Sozialverträglichkeit. Es handelt sich also um ein ganzheitliches Ernährungskonzept.

Definition der Vollwerternährung (gekürzt)

Vollwerternährung ist eine überwiegend lakto-vegetabile Ernährungsform, in der Lebensmittel bevorzugt werden, die möglichst wenig verarbeitet sind. Hauptsächlich besteht sie aus Vollkornprodukten, Gemüse und Obst, Kartoffeln, Hülsenfrüchten sowie Milch und Milchprodukten. Daneben können auch geringe Mengen an Fisch, Fleisch und Eiern enthalten sein. ...etwa die Hälfte der Nahrungsmenge ist als unerhitzte Frischkost (Rohkost) zu verzehren. Lebensmittelzusatzstoffe sollten vermieden werden.

Zusätzlich zu den gesundheitlichen Aspekten werden auch die Umwelt- und Sozialverträglichkeit des gesamten Ernährungssystems in die Betrachtungen und Empfehlungen einbezogen.

Die Vollwerternährung ordnet die Lebensmittel nach dem Grad der Naturbelassenheit in fünf Stufen. Ein möglichst hoher Anteil der Ernährung (50 %) sollte unverarbeitet sein. Einen kurzen Überblick über die Zusammensetzung der Kost gibt die folgende Abbildung.

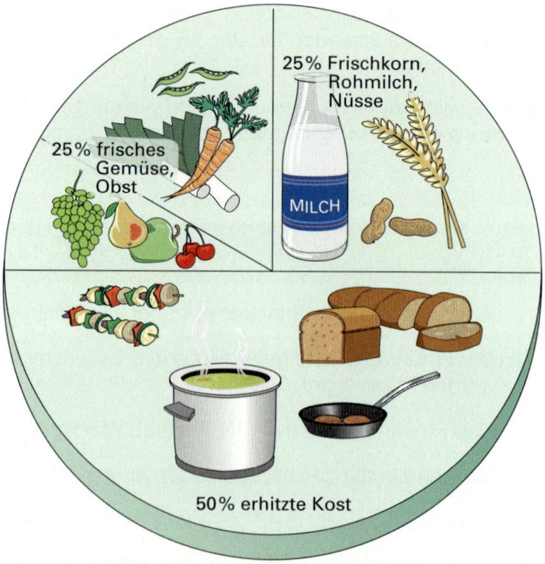

Abb. 1: Zusammensetzung der Vollwerternährung

13 Diät

🇬🇧 *diet*
🇫🇷 *le régime alimentaire*

Die verschiedenen Diätformen sollen der Verhütung, Besserung und Heilung von Krankheiten dienen.

Zu einer Diät sind

- die geeigneten Lebensmittel auszuwählen.

  Beispiele
  kohlenhydratarme Lebensmittel bei Diabetes,
  fettarme Lebensmittel bei Gallenbeschwerden,
  ballaststoffarme, leicht verdauliche Lebensmittel bei leichter Vollkost,
  energiereiche, eiweißhaltige Lebensmittel bei Aufbaukost;

- die Speisen zweckmäßig zuzubereiten.

  Beispiel
  Kochen – dämpfen – dünsten, nicht aber braten oder grillen bei Gallenleiden.

Diät wird vom Arzt verordnet.
Er gibt dabei Anweisungen, welche Lebensmittel in welcher Menge verwendet werden dürfen und wie diese zuzubereiten sind. Die Ernährungsmedizin hat die Vielfalt der Diätformen stark eingeschränkt.

Neben der **Vollkost** kennt man heute

- Leichte Vollkost
- Natriumarme Diät
- Diabetesdiät
- Eiweißarme Diät
- Reduktionsdiät

13.1 Vollkost

Als Vollkost wird die „normale" Ernährung bezeichnet, wenn diese die Nährstoffe im richtigen Verhältnis enthält und den jeweils erforderlichen Energiebedarf deckt.

13.2 Leichte Vollkost

Von leichter Vollkost spricht man, wenn bei der Zusammenstellung der Kost auf alle Lebensmittel verzichtet wird, die Unverträglichkeiten auslösen, wie z.B. Hülsenfrüchte, Kohlgemüse. Die leichte Vollkost wurde früher **Schonkost** genannt. Leichte Vollkost wird verordnet, wenn die Verdauungsorgane entlastet werden sollen.

Grundregeln:

- Entlastung der Verdauungsorgane von großen Speisenmengen – also mehrere kleine Mahlzeiten,
- Entlastung der Verdauungsorgane von schwerverdaulichen Speisen.
  Schwer verdaulich sind fette Lebensmittel,
  Speisen, die mit größeren Fettmengen zubereitet werden,
  Speisen mit viel Röststoffen,
- Entlastung der Verdauungsorgane von blähenden Lebensmitteln wie Kohlarten, Hülsenfrüchten, rohem Obst,
- Entlastung der Verdauungsorgane von Speisen und Zutaten, die die Schleimhaut reizen, z.B. scharfe Gewürze, Räucher- und Pökelwaren, Fleischbrühen, Getränke mit Alkohol oder Kohlensäure.

Anwendung:

- kleine Mengen eines Gerichts in ansprechender Form bereiten,
- leichtverdauliche Lebensmittel verwenden,
- Garverfahren anwenden, welche die Bildung von Röststoffen und die Verwendung von Fett einschränken – man wird bevorzugt kochen, dünsten, dämpfen und die Zubereitung in Alu-Folie garen.
- reizarm würzen.

13.3 Natriumarme Diät

Natrium nehmen wir vor allem mit Kochsalz (NaCl) zu uns. Es bindet die Körperflüssigkeit. Dadurch steigt der Blutdruck an und der Kreislauf wird belastet.

Durch Verzicht auf Kochsalz kann die Normalisierung der Körperfunktionen unterstützt werden.

Grundregeln:

- die Menge des verwendeten Kochsalzes ist zu beschränken,
- Lebensmittel mit hohem Kochsalzgehalt (Dauerwurst, Gepökeltes, Fischkonserven) sind zu meiden.

Anwendung:

- das Salzen der Speisen unterlassen,
- durch entsprechende Zubereitungsarten wie Kurzbraten, Grillen, Gratinieren und richtiges Würzen für die Entwicklung von Geschmacks- und Aromastoffen sorgen.

13.4 Eiweißarme Diät

Im gesunden Körper wird Eiweiß (Protein) vorwiegend als Baustoff verwendet. Wird mehr Eiweiß aufgenommen als dafür erforderlich ist, dient das Eiweiß als Energielieferant. Ist die Funktion von Leber oder Nieren gestört, treten beim Abbau von Eiweißstoffen Substanzen auf, die dem menschlichen Körper schädlich sind. Eine gezielte Eiweißzufuhr achtet darauf, dass jeder Überschuss an Eiweiß vermieden wird. Darum muss die Nahrung entsprechend des Bedarfs an essenziellen Aminosäuren ausgewählt werden.

Grundregeln:

- Die vorgeschriebenen Eiweißträger (eiweißhaltige Nahrungsmittel) dürfen nicht ohne Zustimmung des Arztes ausgetauscht werden, damit die erforderlichen Aminosäuren aufgenommen werden,
- die Rezeptmengen sind genau einzuhalten, damit dem Körper zwar eine ausreichende Eiweißmenge zugeführt wird, doch ein Zuviel vermieden wird,
- Salz darf nur sparsam verwendet werden.

13.5 Diabetes-Diät

Die Zuckerkrankheit oder Diabetes mellitus gehört zu den häufigsten Stoffwechselkrankheiten. Vier Millionen Bundesbürger leiden darunter.

Im gesunden Körper sorgt das Insulin dafür, dass die Zuckerstoffe in die Zellen gelangen und dort die gespeicherte Energie freigeben.

Beim Zuckerkranken kann der Körper die mit der Nahrung aufgenommenen Kohlenhydrate nicht vollständig verwerten. Es ist zu wenig Insulin vorhanden. Die Zuckerstoffe können aus diesem Grund nicht in die Zellen gelangen und häufen sich im Blut an. Der Blutzuckerspiegel steigt.

Zwei Formen von Diabetes werden unterschieden. Man bezeichnet sie mit Typ 1 und Typ 2.

Typ-1-Diabetiker leiden meist von Jungend an unter **absolutem Insulinmangel.** Deswegen müssen sie das Hormon zuführen. Diese Menschen spritzen Insulin.

Zum **Diabetes Typ 2** zählen 80 % der Patienten. Bei dieser Personengruppe produziert der Körper zwar noch **Insulin**, doch es **reicht nicht** aus, der Zuckerstoffwechsel ist gestört. Die Patienten sind vorwiegend übergewichtige, ältere Menschen.

Bei Diabetikern des Typs 2 kann die mangelhafte körpereigene Regelung durch ein entsprechendes Verhalten unterstützt werden.

1. Abbau von Übergewicht, denn dann kann die vom Körper noch produzierte Menge Insulin zur Regelung ausreichen.
2. Vermeidung von leicht verdaulichem/schnell resorbierbarem Zucker und
3. Verteilung der Nahrungsmenge auf mehrere Mahlzeiten. Auf diese Weise werden, „Spitzen" im Blutzuckerspiegel vermieden (Siehe Abb.1).
4. Körperliche Tätigkeit

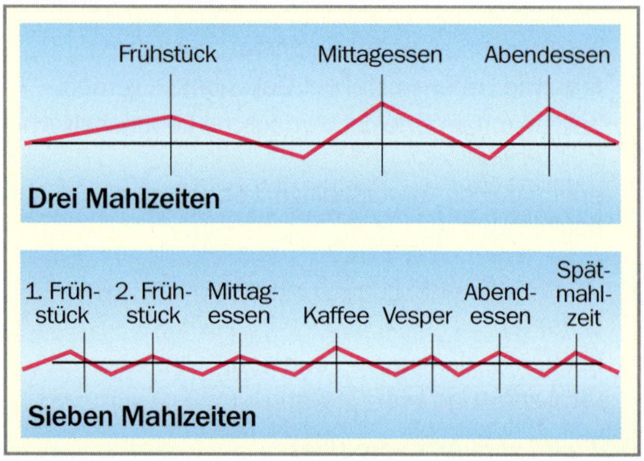

Abb. 1: Verteilung der Mahlzeiten

Für eine Diabetes-Diät gelten folgende Grundregeln:

- der Energiegehalt der Ernährung muss den tatsächlichen Bedürfnissen angepasst sein (Einstellung durch den Arzt),
- der Energiebedarf ist auf mindestens fünf, besser sieben Mahlzeiten zu verteilen,
- zum Süßen können Zuckeraustauschstoffe oder Süßstoff verwendet werden,
- der Genuss von Zucker (z. B. Marmelade, Bonbons) ist einzuschränken,
- der Fettverbrauch der Diabetiker ist eingeschränkt, weil der Körper aus Fett wie aus Kohlenhydraten Energie gewinnt.

Als Bezugsgröße dient die Broteinheit (BE), die den Austausch eines Nahrungsmittels gegen ein anderes erleichtert. Eine BE entspricht der Menge an Kohlenhydraten, die durchschnittlich in einer Scheibe Graubrot enthalten ist, nämlich 12 g.

1 BE = 12 g Kohlenhydrate
≙ etwa eine Scheibe Graubrot

13.6 Reduktionskost

Reduktionskost ist bei Übergewicht erforderlich. Übergewicht entsteht, wenn auf die Dauer mehr Energie aufgenommen wird als der Körper verbraucht. Die mit fortschreitender Technisierung und einem hohen

Lebensstandard verbundene sitzende Lebensweise und eine verfeinerte, ballaststoffarme Ernährung führen oft zu einem Missverhältnis zwischen Energieaufnahme und Energieverbrauch. Übergewicht begünstigt Bluthochdruck, Arterienverkalkung, Herzinfarkt und Thrombose.

Daraus ergeben sich für den Übergewichtigen folgende Grundregeln:

- Quellen der zu hohen Energiezufuhr beseitigen (z. B. Vorliebe für fette Wurst, fette Käsesorten, Süßwaren, Marmeladen, alkoholische Getränke),
- energiearme Lebensmittel bevorzugen.

Für eine energiearme Diät hat man darum

- **Gemüse und Vollkornprodukte** in den Vordergrund zu stellen, denn sie liefern bei geringer Energiezufuhr die lebenswichtigen Wirkstoffe,
- die **Eiweißversorgung** durch fettarme Milchprodukte (z. B. Magerquark) oder fettarmen Fisch zu ergänzen,
- **fettarme Zubereitungsarten** wie Kochen, Dämpfen, Dünsten und Grillen anzuwenden.

13.7 Begriffserklärungen

Appetit ist der Wunsch, etwas Bestimmtes zu essen. Er wird ausgelöst, wenn der Mensch bestimmte Speisen sieht oder sich vorstellt.

Hunger ist der Drang zu essen, ein auf irgend etwas Essbares gerichteter Wunsch. Hunger ist nicht das Verlangen nach einer bestimmten Speise. Über die Entstehung des Hungergefühls im Einzelnen gibt es verschiedene Theorien. Ausgelöst wird Hunger entweder durch Energie- oder Nährstoffmangel.

Sättigung ist das Gefühl mit dem Essen aufhören zu können, weil Hunger oder Appetit zufriedengestellt sind. Sättigung steht auch mit der Verweildauer der Speisen im Magen im Zusammenhang. Leicht verdauliche Speisen verlassen den Magen schnell und bald tritt wieder ein Hungergefühl auf.

Nährstoffdichte sagt aus, in welchem Verhältnis die Menge eines bestimmten Nährstoffes zum Energiegehalt eines Lebensmittels steht.

BEISPIEL

Zucker enthält viel Energie aber kein Vitamin C. Folglich ist die Nährstoffdichte des Zuckers für Vitamin C gleich Null.

Umgekehrt enthalten Blattsalate wenig Energie aber viel Vitamin C. So ist z. B. die Nährstoffdichte des Endiviensalates für Vitamin C 140. Das bedeutet: Man erhält viel Vitamin C im Verhältnis zur Energieaufnahme.

Je höher die Nährstoffdichte, desto höher ist das Lebensmittel für die Versorgung mit dem entsprechenden Nährstoff zu bewerten. (Vergleiche Abbildung auf Seite 86.)

Energiedichte ist vergleichbar mit dem Gehalt an Energie; kJ oder kcal sind die Messgrößen. Lebensmittel mit großer Energiedichte haben meist eine geringe Nährstoffdichte.

Jo-Jo-Effekt bezieht sich auf die Tatsache, dass Personen, die rasch abnehmen, auch schnell wieder zunehmen. Jo-jo – auf-ab. Dieser (für viele unerwünschte) Vorgang beruht auf der Tatsache, dass ein Lebewesen die aufgenommene Energie möglichst sparsam einsetzt. Weil dem Körper über längere Zeit mehr Energie zugeführt wurde, als er verbrauchen konnte, hat er diese in Form von Fett gespeichert. Beginnt man nun eine Abmagerungskur, weil man „im Kopf" beschlossen hat abzunehmen, so schaltet der Körper auf „Notprogramm": Die im Körper vorhandene Energie wird bestmöglich genutzt. Das ist so, weil der „Körper" nicht unterscheiden kann, ob eine Hungersnot droht oder „Abnehmen" angesagt ist.

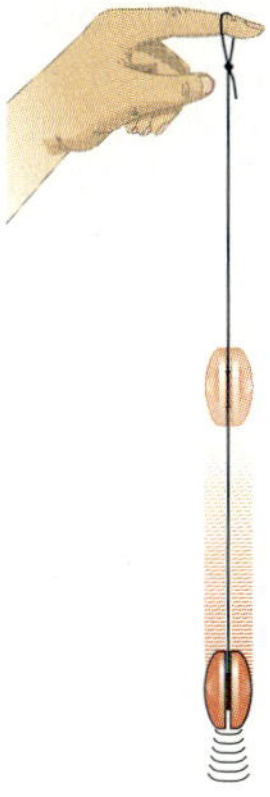

Küche

AUFGABEN

1 „Wir ernähren uns alternativ", sagen Freunde zu Ihnen. Was versteht man darunter? Was wollen sie mit dieser Wendung zum Ausdruck bringen?

2 „Ich bin Ovo-Lakto-Vegetarier. Was können Sie mir an warmen Gerichten empfehlen?" Ihre Vorschläge?

3 Nennen und begründen Sie mindestens drei Grundregeln zu leichter Vollkost.

4 Wenn der Arzt einem Patienten Reduktionskost verordnet hat, sind bei Speiseempfehlungen bestimmte Regeln zu beachten. Nennen Sie diese.

5 Welcher Unterschied besteht zwischen Diabetes 1 und Diabetes 2?

6 Berichten Sie über die BE (Broteinheit).

14 Qualität von Lebensmitteln

food quality
la qualité des produits alimentaires

Der Begriff **Qualität** fasst eine **Summe von Eigenschaften** zusammen, die, je nach Betrachtungsgesichtspunkt, unterschiedlich sein können. Bei der Beurteilung der Qualität unterscheidet man

- **Gesundheitswert** oder biologischen Wert. Darunter versteht man den Wert für die Ernährung, z. B. den Anteil an essenziellen Aminosäuren, mehrfach ungesättigten Fettsäuren, Vitaminen und Mineralstoffen.
- **Genusswert** oder sensorische Qualität. Dazu zählen Geruch, Geschmack, Beschaffenheit (Konsistenz), aber auch Farbe und Form der Lebensmittel.
- **Eignungswert** oder Gebrauchswert, womit die Eignung der Lebensmittel für Lagerung oder für einen bestimmten Verwendungszweck oder für die Konservierung gemeint ist.

Küche

Güteklassen – Handelsklassen

Wenn früher Waren direkt beim Erzeuger, also z. B. beim Landwirt oder Fleischer, gekauft wurden, wusste man, an wen man sich zu wenden hatte wenn einmal die Qualität nicht stimmte. Heute bezieht man vorwiegend über den Handel und dabei bleibt der Erzeuger unbekannt. Ist die Qualität nicht zufriedenstellend, könnte sich der Lieferant auch darauf berufen, dass er den Erzeuger nicht kennt.

Güte- und Handelsklassen

- unterscheiden die Waren nach Qualität,
- geben dem Verbraucher einen Überblick,
- gelten für den gesamten Handel.

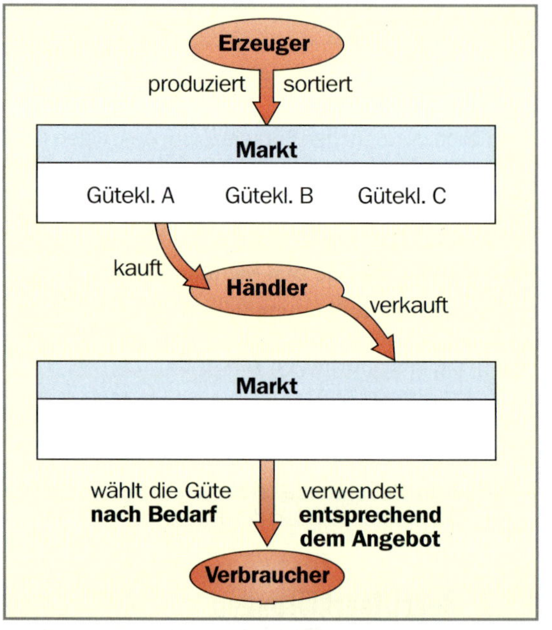

Die Güte oder Qualität einer Ware wird unterschiedlich gekennzeichnet:
Bei Fleisch folgt die Qualität den Buchstaben E, U, R, O, P (EUROP),
bei Eiern und Geflügel kennt man die Güteklassen A, B und C.

Für Obst und Gemüse gelten die Güteklassen Extra, I, II, III.

Die Sortierung nach Qualitätsstufen berücksichtigt nur äußere Werte wie Aussehen, Größe, Form als wertbestimmende Merkmale; innere Werte wie Geschmack oder Vitamingehalt bleiben unberücksichtigt.

DAZU EIN BEISPIEL

Güteklasse Extra
Auserlesene Ware, z. B. als Tafelobst

Güteklasse I
hochwertige Ware, ohne Fehler

Güteklasse II
gute Ware, mit kleinen Fehlern, preiswert

Güteklasse III
Verarbeitungsware

15 Haltbarmachungsverfahren

🇬🇧 *methods of food-preservation*
🇫🇷 *les méthodes de la conservation des aliments*

15.1 Werterhaltung und Verderb

Die meisten Lebensmittel sind unmittelbar nach der Ernte oder nach der Herstellung am wertvollsten.

Man bevorzugt z. B. gartenfrische Erdbeeren, fangfrische Forellen, ofenfrische Brezen. Andere Lebensmittel erfordern eine Zeit der Reife. Man wünscht z. B. abgehangenes Fleisch, alten Weinbrand, während der „Heurige" beim Wein die Ausnahme ist. Der Kunde hat also bestimmte Wertvorstellungen, was wann am besten schmeckt, wie das Nahrungsmittel beschaffen sein sollte; ist dies erfüllt, spricht man von Qualität.

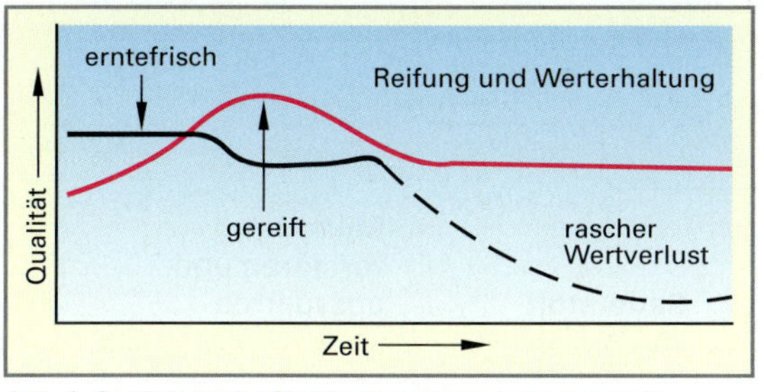

Abb. 1: Qualitätsverlauf bei Lagerung von Lebensmitteln

15.2 Lebensmittelverderb

Lebensmittel sind immer Veränderungen unterworfen. Neben den erwünschten, qualitätsfördernden Veränderungen gibt es auch solche, die nicht erwünscht sind und zum Verderb führen.

Je nach Art der Lebensmittel laufen diese Vorgänge unterschiedlich schnell ab.

Man unterscheidet deshalb

- **leicht verderbliche Lebensmittel,**
  die meist einen hohen Wasser- oder Eiweißgehalt aufweisen und darum von den lebensmittelverderbenden Mikroben bevorzugt werden, wie z. B. Milch, Fisch, Fleisch.
- **verderbliche Lebensmittel,**
  die bei richtiger Behandlung verhältnismäßig lange zu lagern sind, wie Äpfel, Zwiebeln, Kartoffeln, Pflanzenfett.
- **haltbare Lebensmittel,**
  die meist wenig Wasser enthalten und bei richtiger Lagerung nicht oder nur sehr langsam verderben, wie z. B. Zucker, Reis, Linsen.

Bei der Werterhaltung von Lebensmitteln geht es darum, den erwünschten Zustand der Lebensmittel möglichst zu erhalten.

Man spricht von

- **Aufbewahrung,**
  wenn die Eigenschaften für verhältnismäßig **kurze Zeit** erhalten werden sollen, z. B. vom Einkauf bis zur Verarbeitung in den folgenden Tagen;
- **Lagerung,**
  wenn Lebensmittel für **längere Zeit** verzehrbereit sein sollen. Man lagert z. B. Kartoffeln, Möhren, Äpfel.
- **Konservierung,**
  wenn die Lebensmittel für lange Zeit erhalten werden sollen.

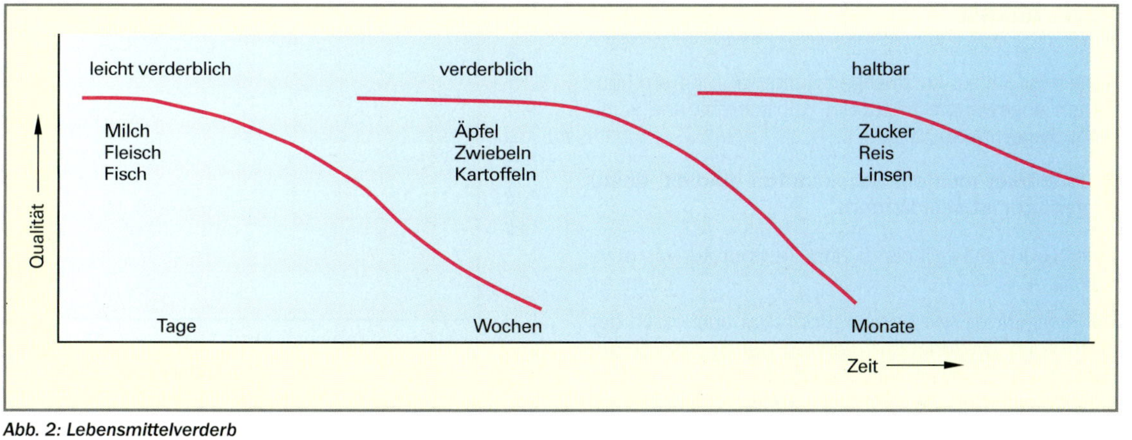

Abb. 2: Lebensmittelverderb

Küche

15.3 Ursachen des Verderbs

Meist wirken mehrere Vorgänge zusammen, wenn Nahrungsmittel verderben. Es können sein:

- **biochemische Veränderungen:** Wirkung der Eigenenzyme, Bräunung von Schnittflächen z. B. bei rohen Kartoffeln, Äpfeln usw.,
- **physikalische Veränderungen:** Zellwände von Obst und Gemüse platzen bei Frost, Austrocknung, Aromaverluste durch Verdunstung,
- **Veränderungen durch Mikroorganismen:** Schmierigwerden von Fleisch, Gären von Marmelade, Verschimmeln von Brot usw.

Physikalische Veränderungen wie Frostschäden oder Abtrocknung können durch richtige Lagerung und Verpackung weitgehend vermieden werden.

Bei den einzelnen Lebensmitteln wird darauf hingewiesen.

Die häufigsten **Ursachen des Verderbens** sind **Enzyme,** die zu biochemischen Veränderungen führen, und **Mikroorganismen.**

Die verschiedenen Konservierungsverfahren haben darum zum Ziel, die Wirksamkeit der Mikroorganismen auszuschalten oder wenigstens einzuschränken.

Entsprechend den Lebensbedingungen ergeben sich folgende Möglichkeiten der Konservierung:

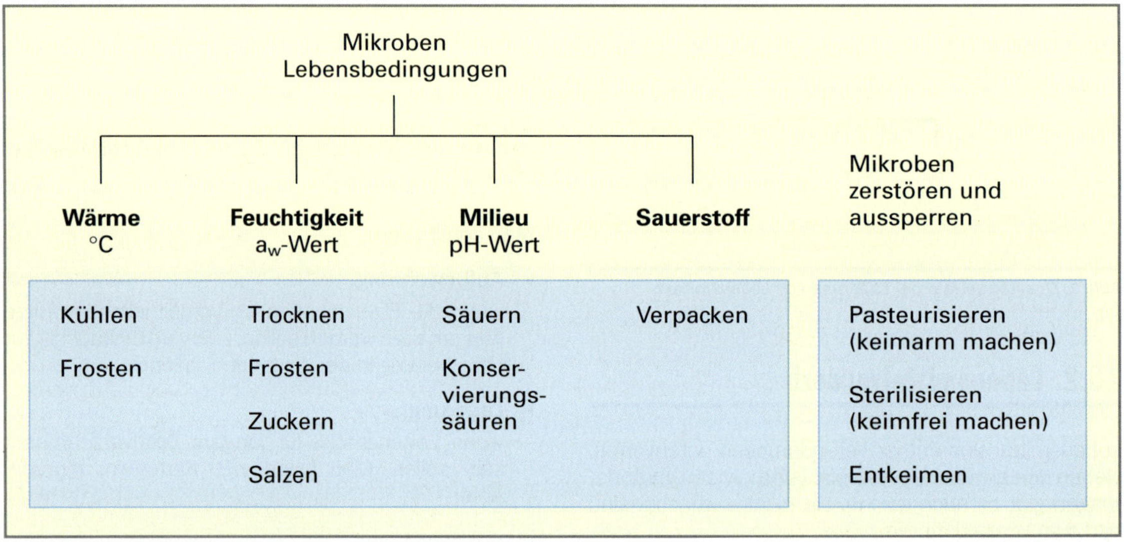

Abb. 1: Möglichkeiten der Konservierung

15.4 Kühlen

Kühlen ist die zur kurzfristigen Aufbewahrung am häufigsten angewandte Methode; Kühlschrank und Kühlraum dienen dazu.

Je stärker man ein Lebensmittel abkühlt, desto geringer ist sein Verderb.

Diese Grundregel gilt bis zu einer Temperatur von etwa + 6 °C.

Da Pflanzenteile wie Gurken, Kopfsalat auch nach der Ernte noch „weiterleben“, können bei zu starker Abkühlung die Stoffwechselvorgänge in den Zellen zum Erliegen kommen. Das Gemüse verdirbt, obwohl es gekühlt ist.

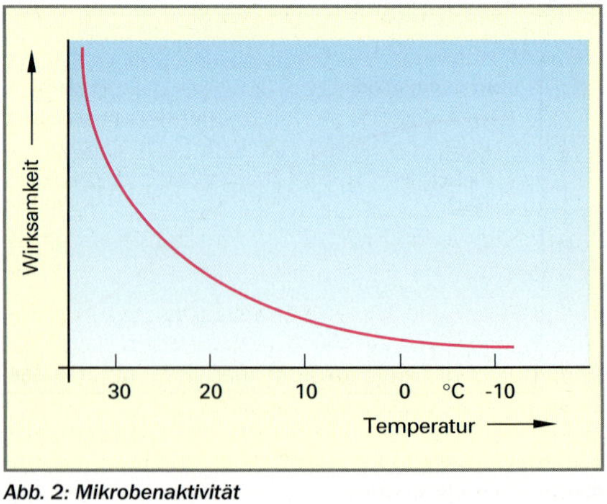

Abb. 2: Mikrobenaktivität

Salatgemüse sind besonders empfindlich.
Darum hat man **Kühlräume** für

Fleisch und Fleischwaren: + 2 °C bis + 4 °C
Gemüse, Obst: + 6 °C bis + 8 °C

Im Kühlschrank ist es **unter dem Verdampfer am kältesten,** in der Gemüseschale am wärmsten. Die **Lebensmittel sind abzudecken** oder zu verpacken, damit sie vor fremden Gerüchen geschützt sind und nicht abtrocknen.

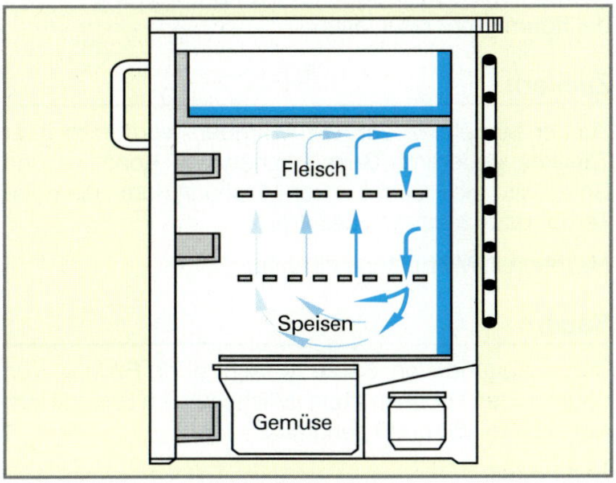

Abb. 1: Temperaturzonen im Kühlschrank

Kühlräume müssen in regelmäßigen Abständen vollständig gereinigt werden, weil sich an den Wänden und an den Einrichtungsgegenständen Mikroben festsetzen. Die kälteliebenden Arten können auch bei Kühlraumtemperaturen wirken.

Für die gewerblichen Betriebe ist vorgeschrieben, dass in „Fleischkühlräumen" keine anderen Lebensmittel gelagert werden dürfen, weil die Gefahr besteht, dass von diesen Mikroben und Schädlinge auf das Fleisch übertragen werden können.

15.5 Tiefgefrieren – Frosten

Das Tiefgefrieren eignet sich für längere Lagerung. Es ist die schonendste Methode, Lebensmittel für längere Zeit haltbar zu machen. Aber auch tiefgefrorene Lebensmittel sind **nicht unbegrenzt haltbar,** denn durch den Wärmeentzug ist die Tätigkeit der Mikroben und Enzyme nur verlangsamt. Ganz zum Stillstand kommt sie nicht.

In den Zellen der pflanzlichen und tierischen Lebensmittel befindet sich Zellsaft, in dem Mineralstoffe gelöst sind. Durch den Mineralstoffgehalt wird der Gefrierpunkt verschoben, und beim Abkühlen der Lebensmittel bilden sich die Eiskristalle erst bei Temperaturen von mehreren *Graden unter 0 °C.* Will man eine qualitativ hochwertige Frostware, muss dieser Bereich der „maximalen Kristallbildung" rasch durchlaufen werden. Das geschieht bei –35 °C; man spricht darum auch von **Schockfrosten.**

Wird den Lebensmitteln zu wenig Kälte zugeführt, bilden sich unregelmäßig große Eiskristalle, die dann beim Auftauen zu Qualitätsverlusten führen.

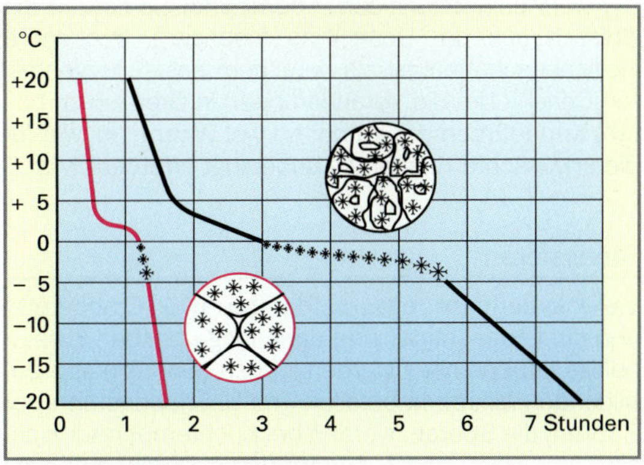

Abb. 2: Schockfrosten und Frosten

Hinweise

- Nur frische, einwandfreie Ware verwenden, denn die Qualität kann nicht verbessert, sondern nur erhalten werden.
- Gemüse vor dem Frosten kurz blanchieren und anschließend sofort abschrecken. Dadurch werden Enzyme zerstört, das Gemüse ist länger lagerfähig.
- Gefrierware luftdicht verpacken, denn sonst verdampft Zellflüssigkeit (Gefrierbrand bei Fleisch).
- Hackfleisch und rohe Zubereitungen daraus, dürfen im Gastgewerbe nicht eingefroren werden.
- Zum Einfrieren die Ware möglichst breit auslegen, denn so kann die Kälte schneller eindringen.
- Die Lagertemperatur muss mindestens – 18 °C betragen.
- Auftauen
  - Kleine Stücke, wie portionierte Stücke von Fisch oder Fleisch, nur antauen. Durch die Temperatureinwirkung werden die Poren sofort geschlossen, sodass der Tausaft nicht ausfließen kann.
  - Große Stücke, wie z. B. Kalbskeule, langsam, am besten im Kühlraum, auftauen, denn so entstehen die geringsten Verluste.
  - Blockware, wie z. B. pürierter Spinat, in ein Gefäß mit etwas Wasser geben und erhitzen.

Die Lebensmittelbevorratung über einen längeren Zeitraum wird heute fast ausschließlich von der Lebensmittelindustrie und vom Handel übernommen. Dort werden weitere Konservierungsverfahren angewandt. Für die sachgerechte Lagerung und den richtigen Umgang mit den Produkten genügt jedoch ein Überblick.

Küche

15.6 Überblick über weitere Verfahren der Haltbarmachung

Verderbnis- und Krankheitserreger werden bei höheren Temperaturen abgetötet. Zugleich verändert sich unter der Wärmeeinwirkung das Lebensmittel. So hat z. B. ein Gulasch aus der Dose eine faserigere, trockenere Fleischbeschaffenheit als bei einem selbst hergestellten Gericht. Um die Veränderungen in Grenzen zu halten, wendet man darum nur so viel Wärme an, wie für die erwünschte Haltbarkeit unbedingt erforderlich ist.

Sterilisieren

Viele Verderbniserreger werden bei 100 °C abgetötet und die Lebensmittel sind dann lange haltbar. Eiweißhaltige Lebensmittel werden jedoch auch von sporenbildenden Mikroben befallen. Die Überlebensform der Bazillen, **die Sporen,** werden bei Kochtemperatur nicht zerstört. Man erhitzt darum unter Druck auf rund 120 °C.

Lagerfähigkeit: mehrere Jahre.

Weiterverwendung:
Das eigentliche Garen entfällt, weil die Lebensmittel durch die Sterilisierung schon gegart sind. Vielfach müssen sie nur noch auf Serviertemperatur gebracht oder fertiggestellt werden.

Pasteurisieren

Manche Lebensmittel müssen nicht so lange haltbar sein oder sie verändern sich bei starker Erhitzung in einer Weise, die nicht erwünscht ist. Dann wird nur kurze Zeit erhitzt und rasch wieder abgekühlt. Die Lebensmittel sind dann zwar nicht so lange haltbar, doch wird z. B. eventueller Kochgeschmack vermieden.

Lagerfähigkeit:
Auch bei kühler Aufbewahrung nur begrenzt.

Trocknen

Durch Wasserentzug werden die Mikroben und Enzyme in der Wirksamkeit gehemmt. Man wendet das Trocknen vor allem bei Reis, Teigwaren, Gewürzen, Küchenkräutern und bei Dörrobst an.

Lagerfähigkeit:
Mehrere Jahre, auf trockene Luft ist zu achten, verpackt aufbewahren, um Geruchsübertragungen zu vermeiden.

Beim **Gefriertrocknen** wird das Lebensmittel zunächst gefroren. Anschließend verdunstet das Eis direkt zu Wasserdampf. Dabei bleibt die Beschaffenheit des Lebensmittels gut erhalten. Die *Qualität ist besser* als beim gewöhnlichen Trocknen.

Salzen, Pökeln

Salz wirkt wasserentziehend und senkt den a_w-Wert, der Gehalt an verfügbarem Wasser wird verringert.

Die Pökelstoffe wirken zusätzlich auf den Muskelfarbstoff Myoglobin, sodass beim Erhitzen von gepökelter Ware die rote Farbe des Fleisches erhalten bleibt.

Haltbarkeit:
Sehr unterschiedlich und von den angewendeten Verfahren abhängig. Während z. B. gekochter Schinken im Kühlschrank aufzubewahren ist, kann roher Schinken bei Raumtemperatur lagern.

Zuckern

Zucker bindet Wasser, die Mikroben werden in ihrer Tätigkeit gehemmt. Beim Kochen von Konfitüre und Gelee wird die Frucht-Zucker-Mischung durch die hohe Temperatur zusätzlich keimfrei.

Haltbarkeit: Mindestens ein Jahr.

Säuern

Durch Zugabe von Säure (Essig) oder Bildung von Säure in den Lebensmitteln (Milchsäure im Sauerkraut) werden die Mikroben gehemmt.

Haltbarkeit:
Beschränkt, vielfach wird zusätzlich sterilisiert, z. B. Sauerkraut, Essiggurken.

Chemische Konservierungsstoffe

Diese Stoffe wirken direkt auf die Mikroorganismen, zerstören sie oder behindern sie erheblich.

Die Konservierungsstoffe sind auf ihre gesundheitliche Unbedenklichkeit geprüft und dürfen nur bestimmten Lebensmitteln in festgesetzten Höchstmengen beigegeben werden. Auf den Gehalt an chemischen Konservierungsstoffen muss hingewiesen werden.

Hürden-Effekt

Alle Haltbarmachungsverfahren verändern die Lebensmittel in irgend einer Form. Durch Kombination unterschiedlicher Verfahren kann man haltbar machen und zugleich die Veränderungen gering halten.

Dabei wird den Mikroben gleichsam anstelle einer großen Sperre eine Reihe von Hürden entgegengestellt.

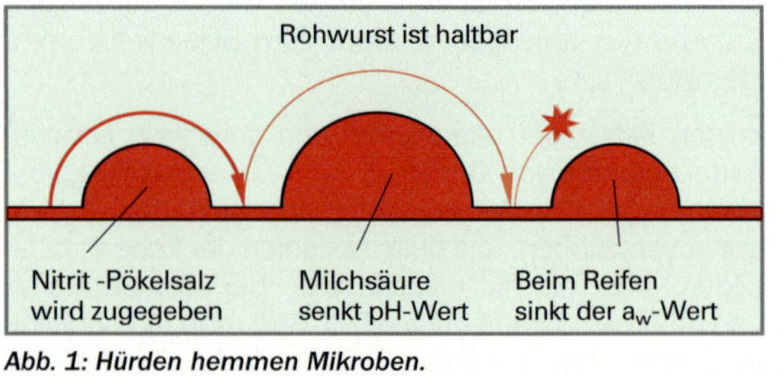

Abb. 1: Hürden hemmen Mikroben.

Aufgaben

1 Nennen Sie Teilbereiche der Qualitätsbeurteilung von Lebensmitteln.

2 Welches sind die Ursachen für den raschen Verderb bestimmter Lebensmittel?

3 Wie kann die Lagerdauer von leicht verderblichen Lebensmitteln verbessert werden?

4 Nicht verkaufte geschlachtete Forellen werden unverpackt in den Tiefkühlraum bei –18 °C gelegt. Wie denken Sie hinsichtlich der Qualität darüber?

5 Sie öffnen eine TK-Packung mit vorbereiteten Karotten und finden große Eiskristalle, sogenannten „Schnee" vor. Erläutern Sie.

6 Dem neuen Azubi ist nicht klar, warum im Fleischkühlraum eine andere Temperatur angezeigt wird als im Gemüsekühlraum. Erklären Sie.

7 „Im Fleischkühlraum ist noch Platz, da stellen wir den Kopfsalat hinein." Darf man das? Begründen Sie die Entscheidung.

Arbeitsgestaltung

1 Küchenorganisation

kitchen organization
l'organisation (w) en cuisine

Die Küche ist eine Produktionsstätte mit vielfältigen Aufgaben, die nur bewältigt werden können, wenn die Produktionsprozesse sachlich und zeitlich klar gegliedert werden.
Einfach gesagt: Jeder muss wissen, wer was wann zu tun hat.

Dieses Ordnen bezeichnet man als **Organisation von Arbeitsabläufen.**

Es werden zwei grundsätzliche Arten unterschieden, die Postenküche und das Koch-Zentrum.

1.1 Postenküche

Die einzelnen Tätigkeiten sind sachlich aufgegliedert und einzelnen **Posten** (Arbeitsgebieten) zugeordnet. Dabei kommt man zu folgender Grobeinteilung.

Warme Küche		Kalte Küche	Konditorei
Saucenkoch **Saucier** Zubereiten von Fleisch, Fisch, Wild, Geflügel Herstellen von Saucen	Gemüsekoch **Entremetier** Zubereiten von Gemüse, Kartoffeln, Reis, Teigwaren Herstellen von Suppen, Eierspeisen	Koch der kalten Küche **Gardemanger** Vorbereiten von Fleisch, Fisch, Wild, Geflügel Herstellen von Vorspeisen, kalten Platten, kalten Saucen	Küchenkonditor **Pâtissier** Herstellen von Kuchen, Gebäck, Pasteten, Puddings, Aufläufen, Eis

In **größeren Küchen** wird die Arbeit weiter unterteilt, die Aufgabengebiete werden enger und spezialisierter.

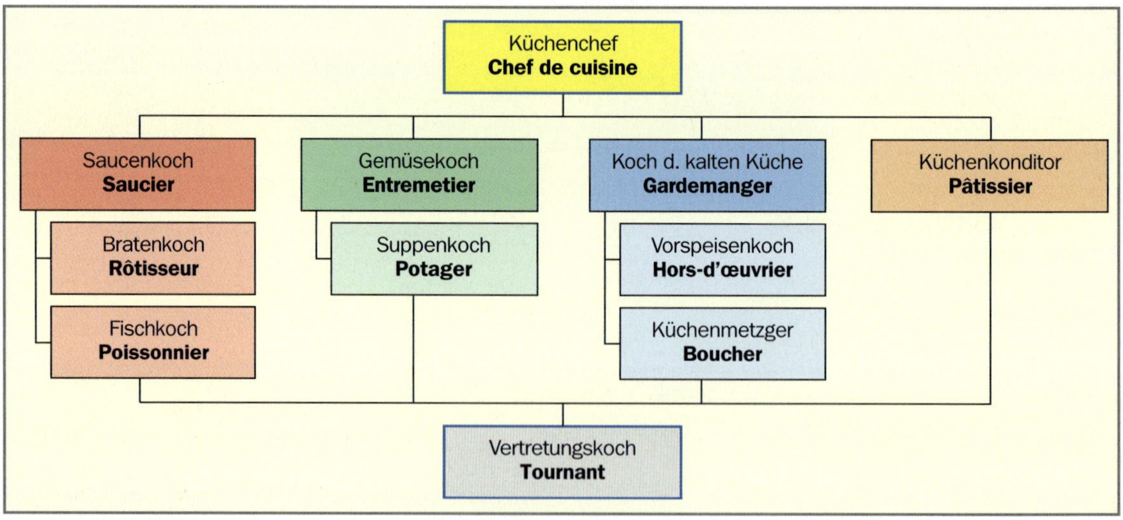

Die einzelnen Komponenten (Fleisch sowie Gemüse und Kartoffeln) werden von verschiedenen Posten gefertigt und dann zusammengefügt.
Im Mittelpunkt einer solchen Küche steht der Herdblock.

1.2 Koch-Zentrum

In einem Koch-Zentrum fertigt ein Koch das Gericht alleine und trägt dafür die volle Verantwortung.
Die Geräte sind meist U-förmig, gleichsam „um den Koch herum" angeordnet.

Die Vorproduktion kann zeitlich unabhängig erfolgen, vorgefertigte Produkte können auf einfache Weise in den Ablauf eingefügt werden.

Vergleich eines Arbeitsablaufs für das Gericht:
Rumpsteak mit Bratkartoffeln und Salat

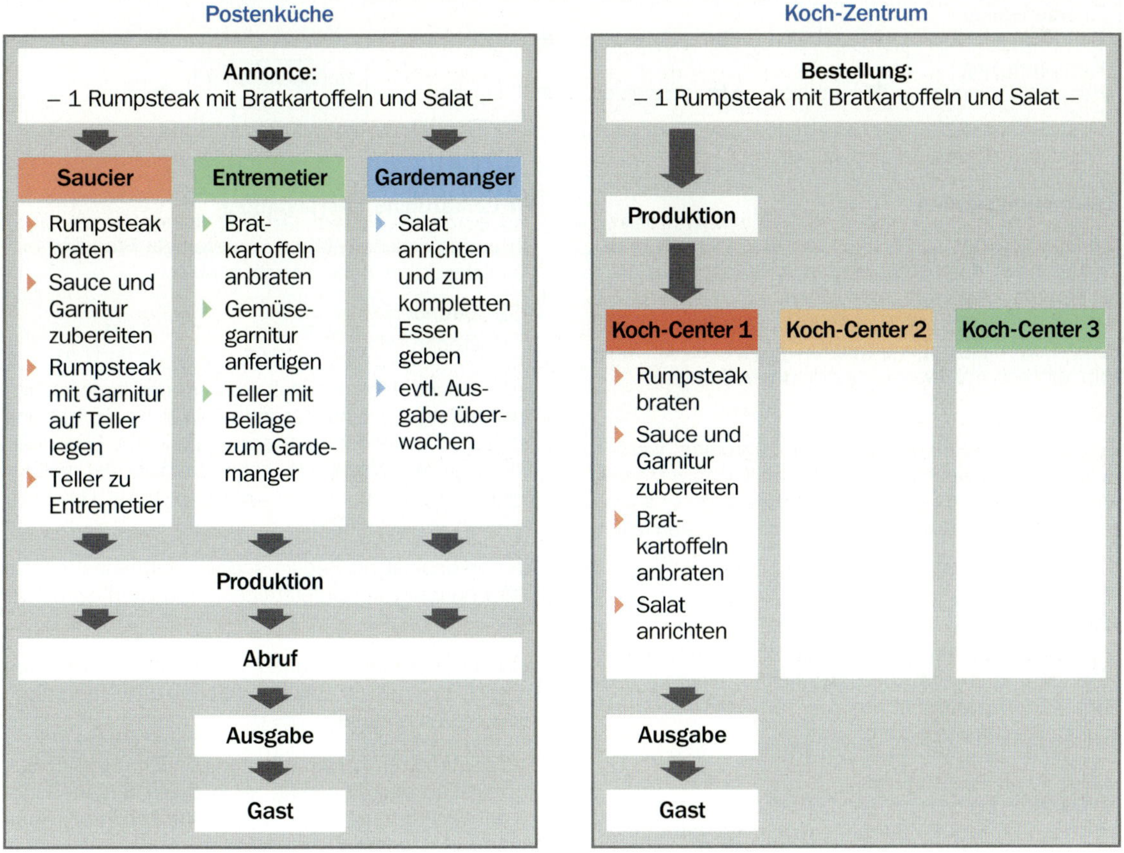

1.3 Vorgefertigte Produkte

convenience food
les produits alimentaires prétraités et précuisinés

Vorgefertigte Produkte bezeichnet man auch als Convenience Food. Der aus dem Englischen kommende Begriff bedeutet wörtlich „bequeme Lebensmittel". So wortgetreu ist der Begriff aber nicht zu übertragen, obwohl es die Werbung gerne tut.

Überlegen wir:

Jeder Herstellungsvorgang besteht aus unterschiedlich vielen **Einzelschritten.** Sie sind zwar alle erforderlich, um zum Ergebnis zu gelangen, doch müssen sie **nicht zwangsläufig zusammenhängend** erledigt werden, so werden z. B. Kartoffeln geschält und in Wasser gelagert, bis sie gegart werden; Teigwaren und Reis kocht man vor und bringt sie bei Bedarf wieder auf Verzehrtemperatur. Eine Aufteilung von Arbeitsabläufen ist also nichts neues.

In der klassischen Küche wurden alle Arbeitsschritte von der Rohware bis zum fertigen Gericht im Hause erledigt. Man nennt das **Eigenfertigung.**

Heute beziehen wir viele Produkte ganz selbstverständlich in vorbereiteter Form. So sind z. B. Erbsen, ob aus der Dose oder als Tiefkühlware, von der Schote befreit; für Pommes frites aus dem Tiefkühler sind Kartoffeln gewaschen, geschnitten, von kleinen Abschnitten befreit und blanchiert worden. Bei diesen Beispielen spricht man von **Fremdfertigung.**

Gegenüberstellung: Eigenfertigung – Fremdfertigung

Beispiel Teigwaren

Eigenfertigung: Teigbereitung → Formgebung → garen

Fremdfertigung: Teigbereitung → Formgebung → Konservieren durch Trocknen → garen

Beispiel Pommes frites

Eigenfertigung:
Kartoffeln waschen → schälen → schneiden → blanchieren → fertig garen

Fremdfertigung:
Kartoffeln waschen → schälen → schneiden → blanchieren → Konservieren durch Frosten → fertig garen

Bearbeitungsstufen

Die Bearbeitungsstufen unterscheidet man nach der Art der **noch durchzuführenden Arbeitsschritte.** Wird ein Produkt als garfertig bezeichnet, so ist es fertig bis auf das Garen, z.B. die Nudeln im obigen Beispiel. Das Püree-Pulver ist dagegen schon gegart, es ist fertig zum Mischen (mit Wasser und anderen Zutaten).

Grundstufe: Produkte, die noch bearbeitet werden müssen, bevor sie in der eigentlichen Küche weiterverarbeitet werden können, z.B. Tierhälften, die erst grob zerlegt werden müssen, bevor man auslösen kann. Diese Stufe kommt selten vor.

Küchenfertig sind Lebensmittel, die vor dem Garen noch einer Vorbereitung bedürfen, z.B. Kartoffeln, die geschält und zu Stäbchen geschnitten werden, aber auch Kartoffelkloßmehl aus der Tüte, das als Grundlage für den Kloßteig dient.

Als **Garfertig** bezeichnet man Lebensmittel dann, wenn sie ohne weitere Arbeitsschritte gegart werden können, z.B. Reis, Teigwaren, tiefgefrorene Pommes frites.

Mischfertig sind Produkte, denen noch etwas zugefügt werden muss, die eventuell auch auf Serviertemperatur gebracht werden, z.B. das Püree-Pulver (oben) oder die gekörnte Brühe.

Regenerierfertig sind „Fertigmenüs“ oder Menüteile. Sie brauchen nur noch regeneriert = auf Serviertemperatur gebracht zu werden.

Verzehrfertig sind Speisen, die zum sofortigen Verzehr geeignet sind, z.B. portioniertes Speiseeis, Dessertstückchen, aber auch eine so einfache Sache wie eine Banane.

Wirtschaftliche Überlegungen

Ob und in welchem Maße vorgefertigte Produkte eingesetzt werden, hängt vor allem ab von

- Zeitgründen,
- Kostengründen.

Jede Küche ist personell und in der technischen Ausstattung auf eine bestimmte tägliche Anzahl und Art von zu fertigenden Speisen eingerichtet. Eine unerwartet große Nachfrage kann deshalb bei völliger Eigenfertigung oft nicht – oder nur unter Qualitätsverlust – erfüllt werden.

An Personal ist oft Bedarf, sodass Zeitmangel für die Verwendung von vorgefertigten Produkten sprechen kann.

Andererseits kann es unter bestimmten Umständen möglich sein, billiger selbst zu fertigen als vorgefertigte Produkte einzukaufen.

Aus bestimmten Fertigprodukten können ohne großes Fachwissen und Erfahrung allein durch Regenerieren (= auf Verzehrtemperatur bringen und Anrichten) Speisen serviert werden.

Das führt jedoch zu einem „Einheitsgeschmack“. Spezialitäten und „Hausrezepte“ sind kaum mehr im Angebot. Es hat sicher einen Grund, wenn Betriebe mit „hausgemacht“ und „Eigenfertigung“ werben.

Hierüber kann nur eine detaillierte Kalkulation unter Beachtung der jeweiligen Betriebsgegebenheiten Aufschluss geben.

Eine Antwort auf die Frage, ob vorgefertigte Produkte verwendet werden sollen, kann nicht lauten: richtig/falsch.

Bei klarer Abwägung der Argumente kann es erforderlich sein, sich in einem Fall für und in einer anderen Situation gegen vorgefertigte Produkte zu entscheiden.

Beispiele für vorgefertigte Produkte aus dem Katalog eines Anbieters aus folgenden Bereichen:

Die abgebildeten Beispiele zeigen unterschiedliche Stufen der Vorbereitung.

Je weiter untenstehend, desto stärker vorbereitet, desto höher ist der Convenience-Grad.

Geflügel	Fisch	Gemüse

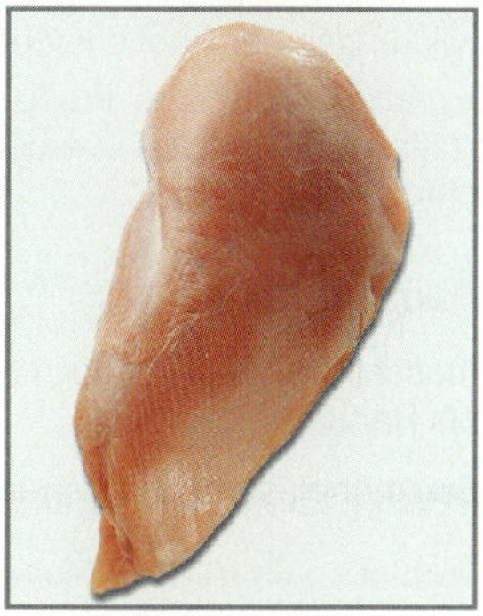

Rohe Putenbrust
Verwendung offen

Flunderfilet
Verwendung offen

Broccoli geputzt
Verwendung offen

Putenbrustfilet, parniert
nur noch backen

Schollenfilet, parniert
nur noch backen

Gemüse, geschnitten
für Ratatouille

Poulardenbrust mit Sauce
nur noch erwärmen

Matjesfilet
servierfertig

Gemüsekomposition
nur noch erwärmen

Service

Arbeiten mit vorgefertigten Produkten

Vorgefertigte Produkte sind Grundlagen. Sie können und sollten individuell zubereitet, verfeinert und abgeschmeckt werden.

Rezepturen sind einzuhalten. Die vorgegebenen Rezepturen, z.B. die Menge der zuzusetzenden Flüssigkeit, sind erprobt und aufeinander abgestimmt. Nicht nach Augenmaß arbeiten, sondern abwiegen und abmessen!

Arbeitsanweisungen beachten, um Mängel zu vermeiden. So gibt es z.B. für Kartoffelpüree Trockenprodukte, die man nach dem Einrühren in die Flüssigkeit weiterrühren darf, aber auch ein anderes Ausgangsmaterial, das durch diese Behandlung zäh wird.

Garzeiten beachten. Vorgefertigte Lebensmittel sind in den meisten Fällen vorgegart. Durch zu lange Wärmeeinwirkung in der Küche leidet die Qualität erheblich.

Ob man vorgefertigte Produkte verwendet, muss im Einzelfall entschieden werden. Eine Hilfe bietet die nachfolgende Tabelle.

Vergleich:

	Eigenfertigung	Fremdfertigung
Vorteile	starker Einfluss auf Qualität, Geschmack und Aussehen	maschinelle Bearbeitung ist kostengünstiger als Handarbeit
	unabhängig vom Zulieferer	Spitzenbelastungen können abgefangen werden
	Ausnutzung vorhandener Kapazität	
Nachteile	mehr Personal, Geräte und Maschinen	kein Niveauunterschied zwischen den Betrieben
	größere Lagerhaltung	Abhängigkeit von Lieferanten

Küche

AUFGABEN

1 Nennen Sie mindestens fünf Beispiele für Produkte, die wir vor der Ausgabe nur noch garen und abschmecken.

2 Sie hören, wie der Küchenchef sagt: „Mit vorgefertigten Produkten baue ich Arbeitsspitzen ab.“ Was meint er damit?

3 Vergleichen Sie den Kilopreis für frischen Spinat und Frostware im Mai und im Oktober. Berichten Sie.

4 Bei Preisvergleichen von Frischware mit vorgefertigter Ware müssen Vorbereitungsverluste berücksichtigt werden. Beim Filetieren von Lachs rechnet man mit einem Verlust von 35 %.
   a) Wie viel kg frischer Lachs müssen eingekauft werden, um 1 kg Lachsfilet zu erhalten?
   b) Frischer Lachs wird zu 5,90 €/kg angeboten. Berechnen Sie den Preis für 1 kg Lachsfilet.

2 Arbeitsmittel

small equipment
les petits outils

Das wichtigste Werkzeug in der Küche ist das Messer. Je nach Einsatzgebiet hat der Koch spezielle Messer, die sich hauptsächlich in Größe, Form und Beschaffenheit der Klinge unterscheiden. Bei allen Arten sollte beachtet werden:

- **Ein Messer muss gut in der Hand liegen.** Dabei ist einmal das Verhältnis von Griff zu Klinge wichtig. Zum anderen kommt es auf das Gewicht an. Wenn ein Messer zu leicht ist, liegt es nicht gut in der Hand.
- **Die Klinge muss federnd und zugleich hart sein.** Dann ist sie belastbar und zugleich schnitthaltig. Von Schnitthaltigkeit oder Standfestigkeit spricht man, wenn die Schneide die Schärfe lange hält.
- **Der richtige Messergriff schützt vor Unfällen.** Eine raue Oberfläche gewährleistet einen sicheren Griff.

Der Fingerschutz ist besonders wichtig, denn er verhindert das Abgleiten der Hand in die Schneide.

Unfälle mit Messern stehen in der Küche an erster Stelle.

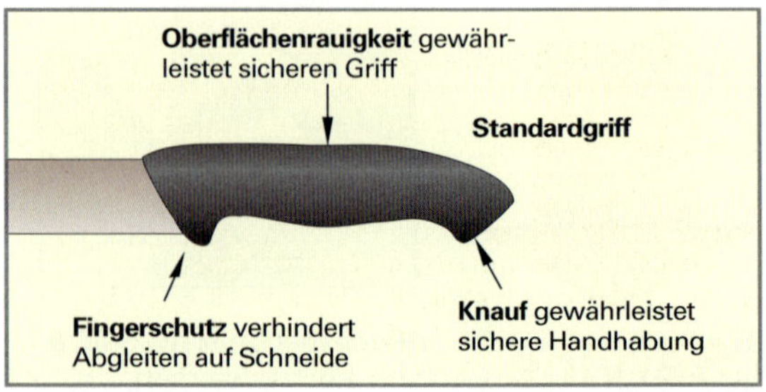

2.1 Grundausstattung

Küchenmesser, mittelgroß
Schneiden von Kartoffeln, Gemüsen, Obst, Fleisch und Fisch.

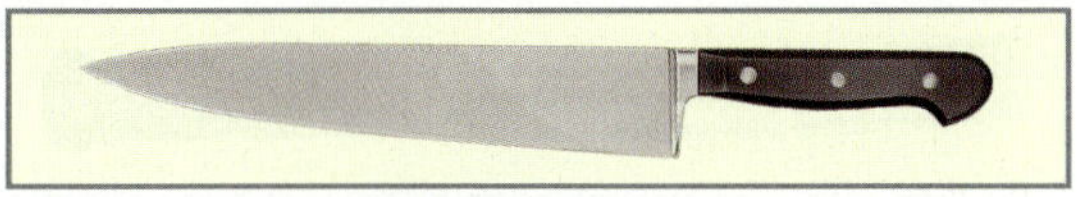

Gemüsemesser / Officemesser
Putzen und Zurichten von Gemüsen, Pilzen und Salaten.

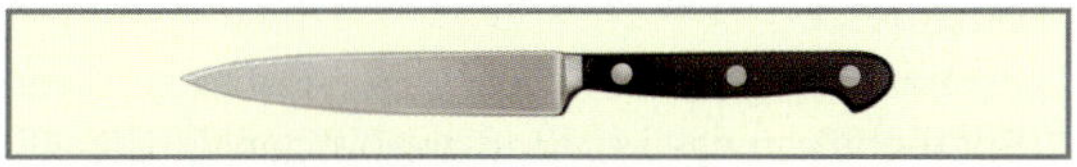

Wetzstahl
Abziehen und auf Schnitt halten der Messer.

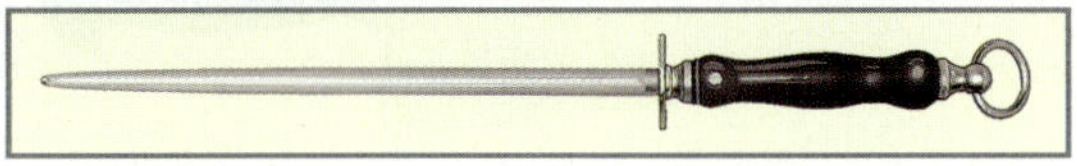

Küchengabel
Ausstechen und Entnehmen von Fleisch. Wenden großer Braten.

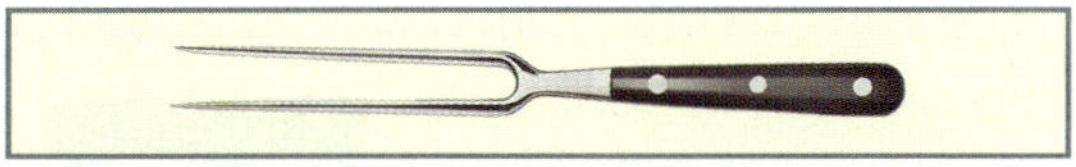

Bindenadel / Dressiernadel / Bridiernadel
Formgeben rohen Geflügels durch Zusammenbinden (Bridieren).

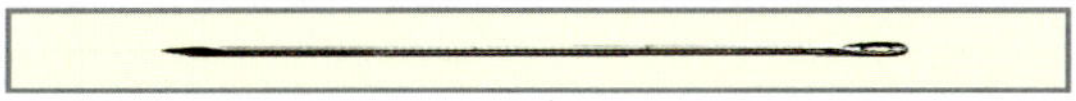

Spicknadel
Einziehen feiner Speckstreifen in Wild- und Schlachtfleisch.

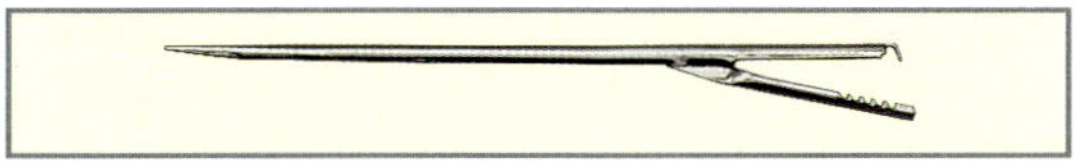

2.2 Erweiterungen

Vorwiegend für Gemüse

Gemüse- und Kartoffelhobel
Schneiden von Gemüsen und Kartoffeln.
Stärke beliebig einstellbar. Klingen mit geraden und winkeligen Schneiden ermöglichen Scheiben mit glatten oder gefurchten Flächen (Waffelkartoffeln).

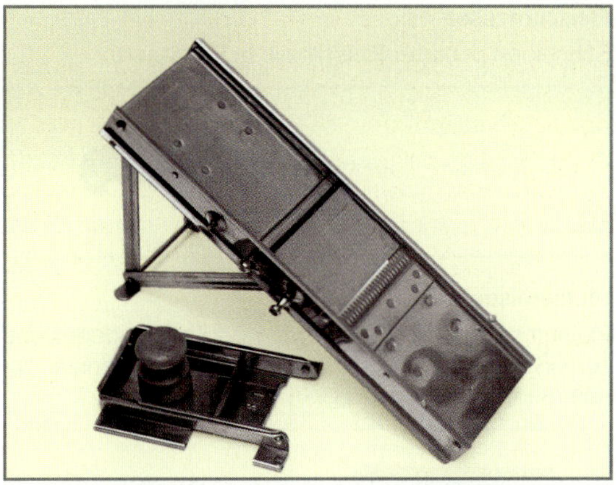

Tourniermesser
Kartoffel-, Gemüse- oder Fruchtteile durch glatte Schnitte gleichmäßig formen.

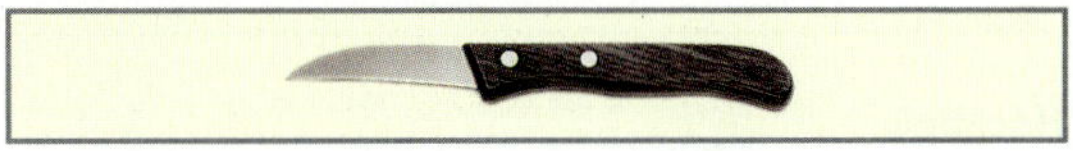

Buntschneidemesser
Gekochte rote Rüben, Sellerie, Möhren, Gurken oder Kürbis in Scheiben mit gerieften Flächen schneiden.

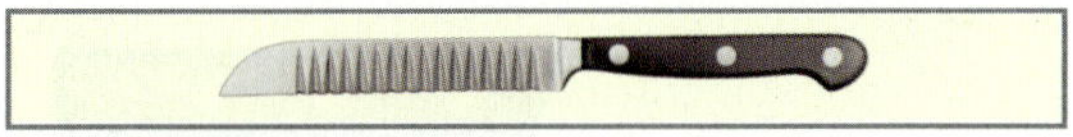

Sparschäler
Gleichmäßig dünnes Schälen von Gemüsen/Früchten.

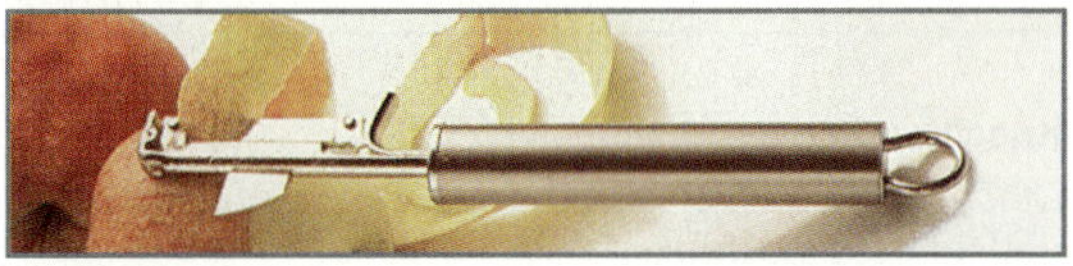

Ausbohrer
Ausbohren kugeliger oder olivenartiger Formen aus Kartoffeln, Gemüsen und Früchten. Entfernen von Kerngehäusen. Aushöhlen von Gemüsen und Früchten.

Vorwiegend für Fleisch

Ausbeinmesser
Abziehen von Häuten. Zerlegen von Fleisch. Ausbeinen.

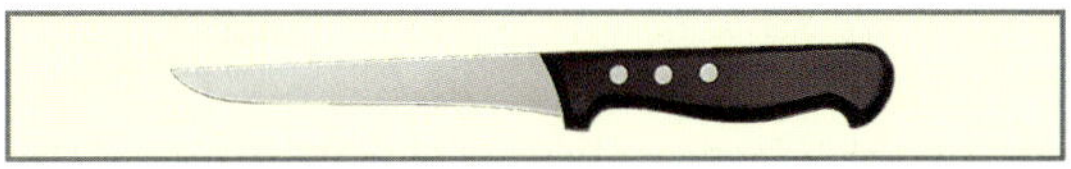

Fleischmesser

Schneiden parierter Fleischteile in Portionen.

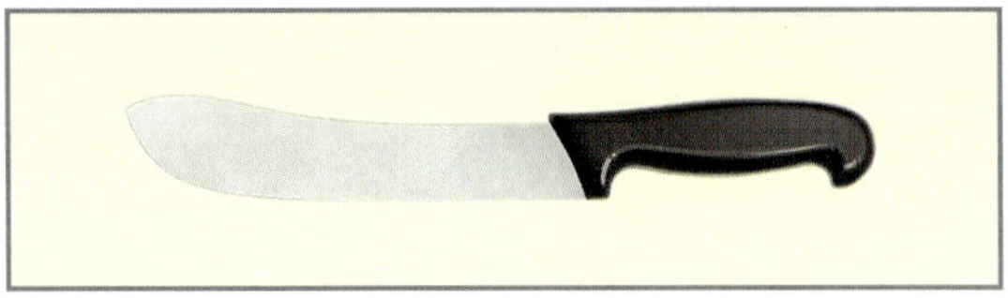

Plattiereisen

Plattieren von rohem Fleisch, wodurch Bindegewebe zerreißt; beim Erhitzen zieht sich Fleisch weniger zusammen, es bleibt saftiger.

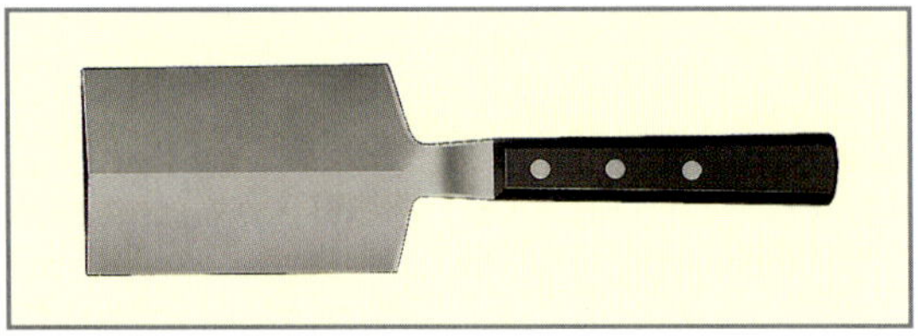

Hackbeil

Ausschlagen von Kotelettsträngen.
Abschlagen von Knochen und Rippenteilen.
Zerkleinern von Knochen.

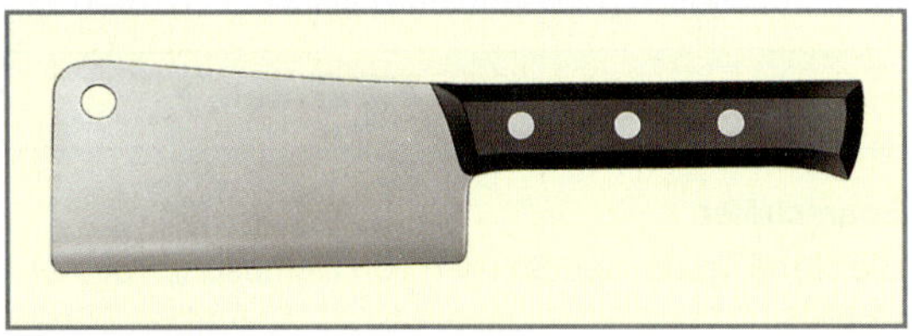

Knochensäge

Durchsägen starker Knochen, z.B. Haxen, Rückgrat- und Schlussknochen.

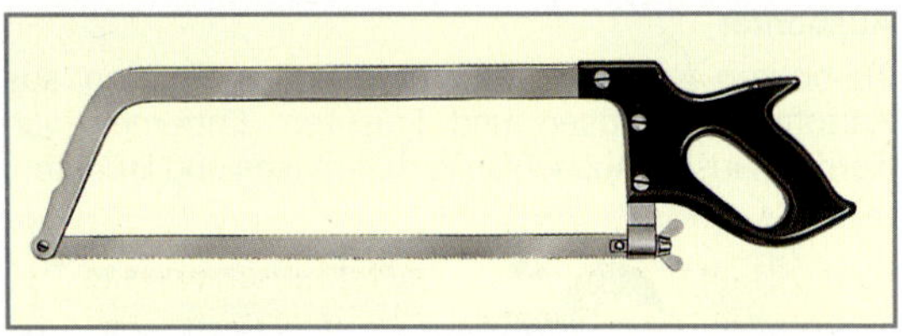

Spickrohr / Lardoir

Einbringen von dicken Speckstreifen in große Schmorfleischstücke (Lardieren).

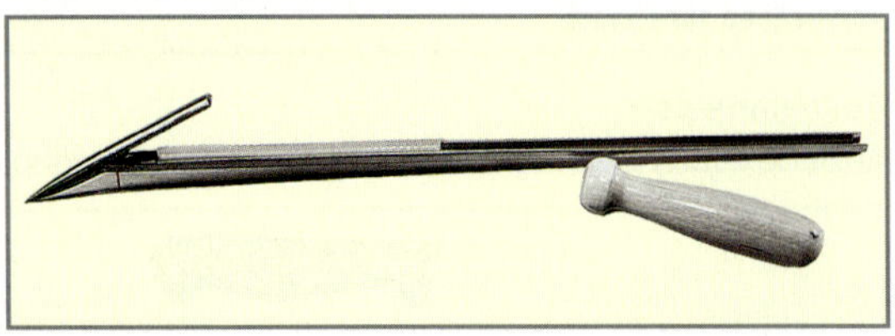

Knochenauslöser

Auslösen bzw. Hohlauslösen von Röhrenknochen aus Schinken und Keulen. Die Klinge ist am vorderen Ende scharf, gerundet und damit der Knochenform angepasst.

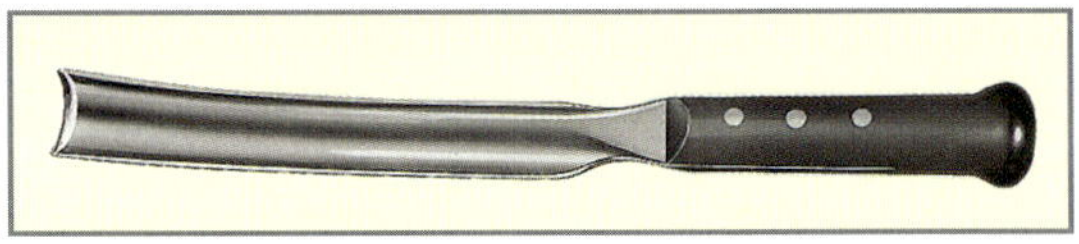

Vorwiegend in der kalten Küche

Schlagmesser

Durchtrennen größeren Geflügels. Abschlagen von Rückenteilen. Aufschlagen gekochter Hummer und Langusten. Hacken beliebigen Materials.

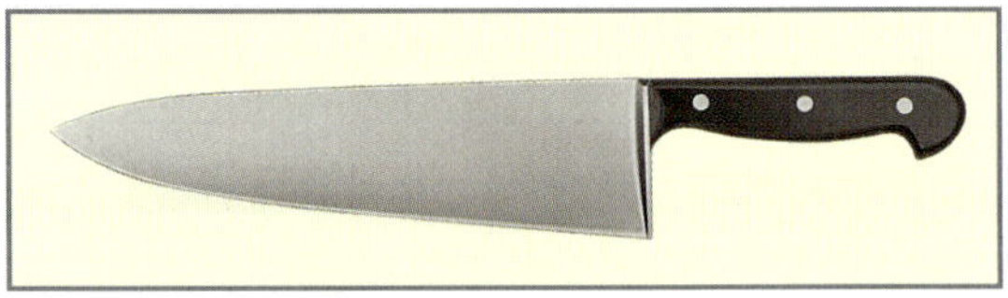

Kuhlenmesser / Spezialmesser

Portionieren von zartem Schneidgut, z.B. Galantinen, Terrinen, Pasteten.

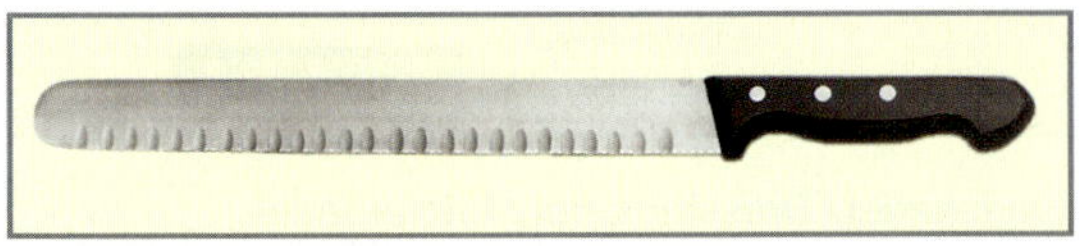

Tranchiermesser

Schneiden von Braten, Fleisch- und Wurstwaren.

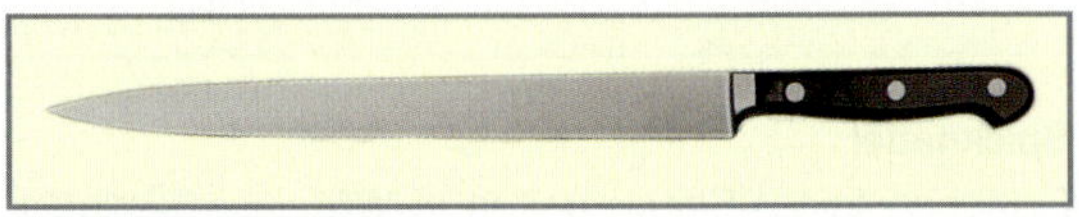

Lachsmesser

Schneiden feiner Scheiben von Räucherlachs, mariniertem Lachs und Stör.

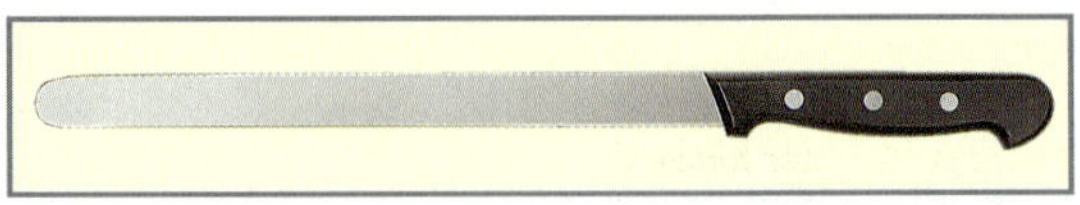

Filetiermesser

Messer mit flexibler Klinge zum Filetieren von Plattfischen.

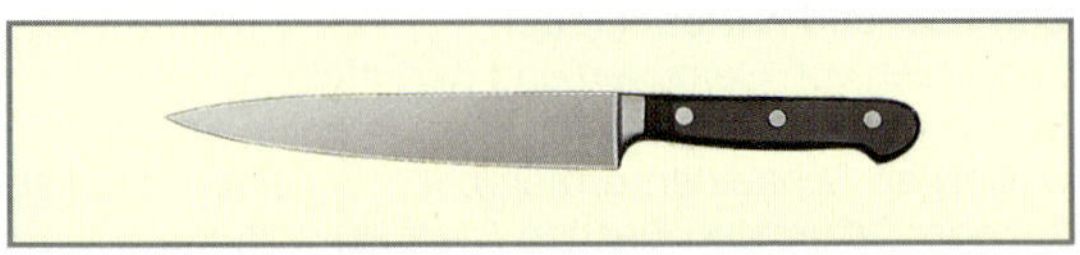

Käsemesser

Schneiden geeigneter Käsesorten.

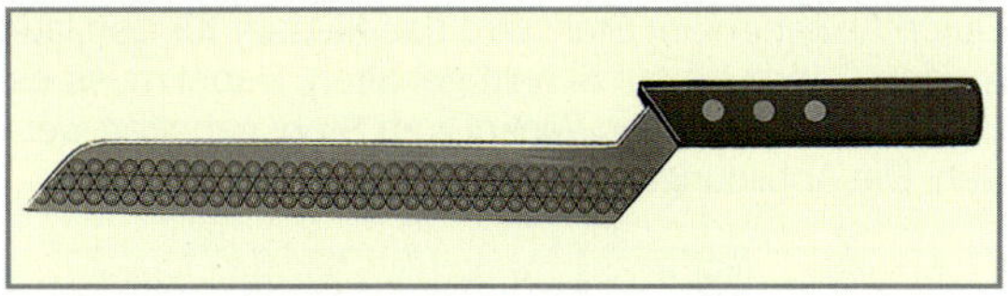

Flossenschere / Fischschere

Abschneiden von Flossen und von Köpfen kleinerer Plattfische.

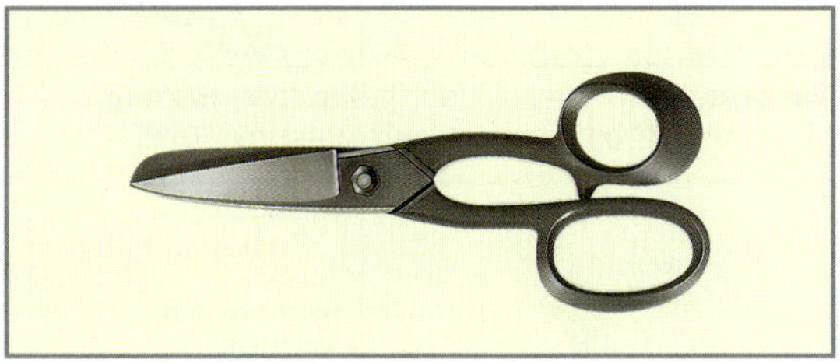

Riefenschneider / Kannelierer

Verzieren von Gemüsen und Früchten durch Einschneiden gestreckter Rillen (Riefelung/Kannelierung).

Vorwiegend in der Küchenkonditorei

Tortenmesser

Schneiden von Torten in Portionen und Anrichten der Stücke.

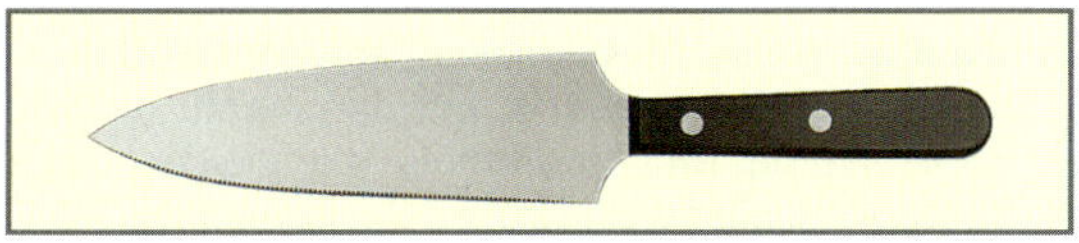

Konditormesser

Schneiden von Backwerk aller Art. Queraufschneiden von Tortenböden zum Füllen.

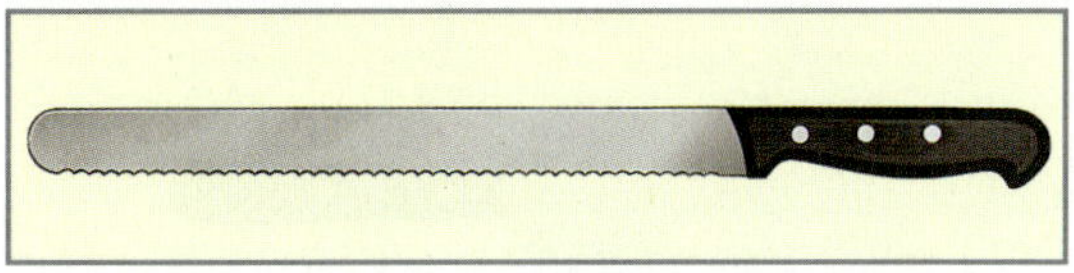

Teigrädchen

Schneiden (Ausrädeln) dünn ausgerollter Teige.

Teigkneifer

Verzieren von ungebackenen Teigoberflächen durch Kneifen, z. B. bei Pasteten mit Füllungen.

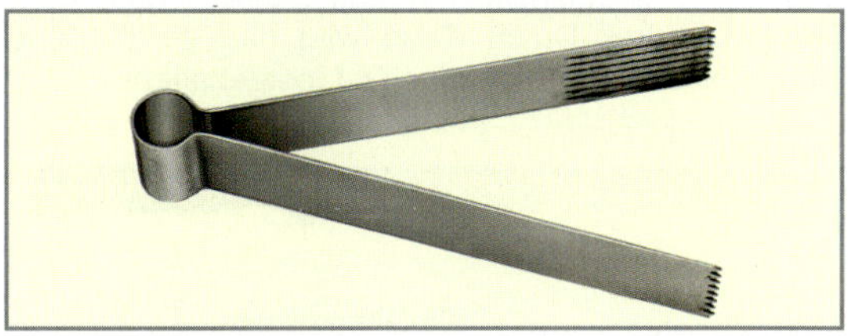

Apfelausstecher

Ausstechen des Apfelzentrums (Blüte-Kernhaus-Stiel).

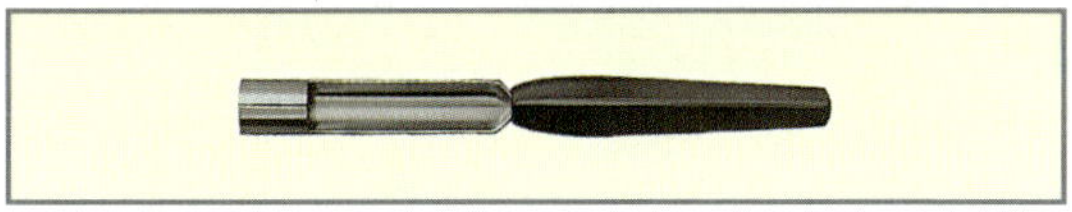

Spritztüllen

Formen von spritzfähigen Teigen, Massen und Cremes mittels Beutel und glatter Tülle (Lochtülle) oder gezackter Tülle (Sterntülle). Anbringen von Spritzverzierungen.

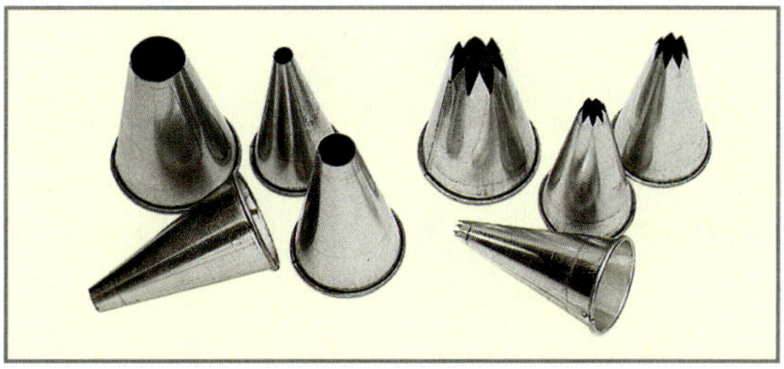

Spachtel

Abkratzen und Putzen von Bratplatten, Backblechen und Arbeitsflächen.

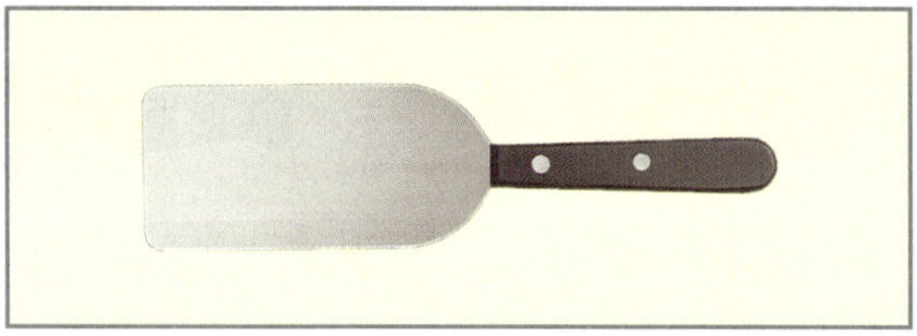

Palette

Auf- und Glattstreichen von Füllungen. Absetzen und Anrichten von Gebäckstücken.

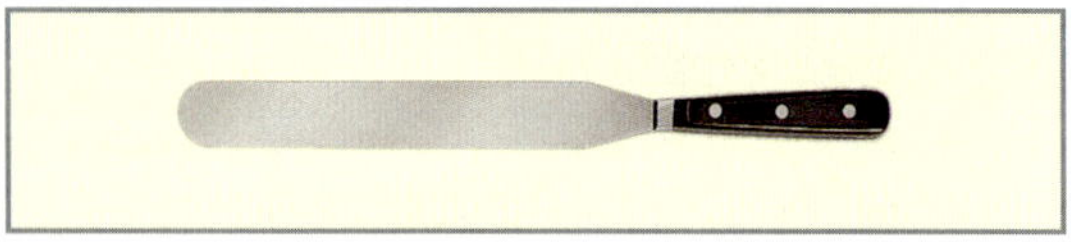

Tiefkühlmesser

Abtrennen tiefgefrorener Lebensmittel. Das Profil von Klinge und Schneide ist so gestaltet, dass es wie eine Säge arbeitet. Normale Messer sind zum Schneiden gefrorener Lebensmittel ungeeignet. Beim Schneiden wird durch Reibungswärme Flüssigkeit aus dem Schneidgut frei. Durch diese wird das gewöhnliche Messer am zu schneidenden Gut festgehalten.

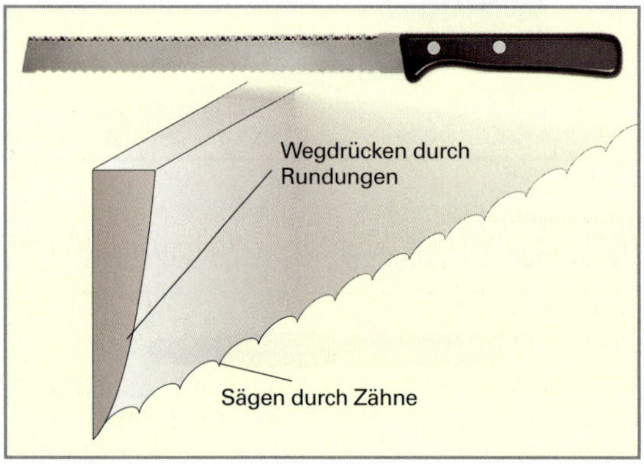

Ausstecher

Ausstechen von rohen Teigen und gebackenen Massen, von Marzipan oder Früchten (Ananas, Melone).

2.3 Pflege der Messer

Durch Abziehen am Stahl wird das Messer für den laufenden Gebrauch auf Schnitt gehalten. Dabei muss es unbedingt im richtigen Winkel zum Stahl gehalten werden. Die Abbildungen zeigen die möglichen Fehler.

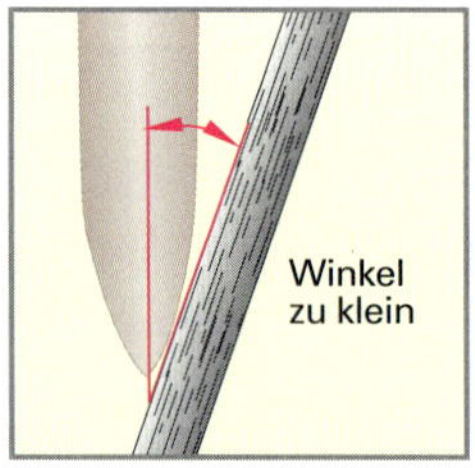

***Abb. 1:* Abziehen ohne Wirkung**

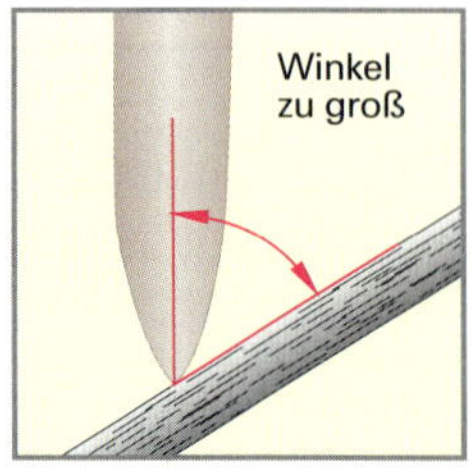

***Abb. 2:* Messer wird rasch stumpf**

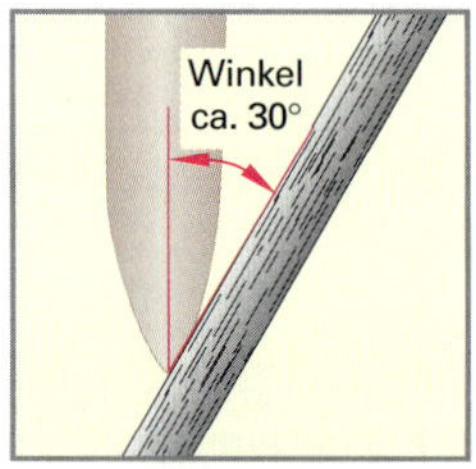

***Abb. 3:* Schneidewinkel wird beibehalten**

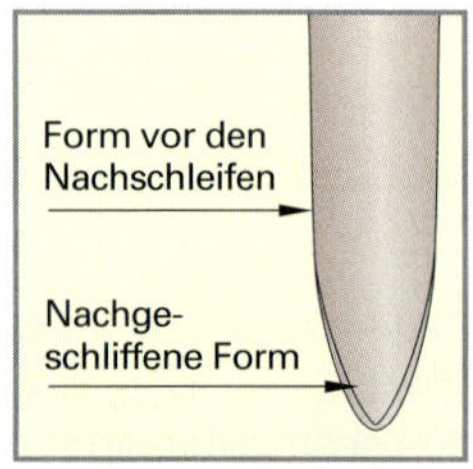

***Abb. 4:* Nachgeschliffen**

Bei Beginn der Abziehbewegung liegt das Ende der Messerklinge an der Spitze des Stahls ***(Abb. 5).***

Dann führt man das Messer unter **leichtem Druck** so, dass die Messerspitze in der Nähe des Stahlgriffs endet.

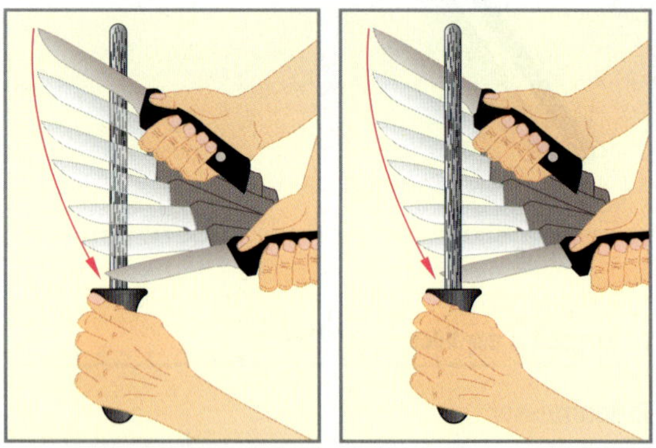

***Abb. 5:* Bewegung beim Abziehen**

Wichtig: Beide Messerseiten abwechselnd (einmal links, einmal rechts) mit dem Stahl bestreichen. Würde man mehrmals die gleiche Seite bearbeiten, bliebe ein Grat an der Schneide.

Das **Schleifen der Messer** wird erforderlich, wenn durch Abziehen nicht mehr die erforderliche Schärfe zu erreichen ist.

Der Schleifstein muss rund, fettfrei und rau sein. Er muss in Wasser laufen oder durch eine Tropfvorrichtung feucht gehalten werden. Schleift man ein Messer trocken, entsteht durch Reibung Wärme und die Härte des Messers geht verloren.

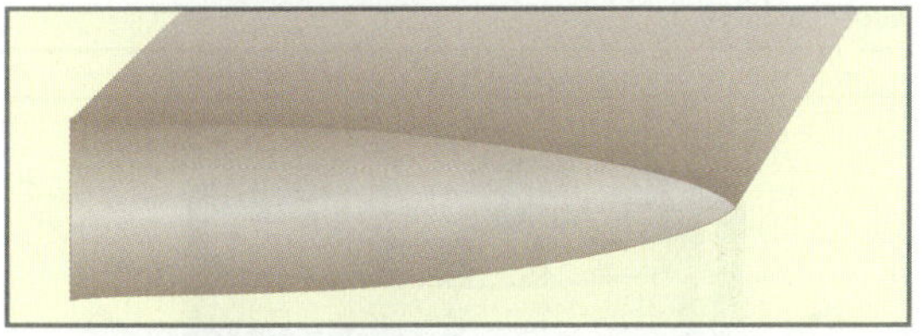

Abb. 1: ***Richtig geschliffen.***
Der Klingenquerschnitt ist leicht bauchig, damit das Schneidegut nicht an der Klinge haftet.

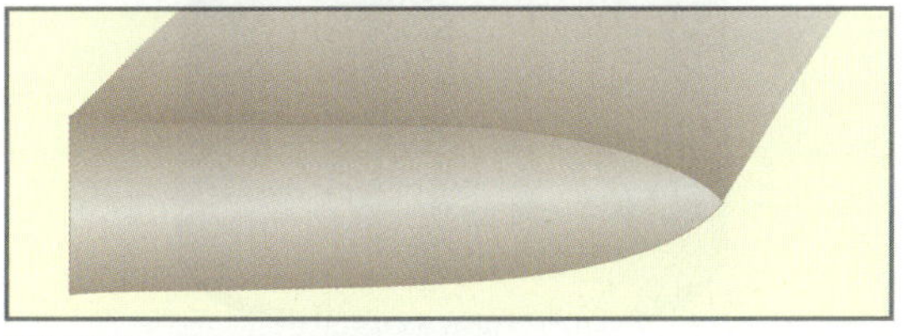

Abb. 2: ***Zu steil geschliffen.***
Schnitt hält nur kurze Zeit. Beim Schneiden ist viel Kraft erforderlich.

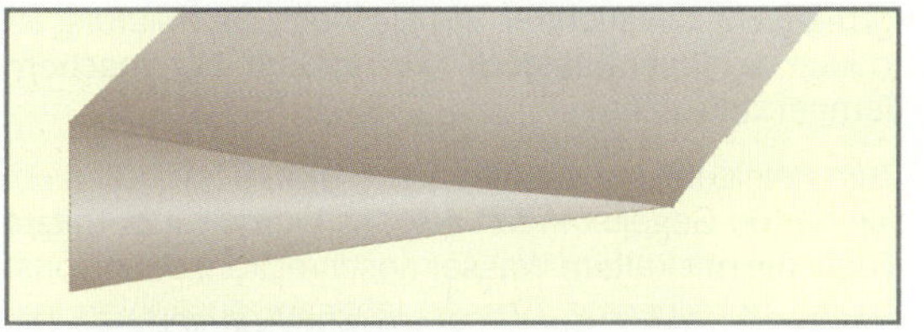

Abb. 3: ***Hohl geschliffen.***
Das Profil ist ausgeschliffen, die Klinge wird schnell verbraucht.
Das Schneidegut fällt nicht von der Klinge.

Stumpfe Messer brauchen Kraft, was häufig einen Unfall schafft.

2.4 Unfallverhütung

- Messer sind beim Arbeiten vom Körper weg oder seitlich des Körpers zu führen,
- trockener Griff und trockene Hände vermindern die Abrutschgefahr,
- fallenden Messern nicht nachgreifen,
- nicht gebrauchte Messer aufräumen,
- Messer nie in das Spülbecken legen.

Küche

3 Kochgeschirr

cookware/cooking-utensils
la batterie de cuisine

Die in der Küche verwendeten Geschirre und Behältnisse müssen

- in lebensmittelrechtlicher Hinsicht einwandfrei sein, dürfen also die Speisen nicht negativ beeinflussen,
- den Belastungen des Küchenalltags standhalten,
- problemlos zu reinigen sein.

Diese Voraussetzungen erfüllen nur wenige Werkstoffe.

3.1 Werkstoffe für Geschirr

Edelstahl

Edelstahl ist Stahl mit Zusätzen anderer Metalle, die ihn **rostfrei** und **säurefest** machen. Durch eine spezielle Oberflächenbehandlung werden alle Unebenheiten entfernt, sodass sich keine Speisereste festsetzen können und das Reinigen erleichtert wird. Gute Wärmeübertragung.

Geschirre aus Edelstahl sind **für alle Zwecke verwendbar.** Die **lange Haltbarkeit,** vielseitige Verwendbarkeit und das saubere Aussehen rechtfertigen die hohen Anschaffungskosten.

Gargeschirre aus Edelstahl haben **Kompensböden.** Sie sind so konstruiert, dass der Topfboden die Veränderungen des Metalles durch Wärme ausgleicht (kompensiert). In kaltem Zustand sind die Bodenflächen nach innen gewölbt.

Die **Pflege ist einfach,** alle Reinigungsmittel anwendbar. Weißlich-matter Niederschlag stammt von Kalkablagerungen und ist mit Säure (Essig) oder Flüssigreiniger zu entfernen. Bläuliches Schimmern ist auf Spülmittelrückstände zurückzuführen und wird durch gründliches Nachspülen vermieden.

Emaillierter Stahl

Bei diesen Geschirren ist der Stahl mit einer Emailleschicht überzogen. Dadurch ist es **vor Rost geschützt** und geschmacksneutral. Die glasharte Emaillierung ist jedoch **schlagempfindlich** und **springt bei raschem Temperaturwechsel.**

Zum Reinigen sind alle Mittel geeignet, doch darf nicht mit harten Gegenständen gekratzt werden. **Überhitzte Töpfe nie mit kaltem Wasser** abschrecken, denn sonst springt der Überzug. Besser: langsam auskühlen lassen.

Aluminium

Aluminiumgeschirr ist preiswert in der Anschaffung, von geringem Gewicht und ein guter Wärmeleiter. Aluminium wird aber von Säuren und Laugen angegriffen und **eignet sich darum nur begrenzt zur Aufbewahrung** von Speisen. Das weiche Material kann z.B. durch Rührbesen abgerieben werden und verfärbt dann die Zubereitung grau. Bei Stoß entstehen Beulen, in denen sich Schmutz festsetzen kann. Zur Reinigung dürfen nur weiche Gegenstände verwendet werden.

Guss

Gussgeschirr leitet die Wärme sehr gut und ist robust. Manche Köche sind der Auffassung, dass darin Braten besonders gut gelingen.

Gussgeschirr **eignet sich nicht zur Aufbewahrung** von Speisen, weil diese dann Eisengeschmack annehmen.

Man schützt dieses Geschirr vor Rost, indem man es nach dem Reinigen leicht einfettet.

Stahl

Geschirr aus Stahl hat die gleichen Eigenschaften wie Gussgeschirr, doch besitzt die geschliffene Oberfläche eine feinere Struktur.

Stahlpfannen eignen sich besonders zum Braten.

Pfannen ohne festgebrannte Speisereste werden nur ausgewischt.

Kunststoffe

Unter dem Begriff Kunststoffe werden vielerlei Materialien zusammengefasst. Weil die meisten Gegenstände nicht starr, sondern elastisch sind, spricht man auch von Plastik. In der Küche muss man die Kunststoffe auch nach der Wärmebeständigkeit unterscheiden.

Thermoplaste haben weichere Beschaffenheit und sind meist nur bis etwa 80 °C temperaturbeständig.

Duroplaste sind härter und bis 100 °C, kurzzeitig auch höher erwärmbar. Behälter für die Vorratshaltung sowie Schüsseln für den Salatposten und die Kalte Küche sind aus diesem Material.

Gegenstände aus Kunststoff haben eine weichere Oberfläche als solche aus Metall. Sie dürfen darum nicht mit dem Topfreiber oder mit Scheuerpulver bearbeitet werden.

3.2 Geschirrarten

Kochgeschirre

Abb. 1: Kochtopf, hoch *Marmite*

Abb. 2: Kochtopf, halbhoch *Marmite basse*

Abb. 3: Stielkasserolle *Casserole*

Abb. 1: Stielkasserolle, flach *Sautoire*

Abb. 2: Schwenkkasserolle *Sauteuse*

Der Unterschied zwischen Sautoire und Sauteuse:

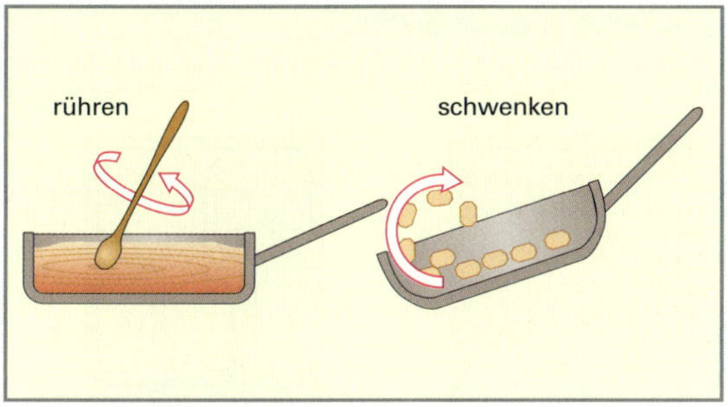

Abb. 3: Stielbratpfanne *Poêle lyonnaise*

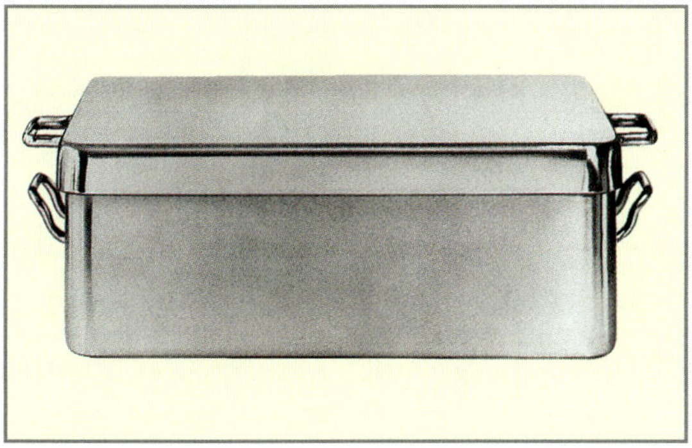

Abb. 4: Schmorpfanne *Braisière*

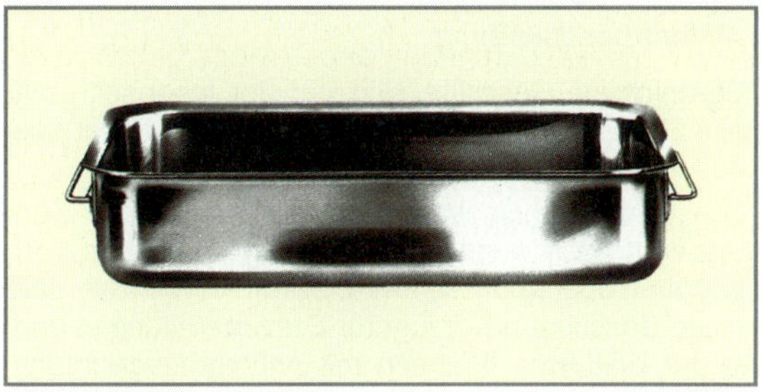

Abb. 5: Bratpfanne *Rôtissoire*

Abb. 6: Fischkessel mit Einsatz *Poissonnière*

Abb. 7: Wasserbadbehälter *Casserole de bain-marie*

Antihaftbeschichtung

Beschichtete Geschirre sind auf der Innenseite mit einer Kunststoffschicht ausgekleidet. Man findet das besonders bei Pfannen und Backformen.

Die Beschichtung verhindert das Ansetzen von Speisen, auch wenn nur mit wenig oder ohne Fett gebraten oder gebacken wird. Darum verwendet man diese Geschirre bevorzugt für Eierzubereitungen und in der Diätküche. Pfannen mit Antihaftbeschichtung müssen vor Überhitzung geschützt werden. Sie dürfen nicht längere Zeit leer auf der Herdplatte stehen.

Zubehör

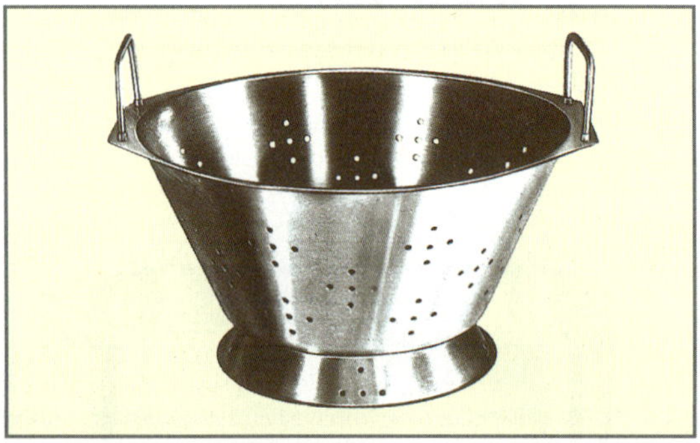

Abb. 1: Abtropfschüssel *Egouttoir*

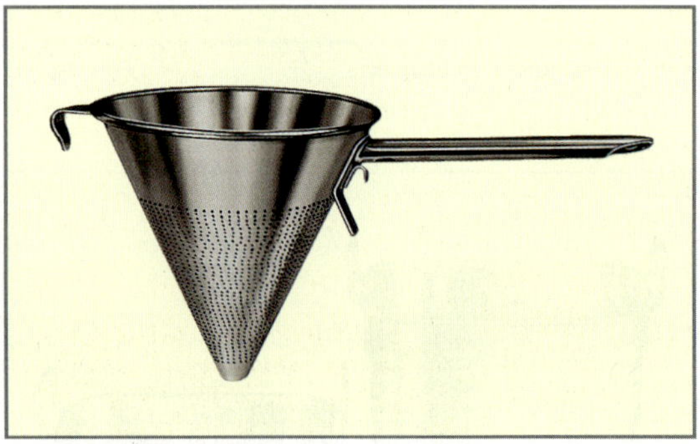

Abb. 2: Spitzsieb *Chinois*

Abb. 3: Saucenseiher *Passe-sauce*

Gastro-Norm

Das Gastro-Norm-(GN)-System löst die unterschiedlichen Größen von Vorrats-, Bearbeitungs- und Garbehältnissen ab.

Einschübe in Regalwagen, Herde und Kühlschränke sowie Grundflächen von Bain-marie oder Speisenausgabe sind aufeinander abgestimmt.

Ausgehend von einem Grundmaß von 53 × 32,5 cm gibt es praxisgerechte Unterteilungen mit unterschiedlicher Tiefe. Entsprechende Deckel vervollständigen das System.

So können vorbereitete Lebensmittel in GN-Geschirre eingesetzt und in die Kühlung gebracht werden. Bei Bedarf wird dann in diesem Geschirr gegart und anschließend das Ganze zur Ausgabe gebracht.

Vorteil des Systems:

- Teile passen untereinander und in alle Geräte,
- Arbeitszeitersparnis, weil das Umsetzen von Geschirr zu Geschirr entfällt.

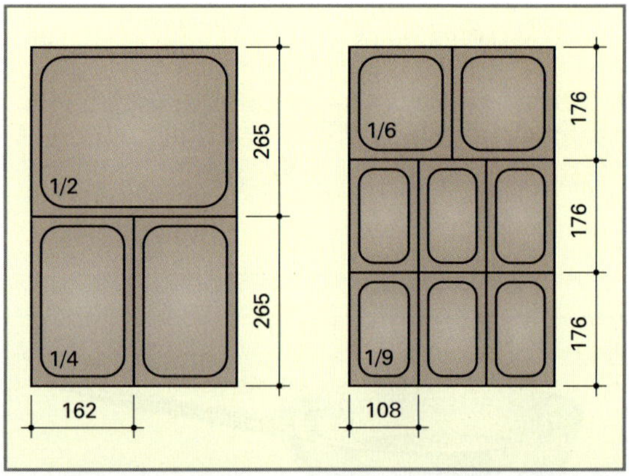

Abb. 4: System Gastro-Norm

Abb. 5: Systemgeschirr

4 Maschinen und Geräte

equipment and utensils
le matériel électro-mécanique

4.1 Wolf

meat mincer
l'hachoir (m) à viande

Der Wolf, auch Fleischwolf genannt, ist eine Zerkleinerungsmaschine. Mit ihr werden Fleisch, aber auch Fisch und Gemüse in eine für die Weiterverarbeitung erforderliche Zerkleinerungsform gebracht.

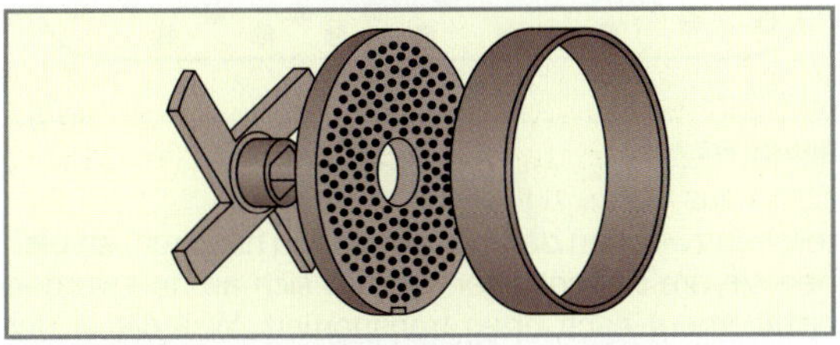

Abb. 1: Messersatz mit einem Messer

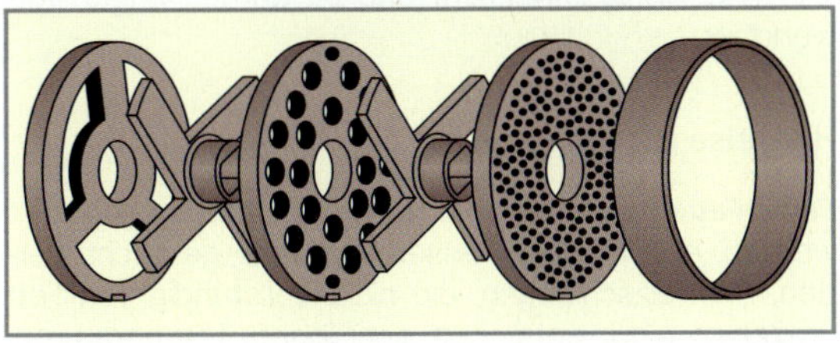

Abb. 2: Messersatz mit zwei Messern

Der Wolf arbeitet nach dem Prinzip des **Scherschnitts.** Wie bei einer Schere wird das Schneidegut zwischen zwei geschliffenen Metallteilen (Messer und Lochscheibe) zerschnitten. Die Schnecke transportiert das Fleisch zu den Messern. Der Zerkleinerungsgrad wird von der Größe der Lochscheibe bestimmt.

Hinweise zur Benutzung

Der Verschlussring muß richtig angezogen werden.

- **Bei zu strengem Sitz** reiben Messer und Lochscheiben aneinander und Metallabrieb gelangt ins Fleisch.
- **Bei zu lockerem Sitz** wickeln sich Bindegewebe um die Messer, weil sie nicht mehr zerschnitten werden.

Der Wolf muss richtig beschickt werden. Das Fleisch soll in lockeren Fäden aus der Lochscheibe kommen.

- **Presst man Fleisch zu stark** in die Einfüllöffnung, so kann das Material von den Messern nicht mehr richtig verarbeitet werden. Das Fleisch wird warm und schmiert.
- **Läuft der Wolf leer,** reiben Messer und Lochscheiben aneinander und erwärmen sich. Dabei geht die Schärfe verloren.

Ein schlecht eingestellter Wolf oder stumpfe Messer führen zu zerquetschtem, grauem, fettig-schmierigem Material.

Nach den Bestimmungen der Hackfleischverordnung ist der Wolf bei Benutzung

- **täglich mindestens zweimal zu reinigen,**
- **bei gastgewerblichen Betrieben endet der Tag mit Beginn der Sperrzeit.**

Unfallverhütung

Der Wolf muss so beschaffen sein, dass die Schnecke von der Hand nicht erreichbar ist, weil die saugende Wirkung leicht die Hand mitzieht. Bei kleineren Geräten sind darum Durchmesser und Höhe der Einfüllöffnung vorgeschrieben; größere Maschinen sind an der Einfüllöffnung mit einem nicht entfernbaren Schutz versehen.

4.2 Kutter

food processor
le cutter

Das Wort Kutter ist abgeleitet vom englischen Wort to cut = schneiden, abschneiden. Der Kutter ist eine Zerkleinerungsmaschine, die nach dem Prinzip des Messerschnitts arbeitet. Das Schneidegut liegt dabei auf einer Unterlage (drehende Schüssel), die Messer ziehen durch das Schneidegut. Durch das Kuttern kann eine homogene Masse hergestellt werden, wie sie für Farcen (Brät) erforderlich ist. Eine Haube, die mindestens die halbe Schüssel bedeckt, verhindert das Herausschleudern von Material.

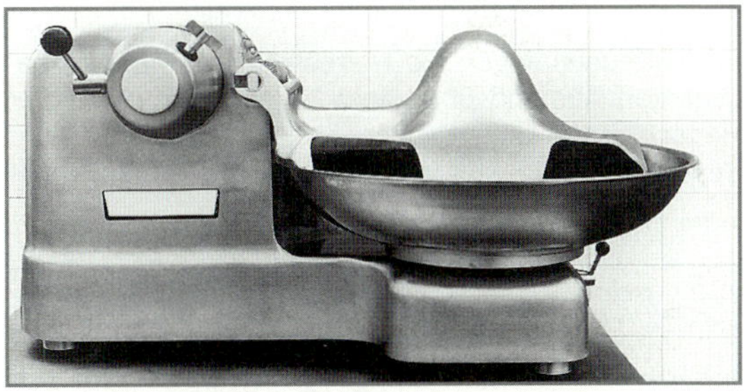

Abb. 3: Tischkutter

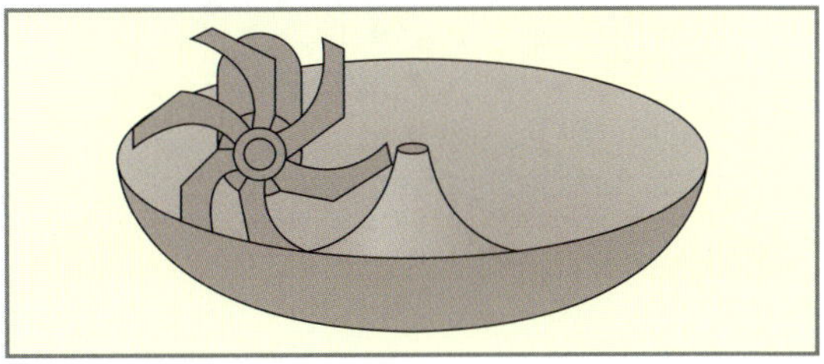

Abb. 4: Arbeitsweise des Kutters

Küche

Hinweise zur Benutzung

Der Abstand zwischen Messern und Schüssel muss richtig gewählt werden. Das Fleisch wird nur unvollständig zerschnitten, wenn der Abstand zu weit ist. Die Welle macht bis zu 3000 Umdrehungen je Minute, deshalb muss die Halterungsschraube der Messer fest angezogen werden. An den rotierenden Messern entsteht Reibungswärme, die Eiweiß zum Gerinnen bringen kann. Es darf darum nur gut gekühltes Material verwendet werden.

Unfallverhütung

Der Deckel des Kutters muss die Messerwelle abdecken. Die rotierenden Messer wären, wie z.B. der laufende Propeller eines Flugzeuges, nicht zu erkennen. Darum muss durch eine Sperrschaltung gewährleistet werden, dass der Deckel nur bei stehenden Messern geöffnet werden kann.

Dem Kutter ähnlich, nur kleiner, ist der **Mixer.** Während beim Kutter die Schneidewelle liegt, steht sie beim Mixer senkrecht.

4.3 Fritteuse

deep-fryer *la friture*

In der Fritteuse wird die zum Garen benötigte Wärme durch heißes Fett übertragen. Flüssigkeiten leiten die Wärme viel rascher als z.B. Luft. Darum ist die Garzeit im Fettbad wesentlich kürzer.

Bei einem **Fett-Topf**, der je nach Bedarf zwischen Herdmitte und Rand hin- und hergeschoben wird, steigt die Temperatur am Boden bis auf 250 °C an. Das erwärmte Fett steigt auf und reißt Schwebeteilchen mit. Diese setzen sich als dunkle Punkte auf dem Backgut ab.

Bei **Fritteusen** liegen die Heizschlangen in einem bestimmten Abstand über dem Boden. Der unter den Heizschlangen liegende Bereich (Kühlzone) ist an der Bewegung des Fettes nicht beteiligt. Fallen Schwebeteilchen zwischen den Heizschlangen hindurch, so bleiben sie am Boden liegen, setzen sich ab und werden nicht erneut nach oben transportiert. Weil die in der Kühlzone abgesetzten Teilchen nicht verbrennen, wird das Fett weniger belastet und ist darum länger verwendbar.

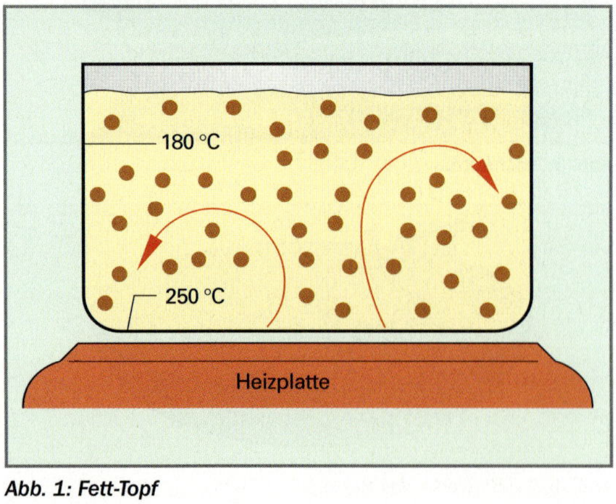

Abb. 1: Fett-Topf

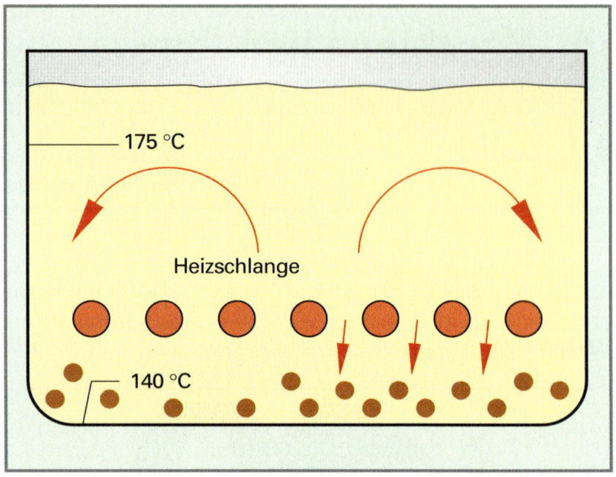

Abb. 2: Fritteuse

Hinweise zur Benutzung

Feste Fette müssen, bevor sie in die Fritteuse gegeben werden, erst in einer Kasserolle flüssig gemacht werden. An Heizschlangen, die nicht vollständig von Fett umgeben sind, entstehen sehr hohe Temperaturen, welche die Heizelemente und das Fett schädigen. Ist die Fritteuse mit erkaltetem Fett gefüllt, schaltet man zum Anheizen den Thermostat zunächst auf etwa 70 °C.

Erst wenn das Fett flüssig geworden ist und damit zirkulieren kann, wird auf Backtemperatur geschaltet.

Neuere Geräte sind so gestaltet, dass Backrückstände in einen herausnehmbaren Topf fallen. Auf diese Weise reinigt sich das Fett selbstständig.

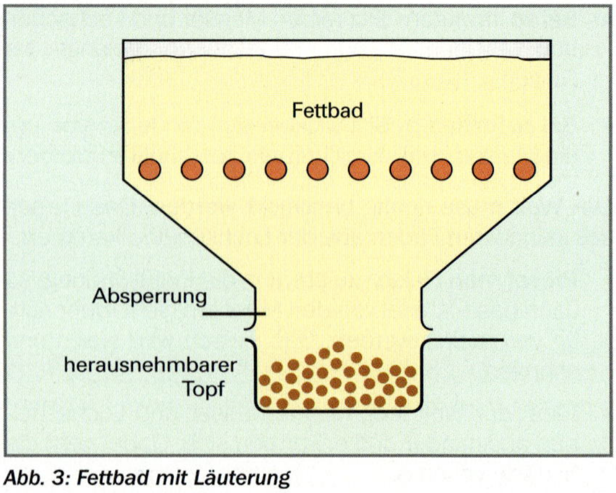

Abb. 3: Fettbad mit Läuterung

Nur geeignete Fette verwenden. Die Fett-Temperatur soll 170 °C nicht übersteigen. Überhitztes Fett bildet das schädliche Acrylamid. Während der Arbeitspausen ist das Gerät abzudecken und auf etwa 100 °C zurükkzuschalten. Dadurch wird die Haltbarkeit des Fettes verlängert.

Während des Backens wird das Fett durch chemische Veränderungen „verbraucht". Verbrauchtes Fett ist bräunlich, schäumt leicht, raucht bereits bei niederen Temperaturen, schmeckt scharf und kratzig.

Verschiedene Testverfahren erlauben eine rasche Überprüfung der Fettqualität. Die Abbildung zeigt einen Teststreifen, der den Anteil an verderbnisfördernden freien Fettsäuren anzeigt.

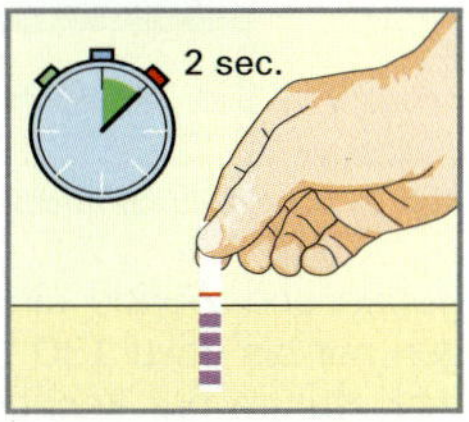

Verbrauchtes Fett muss vollständig ausgewechselt werden.

Ersetzt man nur einen Teil des verbrauchten Fettes durch frisches, ist nach kurzer Zeit wieder das gesamte Fett verdorben. Das alte, verdorbene Fett bewirkt die rasche Zersetzung des neuen.

Nach dem Lebensmittelgesetz gilt verbrauchtes Fett als verdorben, ebenso Speisen, die darin zubereitet werden.

Backrückstände bilden einen Bodensatz. Dieser sollte möglichst täglich entfernt werden. Dazu lässt man das abgekühlte Fett aus dem Ablasshahn durch ein Sieb ablaufen, nimmt dann die Heizschlange heraus und entfernt den Bodensatz.

Anschließend sind das Frittiergerät und die Heizschlange mit warmem Wasser und einem Spülmittel gründlich zu reinigen. Auf keinen Fall dürfen Reste des Spülmittels zurückbleiben. Diese zerstören das Fett. Darum wird mehrmals mit klarem Wasser nachgespült und die Fritteuse gründlich ausgetrocknet.

Unfallverhütung

Fett in der Fritteuse oder in der Pfanne kann sich bei Überhitzung selbst entzünden.

- Auf keinen Fall mit Wasser zu löschen versuchen. Das Wasser wird sofort zu Dampf, reißt das Fett mit sich und vergrößert die Brandfläche.
- Brennendes Fett abdecken (Deckel oder Brandschutzdecke).
- Bei größeren Bränden Feuerlöscher verwenden.

Umweltschutz

Verbrauchtes Fett in Behältnisse abfüllen und der Fettverwertung übergeben. Wird es in den Ablauf geschüttet, führt es dort zu Ablagerungen an den Wänden der Rohre und schließlich zu Verstopfungen.

4.4 Kippbratpfanne

tilt frypan
la poêle à frire basculante

Die Kippbratpfanne hat einen mit Gas oder Strom direkt beheizten Boden aus Gusseisen. Darum sind alle Zubereitungsarten möglich, die starke Hitze erfordern. Bei Bedarf kann sie aber auch zum Kochen, z. B. von Klößen, oder zum Dünsten verwendet werden.

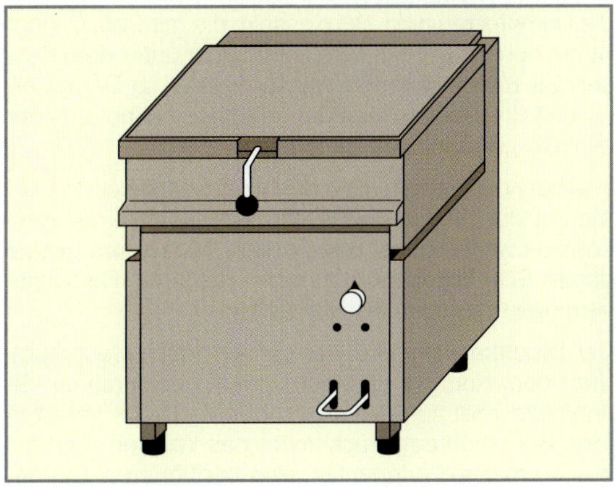

Abb. 1: Kippbratpfanne

Kippbar sind die Pfannen, weil sie zwischen zwei Säulen gelagert sind. Die Auslaufnase ermöglicht ein einfaches Entleeren.

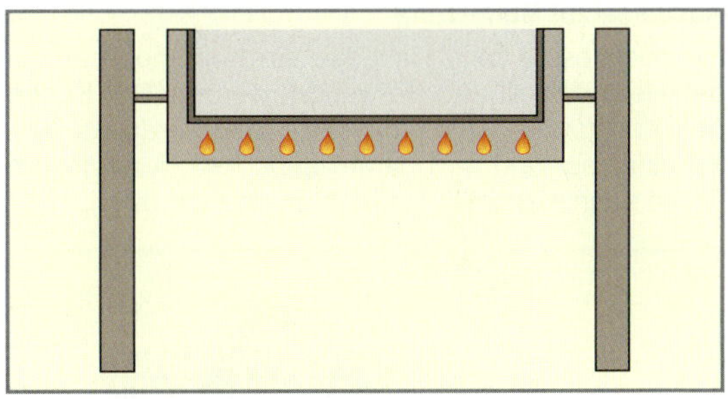

Abb. 2: Schnitt durch Kippbratpfanne

Hinweise zur Benutzung

Zum **Anbraten** ist kräftig vorzuheizen, damit die Fett-Temperatur beim Einlegen nicht zu stark absinkt und das Bratgut kein Wasser zieht.

Beim Kippen einer Pfanne, gefüllt mit Flüssigkeit, z. B. mit Grandjus, ist das Drehrad am Anfang besonders vorsichtig zu bedienen, sonst schwappt der Inhalt über den vorderen Rand und kann zu Verbrühungen führen.

Geleerte Pfannen müssen sofort mit heißem Wasser „aufgefüllt" werden. Das Wasser verhindert das Festbrennen der Rückstände.

Würde man jedoch kaltes Wasser verwenden, käme es im Pfannenboden durch den Temperaturunterschied zu starken Spannungen, die zu Rissen führen können.

4.5 Kochkessel

cooking kettle
la bouilloire

Alle Kochkessel haben doppelte Wände. Zwischen diese wird Dampf geleitet, der die Wärme durch die Innenwand auf das Gargut überträgt. Der durch Abkühlung kondensierte Dampf fließt nach unten ab. Diese Art der Beheizung durch zirkulierenden Wasserdampf ist bei allen Kesseln gleich. Unterschiedlich dagegen ist die Dampferzeugung. Bei Kesseln, die mit Gas, Öl oder Strom beheizt werden, wird unmittelbar unter dem Kessel das zurückfließende Wasser wieder zu Dampf erhitzt. In Großküchen wird der benötigte Dampf aus der zentralen Heizanlage zugeführt.

Weil bei Kochkesseln auch durch die Seitenwände Wärme auf das Gargut übertragen wird, kommt der Kesselinhalt viel schneller zum Kochen. Man nennt Kessel darum **Schnellkocher.** Sie haben meist ein Fassungsvermögen zwischen 60 und 100 l.

Bei **Druckkesseln** wird der Deckel fest verschraubt. Über dem Kochgut entsteht Dampf, der durch ein Sicherheitsventil auf einem bestimmten Druck gehalten wird. Bei erhöhtem Druck kocht das Wasser oberhalb des normalen Siedepunkts, also bei höheren Temperaturen als 100 °C. Höhere Temperaturen verkürzen die Garzeit.

Bei Druckkesseln darf auf keinen Fall das Überdruckventil verändert oder beschwert werden.

Hinweise zur Benutzung

Ein Kochkessel kann nicht wie ein Kochtopf, der auf den Herd gestellt wird, verwendet werden. Der Boden des Kochtopfes nimmt die Hitze der Herdplatte unmittelbar auf und wird darum sehr heiß. Aus diesem Grund kann man im Topf anrösten und anbraten.

Abb. 1: Kochkessel

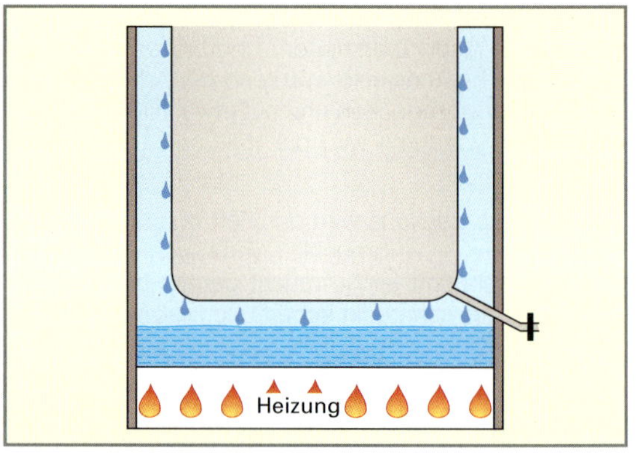

Abb. 2: Schnitt durch Kochkessel

Boden und Wände eines Kochkessels werden dagegen nur bis etwa 130 °C erhitzt. In Kochkesseln kann man darum nur kochen. Die Roux für Saucen muss außerhalb des Kessels, z. B. in einer Kippbratpfanne, angeschwitzt werden, für Schmorbraten muss das Fleisch bereits angebraten sein.

Beim **Kochen von Teigwaren** muss genügend Wasser im Kessel sein; ein Sieb vor der Auslauföffnung ist notwendig, um das Kochwasser ablassen zu können.

Beim **Kochen von Salzkartoffeln** verwendet man Siebeinsätze, damit die unteren Schichten nicht durch den Druck der darüberliegenden Kartoffeln zerquetscht werden.

Die volle Energieabgabe ist bei Kochkesseln nur zum Ankochen notwendig. Nach dem Aufkochen wird darum die Wärmezufuhr verringert.

4.6 Mikrowellengerät

microwave oven
le four à micro-ondes

Der wesentliche Teil eines Mikrowellengerätes ist das Magnetron. Das ist eine besondere Röhre, die elektromagnetische Wellen erzeugt. Diese werden in den Garraum geleitet. Dort dringen sie in die Lebensmittel ein und bringen die darin enthaltenen Wassermoleküle (Dipole) zum Schwingen. Durch diese Bewegungen reiben sich die Moleküle aneinander. Es entsteht Wärme – auf die gleiche Weise, als ob wir die Hände aneinander reiben.

Darum erzeugen Mikrowellen Wärme **an jeder Stelle der Speisen zur gleichen Zeit.** Das ist der wesentliche Unterschied zu allen anderen Garverfahren, bei denen die Wärme nach und nach von außen nach innen vordringt.

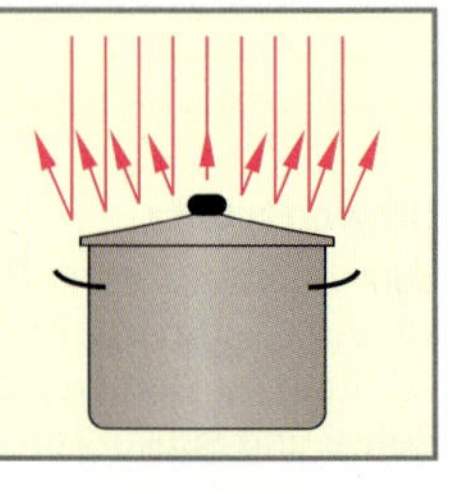

Metallgeschirr ist nicht geeignet, weil es die Mikrowellen reflektiert (zurückwirft).

Behälter aus Glas, Porzellan, Kunststoffen u.ä. sind für Mikrowellen durchlässig, erwärmen sich aber selbst nicht.

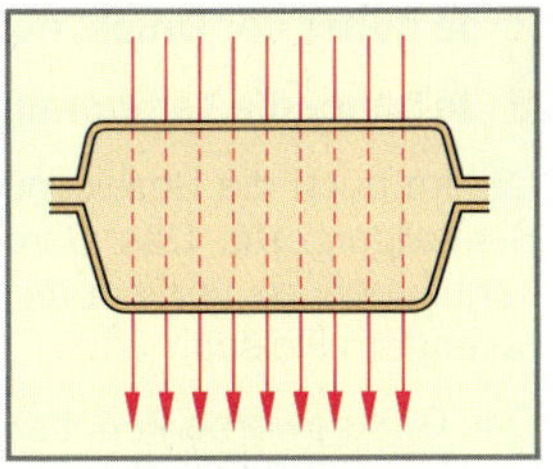

In **Lebensmittel** dringen die Mikrowellen ein und erzeugen Wärme.

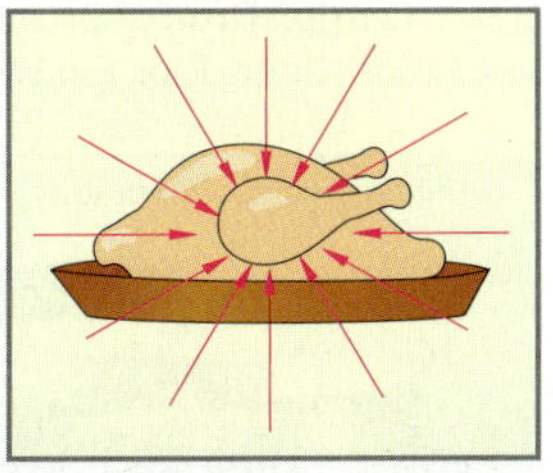

Die gleichzeitige Erwärmung aller Moleküle der Speisen führt zu sehr kurzen Garzeiten.

Im Einzelfall sind diese abhängig von der

- Leistungsfähigkeit des Gerätes und damit verbunden der
  - Eindringtiefe der Strahlen, der
  - Dicke der Speisen sowie dem
  - Wassergehalt der Speisen; wasserhaltige garen rascher.

Hinweise zur Benutzung

Beim **Wiedererwärmen** (regenerieren) bereits zubereiteter Speisen auf die Zeitangaben der Hersteller achten.

Beim **An- und Auftauen** die Auftauautomatik oder eine kleine Leistungsstufe verwenden. Wird dem gefrorenen Lebensmittel zu rasch Energie zugeführt, kann sich die Wärme nicht ausreichend verteilen. Es entstehen überhitzte Stellen neben noch nicht aufgetauten Bereichen.

Nicht geeignet sind Mikrowellen zum Braten, weil keine Röststoffe erzeugt werden.

Die **Pflege** der Geräte ist einfach. Da keine Speisenteilchen anbrennen, genügen Lappen und warmes Wasser.

Unfallverhütung

Mikrowellengeräte unterbrechen den Stromkreis, wenn die Tür geöffnet wird, sie setzen damit das Magnetron außer Betrieb. Könnte man bei Betriebsbereitschaft in die Röhre greifen, würde das Blut in der Hand gerinnen, bevor die Nervenzellen der Haut einen Schmerz melden.

4.7 Umluftgerät – Convectomat

Bei Umluftgeräten wird fortlaufend erhitzte Luft am Gargut vorbeigeführt. Dadurch sind die Garverfahren Braten, Backen und Kochen möglich, ebenso das Auftauen von Tiefkühlware.

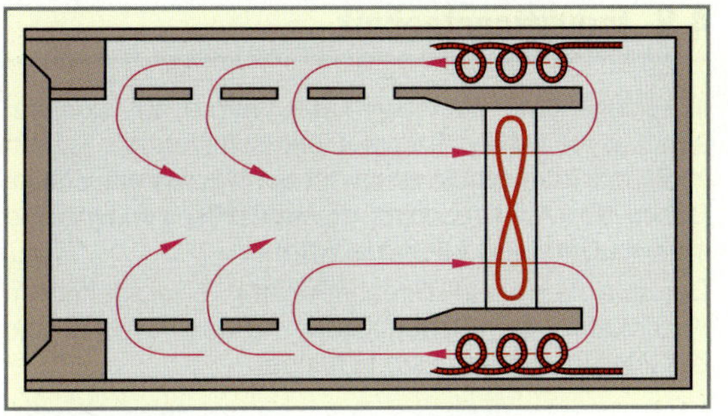

Abb. 1: Umluftgerät

Die durch eine Ventilation zwangsweise umgewälzte Luft ermöglicht es, gleichzeitig auf mehreren Ebenen zu garen. Bei der Strahlungswärme im Bratrohr des Ofens ist dies nicht möglich. Mit den meisten Geräten kann auch gedämpft werden.

Alle Garautomaten arbeiten auch mit Umluft.

Hinweise zur Benutzung

Die Gartemperatur bei Umluft ist niedriger zu wählen als bei Strahlungswärme im Rohr.

Bei nicht ausreichender Bräunung von Bratgut ist auf ausreichende Befettung zu achten; feuchte Luft zu Beginn des Bratens lässt man durch die Abluftklappen abziehen.

4.8 Herd mit Backrohr

Beim sogenannten Küchenherd erfolgt die Wärmeübertragung zum Kochgeschirr durch direkten Kontakt, unabhängig davon, welche Energieart eingesetzt wird.

Dieses System ermöglicht bei entsprechender Regelung der Wärmezufuhr alle Garverfahren außer Grillen.

Im Backrohr wird die Wärme durch Strahlung auf das Gargut übertragen. Mit Strahlungswärme kann man backen und braten, z.B. Roastbeef, Rehrücken.

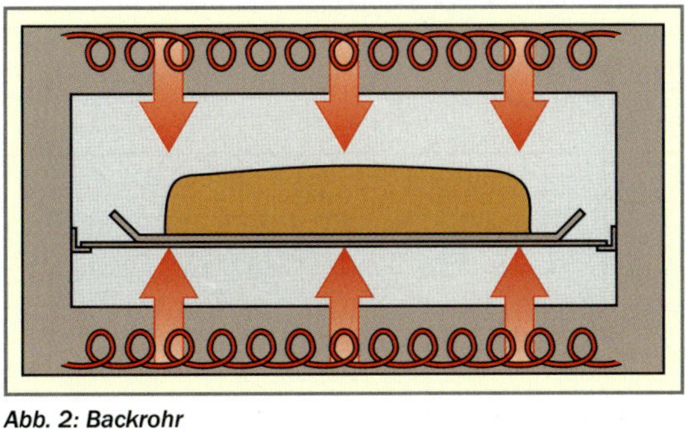

Abb. 2: Backrohr

4.9 Induktionstechnik

Induktionsherde übertragen die Wärme auf eine besondere Art auf das Gargut. Elektrische Energie schafft in der Induktionsspule zunächst ein Magnetfeld. Erst im Boden des Kochgeschirrs erzeugt dieses Magnetfeld die zum Garen erforderliche Wärme.

Darum gibt es keine Hitzeabstrahlung von aufgeheizten Kochplatten, die Hitzebelastung für das Personal und der Energieverbrauch sind geringer.

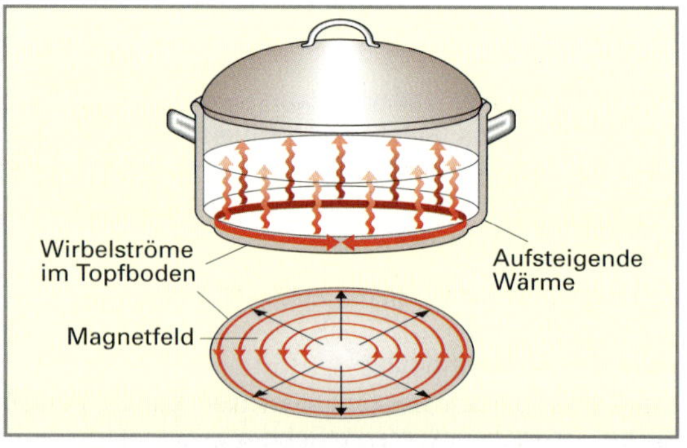

Abb. 1: Magnetfeld erzeugt Wärme

Abb. 2: Wärme entsteht nur im Metall der Pfanne

4.10 Garen unter Dampfdruck

Bei normalem Luftdruck (1 bar) siedet das Wasser bei 100 °C. Mit zunehmendem Druck steigt der Siedepunkt. Diesen physikalischen Zusammenhang nutzt man bei Dampfgargeräten. Für die Küche ist folgender Zusammenhang wichtig:

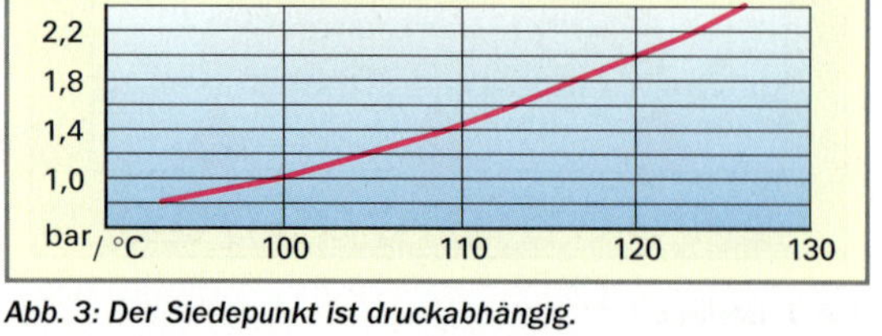

Abb. 3: Der Siedepunkt ist druckabhängig.

Je höher der Druck, desto höher die Temperatur.

Je höher die Temperatur, desto kürzer die Garzeit.

Darum auch die Bezeichnungen Schnellkochtopf oder Schnellgargerät. Das Garen bei höherer Temperatur kann auch zu veränderten Ergebnissen führen, z. B. faserigem Fleisch.

Das Gastgewerbe kennt zwei technische Lösungen.

Beim **Dampf-Drucktopf** entsteht der Dampf im festverschlossenen Topf. Ein Ventil regelt den Dampfdruck.

Abb. 4: Dampfdrucktopf

Beim **Dampf-Schnellgargerät** wird der Dampf außerhalb des Garraumes in einem besonderen Dampfbereiter erzeugt und dann auf die Lebensmittel im Garraum geleitet.

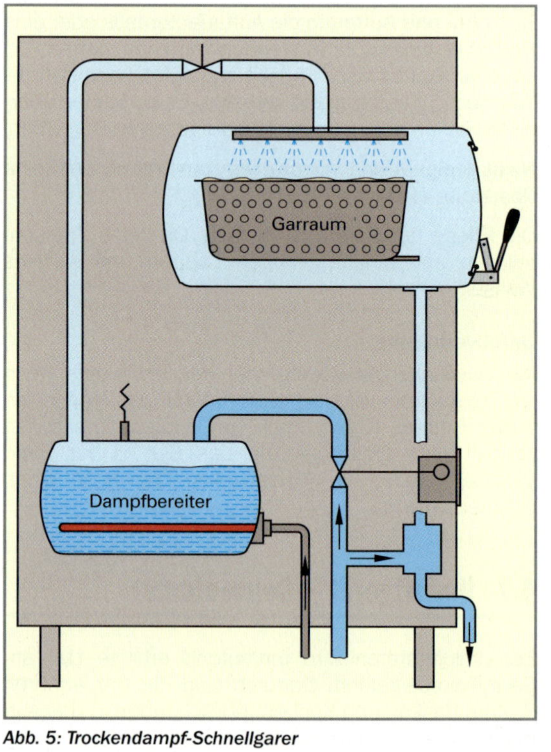

Abb. 5: Trockendampf-Schnellgarer

Küche

Hinweise zur Benutzung

Zum Garen unter Druck eignen sich besonders Lebensmittel mit längerer Garzeit. Bedienungsvorschriften der Hersteller sind unbedingt einzuhalten. Unfallgefahr!

Die Garzeiten bewegen sich in engen Grenzen. Bei kurzem Überschreiten verkochen die Lebensmittel stark, die Vitaminverluste sind hoch.

Beim Druckgaren kann man nicht „zwischendurch prüfen". Darum muss von Anfang an rezeptgenau gearbeitet werden.

4.11 Garautomat

In der herkömmlichen Küche sind viele Garverfahren gebunden an

- **bestimmte Gargeräte,** z. B. Herdplatte, Backrohr,
- **bestimmte Geschirre,** z. B. Bratpfanne, Bratgeschirr (Rotissoir), Schmorgeschirr (Braisière).

Kombigeräte können im gleichen Garraum **wechselnde Garbedingungen** schaffen und zwischen den Verfahren **zeitlich wechseln,** z. B.

- feuchte oder trockene Garverfahren
- Strahlung oder Umluft als Wärmeüberträger
- Angaren sehr heiß, weitergaren bei geringerer Temperatur.

Diese unterschiedlichen Bedingungen nennen die meisten Gerätehersteller **Betriebsarten.**

Durch immer feinere Sensoren (Fühler) ist es möglich, **Garprofile** zu programmieren. Das sind Idealabläufe z. B. für die Zubereitung bestimmter Fleischteile wie Schweinebraten oder Hähnchenkeulen.

Bei Bedarf tippt man in das Gerät dann die Produktbezeichnung. Die Steuerung des Ablaufs übernimmt das Gerät.

Wenn der Koch die neuen Techniken sinnvoll nutzen will, muss er:

klassische Rezepturen auf die angewandten Garverfahren überprüfen.

↓

Die Systematik der Garverfahren wird im Abschnitt Garverfahren erläutert und zusammenhängend dargestellt.

Dazu kommt:

Aufgeschlossenheit für technische Vorgänge.

↓

Als Beispiel für ein technisches Gerät, dessen Funktion verstanden sein sollte, wählen wir den Thermostat.

Abb. 1: Temperaturvorwahl

Die Bedienung der Garautomaten ist je nach Hersteller leicht unterschiedlich. Hier ein Beispiel, das die frei wählbaren Werte für Garraumtemperatur und Kerntemperatur zeigt. Im Kontrollfeld wird der aktuelle Stand angezeigt.

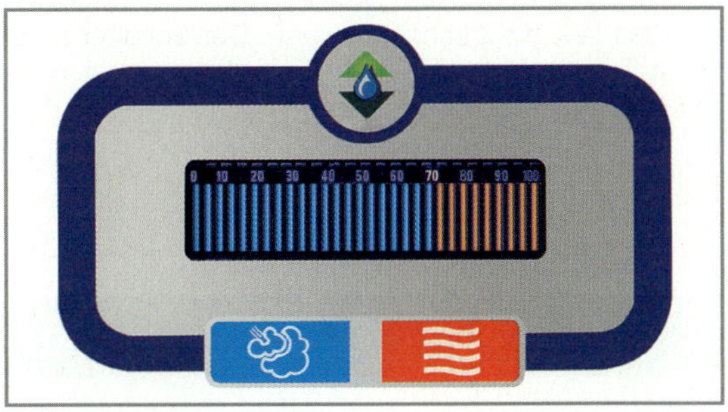

Abb. 2: Kontrollfeld

Garprofile erfassen und regeln die einzelnen Garfaktoren, sodass wiederkehrende Abläufe zu stets gleichen Ergebnissen führen.

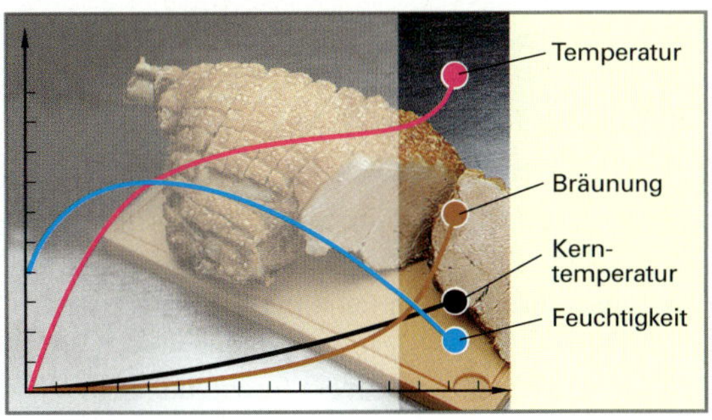

Abb. 3: Garprofil für Braten

4.12 Temperaturregler oder Thermostat

Von Regelung spricht man, wenn ein fester Wert, z. B. die Temperatur im Fettbad (Frittüre), eingehalten wird, obwohl Wärmeverluste entstehen, z. B. durch Einlegen von kalten Speisen zum Garen.

Betrachten wir die Temperaturregelung am Beispiel des Fettbackgerätes (**Abb. 1**).

Die Temperatur des Fettbades **soll** gleichbleiben, z. B. 160 °C. Man nennt diese Temperatur den **Sollwert.** Das Fett kühlt aber laufend ab. Man nennt das Wärmeverlust. Ein Thermometer, auch Fühler genannt, stellt fest, wie hoch die Temperatur tatsächlich **ist.** Dies nennt man den **Istwert.**

Fällt nun der Istwert unter den gewünschten Sollwert, so erhält ein Schalter den Befehl, den Strom für die Heizung einzuschalten. Durch die Wärmezufuhr nähert sich der Istwert dem Sollwert, das Fett wird so heiß, wie man es wünscht. Erst dann wird der Stromkreis wieder unterbrochen.

In gleicher Weise funktioniert eine Kühlung, nur wird hierbei der Abzug von Wärme geregelt.

Wer die Zusammenhänge einer Temperaturregelung kennt, der weiß auch, dass es sinnlos ist, den Wahlschalter am Thermostat „vorzudrehen“. Dadurch wird z. B. das Fett nicht schneller warm. Der Schalter kann nur auf „ein“ stehen – mehr Energiezufuhr ist nicht möglich.

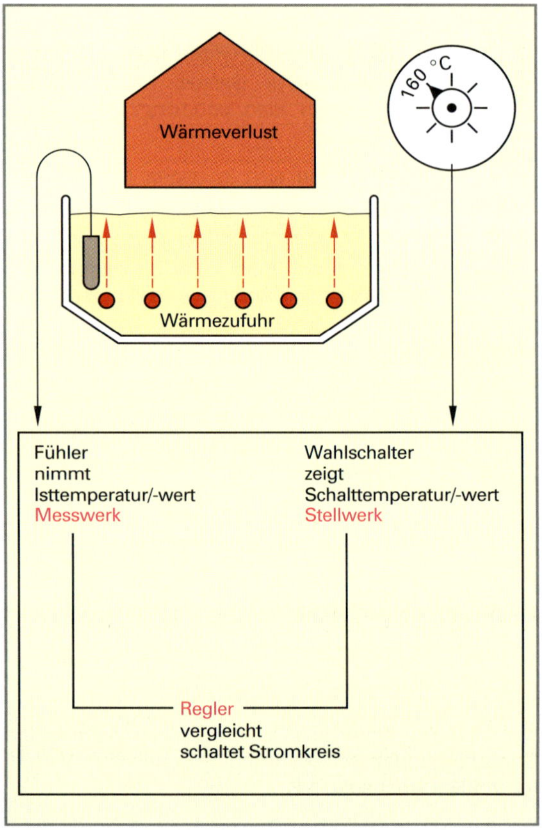

Abb. 1: Temperaturregelung

Küche

AUFGABEN

1 Welche Vorschriften gelten für die Reinigung eines Fleischwolfes?

2 Beim Garen im Fettbad lösen sich immer Teilchen vom Gargut. Erläutern Sie in diesem Zusammenhang den grundlegenden Unterschied zwischen einem Fett-Topf und der Fritteuse.

3 Warum muss in bestimmten Zeitabständen das Fett der Fritteuse vollständig ausgewechselt werden?

4 Wie verhält man sich, wenn das Fett in einer Pfanne oder Fritteuse zu brennen beginnt?

5 Sie entleeren einen heißen Kipper, in dem Rindfleisch angebraten worden ist. Wie geht es weiter? Begründen Sie.

6 Warum wird eine Flüssigkeit im Kochkessel schneller erhitzt als vergleichsweise im Kochtopf?

7 „Ei in Mikrowelle explodiert!“ stand in der Zeitung. Wie kann es dazu kommen?

8 Der eine sagt: „Im Mikro garen die Speisen von innen nach außen.“ Der andere meint: „Stimmt nicht, sie garen an jeder Stelle zur gleichen Zeit.“ Wer hat recht? Begründen Sie.

9 „Lasst mich doch in Ruhe mit eurer Technik. Ich habe noch gelernt, wie Escoffier gekocht hat. Und der hat gewusst, wie es geht.“ Sprechen Sie über Vor- und Nachteile von modernen Gargeräten.

10 Moderne Geräte regeln die Temperatur selbstständig. Man verwendet in diesem Zusammenhang die Begriffe Sollwert und Istwert. Erklären Sie.

Grundtechniken der Küche

1 Vorbereitende Arbeiten

🇬🇧 *preparatory work*
🇫🇷 *les travaux préparatoires (m)*

1.1 Einführung

Die meisten Lebensmittel werden vor dem Genuss bearbeitet und/oder zubereitet. Neben dem Haushalt übernimmt diese Aufgaben das Lebensmittelgewerbe und die Gastronomie.

Die vielfältigen Arbeiten scheinen auf den ersten Blick unübersehbar. Eine genauere Betrachtung zeigt jedoch viele Gemeinsamkeiten.

- Zu den **vorbereitenden Arbeiten** zählen das Waschen, Wässern, Weichen, Putzen, Schälen.
- Zur **Bearbeitung** werden Schneiden, Raffeln, Reiben, Blanchieren usw. gerechnet.
- Durch die **Garverfahren** werden viele Lebensmittel erst genussfähig. Die Garverfahren werden in einem getrennten Abschnitt behandelt.

1.2 Waschen

🇬🇧 *to wash* 🇫🇷 *laver*

Pflanzliche Rohstoffe sind von Natur aus mit **Verunreinigungen** behaftet. Am deutlichsten sind diese bei Kartoffeln und Wurzelgemüse sichtbar. Unabhängig vom sichtbaren Schmutz befinden sich an den Lebensmitteln aber auch immer **Kleinlebewesen.** Ferner können Reste von **Pflanzenschutzmitteln** an der Oberfläche haften. Durch sachgerechtes Waschen *(to wash/laver)* werden Schmutz, Keime und Rückstände weitgehend entfernt.

Lebensmittel werden möglichst **im Ganzen gewaschen,** weil dabei die **Verluste** an Inhaltsstoffen **geringer** sind. Bei zerkleinerter Ware sind viele Zellen verletzt und die Inhaltsstoffe werden **ausgelaugt.**

Hartnäckiger Schmutz wird zusätzlich mit einer Bürste mechanisch bearbeitet.

Gemüsewaschmaschinen arbeiten mit entsprechendem Wasserdruck, der Bewegung erzeugt.

Weil sich während des Waschens Schmutz und Keime im Wasser verteilen, muss mit **fließendem Wasser nachgespült** werden.

Am Ende des Waschvorganges muss das saubere, hygienisch einwandfreie Lebensmittel stehen.

1.3 Wässern

🇬🇧 *to water* 🇫🇷 *tremper*

Obwohl das Wässern von Lebensmitteln immer Nährstoffverluste mit sich bringt, ist es in **manchen Fällen** nicht zu vermeiden.

Bestandteile der Lebensmittel können den Geschmack beeinträchtigen, z.B. Bittergeschmack bei Endiviensalat, stark arteigener Geschmack bei Nieren;

Blutreste können störend wirken, z.B. an Hirn und Kalbsbries;

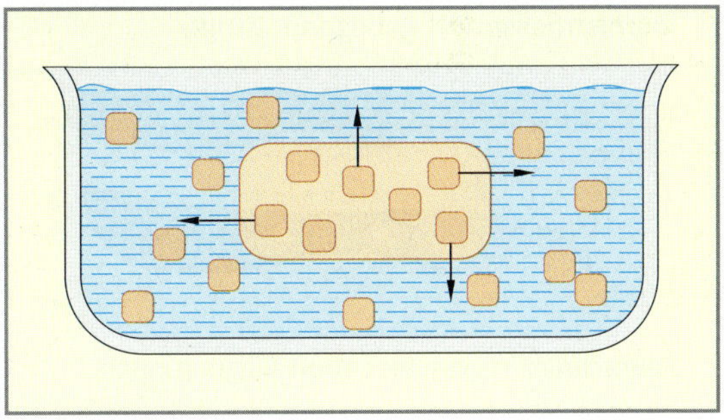

Abb. 1: Wasser laugt aus.

Luftsauerstoff muss ferngehalten werden, damit die enzymatische Bräunung unterbleibt, z.B. bei rohen Kartoffeln, Sellerie, Äpfeln.

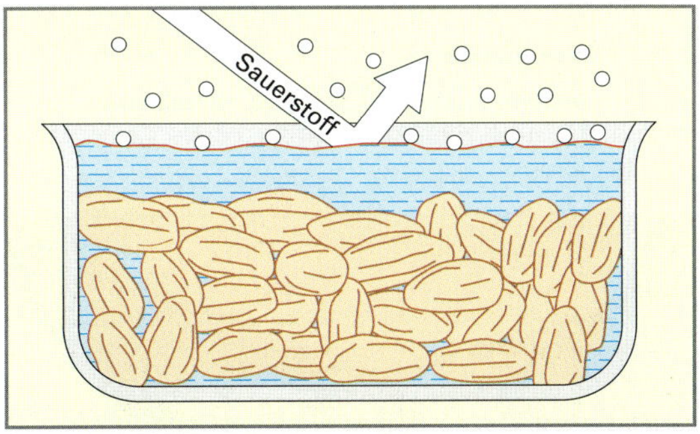

Abb. 2: Wasser hält Luftsauerstoff fern.

In vielen Fällen genügt es, die Lebensmittel mit einer Folie oder einem feuchten Tuch zu bedecken, um die helle Farbe zu erhalten und vor dem Braunwerden zu schützen.

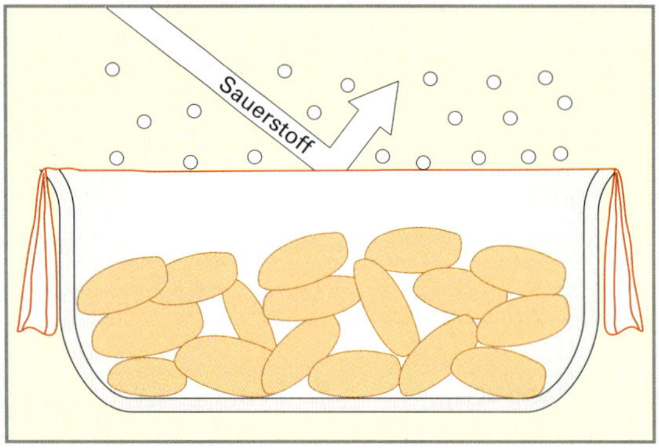

Abb. 1: Folie hält Luftsauerstoff fern.

1.4 Schälen

to peel | peler

Viele Gemüse und Obstarten müssen von ungenießbaren oder schlecht verdaulichen Randschichten befreit werden. Als Arbeitsgeräte verwendet man dazu:

- **Küchenmesser** mit gerader oder gebogener Klinge,
- **Tourniermesser** mit gebogener Klinge

- **Sparschäler** in verschiedenen Ausführungen.

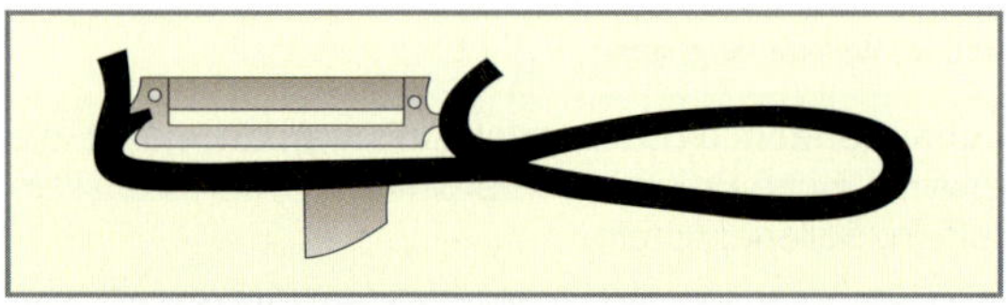

Rohe Lebensmittel

Runde Formen, z.B. Äpfel, Sellerie, schält man spiralenförmig, damit man ohne abzusetzen gleichmäßig arbeiten kann.

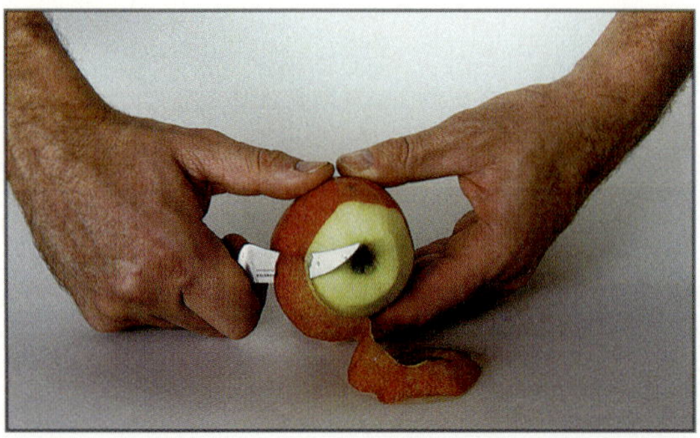

Längliche Formen, z.B. Kartoffeln, Birnen, Gurken, Karotten, schält man in Längsrichtung.

Gegarten und gebrühten Lebensmitteln, z.B. gekochten Kartoffeln, gebrühten Tomaten, Pfirsichen, zieht man die Schale (Haut) ab. Durch die vorausgegangene Wärmeeinwirkung löst sie sich leichter als in rohem Zustand.

Zum Abziehen stellt man das Messer steil, die abgehobene Schale wird zwischen Messer und Daumen festgehalten und nach unten gezogen.

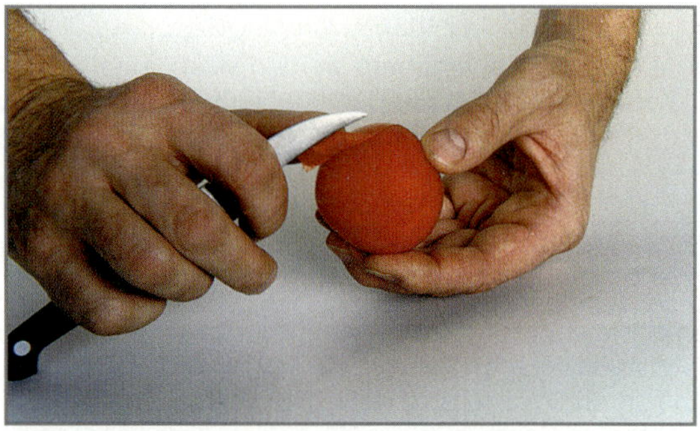

Wurzelgemüse, z.B. Möhren, Rettiche, können abgeschabt werden. Das Messer steht dabei fast im rechten Winkel zur Oberfläche des Gemüses. Beim Schaben wird lediglich eine dünne Schicht entfernt, sodass nur wenig Inhalts- und Geschmacksstoffe, die oft gerade in den Randschichten konzentriert sind, verlorengehen.

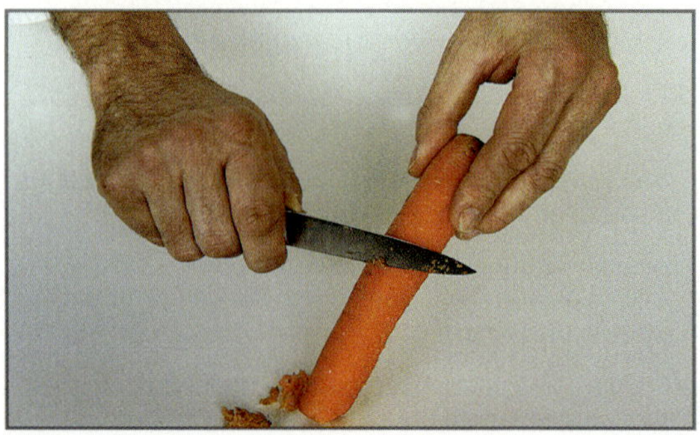

2 Bearbeiten von Lebensmitteln

food conditioning
le conditionnement des aliments

2.1 Schneiden

to cut couper

Lebensmittel müssen vor einer weiteren Bearbeitung oft grob zerteilt oder fein geschnitten werden. Deshalb zählt das Schneiden zu den wichtigsten Grundfertigkeiten (siehe „Schnittformen" auf Seite 143, 144).

Ziele des Schneidens können sein:

- verzehrfertige Stücke, z.B. bei portioniertem Fleisch;
- Verkürzung der Garzeit, z.B. Blumenkohl in Röschen, Kartoffeln in Stücken;
- Vergrößerung der Oberfläche, z.B. Röstgemüse, Zwiebelwürfelchen;
- ansprechendes Aussehen, z.B. Zuschneiden von Kartoffeln in bestimmte Formen (tournieren), streifig oder blättrig geschnittenes Gemüse.

Beim **Schneidevorgang** mit dem Messer wirken zusammen:

Schneidedruck, der sich auf die sehr kleine Fläche der Messerschärfe konzentriert.

Je schärfer das Messer, desto leichter dringt es in das Schneidegut ein.

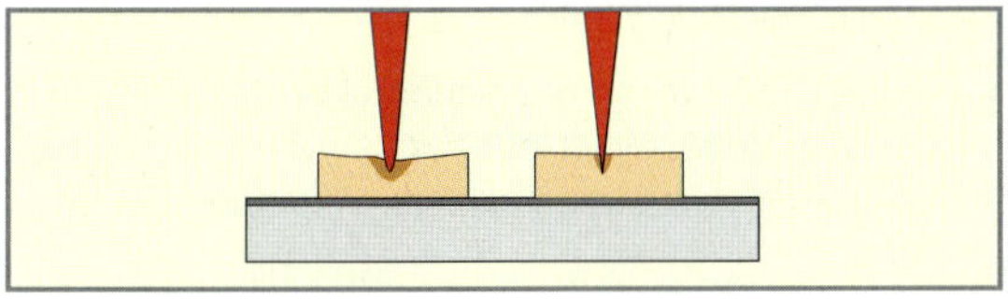

Abb. 1: Schneidedruck

Schneidebewegung, die man auch den „Zug" nennt. Wer ohne Schneidebewegung arbeitet, drückt das Messer nur in das Material und schneidet nicht richtig. Das ist leicht erkennbar, wenn man eine Vergrößerung der Messerklinge näher betrachtet:

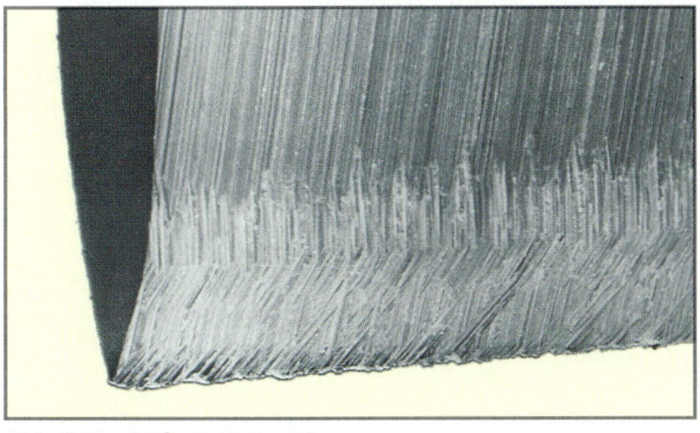

Abb. 2: Vergrößerte Schneide

Die sägende Wirkung entsteht erst durch die Schneidebewegung.

Deshalb gilt:

Je größer die Schneidebewegung, desto geringer ist der erforderliche Schneidedruck. Dies wird vor allem beim Elektromesser deutlich.

Beim Schneiden mit dem Kochmesser werden Schneidedruck und Schneidebewegung durch eine wiegende Bewegung miteinander verbunden. Man spricht darum auch vom **Wiegeschnitt.**

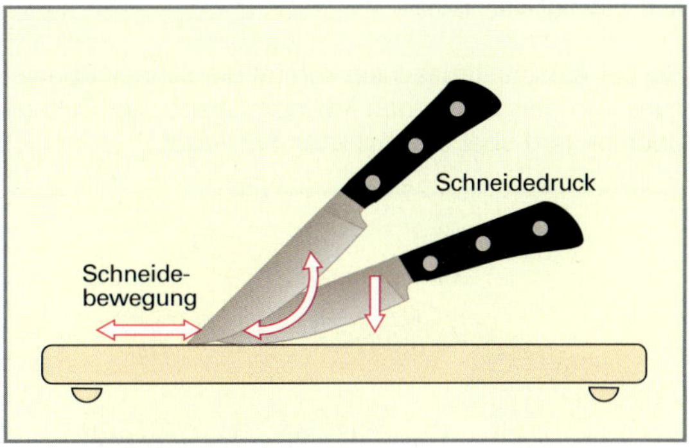

Abb. 3: Wiegeschnitt

Die Haltehand dient dem Messer als Führung (siehe **Abb. 4**). Die Klinge gleitet an den Knöcheln der gekrümmten Finger entlang, der zurückweichende Finger gibt den Abstand zum folgenden Schnitt frei.

Die gezeigte Haltung der Hand ermöglicht gleichmäßigen Schnitt und schützt vor Verletzungen, weil die Fingerspitzen so Abstand zur Klinge haben.

Kleine Stücke sind schwieriger zu halten, darum erhöhte Verletzungsgefahr.

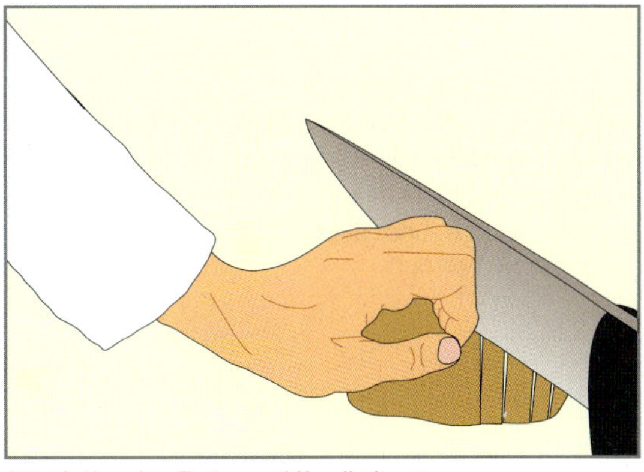

Abb. 4: Korrekte Finger- und Handhaltung

Küche

Das Prinzip des Schneidevorganges ist auch bei den folgenden Beispielen verwirklicht.

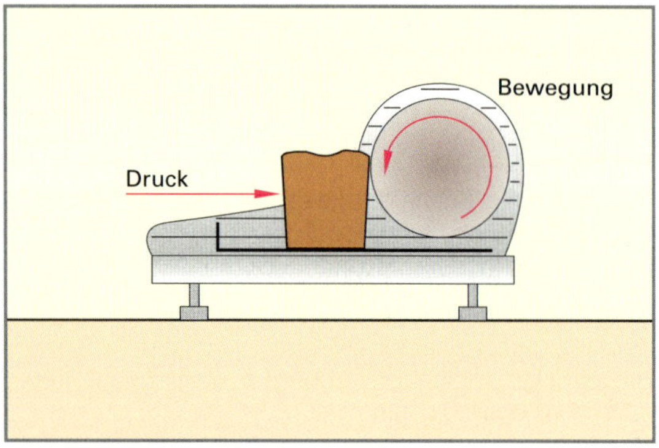

Abb. 1: Aufschnittmaschine

Bei der Aufschnittmaschine kommt die Schneidebewegung von der rotierenden Messerscheibe, der Schneidedruck wird über den Schlitten ausgeübt.

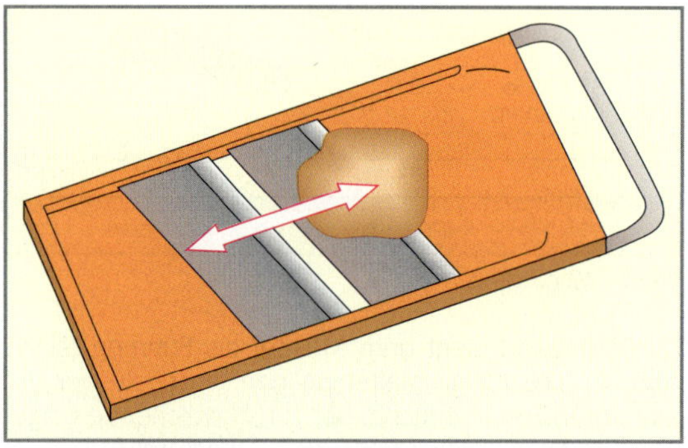

Abb. 2: Gemüsehobel

Beim Gemüsehobel stehen die Messer schräg, damit das Schneidegut ziehend durchschnitten wird.

Unfallverhütung

- Trockener Griff und trockene Hände vermindern die Abrutschgefahr,
- fallenden Messern nicht nachgreifen,
- nicht benötigte Messer aufräumen,
- Messer so ablegen, dass Griffe und Klingen nicht über die Tischkante hinausragen,
- Messer nicht ins Spülwasser legen,
- rutschsichere und ausreichend große Schneidebretter verwenden.

2.2 Schnittformen

Die unterschiedlichen Schnittformen sind praxisbezogen in den Abschnitten Gemüse und Kartoffeln (Seite 143, 144) dargestellt.

2.3 Blanchieren *to blanch* *blanchir*

Das Wort Blanchieren stammt vom französischen blanchir und bedeutet im ursprünglichen Sinne: weiß machen, bleichen. Wenn man also zerkleinerte Äpfel oder Selleriestückchen blanchiert, wird das Wort noch in diesem Sinne verwendet. Der Anwendungsbereich hat sich aber erweitert.

Heute gilt:

Blanchieren oder Abwällen ist kurzfristige Behandlung der Rohstoffe mit siedendem Wasser oder im Dampfgarer.

Vorteile des Blanchierens

- Gefüge wird gelockert, z.B. bei Kohl für Kohlrouladen,
- Verfärbungen werden verhindert, weil Enzyme zerstört werden, z.B. bei hellen Obst- und Gemüsesorten, bei Lebensmitteln, die gefrostet werden.
- Hygiene wird verbessert, weil Wärme Mikroben zerstört.

Nachteile des Blanchierens

- Auslaugverluste an wasserlöslichen Inhaltsstoffen, z.B. Vitaminen, Mineralstoffen,
- Zerstörung hitzeempfindlicher Vitamine, z.B. Vitamin C.

Werden Lebensmittel nicht sofort weiterverarbeitet, schreckt man sie nach dem Blanchieren in kaltem Wasser ab. So wird die Gefahr der Mikrobenvermehrung unterbunden und das Gefüge nicht zu locker.

Blanchieren zählt zu den Vorbereitungsarbeiten und nicht zu den Garverfahren. Beispiele für missverständliche Verwendung des Wortes:

Spinat blanchieren: Die dünnen Blätter sind durch die kurze Wärmeeinwirkung bereits gar. Das „Blanchieren" ist also hier keine Vorbereitung, sondern ein Garen. Kartoffeln blanchieren, z.B. Pommes frites. Hier handelt es sich um ein Garen in zwei Stufen: Vorbacken (auch blanchieren genannt) und Fertigstellen bei Abruf.

Garverfahren

Durch Garen werden Lebensmittel in genussfähigen Zustand gebracht. Wärme bewirkt in den Lebensmitteln:

- **Lockerung,** dadurch werden die Nährstoffe den Verdauungssäften leichter zugänglich,
- **Eiweißgerinnung** und
- **Stärkeverkleisterung,** wodurch die Nährstoffe für den menschlichen Körper besser verwertbar werden,
- **Geschmacksveränderung, -verbesserung,** besonders beim Braten und Backen,
- **Mikrobenzerstörung.**

1 Grundlagen

basics
les principes (m) de base

Die zum Garen erforderliche Wärme kann, unabhängig von der Art wie sie erzeugt wird, auf drei Arten auf die Lebensmittel übertragen werden.

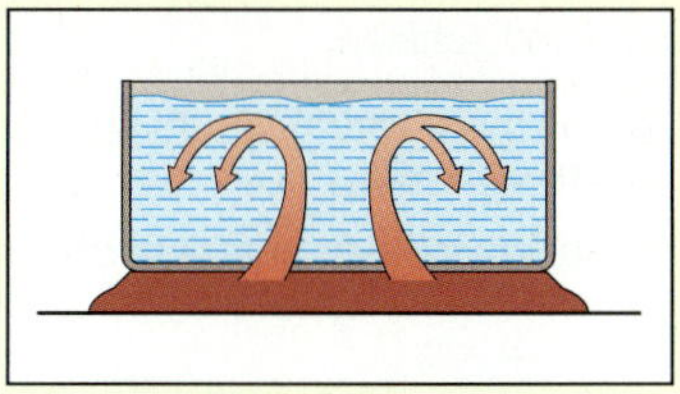

Strömung oder **Konvektion:**
In Flüssigkeiten (Wasser, Fett) und in Luft steigen warme Teilchen nach oben, abgekühlte fallen nach unten. So kommt es zu einem Kreislauf.

Strahlung:
Von jeder Wärmequelle gehen Strahlen aus. Treffen sie auf Lebensmittel, so erwärmen sie diese. Beispiel: Backrohr, Infrarotstrahler.

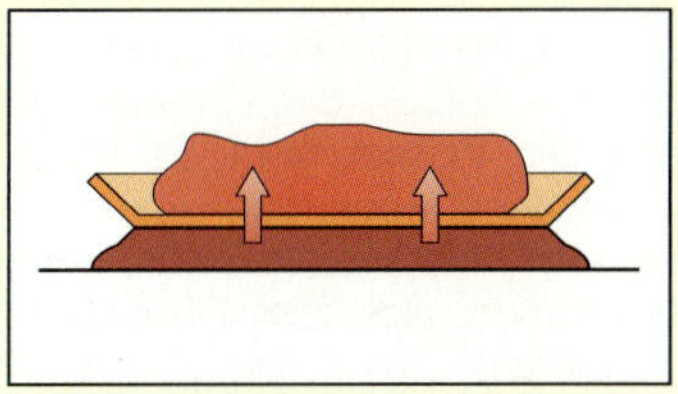

Kontakt oder **Leitung:** Stoffe, die in direktem Kontakt stehen (Heizplatte-Pfanne-Steak), leiten die Wärme unmittelbar. Auf diese Art wird die Wärme am schnellsten übertragen.

Wird zum Garen Wasser verwendet, ist die Gartemperatur auf 100 °C begrenzt – beim Drucktopf auf 120 °C. Höhere Temperaturen sind möglich, wenn Luft oder Fett die Wärme übertragen oder die Wärme durch direkten Kontakt mit den Lebensmitteln in Verbindung kommt. Da die Veränderungen, die beim Garen in den Lebensmitteln ablaufen, sehr von der erreichbaren Temperatur abhängig sind, unterscheidet man die Garverfahren in:

Feuchte Garverfahren:
Das sind solche, bei denen während des Garens Feuchtigkeit vorhanden ist, z. B. Kochen, Dämpfen, Dünsten.

Trockene Garverfahren:
Das sind solche, bei denen während des Garens kein Wasser vorhanden ist, wie z. B. Braten, Grillen, Frittieren oder Backen.

Garen mittels feuchter Wärme
- Wasser → **Kochen**
- Dampf → **Dämpfen**

Garen mittels trockener Wärme
- Kontakt → **Braten** (Pfanne)
- Luft → **Backen** (Ofen)
- Fett → **Frittieren**

2 Garen mittels feuchter Wärme

moist heat cookery methods
faire cuire à la chaleur humide

Beim Garen mittels feuchter Wärme unterscheidet man nach der **Höhe der Gartemperatur:**

- unter 100 °C ➞ Garziehen/Pochieren
- um 100 °C ➞ Kochen
- über 100 °C ➞ Druckgaren

2.1 Kochen

to boil *bouillir*

Kochen ist Garen in wässriger Flüssigkeit bei etwa 100 °C.

Die vorbereiteten Rohstoffe werden mit soviel Flüssigkeit angesetzt, dass diese das gesamte Gargut bedeckt. Die Temperatur im Gargut steigt nach und nach bis fast 100 °C.

Wenn die Kochflüssigkeit aufwallt, nimmt man die Wärmezufuhr zurück, denn „mehr als kochen = wallen" kann das Wasser nicht. Es ist deshalb Energieverschwendung, wenn man versucht, kochender Flüssigkeit noch mehr Wärme zuzuführen, dies führt nur zum Verdampfen, also zum Flüssigkeitsverlust (s. jedoch Reduzieren).

Die Rohstoffe werden in kochender oder kalter Flüssigkeit zugesetzt. Während des Garens treten folgende **Veränderungen** ein:

- **Stärke** nimmt Wasser auf und verkleistert, z. B. bei Reis und Teigwaren,
- **Eiweiß der Fleischfasern** gerinnt, wird locker und leicht kaubar,
- **Bindegewebe** lagert Wasser an, wird locker und leicht kaubar,
- **wasserlösliche Bestandteile,** z. B. Mineralstoffe, Vitamine und Geschmacksstoffe, gehen in die Flüssigkeit über.

Ansetzen in kochender oder kalter Flüssigkeit

- Ansetzen in kochender Flüssigkeit mindert die Auslaugverluste. Darum werden die meisten Lebensmittel in kochende Flüssigkeit gegeben.
- Ansetzen in kalter Flüssigkeit begünstigt das Auslaugen. Darum wendet man diese Art dort an, wo wertgebende Bestandteile in die Flüssigkeit übergehen sollen, z. B. bei Fleischbrühen und Grundsaucen.

Zubereitungsbeispiele

Pellkartoffeln

1 kg Kartoffeln, 5 g Kümmel

- Kartoffeln, die von gleichmäßiger Form (gleiche Garzeit) und nicht zu groß sind, sauber waschen, in Kochtopf geben,
- Wasser auffüllen, bis die Kartoffeln bedeckt sind,
- Kümmel zugeben,
- aufkochen lassen, dann 30 Min. weiterkochen,
- Wasser abschütten, Kartoffeln schälen.

Salzkartoffeln

1,2	kg	Kartoffeln
15	g/l	Salz

- Kartoffeln waschen und schälen,
- vierteln oder halbieren, tournieren, je nach Größe (längere oder kürzere Garzeit!),
- in Topf geben, mit kaltem Wasser auffüllen, salzen,
- 20 Min. kochen,
- abgießen und abdampfen lassen.

Halten Sie aus beiden Zubereitungsarten das Kochwasser zurück und vergleichen Sie dessen Aussehen und Geschmack.

Fleischbrühe – gekochtes Rindfleisch

zweimal je

250	g	Rindfleisch (z. B. Brustspitz, Querrippe)
1,5	l	Wasser
		Wurzelwerk, Salz

- erstes Stück Fleisch in kaltem, gesalzenem Wasser zusetzen, bei mäßiger Wärmezufuhr zum Kochen bringen,
- zweites Stück Fleisch vorsichtig in kochendes gesalzenes Wasser einlegen,
- nach einer Stunde Garzeit Wurzelwerk (Möhren, Lauch, Petersilie) beigeben,
- jede Art etwa 1,5 Std. am Siedepunkt halten, aber nicht kochen.

Vergleichen Sie die Brühe und das gekochte Fleisch aus beiden Kochverfahren.

2.2 Garziehen

to poach — pocher

Garziehen oder Pochieren ist Garen in wässriger Flüssigkeit zwischen 75 und 98 °C.

Das Garziehen wird angewandt bei Lebensmitteln mit lockerer Struktur, z. B. leichten Farcen, ganzen Fischen.

Weil das Wasser unter dem Siedepunkt bleibt, kommt es nicht zum Wallen und das Abkochen der jeweils äußeren Schicht wird vermieden.

Zubereitungsbeispiel

Pochierte Eier

4 frische Eier, 2 EL Essig
1,5 l Wasser

- ➢ Wasser mit Essig aufkochen (Essig wirkt zusammenziehend auf das Eiweiß),
- ➢ Eier einzeln in flache Schälchen oder Unterteller schlagen,
- ➢ Eier ins nicht mehr wallende Wasser gleiten lassen,
- ➢ nach 4 Min. mit einem Schaumlöffel entnehmen,
- ➢ Ränder glattschneiden, auf Toast servieren.

Wie verändern sich die Eier, wenn sie in sprudelnd kochendes Wasser gegeben werden? Beschreiben Sie die Veränderungen.

2.3 Dämpfen

to steam — étuver

Dämpfen ist Garen mittels Wasserdampf bei 100 °C.

Die Lebensmittel liegen beim Dämpfen in einem Siebeinsatz. Der Boden des Dämpfers ist mit Wasser bedeckt. Bei Wärmezufuhr wird das Wasser zu Dampf, der die Wärme auf die Lebensmittel überträgt.

Abb. 1: Dämpfen

Die Auslaugverluste sind gering, weil die Lebensmittel nicht direkt mit dem Wasser in Berührung kommen.

Geschmack und Aussehen der Speisen sind mit gekochten vergleichbar.

Zubereitungsbeispiel

Gedämpfte Kartoffeln

1,2	kg	Kartoffeln
8	g	Salz

- ➢ Kartoffeln waschen und schälen,
- ➢ vierteln oder halbieren/tournieren (je nach Größe)
- ➢ Kartoffelstücke in Dämpfeinsatz geben und Salz daraufstreuen,
- ➢ Wasser bis zur Markierung (etwa 1 cm unterhalb Dämpfeinsatz) in Dämpftopf gießen,
- ➢ Dämpfeinsatz einhängen, Wasser zum Kochen bringen und Deckel auflegen,
- ➢ vom Beginn der Dampfentwicklung an 25 Min. dämpfen.

2.4 Dünsten

to stew — cuire à l'étuvée

Dünsten ist Garen in wenig Flüssigkeit bei etwa 100 °C, meist unter Zugabe von etwas Fett. Die meist geringe Menge Flüssigkeit kann zugesetzt sein oder aus dem Gargut kommen.

Vorbereitete Rohstoffe werden mit wenig Flüssigkeit und etwas Fett in einen Topf gegeben und abgedeckt. Bei stark wasserhaltigen Rohstoffen tritt durch die Wärmeeinwirkung soviel Saft aus, dass auf eine Zugabe von Flüssigkeit verzichtet werden kann. Man spricht dann vom Dünsten im eigenen Saft.

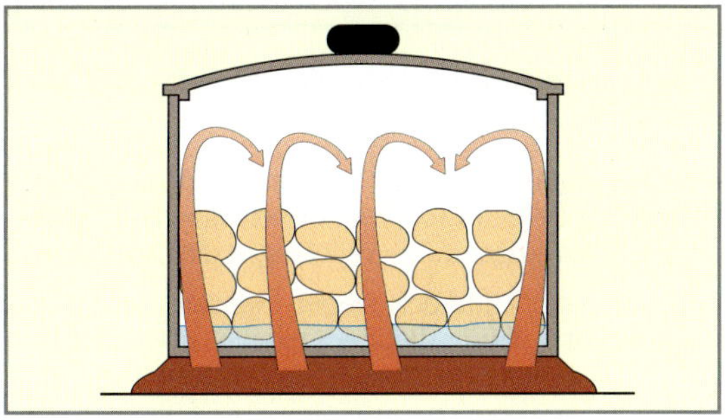

Abb. 2: Dünsten

Während des Garens muss darauf geachtet werden, dass die Flüssigkeitsmenge im rechten Maß ist.

Zu wenig Flüssigkeit ➞ Dünsten geht in Braten, evtl. Anbrennen über.

Zu viel Flüssigkeit ➞ Dünsten geht in Kochen über.

Küche

Zubereitungsbeispiel

Gedünstete Möhren

1,2	kg	Möhren	15 g Zucker
30	g	Butter	3 g Salz
0,25	l	Wasser	

- Walzenförmige Möhren abschaben oder mit einem Sparschäler schälen und rasch abspülen,
- in gleichmäßige, 4 cm lange Stäbe schneiden,
- Möhrenstäbe in einen Topf geben, Butter, Zucker und Salz dazugeben,
- Wasser untergießen, Inhalt zum Kochen bringen und Topf zudecken,
- bei mäßiger Wärmezufuhr 10 Min. dünsten.

Eine **besondere Art des Dünstens** ist das **Glasieren.**

Glasieren — *to glaze* — *glacer*

Zuckerhaltige Gemüse, wie Karotten, Maronen, kleine Zwiebeln, geben während des Dünstens Zuckerstoffe an den Dünstfond ab. Durch Verdunstung kocht dieser gegen Ende der Garzeit zu einer sirupartigen Glasur ein. Dieser Vorgang wird durch die Beigabe von wenig Zucker und Butter unterstützt.

Durch schwenkende Bewegung wird das Gemüse mit der „Glasur" rundherum überzogen und erhält ein appetitlich-glänzendes Aussehen.

BEISPIELE

Glasierte Karotten, glasierte Rübchen, glasierte Perlzwiebeln, glasierte Maronen.

2.5 Druckgaren

pressure cooking — *cuire en cocotte minute*

Druckgaren ist Kochen oder Dämpfen bei etwa 120 °C.

Beim Druckgaren wird der Wasserdampf durch einen Deckel, mit dem der Topf fest verschlossen ist, zurückgehalten. Ein eingebautes Ventil regelt die Druckstärke.

Bei normalem Luftdruck siedet Wasser bei 100 °C (Siedepunkt). Wird darüber hinaus noch weitere Wärme zugeführt, verdampft das Wasser und entweicht.

Bei Druckgargeräten wird der Wasserdampf zurückgehalten, so baut sich ein Überdruck auf.

Mit steigendem Druck steigt die Gartemperatur. Die höhere Gartemperatur wirkt intensiver und verkürzt damit die Garzeit.

Darum spricht man auch vom „Schnellkochtopf".

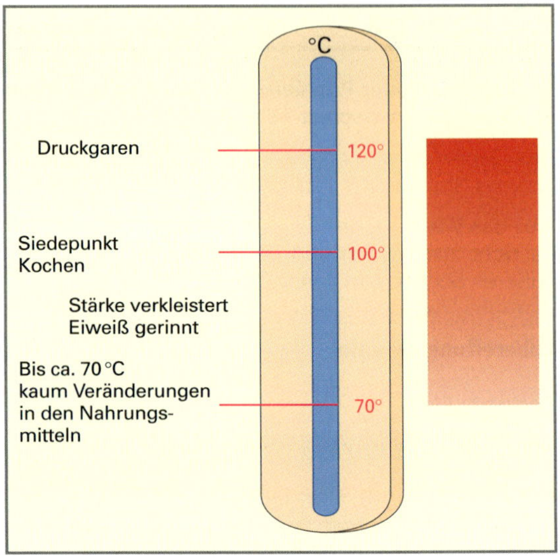

Abb. 1: Wärme verändert Lebensmittel.

Beim Druckgaren ist die Temperatur im Vergleich zum üblichen Kochen zwar nur um etwa 20 °C erhöht, doch ist zu bedenken, dass die für das Garen wesentlichen Veränderungen, wie Stärkeverkleisterung oder Eiweißgerinnung, erst bei etwa 70 °C beginnen und dann mit zunehmender Temperatur immer rascher ablaufen, schließlich auch zu negativen Veränderungen führen.

Die Rezeptur ist beim Druckgaren grundsätzlich gleich wie beim Kochen oder Dämpfen. Die Garzeit ist vom Druck abhängig. Genaue Zeiten nennt die Betriebsanleitung.

Gratinieren oder Überbacken — *to brown* — *gratiner*

Hier handelt es sich um eine **besondere Art der Fertigstellung** von bereits gegarten Speisen, nicht jedoch um ein eigenständiges Garverfahren.

Die feuchten Garverfahren erhalten den Eigengeschmack der Speisen. Will man jedoch Geschmack und Aussehen verändern, können die bereits gegarten Lebensmittel zusätzlich überbacken werden. Dabei entsteht durch die Einwirkung von Oberhitze eine goldgelbe bis braune Kruste mit zusätzlichen Geschmacksstoffen.

Die gegarten Lebensmittel werden

- bedeckt mit geriebenem Käse und Butterflocken oder Sauce Mornay (Béchamelsauce mit Eigelb-Sahne-Legierung und Reibekäse),
- überbacken nur mit Oberhitze, z. B. im Salamander.

BEISPIELE

Blumenkohl überbacken, gratinierter Spargel.

Küche

3 Garen mittels trockener Wärme

dry heat cookery methods
faire cuire à la chaleur sèche

Unter Garen in trockener Wärme versteht man:
Garen ohne Wasser.

Die Wärme kann auf das Gargut übertragen werden durch:

- direkten Kontakt
- heißes Fett
- heiße Luft
- Strahlung

Dabei liegen die Temperaturen zwischen 150 °C bei heißem Fett und bis zu 260 °C bei heißer Luft. Durch die starke Wärmeeinwirkung bildet sich eine Kruste. Die dabei entstehenden Röststoffe geben das typische Bratenaroma.

3.1 Braten

to roast *rôtir*

Braten ist Garen mittels trockener Wärme.
Man unterscheidet:

Braten in der Pfanne
Wärme wird durch direkten Kontakt und/oder durch geringe Fettmenge übertragen.

Braten im Ofen
Wärme wird durch direkten Kontakt und Strahlung oder heiße Luft übertragen.

Braten in der Pfanne

to pan fry *rôtir*

Zum Braten in der Pfanne oder **Kurzbraten** verwendet man wasserfreie Fette, denn wasserhaltige Arten würden spritzen und ließen sich nicht ausreichend erhitzen.

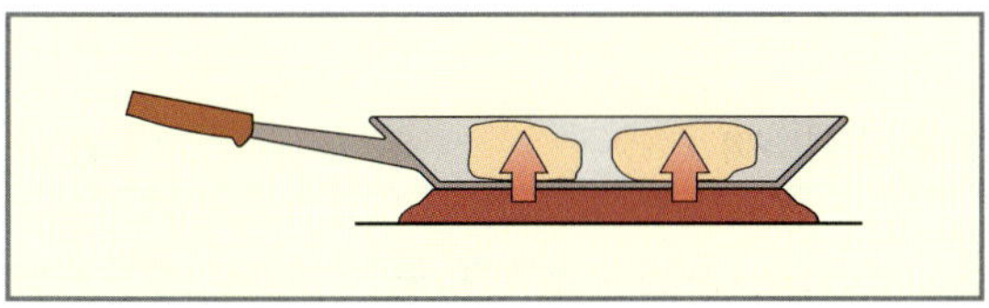

Abb. 1: Kurzbraten

Durch die starke Wärmeeinwirkung gerinnt das Eiweiß in den Randschichten sofort; es verhindert zunächst, dass Fleischsaft austritt. Die Wärme dringt nach und nach ins Innere. Kurzbratfleisch muss gewendet werden, weil die Wärme nur vom Pfannenboden wirkt, also einseitig ist.

Solange Fleisch nicht durchgebraten ist, hält die Bratenkruste dem Druck des Fleischsaftes stand. Bei längerer Wärmeeinwirkung treten jedoch „Saftperlen" aus, das Fleisch wird trocken.

Zubereitungsbeispiel

Kalbssteak, gebraten

4 Kalbssteaks zu je 150 g
30 g Bratfett
Salz, Pfeffer,
Mehl
20 g Butter

- Kalbssteaks plattieren und wieder zur Steakform zusammendrücken,
- salzen, pfeffern, in Mehl wenden,
- Fett erhitzen, Fleisch einlegen und auf beiden Seiten anbraten,
- Wärmezufuhr reduzieren, weiterbraten, dabei wenden und mit dem Bratfett begießen,
- gebratene Kalbssteaks auf Abtropfgitter legen,
- Fett aus der Pfanne leeren, Butter in die Pfanne geben und hell bräunen,
- Kalbssteaks zur Geschmacksverbesserung darin nachbraten und anrichten,
- Bratbutter durch ein kleines Sieb auf die Kalbssteaks geben.

Sautieren

to saute *sauter*

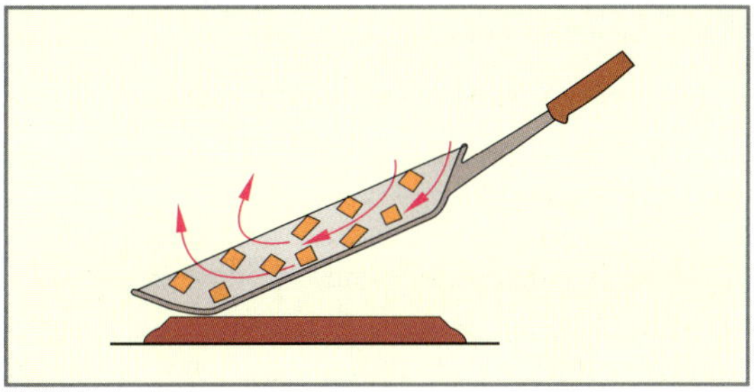

Abb. 2: Sautieren

Sautieren ist eine besondere Form des Kurzbratens. Das zerkleinerte Gargut, z.B. Geschnetzeltes, brät in einer besonderen Pfanne (Sauteuse) bei starker Wärmeeinwirkung. Es darf nur soviel in die Pfanne gegeben werden, dass alles nebeneinander liegen kann und so rasch die Wärme aufnimmt. Durch Schwenken des Geschirrs wird das Gargut gewendet.

Küche

Zubereitungsbeispiel

Filetgulasch

600	g	Rinderfilet
40	g	Schalottenwürfel
60	g	geklärte Butter
0,1	l	Weißwein
0,3	l	gebundene braune Sauce
		Salz, Pfeffer oder Paprika

- Fleisch in gleichmäßige Würfel schneiden,
- geklärte Butter in einer Pfanne erhitzen,
- gewürzte Fleischwürfel dazugeben, auf der Bodenfläche verteilen,
- bei starker Wärmezufuhr rasch braun anbraten, damit sie im Innern rosa bleiben,
- durch Schwenken der Pfanne die Fleischwürfel wenden, dann in ein gewärmtes Geschirr leeren,
- Schalottenwürfel in der benutzten Bratpfanne anschwitzen und mit Wein ablöschen,
- Sauce dazugeben, durch Einkochen im Geschmack kräftigen,
- gebratene Fleischwürfel einschwenken, nicht kochen lassen und in einem Töpfchen anrichten.

Butter klären: dazu zerlaufen lassen, vom Bodensatz abgießen, weil bei starker Hitze Eiweiß und Milchzucker verbrennen,

Braten im Ofen — *to roast* — *rôtir*

Beim **Braten im Ofen oder Langzeitbraten** sind zwei Stufen zu unterscheiden:

- Anbraten im Ofen bei hoher Temperatur,
- Weiterbraten bei etwa 140 °C, bis die gewünschte Garstufe erreicht ist.

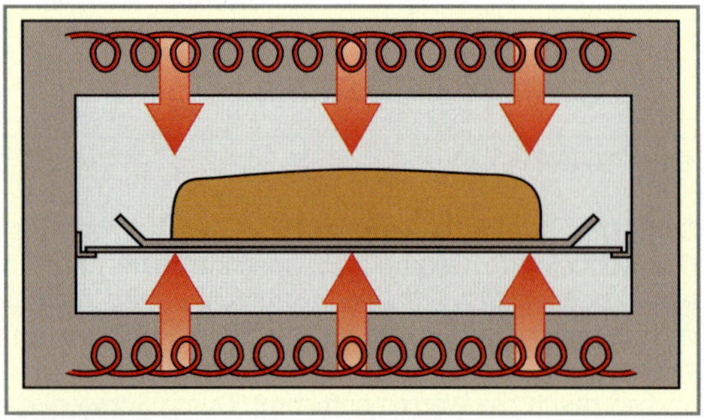

Abb. 1: Strahlungswärme im Rohr des Ofens

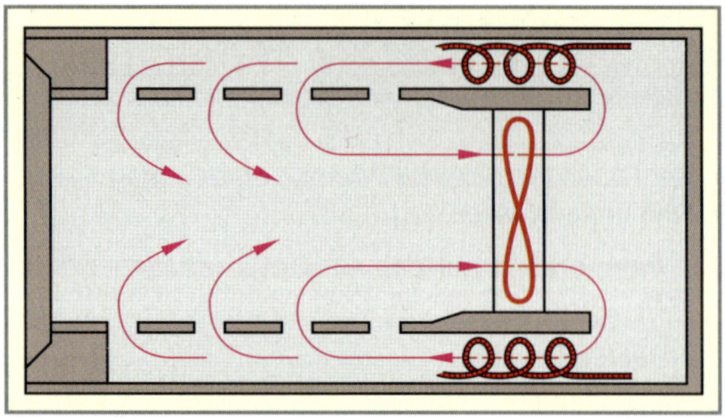

Abb. 2: Strömung im Konvektionsofen

Zubereitungsbeispiel

Gebratenes Schweinekarree

1	kg	vorbereitetes Schweinekarree
		Knochen und Parüren des Karrees, kleingehackt
150	g	Röstgemüse
40	g	Bratfett
10	g/l	Speisestärke
		Salz, Pfeffer

- Fett in einem Bratgeschirr erhitzen,
- Schweinekarree würzen, im erhitzten Bratfett wenden, dann auf die Knochenseite legen,
- in einen vorgeheizten Ofen (220 bis 250 °C) schieben und 20 Min. braten,
- Knochen, Parüren, Röstgemüse zugeben, Temperatur senken und weitere 40 bis 50 Min. braten,
- das Fleisch öfter mit dem Bratfett begießen,
- gebratenes Fleisch auf Blech mit Abtropfgitter legen,
- Fett behutsam aus dem Geschirr gießen, damit der Bratsatz erhalten bleibt,
- Flüssigkeit auffüllen, Bratrückstände zur Saucenbildung auskochen, Abtropfsaft des Fleisches dazugeben,
- Sauce mit angerührter Stärke leicht binden.

3.2 Grillen — *to grill* — *griller*

Grillen ist Garen mittels Strahlungs- oder Kontaktwärme.

Die trockene Wärmeeinwirkung führt rasch zur Krustenbildung, sodass der Fleischsaft erhalten bleibt. Ähnlich wie beim Kurzbraten wählt man die Garstufe entsprechend der Fleischart.

Damit die Randschichten nicht austrocknen, wird das Gargut mit Öl oder Fett bestrichen.

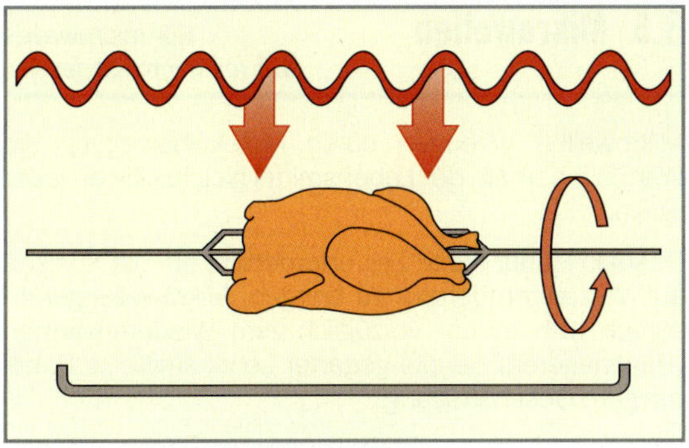

Abb. 1: *Strahlungswärme beim Grillen*

Keine Pökelware auf den Grill!

Aus dem Nitrit des Pökelsalzes und den Aminosäuren des Fleisches können sich bei starker Wärmeeinwirkung am Grill *Nitrosamine* bilden. Diese sind krebserregend.

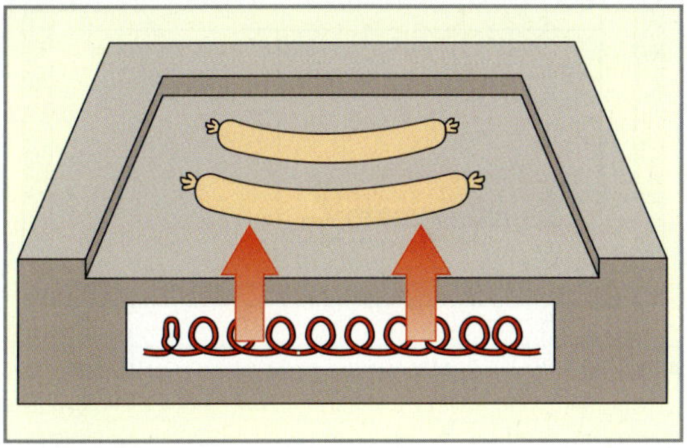

Abb. 2: *Grillplatte*

Zubereitungsbeispiel

Rumpsteak vom Grill

4 Rumpsteaks, je 180 g
4 Scheiben Kräuterbutter
Salz, Pfeffer, Öl

- Rumpsteaks würzen und mit Öl beträufeln,
- heißen Grillrost mit Öl bestreichen, damit das Fleisch nicht anhängt.
- Fleischscheiben nebeneinander darauflegen und bei intensiver Wärmeeinwirkung grillen,
- Rumpsteaks wiederholt mit Öl bestreichen, um zu starkes Austrocknen zu vermeiden, und mit einer Grillzange umdrehen,
- beim zweiten und dritten Wenden das Fleisch im rechten Winkel zur Zeichnung auf die Grillstäbe legen (Grillkaro),
- nach 6 Min. Grilldauer die rosa gebratenen Rumpsteaks anrichten und Kräuterbutter auflegen.

3.3 Frittieren

deep frying *frire*

Frittieren ist Garen in Fett schwimmend bei Temperaturen zwischen 150 und 170 °C.

Das heiße Fett umgibt das Gargut meist von allen Seiten, darum wird die Wärme rasch übertragen.

Kurze Garzeiten sind die Folge. Zum Frittieren dürfen nur wärmebeständige Spezialfette verwendet werden. Andere Arten würden sich rasch zersetzen und gesundheitsschädliche Stoffe bilden.

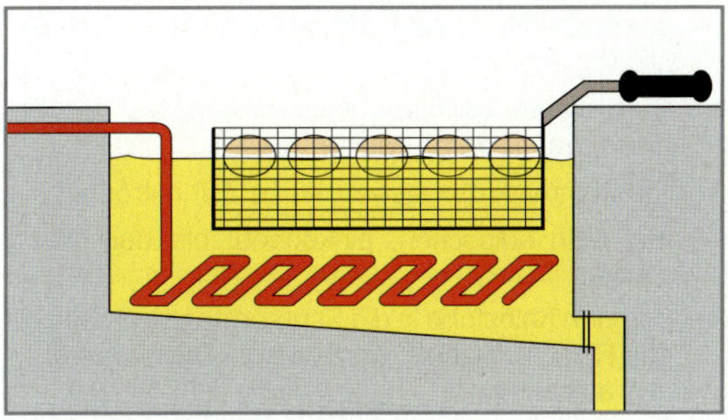

Abb. 3: *Schnitt durch Fettbackgerät*

Zubereitungsbeispiel

Frittierte Leberscheiben

4 Scheiben Kalbsleber (je 120 g)
1 Ei, Panierbrot
4 Zitronenviertel, Salz, Pfeffer, Mehl

- Leberscheiben in Mehl und zerschlagenem Ei wenden und Panierbrösel andrücken,
- Backfett der Fritteuse auf 160 °C erhitzen,
- Leberscheiben einlegen und 3 Min. frittieren,
- Korb mit Leber aus dem Backfett heben, würzen,
- zum Abtropfen auf Tuch oder Küchenkrepp legen,
- frittierte Leberscheiben und Zitronenstücke auf einer Platte mit Papierserviette anrichten. Zur Erhaltung der röschen Backkruste nicht zudecken.

3.4 Schmoren

to braise *braiser*

Schmoren ist Garen durch Anbraten und anschließendem Weitergaren in siedender Flüssigkeit.

Durch das Anbraten des Fleisches entstehen Farbe und Geschmacksstoffe, die für Schmorgerichte typisch sind. Nach dem Aufgießen geht das Garen in Kochen über, die Bindegewebe lagern Wasser an und werden gelockert.

Schmoren wendet man vor allem bei bindegewebereichen Fleischteilen an.

Zubereitungsbeispiel

Schmorbraten / Schmorsteaks

2	kg	entbeinte Rinderschulter
300	g	Röstgemüse
0,3	l	Rot- oder Weißwein, brauner Kalbsfond
10	g/l	Speisestärke, 2 EL Tomatenmark
60	g	Fett, Salz, Paprika
1 Gewürzbeutel (Lorbeerblatt, Thymianzweig, 5 Knoblauchzehen, 1 Nelke, 10 Pfefferkörner, 100 g Petersilienstiele)		

- gewürztes Fleisch in Schmorpfanne in heißem Fett allseitig anbraten,
- Röstgemüse beifügen, weiterbraten, bis das Gemüse braune Farbe zeigt,
- Tomatenmark dazugeben, kurze Zeit mitrösten,
- mit Wein ablöschen, einkochen, bis der Ansatz glänzt,
- braunen Kalbsfond in die Schmorpfanne gießen bis das Fleisch zu einem Viertel seiner Dicke darinliegt, und aufkochen,
- Gewürzbeutel dazulegen, Geschirr zudecken und im Ofen bei niedriger Temperatur etwa 2 Stunden schmoren,
- während des Garens Fleisch mehrmals wenden und verdunstete Flüssigkeit ersetzen,
- geschmortes Fleisch aus dem Geschirr nehmen,
- Sauce durch ein Sieb passieren, abfetten und mit angerührter Stärke leicht binden.

3.5 Mikrowellen

microwaves
les micro-ondes (w)

Mikrowellen erzeugen durch Molekülbewegung die Wärme innerhalb der Lebensmittel gleichzeitig an jeder Stelle.

Deshalb ist nur kurze Zeit erforderlich, um die Speisen auf Verzehrtemperatur zu bringen. Mikrowellengeräte eignen sich darum vorzüglich zum Wiedererwärmen (Regenerieren) bereits gegarter Lebensmittel, z. B. bei ruhigem Geschäftsgang.

Wird mittels des Mikrowellengerätes gegart, so entsprechen die Veränderungen in den Lebensmitteln denen bei feuchten Garverfahren.

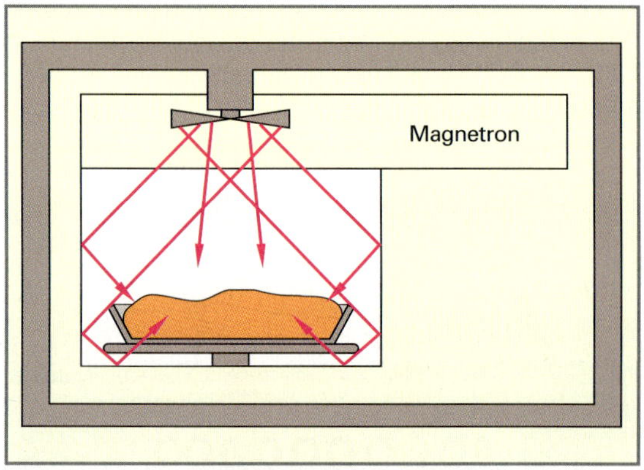

Abb. 1: Schnitt durch Mikrowellengerät *(siehe auch S. 114)*

3.6 Zusammenfassende Übersicht

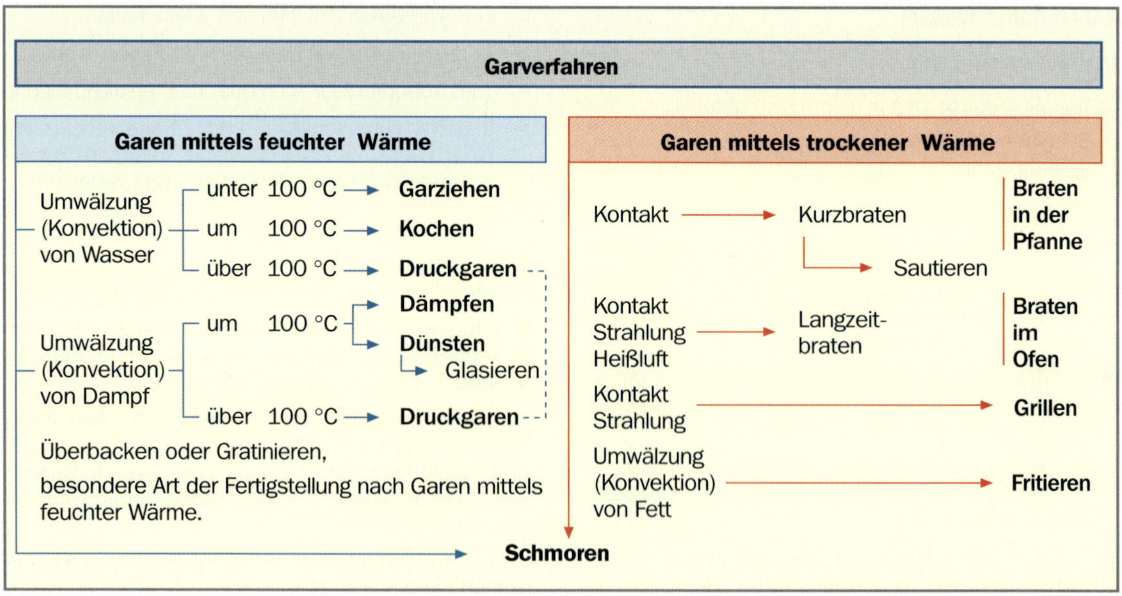

4 Zubereitungsreihen

preparation series
les séries (w) de cuissons

Escoffier schreibt in seinem Kochkunstführer:

> Die Zubereitungsarten umfassen die wichtigsten Grundlagen der Kochkunst. Sie stellen die Grundlagen dar, die für jeden geregelten Arbeitsgang erforderlich sind und deren unbedingte Beherrschung das Kochen erst zur Wissenschaft erhebt.
>
> Nur derjenige, der Ursachen und Wirkung der einzelnen Zubereitungsarten genau kennt, beherrscht die Kochkunst in vollem Umfange.

Diese Aussage ist so wichtig, dass wir mit den folgenden Zubereitungsreihen die eben erworbenen Grundkenntnisse über die Garverfahren festigen.

Jede Reihe geht vom jeweils gleichen Grundmaterial aus. Die unterschiedlichen Garverfahren führen zu Unterschieden in Aussehen, Beschaffenheit und Geschmack.

4.1 Zubereitungsreihe Hackfleisch

Grundrezept

Hackfleisch
1 kg gemischtes Hackfleisch (Rind, Schwein),

Würzung
100 g Zwiebelwürfel, anschwitzen, Salz, Pfeffer,

Lockerung
100 g Weißbrot oder Semmeln eingeweicht, ausgedrückt,

Verbesserung
100 g Ei (2 Stück)

Alle Zutaten in eine Schüssel geben und zu einer glatten Hackfleischmasse vermengen.

Geschmackliche Abwandlungen sind möglich durch Beigabe von zerkleinerten frischen Kräutern, Paprikaschoten, Pilzen, Roten Rüben, Käse, Gewürzgurken, Kapern, Sardellen und Knoblauch; ferner durch Gewürze oder Würzsaucen.

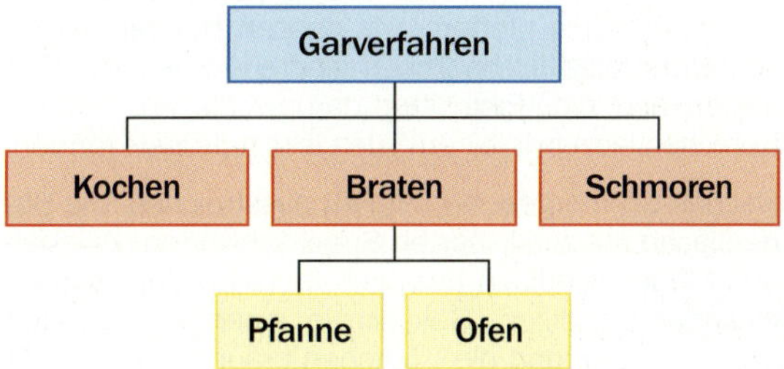

Kochen

Fleischklopse:

Mit nassen Händen Klopse formen, je Portion 2 Klopse à 60 g.

Fleischbrühe mit gespickter Zwiebel aufkochen.
Wenn nicht vorhanden:
Aus 1 l Wasser und Fleischbrühwürfel Brühe herstellen; am Siedepunkt halten, Klopse etwa 10 Min. in der Brühe garen und mit einem Schaumlöffel herausnehmen.

Aus 40 g Fett und 50 g Mehl eine helle Schwitze bereiten und mit der Fleischbrühe eine Sauce herstellen. Abschmecken mit Sauerrahm, Senf und Kapern. Klopse in der Sauce servieren.

Braten im Ofen

Hackbraten brotlaibähnlich formen, mit nasser Hand glätten. In Semmelbröseln wälzen und in ein ausgefettetes Bratgeschirr legen. Im vorgeheizten Ofen bei mäßiger Wärme etwa eine Stunde braten. Ab und zu begießen. Hackbraten entnehmen. Bratsatz mit Wasser ablöschen und loskochen. In 200 g Sahne 2 EL Stärke verrühren, dem Bratsatz beigeben, aufkochen und die Sauce passieren.

Hackbraten in Portionsscheiben schneiden, Sauce darübergeben oder separat reichen.

Braten in der Pfanne

Hacksteaks in Portionsgröße von 120 g formen. Fett in einer Bratpfanne erhitzen. Hacksteaks einlegen und auf beiden Seiten, unter mehrmaligem Wenden, gleichmäßig braun braten. Bratdauer etwa 10 Minuten.

Schmoren

Gefüllte Kohlköpfchen:

Strunk eines Weißkohlkopfes ausstechen. Kopf blanchieren, bis die Blätter formbar sind. Große Kohlblätter abnehmen, nebeneinander auslegen, kleine dazuordnen, salzen und pfeffern. Mit nassen Händen 100 g schwere Hackfleischbällchen abdrehen, in die Mitte setzen und die Kohlblätter darumschlagen. Gefüllte Köpfchen einzeln in einem Tuch fest zu Kugeln formen.

Flaches Schmorgeschirr mit Fett ausstreichen. Die Bodenfläche mit zerkleinerten Speckschwarten, Zwiebel- und Möhrenscheiben auslegen. Kohlköpfchen nebeneinander einsetzen. Geschirr in einen vorgeheizten Ofen schieben und die Köpfchen braun anbraten. Mit Brühe (vgl. Rezept Klopse) untergießen und zugedeckt bei mittlerer Wärmezufuhr 45 bis 60 Min. schmoren. Verdunstung durch Flüssigkeitsbeigabe ausgleichen.

Gegarte Köpfchen mit einem Schaumlöffel entnehmen. Schmorfond passieren, mit angerührter Stärke leicht binden und über die gefüllten Kohlköpfchen geben.

Beilagen zu Hackfleischzubereitungen

Braten-, Curry-, Sahne-, Tomaten- oder Pikante Sauce;
Blumenkohl, Bohnen, Erbsen, Gemischtes Gemüse, Kohlrabi, Karotten, Schwarzwurzeln, Bayrischkraut;
Blatt-, Gemüse-, Gurken- oder Tomatensalat;
Rahm-, Schmelzkartoffeln oder Kartoffelpüree;
Teigwaren oder Reis.

4.2 Zubereitungsreihe Geflügel

Grundmaterial: Brathähnchen/Poularde
Zubereitungen unter Berücksichtigung verschiedener Garverfahren.

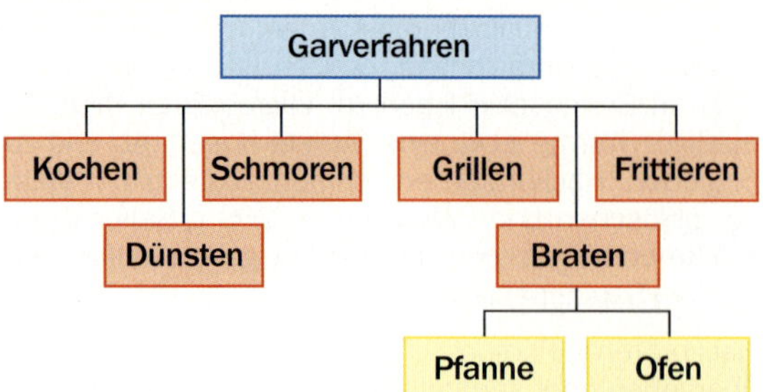

Kochen

Gekochte Poularde:

Poularde blanchieren. Dann in einem passenden Topf knapp mit Wasser bedeckt aufsetzen, an den Kochpunkt bringen und bei geringer Wärmezufuhr etwa 45 Min. sieden.

Schaum und Fett durch Abschöpfen entfernen. Flüssigkeit nur leicht salzen. Lauch, Sellerie, Möhre zusammenbinden und zur Ergänzung des Brühengeschmacks mitkochen.

Gegarte Poularde entnehmen, in eiskaltem Wasser abschrecken und mit feuchtem Tuch bedecken. Poularde in Brusthälften und Keulen zerlegen und in der passierten Brühe aufbewahren.

Verwendungsmöglichkeiten: Suppeneinlage, Geflügelragout, Geflügelsalat. Brühe zu Suppen, Saucen und Ansetzen einschlägiger Zubereitungen.

Dünsten

Gedünstete Poularde:

Poularde blanchieren. Stücke von hellem Lauch und Sellerie (4:1) in passendem Topf mit Butter farblos anschwitzen. Poularde dazulegen. Mit wenig Weißwein ablöschen, so viel Wasser auffüllen, dass ein Drittel des Geflügelkörpers darinliegt. Aufkochen, Flüssigkeit salzen. Topf zudecken und die Poularde bei mäßiger Wärmezufuhr dünsten und von Zeit zu Zeit umdrehen.

Gedünstete Poularde nach 45 Min. entnehmen und mit feuchtem Tuch bedeckt abkühlen lassen. Danach zerlegen und die schwammige Haut abziehen. Vom passierten Dünstfond unter Verwendung von Mehlbutter und Sahne eine Sauce herstellen. Wird die Sauce mit Sahne und Eigelb legiert, darf sie danach nur kurz aufkochen, sonst flockt das Eigelb aus.

Geeignete Beilage: Reis oder Nudeln.

Schmoren

Geschmorte Hähnchenkeulen:

Schlussknochen an der Innenseite der Keulen entfernen. Salzen und pfeffern. In einem mit Fett erhitzten Geschirr mit der Außenseite zuerst anbraten. Zwiebel- und Möhrenstückchen dazulegen und weiterbraten, bis das Gemüse leicht Farbe hat. Mit Weißwein ablöschen, Flüssigkeit einkochen. Eine zerschnittene Tomate oder etwas Tomatenmark beigeben.

Wenn der Ansatz glänzt, mit Jus oder Wasser auffüllen und aufkochen.

Ein Kräutersträußchen (Petersilie, Bruchstück Lorbeerblatt, Zweig Thymian) dazulegen und zugedeckt 15 Min. schmoren.

Danach Keulen entnehmen. Fond passieren, abfetten und mit wenig angerührter Stärke binden. Keulen in der Sauce servieren.
Geeignete Beilage: Kartoffelpüree, Gurkensalat.

Braten im Ofen

Gebratene Poularde:

Bratfertige Poularde salzen und pfeffern. In erhitztem Bratfett wenden und auf der Seite liegend bei etwa 220 °C im Ofen beidseitig anbraten. Ofentemperatur auf 180 °C senken und das Verfahren fortsetzen. Poularde dabei mehrmals wenden und mit dem Bratfett begießen. Die Bratdauer beträgt 50 bis 55 Min. Etwa 10 Min. vor Garzeitende Zwiebel- und Möhrenwürfel beifügen und mitbräunen.

Gebratene Poularde aus dem Geschirr nehmen. Das Fett behutsam vom Bratsatz abgießen. Kalbsjus oder wenig Wasser in das Geschirr geben und den Bratsatz loskochen. Sauce passieren, nochmals aufkochen und mit angerührter Stärke leicht binden.
Geeignete Beilage: Pommes frites, Tomatensalat.

Braten in der Pfanne

Panierte Hähnchenbrust, gebraten:

Eine rohe Hähnchenbrust erhält genau in der Mitte neben dem aufrechtstehenden Brustknochen einen Längsschnitt. Von hier aus die Brusthälften entlang der Knochen ablösen und die Flügel abschlagen.

Brustteile salzen, mit Paprika bestreuen, in Mehl und Ei wenden und geriebene Weißbrotkrume (mie de pain) andrücken.

Butter in einer Pfanne erhitzen, die panierten Brustteile einlegen und bei mäßiger Wärmeeinwirkung beidseitig hellbraun braten.

Gebratene Hähnchenbrust mit zwei Zitronensechsteln und frittierter Petersilie anrichten.

Geeignete Beilage: Salate der Saison.

Grillen

Gegrilltes Hähnchen:

Ein stabiles Messer in die hintere Öffnung des Hähnchens schieben und genau neben der wulstigen Wirbelsäule durchtrennen. Körper spreizen, Wirbelsäule abschlagen, die Keulenenden in die eingeschlitzte Rumpfhaut stecken und die Flügelspitzen nach unten verschränken.

Hähnchen salzen, pfeffern, mit Öl beträufeln und auf den heißen Grillrost legen. Unter mehrfachem Wenden etwa 20 Min. goldbraun grillen. Etwas Senfpulver mit Weißwein breiig anrühren. Hähnchen beidseitig damit bestreichen. Geriebenes Weißbrot (Mie de pain) daraufstreuen, andrücken, mit zerlaufener Butter beträufeln und nochmals auf den Grillrost legen. In schneller Folge wenden, weil das Brot rasch bräunt.

Geeignete Beilage: Pommes frites, Tomatensalat.

Frittieren

Gebackenes Hähnchen:

Hähnchen längs spalten, in Brusthälften und Keulen teilen. Knochen an den Innenseiten der Teile entfernen. Flügel abschlagen. Die Oberschenkelknochen aus den Keulen herauslösen.

Hähnchenteile mit Salz, Paprika, Zitronensaft und gehackter Petersilie würzen. In Mehl und Ei wenden und Panierbrot andrücken.

In einer Fritteuse bei 160 °C die panierten Geflügelteile ausbacken. Der Garpunkt ist erreicht, wenn das Fleisch an der Oberfläche schwimmt. Dann entnehmen und zum Abtropfen auf eine saugfähige Unterlage (Küchenkrepp) legen.

Mit Kresse und Zitronenstücken auf einer Papierserviette anrichten.

Frittierte Fleischteile müssen sofort serviert werden.

Geeignete Beilage: Salatplatte.

4.3 Zubereitungsreihe Gemüse

Grundmaterial:

Fenchel,
auch andere Gemüsearten können in vergleichbarer Weise verwendet werden.

Allgemeine Vorbereitung:

Fenchelknollen von braunen Stellen befreien, gründlich waschen, denn zwischen den Schichten kann Sand sitzen.

Teile der grünen Fenchelkräuter zur Garnitur zur Seite legen.

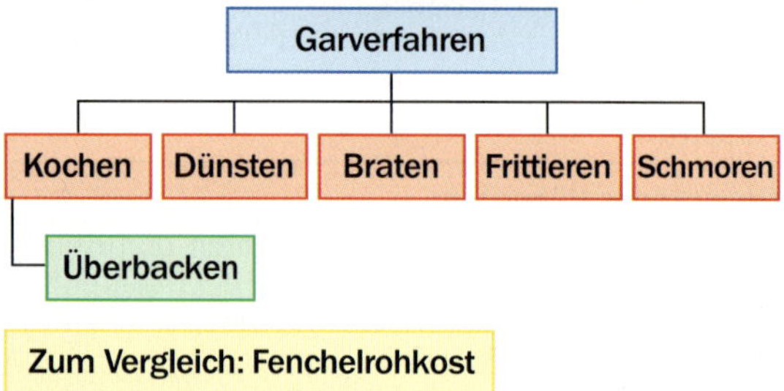

Kochen

Fenchel als Beilage:

Sud aus Wasser, etwas Öl, Salz und Zitronensaft aufkochen. Fenchel halbieren und den Strunk so entfernen, dass die Fenchelblätter noch zusammenhalten. Nun den Fenchel quer in 7-mm-Stücke schneiden und 15 bis 20 Minuten kochen, abgießen und mit Butterflocken verfeinern.

Überbacken

Überbackener Fenchel:

Fenchel halbieren und Strunk entfernen. Wie vor beschrieben kochen. Nach dem Abgießen in feuerfestes Geschirr ordnen, mit Béchamelsauce überdecken, mit geriebenem Käse bestreuen und überbacken.

Dünsten

Gedünsteter Fenchel:

Fenchel quer in Scheiben von etwa 7 mm schneiden. Etwas Butter zergehen lassen, einen Schuss Weißwein zugeben, Fenchelscheiben einlegen, etwas Salz und Pfeffer darübergeben und 15 Min. dünsten.

Braten

Gebratener Fenchel:

Fenchelknollen in Längsrichtung achteln, etwa 10 Min. kochen, in zerschlagenem Ei und Paniermehl wenden, in Öl braten. Wird gebratener Fenchel als selbstständiges Gericht serviert, gibt man Béarner Sauce dazu.

Frittieren

Gebackener Fenchel:

Fenchelknollen in Längsrichtung achteln, etwa 10 Min. kochen, abtropfen lassen. Die Stücke durch Backteig ziehen, bei etwa 170 °C in Fett schwimmend backen.

Beigaben: Tomatensauce, Blattsalate.

Schmoren

Fenchel wie zum Überbacken vorbereiten. In feuerfestes Geschirr oder Schmortopf sautierte Speck- und Zwiebelwürfel einstreuen, die ca. 7 Min. vorgekochten, abgetropften Fenchelhälften einordnen, mit Demiglace untergießen und zugedeckt im heißen Rohr garschmoren.

Zum Vergleich: Ungegart

Fenchelsalat:

Fenchelknolle längs halbieren, in Querrichtung sehr fein schneiden und lockern, damit die Segmente auseinanderfallen. Mit Salatmarinade nur aus Zitronensaft, Salz und Öl anmachen, damit der reine Fenchelgeschmack zur Geltung kommt.

Fenchelrohkost:

Bei Fenchelrohkost wird im Unterschied zu Fenchelsalat mit anderen rohen Zutaten ergänzt. Fenchel vorbereiten wie zu Fenchelsalat, säuerlich schmeckenden Apfel schälen, entkernen und grob raffeln, Nüsse reiben, Salat mit Joghurt anmachen.

Aufgaben

Wenn die Zubereitungen fertig gestellt sind, werden die Ergebnisse bewertet und verglichen.

1 Welches Gericht erhält innerhalb seiner Zubereitungsreihe die besten Noten für Geschmack?

2 Für die Gerichte einer Zubereitungsreihe sind die Materialkosten ähnlich. Welches sieht am ansprechendsten aus?

3 Versuchen Sie einen Zusammenhang herauszufinden zwischen der Art des Garverfahrens und der Bildung von Geschmacksstoffen.

4 Bilden Sie selbst eine Zubereitungsreihe mit möglichst vielen Garverfahren. Beispiel: Rohstoff Kartoffel und die Zubereitungsmöglichkeiten im Sachwortverzeichnis suchen.

4.4 Anrichten von Speisen

Nach dem Zubereiten werden die Speisen dem Gast serviert. Das kann auf verschiedene Weise geschehen. Hier in der Grundstufe beschäftigen wir uns mit dem Anrichten für den Tellerservice.

Beim Tellerservice werden die einzelnen Zubereitungen portionsweise zu einem Gericht angeordnet.

Beim einfachen Anrichten denkt man sich den Teller dreigeteilt.

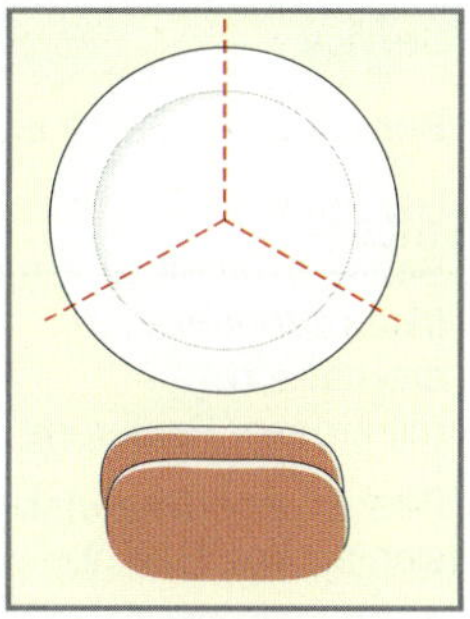

- **Fleischscheiben** und Sauce liegen im unteren, dem Gast zugewandten Drittel, damit der Gast sie leicht in Stücke schneiden kann.

  Besteht eine Portion aus mehreren Tranchen (Scheiben), wird zum Gast hin ausgerichtet.

- **Sättigungsbeilagen** (Kartoffeln, Reis, Teigwaren) liegen oben links,
- **Gemüsebeilagen** liegen oben rechts. Werden mehrere Gemüse angerichtet, achtet man auf das Farbenspiel
- **Warme Speisen** richtet man auf vorgewärmtem Teller aus dem Wärmeschrank oder Rechaud an.
- Ein angerichteter Teller soll nicht überladen sein, der **Rand** oder die **Fahne muss sauber sein**. Nötigenfalls nachwischen.
- Haben Teller ein **Firmenzeichen**, eine **Vignette**, wird so angerichtet, dass sich das Zeichen beim Einsetzen dem Gast gegenüber befindet.

Küche

Abb. 1: Anrichten von Tellergerichten

Fachwörter

à part	Getrennt anrichten, z.B. in einer Sauciere oder Gemüseschale (Legumier)
Fahne	Rand eines Tellers
glacieren	Überglänzen, z.B. Kartoffeln mit flüssiger Butter
nappieren	Mit Sauce überziehen
Rechaud	Wärmeschrank, Wärmeplatte
saucieren	Sauce angießen oder untergießen
Tranche	Scheibe, z. B. von Braten, Geflügelbrust
tranchieren	In Scheiben schneiden

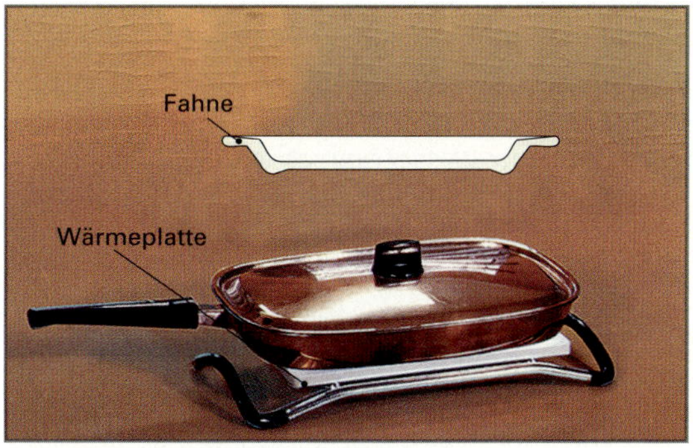

Abb. 2: Teller im Schnitt und Wärmeplatte

Bewerten und Beschreiben von Speisen

Den Unterschied zwischen Bewerten und Beschreiben von Speisen erkennt man am besten, wenn Küche und Restaurant gegenübergestellt werden.

Koch	Service
Produktion erfordert **Rezept** BEISPIEL Fett in der Pfanne erhitzen, vorbereitetes Schnitzel einlegen, nach ... Min. wenden, ist fertig, wenn ... Das ist eine **Vorgangsbeschreibung** und wendet sich an den Verstand. Die **Bewertung** des Produktes durch den Koch erfolgt sachlich mit dem Ziel, die Produktion zu erfassen und zu verbessern.	Beratung der Gäste ist eine **Empfehlung** BEISPIEL Saftiges Schnitzel von einem Kalb aus der Region, frisch zubereitet, aromatisch, mit krosser Panierung Das ist eine **Gegenstandsbeschreibung** und wendet sich an das Gefühl. Die **Beschreibung** eines Gerichtes im Restaurant hat das Ziel, die Gäste zu informieren und zu einem Kauf zu animieren.

1 Bewerten von Speisen / Getränken

Die Bewertung oder Beurteilung von Speisen und Getränken nennt man auch **Degustation**. Man kennt verschiedene Verfahren. Hier wird das vergleichende Verfahren nach dem Benotungssystem verwendet.

Bei einer vergleichenden Verkostung oder Degustation sind folgende **Regeln** zu beachten:

- Nur Gleiches mit Vergleichbarem verkosten.
- Jede Rezeptur genau einhalten.
- Gleiche Gefäße, gleiche Temperatur, usw.
- Proben „neutralisieren", das bedeutet, dass die Prüfenden nicht wissen, mit welchem Produkt sie es zu tun haben.
- Während der Verkostung nicht reden.
- Ergebnisse schriftlich festhalten.
- Zwischen den Proben die Geschmacksepfindung mit Brot oder Wasser neutralisieren.

Geschmackstest

BEISPIEL TOMATENSUPPE

Sehen	Wie ist die Farbe? Kräftig, natürlich, blass oder wenig ansprechend? Kräftig rot oder gedeckt (Sahne)? Lassen Sie die Suppe vom Löffel oder über eine Untertasse laufen. Wie ist die Beschaffenheit, Konsistenz? Zu dünn, flüssig, cremig, dicklich, pampig?
Riechen	Rühren Sie mit dem Löffel mehrmals um und entnehmen Sie einen vollen Löffel. Halten Sie den vollen Löffel vor die Nase, atmen Sie ein. Wie ist der *Geruch*? Fruchtig, schwach, fremd, angenehm, ausdruckslos? Wie stark?
Schmecken	Nehmen Sie die Suppe in den Mund, auf die Zunge. Wie ist der *Geschmack*? Gehaltvoll, aromatisch, fruchtig oder säuerlich, leer mit „Fremdgeschmack"? *Vor dem Schlucken* achten Sie auf das, was Sie am Zungenende (unterhalb des Gaumens) empfinden. Bittergeschmack? *Nach dem Schlucken*: Wie ist der Nachgeschmack? Füllig, rund, angenehm, leer, bitter, kratzend? Beim Wein bezeichnet man dieses Empfinden als „Abgang".

Verwenden Sie die richtigen Worte

Bei der Beschreibung muss man abstufend bewerten können. Hier als Beispiel die Intensität oder Stärke der Eindrücke.

Intensität Stärke	(–) schwach	(+) stark
positiv	mild; dezent	kräftig; intensiv; ausgeprägt
negativ	schwach wenig Geschmack geschmacklos	aufdringlich zu stark hervortretend

Die Ergebnisse der Verkostung oder Degustation werden in den Prüfbogen eingetragen und verglichen.

Degustation ____________

Beurteilen Sie die Proben nach folgendem Bewertungssystem (ankreuzen)
1 = sehr gut; 2 = gut; 3 = befriedigend; 4 = ausreichend; 5 = mangelhaft

	Aussehen					Beschaffenheit					Geschmack					Bemerkungen
Note	1	2	3	4	5	1	2	3	4	5	1	2	3	4	5	
Probe A	○	○	○	○	○	○	○	○	○	○	○	○	○	○	○	
B	○	○	○	○	○	○	○	○	○	○	○	○	○	○	○	
C	○	○	○	○	○	○	○	○	○	○	○	○	○	○	○	
D	○	○	○	○	○	○	○	○	○	○	○	○	○	○	○	
E	○	○	○	○	○	○	○	○	○	○	○	○	○	○	○	

Am besten schneidet ab Probe ________

Abb. 1: Muster eines Bewertungsblattes

2 Beschreiben von Speisen

Besucht man Fastfood-Betriebe, fällt auf, dass man über das Angebot anders informiert wird als in einem Restaurant. Großformatige Aufnahmen zeigen dort, was zu kaufen ist. Dadurch hat der Gast eine klare Vorstellung, wie das von ihm ausgewählte Gericht aussehen wird.

Restaurants übernehmen bisweilen die Idee, z. B. in Form von bebilderten Eiskarten. Auch dort sieht man im Voraus, wie das Gewählte aussehen wird.

Im Allgemeinen ist der Gast jedoch auf die mündliche Information durch die Servicemitarbeiter angewiesen. Fachkräfte kennen die Frage: „... was ist eigentlich ...?" Die erwünschte Information ist Aufgabe und Verkaufs-Chance zugleich. Wir haben mit Worten zu beschreiben, wir haben mit Worten Appetit zu machen.

Worte, die verkaufen helfen

Speisen können über **Sinnesempfindungen** beschrieben werden:

buntes Gemüse	knuspriger Blätterteig
knackiger Salat	zarte Creme
duftendes Gebäck	edelbittere Schokolade

Informationen über **Beschaffenheit** können interessieren:

... lecker gefüllt mit ..
... eingelegt in eine würzige Marinade
... gut gereift, .. vitaminschonend gedünstet
... kross gebraten,
... täglich frisch, ... frisch vom Markt
... nach hauseigenem Rezept

Beispiele, wie Wärme oder Kühle positiv oder negativ empfunden und beschrieben werden können:

Temperatur	(–) kühler	(+) wärmer
positiv	angenehm kühl, richtig temperiert	schön warme Suppe, frisch aus dem Ofen
negativ	kaltes Essen, die Suppe ist zu kalt	das Bier ist zu warm, so heiß, dass man ... nicht essen kann, da verbrennt man sich ja den Mund

An die **Genussgefühle** wenden sich Wörter wie typisch, angenehm, fein, harmonisch, weich, dezent, herzhaft, erfrischend, belebend. Wir verwenden Sie, wann immer es passt.

Negative Wörter verwenden wir im Verkaufsgespräch nur verneinend. Z. B. nicht streng; kräftig, jedoch nicht scharf; gut gekühlt, aber nicht kalt.

Küche

AUFGABEN

1 Suchen Sie zu jedem der angeführten Eigenschaftswörter eine passende Speise: zartrosa, hellrot, hellbraun, goldbraun, knusprig braun, cremig-weiß, goldgelb.

2 Nennen Sie zu jedem Eigenschaftswort eine Zubereitung: neue, geeist, al dente, knackig, körnig, cremig, knusprig, saftig, sämig, leicht.

3 Auf Seite 132 finden Sie die Zubereitungsreihe Geflügel. Fertigen Sie zu jeder der dort genannten Speisen eine verkaufsfördernde Beschreibung.

4 Für eine einfach durchzuführende Degustation werden verschiedene Orangensäfte eingekauft und auch Saft selbst gepresst. Gehen Sie nach den Regeln bei der Verkostung vor und halten Sie die Ergebnisse fest.

5 Zusätzlich zu Aufgabe 4 werden die Ergebnisse unter Berücksichtigung der Preise diskutiert. Kann das Beste auch preislich vertreten werden? Welches Produkt ist unter Berücksichtigung des Preises unsere Wahl?

Zubereiten einfacher Speisen

1 Gemüse

vegetable
le légume

Innerhalb der Ernährung hat das Gemüse die Aufgabe, dem Körper ausreichend Vitamine, Mineralstoffe und Ballaststoffe zuzuführen.

Folglich gilt es, bei der Vor- und Zubereitung von Gemüsen die Verluste an Vitaminen und Mineralstoffen so gering wie möglich zu halten.

Wirkstoffe gehen hauptsächlich verloren durch:

- Auslaugen ➞ waschen ➞ wässern ➞ kochen
- Lufteinwirkung ➞ lagern
- Lichteinwirkung ➞ lagern
- Wärmeeinwirkung ➞ bereithalten

Wirkstoffe bleiben besser erhalten, wenn Sie Folgendes beachten:

- Gemüse kühl und dunkel aufbewahren.
- Wann immer möglich, bereits vor dem Zerkleinern waschen.
- Geputzte Gemüse nicht im Wasser liegen lassen, sondern feucht abdecken.
- Blanchieren nur, wenn unbedingt erforderlich.
- Falls das Gemüse nach dem Blanchieren nicht sofort weiterverwendet wird, rasch abkühlen, möglichst mit Eiswasser.
- Dünsten und Dämpfen bevorzugen, denn beim Kochen entstehen die größten Verluste.
- Zum Kochen Gemüse in sprudelnd kochendes Wasser geben.
- In kleineren Mengen nach und nach garen oder wiedererwärmen, denn Warmhalten (z.B. im Bainmarie) zerstört Vitamine.
- Einweichwasser von Hülsenfrüchten mitverwenden, weil es Nährstoffe in gelöster Form enthält.
- Viele Gemüse lassen sich auch roh zu Rohkost und Salaten verarbeiten und abwechslungsreich zubereiten.

Vitaminerhaltung beim Lagern

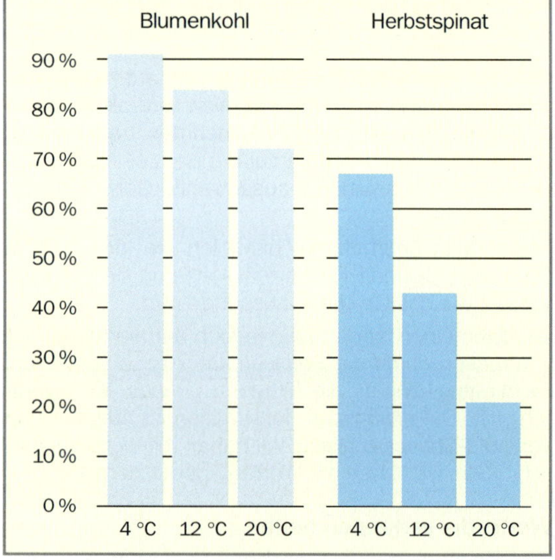

Vitaminerhaltung beim Garen

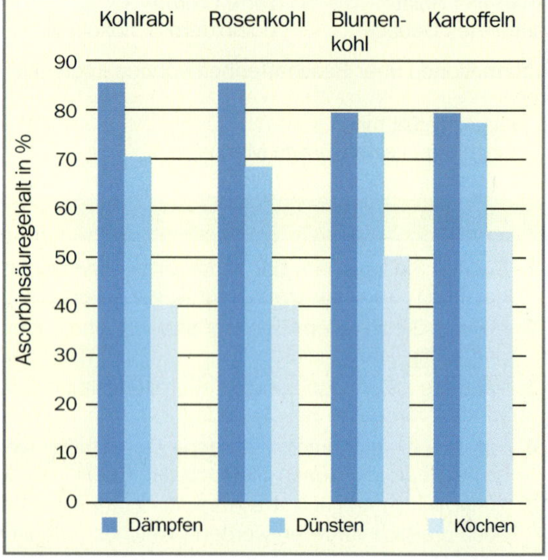

Küche

1.1 Vorbereiten

preparation of vegetables
préparer les légumes

Vorbereitete Gemüse, die nicht gleich weiterverarbeitet werden, sind flach zu lagern, feucht abzudecken und kühl aufzubewahren. Die Zerkleinerung erfolgt erst unmittelbar vor der Zubereitung.

Vorbereitungsarbeiten und Verluste

Artischocken
artichokes *les artichauts (m)*

Der Stiel wird dicht unter dem Blütenkopf abgebrochen. Gleichzeitig zieht man die in den Artischockenboden reichenden Fasern des Stieles mit heraus. Die Artischocke wird nun gewaschen. Von der Blattspitze werden etwa 4 cm abgeschnitten.

- Verlust: 50 %

Abb. 1: Entstielen und Zuschneiden

Abb. 2: Weitere Vorbereitungsschritte

Die äußere Blattreihe wird entfernt und die verbleibenden Blätter mit einer Schere gestutzt. Nun wird der Boden zugeschnitten und sofort mit Zitrone eingerieben, da die Schnittflächen schnell braun werden. Enzyme in der Artischocke bewirken in Verbindung mit Luft diese Farbveränderung. Deshalb legt man sie bis zur Weiterverarbeitung in Zitronenwasser, kocht sie aber gleich nach dem Herrichten.

Auf das Festbinden einer Zitronenscheibe am Artischockenboden sollte man verzichten, denn die intensive Säure beeinträchtigt den feinen Geschmack.

Artischockenböden
artichoke bottoms *les fonds (m) d'artichauts*

Artischocken bearbeiten wie oben. Alle starken Blätter abbrechen, den nun sichtbaren Boden über dem Ansatz der zarten Mittelblätter abschneiden. Holzige Teile an der Bodenwölbung und die verbliebenen Staubgefäße in der Bodenvertiefung entfernen. Boden gegen Verfärben in mit Zitronensaft gesäuertes Wasser legen.

- Verlust: 75 %

Abb. 3: Herausarbeiten des Bodens

Auberginen
eggplants *les aubergines (w)*

Waschen, Stielansatz entfernen. Evtl. Schale mit Sparschäler abnehmen. Fruchtkörper der Verwendung entsprechend in Stücke oder Scheiben teilen.

- Verlust: 15 %

Blumenkohl
cauliflower *le chou-fleur*

Strunk mit Hüllblättern zurückschneiden. Bei Freilandware Köpfe wegen eingenistetem Ungeziefer 10 Minuten in Salzwasser legen. Vor Zubereitung dicken Strunkteil über Kreuz einschneiden, um gleichmäßiges Garen des ganzen Kopfes zu erreichen.

Eine andere Methode:

Röschen vom Strunk abbrechen oder abschneiden, diese dann gründlich waschen und ebenfalls, nur nicht so lange, in Salzwasser legen.

- Verlust: 40 %

Küche

Brokkoli
broccoli — *le brocoli*

Hüllblätter entfernen. Lange Stängel mit den Blütenknospen vom dicken Strunk abschneiden. Behutsam, doch gründlich waschen.

- Verlust: 50 %

Chicorée
belgian endive — *l'endive (w)*

Äußere unschöne Blätter abnehmen. Strunk, der die meisten Bitterstoffe enthält, mit spitzem Messer aushöhlen. Danach Chicorée waschen.

Ist der Chicorée etwas bitter, so kann er auch in geschnittenem Zustand gewaschen werden, damit die Bitterstoffe ausgelaugt werden.

- Verlust: 10 %

Erbsen
green peas — *les petits pois (m)*

Enthülsen und waschen. Erbsen verlieren an der Luft Farbe und Geschmack.

- Verlust: 60 %

Fenchel
fennel — *le fenouil*

Stiele an der Knollenbildung abtrennen. Dillähnliche, fadendünne Blätter zu späterer Beigabe aufheben. Wurzelende glattschneiden, Verfärbungen an den Knollen entfernen. Gründlich waschen, Bodenunreinheiten zwischen den Blattscheiden ausspülen.

- Verlust: 10 %

Frühlingszwiebeln
scallions — *les ciboules (m)*

Zu lange, grüne Blattröhren und Wurzeln abschneiden. Äußere Blatthülle entfernen und unter fließendem Wasser waschen, dabei gründlich in die Blattröhren brausen.

- Verlust: 10 %

Grünkohl
kale, green cabbage — *le chou vert*

Bei diesem typischen Saisongemüse werden die einzelnen krausen Blätter zunächst gewaschen und dann mit den Fingern von der Mittelrippe gestreift oder keilförmig abgeschnitten.

- Verlust: 20 %

Grüne Bohnen
string beans — *les haricots verts (m)*

Stielansatz und spitzes Ende abnehmen (abspitzen), evtl. Fäden gleich mit abziehen. Danach waschen und entsprechend Art und Größe brechen oder schneiden; kleine, dünne Sorten (Prinzessbohnen) bleiben ganz.

- Verlust: 5 %

Gurken
cucumbers — *les concombres (m)*

Nach Waschen mit Sparschäler Schale abnehmen. Bei Freilandgurken Enden abschneiden, kosten, ob Bitterstoffe enthalten sind. Gurken teilen, Kerne entfernen und in die zum Garen vorgesehenen Stücke schneiden.

- Verlust: 25 %

Kaiserschote (Zuckerschote)
snow peas — *le pois mange-tout*

Diese Erbsenschote hat eine abgeflachte Hülse, welche besonders zart ohne die pergamentartige Innenhaut ist. Den Stielansatz abschneiden, evtl. vorhandene Fäden ziehen, die Schoten gründlich waschen.

- Verlust: 5 %

Karotten / Möhren
carrots — *les carottes (w)*

Kraut und Wurzeln bei jungen, kugelförmigen Karotten abschneiden, kalt waschen, sofort in stark kochendes Salzwasser schütten, 2 Minuten blanchieren. Karotten abschütten, Hautteilchen unter fließendem Wasser rasch abspülen oder:

Bei walzenförmigen Möhren die äußere Schicht abschaben oder mit einem Sparschäler schälen, rasch abspülen, ganz lassen oder in entsprechende Stücke teilen.

- Verlust: 15 %

Kohlrabi
kohlrabi — *le chou-rave*

Blätter von den Knollen nehmen. Zarte Blätter auslesen, entstielen und zur Weiterverwendung aufheben. Knollen von Wurzelende zur Blattseite hin schälen, holzige Stellen abschneiden. Kohlrabi abspülen, in Stäbe oder Scheiben schneiden. Für Scheiben große Knollen zuvor halbieren oder vierteln.

- Verlust: 30 %

Kopfsalat
lettuce — *la laitue*

Unschöne Außenblätter abbrechen. Strunk nur soweit kürzen, dass die Blätter nicht abfallen. In reichlich Wasser gründlich waschen. Köpfe noch einzeln abbrausen, um Unreinheiten an der gewölbten Blattstruktur wegzuschwemmen, zerpflücken.

- Verlust: 30 %

Lauch / Porree
butterhead leek — le poireau

Grüne Blattscheiden und Wurzeln abnehmen. Äußere Blatthülle entfernen. Pflanze längs durchschneiden. Hälften unter fließendem Wasser waschen. Wurzelenden schräg nach oben halten, damit der zwischen den Blattlagen haftende Sand wegschwemmen kann.

▸ Verlust: 50 %

Mangold / Stielmangold
swiss chard — la bette

Schnittmangold wird wie Spinat vorbereitet.

Der Stielmangold wird ganz gewaschen, der Stiel dann keilförmig aus dem Blatt herausgeschnitten und beide Teile gesondert verwendet. Der Stiel wird vor der Zubereitung noch in fingerbreite Stücke oder in noch dünnere Streifen geschnitten.

▸ Verlust: 15 %

Paprikaschoten
bell peppers — les piments doux (m)

Waschen, Stiel mit daran befindlichem Samenstempel und Scheidewände herausschneiden. Früchte ausspülen und im ganzen oder zerkleinert weiterverarbeiten. Zum Füllen eignen sich grüne, bauchige Früchte mit dicker Fruchtwand. Tomatenpaprika verliert beim Kochen sein Aroma, weshalb man ihn nur roh für Salate verwenden sollte.

▸ Verlust: 20 %

Rosenkohl
brussels sprouts — le choux de Bruxelles

Beschädigte oder welke Blättchen abbrechen. Braune Endfläche des Strunks entfernen, jedoch nicht zu stark kürzen, sonst fallen beim Zubereiten zu viele Blättchen ab. Strünke über Kreuz einschneiden, damit Strünke und Blätter gleichmäßig garen.

Eine andere Methode:

Die Rosenkohlköpfchen in einzelne Blätter zerpflücken und diese dann waschen.

▸ Verlust: 20 %

Rote Rüben
beets — les betteraves (w) rouges

Blattwerk soweit abschneiden, dass der Stielansatz an der Rübe bleibt, Wurzelende nicht entfernen. Bei verletzter Außenhaut tritt der Farbstoff in das Kochwasser und das Innere bleicht aus. Rüben einweichen, mit einer Bürste reinigen; danach kochen. Gegarte Rüben abgießen, kalt überbrausen und die Haut mit den Händen abstreifen. Knollen zur gewünschten Form schneiden (Scheiben, Würfel, Stäbchen).

▸ Verlust: 20 %

Rotkohl
red cabbage — le chou rouge

Unbrauchbare Außenblätter entfernen. Köpfe von der Strunkseite aus vierteln. Strunkanteile an den Kohlvierteln abschneiden, starke Blattrippen zurückschneiden oder ganz entfernen. Kohlviertel abspülen und in feine Streifen schneiden oder hobeln.

▸ Verlust: 20 %

Schwarzwurzeln
black salsify — les salsifis (m)

Wurzeln in kaltes Wasser legen und anhaftende Erde abbürsten. Nach gründlichem Überbrausen mit einem Sparschäler schälen. Wurzelspitze sowie Blattansatz entfernen. Zur Erhaltung der hellen Farbe geschälte Wurzeln sofort in Essig-Mehl-Wasser legen. (1 l Wasser, 1 EL Essig, 60 g Mehl.) Geschälte Wurzeln in 4 bis 5 cm lange Stücke schneiden, in vorbereiteten, bereits kochenden Dünstfond legen und zugedeckt garen.

▸ Verlust: 40 %

Sellerie, Knollensellerie
celeriac — le céleri-rave

Blattstängel und kleine Wurzeln abtrennen. Unter fließendem Wasser mit einer Bürste reinigen. Sellerieknollen können ungeschält im ganzen oder geschält und geschnitten gegart werden. Geschälter Sellerie verliert durch Oxidation leicht seine helle Farbe, deshalb legt man geschnittene Knollen sofort in gesäuertes Wasser.

Schalen als Geschmacksträger für Brühen, Saucen und Suppen verwenden.

▸ Verlust: 25 %

Sellerie, Bleichsellerie
celery — le céleri

Blattwerk über der Verästelung der fleischigen Stangen abtrennen und als Würze für andere Zubereitungen verwenden. Wurzel der Staude glattschneiden. Faserprofil der äußeren Stangen mit einem Sparschäler abnehmen. Stauden waschen, Stangen spreizen und Unreinheiten aus dem Inneren herausspülen.

Die Selleriestauden können im ganzen oder quer halbiert gegart werden.

▸ Verlust: 15 %

Spargel
white asparagus — les asperges (w)

Spargelschäler (Messer mit verstellbarer Sparführung) unterhalb des Spargelkopfes ansetzen und die Schale in dünnen Streifen zum Ende hin rundum abschälen. Spargel abspülen, mit Bindfaden bündeln und an den Enden so abschneiden, dass die Stangen gleich lang sind.

▸ Verlust: 25 %

Küche

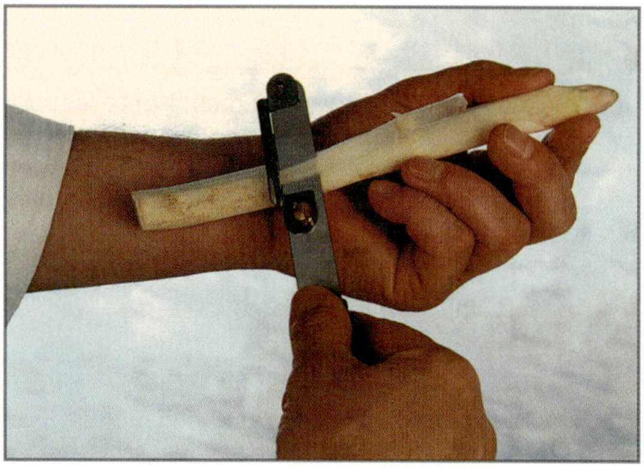

Abb. 1: Spargel schälen

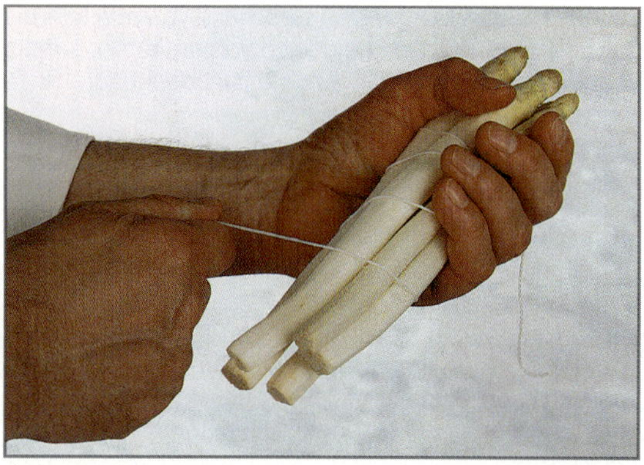

Abb. 2: Spargel bündeln

Abb. 3: Spargel zum Kochen vorbereiten

Spargel, grüner

green asparagus — *l'asperges verts (w)*

Beim Schälen beginnt man etwa 5 cm oberhalb des Stangenendes

- Verlust: 5 %

Speiserüben

turnips — *les navets (m)*

Blattwerk und die langen Saugwurzeln abnehmen. Rüben waschen, danach schälen. Kleine Rüben im ganzen belassen, größere in Viertel oder Sechstel teilen.

- Verlust: 20 %

Spinat

spinach — *les épinards (m)*

Spinat verlesen, von welken Blättern, beschädigten Teilen, Wurzeln und harten Stengeln befreien. Danach in reichlich Wasser waschen, damit anhaftende Erde und Ungeziefer weggeschwemmt werden. Wasser mehrmals wechseln. Dazu Gemüse immer aus dem Wasser nehmen, der Sand verbleibt am Boden des Geschirrs. Dann zum Abtropfen locker in einen großen Durchschlag legen.

- Verlust: 10 % bis 34 %

Tomatenfleischwürfel

tomato concasse — *les tomates concassées (w)*

Tomate waschen, kurz blanchieren, in kaltem Wasser abschrecken, dann die Haut abziehen, vierteln und die Kerne entfernen. Die Tomatenfleischstücke je nach Bedarf so belassen oder nochmals in Längsstreifen oder in Würfel schneiden.

- Verlust: 40 %

Abb. 4: Tomatenfleischstücke (Tomates concassées); gefüllte Käsetomate; Grilltomate

Wirsing

savoy cabbage — *le chou de Milan*

Wie beim Weißkohl, so sind auch beim Wirsing die beschädigten Blätter abzunehmen. Danach ist der Wirsingkopf in Viertel zu schneiden und die Strunkanteile direkt am Blattansatz abzutrennen. Da Wirsingkohlblätter locker aneinanderliegen und von blasiger Struktur sind, ist der Befall durch Ungeziefer eher gegeben. Aus diesem Grunde muss Wirsing besonders gründlich gewaschen werden.

- Verlust: 25 %

Weißkohl

white cabbage — *le chou blanc*

Unschöne Außenblätter entfernen. Den Kohlkopf vom Strunk aus vierteln oder sechsteln. Strunkanteil abtrennen. Kohlstücke abspülen, dicke Rippen flach schneiden und einzelne Blattlagen gemäß vorgesehener Zubereitung zerkleinern.

- Verlust: 20 %

Weiß- oder Wirsingkohl zum Füllen wird als ganzer Kopf belassen oder man bricht die Blätter einzeln ab.

Der Strunk wird ausgeschnitten, der Kopf gewaschen und in Salzwasser oder im Dämpfer so lange gegart, bis die Blätter elastisch sind und sich formen lassen.

Den Kohl gibt man dann in Eiswasser, lässt ihn darin abkühlen und anschließend in einem Durchschlag abtropfen.

Abb. 1: Vorbereiten des Kohlkopfes

Gefüllte Kohlköpfchen

stuffed cabbage — *le tête de choux farcis*

Die großen Blätter legt man aus und legt jedem Blatt eine Anzahl kleinere Mittelblätter zu. Nachdem mit Salz und Pfeffer gewürzt wurde setzt man jeweils in die Mitte ein Bällchen Fleischfüllung und schlägt die Blätter darum. Mit Hilfe eines Tuches wird der gefüllte Kohl zu Köpfchen geformt, die man in vorgefettete Geschirre ordnet.

Kohlköpfchen können anstatt mit Fleischfüllung auch mit kleinen Kohlstückchen gefüllt werden.

Abb. 2: Herstellen von Kohlköpfchen und Kohlrouladen

Zucchini

zucchini — *les courgettes (m)*

Zucchini (auch Zucchetti genannt) waschen. Das verbliebene sechseckige Stielende abschneiden. Junge, sehr kleine Früchte können ungeschält verwendet werden. Größere enthalten Bitterstoffe. Die Schale sowie das große Kerngehäuse sind deshalb zu entfernen.

- Verlust: 15 %

Zwiebeln

onions — *les oignons (m)*

Zwiebeln schälen, die am Zwiebelboden haftenden Wurzelfasern und den vertrockneten Lauchansatz entfernen. Entsprechend der Verwendung in Stücke, Würfel, Streifen oder Ringe schneiden.

- Verlust: 5 %

Küche

Schnittformen bei Gemüse

Die unterschiedlichen Schnittformen werden von der Gemüseart und der vorgesehenen Verwendung bestimmt.

Feine Gemüsestreifen (Julienne)

Karotten und Sellerie zunächst in dünne Scheiben schneiden. Diese sowie Lauchstücke dann in feine Streifen schneiden. Julienne sind etwa 3 bis 4 cm lang.

Abb. 3: Julienne

Für Suppeneinlagen werden auch zarte Wirsingblätter und Spinat zu Julienne geschnitten verwendet. Die dicken Blattrippen sind zuvor zu entfernen.

Feine Gemüsewürfel (Brunoise)

Möhren, Rüben und Sellerie in Scheiben schneiden oder hobeln. Die Dicke der Scheiben bestimmt die Größe der Würfel.

Mit dem Messer die Scheiben in Streifen und diese dann in Würfel schneiden.

Abb. 1: Brunoise

Vom Lauch wird hauptsächlich der helle Teil verwendet. Außen- und Innenblätter werden getrennt verarbeitet, um gleichmäßige Streifen zu erhalten. Die Breite der Lauchstreifen ergibt die Größe der Vierecke.

„Nach Bauernart" (Paysanne)

Die Bauern zerkleinern das Gemüse auf einfache Art. Für Suppe schneiden sie es in Scheiben bzw. Blätter.

Abb. 2: Paysanne

In vierkantige Stäbe von 1 bis 1,5 cm Breite teilen und diese in 1 bis 2 mm dicke Blättchen schneiden. Lauch, Wirsingkohl und Zwiebeln in Quadrate gleicher Größe schneiden. Die Gemüseblättchen können durch Kartoffelblättchen ergänzt werden.

Gemüsestäbe (Bâtonnets de légumes)

Die geputzten Gemüse, z. B. Möhren, Sellerie, Kartoffeln, Kohlrabi, Gurken oder Zucchini, werden zunächst in dicke Scheiben geschnitten und diese dann in Stäbe.

Abb. 3: Gemüsestäbe von Kohlrabi

In der feinen Küche werden Gemüse in viele unterschiedliche Formen geschnitten. Mit diesen möchte man den Gemüsen ein besonders gleichmäßiges und dekoratives Aussehen verleihen.

Schnittform		Gemüse
Tournieren	➡	Karotten, Sellerie, weiße Rübchen, Zucchini, Gurke, Kürbis, Kartoffeln
Concassée	➡	Spezielle Schnittform für Tomaten
Perlen	➡	Karotten, Sellerie, weiße Rübchen, Zucchini, Kürbis, Gurke, Kohlrabi
Löffel	➡	Fenchel, Kürbis

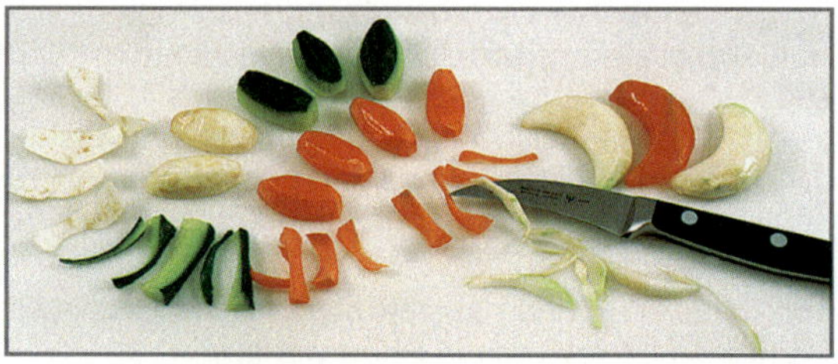

Abb. 4: Tournierte Gemüse

Abb. 5: Gemüseperlen und -löffel

Schnittformen bei Zwiebeln

Schneiden in Streifen

Zwiebeln schälen, längs halbieren, Wurzelenden und Lauchansatz entfernen.

Abb. 1: Zwiebelstreifen

Zwiebeln der Länge nach in Scheiben schneiden. Die aufgelockerten Scheiben fallen auseinander und bilden Streifen.

Schneiden in Würfel

Zwiebeln schälen, längs halbieren und den Lauchansatz entfernen. Die Schnitte so führen, dass sie vor der Zwiebelwurzel enden.

Dadurch hält die Zwiebel zusammen und lässt sich durch senkrechte und quer geführte Schnitte in Würfel schneiden. Der Abstand der Einschnitte bestimmt die Größe der Würfel.

Abb. 2: Zwiebelwürfel

Schneiden zu Ringen

Die geschälte ganze Zwiebel nach Entfernen des Lauchansatzes quer in gleichmäßige Scheiben schneiden.

Abb. 3: Zwiebelringe

Die Ringe werden durch die einzelnen Schalen (Blätter) gebildet, die sich leicht auseinanderdrücken lassen. Zum rohen Verzehr 1 mm, zum Frittieren 2 mm dick schneiden.

Schneiden zu Blättchen

Zwiebeln schälen, längs halbieren, Lauchansatz abschneiden und die kleine Blattschicht aus der Mitte der Schnittflächen entfernen. Längsschnitte strahlenartig, also zur Zwiebelmitte hin, in gewünschtem Abstand so führen, dass sie vor der Zwiebelwurzel enden.

Mit senkrechten Querschnitten entsprechend breite Zwiebelteile abschneiden. Beim Auflockern fallen die Teile in Blätter auseinander.

Abb. 4: Zwiebelblättchen

Küche

1.2 Zubereiten

cooking of vegetables
la cuisson des légumes

Bei der Zubereitung von Gemüse gilt es, das Garverfahren zu wählen, das

- die Nährstoffe möglichst erhält
- dem Eigengeschmack der Gemüse gerecht wird
- die Inhaltsstoffe für die Verdauung entsprechend aufschließt
- die Verwendung innerhalb der Speisenfolge berücksichtigt.

Küche

Grundzubereitungsarten

Gemüse werden am häufigsten durch feuchte Garverfahren zubereitet, weil diese den Eigengeschmack schonen. Nur für spezielle Zubereitungen wendet man kombinierte oder trockene Garverfahren an.

Übersicht

Kochen, Dämpfen, Blanchieren

Wasser oder Dampf übertragen Wärme.
Beim Dämpfen geringste Auslaugverluste. Geschmack und Farbe bleiben weitgehend erhalten.

BEISPIELE

Artischocken, Blumenkohl, Spargel, Rote Bete, Bohnen, Spinat, Rosenkohl, Lauch, Grünkohl, Schwarzwurzeln, Speiserüben.

Dünsten

Garen unter Beigabe von Fett und geringer Menge Flüssigkeit.
Keine Auslaugverluste. Geschmack wird durch Fett abgerundet.

BEISPIELE

Beinahe alle Gemüsearten, ausgenommen ganze Blumenkohlköpfe, Spargel gebündelt, Artischocken, Rote Bete, ganze Sellerieknollen.

Schmoren

Garen zunächst in Fett, dann unter Zugabe von Flüssigkeit.
Geschmacksvarianten durch Bildung von Röststoffen.

BEISPIELE

Auberginen, Zucchini, Zwiebeln, Gurken, Fenchel, Gemüsepaprika, Weißkohl, Wirsing (auch gefüllt).

Frittieren

Garen im Öl- oder Fettbad. Wärmeüberträger ist Fett.
Geschmacksaufwertung durch Backkrustenbildung.

BEISPIELE (ROH)

Auberginen, Zucchinischeiben, Champignons, Tomatenstücke.

BEISPIELE (VORGEKOCHT)

Blumenkohlröschen, Schwarzwurzelstücke, Spargelstücke, Artischockenböden, Selleriescheiben.

Nach dieser Übersicht nun die Garverfahren im Einzelnen.

Blanchieren der Gemüse

Gemüse, die blanchiert (abgewällt) werden sollen, sind in sprudelnd kochendes Wasser zu geben, wieder zum Kochen zu bringen, abzuschütten und sogleich weiter zu bearbeiten.

Beim Blanchieren ist zu unterscheiden zwischen

- **vorbereitendem Behandeln,** wenn z. B. strenger oder bitterer Geschmack gemildert werden soll, wie bei Sellerie, Zwiebeln, Kohl- und Rübenarten, Chicorée oder

  die Struktur flexibel werden soll, wie bei Kohl für Kohlrouladen.
- **Garen bei Blattgemüsen,** wie z. B. Blattspinat. Hier spricht man zwar von Blanchieren, doch ist das Verfahren dem Kochen gleichzusetzen, denn wegen der dünnen Blätter dringt die Wärme rasch ein und führt zu den gleichen Veränderungen wie beim Kochen von voluminösen Gemüsen.

Kochen der Gemüse

Je kürzer der Kochvorgang, desto geringer sind die Auslaugverluste. Darum:

- vorbereitetes Gemüse in sprudelnd kochendes, gesalzenes Wasser geben,
- unter größtmöglicher Hitzeeinwirkung zum Aufkochen bringen,
- dann Wärmezufuhr so weit drosseln, dass das Gemüse am Kochpunkt bleibt.

Gemüse ist gar, wenn es noch knackig ist, einen „Biss" hat. Übergartes Gemüse verliert nicht nur an Wirkstoffen, es ist auch im Genusswert geringer.

Gegartes Gemüse wird rechtzeitig über einem Durchschlag abgegossen. Bei der Bestimmung des Garpunktes ist zu beachten, wie das Gemüse bis zur Weiterverwendung aufbewahrt wird.

- **Blumenkohl, Spargel** und **Artischocken, Knollensellerie** und **Rote Bete** bleiben bis zur Weiterverwendung in der heißen Flüssigkeit und garen nach. Im Zweifelsfall kann durch Zugabe von kaltem Wasser oder Eisstücken ein Übergaren vermieden werden.
- **Andere Gemüsearten** sind in einen Durchschlag abzugießen und sofort mit Eiswasser zu kühlen. Beim späteren Fertigstellen erreichen sie ihren Garpunkt. Spinat ist nur ganz leicht auszudrücken.

  Gemüse, die erst später verarbeitet werden, legt man flach in Behältnisse, deckt sie feucht zu und stellt sie kühl.
- **Zarte Gemüse** dürfen nicht in großen Mengen gekocht werden. Man gart sie in mehreren Portionen nacheinander. Denn je größer die Kochmenge, desto länger die Dauer der Hitzeeinwirkung; diese schadet den Inhalts- und Geschmacksstoffen.
- **Garflüssigkeiten** sollten nach Möglichkeit weiterverwendet werden, z.B. zu entsprechenden Suppen oder zu Buttersaucen, die zu Spargel und Blumenkohl gereicht werden können.

Dämpfen der Gemüse

Das Dämpfen der Gemüse hat den Vorteil, dass keine Auslaugverluste entstehen, weil das Gargut nicht direkt mit dem Wasser in Berührung kommt.

Beim Dämpfen ist zwischen Garen bei normalem Druck und Dämpfen mit Überdruck zu unterscheiden. Bei normalem Druck dauert Dämpfen meist länger als Kochen. Durch den Überdruck wird die Garzeit verkürzt; Nährstoff- und Vitaminverluste verringern sich.

Die Vorteile eines Trockendampf-Gargerätes werden zunehmend genutzt. Beim Arbeiten mit diesen Geräten ist nach den Angaben der Hersteller zu verfahren, denn wegen des unterschiedlichen Drucks variieren die Gartemperaturen und damit die Garzeiten.

Die Regeln für die Aufbewahrung von vorgegartem Gemüse sowie die Möglichkeiten der Fertigstellung sind die gleichen wie bei gekochtem Gemüse.

Dünsten der Gemüse

Dünsten ist die häufigste und vorteilhafteste Zubereitungsart, weil dabei die Inhaltsstoffe weitgehend bewahrt bleiben. Das Dünsten verleiht dem Gemüse einen besonderen Geschmack.

In einem flachen, geräumigen Geschirr lässt man Butter heiß werden, schüttet das vorbereitete Gemüse dazu und schwitzt es unter mehrmaligem Wenden ohne Farbe an. Dadurch entstehen Geschmackswerte.

Nun wird es nur wenig gesalzen und mit einer geringen Menge kochender Flüssigkeit untergossen. Das Geschirr ist mit einem Deckel zu verschließen und der Inhalt schnell zum Kochen zu bringen. Bei mäßiger Hitze lässt man das Gemüse fertiggaren.

Über die große Bodenfläche erfolgt im flachen Geschirr eine raschere Hitzeübertragung; dies verkürzt die Gardauer, die Nährwerte bleiben besser erhalten.

Nach beendetem Garen darf nur noch wenig Dünstfond vorhanden sein. Sollte die Menge einmal zu groß sein, schüttet man sie ab, kocht sie ein und gibt sie wieder zum Gargut. Das Gemüse ist in kleinere Gefäße umzusetzen, die dann nacheinander wieder warmgestellt werden, denn langes Warmhalten schadet den Inhaltsstoffen und dem Geschmack der Gemüse.

Zarte Gemüse, die schnell gar sind, werden in kleineren Mengen nacheinander gedünstet.

Gedünstete Gemüse reicht man z.B.

- **naturell:**
  wenig reduzierten Gemüsefond über das angerichtete Gemüse gießen
- **glasiert:**
  sirupartig eingekochten Gemüsefond mit dem Gemüse schwenken
- **in Sahne:**
  Sahne angießen, mit dem Gemüsefond verkochen
- **mit Jus:**
  Gemüsefond mit Kalbsjus reduzieren und über das Gemüse geben
- **gebunden:**
  Gemüsefond, mit Béchamelsauce oder Mehlbutter zart sämig gebunden, über das Gemüse geben

Schmoren der Gemüse

Das kombinierte Garverfahren Schmoren wird vielfach für gefüllte Gemüse wie Kohlrouladen, Gemüsezwiebeln und Paprikaschoten angewandt. Ferner werden Fenchelknollen, Gurken und Gemüseragout (Ratatouille) so gegart.

Die Gemüse werden zunächst mit Fett oder Speck unter Beigabe von Zwiebeln oder Schalotten leicht angebraten. Danach gießt man mit Brühe oder braunem Fond auf und schmort das Gemüse im Rohr.

Die beim Anbraten entstehenden Röststoffe verleihen den Zubereitungen eine gewisse Geschmacksintensität.

Frittieren der Gemüse

Zum Frittieren werden die festen Gemüse (Blumenkohl, Schwarzwurzeln, Sellerie usw.) vorgegart. Gemüsearten von weicher Struktur (Auberginen, Zucchini, Tomaten usw.) frittiert man im rohen Zustand.

Die in Scheiben, Stücke oder Ringe zerkleinerten Gemüse lässt man zunächst gut abtropfen. Dann werden sie gewürzt, mit einer Umhüllung versehen und im erhitzten Fettbad schwimmend gebacken. Wenn die zum Frittieren nötige Temperatur erreicht ist, bildet sich rasch eine braune Kruste, die das Fett nur mäßig in das Backgut eindringen lässt.

Das frittierte Gemüse lässt man abtropfen, richtet es offen an und serviert sofort, weil beim Warmhalten die Backkruste weich wird und ihre Schmackhaftigkeit einbüßt.

Zur Umhüllung dienen:
- Milch und Mehl,
- Ausbackteig (Bierteig, Weinteig),
- Panierung: zunächst in Mehl wenden, dann durch Eiweiß ziehen, in geriebenes Brot bzw. Brösel legen. Die Panierung fest andrücken.

Garzeiten

Die Gardauer schwankt, denn sie wird von verschiedenen Einflüssen bestimmt:
- strukturelle Beschaffenheit des Gargutes
- Schnittform und Größe.
- Garverfahren und Gartemperatur,
- erwünschter Verzehrzustand des Gargutes.

Küche

	Kochen (Min.)	Dämpfen* (Min.)	Dünsten (Min.)	Schmoren (Min.)	Frittieren (Min.)
Artischocken	30 – 40	–	–	–	–
Artischockenböden	18 – 30	–	25 – 35	–	2 (vorgegart)
Auberginen	–	–	10	15	1–2 (Scheiben)
Blumenkohl	20 – 25	20	18 – 20 (Röschen)	–	2 (vorgegart)
Brokkoli	10	12 – 15	12	–	2 (vorgegart)
Chicorée	–	35	20	20	–
Erbsen	10 – 15	–	15	–	–
Fenchel	15 – 20	30	25 – 30	20 (vorgegart)	2 – 3 (vorgegart)
Grüne Bohnen	15 – 20	20 – 25	20	–	–
Gurken	–	–	8 – 12	15	–
Kohlrabi (Scheiben)	8 – 10	10 – 25	10 – 20	–	–
Kopfsalat	2 (Blätter)	–	10 (ganz)	–	–
Lauch, weiß	10	–	10 – 15	–	–
Karotten/Möhren	10 – 20	15 – 25	10 – 20	–	–
Paprika, Gemüse-	–	–	8 – 10 (Streifen)	20 – 30 (gefüllt)	3 (Ringe)
Rosenkohl	10 – 15	12 – 15	15	–	–
Rote Rüben	60 – 90	–	–	–	–
Rotkohl	–	–	35 – 60	45 – 60 (gefüllt)	–
Schwarzwurzeln	20	–	30	–	2 (vorgegart)
Sellerie, Knollen-	40 – 90 (ganz) 15 – 20 (Scheiben)	–	–	–	2 – 3 (vorgegart)
Spargel	15	–	–	–	1 – 2 (/vorgegart)
Speiserüben	–	–	15 – 20	15 – 20	–
Spinat	2 – 4	6	–	–	–
Weißkohl	20 – 40	20 – 40	25 – 45	35 – 45 (gefüllt)	–
Wirsing	10 – 20	20 – 30	20 – 25	30 – 40 (gefüllt)	–
Zucchini	–	–	10 – 15	15 – 20	1 – 2 (Scheiben)
Zwiebeln	–	–	5 – 10 (Perl-)	30 – 35 (gefüllt)	1,5 – 2 (Ringe)

* Die beim Dämpfen angegebenen Garzeiten beziehen sich auf das Garen bei normalen Druck mit normal aufgelegtem, aber gut schließenden Deckel.

Verschiedene Arten der Fertigstellung

Die gegarten Gemüse lassen sich auf vielfältige Weise fertigstellen. Dabei zeigen sich Gemeinsamkeiten zwischen manchen Arten.

Die folgende Aufstellung zeigt diese Gemeinsamkeiten und macht zugleich die Unterschiede deutlich.

Englische Art

english style — *à l'anglaise*

Gemüse:
Erbsen, Karotten, Bohnen, Brokkoli, Blumenkohl, Bleichsellerie, Spargel

Garverfahren: Kochen, Dämpfen

Fertigstellung:
Gegartes Gemüse abgetropft anrichten. Butterstückchen darauflegen oder gesondert geben. Gewürze und gehackte Kräuter separat reichen.

In brauner Butter

in brown butter — *au beurre noisette*

Gemüse:
Bohnen, Blattspinat, Blumenkohlröschen, Rosenkohl

Garverfahren: Kochen, Dämpfen

Fertigstellung:
In flachem Geschirr Butter bräunen. Gegartes, abgetropftes Gemüse dazugeben, durchschwenken und anrichten.

Mit Butterkrüstchen

with bread-crumbs — *aux croûtons*

Gemüse:
Chicorée, Blumenkohl, Brokkoli, Fenchel, Spargel, Sellerie

Garverfahren: Kochen, Dämpfen, Dünsten

Fertigstellung:
Gegartes Gemüse anrichten. Butter bräunen, kleinste geröstete Weißbrotwürfel oder grobe Brösel beifügen und über das Gemüse geben.

Glasiert

glaced — *glacé*

Gemüse:
Karotten, Schwarzwurzeln, Speiserübchen, Kohlrabi, Perlzwiebeln, Maronen, Zucchini

Garverfahren: Dünsten

Fertigstellung:
Gemüsefond sirupartig einkochen, evtl. noch Butterstückchen beigeben. Gemüse durch Schwenken glasieren (glänzen). Bei Maronen und braunglasierten Zwiebeln Zucker beim Ansetzen zunächst zu Karamell schmelzen.

In Sahne

with cream — *à la crème*

Gemüse: Karotten, Schwarzwurzeln, Kohlrabi, Erbsen, Gurken, Auberginen

Garverfahren: Dünsten

Fertigstellung:
Dünstfond kurz halten. Bevor das Gemüse gar ist, Sahne angießen. Offen weiterkochen, bis leichte Bindung erreicht ist.

Gratiniert

gratinated — *au gratin*

Gemüse: Blumenkohl, Brokkoli, Fenchel, Schwarzwurzeln, Spargel, Bleichsellerie, Rosenkohl

Garverfahren: Kochen, Dämpfen, Dünsten

Fertigstellung:
Reduziertem Dünstfond Mornaysauce beigeben. Abgetropfte Gemüse in ausgefetteten Backplatten anrichten. Mit Sauce überziehen, Käse bestreuen, Butter beträufeln, im Salamander gratinieren (überbacken).

Abb. 1: Überbackenes Gemüse

Flan

flan — *le flan*

Gemüse wird nach dem Kochen oder Blanchieren püriert. Das Püree wird abgeschmeckt und mit Vollei und Sahne verrührt. Diese Masse wird in gebutterte Timbal oder ähnliche Förmchen gefüllt und im Wasserbad pochiert. Nach dem Stürzen wird der Flan als Beilage zu Hauptgerichten, als warme Vorspeise oder als Zwischengericht serviert. Der Flan kann auch kalt als Terrine serviert werden.

Püree von…

mashed… — *…en purée*

Gemüse mit **hohem Wasseranteil:**
Brokkoli, Möhren, Sellerie, Spinat

Garverfahren: Kochen, Dämpfen, Dünsten

Fertigstellung:
Gemüse abgetropft bzw. ausgedrückt (Spinat), fein passieren. Mit Butter, Sahne und Gewürzen vollenden.

Gemüse mit **hohem Stärkeanteil:**
Erbsen, Bohnenkerne, Linsen, Kartoffeln, Maronen

Garverfahren: Kochen, Dämpfen

Fertigstellung:
Gemüse kochen, abseihen und passieren. Wenn nötig, etwas von der Kochflüssigkeit zufügen.
Maronen werden gedämpft, geschält, passiert und dann mit Sahne, Butter und Gewürzen vermischt.

Küche

Zubereitungsbeispiele

Zwiebelpüree

mashed onions — *la purée d'oignons (Soubise)*

Es wird zur Ergänzung von Zubereitungen verwendet.

Bedarf für 10 Portionen:

500	g	Zwiebeln	90 g Butter
50	g	Rundkornreis	
0,4 – 0,5	l	Milch	Salz, Pfeffer
3	EL	Sahne	2 Eigelb

Zwiebelscheiben blanchieren, abtropfen, mit Butter andünsten. Rundkornreis zugeben, kochende Milch angießen, würzen und zugedeckt im Ofen ohne Farbgebung weichdünsten. – Zwiebelansatz durch ein feines Sieb streichen, wieder erhitzen, mit Sahne und Eigelb legieren und mit Butter verfeinern.

Zwiebelpüree kann geschmacklich variiert werden, indem man vor dem Legieren trockene Champignon-Duxelles (s. S. 154, Kapitel „Pilze") unterrüht. – Beide Arten eignen sich:

- zum Füllen und Überbacken von Gemüsen, Kalbsrücken und Hammelrücken;
- zum Überbacken auf gebratene Koteletts, Steaks und Medaillons von Kalb und Lamm.

Ratatouille (Südfranzösischer Gemüsetopf)

Ratatouille — *la ratatouille*

Bedarf für 10 Portionen:

3	EL	Olivenöl	
1 – 2		Koblauchzehen	
300	g	Paprika rot/grün	
300	g	Zucchini	
200	g	Zwiebeln	
1	TL	Tomatenmark	
300	g	Auberginen	300 g Tomaten

Salz, Pfeffer, Thymian, Oregano, Basilikum

Zwiebelwürfel und durchgedrückte Knoblauchzehen in Öl anschwitzen.

Paprikastreifen zugeben und kurz mitdünsten.
Scheiben oder Würfel von Zucchini und Auberginen sowie das Tomatenmark einrühren, zugedeckt kurz dünsten lassen, evtl. etwas Brühe angießen, würzen und abschmecken.

Kurz vor dem Anrichten Tomatenfleischstücke unterheben und mit den frischen, gehackten Kräutern geschmacklich vollenden.

Rotkraut / Rotkohl / Blaukraut

red cabbage — *le chou rouge*

Bedarf für 10 Portionen:

90	g	Schmalz	130	g	Zwiebelstreifen
1	kg	Rotkrautstreifen	150	g	Apfelschnitze
10	g	Salz	20	g	Zucker
0,2	l	Brühe	3	EL	Essig

1 Gewürzbeutel (Lorbeerblatt, Nelke, zerdrückte Pfefferkörner, Zimtrinde)
Abschmecken mit Johannesbeergelee, Zitronensaft

Fett zerlassen, Zwiebeln darin farblos anschwitzen. Rotkohlstreifen beifügen, durchrühren, kurze Zeit erhitzen. Zucker, Salz, Apfelschnitze, Essig sowie Wasser beifügen, alles gut vermengen. Gewürzbeutel in das Kraut stecken, Geschirr zudecken und den Inhalt bei mäßiger Hitze gardünsten.

Während des Garens das Gemüse öfter durchrühren. Um die Gefahr des Anbrennens zu verringern, muss immer ein wenig Flüssigkeit vorhanden sein.

Nach dem Garen Deckel vom Geschirr nehmen und die sichtbare Flüssigkeit einkochen. Gewürzbeutel entfernen. Das Rotkraut mit Johannisbeergelee und Zitronensaft abschmecken.

Manchmal wird das streifig geschnittene rohe Rotkraut am Vorabend der Zubereitung mit Salz und Pfeffer vermischt und bis zum nächsten Tag mit einem feuchten Tuch zugedeckt. Diesen Vorgang bezeichnet man auch als „trocken marinieren".

Sauerkraut

sauerkraut — *la choucroute*

Bedarf für 10 Portionen:

100	g	Zwiebelstreifen
100	g	Apfelschnitze
60	g	Schmalz von Schwein oder Gans
50	g	Speckwürfel
0,3	l	Wasser
0,1	l	Weißwein
1,5	kg	Sauerkraut

1 Gewürzbeutel (Kümmel, Nelke, Wacholderbeeren, Lorbeerblatt)

1	EL	Honig

Salz

Speckwürfel, Zwiebelstreifen und Äpfel im erhitzten Schmalz farblos anschwitzen. Wasser angießen und aufkochen. Sauerkraut aufgelockert in den kochenden Ansatz geben, mäßig salzen und durchrühren. Alles rasch zum Kochen bringen. Gewürzbeutel in die Mitte stecken. Das Geschirr zudecken und den Inhalt bei mäßiger Hitze garen. Bei fehlender Flüssigkeit jeweils nur die unbedingt erforderliche Menge nachgeben. Nach etwa halber Garzeit den Weißwein angießen.

Wenn das Sauerkraut genügend gar ist, den Gewürzbeutel entfernen. Das Kraut mit dem Honig vollenden.

Gegartes Sauerkraut soll hell sein, appetitlich glänzen, fast keine sichtbare Flüssigkeit aufweisen, einen feinen säuerlichen Geschmack haben und beim Verzehren den Zähnen noch leichten Widerstand bieten (al dente).

Beide Krautarten erhalten durch etwas angerührte Stärke oder durch rechtzeitige Zugabe von feingeriebenen rohen Kartoffeln eine leicht sämige Bindung.

Grünkohl

kale, green cabbage *le chou vert*

Bedarf für 10 Portionen:

2,5	kg	Grünkohlblätter mit Stängel
50	g	Schmalz vom Schwein
250	g	Speckwürfel
350	g	Zwiebelwürfel
100	g	Mehlschwitze
0,5	l	Räucherbrühe
		Salz, Pfeffer Muskat

Die gewaschenen Grünkohlblätter in Salzwasser blanchieren und sofort in Eiswasser abkühlen. Nach dem Abtropfen die Blätter grob hacken. Speckwürfel in Schmalz glasig schwitzen und die Zwiebelwürfel zugeben. Grünkohl ebenfalls mit anschwitzen, mit Brühe auffüllen und ca. 1 Std. zugedeckt im heißen Rohr schmoren lassen. Falls nötig zusätzlich Brühe nachgießen. Kalte Mehlschwitze mit heißem Grünkohl-Schmorfond vermischen und aufkochen. Grünkohl zugeben, nochmals gut aufkochen und abschmecken.

Gefüllte Gemüse

Gemüse können in rohem oder blanchiertem oder gegartem Zustand gefüllt werden.

Abb. 1: Gefüllte Gemüse

Abb. 2: Geschmorter Fenchel

Kohl

Zurichten:
Weiß-, Rotkohl und Wirsing kommen in Betracht.

Füllung:
Hackfleischfarce, Bratwurstbrät oder nur die übrigen gewürzten und gehackten Kohlblätter in ganze Blätter einhüllen.

Fertigstellung:
Anbraten, Flüssigkeit angießen und im Ofen schmoren.
oder:
Fleischbrühe untergießen und zugedeckt dünsten.

Kohlrabi

Zurichten:
Kohlrabi schälen, Blattseite glattschneiden. Knollen aushöhlen. Blanchieren, abtropfen lassen. Würzen und in ausgebuttertes Geschirr ordnen.

Füllung:
Fleischfarce mit einem Teil des ausgehöhlten, gehackten und angeschwitzten Gemüses vermengen.

Fertigstellung:
Brühe untergießen und zugedeckt dünsten.

Paprikaschoten

Zurichten:
Gleichgroße und gleichförmige Schoten auswählen. Waschen, Stielseite quer als „Deckel" abschneiden. Samenstempel und Scheidewände aus der Frucht nehmen. Schoten in ein ausgefettetes Geschirr stellen.

Füllung:
Hackfleisch, vorgegarten Reis, angeschwitzte Zwiebelwürfel, Salz und Pfeffer vermengen. In die Schoten füllen und die „Deckel" daraufdrücken.

Fertigstellung:
Rinderbrühe, Demiglace oder Tomatensauce bis zu halber Höhe der gefüllten Schoten angießen. Mit Alu-Folie bedecken und im Ofen garen.

Spinatblätter

Zurichten:
Blanchierte, abgetropfte Spinatblätter versetzt aufeinander legen, damit jeweils eine genügend große Fläche entsteht. Blattflächen salzen und pfeffern.

Füllung:
Leichte Farce aus Fisch, Schlachtfleisch oder Geflügel esslöffelgroß auf die Spinatblätter häufen und einhüllen. Spinatwickel in flaches, ausgefettetes Geschirr legen.

Fertigstellung:
Entsprechend der Füllung Fisch- oder Fleischbrühe untergießen und zugedeckt dünsten. Dünstfond leicht gebunden über die Spinatwickel gießen.

Küche

Tomaten

Gemeinsames Zurichten:
Gleichgroße Tomaten waschen, Stielansätze ausstechen, Deckel abschneiden oder Tomate halbieren, Inhalt entnehmen. Die Tomaten würzen und in ein flaches, mit Butter ausgefettetes Geschirr setzen.

Füllung: Pilzfüllsel (Duxelles)

Fertigstellung:
Mit Parmesan bestreuen, mit flüssiger Butter beträufeln und im Salamander überbacken.

Füllung: Blumenkohlröschen, Brokkoliröschen

Fertigstellung:
Mit Mornaysauce überziehen, mit Käse bestreuen, mit Butter beträufeln und überbacken.

Füllung: Blattspinat

Fertigstellung:
Warmstellen, Butterbrösel darübergeben.

Füllung: Gemüsemais in Butter sautieren.

Fertigstellung: warmstellen

Füllung:
Geriebene Weißbrotkrume, Petersilie, Basilikum, Knoblauch, Salz, Pfeffer und Olivenöl oder zerlassene Butter vermischen. Auf die halbierten, nicht ausgehölten Tomaten häufeln.

Fertigstellung:
Im Ofen bei starker Oberhitze backen und bräunen.

Gurken

Zurichten:
Gurken schälen, Ende und Spitze abschneiden, quer in 2 Stücke teilen, Kerne mit Löffel hohl entfernen, würzen.

Füllung:
Kalbsfarce mit Dill in Gurke füllen und in ein gebuttertes Geschirr legen. Enden mit Alufolie verschließen.

Zurichten:
Geschälte Gurken längs halbieren, Kerne ausschaben. Hälften in gebuttertes Geschirr legen und würzen.

Füllung:
Weißbrotwürfel, Ei, Sahne, gehacktes Geflügelfleisch und Gewürze vermengen.

Gemeinsame Fertigstellung:
Mit wenig Brühe untergießen, zugedeckt im Ofen dünsten. Danach in Scheiben bzw. Stücke teilen. Passierten Dünstfond einkochen, mit ein wenig Butter verrühren und über die zerteilten Gurken geben.

Artischockenböden

Zurichten:
Böden blanchieren, in vorbereiteten Dünstfond (wenig Wasser, Butter, Salz, Prise Zucker, Zitronensaft) legen und garen. Böden in ausgebuttertem Geschirr ordnen.

Füllung: Brokkoli

Fertigstellung:
Mit Mornaysauce überziehen, mit Parmesan bestreuen, mit flüssiger Butter beträufeln und überbacken.

Füllung: Zwiebelpüree Duxelles

Fertigstellung:
Mit Käse bestreuen, mit Butter beträufeln und überbacken.

Füllung: Pilze in Sahne

Fertigstellung: Warmstellen

Füllung: Tomatenfleischwürfel

Fertigstellung:
Warmstellen, mit Petersilie bestreuen.

Gemüsezwiebeln

Zurichten:
Zwiebeln schälen, Lauchseite um ein Viertel kürzen. Zwiebeln halb garkochen, abschrecken, die Mitte ausbohren, würzen. Geschirr ausfetten, Speck- und Möhrenscheiben einlegen, Zwiebeln einsetzen.

Füllung:
Würzige Farce aus Schweinefleisch, mit teilweiser Beigabe der ausgebohrten, angeschwitzten Zwiebelteile.

Fertigstellung:
Anbraten, zerkleinerte Tomaten und wenig Brühe beifügen. Im Ofen schmoren. Passierten Schmorfond über das Gemüse geben.

Zucchini/Auberginen

Zurichten:
Früchte waschen, längs halbieren. Fruchtfleisch einschneiden, ohne die Schale zu beschädigen. Früchte kurze Zeit frittieren oder auf den Schnittflächen braten. Weiches Fruchtfleisch entnehmen. Schalenhälften in gefettete Backplatte legen.

Füllung:
Gegarten Reis, Tomatenfleischwürfel, Kurzbratfleisch von Lamm in Schalottenbutter angebraten, reduzierte Jus, Gewürze sowie das gehackte Fruchtfleisch mischen. In die Schalenhälften füllen.

Fertigstellung:
Mit Parmesan bestreuen, mit Butter beträufeln und im Ofen backen.

1.3 Besonderheiten bei vorgefertigten Gemüsen

particularities of prepared vegetables
particularités des légumes prétraités

Gemüse sind eine große Warengruppe, die zudem in fast jeder Speisenzusammenstellung vorkommt. Darum betrachten wir in Verbindung mit Gemüse auch die arbeitstechnischen und wirtschaftlichen Zusammenhänge zwischen Frischware und vorgefertigten Produkten.

Gemüse bedürfen immer der Vorbereitung, denn sie müssen von nicht genießbaren Teilen befreit werden. Diese Arbeiten können in der eigenen Küche durchgeführt oder von der Zulieferindustrie übernommen werden.

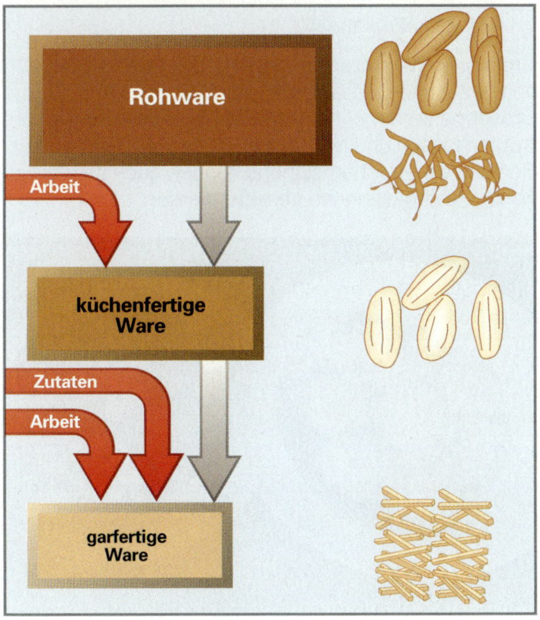

Abb. 1: Vorgefertigte Produkte

Das breite Angebot an vorgefertigten Produkten kann unterschieden werden

- nach dem Grad der Vorbereitung und
- nach der Art der Qualitätserhaltung/Haltbarmachung.

Werden vorgefertigte Produkte verwendet,

- ist der Wareneinsatz je Portion geringer,
- spart die Küche Arbeitszeit,
- sind die Mehrkosten beim Einkauf gegenüber den möglichen Einsparungen – vor allem an Arbeitszeit – abzuwägen.

Vorbereitete Rohware, gekühlt

- Gemüse oder Kartoffeln sind bereits gewaschen und geputzt bzw. geschält erhältlich.
- Blattsalate kann man schon gewaschen und gezupft kaufen.
- Kartoffelkloßmasse ist frisch als Rohmasse zu beziehen.

Nasskonserven

Gemüse sind fertiggegart, sie werden im eigenen Fond erwärmt, abgetropft und

- mit Butterflocken vollendet oder
- mit Sauce gebunden.

Tiefkühlware

Gemüse haben kürzere Garzeit, weil durch das Blanchieren und Frosten die Zellstruktur bereits gelockert wurde.

- Stückgemüse (Bohnen, Erbsen) in kochendes Wasser geben.
- Blockgemüse (Spinatblock) unter Zugabe von wenig Wasser langsam erwärmen.

Trockenware

Gemüse sind meist einzuweichen, damit die Zellen das beim Trocknen entzogene Wasser wieder aufnehmen können.

Einweichwasser nach Möglichkeit mitverwenden.

Aufgaben

1 Wodurch gehen wichtige Wirkstoffe in den Gemüsen verloren?
2 Beschreiben Sie die Vorbereitung von Spargel.
3 Was soll mit den Garflüssigkeiten der Gemüse geschehen?
4 Welches Gemüse hat den höchsten Vorbereitungsverlust?
5 Nennen Sie vier Schnittformen für Gemüse.
6 In welche Formen können Zwiebeln geschnitten werden?
7 Nennen Sie die Grundzubereitungsarten für Gemüse.
8 Wie werden Gemüse vor dem Frittieren behandelt?
9 In welcher Form können Sie vorgefertigte Gemüse beziehen?

2 Pilze

mushrooms
les champignons (m)

Pilze sind nicht lange lagerfähig, da sie leichtverderbliches Eiweiß enthalten. Sie sollten deshalb nach der Ernte bzw. Lieferung rasch verarbeitet werden. An Druck- und Faulstellen tritt der Eiweißabbau sofort ein, es kommt zum Verderb.

2.1 Vorbereiten

preparation — la préparation

Frische Pilze wie Champignons, Pfifferlinge und Steinpilze werden am häufigsten verwendet. Sie sind sorgfältig zu putzen. Nach gründlichem Waschen müssen Pilze sofort gegart werden. Sollen gegarte Pilze aufbewahrt werden, sind sie sofort abzukühlen und bei Bedarf wieder zu erwärmen.

Getrocknete Pilze sind vor dem Verwenden einzuweichen, damit genügend Wasser eindringen kann. Andernfalls verschließen sich beim Kochen die Zellen und die Pilze bleiben hart.

Die getrockneten Pilze legt man zunächst zum Anquellen in Wasser und wäscht sie anschließend.

Danach werden sie mit Wasser bedeckt eingeweicht.

Das Einweichwasser kann beim Garen mitverwendet werden; es enthält wertvolle Inhaltsstoffe.

2.2 Zubereiten

cooking — la cuisson

Champignons

Zubereitungsbeispiele

Gedünstete Champignons
stewed mushrooms
les champignons étuvés

Bedarf für 10 Portionen:

2	kg	Champignons
60	g	Zitronensaft
140	g	Butter
20	g	Salz

Champignons putzen, waschen und zum Abtropfen in einen Durchschlag legen. Butter, Zitronensaft, Salz und einen Schuss Wasser in geräumigem Geschirr zum Kochen bringen. Champignons hineinschütten, durchrühren und zugedeckt etwa 6 Minuten dünsten.

Gebackene Champignons
deep fried field-mushrooms
les champignons frits

Bedarf für 10 Portionen:
1 kg gleichmäßig große, rohe Champignons
für Panierung 3 Eier, Mehl und Semmelbrösel
Zitrone, Salz, weißer Pfeffer,
Fett zum Backen.

Champignons putzen, dabei evtl. die Stiele etwas kürzen, waschen und abtrocknen. Nun mit Mehl, Ei und Brösel panieren, in heißem Fett (Frittüre) backen, abtropfen lassen und mit Zitrone, Pfeffer und Salz würzen. So vorbereitete Champignons können auch sehr gut zu Fondue Bourguignonne gereicht werden.

Abb. 1: Gebackene Champignons

Duxelles
duxelles — *les duxelles*

Duxelles ist eine Grundzubereitung aus gehackten Pilzen, die zur Vervollständigung von Speisen, zum Füllen von Gemüsen, Fleisch- und Teigtaschen, verwendet wird.

Bedarf für 10 Portionen:

250	g	feine Zwiebel- und/oder Schalottenwürfel
700	g	feingehackte, rohe Champignons
150	g	Butter
50	g	gehackte Petersilie
4	cl	Sherry (trocken); Salz, Pfeffer

Küche

Zwiebeln und Schalotten farblos anschwitzen. Champignons zugeben, salzen, pfeffern, Sherry zugießenund solange dünsten, bis der ausgetretene Pilzsaft eingekocht ist. Petersilie untermischen und Duxelles in ein flaches Geschirr geben, auskühlen lassen.
Duxelles kann durch Zugabe von Schinken variiert oder mit Demiglace leicht gebunden werden.
Schnittfeste Duxelles erhält man durch Untermischen von wenig Kalbsbrät vor dem Garprozess.

Morcheln

Zubereitungsbeispiel

Rahmmorcheln

morels in cream *les morilles (w) à la crème*

Bedarf für 10 Portionen:

200	g	getrocknete Morcheln
160	g	feine Zwiebelwürfel
120	g	Butter
0,5	l	Sahne
1	TL	geschnittener Schnittlauch; Salz, Pfeffer

Pilze in lauwarmem Wasser anquellen. Nach gründlichem Waschen mit Wasser bedeckt einweichen.
Gequollene Morcheln aus dem Wasser nehmen. Einweichwasser aufbewahren. Zwiebelwürfelchen mit Butter anschwitzen. Morcheln salzen, pfeffern und zu den Zwiebeln geben. Das vom Bodensatz abgegossene Einweichwasser beifügen und die Pilze zugedeckt etwa 25 Minuten dünsten. Sahne an die Morcheln gießen und bei offenem Geschirr einkochen, bis die Flüssigkeit leicht gebunden ist. Angerichtete Rahmmorcheln mit Schnittlauch bestreuen.

Pfifferlinge

Zubereitungsbeispiel

Sautierte Pfifferlinge mit Speck

sauted chanterelles

les chanterelles (w) sautées au lard

Bedarf für 10 Portionen:

1,5	kg	Pfifferlinge
200	g	magerer, durchwachsener Räucherspeck in Würfelchen
200	g	Schalottenwürfelchen
2	EL	gehackte Petersilie; Salz, Pfeffer

Pfifferlinge putzen, gründlich waschen und zum Abtropfen in einen Durchschlag legen. Flaches Geschirr ausfetten. Pilze hineinschütten, salzen und zugedeckt im alsbald austretenden Saft 10 Minuten garen.
Speckwürfel in Stielpfanne anbraten. Abgegossene und abgetropfte Pfifferlinge dazugeben, Schalotten und Butter beifügen, leicht pfeffern und bei starker Hitze und mehrfachem Schwenken sautieren. Gehackte Petersilie untermengen und die Zubereitung anrichten. Der aufgefangene Pfifferlingsfond wird zu einschlägigen Speisen (z.B. Suppen, Saucen) genutzt.

Steinpilze

Zubereitungsbeispiel

Steinpilze mit Brotkrüstchen

ceps with croûtons *les cèpes (m) aux croûtons*

Bedarf für 10 Portionen:

1,5	kg	Steinpilze
80	g	feine Schalottenwürfel
60	g	feinste, geröstete Weißbrotwürfel
80	g	Öl
60	g	Butter
1	EL	gehackte Petersilie; Knoblauchsalz, Pfeffer

Steinpilze putzen, gründlich waschen und abgetropft mit einem Tuch trockenreiben. Pilze in flache Stücke schneiden. Öl in geräumiger Stielpfanne erhitzen. Zerkleinerte Pilze salzen, pfeffern, in die Pfanne geben und bei entsprechender Hitze leicht anbraten. Pilzsaft soll dabei nicht austreten. Pilze in ein vorgewärmtes Geschirr geben. In der gleichen Pfanne Butter aufschäumen lassen, Schalottenwürfel und Pilze wieder beifügen. Brotkrüstchen dazustreuen, alles nochmals kurz erhitzen und mit Petersilie bestreut anrichten.

Austernpilze

Zubereitungsbeispiel

Austernpilze

oyster mushrooms *les pleurotes (m)*

Bedarf für 10 Portionen:

1,5	kg	vom Strunk befreite Austernpilze
200	g	Schalottenwürfelchen
60	g	Butter
2	EL	gehackte Küchenkräuter (Petersilie, Schnittlauch, Kerbel, Zitronenmelisse, Kresse usw.)

Salz, Pfeffer, Zitrone

Austernpilze waschen und abtropfen lassen. Schalotten in Butter glasig angehen lassen, Pilze zugeben und kurz zugedeckt leicht dünsten, dann im eigenen Saft sautieren. Nun Kräuter zugeben, würzen und anrichten.

Shiitake-Pilze

Zubereitungsbeispiel

Shiitake-Pilze

chinese mushrooms *les shitakes (m)*

Zubereitung und Zutaten wie Steinpilze oder Austernpilze.

Beilagen zu Pilzgerichten

Als Beilage eignen sich Semmelknödel, Serviettenknödel, Salzkartoffeln, Kartoffelschnee, Nudeln und Gnocchi.

Küche

3 Salate

🇬🇧 *salad*
🇫🇷 *les salades (w)*

Salate sind Zubereitungen aus pflanzlichen und tierischen Lebensmitteln, die mit beliebiger Marinade angemacht und oft mit Küchenkräutern ergänzt werden.

Die Übergänge von Salatbeilage zu Vorspeise und Cocktail bis zur feinen Salatdelikatesse sind fließend.

Salate aus pflanzlichen Produkten, wie Blattsalate oder andere rohe Gemüse, manchmal angereichert mit Obst, gegarten Gemüsen, Pilzen und Kartoffeln, dienen als Beilagen zu Hauptplatten oder als Extragang im Rahmen eines Menüs.

Salate aus tierischen Produkten, wie Fische, Schalen- und Krebstiere, Geflügel, Schlachtfleisch, Wild, Wurst, Eier, Käse, kombiniert mit weiteren Naturalien, sind eigenständige Zubereitungen, die als Beilage kaum in Betracht kommen.

Nahezu alle Lebensmittel lassen sich zu Salaten verarbeiten. Ernährungsphysiologisch gesehen sind Blattsalate, vollendet mit frischen Kräutern oder Obst, am wertvollsten, da diese im Rohzustand verzehrt werden.

Doch auch Gemüsesalate sowie Verbindungen von Gemüse und tierischen Produkten mit Reis, Nudeln oder Hülsenfrüchten ergeben – angemacht mit einer harmonierenden Marinade und von Fall zu Fall angereichert mit Kräutern – vollwertige Salate.

Alle Salate müssen frisch serviert werden, bei Blattsalaten muss noch die natürliche Zellspannung vorhanden sein; sie müssen ferner appetitanregend aussehen und einen feinsäuerlichen bis pikanten Geschmack aufweisen.

3.1 Salatsaucen – Dressings

🇬🇧 *salad dressings*
🇫🇷 *les sauces (w) froides pour des salades*

Die Bezeichnungen Salatsauce, Dressing und Marinade werden meist nebeneinander verwendet und richten sich nach der Herkunft und der Zusammensetzung; verbindliche Richtlinien gibt es nicht.

Hauptbestandteile aller Salatsaucen sind neben Salz

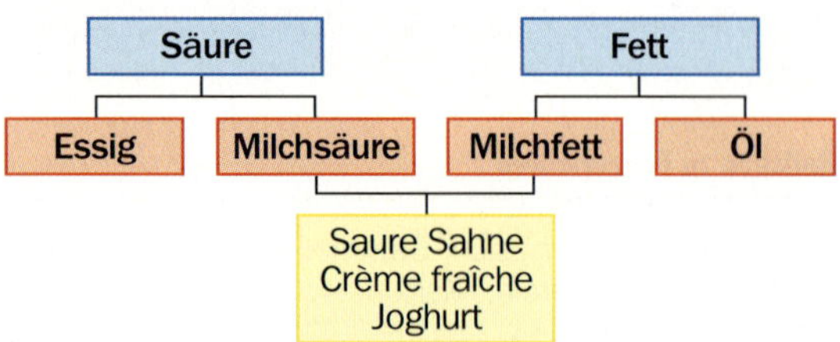

Säure

- verleiht erfrischend pikante Note
- ist enthalten in Essig, Zitronen- und Orangensaft, Joghurt, Sauerrahm.

Öl/Fett

- fördert die Geschmacksentfaltung und die Ausnutzung fettlöslicher Vitamine
- dient als Gleitmittel, besonders wichtig bei roh belassenem Salat
- Öle von Sonnenblumen, Erdnüssen, Oliven, Disteln, Kürbiskerne, Traubenkernen, Maiskeimlingen und Walnüssen sowie Sahne und Mayonnaise.

Die Salatsauce kann flüssig oder gebunden (emulgiert) sein.

Vollwertigkeit und Schmackhaftigkeit lassen sich durch Beigabe von Küchenkräutern und Sprossen bzw. Keimlingen erreichen.

Spezielle Geschmacksergänzungen werden durch fein zerkleinerte, würzige Zutaten erreicht, z. B.: Zwiebeln, Schalotten, Knoblauch, Nüsse, Meerrettich, Kapern und Sardellen sowie Senf. Auch geringe Beigaben von Wein und Spirituosen und handelsübliche Würzsaucen, wie Soja oder Tabasco runden den Geschmack ab.

Für den Gebrauch in der Küche wird die hergestellte Salatsauce (Marinade) zweckmäßig in Flaschen gefüllt und kühl gehalten. Vor jeder Entnahme ist die Sauce kräftig durchzuschütteln, damit eine günstige Verteilung von Öl und anderen Geschmackszutaten erfolgt. Die meisten Salatsaucen basieren auf Grundrezepten. Das persönliche Können besteht darin, die Rezepte so zu ergänzen, dass durch die Verbindung von Sauce und Naturalien ein wohlschmeckender Salat entsteht. Bei den folgenden Rezepten ist Speiseessig mit 5% Säuregehalt vorgesehen.

Abb. 1: Herstellung eines Dressings

Zubereitungsbeispiele

Salatsauce mit Essig und Öl/Vinaigrette

Bedarf:
1 Teil Essig
1 – 2 Teile Öl
Salz, Pfeffer

Salz in Essig auflösen, Öl dazurühren und mit wenig Pfeffer würzen. Abrunden mit Zucker erfolgt nach Belieben. Essig kann durch Zitronen- oder Limettensaft ersetzt werden. – Geeignet zu allen Salaten.

Salatsauce mit Senf
(French Dressing)

Bedarf:
1 Teil Essig; 1 – 2 Teile Öl
Salz, französischer Senf, Knoblauch, Pfeffer

Salatschüssel mit der Schnittfläche einer halbierten Knoblauchzehe ausreiben. Darin Salz, Essig und Senf verrühren, Öl langsam dazurühren. Leicht mit Pfeffer abschmecken.
Geeignet zu Blattsalat und Gemüsesalat.

Salatsauce mit Kräutern

Bedarf:
1 Teil Essig; 1 – 2 Teile Öl; Salz, Pfeffer,
Kräuter (Petersilie, Kerbel, Estragon, Schnittlauch)
Schalotten

Salz in Essig auflösen, Öl einrühren, würzen. Frisch gehackte Kräuter und Schalotten zugeben.
Geeignet zu Salaten ohne Obst.

Salatsauce mit geröstetem Speck

Bedarf:
1 Teil Essig; 1 – 2 Teile Öl
geröstete Speckstreifchen und Zwiebelstreifen
Salz, Pfeffer,

Salatsauce mit Essig und Öl herstellen. Auf oder unter den angemachten Salat die noch warmen Speckstreifchen und Zwiebelstreifen geben.

Geeignet zu: Kopf-, Löwenzahn-, Brunnenkresse-, Feld-, Kraut-, Kartoffelsalat.

Salatsauce mit gekochtem Eigelb

Bedarf:
2 gekochte Eigelbe; Msp. Sardellenpaste
1 TL scharfer Senf; 1 TL Essig; 3 EL Öl; 1 EL Sahne
Pfeffer

Fein passierte Eigelbe, Sardellenpaste, Senf und Essig glattrühren. Öl tropfenweise unterrühren, abschließend Sahne und Pfeffer dazugeben.
Geeignet zu Blattsalat und Gemüsesalat.

Salatsauce mit Sahne

Bedarf:
4 Teile Sahne
1 Teil Zitronensaft
Salz, Pfeffer oder Edelsüßpaprika

Flüssige Zutaten verrühren, mit Salz und Gewürz abschmecken.
Geeignet zu Blattsalat, Salat mit Obst, Gemüsesalat.

Salatsauce mit Joghurt

Bedarf:
1 Becher Joghurt (250 g)
2 EL Orangensaft
1 TL Zitronensaft
Spritzer Worcestershire Sauce
2 EL Öl
Salz, Pfeffer

Joghurt, Orangen-, Zitronensaft und Worcestershire Sauce glattrühren. Öl darunterschlagen und würzen.
Geeignet zu allen Salaten.

Salatsauce mit saurer Sahne und Dill

Bedarf:
5 Teile saure Sahne oder Crème fraîche
1 Teil Zitronen- oder Limettensaft
Salz, Pfeffer; 1 EL geschnittener Dill

Sahne und Zitronensaft glattrühren, mit Gewürzen und Dill ergänzen.
Geeignet zu Blattsalat, Gemüsesalat.

Salatsauce mit Roquefort
(Roquefort Dressing)

Bedarf:
50 g Roquefort; 3 EL Sahne
1 EL Chablis (weißer Burgunder) oder Weißwein
1 EL Limettensaft; 1 EL Öl; Pfeffer

Passierten Roquefort, Sahne, Weißwein und Limettensaft glattrühren. Öl darunterschlagen und würzen. (Die Beigabe würzigen Roqueforts erübrigt Salz.)
Geeignet zu Blattsalat, Löwenzahn-, Bleichsellerie-, Tomatensalat.

Salatsauce mit Tomaten
(Cocktailsauce)

Bedarf:
2 Teile würzige Mayonnaisensauce
1 Teil püriertes Tomatenfleisch oder Ketchup
1 EL geschlagene Sahne
Salz, Pfeffer, Zucker, Worcestershire Sauce, Spritzer Weinbrand, Messerspitze Meerrettich

Mayonnaise und Tomatenpüree glattrühren, Sahne unterheben und würzen.
Geeignet zu Blattsalat und Gemüsesalat.

3.2 Salate aus rohen Gemüsen

salads of raw vegetables
les salades (w) de légumes crus

Zur Verarbeitung gelangen **Blattsalate** und **Gemüse:**

Blattsalate	
Lollo rosso	**Kopfsalat (grüner Salat)**
Eichblattsalat	**Brunnenkresse**
Friséesalat	**Gartenkresse**
Chicorée	**Löwenzahn**
Eissalat (Krachsalat)	**Radicchio**
Endivie	**Chinakohl**
Feldsalat (Ackersalat)	**Rucola**

Blattsalate werden verlesen, von welken Teilen, Strünken und starken Blattrippen befreit und anschließend gewaschen. Dabei verwendet man reichlich Wasser, damit anhaftender Sand und Schmutz leicht abgespült werden können und die Blätter nicht geknickt werden. Salate dürfen im Wasser nicht liegenbleiben, weil es sonst zu Auslaugverlusten kommt und wertbestimmende, lösliche Inhaltsstoffe verlorengehen.

Damit gewaschener Salat in Verbindung mit der Marinade den vollen Geschmack erhält, wird er in der Salatschleuder oder in einem Drehkorb durch Schwingen von noch anhaftenden Wasserperlen befreit. Bis zum Fertigstellen ist er flach und kühl aufzubewahren.

Die großen Blätter des Kopfsalats sind zu zerpflücken. Beim Verzehren muss man die Stücke mit der Gabel aufnehmen können.

Gemüse		
Bleichsellerie	**Möhren**	**Gurken**
Paprikaschoten	**Fenchel**	**Weißkohl**
Knollensellerie	**Pilze**	**Rettich**
Radieschen	**Rotkohl**	**Tomaten**

Gemüse, die roh verarbeitet werden, muss man gründlich waschen, Gurken, Knollen und Wurzeln schälen; Tomaten evtl. brühen und abziehen, Paprikaschoten von Stiel, Scheidewänden und Samenkernen befreien.

Danach zerkleinert man die Gemüse. Die Zerkleinerungsart richtet sich vor allem nach dem Zellstoffgehalt der Gemüse. Tomaten und Gurken schneidet man z. B. in Scheiben, festere Arten, wie Möhren, Sellerie oder Rettich, werden in feine Streifen geschnitten, gerieben oder geraspelt.

Streifchen von Rot- und Weißkohl – sofern es sich nicht um neues, also junges Kraut handelt – sind vor dem Anmachen noch zu brühen oder mit einer heißen Marinade zu übergießen. Strenger Geschmack und feste Struktur werden dadurch gemildert.

Anmachen – Marinieren

Die vorbereiteten Salatbestandteile werden mit der jeweiligen Marinade in einer Salatschüssel angemacht. Das Mischen bzw. Wenden mit dem Salatbesteck muss gründlich, jedoch behutsam erfolgen, damit alle Bestandteile zwar mit Marinade umgeben sind, aber unbeschädigt bleiben.

- **Unmittelbar vor dem Service fertiggestellt** werden Blattsalate und Salate aus zartem Gemüse, wie z.B. Gurke und Tomate, damit sie frisch und knackig bleiben. Würde man sie zu früh anmachen, zöge das Salz Flüssigkeit. Der Salat würde weich.
- **Längere Zeit vor dem Service fertiggestellt** werden Salate aus festeren, weniger saftreichen Gemüsearten, wie z. B. Möhren, Kohl, Paprikaschoten und Sellerie. Die Marinade kann dann einziehen und der Geschmack kommt voll zur Geltung.

3.3 Salate aus gegarten Gemüsen

salads of cooked vegetables
les salades (w) de légumes cuits

Für diese Salate kommen vorwiegend in Betracht:

Artischocken	**Knollensellerie**	**Erbsen**
Blumenkohl	**Lauch**	**Rote Rüben**
Brokkoli	**Möhren**	**Spargel**
Bohnenkerne	**Pilze**	**Grüne Bohnen**

Die Gemüse können im rohen oder gekochten Zustand in verschiedene Formen geschnitten werden. Bei Knollen und Rüben ist auch der Einsatz von Ausbohrern, Ausstechern oder eines Buntmessers (geriefte Schneide) möglich.

Die Schnittfläche von ungegarten, hellen Gemüsen verfärben sich unter Einwirkung von Luftsauerstoff. Besonders empfindlich sind Artischocken und Sellerie. Um dem entgegenzuwirken, legt man die Gemüse bis zum Garen in mit Essig oder Zitronensaft gesäuertes Wasser.Die zugeschnittenen rohen Gemüse sind in leicht gesalzenem Wasser unter Zusatz von wenig Öl zu kochen. Dabei soll das Gemüse voll aufgeschlossen, aber nicht übergart werden.

Küche

Um Aroma und Geschmack zu erhalten, müssen die Gemüse in ihrem Garfond abkühlen. In der heißen Flüssigkeit zieht das Gemüse noch nach, deshalb ist der Garprozess rechtzeitig zu unterbrechen.

Anmachen – Marinieren

Salate aus gegarten Gemüsen sind im voraus anzumachen, damit die Marinade einziehen kann. Kräuter, die in Säure rasch ihre schöne grüne Farbe verlieren, gibt man erst kurz vor dem Anrichten bei.

In der Regel sollte immer nur der jeweilige Tagesbedarf an Salaten mariniert werden.

Die abgetropften Gemüse werden mit der vorgesehenen Salatsauce in einer Salatschüssel gemischt.

Bis zum Anrichten legt man die Salate in flache Gefäße, deckt sie mit Folie zu und hält sie kühl.

Wird mit pikanter Mayonnaise angemacht, ist das abgetropfte Gemüse zunächst flach auf einem Tuch oder Küchenkrepp trockenzulegen. Noch anhaftende Feuchtigkeit würde die Mayonnaise zu dünnfließend machen und den Geschmack des Salates beeinträchtigen.

3.4 Anrichten von Salaten

presentation of salads
la présentation des salades

Abb. 1: *Salat von geräucherten Forellen*

Abb. 2: *Pilzsülze mit rotem Chicorée, Frisee, Kirschtomaten und Walnussdressing*

Abb. 3: *Feldsalat mit Kartoffeldressing und Radieschensprossen*

Alle Salatteile sollen mundgerecht zerkleinert sein, weil man zum Verzehren nur eine Gabel benutzt.

Die Salate sind locker und appetitlich anzurichten.

Geschmacksvarianten ergeben sich durch die Gemüsesorten und die unterschiedlichen Saucen, sowie Ergänzungen, z.B. Kräuter oder Nüsse, mit denen die Salate fertiggestellt werden.

Die Farben frischer Salate üben eine appetitanregende Wirkung aus, deshalb ist beim Zusammenstellen der Vegetabilien und beim Anrichten der Salate auf wechselnde Farben zu achten. Aufgestreute Kräuter unterstützen manchmal das Farbenspiel.

Flache Schalen oder Platten aus Glas aber auch kleine tiefe Teller oder Dessertteller sind zum Anrichten besonders vorteilhaft, weil sie Frische, Farbe und Form der Salate am wirkungsvollsten betonen.

Einfache Salate

simple salads *les salades (w) simples*

Blattsalat oder Gemüse als einzelner Salat, z.B. Kopfsalat, Tomatensalat, Krautsalat, Gurkensalat, Bohnensalat oder Chicoréesalat.

Es ist zwischen den folgenden Möglichkeiten des Anrichtens zu unterscheiden:

Gemischte Salate
mixed salads — *les salades (w) mêlées*

Blattsalat und Gemüse miteinander vermischt, z.B. Kopf-Tomaten-Kresse-Salat oder Feld-Sellerie-Rote Rüben-Salat.

Salat-Komposition
assorted salads — *les salades (w) assorties*

Blattsalat und Gemüse sortiert nebeneinander, z.B. Chicorée-, Radieschen-, Gurken- und Eissalat oder Kopf-, Spargel-, Brokkoli- und Tomatensalat.

3.5 Kartoffelsalate

potato salads
les salades (w) de pommes de terre

Zu einem guten Kartoffelsalat sind Kartoffeln zu wählen, die nicht zerfallen. Geeignete Sorten sind „Hansa" und „Sieglinde", beide sind mild bis kräftig im Geschmack, festkochend und formbehaltend.

Zubereitungsbeispiele

Kartoffelsalat
potatoe salad
la salade (w) de pommes de terre

Bedarf:

1	kg	Salatkartoffeln
100	g	feine Zwiebelwürfel
60	g	Öl
0,2	l	Fleischbrühe
4 – 6	EL	Essig
1	Msp.	hellen Senf
		Salz, Pfeffer
		Salatblätter zum Garnieren
1	EL	gehackte Kräuter

Gewaschene Kartoffeln mit der Schale kochen, abgießen und zum Ausdampfen flach ausbreiten. Die noch warmen Kartoffeln pellen und in feine Scheiben schneiden. Fleischbrühe zusammen mit Zwiebeln und Essig aufkochen. Danach Salz, Pfeffer und Senf beigeben, abschmecken, das Öl dazurühren und die heiße Marinade über die Kartoffelscheiben gießen. Kartoffelsalat behutsam schwenken, bis er leicht gebunden ist.

Angerichteten Kartoffelsalat mit Salatblättern einfassen und die Kräuter aufstreuen.

Kartoffelsalate können geschmacklich variiert werden.

Kartoffelsalat mit Mayonnaise

Kartoffelsalat mit halber Brühen- und Ölmenge herstellen. Etwa 60 g würzig abgeschmeckte Mayonnaise unterziehen.

Angerichteten Salat mit Radieschenscheiben einfassen und geschnittenen Schnittlauch aufstreuen.

Kartoffelsalat mit Löwenzahn und Speck

Anstelle von Öl: 100 g Bauchspeckstreifchen knusprig braten. Diese mit dem ausgetretenen Fett dem Kartoffelsalat beimischen, dazu eine Handvoll kurzgeschnittenen, leicht angemachten Löwenzahn.

Dieser Salat ist zum direkten Verzehr bestimmt; noch lauwarm schmeckt er am feinsten.

3.6 Rohkostsalate

raw food salads
les salades (w) de crudités

Rohkost ist eine Ernährungsform, die Gemüse, Obst und Pflanzenprodukte umfasst und ohne Wärmeeinwirkung zubereitet wird. Sie ist wesentlicher Bestandteil einer **Vollwertkost.**

Rohkostsalate werden, wie auch rohe Gemüse- und Fruchtsäfte, als wünschenswerte Abwechslung geschätzt. Sie sind durch ihren angenehmen Duft und Geschmack appetitanregend und werden anstelle von Suppe oder als Vorspeise angeboten und gern verzehrt.

Durch ihren hohen Mineralstoff- und Vitamingehalt – der bei der Zubereitungsart fast voll erhalten bleibt – sind Rohkostsalate ein wesentlicher Bestandteil gesunder Ernährung.

Vorbereiten

Frische Gemüse und frisches Obst gibt es das ganze Jahr hindurch; die einheimischen Sorten werden durch ausländische Arten ergänzt. Zur Verarbeitung gelangt nur frische, zarte Ware von einwandfreier Qualität. Die Rohstoffe sind vor dem Zerkleinern gründlich zu waschen und danach sorgfältig zu putzen.

Zerkleinern

Wegen der besseren Verdaulichkeit werden die geputzten Rohstoffe zerkleinert.

Die Zerkleinerung richtet sich nach der Beschaffenheit der Gemüse und erfolgt durch:

- Zerpflücken (Blattsalate)
- Schneiden in Streifchen (Kohlarten)
- Hobeln in Scheibchen (Gurken, Rettich)
- Raspeln (weichere Gemüse und Obst)
- Raffeln (Gemüse mit fester Struktur)
- Reiben (Zwiebeln, Meerrettich, Nüsse).

Anmachen – Marinieren

Zum Anmachen von Rohkostsalaten bieten sich neben Ölen und Milchprodukten eine Vielzahl von würzigen und süßen Zutaten an. Bei richtiger Auswahl und sinnvoller Dosierung ist nur noch eine geringe Beigabe von Salz und Zucker nötig.

Öle aus: Sonnenblumenkernen, Sojabohnen, Weizenkeimen, Rapssamen, Distelsamen, Kürbiskernen, Traubenkernen.

Milchprodukte: Sahne, Buttermilch, Dickmilch, Quark, Joghurt, Crème fraîche.

Säure: Zitronen-, Limetten-, Orangen-, Johannisbeer-, Rhabarbersaft; Essig.

Pflanzliche Würzstoffe: Schalotten, Zwiebeln, Lauch, Knoblauch, Meerrettich, Küchenkräuter.

Trockenfrüchte: Rosinen, Datteln, Feigen, Aprikosen, Pflaumen.

Schalenobst: Hasel-, Wal-, Paranüsse, Kokosraspeln; Mandeln, Pistazien.

Sonstiges: Bienenhonig, Getreideflocken, Apfeldicksaft, Ahornsirup.

Die zerkleinerten Salatbestandteile sind sofort mit der vorgesehenen Säure zu vermischen. Durch Säure wird die enzymatische Verfärbung der kleinen Teile gehemmt, die natürliche Farbe bleibt besser erhalten. Alle anderen Zutaten gibt man erst nach dem Vermischen mit Säure bei.

Rohkostsalate sollten erst kurz vor dem Verzehr zubereitet werden. Durch längeres Stehen ziehen die Salate Saft und sehen dann unappetitlich aus. Eine Ausnahme bilden Krautsalate. Um ihre feste Beschaffenheit zu lockern, macht man sie rechtzeitig an und stellt sie zugedeckt kühl.

Anrichten

Auch Rohkostsalate sollen farblich und geschmacklich aufeinander abgestimmt sein. Sie können in Salatblätter oder in dazugehörende ausgehöhlte Fruchthälften gefüllt und auf Glasplatten oder in flachen Glasschalen angerichtet werden.

Farblich weniger dekorativ wirkende Rohkost kann durch eine ansprechende Garnitur ergänzt werden. Geeignet sind Zitronenrädchen, Orangenfilets, Tomatenfächer, zugeschnittene Radieschen, ferner geriefte Gurkenscheiben, Kresse-, Petersilien- oder Dillbuketts.

Saftreiche Rohkostsalate richtet man besser in Schüsseln als auf Platten an. Reizvoll sehen die Salate auch in weiten Gläsern aus.

Zubereitungsbeispiele

Apfel-Möhren-Rosinen-Salat

Möhren raffeln, Äpfel raspeln und mit Orangensaft vermischen. In Orangensaft eingeweichte Rosinen dazugeben. In halben Orangenschalen, Gläsern oder Glasschalen anrichten. Ein Löffelchen halbsteif geschlagene Sahne, abgeschmeckt mit geriebenem Meerrettich, aufsetzen und mit Haselnussscheibchen bestreuen.

Küche

Birnen-Radieschen-Kresse-Salat

Reife Birnen längs halbieren, Kerngehäuse entfernen. Fruchtfleisch mit einem olivenförmigen Kartoffelausbohrer entnehmen. Johannisbeersaft darüberträufeln, Radieschenscheiben und Kresse beifügen. Dickmilch und Öl verrühren, die Salatteile darin wenden und in die ausgehöhlten Birnenhälften einfüllen; geschnittenen Schnittlauch aufstreuen.

Rotkraut-Apfel-Weintrauben-Salat

Rotkraut und Äpfel in feine Streifen schneiden und mit Zitronensaft vermischen. Abgezupfte weiße Weinbeeren halbieren und ohne die Kerne zu den streifigen Zutaten geben. Mit ein wenig geriebener Zwiebel, Johannisbeergelee und Öl anmachen. Zum Durchziehen bedeckt kühl stellen. In Glasschalen anrichten und mit grob gehackten Walnusskernen bestreuen.

Radicchio-Fenchel-Melonen-Salat

Melone in Scheibchen, Fenchelknolle und Radicchio in Streifchen schneiden, mit Orangensaft beträufeln und alles vermischen. Gleiche Teile Frischkäse, pikante Mayonnaise und püriertes Tomatenfleisch verrühren, mit geriebenem Meerrettich und geschnittenem Fenchelgrün abschmecken. Die Salatbestandteile damit anmachen, auf Glasplatten anrichten und mit Brunnenkresse einfassen.

Abb. 1: Rohkostsalat

3.7 Salatbüfett

salad bar
le buffet à salades

In vielen Betrieben wird heute den Gästen Salat in Form eines Salatbüfetts angeboten. Ein nach Möglichkeit gekühltes Büfettmöbel steht an gut sichtbarer und leicht erreichbarer Stelle im Restaurant und lädt die Gäste zur Selbstbedienung ein.

Aufbau

Ein Salatbüfett sollte möglichst viel von der ganzen Palette der im Buch vorausgehend beschriebenen Salate anbieten, also sowohl viele Blatt- und Rohkostsalate mit extra bereitgestellten Dressings wie auch bereits angemachte Gemüsesalate oder Salatkompositionen aus verschiedenen Zutaten wie Gemüse, Früchte, Fisch, Eier, Frischkäse und gegartem Fleisch.

Dankbar sind die Gäste immer dann, wenn die Dressings und die angemachten Salate durch kleine Hinweisschilder gekennzeichnet bzw. benannt sind und der Gast somit Geschmacksrichtung und Zutaten erfährt und seine Auswahl entsprechend treffen kann.

Abrechnung

Die Verrechnung der Salate vom Büfett kann erfolgen:

- durch Verwendung verschiedener Teller- oder Glasschalengrößen
- durch Wiegen der Salatmenge
- durch einen Pauschbetrag
- ohne getrennte Abrechnung, wenn der Salat bereits im Gericht einkalkuliert ist.

Abb. 2: Salatbüfett

Aufgaben

1 Was ist bei der Lagerfähigkeit von Pilzen zu beachten?

2 Was versteht man unter dem Begriff „Duxelles"?

3 Welche Beilagen eignen sich zu Pilzgerichten?

4 Nennen Sie vier Pilzgerichte mit Beilagen (speisekartengerecht).

5 Nennen Sie vier Hauptgerichte, bei denen Pilze als Garnitur oder Zutat verwendet werden.

6 Was haben Sie bei der Verwendung von getrockneten Pilzen zu beachten?

7 Definieren Sie den Begriff „Salate".

8 Nennen Sie Salate, die aus pflanzlichen Produkten hergestellt werden.

9 Nennen Sie Salate, die aus tierischen Produkten hergestellt werden können.

10 Unter welchen Voraussetzungen kann ein Salat als „vollwertig" bezeichnet werden?

11 Erklären Sie bei Salatsaucen die Bedeutung der Zutatengruppen:
a) Öle, Rahm, Sahne oder Mayonnaise
b) Essig, Zitronen- oder Orangensaft, Joghurt oder Sauerrahm

12 Welche Gemüse eignen sich für die Zubereitung von Rohkostsalat?

13 Welche Geschirrteile eignen sich zum Anrichten von Salaten?

14 Nennen Sie fünf verschiedene Salatsaucen, und notieren Sie deren Zutaten.

15 Nennen Sie fünf Gemüse, die vor der Zubereitung zu Salat gegart werden müssen.

16 Was versteht man unter dem Begriff „Dressing"?

17 Erstellen Sie eine Checkliste für die Bestückung und Kontrolle eines Salatbüfetts.

18 Welche Vorteile bringt ein Salatbüfett für:
a) den Gastronomiebetrieb
b) für die Gäste

19 Welche Abrechnungsverfahren werden beim Salatbüfett angewandt?

4 Beilagen

side dishes
les garnitures (w)

Zu einem kompletten Gericht gehören neben Fleisch- oder Fischspeisen, Gemüsen oder Salaten auch stärkehaltige Beilagen. Wegen ihres hohen Stärkegehalts schmecken diese Beilagen ziemlich neutral und eignen sich deshalb gut als Ergänzung. Der Sättigungswert beruht auf dem hohen Stärke- und Eiweißgehalt. Die Grundlage für Beilagen dieser Art bilden Kartoffeln und Getreideerzeugnisse.

4.1 Kartoffeln

potatoes *les pommes de terre (w)*

Kartoffeln sind ein wesentlicher Bestandteil der Speisenzusammenstellungen, sie sind im Geschmack neutral und

- erlauben vielfältige Zubereitungsarten,
- harmonieren je nach Zubereitung mit den unterschiedlichsten Gerichten,
- enthalten Nähr- und Wirkstoffe in einem ausgewogenen Verhältnis.

Übersicht über Kartoffelzubereitungen

Die vielfältigen Kartoffelzubereitungen werden überschaubar, wenn man sie nach den Arten der Vorbereitung und Fertigstellung unterscheidet.

Diese Denkweise hilft, dem Bekannten das Neue zuzuordnen und erleichtert so den Überblick.

VORBEREITUNG

Rohe Kartoffeln	**Gekochte Kartoffeln** (Pellkartoffeln, Salzkartoffeln)

FERTIGSTELLUNG/BEISPIEL

Rohe Kartoffeln:

• im Fettbad	Kartoffelstäbe
• in der Pfanne	Würfelkartoffeln
• in Formen im Ofen	Annakartoffeln
• mit Flüssigkeit im Ofen	Schmelzkartoffeln
• in Fleischbrühe	Bouillonkartoffeln
• in der Folie im Ofen	Folienkartoffeln

Gekochte Kartoffeln:

• in vorbereiteter Sauce	Rahmkartoffeln
• in der Pfanne	Bratkartoffeln
• passiert	Kartoffelschnee
• passiert mit Milch	Kartoffelpüree
• passiert mit Schlagsahne	Schaumkartoffeln
• passiert mit Butter	Kartoffelplätzchen
• passiert mit Eigelb	Kartoffelkroketten
• passiert mit Brandmasse	Kartoffelkrapfen

Zubereitungen aus rohen Kartoffeln

Für Kartoffeln, die zugeschnitten werden, verwendet man aus wirtschaftlichen Gründen große Sorten, denn bei diesen entsteht weniger Schälverlust. Durch das Schneiden der Kartoffeln werden Zellen zerstört und an den Oberflächen haftet ausgetretene Stärke.

Beim Frittieren würde dies zu einer ungleichmäßigen Bräunung führen, deshalb müssen geschnittene Kartoffeln zunächst gewaschen werden.

Da sich geschälte wie auch geschnittene rohe Kartoffeln unter Einwirkung von Luftsauerstoff verfärben, bewahrt man sie bis zur Weiterverwendung in stehendem, kaltem Wasser auf.

Im Fett gebacken

Kartoffeln, die in der Fritteuse gebacken werden, müssen abtropfen und sorgfältig abgetrocknet werden.

Die anhaftende Flüssigkeit bringt sonst das Fett zum Schäumen, führt zur Gefahr von Verbrennungen und begünstigt den Fettverderb. Um die Acrylamidbildung gering zu halten, soll die Fetttemperatur nicht über 170 °C steigen.

Blond statt braun!
Vergolden statt verkohlen

Kleiner geschnittene Arten

Sie werden in einem Arbeitsgang zubereitet. Bei 170 °C frittiert man sie also gleich mittelbraun. Aus diesen Schnittarten fertigt man mit Hilfe eines Doppelsiebes Kartoffelnester.

Danach werden die Kartoffeln aus dem Fett genommen, abgeschüttelt und direkt gewürzt, damit das Salz haften bleibt.

Bis zum Servieren hält man sie in einem flachen, offenen Geschirr warm.

Strohkartoffeln
straw potatoes — *les pommes paille (w)*

1 mm starke Streifchen, 5 bis 6 cm lang geschnitten.

Streichholzkartoffeln
allumettes potatoes — *les pommes allumettes (w)*

In Streichholzgröße geschnitten.

Waffelkartoffeln
waffles potatoes — *les pommes gaufrettes (w)*

Rund beschnittene Kartoffeln, mit Spezialhobel und entsprechender Messereinstellung in geriefte Scheiben geschnitten. Nach jedem Schnitt Kartoffel um 90° drehen, dadurch entsteht ein Waffelmuster.

Kartoffelchips
chips potatoes — *les pommes chips (w)*

Aus gleichmäßigen Kartoffelwalzen 1/2 mm dick geschnittene Scheiben.

Größer geschnittene Arten

Sie werden zunächst bei etwa 130 °C vorgebacken (blanchiert). Dabei garen sie ohne Farbe an. Auf Abruf bäckt man sie dann portionsweise bei etwa 170 °C mittelbraun und knusprig. Das Innere bleibt dabei weich.

Nachdem das Fett abgetropft ist, werden sie unter schüttelnder Bewegung gesalzen und angerichtet. Gebackene Kartoffeln darf man nicht abdecken, sonst weicht die Kruste auf.

Küche

Küche

Pommes frites
french fried potatoes *les pommes frites*

1 cm dicke und 5 bis 6 cm lange Kartoffelstäbe.

Gebackene Kartoffelstäbe
Pont-Neuf potatoes *les pommes Pont-Neuf*

1,5 cm dicke und 5 bis 6 cm lange Kartoffelstäbe.

In der Pfanne gebraten

Zugeschnittene oder ausgebohrte Kartoffeln werden blanchiert, gut abgetrocknet und dann in der Pfanne in geklärter Butter gebraten.

Nachdem sie auf dem Herd leicht angebraten sind, werden sie gewürzt und im Ofen zu goldgelber Farbe fertiggebraten. Dabei werden sie öfters geschwenkt.

Würfelkartoffeln
sauted potato cubes *les pommes carrées*

Kartoffeln in Würfel mit 1 cm Seitenlänge schneiden.

Schlosskartoffeln
château potatoes *les pommes château*

Halbmondähnliche Form von 5 cm Länge mit stumpfen Enden tournieren.

Eventuell nach Fertigstellung mit Petersilie bestreuen.

Olivenkartoffeln
olive potatoes *les pommes olives*

Mit einem ovalen Kartoffellöffel olivenförmig ausgebohrte Kartoffeln.

Nusskartoffeln
noisette potatoes *les pommes noisettes*

Mit einem Kartoffellöffel ausgebohrte Kartoffelkugeln.

Pariser Kartoffeln
parisienne potatoes *les pommes parisiennes*

Mit einem großen Kugelausbohrer ausgeformte Kartoffeln, größer als Nusskartoffeln.

In Formen im Ofen gebacken

Annakartoffeln

Anna potatoes — *les pommes Anna*

Von kleinen Kartoffeln 1 bis 2 mm dünne Scheiben schneiden und würzen. Eine dickwandige Metallform mit geklärter Butter ausfetten und mit den schönen Kartoffelscheiben rosettenartig auskleiden. Die anderen ungeordnet in den freien Mittelraum füllen und fest eindrücken. Butter darüberträufeln und im Ofen goldbraun backen. Garzustand durch Anstechen feststellen.

Bäckerinkartoffeln

potatoes baker's style — *les pommes boulangère*

Früher wurden rohe Kartoffelscheiben und Zwiebelstreifen dem Lammbraten nach der halben Garzeit zugegeben und in der entstandenen Jus mitgegart.

Um die fertigen Kartoffeln schöner anrichten zu können, werden sie heute wie die Savoyardkartoffeln in Porzellanbackformen eingeschichtet, gewürzt, mit Zwiebelstreifen bestreut, mit Lammjus untergossen und im Ofen gegart.

In Flüssigkeit gegart

Schmelzkartoffeln

fondant potatoes — *les pommes fondantes*

Länglich in Pflaumengröße tournierte Kartoffeln in ausgebutterte Randbleche oder feuerfeste Formen einsetzen, mit Brühe untergießen und im Ofen unbedeckt garen. Während dessen mehrfach mit dem Fond überpinseln und goldbraun werden lassen. Vor dem Anrichten werden sie mit Butter bestrichen.

Savoyardkartoffeln

savoyarde potatoes — *les pommes savoyardes*

Längshalbierte Kartoffeln in 2 mm dicke Scheiben schneiden, in ein mit Butter bestrichenes und mit feingehackten Schalotten ausgestreutes Geschirr flach einsetzen, mit Brühe untergießen und im Ofen unbedeckt garen. Vor Beendigung der Garzeit mit geriebenem Parmesan bestreuen, mit Butter beträufeln und die Oberfläche bräunen lassen. Savoyardkartoffeln müssen saftig bleiben.

Bouillonkartoffeln

bouillon potatoes — *les pommes au bouillon*

Feinwürfelige Brunoise von Zwiebeln und Gemüse in Butter anschwitzen, blanchierte Kartoffelwürfel mit 2 cm Seitenlänge dazugeben, mit Fleischbrühe knapp bedecken, Salz und Pfeffer dazugeben und garen. Auf die angerichteten Kartoffeln Petersilie streuen.

Kartoffelgratin

gratinated potatoes — *les gratins dauphinois (m)*

Kartoffeln in 2 mm dünne Scheiben schneiden und in eine mit einer Knoblauchzehe ausgeriebene und gebutterte backfeste Form geben. Sahne mit Parmesan oder einem anderen Reibkäse vermischen, mit Salz und Pfeffer würzen und über die Kartoffeln gießen, Butterflocken daraufgeben und im 200 °C heißen Ofen ca. 25 Min. goldbraun backen.

Zubereitungen von gekochten Kartoffeln

Pellkartoffeln *jacket potatoes* / *les pommes en robe des champs*

Für die Zubereitung von Pellkartoffeln verwendet man mittelgroße Kartoffeln. Sie werden gewaschen, mit Wasser aufgesetzt und in der Schale gargekocht. Die Garzeit beträgt vom Aufkochen an gerechnet 20–30 Min. Danach werden sie abgegossen und zum Auskühlen auf ein flaches Blech geschüttet. Man schält sie, wenn sie noch warm sind. So lässt sich die Schale am leichtesten entfernen.

Salzkartoffeln
boiled potatoes / *les pommes nature*

Salzkartoffeln sind geschälte, gleichmäßig – meist zu länglicher Form – zugeschnittene (tournierte) Kartoffeln. Die gekochten Kartoffeln reicht man unverändert, lediglich manchmal mit zerlassener Butter bestrichen oder mit gehackten Kräutern bestreut.

Abb. 1: Salzkartoffeln

In vorbereiteter Sauce fertiggestellt

In Scheiben oder Würfel geschnittene Pellkartoffeln werden in die vorbereitete Sauce eingeschwenkt und abgeschmeckt. Sie können noch mit Käse bestreut und überkrustet werden.

Rahmkartoffeln
cream potatoes / *les pommes à la crème*

In Scheiben oder Würfel schneiden, mit Rahm verkochen und durchmischen.

Saure Kartoffeln
sour potatoes / *les pommes à l'aigre*

Mehl mit feingeschnittenen Zwiebeln hellbraun schwitzen, mit Fleischbrühe auffüllen, mit Weinessig, Salz, Pfeffer und einer Prise Zucker abschmecken. Nelke und Lorbeerblatt beifügen und 15 Min. kochen. In die passierte Sauce nun die Kartoffelscheiben einschwenken.

In der Pfanne gebraten

In Scheiben oder Würfel geschnittene oder geraffelte Pellkartoffeln werden in Butter gebraten. Es darf jedoch nur so viel Fett verwendet werden, dass die Menge bis zum Ende des Bratvorgangs von den Kartoffeln aufgenommen werden kann. Man erzielt eine Geschmacksverfeinerung, wenn zu Anfang die Fettmenge so gering gehalten wird, dass man später noch einige frische Butterflöckchen zusetzen kann.

Bratkartoffeln
home fried potatoes / *les pommes sautées*

Kartoffelscheiben von 3 mm Stärke salzen, pfeffern und braun braten.

Lyoner Kartoffeln
Lyonnaise potatoes / *les pommes lyonnaises*

Kartoffelscheiben braten und zusammen mit goldgelb gebratenen Zwiebelstreifen vermischen, mit gehackter Petersilie bestreuen.

Kleine gebratene Kartoffeln *fried potatoes* / *les pommes (nouvelles) rissolées*

Besonders geeignet sind kleine, neue Kartoffeln, die zuerst in der Schale gekocht und nach dem Abpellen in Butter allseitig goldbraun gebraten und gewürzt werden.

Berner Rösti
Swiss Roesti / *la roesti bernois*

Kartoffeln werden geraffelt und mit Speckwürfeln und Zwiebelwürfeln in Butter oder etwas Schweineschmalz geröstet, etwas angedrückt, der entstandene Fladen gewendet, nochmals geröstet und serviert.

Manchmal stellt man die Rösti auch aus rohen Kartoffelraffeln her.

Passierte Kartoffeln

Die geschälten, in Stücke geteilten Kartoffeln werden in Salzwasser gegart. Die Garzeit beträgt vom Aufkochen an 20 Min. Danach werden sie abgeschüttet und zum Abdämpfen auf den Herd zurückgestellt oder in ein heißes Bratrohr gegeben. Die trockenen heißen Kartoffeln werden dann weiterverarbeitet.

Neue Kartoffeln oder Frühkartoffeln sind stärkearm. Aus diesem Grunde eignen sie sich nicht zum Pürieren.

Kartoffelschnee
potato snow *les neige de pommes de terre*

Hierfür werden die heißen Kartoffeln durch eine Presse direkt auf das Anrichtegeschirr passiert, leicht mit Salz und Muskat gewürzt und mit Butterflöckchen belegt. Mit frisch gehackten Küchenkräutern bestreut, erhalten sie eine besondere geschmackliche Note.

Passierte Kartoffeln mit Milch und Sahne

Kartoffelpüree *mashed potatoes* *la purée de pommes de terre*

Die heißen Kartoffeln durch die Presse passieren, mit Muskat und Butterflocken zusammenrühren, damit sich die locker liegenden Kartoffelkrümelchen verbinden können. Dann nach und nach kochendheiße Milch einrühren, bis das Püree die gewünschte Konsistenz erreicht hat. Das fertige Püree umfüllen und Deckel auflegen.

Kartoffelpüree mit Sahne
mousseline potatoes *les pommes mousseline*

Zubereiten wie Püree, doch anstelle von Milch Sahne verwenden. Das Püree zunächst fester halten und kurz vor dem Anrichten einen Teil geschlagene Sahne lokker unterziehen.

Passierte Kartoffeln mit Butter

Kartoffelplätzchen
Macaire potatoes *les pommes Macaire*

Butterstückchen, geriebene Muskatnuss und, falls erforderlich, etwas Salz rasch unter passierte, heiße Kartoffeln rühren. Masse auf bemehlter Fläche zu Walzen mit 4 cm Durchmesser formen. Etwa 1,5 cm dicke Scheiben abschneiden und in gefetteter Pfanne beidseitig goldgelbe Farbe nehmen lassen. Steht zuviel Fett in der Pfanne, zerfallen die Kartoffelscheiben.

Abwandlungen: gebratene Speck-, Zwiebelwürfelchen und Petersilie oder angeschwitzte Würfelchen von gekochtem Schinken und geschnittenem Schnittlauch der Kartoffelmasse beigeben.

Passierte Kartoffeln mit Eigelb – Krokettenmasse

Unter 250 g heiße, passierte Kartoffeln 1 Eigelb, eine Prise Salz, geriebene Muskatnuss und evtl. Butterflocken mischen.

Wichtig: Vor dem Aufarbeiten der ganzen Masse eine Probe backen.

Kartoffelkroketten
croquette potatoes *les croquettes de pommes*

Kartoffelmasse zu Walzen mit 1,5 cm ∅ und 4 cm Länge formen. Panieren mit Mehl, Ei und Panierbrot. Backen im Fettbad bei 160 bis 170 °C ca. 1,5 Min.

Herzoginkartoffeln
duchess potatoes *les pommes duchesse*

Kartoffelmasse mit Dressierbeutel und Sterntülle auf ein gefettetes Blech oder Backtrennpapier formen, mit Eigelb bestreichen und im Ofen goldgelb backen.

Küche

Birnenkartoffeln
🇬🇧 *William potatoes* 🇫🇷 *les pommes William*

Krokettenmasse zur Birne formen, panieren, mit Nelke und Petersilienstiel ausgarnieren und frittieren.

Mandelkrusteln
🇬🇧 *almond potatoes*
🇫🇷 *les pommes croquettes aux amandes*

Gehackte oder gehobelte, geröstete Mandeln unter Kartoffelmasse mengen. Kugeln mit 2 cm ∅ formen. Panieren mit Mehl, Ei und gehobelten Mandeln. Im Fettbad bei 160 bis 170 °C ca. 1,5 Min. backen.

Für Kokosbällchen verwendet man statt gehobelter Mandeln Kokosraspeln.

Bernykartoffeln
🇬🇧 *Berny potatoes* 🇫🇷 *les pommes Berny*

Gehackte Trüffeln unter Kartoffelmasse mengen. Panieren und backen wie Mandelkrusteln.

Passierte Kartoffeln mit Brandmasse – Dauphinemasse

Aus 200 g Wasser, 30 g Butter, etwas Salz, 100 g Mehl, 2 Eiern eine Brandmasse herstellen. Die Brandmasse mit 1000 g heißen, passierten Kartoffeln und einer Prise Muskatnuss vermengen (ca. 10 Portionen).

Wichtig: Vor dem Aufarbeiten der ganzen Masse eine Probe backen.

Kartoffelkrapfen
🇬🇧 *dauphine potatoes* 🇫🇷 *les pommes dauphine*

Kartoffelmasse mit Eßlöffel zu Klößchen formen. Auf geölte Papiere absetzen. Papier mit Klößchen in Fettbad mit 160 bis 170 °C tauchen. Papier entfernen und ca. 1,5 Min. backen. (Abb. unten)

Lorettekartoffeln
🇬🇧 *Lorette potatoes* 🇫🇷 *les pommes Lorette*

Unter Kartoffelmasse 60 g geriebenen Parmesan mengen. In Beutel mit glatter Tülle (∅ 1 cm) füllen.

Lange zylinderförmige Streifen auf gemehlte Unterlage spritzen; 5-cm-Stücke schräg abschneiden, zu Halbbogen formen und auf geölte Papiere legen.

Backen wie bei Krapfen beschrieben (s. vorstehende Abb.).

Kartoffelstrauben
🇬🇧 *potato rosettes* 🇫🇷 *les rosettes (w) de pommes*

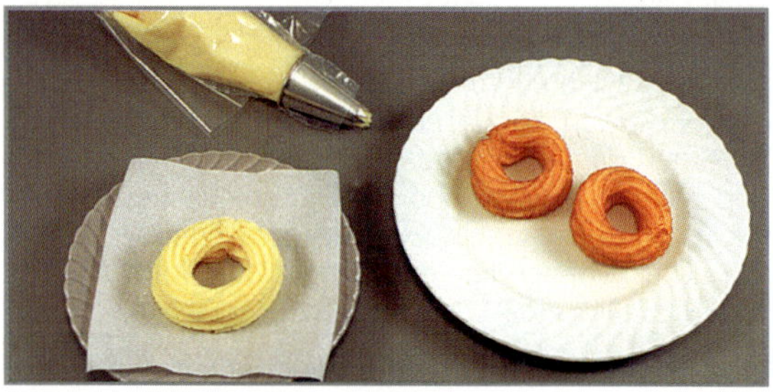

Die Dauphinmasse wird ringförmig (doppelt) auf ein gefettetes Papier oder Backpapierstück gespritzt und im Fettbad gebacken. Da die Ringe aufgehen, muss das Backstück nach einigen Minuten gewendet werden.

Vorgefertigte Produkte – Convenience

Die Industrie stellt aus Kartoffeln eine Reihe vorgefertigter Produkte her. Für die Gastronomie hauptsächlich Fertigpüree, gefrostete Pommes frites und Zubereitungen aus Kartoffelteig, wie z. B. Kroketten.

Püreegranulat ist unempfindlicher, die Flüssigkeit kann heißer sein, und es kann wie bei Püree eigener Herstellung gerührt werden, ohne dass es zäh wird.

Bei vorgefertigten Produkten immer die Hinweise des Herstellers beachten.

Pommes frites

Vorgebackene Pommes frites werden überwiegend tiefgekühlt angeboten. Man backt sie unaufgetaut bei etwa 170 °C, bis sie die entsprechende Bräunung haben.

Bei aufgetauten Pommes frites ist die Oberfläche mit Kondenswasser beschlagen. Das führt zum Schäumen des Fettes und zu einem rascheren Verderb.

Von den gefrosteten Pommes frites dürfen nicht zu viel auf einmal in den Korb gegeben werden, weil sonst die Fett-Temperatur zu stark absinkt.

Fertigpüree / Krokettenpulver

Die Kartoffeln werden gegart, püriert und getrocknet. Nach Art des Trocknens unterscheidet man Püreeflokken und Püreegranulat (Körnchen).

Püreeflocken sind empfindlich gegen starkes Rühren, weil dadurch Kartoffelzellen zerstört werden und durch die dann freiliegende Stärke das Püree zäh wird.

Bei der Verarbeitung von Püreeflocken werden diese in die gewürzte und erhitzte – aber nicht kochende – Flüssigkeit kurz eingerührt. Während der vorgeschriebenen Quellzeit darf nicht gerührt werden. Anschließend wird kurz aufgelockert.

Weitere Fertigprodukte aus dem Bereich der Kartoffeln sind Rohmassen für Kartoffelknödel.

Im Tiefkühlbereich reicht inzwischen die große Angebotspalette von fertigen Kroketten über Rösti bis zu Dauphinekartoffeln und Kartoffelpuffern.

Bei vegetarischer Kost verwendet man Kartoffelmasse gerne als Umhüllung oder Taschen für Gemüsefüllungen.

Gratinierte Rahmkartoffeln (Gratin dauphinois) werden in sehr guter Qualität bereits in Gastro-Norm-Größen angeboten.

4.2 Klöße – Knödel – Nocken

dumplings
les quenelles (w) et les noques (w)

In gewerblichen Küchen werden Klöße manchmal im Voraus hergestellt, abgekühlt und bereitgehalten. Vor dem Ausgeben legt man sie erneut in siedendes Salzwasser ein und belässt sie darin, bis die Wärme zur Mitte durchgedrungen ist.

Beim Anrichten bestreicht man sie gelegentlich mit Butter oder übergießt mit Bröselbutter.

Nocken bestreut man mit Käse und träufelt Butter darüber.

Kartoffelklöße

potato dumplings
les quenelles (w) de pommes de terre

Zubereitung aus rohen Kartoffeln:

Bedarf für 2,5 kg Masse		
2,0	kg	rohe Kartoffeln
0,35	l	Milch
70	g	Butter
180	g	Grieß
50	g	geröstete Semmelwürfelchen
		Salz, Muskat

Kartoffeln in ein Gefäß mit kaltem Wasser reiben. In ein Tuch schütten, abtropfen lassen und fest ausdrücken. Wenn sich die Stärke abgesetzt hat, Wasser abgießen und die Stärke mit den Kartoffeln mischen.

Milch, etwas Salz und Butter aufkochen. Grieß einlaufen lassen und abrühren, bis sich ein Kloß gebildet hat. Gekochten Grieß heiß unter die ausgepressten Kartoffeln arbeiten und den Teig würzen. Klöße in gewünschter Größe formen, dabei Semmelwürfelchen in die Mitte drücken.

Klöße in kochendes Salzwasser einlegen. Das Kochgeschirr muss so groß sein, dass sie nebeneinander Platz haben. Den Inhalt rasch wieder zum Kochen bringen und bei wenig geöffnetem Deckel 20 Min. sieden lassen.

Zubereitung aus gekochten Kartoffeln:

Bedarf für 2,5 kg Masse		
2	kg	gekochte Kartoffeln
125	g	Mehl
125	g	Grieß
5		Eier
50	g	Röstbrotwürfel
		Salz, Muskat

Die Kartoffeln reiben, mit den anderen Zutaten vermischen. Klöße formen und in die Mitte Röstbrotwürfel einlegen.

Kochen wie vorstehend beschrieben.

Zubereitung aus rohen und gekochten Kartoffeln (Thüringer Klöße):

Bedarf für 2,5 kg Masse		
1,3	kg	rohe Kartoffeln
700	g	gekochte Kartoffeln
2		Eier
0,25	l	Milch
		Salz, Muskat, Petersilie
50	g	gebratene, magere Speckwürfel
50	g	angeschwitzte Zwiebelwürfel
50	g	geröstete Weißbrotwürfel

Die rohen Kartoffeln bearbeiten wie für rohe Kartoffelklöße. Dann die frisch gekochten, passierten Kartoffeln untermengen, ebenso alle anderen Zutaten. Das Ganze durcharbeiten, zu Klößen formen und kochen wie schon beschrieben.

Kartoffelnocken

potato dumplings
les gnocchi (m) à la piémontaise

Das Wort Nocken ist eine im italienischen Sprachraum gebräuchliche Bezeichnung für Klöße. Während Klöße meist Kugelform haben, gibt man Nocken kleinere, ovale oder andere Formen.

Bedarf für 2,5 kg Masse		
2	kg	frisch gekochte Salzkartoffeln
400	g	Mehl
2		Eier
60	g	Butter
		Salz, Muskat

Die frischgekochten Salzkartoffeln passieren; in die heißen Kartoffeln Eier, Butter und Mehl einrühren; schnell aufarbeiten.

Tischplatte mit Kartoffelmehl bestäuben, darauf die heiße Masse zu Walzen formen, diese in Scheiben schneiden und mit den Zinken einer Tischgabel markieren. Sofort in bereitstehendes kochendes Salzwasser einlegen, aufkochen lassen und mit einem Schaumlöffel zum Abkühlen in kaltes Wasser umsetzen. Auf einem Blech mit Tuch zum Wiedererwärmen auf Abruf bereithalten.

Kartoffelnudeln *potato noodles* *les nouilles (w) aux pommes de terre*

Bedarf für 10 Portionen:		
1	kg	Kartoffeln (mehlig kochend)
300	g	Mehl oder Stärke
60	g	Butter
150	g	Semmelbrösel
2		Eigelb
		Salz, Muskat

Kartoffeln kochen, schälen, heiß durch die Kartoffelpresse drücken und etwas abkühlen lassen. Die Kartoffelmasse mit Mehl, Gewürzen und Eigelb rasch zu einem Teig kneten und diesen sofort aufarbeiten, da er sonst weich wird. Den Teig mit Hilfe von Mehl zu einer Rolle formen, in kleine Stücke schneiden und diese zu fingerlangen Nudeln formen. Dabei die Hand, die Nudeln und die Arbeitsplatte immer wieder mit etwas Mehl bestäuben.

Die Fingernudeln ins siedende Salzwasser legen, etwa 5 Min. ziehen lassen, herausnehmen und abtropfen lassen. Die Nudeln nun in geklärter, heißer Butter leicht abrösten, mit Brösel bestreuen, nochmals leicht rösten und servieren.

Weitere Beilagen

Semmelknödel
bread-dumplings *les quenelles (w) de pain*

Bedarf für 2,5 kg:		
1	kg	altbackene Semmeln oder Weißbrot
0,8 – 0,9	l	Milch
250	g	Zwiebelwürfel, angeschwitzt
100	g	Butter
7		Eier
		Petersilie, Salz, Muskat

Semmeln oder Weißbrot in kleine Würfel schneiden. Davon 200 g in Butter hellbraun rösten und wieder den anderen Würfeln beigeben. In einer Schüssel mit der erwärmten Milch übergießen und 30 Min. zum Weichen beiseitestellen. Danach die zerschlagenen Eier und alle anderen Zutaten untermischen, würzen und alles noch 30 bis 45 Min. ruhen lassen. Nun aus der Masse Knödel in gewünschter Größe abdrehen, in sprudelnd kochendes Salzwasser einlegen und garen wie die rohen Kartoffelklöße.

Hefeklöße *yeast dough-dumpling* *les quenelles (w) à la levure*

Bedarf für 1,8 kg:		
1	kg	Mehl
75	g	Hefe
10	g	Salz
125	g	Butter
0,4 – 0,5	l	Milch
1	TL	Zucker
2		Eier
2		Eigelb

Milch anwärmen, Butter zerlaufen lassen, die anderen Zutaten temperieren.

Mehl in eine Schüssel sieben. In der Mitte eine Grube bilden, Hefe hineinbröckeln, einen Teil der Milch und den Zucker zugeben und mit dem nächstliegenden Mehl einen leichten Vorteig rühren. Schüssel zugedeckt an einen warmen Ort stellen, damit der Vorteig genügend aufgehen (gären) kann. Danach die übrigen Zutaten beifügen, alles zu einem glatten Teig verarbeiten und ihn zugedeckt nochmals aufgehen lassen.

Auf bemehlter Arbeitsfläche aus dem Teig Walzen formen, diese in gleich schwere Stücke von 50 g teilen. Mit bemehlten Händen runde Klöße formen, auf bemehltes Brett ablegen und zugedeckt warmstellen. Klöße in kochendes Salzwasser einlegen und zugedeckt etwa 25 bis 30 Min. sieden.

Nach halber Garzeit Klöße umdrehen. Garzustand mit einem Hölzchen probieren: Haftet kein Teig mehr daran, sind die Klöße gar.

Klöße aus dem Wasser heben, dabei abtropfen lassen, anrichten, mit Butter bestreichen oder Bröselbutter darübergeben und sofort servieren.

Serviettenknödel

Aus beiden vorgenannten Zubereitungen lassen sich Serviettenknödel herstellen.

Beim Rezept „Semmelknödel" werden die Eier getrennt und das Eiweiß als steif geschlagener Schnee kurz vor dem Garen untergehoben.

Beim Rezept „Hefeklöße" arbeitet man unter den Teig fünf in Würfel geschnittene, in wenig Milch vorgeweichte Semmeln und 150 g Röstbrotwürfel.

Die weitere Verarbeitung ist bei beiden Teigen gleich:

- Statt Knödel formt man eine Walze oder einen Laib und legt ihn auf ein bemehltes Passiertuch.
- Das Tuch schlägt man locker um die Form, da der Teig während des Garprozesses noch aufgehen soll und bindet mit einem Bindfaden beide Enden zu.
- Den Serviettenknödel lässt man nun in einem entsprechend großen (länglich-ovalen) Gefäß in Salzwasser garziehen, wickelt ihn aus und schneidet ihn mit Hilfe eines Bindfadens in Scheiben.

***Abb. 1:** Serviettenknödel garen und schneiden*

Als Beilage zu:
Pilzragouts, Schmor- und Sauerbraten, Burgunderbraten, geschmortem Wildbraten von Hirsch, Hase oder Wildschwein, Gulasch und braunen Ragouts.

Grießnocken *semolina dumplings*
les gnocchi (m) à la romaine

Bedarf für 10 Portionen:

0,5	l	Milch
100	g	Grieß
20	g	Butter
1		Ei
		Salz, Muskat

Grieß in kochender Milch zu einem dicken Brei aufquellen und mit der Butter, den Gewürzen und dem aufgeschlagenen Ei vermischen. Blech mit Backpapier auslegen, die Grießmasse darauf aufstreichen (ca. 1,5 cm dick), auskühlen lassen und mit Parmesan bestreuen.

Grießnocken halbmondförmig ausstechen und überbacken.

Pariser Nocken *Paris dumplings*
les gnocchi (m) à la parisienne

Bedarf für 10 Portionen:
0,4 l Milch 60 g Butter, 200 g Mehl, 6 Eier, Salz

Eine Brandmasse herstellen, mittels Spritzbeutel und Lochtülle (Nr. 8) haselnussgroße Nocken in siedendes Salzwasser abstechen, kurz garen.

Für warme Vorspeise auf Gratinplatte anrichten, mit Béchamelsauce nappieren, mit Parmesan bestreuen, Butterflocken auflegen und überkrusten.

Polenta
polenta *la polenta*

Bedarf für 10 Portionen:

50	g	Butter
250	g	groben Maisgrieß
0,6	l	Wasser
0,6	l	Milch
1		Knoblauchzehe
100	g	Zwiebelwürfel
100	g	Parmesan
		Salz
		weißer Pfeffer

Zwiebel und Knoblauch in Butter anschwitzen, aufgießen und aufkochen. Maisgrieß einlaufen lassen, ca. 5 Min. unter ständigem Rühren kochen, dann den Topf abdecken und etwa 60 Min. ziehen lassen.

Parmesan unterziehen und als Sättigungsbeilage als Brei servieren oder wie dargestellt verarbeiten.

Die Herstellung von Polenta

1. Grieß einlaufen lassen

2. Polentamasse

3. Ausbreiten der Masse

4. Aufarbeiten

Küche

4.3 Teigwaren

pasta *les pâtes (w) alimentaires*

Teigwaren sind neben Kartoffeln und Reis eine wichtige Sättigungsbeilage, aber auch Hauptbestandteil vieler beliebter Gerichte.

Sie werden in der neuzeitlichen Küche gelegentlich selbst hergestellt. Für die Eigenproduktion verwendet man neben Weizenmehlen auch fein gemahlene Vollkornmehle aus Roggen, Dinkel (mit Grünkern) oder Buchweizen. Industriell hergestellte Teigwaren werden meist aus Hartweizengrieß gefertigt.

Nudeln

Nudelteig

noodle-dough *la pâte de nouilles*

Bedarf für 10 Portionen		
1	kg	Mehl
8		Eier
400	ml	Wasser
8	g	Salz

Mehl auf die Arbeitsfläche sieben, in der Mitte eine Mulde bilden und die aufgeschlagenen Eier zugeben. Alles zusammen zu einem glatten Teig kneten.

Den Teig in 4 bis 6 Stücke teilen und gegen Austrocknen zugedeckt etwa 30 Min. ruhen lassen. Dadurch entspannt sich der Kleber im Mehl und der feste Teig lässt sich später leichter ausrollen.

Abb. 1: Teigbereitung

Formgebung

Bei manueller Weiterverarbeitung des Teiges wird dieser mit einem Rollholz zu der gewünschten Dünne ausgerollt und durch mehrmaliges Wenden angetrocknet. Danach wird der Teig in der gewünschten Breite geschnitten.

Steht für die Nudelherstellung eine Maschine zur Verfügung, so übernimmt diese sowohl das Ausrollen als auch das Schneiden der Nudeln. Mit manchen Geräten kann man bis zu 6 verschiedene Nudelformen herstellen.

Abb. 2: Formgebung

Abwandlungen:

Nudeln bekommen Farbe und eine zusätzliche Geschmacksnote durch:

Tomatenpüree, Rote-Bete-Saft, Karottensaft, reduzierten Rotwein;

Spinat- oder Mangoldpüree, feingehackte Küchenkräuter;

Vollkornmehle, Buchweizenmehl, Steinpilzpulver;

Sepiatinte.

Trocknung

Nudeln können sofort nach dem Schneiden gegart werden. Will man sie länger lagern, muss man sie trocknen. Erst wenn sie völlig trocken sind, werden sie staubfrei verpackt und bis zur Verwendung aufbewahrt.

Abb. 3: Trocknung

Garen

Teigwaren werden in viel sprudelndem Salzwasser gekocht. Die Kochbewegungen des Wassers und gelegentliches Umrühren verhindern ein Zusammenkleben bzw. ein Ankleben der Teigwaren am Topfboden. Das schnelle Erhitzen lässt die Randschichten rasch verkleistern, wodurch sich die Schaum- und Schleimbildung verringert. Etwas Öl im Kochwasser verhindert ein Zusammenkleben.

Teigwaren sind gar, wenn sie beim Probieren noch einen leichten Biss haben, also „al dente" sind. Sie werden dann sofort abgeschüttet und meist auch noch in kaltem Wasser abgekühlt oder, falls sie gleich heiß weiterverwendet werden, mit frischem heißem Wasser überspült.

Die Garzeit liegt zwischen 2 und 14 Min. und wird wesentlich von der Dicke der Teigwaren beeinflusst. Am kürzesten ist sie bei frisch hergestellten Produkten.

Portionsmengen:

- Vorgerichte 30 g
- Beilagen 60 g
- Gericht 100 g

Vorrätighalten – Wiedererwärmen

Teigwaren werden auf Vorrat gekocht und bei Bedarf wiedererwärmt.

Die abgeschütteten Teigwaren werden mit kaltem Wasser überbraust und unter einer Folie aufzubewahrt, um sie vor dem Austrocknen zu schützen. Bei Bedarf erhitzt man die Teigwaren in kochendem Salzwasser, lässt sie im Durchschlag gut abtropfen und schüttet sie in ein bereitgehaltenes Gefäß. Mit einer Gabel werden frische Butterflocken untergezogen. Dabei legt sich die Butter um die Teigwaren und verleiht ihnen einen feinen Schmelz.

Spätzle

Swabian spaetzle — *les spaetzli (m)*

Bedarf für 10 Portionen:

1	kg	Mehl
20	g	Salz
etwa 0,2	l	Wasser oder Milch
12		Eier

Das gesiebte Mehl wird mit den restlichen Zutaten zu einem sehr glatten Teig geschlagen, bis er Blasen bildet.

Die Spätzle werden durch Schaben, Hobeln oder Pressen geformt.

Beim Schaben der Spätzle wird der Teig in kleinen Mengen auf das angefeuchtete Spätzlebrett gegeben und mittels einer Palette glattgestrichen. Das Brettchen wird nun mitsamt dem aufgestrichenen Teig nochmals kurz in das Kochwasser getaucht.

Dann schabt man mit einer Palette dünne Teigstreifen vom Brett direkt in das kochende Salzwasser.

Nach einmaligem Aufkochen schöpft man die Spätzle mit einem Schaumlöffel ab und gibt sie sofort in kaltes Wasser. Im Durchschlag lässt man sie gut abtropfen und legt sie auf ein mit einem Tuch bedecktes Blech.

Zum Wiedererwärmen werden Spätzle in einer Pfanne mit aufgelöster Butter geschwenkt.

Käsespätzle

Mit dem Hobel hergestellte Spätzle werden heiß direkt aus dem Kochwasser mit dem Schaumlöffel in eine Schüssel gegeben und lagenweise mit Reibkäse (Allgäuer Bergkäse) bestreut. Obenauf kommen in zerlassener Butter gebräunte Zwiebelwürfel.

Drei Herstellungsformen für Spätzle

Hier wird Spätzleteig zu Knöpfle gehobelt

Die Spätzle werden vom Brett geschabt

Oder man presst die Spätzle durch eine Presse

4.4 Reis

rice — *le riz*

Reis schmeckt neutral und ist vielseitig verwendbar.

Portionsmengen:

- Vorgericht 20 g bis 30 g
- Beilage 40 g bis 50 g
- Gericht 60 g bis 70 g
- Suppeneinlage 5 g bis 10 g

Gekochter Reis

boiled rice — *le riz blanc*

Bedarf:

10	l	Wasser
100	g	Salz
1	kg	Reis

Garzeit ca. 18 Min.

Oftmals wird der Reis vor dem Kochen mit kaltem Wasser abgewaschen, damit feine Stärkereste den Reis und das Kochwasser nicht verkleben.

Naturreis wird auf jeden Fall gründlich gewaschen.

Gekochter Reis wird in reichlicher Menge Salzwasser gegart, wodurch man eine besondere Lockerheit erreicht. Sofort nach der Kochzeit den Reis in ein Sieb geben und unter fließendem kalten Wasser abkühlen, gut abtropfen lassen und bis zum Bedarf kühlstellen.

Zur Weiterverwendung wird er auf ein gefettetes, flaches Geschirr gegeben, gewürzt, mit Butterflocken belegt und unter mehrmaligem Wenden im Ofen bei mäßiger Hitze erwärmt.

Der Reis kann auch portionsweise in der Pfanne in Butter geschwenkt oder im Mikrowellengerät regeneriert werden.

Möchte man ihn in einem Combidämpfer wiedererwärmen, verwendet man dazu einen durchlöcherten Gastro-Norm-Behälter, damit der Dampf schnell zwischen die kalten Reiskörner gelangen kann.

Pilaw

pilaf rice — *le riz pilaf*

Bedarf:

1	kg	Reis
150	g	Butter
250	g	Zwiebelbrunoise
2	l	helle Fleischbrühe
		Salz

Garzeit: 18 Min.

Den Reis waschen und gut abtropfen lassen. Zwiebelbrunoise in Butter farblos anschwitzen ①, den Reis dazugeben und solange umrühren, bis er glasig wird ②. Danach mit heißer Fleischbrühe auffüllen, salzen nach Geschmack und zugedeckt ③ im heißen Ofen garen. Sodann lockert man den Reis durch Umrühren mit einer Fleischgabel auf und mischt gleichzeitig einige Butterflöckchen darunter ④.

***Abb. 1:* Die Herstellung von Pilaw in vier Schritten**

Risotto

risotto — *le risotto*

Bedarf:

1	kg	Reis
100	g	Butter
50	g	Olivenöl
250	g	Zwiebelbrunoise
150	g	geriebener Parmesan
ca. 3,5	l	helle Fleischbrühe

Garzeit: 18 bis 20 Min.

***Abb. 2:* Fleischbrühe zugießen**

***Abb. 3:* Unter Rühren garen**

Zwiebelbrunoise in Öl und 50 g Butter farblos anschwitzen, Reis (vorzugsweise italienischen Rundkornreis) zugeben und glasig werden lassen. Nun wird unter Rühren heiße Fleischbrühe teilweise zugegossen. Dieser Vorgang wird solange wiederholt, bis der Reis gar ist. Danach gibt man die restliche Butter und den Parmesan unter den Reis.

Das fertige Risotto soll eine leicht breiige Konsistenz haben bzw. in sich etwas gebunden sein.

Abb. 1: Fertiges Risotto

Alle Reiszubereitungen können ergänzt und geschmacklich variiert werden durch Zugabe von:

Curry, Paprika, Safran, Kräutern, Pilzen, Tomatenfleischwürfeln, Erbsen, Hühnerfleisch, Lammfleischwürfeln, Schinken, Krabben, Fischfiletstücken, Tintenfisch usw.

Wildreis

Eine besondere Art ist der kanadische Wildreis mit seinem delikat-nussartigem Geschmack.

Man wäscht den Wildreis kurz und gibt ihn in die dreifache Menge kochendes Wasser, kocht ihn nur 3 bis 5 Minuten, entfernt den Topf vom Herd und lässt ihn zugedeckt eine Stunde quellen.

Dieser nach dem „Schnell-Quell-Verfahren“ vorbereitete Wildreis wird nun in Salzwasser ca. 30 Minuten gekocht. Das Restwasser wird abgegossen.

Manchmal gibt man dem Wildreis nach zehnminütiger Garzeit die gleiche Menge Langkornreis zu und gart beide Reissorten zusammen. Bei dieser Methode entsteht eine schöne, schwarzweiße Reisbeilage.

Küche

AUFGABEN

1 Welcher Posten in der Küche ist für die Zubereitung der Beilagen zuständig?

2 Welche Kartoffelzubereitungsarten werden in Fleischbrühe gegart?

3 Sie haben eine Krokettenmasse hergestellt. Was sollten Sie unbedingt vor der Verarbeitung der ganzen Masse getan haben?

4 Benennen Sie die Kartoffelzubereitungen auf nebenstehendem Bild.

5 Wie heißt die Kartoffelmasse mit Brandteig?

6 Erklären Sie die Herstellung von Kartoffelschnee.

7 Ein Gast wünscht als Beilage zu seinem Gericht keine Kartoffeln. Welche andere Beilage empfehlen Sie ihm?

8 Womit können Teigwaren bunt gefärbt werden?

9 Nennen Sie 3 Fertigstellungsmethoden für Spätzle.

10 Erklären Sie den Begriff „Polenta“.

11 Erklären Sie Ihrem neuen Azubi-Kollegen den Unterschied zwischen Pilaw und Risotto.

12 Wie bereiten Sie Wildreis zu?

5 Eierspeisen

egg dishes
les mets (m) aux œufs

Eier schmecken neutral, sind leicht verdaulich und lassen sich sehr abwechslungsreich zubereiten.

Frühstücksgerichte

- *Gekochte Eier im Glas oder in der Schale*
- *Pochierte Eier auf Toast*
- *Rühreier naturell oder mit Schinkenstreifen*
- *Spiegeleier naturell oder mit krossem Speck*

Kalte Vorspeisen

- *Halbierte, gefüllte Eier auf Frühlingssalat*
- *Eiersalat mit Kräutern, in Tomaten gefüllt*
- *Pochierte Eier mit Räucherlachs und Kresse*
- *Eierscheiben mit Krabben in Estragongelee*

Warme Zwischengerichte

- *Eier im Näpfchen mit Sahne*
- *Frittierte Eier mit Speck auf Toast, Tomatensauce*
- *Pochierte Eier mit Mornaysauce, überbacken*
- *Rühreier mit Geflügelleber und Pilzen*

Eigenständige warme Gerichte

- *Wachsweiche Eier in Currysauce mit Tomatenreis*
- *Omelett mit Kalbsragout und Petersilienkartoffeln*
- *Spiegeleier auf Rahmspinat mit Fondantkartoffeln*
- *Käseomelett mit buntem Salatteller*

Abb. 1: Rührei mit verschiedenen Garnituren.

5.1 Gekochte Eier

Zum Kochen verwendet man Eier ohne Sprünge.

Bei schadhafter Schale würde während des Kochens das Eiweiß austreten. Darum prüft man Eier, indem man je zwei leicht gegeneinanderklopft. Eier, die direkt aus dem Kühlschrank kommen, legt man vor dem Kochen in warmes Wasser. Der damit erreichte Temperaturausgleich verhindert das Reißen der Schale.

Werden größere Mengen Eier gekocht, legt man sie in einen Drahtkorb und gibt diesen in das kochende Wasser. Die Eier müssen vom Wasser bedeckt sein. Die Kochzeit wird vom Wiederaufwallen des Wassers an gerechnet.

Hartgekochte Eier haben eine Kochzeit von 10 Minuten.

Will man die Eier gleich verwenden, werden sie nach dem Kochen mit kaltem Wasser abgeschreckt. Wenn man die Eier in einer mit kaltem Wasser gefüllten Schüssel schält, lässt sich die Schale leichter entfernen.

Bei hartgekochten Eiern kann es vorkommen, dass sie sich schlecht schälen lassen oder dass der Dotter einen blaugrünen Rand zeigt. Beides hat nichts mit dem Abschrecken zu tun, sondern mit dem Alter des Eies.

Sehr frische Eier lassen sich schwerer schälen, haben aber einen hellen Dotter. Ältere Eier lassen sich dagegen leichter schälen, neigen aber zu dunklerem Dotterrand.

Werden Eier auf Vorrat gekocht, bewahrt man sie am besten in der Schale auf.

Will man geschälte Eier vorrätig halten, legt man die Eier in kaltes Wasser, damit sie sich nicht verformen.

Weiche Eier im Glas

soft boiled eggs — *les œufs (m) en verre*

Nach Abschrecken in kaltem Wasser schält man die gekochten Eier behutsam, legt sie in Gläser und serviert sie warm.

Kochdauer: 4 Min.

Weiche Eier in der Schale

soft boiled eggs — *les œufs (m) à la coque*

Die gekochten Eier werden in kaltem Wasser abgeschreckt und warm in Eierbechern serviert.

Kochdauer: 3 bis 5 Min. nach Wunsch

5.2 Pochierte Eier

poached eggs   les œufs (m) pochés

Pochierte Eier werden ohne Schale in ungesalzenem Essigwasser gegart. Der Dotter soll am Ende der Garzeit weich sein.

Die Eier müssen unbedingt frisch sein, damit sich das Eiweiß im Wasser nicht zu einer formlosen Masse verteilt. Das Wasser darf nur am Siedepunkt sein und nicht wallen, weil sonst durch die Bewegung des Wassers das Eiweiß auseinandergezogen würde. Der Essiggehalt des Wassers begünstigt das Gerinnen, ohne den Geschmack zu stark zu beeinflussen.

Arbeitsablauf

- Wasser in geräumigem Topf zum Sieden bringen, je Liter ein EL Essig beigeben,
- Eier in Schälchen aufschlagen und in rascher Folge in das siedende Wasser gleiten lassen,
- 4 Min. ziehen lassen,
- mit Schaumkelle entnehmen und in kaltem Wasser abschrecken,
- abstehende Eiweißenden abschneiden,
- in gesalzenem warmen Wasser (50 °C) bis zum Servieren bereithalten,
- vor dem Anrichten auf Tuch abtropfen lassen.

Die pochierten Eier werden auf gebutterten Toastscheiben oder in gefüllten Törtchen mit einer entsprechenden Sauce angerichtet. Die Füllung der Törtchen kann aus Fleischragout oder feinen gebundenen Gemüsen oder Pilzen bestehen. Pochierte Eier können aber auch mit Gemüsen angerichtet und mit Mornaysauce überbacken werden.

Abb. 1: Rohes Ei mittels Schälchen ins siedende Wasser gleiten lassen.

Abb. 2: Pochiertes Ei in Eiswasser abschrecken.

Abb. 3: Wiedererwärmtes Ei vor dem Anrichten auf Tuch abtropfen.

5.3 Spiegeleier

fried eggs   les œufs (m) sur le plat

Spiegeleier werden in stabilen Stielpfannen oder in feuerfesten Spezial-Eierplatten zubereitet. Am Ende der Garzeit soll das Eiweiß gestockt, die Dotter sollen aber weich und glänzend sein. Beim Würzen wird das Eigelb nicht gesalzen, da sich sonst weiße Punkte bilden.

Arbeitsablauf

- Butter in dem gewählten Geschirr erhitzen,
- Eier einschlagen,

- bei mäßiger Temperatur garen, damit das Eiweiß ohne scharfe Bratränder vollkommen gerinnen kann,
- nur Eiweißfläche würzen, denn Salzkörnchen auf dem Eigelb bilden helle Flecken,
- bei Zubereitung in der Pfanne Eier unter Zuhilfenahme einer Winkelpalette auf einer vorgewärmten Platte anrichten,
- Zubereitungen in Spezialplatten so rechtzeitig vom Herd nehmen, dass das Eigelb trotz der nachwirkenden Wärme weich bleibt.

Abwandlungen
Spiegeleier mit gebratenem Speck oder gebratenem Schinken, mit Rostbratwürstchen, Geflügellebern, Scheiben von Nieren, Spargel oder Pilzen.

5.4 Rühreier

scrambled eggs *les œufs (m) brouillés*

Rühreier werden in einer Stielpfanne zubereitet. Tadellose Ergebnisse erfordern eine vollkommene Vermischung von Eiweiß und Eigelb, eine langsame Gerinnung der Eimasse bei andauerndem Rühren sowie die Einhaltung der richtigen Gardauer. Rühreier sollen von kleinflockiger, kremig-lockerer Beschaffenheit sein.

Müssen Rühreier im Voraus bereitet werden, so schlägt man je Ei einen Esslöffel Milch oder Sahne in die Eimasse. Die zarte Konsistenz der Rühreier bleibt dadurch besser erhalten. Verwendet man pasteurisiertes Vollei, besteht auch dann keine Salmonellengefahr, wenn Rühreier vorrätig gehalten werden.

Arbeitsablauf

- Eier in eine Schüssel schlagen,
- würzen und mit Schneebesen tüchtig verrühren,
- Butter in einer Pfanne erwärmen,
- Eimasse eingießen und bei mäßiger Hitze wirken lassen,
- warten, bis Eimasse zu stocken beginnt,
- gerinnende Eimasse fortlaufend von der Bodenfläche abrühren,
- kleinflockige, kremige Rühreier sofort auf eine vorgewärmte Platte leeren.

Abwandlungen
Zubereiten mit Schnittlauch, gemischten Kräutern, geröstetem Speck oder Schinken, angebratenen Pilzen, Brotkrüstchen oder geriebenem Käse;

Anrichten in Tarteletts, Schiffchen, Artischockenböden, Auberginen, Tomaten oder auf Toast;

Garnieren mit Spargel, Geflügellebern, Nieren, Rostbratwürstchen oder Krebsschwänzen.

5.5 Omelett

omelette *l'omelette (w)*

Zur Zubereitung von Omeletts benutzt man eine Omelettpfanne. Der Übergang vom Boden zu dem etwas steileren und höheren Rand ist bei dieser Pfanne gerundet. Man darf sie nur für diesen Zweck verwenden. Selbst kleinste angebackene Reste anderer Zubereitungen würden die Eier anhängen lassen, das Omelett wäre nicht zu formen.

Ein fachgerecht zubereitetes Omelett soll eine schöne Form haben, es soll außen zart und glatt und innen von weicher Konsistenz sein.

Abb. 1: Eimasse mit Gabel rühren.

Abb. 2: Omelett zum Rand rollen und formen.

Küche

Abb. 1: Omelett auf Teller stürzen.

Arbeitsablauf

- Eier in eine Schüssel schlagen, würzen und mit einem Schneebesen vollkommen vermischen oder pasteurisiertes Vollei verwenden,
- Butter in einer Omelettpfanne schmelzen,
- Eimasse hineingießen, bei starker Hitze mit dem Rücken einer Gabel rühren und die Pfanne bewegen,
- die gleichmäßig gerinnende, kremige Masse durch Schräghalten in den vorderen Pfannenteil gleiten lassen,
- mit den Gabelzinken die verbliebene dünne Bodenschicht vom Pfannenstiel aus bis zur Mitte hin umklappen,
- Pfanne anheben, mit der Faust auf den Pfannenstiel schlagen, wodurch das Omelett vollends in den vorderen Pfannenteil gerät, sich rollt und schließt,
- aus dieser Lage das Omelett auf eine erwärmte, gefettete Platte kippen,
- mit einem aufgespießten Butterstückchen das Omelett behutsam bestreichen, damit es appetitlich glänzt.

Abwandlungen

Omeletts kann man mit verschiedenen Beigaben servieren. Besonders geeignet sind gedünstete Pilze, Tomaten, Spargel, Speck oder Schinken, feines Geflügelragout, Geflügellebern, Nieren, Kalbsbries, geröstete Brot- oder Kartoffelwürfelchen oder Käse.

Die Beigabe erfolgt auf verschiedene Arten:

- Zutaten anschwitzen und mit der rohen Eimasse übergießen und garen,
- Zutaten wie zum Beispiel Reibkäse unter die rohe Eimasse geben,
- als Füllung in die Mitte des Omeletts vor dem Falten, in das angerichtete, längs eingeschnittene Omelett einfüllen,
- neben dem fertigen Omelett anrichten.

5.6 Frittierte Eier

deep fried eggs *les œufs (m) frits*

Frittierte Eier werden einzeln ohne Schale in heißem Öl gebacken. Am Ende der Garzeit soll der Dotter weich und von goldbraun gebackenem Eiweiß umgeben sein.

Beim Frittieren wirft das rasch stockende Eiweiß große Blasen. Diese werden mit der tiefen Laffe eines Holzlöffels fortlaufend an den Dotter gedrückt, ohne ihn zu beschädigen. Weil man die Eier einzeln frittieren muss, ist die Zubereitung zeitaufwendig.

Arbeitsablauf

- In einer kleineren, tiefen Stielpfanne etwa 0,25 l Öl auf 180 °C erhitzen.
- Eier einzeln in Schälchen aufschlagen, Pfanne leicht neigen, damit das Öl an eine Seite läuft, ein Ei in die geneigte Pfanne gleiten lassen, mit einem Holzlöffel die Eiweißblasen immer wieder rasch an den Dotter drücken.
- Ei zum gleichmäßigen Bräunen behutsam wenden, nach einer Minute Backdauer mit Schaumlöffel entnehmen.
- Auf saugfähiger Unterlage bei 50 °C warmhalten.

Nachdem alle Eier frittiert sind, werden sie gewürzt und vorwiegend auf Toast angerichtet.

Beigaben

Gegrillte Speck- und Schinkenscheiben, gebratene Nieren oder Würstchen, frittierte Auberginen oder Zucchini, sautierte Pilze, gedünsteter Blattspinat, frittierte Petersilie, Curry-, Tomaten-, Tatarensauce.

5.7 Eier in Näpfchen

eggs in molds *les œufs (m) en cocotte*

Eier in Näpfchen gart man in feuerfesten Porzellanförmchen (Cocotten) im Wasserbad. Das Ei soll am Ende der Garzeit einen weichen Dotter aufweisen.

Arbeitsablauf

- Förmchen mit Butter ausstreichen und Sahne eingießen,
- aufgeschlagenes Ei daraufgeben,

- mit Butterstückchen belegen, damit sich keine Haut bildet,
- im Wasserbad bis zum Stocken garen.

Eier in Näpfchen werden in der Form serviert.

Anstelle von Sahne gibt man z. B. Geflügelragout, Ragout von Kalbsbries oder Krustentieren, gedünstete Gemüse, Pilz- oder Zwiebelpüree oder Schinken- und Käsewürfelchen in die Förmchen und ergänzt nach dem Garen mit einer dazu passenden Sauce.

Abb. 1: Eier im Näpfchen, roh und gegart

5.8 Pfannkuchen – Eierkuchen

pancakes

les pannequets (m) / crêpes (w)

Bedarf für 10 Stück, ∅ ca. 22 cm:

250 g	Mehl		
0,75 l	Milch		
80 g	Butter		
10	Eier	1	Msp. Salz

Milch und Mehl gut verrühren, die Eier dazugeben und alles zu einer glatten Masse schlagen. Um die Pfannkuchen lockerer zu machen, kann man die Eier trennen und das Eiweiß als Schnee unter die angerührte Masse heben.

Die Eierkuchen werden in einer Pfanne mit heißer Butter gebacken. Man lässt sie auf dem Herd Farbe nehmen, dreht sie um und backt sie im Ofen fertig.

Die Pfannkuchen sollen goldgelb und leicht aufgebläht sein und schnellstens dem Gast vorgesetzt werden.

Pfannkuchen können u.a. mit eingebackenem Speck und grünem Salat oder mit eingebackenen Apfelscheiben und Zucker serviert werden.

Man kann die Pfannkuchen auch mit Wurstfarce (Brät) bestreichen, aufrollen, in Dampf garen und erhält so die sogenannten Brätstrudel, die ebenfalls als Suppeneinlage oder als kleines, warmes Zwischengericht Verwendung finden.

Die Herstellung von Crêpes wird im Kapitel „Süßspeisen" behandelt.

Schutz vor Salmonellen

Hühnereier können von Salmonellen befallen sein. Bei der Verarbeitung, z. B. beim Aufschlagen der Eier, können die Salmonellen mit dem Ei-Inhalt in Berührung kommen und so in Speisen gelangen.

Um den Gast vor Salmonellen zu schützen, sind folgende Regeln zu beachten:

- **nur frische Eier verwenden,** die Luftkammer ist dann klein,
- **Eier kühl lagern,** dann können sich die Salmonellen kaum vermehren,
- **warme Eierspeisen,** z. B. Rührei oder Ei im Näpfchen, dürfen nur bis **zwei Stunden** nach der Herstellung angeboten werden,
- **Speisen aus pasteurisierten Eiprodukten** können länger warmgehalten werden.
- **Eier, deren Mindesthaltbarkeit abgelaufen ist,** dürfen nur in durcherhitzter Form angeboten werden,
- **wenn das Eigelb geronnen ist,** besteht keine Salmonellengefahr,
- **Proben müssen zurückgestellt werden,** wenn mehr als 30 Portionen von eihaltigen Speisen hergestellt werden. Die Proben sind mindestens 96 Stunden (4 Tage) gekühlt aufzubewahren.

Aufgaben

1 Zählen Sie fünf verschiedene Garverfahren für Eier auf.

2 Beschreiben Sie die Zubereitung von: a) Rühreiern b) Spiegeleiern c) Omelett d) Eier im Näpfchen.

3 Beschreiben Sie Beilagen, Saucen oder Garnituren, die zu pochierten Eiern passen.

4 Nennen Sie vier verschiedene Arten von Omeletts.

5 Schildern Sie Ihrem jüngeren Kollegen die Herstellung eines Omeletts.

6 Welche Materialien sind zur Herstellung eines Pfannkuchens notwendig?

7 Schildern Sie den Arbeitsablauf bei der Herstellung von Pfannkuchen.

8 Was versteht man unter dem Begriff „Rückstellproben"?

Küche

PROJEKT

VEGETARISCHES AUS BIO-PRODUKTEN

In unserem Hause werden Bio-Produkte aus der Region vorgestellt.

Dabei soll mit einer Aktion auf die vielfältigen Möglichkeiten der Zubereitung und Präsentation vegetarischer Gerichte hingewiesen werden.

Damit die Aktion für die Bio-Produzenten sowie für Ihr Haus ein voller Erfolg wird, muss sie mit größter Sorgfalt geplant, vorbereitet und ausgeführt werden.

ANALYSE

1 Was bedeutet für die Köche diese Herausforderung?

2 Welche Gesichtspunkte müssen dabei beachtet werden?

VORSCHLÄGE

1 Erarbeiten Sie Vorschläge für ein vegetarisches 3-Gang-Menü und/oder ein vegetarisches Büfett mit mindestens drei kalten und vier warmen Gerichten.

2 Beachten Sie bei Ihren Ausarbeitungen die Vielfalt der Produkte, der Zubereitungsarten und der Gerichte.

3 Erstellen Sie zu den Speisevorschlägen Rezepturen für jeweils 10 Portionen.

4 Fertigen Sie zu Ihrer Aufgabe einen Arbeitsablaufplan. Vergleichen Sie Seite 57.

5 Kochen Sie die Gerichte vor der Aktion mindestens einmal und lassen Sie diese von verschiedenen Leuten beurteilen. Benutzen Sie hierzu das Degustationsblatt von Seite 137.

6 Führen Sie eine Ergebnisliste, die Sie anschließend auswerten. Die besten Gerichte wählen Sie für Ihr Menü oder das vegetarische Büfett aus.

KOSTEN

1 Die Veranstaltung mit 3-Gang-Menü oder Büfett soll für 100 Personen ausgerichtet werden.

2 Stellen Sie zur Kostenermittlung den Materialbedarf anhand der Rezepturen fest.

3 Erstellen Sie nun eine Kostenübersicht für den gesamten Materialeinsatz.

DAS THEMA GÄSTEORIENTIERT DARSTELLEN

1 Welche Möglichkeiten haben Sie, das Thema optisch gut darzustellen?

2 Nennen Sie Vor- und Nachteile bei der Präsentation eines vegetarischen Menüs oder eines vegetarischen Büfetts.

3 Welche Ideen werden Sie entwickeln, um das Thema dekorativ zu präsentieren?

Basiswissen: Getränke

Der Mensch besteht zu etwa zwei Dritteln aus Wasser. Und wie notwendig regelmäßige Flüssigkeitszufuhr ist, beweist die Tatsache, dass man im Extremfall nur wenige Tage ohne Wasser auskommen kann, ohne Essen dagegen längere Zeit weiterlebt, wie Fastenkuren zeigen.

Der Abschnitt Getränke beginnt mit den alkoholfreien Getränken. Zuerst werden die Durstlöscher Trinkwasser und Mineralwasser behandelt. Dann führt der Weg zu den Produkten aus Obst, die uns viel Vitamine und Mineralstoffe liefern. Es folgen die Aufgussgetränke mit ihren anregenden Wirkstoffen.

Die alkoholhaltigen Getränke bilden einen eigenen Abschnitt.

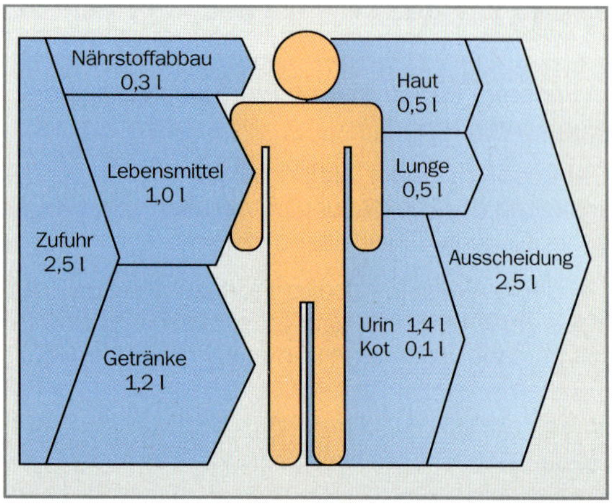

Abb. 1: Wasseraufnahme – Wasserabgabe

1 Wässer

🇬🇧 *drinking water and mineral water*
🇫🇷 *l'eau (w) potable et les eaux minérales*

Das Lebensmittelrecht unterscheidet bei Wässern je nach Herkunft und Eigenschaften verschiedene Arten. Diese kann man in zwei Gruppen unterteilen, nämlich Trinkwasser und natürliches Mineralwasser.

1.1 Trinkwasser

🇬🇧 *drinking water* 🇫🇷 *l'eau potable (w)*

Trinkwasser ist Wasser, das zum direkten Genuss sowie zur Zubereitung von Speisen und zur Herstellung von Lebensmitteln geeignet ist. Es muss darum auf jeden Fall hygienisch einwandfrei sein. Man erhält es entweder aus Grundwasser (hier wirkt der Boden als natürlicher Filter) oder aus Oberflächenwasser, das entsprechend aufbereitet werden muss.

- **Tafelwasser** ist, vereinfacht gesagt, hygienisch einwandfreies Trinkwasser mit Zusätzen wie z. B. Sole oder Meerwasser. Diese sollen das Wasser vor allem geschmacklich verbessern. Die Zusätze müssen auf dem Etikett genannt werden. Am bekanntesten aus dieser Gruppe ist das **Sodawasser.**
- **Quellwasser** ist Trinkwasser aus unterirdischen Wasservorkommen. Doch müssen im Gegensatz zum Mineralwasser keine ernährungsphysiologischen Wirkungen nachgewiesen werden.

1.2 Natürliches Mineralwasser

🇬🇧 *mineral water* 🇫🇷 *l'eau minérale (w)*

Natürliches Mineralwasser hat seinen Ursprung in unterirdischen, vor Verunreinigungen geschützten Quellen. Auf dem langen Weg vom Versickern bis zur Quelle wird das Wasser gefiltert und ist darum besonders rein, und zugleich reichert es sich mit Mineralstoffen und/oder Kohlendioxid (CO_2) an.

Die **Mineralstoffe**

- geben dem Wasser eine besondere Geschmacksnote,
- ergänzen den Bedarf des Körpers an Mineralstoffen.

Das **Kohlendioxid** (Kohlensäure)

- bewirkt bessere Löslichkeit der Mineralstoffe,
- wirkt erfrischend,
- regt die Verdauung an.

Abb. 2: Mineralwasserquelle

Art und Menge der in einem Mineralwasser enthaltenen Mineralstoffe werden teilweise in der chemischen **Analyse** genannt.

Arten

Natürliche Mineralwässer werden in zwei Gruppen unterschieden:

- **Mineralstoffreiche natürliche Mineralwässer** werden hauptsächlich wegen ihres Mineralstoffgehaltes getrunken. Enthalten sie nur wenig oder kein Kohlendioxid (CO_2), nennt man sie stille Wässer. Man serviert sie ungekühlt.
- **Kohlensäurereiche natürliche Mineralwässer** werden hauptsächlich ihrer erfrischenden Wirkung wegen getrunken. Liegt der CO_2-Gehalt besonders hoch, spricht man von **Säuerling** (Name kommt von Kohlensäure). Diese Wässer serviert man gekühlt.

Veränderungen

Bestimmte Mineralstoffe, wie Eisen oder Schwefel, verändern beim Mischen mit Wein oder Fruchtsäften den Geschmack des Mischgetränks. Diese Stoffe werden darum bei manchen Mineralwässern entzogen. Allerdings entweicht dabei gleichzeitig das CO_2, das wieder zugesetzt wird. Diese Veränderungen sind anzugeben. Beispiele: „Enteisent und mit Kohlensäure versetzt" – „Entschwefelt und mit der natürlichen Quellenkohlensäure versetzt".

Natürliches Mineralwasser muss am Quellort abgefüllt und dem Gast in Flaschen angeboten werden. „Offenes Mineralwasser" gibt es darum nicht.

Verwendung

Als **Tafelgetränk** eignet sich jede Art von Mineralwasser, **zum Mischen** mit Wein oder Säften und für Drinks können nur geschmacksneutrale Wässer verwendet werden.

Mineralwasser muss in geschlossenen Flaschen serviert werden.
Tafelwasser darf offen angeboten werden.

Angaben auf dem Flaschenetikett (Beispiel)

erforderliche Angaben:	
① Art des Mineralwassers	③ Eigenschaften, Eignung
② eventuelle Veränderungen	④ Abfüllungsfirma, Quellenangabe

1.3 Heilwasser

healing water — *l'eau minérale (w)*

Es besitzt aufgrund seiner Zusammensetzung nachweisbar vorbeugende, krankheitslindernde oder heilende Wirkung.

Aus diesem Grund zählt Heilwasser nicht zu den Lebensmitteln, sondern zu den Arzneimitteln. Es ist aber frei verkäuflich.

Im Rahmen der Wellness-Welle wird es verstärkt nachgefragt. Man serviert es temperiert in Flaschen.

2 Säfte und Erfrischungsgetränke

fruit drinks — *les boissons (w) à base de fruits*

Aus reifen und gesunden Früchten wird Saft gewonnen, der alle wertvollen Inhaltsstoffe des Obstes enthält.

Um Lagerraum und Transportkosten zu sparen, werden diese Säfte häufig **konzentriert** (eingedickt) oder zusammen mit Zucker zu **Sirup** eingekocht. Bei der Rückverdünnung müssen diese Herstellungsmerkmale genannt werden, z. B. „aus ...konzentrat".

2.1 Fruchtsäfte

fruit juices — *les jus (m) de fruits*

Fruchtsäften darf zum Geschmacksausgleich nur Zucker zugefügt werden.

Aroma und Geschmack müssen charakteristisch sein. Durch schonende Entkeimungsverfahren – also ohne Konservierungsstoffe – wird der Saft haltbar gemacht. Am bekanntesten aus dieser Gruppe sind Apfel- und Traubensaft.

Bei der Kennzeichnung gilt:

Saft einer Frucht
– Frucht wird genannt, z. B. Apfelsaft, Traubensaft;

Saft mehrerer Früchte
– Früchte in der Reihenfolge des Saftanteils, z. B. Apfel-Orangen-Getränk;

Herstellung aus Konzentrat
– „aus …konzentrat".

Fruchtsäfte sind durch ihren hohen Gehalt an Vitaminen und Mineralstoffen eine sehr wertvolle Ergänzung für die ernährungswissenschaftlich richtige Ernährung.

Säfte in geschlossenen Flaschen sind lange haltbar; man lagert sie am besten kühl und lichtgeschützt. Offene Flaschen sollen möglichst rasch verbraucht werden.

Klare Säfte (Apfel, Traube) schmecken gekühlt bei etwa 8 – 12 °C am besten. Naturtrübe Säfte entfalten erst bei Zimmertemperatur (18 – 20 °C) ihr volles Aroma.

2.2 Gemüsesäfte

vegetable juices *les jus (m) de légumes*

Gemüsesäfte dienen wegen ihrer appetitanregenden und verdauungsfördernden Wirkung der Ergänzung der Mahlzeiten, insbesondere des Frühstücks. Säfte aus Gemüse werden überwiegend in trüber Form angeboten. Da die enthaltenen Vitamine licht- und wärmeempfindlich sind, lagert man die Säfte dunkel und kühl.

Gemüsenektar hat mindestens 40 % Gemüseanteil; neben Trinkwasser können Salz, Zucker, Gewürze und Genuss-Säuren zugesetzt werden.

2.3 Fruchtnektare und Süßmoste

Der Fruchtanteil bei **Fruchtnektar** liegt zwischen 50 und 25 %, je nach Geschmacksstärke der Ausgangsfrucht. Der Anteil ist für die einzelnen Fruchtarten vorgeschrieben. Neben Fruchtsaft werden Wasser, Zucker und Kohlensäure verwendet.

Wird ein Fruchtnektar aus Früchten hergestellt, deren Saft wegen des hohen Säuregehaltes ohne Verdünnung nicht zum Genuss geeignet ist (z. B. Johannisbeeren), kann er als Süßmost bezeichnet werden. Süßmoste sind meist „blank“, also ohne Fruchtmark.

2.4 Fruchtsaftgetränke

beverages with fruit juice
les boissons (w) au jus de fruits

Fruchtsaftgetränke bestehen aus
Fruchtsaft
+ Wasser
+ Zucker
+ Fruchtsäuren
+ natürlichen Aromastoffen.

Die Fruchtsäfte geben diesen Getränken Geschmack, Geruch und Farbe. Eine leichte Trübung rührt von kleinen Fruchtfleischstücken her, die beim Auspressen mitgerissen werden. Der Mindestgehalt an Fruchtsaft ist gesetzlich vorgeschrieben. Er beträgt z. B. bei Kirschen und Trauben 30 %, bei Johannisbeeren 10 %, bei Orangen und Zitronen 6 %.

Fruchtsäuren und natürliche Aromastoffe, bei Orangen z. B. die in der Schale enthaltenen ätherischen Öle, runden zusammen mit dem Zucker den Geschmack ab. Fruchtsaftgetränke gibt es mit und ohne Kohlensäure. Der Vitamin- und Mineralstoffgehalt ist entsprechend der Verdünnung geringer.

Fruchtsaftgetränke serviert man am besten kühl.

2.5 Limonaden

lemonades *les limonades (w)*

Limonaden enthalten nur natürliche Stoffe wie Extrakte aus Früchten, Fruchtsäuren, Zucker und Trink- oder Tafelwasser. Hinweise auf besonderen Geschmack sind erlaubt, z. B. Zitronenlimonade.

Zu den Limonaden zählen auch

- **Cola-Getränke** mit Auszügen aus der koffeinhaltigen Kolanuss,
- **Bitter-Limonaden**, z. B. Bitter Lemon, Tonic Water, mit Auszügen aus der chininhaltigen Chinarinde. Auf den Gehalt an Koffein und Chinin muss hingewiesen werden.
- **Energy Drinks** versprechen Leistungssteigerung. Sie enthalten als Energielieferanten verschiedene Zuckerarten und als anregenden Bestandteil Koffein in höherer Konzentration als in üblichen Colagetränken.

Light-Getränke / Brennwertverminderte Getränke haben gegenüber Getränken gleicher Art einen um mindestens 40 % verringerten Energiegehalt.

2.6 Diätetische Erfrischungsgetränke

diet soft drinks
les boissons (w) diététiques

Bei diesen Getränken wird anstelle von Zucker Süßstoff verwendet. Darum ist der Energiegehalt sehr niedrig. Es dürfen keine künstlichen Aromastoffe verwendet werden, auch die anregenden Stoffe Coffein und Chinin sind nicht erlaubt. Diabetiker und Personen mit Gewichtsproblemen bevorzugen (neben Mineralwasser) Getränke dieser Art.

2.7 Übersicht Fruchtsaftgehalt von Getränken

Die Vorschriften für den Mindestanteil an Fruchtbestandteilen sind je nach Frucht unterschiedlich, weil die Geschmacksintensität der Früchte verschieden ist. Vergleichen Sie Apfelsaft mit Zitronensaft.

Der **Zuckergehalt** bei Fruchtsaftgetränken und Limonaden ist beträchtlich. Untersuchungen ergaben, dass er bei durchschnittlich 10% liegt; das bedeutet, in einem Liter sind 100 g Zucker enthalten. Das sind 1700 kJ!

Wer den Durst energiearm löschen will, sollte das beachten.

Abb. 1: Fruchtsaftgehalt von Getränken

2.8 Isotonische Getränke

Diese Getränke werden auch Sportgetränke oder Elektrolytgetränke genannt. Ihnen sind Mineralstoffe, teils auch Vitamine zugesetzt. Sie dienen insbesondere zum Ersatz von Mineralstoffen durch Schweiß bei starker Ausdauerbelastung

Fachbegriffe zu Sportgetränken

Elektrolyte: Gelöste Mineralstoffe in Form von Ionen
Osmose: Hier das Wandern der Mineralstoffe durch die Darmwand in das Blut

Isotonisch: Iso bedeutet gleich. Ein isotonisches Getränk hat die gleichen Mineralstoffanteile wie das Blut.

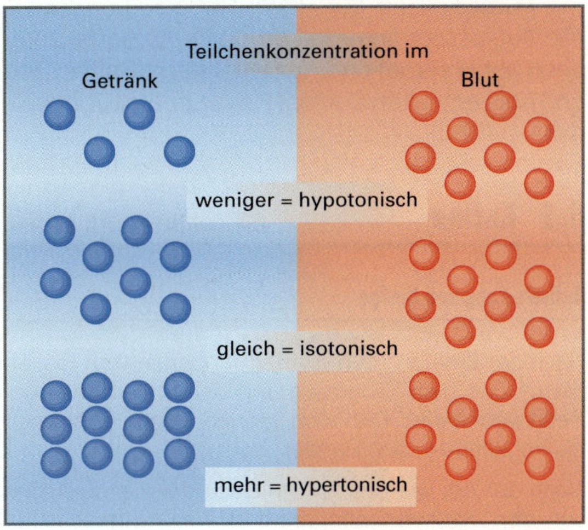

3 Milch und Milchgetränke

milk and milk beverages
le lait et les boissons à base de lait

Durch bewusste Ernährung ist der Verbrauch von Milch und Milcherzeugnissen erheblich gestiegen.

Besonders beliebt sind die gesäuerten Produkte wie Buttermilch, Joghurt, Kefir und Dickmilch. Die Milchsäure erfrischt und ist gut für die Verdauung.

Milch in jeder Form enthält wertvolles Eiweiß, reichlich Vitamine und Mineralstoffe. Fettreiche Produkte dürfen nicht „für den Durst" getrunken werden; der Energiegehalt ist zu hoch.

Vollmilch hat 3,5% Fettgehalt, ist pasteurisiert und meist auch homogenisiert. Man reicht sie als Trinkmilch und am Frühstücksbüfett und zu Zerealien. Ferner bildet sie die Grundlage für Milchmixgetränke.

- **Milchmixgetränke** sind mit Früchten gemixt. Dabei gibt man immer die Früchte in die Milch und nicht umgekehrt. Gießt man die Milch in die Früchte, ist anfangs der Gehalt an Fruchtsäure zu hoch und die Milch gerinnt durch die Säureeinwirkung.

Sauermilcherzeugnisse sind mit Hilfe von Kleinlebewesen gesäuerte Milcherzeugnisse. Nach diesem Prinzip entstehen Produkte mit unterschiedlichen Fettgehalten, z. B.
- *Sauermilch*
- *Joghurt*
- *Kefir*
- *Buttermilch* als Nebenprodukt bei der Herstellung von Butter.

Service

Aufgaben

1 Worin besteht der Unterschied zwischen Trinkwasser und Tafelwasser?
2 Welche Wirkungen haben Mineralstoffe im menschlichen Körper?
3 Manche Etiketten auf Mineralwasserflaschen zeigen eine „Analyse". Was versteht man darunter?
4 Sie bestellen „Ein Mineralwasser, bitte." Es wird in einem Glas serviert. Erläutern Sie.
5 „Bitte ein stilles Wasser." Was versteht der Gast darunter? Welche Marke können Sie anbieten?
6 Sie wollen einen Orangen-Milch-Shake herstellen. Dazu pressen Sie eine frische Orange aus und gießen Milch zum Saft. Was wird geschehen? Begründen Sie.

4 Aufgussgetränke

hot drinks
les boissons chaudes

Als Aufgussgetränke bezeichnet man Kaffee *(coffee/café)*, Tee *(tea/thé)* und Kakao *(cocoa/cacao)*. Sie werden durch Überbrühen (Aufgießen) mit Flüssigkeit (in der Regel Wasser) hergestellt. Alle Aufgussgetränke wirken durch Alkaloide anregend auf Kreislauf und Nervensystem. Kaffee, Tee und Kola enthalten Coffein, Kakao enthält Theobromin.

4.1 Kaffee

coffee *le café*

Aufbereitung von Kaffee

Nach der Ernte werden die Kaffeebohnen vom Fruchtfleisch und dem Silberhäutchen befreit und anschließend getrocknet. Die noch grünen Bohnen kommen als Rohkaffee in den Handel.

Nach der Art, wie das Fruchtfleisch der Kaffeekirsche von den Kaffeebohnen entfernt wird, unterscheidet man zwei Verfahren.

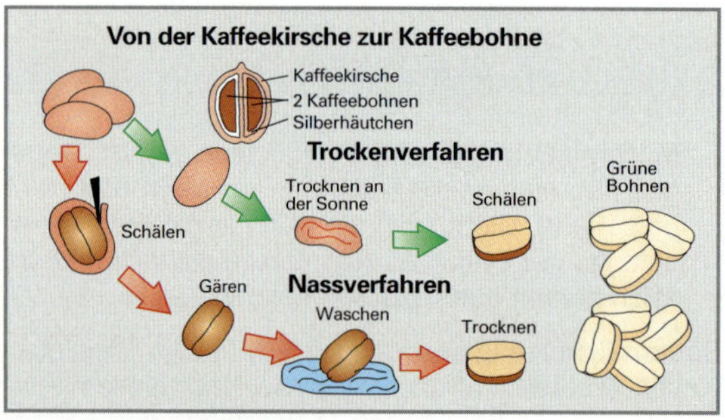

Abb. 1: Kaffeeaufbereitung

- Beim **Trockenverfahren** werden die Früchte in der Sonne gedörrt. Dann sprengen Brechmaschinen das Fruchtfleisch ab.
- Beim **Nassverfahren** wird das Fruchtfleisch zunächst grob entfernt. Dann lässt man die Bohnen gären; dabei wird das verbleibende Fruchtfleisch gelockert und kann später abgespült werden. Diese „gewaschenen Sorten“ ergeben einen feineren Kaffee und haben einen höheren Preis.

Beim **Rösten** verändern sich die Bohnen.

- Stärke und Zucker werden zu karamelartigen Stoffen verwandelt, die dem Kaffee-Getränk Farbe und Geschmack geben,
- Aromastoffe entstehen,
- die Gerbstoffe werden auf etwa die Hälfte verringert.

Abb. 2: Die Röstung beeinflusst den Geschmack.

Coffein ist der Hauptwirkstoff des Kaffees. Üblicher Kaffee enthält 1 bis 2 Prozent.

Coffein

- regt das Zentralnervensystem an,
- steigert die Herztätigkeit und erhöht den Blutdruck, was aber auch zu Herzklopfen und Schlaflosigkeit führen kann.

Kaffee mit besonderen Behandlungen

Entcoffeinierter Kaffee
enthält höchstens 0,1% Coffein und kann darum auch von Personen getrunken werden, bei denen Coffein zu Herzklopfen und Schlaflosigkeit führen würde.

Säurearmem Kaffee
ist Gerbsäure entzogen worden, das Coffein bleibt erhalten. Diese Art ist darum für Personen mit säureempfindlichem Magen geeignet.

Kaffee-Extraktpulver oder **Instant-Kaffee** löst sich sofort und ohne Rückstände auch in kalter Flüssigkeit. Das Produkt wird hergestellt, indem man konzentriertem Kaffee im Sprühverfahren oder durch Gefriertrocknung das Wasser entzieht. Das Pulver ist sehr wasseranziehend (hygroskopisch) und muss darum unbedingt verschlossen aufbewahrt werden.

Kaffee-Konzentrat wird durch stufenweises Auslaugen der Kaffeebohnen gewonnen. Beim Fertigstellen ist mit der jeweils vorgeschriebenen Wassermenge zu verdünnen.

Zubereitung des Kaffees

Die Aromastoffe des Kaffees sind leicht flüchtig. Darum ist entweder röstfrischer oder aromageschützter (Vakuumpackung) Kaffee zu verwenden. Beim Brühen in der Kaffeemaschine ist auf die Gebrauchsanweisung des Herstellers zu achten.

Kännchen und Tassen müssen unbedingt vorgewärmt sein, denn bei kaltem Geschirr verliert der Kaffee an Aroma.

Man rechnet

1 Tasse (125 cm^3) Kaffee
↓
6 – 8 g Bohnen

1 Tasse (≈ 65 cm³) Mokka
▼
6–7 g Bohnen

Kaffee-Ersatz ergibt ein kaffeeähnliches, coffeinfreies Getränk. Als Rohstoffe dienen Zichorien, Feigen und Gerstenmalz. Diese Produkte erhalten durch Rösten Aroma, Farbe und Geschmack. Malzkaffee kommt gemahlen in den Handel, Feigen und Zichorien werden zerrieben und gepresst. Das Hauptangebot besteht aus sofort löslichem Extraktpulver.

Grundlegende Angebotsformen für Kaffee s. Seite 265.

4.2 Tee

tea *le thé*

Tee wird von dem immergrünen Teestrauch gewonnen. Man pflückt die Blattknospen mit zwei bis drei Blättern. Je jünger der Trieb ist, desto feiner und aromatischer schmeckt der Tee.

Aufbereitung von Tee

Klassische Aufbereitung

Durch **Welken** werden die Blätter geschmeidig und so für die Weiterverarbeitung vorbereitet.

Beim **Rollen** brechen die Zellen der Blätter auf, sodass sich der Zellsaft mit dem Luftsauerstoff verbinden kann. Diese Oxidation nennt man **Fermentation.** Dabei bewirken die Fermente (Enzyme) eine Aufspaltung der Gerbsäure Tannin. Der Tee wird durch das Fermentieren milder und aromatischer. Zugleich werden die grünen Blätter kupferrot, was dem Getränk später seine typische Farbe verleiht. Durch das **Trocknen** wird die Fermentation unterbrochen und der Tee haltbar.

Bei der Gewinnung des **grünen Tees** unterbleibt die Fermentation. Er besitzt deshalb einen höheren Gerbsäuregehalt und ist darum herber. In Europa wird er nur in geringem Maße getrunken.

WELKEN
▼
ROLLEN
▼
FERMENTIEREN
(nicht bei grünem Tee)
▼
TROCKNEN
▼
SORTIEREN

Die CTC-Produktion

Die Teeblätter werden nach dem Welken einem geschlossenen Arbeitsgang unterworfen. Dabei wird der Tee wie folgt behandelt:

▸ ZERBRECHEN	(crushing)	**C**	das steckt in CTC
▸ ZERREISSEN	(tearing)	**T**	
▸ ROLLEN	(curling)	**C**	

Bei diesem Verfahren entstehen vorwiegend kleine Tee-Stücke für Teebeutel.

Arten

Angeboten wird Tee nach folgenden Unterscheidungsmerkmalen:

- Anbaugebiet
- Blattfolge
- Sortierung

Anbaugebiet

Darjeeling,
an den Südhängen des Himalaja, liefert einen feinen und aromatischen Tee.

Assam,
eine nordindische Provinz, ist bekannt für gehaltvolle und kräftige Arten.

Ceylon
ist die tropfenförmige Insel südlich von Indien, deren Tees ein herbes Aroma haben. Heute wird die Insel Sri Lanka genannt.

Blattfolge

Flowery Orange Pekoe (FOP)
mit vielen Spitzen (Tips) ist die beste Sorte.

Orange Pekoe (OP) ist dünn gedreht, länglich.

Pekoe (P) ist kleiner und rundlich gerollt.

Manche Firmen haben die Skala der Teeauszeichnung erweitert und wenden zusätzlich folgende Bezeichnungen an:

Finest = F, Tippy = T, Golden = G.

Beste Qualität ist dann FTGFOP gefolgt von TGFOP usw.

Abb. 1: Teeblätter

Service

Sortierung

Blatt-Tee ist das ganze Blatt, das länglich oder rundlich gerollt sein kann.

Broken Tee ist absichtlich gebrochener Tee, der besser ausgelaugt wird und damit ergiebiger ist.

Fannings sind Blattstücke, kleiner als Broken Tee.

Dust (engl. Staub) sind feinste Teile, die beim Sieben des Tees anfallen.

Teemischungen

Durch das Mischen verschiedener Sorten können Geschmack, Aroma und Preis ausgeglichen werden. Häufig angeboten werden:

Englische Mischung:

Volles, schweres Aroma, auch als Herren-Tee bezeichnet. Wird bevorzugt mit Milch getrunken.

Ostfriesische Mischung:

Kräftiges, fülliges Aroma. Wird bevorzugt mit Milch und Kandis getrunken.

Ceylon-Mischung:

Fein-würziges Aroma, goldene Farbe.

Wirkung

Coffein anregend			Gerbstoffe beruhigend	
1. Minute	**2.** Minute	**3.** Minute	**4.** Minute	**5.** Minute
			Broken-TEE	Blatt-TEE

Die Hauptwirkstoffe sind:

Coffein (Tein), das anregt und beim Aufbrühen rasch in das Wasser übergeht.

Tannin (Gerbsäure), das beruhigt und langsam in das Wasser übergeht.

Die Wirkung des Tees kann darum reguliert werden:

anregend

- dann kurz ziehen lassen (ca. 3 Min.),

beruhigend

- länger ziehen lassen (4 – 5 Min.).

Zubereitung

Genügend Tee nehmen: einen Teelöffel voll je Tasse oder entsprechenden Beutel; frisches, kochendes Wasser.

Nur Geschirr aus Glas, Porzellan oder Edelmetall, weil sonst der Geschmack gemindert wird,

Nicht länger als 5 Min. ziehen lassen (beim Teebeutel kann der Gast bestimmen).

Teeähnliche Erzeugnisse

Teeähnliche Getränke können durch Aufbrühen geeigneter getrockneter Pflanzenblätter oder -teile hergestellt werden, die darin enthaltene Gerbsäure verleiht einen teeähnlichen Geschmack. Wegen des fehlenden Coffeins (Teins) werden Herz und Nerven nicht belastet. Die Industrie bietet ein Sortiment unterschiedlicher Pflanzenarten in fertigen Portionsbeuteln an.

Medizinische Tees haben Heilwirkung.

Pfefferminz- und Lindenblütentee wirken krampflösend.

Flieder- und Lindenblütentee treiben Schweiß.

Baldriantee beruhigt die Nerven und wirkt schlaffördernd.

Kamillentee begünstigt die Heilung.

Deutscher Haustee und medizinische Tees werden vor allem in Kurhäusern, Sanatorien und Krankenhäusern verwendet.

4.3 Kakao

cocoa *le cacao*

Kakao und Schokolade werden aus den Samenkernen des in tropischen Gebieten wachsenden Kakaobaumes gewonnen.

Aus den melonenartigen Früchten werden zunächst die Kakaobohnen (es sind die Kerne) entfernt.

Abb. 1: *Kakaofrucht*

Service

Bei der Fermentation wird der Gerbsäuregehalt verringert, es entstehen Geschmack, Aroma und Farbe.

Anschließend werden die Kakaobohnen getrocknet und kommen so zum Versand.

Verarbeitung

Die gereinigten Bohnen werden zur Verbesserung des Aromas zuerst geröstet, dann zerkleinert und von den Schalen befreit.

Der so entstandene Kakaobruch wird zwischen erwärmten Walzen vermahlen. Die fein zermahlenen Bohnen bezeichnet man als **Kakaomasse.** Durch starken Druck trennt man die **Kakaobutter** (Fett der Kakaobohnen) von den übrigen Kakaobestandteilen, die als Presskuchen zurückbleiben. Der fein zermahlene Presskuchen ergibt das **Kakaopulver.**

Schwach entöltes Kakaopulver hat 20 % Kakaobuttergehalt. Es ist dunkler, hat ein volles Aroma und ist mild im Geschmack. Man verwendet es für Kakao und Schokoladegetränke.

Stark entöltes Kakaopulver hat 10 – 20 % Kakaobuttergehalt. Der Geschmack ist sehr kräftig. Man verwendet es in der Patisserie für Schokoladengebäck und Eis.

„Aufgeschlossener Kakao“ wird mit Wasserdampf behandelt und erhält Zusätze. Dabei wird das Zellgefüge lockerer, ein Teil der Stärke verkleistert, und darum setzt sich dieser Kakao weniger leicht ab. Schokoladenpulver ist gezuckertes Kakaopulver mit ergänzenden Geschmackszutaten.

Zubereitung

Für eine Portion rechnet man 12 – 15 g Kakaopulver. Es wird mit kaltem Wasser oder kalter Milch angerührt und dann in die kochende Flüssigkeit eingerührt.

Schokolade

Bei der Herstellung geht man von der Kakaomasse aus. Ihr werden die erforderliche Menge Puderzucker, Gewürze, evtl. auch Milchpulver zugesetzt. Die Zutaten werden vermengt und dann fein geschliffen, damit die Bestandteile möglichst fein werden und die Schokolade den „Schmelz“ erhält.

Angeboten wird Schokolade in Blöcken mit 2,5 und 5 kg.

Diese Blöcke tragen Ziffernkombinationen, die zusammen immer 100 ergeben. Dabei nennt die erste Ziffer stets den Gehalt an Kakaobestandteilen, die zweite den Zuckeranteil.

Beispiel

70/30 = 70 % Kakaobestandteile + 30 % Zucker.

Je weniger Zucker die Schokolade enthält, desto höher ist die Qualität. Temperieren von Schokolade siehe Abschnitt Küchenkonditorei.

Aufgaben

1 Bei der Gewinnung der Kaffeebohnen aus der Kaffeekirsche unterscheidet man zwei Verfahren. Nennen Sie jeweils Vor- und Nachteile.

2 Welche Wirkungen hat das Coffein auf den menschlichen Körper?

3 Im Rezept für eine Mocca-Creme steht: „4 TL Instantkaffee.“ Was versteht man darunter? Nennen Sie gängige Marken. Welchen Vorteil hat in diesem Beispiel die Verwendung von Instantkaffee?

4 Sie wollen nach dem Menü einen Kaffee empfehlen. „Nein, danke, ich vertrage keinen Kaffee“, ist die Antwort. Welche Gründe könnte der Gast haben? Welche speziellen Kaffeesorten berücksichtigen körperliche Empfindlichkeiten? Nennen Sie zwei Beispiele mit Markennamen.

5 Von welchen Einflüssen ist die Qualität eines Tees abhängig? Nennen Sie drei Faktoren.

6 Schwarzer und grüner Tee können von der gleichen Teepflanze gewonnen werden. Worin besteht der Unterschied?

7 „Unser Tee für die Teebeutel wird nach dem modernen CTC-Verfahren gewonnen.“ So steht es auf dem Teebeutel. Erklären Sie dem Gast das Verfahren.

8 Beschreiben Sie die unterschiedliche Wirkung der Tees auf den Menschen.

9 Wie gewinnt man das Kakaopulver?

10 Eine bestimmte Kakaosorte ist „aufgeschlossen“. Was versteht man darunter? Welchen Vorteil hat ein auf diese Weise behandelter Kakao?

5 Alkoholische Gärung

alcoholic fermentation
la fermentation alcoolique

Die alkoholische Gärung war schon den alten Ägyptern bekannt. Wandbilder zeigen, wie Wein und Bier gewonnen wurden und wie durch Hefe gelockertes Brot hergestellt wurde.

Auch heute lockert die Gärung das Brot. Wenn Bier oder Wein gewonnen werden, ist die alkoholische Gärung der zentrale Vorgang. Ohne Gärung hätten wir auch keinen Sekt, keinen Korn und keinen Weinbrand. Darum werden hier kurz die grundlegenden Vorgänge aufgezeigt.

VERSUCHE

1. Lassen Sie Fruchtsaft in einem Glas bei Zimmertemperatur stehen. Beobachten Sie während der folgenden Tage Aussehen und Geruch.
2. Lösen Sie in 100 g warmem Wasser 50 g Zucker und geben Sie 10 g Hefe dazu. Prüfen Sie den Geruch, wenn die Flüssigkeit zu perlen beginnt.
3. Nach etwa einer Woche ist die Flüssigkeit aus Versuch 1 ruhig und klar geworden. Prüfen Sie Geschmack und Süße.
4. Erhitzen Sie die Flüssigkeit aus Versuch 2 entsprechend der Versuchsanordnung. Das Glasrohr soll etwa 60 cm lang sein und einen Durchmesser von 1 cm haben.

   Der durch das Kochen aufsteigende Dampf besteht aus Alkohol und Wasser. Das Wasser kondensiert bereits während des Aufsteigens am Glasrohr, der Alkohol entweicht und kann entzündet werden.

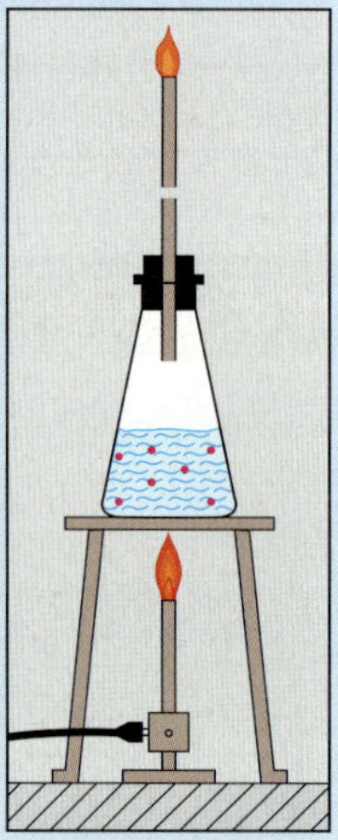

Abb. 1: Versuch

Hefe ist ein **Kleinlebewesen** (siehe Abschnitt Hygiene), das in der Luft und auf reifenden Früchten vorkommt. Diese Arten nennt man „wilde“ Hefen.

Im Lebensmittelgewerbe verwendet man speziell gezüchtete Hefearten, z. B. Backhefe für Hefeteig, Bierhefe bei der Bierherstellung. Diese Arten nennt man auch **Kulturhefen.**

Bei der Gärung nimmt die Hefe Zuckerstoffe auf, Alkohol und Kohlendioxid werden ausgeschieden.

$C_6H_{12}O_6$	→	$2C_2H_5OH$	+	$2CO_2$
Traubenzucker 100 g	→	Alkohol ca. 45 g	+	Kohlendioxid ca. 50 g

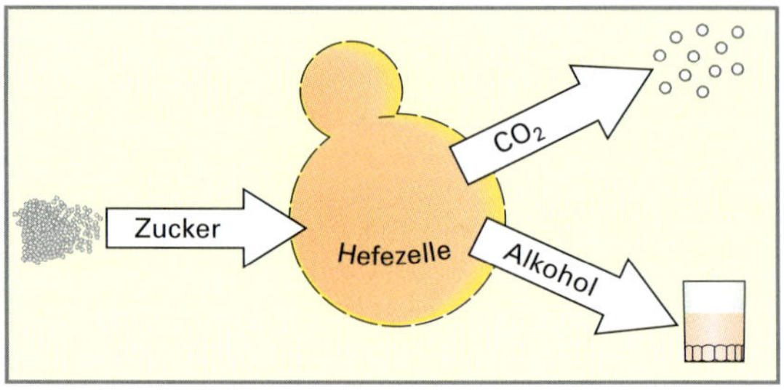

Abb. 2: Hefegärung

Der Gärvorgang endet, wenn der Zucker verbraucht ist oder der Alkoholgehalt etwa 15 % erreicht hat. Zunehmende Alkoholkonzentration schwächt die Hefe und bringt sie schließlich zum Stillstand.

Auf diese Weise entstehen Gärungsgetränke wie Bier und Wein

Wird eine höhere Alkoholkonzentration gewünscht, bedarf es der **Destillation.** Dabei wird der leichter verdampfende Alkohol abgetrennt und damit konzentriert. Getränke mit einem Alkoholgehalt über 15 %vol bezeichnet man als Spirituosen.

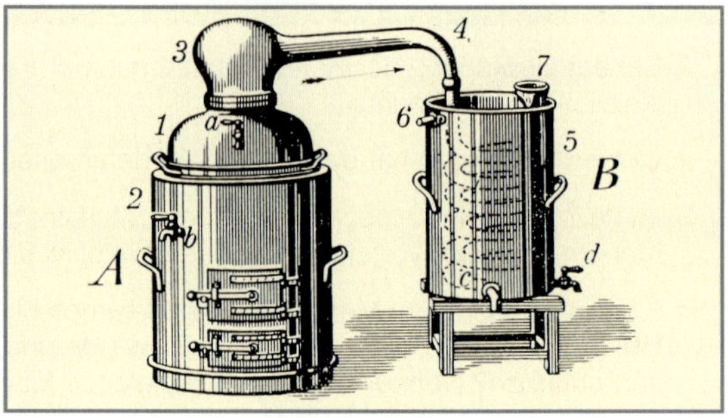

Abb. 3: Historische Destillationsanlage

Wer im Service beschäftigt ist, berät und bedient Gäste. Sachwissen über das Angebot ist die Grundlage für ein kompetentes Beratungsgespräch.

Dazu muss man aber nicht, um ein Beispiel zu nennen, die gesamte Bier- oder Weinherstellung kennen.

Von der Produktion der Getränke ist nur so viel an Wissen erforderlich, wie sich die Arbeitsschritte unmittelbar auf die besonderen Eigenschaften der Produkte auswirken.

Diese Gedanken leiten die Stoffauswahl für die folgenden Abschnitte.

6 Bier

beer
la bière

Bier ist ein alkoholisches Getränk, das nach dem Reinheitsgebot aus **Malz, Hopfen** und **Wasser** mit **Hefe** hergestellt wird. Für deutsches Bier werden keine weiteren Zusätze oder andere Ausgangsstoffe verwendet. Bier, das abweichend vom Reinheitsgebot hergestellt worden ist, muss entsprechend kenntlich gemacht werden.

Herstellung

Der Hauptvorgang bei der Bierherstellung ist die alkoholische Gärung. Weil jedoch die Hefe nur Einfachzucker zu Alkohol vergären kann, müssen die im Getreide in Form von Stärke enthaltenen Kohlenhydrate zuerst in Zuckerstoffe umgewandelt werden. Das geschieht vorwiegend beim **Mälzen.** Anschließend werden bei der **Bereitung der Würze** die Inhaltsstoffe des Getreides ausgelaugt.

Hopfen wird zugegeben, weil er Geschmack gibt, die Haltbarkeit verbessert und die Schaumbläschen festhält. Nach der **Gärung** folgt die **Lagerung,** während der das Bier reift und an Qualität zunimmt.

Mälzen

Das Korn (Gerste oder Weizen) wird durch Einweichen zum Keimen gebracht. Enzyme beginnen, die Stärke zu Zucker abzubauen, Eiweißstoffe werden gelöst. Nach einer bestimmten Zeit wird das Keimen durch schonendes **Darren** (Trocknen) abgebrochen.

Dabei färbt sich das Malz, je nach Temperatur. Die Farbe überträgt sich später auf das Bier. Keime und am Korn anhängende Wurzeln werden anschließend entfernt.

Bereitung der Würze

Beim **Maischen** wird das getrocknete Malz geschrotet (zerkleinert) und mit warmem Wasser gemischt, sodass alle löslichen Stoffe auslaugen. Enzyme bauen Stärke und Zucker zu Einfachzucker ab. Es folgt das **Läutern** (Reinigen) der Würze durch Filtern.

Abb. 1: Aus Gerste wird Malz.

Abb. 2: Hopfen bringt Würze.

Beim **Kochen** gibt Hopfen dem Bier durch Bitterstoffe Geschmack und Aroma, Hopfenharze halten den Schaum.

Vergärung

Der abgekühlten Würze wird Bierhefe zugesetzt, je nach Bierart unter- oder obergärige Hefe. Durch die Vergärung wird Alkohol und Kohlensäure gebildet.

Untergärige Hefe vergärt die Würze zwischen 6 und 9 °C und setzt sich unten auf dem Boden des Gärbehälters ab. Bei untergärigen Bieren ist die Kohlensäure stärker an die Flüssigkeit gebunden und wird nur langsam abgegeben. Das Bier perlt langsamer, dafür aber länger.

Obergärige Hefe vergärt die Würze zwischen 15 und 18 °C und steigt dabei nach oben. Obergärige Biere enthalten viel Kohlensäure, die weniger fest an die Flüssigkeit gebunden ist. Darum schäumen diese Biere stärker.

Die Nachgärung und Reifung in geschlossenen Behältern dient der Qualitätsverbesserung.

Stammwürze – Alkoholgehalt

Unter Stammwürze versteht man alle in der Würze gelösten Stoffe vor der Vergärung. Der Gehalt wird in Prozent ausgedrückt. Bei der Vergärung wird nur ein Teil der Zuckerstoffe zu Alkohol. Der Alkoholgehalt entspricht etwa einem Drittel des Stammwürzegehaltes.

Bei einem Vollbier mit 11 bis 16 % Stammwürze beträgt also der Alkoholgehalt etwa 3,5 bis 4,5 Gew.%. Auf dem Etikett muss der Alkoholgehalt angegeben werden und zwar in „% vol". Das bedeutet Prozent des Volumens. Nachdem Alkohol eine Dichte von ungefähr 0,8 hat, lautet die Umrechnung Gew.% : 0,8 = % vol.

Biergattungen, Bierarten, Biersorten

Die **Biergattung** ist gesetzlich festgelegt und wird durch den *Stammwürzegehalt (Stärke des Bieres)* bestimmt. Hauptsächlich getrunken wird Vollbier, in geringem Maße auch Schankbier und Starkbier (siehe Übersicht auf Seite 194).

Die **Bierart** wird durch die Art der Vergärung bestimmt. Man *unterscheidet untergärige Biere,* bei denen sich die Hefe nach unten absetzt, von den obergärigen, die als aromatischer bezeichnet werden.

Die **Biersorten** bezeichnen typische Eigenschaften oder weitere Unterteilungen, die sehr oft mit den Handelsbezeichnungen gleich sind.

Service

Biersorten

Bierart / Biergattung	untergärig		obergärig
Bier mit niedrigem Stammwürzegehalt unter 7 % Stammwürze			
Schankbier 7–11 % Stammwürze	Leichtbier		Weizen-Light Berliner Weiße
Vollbier (ca. 95 % des Angebots) 11–16 % Stammwürze	Pils Export Hell	Lager Märzen	Alt Kölsch Weizen
Starkbier über 16 % Stammwürze über 18 % Stammwürze	Bock Doppelbock …ator	Starkbier	Weizenbock

Arbeitsschritte		Stichworte für die Beratung
Mälzen Stärke wird zu Zuckerstoffen umgewandelt. Trocknen des Malzes →	Temperatur hoch → Temperatur niedrig →	FARBE DES BIERES dunkles Bier helles Bier
Bereitung der Würze Verzuckerung geht weiter Feste Bestandteile (Treber) werden abgetrennt →	Anteil der gelösten Stoffe in der Flüssigkeit = **Stammwürze** →	STÄRKE DES BIERES = BIERGATTUNG
Aufkochen mit Hopfen →	Hopfeninhaltsstoffe →	Geschmacksrichtung Schaumbildung
Vergärung Der Würze wird Hefe zugefügt. Die Art der Hefe bestimmt den Gärverlauf. →	untergärig → obergärig →	BIERART
	Je nach Gärverfahren werden etwa 25 bis 30 % der Stammwürze zu Alkohol. →	Alkoholgehalt
Lagerung	Bier „reift" →	Verfeinerung des Aromas Sättigung mit CO_2

Der Geschmack des Bieres gründet auf
- den verwendeten Rohstoffen,
- dem speziellen Brauverfahren.

Die Brauwirtschaft unterscheidet folgende Richtungen:

M-Typ: **M**alzbetont, mäßig vergoren; also eher süßlich bei geringem Alkoholgehalt.

H-Typ: **H**opfig, hochvergoren; also eher bitter, z. B. Pilsener.

S-Typ: **S**äuerlich, spritzig, stark schäumend, z. B. Weißbier.

Biersorten von A bis Z

Wenn man im Verkaufsgespräch dem Gast ein Bier empfiehlt, beschreibt man es und nennt dabei z. B.:

- Biergattung = Stärke des Bieres
- Bierart = Art der Vergärung (ober-/untergärig)
- Bierfarbe und vielleicht
- besondere Merkmale zur Herkunft oder Entstehung.

Alkoholfreie Biere

Alkoholfreie Biere können bis 0,5 % Alkohol aufweisen. Diese geringe Menge baut der Körper rascher ab, als der Alkohol durch Trinken zugeführt wird. Nach der Vergärung wird diesen Bieren durch verschiedene Verfahren Alkohol entzogen.

Alt, Altbier

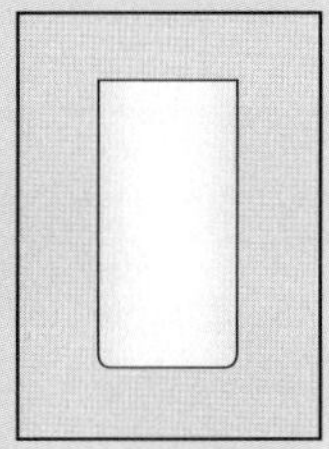

Ein obergäriges, kräftig gehopftes Vollbier mit dunkelbrauner Farbe. Regionales Bier aus dem Düsseldorfer Raum. Der Name Altbier leitet sich ab von alter Tradition.

Ausschank in einem becherartigen, geraden Spezialglas.

Berliner Weiße

Das obergärige Schankbier (weniger Alkohol) ist schwach gehopft und unter Verwendung von Weizenmalz hergestellt.

Bei der besonderen Gärung entsteht auch Milchsäure, die mit einem Schuss Himbeer- oder Waldmeistersirup ausgeglichen wird.

Serviert wird in einer halbkugelförmigen Schale.

Bock, Bockbier

Das untergärige Bier hat mindestens 16 % Stammwürze, ist also ein Starkbier. Kennzeichnend sind ein hoher Alkoholgehalt und ein malziger Geschmack. Bockbier stammt ursprünglich aus Einbeck; daraus wurde vereinfacht Bock.

Doppelbockbiere haben 18 % Stammwürze und enden, ohne dass es dafür eine Vorschrift gibt, auf „...ator“, z. B. Salv**ator**.

Eisbock ist mit etwa 9 % Alkohol noch stärker. Diese Spezialität wird erreicht, indem man dem fertigen Bier durch Einfrieren Wasser in Form von Eis entzieht (gefrierkonzentrieren).

Diätbier, Diätpils

Eine helle, untergärige Vollbiersorte mit geringem Kohlenhydratgehalt. Darum ist es für Diabetiker geeignet. Der Alkoholgehalt liegt bei 4 %. Diätbier darf nicht mit alkoholarmem oder alkoholfreiem Bier verwechselt werden.

Export

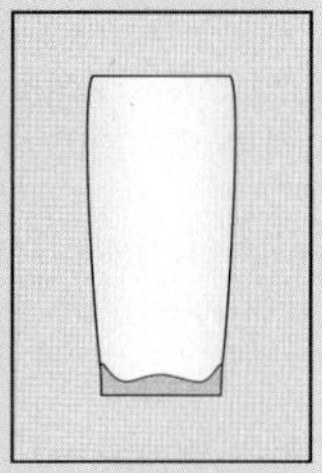

Ein helles untergäriges Bier mit ausgeprägtem Hopfengeschmack. Es ist allgemein etwas stärker als das übliche „Helle“ der selben Brauerei.

Der Name Export entstand nach dem 1. Weltkrieg, als man bewusst nur besondere Qualität exportierte.

Kölsch

Ein goldfarbenes obergäriges Bier mit etwa 4 % Alkohol, das nur im Raum Köln hergestellt wird.

Ausschank in der Stange, einem schlanken, geraden Spezialglas.

Lager

Heute bezeichnet man mit Lager untergäriges, schwächer gehopftes, einfaches Bier, das man auch einfach „Helles“ nennt.

Malzbier/-trunk

Ein obergäriges malzig-süß schmeckendes Bier, das höchstens 1% Alkohol haben darf. Meist ist es jedoch „alkoholfrei“, das bedeutet, der Alkoholgehalt liegt unter 0,5 %.

Leichtbiere, light

Diese Bezeichnung tragen unterschiedliche Biere. Gemeinsam ist der verringerte Alkoholgehalt (etwa 2,5 bis 3 %) und damit verbunden ein geringerer Brennwert.

Märzen

Helles oder dunkles untergäriges Vollbier, mittelstark gehopft und malzbetont. Der Alkoholgehalt liegt bei 4,5 %.

Die Bezeichnung Märzen stammt aus einer Zeit, in der es noch keine Kühlmaschinen gab. Im März, also vor Beginn der warmen Jahreszeit, bestand die letzte Möglichkeit, untergäriges Bier zu brauen. Ein höherer Alkoholgehalt schützt vor Verderb und darum braute man dieses Bier stärker ein.

Pils, Pilsener

Es ist ein untergäriges helles Bier und zeichnet sich durch ein spritzig-frisches Hopfenaroma aus. Pilsgläser sind nach oben verjüngt, damit die Schaumkrone fest und dicht gehalten wird.
Das Bier stammt ursprünglich aus dem böhmischen Pilsen, heute ist Pils eine Gattungsbezeichnung und kann von jeder Brauerei hergestellt werden.

Radler, Alsterwasser
Biermischgetränk aus einem Teil hellem Bier und einem Teil klarer Zitronenlimonade.

Weizenbier, Weißbier

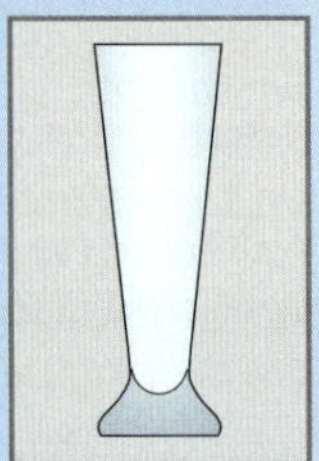

Es handelt sich um ein obergäriges Vollbier, zu dem etwa ein Drittel Weizen verwendet wird. Durch den hohen Kohlensäuregehalt schäumt es stark und wirkt erfrischend. Neben dem klaren *Kristallweizen* gibt es *naturtrübes Hefeweizen,* das vor dem Abfüllen nicht gefiltert wird.

Russ
Biermischgetränk aus einem Teil Weizenbier und einem Teil klarer Zitronenlimonade.

Zwickelbier
Es ist naturbelassen und darum hefetrüb. Zwickel ist der Name für den Probehahn, über den das Zwickelbier dem Fass entnommen wurde.

Biere anderer Länder

Biere anderer Länder müssen nicht dem Reinheitsgebot entsprechen. Werden sie in der Bundesrepublik vertrieben, müssen entsprechende Zusätze kenntlich gemacht werden.

England	Ale, Porter, Stout,
Frankreich	Kronenbourg (Elsass)
Dänemark	Carlsberg, Tuborg
Holland	Heineken, Skol
Tschechien	Budweiser, Pilsener Urquell

Ausschank

Die Temperatur beträgt der Jahreszeit angepasst 8 bis 10 °C.

Das Bier muss klar sein und den ursprünglichen Kohlensäuregehalt aufweisen.

Das Bier ist so einzuschenken, dass es eine gewölbte, kompakte Schaumkrone erhält.

Service

AUFGABEN

1 Erklären Sie den Unterschied zwischen untergärigen und obergärigen Bieren und nennen Sie die besonderen Eigenschaften der jeweiligen Biere.

2 Obwohl die meisten Bierarten aus Gerste hergestellt werden, gibt es helle und dunkle Biere. Erklären Sie dies in einer für den Gast verständlichen Weise.

3 Worin besteht der Unterschied zwischen Hefeweizen und Kristallweizen?

4 Nennen Sie drei Biergattungen mit dem zugehörenden Stammwürzegehalt.

5 Ein Gast will weniger Alkohol trinken und bestellt Diätbier. Was werden Sie antworten?

6 Aus welchem Grund muss Bier rechtzeitig bestellt werden?

7 Sie sind im Service beschäftigt. Zu welchen Speisen werden Sie ein Bier/ein Pils empfehlen?

8 Weizenbier erreicht einen immer höheren Umsatzanteil. Welche Gründe können die Gäste zu dieser Änderung der Trinkgewohnheit führen?

9 Auch in der Küche wird Bier verwendet. Suchen Sie nach mindestens drei Rezepturen. Diese Stichworte sollen Ihnen helfen: Suppe, Karpfen, Apfelringe.

7 Wein

wine
le vin

Wein ist ein alkoholisches Getränk, das durch Vergärung des Traubenmostes oder frischer eingemaischter Trauben gewonnen wird.

Die unterschiedlichen Eigenschaften der einzelnen Weine werden hauptsächlich bestimmt von der **Rebsorte,** aber auch von dem Boden, auf dem sie wächst, und dem Klima, also dem **Anbaugebiet.**

Rebsorte, man spricht vom **Sortencharakter**

- Die Rebsorten mit ihren unterschiedlichen Inhaltsstoffen bestimmen den Charakter eines Weines am stärksten.
- In Deutschland werden vorwiegend weiße Rebsorten angebaut wie z. B. Riesling oder Silvaner.
- Für rote Reben wird nur etwa ein Fünftel der Anbaufläche verwendet.
- Typische Anbaugebiete für Rotweine sind Frankreich und Italien.
- Die Abbildungen auf den folgenden Seiten zeigen die Rebsorten und geben Hinweise auf den Geschmack und Hilfen zur Weinempfehlung.

Anbaugebiet, man spricht vom **Gebietscharakter**

- Die Art und Beschaffenheit des Bodens bestimmt die Auswahl geeigneter Rebsorten.
- Wegen des unterschiedlichen Bodens schmecken selbst gleiche Rebsorten in jedem Anbaugebiet anders.
- Zum Weinbau werden Hänge bevorzugt, die nach Süden, Südosten und Südwesten geneigt sind. Die Sonnenstrahlen treffen hier konzentriert auf und erwärmen den Boden kräftig.
- Der Sonne abgewandte, schattige Hänge können keine Qualitätsweine liefern.

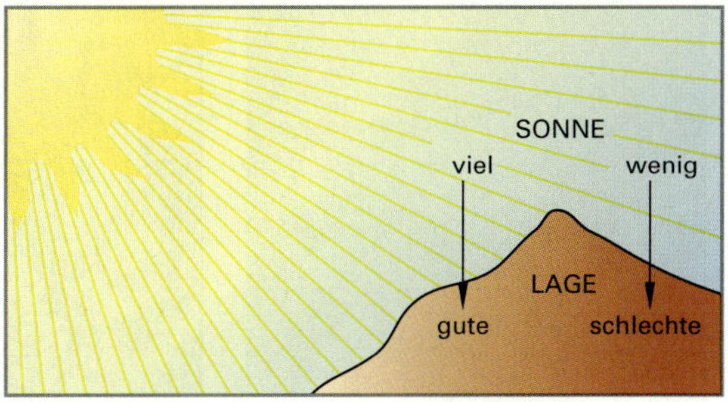

Abb. 1: Sonneneinstrahlung bestimmt die Lage.

Zur Orientierung zunächst eine Übersicht, die nach geschmacklichen Gesichtspunkten fünf Gruppen unterscheidet.

Gruppe	Beschreibung	z. B. Rebsorte
Milde Weißweine	Verhaltener Duft, milde bis feine Säure	Silvaner, Müller-Thurgau, Gutedel, Ruländer
Rassige Weißweine	Dezenter Duft, spürbare bis kräftige Säure	Riesling, Weißburgunder, Grauburgunder, Chardonnay
Bukettreiche Weißweine	Intensiver, typischer Duft	Gewürztraminer, Scheurebe, Muskateller, Morio-Muskat
Samtig-fruchtige Rotweine	Harmonisch, wenig Gerbstoffe	Spätburgunder, Trollinger, Portugieser, Schwarzriesling
Kräftige Rotweine	Farbintensiv, gerbstoffbetont	Lemberger, Dornfelder

Rebsorten

grape varieties | les vignes (w)

Deutsche Weisswein-Rebsorten

① **Silvaner**

② **Müller-Thurgau**

③ **Riesling**

④ **Kerner**

⑤ **Ruländer** (Grauburgunder)

⑥ **Scheurebe**

Nr.	Weinfarbe	Weincharakter	Weinempfehlung
①	blass, fast wasserhell	neutrales Bukett, feine Säure, vollmundiger, gefälliger Wein	zu gedünstetem Fisch, Spargel, mildem Käse
②	blass bis hellgelb	blumiges Bukett, mildere Säure als Riesling, leichter Muskatgeschmack	zu leichten, geschmacksneutralen oder zart-aromatischen Speisen
③	blassgelb, mit zartem Grünstich	an Pfirsichduft erinnernd mit feinfruchtigem Bukett, pikant, säurebetont und lebendig	passt besonders gut zu Fisch, Schalen- und Krebstieren und vor allem zu Gerichten mit delikater Sahnesauce
④	hellgelb bis strohgelb	fruchtig, mit leichtem Muskatbukett; rassige, lebendige Säure	ideal zu Kalb und Schwein, zu ausdrucksvollen Käsesorten
⑤	strohgelb bis goldgelb	milde Säure, deutlicher Honigduft, manchmal leichter Mandelton	als trockene Version zum kräftigen und geschmacksintensiven Essen
⑥	hellgelb bis goldgelb	rassige Säure, volles kräftiges an schwarze Johannisbeeren erinnerndes Bukett	passt sehr gut zu würzigen Ragouts und Braten

Deutsche Rotwein-Rebsorten

① **Spätburgunder** (Pinot noir)

② **Trollinger**

③ **Portugieser**

Ausländische Rebsorten

④ **Semillon** (edelfaul)

⑤ **Merlot**

⑥ **Cabernet Franc**

Nr.	Weinfarbe	Weincharakter	Weinempfehlung
①	tiefrot	samtig, vollmundig, feurig, mit einem Hauch von Mandelgeschmack	besonders geeignet zu Wild und Wildgeflügel sowie zu kräftig-aromatischen Braten und gehaltvollen Käsesorten
②	leuchtend hell- bis blassrot	duftig, frisch, fruchtig, mit gutem Säuregehalt und herzhaftem Geschmack	zu allen dunklen, dezent gewürzten Fleischsorten, aber auch zu Ente und Gans und milderen Käsesorten, ein guter Trinkwein
③	hellrot	leicht, mild, bekömmlich und gefällig im Geschmack	idealer, süffiger Schoppen- und Tischwein
④	Chablis-grün	Die Traube bringt nur dann große Weine, wenn sie „edelfaul" geerntet wird, meist wird sie mit der Sauvignon-Blanc-Traube zu Wein verarbeitet	zu Fischgerichten
⑤	rubinrot	tanninreiche Weine mit besonderem Duft und Aroma, die ihre Vollreife erst nach längerer Lagerung erreichen	zu dunklem Schlachtfleisch von würziger Zubereitung sowie Wild und Wildgeflügel
⑥	intensives Rot	ein Wein mit starkem Aroma von schwarzen Johannisbeeren, hoher Gerbsäuregehalt	sehr gut zu würzigen Gerichten wie Wild und Geflügel

Gebietseinteilung

Deutsche Weinanbaugebiete erstrecken sich vom Bodensee entlang des Rheins und seiner Nebenflüsse bis zum Mittelrhein bei Bonn und im Osten bis Dresden. Die Böden und das Klima innerhalb dieses Raumes sind so unterschiedlich, dass zur Charakterisierung eines Weines eine nähere geografische Angabe erforderlich ist.

Die ausländischen Weinregionen sind weniger differenziert, Boden und Klima sind über weitere Gebiete einheitlicher.

Die gesamte Rebenfläche ist in 13 **bestimmte Anbaugebiete** unterteilt. Jedes umfasst eine zusammenhängende Weinbaulandschaft mit vergleichbaren Voraussetzungen und bringt typische Weine mit ähnlichen Geschmacksnoten hervor.

Die **bestimmten Anbaugebiete** bezeichnen Gebiete für **Qualitätsweine.**

Tafelweine werden **Wein*bau*gebieten** zugeordnet. Tafelweine und die gehobenen Landweine machen nur wenige Prozent des gesamten Weinangebotes aus und werden in der Gastronomie kaum geführt. Aus diesem Grund entfallen weitere Ausführungen zu den Weinbaugebieten.

Die dreizehn bestimmten Anbaugebiete für Qualitätsweine

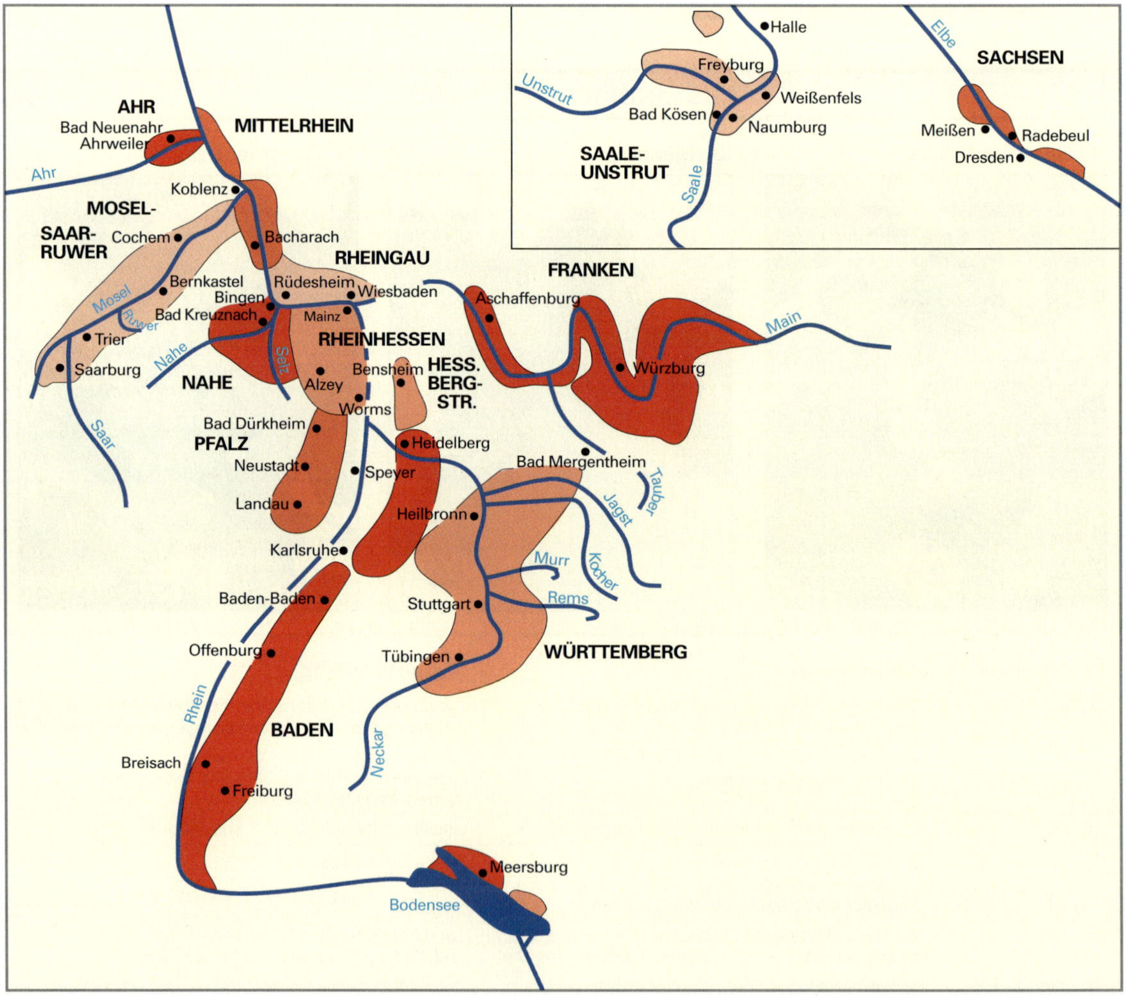

Abb. 1: Deutsche Anbaugebiete für Qualitätsweine

Qualitätsweine b. A.	
„bestimmte Anbaugebiete“	„Bereiche“
Ahr	Walporzheim/Ahrtal
Hessische Bergstraße	Starkenburg Umstadt
Mittelrhein	Loreley Siebengebirge
Nahe	Nahetal
Rheingau	Johannisberg
Rheinhessen	Bingen Nierstein Wonnegau
Pfalz	Südliche Weinstraße Mittelhardt/Deutsche Weinstraße
Mosel-Saar-Ruwer	Burg Cochem Bernkastel Obermosel Moseltor Saar Ruwertal
Franken	Steigerwald Maindreieck Mainviereck
Württemberg	Bayer. Bodensee Remstal-Stuttgart Württembergisches Unterland Kocher-Jagst-Tauber Oberer Neckar Württembergischer Bodensee
Baden	Bodensee Marktgräflerland Kaiserstuhl Tuniberg Breisgau Ortenau Kraichgau Bad. Bergstraße Tauberfranken
Sachsen	Elstertal Meißen
Saale-Unstrut	Schloss Neuenburg Thüringen Mansfelder Seen

Die Herkunft des Weines kann näher beschrieben werden. Bei Prädikatsweinen muss z. B. der **Bereich** angegeben werden. Wird gar die **Gemeinde** oder innerhalb dieser die **Lage** genannt, ist das für den Weinkenner ein besonderes Zeichen für Qualität.

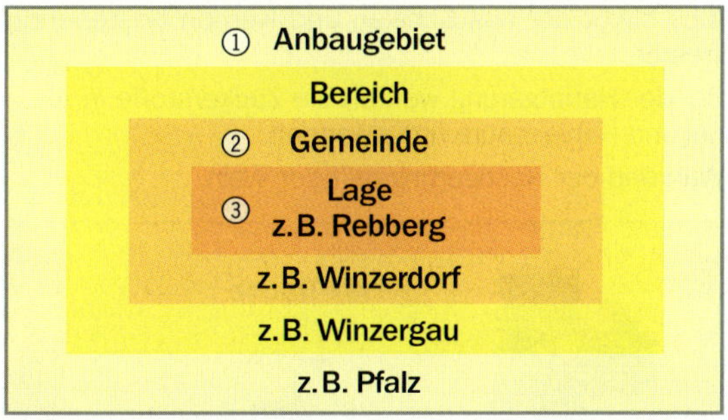

Abb. 1: Herkunft des Weines

Abb. 2: Beispiel einer genauen Herkunftsangabe

Die Weinanbaugebiete liefern sehr unterschiedliche Weinmengen.

Mittelrhein, Ahr, Hessische Bergstraße, Saale-Unstrut und Sachsen können bei dem gegebenen Maßstab nicht dargestellt werden.

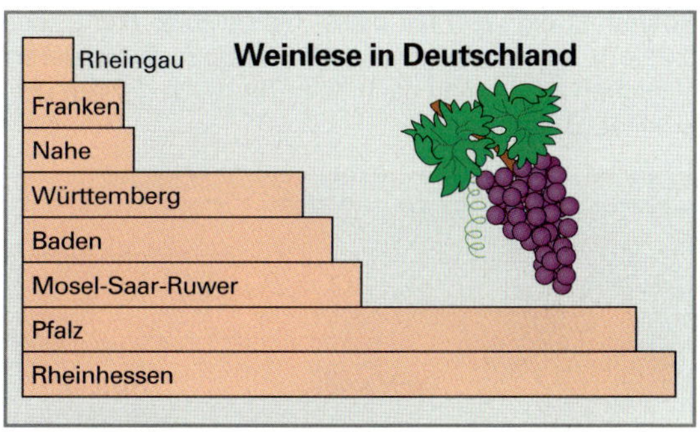

Abb. 3: Die größten Anbaugebiete

Weinbereitung

Weißwein *white wine* *le vin blanc*

Die Trauben werden gequetscht, damit sich alle Zellen der Frucht öffnen, es entsteht die **Maische.**

Aus dieser presst man beim Keltern den **Most** ab. Zurück bleibt der aus Schalen und Kernen bestehende Trester.

Bei der Hauptgärung werden die Zuckerstoffe in Alkohol und Kohlensäure umgewandelt.

Während der Nachgärung reift der Wein.

Rotwein *red wine* *le vin rouge*

Die im Rotwein erwünschten Farb- und Geschmacksstoffe befinden sich in der Schale der roten Beere.

Der bei der Gärung der **Maische** entstehende Alkohol löst diese, sodass sie in die Flüssigkeit übergehen.

Nach einem anderen Verfahren wird die Maische vor der Gärung erwärmt.

Der Jungwein wird erst während der Nachgärung harmonisch.

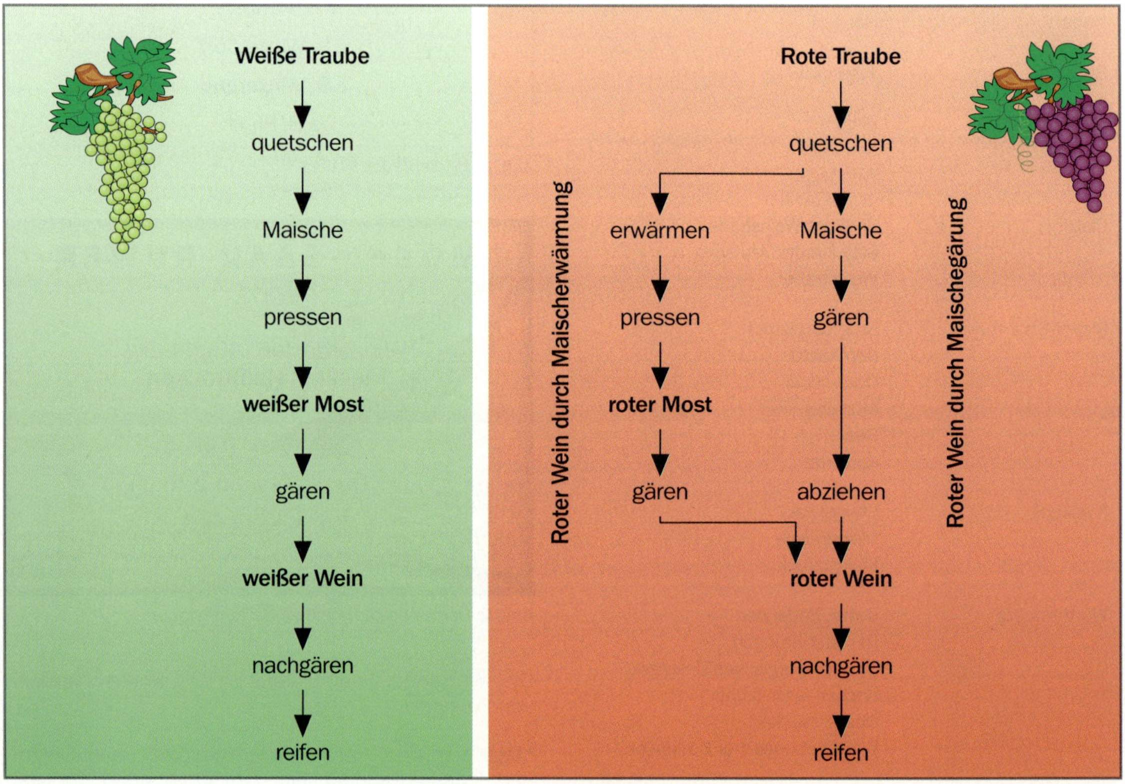

Besondere Verfahren für weitere Weinsorten.

Rotling ist ein Wein mit blass- bis hellroter Farbe, der entsteht, wenn weiße und rote Trauben oder deren Maischen zusammen nach dem Rotweinverfahren verarbeitet werden.

Schillerwein ist ein qualitativ hochwertiger Rotling aus Württemberg.

Rosé schimmert golden bis rötlich und wird aus roten Trauben nach dem Weißweinverfahren gewonnen. Hochwertige Produkte dürfen als **Weißherbst** bezeichnet werden.

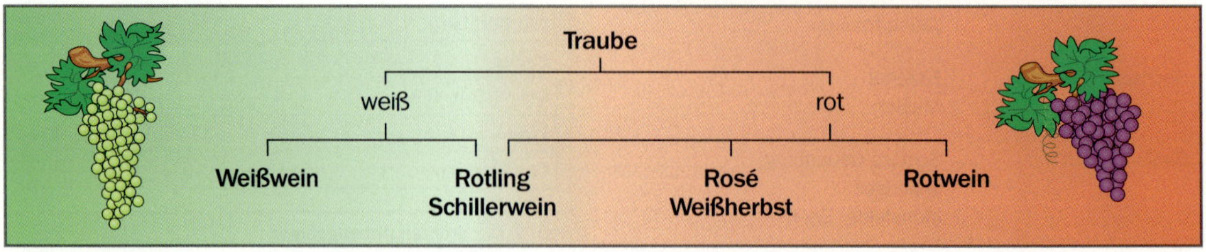

Güteklassen für deutschen Wein

Im Weinrecht gibt es Vorgaben durch die EU.

Diese sind durch nationales, also deutsches Recht, ergänzt worden.

Für deutschen Wein gibt es zwei Güteklassen, nämlich Tafelwein und Qualitätswein. Diese Güteklassen werden weiter unterteilt.

- **Tafelwein** hat mindestens 8,5 % Alkohol.
  - **Landwein** ist ein gehobener Tafelwein mit einem für die Region typischen Charakter.
- **Qualitätsweine**
  In dieser großen Gruppe wird weiter unterschieden
  - in **Qualitätsweine bestimmter Anbaugebiete** und
  - **Qualitätsweine mit Prädikat.**
  - **Qualitätsweine bestimmter Anbaugebiete (Q. b. A.)** Das sind Weine mittlerer Güte, die einem Prüfverfahren unterzogen worden sind.

    Ein Mindestmostgewicht und die Herkunft der ausgereiften Trauben aus dem Anbaugebiet sind Voraussetzungen für die Zulassung.
  - **Qualitätsweine mit Prädikat** haben eng begrenzte Herkunftsgebiete und müssen strengen Qualitätsanforderungen genügen.

    Die Prädikate sind zusätzliche Qualitätsangaben. Es gibt sechs verschiedene Prädikate.

Kabinett: Das vorgeschriebene Mindestmostgewicht muss aus der Rebe stammen. Das bedeutet: Kabinett ist die erste Qualitätsstufe *ohne Zuckerzusatz.*

Spätlese: Die Trauben werden zu einem späteren Zeitpunkt in vollreifem Zustand geerntet.

Auslese: Aus den vollreifen Trauben werden die unreifen und kranken Beeren ausgesondert.

Beerenauslese: Es werden nur überreife und edelfaule Beeren verarbeitet.

Trockenbeerenauslese: Es werden nur eingeschrumpfte, edelfaule Beeren verwendet.

Eiswein: Nur edelfaule Beeren, nach einem Frost gelesen, werden verwendet. Durch das Ausfrieren von Wasser entsteht ein konzentrierter Most.

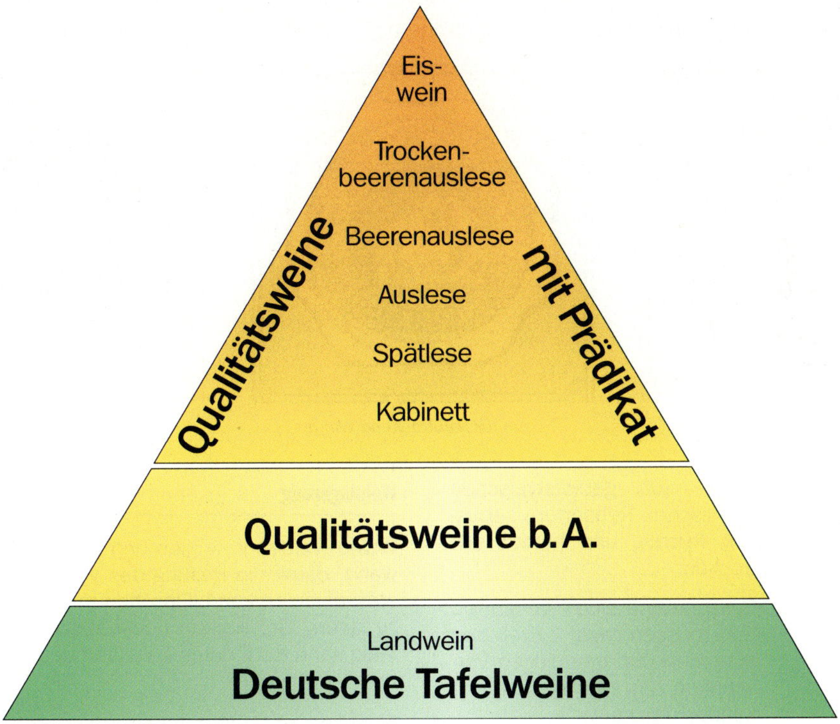

Bei der Auswahl von Weinen sind neben der Qualität die Eignung des Weines für den Anlass und die Kombination mit den Speisen zu beachten.

Das Weinetikett

Das Weinetikett wird auch als die Geburtsurkunde eines Weines bezeichnet. Hier ein Beispiel für eine umfassende Information.

bestimmtes Anbaugebiet

Jahrgang

engere Herkunftsbezeichnung

Rebsorte/Prädikat

Qualitätsstufe

Geschmacksangabe

Alkoholgehalt

Nennvolumen

Abfüller

Erzeuger

Amtliche Prüfnummer

Über die amtlichen Vorgaben hinaus können Auszeichnungen genannt werden:

Das **deutsche Weinsiegel** ist ein Gütezeichen für deutsche Weine. Farben signalisieren Geschmacksrichtungen.

Rot für vorwiegend liebliche Weine

Grün für halbtrockene Weine

Gelb für trockene Weine

CLASSIC Weine aus gebietstypischen klassischen Rebsorten; gehaltvoll, fruchtig und harmonisch trocken.

SELECTION Spitzenweine eines Jahrgangs. Sie müssen aus Einzellagen stammen und unterliegen Vorschriften zum Hektarertrag und Mindestmostgewicht.

Daneben gibt es **Gütesiegel regionaler Weinbauverbände** und Banderolen für bestimmte Prämierungen, für deren Vergabe strenge zusätzliche Qualitätskriterien erfüllt werden müssen.

Weinlagerung

Weine werden in kühlen und dunklen Räumen aufbewahrt, damit die Reifung des Weines möglichst ungestört ablaufen kann. **Flaschen mit Korken** sind liegend zu lagern, der Korken trocknet so nicht aus, und der Wein kann nicht durch Luftzutritt und Mikroben verderben.

Flaschen mit Schraubverschluss können auch stehend gelagert werden.

Günstigste Temperatur	für Weißwein:	10 bis 12 °C
	für Rotwein:	14 bis 15 °C.

Wein-ABC

Für ein so umfangreiches Gebiet wie das des Weines hat sich eine eigene Fachsprache entwickelt. Wichtige Begriffe für die Gästeberatung und Produktbeschreibung sind hier zusammengestellt.

Produktbeschreibung

Abgang
Nachgeschmack am Gaumen, wenn der Wein geschluckt ist.

ansprechend
zum Trinken anregend

Aroma, aromatisch
reich an Duft- und Geschmacksstoffen (Nase und Zunge)

Blume, blumig
reich an Duftstoffen (Nase)

Bukett, bukettreich
reich an Duft- und Geschmacksstoffen. Vergleichbar mit dem Begriff Aroma. In Verbindung mit Wein wird Bukett bevorzugt verwendet.

duftig
feine, angenehme Blume

elegant
fein abgestimmt in Säure, Alkoholgehalt und Bukett

gehaltvoll
reich an Inhaltsstoffen wie Zucker, Glycerin, Gerb- und Farbstoffen

harmonisch
ausgewogenes Verhältnis aller Inhaltsstoffe

herb
Rotweine mit viel Gerbsäure; Achtung: herb ist nicht sauer

kräftig
höherer Alkoholgehalt, angenehme Säure

lieblich
leicht, angenehm, wenig Alkohol, wenig Säure

prickelnd
leicht kohlensäurehaltig

rassig
ausgeglichene erfrischende Säure, z. B. bei Riesling

spritzig
frisch, angenehm prickelnd, z. B. Saarweine

süffig
Bei einfachen Weinen verwendet man den Begriff für Arten, die zum Weitertrinken anregen.

trocken
Vollständig durchgegoren, ohne Restzucker, hoher Alkoholgehalt. Trocken ist nicht mit sauer gleichzusetzen.

wuchtig
viel Körper und Alkohol; bei Rotweinen verwendet

Herstellung

anreichern
Wenn der Zuckergehalt der Weinbeeren, z. B. wegen schlechten Wetters, zu gering ist, darf im Rahmen der gesetzlichen Vorgaben vor der Vergärung dem Most Zucker zugefügt werden. So erhält man Wein mit dem erforderlichen Alkoholgehalt. Qualitätsweine mit Prädikat dürfen nicht angereichert werden.

Barriques
Eichenholzfässer mit einem Fassungsvermögen von 225 Litern.

keltern
Abpresssen des Rebensaftes, es verbleibt der Trester.

Mostgewicht
Dichte des Mostes. Das Mostgewicht kann mit der Öchslewaage oder einem Refraktometer festgestellt werden.

Öchslegrade
Dichte (spezifisches Gewicht des Mostes); sie geben Auskunft über den Zuckergehalt und damit indirekt über den zu erwartenden Alkoholgehalt.

Restsüße
Zuckergehalt des fertigen Weines, also nach der abgeschlossenen Gärung. Wird meist durch Zusatz von Traubenmost (Süßreserve) erreicht.

schönen
Trübstoffe werden gebunden und sinken zu Boden. Sie würden im Wein Trübungen hervorrufen.

schwefeln
Die Zugabe von Schwefel stoppt die Tätigkeit unerwünschter Bakterien und die Oxidation, die z. B. zum Braunwerden des Mostes führt.

Süßreserve
ist dem vergorenen Wein zugesetzter Traubenmost. Die enthaltenen Zuckerstoffe bleiben im Wein, werden nicht vergoren.

verschneiden
Dies bedeutet Vermischen von Most oder Wein, um bestimmte Eigenschaften wie Farbe, Geschmack oder Säuregehalt auszugleichen. Es dürfen nur Weine mit vergleichbarer Qualität zusammengeführt werden.

Weine europäischer Länder

Unsere französischen und italienischen Nachbarn erzeugen und verbrauchen wesentlich mehr Wein als wir. Deutsche Importe aus diesen Ländern sind bedeutend.

Französische Weine

Zwar gibt es französische Weine in allen Geschmacksrichtungen von sehr trocken bis sehr süß. Da man aber in Frankreich Wein vor allem zum Essen trinkt, sind die meisten französischen Weine eher trocken. Wie sollte denn ein süßer Wein zu Fisch oder Rind passen?

Qualitätsstufen

In Frankreich und Italien werden die Weine vorwiegend nach der Herkunft bestimmten Qualitätsstufen zugeordnet, während in Deutschland das Mostgewicht (Öchslegrade) im Vordergrund steht. Das führt dazu, dass Frankreich etwa 50 % Tafelweine und 50 % Qualitätsweine produziert, Deutschland dagegen nur etwa 3 % Tafelweine keltert und 97 % Qualitätsweine ausbaut.

Französisch	Entspricht etwa
vin de table ▶ vin de pays	**Tafelwein** ▶ Landwein
vin de qualité ▶ vin délimité de qualité supérieure ▶ vin d´appellation d´origine contrôlée (AOC) Das Wort „origine“ kann durch das entsprechende Gebiet (Gemeinde) ersetzt werden. ▶ vin délimité de qualité superieure (VDQS)	**Qualitätsweine** ▶ ausgewählter Anbaugebiete ▶ kontrollierter Herkunft ▶ mit Prädikat

Service

Weinbaugebiete und bekannte Weine

Elsass	*Gewürztraminer* ist ein kräftiger vollrunder Wein mit charakteristischem Bukett. *Muscat d´Alsace* ist ein herber, fruchtiger Wein mit dem typischen ‚Aroma der Muskattraube. *Edelzwicker* ist eine Besonderheit aus einer Mischung Elsässer Rebsorten.
Burgund	*Chablis* ist ein trockener, rassiger Weißwein. *Côte de Beaune* ist ein kräftiger eleganter Rotwein. *Meursault* gehört zu den trockenen rassigen Weißweinen. *Beaujolais* ist vor allem als *nouveau* (neuer) bekannt, ein spritziger, leichter Rotwein.
Rhône-Tal	*Châteauneuf-du-Pape* und *Côtes du Rhône* sind kräftige und körperreiche Rotweine.
Languedoc-Roussillon	Es werden vor allem *Vins de Pays,* fruchtige, rote Landweine angebaut.
Bordeaux	*Entre-deux-Mers* ist ein lebhafter, frischer Weißwein. *Sauternes* ist ein vollrunder, lieblicher Weißwein von Trauben, die von der Edelfäule befallen sind. *Pomerol* und *Saint-Emilion* sind körperreiche, weiche Rotweine von dunkler Farbe.
Loire-Tal	*Muscadet* ist ein trockener, frischer Weißwein.

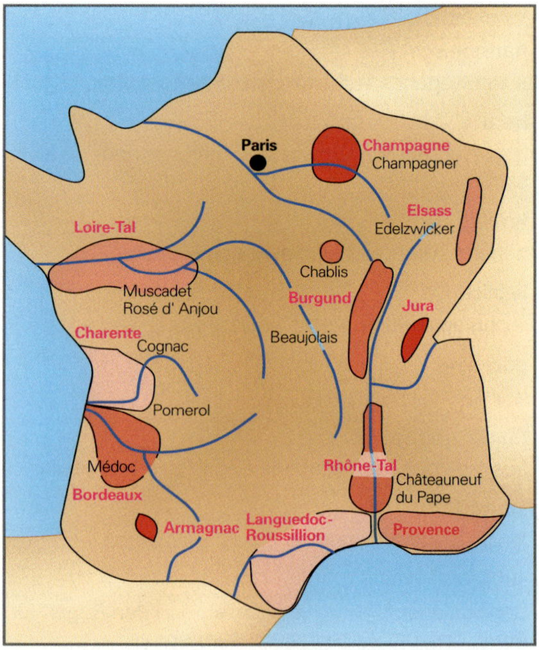

Abb. 1: Weinanbaugebiete Frankreichs

Französische Fachbegriffe

(Eine Hilfe bei der Beratung)

Blanc de Blancs Bezeichnung für einen Weißwein aus weißen Trauben. (Es gibt auch weißen Wein von roten Trauben.)

Château Bezeichnung eines Winzereibetriebes, der auf eigenem Besitz Qualitätsweine ausbaut. Man könnte auch sagen: „Qualität aus einer Hand."

Cru Anbaugebiet für Spitzenweine

Domaine Bezeichnung eines Winzereibetriebes, nur bei Qualitätswein und Landwein zulässig.

Mis en bouteille Alle Weine, die in Frankreich ausgebaut und abgefüllt werden, tragen auf dem Korken oder auf dem Etikett diesen Hinweis.

Primeur Junge, frische Rotweine können diesen Zusatz nach einer schnellen Gärung bis zum 31. Januar des Folgejahres tragen.

Italienische Weine

Auch in Italien sind etwa 50 % der Ernte Tafelwein (Vino da Tavola).

Qualitätsstufen

Italienisch	Entspricht etwa
Vino da Tavola ▶ Vino con Indicazione Geografica Tipica (IGT)	**Tafelwein** ▶ Landwein
Denominazione di Origine Controllata – DOC	**Qualitätswein bestimmter Anbaugebiete Q. b. A.**
Denominazione di Origine Controllata e Garantita – DOCG	**Qualitätswein mit Prädikat**

Weinbaugebiete und bekannte Weine

Südtirol	Bekannt für Rotweine aus den namengebenden Trauben Blauburgunder (Pinot noir), Lagrein, Weißburgunder und Gewürztraminer. *Kalterer See* und *St. Magdalener* sind bekannte Weine.
Friaul	Die Weine sind nach den Rebsorten benannt. *Pinot Grigio* (bei uns Ruländer), ein frischer Weißwein, den man jung trinkt. *Pinot Bianco* (Weißburgunder) *Merlot* und *Cabernet* sind charaktervolle Rotweine.
Piemont	*Barbera,* ein rubinroter Rotwein mit intensiver Blume und würzigem Geschmack. *Barolo,* ein Rotwein aus der Nebbiolo-Traube mit markantem Duft und kräftigem Geschmack. *Barbaresco,* ein leuchtend roter Wein , vollmundig und kräftig.
Umbrien	*Orvieto,* ein goldener Weißwein, geschmeidig und gehaltvoll.
Latium	*Frascati,* ein Weißwein mit kräftig gelber Farbe und ausgeprägtem aber weichem Geschmack.
Toskana	*Chianti,* ein Rotwein aus überwiegend roten aber auch weißen Trauben.

Italienische Fachbegriffe

(Eine Hilfe bei der Beratung)

secco trocken

abboccato halbtrocken

amabile leicht süß

dolce süß

Abb. 1: Weinanbaugebiete Italiens

Beurteilen von Wein

Die Eigenschaften eines Weines werden bei der **Weinprobe** oder **Degustation** erfasst und mit Fachbegriffen beschrieben.

Unsere Sinnesorgane sind dabei die Sensoren. Ein angemessener Fachwortschatz befähigt das Servierpersonal, den Gast entsprechend zu beraten.

Farbe und Klarheit prüfen

Das Glas wird gegen das Licht gehalten.

Blume riechen

Man gibt dem Glas eine leicht kreisende Bewegung. Dadurch lösen sich die Duft- und Aromastoffe. Sie geben dem Wein die Blume.

Geschmack prüfen

Erst jetzt nimmt man einen kleinen Schluck. Zunge und Gaumen prüfen die Fülle der Geschmacksstoffe. Man „beißt" den Wein.

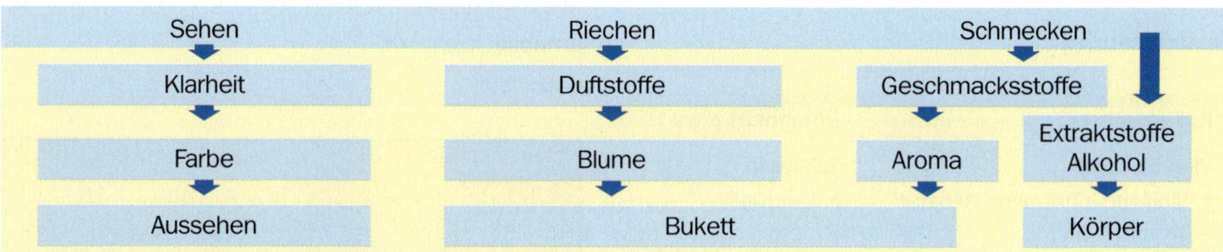

Merkmale	Bezeichnungen	Beschreibung positiv	Beschreibung negativ
Geruch	Blume	– zart, dezent, feinduftig – duftig, blumig, voll – ausdrucksvoll, ausgeprägt – kräftig duftend	– ausdruckslos, flach – aufdringlich, parfümiert – fremdartig, unsauber
Geschmack	Aroma	– neutral, zart – feinwürzig, herzhaft, erdig – würzig, aromatisch	– korkig
– Zucker		– herb, trocken – dezent, feinherb, halbtrocken – lieblich, süffig, süß	– pappsüß – aufdringlich – unharmonisch
– Säure		– mild, zart, verhalten – frisch, feinrassig – herzhaft, rassig, pikant	– matt, flach – unreif, spitz – hart, grasig
– Frucht		– neutral, zart – feinfruchtig, fruchtig	– fremd – unschön
	Bukett	– mild, zart, fein – rund, harmonisch, voll	– dünn, flach – leer, plump
Extrakt Alkohol	Körper	– leicht – mundig, vollmundig, saftig – schwer, wuchtig, stoffig – feurig (Alkohol)	– dünn, leer – plump – brandig, spritzig (Alkohol)
Alter		– jung, frisch. spritzig – reif, entwickelt, vollreif – edelfirn, firn	– unreif – matt, leer – abgebaut

Likörweine, Süd- oder Dessertweine

Was das Gesetz als *Likörwein* bezeichnet, wird in der Alltagssprache oft als *Südwein* (Herkunft) oder Dessertwein bezeichnet.

Je nach Art werden sie in der Gastronomie unterschiedlich eingesetzt:

- Trockene Arten als geschmacksanregender Aperitif vor dem Essen,
- süßliche Arten als verdauungsfördernder Digestif nach dem Essen.

Trockene Dessertweine

Dem Wein wird nach kurzer Gärung Weingeist zugesetzt. Der nun hohe Alkoholgehalt (bis 22%) unterbricht die natürliche Gärung. Man erhält alkoholreiche trockene Weine.

Beispiele

Sherry aus Spanien
Portwein aus Portugal
Madeira von der Insel Madeira

Süße (konzentrierte) Dessertweine

Dem Most oder Ausgangswein werden Trockenbeeren (Rosinen) oder eingedickter Traubensaft beigegeben. Das ergibt süße Weine mit üblichem Alkoholgehalt.

Beispiele

Tokajer aus Ungarn
Samos aus Griechenland
Malaga aus Spanien

Aufgaben

1 Boden und Klima bestimmen wesentlich die Eigenschaften des späteren Weines. Erläutern Sie.

2 Bei der Empfehlung von Weinen müssen Wünsche bzw. Aussagen von Gästen in fachliche Zusammenhänge übertragen werden. Nennen Sie zu den folgenden Aussagen passende Rebsorten.
a) „Zum Fisch hätte ich gerne einen milden Weißen."
b) „Einen Weißen bitte, darf schon etwas Kräftiges sein."
c) „Ich hätte gerne ein Glas würzig-aromatischen Weißwein."
d) „Zum Rehbraten bitte einen kräftigen Rotwein."

3 Beschreiben Sie die wesentlichen Arbeitsschritte bei der Herstellung von Weißwein und von Rotwein.

4 Das Weinetikett wird gerne als die „Geburtsurkunde" eines Weines bezeichnet. Nennen Sie die für einen Qualitätswein vorgeschriebenen Angaben.

5 Da streiten sich zwei: „Weinbaugebiete heißt es", sagt der eine, „Nein, Weinanbaugebiete, da bin ich mir sicher", meint der andere. Beide können im Recht sein. Erklären Sie.

6 Nennen Sie die drei größten deutschen Weinanbaugebiete.

7 In welche beiden Gruppen werden die deutschen Weine nach der Qualität eingeteilt?

8 Nennen Sie die Qualitätsweine mit Prädikat in aufsteigender Reihenfolge.

9 Das Weinsiegel gliedert das Angebot in drei Gruppen. Nennen Sie die Geschmacksrichtungen und die dazugehörige Farbe des Weinsiegels.

8 Schaumwein

sparkling wine
le vin mousseux

Schaumwein entsteht, wenn Wein nach der Hauptgärung nochmals in abgeschlossenen Behältnissen zum Gären gebracht wird. Das bei dieser zweiten Gärung entstehende CO_2 kann nicht entweichen, verbindet sich mit dem Wein und verleiht ihm den schäumenden Charakter. Aus Wein ist prickelnder Schaumwein geworden.

Herstellung

Beim Schaumwein wird je nach Sorte eine über Jahre gleiche Qualität und Geschmacksrichtung erwartet. Darum vermischt man verschiedene *Grundweine.* Diesen Verschnitt nennt man *Cuvée.*

Damit die notwendige zweite Gärung beginnt, kommt die *Fülldosage* hinzu. Das ist eine Mischung von in Wein aufgelöstem Kristallzucker und Reinhefe.

Bei der Gärung unterscheidet man drei Verfahren.

Flaschengärung. Die gefüllten Flaschen werden verschlossen und mit dem Hals nach unten in Rüttelpulte gestellt. So setzt sich der Hefetrub am Korken ab und kann nach der Lagerung leicht entfernt werden. Der dabei auftretende Verlust wird durch die *Versanddosage* ersetzt. Diese klassische Flaschengärung ist das aufwendigste und damit teuerste Verfahren.

Transvasierverfahren ist eine vereinfachte Flaschengärung. Das Cuvée wird wie beim klassischen Verfahren auf Flaschen gefüllt. Nach abgeschlossener Zweitgärung entleert man die Flaschen in Tanks, filtert den Schaumwein und gibt die Versanddosage bei. Danach füllt man erneut auf Flaschen und überlässt den Schaumwein einer Reifung. Die zeitaufwendigen Arbeitsvorgänge wie Rütteln und Enthefen von Hand werden bei diesem Verfahren eingespart.

Tankgärung. Sie ist arbeitssparender. In den Tankräumen werden während der Gärung Temperatur und Druck genau geregelt. Der Hefetrub wird durch Filtern abgetrennt.

Geschmacksrichtungen

Unabhängig von Gärverfahren bestimmen

- **Qualität** die Mischung der Grundweine, das Cuvée,
- **Geschmacksrichtung** die Dosage, welche den gewünschten Süßegrad verleiht.

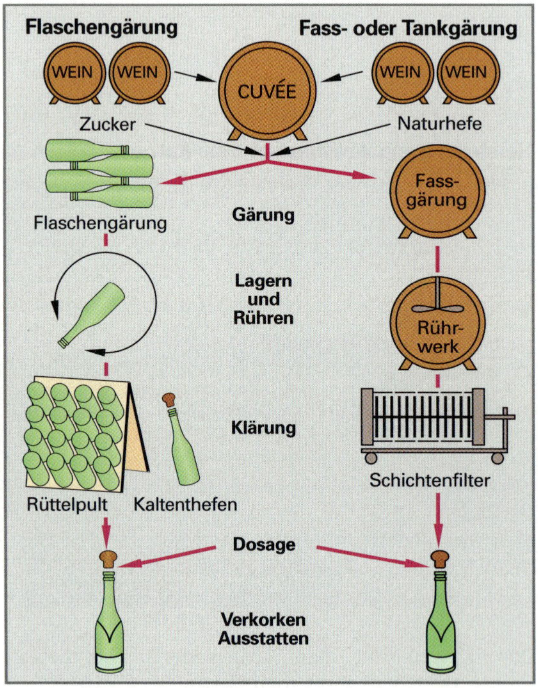

Abb. 1: Vergleich von Gärverfahren

Bezeichnung des Geschmacks deutsch	französisch	Restzuckergehalt/l
extra herb	extra brut	0 bis 6 g
herb	brut	0 bis 15 g
extra trocken	extra sec	12 bis 20 g
trocken	sec	17 bis 35 g
halbtrocken	demi-sec	33 bis 50 g
mild	doux	über 50 g

Gesetzliche Bestimmungen

Bei Schaumwein ist der Hersteller oder die Vertriebsfirma anzugeben. Bei ausländischen Erzeugnissen ist das Herstellungsland zu nennen.

Mit **Schaumwein** muss in Deutschland hergestellter Schaumwein bezeichnet werden. (Der gebräuchliche Name Sekt darf für die einfachste Qualitätsstufe nicht verwendet werden.)

Qualitätsschaumwein oder **Sekt** ist von gehobener Güte. Es werden Mindestanforderungen hinsichtlich Alkoholgehalt, Druck (CO_2) und Lagerdauer gestellt.

Mögliche Zusatzbezeichnungen:

- Qualitätsschaumwein Sekt b.A.: gleiche Bestimmungen wie bei Wein,
- mit Jahrgangsangabe,
- mit Angabe der Traubenart.

Champagner ist Schaumwein aus einem genau festgelegten Gebiet der Champagne (Frankreich).

Verwendung von Schaumwein

Als erfrischendes und belebendes Getränk wird Schaumwein insbesondere zu festlichen Anlässen und als Aperitif pur getrunken.

Auf gemischte Getränke werden die herzhafte Frische und das angenehme Mousseux übertragen, z. B.:

- Sekt mit Orangensaft
- Sekt mit Cassis (Kir Royal)
- Sekt mit Zitronensaft, Angostura und Läuterzucker (**Sektcocktail**)

Darüber hinaus ist Schaumwein Bestandteil von Bowlen und Kaltschalen.

Lagerung: unter 10 °C, liegend; vor dem Servieren auf 6 bis 8 °C kühlen.

Aufgaben

1 Wie nennt man bei der Sektherstellung die Mischung der Grundweine?
2 Welche Gärverfahren werden unterschieden?
3 Erklären Sie den Unterschied zwischen einem Sekt und einem Champagner.
4 Wie entstehen die verschiedenen Geschmacksrichtungen bei Sekt?

9 Weinhaltige Getränke

blended drinks with wine
les boissons (w) à base de vin

Darunter versteht man Getränke, die einen Anteil von mehr als 50 % von Wein, Dessertwein oder Schaumwein haben.

Der restliche Anteil kann Weinbrand, Fruchtsäfte, Kräuterauszüge, Honig, Wasser usw. enthalten.

Bowle besteht aus Wein, Schaumwein, auch Fruchtwein oder Mineralwasser und Geschmacksträgern, die auch namensgebend sind, z. B. Pfirsich, Erdbeer, Waldmeister.

Weinschorle besteht aus gleichen Teilen Wein und kohlensäurehaltigem Wasser. Schorlen sind durch diese Mischung erfrischend und alkoholarm.

Glühwein ist heißer Rotwein, gewürzt mit Nelken, Zimt, Zitrone und Zucker. Spezielle Aufgussbeutel erleichtern die Herstellung.

Wermut (Vermouth) ist mit Wermutkraut aromatisierter Wein; Alkoholgehalt um 15 %. Wermut ist Grundlage von Mischgetränken wie Manhattan oder Martini.
Absinth ist ein grünlicher Wermut, der zusätzlich eine gesetzlich beschränkte Menge Thujon enthält.

10 Spirituosen

spirits
les spiritueux (m)

Spirituosen sind zum menschlichen Genuss bestimmte Getränke, bei denen Alkohol (Ethylalkohol) als wertbestimmender Anteil mit mindestens 15 % enthalten ist.

Der Alkoholgehalt ist in % vol (sprich: Prozent des Volumens) anzugeben.

Der konzentrierte Alkohol wird durch **Destillation** gewonnen.

Das Prinzip

Wasser verdampft bei 100 °C, Alkohol bei etwa 80 °C. Darum bilden sich beim Erhitzen von alkoholhaltigen Flüssigkeiten zuerst Alkoholdämpfe, die über ein Rohrsystem abgeleitet und durch Abkühlen wieder verflüssigt werden. Viele Geschmacksstoffe sind in Alkohol gelöst und gehen mit in das Destillat über. Wasser und unlösliche Stoffe bleiben zurück.

Die Herstellungsverfahren für die unterschiedlichen Spirituosen sind in vielen Abschnitten vergleichbar.

1. Schritt
Aus Zuckerstoffen entsteht durch Gärung Alkohol, z. B. aus dem Zucker der Weintrauben Alkohol im Wein.

Enthalten die Ausgangsprodukte andere Arten von Kohlenhydraten, z. B. Stärke, müssen diese zuerst in Zuckerstoffe umgewandelt werden.

2. Schritt
Alkohol wird durch Destillieren konzentriert. Weitere Arbeitsschritte trennen unerwünschte Begleitstoffe ab oder konzentrieren den Alkohol weiter.

VERSUCHE

1. Versetzen Sie Fruchtsaft mit etwas Hefe und stellen Sie die Lösung eine Woche an einen warmen Ort. Oder: anstelle des Fruchtsaftes 0,25 l Wasser und 75 g Zucker, oder, wenn der Versuch sofort durchgeführt werden soll: 150 g Wasser und 30 g Alkohol vermischen.
2. Bauen Sie die abgebildete Anlage auf. Auf Bunsenbrenner einen Rund- oder Kantkolben mit einer der oben beschriebenen Flüssigkeiten stellen, in den Korken ein geknicktes Glasrohr einführen, zweiten Rundkolben in Eis stellen und das Glasrohr einführen. Oder Liebig-Kühler verwenden.
Erhitzen Sie, und probieren Sie vorsichtig das Kondensat.

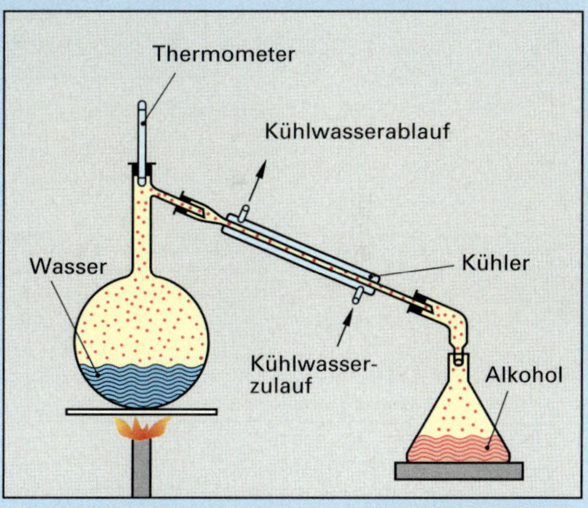

3. Geben Sie etwa 250 g Himbeeren (als Tiefkühlware immer erhältlich) in ein enges Gefäß oder in einen Kolben. Übergießen Sie mit 100 g Wasser und der gleichen Menge Alkohol. Mit Korken oder Gummipfropfen verschließen. Nach einer Woche destillieren Sie mit der in Versuch 2 beschriebenen Anlage. Verdünnen Sie das Kondensat 1:1 mit Wasser und probieren Sie.
4. Geben Sie in einen Shaker ein Eigelb, 1 Teelöffel Zucker, 5 cl Weinbrand, 5 cl Wasser und vermischen Sie gut. Was entsteht?

Service

Der Weg zur Spirituose

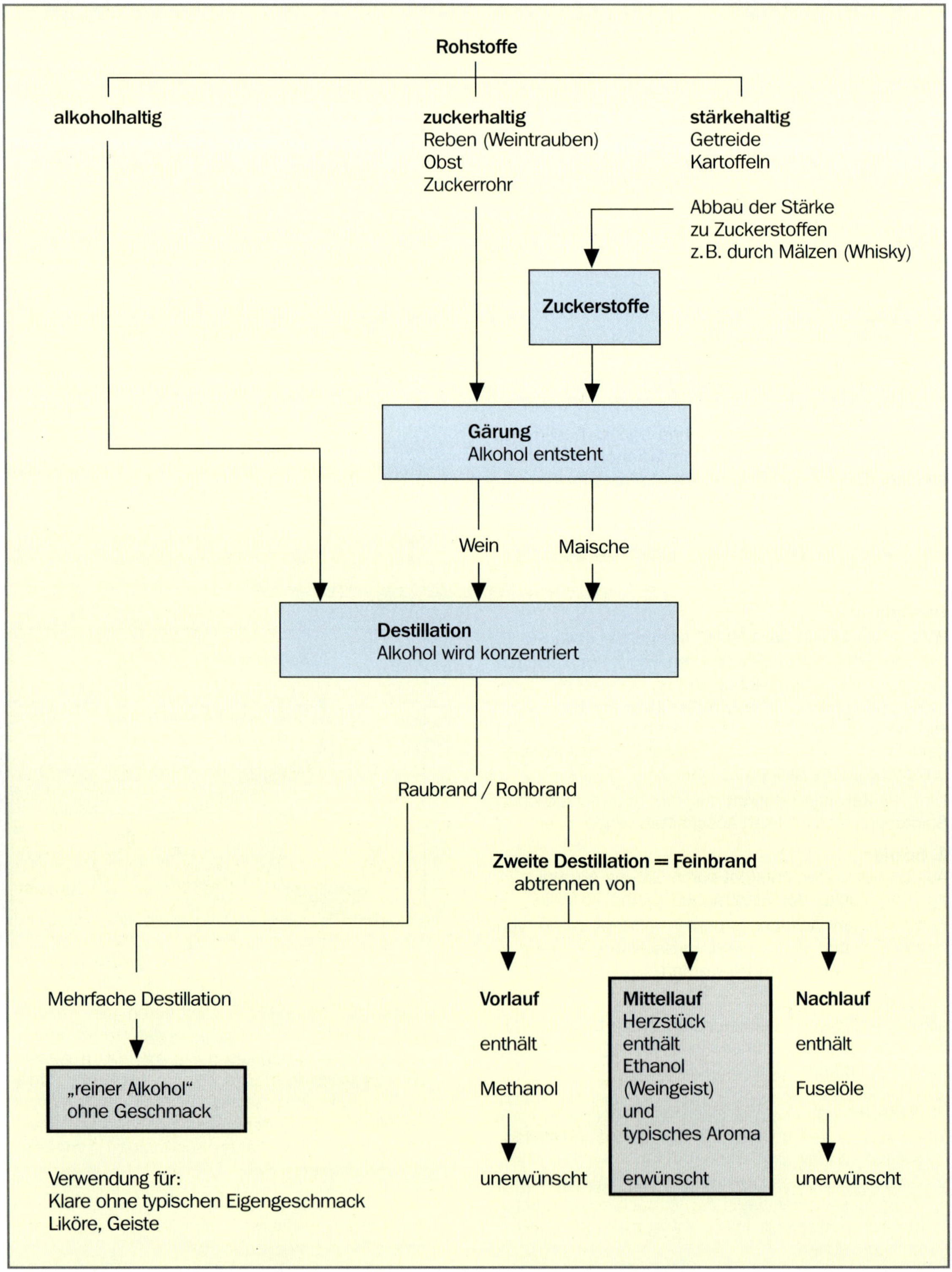

Bestimmte Spirituosen, besonders solche auf der Grundlage von Wein und Getreide, gewinnen durch eine längere Reifezeit nach dem Brennen. Während dieser Zeit wirkt Sauerstoff der Luft auf die zunächst farblose Flüssigkeit ein und verändert Farbe und Aroma in erwünschter Weise. Je nach Qualitätsstufe sind aus diesem Grund für bestimmte Produkte Mindestlagerzeiten vorgeschrieben.

Nach der EU-Spirituosenverordnung unterscheidet man folgende vier Gruppen von Spirituosen:

Brände, z. B. Weinbrand, Korn,

Geiste, z. B. Himbeergeist,

aromatisierte Spirituosen, z. B. Kümmel, Gin und

Liköre wie Eierlikör, Kirschlikör.

10.1 Brände

Brände sind Spirituosen, deren Alkoholgehalt und Geschmack durch Vergären und anschließendes Brennen (Destillieren) entsteht.

Namengebend sind meist die Rohstoffe. Diese Gruppe von Spirituosen wird nach EU-Recht auch als *Branntwein* bezeichnet.

Hinweis: Früher wurde jedes Getränk, das *gebrannt* wurde, als *Brannt*wein bezeichnet. Auch Spirituosen aus Getreide oder Kartoffeln waren Branntwein.
Heute muss Brannt*wein* aus *Wein* gewonnen sein.

Innerhalb der großen Gruppe der Brände gliedert man nach den Rohstoffen.

Spirituosen aus Wein

🇬🇧 *spirits from wine*
🇫🇷 *les liqueurs de vin (w)*

Man gewinnt die Spirituosen durch Destillation von Wein oder Brennwein. Auf das Destillieren oder Brennen folgt eine längere Lagerung.

- **Deutscher Weinbrand**
  Die Hersteller bevorzugen Weine aus französischen Reben, denn diese sind besonders aromatisch und alkoholreich.

- **Eau-de-vie de vin**
  Dies bedeutet wörtlich Branntwein aus Wein. Vielfach wird das Herkunftsgebiet zusätzlich genannt, z. B. ... de la Marne.

- **Armagnac**
  Eine geschützte Herkunftsbezeichnung für Branntwein aus Wein aus der Gascogne.

- **Cognac**
  Eine geschützte Herkunftsbezeichnung für Weinbrand aus der Charente, deren Mittelpunkt die Stadt Cognac ist.

Altersangaben bei Cognac

Alterskonto	Lagerzeit des Destillates	Produktkennzeichnungen
1, 2 und 3	1 bis 3 Jahre	– Cognac – Cognac Authentique – Cognac***
4	mindestens 4 Jahre	– VO (very old) – VSOP (very superior old pale) – Réserve
5	mindestens 5 Jahre	– Extra – Napoléon – Vieille Réserve
–	über 5 Jahre (u.U. sehr alt)	– Hors d'Age – XO (extra old) – Cordon d'Argent

- **Trester oder Tresterbrand** gewinnt man aus Traubentrester (Rückstände beim Abpressen des Traubenmostes).
  Grappa aus Italien und
  Marc aus Frankreich gehören zu dieser Gruppe.

Spirituosen aus Obst

🇬🇧 *spirits from fruits*
🇫🇷 *les liqueurs de fruits (w)*

Werden frisches Obst oder Most vergoren und destilliert, erhält man Obstbrände.

- **Obstler** bestehen aus mehreren Obstarten.
  Wird nur eine Obstart verwendet, darf anstelle des Wortes Obst der Name der Frucht zusammen mit ...wasser oder ...brand genannt werden.

  Beispiele
  – Kirschwasser/-brand
  – Zwetschgenwasser/-brand

- **Calvados** gewinnt man in der Normandie aus Apfelwein (Cidre). Die goldgelbe Farbe erhält er durch längere Lagerung in Eichenholzfässern.

- **Enzian:** Die Wurzeln des gelben Enzians werden eingemaischt und vergoren. Dieses Destillat bildet neben reinem Alkohol die Grundlage für die Spezialität aus Bayern und Österreich.

Spirituosen aus Zuckerrohr

spirits from sugar
les liqueurs de sucre (w)

- **Rum** hat Zuckerrohrsaft oder Zuckerrohrmelasse als Grundlage. Das Destillat ist zunächst klar *(Weißer Rum)*, durch Reifung und Zusatz von Zuckerkulör wird es bräunlich *(Brauner Rum)*.
  - Echter Rum wurde im Ursprungsland destilliert.
  - Rum-Verschnitt ist eine Mischung (Verschnitt) aus echtem Rum und Neutralalkohol.

Spirituosen aus Getreide

spirits from grains
les liqueurs de blé (w)

Getreidearten wie Weizen, Roggen, Gerste, werden meist gemälzt, dann vergoren und anschließend destilliert. Wird im fertigen Produkt eine Getreideart genannt, darf bei der Herstellung nur diese verwendet werden.

Mälzen ↓	Stärke wird zu Zucker
Gären ↓	Zucker wird zu Alkohol
Destillieren	Alkohol wird konzentriert

- **Korn** hat mindestens 32 %vol,
- **Kornbrand** hat mindestens 37,5 %vol Alkohol.
- **Whisky / Whiskey**
  Die unterschiedliche Schreibweise beruht auf einer Vereinbarung der Produzenten.
  Whis**ky** werden die schottischen und kanadischen Arten genannt; sie haben einen leichten Rauchgeschmack.
  Whis**key** schreibt man bei irischen Sorten und dem amerikanischen Bourbon.

Besonderheiten der Whisky-Sorten

Irish Whiskey
- von der klassischen Art her reiner Malt-Whisky (heute aber auch blended-Whiskys)
- kräftiges, jedoch mildes Malzaroma

Scotch Whisky
- bukettreiche und geschmacksintensive Malt-Whiskys sowie milde Blends
- Rauchgeschmack, der durch Darren des Malzes über Torf-Feuer entsteht

Canadian Whisky
- helle, leichte Grain-Whiskys (idealer Mix-Whisky)

Bourbon Whiskey
- mindestens 51% Mais, aus USA

Rye Whiskey
- mindestens 51% Roggen (Canada und USA)

10.2 Geiste

Beeren enthalten nur wenig Zucker, der in Alkohol umgewandelt werden könnte.

Sie werden darum in Alkohol (auch *Weingeist* genannt) eingelegt, damit die Geschmacksstoffe entzogen werden. Die aromahaltige Flüssigkeit wird dann abdestilliert.

Alkohol
aus anderen Rohstoffen
löst
↓
Geschmacksstoffe
↓
der Beeren
↓
durch **Destillation** entsteht **Geist**

So erhält man z. B.
- Himbeergeist
- Brombeergeist.

10.3 Alkohol mit geschmackgebenden (aromatisierenden) Zusätzen

Bei dieser Getränkegruppe werden einem Alkohol, der aus Getreide oder Kartoffeln gewonnen worden ist, geschmackgebende Gewürze wie Wacholder, Kümmel oder Anis zugefügt.

Wacholder gibt Geschmack bei:

- **Wacholder:** Alkohol wird Wacholder oder Wacholderdestillat als Geschmacksträger zugefügt.
- **Gin:** Ein englisches Produkt, das neben dem geschmacklich vorherrschenden Wacholder meist auch andere Aromastoffe enthält.
- **Genever:** Diese vor allem in Holland hergestellte Spezialität hat meist nur einen sehr geringen Wacholdergeschmack.
  Man unterscheidet
  - Jonge (junger) Jenever mit zarter Wacholder-Note und
  - Oude (alter) Jenever mit deutlicherem Geschmack.

Kümmel gibt Geschmack bei:

- **Kümmel:** Alkohol wird mit Kümmel geschmacklich ergänzt.
- **Akvavit** oder **Aquavit** darf die Spirituose genannt werden, wenn die geschmackgebenden Stoffe aus einem besonderen Kräuter- und Gewürzdestillat stammen.

Anis gibt Geschmack bei:

- **Pastis:** Alkohol ist aromatisiert mit Sternanis, Anis und anderen Pflanzen wie z. B. Fenchel. Diese Zutaten sind verdauungsanregend. Darum wird Pastis auch als Aperitif gereicht. Bei der Zugabe von Wasser wird die zunächst klare Flüssigkeit milchig trübe.
- **Ouzo:** Die anishaltige Spirituose muss in Griechenland hergestellt worden sein.

Hinweis: Immer wieder fragen die Gäste: „Warum wird mein ... (Anisspirituose) trüb, wenn ich Wasser beigebe?"

Hier die einfache Antwort: Bestimmte Stoffe in Pastis usw. sind nur in Alkohol löslich. Gibt man der Spirituose nun Wasser bei, wird der Alkoholanteil geringer und reicht nicht mehr aus, um alle Anteile zu lösen. Die nicht gelösten Teilchen brechen das Licht und machen das Getränk trüb oder milchig,

Ohne geschmacksgebende Ergänzung:

- **Wodka:** Dieses aus Russland stammende Getränk ist ein auf Trinkstärke herabgesetzter Alkohol. Die besonders weiche Note ist charakteristisch. Das ist auch der Grund, warum sich Wodka gut für Longdrinks eignet.

10.4 Liköre

liqueur *les liqueur*

Sie bestehen aus Alkohol, geschmackgebenden Stoffen, Zuckerstoffen und Wasser.

- **Liköre mit Fruchtsaft**
  Cherry Brandy (Kirsche)
  Kroatzbeere (Brombeere)
- **Liköre mit Auszügen aus Früchten**
  Grand Marnier (Orangenschale + Cognac)
  Curaçao, Cointreau (Pomeranze)
  Apricot Brandy (Aprikose)
  Maraschino (Maraskakirsche)
- **Liköre mit Kräutern und Gewürzen**
  Pfefferminzlikör
  Allasch (Kümmel)
  Anisette
- **Emulsionsliköre**
  Branntwein und geschmackgebende Zutaten bilden eine Emulsion. Am bekanntesten sind
  Eierlikör und
  Mokka mit Sahne.

Aufgaben

1 Bei der Gärung können nur Getränke mit etwa 15 %vol Alkohol gewonnen werden. Wie erhält man Spirituosen mit 40 %vol?

2 Worin besteht der wesentliche Unterschied zwischen deutschem Weinbrand und Cognac?

3 Whisky oder Whiskey? Erklären Sie den Unterschied.

4 Es gibt Spirituosen aus Obst, die mit „...wasser" enden und andere Produkte, die mit „...geist" bezeichnet werden. Erklären Sie den Unterschied.

5 Aus welchen Grundbestandteilen werden Liköre hergestellt?

Grundkenntnisse im Service

1 Mitarbeiter im Service

service staff
le personnel de service

1.1 Umgangsformen

manners
les manières (w)

Das äußere Erscheinungsbild und die Umgangsformen des Servierpersonals sind von großem Einfluss auf die Stimmung des Gastes.

Der Service verlangt neben Anpassungsfähigkeit und Geschicklichkeit auch Gewandtheit im Umgang mit anderen Menschen. Der Gast erwartet:

- Zuvorkommende, aufmerksame Bedienung,
- angemessene Freundlichkeit und
- taktvolles Benehmen.

1.2 Persönliche Hygiene

personal hygiene
l'hygiène (w) personnelle

Im Umgang mit Speisen ist ein hohes Maß an persönlicher Hygiene erforderlich (siehe Seite 45).

- Besonders wichtig sind gepflegte Hände und Fingernägel, weil sie der Gast in unmittelbarer Verbindung mit der Speise sieht.
- Mund- und Körpergeruch wirken äußerst lästig, deshalb ist Körperpflege und öfterer Wäschewechsel geboten.
- Gepflegtes Haar ist ein wesentlicher Bestandteil der Gesamterscheinung. Modische Frisuren dürfen den Service nicht beeinträchtigen.

1.3 Berufskleidung

uniforms
les vêtements (m) de travail

Manche Betriebe legen Wert auf einheitliche Berufskleidung, die dem Stil des Hauses angepasst ist. Wird dies nicht verlangt, tragen Restaurantfachleute im Allgemeinen die in der Übersicht dargestellte Kleidung.

Weibliches Servierpersonal

- schwarzes Kleid oder Dirndl, oder schwarzer Rock kombiniert mit weißer Bluse, evtl. Weste
- evtl. weiße Servierschürze
- Strümpfe in unauffälliger Farbe oder schwarz
- schwarze Schuhe mit niedrigen Absätzen

Männliches Servierpersonal

- schwarze Hose, kombiniert mit weißem Hemd
- schwarze Krawatte/Schleife
- weiße oder schwarze Kellnerjacke oder Weste
- schwarze Schuhe und schwarze Socken

1.4 Persönliche Ausrüstung

- Kellnermesser,
- saubere Handservietten (s. S. 234),
- Geldtasche mit Wechselgeld,
- Streichhölzer.

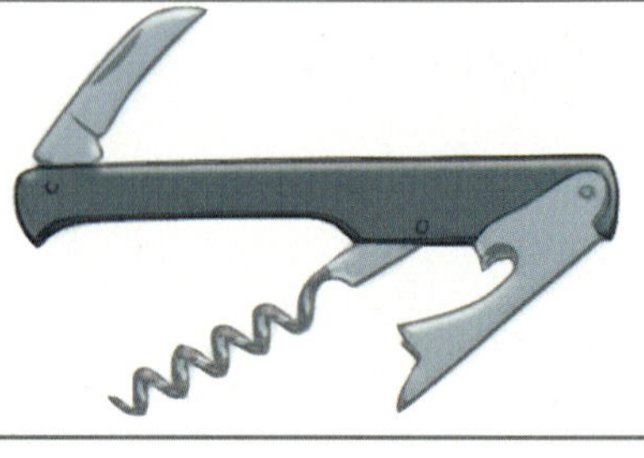

2 Werkstoffe und Wäschepflege

materials and laundry maintenance
les matières (w) et les soins (m) de linge

Werkstoffe sind Materialien, aus denen sich der Mensch von jeher die Gegenstände des täglichen Gebrauchs hergestellt hat.

Holz	➞	Essgeräte, Schüsseln, Möbel
Eisen	➞	Arbeitsgeräte, Gefäße, Kochtöpfe
Wolle	➞	Kleidung, Stoffe, Teppiche

Auch im gastgewerblichen Betrieb gibt es Gebrauchsgegenstände aus Werkstoffen der unterschiedlichsten Art. Werkstoffkunde bzw. die Kunde der aus ihnen hergestellten Gegenstände ist deshalb eine unerlässliche Orientierungshilfe und zielt darauf ab:

- Art und Eigenschaften der Werkstoffe kennenzulernen (z.B. Wolle, Leinen, Chromnickelstahl, Silber),
- Auswahlkriterien im Hinblick auf den zweckentsprechenden Einsatz zu erarbeiten (z.B. Tischwäsche, Essgeräte, Arbeitsflächen und Geräte der Küche),
- materialgerechtes Reinigen und Pflegen anzuwenden (z.B. Wolle, Leinen, Kupfer, Silber).

2.1 Werkstoffe – Gebrauchsgegenstände und ihre Pflege

materials – utensiles and their maintenance
les matériaux – le materiel et son entretien

Metalle

Metalle sind sehr stabile Werkstoffe und werden deshalb zu vielerlei Zwecken verwendet. Wegen der Menge seines Vorkommens nimmt das Eisen einen vorrangigen Platz ein.

Werkstoffe aus Eisenmetallen

Roheisen, Gusseisen und Stahl

steel
l'acier (m)

Roheisen ist aufgrund seiner natürlichen Beschaffenheit nicht formbar. Durch die Behandlung mit Hilfe unterschiedlicher Verfahren erhält man die formbaren Werkstoffe *Gusseisen* und *Stahl.* Alle drei Werkstoffe sind empfindlich gegenüber Feuchtigkeit und Sauerstoff sowie gegenüber Säuren und Laugen. Sie rosten und korrodieren.

Gusseisen ist schwer und hart und ist deshalb stoßempfindlich (Bruchgefahr). Andererseits ist es aber weniger anfällig gegenüber Rost und Korrosion.

Stahl ist formbares Eisenmetall, wobei für die Herstellung von Gebrauchsgegenständen Stahlbleche eine besondere Bedeutung haben. Es ist nicht weniger empfindlich als Roheisen, deshalb versucht man durch unterschiedliche Behandlungsverfahren den zerstörenden Einflüssen entgegenzuwirken mit:

- Oxidieren ➞ Schwarzblech
- Legieren ➞ Edelstahl
- Beschichten mit Emaille oder Kunststoff

Edelstahl

stainless steel *l'acier spécial (m)*

Für Gegenstände, die im Zusammenhang mit Lebensmitteln und Speisen gebraucht werden, gibt es einen Edelstahl, der mit Chrom und Nickel legiert ist. Diese beiden Metalle sind gegenüber Feuchtigkeit, Sauerstoff und Säuren sehr beständig und verleihen dem sogenannten **Chrom-Nickel-Stahl** (CN-Stahl) hochwertige Eigenschaften:

rostfrei und korrosionsbeständig,
geruchs- und geschmacksneutral,
glatte und daher leicht zu reinigende Oberfläche.

Neben den Kennzeichnungen „rostfrei" oder „stainless" geben Einprägungen wie 18/8 oder 18/10 Hinweise auf die Art der Legierung: 18 % Chromanteile sowie 8 % bzw. 10 % Nickel.

Die Verwendung von emaillierten Geräten ist nicht unproblematisch. Durch Stoß oder Überhitzung kann die Schutzschicht zerstört werden, sodass schadhafte Stellen entstehen. Daraus ergeben sich negative Auswirkungen:

- Gesundheitsgefährdende Emaillesplitter können in die Speisen gelangen,
- beschädigte Stellen rosten und sind Schlupfwinkel für Bakterien.

Beschädigte emaillierte Geräte sind aus hygienischen Gründen für die Verwendung im Lebensmittelbereich unbrauchbar geworden.

Gebrauchsgegenstände aus Eisenmetallen

Materialart	Gegenstände	Reinigungs- und Pflegerichtlinien
Gusseisen	– Herdplatten – Bräter, Schmortöpfe – Pfannen	➧ feucht reinigen und gut nachtrocknen ➧ vor Bruch schützen ➧ heiß mit Salz und Papier ausreiben
Schwarzblech	– Backbleche, Backformen – Eisenpfannen	➧ bei nasser Reinigung rasch und gut trocknen ➧ heiß mit Salz und Papier ausreiben
Emaillierte Stahlbleche	– Kochtöpfe – Seiher – metallische Gehäuse (z. B. Küchenherde)	➧ nass in Verbindung mit milden Reinungsmitteln oder flüssigem Scheuermittel reinigen ➧ nicht kratzen oder anstoßen ➧ extreme Temperaturunterschiede vermeiden
Chrom-Nickel-Stahl	– Gerätegehäuse, Spültische und Tischflächen – Töpfe und Schüsseln – Pfannen und Backformen – Gastro-Norm-Behälter	➧ Universalspülmittel und geseifte Stahlwolle ➧ sofort nachreiben, um Streifenbildung zu verhindern ➧ gut trocknen ➧ Tisch- und Möbelflächen u.U. mit Spezialöl oder Spezialglanzmitteln behandeln

Werkstoffe aus Nichteisenmetallen

Kupfer[1], Zinn und Messing

🇬🇧 *copper, pewter, brass* 🇫🇷 *le cuivre, l'étain, le laiton*

Diese Metalle zeichnen sich durch eine besondere Oberflächenbeschaffenheit aus.

Messing ist eine Legierung aus Kupfer und Zink und läuft wie Kupfer leicht an.

Zinn ist ein weiches und biegsames Material.

Silber

🇬🇧 *silver* 🇫🇷 *l'argent (m)*

Reines Silber ist für Gebrauchsgegenstände zu weich und wird deshalb üblicherweise nur als Auflage verwendet. Der Untergrund bzw. der Grundkörper besteh-taus einer harten Legierung (z. B. mit Kupfer). Spezielle Bezeichnungen sind in diesem Zusammenhang **Neusilber** oder **Alpaka.**

Alpaka ist eine Legierung aus 60 % Kupfer, 25 % Zink und 15 % Nickel.

Das Auflgegen der Silberschicht erfolgt im galvanischen Bad. Um den vorzeitigen Abrieb des Silbers zu vermeiden, wird die Auflage bei Bestecken an stark beanspruchten Stellen verstärkt. Man spricht dann von **Patentsilber.** Die Kennzeichnung 80, 90 oder 100 bedeutet, daß für 24 dm^2 Oberfläche 80 g, 90 g bzw. 100 g Silber verwendet wurden.

Schweflige Verbindungen in der Luft und in Speisen (z. B. bei Eiern) sind die Ursache für einen festhaftenden bräunlichen bis schwarzen Belag, der nur durch entsprechende Reinigungsmaßnahmen auf- und abgelöst werden kann.

Zu Frühstückseiern sollten keine Silberlöffel und für Eiergerichte keine versilberten Platten verwendet werden.

Gebrauchsgegenstände aus Nichteisenmetallen

Materialart	Gegenstände	Reinigungs- und Pflegerichtlinien
Kupfer	– Kochgeräte und Chafing-dishes – Kannen und Ziergeräte	➧ feines Speisesalz und Wasser ➧ spezielle Kupferputzmittel (gründlich nachspülen)
Messing	– Lampen und Schilder – Beschläge und Türgriffe	➧ spezielle Putz- und Poliermittel
Zinn	– Becher sowie Platz- und Zierteller – Vasen und Leuchter	➧ milde Reinigungsmittel ➧ bei Flecken Spezialputzmittel ➧ gut nachtrocken
Silber	– Bestecke, Weinkühler Menagen, Anrichtegeschirr – Tabletts und Silberplatten	➧ Silberputztuch, Silberputzpaste, Silbertauchbad ➧ Silberputzmaschine ➧ Aluplatte + Kochsalz, gründlich nachspülen und polieren

[1] Gefäße aus Kupfer müssen mit einer Schutzschicht versehen sein; reine Kupfergefäße dürfen nicht verwendet werden.

Service

Nichtmetalle

Bei den nichtmetallischen Werkstoffen unterscheidet man natürliche und synthetische Stoffe.

Natürliche nichtmetallische Werkstoffe

Zu ihnen gehören Holz, Leder, Kork, Stein und Naturfasern.

Holz 🇬🇧 *wood* 🇫🇷 *le bois*

Holz ist ein „lebendiges“ Material, das auch nach seiner Aufbereitung zu Gebrauchsgegenständen noch „arbeitet“. Es kann reißen und sich verziehen.

Rohes, unbehandeltes Holz nimmt leicht Feuchtigkeit, Farbe und Gerüche auf. Deshalb ist es aus hygienischen Gründen (Geschmack, Bakterien) für Arbeitsflächen im Küchenbereich nicht geeignet.

Zum Schutz bzw. zur Verschönerung wird die Oberfläche des rohen Holzes auf unterschiedliche Weise behandelt:

- lasieren, lackieren und wachsen,
- versiegeln und polieren.

Verwendungsmöglichkeiten für Holz

Oberflächenbeschaffenheit	Verwendung	Reinigungs- und Pflegerichtlinien
unbehandelt	– Fußböden – Vesperbrettchen – Holzteller – Kochlöffel	▸ kurz mit warmer Reinigungsflüssigkeit behandeln ▸ mit Naturbürsten behandeln ▸ immer beidseitig benetzen, mit klarem Wasser gründlich nachspülen und nicht zu lange im Wasser liegenlassen, insbesondere nicht in der Spülmaschine reinigen (Holz saugt Wasser an und verzieht sich) ▸ immer stehend, aber nicht in der Nähe von intensiven Hitzequellen trocknen lassen
lasiert, lackiert oder gewachst	– Türen – Fensterrahmen – Möbel	▸ abstauben ▸ *notfalls* mit milder Reinigungsflüssigkeit feucht abwischen und *rasch* trockenreiben ▸ eventuell mit speziellen Möbelpflegemitteln behandeln
versiegelt	– Fußböden – Treppenstufen	▸ feucht wischen ▸ von Zeit zu Zeit mit Glanzemulsion oder Wischwachs behandeln
poliert	– Möbel	▸ Möbelpolitur oder Wachs

Kork 🇬🇧 *cork* 🇫🇷 *le liège*

Von Natur aus ist Kork ein Oberflächenschutzgewebe der Pflanzen an Zweigen, Stämmen, Wurzeln und Knollen. Die Korkzellen sind luftgefüllt und enthalten einen fettartigen Stoff, der die Durchlässigkeit von Wasser und Gas erschwert.

Die Korkeiche in den Ländern des Mittelmeerraumes liefert Kork, der zu den leichtesten Werkstoffen gehört. Er bietet Schutz gegen Wärme und Kälte und wird zu *Flaschenkorken* sowie zu *Wärme- und Schallisolierungen* verwendet.

Leder 🇬🇧 *leather* 🇫🇷 *le cuir*

Leder wird aus Häuten und Fellen von Tieren aufbereitet, wobei dieses durch Gerben gefestigt und haltbar gemacht wird.

Das nebenstehende Gütezeichen weist darauf hin, dass zur gekennzeichneten Ware nur echtes Leder verwendet wurde.

Verwendung von Leder:

- Koffer, Taschen und Schuhe,
- Sitzmöbelbezüge sowie Verkleidungen auf Türfüllungen und Theken,
- spezielle Kellnerschürzen und Reinigungstücher.

ECHTES LEDER

Arten des Leders:

- Rauleder, Wildleder oder Waschleder,
- Nappaleder, Glacéleder, Saffianleder, Lackleder.

Die Reinigung und Pflege muss der Art des Leders angemessen sein. Beim Einkauf sind deshalb Informationen bezüglich des Produktes sowie der entsprechenden Reinigungs- und Pflegemittel unerlässlich.

Stein 🇬🇧 *stone* 🇫🇷 *la pierre*

Darunter versteht man natürliche mineralische Körper mit unregelmäßig umrissener Form sowie von fester und harter Beschaffenheit. *Naturbelassen* verwendet man sie zu Dekorationszwecken. Durch Zersägen gewinnt man Platten oder in zerkleinerter Form Fliesen, die als Boden- und Wandbeläge dienen.

Marmor ist Kalkgestein, das nach dem Schleifen und Polieren besonders dekorative Eigenschaften besitzt.

Synthetische nichtmetallische Werkstoffe

Synthese heißt Vereinigung, Zusammenführung. Es handelt sich also um Werkstoffe, die sich durch das Vermischen verschiedener Werkstoffe ergeben.

Glas
glass *le verre*

Die zur Glasbereitung notwendigen Rohstoffe werden je nach der Zweckbestimmung in unterschiedlichen Mischungen verwendet und in einem Schmelzprozess zur Glasmasse verschmolzen:

- Quarzsand, Kalk, Natrium oder Pottasche,
- Bleioxid oder Mennige.

Je nach der Zusammensetzung der Glasmasse sowie deren Verarbeitung unterscheidet man verschiedene Glasarten.

Natronglas (auch einfaches Gebrauchsglas genannt)
- Fenster, Flaschen, Pressgläser
- Leuchter und Pokale
- Glasplatten und Glasteller

Kaliglas
- bessere Gebrauchsgläser
- Vasen und Leuchter

Blei- und Bleikristallglas
- dekorative Trinkgläser, Vasen und Glasschalen
- Glaswaren mit eingeschliffenen oder eingeätzten Verzierungen

Spezialgläser
- **hitzebeständiges Glas** (geringere Ausdehnung)
  - Kochgeräte, Ceranfelder und Backformen
  - Kaffeemaschinen und Teegläser
- **Verbundglas** (schlechter Wärmeleiter)
  - Doppelfenster und Autoscheiben
  - Thermosbehälter
- **Sicherheitsglas** (bricht im Ernstfall in kleine Stücke ohne scharfe Kanten – keine gefährlichen Splitter)
  - Glastüren, Schaufenster und Autoscheiben
  - Terrassen- und Wintergartenfenster

Das Reinigen von Glas geschieht im allgemeinen mit Universalreinigungsmitteln. Spezielle Besonderheiten sind in den Abschnitten „Wäschepflege“ sowie „Reinigung und Pflege“ (Service, Seite 248) nachzulesen.

Keramik – Porzellan
pottery, porcelain *la céramique, la porcelaine*

Porzellan ist die Krönung in der Reihe der keramischen Werkstoffe. Die tonmineralhaltigen Ausgangsprodukte sind in Wasser schwer löslich und erhalten bei der Verarbeitung durch Brennen ihre feste Beschaffenheit. Vom einfachen Tonziegel bis hin zu hochwertigem Porzellan gibt es viele qualitative Abstufungen und Bezeichnungen:

- Irdene Waren, Steingut, Steinzeug,
- Feinkeramik: Terrakotta, Fayence, Majolika,
- Porzellan.

Terrakotta (gebrannte Erde) sind künstlerisch gestaltete Töpferarbeiten, Plastiken und Reliefs.

Fayence (Majolika) sind glasierte Tonwaren mit farbigen Mustern.

Porzellan ist ein Produkt aus Kaolin (Porzellanerde), Quarz und Feldspat. Die durch Mahlen und Mischen hergestellte Rohmasse wird beim Brennen dicht und wasserundurchlässig. Ein Überzug (die Glasur) erhöht die Widerstandsfähigkeit gegenüber Säuren, Laugen und Salzen. Neben rein weißem und buntfarbenem Geschirr gibt es solches mit unterschiedlich aufwendigem Dekor. Je nach der Zusammensetzung der Rohstoffe und dem Herstellungsverfahren gibt es Unterscheidungen:

- weiches und hartes Porzellan,
- weiche und harte Glasuren,
- Auf- und Unterglasurdekor,
- feuerfestes und nicht feuerfestes Geschirr.

Das sind wichtige Auswahlkriterien bei der Beschaffung von Hotelporzellan, das hohen Anforderungen gerecht werden muss.

Porzellan ist ein schlechter Wärmeleiter. Das bedeutet zunächst, dass Wärme nur langsam aufgenommen wird. Sie bleibt jedoch in gut vorgewärmtem Geschirr lange erhalten, sodass sich die darin befindlichen Speisen bzw. Getränke nur langsam abkühlen.

Reinigung und Pflege des Porzellans:

- Wegen der glatten und harten Oberfläche ist die Reinigung ebenso unproblematisch wie bei Glas.
- Pflegliches Behandeln ist wegen der Bruchgefahr und der Möglichkeit von Absplitterungen jedoch unerlässlich.
- Feuerfestes Geschirr darf wegen der Bruchgefahr durch gegensätzliche Spannungen (Ausdehnungen) nicht auf offenes Feuer gestellt und in heißem Zustand nicht zu plötzlich stark abgekühlt werden.

Beschädigtes Porzellangeschirr ist für den Gebrauch im Gastgewerbe nicht mehr geeignet.

Bei der Verwendung von keramischen Gefäßen zu Büfetts (insbesondere Salatbüfetts) muss sichergestellt sein, dass zur Herstellung keine bleihaltigen Glasuren oder Farben verwendet wurden. Diese Substanzen können durch Säuren aufgelöst werden und, mit den Speisen aufgenommen, Schäden im Organismus hervorrufen.

Kunststoffe

plastics
les matières plastiques (w)

Kunststoffe, auch **Plaste** genannt, sind organisch-chemische Stoffe, die aus Erdöl, Erdgas und Steinkohle hergestellt werden. Anfangs wurden sie als Ersatzmaterialien für Holz, Keramik und Metall angesehen. Heute sind es selbstständige Werkstoffe, die aus der hochtechnisierten Industriegesellschaft nicht mehr wegzudenken sind. Ihre Verwendung ist sehr vielseitig:

- einfache Bestecke, Kochlöffel, Quirle, Eierlöffel,
- Schüsseln, Schalen, Tassen,
- Tischplatten und Schneidebretter,
- Gehäuse für verschiedenartige Geräte,
- Beschichtungen und Griffe für Möbel,
- Stühle und Sessel.

Die Einteilung der Kunststoffe erfolgt in Thermoplaste, Duroplaste und Elastomere.

Thermoplaste bleiben auch bei wiederholtem Erwärmen verformbar. Aus diesem Grunde sind sie im Küchenbereich nur begrenzt einsetzbar.

Duroplaste sind fest, relativ hitze- sowie säuren- und laugenbeständig. Das besonders hitzebeständige **Teflon** wird zur Beschichtung von Töpfen, Pfannen und Backformen verwendet. Es ist jedoch empfindlich gegenüber Druck und Abrieb.

Elastomere sind Kunststoffe mit gummielastischen Eigenschaften, die zu Bademattten und Textilfasern verwendet werden.

Im Hinblick auf die Verarbeitung zu Gebrauchsgegenständen haben Kunststoffe viele Vorteile:

- Geringes Gewicht, niedrige Wärmeleitfähigkeit,
- elektrisch isolierende Eigenschaften,
- relative Beständigkeit gegenüber Säuren und Laugen,
- Geruchs- und Geschmacksneutralität.

Reinigung und Pflege von Kunststoffen:

- Als Reinigungsmittel eignen sich milde Spülmittel und Pflegeemulsionen.
- Ungeeignet sind scharfe und aufrauende Reinigungsmittel. Sie beschädigen die Oberfläche und begünstigen so das Festsetzen von Schmutz, Spülmittelresten und Bakterien.

Service

Aufgaben

1 Beschreiben Sie die unterschiedlichen Eigenschaften von Gusseisen, Stahl und Edelstahl.

2 Was bedeutet auf Gebrauchsgegenständen aus Edelstahl die Einprägung 18/8 oder 18/10?

3 Warum ist bei der Verwendung von emaillierten Geräten in Verbindung mit Speisen besondere Vorsicht geboten?

4 Durch welche Behandlungsverfahren wird die Oberfläche von Holz geschützt und verschönert?

5 Nennen Sie zu folgenden Arten der Holzoberfläche Verwendungsbeispiele und beschreiben Sie Richtlinien für die Reinigung und Pflege:
a) unbehandelt, b) lasiert, lackiert oder gewachst, c) versiegelt oder poliert.

6 Nennen Sie Verwendungsmöglichkeiten für Leder und Kork.

7 Nennen Sie Verwendungsmöglichkeiten für folgende Glasarten:
a) Natron- und Kaliglas, b) Blei- und Bleikristallglas, c) hitzebeständiges Glas.

8 Welche Eigenschaften haben Verbundglas und Sicherheitsglas, und zu welchen Zwecken sind sie deshalb besonders geeignet?

9 Nennen Sie Bezeichnungen für einfache keramische Waren sowie für Waren der Feinkeramik.

10 Erklären Sie die Bezeichnungen Terrakotta, Fayence und Porzellan.

11 Welche besonderen Eigenschaften sind bei Porzellan in Verbindung mit Speisen von Bedeutung?

12 Wie wird Porzellan richtig gepflegt?

2.2 Natur- und Chemiefasern

natural and artificial fibers
les fibres naturelles et les fibres artificielles

Fasern sind Rohprodukte für die Herstellung von Textilien. Durch verschiedene Arten der Aufbereitung gewinnt man aus ihnen zunächst Garne bzw. Fäden, die dann auf unterschiedliche Weise zu textilen Flächen (z. B. Stoffe) verarbeitet werden.

Die grundlegende Einteilung der Fasern erfolgt in Natur- und Chemiefasern (s. nebenstehende Übersicht)

Material und Eigenschaften der Faserarten

Reinleinen (Naturfaser aus Flachs)

- ☺ widerstandsfähig und dauerhaft
- ☺ hitze- und kochbeständig
- ☺ flust nicht
- ☹ wärmt nicht
- ☹ die Anschaffungskosten sind hoch

Baumwolle (Naturfaser aus Baumwolle)

- ☺ reißfest
- ☺ saugfähig
- ☺ kochfest
- ☹ knittert und flust
- ☹ schmutzempfindlich
- ☹ läuft leicht ein

Mischgewebe (Baumwoll-Polyester)

- ☺ leicht
- ☺ gute Aufnahme von Feuchtigkeit
- ☺ haut- und körperfreundlich
- ☹ weiße Wäsche vergilbt mit der Zeit

Mischgewebe (Baumwoll-Diolen)

- ☺ läuft nicht ein
- ☺ gute Schmutz- und Keimentfernung beim Waschen
- ☺ farbecht und kochfest
- ☺ körperfreundlich

Naturfasern

natural fibres
les fibres naturelles

Ursprünglich wurden Textilien nur aus natürlichen Rohprodukten gefertigt. Es handelt sich dabei um tierische und pflanzliche Fasern bzw. Haare.

Tierische Fasern

animal fibres
les fibres animales (w)

Die Fasersubstanz besteht aus *Eiweiß*. Die grundlegenden Materialbezeichnungen sind Wolle und Seide.

NATURFASERN

Pflanzliche Fasern	Tierische Fasern
Baumwolle Flachs Jute und Hanf Kokos und Sisal	Wolle Seide

Abb. 1: Baumwolle

Abb. 2: Kamelhaar

Abb. 3: Reifer Flachs

Abb. 4: Kokons

CHEMIEFASERN

Cellulosische Fasern	Synthetische Fasern
Acetat Viskose Modal Cupro	Polyamid, Polyester Polypropylen Polyacryl Elastan

Abb. 5: Polyestergranulat

Abb. 6: Glatte Filamente

Abb. 7: Texturierte Filamente

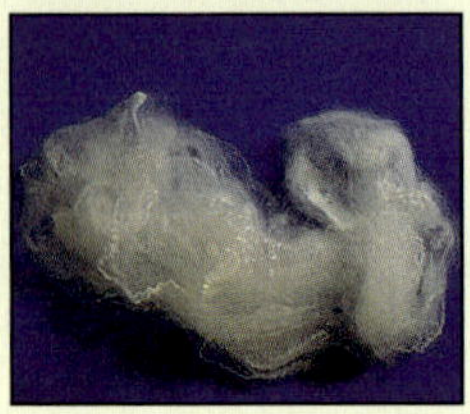
Abb. 8: Spinnfasern

Wolle wool la laine

Wolle im engeren Sinne sind die Haare des Schafes. Im weiteren Sinne gehören zum Begriff Wolle aber auch die Haare anderer Tiere, jedoch muss dann in der Bezeichnung der Tiername mitgenannt werden.

Schurwolle ist das durch Scheren des lebenden Schafes gewonnene Rohprodukt.

Wolle
- schützt gegen Kälte und Hitze
- bindet Raum- und Körperfeuchtigkeit
- knittert nicht und ist luftdurchlässig
- ist dehnbar, formbar und filzbar

– Oberbekleidung, Socken und Schals
– Decken, Fußbodenbeläge und Möbelbezüge

Das internationale Wollsiegel darf nur für solche Erzeugnisse verwendet werden, die aus neuer, reiner Schurwolle hergestellt sind. Durch das Beimischen anderer Fasern werden die negativen Eigenschaften der Wolle ausgeglichen. Die Textilien besitzen eine erhöhte Strapazierfähigkeit.

Reine Schur-Wolle
Pure New Wool
Pure Laine Vierge

80% Schur-Wolle
20% Polyester

Eine gute Kombination
Schur-Wolle mit Beimischung

Die Beimischung ist kennzeichnungspflichtig, wobei jedoch der Wollanteil mindestens 60 % betragen muss.

Mischungen aus Wolle und Chemiefasern zeichnen sich durch besonders vorteilhafte Eigenschaften aus.

Seide silk la soie

Seide ist eine sehr kostbare Faser, die aus den Hüllen *(Kokons)* seidenspinnender Schmetterlingsraupen gewonnen wird. Man unterscheidet dabei zwischen **Wild-** und **Zuchtseide.**

Die Bezeichnung ist nach dem Textilkennzeichnungsgesetz nur dann erlaubt, wenn die Fasern ausschließlich aus den Kokons seidenspinnender Insekten hergestellt wurden.

Internationales Seidenzeichen

Seide
- ist warmhaltend und kühl zugleich
- ist hautfreundlich
- ist leicht, reißfest und glänzend
- hat einen fließenden Fall

– Oberbekleidung, Schals und Krawatten
– Kissenbezüge und Dekorstoffe

Pflanzliche Fasern

vegetable fibres
les fibres (w) végétales

Die Fasersubstanz ist Cellulose. Die grundlegenden Rohprodukte sind Baumwolle und Flachsfasern.

Baumwolle cotton le coton

Zur Reifezeit springen die walnussgroßen Fruchtkapseln des Baumwollstrauches auf. Aus ihnen quellen die Samenfasern in Form von Wattebäuschen heraus. Die Gewinnung der Fasern ist relativ einfach, woraus sich der günstige Preis für dieses Rohprodukt ergibt. Aus Ägypten kommt unter der Bezeichnung **Mako-Baumwolle** eine der besten Baumwollsorten.

Baumwolle
- ist reiß- und nassfest
- ist saugfähig und kochecht
- ist geringfügig wärmend
- fusselt, läuft ein und knittert stark

Tischdamast aus Baumwolle

100% Baumwolle

Pflegehinweis 95 Cl

Service

Das internationale Baumwollkennzeichen bürgt dafür, dass zur Herstellung der Ware ausschließlich Baumwollfasern verwendet wurden.

NATUR FASER BAUMWOLLE

Internationales Baumwollsiegel

Auch die Eigenschaften der Baumwolle sind aus den vorangegangenen Aufzeichnungen bereits bekannt. Besonders hervorzuheben ist die Unempfindlichkeit gegenüber Hitze, die beim Waschen (kochecht) und Bügeln von Bedeutung ist. Angesichts der sonst negativen Eigenschaften muss Baumwolle je nach Verwendungszweck entsprechend veredelt werden (siehe „Ausrüstung von Textilien").

Flachsfasern

Rohprodukt ist die Pflanzengattung **Lein** (siehe Leinen). Aus den Stengeln werden durch ein besonderes Aufbereitungsverfahren die Flachsfasern gewonnen.

Flachsfaser

- ist reiß- und nassfest
- ist kochecht
- fusselt nicht und knittert stark
- hat einen natürlichen Glanz und wirkt kühlend

- Arbeitskleidung
- Gardinen, Vorhänge, Möbelstoffe und Frottierwaren
- Oberbekleidung, Tisch- und Bettwäsche
- Hand- und Geschirrtücher
- Gläsertücher
- Dekorationsstoffe

Leinen

linen *la toile*

Bei diesem Gewebe sind zwei Bezeichnungen zu beachten.

Reinleinen heißt, dass das Gewebe nur aus Flachsgarnen besteht (100 %).

Halbleinen ist ein Mischgewebe aus Baumwolle (Kettfäden) und Flachsgarnen (Schussfäden), wobei der Flachsanteil mindestens 40 % vom Gesamtgewicht betragen muss.

Rein Leinen

Halb Leinen

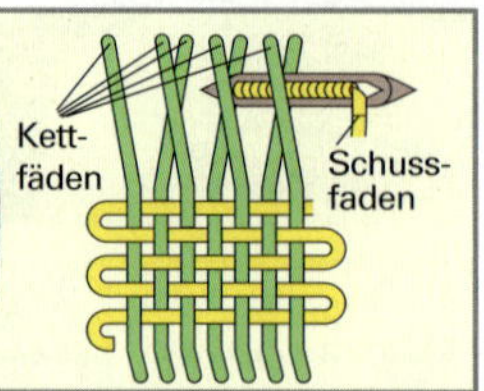

Geschirrtuchstoff aus Leinen

siehe auch S. 230

Pflegehinweis 95

Leinwandbindiges Halbleinengewebe mit gebleichten und gefärbten Garnen.

Sonstige Pflanzenfasern

Neben den feineren Produkten Baumwolle und Flachs gibt es Pflanzenfasern, die aufgrund ihrer natürlichen Beschaffenheit zu robusten Textilien verarbeitet werden:

Kokos (Fasern der Kokosnuss)

- Matten, Teppichfliesen und Auslegware
- grobe Polsterauflagen, Bürsten

Sisal (Faser von Agaven)

- Teppichböden, Seilerware
- Taue und Bürsten

Jute (Faser einer Stengelpflanze)

- Säcke und Tragetaschen
- Unter- und Stützgewebe für Teppichböden und Kunststoffbeläge

Hanf (Faser einer Stengelpflanze)

- Bindfäden sowie grobe Näh- und Bindegarne
- Schwergewebe

Chemiefasern

chemical fibres
les fibres (w) chimiques

Cellulosische Chemiefasern

Ausgangsmaterial ist die *Cellulose* aus dem Holz von Buchen und Fichten sowie aus Faserresten an den Samenkörnern der Baumwollpflanze, dem sogenannten *Baumwoll-Linters*. Durch chemische Behandlung erhält man eine spinnbare Masse und je nach angewendetem Verfahren unterschiedliche Fasern.

Acetatverfahren	→	Acetat, Triacetat
Viskoseverfahren	→	Viskose, Modal
Kupferverfahren	→	Cupro

Modal ist eine Viskosefaser mit merklich verbesserten Eigenschaften. Die Faser ist *kochecht, knittert weniger, trocknet schneller und ist einfärbbar.*

Synthetische Chemiefasern

Ausgangsmaterial sind Erdöl, Erdgas und Steinkohle. Durch gezielte Veränderung der Kettenmoleküle entstehen Stoffe, die chemisch synthetisiert werden.

Synthetische Fasern haben positive Eigenschaften:

- Sie sind pflegeleicht, d. h. sie können unter Beachtung der Pflegeanleitung (siehe Pflegekennzeichen) in der Waschmaschine gewaschen werden, sie trocknen schnell,
- sie sind widerstandsfähig gegen Verrottung, Mikroorganismen und Mottenfraß und sind deshalb besonders haltbar,
- Flecken sind in der Regel leicht zu entfernen.

Synthetische Fasern sind **hitzeempfindlich,** weshalb beim Waschen und Bügeln die entsprechenden Pflegekennzeichen zu beachten sind. In vielen Fällen ist aber das Bügeln gar nicht erforderlich.

Vliesstoffe werden meist aus Chemiefasern hergestellt. Wegen ihrer besonderen Eigenschaften gewinnen sie im Gastgewerbe immer mehr an Bedeutung.

Eigenschaften	Verwendung
▸ leicht ▸ gut faltbar ▸ saugfähig ▸ kostengünstig ▸ vielseitig verwendbar	▸ Tischwäsche, Servietten und Sets ▸ Einwegwäsche (Tisch- und Bettwäsche) ▸ Putz- und Poliertücher

Textile Flächen

textiles
les textiles (m)

Textile Flächen haben je nach Art der verwendeten Garne oder Fäden sowie je nach Art ihrer Verflechtung bzw. Bindung unterschiedliche Bezeichnungen und Eigenschaften.

Arten der Verflechtung

Gewebe

Gewebebindung entsteht durch regelmäßiges Verkreuzen von Kett- und Schussfäden.

Abb. 1: Leinwandbindung

Abb. 2: Gewebe in Leinwandbindung

Maschenware

Sie entsteht durch Verstricken der Fäden bzw. das Ineinanderhängen von Schlaufen.

Abb. 1: Maschen

Abb. 2: Strickware

Vlies / Filz

Vlies entsteht durch Verkleben.
Für Filz wird die Faser mechanisch bearbeitet. Diese Technik nennt man Walken.

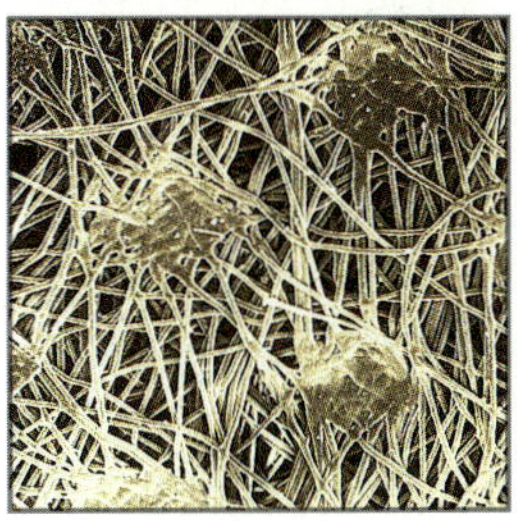
Abb. 3: Vliesstoff mit Punktschweißung

Abb. 4: Wirrfaservlies

Buntsatin

Farbiger Bettdamast aus gebleichtem Kettgarn und gefärbtem Schussgarn.

Nach dem **Textilkennzeichnungsgesetz** müssen textile Flächen mit dem Namen der jeweils verwendeten Rohprodukte ausgezeichnet sein. Die Kennzeichnung erfolgt auf Wäschefähnchen, in Webkanten oder auf Verpackungsetiketten der Textilien, z. B. Wolle, Baumwolle, Reinleinen, Viskose usw. (Einzelheiten siehe im Abschnitt „Wäschepflege“).

Ausrüstung von Textilien

Unter Ausrüstung versteht man veredelnde Maßnahmen an Textilfasern.

Die veredelnden Maßnahmen zielen darauf ab, die Rohstoffe zusätzlich mit zweckgerichteten Eigenschaften auszustatten und dadurch den Gebrauchswert der Textilien zu erhöhen, z. B.:

- Verbessern der Warendichte, des Griffs und der Oberflächenbeschaffenheit,
- Reduzieren der Knitterneigung, des Einlaufens und der Schmutzempfindlichkeit,
- Erhöhen der Luftdurchlässigkeit sowie der Feuchtigkeitsaufnahme bzw. -abgabe,
- Verbessern der Pflegeeigenschaften in Bezug auf das Waschen, Trocknen und Bügeln.

Die Fasern bzw. Gewebe werden entweder durch mechanische Einwirkung oder durch die Behandlung mit chemischen Mitteln zweckentsprechend verändert.

Antimikrobielle Ausrüstung: Durch chemische Behandlung wird das Wachstum von Mikroorganismen gehemmt.

Bügelfreie Ausrüstung: Vorwiegend wird Baumwolle, Leinen und Viskose behandelt. Die Textilien werden knitterarm und deshalb bügelfrei.

Flammschutz-Ausrüstung: Mit Hilfe von chemischen Mitteln werden Textilien, z. B. Vorhänge, schwer entflammbar gemacht.

Farbechte Ausrüstung: Durch die entsprechende Wahl der Farbstoffe und Färbeverfahren erzielt man Textilien mit hoher Farbechtheit. Je nach dem Zweck unterscheidet man: kochecht, waschecht, lichtecht oder wetterecht. Das Warenzeichen für farbechte Textilien ist **Indanthren.** Eine absolute Farbechtheit gibt es jedoch nicht.

Filzfreie Ausrüstung: Sie wird bei Wolle angewendet. Durch das Behandeln mit Kunstharzen sind Wollwaren im Schonwaschgang waschmaschinenfest, sie schrumpfen und verfilzen nicht.

Fleckgeschützte Ausrüstung: Aufgrund dieser Behandlung wird wasserlöslicher und fetthaltiger Schmutz nicht nur abgestoßen, auch anhaftender Schmutz kann nicht in das Gewebe eindringen.

Knitterarme Ausrüstung: Durch die Behandlung mit Kunstharzen bzw. chemischen Stoffen füllen sich die Hohlräume der Fasern mit einem stabilisierenden Gerüst. Die Textilien sind knitterarm und haben eine höhere Elastizität.

Appretieren: Durch Kunstharze oder Stärkemittel erhalten Stoffe einen fülligeren Griff und ein besseres Aussehen. Außerdem ist die Schmutzabweisung erhöht. Gute Appreturen behalten auch nach dem ersten Waschen oder Reinigen noch ihre Wirkung.

Imprägnieren: Bei diesem Verfahren werden Gewebe so beschichtet, dass die glatte und glänzende Oberfläche wetterfest, wasserdicht und schmutzabweisend ist. Trotzdem bleiben sie luftdurchlässig. Die Behandlung ist typisch für Regen- und Sportausrüstungen sowie für Schirme und Markisen.

Mercerisieren: Es handelt sich dabei um die Behandlung von Baumwolle, insbesondere für hochwertige Tischwäsche. Dabei werden unterschiedliche Eigenschaften erzielt: *Glanz,* der waschbeständig ist (durch chemische Behandlung), verminderte *Dehnfähigkeit* bei gleichzeitig erhöhter *Reißfestigkeit.*

Rauen: Mit Hilfe von Maschinen zieht man bei textilen Flächen die Faserenden an die Oberfläche. Die Ware erhält dadurch eine voluminösere, bauschige Oberfläche, einen weicheren Griff und eine besondere Wärmewirkung. Einseitig aufgeraut ist z. B. Flanell, beidseitig rau ist Molton.

Sanforisieren: Durch Behandlung mit Wasser und Hitze ist die spätere Formveränderung vorweggenommen. Die Wäsche kann nicht mehr einlaufen, sie ist formbeständig und außerdem knitterarm.

Aufgaben

1 Erklären Sie die Bezeichnung Schurwolle.

2 Woraus wird Seide gewonnen?

3 Beschreiben Sie die Eigenschaften von Wolle und Seide und nennen Sie Verwendungszwecke.

4 Beschreiben Sie zu den Produkten „Baumwolle“ und „Flachsfasern“:
a) die Ausgangsware, b) die Fasereigenschaften, c) die Verwendungszwecke.

5 Beschreiben Sie die besonderen Eigenschaften von Vliesstoffen und deren Verwendung.

6 Auf welche Weise erfolgt die Kennzeichnung der Textilien?

7 Erläutern Sie Zeichen/Siegel bei der Textilkennzeichnung.

8 Was bedeutet die Bezeichnung Ausrüstung?

9 Beschreiben und erläutern Sie Arten der Ausrüstung.

2.2 Wäschepflege

linen maintenance
l'entretien du linge

Wäsche gehört zu den Textilien, über die im Abschnitt „Natur- und Chemiefasern“ bereits Grundlegendes ausgeführt wurde.

Wäsche ist die Sammelbezeichnung für Textilien, deren regelmäßige Reinigung durch Waschen erfolgt. Je nach der Betrachtungsweise ergeben sich für Wäsche untergeordnete Bezeichnungen:

Gebrauch
- Leibwäsche (Unterwäsche)
- Bett-, Tisch- und Badewäsche
- Küchenwäsche

Feinheitsgrad
- Feinwäsche (feine Gewebe: z.B. für Damenwäsche, Pullover, Stores, Gardinen usw.)
- Grobwäsche (grobe Gewebe z.B. Berufs- und Schutzkleidung)

Farbe
- Weißwäsche
- Buntwäsche

Hotelwäsche

hotel laundry
le linge d'hôtel

Die wichtigsten unterscheidenden Bezeichnungen für Hotelwäsche sind:

- Bettwäsche
- Tischwäsche *(table linen/linge de table)* und
- Frottierwäsche

Bettwäsche

Zweckbestimmende Bezeichnungen und Maße

Zur Bett- bzw. Etagenwäsche gehören:

Kissenbezüge	
– Kopfkissen allgemein	80 cm × 80 cm
– Europakissen	40 cm × 80 cm
Bettbezüge	140 cm × 200 cm
Bettlaken	160 cm × 260 cm
Matratzenschoner	in verschiedenen Größen

Tisch- und Frottierwäsche

Zur **Tisch-** bzw. **Restaurantwäsche** gehören:

- Moltons,
- Deck- sowie Tisch- und Tafeltücher,
- Mund- und Handservietten.

Zu ihrer Herstellung werden die gleichen Gewebe wie zur Bettwäsche verwendet.

Zur **Frottierwäsche** gehören:

- Hand- und Badetücher sowie Waschlappen,
- Bademäntel und Badematten/Bettvorleger.

Service

Bei der Herstellung von Frottierwäsche wird die Baumwolle in Leinwandbindung verarbeitet, bestehend aus einer straffen Grundkette und einer lockeren Schlingenkette mit ein- oder beidseitigen Schlingen. Aufgrund der vergrößerten und gekräuselten Oberfläche zeichnen sich die Textilien durch eine besonders gute Saugfähigkeit aus.

Reinigung und Pflege der Wäsche

Die beim Gebrauch verschmutzte Wäsche muss in regelmäßigen Abständen gereinigt und gepflegt werden. Wegen unterschiedlicher Materialeigenschaften sowie unterschiedlicher Reinigungs- und Pflegebedingungen gibt es zu diesem Zweck sehr verschiedenartige Hilfsmittel.

Reinigungs- und Pflegemittel

Wasser *water* *l'eau*

Wasser ist das grundlegende Reinigungsmittel. Viele Vorgänge, die bei der Schmutzbeseitigung von Bedeutung sind, weisen darauf hin: Auflösen, Aufquellen, Zerteilen, In-der-Schwebe-Halten, Ausspülen, Wegspülen.

Waschmittel *detergents* *les détergents*

Durch Waschmittel wird die grundlegende Reinigungswirkung des Wassers ergänzt und verstärkt. Neben waschaktiven Bestandteilen enthalten Waschmittel darüber hinaus in unterschiedlicher Zusammensetzung Substanzen, die auf jeweils spezifische Zwecke ausgerichtet sind, z. B. wasserenthärtende Stoffe oder solche, die besondere pflegende Auswirkungen haben.

Waschaktive Substanzen wirken auf zweifache Weise:

- Durch Verringern der Oberflächenspannung im Wasser erhöhen sie dessen Wirksamkeit und begünstigen insbesondere das gründliche Durchnetzen der Wäsche.
- Darüber hinaus heben sie den Schmutz vom Waschgut ab, emulgieren und umhüllen ihn, sodass er mit Hilfe des Wassers leichter ab- und ausgespült werden kann.

Wasserenthärtende Substanzen, auch Builder genannt, sind waschwirksame Alkalien (z. B. Silikate, Zeolithe und Carbonate), die den negativen Auswirkungen von kalkbildenden Salzen im Wasser entgegenwirken. Dieses enthält je nach den örtlichen Bedingungen unterschiedliche Mengen dieser Salze. Ihre Menge wird in Härtegraden ausgedrückt. (1 Grad deutscher Härte entspricht 0,179 mmol/l.)

Unterschiedliche Härtegrade des Wassers

Im Härtebereich des Wassers wird nach der internationalen Einheit Millimol Calcium- und Magnesiumionen je Liter (mmol/l) gemessen. Sie ersetzt die veraltete Meßeinheit „Grad deutscher Härte (°d)“.

1	weich	bis 7 °d	bis 1,3 mmol/l
2	mittelhart	8 bis 14 °d	1,3 bis 2,5 mmol/l
3	hart	14 bis 21 °d	2,5 bis 3,8 mmol/l
4	sehr hart	über 21 °d	über 3,8 mmol/l

Die kalkbildenden Salze sind beim Waschen für eine ganze Reihe negativer Auswirkungen verantwortlich:

- Sie bilden unlösliche Verbindungen, wodurch die Reinigungswirkung vermindert wird.
- Durch Hitzeeinwirkung beim Waschen entsteht Kalkstein, der sich in den Wäschefasern festsetzt. Dadurch wird die Saugfähigkeit sowie der Geruch und die Haltbarkeit der Wäsche beeinträchtigt, weil die Fasern brüchig werden.
- Kalkablagerungen in der Waschmaschine vermindern die Leistungsfähigkeit und beschleunigen den Verschleiß.

Die wasserenthärtenden Substanzen des Waschmittels verhindern diese Auswirkungen, indem sie die kalkbildenden Salze binden und unwirksam machen.

Wäschepflegende Wirkstoffe werden Waschmitteln je nach dem beabsichtigten Zweck in unterschiedlicher Zusammensetzung zugesetzt:

Bleichmittel geben Sauerstoff ab und entfärben organische Farbstoffe, die z. B. von Obst, Rotwein und Kaffee herrühren.

Vergrauungshemmstoffe binden Schmutzteilchen und halten sie in der Schwebe, sodass sie sich nicht wieder in den Fasern festsetzen können.

Enzyme bauen Fett und Eiweiß zu wasserlöslichen Formen ab und erleichtern dadurch das Ausspülen.

Schaumregulierende Stoffe sorgen für eine der Waschtemperatur und dem Waschprogramm entsprechende Schaumbildung.

Weißtöner bzw. optische Aufheller überdecken bei weißer Wäsche den möglichen gelben Schimmer.

Duftstoffe überdecken die unangenehmen Gerüche, die aus der Waschlauge stammen, und verleihen der Wäsche eine duftige Frische.

Für Waschmittel gibt es je nach ihrer Zweckbestimmung unterschiedliche Bezeichnungen.

Vollwaschmittel sind besonders waschaktiv und vor allem geeignet für sogenannte Koch- oder Weißwäsche.

Feinwaschmittel sind in ihrer Wirkung auf empfindliche Fein- und Buntwäsche abgestimmt.

Service

Spezialwaschmittel enthalten Bestandteile, durch die bei bestimmten Textilien eine jeweils zweckgerichtete pflegende Wirkung erreicht werden soll, z. B. bei synthetischer Wäsche, Wolle, Gardinen.

Waschhilfsmittel

Vor dem Waschen erfüllen sie vorbereitende Funktionen:

Einweichmittel bilden im Wasser Laugen, durch die stark haftender und intensiver Schmutz so aufgelockert wird, dass er beim nachfolgenden Waschen leichter und vollständig ausgespült werden kann.

Enthärtungsmittel dienen dazu, den Kalk in übermäßig hartem Wasser zu neutralisieren, damit seine nachteiligen Auswirkungen beim Waschen von vornherein ausgeschaltet sind (siehe weiter oben).

Nach dem Waschen werden Hilfsmittel verwendet, die bestimmten Textilien eine besondere Eigenschaft verleihen sollen.

Weichspülmittel machen z. B. Frottierwäsche, Moltons und Wollwaren weich und flauschig.

Feinappreturen bzw. **Steifungsmittel** (Stärke) dienen dazu, der Wäsche durch unterschiedlich intensive Aussteifung einen volleren und festen Griff zu verleihen sowie schmutzunempfindlicher zu machen, z. B. Hemden, Blusen, Tisch- und Bettwäsche.

Wichtiger Hinweis:

Wasch- und Reinigungsmittel können die Umwelt belasten. Darum:

- maßvoll mit Waschmitteln sowie Reinigungs- und Pflegemitteln umgehen,
- auf nicht unbedingt notwendige Mittel ganz verzichten,
- umweltfreundliche Wasch-, Reinigungs- und Pflegemittel verwenden.

Fleckentfernungsmittel

Flecken sind Schmutzeinwirkungen besonderer und intensiver Art, z. B. durch Rotwein, Obst, Kopierstift. Je nach Art des Schmutzes sind zur Entfernung unterschiedliche Mittel erforderlich. Grundlegende Hilfsmittel sind Wasser oder Feinwaschlauge.

Wasser

– Zucker, Ei

Die Wirkung von erwärmtem Wasser ist intensiver.

Essigwasser

zur Entfernung von	zur Nachbehandlung von
– Rotweinflecken	– Obstflecken
– Urinflecken	

Zur Entfernung von Rotweinflecken dienen auch aufgestreutes Salz und Zitronensaft.

Feinwaschlauge

zur Entfernung von	zur Nachbehandlung von
– Bier, Blut	– Obst
– Limonaden, Milch	– Ruß
– Kaffee, Kakao	– Weißwein
– Schokolade	– Rotwein
– Likör, Ei	– Urin

Darüber hinaus gibt es spezielle **Fleckentfernungsmittel:**

Aceton	➟ Nagellack, Schuhcreme
Benzin	➟ Fett, Wachs
Benzol	➟ Asphalt, Teer, Ruß, Schuhcreme
Salmiak	➟ Obst, Weißwein, Tinte
Spiritus	➟ Fett, Kugelschreiber, Kopierstift, Lippenstift, Parfüm
Terpentin	➟ Ölfarbe
Wasserstoffperoxid	➟ Stockflecken

Außerdem stehen ganz spezielle Mittel für Kaugummi, Tinte und Rost zur Verfügung.

Beim Entfernen von Flecken sind besondere Richtlinien bzw. Hinweise zu beachten:

- Als erstes ist festzustellen, um welches textile Material und um welche Art von Fleck es sich handelt.
- Je frischer der Fleck, desto leichter zu entfernen.
- Getrocknete Flecken sind zunächst anzulösen.
- An einer nicht sichtbaren Stelle wird geprüft, ob das Lösungs- oder Fleckentfernungsmittel gegenüber der Faser und der Farbe unschädlich ist.
- Bei Fleckentfernungsmitteln sind die Hinweise des Herstellers zu beachten.
- Der Fleck wird mit dem jeweiligen Mittel betupft; bei Wiederholung ist eine andere, noch saubere Stelle des verwendeten Reinigungstuches zu benutzen.
- Das Abreiben darf nur mit leichtem Druck erfolgen und muss immer zum Fleckzentrum hin durchgeführt werden, um eine Ausweitung der Verschmutzung zu verhindern.
- Für das Aufnehmen der gelösten Fleckensubstanz genügend saugfähiges Material verwenden.
- Wässrige Lösungen sind nach der Behandlung gründlich auszuspülen.
- Benzin, Benzol und Spiritus sind feuergefährliche Reinigungsmittel und dürfen deshalb niemals bei offenem Feuer angewendet werden.

Pflege- und Behandlungssymbole für Textilien

Für die Art und Intensität der Reinigungs- und Pflegemaßnahmen sind jeweils die Art und die Beschaffenheit der Textilien ausschlaggebend. Zur Orientierung und Information sind diese deshalb mit jeweils entsprechenden Pflegesymbolen ausgestattet.

Die nachstehenden und ähnliche Kennzeichnungen erleichtern die Zuordnung der Textilien zu jeweils artspezifischen Reinigungs- und Pflegeverfahren.

Internationale Pflegekennzeichen

Waschen (Waschbottich)	95	60	40	30		
	Normalwaschgang	Normalwaschgang	Normalwaschgang	Schonwaschgang	Handwäsche	nicht waschen
	▸ Die in den Waschbottichen angegebenen Temperaturen dürfen nicht überschritten werden. ▸ Der Strich unter einem Waschbottich weist darauf hin, dass beim Waschen eine schonendere mechanische Einwirkung anzuwenden ist. (Schonwaschgang)					
Chloren (Dreieck)	Cl					
	Chlorbleiche möglich	**Chlorbleiche nicht möglich**				
Tumbler-Trocknung (Trockentrommel)	**Trocknen möglich** normale Temperatureinstellung	**Trocknen möglich** herabgesetzte Temperatureinstellung	**Trocknen im Tumbler nicht möglich**			
Bügeln (Bügeleisen)	**heiß bügeln**	**mäßig heiß bügeln**	**nicht heiß bügeln**	**nicht bügeln**		
	Die Punkte weisen auf die Temperaturbereiche beim Bügeln hin.					
Chemisch-Reinigung (Reinigungstrommel)	**keine Chemisch-Reinigung möglich**					

VOLLWASCHBAR 30 (P)	100% Polyester DACRON® LINING/DOUBLURE FUTTER/VOERING 100% VISKOSE
PUR NEW WOOL PURE LAINE VIERGE REINE SCHURWOLLE ZUIVER SCHEERWOL LINING/DOUBLURE FUTTER/VOERING: 100% VISKOSE	(P)

Waschen, Trocknen und Glätten

Waschen

Die Wäsche ist vor dem Waschen nach bestimmten Gesichtspunkten zu sortieren (siehe Pflegekennzeichen):

- Temperatureinstellung beim Waschen,
- Normal- oder Schonwaschgang,
- Handwäsche.

Flecken spezieller Art sollten grundsätzlich vor dem Waschen entfernt werden.

95 Kochwäsche

- weiße und farbechte Wäschestücke aus Baumwolle, Leinen und Halbleinen

60 Heißwäsche

- nicht farbechte Buntwäsche aus Baumwolle, Leinen und Halbleinen
- weiße Wäschestücke aus Chemiefasern (z.B. Hemden und Blusen)

40 Feinwäsche

- Wäsche aus Seide und synthetischen Fasern

(Bei Mischgeweben ist das empfindlichste Gewebe ausschlaggebend.)

30 Feinwäsche

- Gardinen, Stores, feine Leibwäsche und andere sehr feine Gewebe aus Natur- und Synthetikfasern

30 Wolle

- alle Wollwaren aus reiner Schurwolle und mit dem Hinweis „filzt nicht“.

(Wollwaren ohne diesen Hinweis sollten lieber von Hand gewaschen oder chemisch gereinigt werden.)

Der Waschvorgang gliedert sich bei Waschmaschinen in Vorwäsche, Hauptwäsche, Spülen und Schleudern. Dabei sind folgende Richtlinien und Hinweise zu beachten:

- Die Waschmaschine voll, aber nicht überfüllen, weil dadurch der Reinigungseffekt vermindert wird.
- Die Dosierung des Waschmittels richtet sich nach der Wäscheart, der Wäschemenge, der Wasserhärte und dem Verschmutzungsgrad der Wäsche.
  - Eine zu geringe Dosierung kann zur Vergrauung der Wäsche führen.
  - Überdosierung hat eine zu starke Schaumbildung zur Folge, die sich hinderlich auf den Reinigungsprozess auswirkt.
  - Bei sehr weichem Wasser sind schaumbremsende Spezialmittel unerlässlich.
- Bei wenig verschmutzter Wäsche bildet sich mehr Schaum als bei stark verschmutzter Wäsche.
- Bei hartem Wasser ergibt sich ein höherer Waschmittelverbrauch, die Schaumbildung ist geringer.

Sortieren der Wäsche

Die Wäsche wird vor dem Waschen nach Art und Beschaffenheit der Faser, dem Verschmutzungsgrad, der Farbechtheit und der Temperaturverträglichkeit sortiert.

Waschvorgang

Beim Waschen der Wäsche wirken vier Faktoren zusammen: Diese sind Chemie, Mechanik, Temperatur und Zeit.

- **Chemie** (Wasser und Waschmittel = Lauge) – Die Lauge soll den Schmutz vom Gewebe lösen und forttragen. Weiches Wasser schont die Wäsche, deshalb enthalten Waschmittel Enthärter.
- **Mechanik** – Sie ist erforderlich, um das Lösen des Schmutzes von der Wäsche zu beschleunigen. Dies wird erreicht durch Bewegung der Wäsche mit der Hand oder in der rotierenden Waschmaschine.
- **Temperatur** – Durch sie kommen die Komponenten in den Waschmitteln erst zur Wirkung. Die Temperatur ist auf der Art der Wäsche und des Waschmittels einzustellen.
- **Zeit** – Sie ist ausgerichtet auf den Verschmutzungsgrad und die Intensität des Waschmittels.

Trocknen, Glätten und Legen der Wäsche

Beim Schleudern in der Waschmaschine oder in einer gesonderten Wäscheschleuder werden zunächst größere Mengen des Wassers abgeschieden. Das anschließende Trocknen erfolgt durch das aufgelockerte Aufhängen der Wäsche oder mit Hilfe von rotierenden Trockenautomaten.

Durch Glätten erhält die Wäsche ein glattes und gepflegtes Aussehen. Dabei sind zu unterscheiden:

- Glattstreichen,
- Bügeln (Bügeleisen),
- Mangeln,
- Pressen (Dampfpressautomaten).

Ausgenommen davon sind Frottierwäsche, bestimmte Wollwaren und bügelfreie Wäsche. Das Glätten wird durch das Zusammenwirken von Feuchtigkeit, erhöhter Temperatur und Druck erreicht. Sehr stark getrocknete Wäsche muss deshalb vor dem Bügeln eingesprengt werden. Das erübrigt sich bei der Verwendung von Dampfbügelgeräten, durch die beim Bügeln entsprechende Mengen Dampf auf die Wäsche übertragen werden oder bei Wäsche, die vom Waschen her noch feucht ist.

Wie beim Waschen muss die Wäsche auch beim Bügeln entsprechend ihrer Temperaturverträglichkeit sortiert werden. Die Pflegekennzeichen (s. S. 230) sind unbedingt zu beachten.

Bei Mischgeweben ist die temperaturempfindlichste Faser ausschlaggebend.

Der letzte Vorgang der Wäschepflege ist das Zusammenlegen und Einlagern der Wäsche. Durch das Zusammenlegen erreicht man die schrankgerechte und stapelbare Form. Für den weiteren Gebrauch der Wäsche ist auf das richtige Falten zu achten. (Siehe z. B. „Auflegen und Abnehmen von Tisch- und Tafeltüchern" sowie „Formen von Mundservietten" im Kapitel „Service".) Nach dem Bügeln und fachgerechten Falten ist die Wäsche ohne zu knittern einzuräumen.

Lagern, Tauschen und Zählen der Wäsche

Die Hotelwäsche gehört vom Neueinkauf bis zum Umfunktionieren verbrauchter Wäschestücke als Staubtücher in den Aufgabenbereich der Hausdame.

Lagern der Wäsche

Wäsche wird zugunsten einer guten Durchlüftung in offenen Regalen gelagert. Das Stapeln in Zehnereinheiten erleichtert die Ausgabe beim Wäschetausch. Frischgewaschene Wäsche ist so einzuordnen, dass die bereits lagernde zuerst verwendet wird.

Die Wäsche wird mit der geschlossenen Seite nach vorn eingeräumt.

Tauschen der Wäsche

Der Wäschetausch gehört zu den täglichen Arbeitsabläufen und muss wegen der Kontrolle mit angemessener Sorgfalt durchgeführt werden:

- **Entweder** die Schmutzwäsche im Magazin vorzählen und entsprechende Mengen saubere Wäsche entgegennehmen,
- **oder** den Officebestand täglich gegen Anforderungsschein bis zum Sollbestand auffüllen.

Zählen der Wäsche

Im Hinblick auf die Bilanz (Warenwert) und auf Neueinkäufe sind die Wäschebestände in regelmäßigen Abständen durch Inventur zu ermitteln. Da sich die Wäsche ständig im Umlauf befindet, ist es erforderlich, das Zählen an allen Stellen gleichzeitig durchzuführen:

- Wäscherei, Hauptmagazin
- Etagen- und Kellneroffice
- Zimmer
- Restaurants und Küche.

AUFGABEN

1 Nennen Sie unterschiedliche Wäschebezeichnungen in Bezug auf ihren Gebrauch sowie auf Farbe und Feinheitsgrad.

2 Beschreiben Sie das Lagern, Tauschen und Zählen (Inventur) der Hotelwäsche.

3 Aus welchen Rohstoffen wird Bettwäsche hergestellt? Welche Vorteile und Nachteile haben die einzelnen Rohstoffe?

4 Welche Wäschestücke gehören zur Tischwäsche und aus welchen Rohstoffen werden sie hergestellt?

5 Beschreiben Sie die besondere Beschaffenheit der Frottierwäsche und die sich daraus ergebenden Eigenschaften.

6 Beschreiben Sie die Funktionen der waschaktiven und der wasserenthärtenden Substanzen in Waschmitteln.

7 Nennen und beschreiben Sie die Funktion von wäschepflegenden Wirkstoffen, die in Waschmitteln je nach beabsichtigtem Zweck enthalten sind.

8 Erklären Sie an Waschbeispielen die Unterscheidung der Waschmittel in Voll-, Fein- und Spezialwaschmittel.

9 Was versteht man unter Wasserhärte?

10 Was versteht man unter Waschhilfsmitteln?

11 Nennen Sie Waschhilfsmittel, die vor bzw. nach dem eigentlichen Waschen eingesetzt werden und beschreiben Sie ihre Funktion.

12 Beschreiben Sie an Beispielen die Verwendung von Wasser, Essigwasser und Feinwaschlauge als Mittel der Fleckentfernung vor dem Waschen.

13 Zu welchen Zwecken werden folgende Fleckentfernungsmittel verwendet:

a) Aceton c) Benzol e) Spiritus
b) Benzin d) Salmiak f) Terpentin

14 Erläutern Sie wichtige Richtlinien, die bei der Fleckentfernung zu beachten sind.

15 Unter welchen Gesichtspunkten muss Wäsche vor dem Waschen sortiert werden?

16 Unterscheiden Sie in Bezug auf die Waschtemperatur und die Materialbeschaffenheit der Wäsche folgende Bezeichnungen:

a) Kochwäsche b) Heißwäsche c) Feinwäsche

17 Unter welchen Gesichtspunkten muss die Wäsche zum Bügeln sortiert werden?

18 Welche Funktionen erfüllt das Bügeln und welche Faktoren wirken dabei zusammen?

19 Warum muss Tischwäsche nach ganz bestimmten Gesichtspunkten zusammengelegt werden?

3 Einrichtung und Geräte

equipment and devices
l'equipement (m) et les appareils (m)

In Restaurants und Gaststätten werden folgende Einrichtungsgegenstände benötigt:

- Stühle, Sessel und/oder Bänke,
- Tische, Tafeln, Beistelltische (Guéridons),
- Servicetische, Servanten (Anrichten),
- festeingebaute oder bewegliche Raumteiler.

Weitere Unterschiede findet man bei Tischen, Tischwäsche und den verschiedenen Tischgeräten. in den folgenden Abschnitten geht es darum, diese Materialien kennenzulernen und alles über deren Handhabung und Pflege sowie ihren sachgerechten Einsatz zu erfahren.

3.1 Einzeltische und Festtafeln

Der Tisch, an dem der Gast sich wohlfühlt und entspannt, muss eine bequeme Höhe, Stabilität und Beinfreiheit aufweisen. Der Gast möchte dort allein oder in Gesellschaft gemütlich sitzen, bedient und verwöhnt werden.

Einzeltische *single tables* *la table individuelle*

Sie gibt es in verschiedenen Formen und Größen.

Rechteckige Tische

- **80 × 120 cm** (Standardmaß)
- 80 × 160 cm
- 90 × 180 cm

Quadratische Tische

- 70 × 70 cm
- **80 × 80 cm** (Standardmaß)
- 90 × 90 cm

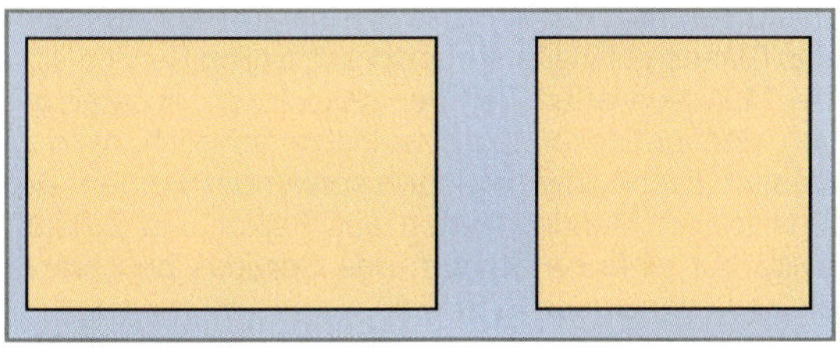

Runde Tische

- 70 cm Durchmesser
- 80 cm Durchmesser
- 90 cm Durchmesser
- und mehr

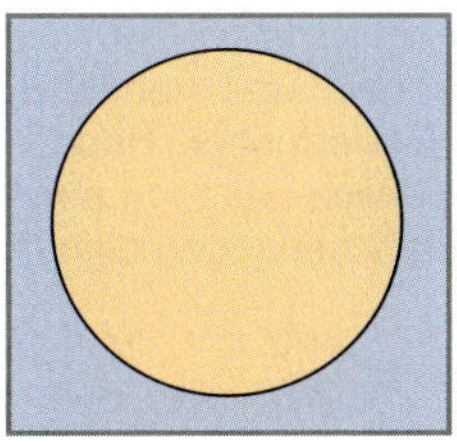

Festtafeln *tables* *les tables (w)*

Zu besonderen Anlässen werden rechteckige und quadratische Tische zu unterschiedlichen **Tafelformen** zusammengestellt. Dabei ist für die Größe und Form vor allem die Anzahl der Personen ausschlaggebend. Darüber hinaus sind zu beachten:

- Die Größe und Grundfläche des Raumes, in den sich die Tafel harmonisch einordnen soll,
- der freie Raum um die Tafel herum muss so bemessen sein, dass die Servicearbeiten während des Essens störungsfrei ausgeführt werden können.

Abb. 1: Festliche Tafel

Tafelformen *table sizes* *la facon de tables*

runde Tafel *6 – 12 Personen* | **lange Tafel** *10 – 16 Personen*

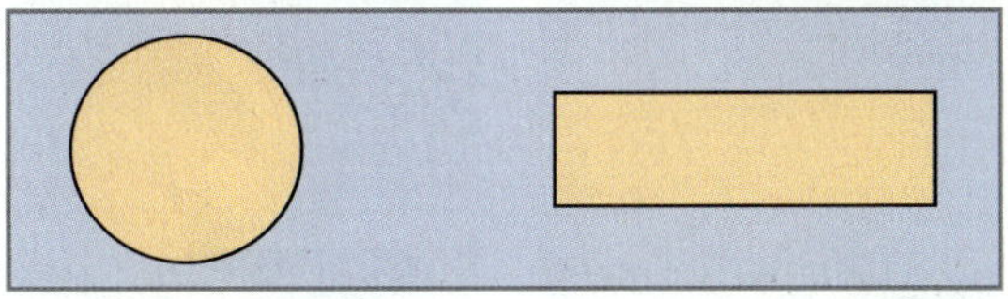

Block *12 – 20 Personen* | **T-Tafel** *16 – 26 Personen*

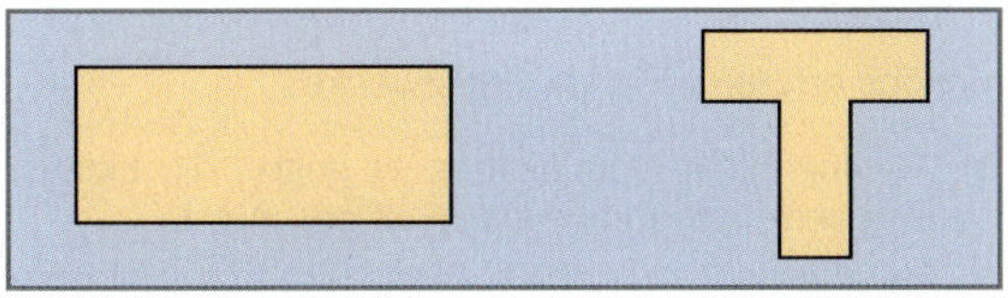

U-Tafel *26 – 40 Personen* | **E-Tafel** *40 – 60 Personen*

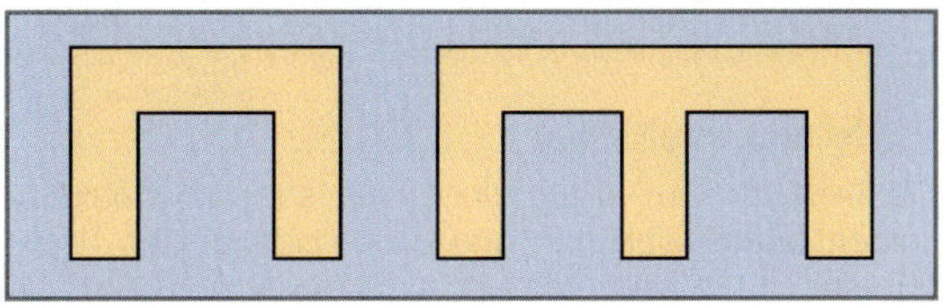

3.2 Tischwäsche

table linen
le linge de table

Von Tischtuchunterlagen abgesehen (siehe nachfolgend), werden zur Herstellung von Tischwäsche neben Mischgeweben vor allem Baumwolle und/oder Flachsgarne verwendet. Die entsprechenden Textilbezeichnungen sind **Baumwolle, Reinleinen** und Halbleinen. (Siehe Abschnitt „Wäschepflege".)

Arten

Tischwäsche wird nach ihrer Zweckbestimmung unterschieden. Danach gibt es Tischtuchunterlagen, Tisch- und Tafeltücher, Decktücher und Servietten.

Tischtuchunterlagen

Ursprünglich wurden diese Unterlagen aus beidseitig aufgerautem Baumwollstoff (Flanell) hergestellt. Wegen der flauschigen und weichen Beschaffenheit des Stoffes haben sie die Bezeichnung Moltons (mou, molle = weich).

Ihren Halt auf dem Tisch erhalten sie entweder durch die an den Ecken befestigten Bänder oder Klettverschlüsse, mit deren Hilfe sie fixiert werden, oder durch eingearbeitete Gummizüge, die sich über die Tischkante spannen. Moltons gibt es auch aus anderen Materialien, z.B. aus weichem Kunststoff oder aus einseitig aufgerautem Baumwollstoff, der auf ein gummiartiges Material geklebt ist.

Abb. 1: Molton, gummiert

Abb. 2: Molton mit Gummizug

Moltons erfüllen verschiedene Zwecke:

- Die Oberfläche des Tisches ist gegen die Einwirkung von Hitze und Feuchtigkeit geschützt,
- das aufgelegte Tischtuch kann nicht hin- und herrutschen, und es hat außerdem ein „weicheres" und „satteres" Aussehen,
- das Einsetzen bzw. Auflegen der Tischgeräte während der Mahlzeiten wird geräuscharm ausgeführt.

Tisch- und Tafeltücher

Sie bestehen im Allgemeinen aus strapazierfähigem Leinen oder Halbleinen und dienen dazu, der Tischoberfläche ein sauberes und gepflegtes Aussehen zu geben. Damit sie diesen Zweck erfüllen, müssen Tisch- und Tafeltücher, insbesondere beim Auflegen und Abnehmen, mit besonderer Sorgfalt gehandhabt werden (siehe in den nachfolgenden Abschnitten).

Neben besonders festlich wirkenden weißen Tüchern werden heute oft auch buntfarbene verwendet.

Die Größe der Tisch- und Tafeltücher muss der jeweiligen Tischoberfläche so angepasst sein, dass der Überhang über die Tischkante allseitig etwa 25 bis 30 cm beträgt.

Decktücher oder Deckservietten

Decktücher sind kleine, etwa 80 × 80 cm große Tücher, die wegen ihrer Größe auch Deckservietten genannt werden und im Französischen die Bezeichnung **napperon** haben.

Sie überdecken Tischtücher diagonal,

- um diese entweder grundsätzlich zu schonen oder um sie bei geringfügiger Verschmutzung nicht sofort abnehmen und waschen zu müssen,
- um einen dekorativen Effekt zu erzielen, indem man z.B. auf eine weiße Tischdecke eine farbige Deckserviette auflegt.

Decktücher sollten nicht verwendet werden, um stark verschmutzte Tischtücher zu überdecken.

Servietten

Im Rahmen des Service unterscheidet man zwischen Mund- und Handservietten.

Mundservietten

Obwohl sie während des Essens auch zum Schutz der Kleidung verwendet werden, dienen sie vor allem zum Abwischen des Mundes. Das ist insbesondere vor dem Trinken wichtig, damit keine Speisereste an den Rand des Glases gelangen. Im anspruchsvollen Service sind die Mundservietten Teil der dekorativen Ausstattung von Menügedecken. Es ist selbstverständlich, dass zu diesem Zweck Stoffservietten verwendet werden. Der Einsatz von Mundservietten aus Papier und Zellstoff sollte auf einfache Formen des Services beschränkt bleiben (siehe auch S. 237 ff.).

Handservietten

Sie gehören zum Handwerkszeug des Servierpersonals und haben deshalb auch die Bezeichnung **Serviertücher.** Handservietten werden im gepflegten Service hängend über dem linken Unterarm getragen. Handservietten dienen zu folgenden Zwecken:

- Schutz der Hand und des Armes beim Tragen von heißen Tellern und Platten,

Service

- Vermeiden von Fingerabdrücken beim Tragen von Tellern und Bestecken,
- Umlegen von Flaschen aus Weinkühlern.

Aus ästhetischen und hygienischen Gründen hat die Handserviette immer in einwandfreiem Zustand zu sein.

Pflegliches Behandeln der Tischwäsche

Für diese Forderung gibt es Gesichtspunkte, die wechselseitig von Bedeutung sind:

- Einerseits sind Neuanschaffungen sowie regelmäßiges Waschen mit einem beachtlichen Kostenaufwand verbunden,
- andererseits ist das regelmäßige Waschen unerlässlich, denn im Service muss die Tischwäsche aus hygienischen und ästhetischen Gründen immer in absolut einwandfreiem Zustand sein.

Hieraus lassen sich folgende **Richtlinien** zur pfleglichen Behandlung ableiten:

- Die Wäsche ist nach dem Bügeln so zu handhaben und zu lagern, dass sie nicht schon vor der Wiederverwendung verschmutzt und „zerknittert" ist,
- das Auflegen von Tischtüchern muss sachgerecht und mit angemessener Sorgfalt ausgeführt werden (siehe in den nachfolgenden Abschnitten),
- die Tücher, die nach dem Gebrauch einen weiteren Einsatz zulassen, sind mit entsprechender Vorsicht exakt in die Bügelfaltung zurückzulegen.

Servietten dürfen aus hygienischen Gründen und wegen der Reinhaltung niemals als Putztücher oder auf andere Weise zweckentfremdet verwendet werden.

Auflegen und Abnehmen von Tisch- und Tafeltüchern

Tischtücher sind quadratisch oder rechteckig, selten rund.

Die Größe ist der Tischplatte so angepasst, dass die Tuchenden an allen Seiten gleichmäßig etwa 25 cm lang herabhängen.

Das Tischtuch wird nach dem Mangeln zuerst zweimal längs und dann zweimal quer zusammengelegt.

Voraussetzung für das fachgerechte Auflegen und Abnehmen eines Tischtuches sind exakt gebügelte und richtig gefaltete Tischtücher (siehe Skizzen ① – ④).

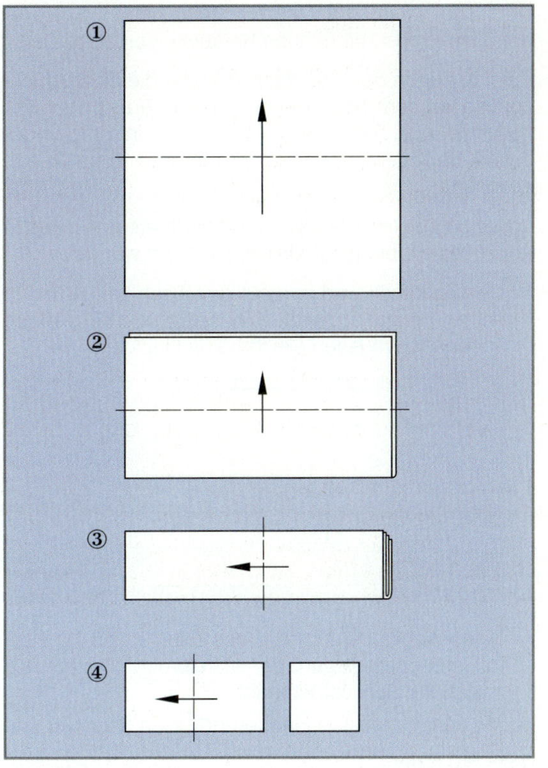

Faltet man ein Tischtuch auseinander, so zeigen sich drei Längs- und drei Querfalten oder -brüche und damit 16 quadratische Felder. Wichtig ist, dass der Mittelbruch des aufgelegten Tischtuches immer parallel zu den Tischkanten auf der Mitte der Tischplatte liegt und nach oben zeigt.

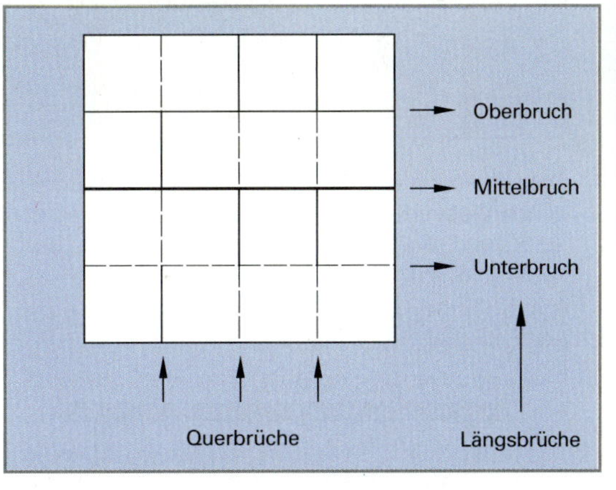

Auflegen von Tisch- und Tafeltüchern

Quadratische und kleinere rechteckige Tücher

Vor dem Auflegen des Tischtuches ist die Moltonunterlage zu prüfen; diese muss glatt und fest über die Tischplatte gespannt sein.

Service

Der Tisch muss einen festen Stand haben. Sollte er wackeln, wird er mit dünnen Korkscheiben stabilisiert.

Beim Auflegen des Tischtuches muss die Servierfachkraft so vor dem Tisch stehen, dass ihr Rücken zur Eingangstür zeigt. Damit ist der Oberbruch immer auf der gegenüberliegenden und somit meist zur Fensterseite gerichtet.

Angesichts unterschiedlicher Raumsituationen muss in der Praxis die beste Lösung ausprobiert werden.

- Das Tischtuch wird nun auf den Tisch gelegt und in seiner Länge entfaltet. Die seitig überhängenden Tuchenden müssen gleichmäßig lang sein.

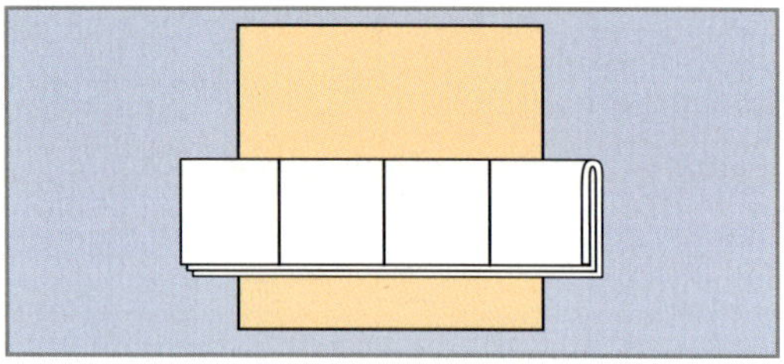

- Beide Webkanten (Enden) des Tischtuches (① + ②) müssen unten liegen, der Mittelbruch obenauf; sie zeigen zur Servicefachkraft.
- Mit ausgestreckten Händen erfassen Daumen und Zeigefinger den Mittelbruch ④ des Tischtuches, gleichzeitig halten Zeigefinger und Mittelfinger die darunterliegende Webkante ② des Tuches. Die folgende zweite Webkante liegt frei auf dem Tisch.

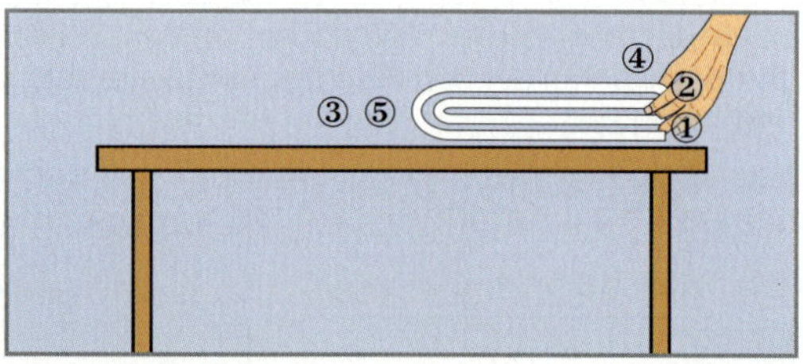

- Das Tischtuch wird nun angehoben und die freiliegende Webkante ① mit leichtem Schwung, und entsprechend lang, über die entgegengesetzte Tischkante gebracht.

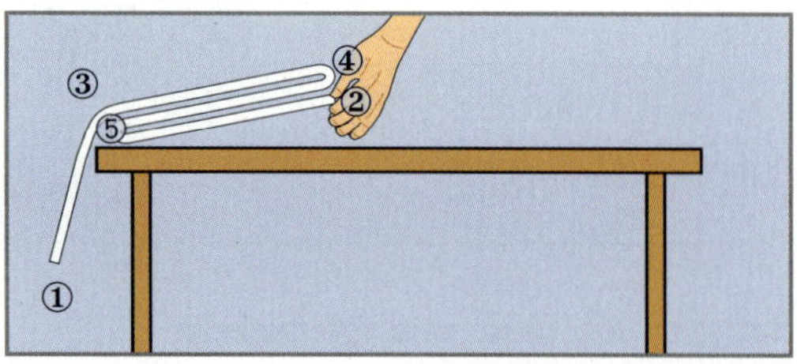

- Den mit Daumen und Zeigefinger gehaltenen Mittelbruch ④ lässt man nun los. Dann wird die mit Zeigefinger und Mittelfinger festgehaltene Webkante ② des Tuches nach vorn gezogen, wobei gleichzeitig die korrekte Lage des Tischtuches bestimmt wird. – Das Glattstreichen der Tischtücher mit den Händen ist unhygienisch und deshalb abzulehnen.

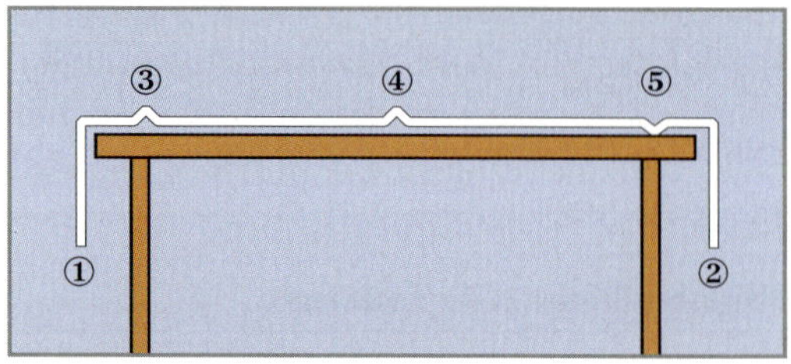

Größere rechteckige Tafeltücher

Wegen ihrer Größe muss das Auflegen in diesem Falle von zwei Personen und unter Beachtung entsprechender Sorgfalt ausgeführt werden.

- Das Tuch, auf der Tafel liegend, vorsichtig in den Querbrüchen entfalten und auseinanderlegen,
- mit den Händen die Ecken erfassen, das Tuch vorsichtig auseinanderziehen und nach sorgfältiger Prüfung der Abstände und Ausrichtungen auf der Tafel ablegen.

Bei Festtafeln sind darüber hinaus in Bezug auf die Lage der Oberbrüche und der Überlappungen besondere Richtlinien zu beachten.

Bezüglich der Oberbrüche gilt:

Ist zum Überdecken der Tafel eine Tischtuchbreite ausreichend, dann liegen die Oberbrüche

- bei der langen Tafel nach der Seite, die unter Beachtung aller Umstände (z. B. Sitzordnung, Tageslicht) am zweckmäßigsten erscheinen.

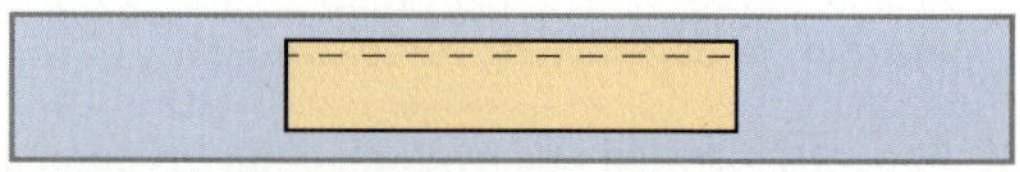

- bei den übrigen Tafelformen, abgesehen vom senkrechten Teil der T-Tafel und dem Mittelteil der E-Tafel, nach den Außenseiten.

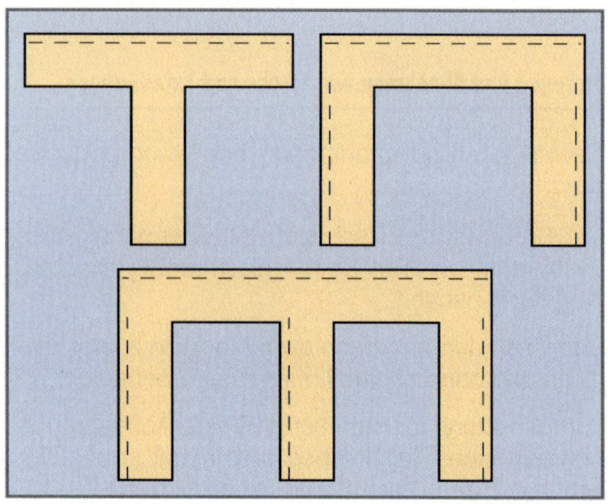

Sind zum Überdecken der Tafel zwei Tuchbreiten erforderlich, können die Oberbrüche

- entweder nach beiden Seiten unmittelbar auf den Tischkanten liegen (vorausgesetzt, die Überhänge der Tischtücher reichen höchstens bis auf die Sitzhöhe der Stühle),
- oder andernfalls auf den Tischen.

Für die Überlappung gilt:

- Bei Tageslicht liegen die Tischtücher zum Licht hin übereinander, so entsteht keine Schattenwirkung.
- Aus der Sicht des eintretenden Gastes liegen die Überlappungen von ihm weg, damit er nicht unter die Kanten schaut.

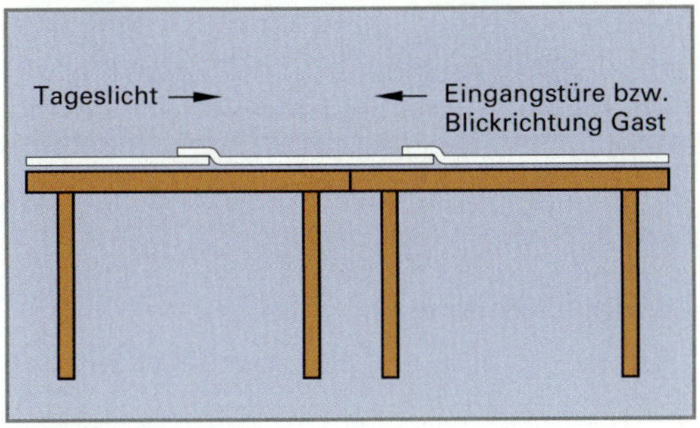

Abnehmen von Tisch- und Tafeltüchern

Saubere Tischtücher legt man zum nochmaligen Gebrauch wieder exakt in ihre alten Bügelfalten zurück:

- Die Arme spreizen und mit Daumen und Zeigefingern den Mittelbruch des Tuches rechts und links fassen.
- Tischtuch nach oben heben, sodass beide Seiten frei hängen und das Tuch im Mittelbruch gefaltet ist. Durch das jeweilige Hochheben in den Brüchen und das Herabfallenlassen der Seitenteile wird das Tuch exakt in die Bügelfalten zurückgelegt.
- Das nun einmal gefaltete Tuch mit den Längsbrüchen nach oben auf den Tisch legen; die Längsbrüche fassen und das Tuch ein letztes Mal nach oben heben, damit es glatt hängt.
- Danach auf dem Tisch zweimal korrekt in seine Querfalten zurücklegen und das zusammengelegte Tischtuch im Servicetisch verwahren.

  Zum Ausheben von Tafeltüchern sind 2 Personen erforderlich.

Mund- und Dekorationsservietten
napkins *les serviettes (w)*

Für den gepflegten Service ist es üblich, Servietten in eine mehr oder weniger aufwendige Form zu bringen. Diesen Vorgang bezeichnet man als Falten oder Brechen der Servietten.

Mundservietten benutzt der Gast zum Schutze seiner Kleidung sowie zum Abtupfen des Mundes vor dem Trinken oder nach dem Essen.

Kunstvoll aussehende Dekorationsservietten werden als Schmuck bei Platten und Serviertabletts oder als Untersetzer für Schüsseln, Saucieren usw. verwendet.

Servietten gibt es in verschiedenen Größen:

Material	Größe	Verwendung
Papier, Zellstoff oder Vlies	20 × 20 cm	Aufgussgetränke, Bargetränke, Speiseeis
Papier, Zellstoff oder Vlies	33 × 33 cm	Kleinere Gerichte, Zwischenmahlzeiten
Papier, Zellstoff oder Leinen	40 × 40 cm	Frühstück, Hauptmahlzeiten
Leinen (Damast)	50 × 50 cm und größer	Festliche Bankette und Dekorationen

Um möglichst viele Varianten herstellen zu können, werden die Servietten heute nicht mehr vorgefaltet, sondern offen, mit der linken Seite nach oben (Saumnaht sichtbar) aufbewahrt. Eine Ausnahme bilden lediglich übergroße Servietten, die in Schränken sonst nicht ausreichend Platz finden.

Einfache wie kunstvoll gebrochene Servietten werden aus hygienischen Gründen mit Handschuhen aus den nachfolgend dargestellten Grundelementen **A, B** oder **C** gefaltet:

Zweiteilige Faltung **Diagonale Faltung**

Aus den Grundformen A, B oder C werden die meisten Serviettenformen erstellt.

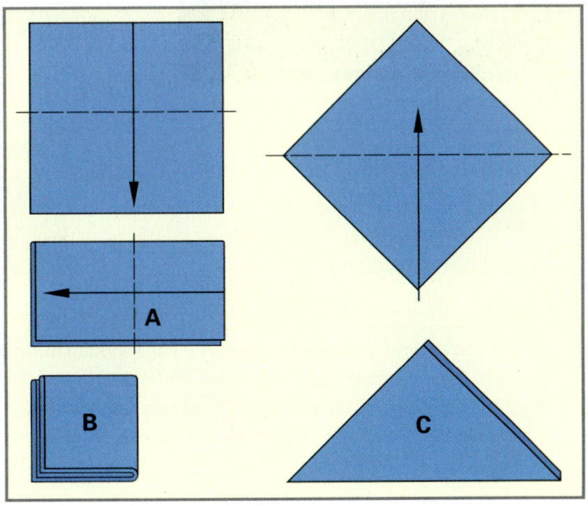

Service

Falten von Mundservietten

napkin folding | le pliage des serviettes

Doppelter Tafelspitz

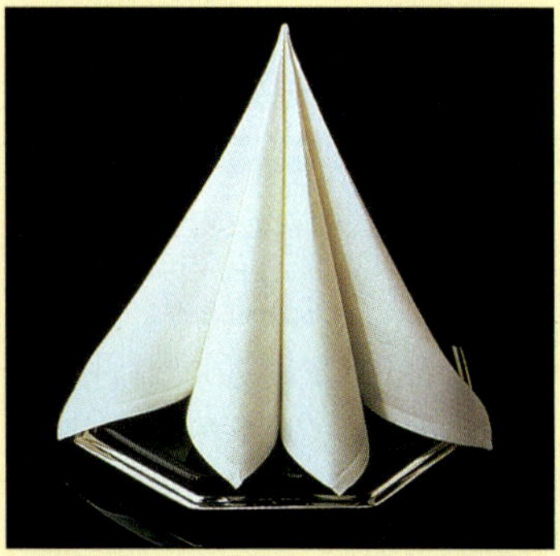

Faltung aus Grundelement **A**

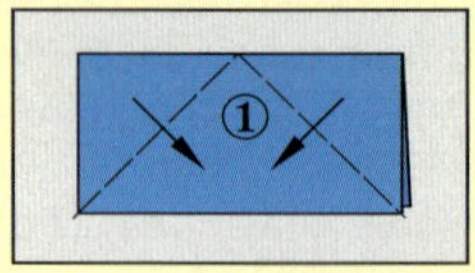

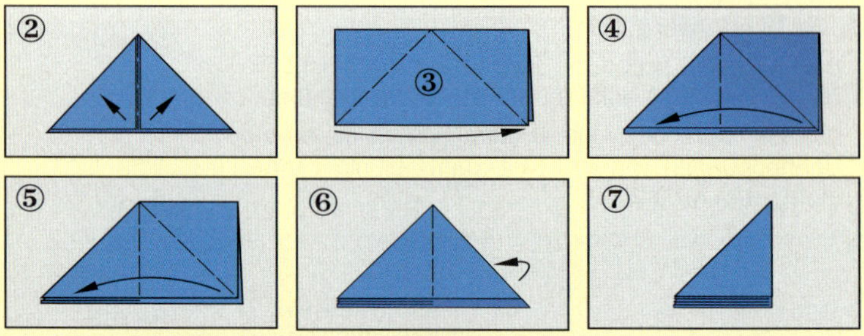

① *Die beiden oberen Enden zur Mitte hin falten, sodass ein Dreieck entsteht.*
② *Hilfsfalz andrücken und wieder öffnen.*
③ *Die linke obere Lage so nach rechts ziehen, dass die beiden Hilfsfalze aufeinander liegen.*
④ *Das rechts entstandene Dreieck entlang der Mittellinie nach links falten.*
⑤ *Die rechte obere Lage so nach links ziehen, dass ihr Hilfsfalz auf der linken Außenkante liegt.*
⑥ *Das rechts verbleibende vierte Dreieck nach hinten falten.*
⑦ *Die Figur an der oberen Spitze anfassen und füllig aufstellen.*

Ahornblatt

Faltung aus Grundelement **A** mit der offenen Seite nach oben.

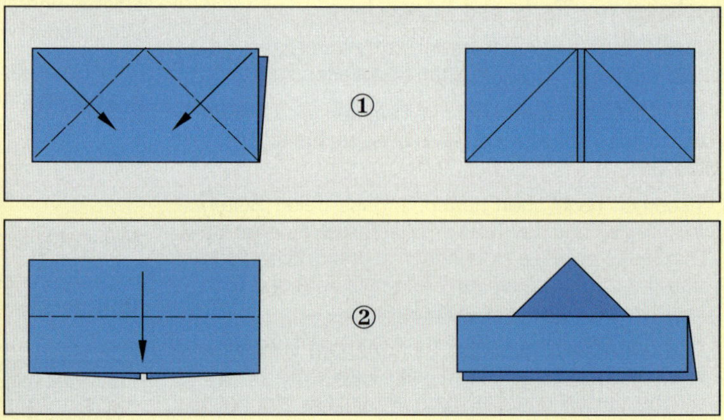

① *Die rechte und linke Ecke der oberen Lage auf die Mittellinie zurückfalten und die Serviette wenden.*
② *Jetzt nur die obere Lage längs nach unten falten.*
③ *Die linke und rechte Ecke der jetzt oberen Lage entlang den schraffierten Linien nach oben falten.*
④ *Die Serviette wenden. Die gesamte Serviette ziehharmonikaartig zusammenfalten. Gut zusammendrücken, am unteren Ende festhalten und an der oberen Seite vorsichtig auseinanderziehen.*

Tüte

Faltung aus Grundelement **A**

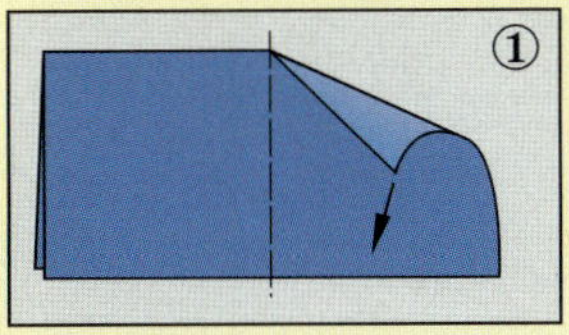

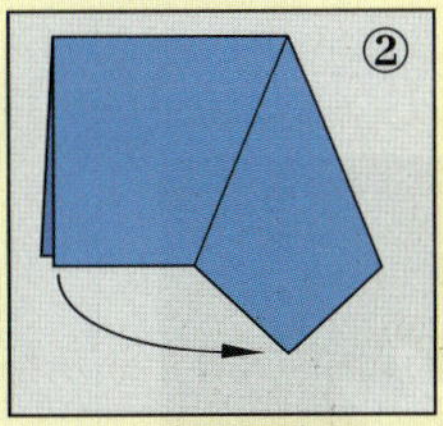

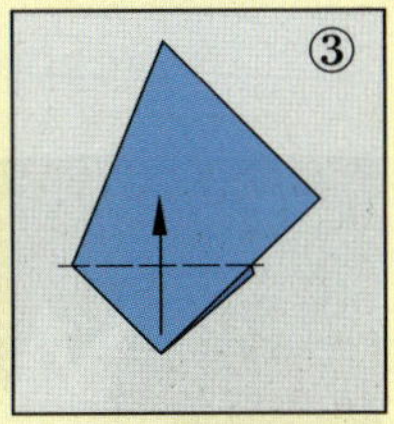

① Die rechte Hälfte zur Mitte hin als Tüte einrollen.
② Die linken unteren Ecken auf die Spitze der Tüte legen.
③ Die exakt aufeinanderliegenden Spitzen der Tüte nach oben falten.
④ Die Ecke rechts bleibt freistehend. Die Servietten rundformen und aufstellen.

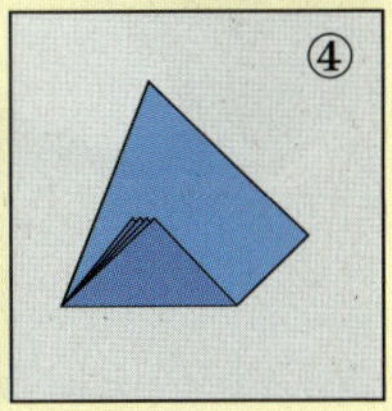

Krone/ Doppelte Bischofsmütze

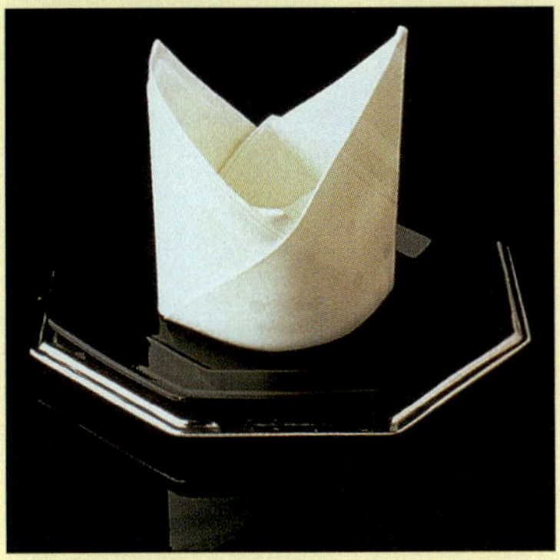

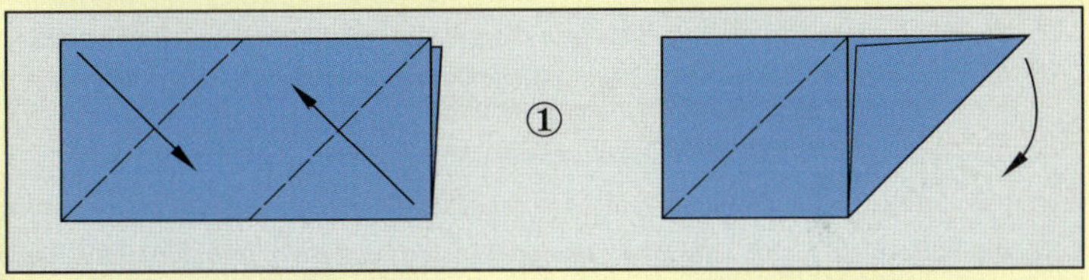

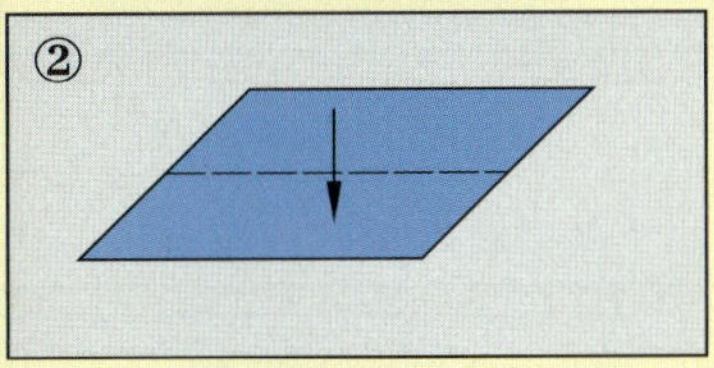

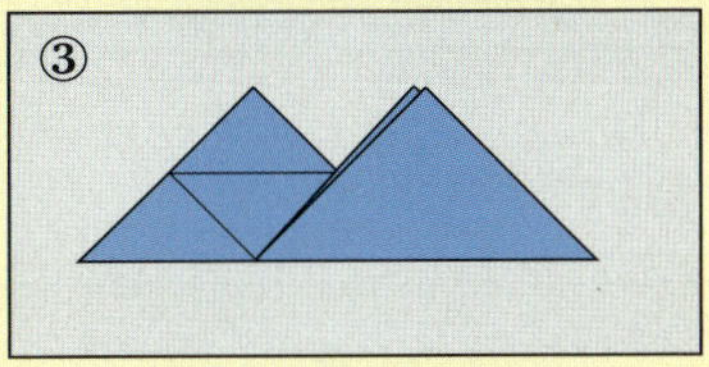

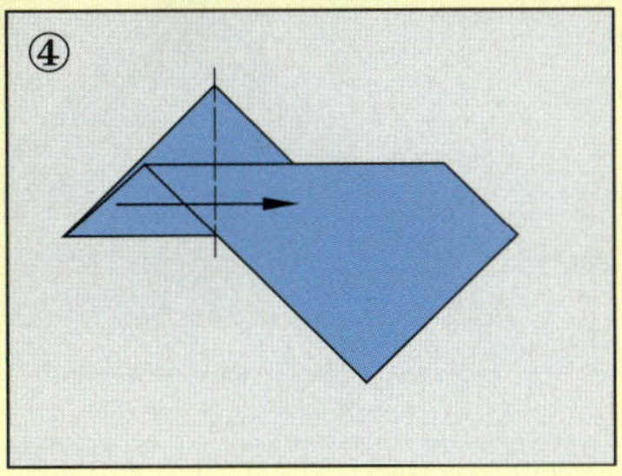

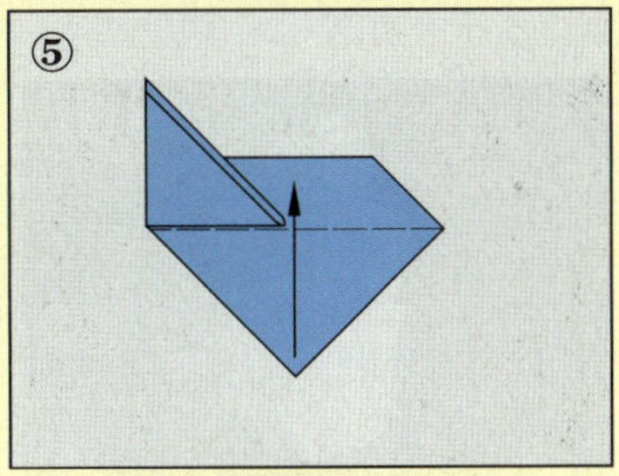

Faltung aus Grundelement **A**

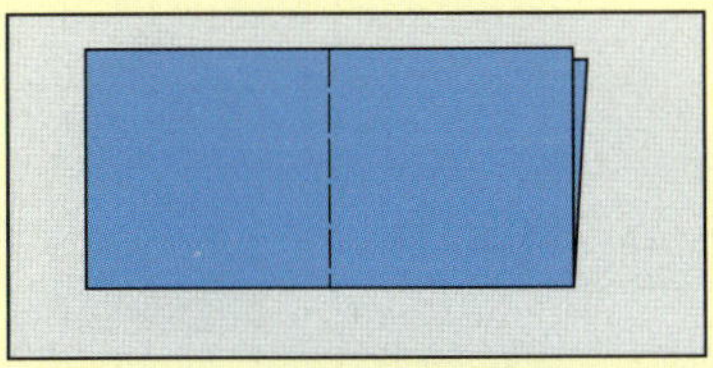

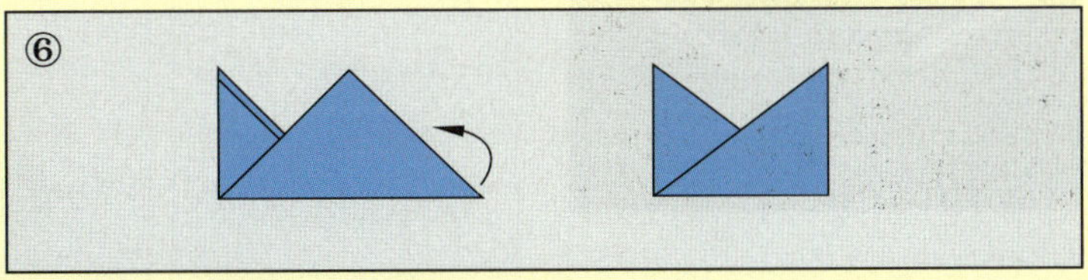

① Die linke obere und die rechte untere Ecke jeweils zur Mitte hin falten, sodass eine Raute entsteht.
② Die Serviette wenden.
③ Jetzt die Raute nach unten halbieren und die verdeckte Dreieckspitze herausfalten, sodass zwei Pyramiden entstehen.
④ Das obere Dreieck nach unten schlagen und die linke Pyramide zum Dreieck falten.
⑤ Die geöffnete Pyramide wieder nach oben falten.
⑥ Die Spitze der Pyramide in das Dreieck stecken und rundstellen.

Segelboot

Faltung aus Grundelement **B**

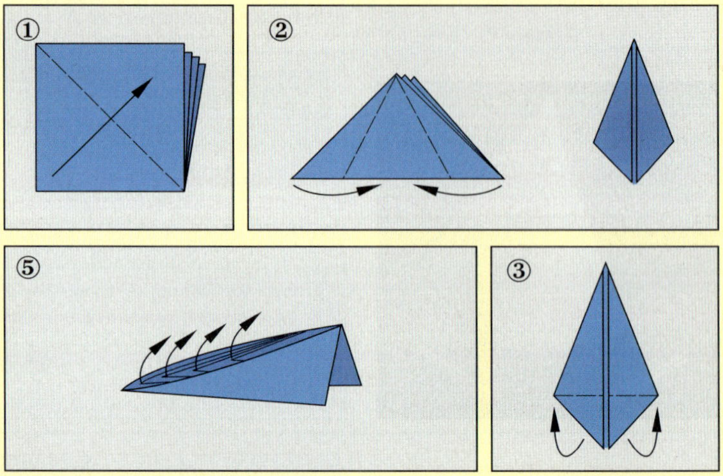

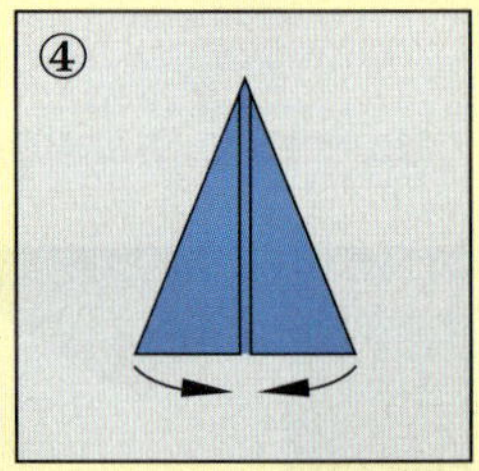

① *Die quadratisch vorgefaltete Serviette diagonal zum Dreieck falten und wenden.*
② *Die vier offenen Spitzen des Dreiecks liegen oben. Jetzt das linke und rechte Ende so nach innen falten, dass eine Drachenfigur entsteht.*
③ *Die Figur an die Tischkante legen und die unteren Enden nach unten falten.*
④ *Das linke u. rechte Ende nach unten falten. Die Mitte zeigt nach oben. Gut zusammendrücken.*
⑤ *Die Spitzen als Segel vorsichtig aus der Mitte herausziehen und aufrichten, sodass ein Segelboot entsteht.*

Lilie

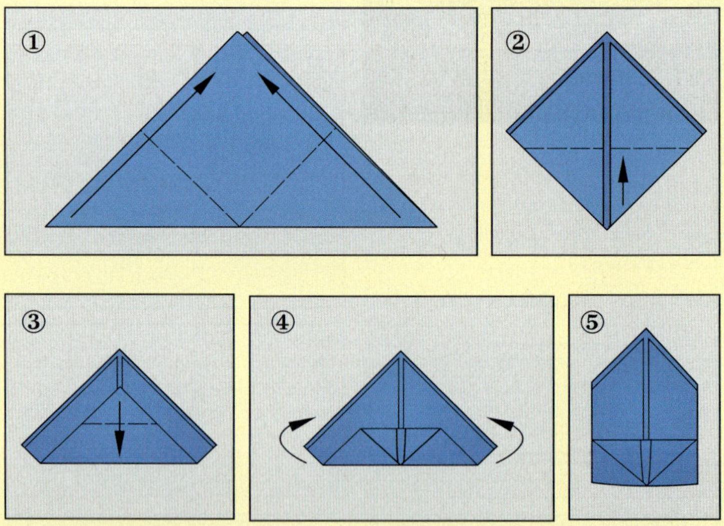

Faltung aus Grundelement **C**

① *Die linke und rechte Ecke zur Mitte hin falten, sodass ein Quadrat entsteht.*
② *Die untere Spitze des Quadrats ca. 2 cm unterhalb der Mittellinie nach oben falten.*
③ *Von dem jetzt oben aufliegenden, kleineren Dreieck die Spitze zur Grundlinie zurückfalten.*
④ *Die linke und rechte Ecke nach hinten falten, ineinanderstecken und die Serviette rund formen.*
⑤ *Die beiden Spitzen vorne oben vorsichtig nach unten ziehen und die Enden in die Manschette auf halber Höhe einstecken.*

Faltung von Dekorationsservietten

In der Erlebnisgastronomie setzt man besondere Serviettenformen auch als Dekorationsmittel ein. Darum werden hier entsprechende Möglichkeiten dargestellt.

Seerose – Artischocke

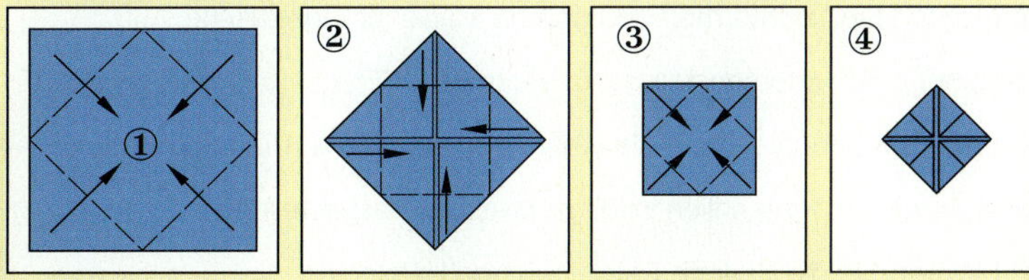

① Serviette mit dem Saum nach oben legen und die vier Ecken exakt zur Mitte falten.
② Den gleichen Vorgang wiederholen..
③ Serviette wenden.
④ Die vier Ecken abermals zur Mitte falten.

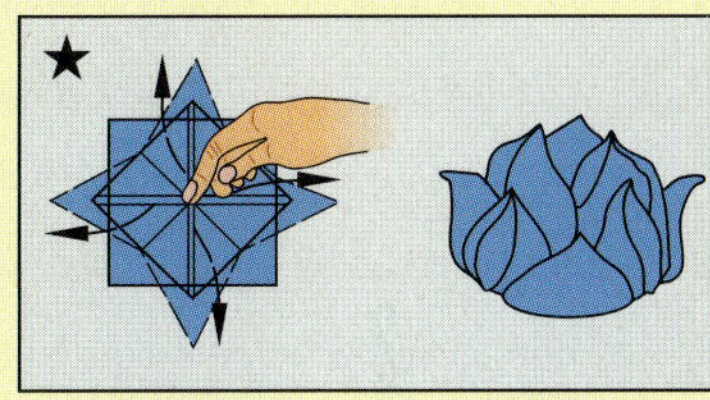

✪ Die vier inneren Ecken mit dem Finger gut festhalten. Die verdeckten Tuchzipfel nach außen ziehen bis eine Seerose entsteht.

★ Die so freigewordenen weiteren vier Tuchzipfel von unten heraus steil nach oben ziehen bis eine Artischocke entsteht.

Hörnchen – Schwanenhals

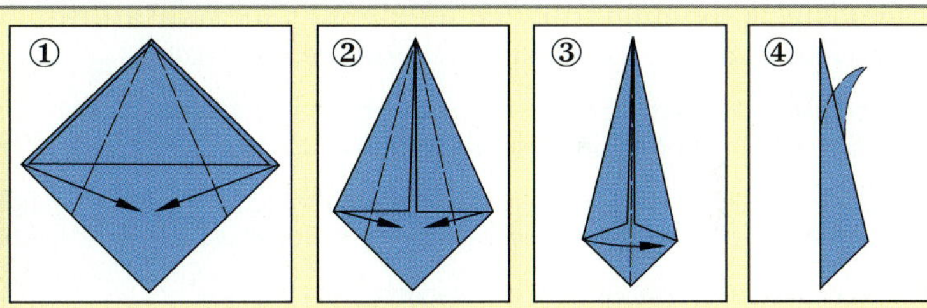

① Serviette mit dem Saum nach oben legen, mit einem Dreieck von Alufolie belegen.
② ③ Die Ecken zweimal exakt nach innen falten.
④ Das entstandene Element halbieren.

Verwendung:
Ausschließlich zur Dekoration auf Silberplatten und Büfett-Tafeln.

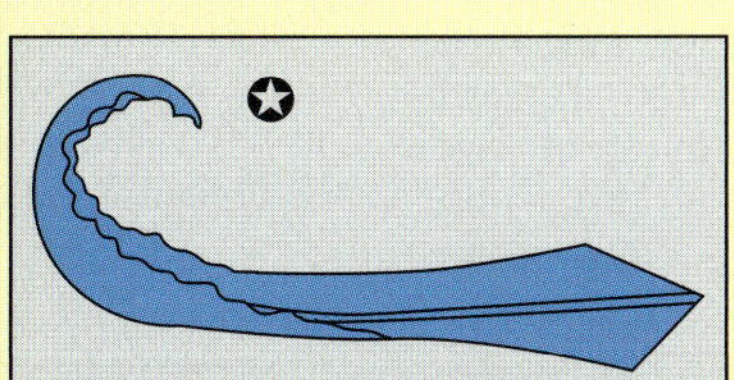

✪ Die Spitze des Elements so verändern, dass das Hörnchen entsteht.

★ Die Spitze des Elements so verändern, dass der Schwanenhals entsteht.

Aufgaben

1 Beschreiben Sie im Zusammenhang mit dem Bewirten von Gästen die Bedeutung des Services.

2 Nennen Sie Tischformen und übliche Maße für Einzeltische.

3 Nennen Sie unterschiedliche Tafelformen.

4 Welche Kriterien sind für die Wahl einer bestimmten Tafelform ausschlaggebend?

5 Aus welchen Materialien wird Tischwäsche hergestellt?

6 Erklären Sie die Begriffe Reinleinen und Halbleinen.

7 Aus welchem Material werden Moltons hergestellt?

8 Welche unterschiedlichen Zwecke erfüllen Moltons?

9 Ein Tisch ist 120 cm lang und 80 cm breit. Welche Größe der Tischdecke passt dazu?

10 Wozu dienen Decktücher und wozu dürfen sie nicht verwendet werden?

11 Nennen und erklären Sie andere Bezeichnungen für Decktücher.

12 Erläutern Sie die Bedeutung von Mundservietten.

13 Welchen Zwecken dient die Handserviette? Welche Richtlinien sind unter hygienischen und ästhetischen Gesichtspunkten bezüglich des Gebrauchs zu beachten?

14 Nennen und begründen Sie Richtlinien für die Lage der Brüche in Bezug auf Regeln allgemeiner Art und in Bezug auf Tageslicht.

15 Worauf ist bei runden Tischen besonders zu achten?

16 Worauf ist zu achten, wenn ein Tischtuch nach dem Gebrauch ein weiteres Mal verwendet werden soll?

17 Beschreiben Sie den sachgerechten Vorgang des Abnehmens.

18 Beschreiben Sie die Lage der Oberbrüche bei den unterschiedlichen Tafelformen, wenn
a) eine Tuchbreite zum Überdecken der Tafel ausreicht b) zwei Tuchbreiten erforderlich sind.

19 Welche Richtlinien sind bei Verwendung von mehreren Tüchern bezüglich der Überlappungen zu beachten
a) in Bezug auf einfallendes Tageslicht b) in Bezug auf den an die Tafel herantretenden Gast?

20 Welche Faltungen gibt es bei Mundservietten?

21 Nennen Sie zu den Faltungen jeweils geeignete Serviettenformen.

Service

3.3 Bestecke

cutlery *le couvert*

Bis in das 15. Jahrhundert hinein war es allgemein üblich, die Speisen beim Essen mit den Händen aufzunehmen. Die ersten Essgeräte in Form von Löffeln, Messern und Gabeln galten als Luxus und wurden nur in wohlhabenden Gesellschaftskreisen verwendet.

Erst mit der zunehmenden „Kultivierung der Essgewohnheiten" setzte sich der Gebrauch von Essgeräten allmählich durch.

In der Folgezeit wurden dann die Bestecke immer differenzierter, und zwar hinsichtlich:

- der Vielfalt der Lebensmittelrohstoffe, z. B. Spargel, Austern o. ä.,
- der unterschiedlichen Speisen, z. B. Vorspeisen, Fleisch-/Fischgerichte u.a., aber auch
- dem Anlass des Essens, z. B. vom Standardfrühstück bis zur Festtafel.

Material

Abgesehen von Bestecken mit Holzgriffen, die wegen des häufigen Spülens für gastgewerbliche Zwecke nicht gut geeignet sind, bestehen Bestecke im allgemeinen aus Metall (siehe „Werkstoffe").

Edelstahlbesteck

Das am häufigsten verwendete Grundmaterial ist Stahl, weil er genügend stabil und hart ist. Um das Rosten zu verhindern, wird der Stahl veredelt (**Edelstahl**).

Darüber hinaus werden Festigkeit und Korrosionsbeständigkeit durch Legieren mit anderen Metallen erhöht.

Chromstahl	→ Legierung mit Chrom
Chromnickelstahl	→ Legierung mit Chrom und Nickel

Neben den Kennzeichnungen „rostfrei" oder „stainless" geben die Einprägungen 18/8 oder 18/10 Hinweise auf die Art der Legierung: 18 % Chromanteile sowie 8 bzw. 10 % Nickel.

Silberbesteck

Der Glanz des Silbers verleiht dem Besteck einen Hauch von besonderer Festlichkeit. Für Bestecke ist das weiche Silber jedoch nur bei entsprechender Härtung bzw. Legierung geeignet.

Versilberte Bestecke

Silberbesteck ist teuer und deshalb selten. Um aber auf den Glanz dieses edlen Metalls nicht zu verzichten, werden Bestecke versilbert. Dabei erhält ein mit Chrom, Nickel oder Messing gehärteter Metallkern eine Silberauflage in unterschiedlicher Dicke, die an stark beanspruchten Stellen häufig zusätzlich verstärkt wird. Bei dreifach verstärkter Auflage spricht man von **Patentsilber.** Die Kennzeichnung 80, 90 oder 100 bedeutet, daß für 24 dm^2 Besteckoberfläche entsprechende Mengen Silber in Gramm verwendet wurden (je höher die Zahl, desto dicker die Silberschicht).

Auswahlkriterien für Hotelbesteck

Wegen der starken Beanspruchung sind für den Hotelbetrieb grundsätzlich nur Bestecke aus hochwertigem Metall geeignet:

- Edelstahlbestecke, die matt- oder hochglanzpoliert sein können, sind pflegeleicht und werden deshalb für einfachere Ansprüche bevorzugt.
- Silberbestecke und versilberte Bestecke, die wegen des „Anlaufens" einer regelmäßigen intensiven Pflege bedürfen, werden nur bei gehobenen Ansprüchen oder nur zu festlichen Anlässen verwendet.

Reinigung und Pflege

An die Bestecke werden hohe Anforderungen gestellt (Ästhetik, Hygiene). Das ist verständlich, denn die meisten Bestecke kommen in irgendeiner Form mit Speisen, die speziellen Essbestecke außerdem mit dem Mund in Berührung. Daraus ergibt sich für den Service die Verpflichtung, Bestecke nur in tadellosem Zustand auf den Tisch zu bringen.

Grundlegende Reinigung

Benutzte Besteckteile kurz vor dem Spülen in klares, warmes Wasser einlegen. Danach die Besteckteile möglichst stehend in Besteckköchern spülen. Die Besteckköcher sollten dabei nicht überladen werden, da sonst die Besteckdichte ein einwandfreies Reinigen verhindert.

Zum Vorreinigen können die Besteckteile auch in den Köchern stehend mit der Spülbrause vorgeduscht werden.

Es ist sinnvoll, die Besteckteile zu trennen, d.h. Messer, Gabeln und Löffel in verschiedene Köcher zu stellen. Die Messer sollten stets mit der Klinge nach oben im Köcher stehen.

Durch eine richtige Dosierung des Spülmittels und besonders heiße Nachspülung erhält man schlieren- und fleckenfreies Besteck und das übliche Nachpolieren ist deshalb nicht mehr nötig.

Aus hygienischen Gründen sollte man beim Entnehmen der mit der Klinge nach oben stehenden Messer Gummihandschuhe tragen.

Das Nachpolieren von Besteckteilen ist bedenklich, da für viele Besteckteile das gleiche Tuch verwendet wird und somit darin vorhandene Bakterien auf das Besteck übertragen werden können.

Besondere Pflege des Silberbestecks

Silber „läuft an". Durch Schwefelwasserstoffe, die sich in Speisen und in der Luft befinden, bildet sich an der Oberfläche der Silberbestecke ein festhaftender bräunlicher Belag. Dieser kann nur mit Hilfe von geeigneten Reinigungsmaßnahmen abgelöst werden:

Silberputzpaste

Sie wird aufgetragen und nach dem Eintrocknen wieder abgerieben (einfache, zeitaufwendige Methode).

Silberbad galvanisch

Reinigung erfolgt mit Hilfe von heißem Wasser, Aluminium, Soda und Salz.

Silberputzmaschine

In einer sich drehenden Trommel befinden sich Stahlkügelchen und ein Spezialmittel zum Reinigen und Polieren.

Arten und Einsatz

Ganz allgemein unterscheidet man:

- Essbestecke und
- Spezialbestecke.

Essbestecke

Zu diesen Bestecken gehören Messer, Gabeln und Löffel, die es in drei verschiedenen Größen gibt.

Großes Besteck *Mittelbesteck* *Kleines Besteck*

Im klassischen Service war die Bezeichnung „Kleines Besteck" nicht üblich. Man kannte nur das Mittelbesteck (Entremet-Besteck). Durch Anrichten von Speisen in Gläsern und Schalen sind Kaffeelöffel und Kuchengabel in Ausnahmefällen eine akzeptable Besteckkombination.

Allgemeine Zweckbestimmung für Bestecke

Die Wahl eines Bestecks steht in enger Beziehung zu der jeweiligen Art der Speise:

Löffel für Speisen, die geschöpft werden können,

Messer und Gabel für Speisen, die durch Schneiden zerkleinert werden müssen,

Löffel und Gabel für Speisen, die aufgrund ihrer Beschaffenheit entweder mit dem Löffel oder mit der Gabel zerteilt werden können.

Die *Größe des Bestecks* richtet sich nach dem Volumen der Speise bzw. nach der Größe des Tellers, auf dem die Speise angerichtet ist. In jedem Fall muss aus optischen Gründen die Verhältnismäßigkeit der Größen gewährleistet sein.

Speisenspezifische Verwendungszwecke für Bestecke

Großes Besteck (Tafelbesteck)

Löffel
- für Suppen mit grober Einlage, die in tiefen Tellern angerichtet werden
- zum Vorlegen von Speisen, die geschöpft werden können (z. B. Erbsen, Karotten, Reis, Kartoffelpüree und Saucen)

Löffel und Gabel
- für selbstständige Gerichte aus Spaghetti
- als Vorlegebesteck für Speisen, die mit zwei Bestecken aufgegriffen werden müssen

Messer und Gabel
- für Hauptspeisen jeglicher Art, sofern das Schneiden erforderlich ist (siehe Fischbesteck)

Mittelbesteck (Dessertbesteck)

Messer
- für das einfache Frühstück
- auf dem Beiteller für Toast und Butter

Löffel
- für Suppen in zweihenkeligen Suppentassen
- für Frühstücksspeisen (Cornflakes, Porridge, Müsli)

Messer und Gabel
- für Vorspeisen und Zwischengerichte
- für Frühstücksspeisen (Wurst, Käse, Schinken, Melone)
- für Käse als Nachspeise

Löffel und Gabel
- für Teigwarengerichte, wie Ravioli, Cannelloni und Lasagne
- für Desserts, die auf Tellern angerichtet sind, wie Crêpes, Obstsalat, Parfait mit Früchten

Im klassischen Service werden Desserts als **Entremets** bezeichnet. Die Kombination von Löffel und Gabel heißt deshalb **Entremet-Besteck.**

Kleines Besteck

Löffel
- für Suppen in kleinen Spezialtassen
- für cremige Speisen in Gläsern oder Schalen, sofern sie keine festen Bestandteile enthalten
- für Quarkspeisen oder Joghurt zum Frühstück

Löffel und Gabel
- für Vorspeisen und Nachspeisen in Gläsern oder Schalen, die in kleingeschnittener Form feste Bestandteile enthalten (z. B. Krabben- oder Gemüsecocktail, cremige Speisen mit Früchten, Früchte in Gelee, Obstsalat)

ANMERKUNG

Neuerdings wendet sich der gepflegte Service wieder von der Kombination **„Kuchengabel** – Löffel" ab.

- **Entweder** geht man zu folgenden Zwischenlösungen zurück:

  Mittelgabel – Kaffeelöffel, z. B. für Geflügelcocktail oder Geflügelsalat, Rohkostcocktail;

  Fischgabel – Kaffeelöffel, z. B. für Cocktails oder Salat von Fisch sowie Schalen- und Krustentieren;
- **oder** man verwendet grundsätzlich wieder die klassische Kombination **Mittellöffel – Mittelgabel.**

Service

Hotel-Systembesteck

Es handelt sich dabei um ein Besteckssortiment, bei dem Art und Größe der Bestecke so gewählt sind, dass sie in sehr verschiedenen Kombinationen und für verschiedenartige Zwecke verwendet werden können. Aufgrund dieser Vereinfachung reduziert sich die Vielfalt der im Einsatz befindlichen Bestecke.

BEISPIEL

Die Tafelgabel ist

- einerseits so groß, dass sie für Hauptgerichte ausreicht und gleichzeitig auch für Vorspeisen und Desserts noch angemessen ist,
- andererseits so breit, dass sie auch als Fischgabel eingesetzt werden kann.

Systembesteckauswahl

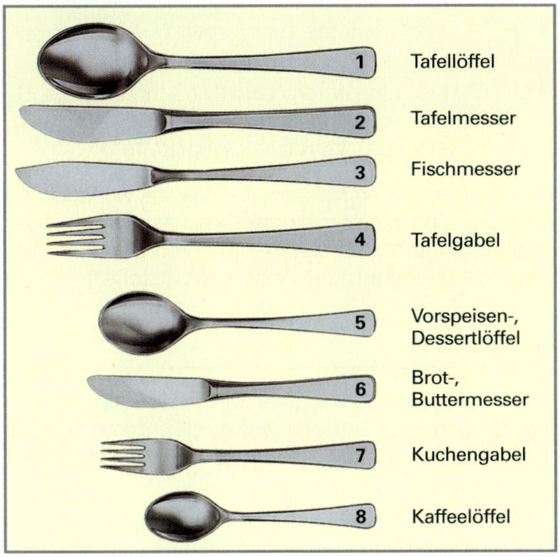

Die Bestecke 5 bis 8 genügen, um Vorspeisen- und Dessertgedecke mit unterschiedlichen Volumen bzw. Größen durch jeweils entsprechende Kombinationen sachgerecht ausstatten zu können.

Spezialbestecke

Spezialbestecke sind Ess- oder Hilfsbestecke für Speisen besonderer Art.

Fischbesteck

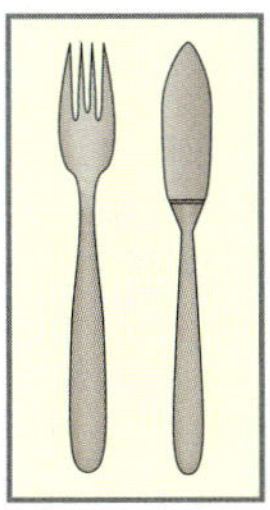

Das **Fischbesteck** ist **Essbesteck** für Speisen von Fisch sowie Schalen- und Krustentieren, sofern diese aufgrund ihrer Verarbeitung eine weiche Beschaffenheit haben und nicht geschnitten werden müssen. Zu Speisen aus den genannten Rohstoffen mit fester Beschaffenheit sind Messer und Gabel einzudecken, z. B.:

- Marinierter Fisch: gebeizter Lachs, Matjeshering, Bismarckhering und Rollmops
- Geräucherter Fisch: Lachs, Aal und Stör
- Größere Stücke von Krebstieren: Hummer, Scampi

Wegen der zarten Beschaffenheit wird zu geräucherten Forellenfilets meistens das Fischbesteck verwendet.

Hummergabel, Hummerzange

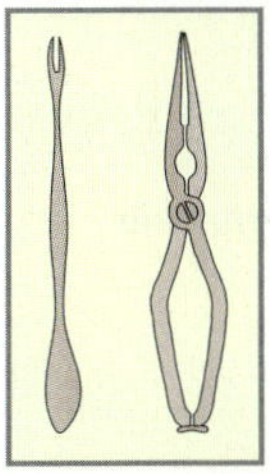

Die **Hummergabel** ist **Hilfsbesteck,** mit dessen Hilfe das Fleisch aus den Scheren und Beingliedern herausgezogen und auf den Teller vorgelegt wird.
Damit das möglich ist, bricht der Koch die Scheren an oder auf. Das zugehörige Essbesteck ist entweder das Fisch- oder das Mittelbesteck.

Die **Hummerzange** ist ebenfalls **Hilfsbesteck,** das aber nur dann vom Gast benötigt wird, wenn die Krustentiere rustikal (unzerteilt und unaufgebrochen) angerichtet sind.

Kaviarlöffel und Kaviarmesser

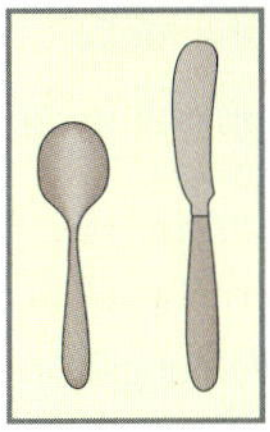

Beides sind **Hilfsbestecke.**

Mit dem Löffel wird der Kaviar auf den Toast vorgelegt und mit dem Messer verteilt. Weil Metalle den Geschmack des Kaviars verändern, sind die Bestecke meist aus Horn oder Perlmutt.

Schneckenzange und Schneckengabel

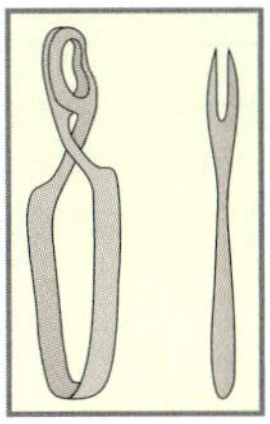

Beides sind ebenfalls **Hilfsbestecke.** Die Schneckenzange dient dazu, das Schneckenhaus aufzunehmen und zu halten (linke Hand), die Schneckengabel, um die Schnecke aus dem Haus herauszunehmen und auf einem Löffel vorzulegen (rechte Hand). Die Butter im Schneckenhaus wird dazugegossen.

Werden Schnecken in einer Schneckenpfanne serviert, ist lediglich ein Kaffeelöffel oder eine kleine Gabel erforderlich. Die Butter wird in diesem Falle mit Brot aus den Vertiefungen herausgetunkt.

Austerngabel

Die **Austerngabel** ist **Essbesteck,** mit dem die frischen Austern aus der Schale herausgelöst werden. Nach klassischer Art ist es jedoch üblich, die Austern aus der Schale herauszuschlürfen.

Krebsbesteck

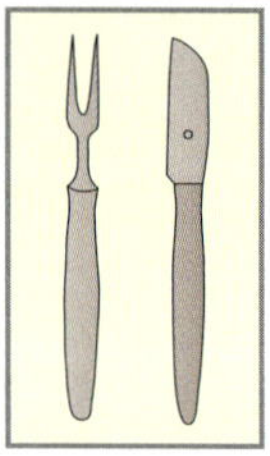

Das Krebsbesteck ist ein Hilfsbesteck. Es dient zum Aufbrechen von Krebspanzer und Scheren. Durch das Loch in der Messerschneide steckt man die Scherenspitzen, bricht diese ab und hebt das beim Kochen entstandene Vakuum auf. So kann das Fleisch leicht aus der Schere gezogen werden

Weitere Spezialbestecke

Küche

- Orangenschäler, Traubenschere, Nussknacker
- Tranchierbesteck
- Austernmesser

Service

- Eiszange für Roheis
- Torten- und Käseheber
- Tranchierbesteck

Pflegliches Behandeln

Bestecke sollen in ästhetisch einwandfreiem Zustand bleiben. Deswegen sind sie pfleglich zu behandeln:

- *nicht verbiegen,* weder durch Unachtsamkeit noch aus Übermut,
- *vorsichtig handhaben,* damit die Oberfläche nicht verkratzt wird.

Löffel und Gabel sollten stets mit den Wölbungen ineinander und nicht gegeneinander liegen.

Handhaben im Service

Nachpolierte Bestecke sind so zu handhaben, dass Fingerabdrücke möglichst vermieden werden. An Stellen, die mit Speisen bzw. mit dem Mund in Berührung kommen, dürfen sie überhaupt nicht entstehen.

- Bestecke dürfen niemals in der bloßen Hand getragen werden.
- Das Greifen beim Aufnehmen und beim Ablegen am Tisch erfolgt zwischen Daumen und Zeigefinger, und zwar an den schmalen Seitenflächen.
- Das Berühren der nach oben gerichteten Sichtflächen ist unbedingt zu vermeiden.

Beim Tragen gelten folgende Regeln:

- **Beim Mise en place dürfen Bestecke auf einer in der Hand liegenden Serviette getragen werden,**
- **bei Anwesenheit von Gästen ist in jedem Fall entweder ein mit Serviette belegter Teller oder ein Tablett zu verwenden.**

3.4 Gläser

glasses — *les verres (m)*

Die Herstellung von Glas und seine Verarbeitung zu Trinkgläsern war in Ägypten bereits 1500 v. Ch. bekannt. In Syrien wurde um die Zeitenwende die sogenannte *Glasmacherpfeife* erfunden, die das Mundblasen von Gläsern ermöglichte und den beschleunigten Aufschwung des Glasmachergewerbes zur Folge hatte. Die Römer brachten die neue Technik nach Italien, und sie waren es auch, die nördlich der Alpen eine bedeutende Glasindustrie ins Leben riefen (z. B. im Raum Köln).

Material

Glas ist ein Schmelzprodukt aus verschiedenartigen Materialien, das durch Abkühlung erstarrt. Zur Herstellung verwendet man:

- als Hauptbestandteil Quarz bzw. Quarzsand, der chemisch aus Kieselsäure besteht,
- als Beimischung unterschiedliche Metalloxide, z. B. Natrium (Natron), Kalium (Kali), Magnesium und Blei. (Siehe auch im Kapitel „Werkstoffe".)

Die geschmolzenen Massen sind Silikate, wobei die Art der Beimischung einerseits der Glasmasse den Namen gibt und andererseits wesentlich deren Eigenschaften bestimmt (siehe auch im Kapitel „Werkstoffe").

Auswahlkriterien

Press- bzw. Gebrauchsgläser werden im Allgemeinen nur für einfache Getränke verwendet, deren Genuss durch die geringere Glasqualität nicht beeinträchtigt wird, z. B.:

- Wasser, Milch und Limonaden,
- Schoppenweine und einfache Schnäpse.

Geblasene bzw. Kristallgläser sind unerlässlich für Getränke, deren Genuss wesentlich von den genannten Glaseigenschaften abhängig ist bzw. durch diese Eigenschaften erst richtig zur Geltung kommt, z. B.:

- hochwertige Säfte und hochwertige Spirituosen,
- Qualitätsweine und Qualitätsweine mit Prädikat.

Formen und Arten der Gläser

Grundlegende Gläserformen

In Bezug auf die Grundform unterscheidet man:

Bechergläser, die im allgemeinen für einfache Getränke verwendet werden, z. B. für Wasser, Bier, klare Spirituosen,

Stielgläser, die im Vergleich zu den Bechergläsern eleganter wirken, für hochwertigere Getränke, z. B. für Wein, Schaumwein, Cognac, Liköre, Cocktails.

Service

Getränkespezifische Formen der Gläser

Hochwertige Getränke haben Eigenschaften, die erst durch eine besondere Form des Glases richtig zur Geltung kommen.

Getränke mit besonderen Duftstoffen

Typisches Getränkebeispiel ist der **Wein.** Der Kelch des Glases ist zum Rand hin verjüngt, sodass die Duftstoffe oberhalb der Glasöffnung zusammengeführt und nicht wie beim geöffneten Kelch zerstreut werden.

Getränke mit viel Kohlensäure

Typische Getränke sind **Schaumwein** und **Bier.** Das Glas hat eine schlanke, hohe Form, sodass die freiwerdende Kohlensäure aufsteigend auf einem langen Weg sichtbar ist.

Die niedrige und breite Sektschale ist unter diesem Gesichtspunkt ungeeignet.

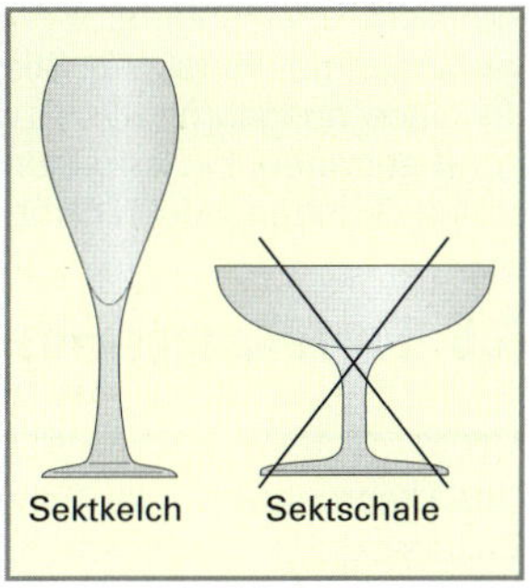

Weingläser

wine glasses
les verres (m) à vin

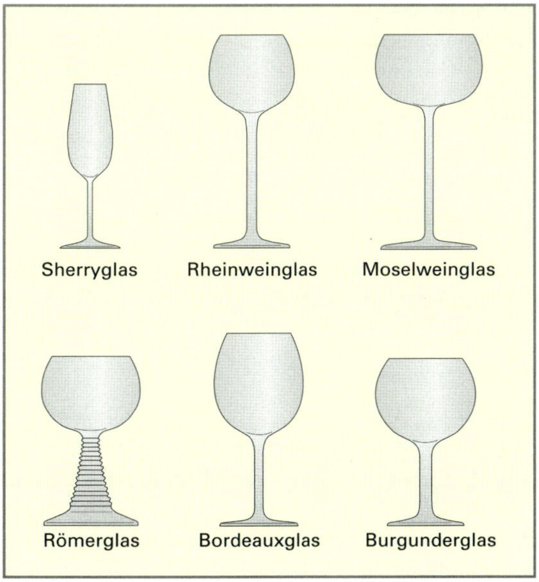

Schaumweingläser

champagne glasses
les verres (m) à champagne

Biergläser

beer glasses
les verres (m) à bière

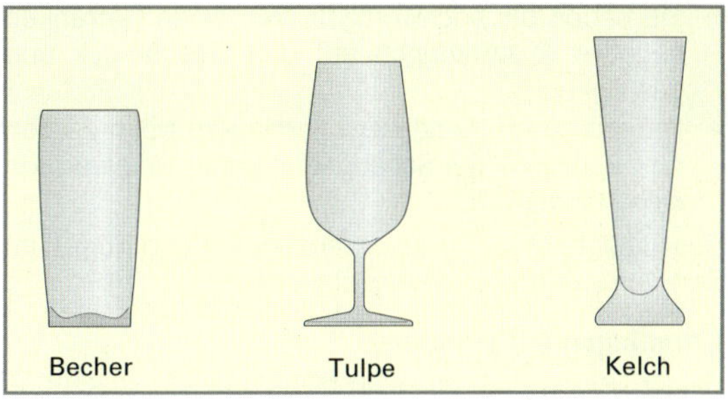

Bargläser

bar glasses
les verres (m) de bar

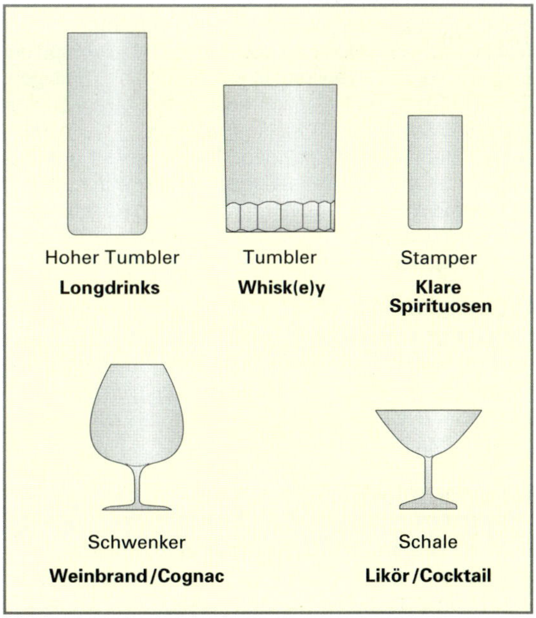

Service

Reinigung und Pflege

Wenn man bezüglich der Sauberkeit bei Tafelgeräten überhaupt von einer Abstufung sprechen kann, dann sind an die Sauberkeit von Gläsern die höchsten Anforderungen zu stellen. Dafür gibt es wichtige Gründe:

- Selbst Spuren von Schmutz (Fett, Staub, Spülmittelreste) sind durch die Einwirkung des Lichtes besonders auffallend.
- Sie haben bei hochwertigen und feinen Getränken negative Auswirkungen auf den Geschmack und das Bukett.
- Fettspuren an Biergläsern verhindern beim Zapfen die Ausbildung der Schaumkrone oder sie zerstören diese nachträglich.

Beschädigte Gläser müssen aussortiert und dürfen im Service nicht mehr verwendet werden.

Grundlegende Reinigung

Gläser werden fast ausschließlich in einer Gläserspülmaschine gereinigt. Die Gläser trocknen innerhalb kürzester Zeit, da das Wasser auf dem angewärmten Glas rasch verdampft. Da sich durch den richtig dosierten Klarspüler an den Gläsern keine Wasserflecken mehr bilden, ist ein Nachpolieren nicht mehr nötig.
Auch hier könnten, wie bei den Besteckteilen, Bakterien durch das Poliertuch übertragen werden.
Gläser nach Gebrauch so schnell wie möglich spülen. Eingetrocknete Getränkereste erschweren das Reinigen. Getränkereste und Garniturreste von Getränken vor dem Spülen in der Maschine entfernen. Nach dem Spülen den Spülkorb mit den Gläsern sofort aus der Maschine nehmen. Die Gläser trocknen durch die Eigenwärme in wenigen Minuten fleckenfrei. Beim Einräumen in die Schränke werden die Gläser optisch auf Sauberkeit kontrolliert.

Lagerung der Gläser

Gläser lagert man möglichst in geschlossen Schränken mit dem Mundrand nach oben. Gläser dürfen niemals ineinander gestapelt werden. Sie sollen auch nicht hängend über der Theke gelagert werden, da Dunst und Zigarettenrauch sich im Kelch sammeln.

Handhaben im Service

Ästhetische und hygienische Gesichtspunkte

Sowohl beim Mise en place als auch während des Service dürfen Gläser niemals im Trinkbereich angefasst werden. Es ist insbesondere zu vermeiden, in das Glas hineinzugreifen oder es vom oberen Rand her mit den Fingern zu umfassen, **auch nicht beim Ausheben von geleerten Gläsern.** Stielgläser werden zwischen Daumen sowie Zeige- und Mittelfinger am Stiel oder durch Unterschieben der Finger unter den Kelch erfasst.

Technische Gesichtspunkte

Gläser werden im allgemeinen auf einem Tablett getragen, wobei die Anzahl so zu begrenzen ist, dass sie nicht aneinanderstoßen. Ein untergelegtes Tuch verhindert das Rutschen. Stielgläser werden beim Mise en place ausnahmsweise zwischen den Fingern hängend getragen, bei Anwesenheit von Gästen aus optischen Gründen jedoch nicht mehr als vier Gläser.

3.5 Porzellangeschirr

china
la porcelaine

Das Ursprungsland der Porzellanherstellung ist China. Seitdem die Holländer im 13. Jahrhundert chinesisches Porzellan nach Europa einführten, wurden hier viele Versuche der Nachahmung unternommen, z.B. in Holland selbst (Delft), in Italien und schließlich nach 1700 auch in Deutschland (Meißner Porzellan).

Eigenschaften

Für den **Porzellankörper** werden die Rohstoffe Kaolin, Quarz und Feldspat verwendet. Je nach der Zusammensetzung und der Art des Brennens erhält man

- hartes oder weiches Porzellan,
- feuerfestes oder nicht feuerfestes Porzellan.
  (Siehe auch im Kapitel „Werkstoffe")

Bezüglich der **Form** gibt es neben gradlinigem, stapelbarem Porzellan auch solches, das sich durch individuell gestaltete, teilweise künstlerisch hochwertige Formen auszeichnet. Rein weißes und buntfarbenes Porzellan wird auch mit mehr oder weniger aufwendigem **Dekor** versehen.
Man unterscheidet dabei:

- Randdekors in Form von Linien, Streifen und Bildmotiven (Monogramme oder Vignetten),
- Flächendekors in Form von Blumen, Ranken und anderen Motiven,
- Auf- oder Unterglasurdekors, je nachdem, ob diese vor oder nach dem Glasieren aufgebracht wurden.

Service

Die **Glasur** gibt dem Porzellan eine glatte, versiegelte Oberfläche, die vor Feuchtigkeit schützt und die Reinigung wesentlich vereinfacht. Je nach Material und Art des Brennens gibt es *harte* und *weiche* Glasuren.

Auswahlkriterien für Hotelporzellan

Unter dem Gesichtspunkt der starken Inanspruchnahme gibt es Auswahlkriterien, die eindeutig sind:

- Hartes Porzellan, um Beschädigungen und Verluste durch Bruch möglichst niedrig zu halten,
- harte Glasuren sowie Unterglasurdekors, weil sie gegenüber den mechanischen Einwirkungen beim Essen und Spülen unempfindlicher sind,
- feuerfestes Geschirr, das zum Garen und Überbacken (z. B. auch beim Kochen am Tisch) und zum heißen Anrichten von Speisen unerlässlich ist.

In Bezug auf Form und Dekor gibt es für die Auswahl unterschiedliche Gesichtspunkte:

- Für den täglichen Gebrauch werden stapelbare und deshalb raumsparende Formen sowie schlichte Dekors bevorzugt.
- Für den anspruchsvollen Service, insbesondere zu festlichen Anlässen, kann auf individuell gestaltete Formen sowie auf besonderes Dekor nicht verzichtet werden.

Arten und Einsatz von Porzellangeschirr

Verwendungszwecke für tiefe Teller

Tiefe Teller ∅ 26 cm/∅ 23 cm

Diese Teller, auch Suppenteller genannt, werden für Speisen verwendet, bei denen ein etwas höherer Tellerrand erforderlich ist, z. B. für:

- Suppen mit groben Einlagen (Gemüse, Hülsenfrüchte, Teigwaren, Reis, Muscheln und Fisch) sowie Eintopfgerichte, geeiste Kraftbrühen oder Kaltschalen,
- Spaghetti und andere Teigwarengerichte,
- Frühstücksgerichte (Cornflakes, Porridge, Müsli),
- Salatvariationen,
- warme Desserts.

Tiefe Teller werden außerdem als Ablageteller für nicht verzehrbare Speisenteile verwendet, insbesondere dann, wenn es sich um größere Mengen handelt, z. B. Muschelschalen oder Krustentierpanzer.

Tiefe Teller mit Speisen werden beim Servieren auf größere flache Teller aufgesetzt.

Platzteller ∅ 31 cm

Platzteller sind große dekorative Teller, die den Gedeckplatz während des Essens ausfüllen und auf denen jeweils die Teller der Speisenfolge aufgesetzt werden. Sie werden bereits beim Eindecken des Tisches bzw. der Tafel eingesetzt und frühestens nach dem Hauptgang wieder ausgehoben. Damit der dekorative Rand des Tellers sichtbar bleibt, sind Platzteller größer als der größte aufgesetzte Teller. Deckchen schützen die Oberfläche der Platzteller und andere Gedeckteile können geräuscharm aufgesetzt werden.

Große Teller ∅ 28 cm/∅ 26 cm

∅ 28 cm, auch *Grillteller* genannt; für komplette Gerichte. Zubereitungen aus Fleisch, Fisch oder Geflügel werden mit den dazugehörigen Beilagen auf diesen Tellern angerichtet (Tellerservice).

∅ 26 cm, auch *Fleisch- oder Gedeckteller* genannt; auf ihnen werden meist separat angerichtete Speisen am Tisch vorgelegt. Sie finden aber auch beim Tellerservice Verwendung.

Vorspeisenteller ∅ 23 cm

Für kalte und warme Vorspeisen; für Frühstücksbüfett.

Mittelteller ∅ 19 cm

auch Dessertteller genannt; für Zwischengerichte, Salate, Käse, Gebäck, Kuchen, Desserts, als Frühstücksteller und Ablageteller.

Kleine Teller ∅ 15 cm

für Brot, Brötchen, Toast, Butter, eventuell als Ablageteller.

Suppentassen 0,2 l/0,1 l

soup bowls — *les tasses (w) à soupe*

mit zwei Henkeln für gebundene und klare Suppen mit Einlage (z. B. Leberklößchen, Markklößchen). Kleine *Spezialtassen* für exotische Suppen und Essenzen.

Getränketassen 0,15 l/0,2 l und weniger

coffee cups — *les tasses (w) à café*

mit unterschiedlichen Formen und den dazu passenden Untertassen für Kaffee, Tee, Schokolade und Milch; desgleichen Mokka- und Espressotässchen.

Service

Platten *serving dishes* *les plats (m)*

in ovaler oder rechteckiger Form für Fleisch, in langovaler Form für Fisch und in runder Form vorwiegend für Gemüse.

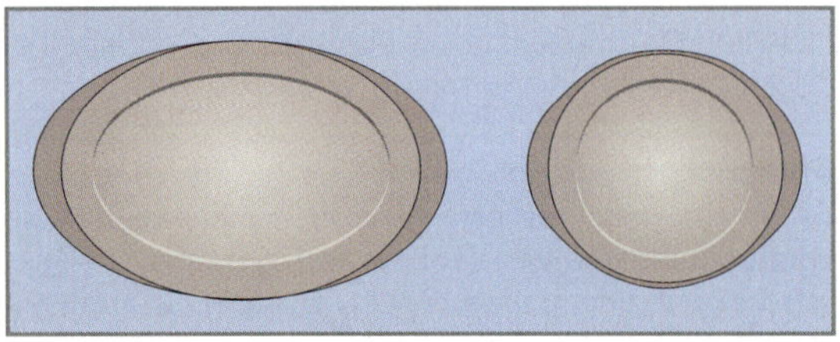

Saucieren *sauce boats* *les saucières (m)*

unterschiedlicher Größe und Formen, teilweise als Gießer, für warme und kalte Saucen sowie für flüssige und geschlagene Butterarten.

Schüsseln und Terrinen *bowls and terrines* *les plats (m) et terrines (w)*

mit und ohne Deckel für Eintöpfe, Suppen und Beilagen sowie für Zubereitungen mit viel Sauce (Ragouts).

Kännchen *small can* *la burette*

mit und ohne Deckel, in Form und Größe verschieden für Kaffee, Tee, Schokolade und Milch; außerdem Gießer für Kaffeesahne zu den Aufgussgetränken.

Sonstige Teile

Schalen oder Schälchen für Zucker, Konfitüre, Marmelade, Kompott, Fisch- oder Muschelragout, Apfelmus, geschnittene Kräuter oder Zwiebelwürfelchen; Fingerschalen; Stövchen; Fondueteller, Austernteller.

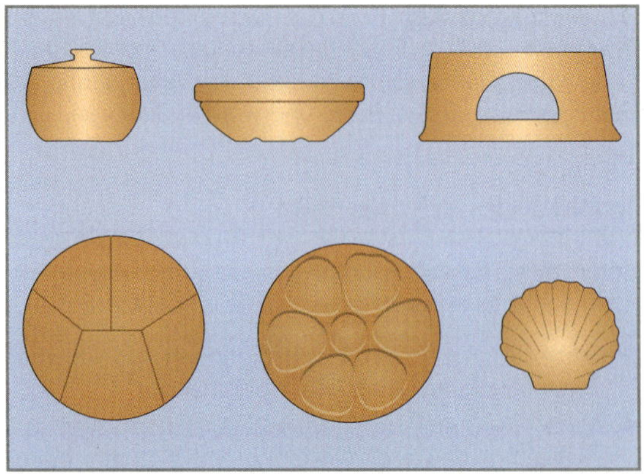

Die aus **feuerfestem Porzellan** hergestellten Geschirre dienen hauptsächlich zum Zubereiten und Fertigstellen von Speisen, da die Gerichte auch darin serviert werden.

Backformen

oder Kokotten, rund und oval, zum Anrichten von Fisch, Fleisch und Gemüse. Zum Gratinieren von Teigwaren, Backen von Kartoffeln und Überbacken von Gemüsen.

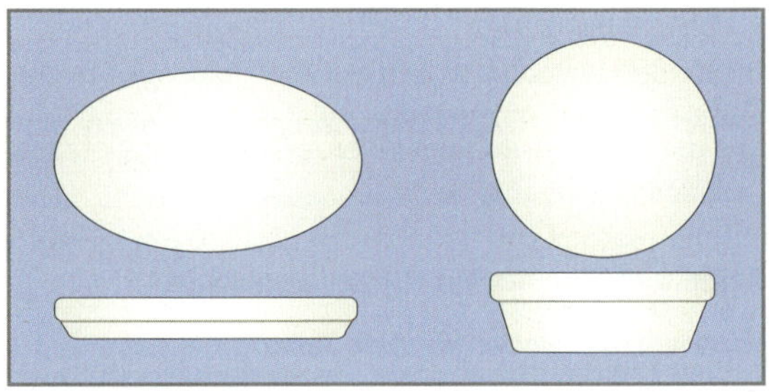

Auflaufformen

oder Souffléschalen zum Backen und Servieren von Aufläufen aller Art.

Kasserollen

oval mit Deckel zum Fertigstellen von Spezialgerichten. Die halbfertigen Zubereitungen kommen in die Geschirre (z. B. Geflügel), werden darin fertig gegart und auch serviert.

Eierplatten

oder Eierpfannen zum Anrichten von Eierspeisen und zum Zubereiten und Servieren von Spiegeleiern.

Schneckenpfannen

Flache Geschirre mit halbkugelförmigen Vertiefungen, in welche vorbereitete Schnecken gelegt und im Ofen erhitzt werden.

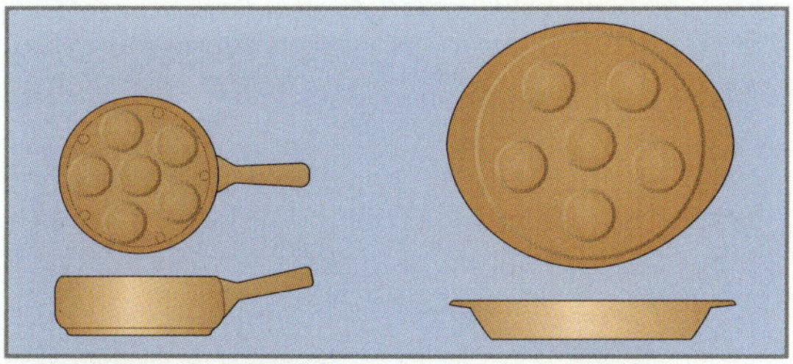

Abb. 1: Schneckenpfannen

Reinigung und Pflege des Porzellans

Die Reinigung erfolgt in der Weißgeschirrspüle oder in modernen Einschub- oder Durchlaufspülmaschinen mit entsprechenden Vor- und Nachspülmitteln. In solchen Maschinen müssen auch aus hygienischen Gründen entsprechende Wassertemperaturen (Hauptspülphase 60 °C; Nachspülphase mind. 80 °C) erreicht werden.

Zur Pflege des Porzellans gehört das Nachpolieren. Sauberes Porzellan muss frei von Wasserschlieren und Fettfilm sein.

Außerdem gehört zur Pflege aber auch die sorgfältige Kontrolle und das Aussortieren von schmutzigen und schadhaften Geschirrteilen.

Tassen, Kännchen und Kannen, Deckel und Henkelansätze kontrolliert man sorgfältig, weil sich da leicht Schmutz ablagert.

3.6 Sonstige Tisch- und Tafelgeräte

table equipment

les appareils (m) de table

Neben den grundlegenden Geräten, wie Bestecke, Gläser und Porzellan, gibt es solche, die beim Servieren von Speisen und Getränken ganz bestimmte Zwecke erfüllen.

Menagen *ondiments* *les ménages (m)*

Zu den Menagen gehört außer Salz und Pfeffer alles, was dem Gast zum ergänzenden Würzen seiner Speisen zur Verfügung gestellt wird (siehe Übersicht in Verbindung mit den Richtlinien zur Pflege).

Menagen sind Tischgestelle für Essig und Öl, auch für Salz, Pfeffer, Paprika und andere Gewürze. Behältnisse für Senf und Würzsaucen sowie Pfeffermühlen und Zuckerstreuer gehören dazu.

Die einzelnen Teile werden entsprechend der bestellten Speisen eingesetzt.

Der Gast kann sich bedienen.

Abb. 2: Menagen

Richtlinien zur täglichen Pflege von Menagen

Salz- und Pfefferstreuer, Zuckerstreuer

- Glaskörper feucht abwischen und polieren
- verstopfte Löcher „öffnen"
- nachfüllen (wegen besserer Streuwirkung höchstens $^2/_3$)

Pfeffermühlen

- trocken abwischen, auffüllen

Senftöpfe

- leeren, reinigen, wieder füllen
- mit etwas Essig beträufeln, um das Austrocknen der Oberfläche zu verhindern

Essig- und Ölflaschen

- feucht abwischen und trockenreiben

Würzsaucen

- Flaschenverschluss und Flaschenmund reinigen
- verschmierte und verkrustete Reste abwischen
- Flaschen feucht abwischen und trockenreiben

Service

Tischgeräte für ganz spezielle Zwecke

Spezielle Geräte für den Speisenservice

- Rechauds und Clochen zum Warmhalten von Speisen
- Tranchierbretter, Tranchierbestecke und Flambierrechauds für das Arbeiten am Tisch.
- Fingerschalen bzw. Fingerbowlen zum Abspülen der Finger

Rechauds dienen dem Warmhalten von Speisen und Getränken am Tisch des Gastes. Es werden hauptsächlich vorheizbare Wärmespeicherplatten eingesetzt.

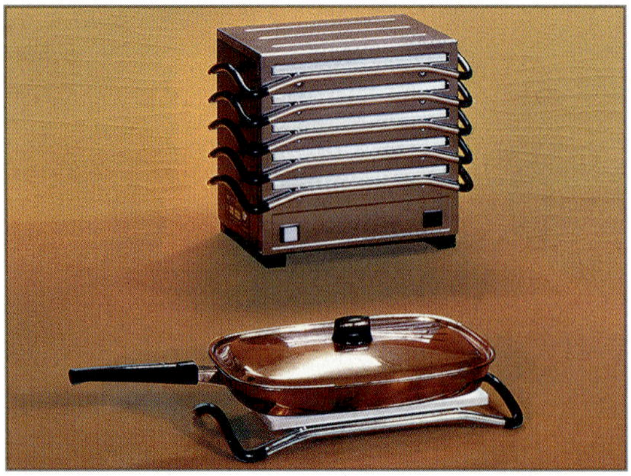

Abb. 1: Rechaudplatten

Clochen, glockenartige Abdeckhauben, zum Warmhalten angerichteter Speisen während des Transportes aus der Küche. Clochen werden aber auch als Geruchs-, Aroma- oder Abtrocknungsschutz verwendet. Clochen stets gut erwärmt benutzen, sonst bewirken sie das Gegenteil.

Abb. 2: Käsecloche und Tellercloche

Das **Flambierrechaud** dient der abschließenden Fertigstellung von Speisen im Restaurant, die im wesentlichen in der Küche vor- bzw. zubereitet wurden. Zu diesem Zweck ist es mit einem regelbaren Brenner ausgestattet.

Abb. 3: Flambierrechaud

Tranchierbretter mit umlaufender Saftrille und napfartiger Vertiefung dienen dem Aufteilen (Tranchieren) von Fleisch und Geflügel am Gästetisch. Austretender Fleischsaft läuft in die Rille und in die Vertiefung und kann mit einem Löffel entnommen werden.

Abb. 4: Tranchierbrett für Räucherlachs

Die **Fingerschale** oder Fingerbowle ist die Bezeichnung für eine kleinere Schale mit Wasser und Zitronenscheibe, zum Abspülen der Fingerspitzen. Sie wird nach dem Genuss von Speisen gereicht, die mit der Hand berührt wurden, z. B. Muscheln, Krebse, Geflügel, rohes Obst. Die Fingerschale steht in einer Stoffserviette, damit Spritzer abgefangen werden.

Abb. 5: Fingerschale

Alte Rotweine werden im **Dekantierkorb** serviert. In **Brotkörben** reicht man Brot und Brötchen oder setzt sie am Tisch ein. Toaste legt man in eine **warme Stoffserviette** und serviert sie auf einem **Mittelteller.** Die warme Serviette verhindert einen Niederschlag der aus den Brotscheiben entweichenden Feuchtigkeit und damit das Weichwerden der Toaste.

Abb. 6: Dekantierkorb – Brotkörbchen

Service

3.7 Tisch- und Tafeldekoration

table decoration *la décoration de table*

Die dekorative Ausschmückung eines Tisches oder einer Festtafel schafft Atmosphäre und hat positive Auswirkungen auf die Stimmung der Gäste. Zur Dekoration dienen unter anderem Blumen, Bänder und Kerzen.

Die Auswahl der Blumen und Dekorationsgegenstände wird vom Anlass her bestimmt, denn eine Hochzeitstafel verlangt z. B. eine andere Ausstattung als ein Jagdessen **(Abb. 1 und 2)**.

Abb. 1: Blumengesteck für Hochzeitstafel

Dekorationsmittel können u. a. sein:

- Leuchter oder Öllichter,
- Blumenschmuck oder farbiges Herbstlaub,
- Tischläufer oder Bänder,
- künstlerisch gestaltete Menü- und Tischkarten.

Bei der Anwendung ist auf einige Punkte zu achten:

- Leuchter so aufstellen, dass der Kontakt zum Gegenüber möglich ist,
- Blumengestecke möglichst flach (25 cm) und wenig ausladend halten; alle Gäste wollen sehen und gesehen werden und miteinander plaudern können,
- Tischläufer und Bänder über die gesamte Länge der Tafelmitte legen.

Blumen

flowers *les fleurs (w)*

Blumen haben aufgrund der Vielfalt ihrer Blüten und Farben eine starke Ausstrahlungskraft. Sie vermögen Freude zu wecken. Mit der gleichen Absicht werden sie im Service zum Schmücken von Tischen und Festtafeln verwendet. Ob als Einzelblüte in Form einer Rose auf den Tischen im Abendrestaurant, ob als schlichtes Sträußchen auf dem Frühstückstisch oder als dekoratives Gesteck auf einer Festtafel, stets kommt dabei die besondere Aufmerksamkeit gegenüber dem Gast zum Ausdruck. Bezüglich Auswahl und Pflege der Blumen sind einige Richtlinien von Bedeutung:

- Die Größe des Blumenarrangements muss dem Anlass angemessen sein (Frühstück, Hochzeitstafel), wobei außerdem zu beachten ist, dass die Blumen:
  - in Farbe und Größe aufeinander abgestimmt sind,
  - die Sicht zum gegenübersitzenden Gast nicht beeinträchtigen,
  - nicht über den Teller hängen oder das Glas berühren.
- Stark duftende und stark Blütenstaub abgebende Blumen sind ungeeignet.
- Zur Erhaltung der Frische ist es wichtig, die Blumen nachts in einem kühlen Raum aufzubewahren und sie am nächsten Morgen mit frischem Wasser zu versorgen. Bei Schnittblumen sind außerdem die Stiele zu kürzen und nicht mehr einwandfreie Blüten auszusortieren.

Abb. 2: Gesteck für Jagdessen

Kerzen

candles *les bougies (w)*

Kerzenlicht ist gedämpftes und warmes Licht und eignet sich deshalb besonders gut dazu, eine gemütliche Atmosphäre zu schaffen. In Verbindung mit mehr oder weniger dekorativen Leuchtern auf Festtafeln wird darüber hinaus die festliche Stimmung auf besondere Weise unterstrichen.

Abb. 3: Gesteck mit Kerze

Service

4 Vorbereitungsarbeiten im Service

preparatory work in the restaurant
la mise en place au restaurant

Der Arbeitsrhythmus im Service ist durch zwei aufeinanderfolgende Arbeitsphasen gekennzeichnet:

- Die Vorbereitungsarbeiten im Hinblick auf die nächste Mahlzeit.
- Das Bedienen von Gästen während einer Mahlzeit.

Obwohl sich das Bedienen der Gäste zweifellos als die interessantere Arbeitsphase darstellt, kommt den Vorbereitungsarbeiten eine mindestens ebenso große Bedeutung zu. Der eigentliche Service kann nur dann rasch, reibungslos und zufriedenstellend ablaufen, wenn die Vorbereitungsarbeiten mit angemessener Sorgfalt ausgeführt wurden. Dabei ist außerdem noch wichtig, dass die Arbeiten mit dem Beginn der jeweiligen Mahlzeit abgeschlossen sind, damit sich dann die Aufmerksamkeit vor allem auf den Gast konzentrieren kann.

4.1 Überblick über die Vorbereitungsarbeiten

Die Vorbereitungsarbeiten werden als **Mise en place** bezeichnet. Der Begriff kommt aus dem Französischen und hat von der Sprache her folgende Bedeutung:

mettre	➠ **setzen, stellen, legen**
mis, mise	➠ **gesetzt, gestellt, gelegt**
en	➠ **an**
la place	➠ **der Platz**
mise en place	➠ **„an den Platz gestellt"**

Im engeren Sinn bedeutet das wirklich „an den Platz stellen" oder „legen", z.B. Bestecke, Gläser. Darüber hinaus sind jedoch auch alle anderen vorbereitenden Arbeiten gemeint.

Die Vorbereitungsarbeiten werden in zwei voneinander getrennten Arbeitsbereichen ausgeführt: im Office und im Restaurant.

Vorbereitungsarbeiten im Office

Das **Office** liegt meist zwischen Küche und Gastraum. Es dient als:

- **Bereitstellungsraum** für Tischwäsche, Porzellan, Gläser, Réchauds usw.; kurz für alles, was zum Service erforderlich ist;
- **Arbeitsraum** für Reinigung und Pflege aller zum Service notwendigen Gegenstände.

Die Arbeiten sind im einzelnen bei Geschirr und Geräten beschrieben.

Zusammenfassung der Vorbereitungsarbeiten im Office:

- Spülen und Polieren der Gläser,
- Reinigen der Brotkörbe, Tabletts, Servierbretter und Rechauds,
- Säubern und Auffüllen der Menagen,
- Überprüfen der Rechauds auf Betriebsfähigkeit,
- Nachpolieren und Einsortieren von Porzellan in den Wärmeschrank,
- Einordnen des Silbers in Besteckkästen,
- Austauschen, Auffüllen und Einsortieren von Tischwäsche und Gläsertüchern.

Vorbereitungsarbeiten im Restaurant

Das Mise en place beeinflusst die Arbeiten am Servicetisch und am Restauranttisch.

Servicetisch *service table* *la table de service*

Der Servicetisch (Servant) ist dem Arbeitsbereich (Revier) zugeordnet, aus der Sicht der Arbeitsorganisation ist er ein vorgeschobener Arbeitsplatz.

Der Servicetisch

- verkürzt die Arbeitswege, denn der Weg Restauranttisch → Servicetisch ist meist kürzer als der Abstand Restauranttisch ↔ Office;
- ist entsprechend dem jeweiligen Service (à la carte, Bankett) und dem Angebot auf der Speisekarte, z.B. Spezialitäten, auszustatten.

Restauranttisch *guest table* *la table de restaurant*

Die Arbeiten sind in der Reihenfolge der Ausführung zusammengefasst:

- Tische ausrichten und auf Standfestigkeit prüfen, evtl. durch Unterlegen stabilisieren,
- Molton aufspannen und Tischtücher auflegen,
- Grundgedeck eindecken.

Guéridon

Als *Guéridon* (Beistelltisch) bezeichnet man kleine Tische, die zu unterschiedlichen Zwecken an den Tisch des Gastes herangestellt werden.

Einsatz des Guéridon:

- zum Flambieren, Tranchieren und Vorlegen oder
- zum Servieren von Wein und Schaumwein in Flaschen.

4.2 Herrichten von Servicetischen

Funktion des Servicetisches

Die für den Service benötigten Geräte befinden sich im Office. Um während des Services – der ja rasch und reibungslos ablaufen soll – weite Wege zwischen dem Office und dem Tisch des Gastes sowie das möglicherweise langwierige Heraussuchen eines Tischgerätes im Office auszuschalten, gibt es den Servicetisch bzw. eine Servicestation (siehe auch S. 257). Aus dem Vorrat des Office werden die für die Mahlzeit erforderlichen Geräte ausgewählt und auf dem Servicetisch übersichtlich und griffbereit angeordnet. In größeren Restaurants hat jede Station ihren eigenen Servicetisch. Dadurch bleibt der Gerätevorrat für die einzelne Station überschaubarer und es werden wechselseitige Störungen und Behinderungen vermieden.

Ausstattung des Servicetisches

Es gibt Servicetische bzw. Servicestationen, die auf den gesamten Service ausgerichtet sind und deshalb alle Materialien bzw. Geräte enthalten, die zu den verschiedensten Servicevorgängen erforderlich sind. Ferner gibt es aber auch Servicetische, die aufgrund ihrer jeweiligen Zweckbestimmung unterschiedlich ausgestattet sind. Solche Zwecke sind z.B.:

- Frühstück
- Hauptmahlzeiten
- Kaffee und Kuchen
- Sonderveranstaltungen und Festessen.

Einteilung des Servicetisches

Zugunsten der guten Überschaubarkeit und im Hinblick auf einen raschen Service ist der Tisch in drei Bereiche eingeteilt:

- Der hintere Bereich ist für die größeren, höheren Tischgeräte bestimmt,
- im mittleren Bereich werden die Bestecke bereitgelegt,
- der vordere Bereich ist, abgesehen von Tabletts, grundsätzlich frei. Er dient zu letzten Handgriffen beim Service, z.B. Aufnehmen von Vorlegebestecken, Anlegen von Essbestecken an Vorspeisen oder Suppen, Aufsetzen von Suppentassen auf vorbereitete Suppengrundgedecke.

Um störungsfreie Serviceabläufe zu gewährleisten, darf die freie Fläche nicht zum Abstellen von gebrauchtem Geschirr benutzt werden.

Servicetisch

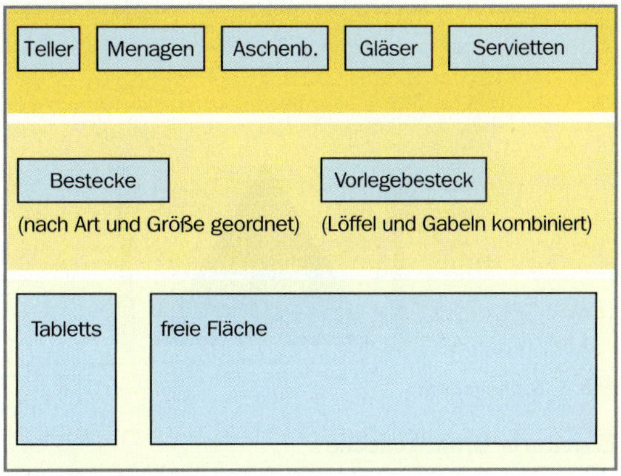

4.3 Herrichten von Tischen und Tafeln

Der Tisch ist der Ort, an dem der Gast bedient und verwöhnt werden möchte, an dem er sich wohlfühlen und entspannen will. Angesichts solcher Erwartungen ist dem Gasttisch und allem, was zu seiner Ausstattung gehört, eine besondere Aufmerksamkeit zu schenken.

Der Tisch darf nicht wackeln, denn das ist eine unzumutbare Störung. Gegebenenfalls ist er mit einer Korkscheibe unter dem entsprechenden Tischbein festzustellen. Bierdeckel und anderes großflächiges Material ist dazu aus optischen Gründen nicht geeignet.

Der Tisch muss einladend wirken durch:

- ein sauberes, sorgfältig ausgebreitetes Tischtuch,
- eine ansprechend geformte Serviette,
- ordnungsgemäß aufgelegte und ausgerichtete Gedeckteile.

Arten der Gedecke

Grundgedecke

Da nicht bekannt ist, was die zu erwartenden Gäste im à-la-carte-Service im Einzelnen essen und trinken, werden auf den Tischen im Restaurant lediglich Grundgedecke vorbereitet. Erst nach der Bestellung des Gastes entscheidet es sich dann, ob das Grundgedeck bleibt oder ob Gedeckteile ergänzend einzusetzen bzw. bereits vorhandene abzuräumen oder auszutauschen sind. Die Ausstattung der Grundgedecke richtet sich nach den Gepflogenheiten des Hauses bzw. nach den aus Erfahrung bekannten Verzehrgewohnheiten der Gäste. Die Mindestausstattung umfasst folgende Teile:

- Serviette, großes Messer und große Gabel,
- Salz- und Pfeffermenage.

Grundgedeck

cover — le couvert

Abb. 1: Grundgedeck

Erweiterte Grundgedecke

Abb. 2: Hauptgang mit Suppe…

Abb. 3: … zusätzlich Glas für Getränk

Abb. 4: … erweitert um Brotteller

Abb. 5: Hauptgang mit Suppe, Dessert und zweitem Glas

Menügedecke

Menügedecke stehen in direkter Beziehung zu bestimmten vorgegebenen Menüs, z. B. dem Menüangebot an Festtagen und zu Festbanketten.

Abb. 6: **Menügedeck**

Getränke:	*Speisen:*
Weißwein	*Räucherlachs, Toast und Butter*
	Geflügelcremesuppe
Rotwein	*Filetsteak nach Gärtnerinart*
Sekt	*Aprikosen mit Weinschaumsauce*

Ablauf des Eindeckens (siehe Menü oben)

Zuerst wird mit der Serviette oder dem Platzteller der Gedeckplatz markiert. Will man die Serviette als letztes einsetzen, dient der Stuhl der Orientierung.

Die **Bestecke** werden wie folgt eingedeckt:

- großes Messer rechts (Schneide nach links) und große Gabel links für das Hauptgericht, das in jedem Falle immer eingedeckt werden muss,
- dann entsprechend des Menüaufbaus nacheinander der Mittellöffel für die Suppe rechts, Mittelmesser rechts und Mittelgabel links für die kalte Vorspeise (die Gabel wird etwas nach oben geschoben),
- den Abschluss bildet das Besteck oberhalb des Gedeckplatzes für das Dessert:
  - Mittelgabel unmittelbar oberhalb des Gedeckplatzes, den Griff nach links gerichtet,
  - Mittellöffel oberhalb der Gabel, den Griff nach rechts gerichtet.

Die Lage der Griffe deutet die Richtung an, in der die Bestecke vor dem Servieren des Desserts auf den Gedeckplatz heruntergezogen werden. Die Gabel liegt unterhalb, damit man beim Erfassen des Löffels nicht mit den Gabelzinken in Berührung kommt.

Einsetzen der Gläser:

- Das **Richtglas** wird zuerst oberhalb des Messers zum Hauptgang platziert,
- dann, nacheinander das Glas zur kalten Vorspeise vor, und das Glas zum Dessert hinter dem Richtglas.

Die Gläser können als *diagonale Reihe* (siehe im Menü S. 256) oder als *Block* angeordnet werden.

Der **Brotteller** wird als Letztes links vom Gedeck platziert. Ein Messer, dessen Schneide nach links gerichtet ist, wird nur aufgelegt, wenn es zum Toast oder Brötchen Butter gibt.

Richtlinien für das Eindecken

Arbeitsfolge

Sie beginnt mit dem Platzieren der Serviette oder des Platztellers und endet mit dem Einstellen der Dekoration. Nicht zu vergessen ist eine sorgfältige Endkontrolle jedes eingedeckten Tisches.

Abstände

- Einige Serviettenformen sowie die Enden der Bestecke liegen alle (mit Ausnahme der vorgeschobenen zweiten Gabel) 1 cm von der Tischkante entfernt.
- Die Bestecke für das Hauptgericht müssen so weit auseinander liegen, dass der größte einzusetzende Teller dazwischen Platz hat.
- Die unmittelbar nebeneinander liegenden Bestecke sollen des optischen Bildes wegen nicht zu dicht beieinander und nicht zu weit auseinander liegen.

Ausrichtungen

- Die Bestecke liegen im rechten Winkel zur Tischkante, exakt parallel zueinander,
- die Besteckenden sind mit Ausnahme der zweiten Gabel alle auf einer Linie parallel zur Tischkante.

Anzahl der Bestecke

- **Beim Menügedeck werden Bestecke für höchstens 5 Gänge eingedeckt,** d.h.:

  – **Rechts** vom Gedeckplatz **4** Bestecke (Kalte Vorspeise, Suppe, Warme Vorspeise, Hauptgericht),
  – **links** vom Gedeckplatz **3** Bestecke (Kalte Vorspeise, Warme Vorspeise, Hauptgericht),
  – **oberhalb** des Gedeckplatzes **2** Bestecke.

Sollte das Menü mehr als 5 Gänge umfassen, dann sind die im Gedeck fehlenden Bestecke an entsprechender Stelle der Speisenfolge rechtzeitig nachzudecken.

4.4 Servicestation

service station *la station de service*

Im Gegensatz zu Servicetischen, deren Funktion und Ausstattung auf die jeweilige Mahlzeit ausgerichtet ist, handelt es sich bei dieser Servicestation um eine stehende Einrichtung im Rahmen des à-la-carte-Service eines Restaurants.

Abb. 1: Beispiel einer Servicestation

Service

Aufgaben

1 Welche Metalle werden zur Herstellung von Bestecken hauptsächlich verwendet und warum?

2 Erklären Sie die Bezeichnungen 18/8 bzw. 18/10 und 80, 90 bzw. 100.

3 Beschreiben und begründen Sie Maßnahmen und Richtlinien für die Reinigung und Pflege von Bestecken.

4 Begründen und beschreiben Sie die besonderen Reinigungsmaßnahmen für Silberbesteck.

5 Welche Richtlinien sind für das Handhaben von Bestecken im Service zu beachten?

6 Unterscheiden Sie die Bestecke Löffel, Gabeln und Messer nach Größen.

7 Nennen Sie unter Beachtung der jeweiligen Größe Verwendungszwecke:
a) für den Löffel,
b) für die Kombination Messer und Gabel,
c) für die Kombination Löffel und Gabel.

8 Erklären Sie die Bezeichnung Entremetbesteck.

9 Beschreiben Sie die Bedeutung und Handhabung folgender Bestecke:
a) Hummerzange und Hummergabel
b) Kaviarlöffel und Kaviarmesser,
c) Schneckenzange und Schneckengabel,
d) Austerngabel.

10 Nennen Sie Beispiele für Speisen, zu denen das Fischbesteck eingedeckt wird.

11 Nennen Sie Fischzubereitungen, zu denen Messer und Gabel einzudecken sind. Begründen Sie das.

12 Welche unterschiedlichen Eigenschaften haben Gebrauchsgläser sowie Kristall- und Bleikristallgläser?

13 Erklären Sie die Bezeichnungen Pressgläser und geblasene Gläser.

14 Welche beiden Grundformen gibt es bei Gläsern?

15 Beschreiben Sie an Beispielen getränkespezifische Glasformen in Bezug auf Bukett und Kohlensäure.

16 Beschreiben Sie die ursprüngliche Grundform für:
a) Rheinwein- und Moselweingläser,
b) Bordeaux- und Burgundergläser.

17 Nennen Sie Bezeichnungen zu unterschiedlichen Gläserformen für Schaumwein und Bier.

18 Beschreiben Sie Regeln für das Spülen, Polieren und Nachpolieren von Gläsern.

19 Nennen Sie Richtlinien für das Handhaben von Gläsern im Service.

20 Beschreiben Sie unterschiedliche Eigenschaften des Porzellangeschirrs und nennen Sie Auswahlkriterien für Hotelporzellan.

21 Nennen Sie Einsatzmöglichkeiten für Tassen sowie für tiefe und flache Teller.

22 Beschreiben Sie die Ausstattung und Verwendung von Platztellern.

23 Nennen Sie unterschiedliche Größen und allgemeine Kriterien für die Wahl der Größe bei Gedecktellern.

24 Ordnen Sie großen, mittleren und kleinen Speisentellern zugehörende Verwendungszwecke zu.

25 Was versteht man unter Menagen und was gehört dazu?

26 Beschreiben Sie die Pflegemaßnahmen für Menagen im Einzelnen.

27 Warum werden Blumen und Kerzen bei einer Festtafel verwendet?

28 Welche besonderen Richtlinien sind beim Einsatz von Blumen zu beachten in Bezug auf
a) Größe, Art und Farbe der Blumen?
b) Erhaltung der Frische?

29 Erklären Sie die Bezeichnung „Mise en place".

30 Beschreiben Sie wichtige Vorbereitungsarbeiten im Office und im Restaurant.

31 Was sind Servicetische, wo befinden sie sich und welche Funktion erfüllen sie?

32 Teilen Sie die Fläche eines Servicetisches für ein A-la-carte-Service ein.

33 Erstellen Sie eine Checkliste für die Bestückung oder Kontrolle eines Servicetisches für das A-la-carte-Geschäft.

34 Wie korrigiert man wackelnde Tische fachgerecht?

35 Unterscheiden Sie Grundgedecke und Menügedecke.

36 Wie ist der Ablauf beim Herrichten von Menügedecken?

37 In welcher Reihenfolge werden Bestecke eingedeckt?

38 Welche Abstände und Ausrichtungen der Bestecke sind zu beachten?

39 Erstellen Sie eine Checkliste für die Bereitstellung von A-la-carte-Grundgedecken für 10 Vierertische inklusive der Tischwäsche.

40 Welche Richtlinien gibt es für die Anzahl der Bestecke im Menügedeck?

41 Was versteht man unter dem Richtglas?

42 Auf welche unterschiedliche Art werden dem Richtglas weitere Gläser zugeordnet?

5 Service

service
le service

Während sich die Vorbereitungsarbeiten des Service gleichsam „im Verborgenen" abspielen, muss die Servicefachkraft beim Servieren von Speisen und Getränken ihre berufliche Qualifikation „vor dem Gast" unter Beweis stellen. Neben diesen Qualifikationen soll der Gast freundlich behandelt und fachlich richtig beraten werden. Alles, was dabei an Regeln, Richtlinien und Arbeitstechniken von Bedeutung ist, wird in den folgenden Abschnitten beschrieben und erläutert.

5.1 Arten und Methoden des Service

Wie in anderen handwerklichen Berufen, haben sich im Laufe der Zeit auch für das Bedienen von Gästen spezifische Arbeitsmethoden und Arbeitstechniken herauskristallisiert.

Arten des Service

Unter *Art* ist hier vor allem der äußere Rahmen des Service zu verstehen. Man unterscheidet dabei:

- Table-d'hôte-Service
- Bankett-Service
- A-la-carte-Service
- Büfett-Service
- Etagen-Service

Table-d'hôte-Service

Wichtigstes Kennzeichen dieses Service ist es, dass zu einem festgelegten Zeitpunkt für alle Gäste des Hauses das gleiche Menü serviert wird.

Bankett-Service

Auch bei diesem Service werden die Gäste zu einem festgelegten Zeitpunkt mit dem gleichen Menü bedient. Abweichend vom Table-d'hôte-Service handelt es sich jedoch um eine geschlossene Gesellschaft, die das Essen gemeinsam an einer Festtafel einnimmt.

A-la-carte-Service

Die Bezeichnung kommt daher, dass der Gast Speisen und Getränke nach der Karte (à la carte) auswählt. Er wird nach Aufgabe seiner Bestellung individuell bedient. Die Servicekraft rechnet alle Leistungen direkt mit dem Gast ab.

Büfett-Service

Büfetts sind Angebotsformen besonderer Art zu unterschiedlichen Anlässen:

- Frühstücksbüfett
- Lunchbüfett
- Kaltes Büfett
- Salatbüfett
- Kuchenbüfett
- Getränkebüfett

Büfetts werden an sich zur Selbstbedienung aufgebaut. Meist stehen aber auch Servicefachkräfte und Köche zur Betreuung der Gäste bereit.
Zu deren Aufgaben gehören:

- Beraten bei der Wahl von Speisen und Getränken,
- Tranchieren und Vorlegen von Speisen,
- Anbieten und Ausgeben von Getränken.

Etagenservice

Bei diesem Service wird der einzelne Gast auf seinem Zimmer bedient (Frühstück, kleine Speisen, Getränke).

Methoden des Service

Unter Methode versteht man die *Art und Weise* des Servierens und unterscheidet dabei grundlegend zwischen Teller- und Plattenservice.

Tellerservice (amerikanischer Service)

Beim Tellerservice werden die Speisen in der Küche auf Teller angerichtet. Im weiteren Sinne gehören aber auch solche Speisen dazu, die in unterschiedlichen Gefäßen angerichtet und auf Untertellern aufgesetzt werden:

- Vorspeisen und Desserts in Gläsern oder Schalen,
- Suppen in tiefen Tellern oder in Suppentassen,
- Zwischen- und Hauptgerichte,
- Süßspeisen.

Plattenservice

Plattenservice bedeutet, dass die Speisen durch die Küche auf Platten bzw. im weiteren Sinne auch in Schüsseln angerichtet sind und erst am Tisch auf die Teller vorgelegt werden. Je nachdem, wer vorlegt bzw. auf welche Weise sich das Vorlegen vollzieht, unterscheidet man folgende Methoden:

1. Einsetzen der Platten am Tisch,
2. Anbieten von der Platte am Tisch,
3. Vorlegen von der Platte am Tisch,
4. Vorlegen von der Platte am Beistelltisch.

Bei der 1. und 2. Methode legt sich der Gast die Speisen selbst vor, bei der 3. und 4. Methode erfolgt das Vorlegen durch die Servicefachkraft.

Service

5.2 Grundlegende Richtlinien für den Service

Neben den Regeln und Richtlinien für ganz bestimmte Serviervorgänge gibt es Regeln von allgemeiner Bedeutung, die aber für den Service am Tisch des Gastes nicht weniger wichtig sind:

- Allgemeine Rücksichtnahme gegenüber dem Gast,
- Reihenfolge des Bedienens bei zusammengehörenden Gästen,
- störungsfreie und kräftesparende Wege beim Servieren.

Rücksichtnahme

Der Gast hat das berechtigte Bedürfnis, sein Essen in ungestörter und entspannter Atmosphäre einzunehmen. Deshalb sind vonseiten des Service in Bezug auf Lärm, Hektik und Belästigungen wichtige Regeln zu beachten:

Lärm während des Servierens

Die durch den Service bedingten Geräusche sind stets auf ein Mindestmaß zu begrenzen. Das gilt z. B. für das Sprechen der Servicefachkraft mit dem Gast sowie für das Handhaben der Tischgeräte beim Servieren.

Hektik

Bei aller Eile, die während des Service oftmals geboten ist und die sich meistens ganz automatisch einstellt, ist es wichtig, nach außen hin Ruhe zu bewahren, niemals zu rennen und keinesfalls heftig zu gestikulieren.

Belästigungen

Die Servicefachkraft darf den Gast nicht belästigen

- durch allzu übertriebene Aufmerksamkeit,
- durch beharrliches Aussprechen von Empfehlungen,
- durch eine schlechte Arbeitshaltung oder durch Nichtbeachten sachgerechter Arbeitstechniken beim Bedienen am Tisch.

Reihenfolge des Bedienens von Gästen

Eine solche Reihenfolge wird heute nur noch beachtet, wenn zusammengehörende Gäste in einem kleinen Kreis bedient werden. Dabei ist nachstehende Rangfolge zu beachten:

Ehrengäste → Damen → Herren → Gastgeber

Störungsfreie und kräftesparende Wege

Insbesondere in den Hauptgeschäftszeiten müssen viele Wege zurückgelegt werden. Damit aber die Vorgänge bei aller notwendigen Eile und Zügigkeit störungsfrei und reibungslos ablaufen, gilt:

- Auf den „Verkehrswegen" immer rechts gehen,
- bei den Serviceabläufen immer vorwärts, nie rückwärts laufen und nicht plötzlich stehen bleiben,
- möglichst keinen Weg im „Leerlauf" zurücklegen, denn zwischen den Abgabestellen, dem Servicetisch und den Tischen der Gäste gibt es immer etwas zu transportieren.

5.3 Richtlinien und Regeln zum Tellerservice

Die Hände erfüllen wichtige Funktionen beim sachgerechten Aufnehmen, Tragen, Einsetzen und Ausheben von Tellern.

Die **rechte Hand** ist die **Arbeitshand.** Sie ist zuständig für das Aufnehmen der Teller, für die Übergabe in die linke Hand sowie für das Einsetzen und Ausheben am Tisch. – Die **linke Hand** ist die **Tragehand.**

Aufnehmen und Tragen von Tellern

Ein Teller

Den Teller zwischen Zeigefinger und Daumen halten und mit den übrigen Fingern unterstützen. Der Daumen liegt angewinkelt auf dem Tellerrand.

Abb. 1: Tragen eines Tellers

Zwei Teller

Hier können beim Tragen zwei verschiedene Griffe angewendet werden:

Tragen mit Untergriff

Abb. 2: Tragen von zwei Tellern (Untergriff)

Den zweiten Teller muß man unter dem Handteller bis an den Zeigefinger heranschieben und mit den restlichen, fächerartig gespreizten Fingern unterstützen.

Tragen mit Obergriff

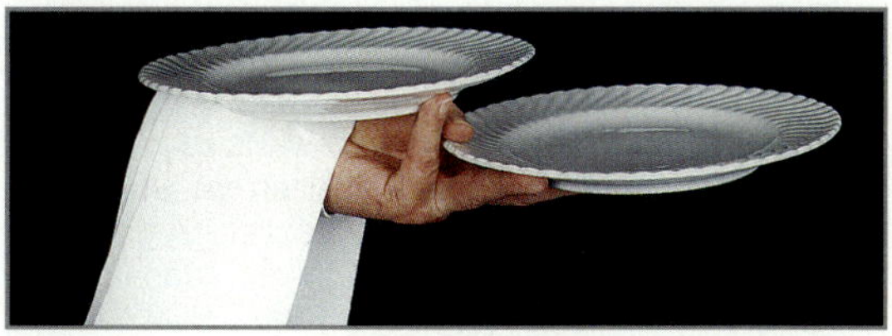

Abb. 3: Tragen von zwei Tellern (Obergriff)

- Den ersten Teller als Handteller aufnehmen,
- den zweiten Teller auf dem Handballen, den Unterarm und die seitlich hochgestellten Finger aufsetzen.

Drei Teller

- Den ersten Teller als Handteller aufnehmen,
- den zweiten Teller unterschieben *(Unterteller),*
- das Handgelenk nach innen abwinkeln,
- den dritten Teller auf den Rand des Untertellers und den Unterarm aufsetzen.

Abb. 4: Tragen von drei Tellern

Beim Einsetzen von heißen Tellern müssen alle Tragegriffe auch mit einem Serviertuch beherrscht werden.

Einsetzen von Tellern

Bewegungsrichtung beim Einsetzen

Am Tisch wird der jeweilige Teller in die **rechte Hand** übernommen und **von der rechten Seite des Gastes** eingesetzt. Das entspricht der natürlichen Bewegungsrichtung des angewinkelten Armes, der den Teller im Bogen um den Gast herumführt.

Vergleiche dazu die Belästigung des Gastes durch den angewinkelten Arm beim Einsetzen von der linken Seite.

AUSNAHMEN:

- Beim Einsetzen von Tellern, die ihren Platz links vom Gedeck haben (z.B. Brot- und Salatteller). Von der rechten Seite würde der Gast zu sehr belästigt.
- Ausnahmen gibt es auch dann, wenn die Platzverhältnisse das Einsetzen von rechts nicht zulassen.

Laufrichtung beim Einsetzen

Unter Beachtung der Forderung, vorwärts zu gehen, erfolgt das Weitergehen beim Einsetzen im **Uhrzeigersinn,** d.h., **von rechts nach links.** Vergleiche dazu das jeweils umständliche Umdrehen, wenn das Weitergehen gegen den Uhrzeigersinn erfolgt.

Ausheben von Tellern

Für das Ausheben gelten die gleichen Regeln wie für das Einsetzen:

- Ausheben von der rechten Seite des Gastes,
- Laufrichtung im Uhrzeigersinn von rechts nach links.

Beim Ausheben wird im allgemeinen die Methode *„Zwei Teller mit Obergriff"* angewendet. In Verbindung mit Speiseresten auf den Tellern ist aber auch die Methode *„Drei Teller mit Unter- und Obergriff"* üblich.

Damit es nicht wie ein „protziger Kraftakt" aussieht, werden beim Ausheben im gepflegten Service höchstens vier Teller aufgenommen.

Ausheben mit Obergriff

Den ersten Teller als Handteller aufnehmen und das Besteck darauf ordnen:

- Dabei die Gabel so ausrichten, dass sie am Griffende mit dem Daumen gehalten werden kann. Durch diesen Haltepunkt wird die gesamte Besteckablage gesichert und das Abrutschen verhindert,
- das Messer im rechten Winkel unter die Wölbung der Gabel schieben.

Den zweiten Teller als Oberteller aufnehmen und das Besteck auf dem Handteller ablegen.

Die weiteren Teller auf den Oberteller aufsetzen und das Besteck jeweils der Besteckablage auf dem Handteller zuordnen.

Abb. 1: Ausheben von zwei und mehr Tellern (Obergriff)

Ausheben mit Ober- und Untergriff

Diese Methode wird angewandt, wenn die Gäste Speisenreste auf ihren Tellern zurücklassen. Während es bei geringen Mengen üblich ist, die Reste auf den Handteller neben die Besteckablage abzuschieben, wird bei größeren Mengen die Methode mit 3 Tellern angewandt.

Abb. 2: Ausheben von drei und mehr Tellern

- Der Handteller dient zur Besteckablage,
- auf den Unterteller werden jeweils mit dem Messer die Speisenreste abgeschoben (dazu wendet man sich aus dem Blickfeld des Gastes),
- der Oberteller dient zum Aufnehmen weiterer Teller.

Bei sehr großen Mengen von Speisenresten ist es ratsam, die Teller wie beim Einsetzen mit Unter- und Obergriff aufzunehmen und das Sortieren der Bestecke und Speisenreste im Office vorzunehmen.

Tragen, Einsetzen und Ausheben von Gedecken

Unter Gedeck versteht man in diesem Zusammenhang die Kombination von Unterteller und aufgesetztem Gedeckteil. Die Vorbereitung solcher Gedecke erfolgt in der Regel bereits beim Mise en place, damit während des Essens keine Verzögerungen eintreten. So werden z.B. vorbereitet und entweder an der Speisenabgabestelle oder auf einem Servicetisch gestapelt:

Gedecke für Suppen in Tassen

Unterteller mit Piccolo-Serviette oder Deckchen und Suppenuntertasse

Gedecke für Vorspeisen oder Desserts in Gläsern oder Schalen

Unterteller mit Piccolo-Serviette oder Deckchen

Abb. 3: Tragen von Suppentassen

Aufnehmen, Tragen und Einsetzen

Die am Küchenpass übernommenen Tassen mit der Suppe und die Gläser oder Schalen mit der Vorspeise bzw. dem Dessert werden auf die vorbereiteten Unterteller aufgesetzt und wie folgt serviert:

- Mit der linken Hand zwei Gedecke (Obergriff), mit der rechten Hand eventuell ein drittes Gedeck aufnehmen,
- von der rechten Seite des Gastes einsetzen,
- von rechts nach links fortschreiten.

Ausheben von Gedecken

Grundsätzlich ist es möglich und auch üblich, sowohl Suppengedecke als auch Gedecke von Vorspeisen, Salaten oder Desserts wie beim Einsetzen mit dem Besteck abzutragen. Andererseits ist es bei entsprechendem Geschick auch möglich, die Gedecke bereits beim Ausheben zu ordnen.

Suppengedecke

- Das erste Gedeck als Handgedeck aufnehmen,
- das zweite Gedeck unterschieben,
- die Tasse und den Löffel des Handgedecks auf das Untergedeck übernehmen,
- das dritte Gedeck auf das Handgedeck aufsetzen und den Löffel auf dem Untergedeck ablegen.

Vorspeisen- und Dessertgedecke mit Schalen

- Das erste Gedeck als Handgedeck aufnehmen,
- das zweite Gedeck unterschieben und die Dessertschale auf dem Handgedeck stapeln,
- den Löffel des Handgedecks auf dem Unterteller ablegen,
- das dritte Gedeck als Obergedeck aufnehmen, die Schale auf dem Handgedeck stapeln und den Löffel auf den Unterteller übernehmen,
- das vierte Gedeck auf das Obergedeck aufsetzen und den Löffel auf dem Unterteller ablegen.

5.4 Zusammenfassung der Servierregeln

Beim Servieren haben sich alle Bewegungsabläufe danach zu richten, dass der Gast nicht gestört wird und gleichzeitig das Servierpersonal möglichst ungehindert, ohne umständliche Verrenkungen, arbeiten kann.

Alle Gerichte, die einzeln angerichtet an den Platz des Gastes gebracht werden, sind von der rechten Seite einzusetzen. Salat und Kompott von links einsetzen.

Wird beim Rundservice von einer gemeinsamen Platte auf den vorher eingesetzten Gedeckteller vorgelegt, so geschieht dies von der linken Seite.

Auf der flachen linken Hand (Traghand) mit gefalteter Handserviette wird die Platte gehalten, um mit der rechten Hand (Arbeitshand), mit einem Vorlegebesteck (Löffel, Gabel), die Speise zu fassen und auf den Teller zu legen.

Eine gemeinsame Platte, von der sich der Gast selbst bedient, wird ebenfalls von links angeboten. Dabei berührt der Plattenrand nicht den Tellerrand des Gastes. Der Rücken der Traghand darf leicht auf dem Tisch aufliegen. Damit wird der Arm entlastet.

Einsetzen von links

- Brot, Brötchen, Toast
- Kompott
- Salat
- Resteteller
- Fingerschale
- Frühstücksei
- Präsentieren und Vorlegen von Speisen

Einsetzen von rechts

- Suppen
- Teller mit Speisen
- leere Gedeckteller
- Kaffee- und Mokkatassen
- Gläser
- Präsentieren und Einschenken von Getränken

Aufgaben

1 Erläutern Sie folgende Bezeichnungen:
a) Table-d'hôte-Service, Bankett-Service,
b) A-la-carte-Service, Büfett-Service, Etagenservice.

2 Beschreiben Sie grundlegende Richtlinien für den Service in Bezug auf
a) Rücksichtnahme gegenüber dem Gast,
b) störungsfreie und kräftesparende Wege der Servicekraft.

3 Welche Aufgaben haben die beiden Hände beim Tellerservice und wie werden sie deshalb genannt?

4 Beschreiben Sie das Aufnehmen von ein, zwei und drei Tellern und nennen Sie die Bezeichnungen für die Teller sowie die Art des Greifens.

5 Beschreiben und begründen Sie zum Einsetzen der Teller am Tisch
a) die Bewegungsrichtung beim Einsetzen,
b) die Laufrichtung der Servicekraft,
c) Ausnahmen.

6 Beschreiben Sie zum Ausheben von Tellern
a) die Bewegungsrichtungen,
b) das Aufnehmen der Teller und das Ordnen der Bestecke,
c) die Behandlung von Speisenresten auf den Tellern.

7 Beschreiben Sie das Ausheben von Suppen- und Dessertgedecken.

6 Kaffeeküche

coffee kitchen
la caféterie

Die Hauptaufgabe der Kaffeeküche besteht in der Herstellung von Aufgussgetränken. Außerdem sind Frühstücksgetränke und -gerichte bereitzustellen.

Abb. 1: Kaffeegeschirr aus Silber

6.1 Herstellen von Aufgussgetränken

Kaffee *coffee* *le café*

Für das Frühstück wird Kaffee in größeren Mengen auf Vorrat zubereitet. Er sollte jedoch nicht länger als 45 bis 60 Minuten vorrätig gehalten werden, weil sich danach die Farbe und das Aroma nachteilig verändern. Die Warmhaltetemperatur liegt bei etwa 80 °C.

Zubereiten von Kaffee

Voraussetzungen für eine gute Tasse Kaffee

Um einen wohlschmeckenden, vollaromatischen Kaffee zu erhalten, ist einiges zu beachten:

- Grundbedingung ist die Verwendung von bewährtem Markenkaffee, dessen Einkaufsmengen dem jeweiligen Bedarf anzupassen sind, damit keine Aromaverluste durch Überlagerung entstehen.
- Beim Mahlen ist der Feinheitsgrad der Körnung auf die Art des Brühverfahrens abzustimmen, damit das Aroma optimal ausgewertet werden kann.
- Wichtig ist außerdem die richtig dosierte Menge des Kaffeepulvers sowie die Frische und die sachgerechte Temperatur des Brühwassers (zwischen 95 und 98 °C).
- *Porzellangeschirr,* und zwar gut vorgewärmt, gilt als besonders *aromafreundlich.*

Produktbezeichnung		Kaffeepulver	Flüssigkeitsmenge
Tasse	Kaffee	6 – 8 g	1/8 l (0,125)
	Mokka	10 – 12 g	1/12 l (0,080)
Kännchen	Kaffee	12 – 16 g	1/4 l (0,25)
	Mokka	15 – 20 g	1/8 l
	Mokka double	24 – 26 g	1/8 l
Großmenge		80 – 100 g	2 l (16 Tassen)

Handfiltern von Kaffee

Das Filtern ist eine verfeinerte Art der Kaffeezubereitung. Beim Handfiltern ist zu beachten:

- Das Kaffeepulver im Filter mit wenig heißem Wasser anbrühen, damit es aufquillt,
- den Rest des Wassers dann stufenweise *in die Mitte* des Filters nachgießen, damit das Wasser durch das Kaffeemehl zum Filter hin durchfließt.

Maschinelle Kaffeezubereitung

Kaffeemaschinen ermöglichen es, in kurzer Zeit große Mengen Kaffee bereitzustellen. Die beiden grundlegenden Verfahren sind:

– das drucklose *Überbrühverfahren,*
– das *Dampfdruckverfahren,* auch Espressoverfahren genannt.

Die jeweilige Ausstattung der Maschine erlaubt es schließlich, den Kaffee entweder für einzelne Tassen oder Portionen oder in größeren Mengen zuzubereiten und diesen dabei gleichzeitig in einem Behälter vorrätig halten zu können.

Service

Grundlegende Angebotsformen für Kaffee

Kaffee mit Sahne und Zucker/Süßstoff

Je nach den Verzehrgewohnheiten unterscheidet man:

Kaffee nature
schwarz, mit oder ohne Zucker,

Kaffee crème
mit Kaffeesahne (mit oder ohne Zucker).

Unter dem Gesichtspunkt der Menge gibt es:

eine Tasse Kaffee **ein Kännchen Kaffee**

Bereitstellen für ein Kännchen Kaffee

- Tablett mit Papiermanschette,
- Untertasse mit Deckchen, vorgewärmter Tasse und Kaffeelöffel,
- Schälchen mit Zucker/Süßstoff,
- Kännchen mit Sahne,
- Kännchen mit Kaffee.

Spezielle Kaffeezubereitungen

Cappuccino

➢ Eine Tasse $^{3}/_{4}$ mit starkem Kaffee füllen,
➢ mit aufgeschäumter Milch ergänzen,
➢ mit Kakaopulver bestreuen.

Espresso

Das Zubereiten von Espresso erfolgt mit Hilfe des Dampfdruckverfahrens. Der aromastarke Kaffee wird in kleinen Spezialtassen angerichtet. Zucker reicht man à part, auf Wunsch auch Sahne.

Kaffee mit Milch, auch geschlagener Sahne

Kaffee mit Milch

➢ Anstelle von Sahne wird ein Kännchen heiße Milch gereicht

Kaffee Melange

➢ Den Kaffee mit heißer Milch mischen
➢ mit geschlagener Sahne garnieren
➢ Zucker getrennt reichen.

Kaffee mit einer Spirituose

Kaffee verträgt sich gut mit Spirituosen. Es gibt Gäste, die diese besondere Geschmacksnote lieben. Geeignete Getränke sind z. B.: Cognac, Kirsch, Amaretto.

- Die Grundausstattung ist wie bei einer Tasse oder einem Kännchen Kaffee.
- Die gewählte Spirituose wird im entsprechenden Glas à part dazugereicht. Das Dosieren des Kaffees überlässt man dem Gast.

Pharisäer

➢ In einer vorgewärmten Tasse je 1 Kaffeelöffel Zucker sowie 4 cl Rum verrühren,
➢ mit starkem Kaffee auffüllen,
➢ mit angeschlagener Sahne garnieren.

Irish Coffee

➢ In ein gut vorgewärmtes Originalglas 1 bis 2 Kaffeelöffel braunen Zucker sowie 4 cl Irish Whiskey geben,
➢ den Zucker durch Rühren auflösen,
➢ mit heißem Kaffee auffüllen,
➢ mit dickflüssig angeschlagener Sahne garnieren.

Die Sahne lässt man vorsichtig über die Wölbung eines Löffels auf die Oberfläche des Kaffees gleiten. Sie darf nicht sinken.

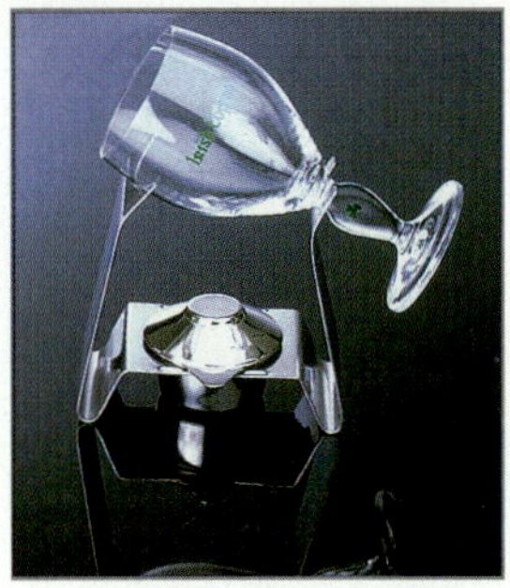

Wenn auch nicht original irisch, aber effektvoll und verkaufsfördernd ist folgende **Variante für Irish coffee.** Man verwendet dazu die sogenannte Irish coffee-Garnitur, bestehend aus Rechaud, Glashalter und Glas.

- Zucker und Whiskey in das Glas geben,
- über dem Rechaud drehend erwärmen, damit sich der Zucker auflöst (die Flamme nicht in das Glas überschlagen lassen),
- mit Kaffee auffüllen und wie bei der Originalherstellung vollenden.

Rüdesheimer Kaffee

➢ 3 bis 4 Stück Würfelzucker in der vorgewärmten Originaltasse mit 4 cl Asbach übergießen,
➢ mit einem langen Streichholz entzünden und bei gleichzeitigem Rühren mit einem langstieligen Löffel flambieren (den Zucker leicht karamelisieren lassen),
➢ mit heißem Kaffee auffüllen,
➢ mit geschlagener Sahne garnieren und mit Schokoladenraspel bestreuen.

Eiskaffee

➢ Ein bis zwei Kugeln Vanilleeis gibt man in ein hohes Glas und gießt leicht gezuckerten kalten Kaffee darüber. Mit Sahnehaube garnieren.

Tee *tea* *le thé*

Voraussetzungen für eine gute Tasse Tee

Das Aroma des Tees ist sehr empfindlich, sodass zu beachten ist:

- Teekannen nur mit heißem Wasser, nicht in Verbindung mit Spülmitteln reinigen (der sich entwickelnde braune Belag in der Kanne hat keine negativen Auswirkungen),
- Kannen sowie Tassen oder Gläser gut vorwärmen,
- zum Überbrühen frisches, sprudelnd heißes Wasser verwenden.

Erforderliche Teemengen

Flüssigkeitsmenge	Teemenge
eine Tasse oder ein Glas	2 g Tee (das sind ein gestrichener Kaffeelöffel oder 1 Teebeutel)
eine Portion	4 bis 5 g Tee oder 2 Teebeutel

Zubereiten von Tee

Aus Gründen des einfachen Gebrauchs hat sich im Gastgewerbe im allgemeinen die Verwendung von Teebeuteln durchgesetzt. Das frisch zum Kochen gebrachte Wasser wird sprudelnd über den Tee gegossen. Diesen lässt man 3 bis 5 Minuten ziehen. Dabei ist der Zusammenhang zwischen der Brühdauer und den physiologischen Auswirkungen des Tees zu beachten:

- **Bis 3 Minuten**

  wird vorwiegend Coffein (Tein) ausgelaugt, sodass der Aufguss zu diesem Zeitpunkt vor allem anregend auf den Kreislauf wirkt.

- **Nach 3 Minuten**

  gehen in zunehmender Menge Gerbstoffe in den Aufguss über, die eine beruhigende Wirkung auf Magen und Darm haben.

Die Brühdauer für Tee ist auf den jeweils beabsichtigten Zweck abzustimmen (belebend oder beruhigend).

Angebotsformen für Tee

Abb. 1: Glas Tee

Abb. 2: Kännchen Tee

Die grundlegende Angebotsform ist *mit Zucker:*
- Ein Tablett mit Papiermanschette,
- eine Untertasse mit Glas oder Tasse und Kännchen
- ein Schälchen mit Zucker,
- ein Schälchen zur Ablage des Teebeutels.

Abwandlungen

- Tee mit Sahne oder Milch
- Tee mit Zitrone:
  ein Schälchen mit Zitrone in der Presse
- Tee mit Rum:
  4 cl Rum im Glas oder Portionsfläschchen

Spezielle Teezubereitungen

Eistee

➢ Teeglas 2/3 mit Eiswürfel füllen
➢ mit doppelt starkem Tee auffüllen
➢ Zucker, Zitrone à part reichen, evtl. Gin/Cognac

Kakao und Schokolade *hot chocolate* *le cacao*

Kakao ist eine Zubereitung aus Kakaopulver, Milch und Zucker.

Trinkschokolade bereitet man aus geriebener Blockschokolade oder Kuvertüre und Milch ohne Zusatz von Zucker oder mittels eines fertigen Schokoladenpulvers.

Zutat	Tasse Kakao	Portion Kakao	Tasse Schokolade	Portion Schokolade
Milch	0,15 l	0,3 l	0,15 l	0,3 l
Kakaopulver	10 g	20 g	–	–
Schokoladen-pulver oder Kuvertüre	– – –	– – –	15 g oder 15 g	30 g oder 30 g
Zucker	getrennt servieren		getrennt servieren	

Zubereitung von Kakao

Kakaopulver in einem kleinen Teil der Milch anrühren. Die restliche Milch zum Kochen bringen. Vorbereitete Kakao-Milch-Mischung einrühren und aufkochen.

Service

Zubereitung von Schokolade

Milch erhitzen, geriebene Schokolade (Kuvertüre) oder Schokoladenpulver einstreuen und unter Rühren mit einem Schneebesen zum Kochen bringen.

Beigabe zu Kakao und Schokolade

- Zu Kakao wird Streuzucker gereicht.
- Kakao oder Schokolade in Tassen werden mit geschlagener Sahne garniert.
- Zu Kännchen reicht man die Schlagsahne in einem Schälchen à part.

Eisschokolade

Herstellung wie Eiskaffee. Statt Kaffee verwendet man kalte Schokolade oder Kakao.

6.2 Herstellen von alkoholfreien Mischgetränken

Alkoholfreie Mischgetränke sind Getränke, zu deren Herstellung Fruchtsäfte, Gemüsesäfte, Fruchtmark, Fruchtnektar, Fruchtsirupe, Früchte, Wasser, Sodawasser, Mineralwasser, Limonaden, Milch, Eier oder Speiseeis ohne Zusatz von Alkohol verwendet werden.

Einfache Mischgetränke

Spezi

➢ Cola und Orangenlimonade mit Zitronenscheibe

Schorle

➢ Fruchtsaft mit Mineralwasser

Bowle

➢ Fruchtstücke, Fruchtsaft, Fruchtsirup, Zitrone, Läuterzucker, Mineralwasser

Limonade

➢ Fruchtsaft (Zitrone), Wasser, Zucker

Diese Mischgetränke mischen sich bereits beim Eingießen ins Glas selbst.

Andere Mischgetränke

Man benutzt für die Herstellung dieser Getränke Elektromixer, da meist größere Mengen in einem Arbeitsgang hergestellt werden.

Mischgetränke können aber auch einzeln und somit aufwendiger hergestellt werden. Dabei wendet man die Arbeitstechniken der Bar an, also Schütteln und Rühren oder Aufbauen der Mixgetränke. Mischgetränke sind vitaminhaltige und erfrischende Longdrinks. Die Geschmacksskala reicht von herbwürzig über fruchtig-säuerlich bis fruchtig-süß.

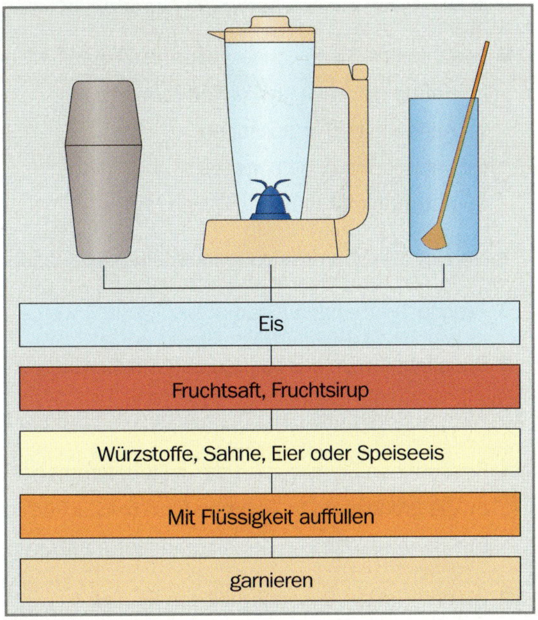

Service

Farbige Cocktails

①

②

③

① ***Möhrchen-Mix:***	*5 cl Milch mit 5 cl Karottensaft, 2 cl Apfelsaft, 1 TL Honig und 1 TL Sanddorn mixen*
② ***Milchocolada:***	*5 cl Milch mit 1 Kugel Schokoladeneis, 1 EL Schokosauce und 1 TL Kokosnuss-Sirup mixen*
③ ***Apfel-Holunder-Traum:***	*5 cl Milch, 50 g Apfelmus, 1 TL Puderzucker und Zimt mixen, 3 EL Holundersaft*

Aufgaben

1 Beschreiben Sie die Besonderheiten beim Bereitstellen des Frühstückskaffees in Bezug auf die Zubereitung und Vorratshaltung.

2 Nennen Sie zu folgenden Kaffeezubereitungen die erforderliche Menge des Kaffeepulvers sowie die Flüssigkeitsmenge:

a) eine Tasse Kaffee, eine Tasse Mokka,

b) ein Kännchen Kaffee, Mokka und Mokka double.

3 Beschreiben und erläutern Sie den sachgerechten Ablauf beim Handfiltern von Kaffee.

4 In welchen Variationen wird Kaffee als Getränk angeboten?

5 Beschreiben Sie das sachgerechte Bereitstellen für ein Kännchen Kaffee.

6 Beschreiben Sie folgende Angebotsformen für Kaffee:

a) Kaffee mit Milch und Kaffee Melange,

b) Kaffee mit einer Spirituose,

c) Cappuccino und Pharisäer

d) Rüdesheimer Kaffee und Irish Coffee.

7 Nennen Sie Voraussetzungen für eine gute Tasse Tee.

8 Welche Teemengen (Gramm bzw. Beutel) werden für eine Tasse bzw. ein Glas und für eine Portion benötigt?

9 Beschreiben Sie das sachgerechte Zubereiten von Tee.

10 Welche Beziehung besteht zwischen der Brühdauer des Tees und den physiologischen Wirkungen?

11 Beschreiben Sie bezüglich der Angebotsform bei Tee:

a) die grundlegende Angebotsform mit Zucker,

b) die Abwandlungen der Angebotsform auf Grund anderer Zugaben.

12 Welches ist die Besonderheit von Eis-Tee?

13 Beschreiben Sie das Zubereiten von Kakao und Schokolade.

14 Welche Beigaben werden zu Kakao und Schokolade gereicht:

a) beim Anrichten in Tassen,

b) beim Anrichten in Kännchen?

15 Definieren Sie den Begriff „Alkoholfreie Mischgetränke".

16 Nennen Sie einige alkoholfreie Mischgetränke.

17 Mit welchem Gerät werden größere Mengen alkoholfreier Mischgetränke hergestellt?

18 Wie heißen die Arbeitstechniken bei der Zubereitung von einzelnen Drinks?

7 Frühstück

🇬🇧 *breakfast*
🇫🇷 *le petit déjeuner*

Vom Frühstück hängt die Stimmung und Schaffenskraft eines Menschen für den ganzen Tag ab, deshalb gebührt dieser wichtigen Mahlzeit die erforderliche Beachtung.

7.1 Arten des Frühstücks

Es sind zu unterscheiden:

- Das **kontinentale Frühstück** mit seinem einfachen Angebot,
- das **erweiterte Frühstück,** welches nach einer Frühstückskarte ausgewählt oder ergänzt wird,
- das reichhaltige **englisch-amerikanische Frühstück,**
- das **Frühstücksbüfett**, auf welchem die Speisen zur Selbstbedienung bereitstehen, die heißen Aufgussgetränke aber serviert werden,
- das **Etagenfrühstück,** wobei der Gast am Abend vorher seine Wünsche in eine Bestell-Liste einträgt (s. S. 274). Am nächsten Morgen wird ihm dann zur gewünschten Zeit das Frühstück im Zimmer serviert.

Eine besondere Form des Etagenfrühstücks ist das **Thermo-Frühstück.** Dies wird dem Gast bereits am Abend ins Zimmer gestellt, wenn er vor dem üblichen Frühstücks-Servicebeginn abreisen möchte.

Bestandteile der Frühstücksarten

Kontinentales Frühstück

Kaffee, Tee oder Kakao,
Brot, Brötchen, Toast,
Butter, Konfitüre zur Wahl, Bienenhonig

Erweitertes Frühstück

Wie kontinentales Frühstück, ergänzt durch Säfte, z.B. Orangensaft oder Tomatensaft, Eierspeisen, Wurst, Käse, Müsli, Joghurt, angemachten Quark usw.

Englisch-amerikanisches Frühstück

Wie kontinentales Frühstück, erweitert um Frucht- und Gemüsesäfte, Rühreier, Spiegeleier, Omeletts, pochierte Eier, Pfannkuchen, Käse, gebratenen Speck, Schinken, Bratwürstchen, kleine Steaks, Grilltomaten, Cornflakes (Cereals) oder Porridge, frisches Obst, frisch gebackene Waffeln, Plundergebäck usw.

Frühstücksergänzungen nach der Karte

Ergänzend zum erweiterten Frühstück wünschen manche Gäste ihr Frühstück reichhaltiger zu gestalten. Diesem Bedürfnis wird mit dem Angebot einer Frühstückskarte entsprochen:

- frisches Obst sowie Obst- und Gemüsesäfte,
- Eierspeisen sowie Wurst oder Schinken,
- Milch, Milcherzeugnisse und Käse.

Die vom Gast à la carte bestellten Speisen werden gesondert in Rechnung gestellt.

Nationale Frühstücksbezeichnungen

Es ist verständlich, dass das Hotel- und Gaststättengewerbe den Erzeugnissen des jeweils eigenen Landes eine besondere Aufmerksamkeit schenkt und sie im Angebot für den Gast berücksichtigt. Daraus ergeben sich ganz spezielle Frühstücksbezeichnungen.

Holländisches Frühstück

- neben anderem Gebäck als Besonderheit Zwieback und Kuchen
- Eierspeisen und kalter Braten
- Milcherzeugnisse

Skandinavisches Frühstück

- verschiedene kalte und warme Fischgerichte
- neben anderem Gebäck als Besonderheit Knäckebrot in verschiedenen Sorten

Schweizer Frühstück

- Käse u.a. Milcherzeugnisse
- Müsli, Brotspezialitäten

Abb. 1: Frühstücksgetränke und Müsli

Abb. 2: Konfitüren

Service

7.2 Bereitstellen von Frühstücksspeisen

Dabei ist zu unterscheiden zwischen den Standardbestandteilen des einfachen Frühstücks und den Speisen, die auf einer Frühstückskarte angeboten werden.

Speisen für das einfache Frühstück

Es handelt sich dabei um tägliche Routinearbeiten:

- Brötchen, Brot, sonstige Backwaren werden übersichtlich und dekorativ in Körbchen angeordnet.
- Butter, Milch, Konfitüre sowie einfache Wurst- und Käsezubereitungen, die es heute portionsweise abgepackt gibt, werden auf Tellern zusammengestellt.

Aus Gründen des Umweltschutzes werden die genannten Speisen vielfach in „loser Form“ bzw. offen angerichtet und angeboten.

Zubereiten von speziellen Frühstücksgerichten

Frühstückseier

Zu diesem Zweck dürfen nur frische Eier verwendet werden und bei ihrer Zubereitung sind folgende Richtlinien zu beachten:

- Am stumpfen Ende (Luftkammer) einstechen, damit sich der beim Kochen entstehende Innendruck ausgleichen kann und das Platzen der Eier verhindert wird,
- mit Hilfe eines Korbes gleichzeitig in das kochende Wasser geben sowie gleichzeitig wieder entnehmen, damit bei allen Eiern die gleiche Garstufe gewährleistet ist,
- in kaltem Wasser abschrecken, damit das Nachgaren verhindert wird und sich das Ei leicht von der Schale trennt.

Die Garzeit beträgt je nach Gewichtsklasse und gewünschter Festigkeit des Eies 3 bis 5 Minuten.

Rühreier

scrambled eggs *les œufs (m) brouillés*

- Die Eier zu einer gleichmäßigen Masse verrühren und würzen,
- in der Pfanne Fett schmelzen, Eimasse zugeben, bei mäßiger Temperaturzufuhr und gleichzeitigem Rühren zu einer feinflockigen, weichen und saftigen Masse stocken lassen.

Bei zu hoher und langer Einwirkung der Temperatur wird die Masse fest, trocken und gebräunt. Als besondere Zutaten können Champignons, Schinken und Kräuter verwendet werden.

Werden Rühreier auf Vorrat z.B. für das Frühstücks-Büfett hergestellt, verwendet man pasteurisiertes Ei.

Spiegeleier

fried eggs *les œufs sur le plat*

- Eier aufschlagen, ohne die Dotterhaut zu verletzen,
- vorsichtig in die Pfanne mit Fett gleiten und bei mäßiger Temperaturzufuhr stocken lassen.
- Nur die Eiweißfläche salzen.

Das Eiweiß darf nicht zu fest und trocken und höchstens an den Rändern leicht gebräunt sein.

Omelett

omelette *l'omelette (w)*

- Die Eier zu einer gleichmäßigen Masse verrühren und würzen,
- in der Pfanne mit Fett bei mäßiger Temperaturzufuhr und gleichzeitigem Rühren stocken lassen,
- durch Abrollen aus der schräggehaltenen Pfanne zum Omelett formen und auf einen Teller abkippen.

Abb. 1 und 2: Herstellung von Omelett

Als Zutaten können Schinken, Speck, Käse, Champignons und Kräuter verwendet werden. Zum Füllen des in Längsrichtung aufgeschnittenen Omeletts eignen sich feine Ragouts von Geflügel und Krustentieren sowie Kalbsnieren und Geflügelleber, Pilze und Spargel.

Müsli

swiss muesli *la purée de céréales*

- Haferflocken in kaltem Wasser einweichen,
- mit Zitronensaft und Milch ergänzen,
- grob geraspelte Äpfel und gehackte Nüsse sowie Rosinen untermischen,
- mit einem Teil der Nüsse bestreuen.

Es können zusätzlich oder alternativ zerkleinerte Trockenfrüchte oder auch frische Früchte wie Erdbeeren oder Bananen verwendet werden.

Abb. 3: Zutaten für Müsli

7.3 Herrichten von Frühstücksplatten

breakfast platters

les plats (m) pour le petit déjeuner

Käse, Wurst und Schinken sind neben anderen Speisen beliebte Ergänzungen zum erweiterten Frühstück. Auf Platten oder auch auf Portionstellern angerichtet, sollen sie dem Gast in ansprechender Form präsentiert werden.

Vorbereiten des Materials

Aufschneiden von Wurst und Schinken

Dazu muss das Material in jedem Falle gut gekühlt sein, damit es beim Schneiden nicht schmiert. Für die Art des Schneidens ist darüber hinaus die Art und Beschaffenheit des Materials ausschlaggebend.

Brühwurstsorten werden von der Haut befreit und in gerade, runde Scheiben geschnitten.

Harte Wurstsorten, wie Salami, schneidet man dünn, und zwar in schräger Richtung, wodurch die Scheiben eine etwas größere, ovale Form erhalten.

Streichwurst, wie Mett- oder Leberwurst, wird per Hand mit einem dünnen schmalen Messer in 0,5 bis 1 cm dicke Stücke geschnitten.

Schinken befreit man durch Parieren zunächst von der Fettschicht und schneidet dann je nach Festigkeit des Schinkens (roher, gekochter oder luftgetrockneter Schinken) entsprechend dicke bzw. dünne Scheiben.

Schneiden von Käse

Schnittkäse werden, nachdem sie von der Rinde befreit wurden, in Scheiben geschnitten, die bei entsprechender Größe in kleinere Stücke zu teilen sind.

Darüber hinaus sind die Schnittformen für andere Käse von der jeweiligen Form abhängig. Unter diesem Gesichtspunkt werden z. B. geschnitten:

Abb. 1: Runde und halbrunde Käse, keilförmig

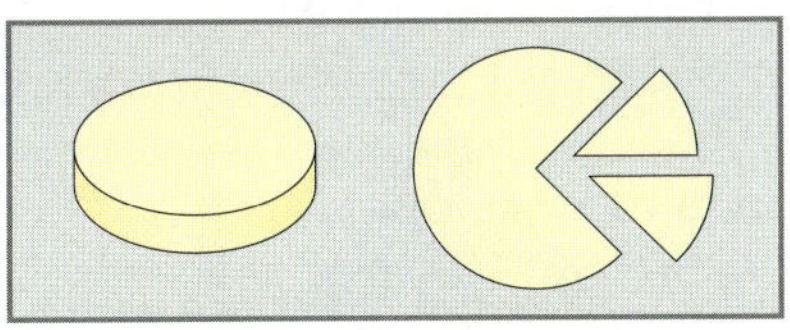

Abb. 2: Keilförmige Käse von der Spitze ausgehend bis etwa 2/3 quer, der Rest in Längsrichtung

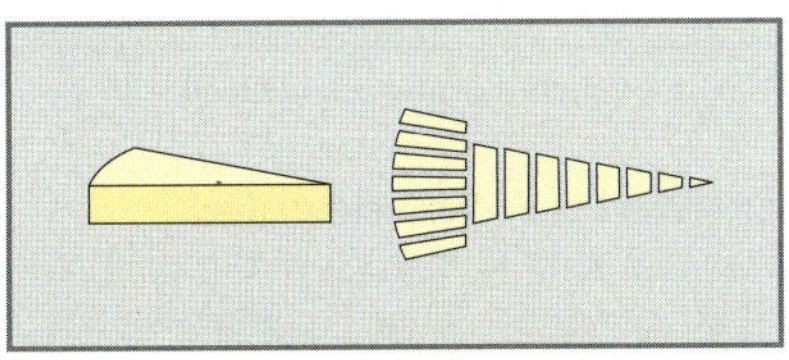

Abb. 3: Ovale Käse quer zur Längsrichtung

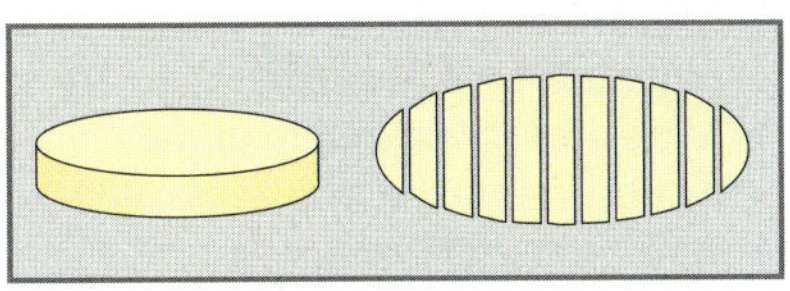

Bereitstellen des Garniermaterials

Hartgekochte Eier: Scheiben, Sechstel, Achtel

Gewürzgurken, Cornichons: Scheiben, Fächer

Champignons: Köpfe oder Scheiben

Tomaten: Scheiben, Viertel, Achtel, Würfel

Kräuter: Sträußchen oder gehackt

Radieschen: Streifen, Viertel, Röschen

Paprika: Rauten, Ringe, Streifen, Würfel

Frische Früchte: Segmente, Viertel, Kugeln, Würfel

Anrichten der Platten

Auflegen des Grundmaterials

Im Vergleich zu sehr aufwendigen Anrichteweisen, bei denen das Material in Taschen, Röllchen, Tüten und Fächer geformt wird, erfolgt das Anrichten auf einfache Weise durch dachziegelartiges Übereinanderlegen des Materials. Dabei ist zu beachten:

- Die Scheiben exakt, eventuell in Taschenform und in gleichen Abständen übereinanderlegen,
- für den Abschluss eine besonders schöne Scheibe auswählen (sie ist im Ganzen sichtbar),
- die Fettränder von Schinken zum Plattenrand legen,
- den Plattenrand freilassen,
- buntes Material farblich kontrastierend anrichten.

Garnieren der Platten

Bezüglich des Garniturmaterials ist zu beachten:

- Auswahl passend zum Grundmaterial,
- zum Garnieren und nicht zum Bedecken des Grundmaterials verwenden.

7.4 Frühstücksservice

breakfast service

le service du petit déjeuner

Das Frühstück unterscheidet sich in wichtigen Punkten von den anderen Mahlzeiten.

Merkmale der Frühstückssituation

Sie ergeben sich vor allem durch die besondere Situation am Morgen. Der Frühstücksatmosphäre kommt im Hinblick auf den Gast eine besondere Bedeutung zu, denn sie beeinflusst in hohem Maße seine *„Stimmung“* und sein *„Wohlbefinden“* für die nachfolgenden Stunden. Der Service muss seinen Beitrag zu einer guten Atmosphäre leisten:

- Ein gut gelüfteter Raum,
- ein sauberer und sorgfältig eingedeckter Tisch mit einem kleinen Blumenschmuck,
- Servierpersonal, das ausgeschlafen ist und dem Gast mit Aufmerksamkeit und Freundlichkeit begegnet.

Mise en place zum Frühstück

Servicetisch

Für das ganz einfache kontinentale Frühstück sind bereitzustellen:

- Mittelteller und Kaffeeuntertassen,
- Mittelmesser und Kaffeelöffel,
- Menagen und Servietten.

Wegen der Portionspackungen zum Frühstück gibt es heute außerdem entsprechende Tischrestebehälter.

Zum erweiterten Frühstück nach der Karte sind folgende Ergänzungen auf dem Servicetisch notwendig:

Speisen à la carte	Ergänzungen auf dem Servicetisch
Gekochtes Ei	– Unterteller, Eierbecher, Eierlöffel – Pfeffer- und Salzmenage
Wurst gekochter Schinken Käse roher Schinken	– Mittelgabel und Vorlegebesteck – Pfeffer- und Salzmenage – zusätzlich Pfeffermühle
Spiegeleier Rühreier	– Mittelgabel und Mittelmesser – Pfeffer- und Salzmenage
Porridge Cornflakes Müsli	– Unterteller und Mittellöffel – Karaffe mit Milch – Zuckerstreuer
Joghurt Quarkspeisen	– Unterteller und Kaffeelöffel
Milch Buttermilch Obstsäfte Gemüsesäfte Tomatensaft	– Unterteller – Milchbecher – Saftglas – ergänzend Rührlöffel – Pfeffermühle
Grapefruit	– Unterteller – Kaffeelöffel oder Grapefruitlöffel – Zuckerstreuer
Melone	– Mittelmesser und Mittelgabel
Tee	– Zitronenpresse – Unterteller und Ablageteller – brauner Zucker od. Kandiszucker

Service

Die Angaben in dieser Tabelle sind z. B. auch wichtig im Hinblick auf das ergänzende „Tisch-Mise-en-place“ während des Frühstücks.

Der Servicetisch müsste beim erweiterten Frühstücksangebot etwa folgendermaßen ausgestattet sein:

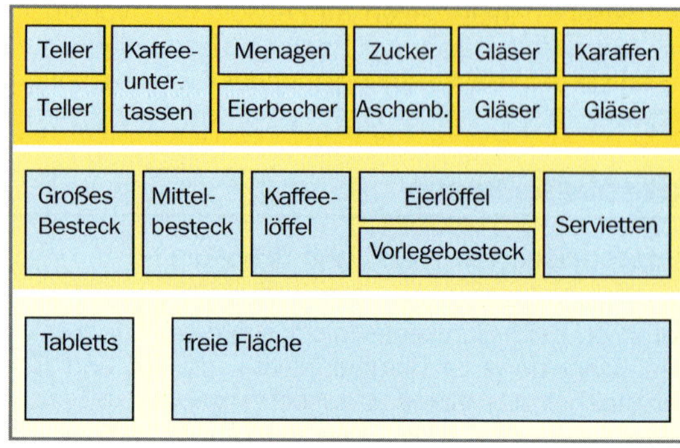

Abb. 1: Servicetisch für Frühstücksservice

Frühstücksgedecke

breakfast covers
les couverts pour le petit déjeuner

Je nach Umfang des Frühstücks werden einfache oder erweiterte Gedecke vorbereitet. Aus zeitlichen Gründen geschieht das im allgemeinen bereits am **Vorabend.**

Die Kaffeetasse befindet sich in der Praxis **zum Vorwärmen** im Rechaud und wird erst zusammen mit dem bestellten Getränk zum Tisch gebracht.

Einfaches Frühstücksgedeck

Es handelt sich dabei um das Gedeck für die einfachste Art des kontinentalen Frühstücks, bestehend aus Getränk sowie Gebäck, Butter und Konfitüre.

- Mittelteller mit Serviette
- Mittelmesser
- Kaffeeuntertasse mit Kaffeelöffel

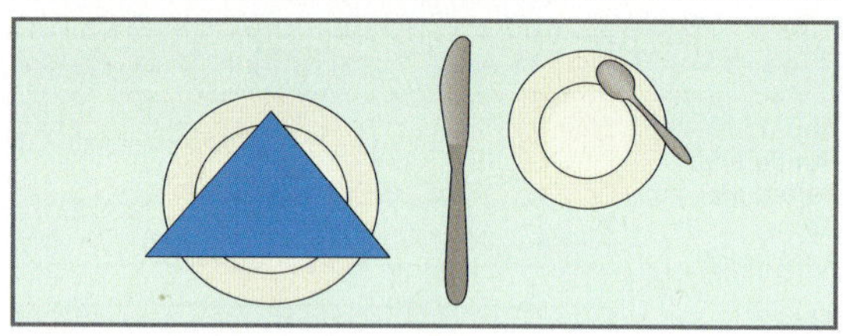

Abb. 2: Einfaches Frühstücksgedeck

Erweitertes Frühstücksgedeck

Das einfache Frühstück wird manchmal mit Wurst oder Käse erweitert. Das Frühstücksgedeck ist dann entsprechend zu ergänzen.

- Mittelteller mit Serviette
- Mittelmesser und **Mittelgabel**
- Kaffeeuntertasse mit Kaffeelöffel
- **Salz-** und **Pfeffermenage**

Morgens, noch bevor die ersten Gäste kommen, werden die am Abend vorbereiteten Gedecke bzw. Tische vervollständigt:

- Konfitüre und Honig sowie Zucker und Süßstoff auf kleinen Tellern angerichtet,
- kleine Vasen mit Blumen.

Abb. 1: Erweitertes Frühstücksgedeck

Aufgrund von zusätzlichen Bestellungen nach der Frühstückskarte ergeben sich im Gedeck weitere Veränderungen, die aber erst nach Aufnahme der Bestellung auszuführen sind (siehe „Servieren des Frühstücks").

Servieren des Frühstücks

Einfaches Frühstück

Nachdem der Gast seinen Getränkewunsch bekanntgegeben hat, kann mit dem Service begonnen werden:

- Einsetzen von Gebäck und Butter, u.U. die kleine Wurst- o. Käseplatte (an Vorlegebesteck denken),
- Servieren des Getränks, einschließlich der vorgewärmten Tasse, sowie der Sahne oder der Milch.

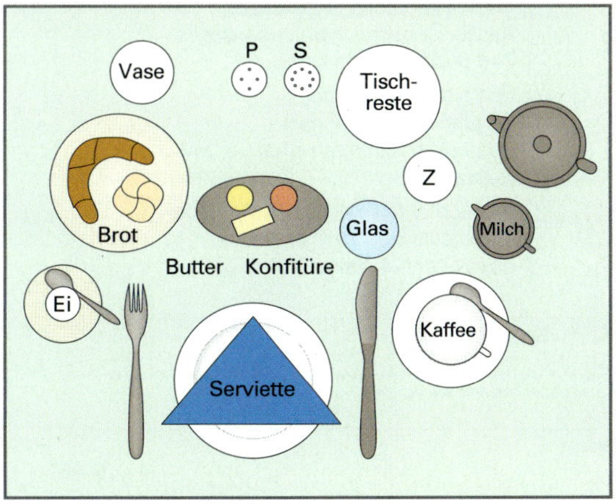

Abb. 2: Einfaches Frühstück

Bei der Anordnung der Frühstücksbestandteile für einen einzelnen Gast ist von links nach rechts um den Gedeckplatz herum folgende Reihenfolge bzw. Zuordnung üblich:

[Gebäck → Butter → Konfitüre] → [Zucker → Milch → Getränke]

Erweitertes Frühstück nach der Karte

Bei solchen Ergänzungen ist zu unterscheiden zwischen denen, die außerhalb des Gedeckplatzes eingesetzt werden, und solchen, für die der Gedeckplatz freigemacht werden muss. Vorerst sind jedoch die von der Kaffeeküche bzw. der Küche bereitgestellten Speisen oder Getränke von der Servicefachkraft am Servicetisch je nachdem mit Unterteller, Besteck, Menagen oder anderem Tischgerät zu vervollständigen bzw. ist der Gedeckplatz am Tisch umzugestalten.

Außerhalb des Gedeckplatzes werden eingesetzt:

- das gekochte Ei im Eierbecher, auf Unterteller, mit Eierlöffel,
- Wurst, Schinken und Käse auf einer Platte, mit Vorlegebesteck,
- Joghurt und Quark auf Unterteller, mit Kaffeelöffel,
- Milch auf Unterteller und Säfte.

Für folgende Speisen ist der Gedeckplatz freizumachen:

- Eierspeisen (Rühreier und Spiegeleier),
- Getreidespeisen (Porridge, Cornflakes und Müsli),
- Obst (Grapefruit und Melone).

Nach der Aufnahme der Bestellung gibt es dabei für den Service folgenden Ablauf:

- Die Bestellung an die Abgabestelle weiterreichen,
- am Tisch den Mittelteller mit dem Messer nach links außerhalb des Gedeckplatzes umstellen,
- das für die bestellte Speise erforderliche Besteck eindecken sowie die Menagen einsetzen,
- die Speise servieren,

und nachdem der Gast die Speise verzehrt hat:

- den Speisenteller mit dem Besteck ausheben,
- den Mittelteller mit dem Messer auf den Gedeckplatz zurückstellen.

Abb. 3: Erweitertes Frühstück: Spiegeleier mit Schinken

Service

Abb. 1: Erweitertes Frühstück: Porridge oder Cornflakes

Etagenfrühstück

breakfast room service
le service à l'étage

Der Service auf der Etage ist sehr aufwendig und bedarf deshalb einer besonders guten Organisation.

Mise en place

Für das Etagenfrühstück werden am Vorabend **Einer- und Zweierplateaus** vorbereitet.

- Plateautuch,
- Mittelteller mit Serviette,
- Mittelmesser, Untertasse und Kaffeelöffel,
- Schälchen mit Zucker bzw. Süßstoff.

ETAGEN SERVICE — KRONE HOTEL — **ROOM SERVICE**

BESTELLEN Sie sich das pünktliche Frühstück am Abend vorher.
To have your breakfast in time ORDER it the evening before.

Service gewünscht / zwischen: – *Desired Service Time:*

7.00 – 7.30 ☐ 7.30 – 8.00 ☐ 8.00 – 8.30 ☐ 8.30 – 9.00 ☐ 9.00 – 9.30 ☐ 9.30 – 10.00 ☐

Zimmer Nr. / *Room No.* ☐ Anzahl der Gäste / *Number of guests* ☐ Kellner / *Waiter* ☐ Datum / *Date* ☐

Frühstück komplett € 9,00	€	*Continental breakfast € 9,00*
☐ Kaffee		☐ *Coffee*
☐ Tee		☐ *Tea*
☐ Kakao		☐ *Chocolate*
☐ Glas Milch, warm oder kalt	1,20	☐ *Glass of milk, hot or cold*
☐ Orangensaft	2,50	☐ *Fresh orange juice*
☐ Grapefruitsaft	2,50	☐ *Grapefruit juice*
☐ Tomatensaft	2,50	☐ *Tomato juice*
☐ Frische halbe Grapefruit	2,00	☐ *Fresh half grapefruit*
☐ Backpflaume	2,00	☐ *Stewed prunes*
☐ Frisches Land-Ei	1,00	☐ *Soft-boiled fresh egg*
☐ Zwei in Butter gebratene Spiegeleier oder Rühreier	3,00	☐ *Pair of fresh country-eggs cooked to your order*
☐ (mit Schinken, Speck oder Würstchen)	3,50	☐ *(with ham, bacon or sausages)*
☐ Schinken oder Frühstücksspeck, knusprig gebraten	3,00	☐ *Rasher of bacon, ham or sausages*
☐ Zwei pochierte Eier auf Toast	3,00	☐ *Two poached eggs on toast*
☐ Eine Tasse Haferflockenbrei mit frischer Sahne oder Milch	2,50	☐ *One cup of hot porridge with fresh cream or milk*
☐ Cornflakes mit frischer Sahne oder Milch	2,50	☐ *Cornflakes with fresh cream or milk*
☐ Joghurt	1,50	☐ *Joghurt*
☐ Schinken, roh oder gekocht (kleine Portion)	4,00	☐ *Smoked or boiled ham (half portion)*
☐ Gemischter Aufschnitt (kleine Portion)	4,00	☐ *Mixed cold cuts (half portion)*
☐ Käse in reicher Auswahl	4,00	☐ *Assortment of cheeses*

Besondere Wünsche — *Special Requests*

Obige Preise sind Inklusivpreise — *Service and tax included*

Unterschrift des Gastes (Unterschreiben Sie bitte erst nach Erhalt Ihrer Bestellung.)
Signature of guest (Please only sign after receipt of your order.)

No. 3498

Abb. 2: Frühstücksbestellliste

Frühstücksbestellung durch den Gast

Das Zimmermädchen stellt dem Gast auf dem Zimmer täglich eine Frühstücksbestellliste für den nächsten Morgen zur Verfügung. Wenn dieser sein Frühstück auf dem Zimmer einnehmen möchte, trägt er seine Wünsche am Abend vorher in die Liste ein und hängt sie dann außen an die Zimmertür.

Frühstücksdienst auf der Etage

Als erstes sammelt die Servicefachkraft auf der Etage die Frühstücksbestelllisten ein und erstellt daraufhin eine **Kontrollliste** für den Frühstücksservice. Diese enthält:

- entsprechend der eingegangenen Bestellungen die Zimmernummern und die jeweils zugehörende Zeitangabe für das Servieren des Frühstücks
- sowie Spalten für die Vermerke *„Frühstück serviert“* und *„Frühstücksgeschirr abgeräumt“*.

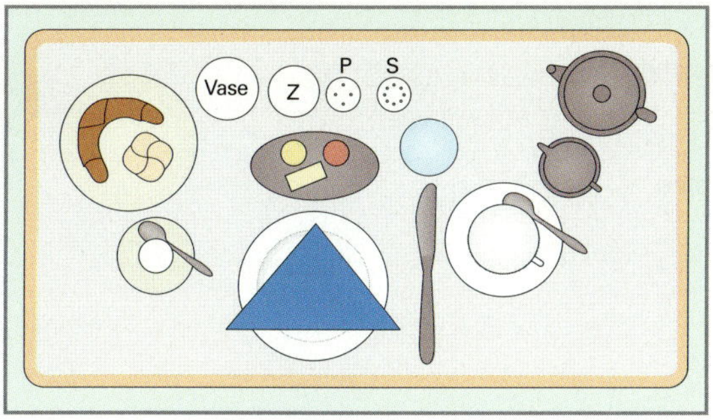

Abb. 1: Etagen-Frühstücks-Plateau

Ist der Zeitpunkt für das Servieren gekommen, wird das Plateau vervollständigt: Gebäck, Butter, Konfitüre, die vorgewärmte Tasse und das Getränk (u.U. die möglichen Extras).

Für den Transport wird das Plateau mit beiden Händen aufgenommen, wobei die rechte Hand Hilfestellung leistet, bis auf der linken Hand (Tragehand) das Gleichgewicht hergestellt ist. Die rechte Hand muss frei sein für das Öffnen und Schließen von Türen sowie für das Anklopfen am Zimmer. Dieses darf erst betreten werden, wenn der Gast „herein“-gebeten hat. Für das Verhalten im Zimmer ist zu beachten:

- Ein höfliches und freundliches *„Guten Morgen“* ist selbstverständlich,
- Zurückhaltung und Diskretion sind geboten.

Frühstücken im Zimmer zwei oder mehr Personen, ist ein kleiner Frühstückstisch bereitzustellen und einzudecken.

Vorteilhaft sind hier Room-Service-Wagen, auf denen das komplette Frühstück angerichtet in das Gästezimmer gefahren wird.

Durch Hochstellen von zwei Kreissegmenten wird der Wagen zu einem runden Frühstückstisch für 1 – 3 Personen.

Frühstücksbüfett und Brunch

Frühstücksbüfett

🇬🇧 *breakfast buffet* 🇫🇷 *le buffet de petit déjeuner*

Es handelt sich dabei um ein sehr reichhaltiges und umfangreiches Angebot. Von geringfügigen Abweichungen abgesehen, werden auf dem Büfett alle zum Frühstück üblichen Speisen bereitgestellt. Nach anfänglichen Schwierigkeiten hat sich diese Art des Frühstücksangebotes weitgehend durchgesetzt. Es gibt dafür eine ganze Reihe von Gründen:

- Der stark angewachsene Wohlstand sowie die Bedürfnisse, die sich aus dem internationalen Reiseverkehr ergeben,
- die sehr unterschiedlichen Verzehrgewohnheiten der Gäste,
- der Mangel an Restaurant- bzw. Bedienungsfachkräften,
- das leichtere Erfassen der Kosten sowie die Vereinfachung der Preisgestaltung,
- die Verringerung des Arbeitsaufwandes beim Frühstücksservice.

In Verbindung mit dem Frühstücksbüfett hat der Service neben der Bereitstellung warmer Getränke lediglich dafür zu sorgen, dass das Büfett immer wieder aufgefüllt wird und dass der einwandfreie und appetitliche Zustand bzw. Anblick auch noch für den letzten Frühstücksgast erhalten bleibt.

Brunch

Der Brunch ist eine Angebotsform, die sich immer größerer Beliebtheit erfreut. Er nimmt, wie die Wortkombination zeigt, eine Zwischenstellung zwischen dem Frühstück und Mittagessen ein.

- **Br**eakfast = Frühstück
- L**unch** = Mittagessen

Beim Brunch wird das Frühstücksbüfett mit Suppen, kleineren warmen Gerichten, Salaten und Süßspeisen ergänzt.

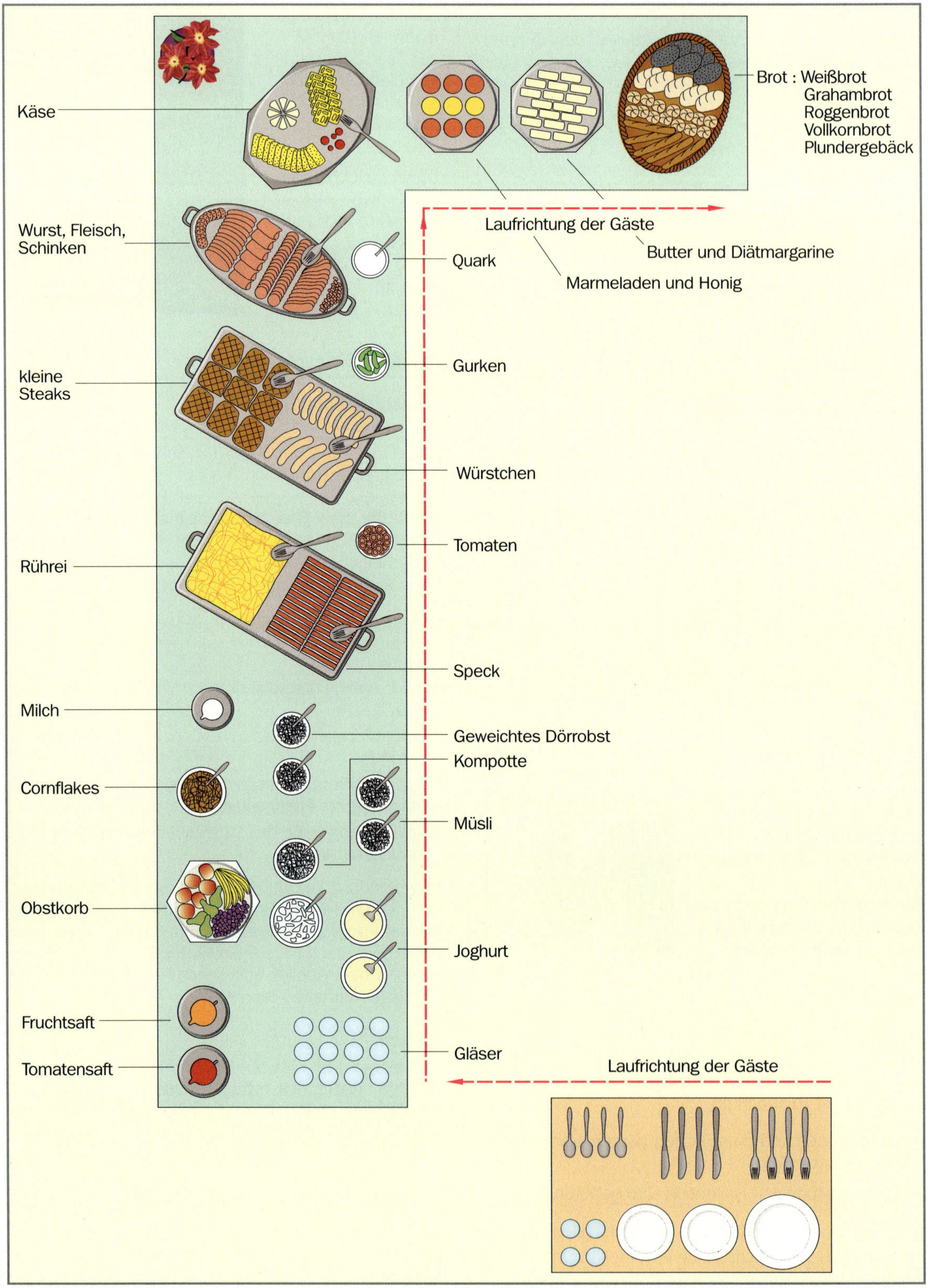

Käse
Brot : Weißbrot
Grahambrot
Roggenbrot
Vollkornbrot
Plundergebäck
Wurst, Fleisch, Schinken
Laufrichtung der Gäste
Butter und Diätmargarine
Quark
Marmeladen und Honig
kleine Steaks
Gurken
Würstchen
Rührei
Tomaten
Speck
Milch
Geweichtes Dörrobst
Kompotte
Cornflakes
Müsli
Obstkorb
Joghurt
Fruchtsaft
Tomatensaft
Gläser
Laufrichtung der Gäste

Abb. 1: Frühstücksbüfett

Aufgaben

1 Beschreiben Sie das kontinentale und das englische Frühstück.

2 Nennen Sie Formen des Frühstücksangebotes.

3 Beschreiben Sie folgende Angebote:
a) ein einfaches und ein erweitertes Frühstück,
b) Ergänzungen nach der Frühstückskarte.

4 Entwerfen Sie eine einfache Frühstückskarte.

5 Beschreiben und begründen Sie das Angebot in Form eines Frühstücksbüfetts.

6 Erklären Sie die Bezeichnung Brunch.

7 Welche Bedeutung hat die Frühstücksatmosphäre für den Gast und welchen Beitrag muss der Service diesbezüglich leisten? Nennen Sie Beispiele.

8 Erstellen Sie eine Waren-Bedarfsliste für ein Frühstücksbüfett für 60 Personen.

9 Beschreiben Sie das Herrichten von einfachen und erweiterten Frühstücksgedecken:
a) Vorbereitungen am Vorabend,
b) Ergänzungen am Morgen.

10 Wie ist der Servicetisch für das einfache Frühstück ausgestattet?

11 Nennen Sie die Angebote einer Frühstückskarte sowie die dazugehörenden Ergänzungen auf dem Servicetisch (Tischgeräte, Menagen).

12 Beschreiben Sie das Servieren des einfachen Frühstücks sowie die Anordnung der Frühstücksteile um den Gedeckplatz herum.

13 Auf welche Weise und unter Beachtung welcher Ergänzungen und Abläufe werden serviert:
a) ein Ei, Joghurt, Quark, Wurst oder Schinken?
b) Rühreier oder Spiegeleier?
c) Porridge, Cornflakes oder Müsli?
d) Grapefruit oder Melone?

14 Auf welche Weise bestellt der Gast sein Frühstück für die Etage und welche Kontrollmaßnahmen sind für den Ablauf des Service erforderlich?

15 Welche besonderen Regeln sind für den Service auf der Etage zu beachten?

8 Service einfacher Getränke

beverages service
le service des boissons

8.1 Bereitstellen von Getränken

Die meisten Getränke werden entweder in Flaschen mit Beistellgläsern oder im Schankglas serviert.

Für die am Büfett übergebenen Bons erhält die Servicefachkraft die bestellten Getränke.

Beim Ausschank der Getränke trägt das Büfettpersonal die Verantwortung dafür, dass bestimmte fachliche und sachliche Voraussetzungen erfüllt werden:

- Die bestellten, offenen Getränke müssen in den dafür vorgesehenen Schankgläsern mit der passenden Form, der richtigen Größe und der korrekten Inhaltsmenge bereitgestellt werden.
- Die Getränke müssen die für sie spezifische Getränketemperatur haben (siehe nebenstehende Tabelle).

Die Art der Bereitstellung aus dem Angebot in der Getränkekarte ergibt den Service:

– in Gläsern oder in Karaffen,
– in Portionsflaschen oder in großen Flaschen.

Getränkeart	Getränkebeispiele	Serviertemperatur (°C)
Erfrischungsgetränke	– Mineralwässer – Fruchtgetränke, Limonaden	8 – 10
Bier	– helle Sorten – dunkle Sorten	6 – 9 9 – 12
Wein	– Roséwein – Weißwein, leicht – Weißwein, schwer – Rotwein, leicht – Rotwein, schwer	9 – 11 9 – 11 10 – 12 12 – 14 16 – 18
Likörwein	– trocken – süß	10 – 12 16 – 18
Schaumwein	– weiß und rosé – rot	6 – 8 5 – 7
Liköre	– im Allgemeinen – Magenbitter	10 – 12 16 – 18
Brände und Geiste	– Korn, Wacholder, Genever – Steinhäger, Wodka, Gin – Enzian	0 – 4
	– Geiste: Aprikosen, Himbeeren – Wasser: Kirschen, Zwetschgen – Whisky	5 – 7
	– Hochwertige Obstbrände: Williamsbirne, Mirabelle, – Marc, Grappa, – Weinbrand, Cognac	16 – 18

8.2 Getränkeservice in Schankgefäßen

Die Getränke, die in Gläsern und Karaffen, manchmal auch in Krügen serviert werden, bezeichnet man als „offene Getränke", weil sie bereits am Büfett in diese Schankgefäße gefüllt und auf einem Tablett „offen" zum Tisch des Gastes gebracht werden.

Schankgefäße müssen laut Gesetz mit Füllstrich und Inhaltsangabe versehen sein.

Zur besseren Kontrollmöglichkeit für den Gast müssen Gläser laut Schankgefäßverordnung mit einem gut sichtbaren **Füllstrich**, dem **Nennvolumen** und dem **Herstellerzeichen** der Firma, die die Markierung angebracht hat, versehen sein.

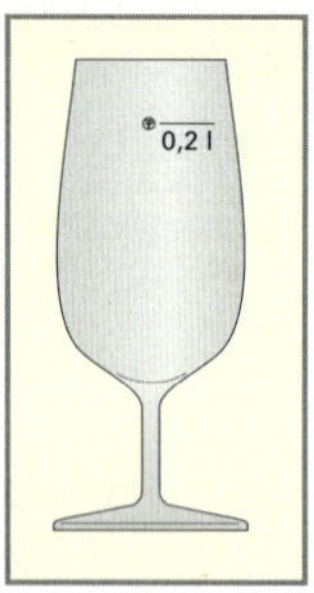

Der Gastronom haftet für die Richtigkeit dieser Angaben. Darum ist es sinnvoll, diese mit einem geeichten Messglas nachzuprüfen.

Servieren von offenen Getränken

Sie werden auf einem Tablett zum Tisch des Gastes gebracht.

Abb. 1: Getränketabletts

8.3 Ausschenken von Bier

Bier wird serviert als **Flaschenbier** oder als **Bier vom Fass.** Über die notwendige **Pflege des Bieres** wurde im Kapitel Getränkekunde bereits Wichtiges erläutert.

Das Bier muss klar sein und den ursprünglichen Kohlensäuregehalt aufweisen.

Das Bier ist so einzuschenken, dass es eine gewölbte, kompakte Schaumkrone erhält.

Hefeweißbier aus der Flasche

Zuerst das Glas mit kaltem Wasser spülen. Die Biertemperatur soll nie über 8 °C liegen.

Das Weißbier langsam am Rand entlang ins Glas laufen lassen. In einem Zug!

Nach kurzer Wartezeit die Schaumkrone aufsetzen.

Zapfen des Bieres

Es kommt nicht selten vor, dass die guten Eigenschaften eines Bieres noch in letzter Minute, nämlich beim Zapfen, verdorben werden. Eine angemessene Sorgfalt ist deshalb unerlässlich. Zunächst müssen die Gläser in einwandfrei sauberem Zustand sein, weil selbst Spuren von Fett und Spülmittelresten keine stabile Schaumkrone zustande kommen lassen.

Darüber hinaus muss das Zapfen sachgerecht ausgeführt werden.

Zapfen von Pils

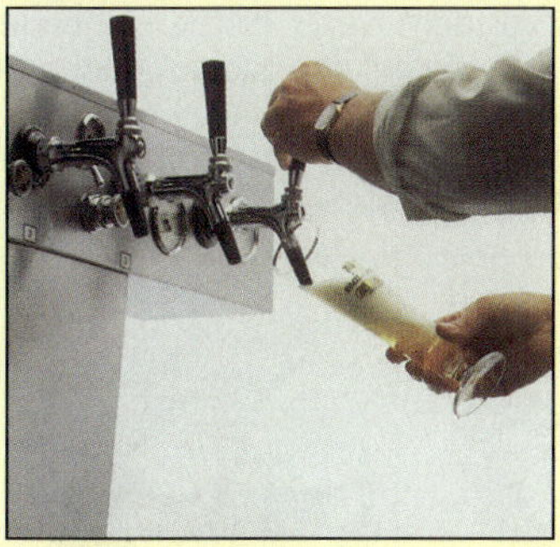

Vorzapfen: Dazu den Zapfhahn voll öffnen und das Glas so halten, dass das Pils an der Glaswand entlangfließen kann.

Nach ungefähr einer Minute nachzapfen, ohne den Zapfhahn ins Bier zu tauchen.

Nach kurzer Wartezeit die Schaumkrone aufsetzen.

Servieren von Getränken in Gläsern

- Das Glas wird von der rechten Seite des Gastes eingesetzt.
- Aus hygienischen Gründen dürfen Gläser nicht im Trinkbereich angefasst werden.
- Aus ästhetischen Gründen gilt dies auch beim Ausheben der leeren Gläser.
- Stielgläser werden grundsätzlich nur am Stiel angefasst, Bechergläser im unteren Drittel.
- Bei den Gläsern ist darauf zu achten, dass Dekor und Beschriftungen zum Gast hin, Gläserhenkel nach rechts gerichtet sind.

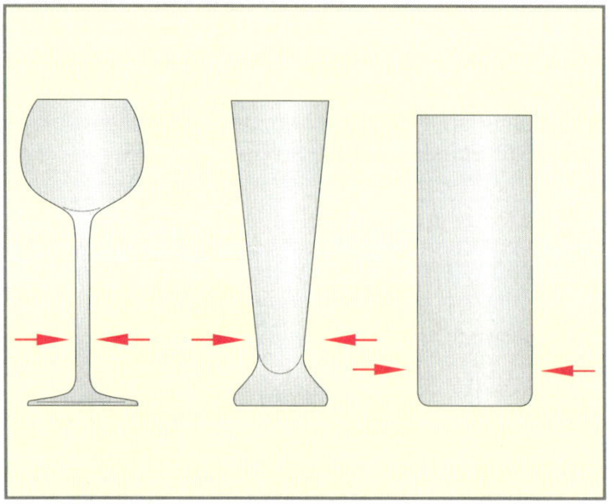

Abb. 1: Gläser mit Griffstellen

Servieren von Getränken in Karaffen und Krügen

- Das Glas wird von der rechten Seite eingesetzt und mit dem bestellten Getränk $1/3$ bis $1/2$ gefüllt.
- Nach dem Einschenken wird die Karaffe oder der Krug halb rechts oberhalb des Glases eingesetzt.

Servieren von Getränken in Portionsflaschen

Portionsflaschen sind Getränkeabfüllungen, die für eine Person gedacht sind, z.B. Mineralwasser, Fruchtgetränke, Limonaden und Bier.

Beim Servieren werden Glas und Flasche auf einem Tablett getragen. Am Tisch gilt:

- Das Glas von der rechten Seite des Gastes einsetzen und $1/3$ bis $1/2$ füllen,
- die Flasche auf einen Untersetzer halb rechts oberhalb des Glases abstellen mit dem Etikett zum Gast.

Bier in Portionsflasche *Schnaps im Glas*

Service von Wein mit Karaffe

Mineralwasser in Portionsflasche

Servieren von Aufgussgetränken

Aufgussgetränke wie Kaffee, Tee oder Kakao werden in Gläsern, Tassen oder Kännchen angerichtet und in der Regel auf einem ovalen Tablett serviert. Das Tablett soll dabei so hergerichtet sein, dass der Gast alles bequem vor sich findet und erreichen kann.

Der Tassengriff und der Kännchengriff zeigen immer nach rechts, der Kaffeelöffel liegt parallel dazu und der Würfelzucker muss vor dem weiter hinten stehenden Kännchen platziert sein wie auf den nachfolgenden Bildern.
Die Tabletts werden von rechts so eingesetzt, dass sie, wie abgebildet, leicht schräg stehen.

Aufgaben

1. Worin werden die meisten Getränke serviert?
2. Wie wird Bier serviert?
3. Was ist beim Einsetzten von Gläsern am Tisch des Gastes zu beachten?
4. Beschreiben Sie das sachgerechte Zapfen von Bier.

PROJEKT

ATTRAKTIVES FRÜHSTÜCKSBÜFETT

Für eine einwöchige Tagung von internationalen Fremdenverkehrsfachleuten möchte Ihr Chef eine besondere Frühstückattraktion bieten.

Das normale Frühstücksbüfett soll mit attraktiven Kochaktionen (Front Cooking) versehen werden, z. B. Herstellen von Eierspeisen oder Waffeln usw.

Arbeiten Sie hierfür Vorschläge aus.

Das Büfett soll für maximal 100 Frühstücksgäste ausgearbeitet werden.

VORSCHLÄGE FÜR SONDERAKTIONEN AM FRÜHSTÜCKSBÜFETT

1 Unterbreiten Sie Ihrem Chef fünf bis sieben Vorschläge.

2 Beschreiben Sie kurz die einzelnen Vorschläge genauer.

3 Wie viel Büfettfläche und welche Arbeitsgeräte werden zusätzlich benötigt?

ERSTELLEN SIE EIN KOMPLETTES SORTIMENT FÜR EIN FRÜHSTÜCKSBÜFETT MIT FÜNF ATTRAKTIONEN

1 Listen Sie die benötigten Waren und Produkte für die vorgesehene Personenzahl auf.

2 Listen Sie die benötigten Besteck- und Geschirrteile auf.

3 Erläutern Sie die Herstellung der fünf besonderen Kochattraktionen.

4 Skizzieren Sie den Aufbau des Frühstücksbüfetts mit den Kochstellen.

KENNZEICHNEN DER EINZELNEN BÜFETTELEMENTE MIT HINWEISSCHILDERN

1 Erstellen Sie diese Schilder in deutscher Sprache.

2 Übersetzen Sie die Büfettelemente auch in englische und französische Versionen, damit diese mit auf die Schilder gedruckt werden können.

3 Gestalten Sie diese Schilder mithilfe des Computers (Schriftart, Schriftgröße).

KOSTEN

1 Berechnen Sie die gesamten Materialkosten für das Frühstücksbüfett.

2 Berechnen Sie den ungefähren Materialeinsatz für eine Person.

Magazin

Im Gastgewerbe versteht man unter Magazin die verschiedenen Lagerräume, in denen die Waren gelagert und bei Bedarf abgerufen werden. Eine Übersicht zeigt uns das Magazin im organisatorischen Zusammenhang eines größeren Betriebes.

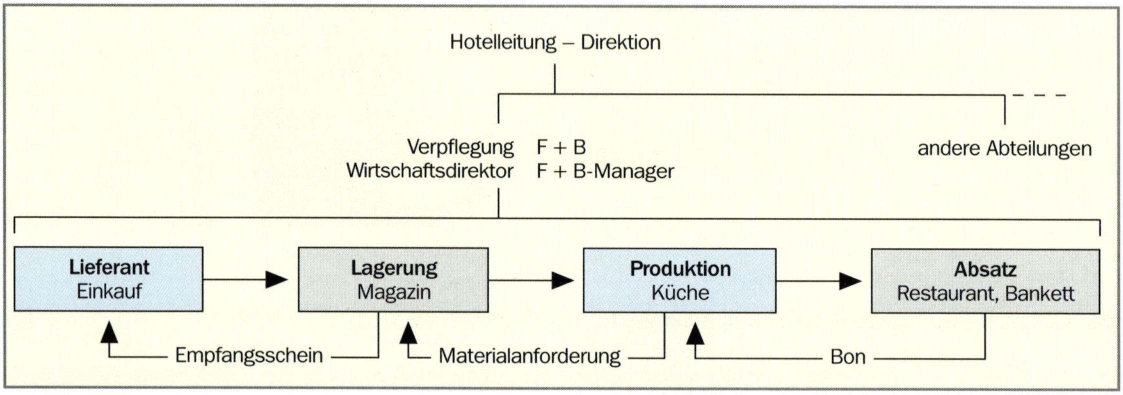

Ob in Ihrem Betrieb das Magazin als eine eigene Abteilung bezeichnet wird, ist für das Verständnis der folgenden Abschnitte nicht wichtig.

Auch im kleineren Betrieb wird eingekauft, gelagert, gegen Beleg ausgegeben usw.

Nur liegen manchmal mehrere Schritte in einer Hand. Dann fällt es weniger auf, dass hier unterschiedliche Vorgänge ablaufen, und dass man im Großbetrieb hier von unterschiedlichen Abteilungen spricht.

Die Übersicht zeigt uns auch, dass jeder Veränderung im Warenbestand ein schriftlicher Beleg zugeordnet werden kann.

1 Warenbeschaffung

purchasing
l'acquisition de la merchandise

„Im Einkauf liegt der halbe Gewinn" sagt ein bekannter kaufmännischer Grundsatz. Ein Einkäufer muss darum nicht nur ein guter Rechner sein, sondern auch folgende Punkte berücksichtigen:

- welche Waren
- werden zu welchem Preis
- wann
- wo bestellt.

Bedarfsermittlung – Bestellmenge

Der Einkäufer im Großbetrieb, bei Klein- und Mittelbetrieben der Inhaber, wird in Zusammenarbeit mit den einzelnen Abteilungen zunächst feststellen, welche Waren in welcher Menge bestellt werden müssen. Dabei ist z. B. die Saison ebenso zu berücksichtigen wie Sonderveranstaltungen.

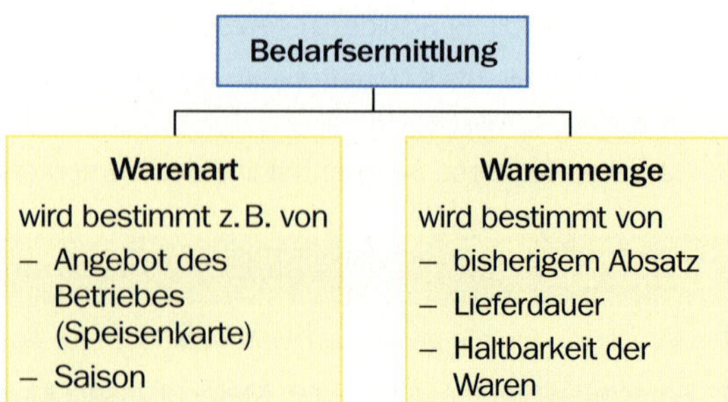

In der Regel kann bei Abnahme einer größeren Menge einer Ware ein günstigerer Preis erzielt werden. Andererseits bringen zu hohe Lagerbestände Nachteile. Es gilt abzuwägen:

- ein **zu großer Lagervorrat**
  - bindet unnötig Kapital, weil die eingekauften Waren bezahlt werden müssen,
  - benötigt Lagerraum,
  - kann zu unnötigem Verderb führen;
- ein **zu geringer Lagerbestand**
  - kann zu Einschränkungen im Angebot führen wenn nicht alle Gästewünsche erfüllt werden können,
  - führt zu Nachkäufen, die Zeit beanspruchen und mit höheren Einkaufspreisen bezahlt werden müssen.

Für eine optimale Bestellmenge ist darum zwischen den Vor- und Nachteilen abzuwägen, die sich aus dem Bezug unterschiedlicher Mengen ergeben.

Wichtige **Kennzahlen** helfen dabei.

- **Höchstbestand:** Er wird bei Frischware und Tiefkühlware durch die Lagermöglichkeiten gegeben.
- **Meldebestand:** Er ist abhängig von der Lieferzeit (wöchentlich, zweiwöchentlich) und von Verpackungseinheiten, z. B. 360 Eier im Karton.

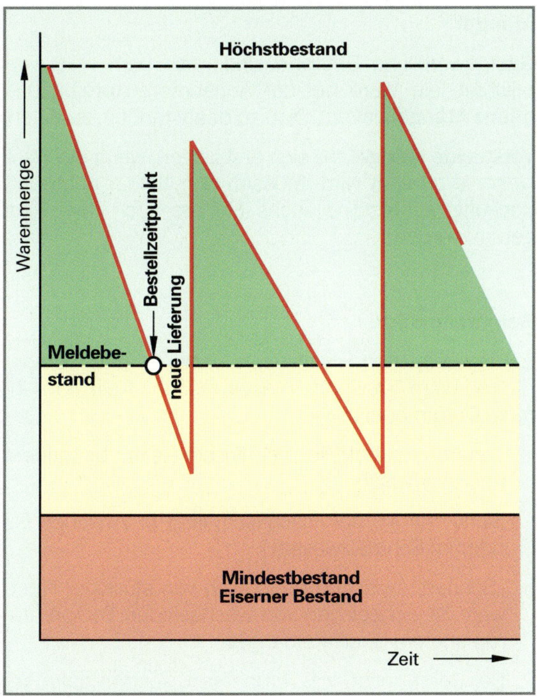

Abb. 1: Lagerbestände

- **Mindestbestand:** Diese Menge muss stets am Lager sein, damit man uneingeschränkt anbieten kann. Diese Bestände werden von der Geschäftsleitung festgelegt.

Berechnung des Meldebestandes

Meldebestand =
(Tagesbedarf · Lieferzeit) + Mindestbestand

BEISPIEL

Ein Betrieb verkauft täglich durchschnittlich 40 Flaschen eines bestimmten Mineralwassers. Der Mindestbestand ist auf 140 Flaschen festgelegt. Es wird jeweils am Dienstag geliefert.

Berechnen Sie den Meldebestand.

(40 Flaschen · 7) + 140 = **420 Flaschen**

Bestellzeitpunkt

Der Bestellzeitpunkt gibt an, wann die nächste Bestellung zu erfolgen hat. Bei der Berechnung müssen drei Größen berücksichtigt werden:

- Täglicher Verbrauch (Durchschnittswert),
- Lieferdauer in Tagen sowie
- Mindestbestand/eiserner Bestand.

Bezugsquellenermittlung

Nachdem feststeht, welche Waren in welcher Menge zu welchem Zeitpunkt bestellt werden müssen, ist zu ermitteln, bei welchem Betrieb eingekauft werden soll. **Bezugsquellenverzeichnisse** halten Liefer- und Zahlungsbedingungen, eventuelle Rabatte und Lieferzeiten fest.

Angebotsvergleich

Ein überlegter Einkauf orientiert sich nicht nur am Listenpreis. Es sind daneben z. B. Rabatte, Skonti und Transportkosten sowie die Zahlungsbedingungen zu berücksichtigen.

BEISPIEL

Frisches Rinderfilet kostet 28,00 €/kg. Argentinische Ware wird zu 26,80 €/kg angeboten. Beim Auftauen der Importware ist mit einem Verlust von 6 % zu rechnen.

Welches Angebot ist preislich günstiger?

Frisch	**Import**
1000 g = **28,00 €**	940 g = 26,80 €
	1000 g = **28,51 €**

Beispiel

Für Wein liegen zwei Angebote vor. Lieferant A macht folgendes Angebot: Je Flasche 6,00 € netto, ab 100 Flaschen 10 % Rabatt, bei Zahlung innerhalb von 10 Tagen 3 % Skonto. Lieferung frei Haus.

Lieferant B verlangt je Flasche 5,25 € und bietet ab 100 Flaschen 5 % Rabatt. Zahlung rein netto, Lieferung unfrei. Es ist mit 35,00 € für Fracht und Rollgeld zu rechnen. Die Mehrwertsteuer ist bei diesem Vergleich nicht zu berücksichtigen.

Man beabsichtigt 200 Flaschen zu kaufen.

Wie viel € kostet eine Flasche bei jedem Angebot?

Angebot A	
6,00 € · 200 =	1 200,00 €
– 10 % Rabatt	120,00 €
rab. Betrag	1 080,00 €
– 3 % Skonto	32,40 €
Einstandspreis	1 047,60 €
Flasche	**5,24 €**

Angebot B	
5,25 € · 200 =	1 050,00 €
– 5 % Rabatt	105,00 €
rab. Betrag	945,00 €
+ Fracht	35,00 €
Einstandspreis	980,00 €
Flasche	**4,90 €**

2 Wareneingang

receiving goods
l'entrée des marchandises

Annahme

Die Waren werden im Beisein des Lieferanten angenommen.

- Ohne **Lieferschein** keine Warenannahme.
- Gelieferte Waren mit den Angaben auf dem Lieferschein vergleichen.
- Erkennbare (offene) Mängel lässt man sich auf dem Lieferschein bestätigen.

  Beispiele
  - Anzahl stimmt nicht – bei offenen Verpackungseinheiten aufpassen,
  - Mindesthaltbarkeitsdatum ist überschritten,
  - Verbrauchsdatum ist überschritten,
  - Frischware ist erkennbar „alt“, z. B. welk,
  - Temperaturvorgaben sind nicht eingehalten.
- Nicht bestellte Waren werden nicht angenommen.
- Abschließend wird der **Empfangsschein** unterschrieben. Er dient dem Auslieferer als Beleg gegenüber seiner Geschäftsleitung.

Mängel

Gastgewerbliche Betriebe sind nach dem HGB verpflichtet, die Ware bei der Annahme zu prüfen und **offene Mängel** unverzüglich zu beanstanden, zu rügen.

Versteckte Mängel die sich erst zeigen, wenn die Ware weiterverarbeitet wird, müssen unmittelbar nach Entdeckung, spätestens sechs Monate nach dem Kauf gerügt werden.

Gefahrenpunkte

Bei eiweißreichen Frischwaren führen erhöhte Temperaturen beim Transport zu einer raschen Keimvermehrung. Darum beachten:

- Temperaturkontrolle bei Frischfleisch, besonders bei Hackfleisch
- Sichtkontrolle bei Frischfisch; liegt er zwischen Eis oder im Schmelzwasser?
- „Schnee“ zwischen den Teilen von stückiger Frostware ist ein Zeichen von wechselnden Temperaturen und ein Qualitätsmangel.
- Bei Beerenobst, z. B. Erdbeeren, können tiefer liegende Schichten verdorben sein.

Magazin

3 Warenlagerung

storage of goods
le dépôt de marchandises (l'économat)

Nachdem die Waren angenommen wurden, müssen sie in die entsprechenden Lager gebracht werden. Dabei sind sachliche und lebensmittelrechtliche Vorgaben zu beachten.

3.1 Grundsätze der Lagerhaltung

Hygienevorschriften legen für einzelne Lebensmittelgruppen Höchsttemperaturen für die Lagerung fest. Wir lernen diese bei den entsprechenden Lebensmitteln kennen.

Ferner ist zwischen „unreinen" und „reinen" Lebensmitteln zu unterscheiden. Als unrein bezeichnet man in diesem Zusammenhang Lebensmittel, die z.B. mit Erde und damit mit Keimen behaftet sein können. Auf Fleisch oder Fisch fänden diese ideale Lebensbedingungen.

Durch eine sachgerechte Lagerhaltung wird versucht, die Qualität der Lebensmittel vom Einkauf bis zum Verbrauch bestmöglichst zu erhalten. Die Art und Weise, wie die Lebensmittel im Einzelnen zu lagern sind, nennt man die Lagerbedingungen.

Die **Lagerbedingungen** umfassen hauptsächlich

- Lagertemperatur und
- Luftfeuchtigkeit sowie
- Forderungen der Hygiene.

Lagertemperatur

Die Lagertemperatur ist vor allem bei leicht verderblichen Lebensmitteln genau zu beachten, denn die Vermehrungsgeschwindigkeit der Mikroben steht in direktem Zusammenhang mit der Temperatur. Teilweise sind vom Gesetzgeber Höchsttemperaturen vorgeschrieben, die bei der Lagerung nicht überschritten

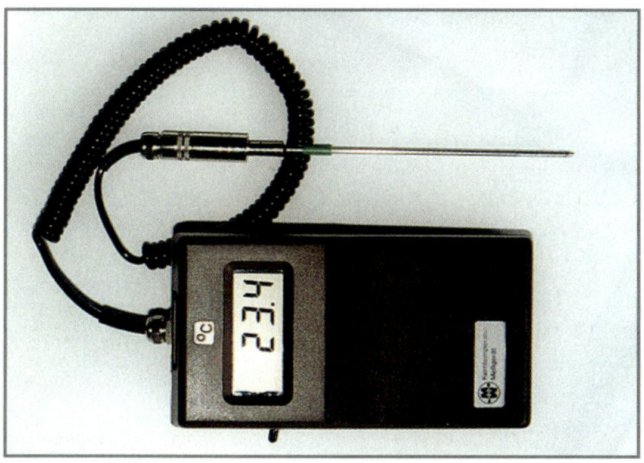

Abb. 1: Thermometer

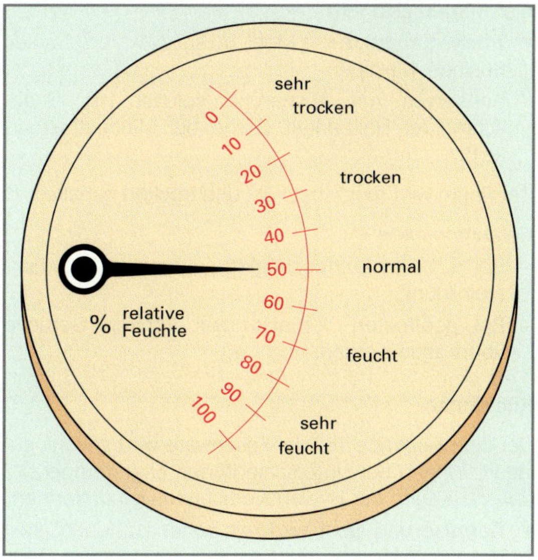

Abb. 2: Hygrometer

werden dürfen, so z.B. bei Hackfleisch oder Frischmilch. Andererseits können niedrigere Temperaturen manchen Lebensmitteln schaden. So sollen bestimmte Gemüsearten (Tomaten, Paprika, Auberginen) und Obstsorten (Ananas, Banane) nicht in üblichen Kühlräumen gelagert werden. Diesen Arten schaden niedrigere Temperaturen.

Luftfeuchtigkeit

Die Luftfeuchtigkeit ist den Bedürfnissen der Lebensmittel anzupassen. Ist sie zu niedrig, werden Obst, Gemüse und insbesondere Salate schnell welk.

Frischfleisch, Käse sowie vorbereitete Lebensmittel trocknen in den Randschichten aus.
Bei zu hoher Luftfeuchtigkeit verliert dagegen Brot rasch die Frische, Puderzucker klumpt und die Schimmelbildung wird gefördert.

Forderungen der Hygiene

Frischware aus dem Pflanzenreich, z.B. Kartoffeln oder Gemüse, ist mit Erde behaftet. Im Erdreich befindet sich immer eine hohe Zahl von Mikroorganismen. Aber auch tierische Produkte wie ganze Fische, ungerupftes Geflügel oder Wild in der Decke sind Keimträger. Um zu vermeiden, dass Krankheitserreger auf andere, unverpackte Frischware oder vorbereitete Speisen übertragen werden, geben Hygieneverordnungen entsprechende Vorschriften. Weil die Lagerbedingungen so unterschiedlich sind, benötigt ein gastgewerblicher Betrieb mehrere Lagerräume (vgl. S. 46 und S. 286).

3.2 Lagerräume

Magazin oder Normallager

Hier werden gelagert:

- **Trockenprodukte** wie Mehl, Reis, Teigwaren, Zucker Rosinen, Marzipan.
- **Konserven** mit Ausnahme solcher mit eingeschränkter Haltbarkeit (siehe bei Mindesthaltbarkeit).

Der Raum wird möglichst kühl und trocken gehalten.

Gefahrenpunkte:

- Bei zu hoher Luftfeuchtigkeit kommt es zu Schimmelbildung.
- Bei geöffneten Verpackungen können Gerüche übertragen werden.

Kühlräume

Der überwiegende Teil der Frischware wird gekühlt gelagert. Wegen der unterschiedlichen Lagertemperaturen und wegen der Hygienevorschriften ist zu trennen:

- **Gemüse und Obst** wird mit hoher Luftfeuchtigkeit bei + 6 °C bis + 8 °C gelagert.
- **Milch und Milcherzeugnisse** lagern bei etwa + 8 °C. Verpackte Ware kann zusammen mit anderen Produkten lagern, offene Ware muss getrennt untergebracht sein.
- **Frischfleisch und Fleischteile** auch von Wild und Geflügel lagern zusammen bei + 4 °C.
- **Fische**, ganze Tiere oder Filets sowie Krebs- und Weichtiere lagern bei 0 °C am besten zwischen Eis.

Gefahrenpunkte:

- Verluste durch Austrocknen, wenn die Waren nicht abgedeckt sind.
- Übertragung von Fremdgerüchen.
- Mikrobenvermehrung, wenn zu warm oder zu lange gelagert wird.

- **Kühllager Getränke**
  Flaschenkühlraum: Säfte, Limo, Wasser
- **Kühllager Bier**
  Gefahrenpunkte:
  Außer Fässern, Kegs und Getränke-Containern keine anderen Waren.

Tiefkühlräume

Das bestimmende Merkmal ist die Temperaturgrenze von –18 °C. Hier sind alle Lebensmittel verpackt, um Frostbrand zu vermeiden. Die Verpackung schützt zugleich vor einer Keimübertragung. Darum ist eine Trennung der Lebensmittelgruppen nicht notwendig.

Jetzt im Zusammenhang:

← **Empfangsschein** an Lieferanten

→ **Ware/Lieferschein** an Empfänger

Annahme-kontrolle

Sachgerechte Lagerung – entsprechende Lagerbedingungen

Magazin Normallager	Gemüse Obst	Milch Milch-erzeugnisse	Frischfleisch	Fische	Tiefkühlung
Trockenwaren	≈ + 8 °C hohe Luftfeuchtigkeit	≈ + 8 °C	• Schlachtfleisch • Geflügelfleisch • Wildfleisch + 4 °C **kein** Geflügel im Federkleid oder Wild in der Decke	• ganze Tiere • Filets ≈ 0 °C am besten zwischen Eis	– 18 °C alle Waren verpackt, darum keine Vorschriften für Trennung

Gefahrenpunkte:

- Gefrierbrand bei verletzter oder geöffneter Packung.
- Mikrobenvermehrung, wenn die Tiefkühlkette unterbrochen wird.

Beim **Einräumen der Ware** gilt:

Altes nach vorne, Neues nach hinten.

Oder in anderer Form:

Fi Fo

First in First out

Das macht zwar zusätzliche Arbeit, doch nur so ist gewährleistet, dass die Bestände nicht veralten.

Fristen beachten

Das **Mindesthaltbarkeitsdatum** gibt an, wie lange das Lebensmittel bei sachgemäßer Lagerung mindestens haltbar ist. Bis zu diesem Zeitpunkt trägt der Hersteller die Verantwortung (Garantie). Wenn die Ware nach diesem Zeitpunkt noch in Ordnung ist, kann sie nach Prüfung noch verzehrt werden.

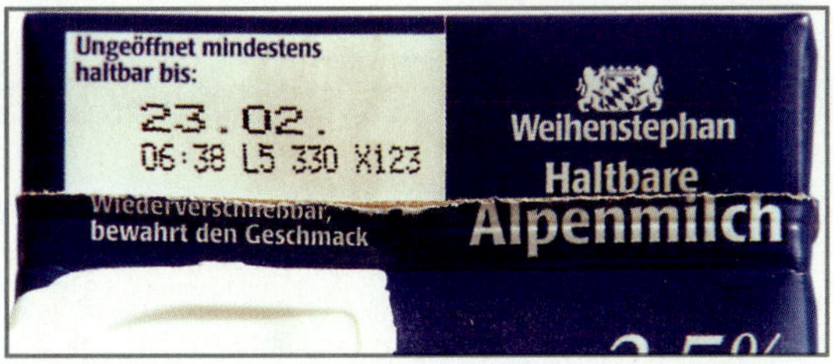

Das **Verbrauchsdatum** ist rechtlich verbindlich. Nach dem Termin gelten die Waren als verdorben.

4 Warenausgabe

🇬🇧 *issuing goods*
🇫🇷 *la sortie de marchandises*

In Betrieben kann man nicht wie in einem Haushalt Dose für Dose oder Flasche für Flasche dann aus dem Vorratsbestand entnehmen, wenn man sie gerade braucht.

Der Bedarf wird für eine bestimmte Zeit zusammengefasst und dem Vorrat entnommen.

Ohne Beleg keine Ware, lautet der Grundsatz bei der Warenausgabe. So wie beim Zugang von Waren zum Magazin der Empfangsschein zu unterschreiben ist, so fordert das Magazin eine schriftliche Unterlage von den anfordernden Abteilungen.

In der **Lagerfachkarte** werden die Veränderungen im Bestand eingetragen. Damit ist eine laufende Übersicht über den Bestand gegeben.

Die EDV in der Buchhaltung liefert Listen, die eine Abgleichung der Werte ermöglichen.

Bei einer Inventur werden Sollbestände mit Istbeständen verglichen.

- Der **Sollbestand** wird **errechnet**, indem zum Bestand Zugänge addiert und der Verbrauch abgezogen wird.
- Den **Istbestand** erhält man durch Zählen oder Messen. Er nennt die **tatsächlich vorhandene** Menge.

Wenn Ist- und Sollbestand nicht übereinstimmen, spricht man von **Fehlbestand.** Dieser kann entstehen durch

- Schwund, Verderb oder Bruch,
- Unehrlichkeit von Mitarbeiten.

Zugang:
Ware wird angenommen und verbucht.

Brathähnchen				
Datum	Vorgang	Zugang	Verbrauch	Bestand
1.10.	Übertrag			14
3.10.	Geflügel Schulze	48		62
5.10.	Anford. Küche		12	50

Verbrauch:
Ware wird angefordert und ausgegeben.

Dafür ist die Lagerverwaltung verantwortlich.

Abb. 1: Lagerfachkarte

Magazin

5 Lagerkennzahlen

stock ratios
les ratios des stocks

Das Lager bindet vom Wareneingang bis zum Verkauf der Speisen oder Getränke erhebliches Kapital. Eine vergleichende Bewertung ist durch die Kennzahlen

- Lagerbestand und
- Lagerdauer möglich

Der **durchschnittliche Lagerbestand** nennt den Durchschnitt/Mittelwert für ein Lager im Abrechungszeitraum.

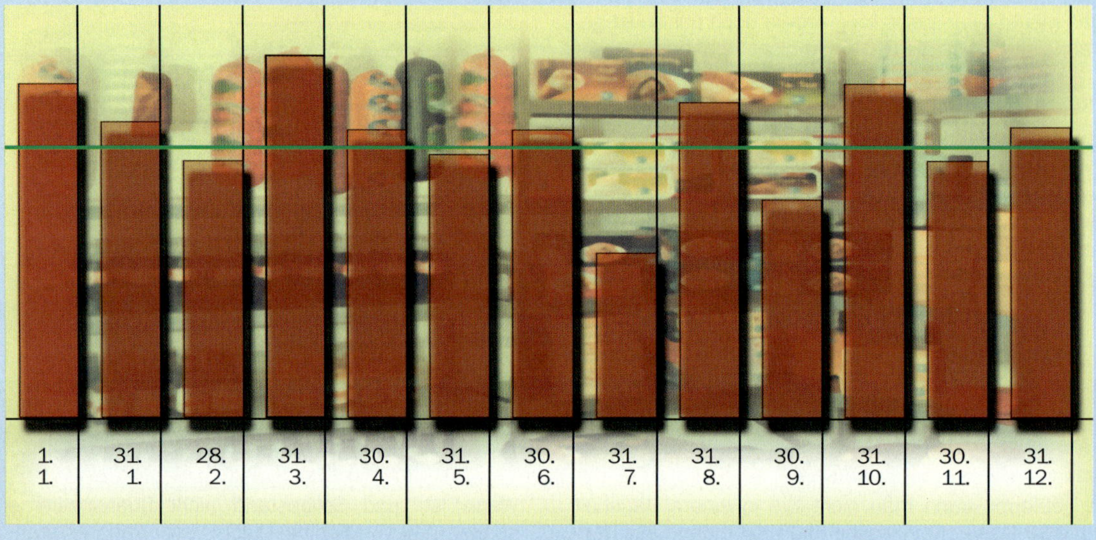

$$\varnothing \text{ Lagerbestand} = \frac{\text{Anfangsbestand} + 12 \text{ Monatsendbestände}}{13}$$

Beispiel

$$\varnothing \text{ Lagerbestand} = \frac{33\,000 + 240\,000}{13} = 21\,000$$

Die **Umschlagshäufigkeit** sagt aus, wie oft ein Lager innerhalb eines Jahres (gedanklich) ganz leer und wieder gefüllt ist. Denken Sie z. B. an Heizöl.

$$\text{Umschlagshäufigkeit} = \frac{\text{Wareneinsatz}}{\text{durchschn. Lagerbestand}}$$

Beispiel

$$\text{Umschlagshäufigkeit} = \frac{231\,000}{21\,000} = 11$$

Die **durchschnittliche Lagerdauer** nennt die Anzahl der Tage, die eine Ware durchschnittlich im Lager ist. Dieser Wert ist besonders bei Frischware wichtig. Je kürzer die Lagerhaltung, desto besser die Qualitätserhaltung.

$$\varnothing \text{ Lagerdauer} = \frac{\text{360 Tage (ein Jahr)}}{\text{Umschlagshäufigkeit}}$$

Beispiel

$$\varnothing \text{ Lagerdauer} = \frac{360}{11} \approx 33 \text{ Tage}$$

Aufgaben

1 Nennen Sie die Namen der Schriftstücke bei folgenden Abläufen:
a) Magazin bestätigt dem Lieferanten den richtigen Empfang der Waren.
b) Ausfahrer weist nach, was er zu liefern hat.
c) Küche will Waren aus dem Magazin.
d) Restaurant will eine Portion Rinderschmorbraten von der Küche.

2 Nennen Sie je zwei Beispiele für offene und für versteckte Mängel.

3 Auf dem Lieferschein stehen 12 Flaschen Kräuteressig. Es werden jedoch nur 10 Flaschen angeliefert. Sie haben den Auftrag, die Waren anzunehmen. Wie verhalten Sie sich?

4 Nennen Sie drei Lagerbedingungen und erläutern Sie eine davon näher.

5 In einem Lagerraum für Trockenwaren hat sich in einer Ecke Schimmel gebildet. Nennen Sie mögliche Gründe.

6 Manchmal wird von Verpackungen nur eine Teilmenge benötigt. Warum muss dann die Verpackung wieder sorgfältig verschlossen werden?

7 Nennen Sie Gründe, warum aus hygienischen Gründen Gemüse und Fleisch nicht zusammen im Kühlraum gelagert werden dürfen.

8 Was geschieht, wenn unverpackte Ware im Tiefkühlraum gelagert wird?

9 „Und merke Dir: Fifo, auch wenn es Arbeit macht", sagte der Magazinleiter zum neuen Auszubildenden. Erläutern Sie.

10 „Die Ware im Lager bindet unnötig Kapital. Darum muss der Lagerbestand ganz niedrig gehalten werden." Beurteilen Sie:
a) Welche Nachteile können mit einem sehr geringen Lagerbestand verbunden sein?
b) Wie nennt man den Bestand, der zur Absicherung des Betriebsablaufs immer vorhanden sein muss?
c) Wer legt diesen Wert fest?

11 Nennen Sie Faktoren, die die Höhe des Meldebestandes beeinflussen.

12 Die Buchführung des Hotels *Königshof* liefert folgende Werte:

01.01.	9 657,00 €						
31.01.	11 870,00 €	30.04.	11 621,00 €	31.07.	11 864,00 €	31.10.	6 756,00 €
28.02.	6 453,00 €	31.05.	8 879,00 €	31.08.	13 452,00 €	30.11.	11 829,00 €
31.03.	13 236,00 €	30.06.	9 682,00 €	30.09.	12 461,00 €	31.12.	8 973,00 €

Berechnen Sie den durchschnittlichen Lagerbestand.

13 Die Lagerbuchhaltung weist für das vergangene Jahr folgende Werte aus:

Anfangsbestand	15 200,00 €
Summe der Monatsendbestände	182 400,00 €
Wareneinsatz während des Jahres	258 400,00 €

Berechnen Sie die Lagerumschlagshäufigkeit und die durchschnittliche Lagerdauer in Tagen.

14 Die Lagerfachkarte für einen Tischwein enthält folgende Eintragungen:

Mindestbestand	20 Flaschen	Lieferdauer	7 Tage
Meldebestand	90 Flaschen		

Können Sie aus diesen Angaben den durchschnittlichen Tagesverkauf ermitteln?

15 Für Gemüse wurde im Vorjahr eine durchschnittliche Lagerdauer von 15 Tagen ermittelt. Für dieses Jahr ist eine Lagerumschlagshäufigkeit von 30 geplant.
In welchem Fall ist die Lagerdauer kürzer?

6 Büroorganisation

office organization
l'organisation (w) de bureau

6.1 Schriftliche Arbeiten

Innerhalb der Ausbildung lernt man die unterschiedlichen Arten von berufsbezogenen schriftlichen Arbeiten kennen.

- **Karteien**, z. B. als Rezeptkartei im Abschnitt Arbeitsplanung, als Lagerfachkarte im Magazin
- **Arbeitsablaufpläne**
- **Checklisten**
- **Speise- und Getränkekarten**

Diese arbeitsplatzbezogenen schriftlichen Arbeiten sind dort besprochen, wo sie sachlich vorkommen. Die Besonderheiten bei der Gestaltung und der Schreibweise bei Speisekarten z. B. innerhalb der Menükunde. Hier wird vorgestellt, was allen Schriftstücken gemeinsam ist.

6.2 Ablage- und Ordnungssysteme

Wenn innerhalb eines Betriebes ein Vorgang, z. B. eine Bestellung, ordnungsgemäß ausgeführt worden ist, dann werden alle zugehörigen Informationen aufbewahrt. Man sagt, sie kommen in die **Ablage.**
Wenn die Schriftstücke sicher und rasch wiedergefunden werden sollen, müssen diese nach einem vereinbarten System an festgelegten Stellen abgelegt werden. Die geplante Ablage nennt man **Registratur.**

Dabei kann nach verschiedenen Arten geordnet werden. Man spricht von Ordnungsgrundsätzen oder **Ordnungsprinzipien oder Ordnungssystemen.**

Ablagesysteme

Damit zusammenbleibt, was zusammengehört, verwendet man unterschiedliche Schriftgutbehälter.

Sichthüllen

dienen der raschen vorläufigen Aufbewahrung. Es gibt sie oben und an der Seite offen in verschiedenen Farben und Folienstärken.

Aktendeckel

sind aus gefaltetem Karton. Im Unterschied zu den Sichthüllen haben sie den Vor- oder Nachteil, dass man den Inhalt nicht sieht.

Schnellhefter

mit oder ohne durchsichtiger Oberseite halten die Schriftstücke mit einem Heftstreifen zusammen.

Hängemappen

sind unten geschlossen und seitlich mit oder ohne Gewebestreifen. Sie hängen mit Haken in einem Rahmen und erlauben einen raschen Zugriff auf die Schriftstücke.

Ordner

sind aus starker Pappe gefertigt und in mehreren Breiten mit unterschiedlicher Mechanik verfügbar. „Selbststehende" Ordner kippen nicht und werden darum bevorzugt.

Archivschachteln

sind aus Pappe und werden für die staubfreie Altablage von Schriftgut verwendet.

Ordnungssysteme

Zunächst wird nach bestimmten Vorgängen unterschieden. Das können z. B. sein:

- *Personen,* wie Gäste oder Lieferanten
- *Vorgänge,* z. B. Frühlingsfest, Spargelwoche
- usw.

Innerhalb dieser ersten Einteilung wird weiter getrennt.

Alphabetisch geordnet ist eine Ablage, wenn nach den Anfangsbuchstaben z. B. der Lieferfirmen oder der Gäste geordnet wird. Auf **A** folgt **B** usw. Kommt ein Anfangsbuchstabe mehrmals vor, berücksichtigt man den Folgebuchstaben. Beispiel: Lieferant B**e**rthold steht vor B**u**sch.

Chronologisch geordnet ist eine Ablage, wenn nach dem **Datum** abgelegt wird. Eine Reservierung für einen Tisch im Restaurant wird sicher zunächst dem entsprechenden Datum zugeordnet.

Auch die Kontrolllisten, nach denen die betriebseigenen Kontrollen (HACCP) nach der Lebensmittelhygieneverordnung durchzuführen sind, werden sinnvoller Weise nach dem Datum abgelegt, an dem sie auszuführen sind.

Alphanumerisch geordnet ist eine Ablage, wenn zunächst nach dem **Alpha**bet und dann nach der **Nummer** unterschieden wird. Das kann sein das Datum, die Rechnungsnummer usw.

Im geschäftlichen Bereich wird in den meisten Fällen der neueste Vorgang „oben auf" gelegt. Das bringt den Vorteil, dass man das Neue immer zuerst zur Hand hat. Man nennt das **kaufmännische Ablage.**

Legt man dagegen das Neue immer hinten ab, wie z.B. in einem Fotoalbum, spricht man von **Buchablage.**

7 Datenverarbeitung

data processing
le traitement des données

Mithilfe der Datenverarbeitung werden viele Arbeitsvorgänge automatisiert, die früher z.T. zeitaufwendig und mühsam erledigt werden mussten.

Die technischen Geräte, die der Datenverarbeitung dienen, werden **Hardware** genannt. Was ein Rechner kann, hängt von der **Software** ab.
Neben allgemeinen Programmen wie Textverarbeitung (z.B. Word) oder Tabellenkalkulation (z.B. Excel) gibt es die **Branchensoftware.** Darunter versteht man Programme, die eigens für bestimmte Aufgaben, bestimmter Branchen, bestimmter Betriebszweige gemacht sind. Verbreitet sind im Gastgewerbe z.B. Bankett-Profi, Fidelio oder Protel.

Jede Datenverarbeitungsanlage arbeitet nach dem **E-V-A-Prinzip.**

Erfasst werden die Daten z.B. über die Tastatur oder den Scanner.

Verarbeitet werden die Daten durch bestimmte Programme.

Ausgegeben werden die Ergebnisse über Bildschirm oder Drucker

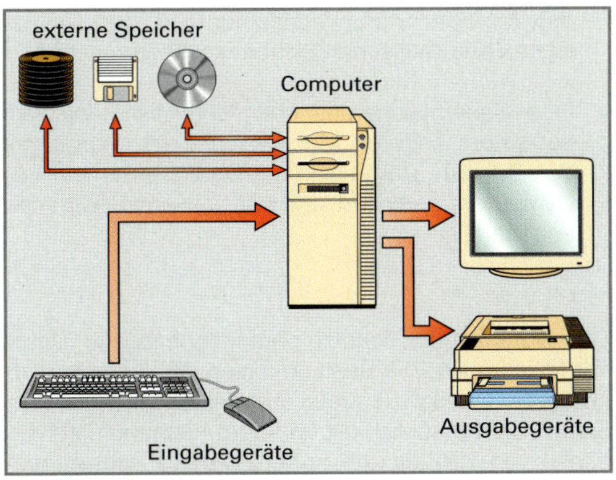

Abb. 1: Computersystem

7.1 Geräte

equipment *les appareils (m)*

Mithilfe von **Eingabegeräten** gelangen die Daten in den Rechner. Neben der

- **Tastatur** und der
- **Maus** dient dazu auch der
- **Scanner,** vergleichbar einem Kopiergerät.
- **Barcodeleser** können die Informationen aus Strichcodes übernehmen.
- **Handterminals** können z.B. im Service verwendet werden, um Bestellungen direkt vom Tisch des Gastes aus in das System einzugeben.

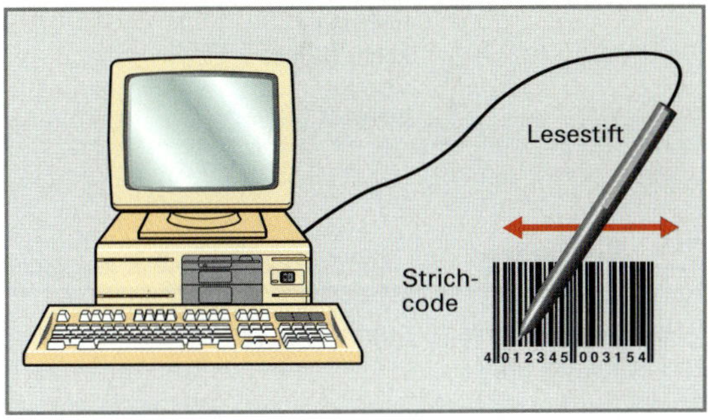

Abb. 2: Barcodeleser

Ausgabegeräte sind vorwiegend

- **Bildschirm** und
- **Drucker.** Neben dem üblichen Drucker kennt man auch einen besonderen Bondrucker, der direkt bei der Küche oder am Getränkebüfett ausdruckt.

Von **Datenkommunikation** oder **Netzwerk** spricht man, wenn die Geräte vernetzt sind, wenn gleichsam der eine Rechner weiß, was auf dem anderen gemacht wird.

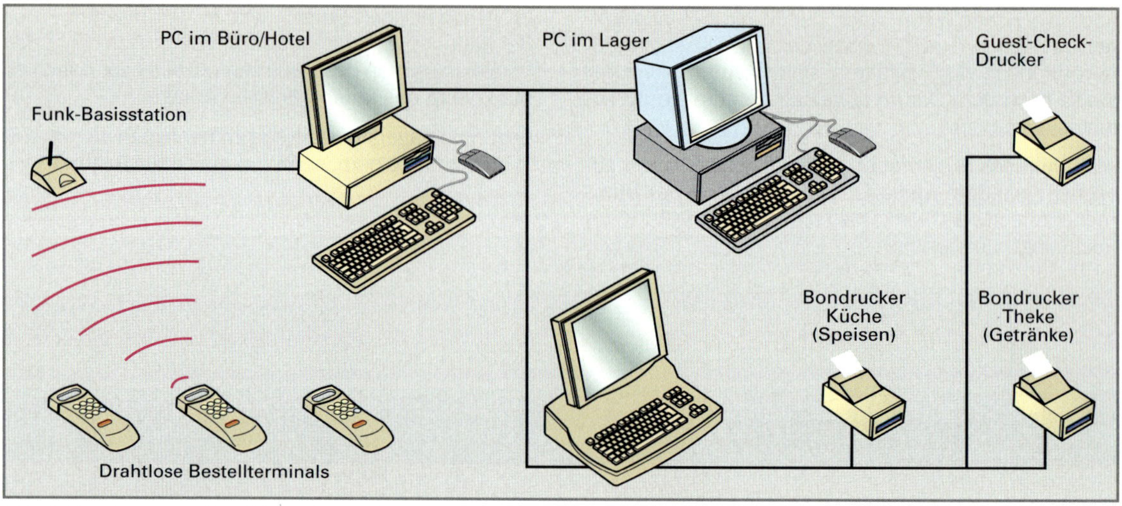

Abb. 2: Vernetzung: Service – Warenwirtschaft

Beispiel
für das Zusammenwirken vernetzter Geräte:
Gast bestellt eine Flasche Wein

Service	Getränkebüfett	Getränkelager
ordert eine Flasche Wein über Terminal	▸ Bon wird ausgedruckt ▸ Bestellung wird – dem Mitarbeiter belastet – vom Büfettbestand abgebucht – beim Gastkonto (Guest-Check) belastet	▸ Bestand wird überwacht ▸ evtl. Bestellung vorgemerkt

7.2 Software

software *(engl.)* — *le logiciel* *(franz.)*

Was eine EDV-Anlage „kann“, hängt von der installierten Software ab.

- **Standardsoftware** ist
  - Textverarbeitung, z. B. Word
  - Tabellenkalkulation, z. B. Excel
  - Datenverwaltung, z. B. Access
- **Branchensoftware** ist speziell für eine Branche oder Teilbereiche entwickelt, z. B.
  - Kassensysteme, so genannte Kellnerkassen,
  - Veranstaltungssoftware, z. B. Bankett-Profi,
  - Rezeptverwaltung
- **Individualsoftware** ist für einen ganz bestimmten Betrieb oder für ein besonderes Problem erstellte Software.

7.3 Datensicherung und Datenschutz

data security
la protection des données

Unter **Datensicherung** versteht man alle Maßnahmen zu Sicherung der Datenbestände. Die Sicherung von Daten ist unbedingt notwendig, denn diese können

- zufällig verloren gehen, z. B. durch eine falsche Bedienung der Tastatur, einen kurzfristigen Stromausfall, usw.
- absichtlich verfälscht oder zerstört werden.

Dem wird durch unterschiedliche Verfahren der Datensicherung entgegengewirkt.

- Eine automatische Abspeicherung der Daten während der Arbeit kann über die Systemsteuerung in den Rechner eingegeben werden. Das sichert für den Fall einer Störung, dass nur die Daten seit der letzten automatischen Sicherung verloren gehen.
- Eine Gesamtsicherung oder Tagessicherung wird auf einem anderen Medium angelegt. Man nennt das **Backup.** Damit sind die Daten außerhalb des Computers gesichert und von diesem Gerät völlig unabhängig.

Der **Datenschutz** schützt personenbezogene Daten vor Missbrauch. Die Bestimmungen des Datenschutzgesetzes versuchen einen Ausgleich zwischen dem Schutz der Persönlichkeit und dem Recht auf Informationen von Institutionen zu schaffen, z. B. Hotels, welche die Anschriften für Werbeaktionen nutzen wollen.

PROJEKT

ARBEITEN IM MAGAZIN

Ihr Haus plant eine Aktionswoche unter dem Motto

Aus Neptuns Reich

Sie sollen im Rahmen Ihrer Ausbildung bei dieser Aktion mitwirken.

ANGEBOTE EINHOLEN UND VERGLEICHEN

1 Welche Möglichkeiten hat man, umfassende Angebote einzuholen?

2 Angenommen, Sie suchen über eine Suchmaschine im Internet. Welche Begriffe/Suchworte können rasch zu brauchbaren Ergebnissen führen?

3 Für das Tagesgericht Heilbutt nach Art der Herzogin rechnet man mit 65 Portionen je 180 g Fischfilet. Der Vorbereitungsverlust wird mit 35 Prozent angenommen.
Wie viel kg Heilbutt sind zu bestellen?

4 Im Rahmen der Aktionswoche bieten wir hausgebeizten Lachs. Es liegen zwei Angebote vor.
Angebot A: Lachs als ganzer Fisch zu 4,90 €/kg. Aus Erfahrung ist mit 45 Prozent Verlust beim Filetieren zu rechnen.
Angebot B: Lachsseite zu 9,40 €/kg. In diesem Fall entstehen keine Verluste.
Berechen Sie den Preisunterschied je kg.

5 „Ein preisgünstiges Gericht, bei dem die Materialkosten nicht höher sind als 2,40 €, muss in unser Angebot." Das gebratene Filet soll 180 Gramm wiegen. Man rechnet mit einem Bratverlust von 28 Prozent. Der Preis bestimmt also die Fischart.
Wie viel € darf ein kg Fischfilet im Einkauf höchstens kosten?

WARE ANNEHMEN

Die bestellte Ware wird geliefert. Sie sind beauftragt, diese anzunehmen.

1 Welche Schriftstücke benötigt man bei einer korrekten Warenannahme?

2 Worauf achten Sie bei der Warenannahme? Welche Punkte kontrollieren Sie?

3 Es waren 60 Seezungen bestellt. Geliefert werden zwei Behältnisse mit je 20 Seezungen. Was werden Sie unternehmen?

4 Die frischen Seezungen sind nicht von crushed Eis umgeben. Darum prüfen Sie die Temperatur und stellen fest: + 7 ° C. Wie haben Sie zu handeln?

5 Wie werden Frischfische aufbewahrt?

6 Nennen Sie für die folgenden Waren jeweils einen Lagerort und die Lagerbedingungen:
Frostfisch, Räucheraal, Dose mit Bismarckheringen, Mayonnaise, Crème fraîche für Salate.

Lebensmittel und Speisen

Lebensmittel im Sinne des LMBG sind alle Stoffe, die dazu bestimmt sind, in unverändertem oder zubereitetem oder verarbeitetem Zustand vom Menschen konsumiert zu werden. Sie unterscheiden sich durch einen mehr oder weniger hohen Gehalt an Nährstoffen. Lebensmittel sind daher auch die in der Küche hergestellten **Speisen** und **Gerichte.**

Ein wesentlicher Aspekt beim gastorientierten Arbeiten ist die Gästeberatung sowie das Verkaufsgespräch. Um Gäste entsprechend gut beraten zu können sind grundlegende Produktkenntnisse notwendig. Bei Lebensmittelrohprodukten handelt es sich sowohl um rohe Materialien wie z.B. Gemüse, Obst, Milch, Fisch, Fleisch als auch um Produkte, die auf Grund handwerklicher oder industrieller Behandlung als halb fertige oder fertige Erzeugnisse bezeichnet werden, wie z.B. Konfitüren, Gemüsekonserven, Käse, Wurstwaren, Brot. Im Hinblick auf die Speisenbereitung gelten auch sie als Ausgangsprodukte. Zubereitungen und Gerichte, die für die Gästeberatung und für die Verkaufsförderung wichtig sind, werden hier benannt und erklärt.

1 Vom Rohstoff zur fertigen Speise

from raw food materials to ready meals — *de la matière première jusqu' au plat cuisiné*

Überblick über die Abläufe von der Rohstoffanlieferung bis zum Servieren der fertigen Speise

Betriebsbereiche	Arbeitsabläufe	Zustandsform Nahrungsmittel
Einkaufsbüro Food- und Beverage-Abteilung →	Bestellung →	**Rohprodukte**
	Anlieferung	
Magazin, Lagerräume Kühleinrichtungen →	Kontrolle Lagerung →	**Rohprodukte**
Küche →	Vorbereiten, Bearbeiten →	**Zwischenprodukte** (vorbereitet, bearbeitet, garfertig)
→	Zubereiten, Anrichten →	**Endprodukte** (verzehrfertige Speisen)
Service →	Anbieten, Präsentieren Servieren	

1.1 Zubereitungsverfahren

Bevor Lebensmittel als Speisen serviert werden können, bedarf es, je nach Beschaffenheit und Verwendungszweck, unterschiedlich intensiver Behandlungen.

Vorbereiten → Bearbeiten → Garen

Im Laufe der Zubereitung verändern sich die Rohstoffe in Farbe, Geschmack, Konsistenz und Aussehen. Die Speisen werden genussfähig.

Arten der Zubereitungsverfahren (s.S. ab 119):

Mechanische: Schneiden, Hobeln, Reiben, Raspeln, Hacken, Pürieren, Rühren, Kneten

Thermische: Wärmeübertragung durch Wasser, Wasserdampf, Fett, Luft, Metall, Strahlen

Biochemische: Salzen, Pökeln, Beizen bzw. Marinieren, Säuern, Räuchern

Grundlagen für das Zubereiten von Speisen sind die Lebensmittelrohprodukte. Von ihrem Einkauf bis hin zum Servieren der fertigen Speise sind viele Arbeitsabläufe notwendig, was nachfolgend dargestellt ist.

1.2 Beispiele für Verarbeitungsabläufe

Endprodukte ➧ Arbeitsabläufe ⬇	Rinderroulade	Birne Helene	Glühwein
Rohprodukte	– Rinderkeule – Wurzelgemüse – Sauce Demiglace	– 1/2 Kompottbirne – Vanilleeis – Kuvertüre, Sahne, Zucker	– Rotwein – Gewürzbeutel oder Nelken und Zimtrinde getrennt
Vorbereiten / Bearbeiten	– Teilstücke der Keule auslösen, parieren und in Portionsscheiben schneiden – Gemüse waschen und in große Würfel schneiden (Mirepoix)	– Birne dem Fond entnehmen und zum Abtropfen auf ein Gitter oder Sieb legen – Schokoladensauce herstellen – eine Portion Vanilleeis formen	– Rotwein aus der Flasche in ein hitzebeständiges Glas gießen – Gewürze zugeben
Fertigstellen	– Fleischscheiben würzen, füllen (s.S. 317), einrollen, binden – Gemüse anbraten und mit Sauce auffüllen – Rouladen anbraten und garschmoren	– Eis auf einer Glasschale anrichten – Birne auflegen – Schokoladensauce erhitzen	– mit Dampfvorrichtung der Kaffeemaschine erhitzen
Anrichten	– Rouladen auf einem Teller anrichten und mit Sauce nappieren – Gemüse und Sättigungsbeilagen zuordnen	– mit Sahnetupfen seitlich garnieren – Glasschale auf einen Unterteller stellen – Besteck anlegen – heiße Schokoladensauce in eine Sauciere füllen	– Glas auf einen Unterteller setzen und auf ein Tablett stellen – Kaffeelöffel, Ablageschälchen und Streuzucker zuordnen
Servieren	– heiß servieren	– servieren und mit Schokoladensauce nappieren	– rasch servieren

2 Würzen von Speisen

seasoning of meals
l'assaisonnement (m) de mets

Vom Gast wird ein Gericht individuell bewertet. Neben dem Aussehen, der Konsistenz und der Temperatur sind **Geruch** und **Geschmack** wichtige Kriterien für die Beurteilung.

Der Eigengeschmack des Rohstoffes bildet die Grundlage des Würzens. Hinzu kommen die Garmachungsart mit den dabei entstehenden Geschmacksstoffen und die würzenden Zutaten. Durch das Würzen soll der Eigengeschmack einer Speise hervorgehoben werden. Er darf in keinem Fall durch Würzstoffe überdeckt werden.

Würzmittel

Darunter versteht man jene Geschmack gebenden Zutaten, die sowohl in der Küche als auch im Restaurant benötigt und von Gästen und Servierpersonal zum Würzen von Speisen und einigen Getränken verwendet werden. Kenntnisse über Gewürze mit ihren ätherischen Ölen und Geschmacksrichtungen sind für den Einsatz von Menagen erforderlich.

Würzmittel	Beispiele
Gewürze	Pfeffer gemahlen, Pfefferkörner in der Mühle, Muskat, Paprika, Knoblauch
Kräuter	Schnittlauch, Kerbel, Estragon, Melisse, Petersilie, Kresse
Salz	Steinsalz, jodiertes Salz, Meersalz
Säuren	Essigvarianten (Wein-, Sherry- oder Obstessig), Balsamico-Essig, Zitronensaft
Käse	Parmesan, Schafs- oder Ziegenkäsewürfel
Würzsaucen	Sojasauce, Ketchup, Mango-Chutney, Cumberlandsauce, Worcestershire Sauce, Mayonnaise, Chilisauce, Tabasco, Relishes, Sambal
Gelees	Johannisbeer, Preiselbeer, Pfefferminze
Sonstige	Zucker, Zitrusschalenfrüchte, Senf, Meerrettich, Schalottenwürfel, Kräuterbutter

3 Suppen, Saucen und Butterzubereitungen

soups, sauces and prepared butter — *de potages, sauces et beurre composés*

Suppen und Saucen sind sich in der Zubereitung sehr ähnlich. Die Basis bilden folgende Grundbrühen.

3.1 Grundbrühen

stocks — *les fonds (m)*

Suppen und Saucen werden bei der Herstellung nicht mit Wasser, sondern mit Brühen aufgefüllt, die bereits wichtige Geschmacks- und Farbstoffe enthalten.

Helle Grundbrühen

Hierfür werden die Zutaten in Wasser gekocht und dabei ausgelaugt.

Hauptrohstoffe sind Namen gebende Zutaten, z. B.:

- **Knochen** von Rind und Kalb, **Karkassen** von Geflügel, **Gräten** von Fischen sowie Krebstiere und Muscheln
- **Abschnitte (Parüren)** von Schlacht- und Geflügelfleisch oder von Fischen.

Geschmack gebende ergänzende Zutaten sind Gemüse, Kräuter bzw. auch Gewürze in unterschiedlicher Zusammensetzung:

- **Großes Bouquet garni:** ①

  Karotten, Sellerie und Lauch sowie Petersilienstängel oder -wurzeln werden zusammengebunden
- **Kleines Bouquet garni:** ②

  ein Sträußchen aus Kräutern oder auch ein Säckchen mit Gewürzen
- **Röstgemüse (Mirepoix):** ③

  grobwürfelig geschnittene Sellerie, Karotte, Lauch, Zwiebeln, Petersilienwurzel
- **Gespickte Zwiebel:** ④

  in einem Einschnitt wird das Lorbeerblatt eingeklemmt, Gewürznelken werden in der Zwiebel festgesteckt
- **Gebräunte Zwiebel:** ⑤

  eine quer halbierte Zwiebel wird an der Schnittfläche in einer trockenen Pfanne stark gebräunt (das gibt neben Geschmack auch Farbe).

Braune Grundbrühen

Für braune Brühen werden die Rohstoffe kleingeschnitten bzw. -gehackt und kräftig angebraten bzw. angeröstet. Dabei entstehen Farbe und Geschmack. Als Zutaten werden verwendet:

- jeweils artspezifische **Knochen** und **Fleischparüren** von Schlachttieren und Schlachtgeflügel sowie von Haar- und Federwild
- grobwürfelig geschnittenes **Röstgemüse (Mirepoix)** aus Sellerie, Karotten und Zwiebeln.
- Wasser als Flüssigkeitszugabe

Grundbrühen sind:

Knochenbrühe	*beef stock/le bouillon ordinaire*
Fleischbrühe	*meat stock/le bouillon*
Kalbsbrühe	*veal stock/le fond blanc (de veau)*
Geflügelbrühe	*chicken stock/le fond de volaille*
Fischbrühe	*fish stock/le fumet de poisson*
Gemüsebrühe	*vegetable stock/le fond de légumes*
Braune Brühe	*brown veal stock/le fond brun*
Wildbrühe	*venison stock/le fond de gibier*

3.2 Suppen

soups — les potages (m)

Die heutigen Suppen sind aus Eintopfgerichten hervorgegangen.

Das geschah zu dem Zeitpunkt, als man im Rahmen der Kultivierung des Essens den Kochsud bzw. die Brühe von den übrigen Zutaten wie Fleisch, Gemüse, Kartoffeln, Reis, Teigwaren abgesondert und getrennt als Suppe verzehrt hat.

Suppen, wie Minestrone, Borschtsch und Bouillabaisse, deuten z.B. auch auf diesen Ursprung hin (Einzelheiten siehe unter Nationalsuppen S. 300).

Arten und Bedeutung der Suppen

Es gibt viele Arten von Suppen. Die grundlegenden Unterscheidungsmerkmale ergeben sich aus der Art der Herstellung, der eventuellen Bindung, der Farbe und der Temperatur.

Suppen sollen ein wenig den *„ersten Hunger stillen"*, vor allem aber auf die folgenden Menügänge hin appetitanregend wirken. Sie dürfen deshalb niemals eine *„spürbare Sättigung"* herbeiführen. Weil klare Suppen dieser Forderung am besten entsprechen, haben sie in mehrgängigen Speisenfolgen den Vorzug vor gebundenen Suppen und solchen, die grobe *„sättigende"* Einlagen enthalten.

Übersicht über die Suppenarten

Klare Suppen *Consommés*	**Gebundene helle Suppen** *Potages liés*	**Spezialsuppen** *Potages spéciaux*	**Kalte Suppen** *Soupes froides*
• **Fleisch-** oder **Knochenbrühe** *Bouillon*	• **Samtsuppen** *Potages veloutés*	• **Gemüsesuppen** *Potages aux légumes*	• **Kaltschalen** von *Soupes froides douces* Erdbeeren Aprikosen Pfirsichen Himbeeren Blaubeeren Äpfeln Bier
• **Rinderkraftbrühe** *Consommé*	• **Rahm-** und **Cremesuppen** von *Potages crèmes* Geflügel Kalb Fisch Hirn Spargel Lauch Champignons usw.	• **Regionalsuppen** *Potages régionaux* Flädlesuppe Brotsuppe Aalsuppe Leberknödelsuppe Bohnensuppe	• **Geeiste Kraftbrühe** *Consommé en gelée*
• **Geflügelkraftbrühe** *Consommé de volaille*	• **Püreesuppen** von *Potages purées* Erbsen Linsen Bohnen Kartoffeln Karotten usw.	• **Nationalsuppen** *Potages nationaux* Borschtsch Bouillabaisse Clam Chowder Minestrone Gulaschsuppe Gazpacho Mock Turtle Soup	• **Kalte gebundene Suppen** *Potages froids liés* Vichyssoise Gazpacho
• **Wildkraftbrühe** *Consommé de gibier*	• **Gebundene dunkle Suppen** *Potages bruns liés* Ochsenschwanzsuppe Wildsuppe	• **Exotische Suppen** *Potages exotiques* Haifischflossen Känguruschwanz Schwalbennester Trepang	
• **Fasanenkraftbrühe** *Consommé de faisan*			
• **Fischkraftbrühe** *Consommé de poisson*			
• **Doppelte Kraftbrühen** *Consommés doubles*			
• **Essenzen** *Essences*			

Klare Suppen

clear soups — *les potages (m) clair*

Arten und Herstellung der klaren Suppen

Klare Suppen werden vor allem nach der Intensität ihres Geschmacks unterschieden. Die grundlegenden Zutaten sind Fleisch bzw. Fisch sowie Wurzelgemüse.

Fleischbrühe

meat stock — *le bouillon*

Fleischbrühe nennt man eine einfache Brühe aus Rindfleisch und Rinderknochen. Werden andere Rohstoffe verwendet, sind diese zusätzlich zu benennen, z. B. **Geflügel**brühe, **Fisch**brühe, **Wild**brühe.

Kraftbrühe

clarified soup — *le consommé*

Zur Herstellung aromatischer Brühen wird Fleischbrühe mit Hilfe eines Klärfleischgemenges geschmacklich verstärkt und durch Kochen intensiv geklärt.

Kraftbrühe wird aus Rindfleisch bereitet. Anderes Fleisch muss in der Bezeichnung mitgenannt werden z. B. **Geflügel-**, **Wild-**, **Fasanen-** oder **Fisch**kraftbrühe.

Doppelte Kraftbrühe

double clear soup — *le consommé double*

Solche besonders aromatischen Brühen erhält man aus **Fleischbrühe + doppelter Menge Klärfleisch.**

Essenzen

Sie zeichnen sich durch eine sehr starke Konzentration der Aromastoffe aus. Produktbezeichnungen sind z. B. **Fasanenessenz, Fischessenz.**

Klare Suppen sind entweder hell (Geflügel, Fisch) oder aufgrund des dunklen Fleisches (Rind, Wild) mehr oder weniger intensiv getönt.

Klare Brühen erhalten eine kräftig braune Farbe, wenn die Rohstoffe vor dem Auffüllen und Auskochen angebraten bzw. geröstet werden, z. B. bei klarer Ochsenschwanzsuppe sowie klarer Wild- oder Fasanensuppe.

Einlagen für klare Suppen

Als Einlage für klare Suppen dienen sehr verschiedenartige Rohstoffe und unterschiedliche Zubereitungen:

Gemüse
- Sellerie, Karotten und Lauch in den Schnittarten Brunoise, Julienne, Emincé oder Rauten
- Tomatenfleischwürfel, Paprikastreifen, Spargelspitzen, Blumenkohl, Trüffel

Getreide
- Reis, Mais, Hirse, Grieß und Grießklößchen
- Nockerl, Spätzle und andere Teigwaren
- Biskuitschöberl, Backerbsen, Maultaschen
- Pfannkuchenstreifen (Célestine) und Backteigkrapfen (Profiteroles)

Eier
- Eigelb, Eierflocken und Eierstich (Royal)
- pochiertes bzw. verlorenes Ei

Fleisch
- Mark-, Leber- und Kalbfleischklößchen
- Rind-, Kalb, Geflügel- und Wildfleisch

Fisch
- Nockerl, Klößchen und Streifen von Fisch
- Fleisch von Weich- und Krebstieren

Gebundene Suppen

Man unterscheidet in helle und dunkle Suppen.

Gebundene helle Suppen

Das grundlegende Bindemittel für diese Suppen ist die helle Mehlschwitze (weiße Roux). Zum Binden von 1 L Brühe werden 50 g Butter mit 40 g Mehl angeschwitzt.

Ergänzende Möglichkeiten der Bindung sind:
- In wenig Brühe angerührte Kartoffelstärke.
- Püriertes Grundmaterial z. B. Blumenkohl, Erbsen.
- Reduzieren (Einkochen) der Flüssigkeit sowie Zugabe von Sahne oder Crème fraîche und Butter.
- Legieren der fertigen Suppe mit Eigelb und Sahne.

Abb. 2: Brokkolistrunke entnehmen

Abb. 3: Pürierte Strunke einrühren

Abb. 4: Mit Brokkoliröschen garnieren

Vergleichende Übersicht über gebundene helle Suppen (Beispiel: Brokkoli)

Gesamtmenge 10 L Suppe Material	Samtsuppe von Brokkoli	Rahmsuppe von Brokkoli	Püreesuppe von Brokkoli
Butter	400 g	400 g	200 g
Schinken	–	–	200 g
Wurzelgemüse/Zwiebel	500 g	500 g	600 g
Weizenmehl oder Reismehl	350 g	400 g	–
Kartoffeln	–	–	500 g
Brühe oder Fond	9 l	9 l	7 l
Brokkoli	2 kg	2 kg	3 kg
Sahne	1 l	1,5 l	–
Crème fraîche	–	–	0,5 l
Eigelb	10 Stück	–	–
Croûtons	–	x	x
	– Brokkolistrünke in Salzwasser kochen, – Wurzelgemüse in Fett leicht andünsten, – Mehl einstreuen und mitschwitzen, – abgekühlten Brokkolifond zugießen, – ungefähr 30 Min. kochen lassen; umrühren; Suppe nun passieren und mit Salz, Pfeffer und Muskat abschmecken.		– Schinken in heißem Fett anschwitzen. – Wurzelgemüse zugeben und mitschwitzen. – Rohe Kartoffelwürfel und Brokkolistrünke dazugeben. – Mit Fleischbrühe auffüllen und darin die Gemüse weich kochen. – Alle Bestandteile werden dann im Mixer püriert. – Suppenkonsistenz prüfen. – Suppe abschmecken und mit Crème fraîche verfeinern. – Gekochte Brokkoliröschen als Einlage in die Suppe geben.
	– Legierung (Liaison) aus glattgerührten Eigelben und Sahne herstellen. – 1 bis 2 Schöpfkellen heiße Suppe in die Legierung rühren und diese Flüssigkeit nun unter die nicht mehr kochende Suppe rühren. – Gekochte Brokkoliröschen als Einlage in die Suppe geben.	– 1 bis 2 Schöpfkellen heiße Suppe in die Sahne rühren. – Diese Flüssigkeit nun unter die restliche Suppe mischen. – Gekochte Brokkoliröschen als Einlage in die Suppe geben.	

Arten der gebundenen hellen Suppe und ihre Merkmale:

Samtsuppen
- helle Mehlschwitze und Legierung

Cremesuppen (Rahmsuppe)
- helle Mehlschwitze und Vollendung mit Sahne

Püreesuppen
- insgesamt oder teilweise pürierte Zutaten,
- u.U. ergänzt durch Mehlschwitze und/oder Sahne (Garnitur: Röstbrotwürfel = Croûtons)

Gebundene dunkle Suppen

Bekannte Suppen dieser Art sind die Ochsenschwanzsuppe und Wildsuppen.

Grundlegende Herstellungsmerkmale:
- ➢ Ochsenschwanzstücke bzw. Wildfleischstücke anbraten, mit Mehl bestäuben und durchschwitzen,
- ➢ Ansatz mit brauner Brühe auffüllen und kochen,
- ➢ mit gehaltvollem Likörwein vollenden (Sherry, Portwein oder Madeira).

Spezialsuppen

special soups *les potages (m) spéciaux*

In dieser Gruppe sind folgende Suppen zusammengefasst: Gemüsesuppen, Regionalsuppen, Nationalsuppen und exotische Suppen.

Gemüsesuppen

Diese Suppen haben ihren Ursprung in der bäuerlichen Küche. Das Gemüse wird in unterschiedliche Formen geschnitten, in Fett angeschwitzt und mit Gemüse- und Räucherfonds aufgefüllt. Das Abschmecken erfolgt mit vielen Küchenkräutern.

Regionalsuppen

Suppen aus Rohstoffen der Region, auf besondere Weise zubereitet, z.B.
- Hamburger Aalsuppe
- Westfälische Bohnensuppe
- Schwäbische Brotsuppe
- Münchner Leberknödelsuppe
- Flädlesuppe (mit Pfannkuchenstreifen)

Nationalsuppen

Diese Suppen zeichnen sich durch landestypische Besonderheiten der jeweiligen Nation aus.

Suppe (Ursprung)	Besonderheiten
Borschtsch (Russland)	– Gemüsesuppe mit Weißkohl, Rote Bete und Rindfleisch
Bouillabaisse (Frankreich)	– Suppe mit Fleisch von verschiedenen Fischen sowie Muscheln und Krebstieren
Clam Chowder (Amerika)	– Suppe mit Muscheln
Gazpacho (Spanien)	– Kalte Suppe mit Gurke, Tomate, Paprika, Zwiebeln, Knoblauch und Croûtons (Röstbrotwürfel)
Gulaschsuppe (Ungarn)	– Suppe mit Rindfleisch, Zwiebeln, Paprika, Knoblauch, Kümmel und Majoran
Minestrone (Italien)	– Gemüsesuppe mit Reis, Nudeln, Tomaten und Parmesan
Mock Turtle Soup (England)	– Suppe aus Kalbskopf (falsche Schildkrötensuppe)
Soupe à l'oignon (Frankreich)	– Suppe mit viel Zwiebeln, Fleischbrühe und Wein sowie Käsecroûtons

Exotische Suppen

Diese Suppen, z.B. aus Haifischflossen oder Känguruschwanz stammen von außergewöhnlichen, meist fremdländischen Rohstoffen, werden üblicherweise industriell nach speziellen Zubereitungsverfahren hergestellt und kommen als Konserven auf den Markt.

Kalte Suppen

In Form von Kaltschalen, geeisten Kraftbrühen oder kalten gebundenen Suppen werden sie vorzugsweise an heißen Sommertagen angeboten.

Kaltschalen
enthalten als Namen gebende Zutat Früchte der Saison, die (in kleine Stücke geschnitten oder püriert) mit Zuckersirup (Läuterzucker), Wein und Zitronensaft vermischt und gut gekühlt werden.

Geeiste Kraftbrühen
müssen glasklar, fettfrei und gut gewürzt sowie in leicht geliertem Zustand sein.

Kalte gebundene Suppen
sind im Allgemeinen pürierte Suppen, z.B. aus Kartoffeln (Vichyssoise) oder Gemüsen (Gazpacho), die mit Sahne oder Joghurt bzw. Essig und Öl sowie mit frischen Kräutern verfeinert werden.

Besonders in der Kur- und Diätgastronomie ist es heute üblich, den Gästen anstelle einer Suppe **Frucht-** oder **Gemüsesäfte** bzw. **Joghurt-** oder **Buttermilchdrinks** zu reichen. Sie sind aufgrund ihrer appetitanregenden und verdauungsfördernden Wirkung wertvoll.

3.3 Kartengerechte Beispiele für Suppenangebot

Legierte Fischsuppe mit Krebsschwänzen und Kürbiskugeln
Suppe von Jakobsmuscheln mit Ingwerklößchen
Klare Suppe von Räucherforelle mit Krebsmaultäschchen
Kartoffelsuppe mit Brunnenkresse und Streifen von Räucherlachs
Aufgeschlagene Spargelrahmsuppe mit grünen Zanderklößchen
Kalbscremesuppe mit Spitzmorcheln und Cognac
Suppentopf vom Huhn mit Kerbelnudeln
Allgäuer Kässuppe
Gebundene Lauchsuppe mit Trüffeln
Rote-Bete-Suppe mit Weizensprossen
Tomatensuppe mit Graupen, Mozarella und Basilikum
Doppelte Rinderkraftbrühe mit Kräuter-Leber-Strudel
Legiertes Schneckensüppchen mit Safranfäden
Wachtelkraftbrühe mit Gemüsestreifen und pochiertem Wachtelei
Geeiste Geflügelkraftbrühe mit Sauerampfer, englischem Sellerie und Tomatenfleischwürfeln
Stachelbeerkaltschale mit Mandelmakronen

3.4 Anrichten und Servieren von Suppen

Suppen müssen sehr heiß serviert werden, deshalb sind Anrichtegefäße und Teller gut vorgewärmt. Die folgenden Gedeckbeispiele zeigen verschiedene Anrichtemöglichkeiten auf. Zum Vergleich und besseren Verständnis ist bei den Beispielen jeweils das Besteck des Hauptganges mit eingedeckt.

Anrichtegefäß	Gedeck- und Servierhinweise
Terrinen	– Die Portionsterrine (Löwenkopfterrine) ist für den einzelnen Gast bestimmt. – Suppen in großen Terrinen werden am Beistelltisch in tiefe Teller geschöpft.
Gratintasse	– Feuerfeste Keramiktasse für überbackene Suppen
Ausgießtassen 	– Auf einem Tablett getragen, wird die Suppe von der rechten Seite und vom Gast weg in vorher eingesetzte heiße Suppenteller eingegossen. Der Suppenteller steht auf einem Unterteller. – Tafellöffel  ***Wildkraftbrühe mit Lebernocken***
Suppenteller 	– Auf einem flachen, etwas größeren Unterteller mit Pikkoloserviette aufgesetzt, von der rechten Seite des Gastes serviert. – Tafellöffel  ***Badische Schneckensuppe mit Lauchstreifen***
Suppentassen 	– Sie werden ebenfalls auf Unterteller und Mittelteller mit Pikkoloserviette aufgesetzt: ➟ zweihenkelige Tasse (auch Bouillontasse genannt), beim Einsetzen Henkel vor dem Gast exakt nach rechts und links ausgerichtet. – Mittellöffel  ***Kraftbrühe mit Gemüse***
	➟ Einhenkelige kleine Spezialtassen. Für Suppen mit stark konzentriertem Geschmack (im Allgemeinen exotische Suppen), mit angelegtem Kaffeelöffel, Henkel beim Einsetzen nach links gerichtet. ***Fasanenessenz*** ➟ Gratintassen für überbackene Suppen. 

3.5 Saucen

sauces *les sauces (w)*

Saucen sind ein wichtiger Bestandteil der Speisen. Es gibt sie in vielen Arten und Variationen.

Bedeutung und Unterscheidung

Saucen und Speisen

In Beziehung zur Speise sind Saucen in vielfältiger Hinsicht eine wichtige Ergänzung. Vor allem erhöhen sie die Saftigkeit und Verzehrbarkeit (man stelle sich z.B. Kartoffelklöße, Spätzle, Salzkartoffeln oder Reis ohne Sauce vor).

Darüber hinaus dienen sie der Verfeinerung und dekorativen Vervollständigung und sind nicht zuletzt eine harmonische Ergänzung in Bezug auf Farbe und Geschmack. Zu besonders köstlichen Saucen wird heute in das Gedeck ein **Gourmetlöffel** eingereiht, der zum Aufnehmen der Sauce dient.

Anrichteweisen für Saucen

Ausschlaggebend dafür kann sowohl die Art des Gerichtes als auch die Art der Sauce sein.

Anwendung	Anrichtemerkmale
Übergießen (Nappieren)	– Der Hauptbestandteil (Fleisch oder Fisch) wird übergossen.
Untergießen	– Der Hauptbestandteil wird auf die Sauce (Teller oder Platte) gesetzt.
Angießen	– Der Hauptbestandteil wird am äußersten Rand mit Sauce bedeckt, der Rest fließt ab und um das Stück herum.
à part anrichten	– in einer Sauciere zur Selbstbedienung.

Arten der Saucen

In vielen Fällen bilden die bei den Garprozessen entstehenden Fonds die Basis für die herzustellende Sauce. Für Zubereitungsarten, bei denen es diese Voraussetzungen nicht gibt (z.B. Kochen, Dämpfen, Kurzbraten, Grillen, Frittieren), werden Grundsaucen bereitet, aus denen durch Abwandlung der Zutaten viele Ableitungen hergestellt werden. Daneben gibt es aber auch ganz „eigenständige" Saucenzubereitungen, die nicht durch Ableitungen variiert werden.

Herstellungsübersicht über die Grundsaucen

Grundsaucengruppen	**hell**				**dunkel**		**warm aufgeschlagen**	**kalt gerührt**
Grundmaterial (Geschmacksrichtung)	Kalb	Geflügel	Fisch	Milch	Kalbsknochen	Wildknochen	Eigelbe, Gewürzsud	Eigelbe, Essig
	Wurzelgemüse (hell)				Röstgemüse (dunkel)			
Zuguss	**Fond** aus jeweiligem Ausgangsprodukt (hell)			**Kalbsfond** (hell)	**Fond** aus jeweiligem Ausgangsprodukt (dunkel)		**Butter** (flüssig)	**Öl**
Art der Bindung	**Mehlschwitze** (hell)				**Mehlschwitze** (dunkel)		Emulsion aus Eigelb und Fett	
Serviertemperatur	warm				warm		warm	kalt
Name der Grundsauce	helle Kalbssauce	helle Geflügelsauce	helle Fischsauce	Milchsauce	dunkle Kraftsauce	Wildsauce	Holländische Sauce	Mayonnaisensauce
Fachbezeichnung (französisch)	Velouté de veau	Velouté de volaille	Velouté de poisson	Sauce Béchamel	Sauce demi-glace	Sauce gibier	Sauce hollandaise	Sauce mayonnaise

Helle Saucen

Die grundlegende Bindung erfolgt durch eine helle Mehlschwitze. Mit Milch aufgefüllt, erhält man die **Béchamelsauce**, mit einer hellen Brühe von Kalb, Geflügel oder Fisch eine **Velouté**. Abgesehen von den unterschiedlichen Zutaten für die Ableitungen werden alle hellen Saucen mit einer Liaison (Eigelb und Sahne) vollendet.

Ableitungen der Béchamelsauce

Spezielle Zutaten	Name der Sauce	Zuordnung zu Speisen
Sahne	**Rahmsauce** *(Sauce à la crème)*	→ Binden von Gemüse und Kartoffeln (Béchamelkartoffeln)
Fleischbrühe/ Meerrettich	**Meerrettichsauce** *(Sauce au raifort)*	→ gekochtes Rindfleisch
Sahne/ geriebener Käse	**Mornaysauce** *(Sauce Mornay)*	→ überbackene Gerichte von Gemüse und Eiern
Fischfond/ Hummerbutter	**Kardinalsauce** *(Sauce cardinal)*	→ gekochte und gedünstete Gerichte von Eiern, Fischen und Krebstieren

Ableitungen von den Veloutés

Grundsauce	Ableitungen	Zuordnung zu Speisen
Kalbssamtsauce *(Velouté de veau)*	– Deutsche Sauce *(Sauce allemande)* – Champignonsauce *(Sauce aux champignons)* – Currysauce *(Sauce au curry)*	→ Kalbsfrikassee, Ragoût fin → Kalbsblankett, pochierte Eier → Kalbscurry
Geflügelsamtsauce *(Velouté de volaille)*	– Geflügelrahmsauce *(Sauce suprême)* – Champignonsauce – Currysauce	→ Geflügelfrikassee, Hühnerbrüstchen → feines Geflügelragout → Curryhuhn
Fischsamtsauce *(Velouté de poisson)*	– Weißweinsauce *(Sauce au vin blanc)* – Senfsauce *(Sauce moutarde)* – Kräutersauce *(Sauce aux fines herbes)* – Dillsauce *(Sauce à l'aneth)* – Hummersauce *(Sauce homard)*	→ gedünsteter Fisch → gekochter Fisch (Konsumfische) → Krebstiere → Hummerragout

Dunkle Saucen

Grundsauce Demiglace und Ableitungen

Herstellung
- ➢ Kalbsknochen und Röstgemüse durch Braten intensiv bräunen,
- ➢ Ansatz mit Mehl bestäuben und durchschwitzen, mit dunkler Brühe auffüllen und auskochen.

Ableitungen der Sauce Demiglace

Bezeichnung der Ableitungen	spezielle Zutaten	Zuordnung zu Speisen
Bordeauxer Sauce *(Sauce bordelaise)*	Rotweinreduktion und Rindermarkwürfel als Einlage	→ Gerichte aus gebratenem und gegrilltem Fleisch → geschmortes Gemüse (z. B. Chicorée, Fenchel)
Burgundersauce *(Sauce bourguignonne)*	Rotweinreduktion und Champignonwürfel (Einlage)	→ gebratene und geschmorte Schlachtfleischgerichte, → Kalbs- und Rinderzunge, gekochter Schinken
Jägersauce *(Sauce chasseur)*	Weißwein, Pilze und gehackte Petersilie (Einlage)	→ gebratene und gegrillte Gerichte aus Schlachtfleisch
Madeirasauce *(Sauce madère)*	Madeirawein und Butterflocken (Vollendung)	→ gebratene und gegrillte Gerichte aus Schlachtfleisch und Geflügel, verlorene Eier → Zunge, Leber, Nieren und gekochter Schinken
Robertsauce *(Sauce Robert)*	Weißwein-Zwiebel-Reduktion und Senf	→ Schweinekotelette und Schweinefilet
Zigeunersauce *(Sauce zingara)*	Streifen von gekochtem Schinken, Pökelzunge und Champignons	→ gebratene und gegrillte Gerichte von Schlachtfleisch

Wildgrundsauce und Ableitungen

Sie wird wie die Demiglace hergestellt, es werden jedoch artspezifische Zutaten verwendet:

Wildknochen und Wildfleischparüren, die typischen Wildgewürze Wacholder, Piment, Nelke, Lorbeerblätter sowie Senf und Preiselbeeren. Ableitungen sind:

Pfeffersauce, mit Weißwein und reichlich Pfefferkörnern

Wacholderrahmsauce, mit Rotwein-Wacholder-Reduktion und Sauerrahm

Bratenjus und Tomatensauce

Bratenjus wird im Allgemeinen in Verbindung mit dem Braten von Fleisch gewonnen (z. B. Roastbeef, Kalb-, Schweine- oder Lammfleisch, Geflügel oder Wild). Seine jeweils typischen Geschmacksstoffe ergeben sich aus dem Bratensatz und dem geringfügig austretenden Fleischsaft welche den Bratenjus bilden. Diese wird in der Regel nicht oder nur leicht mit Stärke oder kalten Butterflocken gebunden.

Tomatensauce ist eine „farblich betonte" eigenständige Sauce, die jedoch geschmacklich vielfältig variiert wird. Sie ist wegen ihres pikanten Geschmacks sehr beliebt und wird zu den verschiedenartigsten Speisen, insbesondere in der italienischen Küche, verwendet.

Aufgeschlagene und gerührte Saucen

Grundsauce Hollandaise und Ableitungen

Hollandaise (holländische Sauce) wird aus einer Reduktion (Schalottenzwiebeln, Essig, Pfefferkörner und Wasser) in Verbindung mit Eigelb und flüssiger Butter hergestellt und der feinen Zutaten wegen als **Königin unter den Saucen** bezeichnet. Sie wird verwendet:

- als Beigabe zu feinem Gemüse (z. B. Artischocken und Spargel), zu Eierspeisen und gedünsteten Fischgerichten,
- zum Nappieren von überbackenen Gerichten (z. B. feine Ragouts von Fleisch, Fischen und Krebstieren).

Ableitungen der Hollandaise

Bezeichnung der Ableitungen	spezielle Zutaten	Zuordnung zu Speisen
Schaumsauce *(Sauce mousseline)*	geschlagene Sahne	verlorene Eier, Spargel, Blumenkohl Brokkoli, Romanesco, gedünstete Edelfische
Maltasauce *(Sauce maltaise)*	Saft und Schalenstreifen von Blutorangen	Spargel und kurzgebratenes Fleisch von Kalb und Putenbrust
Béarner Sauce *(Sauce béarnaise)*	Weißwein-Estragonessig-Reduktion, gehackter Kerbel und Estragon	verlorene Eier, Pfannen- und Grillgerichte von Rindfleisch, Kalbfleisch, Fisch
Choronsauce *(Sauce Choron)*	Sauce béarnaise mit Tomatenpüree oder Tomatenmark	wie bei der Sauce béarnaise
Foyotsauce *(Sauce Foyot)*	Sauce béarnaise vollendet mit einer Glace de viande (dick eingekochter Bratenjus)	wie bei der Sauce béarnaise

Die Sauce béarnaise war früher eine eigenständige Sauce, wird jedoch heute aus Gründen der Arbeitsersparnis durch Zugabe der speziellen Zutaten von der Sauce hollandaise abgeleitet.

Grundsauce Mayonnaise und Ableitungen

Die Mayonnaise ist die wichtigste Sauce der Kalten Küche. Zutaten sind Eigelb, wenig Essig und Senf sowie Pflanzenöl und Salz, aus denen man durch vorsichtiges Rühren eine Emulsion erhält.

Ableitungen der Mayonnaise

Bezeichnung der Ableitungen	spezielle Zutaten	Zuordnung zu Speisen
Chantillysauce *(Sauce Chantilly)*	geschlagene Sahne und Zitronensaft	zu Spargel und Artischocken zu gekochtem, kaltem Hummer
Remouladensauce *(Sauce rémoulade)*	fein gehackte Gewürzgurken, Kräuter, Sardellen und Kapern	zu gebackenem Fisch oder Gemüse zu kaltem Bratenfleisch
Tatarensauce *(Sauce tartare)*	hartgekochtes, gehacktes Ei und feingeschnittener Schnittlauch	zu gebackenem Gemüse, zu gebackenem Fisch und kaltem Braten

Spezielle Saucen

Es gibt kalte Saucen, die sich durch ausgeprägte Besonderheiten auszeichnen und sich deshalb nicht in ein Saucenschema einordnen lassen.

Sie bilden in den meisten Fällen einen beabsichtigten Kontrast zum Geschmack der zugehörigen Speise.

Cumberlandsauce

Diese Sauce wird hergestellt aus:

- Streifen von ungespritzten Orangenschalen sowie Orangen- und Zitronensaft
- Rotwein, Johannisbeergelee, Cayennepfeffer und englischem Senf

In ihrer würzig-süßlichen Art passt sie zu kalten Gerichten von Wild und Geflügel und ganz besonders zu Pasteten, Terrinen und Galantinen von Fleisch.

Sauce Vinaigrette

Zutaten zu dieser Sauce sind:

- Wein- oder Kräuteressig, Öl, Salz und Pfeffer
- viele gehackte frische Kräuter, häufig auch feine Zwiebelwürfel und gehacktes, hart gekochtes Ei

Die sogenannte Essigkräutersauce verwendet man als Salatsauce und reicht sie außerdem zu Sülzen sowie zu kalten oder warmen Rindfleischgerichten.

Meerrettichsahne

Dazu wird frisch geriebener Meerrettich unter geschlagene Sahne gehoben. Geschmackliche Abwandlungen erhält man durch Zugabe von geriebenem Apfel oder Preiselbeerkonfitüre. Meerrettichsahne ist als Beigabe typisch zu geräuchertem Fisch sowie zu kalten und warmen Gerichten von Rindfleisch.

Minz- und Apfelsauce

Diese Sauce aus Pfefferminze wird in England und Amerika gerne zu Lammbraten gegessen.

Die Apfelsauce kann warm oder kalt zu gebratenem Geflügel, Schweine- und Wildfleisch gereicht werden.

Abb. 1: Unterschiedliche Saucen

3.6 Buttermischungen

butter mixtures
le beurre composé

Diese Zubereitungen und Mischungen werden zu Speisen anstelle von Sauce gereicht und erfüllen die gleichen Funktionen wie:

- Erhöhen der Verzehrbarkeit und Saftigkeit,
- harmonische geschmackliche Ergänzung.

Heiße Butterzubereitungen

Zerlassene Butter
ist die bekannteste Art dieser Zubereitungen. Sie wird zu gekochten Fischgerichten und Spargel gereicht.

Nussbutter
erhält man, wenn geschmolzene Butter so lange weitererhitzt wird, bis sie eine goldgelbe bis hellbraune Farbe angenommen hat. Sie wird zu gekochtem Fisch und zu Gemüse verwendet.

Bröselbutter
entsteht durch leichtes Anrösten von Semmelbröseln in zerlassener heißer Butter. Auch als **beurre polonais** bezeichnet, verwendet man sie zum Nappieren von Gemüse (z. B. Blumenkohl), von Teigwaren und Klößen bzw. Knödel.

Müllerinbutter
ist typisch für gebratenen Fisch „nach Art der Müllerin". Die beim Nachbraten gebräunte Butter wird mit Worcestershire Sauce und Zitronensaft vollendet und über den Fisch gegossen.

Zwiebelbutter
ist eine Zubereitung, bei der Zwiebelwürfelchen in zerlassener Butter goldgelb bis braun angeschwitzt werden. Sie wird zu verschiedenen Zwecken verwendet:

- Beigabe zu gekochtem Konsumfisch, zu gekochten Kartoffeln, zu Kartoffelpüree und Teigwarengerichten (z. B. Maultaschen und Käsespätzle)
- Garnitur für bestimmte Suppen und Saucen.

Kalte Buttermischungen

Abb. 2: Kräuterbutter

Lebensmittel – Speisen

Bezeichnung der Butter	Merkmale	Verwendung
Geschlagene Butter *(Beurre battu)*	Butter wird schaumig geschlagen und mit Zitronensaft, Cayennepfeffer und wenig Schlagsahne vollendet	als Beigabe zu gekochten oder gedünsteten Fischen und Krebstieren
Kräuterbutter *(Beurre aux fines herbes)*	fein gehackte Schalotten und viel frische Kräuter (Petersilie, Kerbel, Schnittlauch, Estragon, Zitronenmelisse), Salz und Pfeffer	zur Vollendung von Suppen und Saucen und als Beilage zu Pfannen- und Grillgerichten von Rind, Lamm und Fisch
Colbertbutter *(Beurre Colbert)*	gehackter Estragon und Petersilie, Zitronensaft und Fleischextrakt	spezielle Beigabe zur Seezunge Colbert, aber auch zu Grillgerichten
Schneckenbutter *(Beurre pour escargots)*	zerriebener Knoblauch, fein gehackte Schalotten, Petersilie, Zitronensaft, Worcestershire Sauce, Salz und Pfeffer	zum Verschließen der Schneckenhäuser oder der Mulden des Schneckenpfännchens
Würzbutter *(Beurre assaisonné)*	Salz, Pfeffer, englisches Senfpulver oder Dijonsenf	als Aufstrich für Toasts, Canapés oder Sandwiches

AUFGABEN

1 Welche Arten von Suppen unterscheidet man?

2 Nennen und erläutern Sie die Bezeichnungen für die Qualitätsabstufungen bei klaren Suppen.

3 Notieren Sie 10 Einlagen für klare Suppen aus unterschiedlichen Rohstoffen.

4 Welche Arten der gebundenen Suppen gibt es und wodurch erhalten sie ihre Bindung?

5 Erläutern Sie unterschiedliche Arten für das Anrichten und Servieren von Suppen.

6 Entwerfen Sie für ein Spezialangebot eine Suppenkarte, auf der alle Suppenarten berücksichtigt sind.

7 Welche Bedeutung haben Saucen in Bezug auf die Speisen?

8 Erklären Sie Ihrem Kollegen die unterschiedlichen Arten für das Anrichten von Saucen.

9 Wie heißen die acht Grundsaucen?

10 Nennen Sie Ableitungen der Sauce Béchamel und ordnen Sie diesen geeignete Speisen zu.

11 Nennen Sie Ableitungen der verschiedenen Veloutés und ordnen Sie diesen geeignete Speisen zu.

12 Nennen Sie Ableitungen der Sauce Demiglace und ordnen Sie diesen geeignete Speisen zu.

13 Beschreiben Sie zu den aufgeschlagenen und gerührten Saucen:
a) die jeweilige Grundsauce und ihre Verwendung,
b) Ableitungen und deren Verwendung.

14 Nennen Sie Beispiele für kalte Buttermischungen und heiße Butterzubereitungen.

4 Gemüse

vegetables
les légumes (m)

Gemüse reicht man roh oder gegart als harmonische Ergänzung bzw. Beilage zu Hauptplatten von Fisch und Fleisch. Außerdem werden aus Gemüsen eigenständige Gerichte hergestellt. Wurzel- und Zwiebelgemüse dienen zusätzlich als Würzmittel.

4.1 Bedeutung für die Ernährung

Der besondere Ernährungswert von Gemüse liegt in seiner stofflichen Zusammensetzung:

- **Vitamine und Mineralstoffe** ➠ Stoffwechselsteuerung
- **Ballaststoffe** ➠ Verdauungsförderung
- **Geschmacksstoffe** ➠ Appetitanregung

Gemüse ist in seiner stofflichen Zusammensetzung je nach Art sehr unterschiedlich. Es ist auf Grund des geringen Anteils an energieliefernden Nährstoffen wie Fetten und Kohlenhydraten sowie dem hohen Wassergehalt mit 65 bis 95% speziell für leichte und energiearme Kostformen geeignet.

4.2 Arten der Gemüse und Gemüseerzeugnisse

Die Einteilung der vielfältigen Gemüse erfolgt nach handelsüblichen Sammelbegriffen wie:

Wurzel- und Knollengemüse

root vegetables — *les racines (w)*

Fenchel *fennel/le fenouil*
Karotten, Möhren *carrots/les carottes (w)*
Meerrettich *horseradish/le raifort*
Radieschen, Rettiche *radishes/le radis*
Rote Rüben (Rote Bete) *beetroots/les betteraves (w)*
Schwarzwurzeln *black salsify/les salsifis (m)*
Sellerie *celery root/le céleri-rave*
Weiße Rüben (Teltower) *turnips/les navets (m)*

Kohlgemüse

brassicas — *le choux*

Blumenkohl *cauliflower/le chou-fleur*
Brokkoli *broccoli /le brocoli*
Chinakohl *chinese cabbage/le chou chinois*
Grünkohl *curly kale/le chou vert*
Kohlrabi *kohlrabi/le chou-rave*
Rosenkohl *brussels sprouts/les choux de Bruxelles*
Rotkohl *red cabbage/le chou rouge*
Weißkohl *white cabbage/le chou blanc*
Wirsing *savoy cabbage/le chou de Milan*
Romanesco

Blattgemüse und Blattsalate

leaf vegetables — *les légumes (m) à feuilles*

Chicorée *belgium endive/l'endive (w)*
Eichblatt *oakleaf lettuce/la salade de feuilles de chêne*
Endivien *endive salad/la scarole*
Eisbergsalat *iceberg salad/la laitue d'hiver*
Feldsalat *lamb's lettuce/la mâche*
Frisée *curled endive/la chicorée frisée*
Kopfsalat *lettuce/la laitue*
Radicchio *red-leaf chicory/la barbe de capucin*
Römischer Salat *roman lettuce/la salade romaine*
Spinat *spinach/les épinards (m)*
sowie Lollo rosso, Rucola, Mesculin

Fruchtgemüse

fruit vegetables — *les légumes de fruits (m)*

Auberginen	*eggplants / l'aubergine (w)*
Gurken	*cucumber / le concombre*
Kürbis	*pumpkin / le potiron*
Mais	*corn / le grains de maïs*
Melonen	*melons / le melons*
Okra	*okra / le gombos*
Paprika	*bellpeppers / le poivron*
Tomaten	*tomatoes / les tomates (w)*
Zucchini	*zucchini / les courgettes (w)*
Erbsen	*green peas / les petits pois (m)*
Grüne Bohnen	*string beans / les haricots verts (m)*
Zuckerschoten	*snow peas / les pois mange-tout (m)*

Zwiebelgemüse

bulbs — *l'onions*

Knoblauch	*garlic / l'ail (m)*
Lauch	*leek / les poireaux (m)*
Perlzwiebel	*pearl onion / le petit oignon*
Schalotten	*shallots / les échalotes (w)*
Zwiebeln	*onions / les oignons (m)*
Frühlingszwiebeln	*scallions / les ciboules (w)*

Wurzelsprossen und Blütengemüse

shoot vegetables — *les pousses (w) de racine*

Spargel	*aparagus / les asperges (w)*
Artischocken	*artichokes / les artichauts (m)*

Speisepilze

mushrooms — *les champignons (m)*

Austernpilze	*oyster mushrooms / les pleurotes (m)*
Champignons	*champignons / les champignons (m) de Paris*
Morcheln	*morels / les morilles (w)*
Pfifferlinge	*chanterelles / les chanterelles (w)*
Steinpilze	*ceps / les cèpes (w)*
Trüffel	*truffles / les truffes (w)*

sowie Egerlinge, Shii-take

Pilze haben nur einen geringen Gehalt an Nähr- und Wirkstoffen. Auf Grund ihres besonderen aromatischen Geschmacks sind sie jedoch bei der Speisenzubereitung neben dem Gemüse eine willkommene Abwechslung und Bereicherung. Sie werden auch als Würzmittel für Suppen und Saucen verwendet.

In der Hotelküche sollten aus dem vielfältigen Angebot allerdings nur solche Pilze verwendet werden, die dem Küchenpersonal als genießbar bekannt sind.

Pilze gelten im Allgemeinen als schwer verdaulich.

Hülsenfrüchte

dried legumes — *les légumes secs*

Sie liefern Kohlenhydrate, Eiweiß und hohe Werte an Mineralstoffen sowie Ballaststoffe.

Bohnenkerne *green kidney/les flageolets (m)*
Linsen *lentils/les lentilles (w)*
Erbsen *peas/les pois secs (m)*

Abb. 1: Kidneybohnen ①, Wachtelbohnen ②, schwarze Bohnen ③, weiße Bohnen ④, Mungbohnen ⑤, Kichererbsen ⑥, grüne Schälerbsen ⑦, gelbe Schälerbsen ⑧, Tellerlinsen ⑨, grüne Berglinsen ⑩, rote Linsen ⑪

Gemüseerzeugnisse

Wegen ihrer Saisonabhängigkeit sowie der begrenzten Lagerfähigkeit werden bestimmte Gemüse auf unterschiedliche Weise haltbar gemacht.

Erzeugnisse dieser Art sind:

- Gemüsekonserven wie z.B. Karotten, Spargel, Bohnen, Pilze,
- Tiefkühlgemüse, hergestellt durch Blanchieren und Schockfrosten von erntefrischen Gemüsen,
- Gemüsesäfte,
- gesäuerte Gemüse wie z.B. Sauerkraut, Essiggurken, Mixed Pickles.

4.3 Lagerung von Gemüse

Gemüse soll möglichst kurzfristig eingekauft und rasch bzw. sofort verarbeitet werden.

Ansonsten leiden Frische, Geruch, Geschmack, Aussehen und der Vitamingehalt.

Durch Welken und Fäulnisbildung entstehen Wertminderungen und Verluste.

Aus diesem Grunde sind für die **Vorratshaltung** folgende Richtlinien zu beachten:

- dunkler und kühler Lagerort (zwischen 4 und 8 °C),
- eine gut belüftete Lagerstelle,
- an den Bedarf und die Lagerbeständigkeit angepasste Vorratsmengen,
- sorgfältige Überwachung der Vorräte und gezielte Lenkung des Verbrauchs.

4.4 Speisen aus Gemüse

Wie Obst dient auch das Gemüse auf Grund seiner Farbe, seines Geschmacks und seines Gehalts an Wirkstoffen als wertvolle Ergänzung und Abrundung eines Gerichtes.

Gemüse wird aber auch zu eigenständigen Gerichten verarbeitet. Bestimmte Arten werden außerdem zum grundlegenden Würzen von Speisen verwendet.

Im Rahmen der Gerichte dient Gemüse als:

- Speisenkomponente wie z.B. Beilage, Salat, Suppeneinlage, Speisenbestandteil,
- eigenständiges, vegetarisches Gericht sowie als Bestandteil innerhalb einer Speisenfolge.

Gemüse als Speisenkomponente

Es findet vor allem als **Beilage** Verwendung, z.B.:

- Lammbraten mit Bohnen
- Rehmedaillons mit Pfifferlingen
- Tournedos mit Grilltomate, Spargel und Erbsen

Darüber hinaus gibt es Verwendungszwecke:

- als **Einlage** in Suppen und Saucen, z.B. Spargel- oder Lauchcremesuppe, Geflügelrahmsuppe mit Champignons, Trüffelsauce
- als **Speisenbestandteil** in Gemüsesuppen, in Eintopfgerichten – z.B. Irish Stew – oder zu Ragouts z.B. Lammragout mit Karotten und Erbsen; Hühnerfrikassee mit Champignons und Spargel.

Gemüse als eigenständiges Gericht

Gemüsegerichte gewinnen immer mehr an Bedeutung. Sie werden auf besondere Weise präsentiert, z.B.:

- Spargelgerichte als Saisonangebot in vielen Variationen,
- Gemüseaufläufe als Zwischengericht,
- Artischocken als warme Vorspeise,
- gefüllte Gemüse als einfache Tagesgerichte (z.B. Auberginen, Gurken, Zucchini und Paprikaschoten),
- Gemüseplatten im Rahmen der energiearmen und ernährungsbewussten Ernährung.

Abb. 1: Gefüllte Gemüse

Abb. 2: Geschmorter Fenchel

Im Rahmen der warmen Gerichte nimmt das Gemüse einen breiten Raum ein. Dabei werden für das Garmachen die verschiedensten Verfahren angewendet (s. S. 124).

Speisenbezeichnungen für Gemüse

Die für Gemüse üblicherweise angewandten Garverfahren Kochen oder Dünsten kommen in den Speisenbezeichnungen im Allgemeinen nicht zum Ausdruck. Ausschlaggebend dafür ist vor allem, mit welchen **Namen gebenden Zutaten** das Gemüse nach dem **Garen vollendet wird. Für einige Gemüsegerichte wählt** man aber auch **Namen gebende Zubereitungsarten.**

Namen gebende Zutaten

Zutat	Anwendung
... mit Butter	– Das Gemüse wird in Butter geschwenkt, mit zerlassener Butter beträufelt oder mit Butterstückchen belegt.
... mit Sahne	– Das Gemüse wird mit Sahne (Rahm) oder Sahnesauce vollendet.
... mit Sauce	– Das Gemüse wird in die Sauce eingeschwenkt – z. B. Béchamelsauce – oder mit der Sauce nappiert – z. B. Mornaysauce, holländische Sauce.

Namen gebende Zubereitungsarten

In die Benennung können einfließen:

- besondere Garverfahren,
- Nachbereitungen nach dem eigentlichen Garen,
- spezielle Zubereitungsverfahren.

Benennung	Erklärung
backen **frittieren** gebackener Sellerie	– Gemüse vor dem Frittieren in Mehl wenden, panieren und in Backteig tauchen
braten gebratene Selleriescheiben	– Gemüse vor dem Braten in Mehl wenden und panieren
schmoren geschmorte Gurke	– Gemüse nach dem Andünsten im Fond fertig garen
glasieren glasierte Karotten	– Gemüse im sirupartig eingekochten Dünstfond durchschwenken
überbacken überbackener Blumenkohl	– Gemüse vor dem Überbacken mit Reibkäse bestreuen oder mit einer Käsescheibe belegen oder mit Béchamelsauce, Mornaysauce oder holländischer Sauce nappieren
nach englischer Art	– Gemüse in Salzwasser kochen, abseihen und mit Butterstückchen belegen
nach polnischer Art	– Gemüse mit in Butter gerösteten Semmelbröseln und gehacktem Ei und gehackter Petersilie garnieren
füllen gefüllte Paprikaschote	– Gemüse mit Reis, Hackfleischmasse oder feiner Fleisch- bzw. Fischfarce füllen

Abb. 3: Gemüseteller

Abb. 4: Überbackene Gemüse

Gemüse als Beilage

Bei der Zuordnung von Gemüse als Beilage muss man beachten, dass es zur Speise passt.

Gemüsesorten mit mildem Geschmack eignen sich für leichte Zubereitungen von fettarmen Fisch- und Fleischgerichten mit dezentem Eigengeschmack.

Würzige geschmacksintensive Gemüse und Zubereitungen würden den Geschmack des Fisches oder Fleisches überdecken.

Solche Gemüse und Gemüsezubereitungen eignen sich besser zu deftigen und fettreichen Fleischgerichten.

Beispielsweise passen Waldpilze und Herbstgemüse besser zu Wild und Wildgeflügel als zu gekochtem Kalbfleisch, Putenbrust oder gedünsteter Seezunge.

Beispiele für die Zuordnung zu Speisen:

Speise	geeignetes Gemüse	**ungeeignetes** Gemüse
Lammbraten	– Bohnen	– Spargel
Hasenkeule	– Rotkohl	– Blumenkohl
Kalbsfrikassee	– Champignons	– Bohnen

Bei dieser Zuordnung ist die **Art des Gemüses** ausschlaggebend.

Speise	geeignetes Gemüse	**ungeeignetes** Gemüse
gedünsteter Fisch	– Tomatenfleischwürfel	– Grilltomate
Filetsteak mit Madeirasauce	– glasierte Karotten	– Karotten in Rahm
gekochtes Rindfleisch	– Lauch in Butter – Karotten gedünstet	– Lauch überbacken – gebackener Sellerie

Bei dieser Zuordnung ist die **Zubereitungsart** bestimmend. Die Gemüsebeilage kann ein einzelnes Gemüse oder eine Gemüsekombination sein. Manche Gemüse sind für Beilagenkombinationen nicht geeignet. Bei **Gemüsekombinationen** ist darauf zu achten, dass sich die Gemüse farblich unterscheiden, geschmacklich jedoch miteinander harmonieren.

Anrichten von Gemüse

Gemüse wird entweder à part (gesondert) oder zusammen mit der zugehörigen Speise auf einer Platte oder auf einem Teller als Tellergericht präsentiert.

Je nach Hauptbestandteil des Gerichtes wird unterschiedlich angerichtet:

Anrichteweise	Speisenbeispiele
neben der Speise	– Kalbssteak mit Erbsen, Karotten, Spargel – Lammkoteletts mit Grilltomate, Prinzessbohnen und Blumenkohl
auf der Speise	– Seezungenfilets mit Spargel – Rehmedaillons mit Pfifferlingen
unter die Speise	– Eisbein auf Sauerkraut – Pochiertes Fischfilet auf Lauchstreifen

Salate aus Gemüse

Als Salat ist Gemüse besonders erfrischend und hat in Bezug auf Vitamine, Mineralstoffe und Ballaststoffe einen hohen Ernährungswert (Rohkost).

Zubereitungen und Anrichten von Salaten und Salatsaucen bzw. Dressings (siehe ab S. 156).

Zustandsformen der Salatsaucen

Zustand	Bestimmende Zutaten
flüssig	– Essig, wie Kräuter-, Apfel-, Wein-, Himbeer-, Sherry- oder Balsamicoessig – Zitronen- oder Limonensaft – Öle mit neutraler Geschmacksnote wie Traubenkern-, Maiskeim-, Sonnenblumen- und Rapsöl – Öle mit einem ausgeprägten Eigengeschmack, wie Oliven- und Nussöl
gebunden	– Schlagsahne, Sauerrahm, Crème fraîche, Crème double, Joghurt, Quark, Edelpilzkäse, Frischkäse
kremig **emulgiert**	– Eigelb, roh oder gekocht – Senf – Mayonnaise
Geschmack	Variationsmöglichkeiten durch: – Kräuter – Zwiebeln und Knoblauch – Salz, Pfeffer, (Zucker/Honig) – Meerrettich – Tomatenpüree – Speck und Kümmel – Oliven – Kapern – Sardellen

Salat- und Küchenkräuter

① Liebstöckel	⑧ Salbei
② Pfefferminze	⑨ Estragon
③ Krausepetersilie	⑩ Bohnenkraut
④ Dill	⑪ Rosmarin
⑤ Schnittlauch	⑫ Borretsch
⑥ Basilikum	⑬ Majoran
⑦ Zitronenmelisse	⑭ Thymian

4.5 Kartengerechte Beispiele für Gemüse

Gratin von Auberginen mit Tomatenfleischstücken

Maisflan in Sauerampfersauce

Gefüllte Kohlrabi auf zwei Paprikasaucen

Spinatpudding in einem Kranz von Speckrührei

Mangoldroulade, mit Mornaysauce überbacken

Gefüllte Wirsingbällchen auf Petersilienwurzel-Mus

Gemüsegulasch mit frischen Kräutern

Pürees von Brennnessel, Rote Bete, Karotten und Petersilienwurzel mit Strohkartoffeln

Weißer und grüner Spargel in Kräutercrêpes mit holländischer Sauce

Gebratene Steinpilzscheiben mit Semmelnocken

Pfifferlinge in Rahm mit Vollkorn-Croûtons

4.6 Kartengerechte Beispiele für Salate

Rohkostsalate mit Rehschinken

Zucchini-Trüffel-Salat

Tomatensalat mit Artischockenherzen und Champignons

Salat von weißem und grünem Spargel mit Joghurtdressing

Kleiner Linsensalat mit Kresse und Krebsfleisch

Erbsenschotensalat mit Orangenfilets und Hummermedaillons

Marinierte Zupfsalate mit geräucherter Gänsebrust

Grapefruitsalat mit Gerstensprossen und gerösteten Pinienkernen

Feldsalat mit Kartoffeldressing

AUFGABEN

1 Beschreiben Sie den besonderen ernährungsphysiologischen Wert des Gemüses.

2 Nennen Sie Eigenschaften des Gemüses, die besondere Lagerbedingungen bzw. -pflege erforderlich machen.

3 Beschreiben Sie Richtlinien für das Lagern, die Pflege und den Verbrauch von Gemüse.

4 Unterscheiden Sie handelsübliche Sammelbegriffe für Gemüse und ordnen Sie diesen einzelne Gemüse zu.

5 Erläutern Sie an Beispielen die Verwendung von Gemüse als Beigabe zu anderen Speisen.

6 Beschreiben Sie die Bedeutung und die Verwendung von Gemüse als Würzmittel.

7 Nennen Sie Bewertungs- und Auswahlkriterien für Speisepilze.

8 Stellen Sie mit Hilfe des Fachbuches Gerichte aus Gemüse zusammen und fassen Sie diese zu einer vegetarischen Speisekarte zusammen.

5 Obst

fruits
les fruits (m)

Obst ist der Sammelbegriff für essbare Früchte sowie Fruchtstände bzw. Samen (Nüsse), fleischige Teile des Blütenstandes (Ananas) oder Blütenböden (Erdbeere). Die Früchte wachsen sowohl kultiviert in Obstplantagen als auch wild (Waldbeeren).

5.1 Bedeutung für die Ernährung

Der Wert des Obstes ergibt sich vor allem aus den Inhaltsstoffen:

- **Vitamine** und **Mineralstoffe,** die als Wirkstoffe im menschlichen Organismus unentbehrlich sind,
- **Ballaststoffe,** die sich anregend auf die Darmtätigkeit (Peristaltik) auswirken und für eine gute Verdauung sorgen,
- **Geschmacksstoffe,** insbesondere die Fruchtsäuren, die eine erfrischende Wirkung haben und den Appetit anregen,
- **Enzyme,** die verdauungsfördernd wirken.

Abgesehen vom Schalenobst mit bis zu 50 %igem Fettgehalt enthält Obst lediglich leicht verdauliche Kohlenhydrate wie Frucht- und Traubenzucker.

Es eignet sich deshalb besonders für leichte und energiearme Kostformen (Schon- und Krankenkost).

5.2 Arten des Obstes und Obsterzeugnisse

Die vielfältigen Obstsorten werden nach handelsüblichen Gesichtspunkten sowie nach gemeinsamen Bestandteilen der Früchte unterschieden und unter den nachfolgenden Begriffen eingeteilt:

Kernobst enthält kleine Kerne.

Beispiele für **Kernobst** sind:

Äpfel	*apples / les pommes (w)*
Birnen	*pears / les poires (w)*
Quitten	*quinces / les coings (m)*

Steinobst enthält große, steinartige Kerne.

Beispiele für **Steinobst** sind:

Aprikosen	*apricots / les abricots (m)*
Kirschen	*cherries / les cerises (w)*
Mirabellen	*yellow plums / les mirabelles (w)*
Nektarinen	*nectarines / les brugnons (m)*
Pfirsiche	*peaches / les pêches (w)*
Pflaumen	*plums / les prunes (w)*

sowie Reineclauden, **Zwetschgen.**

Beerenobst ist durch viele bzw. kleine Fruchtteile gekennzeichnet.

Beispiele für **Beerenobst** sind:

Brombeeren	*blackberries / les mûres (w)*
Blaubeeren	*blueberries / les myrtilles (w)*
Erdbeeren	*strawberries / les fraises (w)*
Himbeeren	*raspberries / les framboises (w)*
Johannisbeeren	*redcurrants / les groseilles (w)*
Preiselbeeren	*cranberries / les airelles rouges (w)*
Stachelbeeren	*gooseberries / les groseilles à maquereau (w)*
Weinbeeren	*grapes / les raisins (m)*

sowie Moosbeeren

Schalenobst ist von dicken, harten Schalen umgeben.

Beispiele für **Schalenobst** sind:

Erdnüsse	*peanuts/les arachides (w)*
Haselnüsse	*hazelnuts/les noisettes (w)*
Kastanien	*chestnuts/les marrons (m)*
Kokosnuss	*coconuts/les noix de coco (w)*
Mandeln	*almonds/les amandes (w)*
Pistazien	*pistachio/les pistaches (w)*
Walnüsse	*walnuts/les noix (w)*
Pinienkerne	*pine nuts/les pignons (m)*

sowie **Cashewnüsse, Pecannüsse** und **Paranüsse.** Esskastanien werden auch als Maroni bezeichnet.

Südfrüchte sowie **Zitrusfrüchte** werden aus südlichen Ländern eingeführt.

Beispiele für **Südfrüchte** sind:

Ananas	*pineapples/l'ananas (m)*
Bananen	*bananas/les bananes (w)*
Grapefruits	*grapefriuts/les pamplemousses (m)*
Limetten	*limes/les citrons verts (m)*
Mandarinen	*mandarins/les mandarines (w)*
Orangen	*oranges/les oranges (w)*
Zitronen	*lemons/les citrons (m)*

sowie Clementinen, **Kumquats, Pomelos,** Satsumas, Tangerinen.

Exotische Früchte unterscheiden sich von den anderen Obstsorten durch ein stark ausgeprägtes, fremdartiges Aroma sowie durch Besonderheiten bezüglich der Form und des Aussehens.

Beispiele für **exotische Früchte** sind

Avocados	*avocados/les avocats (m)*
Cherimoyas	*cherimoyas/les chérimoles (w)*
Datteln	*sates/les dattes (w)*
Feigen	*figs/les figues (w)*
Granatäpfel	*pomegranates/les grenades (w)*
Grenadillen	*grandillas/les grenadilles (w)*
Guaven	*guavas/les goyaves (w)*
Kakipflaumen	*kaki/le kaki*
Kaktusfeigen	*prickly pear/les figues de barbarie (w)*
Kiwi	*kiwi/le kiwi*
Litschis	*litchis/les lychees (m)*
Mangos	*mangos/les mangues (w)*
Mangostanen	*mangosteens/les mangoustans (m)*
Papayas	*papayas/les papayes (w)*
Passionsfrüchte	*passion fruits/les fruits de la passion (m)*
Kap-Stachelbeeren	*cape gooseberries/les alkékenges (m)*
Rambutan	*rambutans/les rambotans (m)*
Sternfrüchte	*carambolas/les caramoles (w)*
Baumtomaten	*tamarillos/les tamarillos (m)*

Die Passionsfrucht wird auch als Maracuja bezeichnet.

Obsterzeugnisse

Obsterzeugnisse sind industrielle Produkte:

- Konserviertes Obst in getrocknetem (Dörr- bzw. Trockenobst) oder tiefgefrorenem Zustand sowie in Form von sterilisierten Dosen- oder Glaskonserven. Dabei handelt es sich vorwiegend um Kompotte.
- Konfitüren, Marmeladen, Gelees, Sirupe und kandierte Früchte.
- Fruchtsäfte, Fruchtnektare, Fruchtsaftgetränke und Limonaden.
- Obstwein; Brände, Geiste und Liköre aus Obst.

5.3 Vorratshaltung von Obst

Obst hat Eigenschaften, die besondere Lagerbedingungen und Lagerpflege erforderlich machen.

Eigenschaften und Lagerbedingungen

Auf Grund seines hohen Wassergehaltes verdirbt Obst rascher als andere Rohstoffe. Außerdem nimmt es wegen seiner feinen Beschaffenheit leicht fremden Geruch oder Geschmack an. Durch Lichteinwirkungen entstehen Vitaminverluste.

Daraus ergeben sich folgende Lagerbedingungen:

- Der Lagerort muss dunkel sein.
- Die Lagertemperatur sollte im Allgemeinen je nach Beschaffenheit des Obstes 4 °C nicht unterschreiten und 8 °C nicht übersteigen.
- Bei höheren Temperaturen können z.B. Avocados und Bananen gelagert werden.
- Mit luftdurchlässigen Behältnissen und Lagerflächen ist für die ausreichende Zufuhr von frischer Luft zu sorgen.

Einkauf und Verbrauch

Vollreifes Obst, insbesondere Beeren- und Steinobst sowie einige Südfrüchte, verderben im Allgemeinen sehr schnell.

Bestimmte Sorten werden bereits in unreifem Zustand geerntet und müssen entsprechend nachreifen.

Da zu lange Lagerung aber in jedem Falle zu Verlusten führt, sind folgende Richtlinien zu beachten:

- Die Einkaufsmengen dem jeweiligen Bedarf sowie der Lagermöglichkeit anpassen.
- Die Vorräte regelmäßig auf einwandfreie Beschaffenheit hin überwachen.

5.4 Obst bei der Speisenbereitung

Obst kann wesentlicher Bestandteil von eigenständigen Gerichten sein. Darüber hinaus wird es je nach seiner farblichen und geschmacklichen Eignung als Zutat zu anderen Speisen verwendet.

Obst als eigenständiges Gericht

Obst eignet sich für folgende Gänge im Rahmen der Speisenfolge:

- Als kalte Vorspeise (z.B. gefüllte Avocados, eine halbe Grapefruit, marinierte Melone bzw. Melonenschiffchen).
- Als Kaltschale anstelle einer Suppe oder in Form eines Sorbets (erfrischendes Zwischengericht).
- Als Dessert wie frisches Obst, Salate von frischen Früchten, Kompotte oder Dunstfrüchte, flambierte oder in Backteig ausgebackene Früchte (Beignets) und als Früchte in Gelee.

Obst als Speisenkomponente

Saftigkeit, Geschmack, Farbe und Wirkstoffgehalt machen Obst zu einer hochwertigen Komponente bei nährstoffhaltigeren Gerichten. Zur Ergänzung und Abrundung wird es als Garnitur, Beilage oder Speisenbestandteil verwendet:

- Erdbeeren oder andere Früchte als Belag für Obstkuchen, Obstböden oder Obsttörtchen,
- Ananasscheiben als Garnitur auf Kalbssteaks,
- Ananas, Kirschen oder Mandarinen in Vorspeisencocktails,
- Apfel in Waldorfsalat und Rotkraut,
- Pistazien in Rahmeis oder Parfaits,
- Apfel, Birne und Preiselbeeren zu Wildgerichten,
- Pfirsiche zu kaltem Wild und Geflügel.

Abgesehen von der Verwendung für Speisen ist Obst – je nach Eignung – auch artbestimmender Bestandteil von Cocktails, Longdrinks, Bowlen und anderen Mischgetränken.

Aufgaben

1 Beschreiben Sie den besonderen ernährungsphysiologischen Wert des Obstes.

2 Nennen Sie die Arten des Obstes und ordnen Sie ihnen Obstsorten zu.

3 Wodurch unterscheidet sich das Schalenobst von den übrigen Obstsorten?

4 Nennen Sie mindestens 6 exotische Früchte.

5 Beschreiben Sie Ihrem Arbeitskollegen die Eigenschaften des Obstes und erläutern Sie die davon abgeleiteten Richtlinien für den Einkauf, die Lagerung und den Verbrauch.

6 Nennen Sie Beispiele für industriell vorgefertigte Obsterzeugnisse.

6 Kartoffeln

potatoes
les pommes (w) de terre

Zu einem kompletten Gericht gehören neben Fleisch- oder Fischspeisen, Gemüsen oder Salaten auch stärkehaltige Beilagen. Wegen ihres hohen Stärkegehalts schmecken diese Beilagen ziemlich neutral und eignen sich deshalb gut als Ergänzung. Der Sättigungswert beruht auf dem hohen Stärkegehalt. Eine Grundlage für Sättigungsbeilagen bilden neben den Getreideerzeugnissen die Kartoffeln.

6.1 Bedeutung für die Ernährung

Kartoffeln sind neutral im Geschmack und ausserdem leicht verdaulich.

Wertbestimmende Nähr- und Wirkstoffe sind:

- 14 bis 20 % Kohlenhydrate in Form von Stärke,
- etwa 2 % hochwertiges pflanzliches Eiweiß,
- die Vitamine B_1, B_2 und C sowie Kalium.

6.2 Arten und Eigenschaften

Arten der Kartoffeln

Unter Beachtung der Erntezeiten unterscheidet man:

- **Frühkartoffeln,** sie kommen unter der Bezeichnung „Neue Kartoffeln“ ab Mai auf den Markt. Nach der langen Unterbrechung durch die Wintermonate sind sie begehrt und werden als Delikatesse verzehrt. Wegen ihrer dünnen Schale ist es üblich, sie nicht zu schälen, sondern in der Schale zu kochen.
- **Mittelfrühe Kartoffeln** sind ab Mitte August erhältlich.
- **Spätkartoffeln** liefern die Lagervorräte für den Winter und werden deshalb als Winterkartoffeln bezeichnet.

Abb. 1: Grata, Sieglinde, Rosella, Bamberger Hörnchen, Clivia, Erstling

Eigenschaften der Kartoffeln

Die besonderen Eigenschaften der Kartoffeln ergeben sich aus dem unterschiedlichen Stärkegehalt:

Fest kochende Sorten

z. B. Sieglinde oder Hansa mit einem Stärkegehalt unter 14 % kochen speckig und sind die typischen Produkte für die Herstellung von **Kartoffelsalat.**

Vorwiegend fest kochende Sorten

z. B. Grata, Clivia oder Hela mit 14 – 16 % Stärkegehalt werden bevorzugt für die Pommes-frites-Herstellung und für **Salzkartoffeln** verwendet.

Mehlig kochende Sorten

wie z. B. Datura oder Irmgard mit einem Stärkegehalt von über 16 % verarbeitet man vor allem für **Püree** sowie zu Kartoffelmassen für **Knödel** und **Kroketten.**

6.3 Vorratshaltung von Kartoffeln

Für Kartoffeln gelten die gleichen Lagerrichtlinien wie für Gemüse. Darüber hinaus ist besonders zu beachten:

- Bei zu warmer Lagerung keimt die Kartoffel, welkt und wird runzelig.
- Bei Lichteinwirkung entstehen grüne Flecken. Diese Stellen enthalten Giftstoffe und schmecken bitter.
- Temperaturen unter 4 °C und Frost verursachen den Abbau der Stärke, sodass die Kartoffel unangenehm süß schmeckt.

Kartoffelzubereitungen s. S. 164 f.

7 Getreide

corn
le blé

Unter Getreide versteht man Körnerfrüchte oder Samen von Pflanzen aus der Familie der Gräser. Sie werden auf vielfältige Weise zu Nahrungsmitteln verarbeitet. Die wichtigsten Getreidearten sind:

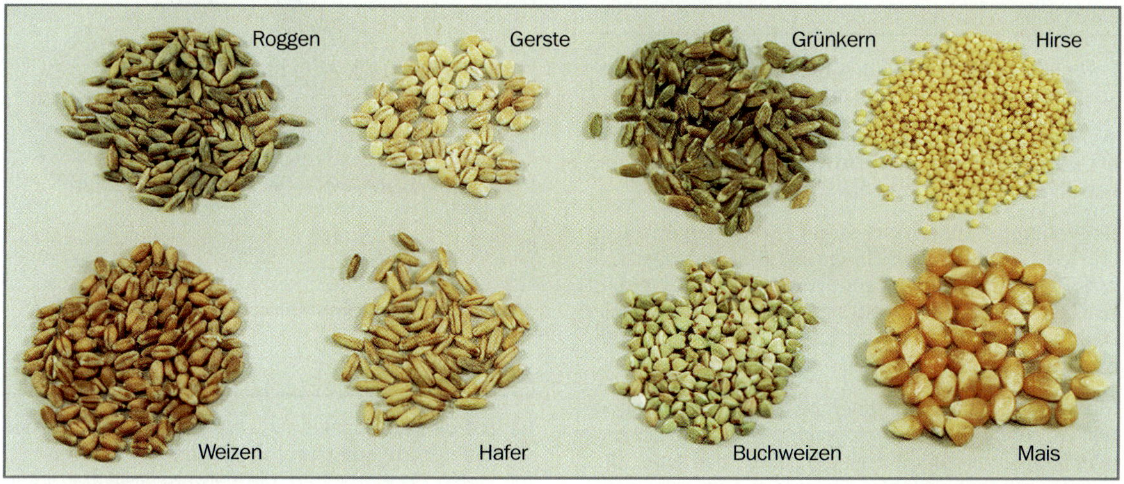

7.1 Bedeutung für die Ernährung

Um den vollständigen Wert zu erfassen, muss man zunächst das ganze Getreidekorn betrachten.

Aufbau und Inhaltsstoffe des Getreidekorns

Der Kornkörper besteht aus der Frucht- und Samenschale, dem Keimling und dem Mehlkörper. Gerste und Hafer sind außerdem mit saftarmen Blättchen, den sogenannten Spelzen, umgeben.

Inhaltsstoffe des Getreidekorns:

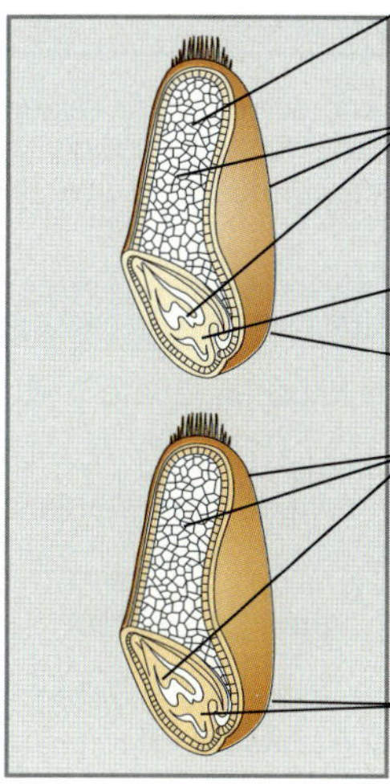

Stärke (60 bis 70 %) vor allem im Mehlkörper

Eiweiß (8 bis 14 %) im Mehlkörper, in der Schale und im Keimling

Fett (1 bis 4 %) im Keimling

Ballaststoffe in der Schale

Vitamine der Gruppe B befinden sich vor allem in der Schale, etwas weniger im Keimling und noch weniger im Mehlkörper.

Mineralstoffe enthalten der Keimling und die Schale.

Die Nährstoffe und Ballaststoffe sowie die Mineralstoffe und Vitamine sind in den einzelnen Kornbestandteilen unterschiedlich verteilt. Der Wert der Erzeugnisse aus Getreide ist deshalb davon abhängig, welche Teile des Kornes bei der Verarbeitung abgeschieden werden und welche im Endprodukt erhalten bleiben.

Bewertung der Getreideerzeugnisse

Da sich die wertvolleren Bestandteile in den Randschichten des Getreidekorns befinden, sind **Vollkornprodukte** ernährungsphysiologisch hochwertiger als die Erzeugnisse aus geschältem Getreide. Dort sind mehr oder weniger große Anteile der Schale abgeschieden worden.

Mehltypen

Es handelt sich um Kennzeichnungen, die Auskunft über den Schalenanteil geben und insofern auch ein Maßstab für die ernährungsphysiologische Bewertung sind. Zur Feststellung der Type wird Mehl verbrannt, wobei die nichtverbrennbaren Schalenanteile als Asche zurückbleiben und gewogen werden.

Type 405 bedeutet z. B., dass 100 g Mehl beim Verbrennen 405 mg Asche ergeben.

Je mehr Asche zurückbleibt, desto höher ist der Gehalt an Wirkstoffen. Bei Vollkornprodukten beträgt die Typenzahl bis 2000.

7.2 Backwaren

Bei den Backwaren unterscheidet man Brot, Kleingebäck und Feine Backwaren.

Brot

bread — *le pain*

In Deutschland wird Brot aus Roggen und Weizen hergestellt, und zwar aus Mehl oder Schrot.

Weizen- oder **Weißbrot,** das mindestens 90 % Weizenanteile enthält, wird mit Hilfe von Hefe gelockert und hat einen milden Geschmack.

Roggenbrot enthält mindestens 90 % Roggenanteile und wird mit Hilfe von Sauerteig gesäuert. Der Geschmack ist im Vergleich zum Weißbrot herzhafter und kräftiger. Zugunsten eines besonderen Geschmacks wird zu manchen Brotsorten Kümmel verwendet (Kümmelbrot).

Mischbrot besteht aus einer Mischung von Roggen- und Weizenmehl. Die Bezeichnungen Weizenmischbrot oder Roggenmischbrot besagen, dass der Anteil des Namen gebenden Mehles überwiegt, und zwar mehr als 50 und weniger als 90 % beträgt.

Vollkornbrot ist Brot, das mindestens 90 % Vollkornanteile enthält. Die Bezeichnung Roggen- bzw. Weizenvollkornbrot besagt, dass der Anteil des Namen gebenden Getreides bei 90 % liegt.

Schrotbrot enthält dem benannten Ausgangsprodukt entsprechend mindestens 90 % Roggen- oder Weizenbackschrot. Neben den allgemein üblichen Brotsorten gibt es Spezialbrote, die sich auf Grund besonderer Zutaten bzw. Herstellungsverfahren durch einen jeweils spezifischen Geschmack oder durch eine spezifische Beschaffenheit auszeichnen.

BEISPIELE
- Milch-, Milcheiweiß-, Buttermilchbrot,
- Weizenkeim- und Kleiebrot,
- Gewürz-, Kümmel- und Korianderbrot,
- Leinsamen-, Sonnenblumen- und Sesambrot.

Drei-, Vier- oder **Mehrkornbrot** bedeutet, dass zur Herstellung drei, vier oder mehr Getreidearten verwendet wurden.

Pumpernickel ist ein Roggenvollkornbrot mit dunkler Farbe und einem kräftigen, leicht süßen Geschmack.

Knäckebrot, ein flaches, trockenes Gebäck, wird in vielen Variationen hergestellt. Diese ergeben sich aus der Verwendung unterschiedlicher Mühlenerzeugnisse: Roggen-, Weizen- oder Mischmehl sowie Vollkornmehl oder Schrot.

Toastbrot ist ein lockeres Brot, das zum Toasten verwendet wird.

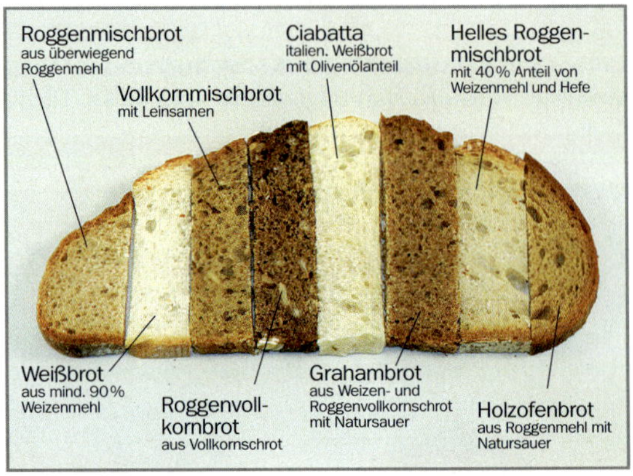

Abb. 1: Verschiedene Brotsorten

Kleingebäck

Es gibt diese Gebäcke aus unterschiedlichen Mehlen und Schrot, mit sehr verschiedenartigen Zutaten und mit vielen Benennungen, die teilweise regional unterschiedlich sind.

grundlegende Bezeichnungen	– Brötchen, Wecken, Schrippen, Semmeln
besondere Zutaten und Bestreuungsmaterial	– Schinken, Speck, Röstzwiebel, Käse – Mohn, Salz, Kümmel, Sesam
besondere Bezeichnungen	– Mohn-, Salz- und Kümmelstangen – Fladen, Hörnchen, Brezeln

Feine Backwaren

Feine Backwaren werden aus unterschiedlichen Teigen sowie in Verbindung mit Zucker, Fett und anderen speziellen Zutaten hergestellt und in kleiner Form als Teegebäck bezeichnet.

Teig/Masse	Verwendungszweck
Hefeteig	belegte Blechkuchen, Zöpfe und Stollen
Blätterteig	Stückchen, Pasteten und Tiroler Apfelstrudel
Mürbeteig	Teegebäck, Torten und Böden
Massen	Sandkuchen, Torten, Rührkuchen, Rouladen und Löffelbiskuits

7.3 Teigwaren

noodles *les nouilles (w)*

Es handelt sich um kochfertige Erzeugnisse, die auf Grund ihrer trockenen Beschaffenheit eine hohe Lagerbeständigkeit besitzen.

Rohstoffe und Herstellung

Teigwaren werden aus unterschiedlichen Rohstoffen hergestellt.

- Hartweizengrieß (die beste Sorte besteht aus Durumweizen, eine Weizensorte mit stabilem, festem Eiweiß),
- Weizenmehl oder Weizendunst
- mit oder ohne Eizugabe.

Bei sogenannten Frischeiteigwaren dürfen nur frische Hühnereier verwendet werden.

Zur Herstellung von Teigwaren werden teilweise ganz spezielle Zutaten verwendet:

- Vollkornmehle, Roggenmehle,
- Spinatpüree, Steinpilzpulver und Kräuter und Rote-Bete-Saft.

Die Teige werden bei der industriellen Verarbeitung durch Pressen bzw. Ausrollen und Schneiden in die jeweils bestimmte Form gebracht und anschließend getrocknet.

Nudeln und Spätzle werden heute wieder häufiger als *„hausgemachte Spezialität“* (laut Gesetz mindestens 5 Eier je kg Mehl oder Grieß) hergestellt und sind wegen der individuellen Verarbeitung frischer Rohstoffe besonders beliebt.

Formen und Verwendung der Teigwaren

Die unterschiedlichen Formen sind auf jeweils bestimmte Verwendungszwecke ausgerichtet.

Abb. 1: Nudeln in verschiedenen Farben und Formen

Röhrenform	→ Makkaroni, Cannelloni, Rigatoni
Taschenform	→ Maultaschen, Ravioli
Flächenform	→ Lasagne
sonstige Formen	→ Fadennudeln, Spaghetti, Bandnudeln, Hörnchen, Muscheln, Spirelli, Sternchen, Ringe, Buchstaben → Spätzle und Knöpfle

Verwendungszwecke sind:

- Einlage für Suppen,
- Beilage zu Ragout, Gulasch und anderen Schmorgerichten mit reichlich bemessener Sauce,
- eigenständige Gerichte.

Zubereitungen aus Teigwaren (s. S. 174)

Teigwaren werden sehr vielseitig verwendet:

- als Einlage für Suppen und zu Sättigungsbeilagen,
- vielfältig als eigenständige Gerichte.

Garmachen und Anrichten

Garmachen

Teigwaren werden in gesalzenem Wasser gegart, dürfen beim Garen nicht zu weich werden, sollen noch den sogenannten **Biss** (al dente) haben. Um das Nachgaren und das Zusammenkleben zu verhindern, werden Teigwaren nach dem Garen mit kaltem Wasser abgeschreckt, damit die Stärke abgespült wird.

Wiedererwärmen und Anrichten

Auf Vorrat gegarte Teigwaren müssen wieder erwärmt werden,

- entweder durch Schwenken in heißer Butter
- oder durch Einlegen bzw. Eintauchen (in einem Sieb) in kochendes, gesalzenes Wasser
- oder durch Regenerieren im Mikrowellenherd.

Das Anrichten erfolgt je nach Portionsmenge à part in Schalen, Suppentellern oder Schüsseln. Bei Tellergerichten werden die Portionen unmittelbar auf dem Teller angerichtet.

Eigenständige Gerichte

Für solche Gerichte eignen sich fast alle Teigwarenprodukte. Auf Grund der verschiedensten Zutaten gibt es sie in sehr vielen Variationen.

Ihren Ursprung haben sie vor allem in südlicheren Regionen. In der italienischen Küche sind sie unter dem Sammelbegriff Pasta asciuta zusammengefasst.

SPEISENBEISPIELE

Makkaroni mit Käse
in Butter geschwenkt und mit Parmesan bestreut

Spirelli mit Schinken
mit gekochtem, feinwürfelig geschnittenem Schinken in Butter geschwenkt

Spaghetti nach Mailänder Art
mit Streifen von Schinken, Pökelzunge und Champignons, Tomatensauce und Parmesan

Spaghetti nach Bologneser Art
mit Hackfleischsauce und Parmesan

Spaghetti nach neapolitanischer Art
mit Tomatenfleischwürfeln, Tomatensauce und Parmesan

Maultaschen und Ravioli (gefüllte Teigtaschen)
mit Fleischfarce, Fischfarce oder klein gehacktem, gebundenem Gemüse

Cannelloni (gefüllte Teigröhren)
wie vorher, zusätzlich mit Reibkäse bestreut oder mit einer passenden Sauce (Béchamel) nappiert und überbacken

Lasagne (Nudelteigscheiben)
schichtweise mit Fleisch-, Fisch- oder Gemüsemasse bedeckt, im Ofen gebacken

Käsespätzle
heiße, nasse Spätzle schichtweise in eine Schüssel geben, Reibkäse wie z.B. Allgäuer Emmentaler einstreuen, obenauf braune Zwiebelbutter.

7.4 Kartengerechte Beispiele für Gerichte aus Teigwaren

Allgäuer Käsespätzle mit Kopfsalat

Abgeschmelzte Maultaschen mit Fleischfüllung

Geschupfte Steinpilznudeln mit rohem Schinken in Rotweinschaumsauce

Weizen-Vollkorn-Nudeln mit Zucchini- und Tomatenwürfeln

Kräuternudeln mit Flusskrebsen in Champagner

Spinatravioli mit Morchelfüllung in Schinkenrahmsauce

Spaghetti Carbonara mit einer Magerspecksauce

Cannelloni in Basilikumrahmsauce mit Tomatenfilets und Reibkäse

Lasagne von Krebsen und Lachs in Mascarpone-Kräuter-Sauce

Fettuccine mit Zwiebeln, Speck und Eiern

Abb. 1: Maultaschen

7.5 Reis

rice — le ris

Für mehr als die Hälfte der Menschheit ist Reis das Hauptnahrungsmittel. Er wird in den meisten asiatischen Ländern, in den USA und in Italien angebaut.

Artenbezeichnungen für Reis

Die Bezeichnungen für Reis ergeben sich auf Grund der Form, der Farbe oder der Behandlung. Durch einfaches *Enthülsen* enthält man **Braunreis** (Naturreis), der ungeschält ist und deshalb bevorzugt im Rahmen der Vollwerternährung verwendet wird.

Zusätzliches *Schälen* und *Polieren* ergibt den **Weißreis,** als Hauptangebot unter den Bezeichnungen Bali- oder Basmatireis.

Parboiled-Reis wird vor dem Schälen nach einem speziellen Dampf-Druck-Verfahren aufbereitet, wobei ca. 80 % der Wirkstoffe erhalten bleiben. Dieser Reis ist deshalb ernährungsphysiologisch besonders hochwertig. Außerdem ist er kochstabiler und ergiebiger als andere Sorten.

Wildreis, auch Indianerreis genannt, wird aus einer dem Reis verwandten wilden Grasart in den USA und Kanada gewonnen. Er wächst an Fluss- und Seeufern, hat eine dunkelbraune bis schwarze Farbe und ist nadelförmig. Durch den geringen Fettgehalt ist er lagerfähiger als andere Reissorten.

Abb. 2: Parboiled Reis; Camarquereis; Basmatireis; Naturreis; Wildreis, roter Thaireis; Milchreis, Avorioreis für Risotto

Reis bei der Speisenbereitung

Rundkornreis, der auch als *Milchreis* bezeichnet wird, ist von Natur aus weich und nimmt bei der Zubereitung viel Flüssigkeit auf. Aus diesem Grunde findet er Verwendung zu Risottogerichten und zu Reissüßspeisen.

Langkornreis, von Natur aus härter, ist nach dem Garen locker und körnig. Er ist deshalb besser als Rundkornreis für Beilagen (Beilagenreis) sowie für eigenständige Reisgerichte geeignet.

Verwendung als Beilage:

- zu zarten Gerichten mit heller Sauce:
  - Kalbs- und Geflügelfrikassee,
  - Fisch sowie Krebs- und Weichtiere;
- zu geschmorten Gerichten mit dunkler Sauce:
  - Ragouts von Kalb, Schwein und Geflügel,
  - Innereien;
- zu kurzgebratenen Gerichten:
  - Filetgulasch und Geschnetzeltes,
  - Leber und Nieren.

Anrichten von Reis

Dafür gibt es folgende Möglichkeiten:

- *à part* in Schalen oder Schüsseln (insbesondere bei saucenreichen Gerichten),
- um die Speise herum (Ragouts *im Reisrand*),
- unter der Speise *auf einem Reissockel,*
- neben die Speise *„gestürzt"* (nach vorherigem Einpressen, Formen in einem Becher oder einer Tasse).

Reisgerichte mit besonderer Geschmacksnote

Im Allgemeinen handelt es sich dabei um gedünsteten Reis, wobei die Geschmack gebenden Zutaten beigefügt werden:

- entweder bereits beim Anschwitzen z.B. mit Curry, Paprika oder Safran,
- oder zum fertig gegarten Reis z.B. Trüffel, Champignons, Schinken.

Zu den Gerichten besonderer Art gehören

Risotto, saftig gegarter Reis mit Butter und Parmesan

Risipisi, Risottoreis mit Erbsen

Gemüsereis mit feinen Würfeln von Lauch, Karotten

Pilawreis, mit Zwiebeln angeschwitzt, mit heller Brühe aufgegossen und zugedeckt im Ofen gegart

Kreolenreis, gekocht, abgeschüttet und im Ofen abgedämpft

Nasi Goreng, mit Zwiebeln, Geflügel, Schinken, Paprikaschote und Krabbenfleisch

Paëlla, mit Zwiebeln und Safran, Muscheln und Garnelen, Schlachtfleischstücken oder Geflügel

Reisfleisch, Lammragout mit Paprika und anderen Gemüsen

Abb. 1: Paëlla

Aufgaben

1 Nennen Sie die Arten der Getreide.

2 Beschreiben Sie den Aufbau des Getreidekorns und die Verteilung der Inhaltsstoffe.

3 Wovon ist der ernährungsphysiologische Wert der Erzeugnisse aus Getreide abhängig?

4 Nennen Sie zu den Mühlenerzeugnissen die Produktbezeichnungen und die Verwendungszwecke.

5 Nennen Sie unterschiedliche Brotsorten.

6 Beschreiben Sie, welche Teige zu den verschiedenen Feinbackwaren verwendet werden.

7 Welche Arten von Knödeln bzw. Klößen stellt man aus Getreideerzeugnissen her?

8 Aus welchen Rohstoffen und auf welche Weise werden Teigwaren hergestellt?

9 Nennen Sie sechs verschiedene Reissorten.

10 Beschreiben Sie an Beispielen die Verwendung von Reis bei der Zubereitung von Speisen.

PROJEKT

AKTIONSWOCHE: SPARGEL

EINE AUDIENZ BEIM KÖNIG DER GEMÜSE

Ihr Betrieb plant für die kommende Spargelsaison eine besondere Aktion. Hierfür müssen Gerichte bestimmt, eventuell erprobt und eine eigens dafür gestaltete Spezialkarte erstellt werden.

ZEITPUNKT

In welchem Zeitraum wird eine solche Aktion sinnvollerweise durchgeführt?

VORBEREITUNG

1 Sammeln Sie Ideen für eine solche Spargel-Aktion.

2 Listen Sie mögliche kalte und warme Gerichte für die Aktion auf.

3 Ordnen Sie den einzelnen Spargelzubereitungen passende Sättigungsbeilagen und besondere Saucen zu.

4 Erstellen Sie eine dekorative Spargelkarte.

5 Überlegen Sie Möglichkeiten, wie das Produkt Spargel in der Aktionswoche präsentiert werden kann.

SCHÄLVERLUSTE UND KALKULATION

1 Vom Spargellieferant werden 60 kg Spargel geliefert. Beim Schälen fallen 25 % Schale an.
Wie viele Spargelportionen à 300 g können zusammengebunden werden?

2 Ein Kilo Spargel kostet 8,40 €.
Wie hoch ist der Materialwert für eine Portion Spargel von 300 g?

3 Berechnen Sie den Kartenpreis der Gerichte, indem Sie ihn durch die jeweiligen Materialkosten und einem Kalkulationsfaktor 5 ermitteln.

GETRÄNKE

Welche Getränke würden Sie zur Spargelwoche Ihren Gästen besonders empfehlen?

PRÄSENTATION

1 Welche Möglichkeiten außer der Speisekarte haben Sie, um auf das vorgesehene Angebot aufmerksam zu machen?

2 Wie können Sie die Aktion publizieren?

3 Entwickeln Sie Ideen, wie das Thema dekorativ präsentiert werden kann.

8 Milch, Milchprodukte und Käse

milk, milkproducts and cheese
le lait, les produits (m) de lait et le fromage

Unter Milch versteht man im Allgemeinen die Milch von Kühen. Schafs- und Ziegenmilch sind bei uns lediglich im Zusammenhang mit der Käseherstellung von Bedeutung.

Milch ist eine *„Fett-in-Wasser-Emulsion"* mit einer einzigartig feinen Emulsionsstruktur. Um diese Struktur in den Handelssorten zu erhalten, wird Milch *homogenisiert*.

Dabei wird die Milch mit Druck durch enge Düsen gepresst. Das Milchfett wird so in feine Fett-Tröpfchen zerkleinert. Damit wird verhindert, dass es in der Milch wieder aufrahmen kann, d.h. es kann sich keine geschlossene Rahmschicht mehr bilden.

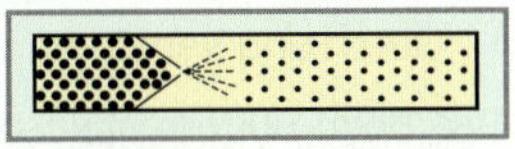

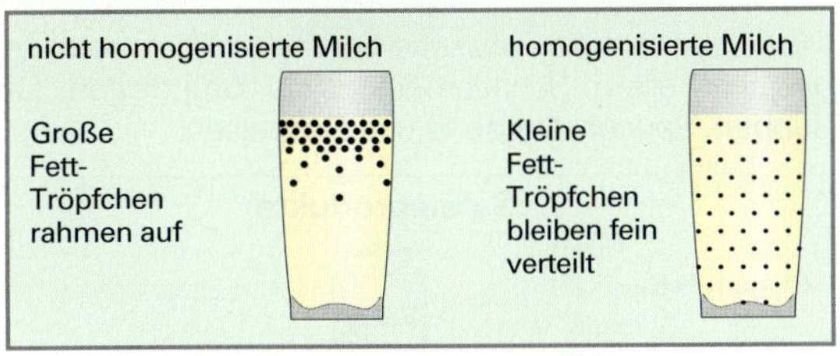

8.1 Bedeutung für die Ernährung

Unter ernährungsphysiologischen Gesichtspunkten ist die Milch ein hochwertiges Lebensmittel. Ihre stoffliche Zusammensetzung und die Ausgewogenheit der Inhaltsstoffe entsprechen den Ernährungbedürfnissen des Menschen.

Fett	→	3,7 %	Milchfett
Eiweiß	→	3,5 %	Kasein
Kohlenhydrate	→	4,5 %	Milchzucker
Mineralstoffe	→	0,8 %	Calcium/Phosphor

Darüber hinaus enthält die Milch weitere lebensnotwendige Stoffe: Vitamine (A, B, C und D) sowie Enzyme und andere hochwertige Wirkstoffe.

8.2 Handelskennzeichnungen

Da die Milch leicht verderblich ist und unter Umständen Krankheitserreger enthalten kann, wird sie mit Wärme behandelt und die Haltbarkeit somit verbessert.

Kenntlichmachung bezüglich der Haltbarkeit

Produktbezeichnungen	Haltbarkeitsdauer
pasteurisierte Milch	→ einige Tage
ultrahocherhitzte Milch (H-Milch)	→ mindestens 6 Wochen
sterilisierte Milch	→ längere Zeit
gesäuerte Milch (Sauermilch / Dickmilch)	→ einige Tage

Wärmebehandlung der Milch

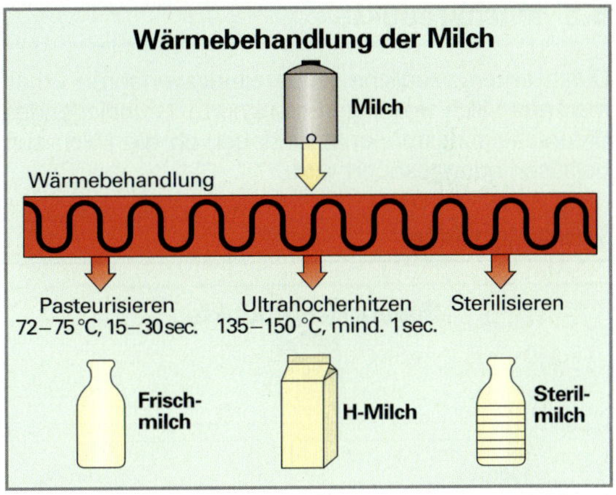

Durch vollständigen Entzug des Wassers erhält man Trockenmilch in Form von Vollmilch- oder Magermilchpulver.

Kenntlichmachung bezüglich des Fettgehalts

Die Handelssorten der Milch werden vor allem nach dem Fettgehalt eingestuft. Dabei wird unterschieden:

- **Vollmilch** mit 3,5 % Fettgehalt, sie ist pasteurisiert und meist homogenisiert.
- **Teilentrahmte Milch** mit nur noch 1,5 % Fettgehalt.
- **Entrahmte Milch,** auch **Magermilch** genannt, mit höchstens 0,3 % Fettgehalt.

Bei allen Sorten wird der Fettgehalt durch die Molkereien exakt eingestellt.

Vorzugsmilch ist die abgepackte, unveränderte Rohmilch mit wechselndem Fettgehalt.

Sie ist ein hygienisch besonders streng überwachtes Produkt.

Fettstufen der Milch

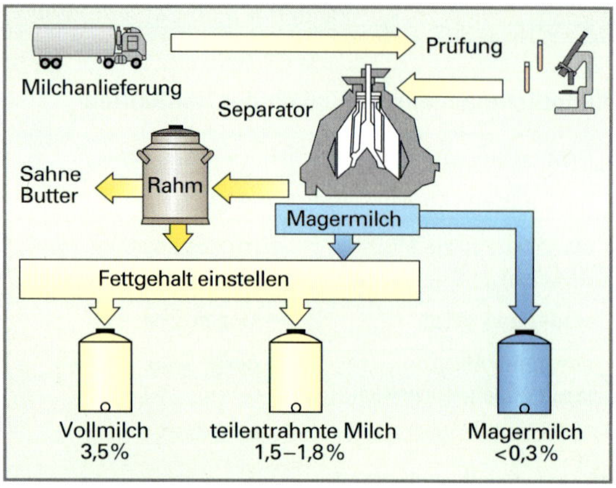

8.3 Milchprodukte

Durch unterschiedliche Aufbereitungsverfahren erhält man aus Milch vielfältige Erzeugnisse. Grundlegendes Unterscheidungsmerkmal ist dabei, ob die Milch süß belassen oder gesäuert wird.

Sauermilchprodukte

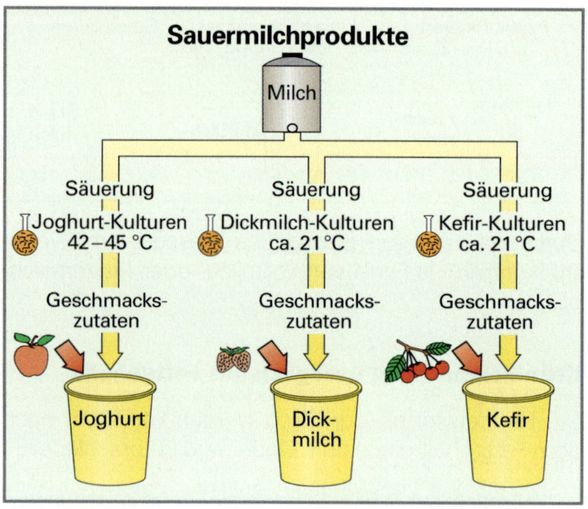

Aufbereitungsmerkmale	Produktsorten / Fettgehalt	
Säuern und Aromatisieren der Milch durch Bakterienkulturen, insbesondere durch Milchsäurebakterien	→ entrahmt	0,3%
	→ teilentrahmt	1,5%
	→ Vollmilchstufe	3,5%
	→ Rahmstufe	10,5%
	→ mit oder ohne Früchte	

Verwendungszwecke:

- zum Frühstück,
- zur Herstellung von Desserts und Schonkost,
- als Bestandteil von Salatsaucen und Getränken.

Butter und Buttermilch

Aufbereitungsmerkmale	Produktsorten / Fettgehalt
Buttern von süßem oder gesäuertem Rahm	→ Süßrahmbutter → Sauerrahmbutter } 82%

Butter gibt es in den Qualitätsstufen Markenbutter und Molkereibutter.

Verwendungszwecke:

- Brotaufstrich,
- Garen und Verfeinern von Speisen.

Das beim Buttern abgesonderte Nebenprodukt ist die **Buttermilch**, die unverändert oder mit Früchten aromatisiert angeboten wird.

Sahneprodukte

Die Küche und die Patisserie benötigen Milchprodukte und vor allem Sahneprodukte als Grundlagen für Suppen, Saucen, Desserts und Eisspeisen.

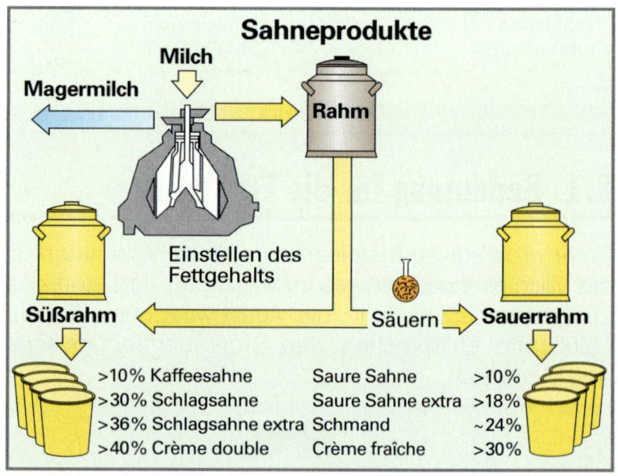

Verwendungszwecke:

- Zugabe zu Aufgussgetränken,
- Verfeinern und Garnieren von Speisen,
- Vollenden von Salatsaucen, Suppen und Saucen,
- Herstellung von Desserts und Sahnetorten.

8.4 Lagerung von Milch und Milchprodukten

Frische Milch und Sahne werden im Kühlraum aufbewahrt.

Sauermilchprodukte wie Joghurt, Dickmilch und Kefir sowie Sauerrahmsorten sind bis ca. 14 Tage haltbar.

Offene Produkte sollten vor Licht, Wärme und Fremdgeruch geschützt werden.

H-Milch ist ungekühlt sechs Wochen haltbar.

8.5 Käse

cheese *le fromage*

Für die Käseherstellung wird Milch dickgelegt. **Süßmilchkäse** entstehen durch Zugabe von Lab, **Sauermilchkäse** erhält man durch Milchsäure.

Überblick über die Herstellung von Käse

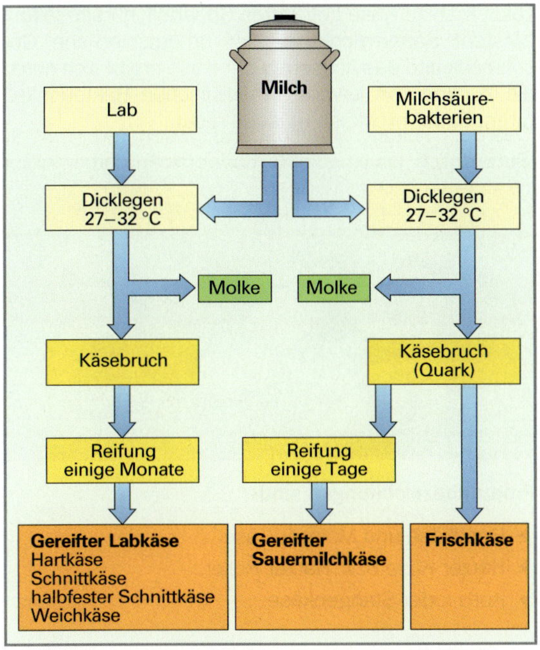

Aus der käsereitauglichen Milch entstehen Lab-, Sauermilch- und Frischkäse.

Käse aus nicht gesäuerter Milch

Für diese Käse wird die Milch mit Hilfe von **Lab,** einem Enzym aus dem Kälbermagen, dickgelegt (das Milcheiweiß gerinnt). Der entstandene sogenannte Bruch ist süß bzw. ungesäuert. Die daraus hergestellten Käse sind **Süßmilchkäse.**

Die weitere Verarbeitung gliedert sich in folgende Abschnitte:

- Zerlegen bzw. Zerschneiden des Bruchs mit Hilfe der sogenannten *Käseharfe* in kleine Stücke,
- Absondern des Käsewassers (Aufhängen im Tuch),
- Formen von Käselaiben.

Die Süßmilchkäse werden nach Festigkeitsstufen unterschieden. Neben allgemeinen Käsebezeichnungen gibt es solche, die einem bestimmten Ursprungsland zugeordnet sind.

Hartkäse

Käsesorte	Ursprungsland
Allgäuer Emmentaler	Deutschland
Chester	England
Greyerzer	Schweiz
Parmesan	Italien

Schnittkäse

Käsesorte	Ursprungsland
Appenzeller	Schweiz
Bergkäse, Tilsiter	Deutschland
Edamer, Gouda	Holland
Danbo	Dänemark

Halbfester Schnittkäse

Käsesorte	Ursprungsland
Bavaria blu, Butterkäse	Deutschland
Danablu	Dänemark
Gorgonzola	Italien
Roquefort	Frankreich
Stilton	England

Außer Butterkäse gehören die genannten halbfesten Schnittkäse zu den **Edelpilzkäsen.** Bei ihnen werden dem Bruch für die Gesundheit unbedenkliche Schimmelkulturen zugesetzt.

Weichkäse

Käsesorte	Ursprungsland
Brie	Frankreich
Camembert	Frankreich
Limburger	Belgien
Romadur	Deutschland
Blauschimmel	Deutschland
Weinkäse	Deutschland

Aus Hart- und Schnittkäse werden durch Zugabe von Schmelzsalzen die **Schmelzkäse** hergestellt.

Käse aus gesäuerter Milch

Hier gerinnt die Milch durch Milchsäurebakterien. Nach Entzug des Käsewassers erhält man *Frischkäse* oder durch Weiterverarbeitung und Reifung *Sauermilchkäse.*

Frischkäse

Das sind Käse, die nicht reifen dürfen, sondern bis zu ihrem Verbrauch in ihrem frischen Zustand erhalten werden müssen.

Produktbezeichnungen sind:

- Speisequark, Topfen- oder Schichtkäse,
- Rahm- oder Doppelrahmkäse,
- Hüttenkäse (Cottage cheese).

Bei Schichtkäse werden schichtweise fettarmer und fettreicher Bruch übereinander gelegt.

Sauermilchkäse

Lässt man zu Käse geformten Sauermilchbruch reifen, entsteht Sauermilchkäse. Der unterschiedliche Geschmack und das Aussehen der Käse ergibt sich durch die Zugabe von jeweils artspezifischen Bakterienkulturen. Sauermilchkäse müssen reifen.

Produktbezeichnungen sind:

- Handkäse und Mainzer Käse,
- Harzer Käse bzw. Harzer Roller,
- Korb- oder Stangenkäse.

Fettgehaltsstufen und Wassergehalt der Käse

Nach den Bestimmungen der Käseverordnung müssen den Käsen zur Verbraucherorientierung die Fettgehaltsstufen angegeben werden. Dies geschieht durch die Angabe der Fettgehaltsstufe oder des **Fett**gehalts in der **T**rockenmasse (**Fett i. Tr.**).

Fettgehalt der Käse in Prozent

weniger als 10 →	Magerstufe
10 →	Viertelfettstufe
20 →	Halbfettstufe
30 →	Dreiviertelfettstufe
40 →	Fettstufe
45 →	Vollfettstufe
50 →	Rahmstufe
60, höchstens 85 →	Doppelrahmstufe

Der tatsächliche Fettgehalt beträgt etwa die Hälfte der **Fett-i.Tr.-Angabe,** denn neben der Trockenmasse enthält Käse auch eine bestimmte Menge Wasser.

Die Wassermenge beträgt 50 und mehr Prozent. Je weicher die Käsesorte, desto höher der Wassergehalt.

Wassergehalt

Wassergehalt der Käse in Prozent

73 bis 87	► Frischkäse
67 bis 87	► Weichkäse
60 bis 73	► Sauermilchkäse
61 bis 69	► halbfester Schnittkäse
54 bis 63	► Schnittkäse
56 und weniger	► Hartkäse

8.6 Vorratshaltung von Käse

Für die Vorratshaltung von Käse sind die Lagerdauer sowie sortenspezifische Lagerbedingungen zu beachten:

Lagerdauer

Die Lagerdauer für Käse ist in jedem Falle begrenzt, weil sich der Käse durch fortschreitende Reifeprozesse verändert. Sie ist bei den verschiedenen Käsesorten unterschiedlich. Je höher der Wassergehalt, desto rascher schreitet die Reifung fort, desto kürzer ist die Lagerfähigkeit.

Überlagerte Käse verlieren ihren Genusswert sowie den wünschenswerten Geschmack und verderben schließlich.

Grundlegende Lagerbedingungen

Wärme, Licht und Luft haben negative Auswirkungen auf den Käse. Daraus ergeben sich folgende Lagerbedingungen:

- **kühl,** weil Wärme die Reifungsvorgänge beschleunigt und das Austrocknen begünstigt,
- **dunkel,** weil Licht den Käse ausbleicht und das Ranzigwerden beschleunigt,
- **luftgeschützt,** um Aromaverluste, das Einwirken von Bakterien und das Austrocknen auszuschalten.

Luftgeschützt sind Käse in der Originalverpackung, im Wachspapier, unter Käseglocken und wenn Anschnittflächen mit Klarsichtfolien abgedeckt werden.

Sortenspezifische Lagerbedingungen

In diesem Zusammenhang sind folgende Richtlinien zu beachten:

- **Frischkäse,** die nicht reifen dürfen, müssen im Kühlschrank aufbewahrt werden, bleiben aber auch dort nur für kurze Zeit wirklich frisch.
- **Weichkäse** und **Sauermilchkäse** müssen bei etwa 15 °C voll ausreifen und sind dann bei 8 bis 10 °C nur noch kurze Zeit lagerfähig.
- **Hartkäse** und **Schnittkäse** sind beim Einkauf bereits ausgereift und sind zwischen 10 und 15 °C einige Zeit lagerfähig.

In allen Fällen ist jedoch der Reifezustand zu überwachen und der Verbrauch des Käses entsprechend zu steuern.

Käse bei der Speisenbereitung

Käse wird einerseits als eigenständiges Gericht angeboten, andererseits ist er bei vielen Speisen geschmacksbestimmender Bestandteil.

8.7 Käse als Speisenkomponente

Verschiedene Käsesorten werden zu Canapés, Käsetoast und Käseomelett verwendet.

Abb. 3: Girolle-Schabegerät für Tête de moine

Käse ist eine Geschmack gebende Zutat bei folgenden Speisen:

- Suppen und Saucen,
- überbackene Gerichte von Gemüse, Teigwaren und Fisch,
- Lorettekartoffeln, Gratin dauphinois, Käsenocken und Käsestangen.

Käse als eigenständiges Gericht

Kombinationen von Käse sind z. B.:

- Käse vom Brett zur freien Auswahl,
- Käseteller, Käseplatten oder Käsehappen.

Käseplatten und Käseteller werden mit geeigneten Garnituren versehen, z. B. Radieschen, Tomaten, Zwiebeln, Paprika, Weintrauben, Walnusskernen. Als Beigaben werden Butter und verschiedene Brotsorten gereicht.

Einzelkäseangebote sind:

- **Frischkäse** mit fein gehackten Zwiebeln, Salz, Pfeffer, Paprikapulver und Kräutern
- **Handkäse** mit Musik (Essig, Öl, fein gehackte Zwiebeln, Salz und Pfeffer)
- **Gebackener Käse** wie Emmentaler oder Camembert, paniert oder in Bierteig
- **Käsefondue** aus geschmolzenem Käse mit Weißbrotstückchen
- **Raclette,** ebenfalls geschmolzener Käse mit Pfeffer und Mixed Pickles

Abb. 2: Raclette

AUFGABEN

1 Beschreiben Sie den ernährungsphysiologischen Wert der Milch.

2 Weshalb werden fast alle Milcharten pasteurisiert?

3 Erläutern Sie die Begriffe Homogenisieren und Ultrahocherhitzen.

4 Milch ist das Ausgangsprodukt für Käse. Wodurch entsteht Käse?

5 Käse werden nach ihrer Festigkeit unterschieden. Nennen Sie vier Festigkeitsstufen.

6 Nennen Sie drei Edelpilzkäse.

7 Welche Frischkäse kennen Sie?

8 Nennen Sie Beispiele für Sauermilchkäse.

9 Auf dem nebenstehenden Bild sind auf einem Teller 9 verschiedene Käse angerichtet. Benennen Sie mindestens 5.

10 Nach der Anlieferung müssen die Käse entsprechend gelagert werden. Nennen Sie sortenspezifische Lagerbedingungen für Käse.

11 Erstellen Sie eine Spezialitätenkarte (Tischflyer) mit 10 kalten und 10 warmen Käsegerichten.

9 Eier

🇬🇧 eggs
🇫🇷 les œufs (m)

Unter der Bezeichnung **„Ei“** versteht man im Allgemeinen Hühnereier. In Verbindung mit dem jeweiligen Wortzusatz gibt es Möwen-, Kiebitz- und Wachteleier, die als besondere Delikatesse gelten. **Enten- und Gänseeier** dürfen wegen erhöhter Salmonellengefahr in gewerblichen Küchen nicht verarbeitet werden.

9.1 Bedeutung für die Ernährung

Das Ei enthält in konzentrierter Form fast alle Nährstoffe sowie Vitamine und Mineralstoffe. Das Eiweiß ist biologisch wertvoll. Durch das Gerinnen der Eiweißstoffe beim Garen wird die flüssige Eisubstanz zu einer weichen und saftigen Speise. Das für bestimmte Zwecke hart gekochte Ei ist schwerer verdaulich.

Wegen der getrennten Verwendbarkeit von Eiweiß und Eigelb sind nachfolgend sowohl der gesamte als auch der getrennte Nährstoffgehalt angegeben.

Aufbau und Bestandteile des Eies

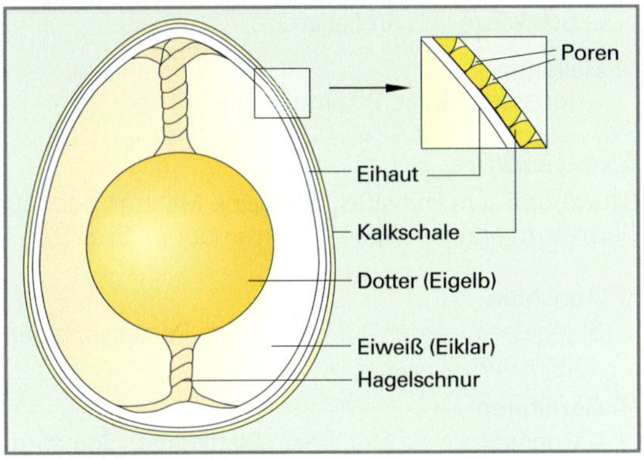

9.2 Kennzeichnungen / Verordnungen

Die Kennzeichnungen beziehen sich auf die Güte- und Gewichtsklassen sowie auf das Mindesthaltbarkeitsdatum.

Güteklassen

Diese Angaben informieren den Verbraucher über den Frischezustand der Eier sowie über gekühlte und haltbar gemachte Eier.

A extra besonders frische Eier nicht älter als 7 Tage, Luftkammer max. 4 mm

A Frischeier, saubere und ganze Schale Luftkammer nicht größer als 6 mm

B ältere sowie gekühlte oder haltbar gemachte Eier mit ganzer Schale

Die Frische der Eier erkennt man nach dem Aufschlagen am zähflüssigen, kompakten Eiweiß und einem kugelig hochgewölbten Eigelb.

Frisches Ei: hochgewölbter Dotter, kompaktes Eiweiß

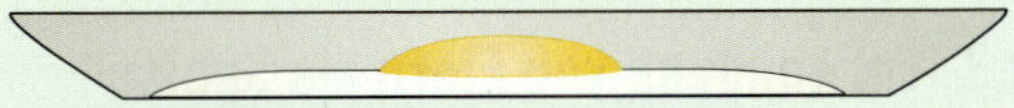

Älteres Ei: flacher Dotter, flüssigeres Eiweiß

Gewichtsklassen

In Bezug auf das Gewicht unterscheidet man:

Kurzbezeichnung		Gewicht
XL extra **L**arge	sehr groß	73 g und größer
Large	groß	63 g bis 72 g
Medium	mittel	53 g bis 62 g
Small	klein	52 g und kleiner

Verordnungen

Eier müssen ab dem 18. Tag gekühlt bei Temperaturen zwischen 5 und 8 °C aufbewahrt und befördert werden. Die Mindesthaltbarkeit beträgt höchstens 28 Tage.

Pflicht ist auch der Hinweis: „Bei Kühlschranktemperatur aufbewahren – nach Ablauf des Mindesthaltbarkeitsdatums durcherhitzen.“

In Gaststätten und Großküchen dürfen roheihaltige Speisen, die vor dem Verzehr nicht erhitzt wurden, nur abgegeben werden, wenn sie zum direkten Verbrauch an Ort und Stelle bestimmt sind und innerhalb von zwei Stunden nach der Herstellung entweder auf 7 °C abgekühlt wurden (dann müssen sie spätestens 24 Stunden nach der Zubereitung abgegeben sein) oder tiefgefroren wurden (dann müssen sie spätestens 24 Stunden nach dem Auftauen abgegeben sein). Speisen, die warm gegessen werden (beispielsweise eine Weinschaumsauce oder holländische Sauce), müssen spätestens zwei Stunden nach der Herstellung verzehrt sein.

Eier sollen dunkel – und wegen ihrer luftdurchlässigen, porösen Schale – in geruchsneutraler Umgebung gelagert werden.

Gaststätten und Großküchen müssen, wenn sie mehr als 30 Portionen einer roheihaltigen Speise herstellen, Rückstellproben ziehen. Diese müssen mindestens 4 Tage, also bis 96 Stunden nach Abgabe an den Verbraucher, bei höchstens 4 °C aufbewahrt und für etwaige Kontrollen (Salmonellen) bereitgehalten werden.

Um dem Problem der Salmonellen entgegen zu wirken, empfiehlt es sich, spezielle Eiprodukte zu verwenden. Pasteurisierte Eiprodukte sind durch Wärmebehandlung frei von Salmonellen. Sie werden von der Lebensmittelindustrie als pasteurisiertes Vollei, als pasteurisiertes Eigelb und als pasteurisiertes Eiklar angeboten.

9.3 Verwendung von Eiern als Speise

Eier werden zu leichten eigenständigen Gerichten oder als Bestandteil zu anderen Speisen verwendet. Wegen des neutralen Geschmacks sind sie sowohl für salzig-würzige Gerichte als auch für süße Speisen geeignet.

Eigenständige Gerichte
– gekochte und pochierte Eier – Rühr- und Spiegeleier – Eier im Näpfchen – Omeletts

Speisenkomponenten
– Garnitur (z. B. gehackte Eier) – Bestandteil von Teigen und Massen sowie von Cremes und anderen Süßspeisen

Gekochte Eier

Verwendung

Weiche und wachsweiche Eier zum Frühstück und für warme Eiergerichte (s. S. 178), hart gekochte für kalte Eiergerichte sowie für Salatplatten und Garnituren.

Pochierte Eier (s. S. 179)

Sie werden wegen der Besonderheit des Garens auch als **Verlorene Eier** bezeichnet.

Anrichten

Als Anrichtegeschirr verwendet man Teller oder ovale Porzellan- und Keramikplatten. Die Eier werden gerne auf einer Unterlage angerichtet:
- Toast oder Blätterteigtörtchen,
- Artischockenböden, halbe Tomaten, Blattspinat

Beigaben und Saucen zu pochierten Eiern sind:
- feine Ragouts von Krebstieren, Muscheln, Geflügel,
- Streifen von Schinken und/oder Spargelspitzen,
- Ableitungen der Béchamelsauce und der holländischen Sauce.

Die Saucen werden jeweils unter dem Gesichtspunkt der geschmacklichen Harmonie und des farblichen Kontrasts gewählt.

Spezielle Garnituren
- nach **Florentiner Art:** auf Blattspinat, mit Mornaysauce nappiert und überbacken
- nach **holländischer Art:** auf Röstbrot angerichtet mit Sauce hollandaise nappiert und überbacken

Rühreier

Neben dem weich gekochten Ei sind Rühreier die häufigsten Eierspeisen zum Frühstück, oft auch in Verbindung mit Schinken oder kross gebratenen Speckscheiben (s. S. 180).

Anrichten

Als Anrichtegeschirr dienen Teller bzw. Porzellanplatten. Für das längere Warmhalten auf dem Frühstücksbüfett bedient man sich der **Chafing dishes** (Tisch-Wasserbäder).

Garnituren
- Champignons, Steinpilze, Pfifferlinge
- Erbsen, Tomatenfleischwürfel, Würstchen
- Kalbsnieren, Speckscheiben, Schinkenstreifen
- Schwänze von Krebstieren

Beilagen
- Toastbrot, Salat, Pommes frites

Spiegeleier

Sie werden zum Frühstück, als kleine Mahlzeit oder als Garnitur zu anderen Speisen verwendet (s. S. 179).

Anrichten

Spiegeleier werden auf Tellern oder Porzellanplatten angerichtet.

Garnituren
- Champignons, Morcheln, Blattspinat, Tomatenfleischwürfel
- Kalbsnierchen, Krebstierschwänze

Beilagen
- Salzkartoffeln, Bratkartoffeln
- Pommes frites und Salat

Omeletts

Dieses klassische Eiergericht wird in vielen Variationen zubereitet (s. S. 180). Ergänzende Zutaten können sein:

Schinken, Speck, Champignons, andere Pilze, Kräuter, Spargelspitzen, Reibkäse, Krebsschwänze, Krabben, feines Geflügelragout, Geflügelleber, Kalbsnierchen.

Die Zutaten können je nach Beschaffenheit
- in die rohe Omelettmasse eingerührt
- oder vor dem Einrollen des Omeletts eingelegt
- oder in das angerichtete und in Längsrichtung aufgeschnittene Omelett gefüllt oder
- neben dem fertigen Omelett angerichtet werden.

Abb. 1: Pochiertes Ei

Abb. 2: Rührei

Abb. 3: Omelett

AUFGABEN

1 Welche Eier werden in der Gastronomie verwendet?

2 Welcher Veränderung unterliegt die Luftkammer beim Altern des Eies?

3 Woran erkennen Sie die Frische bei aufgeschlagenen Eiern?

4 Eine holländische Sauce ist mit Frischei hergestellt worden. Wie lange darf sie höchstens in der Küche im Wasserbad bereitgehalten werden?

5 Womit kann man bei der Zubereitung von Eierspeisen der Salmonellengefahr am besten entgegen wirken?

10 Fische

fishes
les poissons (m)

10.1 Bedeutung für die Ernährung

Fischfleisch gilt als leicht verdaulich und biologisch hochwertig. Die Gründe sind:

- **Fisch** enthält besonders hochwertiges **Eiweiß und Fett,** die wichtigen **Vitamine A** und **D** sowie **Mineralstoffe,** vor allem das unentbehrliche **Jod.**
- Fischfleisch hat nur geringe Mengen Bindegewebe und ist deshalb locker, zart und leicht verdaulich.

Auf Grund dieser Eigenschaften werden aus Fisch Schonkost, leichte eigenständige Gerichte und auch kalte und warme Vorspeisen hergestellt.

10.2 Arten der Fische

Unterscheidungsmerkmale von Fischen sind:

Qualität

Fein-/Edelfische	Konsumfische
Forelle, Hecht, Heilbutt, Lachs, Seeteufel, Steinbutt, Seezunge, St. Petersfisch	Flunder, Hering, Makrele, Sardelle, Scholle, Sprotte, Thunfisch

Fettgehalt

Fettfische	Magerfische
Aal, Hering, Karpfen, Lachs, Makrele, Sardine, Sprotte, Thunfisch	Kabeljau, Schellfisch, Seelachs, Seezunge

Körperform

Rundfische	Plattfische
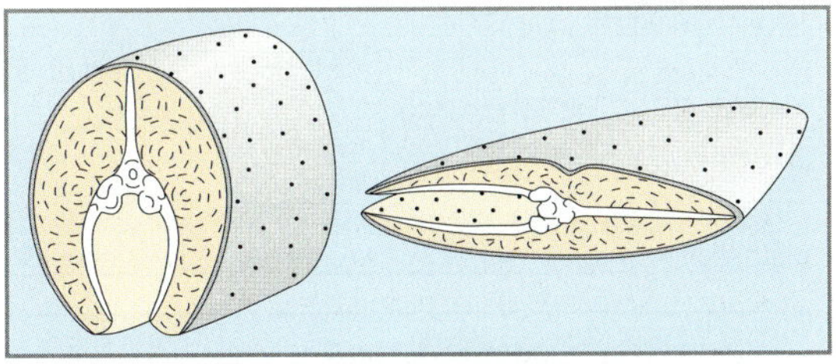	
Forelle, Felchen, Goldbarsch, Hering, Hecht, Kabeljau usw.	Flunder, Glattbutt, Heilbutt, Rotzunge, Scholle, Seezunge, Steinbutt usw.

Fangort / Herkunft

Süßwasserfische	Salzwasserfische

(Beispiele siehe Abbildungen auf folgender Seite.)

Beispiele

Süßwasserfische | **Salzwasserfische / Seefische**

Aal

Seezunge

Forelle

Makrele

Hecht

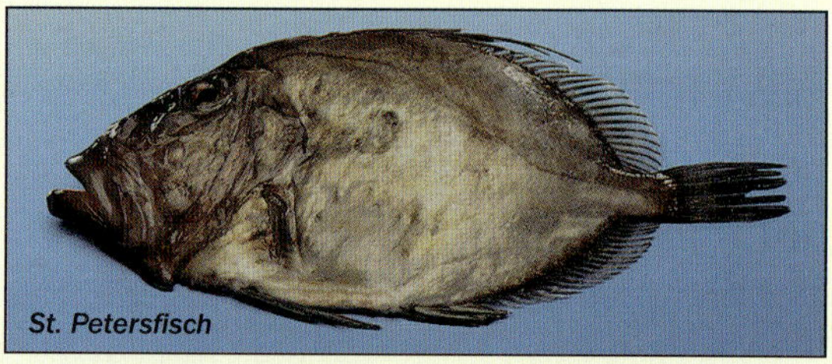
St. Petersfisch

Lachs

Seeteufel

Zander

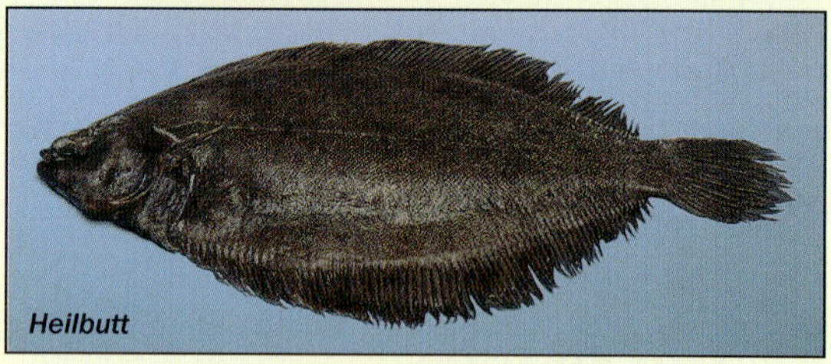
Heilbutt

Karpfen

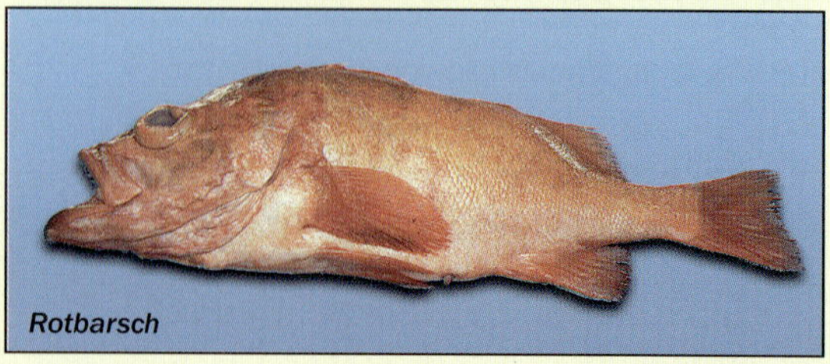
Rotbarsch

10.3 Vorratshaltung von Fischen

Lebende Fische

Im Allgemeinen werden nur Süßwasserfische lebend vorrätig gehalten. Dies geschieht in speziellen Wasserbassins, die regelmäßig gereinigt und ständig mit Frischwasser und frischer Luft versorgt werden müssen. Die Wassertemperatur darf 9 °C nicht unter- und 12 °C nicht überschreiten.

Geschlachtete Fische

Sie kommen frisch in den Handel, entweder im Ganzen oder in Form von ausgelösten Filets sowie als Tranchen und Steaks. Für die Vorratshaltung sind einige wichtige Gesichtspunkte zu beachten:

- Fischfleisch verdirbt auf Grund des hohen Wassergehaltes, des geringen Bindegewebeanteils und des lockeren Muskelgewebes sehr leicht. Es ist deshalb nur sehr begrenzt lagerfähig und muss rasch verbraucht werden.
- Zeichen der Frische sind festes Fleisch, ein frischer Geruch und leuchtend rote Kiemen.
- Je frischer der Fisch bzw. das Fischfleisch, desto besser ist der Geschmack. Er unterliegt bereits nach kurzer Lagerzeit nachteiligen Veränderungen, die durch Eiweißzersetzungen hervorgerufen werden, die an den Randschichten beginnen.

Daraus ergeben sich folgende Lagerbedingungen:

- Die Temperatur in speziellen Fischkühlschränken oder bei Lagerung zwischen Eis soll etwa 0 °C betragen,
- für längere Aufbewahrungszeiten muss der Fisch möglichst schockartig bei –40 °C eingefroren und bei etwa –20 °C gelagert werden.

10.4 Fischwaren

Bei der Herstellung von Fischwaren erhält das Fischfleisch je nach Art der Verarbeitung eine besondere Geschmacksnote. Es handelt sich dabei gleichzeitig um bestimmte Arten der Haltbarmachung.

Fischkonserven

Zubereitungsmerkmale	Beispiele für Fischwaren
im eigenen Saft	Thunfisch
im eigenen Saft mit Aufguss	Brathering
in unterschiedlichen würzigen, pikanten Saucen	Herings- und Makrelenfilets
in Öl	Seelachs, Sardellen, Sardinen, Thunfisch

Geräucherte Fischwaren

Zu ihnen gehören:

- hochwertige Erzeugnisse von Aal, Lachs, Forelle,
- auch Stücke mit Haut und Gräten von Heilbutt, Kabeljau, Makrelen und anderen Fischen,
- außerdem Sprotten, Bücklinge (Hering) und Schillerlocken (aus Bauchstreifen des Dornhais).

Marinierte Fischwaren

Bei diesen Erzeugnissen werden unterschieden:

- Bratfischwaren (Bratheringe),
- Kochfischwaren in Gelee (Aal oder Hering),
- Kaltmarinaden aus rohem Fisch (Rollmops, Bismarckhering).

10.5 Zubereitungen aus Fischen

Bei der Verarbeitung von Fisch ist zu beachten, dass das Fischfleisch nur wenig Bindegewebe und deshalb eine sehr lockere Zellstruktur hat. Um das Zerfallen und unerwünschte Formveränderungen zu vermeiden, sind schonendes Vorbereiten und Garen unerlässlich.

Verwendungszwecke sind:

- kalte und warme Vorspeisen sowie Suppen,
- eigenständige Zwischen- und Hauptgerichte,
- Bestandteil von kalten und warmen Büfetts.

Vorbereiten von Fischen

Fisch wird im Handel ganz oder als Filets angeboten. Für die küchentechnische Verarbeitung ergeben sich daraus verschiedenartige Vorbereitungen:

- Von ganzen Fischen sind je nach Art und Größe vor dem Garen die Schuppen zu entfernen.
- Je nach der Form des Fisches, der Beschaffenheit des Fleisches bzw. der beabsichtigten Garmachungsart gibt es unterschiedliche Herrichtungsformen.

Lebensmittel – Speisen

Abb. 1: Filets von Süß- und Salzwasserfischen

Garmachungsarten für Fische

Die Art des Garmachens ergibt sich aus der Art des Fisches bzw. des Fischfleisches. Auf Grund der Eigenschaften des Fleisches sind alle Garverfahren anwendbar. Es überwiegen jedoch das Garziehen (Pochieren), Dünsten, Braten und Grillen. Seltener sind das Dämpfen und Schmoren. Eine besondere Art ist das Garen in Alufolie, wobei dadurch gerade beim Fisch Saft und Geschmack erhalten bleiben. Die Garverfahren sind kurz und schonend auszuführen. Aus diesem Grunde wird z. B. auch **pochiert** und **nicht gekocht.**

Zubereitungsarten für Seefische

Gerichte von pochierten Seefischen

Zum Pochieren eignen sich vor allem die großen Fische, von denen quer zum Körper Portionstranchen (mit Haut und Gräten) geschnitten werden. Das **Anrichten** erfolgt entweder auf einer Porzellanplatte oder in einem Fischkessel mit Sud.

Die **Beilagen** werden à part gereicht, wobei die Saucen und Butterzubereitungen der Feinheit des Fischfleisches angepasst werden.

Beilagen	zu Konsumfischen	zu Edelfischen
Butter	Zwiebelbutter Senfbutter	zerlassene Butter geschlagene Butter
Saucen	Senfsauce Kräutersauce	holländische Sauce Mousselinebutter
Gemüsebeilagen	Gurken oder Lauch gedünstet, Salate	
Sättigungsbeilagen	Salz- oder Petersilienkartoffeln, Reis, Kartoffelschnee	

Gerichte von gedünsteten Seefischen

Dazu verwendet man:

- Bei großen Fischen die Portionsstücke vom ganzen Fisch mit Haut und Gräte oder Portionen vom ausgelösten Filet,
- die ausgelösten Filets z. B. von Hering oder Makrele
- bei Rotzungen oder Seezungen den ganzen Fisch ohne Haut oder die ausgelösten Filets.

Das **Anrichten** erfolgt in einem flachen Porzellangeschirr mit Rand (Cocotte) als Tellergericht.

Als **Garnitur** verwendet man Champignons, Trüffel, Spargel und Tomatenfleischwürfel. Außerdem eignen sich Hummerscheiben oder Schwänze von kleineren Krebstieren. Attraktiv sind als Garnitur auch die sogenannten **Fleurons** (halbmondförmige Blätterteigstücke), die mit dem zarten Fischfleisch kontrastieren. Außerdem wird das Gericht ganz oder teilweise mit Sauce nappiert.

Saucen
Weißweinsauce, Hummersauce, Mornaysauce, Kardinalsauce, holländische Sauce, Dillrahmsauce
Gemüsebeilagen
vor allem Salat, aber auch leichte Gemüse (z. B. Blattspinat, grüner Spargel)
Sättigungsbeilagen
Salz- oder Petersilienkartoffeln, Reis, der zu Fischgerichten bevorzugt gereicht wird

Zwei beliebte Anrichteweisen für gedünsteten Fisch sind „im Reisrand" und „auf Blattspinat". Wegen des zum Dünsten verwendeten Weißweins ist die Bezeichnung „… **in Weißwein**" sehr gebräuchlich.

Gerichte von gebratenen Seefischen

Zu diesen Gerichten verwendet man Portionsfische – z. B. Hering, Makrele, Rotzunge, Seezunge, Scholle – sowie Portionsfilets oder Portionsstücke von großen Fischen. Die Fischportionen werden vorbereitet und außerdem paniert oder in Mehl gewendet.

Das **Anrichten** erfolgt auf einer Platte, in einer Cocotte oder auf einem Teller.

Zum **Garnieren** verwendet man auf dem Fisch Zitronenfilets oder Zitronenscheiben. Zu gebackenem Fisch reicht man Zitronenschnitze.

Beilagen	zum gemehlten Fisch	zum panierten Fisch
Saucen/ Butter	zerlassene, leicht gebräunte Butter	eine Ableitung der Sauce mayonnaise
Gemüsebeilagen	Salate und leichte Gemüse	
Sättigungsbeilagen	Pariser Kartoffeln Salz- oder Petersilienkartoffeln	Kartoffelsalat

Eine spezielle und sehr bekannte Zubereitung ist gebratener Fisch **nach Müllerinart.** Der gemehlte und gebratene Fisch wird mit frischer gehackter Petersilie bestreut und mit leicht gebräunter Zitronenbutter übergossen. Häufig belegt man das gebratene Filet noch mit dünnen Zitronenscheiben ohne Schale.

Gerichte von gebackenen Seefischen

Für diese Gerichte verwendet man Portionsfische oder die ausgelösten Portionsfilets und Portionsstücke von ausgelösten Fischfilets. Die Portionsfische mehlen oder panieren, die ausgelösten Filets bzw. Filetstücke panieren oder in Backteig (Bierteig) hüllen. Dann die Fische im Fettbad (Frittüre) ausbacken und zum Abtropfen auf ein Tuch oder Küchenpapier legen.

Das **Anrichten** des gebackenen Fisches erfolgt auf einer Platte mit Stoffserviette oder Papiermanschette, damit weiteres Fett aufgesaugt werden kann.

Als **Beilagen** bieten sich Kombinationen an:
- Salzkartoffeln und Tomatensauce,
- Kartoffelsalat und eine Ableitung der Sauce mayonnaise.

Spezielle Zubereitungen von gebackenem Fisch:

... Orly
– mit Backteig umgebener Fisch – Tomatensauce als Beigabe

... Colbert
– Die Seezunge ist paniert und so vorbereitet, dass die Gräte nach dem Backen ausgehoben werden kann. – In die entstehende Öffnung legt man Scheiben von Colbertbutter ein.

Wenn man den Fettgehalt etwas reduzieren will, verwendet man zum Füllen statt Colbertbutter Béarner Sauce. Auch dieses Gericht wird auf einer Platte mit Papiermanschette oder Tuchserviette angerichtet und dem Gast vorgelegt.

Abb. 1: Seezungenzubereitung nach Colbert

Gerichte von gegrillten Seefischen

Zum Grillen werden Portionsstücke (Tranchen) mit Haut und Gräten sowie Stücke von ausgelösten Filets und Portionsfische verwendet. Zu dieser schmackhaften Zubereitungsart reicht man entsprechende Beilagen:

Saucen/Butter:	Béarner Sauce, Choronsauce, Kräuterbutter, Café-de-Paris-Butter
Gemüsebeilagen:	Salate oder Grilltomate, Bohnen
Sättigungsbeilagen:	Salzkartoffeln, Folienkartoffeln, Schlosskartoffeln

Abb. 2: Lachs vom Grill

Zubereitungsarten für Süßwasserfische

Viele Süßwasserfische sind Portionsfische und werden als solche gebraten oder gegrillt. Darüber hinaus sind jedoch alle für Seefische bekannten Zubereitungsarten anwendbar.

Blaukochen

Diese für Süßwasserfische typische Zubereitungsart ist nur bei bestimmten Fischen und nur unter bestimmten Voraussetzungen möglich:

Fische
Forellen, Schleie, Karpfen und Aal, deren schleimige Oberfläche sich beim Pochieren bläulich verfärbt.

Voraussetzungen
lebendfrische Fische Schleim darf weder eingetrocknet noch verschmiert oder abgewischt sein.

Lebendfrische Fische erkennt man daran, dass ihre Haut beim Garen aufreißt.

Als **Beilagen** werden empfohlen:
- zerlassene Butter, holländische oder Mousselinesauce,
- Salzkartoffeln und Salat.

Zu Karpfen wird gerne der etwas deftigere Sahnemeerrettich gereicht.

Fischfarcen

Farcen werden sowohl aus Seefischen als auch aus Süßwasserfischen hergestellt. Aus der fein pürierten, luftigen Fischfleischmasse bereitet man Fischklößchen, Fischfrikadellen sowie Fischgalantinen, -pasteten und Terrinen. Die Farce wird aber auch zum Füllen von verschiedenen milden Gemüsen und Fischfilets verwendet (z.B. Seezungenröllchen, Rotzungenschleifchen).

10.6 Kaviar

caviar — le caviar

Kaviar ist das gesalzene Produkt aus dem Rogen (Eier) von Fischen. Die Fischeier sind zunächst hell und glasig und werden erst durch die Behandlung mit Salz dunkel. Man unterscheidet echten Kaviar und Kaviarersatz.

Echter Kaviar

Er wird aus dem Rogen laichreifer Weibchen verschiedener Störarten gewonnen. Die Haupterzeugerländer sind Russland und Iran, die Fangorte das Kaspische und das Schwarze Meer.

Störarten	Beluga Hausen	Ossietr Stör	Sevruga Scherg
Ei ∅	2 bis 3,5 mm	über 2 mm	unter 2 mm
Eifarbe	silbergrau bis schwarzgrau	schwarzgrau oder auch gelblich bis braun	
Deckelfarbe	blau	gelb	rot/orange

Der Begriff bzw. der Zusatz **„malossol“** bedeutet mild gesalzen und ist ein Merkmal besonderer Güte.

Kaviarersatz

Diese Erzeugnisse werden aus dem Rogen folgender Fische gewonnen:

Seehase

Die Körner sind kleiner als beim echten Kaviar. Dieser sogenannte *Deutsche Kaviar* wird meistens schwarz gefärbt. Die Zugabe von Farbstoffen ist kennzeichnungspflichtig.

Abb. 1: Echter Kaviar

Abb. 2: Forellenkaviar, Deutscher Kaviar, Lachskaviar

Lachs

Die großen rötlichen Eier vom Lachs werden unter der Bezeichnung Ketakaviar angeboten.

Forellen

Das gelbliche bis orangefarbene Produkt kommt neuerdings in zunehmendem Maße auf den Markt.

Lagerung von Kaviar

Kaviar verdirbt leicht und wirkt dann gesundheitsschädigend. Kühles Lagern bei 0° bis +3 °C und rasches Verarbeiten sind deshalb wichtig.

10.7 Kartengerechte Beispiele für kalte und warme Fischspezialitäten

KALTE GERICHTE

Rauchaalterrine mit Trepanggelee auf Kräuterschaum, Walnussbrot

Hausgebeizter Graved Lachs mit Dill-Senfsauce und Buchweizenplätzchen

Seeteufel auf Estragonsauce mit Spargel und Vollkorntoast

Matjeshering-Filets in süßsaurem Rahm mit Zwiebeln, Äpfeln und Gurke, neuen Kartoffeln

SUPPEN

Fischkraftbrühe mit Meeresfrüchten

Doppelte Kraftbrühe vom Zander mit Gemüseperlen

Leicht gebundene Suppe von Räucherforellen

Lachsschaumsüppchen mit Hechtklößchen

WARME GERICHTE

Pochierte Seezungenschleifen mit Lauch und Trüffeln

Seeteufel-Beignets auf Chablis-Sabayon

Steinbutt auf Wirsing in Rieslingsauce

Gedämpfter Lachs in Sauerampfersauce mit wildem Reis

Rotzungenröllchen in Noilly-Prat-Sauce mit kleinen Kartoffelpfannkuchen

Lachssoufflé in Champagnersauce mit hausgemachten Nudeln und Kaiserschoten

Seeteufelmedaillons vom Grill mit Pilzravioli, Kirschtomaten und Bohnen

St. Petersfisch im Mangoldmantel mit Hummersauce, Kartoffelschnee

10.8 Gedeckbeispiele

Die Gedeckbeispiele zeigen verschiedene Möglichkeiten bzw. Notwendigkeiten von Fischgedecken.

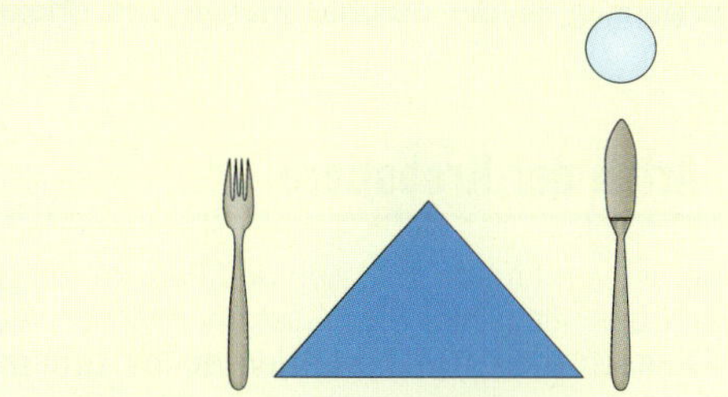

Fischgericht
Seezungenröllchen auf Champagnersauce mit Blattspinat, sautierte Tomatenfleischstücke

Viergängiges Menü mit Fisch als Zwischengericht:
Lachssoufflé in Sauce von Noilly Prat mit Kaiserschoten und Austernpilzen

Suppiger Fischeintopf
Bouillabaisse marseillaise

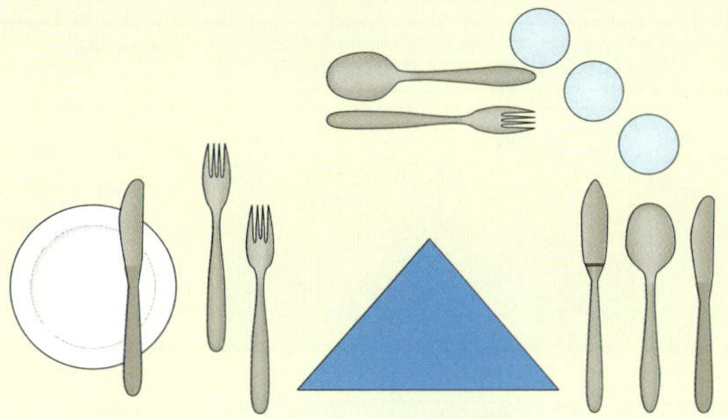

Viergängiges Menü mit Fisch als Hauptgang:
Steinbutt im Wirsingmantel auf Rieslingsauce mit Kartoffelkugeln

Aufgaben

1. Beschreiben Sie die besonderen Eigenschaften des Fischfleisches.
2. Wie werden Fische nach Fangorten bzw. Herkunft unterschieden?
3. Nach welchen vier Kriterien unterscheidet man die Fische?
4. Wodurch unterscheiden sich Plattfische von den Rundfischen?
5. Nennen Sie fünf Plattfische und zehn Rundfische.
6. Beschreiben Sie Richtlinien für die sachgerechte Vorratshaltung von lebenden Fischen.
7. Nennen Sie bekannte Erzeugnisse aus geräucherten und marinierten Fischwaren.
8. Ein Gast möchte ein mageres Fischgericht. Welche Fische bieten Sie ihm an?
9. Was ist Kaviar und was versteht man unter echtem Kaviar? Was bedeutet die Bezeichnung malossol?
10. Nennen Sie Fische, von denen Kaviarersatz gewonnen wird.
11. Machen Sie für die Erstellung einer speziellen Fischkarte 6 Vorschläge von verschiedenen Fischen mit kartengerechten Aussagen.

11 Krebs- und Weichtiere

crustaceans and molluscs
les crustacés (m) et les mollusques (m)

Das **Fleisch** dieser Tiere hat eine helle Farbe und eine zarte Beschaffenheit. Es eignet sich deshalb sehr gut

- für leichte eigenständige Mahlzeiten,
- zur Herstellung von kalten und warmen Vorspeisen sowie für Suppen im Rahmen der Speisenfolge.

Wegen des attraktiven Aussehens werden Krebs- und Weichtiere gerne verwendet

- als Garnitur zu anderen Speisen sowie als Einlagen für Suppen und Saucen,
- als Bestandteil von feinen Ragouts.

Die **Speisen** aus Krebs- und Weichtieren haben neben einem ausgeprägten Genuss- und Geschmackswert einen hohen ernährungsphysiologischen Wert. Ausschlaggebend dafür sind das hochwertige Eiweiß sowie der hohe Gehalt an Vitaminen und Mineralstoffen. Ein wenig ungünstig ist die erhöhte Menge des Cholesterins.

11.1 Arten der Krebstiere

Ihr Körper ist von krustigen Hüllen und Panzern umgeben. Nach den Richtlinien der Gastronomischen Akademie Deutschlands (GAD) werden sechs Gruppen unterschieden:

- Garnelen
- Langusten
- Hummer
- Kaisergranate
- Krabben
- Krebse

Überblick über die Krebstiere

Garnelen *shrimps* *les crevettes (w)*

Aufgrund der verschiedenen Größen unterscheidet man 3 Gruppen:

- Zwerggarnelen mit 5 bis 6 cm
- Garnelen mit 5 bis 15 cm
- Riesengarnelen mit 17 bis 23 cm

Die in der Nordsee gefangenen Zwerggarnelen werden fälschlicherweise als Nordsee**krabben** bezeichnet. Aus Gründen der Tradition ist diese Bezeichnung erlaubt.

Languste *rock lobster* *la langouste*

Die Languste lebt an felsigen Küsten, in Gewässern mit mittleren und warmen Temperaturen (Mittelmeer, Golfstrom).

Merkmale der Tiere:

- 25 bis 40 cm
- lange Fühler
- sehr kleine Scheren

Hummer *lobster* *l'homard (m)*

Dieses majestätische Krebstier lebt ebenfalls an Felsenküsten, allerdings in Gewässern mit kühleren Temperaturen (Nordsee, Atlantik).

Merkmale der Tiere:

- 25 bis 30 cm
- stark entwickelte Scheren

Kaisergranat *norway lobster* *la langoustine*

Es handelt sich um einen Tiefseekrebs, der auch als Norwegischer Hummer, als Langostino oder als Scampo bezeichnet wird.

Merkmale der Tiere:

- 20 bis 25 cm
- lange, starke Scheren

Krabben / Taschenkrebs — crab — le crabe

Sie werden auch Rundkrebse genannt. Große Tiere sind die Königskrabben (King-Crabs). Ihr Beinfleisch kommt als **Crab-Meat** in den Handel.

Merkmale der Tiere:
- 5 bis 40 cm
- runde Form und kräftige Scheren

Krebs — *freshwater crayfish* — *l'écrevisse (w)*

Krebs ist die Bezeichnung für die Krebstiere aus dem Süßwasser. Sie werden deshalb auch Flusskrebse genannt.

Merkmale der Tiere:
- 8 bis 15 cm
- kleine Scheren

Die Krebstiere schmecken am besten in den Monaten **ohne „R"**, d.h. während der Zeit des Wachstums zwischen Mai und August.

11.2 Vorratshaltung von Krebstieren

Lebende **Krebstiere** werden in luftdurchlässigen Körben angeliefert. Sie werden kühl und feucht aufbewahrt. Bei Berührung müssen die Tiere reagieren.

Tiere, die bereits auf dem Transport abgestorben sind, dürfen wegen der Bildung von giftigen Zersetzungssubstanzen nicht mehr verarbeitet werden.

11.3 Zubereitungen aus Krebstieren

Alle Krebstiere können in ihrer natürlichen Zustandsform gegart werden. Die Tiere werden vorzugsweise an den Küsten des Fanggebietes nach dem Garen im Ganzen auf Platten dem Gast serviert. Dieser bricht die Schalen und Scheren mit Hilfe von Spezialbestecken selbst auf und verzehrt das daraus entnommene Fleisch. Zu dieser einfachen Art des Verzehrs wird Brot und Wein gereicht.

Es gibt Zubereitungsarten, für die der lebende Hummer mit dem Messer halbiert oder in Stücke geschnitten wird. In Deutschland ist das nicht erlaubt. Vielmehr muss das Tier vor dem Zerkleinern für einige Minuten, vor allem mit dem Kopf und Oberkörper, zwecks Tötung in kochendes Wasser getaucht werden.

In der Hotel- und Restaurationsküche gibt es vielfältige feine warme und kalte Gerichte aus Krebstieren.

Gerichte von Hummer und Languste

Grundlegende Zubereitungen sind:

Gekochter Hummer (warm serviert)

Das gekochte Tier wird längs halbiert, auf einer Platte angerichtet und mit den angebrochenen Gliedern und Scheren umlegt.

Beigaben bzw. Beilagen sind Zitrone, Toast und Butter sowie holländische Sauce, Mousselinesauce oder Malteser Sauce.

Überbackenes Hummerragout

Das aus dem ausgebrochenen Hummerfleisch bereitete feine Ragout wird in die Schalen der Tierkörper zurückgefüllt, mit holländischer Sauce oder Mornaysauce nappiert und leicht im Salamander überbacken.

Beigaben sind Toast und Butter.

Hummerragout nach amerikanischer Art

Der quer zum Körper in Stücke geteilte Hummer wird gedünstet und nach dem Entfernen der Schalenteile mit pikanter Sauce vollendet.

Als Beilagen reicht man Salzkartoffeln oder Reis.

Gerichte aus Langusten können auf die gleiche Art wie die Hummer zubereitet werden.

Gerichte von kleineren Krebstieren

Einige Beispiele aus den vielfältigen Möglichkeiten:

Scampi

- in Längsrichtung halbieren und grillen
- roh ausbrechen und grillen
- kochen, ausbrechen und braten
- kochen, ausbrechen an Spießchen stecken, braten
- kochen, ausbrechen, in Backteig tauchen, frittieren
- ein feines Ragout herstellen und überbacken oder im Blätterteigpastetchen anrichten

Krebse

- dünsten und mit dem Fond in einer Schüssel anrichten
- oder den Dünstfond à part in einer kleinen Sudtasse mitservieren

11.4 Arten der Weichtiere

Weichtiere sind zum Verzehr bestimmte Austern und Muscheln sowie Tintenfische und Schnecken.

Austern *oysters* *les huîtres (w)*

In der Natur leben die Austern in Kolonien. Sie werden heute jedoch in sogenannten Austernparks gezielt und unter Kontrolle gezüchtet. Das Alter der Austern beträgt 3 bis 4 Jahre und ist an den Schalenschichten erkennbar. Die Austernsaison geht von September bis April, also in den Monaten **mit einem „R“**.

Nach der äußeren Form unterscheidet man:

Flache Austern, die je nach Ursprungsland andere Handelsbezeichnungen haben:

Handelsbezeichnung	Herkunft
Limfjord	Dänemark
Colchester, Whitstable	England
Imperial	Holland
Ostender	Belgien
Belon, Marennes	Frankreich
Ostseeperle, Sylter Royal	Deutschland

Abb. 1: Flache Austern

Tiefe Austern sind länglich und tiefbauchig gewölbt. Man bezeichnet sie auch als Felsenaustern oder portugiesische Austern.

Abb. 2: Tiefe Austern

Vorratshaltung von Austern

Austern werden in Körben oder Fässern transportiert. Da man sie überwiegend roh verzehrt, müssen ausländische Produkte, die importiert werden, mit einem Gesundheitszeugnis als Begleitpapier versehen sein.

Austern sind von zwei Schalen umgeben: Die obere ist flach, die untere gewölbt. Beim Transport und bei der Lagerung ist die tiefe Schale, in der sich noch Meerwasser befindet, nach unten eingelegt. Um das Öffnen der Austern und das Austrocknen zu verhindern, werden sie mit einem Stein beschwert und kühl gelagert.

Wenn die Schalen von Muscheln und Austern geöffnet sind und sich bei Berührung nicht mehr schließen, dürfen die Tiere wegen der gebildeten Gifte unter gar keinen Umständen mehr verarbeitet und serviert werden.

Gerichte von Austern

Frische Austern

Es handelt sich dabei um eine beliebte Form des Angebots bzw. Verzehrs:

- Schließmuskel der flachen, oberen Schale durchschneiden und abheben,
- Austern in der gewölbten Schale liegend auf einer Platte mit zerstoßenem Eis anrichten und servieren.

Beigaben sind:
Chesterhappen, Zitronensechstel und **Menagen** wie: Pfeffermühle, Tabasco und Tomatenketchup.

Abb. 3: Servierfertige Austernplatte

Warme Gerichte von Austern

Die aus der Schale entnommenen rohen Austern werden vom Kiemensaum (dem sogenannten Bart) befreit und in wenig Fond oder im eigenen Saft pochiert, gedünstet. Sie können dann zu verschiedenartigen schmackhaften Gerichten weiterverarbeitet werden:

- in die tiefe Schale zurücklegen, mit Mornaysauce nappieren und überbacken,
- mit Speckscheibe umwickeln und braten,
- in Champagnerteig tauchen und frittieren,
- zu feinem Ragout in Blätterteigpastetchen,
- als Austernspießchen vom Grill.

Muscheln — *mussels* — *les moules (w)*

Muscheln unterscheiden sich nach der Form und der Farbe der Schalen sowie nach der Art des Fleisches.

Jakobsmuscheln
scallops — *les coquilles (w) Saint-Jacques*

Sie haben ein weißes Fleisch, oftmals mit einem Rogenhalbmond versehen. Die leeren Schalen der Jakobsmuscheln werden häufig zum Anrichten von überbackenen, kleinen Ragoutgerichten verwendet.

Abb. 1: Miesmuscheln und Jacobsmuschel

Mies- oder Pfahlmuscheln
mussels — *les moules (w)*

Sie haben gelbes bis orangefarbenes Fleisch, die länglich ovalen Schalen sind blaugrau bis schwarz. Die Muscheln wachsen an Pfählen und Tauen.

Sie gelten als die wichtigsten aller essbaren Muscheln und kommen auch am häufigsten vor. Die Mies- oder Pfahlmuscheln bekommt man heute bereits gereinigt bzw. gebürstet angeliefert.

Vorratshaltung von Muscheln

Sie werden in Säcken oder Körben transportiert und müssen kalt (1 – 2 °C) und feucht gelagert werden.

Sie sind auch als TK-Ware oder Konserven erhältlich.

Gerichte von Muscheln

Mies- oder Pfahlmuscheln

Da sie mit der Schale gegart werden, sind sie vorher gründlich zu waschen und zu reinigen. Das Dünsten erfolgt in Verbindung mit Zwiebeln, Wurzelgemüse (in Form von Brunoise), Knoblauch und Weißwein. Beim Garen öffnen sich die Schalen. Die Muscheln werden im Dünstfond serviert. Der Gast bricht sich die Muscheln aus den Schalen heraus und verzehrt sie in Verbindung mit dem würzigen Fond und Brot. Die Muscheln können auch in der Küche ausgebrochen und auf unterschiedliche Art zu folgenden Gerichten weiterverarbeitet werden:

- Spießchen, feines Ragout, paniert und frittiert,
- überbacken oder in Kräutersauce.

Sankt-Jakobs-Muscheln

Das rohe Muschelfleisch wird unterschiedlich verarbeitet: gebraten oder gegrillt, mit feinen Kräutern langsam gebraten.

Nach vorherigem Dünsten können sie wie Miesmuscheln zubereitet werden.

Kopffüßler

So bezeichnet man Meerestiere, deren Füße und Arme am Kopf angebracht sind.

Wichtige Arten sind:

① **Kalmar**	*squid*	*le calmar*
② **Kalmartube**		
③ **Tintenfisch oder Sepia**	*cuttlefish*	*la sèche*
④ **Krake**	*octopus*	*le poulpe*

Die Tiere werden küchenfertig frisch, tiefgefroren oder als Konserven angeboten.

Zu Zubereitungen verwendet man die entleerten Körpertüten, die Fangarme und die „Tinte". Diese Flüssigkeit dient zum Schwarzfärben von Teigwaren und Saucen.

Gerichte von Tintenfischen, Kraken, Kalmaren

In der Regel werden sie in Streifen oder Ringe geschnitten, paniert oder in Backteig getaucht und entweder gebraten oder frittiert.

Sie eignen sich aber auch für folgende Zubereitung:

- füllen mit einer Farce und pochieren,
- mit entsprechender Sauce und Reis servieren.

Schnecken — *snails* — *les escargots (m)*

Die gebräuchlichste Art ist die Weinbergschnecke.

Um sie in Europa vor dem Aussterben zu bewahren, wird sie in eigens angelegten Schneckengärten gezüchtet.

Neben den Weinbergschnecken werden aus tropischen Ländern z.B. die Achatschnecken importiert.

Das Angebot erfolgt in Dosen oder Gläsern, wobei die Schneckenhäuser gesondert mitbestellt und geliefert werden. Ausserdem bietet die TK-Industrie bereits regenerierfertige Ware an.

Gerichte von Schnecken

Im Allgemeinen werden Konserven verarbeitet, wobei die Schnecken

- entweder in Schneckenhäuser oder in die Vertiefungen von Schneckenpfännchen eingesetzt,
- mit Kräuter- oder Knoblauchbutter zugestrichen bzw. belegt,
- im heißen Ofen oder Salamander erhitzt werden.

Als Beigabe dient Weißbrot oder Kräuterbrot.

Andere Zubereitungsarten sind:

- Schneckensüppchen,
- feines Schneckenragout,
- mit Kräuterbutter in kleinen Windbeuteln.

11.5 Kartengerechte Beispiele für kalte und warme Speisen von Krebs- und Weichtieren

SUPPEN

Hummersuppe mit Hechtklößchen

Legierte Muschelsuppe mit Gemüserauten

Kartoffelsuppe mit Nordsee-Krabben

Manhattan clam chowder (amerikanische Muschelsuppe)

Elsässer Schneckensüppchen

KALTE GERICHTE

Austerncocktail mit Kirschtomaten und Spargelspitzen, Pumpernickel mit Butter

Krebsschwänze in Chablisgelee mit marinierten Austernpilzen, Brioche

Hummersalat mit Artischocken und violetten Kartoffeln

Roh marinierte, dünne Langustenscheiben mit Trüffeln und Rucolasalat, Melbatoast

Avocadosalat mit Krabben in Cocktailsauce

WARME GERICHTE

Pochierte Austern mit Lauch und Trüffeln

Austernbeignets auf Chablis-Sabayon

Gratinierte Sankt-Jakobs-Muscheln auf Mangoldgemüse

Sankt-Jakobs-Muscheln und Austern in Schnittlauchsauce mit Steinpilznudeln

Riesengarnelen in Sauerampfersauce mit Tomatenreis

Gebackene Tintenfischringe auf Pestonudeln

Hummer-Maultaschen auf einem Püree von Brunnenkresse

Amerikanische Weichschalenkrabbe vom Grill auf getoasteten Sesambrötchen

Schnecken-Guglhupf mit Portweinjus

Scampispießchen auf Ingwer-Reis

Aufgaben

1 Welche Gruppen von Krebstieren werden nach den Richtlinien der GAD unterschieden?

2 Beschreiben Sie die einfachste Art, Krebstiere zu garen, anzurichten und zu verzehren.

3 Welchen Wein würden Sie einem Gast zu Krebstiergerichten empfehlen?

4 Was versteht man unter Weichtieren? Nennen Sie die Arten.

5 Erklären Sie Ihrem Kollegen die sachgerechte Lagerung von frischen Muscheln und Austern.

6 Nennen Sie in Verbindung mit den zugehörigen Lieferländern sechs Austernsorten.

7 Zu welchem Wein würden Sie einem Gast, der Austern auf Eis bestellt hat, raten?

8 Entwerfen Sie ein Speisenangebot für eine Aktionswoche zum Thema „Früchte des Meeres“, bestehend aus Gerichten von Seefischen, Krebs- und Weichtieren mit Beilagen.

PROJEKT

MEERESFRÜCHTE-FESTIVAL

Zum 100 jährigen Jubiläum eines bekannten Segelclubs sollen Sie ein Internationales Meeresfrüchte-Festival erstellen.

Die Festivitäten sollen an zwei Tagen stattfinden:

- Einmal für 380 Personen ein warm-kaltes Meeresfrüchte-Büfett.
- Einmal ein großes Menü mit 6 Gängen vorzugsweise aus Meeresfrüchten für 160 Personen.

VORBEREITUNG

1 Sammeln Sie für beide Veranstaltungen Ideen für die Zusammenstellung und Durchführung.

2 Listen Sie die in Frage kommenden Gerichte für das Büfett auf.

3 Die einzelnen Speisen des Büfetts sollen schriftlich oder akustisch den Gästen vorgestellt werden. Entwickeln Sie hierzu besondere Ideen.

4 Erstellen Sie ein elegantes Menü für die zweite Veranstaltung.

5 Erstellen Sie eine dekorative Menükarte.

6 Welche Dekorationen für das Büfett sowie für den Saalschmuck würden Sie vorschlagen? Besprechen Sie dieses Thema mit Ihren Arbeitskollegen im Team.

7 Welche Tischdekorationen für die Menüveranstaltung bieten sich an?

GETRÄNKE

Notieren Sie für beide Veranstaltungen entsprechende Getränkevorschläge.

DURCHFÜHRUNG

Probieren Sie mit Ihren Arbeitskollegen praktisch, wie die kompletten Gedecke für das Büfett und für das mehrgängige Menü auszusehen haben. Diese sollen dann als Muster für die jeweilige Veranstaltung dienen.

PRÄSENTATION

1 Welche Möglichkeiten fallen Ihnen ein, um die jeweilige Veranstaltung dekorativ in Szene zu setzen?

2 Welche Möglichkeiten hat das Servierpersonal, den Themen gerecht zu werden?

12 Schlachtfleisch

meat
la viande

Als Schlachtfleisch bezeichnet man alle nährstoffhaltigen Teile der Schlachttiere. Im Einzelnen gehören dazu:

- das **Muskelfleisch** einschließlich der **Knochen** und **Knorpel**,
- die **essbaren Organe** der Tiere, die sogenannten **Innereien:**

– Leber	**– Lunge**	**– Milz**
– Nieren	**– Zunge**	**– Hirn**
– Herz	**– Magen**	**– Bries**

Bries ist die Bezeichnung für die Wachstumsdrüse (Thymusdrüse, auch Milcher genannt). Die Hotelküche verwendet vorzugsweise das Bries des Kalbes (Kalbsbries bzw. Kalbsmilcher).

12.1 Eigenschaften des Schlachtfleisches

Beschaffenheit, Geschmack und Farbe des Fleisches sind sehr unterschiedlich und von verschiedenen, grundlegenden Faktoren abhängig:

- Tierart, Rasse und Alter,
- Tierhaltung und Art der Fütterung.

Beschaffenheit des Fleisches

Ausschlaggebend für die Fleischbeschaffenheit ist der Gewebeaufbau, der alters- und fleischteilbedingte Unterschiede aufweist. Die beteiligten Gewebearten sind Muskel-, Binde- und Fettgewebe.

Muskel- und Bindegewebe

Das Muskelgewebe enthält überwiegend leicht lösliche, das Bindegewebe überwiegend schwer lösliche Eiweißstoffe. Mit zunehmendem Alter des Tieres nimmt der Bindegewebeanteil im Verhältnis zum Muskelgewebe zu. Darüber hinaus ist der Bindegewebeanteil in den verschiedenen Fleischteilen der Tiere unterschiedlich.

- Im Rücken und den oberen Partien der Keule ist der Anteil an Bindegewebe gering.
- Keule, Bug (Schulter) und Hals enthalten größere Mengen Bindegewebe.
- In den Beinen ist das Bindegewebe am stärksten ausgeprägt.

Aus dem Mengenverhältnis von Muskel- und Bindegewebe ergeben sich die unterschiedlichen Eigenschaften des Fleisches:

zart	weniger zart	zäh

Der Anteil am Bindegewebe im Fleisch bestimmt die Verwendung und damit den Preis.

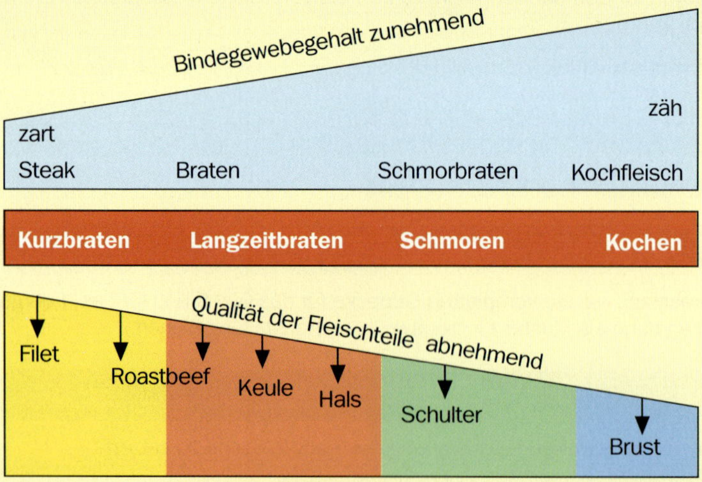

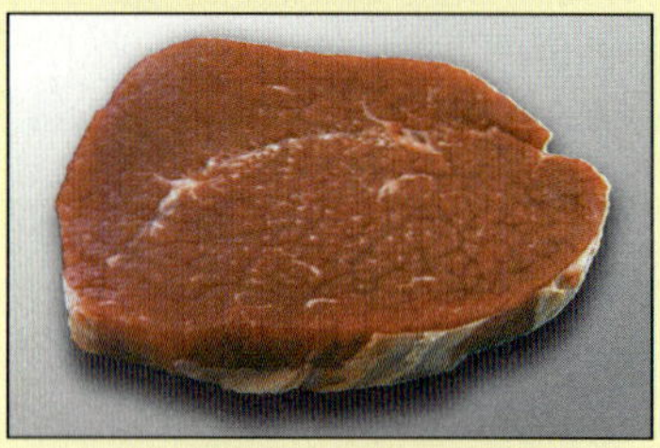

Während die Fleischfaser bei jungen Tieren und bei bestimmten Fleischteilen von Natur aus zart und kaum wahrnehmbar ist, wird sie mit zunehmendem Alter gröber und in Streifen sichtbar.

Fettgewebe

Fett erhöht die Saftigkeit des Fleisches. Nach seinem Vorhandensein im bzw. am Fleisch unterscheidet man:

- **marmoriertes Fleisch,** bei dem das Fett im Muskelgewebe fein verteilt eingelagert ist,
- **durchwachsenes Fleisch,** bei dem das Fett an bestimmten Stellen sichtbar konzentriert ist.

Mit zunehmendem Alter des Tieres wird das Muskelgewebe immer fettärmer, während sich das Fett in bestimmten Depots sammelt oder auf der Oberfläche der Fleischteile ablagert.

Je nach dem Vorhandensein des Fettes ergeben sich unterschiedliche Eigenschaften des Fleisches:
➠ **saftig** ➠ **weniger saftig** ➠ **trocken**

Um die Saftigkeit von fettarmen Fleischteilen beim Garprozess zu erhöhen, werden diese manchmal gespickt, d.h. mit Streifen von rohem Speck durchzogen. Um die Saftigkeit zu erhalten bzw. nicht absinken zu lassen, ist es üblich, Fleischteile zu bardieren, d.h. mit Speckscheiben zu umlegen.

Farbe und Geschmack des Fleisches

Das Fleisch von jungen Tieren (insbesondere solange sie mit Milch ernährt werden) ist hell und hat nur einen gering ausgeprägten Geschmack.

Mit zunehmendem Alter und durch die Art des verabreichten Futters wird die Farbe zunehmend dunkler und der Geschmack zunehmend stärker ausgeprägt. Farbe und Geschmack werden aber auch von Art und Rasse sowie dem Geschlecht der Tiere beeinflusst.

12.2 Bedeutung für die Ernährung

Bei der Bewertung muss man zwischen dem ernährungsphysiologischen Wert sowie den alters- und fleischteilbedingten Eigenschaften unterscheiden.

Nährwert

Schlachtfleisch enthält vor allem größere Mengen an biologisch hochwertigem Eiweiß, darüber hinaus in unterschiedlichen Mengen Fett. Es ist ebenfalls reich an Vitaminen, Mineralstoffen und anderen Wirkstoffen.

Eigenschaften

Das helle Fleisch von jungen Tieren ist wegen seiner fein- und zartfaserigen Struktur und aufgrund des geringeren Fettgehaltes im Allgemeinen leicht verdaulich. Bei entsprechender Verarbeitung (helle und salzarme Zubereitungsarten) eignet es sich gut für Speisen im Rahmen der Schonkost.

12.3 Arten der Schlachttiere

Die übergeordneten Bezeichnungen für Schlachttiere sind:

Rind	Schaf	Schwein

Neben den oben erwähnten Bezeichnungen gibt es:

Kalb Färse Jungbulle Ochse	Milchlamm Mastlamm Schaf	Spanferkel

12.4 Vorratshaltung von Schlachtfleisch

Hierbei sind zwei Gesichtspunkte von Bedeutung:

- grundlegende Lagerbedingungen und
- Oberflächenschutz

Grundlegende Lagerbedingungen

Fleisch ist ein guter Nährboden für Mikroorganismen. Um das Fleischgewebe vor dem Garen etwas zu lockern und um einen ausgeprägteren Geschmack zu erreichen, lässt man das Fleisch mit zunehmendem Alter der Tiere einige Zeit reifen. Damit die Vorgänge sachgerecht verlaufen und damit die Wirksamkeit von Mikroorganismen eingeschränkt bleibt, ist eine **Lagertemperatur zwischen 2 und 4 °C** einzuhalten.

Schutz der Oberfläche

Beim Schlachten der Tiere wird die Haut entfernt. Zum Schutz der Oberfläche des reifenden Fleisches sind folgende Maßnahmen zu beachten:

- Die **Luftfeuchtigkeit** muss zwischen 80 und 95% betragen, damit das Austrocknen verhindert wird.
- **Große Fleischstücke** sind hängend aufzubewahren. Sie dürfen sich nicht berühren, damit die Oberfläche gut umlüftet ist und nicht schmierig wird.
- **Portionierte Fleischstücke** mit vergrößerter Oberfläche sind auf Blechen mit feuchtem Tuch zu bedecken, um das Austrocknen und die Einwirkung von Mikroorganismen abzuwenden. Dem gleichen Zweck dient das Einlegen in Öl bzw. das Vakuumverpacken.
- **Schlachtfleisch** darf wegen der möglichen Übertragung von Schmutz und Bakterien nicht zusammen mit unverarbeiteten pflanzlichen Rohstoffen sowie mit Wild in der Decke und Geflügel in den Federn gelagert werden.

12.5 Fleisch- und Wurstwaren

Fleischwaren sind Erzeugnisse, bei denen die Struktur des Fleisches nicht verändert wird. Die jeweiligen Behandlungsverfahren bewirken lediglich eine Veränderung der Farbe und des Geschmacks.

Wurstwaren sind schnittfeste oder streichfähige Erzeugnisse aus einem Gemenge von zerkleinertem Fleisch- und Fettgewebe.

Fleischwaren

Bei Fleischwaren werden durch Pökeln mit Nitritpökelsalz und Räuchern die Farbe, der Geschmack und teilweise auch die Beschaffenheit des Fleisches verändert. Je nach Intensität der Behandlung erhöht sich außerdem die Haltbarkeit des Produktes.

Pökelwaren

Vakuumpökeln erfolgt im Vakuum einer waschmaschinenähnlichen Trommel. Durch rotierende Bewegung werden die Fleischstücke massiert, wodurch sich das Volumen vergrößert. Das Zusammenwirken der verschiedenen Faktoren ermöglicht eine rasche und intensive Behandlung des Fleisches.

Eingeriebene und eingelegte Ware hat eine höhere Qualität als gespritzte oder im Vakuum hergestellte, da diese Vorgänge zu schnell ablaufen und das Fleisch keinen Reifeprozess durchmachen kann.

Auswirkungen auf das Fleisch durch Pökeln:

- **Umrötung,** wobei die Fleischfarbstoffe intensiviert und stabilisiert werden,
- **Aromabildung,** wobei durch Stoffumwandlungen der Pökelgeschmack entsteht,
- **Konservierung,** wobei durch das Salz die Wasseraktivität im Fleisch herabgesetzt und somit die Haltbarkeit erhöht wird.

Nach ihrer Beschaffenheit werden unterschieden:

Kochpökelwaren

Dies sind Pökelwaren von saftiger und frischer Beschaffenheit, die durch Kochen verzehrbar gemacht werden. Zu ihnen gehören:

- Rippchen, Eisbein und Schweinebauch,
- Schweine- und Rinderzunge,
- Schinken und Rinderbrust.

Die Kochpökelwaren werden zur geschmacklichen Verfeinerung manchmal leicht geräuchert.

Rohpökelwaren

Hierbei handelt es sich um Waren, die durch zusätzliches Trocknen haltbar gemacht und vor dem Verzehr in sehr dünne Scheiben geschnitten werden, z. B.:

- Bündner Fleisch, eine schweizerische Spezialität (Graubünden) aus Rindfleisch,
- Parmaschinken, eine italienische Spezialität aus der Schweinekeule (Schinken).

Abb. 1: Parmaschinken, Südtiroler Speck, Bündner Fleisch

Räucherwaren

Bei den Räucherwaren handelt es sich in der Regel um gepökeltes Schweinefleisch, das durch die Behandlung mit Rauch zusätzlich verändert wird. Die Auswirkungen des Räucherns auf das Fleisch sind:

- Verschönerung des Aussehens durch die Ablagerung von Räucherstoffen,
- u. U. Aromaverbesserung durch Räucherstoffe,
- Verlängerung der Haltbarkeit durch Austrocknung und durch die keimtötenden Rauchbestandteile.

Beispiele für Räucherwaren

- Knochenschinken, aus dem ganzen Schinken (Keule) mit dem Knochen (z. B. Bauernschinken, -Katenrauchschinken),
- Nussschinken, aus der Nuss (Teilstück der Keule),
- Rollschinken, aus der Oberschale und der Unterschale (Teilstücke der Keule) zusammengerollt,
- Lachsschinken, aus dem ausgelösten Kotelettstrang, ist besonders zart und saftig,
- Schinkenspeck, aus der Hüfte,
- Kasseler Rippenspeer, aus dem Kotelettstrang mit Knochen,
- Rinderrauchfleisch, aus Teilstücken der Keule,
- Dörrfleisch, Bauchspeck, Wammerl.

Wurstwaren

Wurstwaren werden nach grundlegenden Arten unterschieden:

- Kochwurst • Brühwurst • Rohwurst

Darüber hinaus gibt es folgende wurstartige Erzeugnisse:

- Pasteten • Terrinen • Galantinen

Arten der Wurst

Kochwurst

Für die Kochwürste wird das Ausgangsmaterial vorgekocht und unterschiedlich grob bzw. fein zerkleinert. Nach dem Einfüllen der Wurstmasse in die Därme (Kunst- oder Naturdärme) werden die Würste pochiert und teilweise zusätzlich geräuchert.

Abb. 1: Verschiedene Kochwürste

Wurstsorten	Besonderheiten
Leberwurst	– Spitzenqualität muss mindestens 25% Leberanteil enthalten, – mittlere Qualität mind. 15%, – einfache Qualität mind. 10%.
Blutwurst, Rotwurst	– Speckblutwurst hat einen hohen Anteil an gewürfeltem Speck. – Thüringer Blutwurst hat einen hohen Anteil an Schweinefleischstücken. – Zungenblutwurst hat als Einlage ganze Zungen.
Sülzwurst	– Besondere Bezeichnungen sind Presssack, Schwartenmagen und Corned beef. – Als Bindemittel dient Gelatine (der sogenannte Aspik bzw. die Aspiksülze), die aus Schwarten und Knochen hergestellt wird.

Brühwurst

Brühwürste sind durch Brühen behandelte Wurstwaren. Sie unterscheiden sich im Wesentlichen durch den Grad der Zerkleinerung des Rohmaterials (Wurstmasse oder Brät) und durch besondere Einlagen. Die Würste werden zum Teil warm oder kalt geräuchert.

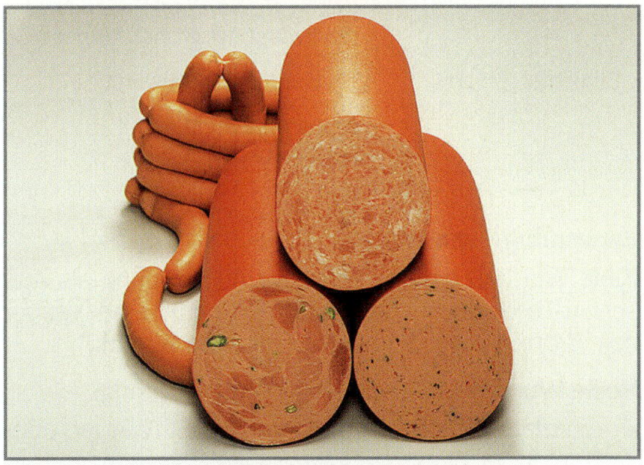

Abb. 2: Verschiedene Brühwürste

Zustandsform	Wurstbezeichnungen
feine Wurstmasse	– Wiener und Frankfurter Würstchen – Knackwurst und Bockwurst – Fleischwurst und Gelbwurst – Mortadella und Lyoner
grobe Wurstmasse	– Jagdwurst und Bierwurst
mit Fleischeinlage	– Bierschinken und Schinkenpastete – Presskopf und Zungenwurst

Rohwurst

Rohwürste sind Wurstwaren, die aus rohem Material hergestellt werden. Durch Räuchern und Trocknen erhalten sie einen kräftigen Geschmack und sind gegenüber Koch- und Brühwürsten länger lagerfähig. Sie unterscheiden sich durch den Grad der Zerkleinerung des Rohmaterials und durch die Eigenschaften wie Schnittfestigkeit bzw. Streichfähigkeit.

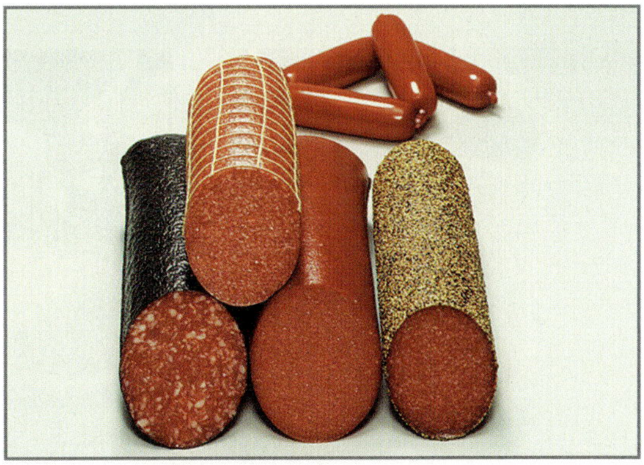

Abb. 3: Verschiedene Rohwürste

Beschaffenheit	Wurstbezeichnungen / Besonderheiten
Schnittfest	– Cervelatwurst mit sehr feiner Körnung – Salami mit mittelfeiner Körnung und Knoblauch im Gewürz – Plockwurst mit grober Körnung
Streichfähig	– Teewurst und Mettwurst – Grobe Mettwurst und Streichwurst

Verwendung von Wurst

Kalte Wurst in unterschiedlicher Aufmachung als Aufschnitt-Teller oder -platten zum Frühstück, als Vesper bzw. Brotzeit sowie zu rustikalen kalten Büfetts.

Heiße Wurst in unterschiedlicher Verarbeitung:
- erhitzt in Wasser oder Dampf, z.B. Wiener oder Frankfurter Würstchen, Weißwurst,
- gegrillt, z.B. Brat-, Curry- oder Bockwurst,
- in Teighülle, z.B. Debrecziner.

Wurstähnliche Erzeugnisse

Zu ihnen gehören Pasteten, Terrinen und Galantinen. Ausgangsmaterialien zu ihrer Herstellung sind feine wurstähnliche Massen, auch Farcen genannt. Als Zutaten für diese Massen dienen:

Geschmacksträger	verfeinernde Zutaten
Wildfleisch Kalbfleisch Geflügelfleisch Gänseleber Fische Krebstiere	– feine, dem Hauptgeschmacksträger angepasste Gewürzmischungen – Pistazien und Orangenschale – erlesene Pilze, insbesondere Trüffeln – Cognac, Portwein und Sherry – frische Küchenkräuter

Besondere Unterscheidungsmerkmale sind:

Pasteten

Eine Kasten- oder Pastetenform wird mit Teig ausgelegt, die Farce eingefüllt. Die Pastete wird dann im Ofen durch Backen gegart.

Beispiele
- Wild-, Wildschwein- und Hasenpastete
- Kalbs-, Filet- und Schinkenpastete
- Lachs- und Seeteufelpastete

Terrinen

Eine Steingut- oder Keramikform, meist oval, wird mit feiner Farce gefüllt, das Gefäß mit einem Deckel verschlossen und die Terrine in einem Wasserbad im Ofen gegart.

Beispiele
- Wild-, Wildschwein- und Hasenterrine
- Fasanen-, Rebhuhn- und Wachtelterrine
- Forellen-, Lachs- oder Hechtterrine

Galantinen

Hierfür werden Tierkörper – z.B. eine Poularde – ausgebeint oder Tierkörperteile – z.B. eine Kalbsbrust – entbeint und mit der feinen Fleischfarce gefüllt.

Das Ganze wird dann in ein Tuch eingebunden oder mit Alufolie umgeben und in Brühe (je nach Beschaffenheit des Fleischrohstoffes) mehr oder weniger vorsichtig pochiert.

Beispiele
- Geflügel- und Poulardengalantine
- Fasanen- und Wildentengalantine
- Kalbsbrust- und Spanferkelgalantine
- Aal- und Lachsgalantine

Abb. 1: Pastete

Abb. 2: Terrine

Abb. 3: Galantine

AUFGABEN

1 Welche Tiere gehören zu den Schlachttieren?

2 Nennen Sie sechs Innereien.

3 Was versteht man unter den Begriffen „marmoriert“ und „durchwachsen“?

4 Beschreiben Sie den ernährungsphysiologischen Wert des Schlachtfleisches.

5 Erklären Sie die Bezeichnung Fleischwaren und nennen Sie Besonderheiten dieser Waren.

6 Erklären und beschreiben Sie die Bezeichnungen Bündner Fleisch und Parmaschinken.

7 Nennen Sie drei Wurstarten und ordnen Sie ihnen je drei Wurstsorten zu.

8 Beschreiben Sie zu Pasteten, Terrinen und Galatinen
a) die grundlegende Art dieser Erzeugnisse,
b) die grundlegenden Rohstoffe,
c) verfeinernde Zutaten.

12.6 Speisen aus Schlachtfleisch

Speisen von Schlachtfleisch nehmen im Rahmen der Ernährung und insofern auch auf der Speisekarte einen breiten Raum ein. Auf Grund seines Sättigungswertes wird Fleisch vor allem zu Hauptgerichten verarbeitet.

In den Küchen und Restaurants der Hotel- und Gaststättenbetriebe werden hauptsächlich Schlachttiere wie Rind, Kalb, Lamm und Schwein zubereitet und serviert.

12.7 Rind

beef — *le bœuf*

Rindfleisch ist Fleisch von älteren Tieren. Für das Garmachen sind deshalb, neben den fleischteilbedingten, vor allem die altersbedingten Eigenschaften des Fleisches ausschlaggebend (s. S. 344/345). Rindfleisch ist rot bis dunkelrot, kräftig im Geschmack und die hochwertigen Teile sind ausreichend mit Fett marmoriert (s. S. 345).

FLEISCHTEILE DES RINDES

Fleischteile	kochen	schmoren	braten
1 Filet			×
2 Roastbeef			×
3 Blume/Hüfte (Teilstück der Keule)		×	×
4 Keule		×	
5 Bug/Schulter	×	×	
6 Brust	×	×	
7 Fehlrippe	×	×	
8 Kamm	×	×	
9 Spannrippe	×		
10 Dünnung	×		
11 Hesse	×		
12 Hinterhesse	×		

Gerichte aus gebratenem Rindfleisch

Zum Braten eignen sich lediglich die Rückenteile *Roastbeef, Filet* und *Blume/Hüfte.* Diese Teile sind von Natur aus sehr saftig und zart. Sie sind deshalb vorzüglich für Pfannengerichte verwendbar.

Braten

Als ganze Stücke werden das Roastbeef und das Filet gebraten und als warmes Gericht serviert. Das gebratene Roastbeef wird aber auch gerne als kalter Braten, dünn in Scheiben geschnitten, verwendet.

Eine Besonderheit ist das Filet Wellington:

- Das angebratene Filet wird mit einer Pilzmasse (Duxelles) umgeben, in Blätterteig eingehüllt und im Ofen gebacken.
- Beim Servieren wird meist auf eine Sättigungsbeilage verzichtet und Madeirasauce dazu gereicht.

Pfannengerichte

Aus dem Roastbeef ohne Knochen werden folgende Gerichte hergestellt:

- **Zwischenrippenstück** (Entrecôte) mit 170 – 180 g,
- **Doppeltes Zwischenrippenstück** (Entrecôte double) mit 350 bis 400 g (für 2 Personen)
- **Rostbraten** mit 150 g

Aus dem Filet werden bereitet:

- **kleine Filetschnitten** (Tournedos), pro Person zwei Stück von je 60 bis 80 g,
- **Filetschnitte** (Filetsteak) mit 150 bis 160 g,
- **Doppelte Filetschnitte** (Chateaubriand) mit 350 bis 400 g (für 2 Personen).

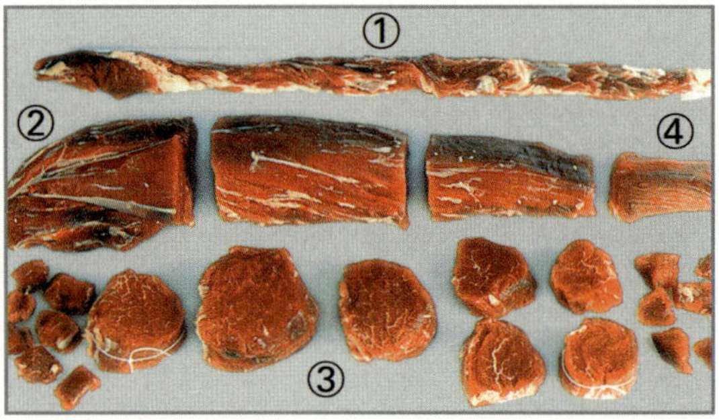

Abb. 1: ① Filetstrang (auch Kette genannt) ② Filetkopf ③ Filet-Mittelstück ④ Filetspitze

Eine besondere Zubereitung aus dem Filet ist das Kleinfleischgericht **Filetgulasch.**

- Das in Würfel oder Streifen geschnittene Fleisch wird kurz sautiert und in Rahmsauce angerichtet.
- Ergänzende Zutaten können sein: Champignons, Tomatenfleischwürfel, Schinken- und Speckstreifen, Gewürzgurken und anderes.
- Als Beilage reicht man Kartoffelpüree, Reis, Spätzle oder andere Teigwaren und Salat.

Aus dem Rücken, bestehend aus **Roastbeef** und **Filet,** gibt es Pfannengerichte besonderer Art, die mit einem Gewicht zwischen 800 und 1000 g für 2 bis 4 Personen angeboten werden:

- **Porterhousesteak,** in der Größe vergleichbar (vom Knochen abgesehen) mit einem Entrecôte double und einem Chateaubriand,
- **T-Bone-Steak,** ähnlich wie Porterhousesteak, nur halb so schwer.

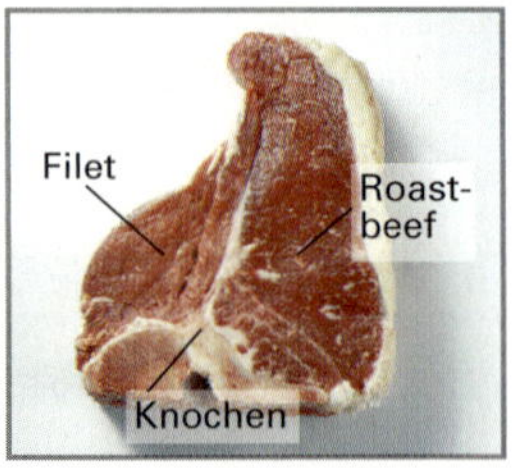

Abb. 2: Porterhousesteak

Aus der Blume/Hüfte schneidet man:

- Rumpsteak und Rostbraten mit 180 g.
  Das Rumpsteak ist vom Ursprung her ein Steak aus der Hüfte (rump). In Deutschland wird das Rumpsteak aber meist aus dem Roastbeef geschnitten.

Beilagen

Zu den Braten aus Roastbeef und Filet:

Saucen
- Bratenjus oder Ableitung der Demiglace

Gemüsebeilagen
- alle feinen Gartengemüse

Sättigungsbeilagen
- Pariser Kartoffeln, Olivenkartoffeln
- Kartoffelkroketten
- Herzogin- oder Macairekartoffeln

Zu den Pfannengerichten

Saucen
- Bratenjus
- Madeirasauce, Bordeauxer Sauce
- Béarner Sauce, Choronsauce
- oft auch Kräuterbutter oder andere passende Buttermischungen

Gemüsebeilagen – wie zu Braten

Sättigungsbeilagen
- grundsätzlich wie zu Braten
- darüber hinaus Pommes frites oder eine andere frittierte Kartoffel

Spezielle Garnituren sind:

Zwischenrippenstück nach Bordeauxer Art
- mit Ochsenmarkscheiben belegt und mit Bordeauxer Sauce nappiert

Tournedos Helder
- mit Tomatenfleischstücken belegt und mit Béarner Sauce garniert

Tournedos Rossini
- mit Gänseleber u. Trüffeln garniert, Madeirasauce

Rumpsteak Mirabeau
- Steak mit dünnen Sardellenstreifen (über Kreuz bzw. gitterförmig) und Olivenscheiben belegt, Sardellenbutter

Gerichte aus gekochtem Rindfleisch

Arten der Speisen

Zum Kochen bevorzugte Stücke sind **Brust** und **Tafelspitz.** Die Rinderbrust wird manchmal in gepökeltem Zustand verarbeitet. Tafelspitz ist Teilstück der Hüfte.

Beilagen

Saucen
- Meerrettichsauce
- Kräutersauce

Gemüsebeilagen
- Lauch, Sellerie, Karotten
- Wirsing- oder Spinatgemüse

Sättigungsbeilagen
- Salzkartoffeln und Petersilienkartoffeln
- Bouillonkartoffeln und Rahmkartoffeln

Kalte Beilagen
- Preiselbeeren, Rote Bete
- Senfgurken, süß-saurer Kürbis

Eine spezielle Garnitur ist die Bezeichnung ... **nach flämischer Art.**

- Karotten, weiße Rübchen (oder Sellerie) und Lauch
- gefüllte Wirsingkohlköpfchen, Brühwurst.

Zur Herstellung der Köpfchen werden blanchierte Wirsingblätter mit Speck und blanchiertem, kleingehacktem Wirsing belegt, eingerollt, geformt und fertig gegart.

Abb. 1: Tafelspitz, Bouillonkartoffeln

Gerichte aus geschmortem Rindfleisch

Arten der Speisen

Schmorbraten, Sauerbraten, Schmorsteaks und **Rouladen** werden aus bindegewebereichen Teilstücken der Keule geschnitten. Für *Ragout* eignet sich sehr gut das Halsstück, für **Gulasch** die Hesse (Wadenschenkel).

- **Sauerbraten** legt man einige Tage in Marinade aus Essig, Wein, Wurzelgemüse und Gewürzen ein. Sie macht das Fleisch zarter, saftiger und aromatischer.
- **Rinderrouladen** sind flach geklopfte Fleischscheiben, die mit Senf bestrichen, mit Speck, Zwiebeln und Gewürzgurken belegt, aufgerollt, dann mit speziellen Nadeln oder Holzspießchen gesteckt oder mit einem vorher abgebrühten Faden gebunden werden.

Beilagen

Saucen – Rotweinsauce

Gemüsebeilagen
- Karotten, Kohlrabi, Schwarzwurzeln, Rosenkohl und Rotkohl

Sättigungsbeilagen
- Salzkartoffeln und Kartoffelpüree
- Kartoffelklöße und Semmelknödel
- Spätzle und andere Teigwaren

Abb. 2: Rinderroulade

Eine spezielle Speisenbezeichnung (Garnitur) ist **Schmorsteak Esterhazy.**

- garniert mit Streifen von Sellerie, Karotten und Lauch,
- nappiert mit Rahmsauce, die mit saurer Sahne vollendet wurde.

12.8 Kartengerechte Beispiele für Spezialitäten vom Rind

Gekochter Tafelspitz
mit Meerrettichsauce und Bouillonkartoffeln

Ochsenschwanzragout in Madeirasauce
mit tournierten Gemüsen und Markklößchen

Geschmorte Rinderbrust
mit Lauchscheiben und Kartoffelnocken

Burgunderbraten mit Mangoldgemüse
glasierte Karotten und Kartoffelplätzchen

Sauerbraten mit Apfelmus
Preiselbeeren und Kartoffelpuffer

Minutensteak mit Café-de-Paris-Butter
Grilltomate, Ofenkartoffel mit Sauerrahm

Kleine Rinderfiletscheiben mit grünem Spargel
Mus von Petersilienwurzeln und Kräuterflädle

Filetgulasch Stroganow mit Kartoffelschnee

Filetsteak mit Markstückchen, Schalotten-Rotwein-Jus, gratinierte Käsekartoffeln und Salat

Roastbeef mit Yorkshire-Pudding
und Gemüse-Mosaik

12.9 Kalb

veal le veau

Kalbfleisch ist Fleisch von jungen Tieren. Es ist deshalb ausgesprochenes Bratenfleisch. Zum **Kochen** oder **leichten Schmoren** werden fleischteilbedingte bindegewebereichere Teile verwendet. Das Fleisch ist hellrosa bis hellrot und hat einen mildaromatischen Geschmack.

Fleischteile des Kalbes

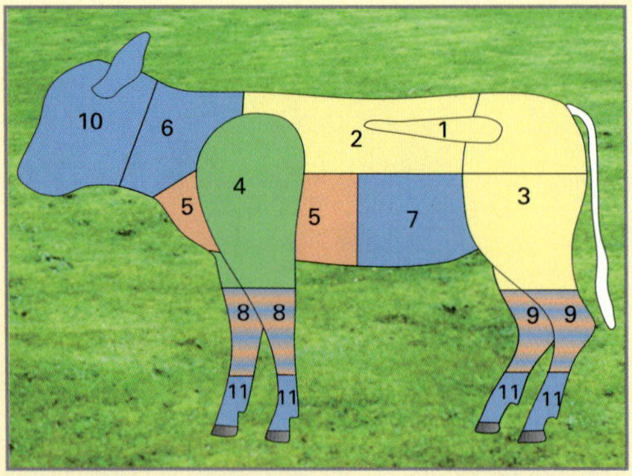

Fleischteile	kochen	schmoren	braten
1 Filet			×
2 Kotelettstück			×
3 Keule			×
4 Bug	×	×	×
5 Brust	×	×	×
6 Nacken/Hals	×	×	×
7 Dünnung	×	×	×
8 Haxe	×	×	×
9 Hinterhaxe		×	×
10 Kopf	×		
11 Füße	×		

Gebratene Gerichte aus Kalbfleisch

Braten

Dazu können alle größeren Stücke des Rückens, der Keule und der Schulter mit oder ohne Knochen verarbeitet werden. Eine Besonderheit ist der *Kalbsnierenbraten.* Dafür wird jeweils eine Seite aus dem hinteren Teil des Rückens einschließlich Lendchen und Niere in den Bauchlappen eingerollt.

Pfannengerichte

Sie werden aus folgenden Fleischteilen geschnitten:

- Rücken: Kalbskoteletts und Kalbsrückensteaks
- Filet: Kalbslendchen und Kalbsmedaillons
- Keule: Kalbssteak und Kalbsschnitzel

Besondere Bezeichnungen für Schnitzel:

Naturschnitzel	unpaniert
Rahmschnitzel	unpaniert, mit Rahmsauce
Paprikaschnitzel	unpaniert, mit Paprikasauce
Wiener Schnitzel	paniert
Cordon bleu	paniert, mit gekochtem Schinken und Käse gefüllt

Beilagen

Zu Braten und zu Pfannengerichten reicht man:

Saucen
- Bratenjus oder Rahmsauce
- Madeirasauce oder Trüffelsauce

Gemüsebeilagen – alle feinen Gemüse

Sättigungsbeilagen
- Pariser Kartoffeln oder ähnliche
- Kartoffelkroketten oder ähnliche
- Kartoffelpüree oder Herzoginkartoffeln
- Spätzle oder andere Teigwaren

Abb. 1: Kalbskotelett mit Pilzen

Zu den Pfannengerichten reicht man wahlweise auch folgende Saucen: Tomatensauce, holländische Sauce sowie Béarner- und Choronsauce.

- **Kalbssteak au four**
  - Flaches Steak, mit Ragoût fin bedeckt, mit geriebenem Käse bestreut, im Ofen überbacken.
- **Kalbsschnitzel nach Mailänder Art**
  - Spaghetti, mit Streifen von Schinken, Pökelzunge, Champignons und Trüffel,
  - Tomatensauce und Parmesan.
- **Piccata nach Mailänder Art**
  - Schnitzelchen, gemehlt und mit Ei und geriebenem Käse paniert,
  - Spaghetti, wie gleichnamiges Kalbsschnitzel.
- **Kalbsschnitzel Holstein**
  - Mit Spiegelei belegt,
  - mit drei verschiedenen Canapés (Kaviar, Sardellen, Räucherlachs) umlegt.

Kalbsgeschnetzeltes

Zu den sautierten und in Rahmsauce angerichteten Streifen oder Scheiben können neben Salat folgende Sättigungsbeilagen gereicht werden:

- Spätzle oder andere Teigwaren,
- Reis, Bratkartoffeln oder Rösti.

Gerichte aus geschmortem Kalbfleisch

Arten der Speisen

- Kalbsröllchen oder Kalbsvögerl,
- Kalbsbrustscheiben (Tendrons),
- Kalbshaxenscheiben (Ossobuco),
- Kalbsgulasch und Kalbsragout.

Kalbsröllchen erhalten eine Füllung von einer Farce aus Kalb- und Schweinefleisch. Kalbsvögerl sind gefüllt mit ganz wenig Farce und einem ganzen, hart gekochten Ei.

Beilagen

Saucen
- dunkle Rahmsauce
- braune, tomatisierte Kalbssauce

Gemüsebeilagen
- Salat
- glasierte Zwiebeln, Erbsen, Karotten, Champignons sowie Tomatenfleischstücke

Sättigungsbeilagen
- Kartoffelpüree oder Herzoginkartoffeln
- Reis, Spätzle oder andere Teigwaren

Abb. 1: Ossobuco

Gerichte aus gekochtem und gedünstetem Kalbfleisch

Dazu gehören die klassischen Zubereitungen *Blankett*, *Frikassee*, *Curry von Kalbfleisch* und feines *Ragout*.

Blankett

Fleischwürfel oder das Fleischstück in Kalbsfond garen, aus dem Fond eine Velouté bzw. Kalbsrahmsauce bereiten, das portionierte Fleisch damit nappieren.

Frikassee

Fleischwürfel anschwitzen, mit Mehl bestäuben, mit Kalbsfond auffüllen, in der entstandenen Sauce garen.

Beilagen zu Blankett und Frikassee

Saucen
- Wesentlicher Bestandteil der Speisen ist die Kalbsrahmsauce

Gemüsebeilagen: Champignons, Spargel, Erbsen

Sättigungsbeilagen
- Salzkartoffeln oder Reis
- in besonderen Fällen Teigwaren

Garnituren
- Krebsschwänze, Pökelzunge
- Blätterteighalbmonde (Fleurons)

Curry von Kalbfleisch

Fleischwürfel mit Zwiebeln und Äpfeln anschwitzen, mit Curry und Mehl bestäuben und Kalbsbrühe zugießen.

Beilagen sind u.a. Mango Chutney, leicht gebratene Bananen und Reis.

Ragoût fin

In Würfel geschnittenes, gekochtes Kalbfleisch mit Kalbsrahmsauce binden. Dieses feine Ragout wird als eigenständiges Gericht in Muschelschalen, Porzellantöpfchen oder Blätterteigpastete angerichtet, mit holländischer Sauce nappiert und kurz im Salamander überbacken. Ragoût fin dient außerdem als Garnitur auf Kalbskotelett und Kalbssteak.

12.10 Kartengerechte Beispiele für Spezialitäten vom Kalb

Kalbskoteletts, mit Kräuter-Rührei belegt
grüne Bohnen, Strohkartoffeln

Kalbsschnitzel mit Schinkenstreifen
Rahm-Morcheln, frittierter Petersilie
und überbackener Käsekartoffel

Kalbsleber, gebraten, mit Apfelringen
Röstzwiebeln und Kartoffelpüree

Kalbsherz in Rotweinsauce
mit Buttergemüsen und Buchweizen-Spätzle

Glasierte Kalbshaxe
mit Röstkartoffeln und buntem Salatteller

Gesottene Kalbshaxe
mit Streifen von Wurzelgemüsen, Salzkartoffeln

Kalbsgeschnetzeltes in Rahm
mit Erbsen, Kirschtomaten und Pilzrösti

Kalbssteak, mit Zwiebelmus überbacken
mit geschmortem Kopfsalat, Spargel, Karotten

Kalbsfilet-Röllchen, gefüllt mit Zunge und Erbsenmus, mit Kräuter-Wein-Sauce und Kartoffelpüree

12.11 Schwein

pork — le porc

Schweinefleisch stammt von jungen Tieren, hat einen hohen Fettgehalt und ist deshalb zart und saftig. Schweinefleisch ist ein ausgesprochenes Bratenfleisch. Für geschmorte Gerichte werden die bindegewebereicheren Fleischteile und zum Kochen hauptsächlich gepökeltes Fleisch verwendet. Die Fleischfarbe ist hellrot und der Geschmack aromatisch. Sehr beliebt ist auch das Fleisch von Spanferkeln. Sie werden nach 5 Wochen geschlachtet und haben ein sehr helles und zartes Fleisch.

Fleischteile des Schweines

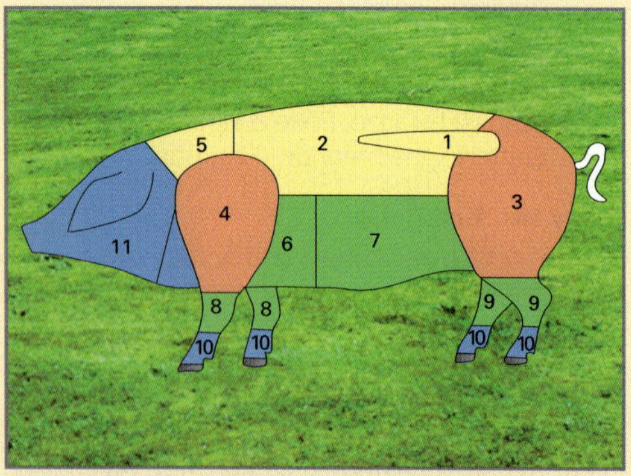

Fleischteile	kochen	schmoren	braten
1 Filet			×
2 Rücken (Kotelett/Lendenkotelett)			×
3 Schinken	×		×
4 Bug	×	×	×
5 Nacken/Kamm	×	×	×
6 Bruststpitze	×	×	×
7 Bauch	×	×	×
8 Schinkeneisbein	×		×
9 Eisbein/Haxe	×		×
10 Spitzbein	×		
11 Kopf mit Backe	×		

Gerichte aus gebratenem Schweinefleisch

Arten der Speisen

Zu Braten sind wie beim Kalb alle großen Fleischstücke geeignet. Die Fleischportionen für Pfannengerichte werden aus folgenden Fleischteilen geschnitten:

Rücken: Schweinekoteletts, Schweinerückensteaks
Filet: Schweinemedaillons
Keule: Schweinesteaks, Schweineschnitzel

Beilagen

Bezüglich der Beilagen zu Braten bzw. Pfannengerichten gibt es geringfügige Abweichungen:

Zu Braten

Saucen: Bratenjus, Kümmeljus, Bierjus

Gemüsebeilagen
- Kohlrabi, Rotkohl, Rosenkohl, Wirsing und Bayrisch Kraut

Sättigungsbeilagen
- Kartoffelpüree und Macairekartoffeln
- Rahmkartoffeln
- Kartoffelklöße und Semmelknödel
- Spätzle und andere Teigwaren

Zu Pfannengerichten

Saucen
- Bratenjus oder dunkle Rahmsauce
- zu Kotelett Robertsauce
- zu Medaillons holländische Sauce, Béarner Sauce oder Choronsauce

Gemüsebeilagen: feine Gemüse

Sättigungsbeilagen
- wie zu den Braten
- sowie Kartoffelkroketten oder Herzoginkartoffeln

Abb. 1: Gefüllter Jungschweinerücken

Gerichte aus geschmortem Schweinefleisch

Neben *Schweineragout* gibt es zwei Schmorfleischgerichte spezieller Art:

Schweinepfeffer
- Ansatz ist mit reichlich Pfefferkörnern gewürzt,
- Sauce bzw. gegarte Speise wird mit Blut legiert.

Szegediner Gulasch
- Der Ansatz wird zusammen mit Sauerkraut gegart und mit Kümmel gewürzt,
- das gegarte Gericht mit Sauerrahm vollendet.

Beilagen
Schmorfleischgerichte werden immer mit oder in reichlich Sauce angerichtet. Die Beilagen müssen deshalb so beschaffen sein, dass sie die Sauce gut aufnehmen können:

- Salzkartoffeln und Klöße, die sich leicht zerdrücken lassen,
- Reis und Teigwaren.

Gerichte aus gekochtem Schweinefleisch

Arten der Gerichte
Die zum Kochen bestimmten Fleischteile des Schweines sind meistens gepökelt:

- Schinken, Vorderschinken und Hals,
- Rippchen und Eisbein.

Die zum Pökeln verwendeten Zutaten Kochsalz und Salpeter bzw. Nitritpökelsalz bewirken die Rotfärbung und den besonderen Geschmack des Fleisches.

Beilagen sind sehr unterschiedlicher Art:

Zu Schinken

- Burgunder-, Madeira- oder Portweinsauce
- feine Gemüse, Petersilienkartoffeln, Kartoffelpüree, Kartoffelkroketten und Spätzle

Zu Rippchen/Eisbein

- Sauerkraut und Kartoffelpüree
- Erbsenpüree

Eine spezielle Zubereitung in Verbindung mit Schweinefleisch: **Garniertes Sauerkraut** oder **Schlachtschüssel.**

- Gekochtes Bauchfleisch sowie Blut- und Leberwurst,
- Sauerkraut und Kartoffelpüree oder Salzkartoffeln.

12.12 Kartengerechte Beispiele für Spezialitäten vom Schwein

Gepökelte Schweineschulter in Bierjus mit glasierten Petersilienwurzeln, Karotten und Kräuter-Kartoffel-Nudeln

Schweinerückenfilet, gebraten, mit Morcheln auf Calvadossauce und Estragon-Nudeln

Medaillons vom Schweinefilet auf einem Spiegel von Roquefortsauce, mit feinen Gemüseperlen und Bamberger Hörnchen umlegt

Schweinefilet im Strudelteig, mit Camembertsauce, glasierten Schalotten und Kirschtomaten

12.13 Lamm

lamb *l'agneau (m)*

Lammfleisch hat ähnliche Eigenschaften wie junges Rindfleisch, sodass auch die Zubereitungsarten ähnlich sind. Das Fleisch hat jedoch von Natur aus einen würzigeren und kräftigeren Geschmack. Es muss sehr heiß angerichtet und rasch serviert werden.

FLEISCHTEILE DES LAMMS BZW. DES SCHAFS

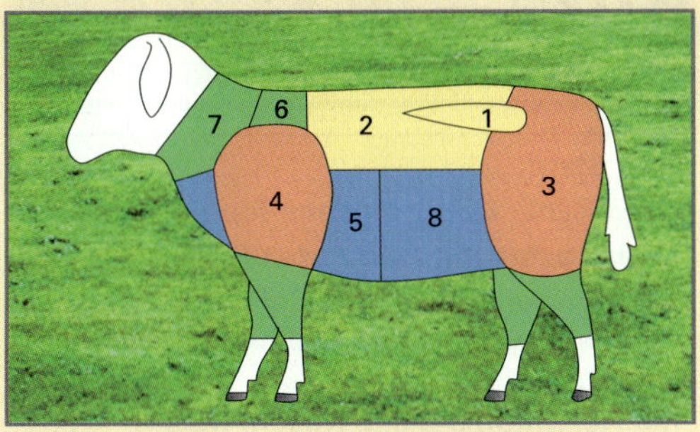

Fleischteile	kochen	schmoren	braten
1 Filet			×
2 Rücken (Kotelett/Lendenkotelett)			×
3 Keule	×	×	×
4 Bug	×	×	×
5 Brust	×	×	
6 Kamm	×	×	
7 Hals	×	×	
8 Dünnung	×	×	

Gerichte aus gebratenem und geschmortem Lamm

Braten
Dafür eignen sich die Teile von Rücken, Keule und Bug. Als Teilstücke werden der Sattel (das ist der hintere Teil des Rückens) und die Karrees (das sind die beiden Seiten des Rückens) ganz gebraten.

Pfannengerichte
Als Pfannengerichte gibt es Koteletts von Lamm, Mutton chops (Scheiben aus beiden Seiten des Sattels mit Rückenfleisch, Knochen und Filet) sowie Nüsschen und Schnitzel.

Abb. 1: Lammkoteletts mit Kräutern und Knoblauch gebraten

Geschmorte Gerichte

Dazu gehören Schmorbraten oder Ragout aus der Keule, dem Bug und der Brust.

Beilagen

Im Allgemeinen sind die gleichen Beilagen wie zu gleichartigen Rindfleischgerichten geeignet. Wegen des ausgeprägten Geschmacks des Lammfleisches ergeben sich zusätzlich einige Besonderheiten:

- Spinat, grüne Bohnen und Bohnenkerne
- geschmorte Gemüse, wie Chicorée, Fenchel, Staudensellerie und Gurken
- südländische Gemüsezubereitungen, wie z.B. Ratatouille (Paprika, Knoblauch, Auberginen, Zucchini und Tomaten)
- Schmelzkartoffeln und Lyoner Kartoffeln
- Bäckerin- und Annakartoffeln

Abb. 2: Lammkarree in der Kräuterkruste

Gekochte Gerichte

Sie werden ebenfalls aus Keule, Bug und Brust bereitet.

Die Beilagen sind ähnlich wie zum gekochten Rindfleisch. Spezielle Saucen sind darüber hinaus die Kapernsauce oder Kräutersauce.

Spezielle Gerichte

Curry und Blankett

Sie ähneln sehr stark den gleichnamigen Gerichten aus Kalbfleisch (siehe dort).

Irish Stew

- Würfel von Lammfleisch zusammen mit Kartoffeln, Zwiebeln und Weißkohl in Brühe garen.

Abb. 3: Irish Stew

Lamm mit grünen Bohnen

- Lammfleischwürfel anschwitzen,
- zusammen mit grünen Bohnen und Kartoffeln in Lammfond garen.

Lammragout

- Lammfleischwürfel anbraten
- mit Karotten, weißen Rüben (alternativ Sellerie oder Petersilienwurzeln) und Kartoffelkugeln garen.

Braunes Lammragout (Navarin de mouton)

- Lammfleischwürfel anbraten und mit brauner Sauce auffüllen,
- zusammen mit Schalotten (kleinen Zwiebeln) und tourniertem Wurzelgemüse schmoren.

12.14 Kartengerechte Beispiele für Spezialitäten vom Lamm

Irish Stew

Rheinischer Lamm-Bohnen-Topf

Lammragout mit tournierten Gartengemüsen

Lammrücken auf breiten Bohnen
mit Reibeküchlein und Pfefferminzgelee

Lammkarree im Blätterteig
mit Fleischtomate und wildem Reis

Lammrückenfilets in der Brotkruste
mit Steckrübchen und Champignonkartoffeln

Lammkarree, mit Kalbsbries gefüllt, auf Salbeijus,
mit Zucchiniflan, glasierte Karotten
und Kartoffel-Pinien-Plätzchen

Lammfilets in Thymianjus
mit Wirsingstreifen und Annakartoffeln

12.15 Gerichte aus Innereien

In der Küche werden vor allem die Innereien des Kalbes verarbeitet, seltener die von Rind, Schwein, Lamm oder sogar Wild.

Beliebt sind dagegen auch die Innereien von Schlachtgeflügel und unter diesen als besondere Spezialität die Gänseleber.

Wegen des hohen Gehaltes an Vitaminen und Mineralstoffen sind Innereien wichtige Lieferanten für Ergänzungsstoffe. Sie sind zart und leicht verdaulich.

Auf Grund der besonderen Eigenschaften sind Innereien eine willkommene Abwechslung im Speisenangebot.

Speisenbezeichnung	Saucen und Beilagen
Leber – gebraten	Bratenjus (Kalbsjus) Tomatenfleischwürfel, Pilze Salzkartoffeln, Kartoffelpüree, Bratkartoffeln
– geschnetzelt	Rahmsauce und Reis Champignons, Morcheln, Pfifferlinge, Steinpilze
– sauer	Rahmsauce (mit Essig oder Wein gewürzt), Zwiebeln
– Leberknödel	Kartoffelpüree und Sauerkraut
Nieren – gebraten	Senfsauce oder Rahmsauce Nusssauce, Bratkartoffeln, Perlzwiebeln, Karotten, Tomaten Reis
– geschnetzelt	Rahmsauce, Kräutersauce Kartoffelpüree oder -schnee Salate
– sauer	wie saure Leber
Herz – gebraten vom Grill	Kräuterbutter Salate oder feine Gemüse gebackene Kartoffelstäbchen
– geschmort, – Herzragout	Erbsen, Karotten, Rosenkohl, Schwarzwurzeln, Salzkartoffeln, Kartoffelpüree
Zunge – gekocht (gepökelt)	Burgunder-, Madeirasauce Spargel, Blumenkohl, Brokkoli, Erbsen, Karotten, Spinat Petersilienkartoffeln, Kartoffelpüree, Herzoginkartoffeln, Rahmkartoffeln
Hirn – gekocht	zerlassene Butter Spinat, Salzkartoffeln
– gebraten	Spinat, Kartoffelschnee
– gebacken	Zitronenachtel, Mayonnaise-Kartoffelsalat
– überbacken	Blattspinatsockel mit Mornaysauce Salzkartoffeln

Speisenbezeichnung	Saucen und Beilagen
Kalbsbries – gedünstet	helle Rahmsauce, Kräutersauce Spargel, Champignons, Morcheln, Krebsschwänze, Petersilienkartoffeln, Reis
– gebraten	leichte Jus Tomatenfleischwürfel, Erbsenschoten, grüne Bohnen, Karotten Petersilienkartoffeln, gebratene Kartoffeln, Reis
Kalbslunge – sauer	Rahmsauce, Semmelknödel

Eine besonders beliebte Spezialität ist Kalbsleber nach Berliner Art.
- Gebratene Apfelscheiben und Bratenjus,
- Röstzwiebeln und Kartoffelpüree.

Abb. 1: Kalbsleber nach Berliner Art

12.16 Gerichte aus Hackfleisch

Hackfleisch ist stark zerkleinertes Fleisch, das wegen der vergrößerten Oberfläche und der feuchten Beschaffenheit einen leicht zugänglichen Nährboden für Bakterien darstellt. Besonders roh verzehrtes Hackfleisch könnte zur Gefahr für die menschliche Gesundheit werden. Es ist deshalb wichtig, die Vorschriften der Hackfleischverordnung einzuhalten und auf eine hygienisch einwandfreie Verarbeitung des Fleisches zu achten. Das gilt auch für jeden, der am Tisch des Gastes ein *Beefsteak Tatar* oder *Hackepeter* bzw. *Schweinemett* zubereitet.

Warme Hackfleischgerichte

Grundlage sind Rind- und Schweinefleisch, das 70% der herzustellenden Hackmasse ausmachen muss.

Sonstige Zutaten sind:

- Eier und vorgeweichte Brötchen,
- Zwiebeln, Gewürze und Kräuter.

Speisenbezeichnungen	Garnituren	Beilagen
Hacksteaks Masse steakähnlich geformt, in der Pfanne gebraten	– Röstzwiebeln, Pilze – Tomatenfleischwürfel – Paprikastreifen – Spiegelei	– Champignons oder Rahmsauce – Tomatensauce – Kräuterbutter oder Kräutersauce – Blumenkohl, Erbsen, grüne Bohnen, Pilze, Rosenkohl, Schwarzwurzeln – Salzkartoffeln, Kartoffelpüree, Kartoffelschnee, Bratkartoffeln, frittierte Kartoffeln
Hackbraten Masse brotlaibähnlich geformt, im Ofen gebacken	– Champignons und Gurkenfächer – Eischeiben – manchmal gefüllt mit Pilzen oder Rührei	
Gekochte Klopse Masse zu Kugeln geformt, in Fleischbrühe gegart	– Streifen von Karotten, Sellerie und Lauch – Kapern	– Kapernsauce, Kräutersauce, Weißweinsauce, Tomatensauce – Salzkartoffeln, Reis – Mixed Pickles, Cornichons, Rote Bete

Kalte Hackfleischgerichte

Tatarbeefsteak

Vorbereiten des Fleisches

– Sehnen- und fettfreies, feingehacktes Rindfleisch steakähnlich formen.

Anrichten des Fleisches

– Auf einem Teller oder einer Platte anrichten und in die Fleischmulde ein rohes Eigelb geben,
– zum oder um das Fleisch herum kleine Häufchen (oder Schälchen) mit Pfeffer, Salz, Paprika, gehackten Zwiebeln, Gewürzgurken, Kapern und Sardellen anrichten.

Schweinemett

Rohes, sehnenfreies fein gehacktes Schweinefleisch mit ähnlichen Zutaten wie beim *Tatar* anmachen.

Abb. 1: Hackfleischstrudel

Aufgaben

1 Nennen und beschreiben Sie die Pfannengerichte aus Rindfleisch:
a) vom Roastbeef ohne Knochen,
b) vom Roastbeef mit Knochen
c) vom Filet
d) vom Roastbeef mit Filet und Knochen

2 Beschreiben Sie die Rindfleischgerichte Filet Wellington und Filetgulasch.

3 Nennen Sie Saucen und Beilagen zu Pfannengerichten von Roastbeef und Filet.

4 Ein Gast wünscht, dass Sie ihm die Garnituren Tournedos Helder und Tournedos Rossini erklären.

5 Nennen Sie Saucen und Beilagen zu gekochtem Rindfleisch.

6 Beschreiben Sie die besonderen Merkmale von Sauerbraten, Rinderrouladen und Schmorsteak.

7 Nennen und beschreiben Sie verschiedene Kalbsschnitzel.

8 Beschreiben Sie die Besonderheiten von Kalbssteak au four und Kalbssteak nach Holsteiner Art.

9 Erklären Sie die Bezeichnungen Blankett und Frikassee vom Kalb.

10 Welches sind die Besonderheiten von Wiener Schnitzel, Cordon bleu und Ossobuco?

11 Nennen Sie zehn komplette Gerichte vom Schwein für eine neue Speisekarte.

12 Welche geschmorten Kleinfleischgerichte aus Schwein kennen Sie?

13 Welche Braten und Pfannengerichte werden aus Lammfleisch zubereitet?

14 Welches sind die spezifischen Besonderheiten folgender Gerichte:
a) Französisches Lammragout (Navarin),
b) Irish Stew?

15 Was ist beim Service von Lammgerichten besonders zu beachten und welches Getränk würden Sie dem Gast empfehlen?

16 Wie wird ein Kalbsherz zubereitet und welche Beilagen werden dazu gereicht?

17 Welche Gerichte bereitet man aus Kalbsbries?

18 Was ist bei der Verarbeitung von Hackfleisch besonders zu beachten?

19 Nennen Sie sechs komplette Gerichte aus Hackfleisch.

12.17 Anrichten von Speisen aus Schlachtfleisch, Fleisch- und Wurstwaren

Beim Anrichten von Speisen auf Tellern oder Platten muss sehr sorgfältig gearbeitet werden. Die Speisen sollen dekorativ aussehen und appetitlich geordnet sein.

Außerdem müssen sie leicht vorzulegen sein, da sich an Büfetts auch weniger geübte Gäste bedienen.

- **Anrichten auf Tellern**, von denen der Gast isst:
  - Das Fleisch immer so anrichten, dass es zum Gast hin liegt.
  - Gemüsebeilagen, zu deren Zerteilung manchmal das Messer erforderlich ist, werden auf der rechten Seite des Tellers angerichtet.
  - Sättigungsbeilagen, die nicht mit dem Messer geschnitten werden sollten, richtet man auf der linken Tellerseite an.

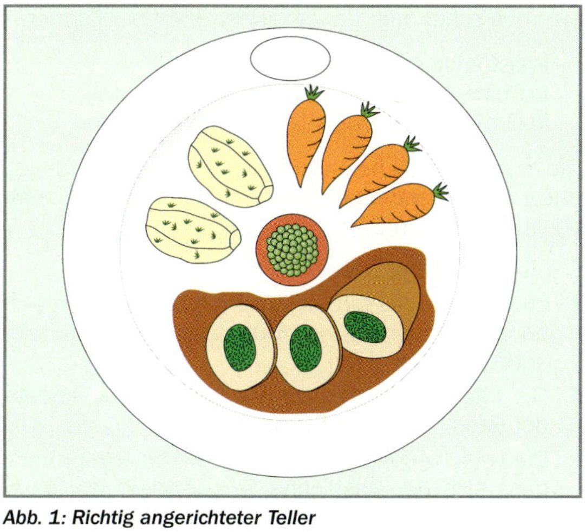

Abb. 1: Richtig angerichteter Teller

- **Anrichten auf Platten**, von denen die Servicemitarbeiter vorlegen:

  Dabei ist es wichtig, die Speisen auf der Platte so zu ordnen, dass die Servicefachkraft, von einer Seite beginnend, leicht an die Speisen herankommen und bequem vorlegen kann.

  Es darf nicht sein, dass sie für bestimmte Speisenbestandteile in die Mitte der Platte greifen muss.

Anrichten von Schlachtfleischgerichten

Anrichten von Braten

- Die Fleischscheiben werden auf einem Teller als Tellergericht oder auf einer Platte leicht versetzt übereinander gefächert angeordnet.
- Englisch und rosa gebratenes Fleisch mit Sauce nur um- oder untergießen, nicht nappieren, weil das Aussehen des Fleisches zur Geltung kommen soll.
- Durchgebratenes Fleisch, das an der Oberfläche etwas glanzlos und trocken ist, wird mit Sauce nappiert oder übergossen.
- Jus und Sauce können zusätzlich à part angerichtet oder dem Fleisch auf dem Teller bzw. der Platte dekorativ zugeordnet werden.
- Bei saucenreichen, geschmorten und gekochten Gerichten wird das Fleisch in jedem Falle teilweise oder ganz mit Sauce nappiert.

Anrichten von Pfannengerichten

- Das Fleischstück wird manchmal auf einer gerösteten Toastscheibe (Croûton) angerichtet.
- Naturbelassene gebratene oder gegrillte Pfannengerichte werden entweder mit Jus untergossen oder mit Kräuterbutter belegt.
- Andere gebundene Sauce reicht man besser à part.

- Panierte Gerichte werden manchmal noch auf Papiermanschetten oder Stoffservietten angerichtet.
  - Wenn dazu Sauce bzw. Jus gewünscht wird, so ist diese à part zu reichen, weil sie die knusprige Umhüllung der Speise aufweichen würde.

Garnituren werden je nach ihrer Art auf oder neben das Fleisch gelegt.

Beilagen werden entweder à part angerichtet oder dem Fleisch auf dem Teller oder der Platte dekorativ zugeordnet.

Anrichten von Kleinfleischgerichten

- Saucenreiche Gerichte (z.B. Blankett, Ragout, Gulasch) serviert man im Allgemeinen in Schalen oder Schüsseln, weil die Speise beim Anrichten auf Tellern oder Platten zerfließt, rasch abkühlt und meistens unansehnlich wird. In bestimmten Fällen wird dies jedoch durch Bordüren aus Blätterteig, Reis oder Kartoffelpüree verhindert bzw. diese Art des Anrichtens bewusst gewählt.

Beilagen werden in der Regel à part angerichtet. Ausnahmen sind Garnituren – z.B. Gemüse –, die zur Speise gehören und deshalb auch unmittelbar zugeordnet werden.

Anrichten von Fleisch- und Wurstwaren

Neben anderen Verwendungszwecken werden Fleisch- und Wurstwaren als kalte Speisen angeboten. In größerem Rahmen bzw. alternativ werden sie durch Bratenfleisch von Rind, Kalb, Schwein, Wild und Geflügel ergänzt.

Das Anrichten erfolgt:

- bei Einzelportionen auf Tellern oder Brettern,
- bei mehreren Portionen auf Platten.

Beim Anrichten auf Platten sind folgende Gesichtspunkte zu beachten:

- Anzahl der Personen und Auswahl der Platte,
- Formen und Anordnen des Materials.

Anzahl der Personen

Die Anzahl der Personen ist ausschlaggebend für die Menge bzw. die Anzahl der Stücke oder Tranchen von Hauptmaterialien, die Menge der Garnituren, Beigaben und Salate.

Auswahl der Platte

Die Art der Platten richtet sich nach dem Zweck bzw. dem Anlass:

- **rustikal** ➠ Holzplatten in Form von Tellern, Brettern oder Baumscheiben
- **schlicht** ➠ Edelstahlplatten
- **festlich** ➠ Silberplatten

Die Speisen verbleiben beim Servieren auf Platten im Allgemeinen länger als bei Einzelportionen. Silberplatten werden deshalb zum wechselseitigen Schutz von Speise und Silberbeschichtung (Oxidation) vor dem Belegen mit einer dünnen Aspikschicht ausgegossen.

Abb. 1: Schauplatte eines kalten Büfetts

Formen des Materials

Neben Überlappen und Fächern wird großflächiges bzw. auch dünn geschnittenes Material – z.B. Schinken, Wurst und Braten – zu Röllchen, Tüten, Fächern oder Taschen geformt. Diese besondere Formung ist in mehrfacher Hinsicht von Bedeutung:

- Das Aufschnittmaterial ist gegenüber Austrocknung geschützt.
- Es eignet sich zum Füllen, z.B. mit Spargelstücken, Palmenmark, feinen Salaten und Sahnemeerrettich.
- Die Platte erhält ein plastisches und auf besondere Weise dekoratives Aussehen.

Anordnung des Materials

Um eine gute optische Wirkung zu erzielen, sind folgende Richtlinien von Bedeutung:

Grundvoraussetzung ist die Beachtung bestimmter symmetrischer oder gewollt asymmetrischer Formen:

- kreisförmig oder oval,
- in Reihe (gerade, rundherum oder diagonal),
- in Dreiecksform oder als Schachbrettmuster.

Die allgemein übliche Anrichteweise ist das dachziegelartige Übereinanderlegen der Scheiben mit Präsentationsrichtung zum Gast.

Darüber hinaus ist zu beachten:

- Zu Gunsten des farblich schönen Bildes sollen sich nebeneinander liegende Materialien farblich voneinander unterscheiden.
- Die Platte sollte niemals überladen, insbesondere der Rand nicht belegt werden.
- Die verschiedenen Materialien sind so anzuordnen, dass sich der Gast ohne Schwierigkeit von jeder Sorte etwas nehmen kann.

Garnituren

Garnituren sollen das dekorative Aussehen der Platte steigern. Sie dienen außerdem dazu, freie Flächen auf der Platte ansprechend auszufüllen. Es eignen sich folgende Materialien:

- Hart gekochte Eier in Form von Scheiben, Sechsteln, grob gehackt oder als gefüllte Eier
- Mixed Pickles
- Gurken in Form von Scheiben oder Fächern
- Tomaten als Scheiben, Viertel oder Achtel geschnitten sowie gefüllt
- Artischockenherzen oder -böden
- Pilze als Füllmaterial oder für pikante Salate
- Zwiebelringe und Paprikastreifen
- Radieschen in Röschenform
- Champignonköpfe und Spargel
- Tarteletts mit verschiedenem Belag
- Früchte wie Ananas, Birnen, pochierte Apfelspalten, Orangen, Zitronen, Pfirsiche, Weintrauben, Kirschen usw.

Bezüglich der Auswahl und der Verwendung des Garniturmaterials ist zu beachten:

Das Material muss in Farbe und Geschmack zum Hauptbestandteil passen.

Es soll schmückend wirken und den Hauptbestandteil nicht zudecken.

AUFGABEN

1 Auf welche Weise werden die Saucen angerichtet zu:
  a) rosa gebratenem Fleisch?
  b) durchgebratenem Fleisch?
  c) naturbelassenen Pfannengerichten?
  d) panierten Pfannengerichten?

2 Wie sollten Kleinfleischgerichte wie Blankett, Frikassee und Ragout angerichtet werden?

3 Beschreiben Sie die Anordnung der Speisen für ein Tellergericht. Begründen Sie Ihre Aussage.

4 Nennen Sie Richtlinien, die beim Anrichten von Platten zu beachten sind.

5 Auf welche Weise kann großflächiges bzw. dünn geschnittenes Material geformt werden und welche Auswirkungen haben diese Formen?

6 Welche Richtlinien sind für die Auswahl und die Verwendung von Garniermaterial zu beachten?

13 Schlachtgeflügel

poultry
la volaille

Im Vergleich zu Wildgeflügel wird Schlachtgeflügel „beim Haus“ gehalten und heißt deshalb auch **Hausgeflügel.**

13.1 Eigenschaften und Bewertung des Schlachtgeflügels

Auf Grund gezielter Zucht und Mast ist das Schlachtgeflügel von zarter Beschaffenheit und genügt hohen Qualitätsansprüchen. Neben Vitaminen und Mineralstoffen ist vor allem das hochwertige Eiweiß von Bedeutung. Hervorzuheben ist außerdem die Unterscheidung bezüglich der Fleischfarbe.

Helles Schlachtgeflügel

Dazu gehören *Hühner und Truthühner.* Wegen der besonders zarten Beschaffenheit und des niedrigen Fettgehaltes ist ihr Fleisch leicht verdaulich und eignet sich deshalb sehr gut für Speisen im Rahmen der Schonkost.

Dunkles Schlachtgeflügel

Dazu gehören *Enten, Gänse und Tauben.* Das Fleisch ist weniger zart, und der höhere Fettgehalt geht zu Lasten des Eiweißgehaltes. Wegen des höheren Fettgehaltes werden Gänse und Enten vorzugsweise in den Wintermonaten verarbeitet.

Hühner — chickens — les poulets (w)

Handelsbezeichnungen	Alter	Gewicht
Küken	3 bis 4 Wochen	unter 750 g
Hähnchen	6 bis 7 Wochen	700 bis 1200 g
Maishähnchen		über 1200 g
Jungmasthahn (Kapaun)		mind. 1800 g
Suppenhuhn	12 bis 15 Monate	1500 bis 2000 g

Truthühner — turkeys — les dindes (w)

Handelsbezeichnungen	Alter	Gewicht
Baby-Puter	2 bis 3 Monate	3000 bis 5000 g
Truthenne, Truthahn	3 bis 7 Monate	5000 bis 8000 g
Zerlegeputer	für Schnitzel und Steaks	bis 12 kg

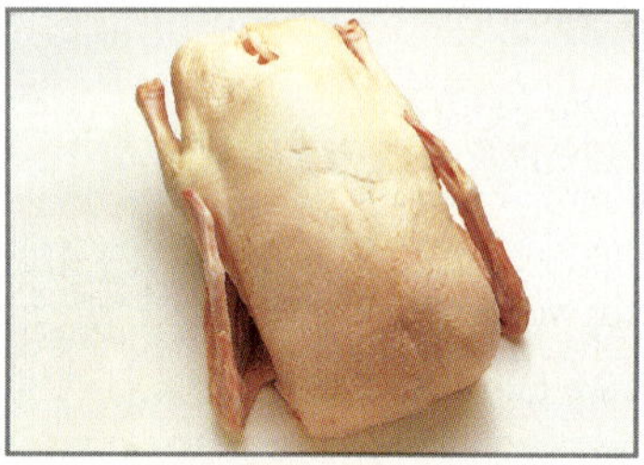

Enten — ducks — les canards (m)

Handelsbezeichnungen	Alter	Gewicht
Frühmastente	6 bis 7 Wochen	1600 bis 1800 g
Junge Ente	3 bis 5 Monate	1800 bis 2000 g
Ente	über 1 Jahr	über 2000 g

Gänse — geese — l'oisons (w)

Handelsbezeichnungen	Alter	Gewicht
Frühmastgans	3 bis 4 Monate	2500 bis 3000 g
Junge Gans	9 bis 10 Monate	3000 bis 4000 g
Gans	über 1 Jahr	über 4000 g

Perlhühner — guinea fowles — les pintades (w)

Handelsbezeichnungen	Alter	Gewicht
Junges Perlhuhn	bis 1 Jahr	1000 bis 1400 g
Perlhuhn	über 1 Jahr	1200 bis 1500 g

Tauben — pigeons — les pigeons (m)

Handelsbezeichnungen	Alter	Gewicht
Junge Tauben	bis 1 Jahr	150 bis 200 g
Taube	über 1 Jahr	200 bis 300 g

13.2 Handelsklassen, Angebotsformen und Vorratshaltung

Handelsklassen gliedern die Qualität des Schlachtgeflügels in A, B und C. In der Gastronomie werden vorwiegend Produkte der **Handelsklasse A** verarbeitet.

Handelsklasse A

Das Geflügel dieser Klasse muss höchsten Anforderungen genügen:

- gleichmäßig und vollfleischig entwickelter Körper, Fettansatz gleichmäßig und möglichst gering,
- Federkiele und Haarfedern nur am Halslappen, den Flügelspitzen und den Fußgelenken,
- keine Verletzungen, Quetschungen, Verfärbungen an Brust und Schenkeln,
- keine gebrochenen Knochen.

Handelsklasse B

Neben dem geforderten, mäßig entwickelten Körper sind gegenüber den Anforderungen der Handelsklasse A geringfügige Abweichungen erlaubt.

Angebotsformen

Neben unzerlegten Tieren werden heute vielfach Teilstücke des Schlachtgeflügels angeboten.

- Hälften und Brüste mit oder ohne Brustknochen,
- Schenkel als ganze Schenkel bzw. Ober- oder Unterschenkel,
- Geflügelfertigprodukte wie Schnitzel, Steaks, Rollbraten, Geschnetzeltes,
- Lebern von allen Geflügelarten, insbesondere die Gänseleber.

Während sowohl die unzerlegten Tiere als auch die Geflügelteile überwiegend in tiefgefrorenem Zustand angeboten werden, reagiert der Markt neuerdings in verstärktem Maße wieder auf das Bedürfnis nach frischer Ware.

Vorratshaltung

Als Richtwerte für die Lagerdauer gelten:

- frisches Geflügel bei 1 bis 4 °C Lagertemperatur 3 bis 5 Tage,
- tiefgefrorenes Geflügel bei –18 °C etwa 6 Monate.

Mageres Geflügel ist etwas über 6 Monate hinaus lagerfähig. Bei fettem Geflügel muss die angegebene Lagerzeit eingehalten werden, weil das Fett auch in tiefgefrorenem Zustand durch Zersetzung ranzig wird.

13.3 Speisen aus Schlachtgeflügel

Auf Grund der vielfältigen Eigenschaften des Fleisches bereichert Schlachtgeflügel das Speisenangebot und sorgt für Abwechslung.

Grundlage für die Zubereitungen sind die bei Schlachtgeflügel angewandten Garmachungsarten, wobei außerdem zwischen hellem und dunklem Schlachtgeflügel zu unterscheiden ist.

Helles Schlachtgeflügel wird seiner Fleischeigenschaften wegen im Allgemeinen durch **Braten** oder **Grillen** gegart. Außerdem gibt es Besonderheiten:

- Frittieren oder Schmoren von Hähnchenteilen,
- Hellbraundünsten (Poëlieren) von Hähnchen und Jungmasthähnen,
- Kochen von Jungmasthähnen und Suppenhühnern.

Dunkles Schlachtgeflügel wird in der Regel durch Braten gegart. Lediglich bei älteren Tieren bzw. derberem Fleisch ist Schmoren erforderlich.

Gerichte aus hellem Schlachtgeflügel

Gebratene und gegrillte Speisen

Gerichte	Beilagen
ganze Tiere – Küken – Hähnchen – Jungmasthahn – Pute, Puter **Geflügelteile** – Brust, Keule – Steak, Schnitzel	– Geflügeljus – Pariser Kartoffeln, Pommes frites, Kartoffelnester und gleichartige Zubereitungen – Mais- und Reisküchle – geeignet sind außerdem alle feinen Gemüsezubereitungen und Salate

Neben Braten und Grillen wird hier auch das Hellbraundünsten (Poëlieren) angewendet. Außerdem gibt es Zubereitungen, bei denen ganze Tiere oder ausgelöste Teile gefüllt werden.

Abb. 1: Poëlierte Hähnchenkeule

Gebackene Hähnchen

Zum Backen werden die Tiere halbiert oder in zwei Brusthälften und Keulen zerlegt:

- Teilstücke panieren oder in Backteig tauchen,
- langsam in einer Pfanne oder Frittüre backen,
- mit Zitrone und frittierter Petersilie servieren.

Beilagen sind:

zu paniertem Hähnchen
Kartoffelsalat und Remouladen- oder Tatarensauce

zu in Backteig frittiertem Hähnchen
Salzkartoffeln, Tomatensauce und Salat

Geschmorte Hähnchen

Zum Schmoren werden die Tiere halbiert oder in kleinere Teilstücke zerlegt. Nach dem Anbraten wird das Geflügel

- mit Sauce aufgefüllt und anschließend
- in der Sauce fertig gegart.

Garnituren

- Karotten, Erbsen, glasierte Zwiebeln, Oliven, Paprikastreifen
- Champignons und Steinpilze
- gebratene Geflügelleber

Beilagen (Sättigungsbeilagen) sind:

- Kartoffelpüree, Herzoginkartoffeln, Dauphinekartoffeln
- Kartoffelkroketten, Reis, Spätzle und andere Teigwaren

Ein klassisches französisches Geflügelschmorgericht ist *Coq au vin* (Hahn in Wein).

Gekochte oder gedünstete Gerichte

Zwei Standardgerichte dieser Art sind z. B.:

Blankett und Frikassee

Zubereitung wie beim Kalbfleisch (s. S. 353)

Für spezielle Zubereitungsarten werden auch Hühnerbrüstchen und eventuell auch Hühnerkeulen gekocht oder gedünstet.

Garnituren

- Spargel, Champignons, Morcheln
- Krebsschwänze oder gefüllte Krebsnasen
- Blätterteigfleurons

Beilagen

Saucen

- hauptsächlich Geflügelrahmsauce
- aber auch Champignonsauce oder Currysauce

Gemüsebeilagen

- Artischockenböden und Erbsen, Salat
- Blumenkohlröschen und Kaiserschoten

Sättigungsbeilagen

- Salzkartoffeln und Kartoffelpüree
- Reis

Suppenhühner werden vor allem gekocht, um eine **kräftige Brühe** zu erhalten. Das weniger zarte Fleisch wird zu Geflügelsalat verarbeitet.

Gerichte aus dunklem Schlachtgeflügel

Enten und Gänse stehen im Vordergrund. Das dunkle und kräftig-aromatische Fleisch wird durch Braten bzw. Schmoren gegart.

Die Beilagen sind denen bei Wildgerichten ähnlich.

Enten

Sauce

- Geflügeljus oder Entensauce

Gemüsebeilagen

- Rosenkohl und Rotkohl
- Schwarzwurzeln und Staudensellerie

Obstbeilagen

- Mandarinen, Orangen, Ananas
- Äpfel und Pfirsiche

Sättigungsbeilagen

- Kartoffelpüree und Kartoffelkroketten
- Kartoffelklöße und Semmelklöße
- Dauphinekartoffeln

Gänse

Sauce

- Geflügeljus oder Gänse-/Rotweinsauce

Gemüsebeilagen siehe Ente

Obstbeilagen

- glasierte Kastanien (Maronen)
- gefüllte Äpfel

Sättigungsbeilagen siehe Ente

- vorwiegend jedoch Knödel/Klöße

Spezielle Garnituren zu Geflügel

... nach amerikanischer Art (Grillen)
Das Geflügel wird beim Garen mit angerührtem englischem Senf bestrichen. Beilagen sind: Grilltomate, gebratene Speckscheiben und Strohkartoffeln.

... nach portugiesischer Art (Schmoren)
Als Garnitur zu den Hähnchen verwendet man glasierte Zwiebeln, Tomatenfleischwürfel, Champignons und als Beilage Schlosskartoffeln.

... nach Florentiner Art (Dünsten)
Das Hähnchenfleisch wird auf Blattspinat angerichtet, mit Mornaysauce nappiert und überbacken.

... Chipolata (Braten)
Die verwendete Garnitur besteht aus knusprig gebratenen Speckstückchen, glasierten Schalotten, gebratenen Würstchen (sogenannte Chipolatawürstchen) und aus glasierten Maronen und Karotten.

... Bigarade (Braten)
Spezielles Entengericht, zu dem die Sauce mit dem Saft, der Schale und dem Fleisch von ungespritzten Orangen verkocht wird. Garnitur sind Orangenfilets und knusprig frittierte Kartoffeln.

Anrichten von Speisen aus Schlachtgeflügel

Gebratenes oder gegrilltes Geflügel

Die im Ganzen zubereiteten Tiere werden in Brüste und Keulen zerlegt und diese darüber hinaus in weitere Teilstücke geschnitten.

Zu einer Portion gehören je nach Größe des Tieres ein oder zwei Stücke von Keule und Brust.

Das Anrichten erfolgt auf Tellern oder Platten, wobei im Einzelnen folgende Richtlinien zu beachten sind:

- Sauce möglichst à part,
- Gemüse- und Sättigungsbeilagen à part oder zusammen mit dem Fleisch.

Blankett, Frikassee, geschmorte Hähnchen

Diese mit reichlich Sauce versehenen Gerichte werden in Schüsseln (Cocotten) oder Schalen angerichtet und obenauf mit Garnitur versehen.

Die Sättigungsbeilagen sind à part zu reichen.

Es ist aber auch hier das Anrichten auf Tellern möglich, dann jedoch einschließlich der Sättigungsbeilagen.

13.4 Kartengerechte Beispiele für Spezialitäten von Geflügel

Poëlierte Stubenkükenbrüstchen
auf sautiertem Gemüseallerlei

Geflügelleber-Kuchen in Morchelsauce
mit Gartengemüsen

Hühnerkeulchen mit Kräuterbrotfüllung
umlegt mit Austernpilzen und grünen Böhnchen

Überbackene Putenbrust auf Roquefortsauce
mit frischen Marktgemüsen

Brust vom Maishähnchen
mit frischer Gänseleber und Trüffeln gefüllt, mit Streifen von Lauch, Karotten und Nudeln umlegt

Taubenröllchen auf gebratenen Kohlrabischeiben
mit Kräutersauce

Entenbrust mit Rosinenauflauf auf Rotweinsauce
Kaiserschoten

Gans in Weißwein-Kräuter-Sauce, mit Karotten weiße Rübchen und Majorankartoffeln

Glasierte Perlhuhnbrust mit Sauerkirschen
Rosenkohl und Schlosskartoffeln

AUFGABEN

1 Nennen Sie die Arten des Schlachtgeflügels.

2 Welche Angebotsformen gibt es bei Schlachtgeflügel?

3 Welche Richtlinien sind bezüglich der Vorratshaltung zu beachten?

4 Welche Garmachungsarten werden angewendet:
a) bei hellem Schlachtgeflügel,
b) bei dunklem Schlachtgeflügel?

5 Welche Weine empfehlen Sie zu den oben genannten Geflügelarten?

6 Auf welche Weise werden Speisen aus Schlachtgeflügel angerichtet:
a) gebratene und gegrillte Hähnchen,
b) Blankett und Frikassee,
c) geschmorte Hähnchen?

7 Erstellen Sie zunächst eine Spezial-Speisenkarte mit mindestens 15 Gerichten aus Schlachtgeflügel.
Zu dieser Karte entwerfen Sie einen Fragebogen für Ihre Gäste.
Eine entsprechende Gästebefragung wird Ihnen Aufschluss geben über die beliebtesten Geflügelgerichte.

14 Wild und Wildgeflügel

game and feathered game
le gibier et le gibier à plume

Das Fleisch von Wild und Wildgeflügel ist als Nahrungsmittel eine ganz besondere Delikatesse. In den Zeiten, da das Recht zur Ausübung der Jagd nur dem Adel zustand, waren gerade die Gerichte aus Wild auf den üppigen Festtafeln oder innerhalb festlicher Speisenfolgen krönende Höhepunkte.

14.1 Eigenschaften und Bewertung des Wildbrets

Beschaffenheit des Fleisches

Die besondere Beschaffenheit des Wildfleisches ergibt sich vor allem aus den naturbedingten Lebens- und Fressgewohnheiten. Es unterscheidet sich vom Schlachtfleisch:

- Die Fleischfaser ist feiner,
- geringer Anteil an Bindegewebe,
- der Fettgehalt ist, vom Wildschwein abgesehen, geringer.

In Bezug auf die fleischteilbedingten Eigenschaften gilt:

- der Rücken ist in jedem Falle **zart**,
- die Keulen, insbesondere junger Tiere, sind **zart**,
- die Blätter bzw. Läufe (Hasen) sind **weniger zart.**

Farbe und Geschmack des Fleisches

Vom Kaninchen abgesehen, ist das Fleisch des Wildes dunkel. Sein Geschmack hat im Vergleich zu anderem Fleisch (Schlachtfleisch, Schlachtgeflügel) eine arteigene Ausprägung und ist intensiver und aromatischer.

14.2 Arten des Wildes

Beim Wild unterscheidet man zwischen **Haar- und -Federwild.**

Haarwild *furred game* *le gibier à poil*

Die Tiere des **Haarwildes** werden nach Art, Größe, Alter und Geschlecht unterschieden:

Reh
venison *le chevreuil*

Rehwild liefert unter allen Wildarten das zarteste Fleisch. Zu dieser heimischen Wildart gehören:

- Kitz ➠ ganz junge Tiere
- Ricke ➠ weibliche Tiere
- Rehböcke ➠ männliche Tiere

Abb. 1: Wildbret

Hirsch
deer *le cerf*

Bei Hirschen nennt man die größere und schwerere Art **Rotwild** sowie die kleinere und leichtere Art **Damwild.**

Die untergeordneten Tierbezeichnungen sind:

- Hirschkalb ➠ ganz junge Tiere
- Schmaltier ➠ weibliche Jungtiere
- Spießer ➠ männliche Jungtiere
- Hirsch und Hirschkuh ➠ ältere Tiere

Wildschwein
wild boar *le sanglier*

Wird auch als **Schwarzwild** bezeichnet, dazu gehören folgende Tiere:

- Frischling ➠ junge Tiere bis zu einem Jahr
- Bache ➠ weibliche Tiere
- Keiler ➠ männliche Tiere
- Überläufer ➠ Jungtiere zwischen Frischling und Bache bzw. Keiler

Hase und Kaninchen
rabbit *le lapin*

Die Tiere werden auch als **Niederwild** bezeichnet. Das Fleisch ist

- bei Wildhasen bräunlich-rot und hat einen sehr würzigen Geschmack,
- bei Wildkaninchen weißlich-grau und hat einen milden, manchmal leicht süßen Geschmack.

Zum Haarwild gehören außerdem die jeweils regionaltypischen Tierarten **Gams- und Elchwild** sowie **Bären** oder **Rentiere.**

Federwild — feathered game — le gibier à plume

Als Federwild bezeichnet man alle jagdbaren Vögel, deren Fleisch für den Menschen genießbar ist. Ihr Lebensraum ist der Wald und die Umgebung von Gewässern. Die bekanntesten Wildgeflügelarten sind:

Wachtel
quail — *la caille*

Die kleinste Art unter den Wildhühnern hat ein Gewicht von ca. 150 g, wird heute in Farmen gezüchtet und ist ganzjährig erhältlich.

Fasan
pheasant — *le faisan*

Diese zu Wildhühnern gehörenden Vögel werden teilweise in Freigehegen gezüchtet. Sie haben ein Gewicht von ca. 1000 g, der Fleischgeschmack ist herb-würzig.

Abb. 1: Fasan

Rebhuhn
partridge — *le perdreau*

Die taubengroßen Rebhühner mit einem Gewicht von ca. 200 g sind eine sehr beliebte Wildgeflügelart.

Schnepfe
woodcock — *la bécasse*

Hierzulande sind sie geschützt und kommen nur als Importware aus Skandinavien oder Schottland in den Handel.

Wildente
wild duck — *le canard sauvage*

Unterbezeichnungen sind **Stockente** (die größte heimische Wildentenart mit 1200 bis 1500 g) und - **Krickente** (die kleinste Art). Je nach Nahrung und Alter haben die Tiere manchmal einen tranigen Geschmack.

Abb. 2: Fasanenbruststücke und Wachteln

14.3 Angebotsformen und Vorratshaltung

Angebotsformen

Während der jeweiligen Jagdsaison werden die Tiere frisch, entweder in naturbelassenem Zustand oder in küchenfertiger Vorbereitung, angeboten:

- Haarwild in der Decke, Federwild im Federkleid,
- zerlegte Teilstücke, wie Rücken, Keule, Blatt oder auch Kleinfleisch für Ragout und Gulasch.

Da das frische Fleisch nur begrenzt lagerfähig ist und außerdem über die festgelegten Saisonzeiten hinaus zur Verfügung stehen soll, ist die küchenfertige Ware auch im tiefgefrorenen Zustand erhältlich.

Vorratshaltung

Frisch gejagte Tiere belässt man bis zur Verarbeitung in der Decke bzw. im Federkleid. Sie dürfen in diesem Zustand nicht zusammen mit Schlachtfleisch und Schlachtgeflügel aufbewahrt werden. Nach einer gewissen Zeit der Reifung lockert sich das Bindegewebe.

Tiefgefrorene Ware muss bis zur Verarbeitung bei −18 °C gelagert werden.

14.4 Speisen aus Wildbret

Wildgerichte sind vor allem im Herbst und Winter eine beliebte Abwechslung im gastronomischen Speisenangebot. Die Gerichte basieren auf den für Wildbret spezifischen Garmachungsarten, die sich wie beim Schlachtfleisch aus dem alters- und fleischteilbedingten Bindegewebeanteil ergeben:

- Das Fleisch junger Tiere eignet sich zum Braten.
- Das Fleisch älterer Tiere bzw. bindegewebereichere Fleischteile müssen geschmort werden.

Bei der küchentechnischen Vorbereitung des Wildfleisches sind noch zwei weitere Besonderheiten zu beachten:

- Zwei Techniken sind darauf ausgerichtet, den geringen Fettanteil des Wildfleisches zu ergänzen:

  Spicken – das Fleisch wird mit Speckstreifen durchzogen),

  Bardieren – das Fleisch oder unzerteiltes Wildgeflügel wird mit dünnen Speckplatten umwickelt.
- Zum Schmoren bestimmte Stücke werden im Allgemeinen einige Zeit mariniert oder in eine Beize eingelegt, wobei unabhängig von der konservierenden Wirkung das Bindegewebe gelockert und die Fleischstruktur zarter gemacht wird.

Lebensmittel – Speisen

Gerichte aus Haarwild

Gebratenes Fleisch

Sie werden hergestellt aus:
- Rücken und Keulen von kleineren Tieren,
- Rücken- und Keulenteilen von größeren Tieren in Form von Rückenstücken bzw. als Koteletts, Steaks und Medaillons.

Geschmortes Fleisch

Zu diesen Gerichten gehören aufgrund ihrer natürlichen Eigenschaften z. B.:
- Schmorbraten, vor allem aus Blatt oder Schulter
- Wildhasenkeulen und Wildhasenläufchen,
- Wildragout und Wildgulasch.

Fleisch für Ragout wird zur Reifung und geschmacklichen Abrundung in eine *Wein-Essig-Marinade* oder in eine *Buttermilchbeize* eingelegt.

Beigaben zu Haarwildgerichten

Jus und Saucen
- Bratenjus vom Wild
- Wildrahm-, Wacholderrahm-, Wildpfeffersauce
- Waldmeistersauce

Gemüsebeilagen
- Pfifferlinge, Steinpilze, Champignons u. Morcheln
- Rosenkohl, Brokkoli, Karotten und Bohnen, Schwarzwurzeln
- Rotkohl (Apfelrotkohl)

Sättigungsbeilagen
- Kartoffelkroketten, Mandelbällchen, Bernykartoffeln
- Dauphinekartoffeln, Herzoginkartoffeln
- Spätzle
- Kartoffelklöße (zu Schmorgerichten)

Obstbeilagen
- Preiselbeeren oder Johannisbeergelee, Waldmeistergelee
- Äpfel und Birnen, geschmort, gebraten oder als Kompott
- Kastanien (Maronen), glasiert oder als Kastanienpüree
- Ananas, Orangen, Mandarinen und Pfirsiche

Wildpfeffer, auch als Reh-/Hasenpfeffer hergestellt, ist eine Zubereitung, die mit reichlich Pfefferkörnern gewürzt und mit Schweineblut legiert bzw. vollendet wird.

Gerichte aus Federwild

Die Tiere werden gebraten oder geschmort und mit Bratenjus oder Wildsauce serviert.

Sonstige **Beilagen** sind:

Gemüsebeilagen
- Rotkohl und Rosenkohl
- Wein-, Champagner- und Ananaskraut

Sättigungsbeilagen
- Kartoffelkroketten, Mandelbällchen
- Dauphinekartoffeln oder Spätzle

Obstbeilagen
- Apfel- und Kastanienmus
- Orangenfilets und Weintrauben

14.5 Kartengerechte Beispiele für Spezialitäten von Wild und Wildgeflügel

Wildentenbrust mit Cassissauce
Brokkoliröschen und Kartoffelschnee

Rebhuhn mit Ingwersauce und wildem Reis

Frischlingsfilets auf Hagebuttensauce
mit süß-saurem Kürbis und Kräuterspätzle

Wildkaninchenkeule mit leichter Jus
auf einem Gemüsebett aus Karotten, Wirsing, Sellerie und Morcheln, mit Sesamplätzchen

Hirschfilet im Pilz-Spinat-Mantel auf Holunderbeersauce, mit Rosenkohl und Kartoffelgratin

Hirschmedaillons in Wacholder-Gin-Sahne
mit frischen Marktgemüsen, Bernykartoffeln und Preiselbeerbirne

Rehkoteletts mit Walnuss-Sahne
mit Rosenkohlblättern und Vollkornnudeln

Rehrücken in Weinsauce, mit glacierten Trauben und Steinpilzauflauf mit Preiselbeeren

Aufgaben

1 Nennen Sie die verschiedenen Tierbezeichnungen bei Haarwild.

2 Nennen Sie die bekanntesten Arten des Federwildes und beschreiben Sie die Besonderheiten.

3 Durch welche Eigenschaften unterscheidet sich das Wildfleisch vom Schlachtfleisch?

4 Ordnen Sie gebratenen und geschmorten Wildgerichten passende Saucen und Beilagen zu.

5 Erstellen Sie eine spezielle Karte für eine Wildwoche mit Suppen, kalten und warmen Wildgerichten.

15 Vorspeisen

appetizers
les hors d'œuvres (m)

Die Bezeichnung Vorspeisen (Hors d'œuvres) kommt aus der klassischen Speisenfolge. Damit sind kleine Speisen gemeint, die vor den Hauptgängen gereicht werden.

Man unterscheidet:

- kalte Vorspeisen (Hors d'œuvres froids),
- warme Vorspeisen (Hors d'œuvres chauds).

Amuse bouche bzw. amuse gueule sind kleine kalte oder warme Vorspeisen, die in manchen Restaurants unabhängig von der Bestellung des Gastes als Auftakt einer Speisenfolge serviert werden.

Abb. 1: Amuse gueule, kalt

Als Fingerfood bezeichnet man Appetit anregende, kalte oder warme Happen, die vor dem Essen zum Aperitif gereicht und mit den Fingern oder Spießchen gegessen werden können.

15.1 Kalte Vorspeisen

Es gibt keinen Nahrungsmittelrohstoff, der nicht im Rahmen der kalten Vorspeisen Verwendung findet. In Verbindung mit den vielfältigen Zubereitungs-, Kombinations- und Garniermöglichkeiten ergibt sich eine sehr große Fülle von kalten Vorspeisen.

Im Rahmen einer Speisenfolge werden sie immer an **erster Stelle** gereicht. Da sie ein angenehmer Auftakt zum Menü sein sollen, müssen sie wichtigen Anforderungen gerecht werden:

- in der Menge nicht zu umfangreich,
- ausgewählte zarte Rohstoffe, die auf die nachfolgenden Speisen harmonisch abgestimmt sind,
- geschmackvoll angerichtet und garniert.

Die kalten Speisen werden unter verschiedenen Gesichtspunkten, aber auch als **eigenständige Gerichte** à la carte angeboten, z. B.:

- als besondere oder als jahreszeitliche Spezialität,
- als Gericht für den *kleinen Appetit,* insbesondere auch als leichtes Sommergericht.

Rohstoffe für kalte Vorspeisen

Gemüse und Obst

- **Artischocken, Gurken, Spargel, Tomaten und andere Gemüse,**
- **Avocados, Grapefruit, Melone und Kürbis,**
- **exotische Früchte.**

Fische sowie Krebs- und Weichtiere

- **Forelle, Graved Lachs, Räucheraal, Räucherlachs,**
- **Matjeshering, Sardinen, Sprotten, Thunfisch,**
- **Kaviar (verschiedene Sorten),**
- **Garnelen, Hummer, Krabben, Krebse, Languste,**
- **Scampi, Shrimps, Austern, Muscheln.**

Abb. 2: Räucherfische

Schlachtgeflügel und Schlachtfleisch

- **Gebratene Entenbrust, geräucherte Gänsebrust,**
- **gekochtes Huhn, Putenschinken,**
- **Leber von Ente und Gans,**
- **Bündner Fleisch, Braten von Roastbeef, roher und gekochter Schinken,**
- **Innereien und erlesene Wurstarten.**

Wild und Wildgeflügel

- **Rehbraten und Rehmedaillons,**
- **Hasenpastete und Fasanenterrine,**
- **Wildschweinschinken und gefüllte Wachteln.**

Arten von kalten Vorspeisen

Cocktails aus Obst, Gemüse, Krebs- und Weichtieren, Fisch und Fleisch.

Canapés, würzige, mit unterschiedlichem Material belegte und ansprechend garnierte Toaststücke.

Salate aus den verschiedensten Materialien als einfache oder kombinierte Salate.

Abb. 1: Canapés

Erlesene Erzeugnisse wie Pasteten, Terrinen, Galantinen, Parfaits und Mousses aus Gemüse, Fisch sowie Krebs- und Weichtieren, Geflügel, Wild und Fleisch.

Herstellen von kalten Vorspeisen

Bei der Zubereitung von kalten Vorspeisen muss sauber und exakt gearbeitet werden. Ein wichtiger Aspekt ist klare, geschmackvolle Anrichteweise. Fachgerecht ausgewähltes und aufgelegtes Garnier- und Dekorationsmaterial sind wichtige Hilfsmittel und ermöglichen abwechslungsreiche Kombinationen und neue Varianten. Gespür und Erfahrung für geschmacklich und farblich passende Zusammenstellungen spielen hierbei eine große Rolle.

Kalte Vorspeisen werden bei der Verarbeitung zum Teil roh belassen (Austern, Kaviar, Lachs, Rindfleisch usw.) und/oder mariniert. Viele andere kalte Vorspeisen werden mit feinen Saucen aus Mayonnaise, Joghurt oder Crème fraîche gebunden.

Beispiele für kalte Vorspeisen

Kombinierte Salate

Geflügelsalat

Bedarf für 10 Portionen:
800 g Geflügelfleisch gegart
250 g Staudensellerie in Würfeln
250 g Apfel in Würfeln
300 g Mayonnaise oder Crème fraîche
100 g geschlagene Sahne
Salz, Zitrone, Worcestershire Sauce, weißer Pfeffer

ARBEITSFOLGE

- Gebratene oder gekochte Hühnerbrust in Würfel schneiden, mit den Würfeln von Staudensellerie und Äpfeln mischen und mit Zitrone beträufeln,
- aus Mayonnaise, Schlagsahne und Gewürzen ein Dressing rühren und den Salat damit abbinden,
- den Salat auf Toast oder Glasschälchen anrichten und mit Tranchen von gebratenem Geflügel und zartgrünen Sellerieblättern garnieren.

Teufelssalat

Bedarf für 10 Portionen:
800 g Rindfleisch gekocht
400 g grüne und rote Paprika
150 g Essiggurken
150 g Zwiebelringe
200 g grüne Bohnen
300 g Ketchup
50 g Salatöl
40 g Meerrettich gerieben
Salz, Pfeffer, Tabasco, Zucker, Zitrone

ARBEITSFOLGE

- Gegartes Rindfleisch, Bratenabschnitte oder Zunge in Streifen schneiden,
- Paprikaschoten und Essiggurken ebenfalls in Streifen schneiden,
- grüne Bohnen kochen und sofort kalt abschrecken,
- alle Zutaten mit den Zwiebelringen vermischen und mit der aus den übrigen Rezeptzutaten bereiteten Sauce marinieren und abschmecken,
- mit hart gekochten Eiern, Zwiebelringen, Oliven, Maiskölbchen oder Perlzwiebeln garnieren.

Vorspeisencocktails

Die Zutaten für Cocktails werden in der Regel in Würfel geschnitten und mit einer pikant abgeschmeckten Sauce vermischt oder überzogen (nappiert).

Die Cocktails einzeln in Gläsern oder Schalen anrichten und gut gekühlt servieren.

Abb. 2: Cocktail von Garnelen

Cocktailsauce

Bedarf:
200 g Mayonnaise
100 g geschlagene Sahne
100 g Ketchup
geriebener Meerrettich
Salz, Tabasco, Weinbrand oder Cognac, Worcestershire Sauce

ZUBEREITUNG

➢ Alle Zutaten werden gründlich miteinander verrührt und nochmals abgeschmeckt. Diese Cocktailsauce kann je nach Verwendungszweck noch mit Orangensaft oder Ananasraspeln, Apfelwürfelchen oder auch Tomatenfleischwürfeln (concassées) vermischt werden.

Grapefruitcocktail

ZUBEREITUNG

➢ Eine Grapefruit filetieren und die Filets zusammen mit Streifen von gekochtem Schinken, Joghurt, Salz, Pfeffer, Zucker, Worcestershire Sauce und etwas Weinbrand mischen und in einem Glas sauber anrichten. Mit Mandarinenspalten oder Grapefruit- oder Orangenfilets und gerösteten Mandelblättchen oder Pinienkernen garnieren. Dieser Cocktail erhält eine besondere Note, wenn man dazu rosa farbene Grapefruits verwendet.

Krebscocktail

ZUBEREITUNG

➢ Von den gegarten und geschälten Krebsschwänzen muss der Darm entfernt werden. Dann gibt man in ein Glas Salatblätter, richtet darauf die mit Weinbrand und Zitrone leicht marinierten Krebse an und nappiert diese mit der bereits beschriebenen Cocktailsauce. Als Garnitur dienen gefüllte oder schwarze Oliven, Eischeiben oder auch Kaviar und ein Krebsschwanz.

Geflügelcocktail

ZUBEREITUNG

➢ Die Herstellung erfolgt wie beim Geflügelsalat. Es ist nur eine etwas kleinere Schnittart anzuwenden. Dann wird der Geflügelcocktail auf mit Zitrone marinierten, streifig geschnittenen Salatblättern (Chiffonade) in einem Glas angerichtet und garniert.

Anrichten und Garnieren von kalten Vorspeisen

Anrichteweisen

Die Anrichteweise von kalten Vorspeisen kann je nach Art und Größe unterschiedlich sein. Oftmals wird die Anrichteweise auch durch die Art des Service bestimmt:

- zur Auswahl vom Hors-d'œuvre-Wagen,
- auf Silberplatten als Vorlegeservice,
- einzeln nach Sorten in Kristallschälchen oder sogenannten „raviérs",
- in Schalengläsern oder auf Keramikschalen,
- portionsgerecht auf Mitteltellern (∅ 20 cm),
  auf Vorspeisentellern (∅ 23 cm),
  auf Fleischtellern (∅ 26 cm),
  oder auf entsprechende Glastellenr oder -platten.

Abb. 1: Vorbereitung von kalten Vorspeisen

Garnieren

Anrichten und Garnieren der kalten Vorspeisen verlangen Geschick und exaktes Arbeiten. Dabei sind einige Punkte zu beachten:

- Die Speisen sollen locker und hoch angerichtet sein.
- Die Ränder von Tellern und Glasplatten dürfen nicht mit Speisen belegt werden.
- Zum Garnieren verwendet man besonders schöne Stücke der verarbeiteten Rohstoffe.

Ein optisch schönes Bild erhält man durch farbenfrohes Garniermaterial (s. S. 271) wie:

Küchenkräuter	Eier	Tomaten
Salatgurken	Radieschen	Oliven
Pilze	Nüsse	Paprikaschoten
Blattsalate	Cornichons	Essiggemüse
Weintrauben	allerlei Obst	

Brotbeilage

Zu den meisten kalten Vorspeisen reicht man verschiedene Arten und Formen von Brot:

Toast	Partybrötchen	Baguette
Laugenbrezen	Graubrot	Pumpernickel
Vollkornbrot	Knäckebrot	

Fladen von Buchweizen (Blinis) oder Mais, Hirse, Roggen und Weizen.

Abb. 2: Kaviar mit Schmand auf Buchweizenblinis

Servieren von kalten Vorspeisen

Vorspeisen werden im Einzelservice von **rechts** eingesetzt. Sind sie für mehrere Personen als Plattenservice vorgesehen, werden sie von **links** angereicht und mit der rechten Hand vorgelegt.

15.2 Gedeckbeispiele

Die Gedeckbeispiele zeigen verschiedene kalte Vorspeisen. Zum besseren Verständnis ist jeweils das Gedeck des Hauptgerichtes mit eingedeckt worden.

Kalte Vorspeise von Fleisch mit Toast und Butter

Kalte Vorspeise von Fisch mit Toast und Butter

Geflügelcocktail mit Toast und Butter

Cocktail von Matjeshering mit Toast und Butter

15.3 Kartengerechte Beispiele für kalte Vorspeisen

Tomate, gefüllt mit marinierten Champignons
Baguette mit heißer Knoblauch-Kräuterbutter

Salat von Geflügel auf Toast

Gefülltes Schinkenröllchen
mit Waldorfsalat, Toast und Butter

Parmaschinken mit Ogenmelone, Melbatoast

Geräucherter Lachs
mit Meerrettichschaum, Pumpernickel und Butter

3 frische Austern auf Eis mit Würzsaucen
Vollkornbrot

Cocktail von frischem Stangenspargel
mit Orangenmayonnaise und Röstbrot

Scampicocktail in halber Avocado
Toast und Butter

Nizzaer Salat mit geröstetem Weißbrot

Tomaten-Zander-Terrine auf Cognac- und Kräutersauce mit Knäckebrot

Rohkostsalate mit gebratenen Geflügelbruststreifen, Shrimps und Röstbrotwürfeln

15.4 Warme Vorspeisen

Die warmen Vorspeisen bilden den leichten Übergang von der Suppe zu den nachfolgenden Gängen. Serviert man die kalte Vorspeise vor der Suppe, so bestimmt die Regel einen Service der warmen Vorspeise **nach der Suppe.** Ebenso wie bei den kalten Vorspeisen und den Suppen ist der Qualitätswert wichtiger als der Sättigungswert.

Warme Vorspeisen müssen also sehr appetitanregend wirken. Die klassische Küche kennt eine Vielzahl solcher Speisen, die heute einer etwas rationelleren Herstellungsmethode gewichen sind. Viele Teile der warmen Vorspeisen lassen sich gut vorbereiten wie Tarteletts, Blätterteigpastetchen, Teigschiffchen usw. Mit einer feinen Füllung versehen, sind sie rasch zubereitet, angerichtet und serviert.

Oftmals unterscheiden sich warme Vorspeisen lediglich durch die Portionsmenge von den Hauptgerichten. Die moderne Küche verwendet als warme Vorspeisen bevorzugt auch solche Speisen, die in der Speisenfolge der klassischen Küche vormals einen anderen Platz eingenommen haben. Als Vorspeisen werden sie lediglich in kleineren Mengen zubereitet, angerichtet und mit pikanten Garnituren und Saucen versehen.

Warme Vorspeisen werden gefertigt aus einer breiten Palette von Rohstoffen wie Geflügel, Schlachtfleisch, Innereien, Wild, Fischen, Krebs- und Weichtieren, Teigwaren, Eiern, Gemüsen und Pilzen.

Beispiele:

- **Feine Ragouts** *(Ragoût fin)* aus Geflügel, Innereien, Wild, Kalbfleisch, Fischen, Krebstieren, Kalbsbries, Gemüse oder Pilzen werden in Blätterteigpastetchen, Römische Pastetchen oder Schiffchen und Törtchen aus ungesüßtem Mürbeteig gefüllt, eventuell mit einer Sauce nappiert und gratiniert.
- **Kroketten,** für die gegartes, fein gehacktes Fleisch, Fisch, Gemüse oder Pilze mit einer entsprechenden Sauce dick abgebunden und gut gekühlt wird. Aus dieser Masse formt, paniert und frittiert man dann die Kroketten, die mit einer passenden Sauce und kleiner Gemüsebeilage serviert werden.
- **Weitere gebackene warme Vorspeisen** werden auf Teigböden oder in Teighüllen hergestellt, wie z.B. Quiche, Fladen, Pizza, Strudel (mit einer Füllung von Fleisch, Gemüse, Pilzen oder Fisch).

Abb. 1: Warme, gebackene Vorspeisen als Fingerfood

- **Gefüllte Pfannkuchen** sowie in Backteige getauchtes und frittiertes, teilweise vorgegartes Material wie Gemüse, Fleisch, Fisch, Innereien, Pilze usw.
- **Vorspeisen aus farciertem Fisch, Schlachtfleisch, Geflügel, Krebstieren oder Gemüse** werden als *Timbales/Flans* in gebutterten Formen pochiert und gestürzt oder als *Klößchen* oder *Nocken* (Quenelles) pochiert und mit der passenden Sauce serviert.
- **Vorspeisen aus Teigwaren** wie Nudeln, Tortellini, Spaghetti, Makkaroni, Ravioli, Cannelloni, Lasagne und Maultaschen mit feinen Füllungen und Saucen, oftmals mit Käse bestreut und überbacken.
- **Vorspeisen aus Grießmasse/Brandmasse** nennt man *Gnocchi,* zu denen man eine passende Sauce mit Kräutern oder Butter und Reibkäse reicht.
- **Warme Vorspeisen von Fischen, Krebs- und Weichtieren** sind wegen des hohen Eiweißgehaltes und des meist niedrigen Fettgehaltes beliebt, sofern innerhalb eines Menüs kein Fischgang vorgesehen ist.
- **Gemüse** für warme Vorspeisen werden häufig gefüllt (Auberginen, Zucchini, Gurken, Spinat, Wirsingblätter, Tomaten). Eine besondere Variante sind leicht geschmorte Gemüse wie Chicorée, Endiviensalat und Staudensellerie, die dann mit wohlschmeckender Sauce oder mit Käse überbacken werden. Auch edle Gemüse wie Artischocken und Spargel sind zu deren Saisonzeiten sehr beliebt.
- **Eierspeisen,** z.B. *pochierte* oder *verlorene Eier, Rühreier* in Verbindung mit Käse, Kräutern, Innereien, Schinken, Sardellen- oder Räucherlachsstreifen, mit Pilzen oder Gemüsen, sowie *Eier im Näpfchen* oder *gestürzte Eier* sind als warme Vorspeisen sehr gut einzusetzen.

Herstellen von warmen Vorspeisen

Lothringer Käsekuchen (Quiche lorraine)

Bedarf:

300 g ungezuckerter Mürbeteig oder Blätterteig
220 g geriebener Emmentaler
120 g durchwachsener Speck (Wammerl/Dörrfleisch)
120 g Zwiebeln
40 g Fett

für den Eierguss:
3 Eier, 200 g Sahne, 200 g Milch, Salz, Muskat

ARBEITSFOLGE

- Kuchenblech oder Tortenring (∅ 26 – 28 cm) mit Teig auslegen und leicht stupfen,
- Speckstreifen in wenig Fett anrösten, darin Zwiebelringe andünsten, auf dem Auslegeteig verteilen,
- Reibkäse darüberstreuen,
- Eiergusszutaten glattrühren, würzen und auf dem vorbereiteten Kuchen verteilen,
- bei ca. 170 °C etwa 30 Minuten im Rohr backen.,
- nach dem Backen kurz ruhen lassen, aus der Form nehmen und in Torten- oder rechteckige Stücke schneiden und heiß servieren.

Feines Ragout (Ragoût fin)

Bedarf:

850 g Geflügelbrust gekocht
250 g Champignons
200 g Weißwein
40 g Butter
40 g Schalotten
0,5 l Sauce suprême
50 g Sahne
Salz, Pfeffer, Zitronensaft
10 Stück Blätterteigpasteten

ARBEITSFOLGE

- Fein gehackte Schalotten in Butter anschwitzen, Champignonwürfel zugeben, mit Weißwein ablöschen und dünsten,
- in Würfel geschnittenes Geflügelfleisch beigeben und mit Sauce suprême auffüllen,
- vorsichtig nun das Ganze erwärmen,
- mit Sahne verfeinern, würzen,
- in die im Ofen vorgewärmten Pasteten füllen, anrichten und sofort servieren.

Anrichten von warmen Vorspeisen

Grundlegende Anrichteweise

Die warmen Vorspeisen anrichten auf gut vorgewärmten

- Mitteltellern ∅ 19 cm,
- Vorspeisentellern ∅ 23 cm oder
- Fleischtellern ∅ 26 cm anrichten.

Andere Möglichkeiten des Anrichtens

- in kleinen Suppentellern mit Unterteller,
- im kleineren Näpfchen (Cocotte) mit Unterteller,
- in der natürlichen Muschelschale,
- auf Röstbrotschnitten bzw. Toasts auf Tellern,
- als Spießchen oder in Teighülsen auf Tellern,
- in der Muschelschale aus Porzellan mit Unterteller.

Abb. 1: Pilzkartoffelkuchen

15.5 Kartengerechte Beispiele für warme Vorspeisen

Pochiertes Ei auf Röstbrotstück mit grüner Sauce und Schinkentüte

Blätterteigpastetchen St. Hubertus mit feinem Wildragout gefüllt

Spinatravioli mit Streifen von sautiertem Räucherlachs

Kalbsbriesscheibchen auf Tomatenschaum mit Artischockenherz und Kaiserschoten

Kroketten von Hähnchen und Waldpilzen mit Choronsauce

Jakobsmuscheln in Sauerampfersauce mit Flan von gelben Rübchen

Brokkoli-Walnuss-Soufflé mit sämiger Sauce aus Apfel und Meerrettich

Gebratene, in Portwein marinierte Kalbsleberstücke auf Lauch-Karottenstreifen

Kartoffelpfannkuchen mit Kaviar, Räucherlachs und wachsweichen Wachteleiern

Abb. 2: Gemüsestrudel mit zwei Saucen

15.6 Gedeckbeispiele

Zum besseren Verständnis ist jeweils auch das Gedeck des Hauptgerichtes mit eingedeckt.

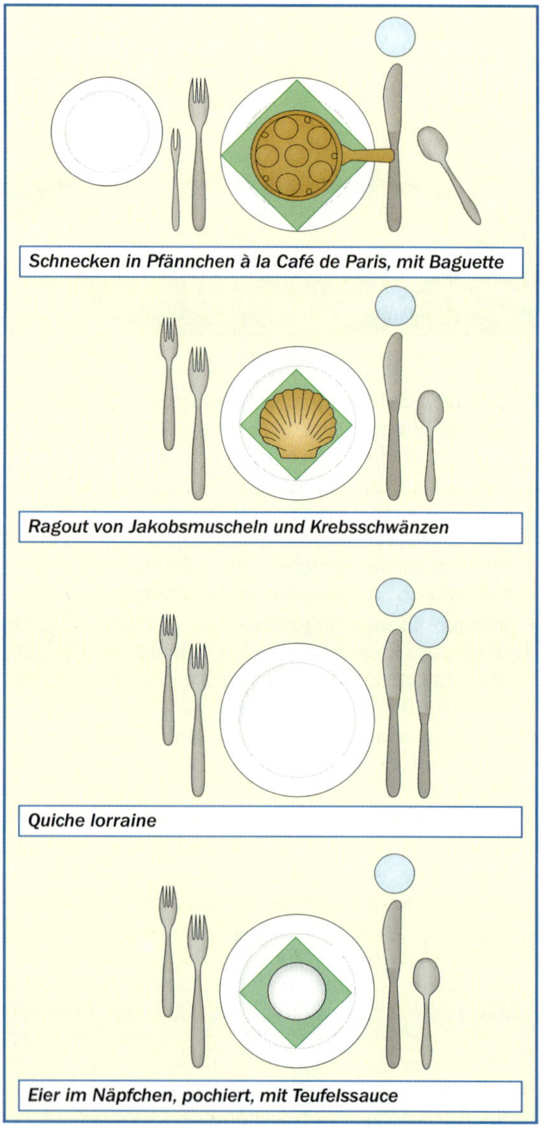

Aufgaben

1 Was versteht man unter den Begriffen a) Amuse gueule b) Finger-Food?

2 Wie lauten die französischen Bezeichnungen für a) kalte Vorspeisen b) warme Vorspeisen?

3 Nennen Sie je sechs Beispiele für kalte und warme Vorspeisen.

4 Machen Sie Vorschläge für 4 Vorspeisen-Cocktails.

5 Erklären Sie die Begriffe a) Canapés b) kombinierte Salate c) Ragoût fin.

6 An welcher Stelle im Menü servieren Sie a) die kalte Vorspeise b) die warme Vorspeise?

7 Nennen Sie verschiedene Anrichtemöglichkeiten für warme Vorspeisen.

16 Nachspeisen

desserts
les entremets (m)

Durch Einsatz von besonders attraktiven Dessertkarten können die Nachspeisen verkaufsfördernd angeboten werden. Dabei wird die Vorfreude und die Erwartung der Gäste auf den süßen Ausklang eines Essens ausgenutzt.

Nachspeisen sind jene köstlichen Kleinigkeiten nach dem Hauptgang, die den „Magen schließen" und gleichzeitig ein krönender Abschluss von Speisenfolgen sein sollen.

Unter Nachspeisen versteht man alle Speisen, die nach dem Hauptgang gereicht werden.

Die ständige Streitfrage, ob erst das Süße und dann der Käse oder alles umgekehrt serviert werden muss, kann man wie folgt klären:

- Zum Käse passt gut weißer oder roter Wein.
- Zum süßen Dessert passt der erfrischende Sekt oder Champagner besser.
- Da nach einem Schaumwein kein sogenannter Stillwein gereicht werden soll, heißt also die Reihenfolge eindeutig: **Käse vor der Süßspeise.**
- Gibt man zuerst Käse, kann man den Wein des Hauptganges evtl. als Getränk zum Käse übernehmen.
- Anschließend wird dann zur Süßspeise ein passender Dessertwein oder ein nicht zu trockener Sekt oder Champagner serviert.

Zudem führt das Süße schneller und intensiver zum Sättigungsgefühl als der würzige, pikante Käse.

16.1 Arten der Nachspeisen

Nachspeisen werden unterschieden in:

❖ **Käsedesserts** ❖ **Süßspeisen** ❖ **frisches Obst**

Käsedesserts

- Auswahl von verschiedenen Käsesorten vom Brett oder vom Wagen mit Brot und Butter,
- Käsefours und Käsegebäck,
- Käsesalate,
- angemachte Käse mit Brot,
- warme Käsespezialitäten wie z. B. Quiche lorraine,
- geschmolzener Käse wie Käsefondue oder Raclette,
- gebackene Käse z. B. Camembert.

Süßspeisen

Sie bilden sowohl geschmacklich als auch durch die sehr dekorative Präsentation eine willkommene Abwechslung und lassen das vorausgegangene Menü harmonisch ausklingen.

Süßspeisen unterteilt man in:

kalte Desserts

- Cremespeisen
- Kleingebäcke
- Früchtedesserts
- Eisspeisen
- Süßspeisen aus Reis und Grieß

warme Desserts

- Aufläufe und Puddinge
- Omeletts und Pfannkuchen
- Gebackene Krapfen
- Strudel
- Überbackene Desserts

Frisches Obst

Gewaschenes, einwandfreies Obst wird auf Tellern oder im Obstkorb angerichtet. Der Service erfolgt mit Desserttellern, Obst- oder Mittelbesteck und einer Fingerschale. (Weitere Obstdesserts s. S. 315)

16.2 Kalte und warme Süßspeisen

Kalte Süßspeisen

Cremespeisen *creams* *les crèmes (w)*

Der Begriff Creme bedeutet etwas Feines, Zartes, von cremeartiger Beschaffenheit. Die bekannteste ist die **Bayerische Creme** *(bavarian creme/la crème bavaroise).* Sie besteht aus Milch, Eiern, Zucker, Gelatine, Schlagsahne und Vanille. Aus dieser geschmacksneutralen Grundcreme kann man durch Zugabe von Fruchtmark, Schokolade, Krokant, Nugat oder anderen Geschmacksträgern viele Varianten herstellen.

Die **Karamellcreme** *(caramel cream/la crème au caramel)* ist eine pochierte Creme bzw. *süßer Eierstich.*

Weitere Cremespeisen sind: die *Weincreme, Cremes aus Quark und Joghurt* und die *Charlotte,* die immer von einem Biskuitrand umgeben ist und als Füllung Creme enthält.

Besondere Zubereitungen sind die *Weinschaumcreme* oder eine Schaumcreme aus Schokolade, die als *Mousse au chocolat* bezeichnet wird.

Die Mousse (Schaumcreme) lässt sich mit weißer Schokolade, Nugat oder Früchtepürees sehr vielfältig variieren.

Anrichteweise für Cremes

- Oftmals werden Cremes in Schüsseln zum Ausstechen oder direkt in Gläsern angerichtet. Auf Tellern richtet man die Stürzcreme oder die Charlotte an. Die Stürzcreme wird zuerst in ein Timbalförmchen gefüllt und nach dem Erkalten gestürzt.
- Obwohl nach wie vor der Dessertteller (∅ 19 cm) Verwendung findet, hat sich ein Trend zum größeren Teller beim Anrichten von Cremes in Verbindung mit mehreren Saucen und Kleingebäcken wie Hippen oder Teegebäck durchgesetzt.

Abb. 1: Schüsselcreme

Abb. 2: Stürzcreme

Abb. 3: Charlottencreme

Kleingebäcke:

Diese werden hergestellt aus verschiedenen Teigen und Massen.

Aus **Blätterteig** (puff pastry dough/la pâte feuilletée) erhält man *Teeblätter* oder *Schweinsöhrchen,* die mit Creme gefüllt werden können. Früchte, in Teig gehüllt und gebacken sind *z. B. Apfel im Schlafrock.*

Sehr beliebte Desserts mit Creme- oder Schlagsahnefüllung sind Gebäcke aus **Brandmasse** *(cream-puff-pastry/la pâte à choux)* wie *Windbeutel, Profiteroles* oder *Eclairs.*

Gefüllte *Rollen aus* **Biskuit** *(biscuit/la pâte à biscuit)* oder kleine *Törtchen* mit Obstbelag aus **Mürbeteig** *(short pastry/la pâte brisée)* eignen sich auch sehr gut als Süßspeisen.

Aus **Hefeteig** *(yeast dough/la pâte à la levure)* werden *Buchteln, Rohr-* und *Dampfnudeln* wie auch *Savarins* und *Babas* hergestellt.

Abb. 4: Obsttörtchen

Abb. 5: Savarin

Abb. 6: Windbeutel

Früchtedesserts

🇬🇧 *fruit desserts*

🇫🇷 *les desserts au fruit*

Zunächst können die frischen, ganzen, gewaschenen Früchte dem Gast als **Tafelobst** serviert werden.

Obstsalate, Fruchtcocktails, Kompotte, Gelees und **Grützen** sind weitere Angebotsmöglichkeiten.

Vielfach werden Früchte aber auch mit anderen Dessertelementen wie Eis oder Cremes kombiniert.

Abb. 1: Früchte in Weingelee

Süßspeisen aus Reis und Grieß

Das bekannteste aus Reis hergestellte Dessert ist der **Reis Trauttmansdorff.** Weitere Süßspeisen aus Reis sind Reisauflauf, Reisfladen, Reiskuchen und Milchreis, eventuell mit Früchten kombiniert.

Aus Grieß stellt man den Grießflammeri her, welcher in Form gefüllt, nach dem Erkalten gestürzt und mit Fruchtsaucen und Früchten auf einem Teller angerichtet wird.

Andere Möglichkeiten der Grießverarbeitung zu Desserts sind der Grießbrei (Grießmus), gebratene oder gebackene Grießschnitte und gefüllte Grießknödel.

Eisspeisen

🇬🇧 *ice-cream* 🇫🇷 *la glace*

Man unterscheidet Eisarten wie:

- **Rahmeis** oder **Eisparfaits,**
- **Eiercremeeis,**
- **Fruchteis, Sorbets** und **Granités**

  sowie das industriell hergestellte Eis:
- die **Eiskrem** und die **Fruchteiscreme.**

Alle diese Eissorten eignen sich zur Herstellung von:

Eisbomben, Eistorten, Eisgetränken und **Eisdesserts** in Verbindung mit Früchten, Fruchtsaucen, Makronen (Mandelgebäck), Hohlhippen, Likören und Sahne.

Abb. 2: Eisauflauf (soufflé glacé)

Anrichten von Eisdesserts

- Auf Tellern, in Glasschalen, Splitschalen, in Eisbechern oder in Waffelschalen oder -hörnchen.

Als sogenannte klassische Eisdesserts findet man auf der Speisekarte:

Birne Helene

halbe Kompottbirne auf Vanilleeis mit Schokoladensauce

Pfirsich Melba

halber Kompottpfirsich auf Vanilleeis mit Himbeerpüree

Bananensplit

längs halbierte, geschälte Banane auf Vanilleeis mit Schokoladensauce und Sahne

Coupe Danemark

Vanilleeis im hohen Glas angerichtet, mit heißer Schokoladensauce nappiert

Eiskaffee

kalten, leicht gezuckerten Kaffee mit Vanilleeis in hohes Glas geben, mit Schlagsahne garnieren

Abb. 3: Eisbecher mit Früchten und Eiskaffee

Warme Süßspeisen

Aufläufe und Puddinge

🇬🇧 *dessert soufflés and puddings*

🇫🇷 *les soufflés (m) et les poudings (m)*

Aufläufe sind die zartesten warmen Süßspeisen. Puddinge dagegen sind etwas kompakter. Vielfach werden beide Arten im Wasserbad pochiert und warm serviert.

Aufläufe müssen **rasch serviert** werden, damit sie an der kalten Luft nicht zusammenfallen und somit unansehnlich werden. Auflaufarten sind Schokoladen-, Quark-, Haselnuss-, Vanille- und Zitronenauflauf.

Puddinge gibt es unter den Bezeichnungen:

Kabinettpudding, Frankfurter Kirschpudding, Diplomatenpudding, Grieß- und Reispudding.

Omeletts *omelettes* *les omelettes (w)*

Diese Art von Süßspeisen werden aus einer luftigen Eischaummasse hergestellt:

- **Omelett Soufflé** wird als reich verziertes, ovales Gebilde auf eine gebutterte Platte drapiert und im Rohr gebacken.
- **Überraschungs-Omelett**
  baked Alaska *l'omelette (w) en surprise*
  Der Überraschungsmoment besteht darin, dass etwas Gebackenes heiß serviert wird, dessen Kern jedoch Speiseeis enthält.

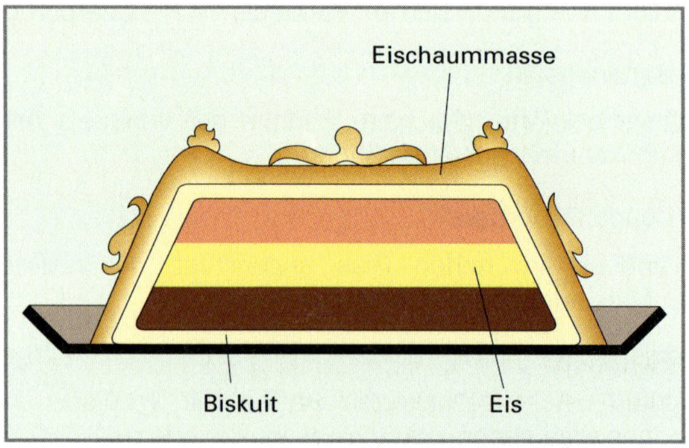

Abb. 1: Überraschungsomelett (Omelette en surprise)

- **Salzburger Nockerl** gehören ebenfalls zu dieser Kategorie. Die Nockerl werden auf eine gezuckerte Cocotte geformt und im Rohr ausgebacken. Dann gibt man noch Vanillesahne als Sauce dazu.

Pfannkuchen *pancakes* *les pannequets (m)*

Bei diesem Dessert werden *Pfannkuchen, Crêpes* oder *Palatschinken* meist gefüllt, glasiert, gebacken oder überbacken.

Abb. 2: Crêpes

Kaiserschmarrn

browned omelette *l'omelette (w) rissolée*

Pfannkuchenteig wird in eine Pfanne gegossen, angebacken, anschließend mit einer oder zwei Gabeln zerrissen, nach Zugabe von Rosinen und Mandeln fertiggebacken, angerichtet und mit Puderzucker bestäubt.

Abb. 3: Kaiserschmarrn

Gebackene Krapfen *fritters* *les beignets (m)*

Diese Süßspeise wird aus Brandmasse hergestellt, die nockenförmig in der Frittüre gebacken wird. Die Brandmasse kann mit gerösteten Nüssen, Rosinen, Birnen-/Apfelwürfeln vermischt sein. Nach dem Backen werden die Krapfen in Vanille- oder Zimtzucker gewälzt und mit Weinschaumsauce oder Schokoladensauce serviert.

Abb. 4: Spritzkuchen

Eine andere Art sind die *Früchtekrapfen* oder *Beignets.* Hierzu werden meist rohe Fruchtstücke in Backteig getaucht und in der Frittüre gebacken. Die Fertigstellung erfolgt wie bei den Krapfen.

Strudel *strudel* *le stroudel*

Der bekannteste unter den Strudeln ist der *Apfelstrudel.* Aber auch *Milchrahm-, Trauben-, Marillen-* oder *Birnenstrudel* erfreuen sich großer Beliebtheit.

Strudel werden meist warm mit einer geschmacklich harmonierenden Süßspeisensauce serviert.

Abb. 5: Apfelstrudel

Süßspeisensaucen

dessert sauces — *les sauces (w) au dessert*

Eine wichtige Komponente sind die Süßspeisensaucen aus Weinschaum (Sabayon), Vanille, Schokolade, Nugat, Marzipan oder dem Püree einer der vielen frischen Früchte.

Abb. 1: Dessert von Baumkuchen mit Fruchtsaucen

Modernes Anrichten von Süßspeisenkombinationen

Wie man aus den kartengerechten Beispielen für Süßspeisen erkennen kann, gibt man heute kaum mehr nur ein einzelnes Dessert, sondern man versucht, Kompositionen mit einer entsprechend gelungenen optischen Wirkung zu schaffen. Hierzu verwendet man meist größere Teller ∅ 28 cm. Die Süßspeise wird dekorativ ergänzt mit Früchten, Saucen, Gebäckteilchen und Pfefferminzsträußchen oder Zitronenmelisseblättern.

Abb. 2: Krokantmousse auf Orangensauce mit Kumquats

16.3 Kartengerechte Beispiele für Süßspeisen

Palatschinken, mit Krokantsahne gefüllt

Haselnuss-Crêpes mit Trauben und Grappa-Sabayon

Korinthenkrapfen auf Zwetschgensauce

Schokoladen-Ingwer-Pudding mit Karamellbirne Preiselbeeren und Walnuss-Sahne

Limonenparfait mit kleiner Brombeertorte und Joghurtsauce

Schokoladeneiskrapfen mit weißer Mokkasauce und schwarzen, kandierten Walnüssen

Baumkuchenspitzen mit Mandeleis und glasierten Kirschen

Punschparfait mit Walnuss-Praline auf Zwergorangensauce

Topfengratin mit Pfirsichfächern und weißem Schokoladeneis

Marzipanmousse mit Rhabarberstücken Erdbeerscheiben und Rotweinsauce

Mandeltörtchen mit Rhabarber, Erdbeeren und grünem Pfeffer-Eis auf Orangensauce

Mousse von Irish coffee auf geeistem Heideblütenhonig-Schaum

Weißkäse-Mousse mit Apfelspalten und Holunderbeersauce

Walderdbeeren-Gratin mit Orangenbutter

Abb. 3: Bayrische Creme mit karamellisierten Apfelspalten

16.4 Gedeckbeispiele

Die Gedeckbeispiele zeigen Möglichkeiten des Dessertservices. Zum besseren Verständnis ist das Dessertgedeck zunächst innerhalb eines Menügedecks dargestellt. Jeweils rechts daneben befindet sich die Darstellung des Gedecks nach dem Einsetzen des Desserts.

Salat von frischen exotischen Früchten oder Schwarzwälder Eisbecher

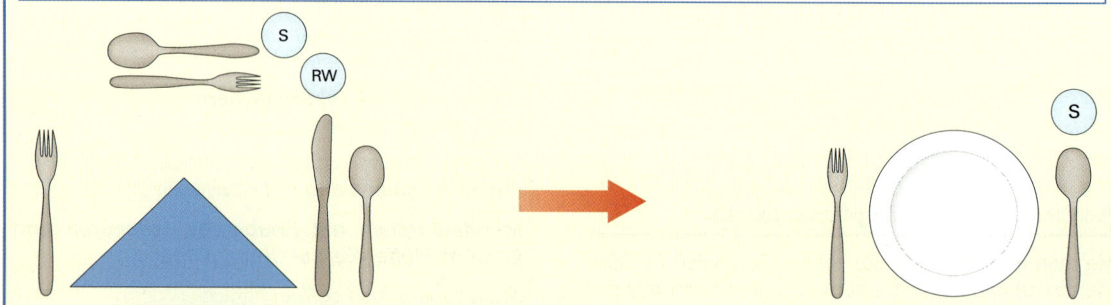

Aprikosenstrudel mit Sabayon von Marillen und Mohnparfait (auf großem Teller ∅ 28 cm angerichtet)

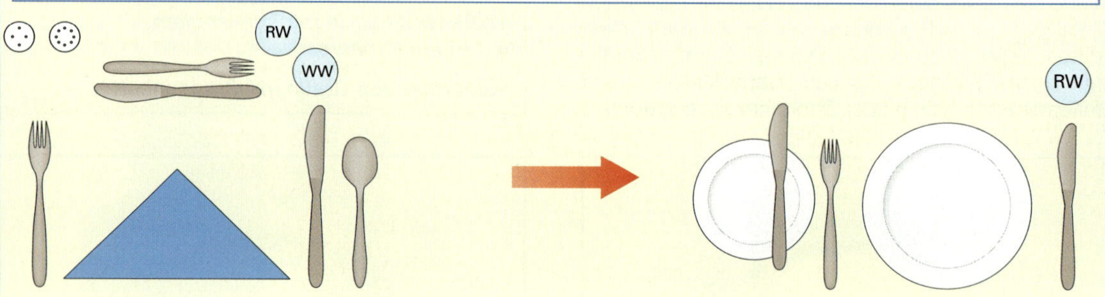

Auswahl europäischer Käsespezialitäten vom Brett

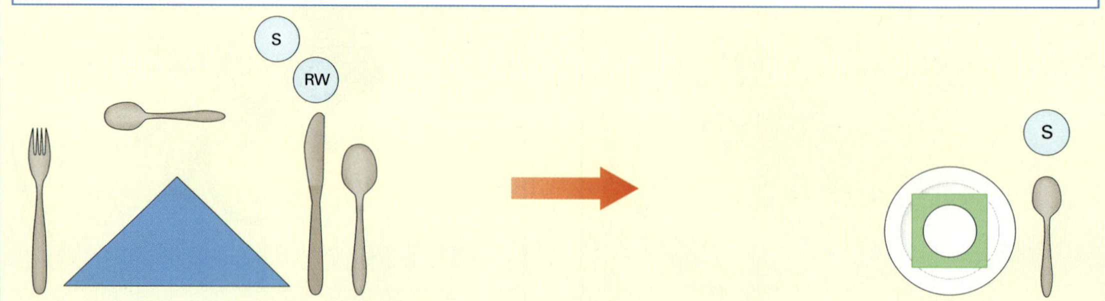

Bayerische Creme nach Fürst-Pückler-Art (im Glas serviert)

Abb. 1: Walnusscreme mit Fächer von Rotweinbirne

Abb. 4: Panna cotta mit glasierten Orangenspalten

Abb. 2: Gefüllter Apfel mit Fruchtsaucen und Beeren

Abb. 5: Gebrannte Creme (Crème brûlée)

Abb. 3: Profiteroles-Traube mit Weincreme

Abb. 6: Apfelcreme im Schokoladentartelette mit Vanillesauce

Aufgaben

1 Begründen Sie, warum das Käsedessert vor der Süßspeise serviert werden soll.

2 Nennen Sie je fünf kalte und warme Süßspeisen.

3 Welche Zutaten benötigt man für eine Bayerische Creme? Wodurch kann sie variiert werden?

4 Welche weiteren Creme-Süßspeisen kennen Sie?

5 Wie können Cremespeisen angerichtet werden?

6 Nennen Sie Arten von Obstdesserts.

7 Nennen Sie Kleingebäcke für Süßspeisen aus:
a) Blätterteig,
b) Hefeteig,
c) Brandmasse.

8 Welche Arten von Eisspeisen kennen Sie?

9 Nennen Sie klassische Eisdesserts.

10 Was ist beim Servieren von Aufläufen besonders zu beachten?

11 Welche Varianten von Pfannkuchen gibt es bei der Süßspeisenbereitung?

12 Wie nennt man mit Backteig umhüllte und frittierte Früchtekrapfen?

13 Nennen Sie vier verschiedene Strudelarten.

14 Wie werden moderne Desserts angerichtet?

15 Planen und erarbeiten Sie möglichst viele Nachtisch-Gerichte für ein entsprechendes Büfett.

16 Nennen Sie mögliche Getränkeempfehlungen für unterschiedliche Nachtisch-Gerichte.

17 Convenience Food und Instant-Produkte

Es gibt Arbeitsabläufe, bei denen in der Küche viel Zeit aufgewendet werden muss, z. B.:

- beim Waschen und Zupfen von Blattsalaten,
- beim Putzen, Waschen, Schälen und Tournieren von Gemüsen und Kartoffeln,
- beim Zerlegen, Auslösen und Portionieren von Fleisch und Fisch,
- beim Ansetzen und Auskochen von Rohstoffen für Suppen und Saucen.

Instant-Produkte und Convenience Food sind Erzeugnisse der Industrie.

Diese Produkte sollen zur Erleichterung der Küchenarbeit beitragen.

Instant-Produkte

Produkte:

- Fleisch- sowie Kaffee- und Tee-Extrakte
- Suppen-, Saucen- und Puddingpulver
- Schokoladen- und Aspikpulver

Eigenschaften:

- sie lösen sich rasch und leicht,
- sie gelieren und quellen schnell,
- sie führen „ohne Kochen" zum Ergebnis.

Convenience Food

Convenience heißt „Erleichterung", „Bequemlichkeit" oder auch „Vorteil". Je nach der industriellen Vorbehandlung von Lebensmitteln gibt es unterschiedliche Produktbezeichnungen und Bearbeitungsstufen.

Angebotsformen von Convenience Food

Vorbereitende Bearbeitung durch die Industrie

Entfernen von nicht verzehrbaren Nahrungsmittelteilen

z.B. – geschälte und geputzte Gemüse – grob zerlegtes und ausgebeintes Fleisch – gerupftes und ausgenommenes Geflügel – geputzter und filetierter Fisch	z.B. – klein geschnittenes Ragoutfleisch – gespickte Wildbraten – portionierte Putenschnitzel und Fischfilets – vorgebackene Pommes frites	z.B. – Konserven und Tiefkühlware – Fleisch- und Fischgerichte – Gemüse – Suppen und Saucen (z. B. Mayonnaise) – Speiseeis	z.B. – Wurst – Käse – Marmelade – Butter – Brot – Eisdesserts – Wein, Bier
Küchenfertige Produkte	**Garfertige** Produkte	**Aufbereitungsfertige** Produkte	**Servierfertige** Produkte

Ergänzende Bearbeitung bzw. Verwendung durch die Küche

Vorbereiten für das Garmachen oder Zubereiten	Fertig machen durch bloßes Öffnen sowie Auftauen oder Erhitzen	Anrichten

Bewertung der Convenience- und Instant-Produkte

Neben der Einsparung von Kraft und Zeit bringen die genannten Produkte noch andere Vorteile:

- ☺ Das Marktangebot macht saisonunabhängig und ermöglicht eine längere Vorratshaltung.
- ☺ Der Personal- und Arbeitsaufwand ist geringer, das Disponieren einfacher.
- ☺ Die Verluste und Abgänge sind gering oder entfallen sogar ganz.
- ☺ Die Kosten sind leichter zu erfassen.

Es gibt aber auch Nachteile:

- ☹ Kaum Niveauunterscheidung zwischen gastronomischen Betrieben möglich.
- ☹ Sie können mit haltbarmachenden Zusätzen versehen sein.
- ☹ Die Originalität einer Küche wird geschmälert.
- ☹ Ausbildungsdefizite können entstehen.

Im Einzelfall sind deshalb unbedingt folgende Faktoren gegeneinander abzuwägen:

Marktangebot Arbeitsersparnis Kostenersparnis	⇔	Frische Originalität Qualitätsanspruch

Um einen Betrieb wirtschaftlich erfolgreich zu führen, muss immer wieder neu entschieden werden, welche Ware selbst produziert wird und welche Produkte vorgefertigt eingekauft werden.

Die beiden größten Kostenblöcke bei der Speisenzubereitung sind der Wareneinsatz (Materialkosten) und die Personalkosten.

Durch den Einsatz von vorgefertigten Lebensmitteln lassen sich Personalkosten sowie Energiekosten und manchmal Entsorgungskosten einsparen.

Kosten bei Einsatz von Convenience-Produkten

Bei Verwendung von vorgefertigten Produkten sind:

- die Wareneinstandspreise in der Regel höher,
- die Warenverluste bei der Rohware geringer,
- Personalkosten (Arbeitszeit) geringer und
- die Energiekosten niedriger.

DIREKT ZURECHENBARE KOSTEN BEI EINSATZ VON CONVENIENCE-PRODUKTEN

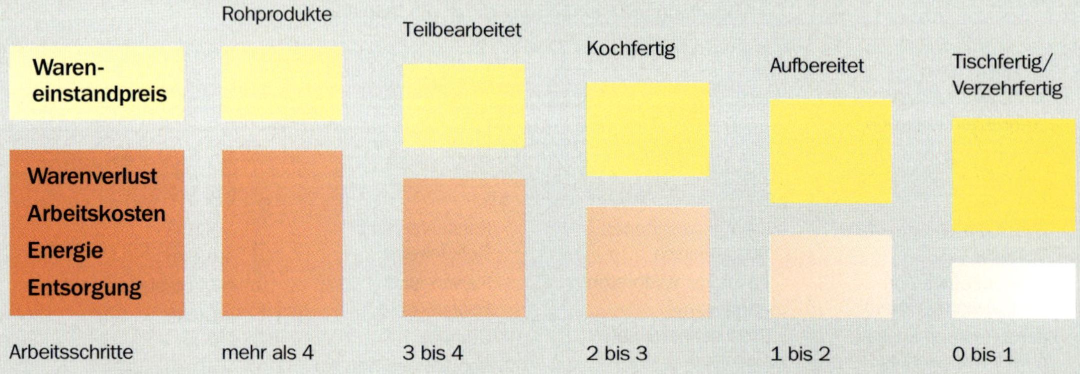

AUFGABEN

1 Was versteht man unter Convenience Food?

2 Beschreiben Sie zum Thema Convenience Food:
a) die Bearbeitungsstufen von Nahrungsmittelrohprodukten bis zur servierfertigen Speise,
b) die Angebotsformen entsprechend dem Fertigungszustand der Produkte,
c) Produktbeispiele zu den verschiedenen Bearbeitungsstufen.

3 Erläutern Sie an Beispielen die Bedeutung von Instant-Produkten.

4 Erläutern Sie Vorteile, die sich durch die Verwendung von Convenience Food ergeben.

5 Welche Nachteile hat die Verwendung von Convenience Food und Instant-Produkten und welche Faktoren sollten im Einzelfall unbedingt gegeneinander abgewogen werden?

6 Machen Sie für die Erstellung einer speziellen Fischkarte 6 Vorschläge von verschiedenen Fischen mit kartengerechten Aussagen.

Menü und Speisekarte

Unter **Menü** versteht man eine Zusammenstellung von mindestens drei Speisen, die nacheinander verzehrt werden und hinsichtlich Farbe und Geschmack harmonisch aufeinander abgestimmt sind. Wegen dieser Aufeinanderfolge nennt man das Menü auch **Speisenfolge.**

Gründliche Kenntnisse aus dem Bereich der Menükunde sind gerade bei den Service-Mitarbeitern besonders wichtig, um Gäste entsprechend beraten sowie den Verkauf von Speisen und Getränken durchführen zu können.

1 Menü und Menükarte

menu and menu card
le menu et la carte de menu

Das Menüangebot im Gastgewerbe enthält Speisenfolgen, die von Seiten des Betriebes vorgegeben werden. Das Angebot wird in der Menükarte präsentiert. Dabei unterscheidet man:

- Menüs für das täglich wechselnde Angebot,
- Menüs für Festtage z. B. Ostern, Weihnachten, Silvester,
- Menüs für besondere Anlässe z. B. Hochzeit, Jubiläum u.a.

1.1 Geschichte der Speisenfolge

Am Anfang war der Eintopf. Bereits das Absondern der Brühe als Suppe sowie das getrennte Verzehren von Fleisch, Kartoffeln und Gemüse ist ein erster Schritt zur Speisenfolge.

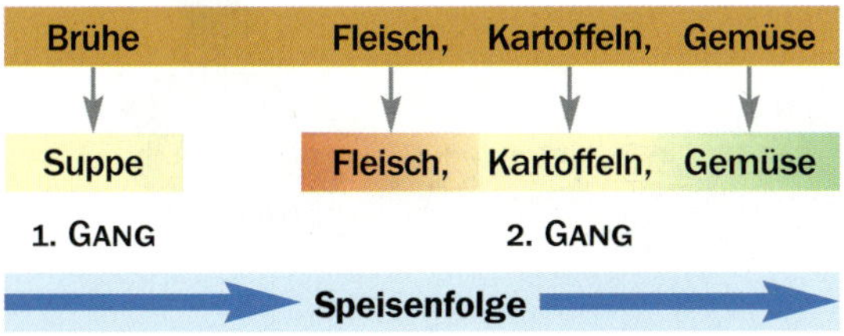

Entstanden sind die großen Speisenfolgen an den Höfen der Könige, der Fürsten und des Adels. Der materielle Wohlstand dieser gesellschaftlichen Oberschicht hatte das ermöglicht, was man heute die „klassische Küche“ nennt. Mit dieser Bezeichnung verbindet sich eine schier unübersehbare Fülle von immer neu erfundenen Speisen.

Klassisches Menü

Das klassische Menü ist ein Spiegelbild für die Essgewohnheiten einer bestimmten gesellschaftlichen Schicht in einer bestimmten geschichtlichen Epoche.

Aufbau des klassischen Menüs

Die Gliederung einer Mahlzeit in mehrere Gänge sowie die sinnvolle Aufeinanderfolge der einzelnen Speisen wurde als ein Vorgang zur Kultivierung des Essens verstanden. Die dazu aufgestellten Regeln lauteten: Leichte Speisen (Vorspeisen und Suppen) leiten das Essen ein, große Stücke von Fisch und Fleisch (Hauptplatten) bilden den Höhepunkt des Essens, ein erfrischendes Sorbet (Schaumeis) dient als neutralisierende und verdauungserleichternde Unterbrechung, kleine und leichtere Speisen sorgen für den harmonischen Ausklang des Essens.

Menu.

Huîtres royales	Königs-Austern
Potage Rachel	Rachel-Suppe
Paupiettes de sole à la moderne	Seezungen-Röllchen auf moderne Art
Selle de renne moscovite Sauce à l'orange	Rentier-Rücken moskowitisch Orangen-Sauce
Ris de veau à la chevalier	Kalbsmilcher auf Ritter-Art
Sorbet Veuve Clicquot	Veuve Clicquot-Sorbet
Faisan piqué rôti Salade de saison Compotes	Gebratener Fasan Salat Kompott
Cardons à la moëlle	Kardonen mit Mark
Bombe florentine	Florentinische Bombe
Soufflé de parmesan en petites caisses	Parmesan-Auflauf in kleinen Kästchen
Fruits Dessert.	Früchte Nachtisch.

Historisches Muster von 1899

Umfang des klassischen Menüs

Speisenfolgen mit über 10 Gängen sowie wahlweise verschiedenen Speisen innerhalb der einzelnen Gänge waren keine Seltenheit. Für den aus heutiger Sicht übertriebenen Umfang gab es vielfältige Gründe:

- der Wohlstand der gesellschaftlichen Oberschicht,
- das stark ausgeprägte Repräsentationsbedürfnis des Gastgebers bei besonderen Anlässen,
- die reiche Auswahl an Küchenrohstoffen sowie das engagierte Bemühen der Küche, die Festtafel immer wieder mit neuen, großartigen Speisen zu bereichern,
- das Verlangen der Geladenen nach intensivem und anhaltendem Genuss bei gleichzeitig sehr unkritischer Einstellung zur Menge der Speisen.

Moderne Menüs

Aufbau des modernen Menüs

Am grundlegenden Aufbau hat sich im Vergleich zum klassischen Menü nichts geändert. Das Essen wird mit leichten Speisen eröffnet, das Hauptgericht bildet den Höhepunkt und zum Ausklang werden wieder leichtere Speisen gereicht.

Wie aus den klassischen Menüs auf den Seiten 386 und 389 zu ersehen ist, enthielten solche Menüs neben einem **Fischhöhepunkt** „Seezungen-Röllchen" bzw. „Steinbutt" zwei **Fleischhöhepunkte** „Rentier-Rücken" und „Gebratener Fasan" bzw. „Lammrücken" und „Moorhühner".

Das moderne Menü kennt im Allgemeinen nur noch einen Höhepunkt, zu dem unterschiedliches Fleisch – evtl. auch Fisch – verwendet wird.

Suppe	➠	**Fisch**	➠	Dessert
Suppe	➠	**Geflügel**	➠	Dessert
Suppe	➠	**Schlachtfleisch**	➠	Dessert
Suppe	➠	**Wildbret**	➠	Dessert

Anzahl der Gänge im modernen Menü

Die Anzahl der Gänge hat sich verringert und dafür gibt es verschiedene Gründe:

- Der Wohlstand ist heute auf breite Bevölkerungsschichten verteilt. Trotzdem sind für viele Gäste große Menüs zu zeitaufwendig und nach wie vor zu kostspielig.
- Jeder kann an gehobener Esskultur teilnehmen und für viele ist das Einnehmen eines Menüs zu einer fast alltäglichen Gewohnheit geworden.
- Aufgrund der Erkenntnisse der Ernährungswissenschaft essen die Menschen heute bewusster.

Aus den aufgezeigten Gesichtspunkten heraus ergibt sich der geringere, wenn auch variabler gestaltete Umfang des modernen Menüs.

Einfache Menüs mit 3 Gängen, die als Grundgerippe der modernen Speisenfolge anzusehen sind und durchschnittlichen Ansprüchen genügen	**Erweiterte Menüs** mit 4 bis 6 Gängen, bei denen das Grundgerippe auf höhere Ansprüche hin mit zusätzlichen Gängen ergänzt wird
	Kalte Vorspeise
	❁
Suppe	**Suppe**
	❁
❁	Warme Vorspeise (Zwischengericht)
	❁
Hauptgericht	**Hauptgericht**
	❁
❁	Käsegericht
	❁
Dessert	**Dessert**

In Anlehnung an die klassische Speisenfolge werden Menüs für besondere Anlässe manchmal durch die Ergänzung mit einem zusätzlichen Fischgang und einem Sorbet auf 8 Gänge angehoben (siehe die „Gegenüberstellung von klassischem und modernem Menüaufbau" auf Seite 389).

Kombinationsmöglichkeiten der Gänge

Moderne Menüs enthalten im Allgemeinen höchstens die 6 Gänge des erweiterten Menüschemas. Bei weniger als 6 Gängen können die Speisen innerhalb des Schemas verschieden variiert bzw. kombiniert werden.

Anzahl der Gänge	**3**	**4**	**4**	**4**	**4**	**5**	**5**	**5**	**6**
Kalte Vorspeise			●		●		●	●	●
Suppe	●	●	●	●		●	●	●	●
Zwischengericht		●			●	●	●		●
Hauptgericht	●	●	●	●	●	●	●	●	●
Käsegericht				●		●		●	●
Dessert	●	●	●	●	●	●	●	●	●

Beispiel eines Menüs mit zugehörendem Gedeck

❶ Eingedecktes Couvert (ohne Dessertbesteck)

❷ Carpaccio vom Rinderfilet
mit gebratener Entenleber

❸ Pochierter, mit Meeresfrüchten
gefüllter Wolfsbarsch auf einer Beaujolais-Sauce

❹ Rosa gebratene Entenbrust mit Calvados-Sauce
Knackiges Gemüse von Möhrchen,
Teltower Rübchen, Roten Beten,
Brokkoli und Schlosskartoffeln

❺ Vanille- und Himbeer-Eis
mit marinierten Waldbeeren

Gegenüberstellung von klassischem und modernem Menüaufbau

Klassisches Menü		Moderne Menüs		
Gänge	**Speisenbeispiele**	**Einfaches Menü**	**Erweiterte Menüs**	
Kalte Vorspeise	*Austern*	↓	Kalte Vorspeise	Kalte Vorspeise
Suppe	*Fasanensuppe*	Suppe	Suppe	Suppe
Warme Vorspeise	*Artischockenböden*	↓	Warme Vorspeise	Warme Vorspeise
Fischgang	*Steinbutt*	↓	↓	Fischgericht
Hauptplatte	*Lammrücken*	↓	↓	Sorbet
Warmes Zwischengericht	*Kalbsbries*	Hauptgericht (Fleisch oder Fisch)	Hauptgericht (Fleisch)	Hauptgericht (Fleisch)
Kaltes Zwischengericht	*Palmenherzen*	↓	↓	↓
Sorbet	*Champagnersorbet*	↓	↓	↓
Braten	*Moorhühner*	↓	Käsegericht	Käsegericht
Gemüsegang	*Brokkoliflan*	↓	↓	↓
Warme Süßspeise	*Mandelauflauf*	↓	↓	↓
Kalte Süßspeise	*Eisbombe*	Dessert	Süßspeise	Süßspeise
Käsegericht	*Camembertkrusteln*	Käse, Süßspeise oder Obst		
Dessert	*Obst – Feingebäck*			

1.2 Zusammenstellen von Menüs

Es handelt sich dabei nicht um ein willkürliches Aneinanderreihen von Speisen. Vielmehr sind ganz wichtige Richtlinien zu beachten in Bezug auf

- **Auswahl** von Rohstoffen bzw. Speisen für eine Speisenfolge,
- **Wiederholung** von Rohstoffen bzw. Speisen im Menü,
- **Aufeinanderfolge** der Speisen innerhalb der Speisenfolge.

Auswahl der Rohstoffe für ein Menü

Für die Auswahl sind folgende Gesichtspunkte von Bedeutung:

- Jahreszeit und Preis des Menüs,
- Ernährungsbedürfnis des Menschen,
- Anlass und Teilnehmer am Essen,
- technische und personelle Voraussetzungen.

Jahreszeit

Hier geht es zunächst um Speisen aus *saisonabhängigen Rohstoffen,* die von den Gästen erwartet werden. Die Rohstoffe sind zur Erntezeit:

- frisch, saftig und besonders wohlschmeckend,
- hochwertig in Bezug auf Nähr- und Wirkstoffe,
- preisgünstig.

Rohstoffbeispiele:

– Neue Kartoffeln, junge Gemüse und frisches Obst,
– Spargel und Erdbeeren,
– Lamm und Wildbret, Karpfen sowie Krebs- und Weichtiere.

Menü – Speisekarte

Außerdem sind die *klimatischen Verhältnisse* zu beachten:

- In der kalten Jahreszeit bevorzugt der Gast kräftige und energiereiche Speisen in reichlich bemessenen Portionen.
- In der heißen Jahreszeit ist das Verlangen nach frischen, leichten Speisen in reduzierten Portionsgrößen stärker, weil das Essen nicht anstrengen und belasten soll. Insbesondere bei den Vor- und Nachspeisen sowie bei den Beilagen gibt es hier Möglichkeiten der Reduzierung und Erleichterung. Vergleichen Sie nebeneinander:

Parmaschinken	⇔	Tomatencocktail
Hasenpastete	⇔	Artischockenherzen
Rotkohl	⇔	Spargel
Rosenkohl	⇔	Erbsen
Sauerkraut	⇔	Kopfsalat
Käse	⇔	Halbgefrorenes
Dessertpfannkuchen	⇔	Salat von frischen Früchten

Preis

In Bezug auf den Preis sind wechselseitige Abhängigkeiten von Bedeutung:

- Art und Niveau des Betriebes, z. B. bürgerliche Gaststätte, Mittelklasserestaurant, Luxushotel,
- Art bzw. Zielrichtung des Menüs, z. B. Tagesmenü, Festtagsmenü oder Menü für einen besonderen Anlass – Hochzeit, Jubiläum,
- Zahlungsfähigkeit bzw. -bereitschaft des Gastes.

Tagesmenüs sind im Allgemeinen auf einen niedrigeren Preis ausgerichtet, während der Gast für ein Festtagsmenü oder zu einem besonderen Anlass in der Regel etwas mehr ausgibt.

Beispiele:

niedrigerer Preis	höherer Preis
Menü mit 3 Gängen	– Menü mit mehr Gängen
Konservenware	frische Ware
Spargelabschnitte	Spargelspitzen
Erbsen	Artischockenböden
Champignons	Pfifferlinge
Hasenkeulen	Hasenrücken
Schweinebraten	Filetbraten (Rind)
Kabeljau	Steinbutt
Fleischbrühe	Doppelte Kraftbrühe
Geflügelrahmsauce	Hummerrahmsauce
Zerlassene Butter	Holländische Sauce
Kräuterbutter	Béarner Sauce
Kartoffelpüree	Kartoffelkroketten
Frisches Obst	Salat v. frischen Früchten

Ernährungsbedürfnis

Der Energiewert eines Menüs sollte in erster Linie dem Energiebedarf des Menschen angemessen sein. Insbesondere bei umfangreicheren Speisenfolgen sollte der Energiegehalt unbedingt begrenzt werden, z. B.:

- zum Hauptgang die Fleischmenge angemessen verringern, ergänzend kann die Beilagenmenge kleiner gehalten oder anstelle von Gemüse ein Salat gereicht werden,
- bei der Vorspeise, der Suppe oder der Nachspeise besteht die Möglichkeit, anstelle einer schweren eine leichte Speise zu wählen. Auf diese Weise kann der Gesamtenergiewert des Menüs verringert werden.

Vergleichende Beispiele:

Vorspeisencocktail	⇔	Vorspeisensalat
Cremesuppe	⇔	klare Suppe
Dessertpfannkuchen	⇔	Salat von frischen Früchten

Unabhängig vom Energiegehalt ist außerdem auf den *ernährungsphysiologischen Wert* des Menüs zu achten. Dabei ist die Ausgewogenheit folgender Stoffgruppen von Bedeutung:

- **Nährstoffe**
  Eiweiß, Fett und Kohlenhydrate,
- **Wirk- und Begleitstoffe**
  Mineralstoffe, Vitamine und Ballaststoffe.

(Siehe Ernährung S. 61.)

Anlass und Teilnehmer

Mit dem Anlass zu einem Essen ist häufig eine ganz bestimmte *Grundstimmung* verbunden (Hochzeit, Jubiläum, Jagdessen). Durch die Auswahl der Speisen oder durch das Hervorheben einer bestimmten Speise kann diese Stimmung auf besondere Weise unterstrichen werden.

Beispiele:

Hochzeit
ein zu Ehren des Brautpaares besonders ausgewähltes Dessert
Jubiläum
dem Anlass entsprechender Hauptgang in attraktiver Aufmachung
Jagdessen
neben Wildbret müssen typische Beilagen den Anlass unterstreichen (Weinbeeren, Preiselbeeren, Pfifferlinge, Steinpilze)

Obwohl der Geschmack der Gäste, unabhängig von ihrer Gruppenzugehörigkeit, sehr verschieden sein kann, können sich dennoch bestimmte Schwerpunkte ergeben. (Siehe die Beispiele auf der folgenden Seite.)

Menü – Speisekarte

Damenessen

Von Ausnahmen abgesehen, bevorzugen Damen leichtere sowie fett- und kohlenhydratarme Speisen, z.B. Hühnerbrüstchen, Kalbsmedaillons, feine und zarte Gemüse, Salate und Obst.

Herrenessen

Männer bevorzugen im Allgemeinen herzhafte und kräftige Speisen, z.B. Steaks vom Rind und Lamm sowie Wildgerichte.

Überwiegend geistig tätige Menschen und ältere Menschen

Sie mögen leichtere und erlesenere Speisen in kleinen Mengen, z.B. Tournedos, Medaillons, Speisen von Fisch sowie Krebs- und Weichtieren.

Überwiegend körperlich tätige Menschen und jüngere Menschen

Für sie sollen kräftige Speisen in größerer Menge, z.B. Braten, Schnitzel und Steaks mit reichlich bemessenen Beilagen angeboten werden.

Technische und personelle Voraussetzungen

Die *küchentechnische Ausstattung* ist vor allem bei großen Veranstaltungen und umfangreichen Speisenfolgen von entscheidender Bedeutung. Dies betrifft z.B.:

- Pfannen für kurz gebratene Gerichte oder Dessertpfannkuchen,
- Fritteusen, wenn gebackene Gerichte gereicht werden sollen,
- Herde zum Braten, Backen und Überbacken,
- Flächen zum Warmhalten oder Kühlen bzw. Kühlhalten von Vorspeisen und Desserts.

Bezüglich des Personals müssen ebenfalls wichtige Fragen geklärt sein:

- Stehen Küchen- und Bedienungsfachkräfte in ausreichender Zahl zur Verfügung? Dies gilt insbesondere wenn aufwendige Arbeiten einzuplanen sind wie z.B. Fertigmachen und Bereitstellen von Vorspeisen und Desserts oder für das Tranchieren, Flambieren und Vorlegen am Tisch.
- Ist das Personal für diese Arbeiten entsprechend fachlich geschult, damit sie in angemessener Zeit sorgfältig und sachgerecht ausgeführt werden können?

Rohstoffwiederholungen im Menü

Die strenge klassische Menülehre unterscheidet zwischen Wiederholungen, die bei Einhaltung bestimmter Bedingungen möglich sind, und solchen, die unter allen Umständen vermieden werden müssen.

Bedingt mögliche Wiederholungen

Kartoffeln, sofern sich diese in anderer Zubereitungsart wiederholen, z.B.:

Warme Vorspeise
➞ Salz- oder Dampfkartoffeln

Hauptgericht
➞ Gebratene oder frittierte Kartoffeln

Zweckmäßige Abwechslungen sind jedoch Reis oder Teigwaren.

Gemüse, sofern es nicht das gleiche Gemüse ist, z. B.:

Suppe
➞ Kraftbrühe mit Gemüsestreifen u.a. auch Karotten

Hauptgericht
➞ Glasierte Karotten

Fleisch, sofern es sich nicht um die gleiche Art des Fleisches handelt und es außerdem in anderer Zubereitung angeboten wird, z.B.:

Kalte Vorspeise
➞ Entenbrust

Hauptgericht
➞ Kalbsmedaillons

Kalte Vorspeise
➞ Geflügelsalat

Hauptgericht
➞ Rehrücken

Unbedingt zu vermeidende Wiederholungen

Dabei unterscheidet die Menülehre zwischen *gleichartigen Rohstoffen* und *gleichartigen Zubereitungen.*

Zubereitungen	negative Beispiele
gebraten, gegrillt	
– Warme Vorspeise	Heilbuttschnitte Scampi
– Hauptgericht	Kalbsmedaillons, Tournedos
frittiert	
– Warme Vorspeise	Scampi, Champignons
– Hauptgericht	Strohkartoffeln, Kartoffelkroketten
– Dessert	Apfelbeignets
Saucen	
– Kalte Vorspeise	Cocktailsauce
– Warme Vorspeise	Holländische Sauce (Spargel)
– Hauptgericht	Béarner Sauce (Tournedos)
– Dessert	Weinschaumsauce
Marinierte Speisen	
– Kalte Vorspeise	Rindfleisch, Gemüse
– Hauptgericht	Salat

Rohstoffe	negative Beispiele
Obst – Kalte Vorspeise – Hauptgericht – Dessert	 Melone mit Schinken Preiselbeerbirne als Beilage Salat von frischen Früchten
Pilze – Suppe – Warme Vorspeise – Hauptgericht	 Morchelrahmsuppe Champignons, gebacken Pfifferlinge (Garnitur)
Fische, Krebs- und Weichtiere – Kalte Vorspeise – Suppe – Warme Vorspeise – Hauptgericht	 Hummercocktail Muschelcremesuppe Seezungenfilets Garnelen (Garnitur)
Teige, Teigwaren – Suppe – Warme Vorspeise – Hauptgericht – Dessert	 Pfannkuchenstreifen (Célestine) Pastetchen Spätzle (Beilage) Dessertpfannkuchen
Eier – Kalte Vorspeise – Suppe – Warme Vorspeise – Hauptgericht	 gefüllte Eier Eierstich (Royal) Verlorenes Ei gehacktes Ei (Garnitur)

Aufeinanderfolge der Speisen im Menü

Vorspeisen

Die kalte Vorspeise steht im Menü an erster Stelle. *Die warme Vorspeise* hat ihren Platz nach der Suppe oder vor dem Hauptgang bzw. vor einem zusätzlichen Fischgericht oder zwischen Suppe und dem nachfolgenden Gericht.

Regeln für die Speisenfolge

Die Regeln beziehen sich auf *Farbe* und *Bindung*.

Farbe

Nach einer hellen Speise muss eine dunkle bzw. farblich betonte Speise folgen oder umgekehrt.

Bindung

Nach einer gebundenen muss eine ungebundene bzw. klare Speise folgen oder umgekehrt.

Für die Anwendung der genannten Regeln ist allerdings etwas Fingerspitzengefühl erforderlich.

Bezüglich der Farbe muss man sich von dem extremen Kontrast *„Schwarz-Weiß“* lösen, weil u.U. bereits geringfügige farbliche Abweichungen der Regel genügen können. Außerdem kann die Farbe je nach Speisenfolge unterschiedlich beurteilt werden:

- *Melone mit Schinken* wirkt vor einer *Geflügelcremesuppe* farblich betont, während sie vor einer *Ochsenschwanzsuppe* hell erscheint.
- *Obstsalat* wirkt nach *Rehrücken mit Wacholderrahmsauce* hell, aber nach *Brüstchen vom Masthuhn mit Geflügelrahmsauce* farblich betont.

Bezüglich der Bindung ist die Unterscheidung bei bestimmten Speisen ganz eindeutig:

Klare Ochsenschwanzsuppe
⇳
Gebundene Ochsenschwanzsuppe

Geflügelkraftbrühe
⇳
Geflügelcremesuppe

Steinbutt mit zerlassener Butter
⇳
Steinbutt mit Hummersauce

Tournedos mit Madeirajus
⇳
Tournedos mit Madeirasauce

Es gibt aber auch Speisen, bei denen die Zuordnung *„gebunden“* oder *„nicht gebunden“* Schwierigkeiten bereitet. In diesen Fällen ist die Folge der Speisen mit besonderem Einfühlungsvermögen abzuwägen:

- Nach Forellenfilet mit Sahnemeerrettich ist sowohl eine klare als auch eine gebundene Suppe denkbar.
- Vor Tournedos mit Béarner Sauce (Grillgericht) sind durchaus Seezungenfilets mit Weißweinsauce oder Scampi mit Dillrahmsauce denkbar.
- Nach Tournedos mit Béarner Sauce sind sowohl Salat von frischen Früchten als auch eine Cremespeise oder Halbgefrorenes denkbar.

Es ist zu beachten, dass Cremespeisen und Halbgefrorenes zwar „gebundene Speisen“ sind, im Sinne der Speisenfolge jedoch eine feste und geschlossene Beschaffenheit haben.

Schrittfolge beim Zusammenstellen

Erster Schritt

Das Hauptgericht muss als erstes festgelegt werden, dann wählt man eine geeignete Sauce sowie passende Gemüse- und Sättigungsbeilagen aus.

Die Speisen für die übrigen Gänge lassen sich nun unter Beachtung der Menüregeln leichter bestimmen und zuordnen.

Zweiter Schritt

Die übrigen Gänge werden bestimmt und unter Beachtung der Menüregeln entsprechende Speisen ausgewählt.

Dabei sind folgende Hinweise von Bedeutung:

- Die zugeordneten Speisen müssen mit dem Hauptgericht auch derart harmonieren, dass ein Menü mit einem schweren Hauptgericht z.B. *Rehrücken mit Wacholderrahmsauce* insgesamt schwerer sein wird als ein Menü mit einem leichten Hauptgericht z.B. *Seezungenfilets in Weißweinsauce.*
- Nicht immer findet man zu einem Hauptgericht eine passende warme Vorspeise bzw. ein Zwischengericht.

  Es ist dann zweckmäßig, dem Hauptgericht eine Suppe voranzustellen und das Menü mit einer kalten Vorspeise einzuleiten.

Beispiele für das Zusammenstellen

Hochzeitsessen im Mai

Zu Hochzeitsessen kommen im Allgemeinen Menschen aus sehr unterschiedlichen gesellschaftlichen Schichten zusammen. Aus diesem Grunde sollten Speisen, mit denen manche Gäste beim Essen Schwierigkeiten haben könnten, möglichst nicht in das Menü aufgenommen werden. Unter diesem Gesichtspunkt und unter Beachtung der Jahreszeit bieten sich an:

- Mastkalbsrücken und Scampi
- Spargel, Karotten und Blumenkohl
- Erdbeeren

Als Speisenfolge sollen folgende Gänge serviert werden: Kalte Vorspeise, Suppe, Hauptgang und Dessert. **Zum Hauptgang** gibt es **Medaillons vom Kalbsrücken,** ergänzt mit folgenden Beigaben:

- Champignonrahmsauce
- Spargel, glasierte Karotten und Erbsen
- Dauphinekartoffeln

Die vorangehende **Suppe** muss entsprechend der Regel klar und dunkel sein. Eine **klare Ochsenschwanzsuppe** entspricht dieser Forderung. Sie wird mit Sherry geschmacklich vollendet.

Als **Kalte Vorspeise,** zur Unterscheidung von der Suppe hell und gebunden, eignet sich ein **Scampicocktail.** Dazu werden Toast und Butter gereicht.

Das **Dessert** muss, vom Hauptgang her gesehen, farblich betont sein. Es eignen sich deshalb **Erdbeeren mit Grand Marnier,** mit Sahne garniert.

Das komplette Menü:

Scampicocktail
Toast und Butter

♥

Klare Ochsenschwanzsuppe mit Sherry

♥

Gebratene Medaillons vom Kalbsrücken
Spargel, glasierte Karotten, Erbsen
Dauphinekartoffeln

♥

Erdbeeren mit Grand Marnier

AUFGABE

Stellen Sie zu dem gleichen Anlass ein Menü nach eigener Wahl zusammen.

Damengesellschaft im Juni

Die Damen kommen 20 Jahre nach dem Ende ihrer gemeinsamen Schulzeit zu einem Klassentreffen zusammen. Für die Auswahl der Speisen sind zwei Gesichtspunkte zu beachten:

- Es handelt sich um Damen,
- der Juni liegt in der heißen Jahreszeit.

Aus dem saisonbedingten Marktangebot, das z.B. Forellen, junge Masthühner, Tomaten und Aprikosen enthält, könnte folgendes Menü zusammengestellt werden:

Zart geräuchertes Forellenfilet
Sahnemeerrettich, Toast und Butter

Doppelte Rindskraftbrühe
mit Gemüsestreifen

Gedünstete Brüstchen vom Masthuhn
in Morchelrahmsauce
geschmolzene Tomate, Kräuterreis

Aprikosenfächer in Weingelee

AUFGABEN

1. Beurteilen Sie das Menü unter Beachtung der Schrittfolge, die beim Zusammenstellen angewendet wird.
2. Stellen Sie zum gleichen Anlass ein Menü nach eigener Wahl zusammen.

Jagdgesellschaft im Oktober / November

Bei der Auswahl der Speisen sind zu beachten:

- der besondere Anlass,
- die Teilnehmer, denen herzhafte Speisen anzubieten sind,
- der Beginn der kalten Jahreszeit.

Aus dem saisonbedingten Angebot könnten für das Menü Frischlingsrücken, Muscheln und Pfifferlinge sowie Äpfel und Preiselbeeren ausgewählt werden.

An dieser Stelle ist anzumerken, dass sich bei Jagdessen entgegen der allgemeinen Regel ausnahmsweise gleichartige Rohstoffe bzw. Speisen wiederholen dürfen (siehe Suppe und Hauptgang).

Aufgabe

Stellen Sie unter Beachtung des Anlasses aus geeigneten Speisen und Beilagen ein Menü nach eigener Wahl zusammen.

Das komplette Menü:

Gebundene Wildsuppe

❖

Miesmuscheln in Weißweinsauce

❖

Gebratener Frischlingsrücken
Wacholderrahmsauce
Pfifferlinge
Mandelbällchen
Apfel mit Preiselbeeren

❖

Käse nach Wahl

Aufgaben

1 Erklären Sie die Bezeichnung Menü.

2 Beschreiben Sie den Aufbau eines modernen Menüs.

3 Nennen Sie je 5 Rohstoffe aus den verschiedenen Jahreszeiten.

4 Nennen Sie Rohstoff- und Zubereitungsbeispiele, die auf einen höheren bzw. niedrigeren Preis ausgerichtet sind.

5 Worauf ist bei der Zusammenstellung von Menüs im Hinblick auf die ernährungsphysiologische Vollwertigkeit zu achten?

6 Nennen Sie Möglichkeiten für die Begrenzung des Gesamtenergiegehaltes bei Menüs.

7 Erläutern Sie an Beispielen, auf welche Weise dem jeweiligen Anlass sowie den unterschiedlichen Teilnehmern Rechnung getragen werden kann.

8 Nennen Sie Beispiele, weshalb betriebliche Voraussetzungen in Bezug auf die Küche und den Service beachtet werden müssen.

9 Rohstoffe dürfen sich bei Einhaltung bestimmter Bedingungen wiederholen. Nennen Sie Beispiele.

10 Welche Rohstoffe dürfen sich nach der strengen Menülehre **nicht** wiederholen? Nennen Sie Beispiele.

11 Wie heißen die beiden Regeln für die unmittelbare Aufeinanderfolge von Speisen?

12 Beschreiben und begründen Sie die richtige Reihenfolge für das Zusammenstellen von Menüs.

13 An welcher Stelle haben kalte und warme Vorspeisen sowie ein zusätzliches Fischgericht ihren Platz innerhalb eines Menüs?

14 Stellen Sie – von folgenden Hauptgängen ausgehend – kartengerechte Menüs mit 4 Gängen zusammen:

Heilbuttschnitte vom Grill mit Kräuterbutter
Masthuhnbrust mit Currysauce
Lammnüsschen mit Thymianjus
Rehrückenfilet mit Portweinsauce

15 Überprüfen Sie folgende Menüs auf Regelwidrigkeiten und notieren Sie die festgestellten Mängel.
(Die Lösungen zu dieser Aufgabe finden Sie auf Seite 509)

MENÜ ①

Wildpastete mit Waldorfsalat
✤
Selleriecremesuppe
✤
Kalbsmedaillons mit Béarner Sauce
Dauphinekartoffeln
Mischgemüse
✤
Aprikosen mit Weinschaumsauce

MENÜ ②

Räucherlachs mit Sahnemeerrettich
✤
Gebundene Ochsenschwanzsuppe
✤
Gebackene Champignons
mit Remouladensauce
✤
Filetsteak mit Béarner Sauce
Grilltomate, Nusskartoffeln
✤
Orangencreme

MENÜ ③

Gänseleberparfait
✤
Pochierte Eier mit holländischer Sauce
✤
Kraftbrühe Royale
✤
Kalbssteak mit Geflügelleber
Rosenkohl, Herzoginkartoffeln
✤
Haselnusshalbgefrorenes

MENÜ ④

Cremesuppe Dubarry
✤
Avocado mit Crevettensalat
✤
Kalbsrahmschnitzel
Karotten, Blumenkohl
Erbsen, Spätzle
✤
Pfirsich Melba

MENÜ ⑤

Gefüllte Tomaten
✤
Kraftbrühe Célestine
✤
Entrecôte Tiroler Art
Streichholzkartoffeln, Salatteller
✤
Dessertpfannkuchen

MENÜ ⑥

Gebackene Scampi, Remouladensauce
✤
Geflügelcremesuppe
✤
Tournedos mit Choronsauce
Überbackener Blumenkohl
Glasierte Karotten
Strohkartoffeln
✤
Pistazienhalbgefrorenes

1.3 Getränke zum Essen

Getränke, die zum Essen gereicht werden, heißen **korrespondierende Getränke** und sollen eine harmonische Ergänzung zu den Speisen sein.

Getränke vor dem Essen

Ihr Zweck ist es, auf das Essen einzustimmen und den Appetit anzuregen. Im Französischen werden sie **Aperitifs** genannt. Das Wort bedeutet:

apéritif ➟ eröffnend, öffnend, appetitanregend

Eigenschaften der Getränke

Für die Getränke vor dem Essen sind folgende Eigenschaften von Bedeutung:

- **trocken,** d.h. ohne wahrnehmbare Süße. Im Gegensatz zu süßen Getränken wirken sie leichter und regen den Appetit an;
- **fruchtig** oder **bitteraromatisch,** womit eine besonders anregende Wirkung auf die Absonderung von Verdauungssäften verbunden ist;
- **kühl** und **erfrischend.**

Aperitifs

Als Aperitif werden z.B. angeboten:

Getränke allgemeiner Art	
Likörweine (trocken)	– Sherry und Portwein
Schaumweine (trocken)	– pur oder mit Orangensaft bzw. Campari – mit schwarzem Johannisbeerlikör/Cassis (Kir Royal)

Spezielle Aperitifs		
Arten	**Getränkebeispiele**	**mögliche Ergänzungen**
Wein-Aperitifs	– Martini – Cinzano – Noilly Prat – Dubonnet	– Soda, Mineralwasser
Bitter-Aperitifs	– Campari – Amer Picon – Cynar	– Soda – Orangensaft – Schaumwein
Anis-Aperitifs	– Pastis – Pernod – Ricard	– Wasser

Mixgetränke	
Bezeichnung	**Zutaten**
Cocktails	
▸ Manhattan	Canadian Whisky, roter Vermouth, Kirsche
▸ Martini dry	Gin, Vermouth dry, Olive
▸ White Lady	Gin, Cointreau, Zitronensaft
▸ Side Car	Cognac, Cointreau, Zitronensaft
Longdrinks	
▸ Gin Fizz	Gin, Läuterzucker, Zitronensaft, Soda
▸ Whiskey sour	Whiskey, Läuterzucker, Zitronensaft, Orangenscheibe, Maraschinokirsche

Getränke zur Speisenfolge

Im Rahmen eines Menüs werden im Allgemeinen Wein und Schaumwein gereicht. Die sogenannten korrespondierenden Getränke sollen den Geschmack der Speisen harmonisch ergänzen, ihn aber unter gar keinen Umständen überdecken.

Beispiele zur Verdeutlichung:

Zu einem **mild gewürzten Fischgericht**

☺ **passen:** junge, leichte und fruchtige, vor allem weiße Weine.

☹ **passen nicht:** ausgereifte, vollmundige und bukettreiche Weine,

Zu einem **kräftig gewürzten Wildgericht**

☺ **passen:** ausgereifte, vollmundige und bukettreiche, vor allem rote Weine.

☹ **passen nicht:** leichte, frische und säuerlich fruchtige Weine,

Geschmacksstufen der Getränke

Die sachgerechte Zuordnung der Weine ist eine Kunst, die viel Erfahrung und ein geschultes Geschmacksempfinden voraussetzt.

In Häusern, die dem Weinservice und der Gästeberatung besondere Beachtung schenken, gibt es deshalb einen speziellen Weinkellner, den sogenannten Sommelier.

Als Orientierungshilfe für die Zuordnung der Weine zu Speisen dienen vier Geschmacksstufen:

- **ausgesprochen leichte Weine,**
- **leichte bis mittelschwere Weine,**
- **mittelschwere bis schwere Weine,**
- **besonders ausdrucksstarke Weine.**

Speisenbeispiele	Weinbeispiele
Leichte, säuerlich-würzige Speisen – Scampicocktail (Cocktailsauce) – Forellenfilet (Sahnemeerrettich) – Lachsmedaillons (Kräutersauce) – Geflügelsalat (Schaummayonnaise) – Artischockenböden (mariniert) **Kalte Vorspeisen**	**Weißwein oder Roséwein** – leicht, frisch und fruchtig (trocken bis halbtrocken) – Blume und Bukett leicht ausgeprägt *Wehlener Sonnenuhr, Riesling* *Mosel-Saar-Ruwer* *Chablis* *Burgund*
Leichte, aber fein würzige Speisen – Scampi in Dillrahmsauce – Forellenfilet, gebraten – Salm mit Krebsrahmsauce – Feines Geflügelragout – Artischockenböden mit holländischer Sauce **Warme Vorspeisen (Zwischengerichte)**	**Weißwein** – leicht bis mittelschwer (halbtrocken) – Blume und Bukett feinwürzig ausgeprägt *Rüdesheimer Rosengarten, Riesling* *Rheingau* *Würzburger Stein, Silvaner, Kabinett* *Franken*
Mittelschwere, voll würzige Speisen *Helles Fleisch:* gedünstet, gebraten, gegrillt oder frittiert – Scampi, Seezungenfilets oder Salmschnitte – Masthuhnbrust, Hähnchen – Kalbs- und Schweinemedaillons – Kalbsgeschnetzeltes **Warme Vorspeisen bzw. leichte Hauptgerichte**	**Weißwein** (im Ausnahmefall oder auf Wunsch des Gastes Rotwein) – mittelschwer und harmonisch bezüglich Säure und Restsüße (halbtrocken) – Blume und Bukett leicht ausgeprägt (mundig) und Bukett feinwürzig *Graacher Himmelreich, Riesling, Spätlese* *Mosel-Saar-Ruwer* *Winkeler Jesuitengarten, Riesling, Spätlese* *Rheingau*
Schwere, stark würzige Speisen *Dunkles Fleisch:* gebraten, gegrillt oder geschmort – Ente und Gans – Rind und Lamm – Wild **Schwere Hauptgerichte**	**Rotwein** (im Ausnahmefall oder auf Wunsch des Gastes Weißwein) – schwer (trocken bis halbtrocken) – Blume, Bukett voll und stark ausgeprägt (vollmundig) *Montagne Saint-Émilion* *Bordeaux* *Aßmannshäuser Höllenberg, Spätburgunder, Spätlese* *Rheingau*

Regeln zur Aufeinanderfolge der Getränke

Diese Überlegungen gelten nicht für die Getränke vor (Aperitifs) bzw. nach dem Essen (Digestifs). Nur die Getränke während des Essens stehen in so enger Beziehung zueinander, dass bezüglich der Aufeinanderfolge eine wichtige Regel zu beachten ist:

Die geschmackliche Fülle der Getränke muss stufenweise zunehmen.

Nach einem geschmacklich ausdrucksstarken käme ein geschmacklich leichtes Getränk nicht mehr zur Geltung. Im Einzelnen bedeutet das:

- **leichte Weine vor schweren,**
- **junge Weine vor alten Weinen, die aufgrund ihrer Reife vollmundiger sind,**
- **trockene Weine vor halbtrockenen, die aufgrund der Restsüße schwerer und voller wirken,**
- **weiße Weine vor roten, die von Natur aus voller und geschmacksintensiver sind,**
- **Wein vor Schaumwein, der durch den Gehalt an Kohlensäure ausdrucksstärker ist.**

Menü – Speisekarte

Bei der Auswahl der korrespondierenden Getränke ist vom Hauptgang auszugehen. Er bildet den Höhepunkt der geschmacklichen Fülle. Beachten Sie aber den Unterschied bei folgenden Hauptgängen:

- Hähnchenbrüstchen mit Curryrahmsauce (leichtes Hauptgericht)
- Rehrücken mit Wacholderrahmsauce (schweres Hauptgericht)

Die Weine zu den übrigen Gängen sind auf den Wein zum Hauptgang abzustimmen.

Im Gegensatz zum trockenen Sekt als Aperitif sollte der Sekt zum Dessert halbtrocken sein, damit der Geschmacksunterschied zur Süßspeise nicht zu gravierend ist.

Getränke nach dem Essen

Kaffee dient hauptsächlich zur Überwindung der leichten Ermüdung nach dem Essen. Es gibt folgende Angebotsformen:

- Kaffee oder Mokka, auch in Verbindung mit Weinbrand oder geeigneten Likören
- Espresso und Cappuccino
- Rüdesheimer Kaffee oder Irish Coffee

Bedeutung der Getränke

Sie sollen die Mahlzeit harmonisch ausklingen lassen und vor allem verdauungsfördernd wirken. Die französische Bezeichnung heißt **Digestif.** Das Wort ist hergeleitet von:

digestif = verdauungsfördernd

Als Digestif eignen sich:

Hochwertige Brände und Geiste

- Weinbrand, Cognac, Armagnac
- Kirschwasser, Himbeergeist, Williamsbirnenbrand, Calvados

Hochwertige Liköre

- Grand Marnier, Chartreuse
- Cointreau und Bénédictine
- in Verbindung mit anderen Zutaten auch als After-Dinner-Cocktails

1.4 Menüangebot, Menükarte

Im Vergleich zum Angebot der Speisen in einer umfangreichen Speisekarte kommt dem Menüangebot heute eine besondere Bedeutung zu.

Arten des Menüangebots

Es gibt sie in Form von Tagesangeboten, Festtagsangeboten und Angeboten für besondere Anlässe.

Tagesmenüs

Viele Menschen, insbesondere auch solche, die im Arbeitsprozess stehen, nehmen ihr Essen heute außerhalb des Hauses ein. Um diesem täglichen Bedürfnis zu genügen, hält der gastgewerbliche Betrieb ein Angebot bereit, das den bescheideneren täglichen Verzehrgewohnheiten angemessen ist und im Allgemeinen folgende Merkmale aufweist:

- 3 Menüs mit abgestuften Preisen,
- in der Regel mit 3 Gängen.

Festtagsmenüs

Solche Menüs – z. B. zu Ostern, Pfingsten, Weihnachten und Silvester – sind auf die besondere festtägliche Stimmung sowie auf die damit verbundenen erhöhten Ansprüche der Gäste ausgerichtet:

- in der Regel mehrere Menüs mit abgestuften Preisen,
- mit 3 oder auch mehr Gängen,
- in einer Ausstattung, die für einen Festtag angemessen ist.

Menüs für besondere Anlässe

Für Familienfeiern z. B. Geburtstag, Kommunion, Konfirmation, Hochzeit sowie zu besonderen Veranstaltungen z. B. Vereinsfeste, Betriebsjubiläen, Staatsempfänge hat der Gastgeber oftmals spezielle Wünsche. In der Regel hält der Gastronomiebetrieb hierfür spezielle Menüvorschläge bereit, bei denen die küchentechnischen Aspekte, die zur Verfügung stehenden Mitarbeiter sowie saisonale Rohstoffangebote berücksichtigt sind. Darüber hinaus ist es aber auch üblich, in einem Beratungsgespräch mit dem Auftraggeber besondere Wünsche zu klären und mit ihm ein ganz individuell gestaltetes Menü zusammenzustellen.

Bedeutung des Menüangebots

Menüangebote sind im Vergleich zu dem Angebot einer großen Speisekarte sowohl für die Küche als auch für den Gast mit besonderen Vorteilen verbunden.

Vorteile aus der Sicht der Küche

Das Essen à la carte bringt die Küche nicht selten in eine schwierige Arbeitssituation. Sie muss abwarten, welche Speisen die Gäste bei ihrem Eintreffen aus der Karte auswählen. In vielen Fällen geht dann gleichzeitig eine größere Anzahl von Bestellungen meist unterschiedlicher Gerichte ein.

Dadurch gerät die Küchenbrigade unter starken zeitlichen Druck. Das Menüangebot bringt diesbezüglich Entlastung:

- Bestimmte Vor- und Zubereitungen können bereits vor Beginn der Essenszeit ausgeführt werden,
- der zeitliche Spielraum ermöglicht eine gezielte Arbeits- und Personaleinteilung.

Das Menüangebot eröffnet darüber hinaus Möglichkeiten eigener Initiative:

- gezielte Auswahl gerade vorhandener, insbesondere saisonbedingter Rohstoffe,
- abwechslungsreiche Gestaltung des täglichen Speisenangebotes,
- Zuordnung gleicher Speisen in abgewandelten Speisenkombinationen z. B. Vorspeisen, Suppen und Nachspeisen.

Vorteile aus der Sicht des Gastes

Bei häufigem Restaurantbesuch, insbesondere wenn es sich um tägliche Mahlzeiten handelt, bleibt ihm die Mühe erspart, sich selbst ein Menü zusammenzustellen. Weitere Vorteile sind:

- Ein Menü ist stets preisgünstiger als eine Kombination gleicher Speisen aus der Speisekarte.
- Die Speisen des Menüangebotes sind bei der Bestellung meistens sofort servierbereit, sodass kaum Wartezeiten entstehen.

Präsentation des Menüangebots

Tagesangebote

Diese werden in der Regel mit der Speisekarte kombiniert.

MENÜ 1	MENÜ 2
Blumenkohlrahmsuppe	Kleiner Salatteller
Schweinebraten mit Semmelknödeln	Zwiebelrostbraten mit Kartoffelpüree
Fruchtsalat	Karamellcreme

KALTE VORSPEISEN
Scampicocktail mit Toast und Butter
Roher Schinken mit Ogenmelone
Geräuchertes Forellenfilet

SUPPEN
Klare Ochsenschwanzsuppe
Kraftbrühe mit Eierstich
Blumenkohlrahmsuppe

HAUPTSPEISEN
Gekochter Tafelspitz mit Bouillonkartoffeln
Schweinekotelett in Robertsauce
Lammfilet in Thymianjus, Annakartoffeln

NACHSPEISEN
Aprikosenstrudel mit Vanilleeis
Palatschinken, mit Sauerkirschen gefüllt
Marzipancreme mit Rhabarber

Kombination des Menüangebotes mit der großen Speisekarte

KALTE VORSPEISEN
Scampicocktail mit Toast und Butter
Roher Schinken mit Ogenmelone
Geräuchertes Forellenfilet

SUPPEN
Klare Ochsenschwanzsuppe
Kraftbrühe mit Eierstich
Blumenkohlrahmsuppe

WARME VORSPEISEN
Kalbsbries in Kräutereihülle
Feines Geflügelragout mit Wildreis
Tintenfisch-Risotto

FISCHGERICHTE
Gebratene Scholle mit Zitronenbutter
Steinbutt in Rieslingsauce
Seeteufel im Wirsingmantel

MENÜ 1
Linseneintopf mit Räucherspeck
Apfelstrudel

MENÜ 2
Blumenkohlrahmsuppe
Schweinebraten mit Semmelknödeln
Fruchtsalat

MENÜ 3
Kleiner Salatteller
Zwiebelrostbraten mit Kartoffelpüree
Karamellcreme

HAUPTSPEISEN
Gekochter Tafelspitz mit Bouillonkartoffeln
Ochsenschwanzragout in Madeirasauce
Glasierte Kalbshaxe mit Röstkartoffeln
Geschnetzeltes vom Kalb mit Rösti
Schweinemedaillons mit Morcheln
Schweinekotelett in Robertsauce
Irish Stew (Irischer Lammeintopf)
Lammfilet in Thymianjus, Annakartoffeln

KÄSE
Kleine, gemischte Käseauswahl
Weißkäsemus mit Apfelspalten
Gebackener Camembert mit Preiselbeerkompott

NACHSPEISEN
Aprikosenstrudel mit Vanilleeis
Palatschinken, mit Sauerkirschen gefüllt
Marzipancreme mit Rhabarber

Festtagsangebote

Den besonderen Anlässen entsprechend werden die Menüs in Karten mit festlicher Aufmachung präsentiert.

Gestalten von Menükarten

Der Schriftsatz ist bei Menükarten im Allgemeinen auf die Zeilenmitte zentriert, er kann aber auch links- bzw. rechtsbündig angeordnet sein. Für das Aufzählen der Bestandteile eines Ganges mit Beilagen gibt es eine bestimmte Reihenfolge:

Hauptbestandteil
Sauce
Gemüsebeilage
Sättigungsbeilage

Die Folge ändert sich lediglich, wenn Salat oder eine kalte Beilage gereicht wird. Diese Speisen stehen immer am Ende der Aufzählung. Für die **Anordnung der Getränke** ist zu beachten:

- Bei gefalteten Karten stehen die Getränke auf der linken Seite in Höhe des Ganges, dem sie zugeordnet sind. Kaffee oder Mokka erscheinen immer auf der rechten Seite im Anschluss an die Speisenfolge.
- Bei ungefalteten Karten stehen die Getränke jeweils nach dem Gang, zu dem sie gereicht werden.

Aufgaben

1 Wie nennt man Getränke, die vor dem Essen gereicht werden und welchen Zweck erfüllen sie?

2 Nennen und beschreiben Sie Cocktails und Longdrinks, die sich als Aperitifs eignen.

3 Welche grundlegende Funktion erfüllen die korrespondierenden Getränke beim Essen?

4 Nennen Sie grundlegende Regeln für die Aufeinanderfolge der Getränke in der Speisenfolge.

5 Ihre Gäste haben sich für *„Steinbutt und Hummer mit Champagnersauce“* als Hauptgang entschieden.

Im Rahmen der Gästeberatung empfehlen Sie Ihren Gästen:

a) passende Beilagen zum Hauptgang,

b) zusätzlich eine kalte Vorspeise, eine Suppe und ein Dessert sowie

c) passende Getränke zum Menü.

Üben Sie im Rahmen der Gästeberatung mit folgenden Hauptgängen in gleicher Art und Weise:

„Hirschrückenroulade mit Calvados-Sauce“
und
„Tournedos mit Béarner Sauce“

Beispiel eines Menüs mit zugehörendem Gedeck

1 Eingedecktes Couvert

2 Gänseleber in Briochemantel
mit Apfelsalat
und Würfeln von Sherryweingelee

3 Gekochter Hummer im Gemüsesud

4 Rinderfilet auf einer Trüffelrahmsauce
mit Fingerkarotten, Zuckerschoten,
Mus von Petersilienwurzeln
und gebratenen Kartoffelspänen

5 Frische Feigen auf Curaçaosauce
mit Orangenfilets

2 Speisekarten

🇬🇧 *bill of fare, the menu*
🇫🇷 *la carte des mets, le menu*

Die Speisekarte enthält das übliche Speisenangebot eines Betriebes.

Während dem Gast in Menükarten jeweils eine festgelegte Folge bestimmter Speisen präsentiert wird, kann er sich aus dem umfangreichen Angebot der Speisekarte je nach Verzehrabsicht entweder eine einzelne Speise auswählen oder sich selbst eine Speisenfolge zusammenstellen. Er wählt bzw. speist dann „à la carte".

Speisekarten sind die Visitenkarte des Hauses. Sie repräsentieren das Niveau der Küche. Unter diesem Gesichtspunkt sind sie ein ganz wichtiges Hilfsmittel der Werbung und Verkaufsförderung.

Bereits beim Lesen und Studieren soll sie den Gast in eine gehobene Stimmung versetzen und Verzehrwünsche wecken. Dabei ist jedoch andererseits zu bedenken, dass die Küche tatsächlich das bieten muss, was sie in der Karte verspricht.

2.1 Arten der Speisekarten

Man unterscheidet drei grundlegende Kartentypen: die Standardkarte, die Tageskarte und die Spezialkarte.

Standardkarte

Es handelt sich dabei um eine Zusammenstellung von Speisen, die als Standardangebot für einen längeren Zeitraum unverändert bleiben. Damit die Karte aber dem Charakter sowie dem Niveau des Hauses entspricht, sind wichtige Gesichtspunkte zu bedenken:

- Art des Speisenangebots,
- Umfang und Gliederung des Angebots,
- Aufmachung der Karte.

Art des Speisenangebots

Die angebotenen Speisen müssen bei den Gästen Zustimmung finden, denn nur so kann der angestrebte Umsatz erzielt werden.

Aus diesem Grunde ist zu klären:

- Welcher Gästekreis soll bevorzugt angesprochen werden?
- Welche Speisen versprechen dabei eine besondere Werbewirksamkeit?
- Sind die personellen und technischen Voraussetzungen so, dass die Speisen auch sachgerecht in einer vertretbaren Zeit zubereitet und serviert werden können?

Unter solchen Gesichtspunkten ist es auch wichtig, das Angebot in regelmäßigen Abständen kritisch zu überprüfen und gegebenenfalls neu zusammenzustellen. Dabei sind die von den Gästen weniger akzeptierten Speisen herauszunehmen und neue, erfolgversprechendere anzubieten.

Außerdem müssen in solche Überlegungen die möglichen Veränderungen des Konsumverhaltens und der Verzehrsgewohnheiten der Gäste mit einbezogen werden.

Umfang des Speisenangebots

Es soll maßvoll und ausgewogen sein.

Nicht zu groß, damit die Überschaubarkeit gewährleistet ist und dem Gast die Auswahl nicht unnötig erschwert wird. Die Küche wird auf diese Weise, besonders in Stoßzeiten, von Überforderungen verschont.

Außerdem wird vermieden, dass ungenutzte Rohstoffvorräte die Wirtschaftlichkeit des Betriebes gefährden.

Nicht zu klein, damit der Gast in seinen Verzehrabsichten nicht zu sehr eingeschränkt ist. Das Angebot muss in jedem Falle allgemein üblichen Verzehrgewohnheiten gerecht werden.

Nicht zuletzt ist darauf zu achten, dass Vorspeisen, Suppen, Hauptspeisen und Nachspeisen in ihrer Menge ausgeglichen und in ihrer Art aufeinander abgestimmt sind.

Gliederung des Speisenangebots

Die Speisekarte wird nach Speisengruppen gegliedert, um dem Gast die Möglichkeit zu geben, sich selbst daraus ein Menü zusammenzustellen.

Man orientiert sich dabei am Aufbau des Menüs. Lediglich die kalten und warmen Vorspeisen werden am Anfang unmittelbar nacheinander aufgeführt.

Kalte Vorspeisen
Warme Vorspeisen
Suppen
Eierspeisen
Fisch und Krebstiere
Schlachtfleisch
Wild und Geflügel
Beilagen
Käse
Süßspeisen

Aufmachung der Speisekarte

Die Speisekarte muss den Gast optisch ansprechen und den Charakter des Hauses hervorheben.

Etwas stärkeres Papier oder feiner Karton wirken besser. Ein werbewirksamer sowie strapazierfähiger und abwischbarer Umschlag ist empfehlenswert. Außerdem sind von Bedeutung:

- eine übersichtliche und klare Gliederung,
- ein gutes und angenehm lesbares Schriftbild,
- eine ausgewogene und ansprechende Raum- und Textaufteilung.

Durch besondere Gestaltungselemente wie Einbände, Mehrfarbendrucke, Umrandungen und Wappen sowie durch gastronomische Motive kann die Originalität der Karte noch gesteigert werden.

Tageskarten

Das Angebot dieser Karten wird täglich neu zusammengestellt. Es handelt sich dabei um eine sinnvolle und zweckmäßige Ergänzung zur Standardkarte, die sowohl für die Küche als auch für den Gast Vorteile mit sich bringt.

Aus der Sicht der Küche:

- Sie kann auf besondere Angebote des Marktes rasch reagieren, weil die Rohstoffe im Rahmen der wechselnden Tagesangebote gezielt verarbeitet und umgesetzt werden können.
- Gerichte, für die eine längere Zubereitungsdauer erforderlich ist, können aus küchentechnischen Gründen überhaupt nur als Tagesgerichte hergestellt werden z. B. Braten und Schmorfleischgerichte sowie gekochte Rinderbrust.

Aus der Sicht des Gastes:

- Das Speisenangebot der Tageskarte bietet ihm ergänzend zur Standardkarte mehr Abwechslung.
- Tagesangebote sind häufig besondere regionale oder saisonale Spezialitäten und oftmals preisgünstig.
- Die Speisen sind zu Beginn der Essenszeit servierbereit, sodass sich für den Gast keine langen Wartezeiten ergeben.

Spezialkarten

Sie enthalten ein zeitlich begrenztes und gezieltes Speisenangebot aus Rohstoffen der jeweiligen Saison, z. B.:

- Spargel, Erdbeeren
- Muscheln, Austern und Krebstiere
- Wildbret

Spezialkarten sind eine sinnvolle Ergänzung sowohl der großen Karte als auch der Tageskarten:

- Einerseits erwartet der anspruchsvolle Gast ein der Saison entsprechendes Speisenangebot und ist deshalb auch bereit, für besondere Spezialitäten einen höheren Preis zu zahlen,
- andererseits bietet sich hier für die Küche die Möglichkeit der Umsatzsteigerung an, da sie in Spezialkarten mit der Preisgestaltung flexibler sein kann als in Standardkarten.

Unter den gleichen Gesichtspunkten werden Spezialkarten auch im Zusammenhang mit ganz gezielten verkaufsfördernden Maßnahmen eingesetzt, z. B.:

- „Das besondere Angebot der Woche",
- „Meeresfrüchte in erlesenen Zubereitungen",
- „Gerichte aus alten Kochbüchern",
- „Ihr Küchenmeister präsentiert ausgewählte Fischspezialitäten der internationalen Küche".

2.2 Erstellen der Speisekarte

Die „Gastronomische Akademie Deutschlands", kurz GAD genannt, schreibt dazu: „Speisekarten sind in erster Linie für den Gast geschrieben, dem sie auch verständlich sein müssen." Die einzelnen Richtlinien des Kommentars sind in den folgenden Ausführungen an jeweils entsprechender Stelle wiedergegeben und erläutert.

Informationsgehalt der Speisekarte

Jede angebotene Speise weckt beim Gast bestimmte Vorstellungen und Erwartungen. Die Aussagen der Karte müssen deshalb klar und wahr sein. Das gilt insbesondere auch für die Bezeichnung „nach Art des Hauses", die als eine nichtssagende Allerweltsformel anzusehen ist, wenn die Art der Speise nicht näher erklärt wird. Detaillierte Richtlinien und Anweisungen finden Sie in den folgenden Ausführungen.

Wahrheit

Die Angaben auf der Speisekarte müssen der **Wahrheit** entsprechen:

- Mastkalbsrücken muss aus Fleisch von einem gemästeten Kalb sein.
- Bei der Bezeichnung „Frischer Lachs" oder „Frische Hähnchen" darf es sich nicht um gefrostete Ware handeln.
- Norwegischer Hummer, Bornholmer Lachs oder Bresse-Enten müssen aus der entsprechenden Region kommen.

Verstöße sind nach dem Gesetz *Warenunterschiebungen.*

Klassische Bezeichnungen dürfen nur verwendet werden, wenn sie nach dem Originalrezept hergestellt sind:

- Tournedos Rossini müssen Gänseleber, Trüffelscheiben und Madeirasauce enthalten. Trüffel dürfen nicht durch Champignons ersetzt werden.
- Seezunge Colbert muss mit Colbertbutter serviert werden. Die Butter darf nicht durch Béarner Sauce ersetzt werden.
- Bernykartoffeln müssen Trüffelstückchen enthalten und mit Mandeln paniert sein.

Abweichungen vom Original können dazu führen, dass man die Glaubwürdigkeit der Küche ganz allgemein in Frage stellt und es zu berechtigten Beanstandungen kommt. Beides ist nicht dazu angetan, den guten Ruf eines Hauses zu fördern.

Sprachliche Entgleisungen

Sprachliche Entgleisungen wie Mastpoularde, Edellachs, Edelchampignons und ähnliche sollte man nicht gebrauchen:

- Poularde bedeutet bereits gemästetes Huhn.
- Lachs ist die Bezeichnung für einen Edelfisch.
- Champignon bedeutet edler Pilz (essbarer Pilz).

Die erwähnten Bezeichnungen sind in allen Fällen sinnwidrige Verdoppelungen.

Fantasienamen

Nichtssagende Fantasienamen sind zu vermeiden:

- Ein wenig Curry ist noch keine Speise nach indischer Art,
- ein Stück Ananas oder ein paar Kirschen berechtigen nicht zur Bezeichnung Hawaii oder Florida.

Bei solchen Übertreibungen, die lediglich etwas Großartiges, Besonderes vortäuschen, muss sich der Gast berechtigterweise genarrt fühlen. Für einfache alltägliche Gerichte braucht man keine Namen der „grande cuisine".

Klassische Namen

Gerichte mit klassischen Namen oder ergänzenden Bezeichnungen, die nicht allgemein bekannt sind, sollte man auf der Karte stets mit einer kurzen Erklärung versehen:

Es ist nicht gut, wenn der Gast in solchen Fällen fragen muss oder erst gar nicht bestellt. Aus diesem Grunde ist es heute in zunehmendem Maße üblich, anstelle der klassischen Garniturbezeichnung die Speise einfach zu beschreiben. Die Küche kann so

- von Zubereitungen Abstand nehmen, die viel zu zeitaufwendig sind oder in ihrer Art den heutigen Essgewohnheiten nicht mehr entsprechen,
- in der Abwandlung von Zubereitungen ihre eigene Kreativität mehr zum Ausdruck bringen, z. B.:

Klassisch

Seezungenfilets Lady Egmont

Modern

In Weißwein pochierte Seezungenfilets, mit Champignonscheiben, leichter Rahmsauce und Spargelspitzen

Klassisch

Lendenschnitte Duroc

Modern

Gebratene Lendenschnitten, garniert mit geschmolzenen Tomaten, Jägersauce und Nusskartoffeln

Sprache der Speisekarte

Viele Speisenbezeichnungen kommen aus einer Fremdsprache. Die Übernahme in deutschsprachige Karten bereitet Schwierigkeiten, ist umstritten und nicht selten werden deshalb fremdsprachige Namen und Benennungen falsch, oberflächlich und unkritisch verwendet. Die GAD bietet aus diesem Grunde Orientierungshilfen an.

Fremdsprachige Bezeichnungen

Sie sollten nur dann benutzt werden, wenn es sich um unübersetzbare Originalbezeichnungen handelt oder wenn sie im internationalen Sprachgebrauch zu einem festen Bestandteil geworden sind, z. B.:

Rohstoffbezeichnungen

- Champignons, Entrecôte
- Rumpsteak, Tournedos

Personennamen

- Rossini, Dubarry, Mirabeau
- Béchamel, Colbert, Wellington

Geographische Namen

- Orly, Argenteuil, Szegedin

Speisenbezeichnungen

- Pommes frites, pochierte Eier
- Irish Stew, Paëlla, Piccata
- Bouillabaisse, Coq au vin

Gemischtsprachige Bezeichnungen

Man verwendet sie in der Absicht, Niveau anzudeuten und Eindruck zu machen. Meistens bewirken sie das Gegenteil, weil die Bezeichnungen oft ganz einfach falsch sind oder ein unschönes Sprachgemisch darstellen.

Menü – Speisekarte

falsch	richtig oder besser
Oxtail clair (gleich zwei fremde Sprachen)	Klare Ochsenschwanzsuppe
Rinderfilet jardinière	Rinderfilet nach Gärtnerinart
Champignons à la crème	Rahmchampignons
Seezunge au vin blanc	Seezunge, in Weißwein gedünstet
Hammelkotelett grillée	Hammelkotelett vom Rost
Duchessekartoffeln	Herzoginkartoffeln

Rechtschreibung auf der Speisekarte

Die Bedeutung der Speisekarte darf nicht unterschätzt werden. Aus diesem Grund müssen auch die Regeln der Rechtschreibung eingehalten werden.

Man sollte die Karte, bevor sie in Druck geht, von einer geeigneten Person auf grammatikalische Richtigkeit hin überprüfen lassen.

Rechtschreibfehler

Obwohl sie oft Flüchtigkeitsfehler sind, sollte man sie dennoch möglichst vermeiden, weil sie besonders unangenehm auffallen und sehr kritisch beurteilt werden.

falsch	richtig
Gekochter Schellfisch mit Kartoffel	… Kartoffel**n**
Rehrücken mit Pfifferlinge	... Pfifferling**en**
Kraftbrühe mit Marklöschen	... Marklö**ß**chen

Wortbildungen mit geographischen Namen

In Verbindung mit bestimmten Zubereitungsarten sowie mit regionaltypischen Rohstoffen werden geographische Namen verwendet: eine Nation, eine Landschaft oder eine Stadt.

- Bei der Speisenbezeichnung darf neben dem Wort **Art** der Zusatz **nach** bzw. **auf** nicht fehlen. In zunehmendem Maße hat sich in letzter Zeit das „… nach …“ gegenüber dem „… auf …“ durchgesetzt.
- Das eine Nation oder eine Landschaft benennende Wort wird **klein** geschrieben.
- Bei Städtenamen hat sich die **Großschreibung** durchgesetzt.
- Das Wort **Art** wird in allen Fällen nachgestellt und **groß geschrieben.**

falsche Schreibweisen	richtige Schreibweisen
Russische Eier	Eier nach russischer Art
Rindfleisch flämisch	Rindfleisch nach flämischer Art
Kalbsleber berliner Art	Kalbsleber nach Berliner Art
Eier Florentinerart	Eier nach Florentiner Art
Kalbsteak Pariserart	Kalbssteak nach Pariser Art
Hähnchen nach Amerikanischer Art	Hähnchen nach amerikanischer Art

Wortbildungen mit Personennamen

Hier ist zwischen Standespersonen und historisch bedeutenden Personen zu unterscheiden.

- Die Berufsbezeichnungen (z. B. Müllerin, Gärtnerin) stehen in enger Beziehung zu der standesüblichen Zubereitungsart. Der verwendete Zusatz **…art** wird deshalb unmittelbar an den Namen angehängt.
- Die Verwendung der Namen von historisch bedeutenden Personen erfolgt lediglich zu deren Ehrung. Aus diesem Grunde entfällt in diesen Fällen der Zusatz **Art** bzw. **nach Art.**

falsche Schreibweise	richtige Schreibweise
Forelle Müllerin	Forelle nach Müllerinart
Cremesuppe à la Dubarry	Cremesuppe Dubarry
Tournedos nach Rossini	Tournedos Rossini
Kalbsbraten Gärtnerin Art	Kalbsbraten nach Gärtnerinart
Pfirsich Melbaart	Pfirsich Melba
Bäckerinkartoffeln	Kartoffeln nach Bäckerinart

Zeichensetzung auf der Speisekarte

Die Kurzinformation der Karte verleitet auch hier immer wieder zu Fehlern. Sie beziehen sich auf den Bindestrich, auf Anführungszeichen und auf das Komma.

Komma

Das Komma dient zur Abgrenzung. Bei Speisen sind sie bei näheren Angaben über die Zubereitungs- oder Garmachungsart üblich, wobei jedoch zu beachten ist:

- Wird die Garmachungsart der Speise vorangesetzt, entfällt das Komma:

Gebratene Rehkeule	Gekochte Rinderbrust
Gedünstete Karotten	Überbackener Fenchel

- Wird die Zubereitungsart nachgesetzt, ist das Komma unbedingt erforderlich:

Rinderbrust, gekocht

Seezunge, gedünstet

Menü – Speisekarte

- Werden nach der Zubereitungsart gleichzeitig Beilagen angegeben, ist eine weitere Abgrenzung durch Kommas notwendig:

  Seezungenfilets, gedünstet, mit Spargel und Reis
  Ochsenbrust, gekocht, mit Bouillonkartoffeln

  Aber: Gekochte Ochsenbrust mit Bouillonkartoffeln (die Garmachungsart ist vorangestellt!)

Bindestriche

Bindestriche werden nach den Rechtschreibregeln bei längeren, mindestens dreigliedrigen Wortverbindungen zur sinnvollen Abgrenzung angewendet, z. B. Prinz-Heinrich-Schnitzel.

falsche Schreibweise	richtige Schreibweise
Geflügel-Rahmsauce	Geflügelrahmsauce
Königin-Suppe	Königinsuppe
Müllerin-Art	Müllerinart
Berliner-Art	Berliner Art

Anführungsstriche

Sie dienen dazu, einzelne Wörter oder Satzteile besonders hervorzuheben. Die ergänzenden Aussagen zu Speisen, zu denen fälschlicherweise Anführungsstriche verwendet werden, sind aber in Wirklichkeit ganz selbstverständliche Bestandteile der Bezeichnung.

Anführungszeichen ergeben daher keinen Sinn.

falsche Schreibweise	richtige Schreibweise
Tournedos „Rossini“	Tournedos Rossini
Leber nach „BerlinerArt“	Leber nach Berliner Art

Gesetzliche Vorschriften

Speisekarten und Getränkekarten bilden die Grundlage für den Bewirtungsvertrag. Laut Gesetz müssen dem Gast Speisen und Getränke in schriftlicher Form angeboten werden.

Zu beachten sind **Vorschriften** über:

- die Art und Weise von **Speisebezeichnungen,**
- Hinweise auf **Zusatzstoffe** sowie
- die **Preisauszeichnungen.**

Art und Weise des Angebots

Gaststättenbetriebe müssen neben dem Eingang einen Aushang anbringen, aus dem für den Gast die Tagesmenüs und Tagesgerichte sowie das Preis- und Qualitätsniveau zu ersehen sind.

In der Gaststätte sind Speisekarten auf den Tischen bereitzulegen oder die Karte ist dem Gast bei der Aufnahme der Bestellung bzw. auf Verlangen bei der Abrechnung vorzulegen.

Andere Betriebsarten, wie Selbstbedienungsgaststätten, Erfrischungshallen, Kioske, Stehbierhallen, Bierzelte und ähnliche Betriebe müssen eine Übersichtstafel anbringen, aus der die angebotenen Speisen zu ersehen sind. Auf gleiche Weise müssen dem Gast auch die Getränke angezeigt werden.

Vorschriften zur Preisauszeichnung

Zu allen angebotenen Speisen und Getränken sind die zugehörigen Preise anzugeben. Es handelt sich um **Inklusivpreise,** in denen das Bedienungsgeld, die Mehrwertsteuer sowie sonstige Zuschläge enthalten sein müssen.

Bei Getränken ist in Verbindung mit dem Preis die Getränkemenge anzugeben.

Hinweis auf Zusatzstoffe

Nach der Zusatzstoff-Zulassungverordnung müssen Speisen, die **kennzeichnungspflichtige Farb-, Aroma- und Konservierungsstoffe** enthalten, auch auf der Speisekarte vorschriftsmäßig gekennzeichnet werden (siehe Lebensmittelgesetz, S. 41).

Aufgaben

1 Erläutern Sie den Unterschied des Speisenangebotes in Menü- und Speisekarten.

2 Nennen und beschreiben Sie unter dem Gesichtspunkt der jeweiligen Zielrichtung unterschiedliche Arten von Speisekarten.

3 Welche besondere Bedeutung kommt beim Speisenangebot den Tages- und Spezialkarten zu?

4 Welche grundlegenden Überlegungen sind vor dem Zusammenstellen einer Standardkarte anzustellen?

5 Beschreiben und begründen Sie Richtlinien bezüglich der Aufmachung, des Umfangs und der Gliederung von Speisekarten.

6 Nennen Sie Speisen, die an besonderer Stelle der Karte hervorgehoben werden können.

7 Was versteht man bei der Speisenbezeichnung unter falschen bzw. unkorrekten Benennungen? Geben Sie Beispiele.

8 Welche Rechtschreibregeln gibt es für die Verwendung von geographischen Namen bei
a) Landschaften, b) Städten?

9 Erstellen Sie eine Standardkarte, eine Tageskarte sowie eine Spezialkarte für Spargel.

Service Fachstufe

Um einen reibungslosen Service zu gewährleisten, gibt es bestimmte Servierregeln (s. S. ab 233). Diese Regeln schaffen den Restaurantfachkräften die Zeit, die sie benötigen, um sich intensiver mit der Gästeberatung, dem Verkauf und der Gästebetreuung befassen zu können.

1 Menügedecke

🇬🇧 *menu covers*
🇫🇷 *les couverts (m) de menu*

Menügedecke stehen in direkter Beziehung zu bestimmten vorgegebenen Menüs, z. B. dem Menüangebot an Festtagen wie Weihnachten, Silvester, Ostern und bei Festbanketten.

Beispiel eines 4-Gang-Menüs

Weißwein *Weißwein* *Rotwein*	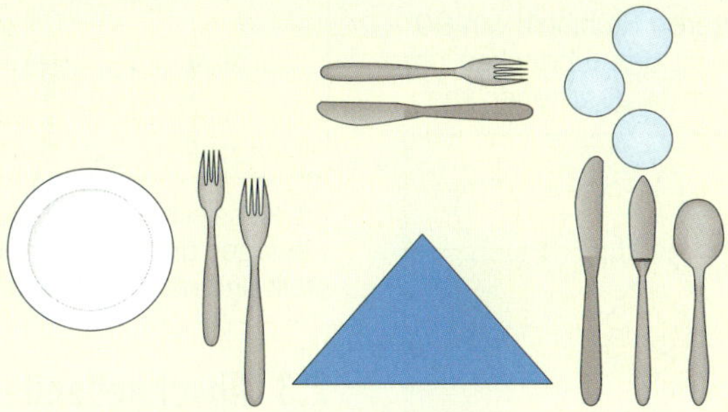	*Doppelte Kraftbrühe* *Toast* ✿ *Seezungenfilets* *in Weißweinsauce* ✿ *Kalbsmedaillons* *mit Gartengemüsen* *und Spinatnudeln* ✿ *Käseauswahl*

Die Besteckkombination oberhalb des Gedecks für den Käsenachtisch besteht aus Mittelmesser und Mittelgabel. Das Mittelmesser liegt unterhalb der Gabel, damit man aus Gründen der Hygiene und der Sicherheit nicht mit der Messerschneide in Berührung kommt.

Beispiel eines 5-Gang-Menüs

Aperitif *2002* *Bechtheimer Stein* *Weißer Burgunder* *Kabinett* *Rheinhessen* *2001* *Heppinger Burggarten* *Spätburgunder,* *Spätlese, trocken, Ahr* *2000* *Crémant d'Alsace* *Digestif*	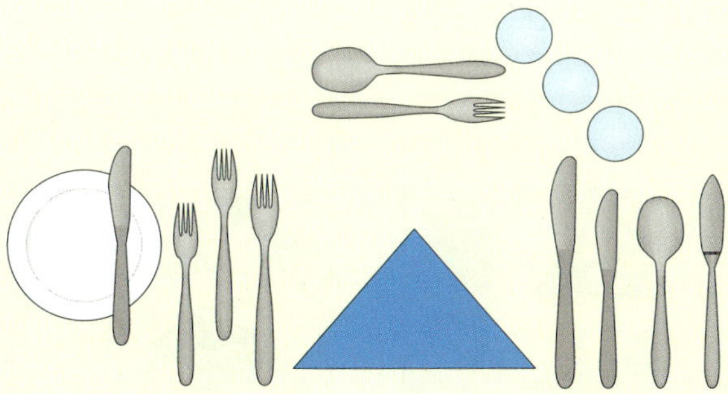	*Marinierte* *Forellenröllchen* ✿ *Kraftbrühe* *mit Basilikumklößchen* ✿ *Kalbsnierenscheiben* *in leichter Senfsauce* *mit Wildreis* ✿ *Perlhuhnbrüstchen* *mit Karotten, Bohnen* *Schlosskartoffeln* ✿ *Himbeer-Charlotte* *auf Fruchtsaucen*

Für den Fischgang zur Vorspeise wird Fischbesteck eingedeckt.

2 Festliche Tafel – Bankett-Tafel

banquet table
la table de banquet

Vor dem Eindecken einer festlichen Tafel müssen folgende Arbeiten erledigt werden:

- Stellen der geeigneten Tafelform je nach Anlass und Personenzahl.
- Auflegen der Moltons und Tafeltücher.
- Auflegen von textilem Tischschmuck wie z. B. farbigen Dekorationsbändern.

2.1 Festlegen der Gedeckplätze

- Unter Berücksichtigung von 70 bis 80 cm Gedeckplatzbreite die Stühle an die Tafel heranstellen und exakt (auch zur gegenüber liegenden Tischseite) ausrichten,
- Gedeckplätze mit Hilfe der Servietten oder der Platzteller markieren,
- Stühle auf dem rechten hinteren Stuhlbein um 90° von der Tafel abdrehen, damit das Eindecken um die Tafel herum ohne Behinderung geschehen kann.

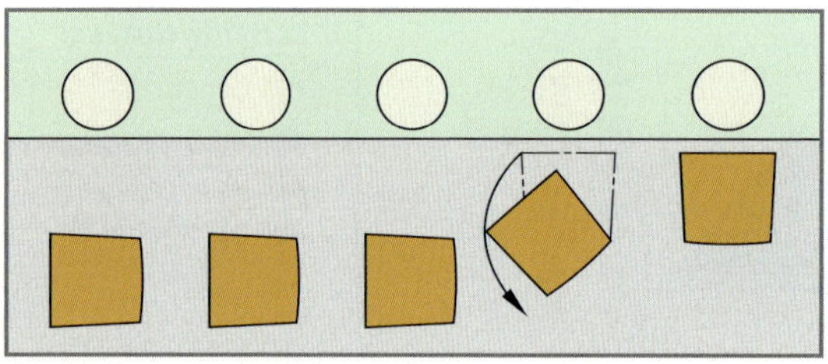

2.2 Eindecken der Bestecke und Gläser

Man geht dabei im Uhrzeigersinn und deckt nach den bereits bekannten Regeln ein (s. S. 242).

Um das Überladen der Festtafel zu vermeiden, sollen nicht mehr als **3 Besteckteile links, 4 Besteckteile rechts** und **2 Besteckteile** oben nebeneinander liegen sowie nicht mehr als **3 Gläser** eingesetzt werden. Zusätzlich benötigte Bestecke oder Gläser sind in Verbindung mit der jeweiligen Speise oder dem Getränk nachzureichen.

Für das ästhetische Gesamtbild einer Festtafel sind außerdem ausschlaggebend:

- Exakte Abstände der Bestecke und Platzteller von der Tischkante,
- gleichmäßige Platzierung der Richtgläser,
- Ausrichtung der Gläser im Winkel von 45° zur Tischkante,
- genaues Eindecken sich gegenüber liegender Gedecke.

Im klassischen Service werden beim Mise en place Menagen und Aschenbecher am Servicetisch bereitgestellt und nur bei Bedarf am Tisch eingesetzt.

2.3 Abschließende Arbeiten

- Die geformten Servietten zwischen den Bestecken oder auf den Platztellern eindecken,
- den Blumen- und Kerzenschmuck einsetzen,
- die Stühle an die Festtafel zurückdrehen,
- an Hand des Tafelorientierungsplanes Tischkärtchen mit dem Namen des jeweiligen Gastes aufstellen,
- Menükarten auflegen,
- Überprüfung der Gedecke auf Vollständigkeit.

3 Plattenservice

silver service
le service à la française

Nachdem im alltäglichen Service heute das Einsetzen von Tellergerichten (amerikanische Serviermethode, s. S. 260) üblich ist, wird im gehobenen Service von der Platte vorgelegt. Letzterer erfordert von den Servicefachkräften handwerkliches Können und er ermöglicht dem Gast dies aus nächster Nähe mitzuerleben.

3.1 Arten des Vorlegens

Unter Plattenservice im eigentlichen Sinne versteht man das **Vorlegen der Speisen durch die Restaurantfachkräfte** am Tisch. Darüber hinaus gibt es Abwandlungen dieses Service:

- **Platten und Schüsseln zur Selbstbedienung durch den Gast am Tisch einsetzen.**
- **Platten vom Servicepersonal dem Gast zur Selbstbedienung anbieten oder von der Platte vorlegen.**
- **Speisen vom Servicepersonal von Platten am Beistelltisch vorlegen.**

3.2 Technik des Vorlegens

Zum Vorlegen von Speisen verwenden Fachleute Tafellöffel/-gabel als Vorlegebesteck. Beim Einsatz dieses Bestecks werden unterschiedliche Vorlegegriffe angewendet, die in enger Beziehung zur Beschaffenheit der Speisen stehen:

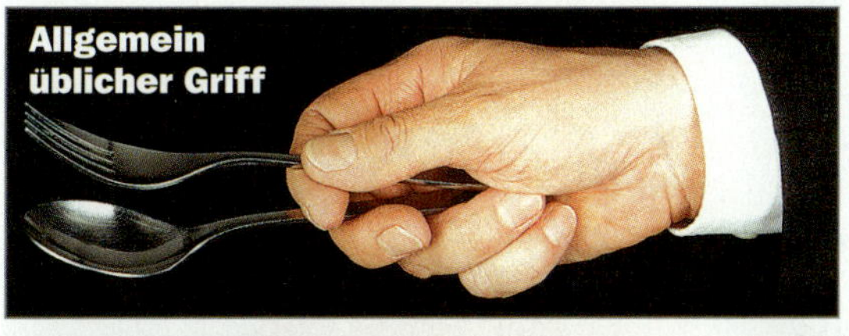

Die Wölbungen von Löffel und Gabel liegen ineinander.

Handhabung:
Den Löffel absenken und unter die Speise schieben. Mit Löffel und Gabel greifen, aufnehmen und auf den Teller vorlegen.

Anwendung:
Für alle Speisen, die keine besondere Griffart notwendig machen.

Die Wölbungen von Löffel und Gabel sind nach unten gerichtet.

Handhabung:
Die beiden Besteckteile mit dem Daumen spreizen, unter die Speise schieben, diese anheben und vorlgen.

Anwendung:
- Bei Speisen, die großflächig, leicht zerdrückbar oder besonders lang sind, z. B. Spargel, Fischfilets, Omeletts.
- Bei Speisen, die mit Garnituren belegt oder überbacken sind.
- Bei Saucen und kleineren Garniturbestandteilen, die mit dem Löffel geschöpft oder aufgenommen werden.

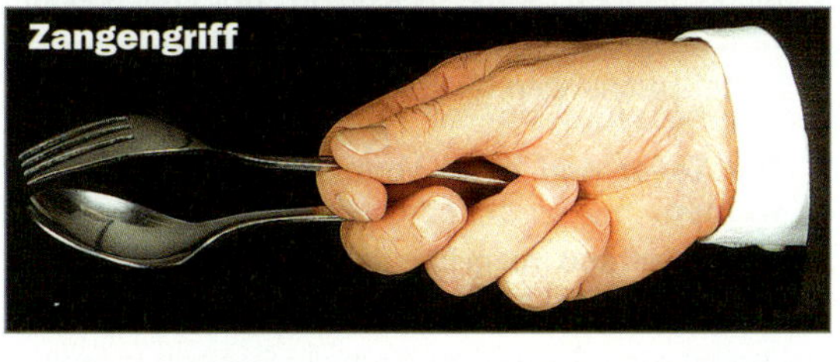

Die Wölbungen von Löffel und Gabel liegen gegeneinander.

Handhabung, mit zwei Möglichkeiten:
Wie abgebildet oder durch Drehen der Hand um 90° nach links, um entspr. Speisen seitlich zu greifen und vorzulegen.

Anwendung:
Bei Speisen, die leicht abrutschen können, z. B. gefüllte Tomate, oder mit einer Garnitur belegt sind, z. B. Medaillons, Pastetchen.

3.3 Besonderheiten beim Plattenservice

Im Allgemeinen ist der Plattenservice zeitaufwendiger als der Tellerservice. Durch folgerichtige und gezielte Arbeitsabläufe muss deshalb sichergestellt werden, dass keine unnötigen Verzögerungen eintreten und die Speisen nicht abkühlen. Im Einzelnen gilt:

- Beim Plattenservice wird in der Regel nicht die gesamte Speisemenge auf einmal vorgelegt. Deshalb müssen **Rechauds** bereitgestellt werden. Vor dem Auftragen der Platten werden vorgewärmte Teller beim Gast von rechts eingesetzt.
- Das Tragen der Teller erfolgt auf der mit einer Stoffserviette bedeckten Hand. Bei größeren Mengen wird der Tellerstapel von oben mit einer Serviette überdeckt und zwischen beiden Händen getragen.

- Bevor eine Platte zum Tisch des Gastes gebracht wird, muss unbedingt ein Vorlegebesteck aufgenommen werden.

3.4 Vorlegen von der Platte

Diese Art des Vorlegens wird als französische Methode bezeichnet:

- Die (vorgewärmten) Teller werden bei den Gästen von rechts eingesetzt.
- Anschließend präsentiert man die angerichtete Platte den Gästen. Sie wird dabei auf der mit einer längsgefalteten Stoffserviette überdeckten linken Hand getragen.
- Es ist darauf zu achten, dass die Platte auf Sichthöhe der Gäste gebracht wird, damit jeder Gast die dekorativ angerichteten Speisen betrachten kann.

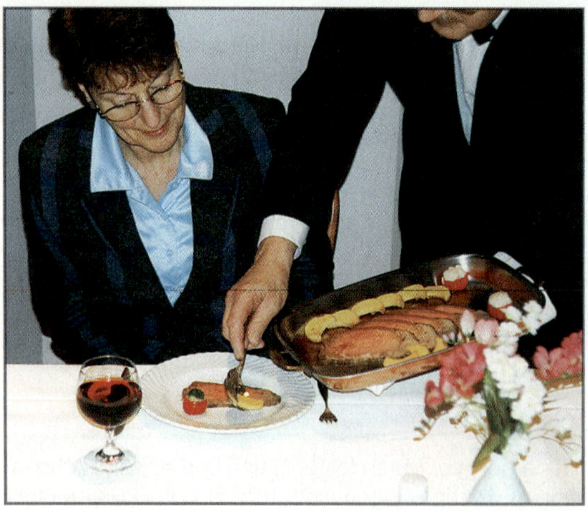

Abb. 2: Vorlegeservice

- Ein zusätzlicher Service ist die Erklärung der angerichteten Speisen durch die Restaurantfachkraft.
- Das Vorlegen erfolgt von der linken Seite des Gastes. Dabei soll die Platte so tief wie möglich zum Tisch abgesenkt werden und der rechte Plattenrand ein wenig über den linken Tellerrand hineinragen.
- Je nach Art der Speisen wird der entsprechende Vorlegegriff angewandt (s. S. 409).

Das Anrichten der Speisen auf dem Teller

Beim Anrichten der Speisen wird zuerst der Hauptbestandteil, z.B. Fisch oder Fleisch, auf dem Teller zum Gast hin angerichtet. Anschließend werden, auf der rechten Seite des Tellers beginnend, die Gemüsebeilagen vorgelegt, die Sättigungsbeilage wird links platziert.

Das Farbenspiel muss beim Anrichten berücksichtigt werden, z.B. rotes, weißes und grünes Gemüse.

Abb. 3: Angerichteter Teller

Beim Vorlegen von Saucen muss beachtet werden:

- Für Pfannen- und Grillgerichte werden Sauce oder Jus **neben das Fleisch bzw. den Fisch angegossen.**
- Zu ausgesprochenen Saucengerichten wie z.B. Rindsrouladen sowie Fische in Weißweinsaucen, wird die Sauce **über das Fleisch nappiert.**
- Buttermischungen werden **auf das Fleisch gelegt.**

Der Teller darf beim Vorlegen nicht überladen werden.

Der Tellerrand muss in jedem Fall frei bleiben und sollte nicht bekleckert sein.

Nachdem allen Gästen am Tisch die Speisen vorgelegt wurden, ordnet man die verbleibenden Teile auf der Platte und hält sie bis zum Nachservice auf einem Rechaud bereit.

Damit der Nachservice rechtzeitig erfolgen kann, ist es nötig, den Tisch mit den Gästen im Auge zu behalten.

Mischformen des Vorlegeservices

Eine in der Praxis häufig angewandte Mischform ist das Vorlegen von nur einem Bestandteil des Gerichts. Hierbei wird beispielsweise das Fleischstück von der Platte vorgelegt, während die Gemüse und die Sättigungsbeilage in Schüsseln am Tisch eingesetzt werden. Die Gäste nehmen sich die Beilagen selbst und reichen die Schüsseln dann an die anderen Gäste zur Selbstbedienung weiter.

Eine weitere Mischform ist das Anrichten des Hauptbestandteils eines Gerichts auf den Teller. Dies kann bereits in der Küche geschehen oder im Restaurant vom Wagen bzw. vom Beistelltisch erfolgen. Der Teller wird dem Gast von rechts eingesetzt und die Beilagen werden durch Restaurantfachkräfte von links vorgelegt.

Im Bankettservice praktiziert man manchmal eine andere Art dieser Form. Dabei werden das Fleisch, die Gemüse- und die Sättigungsbeilagen einzeln auf Platten und in Schüsseln angerichtet und von jeweils einer Restaurantfachkraft den Gästen vorgelegt. Hierbei ist darauf zu achten, dass die Gäste nicht zu sehr eingeengt werden, indem von den nachfolgenden Servicefachkräften ausreichend Abstand gehalten wird.

3.5 Darbieten von der Platte

Eine Variante der französischen Servicemethode ist das Anreichen der Platte oder der Darbieteservice.

Die heiße Platte liegt auf der durch eine Stoffserviette geschützten linken Hand und wird dem Gast von links angereicht. Dabei wird die Platte durch Beugen des Oberkörpers auf Tischhöhe gebracht und zum Gast hin leicht geneigt. Der Plattenrand soll ein wenig über den Tellerrand hineinragen. Das Vorlegebesteck ist mit den Griffenden zum Gast hin ausgerichtet.

Somit kann sich der Gast die Speisen bequem von der Platte nehmen.

Abb. 1: Anreichen einer Platte

3.6 Vorlegen am Beistelltisch

Diese Form wird als die englische Serviermethode oder Guéridon-Service bezeichnet. Da es sich um einen besonders gastorientierten, aber auch aufwendigen Service handelt, ist er nur bei einem kleineren Gästekreis bis 8 Personen sinnvoll.

Bereitstellen des Beistelltisches

Der Beistelltisch (Guéridon) kann als stationärer Tisch grundsätzlich beim Gästetisch stehen oder wird erst bei Bedarf an den Tisch herangestellt.

Die Stellung des Beistelltisches ist so zu wählen, dass alle Gäste möglichst bequem den Serviervorgang verfolgen können.

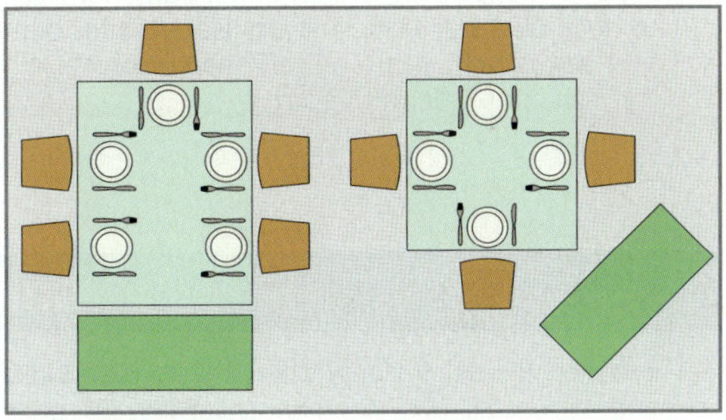

Abb. 2: Anstellmöglichkeiten von Guéridons

Mise en place

Zunächst ist auf dem Beistelltisch eine Mise en place auszuführen:

- ein Rechaud, bei getrennt angerichteten Speisen zwei Rechauds,
- Vorlegebestecke in einer Serviettentasche auf einem Teller,
- unmittelbar vor dem Auftragen der Platte die vorgewärmten Teller.

Abb. 3: Vorbereiteter Beistelltisch

Service Fachstufe

Servieren der Speisen

Bevor die Platte auf das Rechaud gestellt wird, ist sie den Gästen zu präsentieren.

Dabei erläutert die Servicefachkraft die Speisen.

Dann schließt sich der eigentliche Serviervorgang an, zu dem folgende Richtlinien zu beachten sind:

- Grundsätzlich mit Blick zu den Gästen arbeiten.
- Beim Vorlegen wird, im Gegensatz zur französischen Methode, mit beiden Händen gearbeitet.
- Die Speisen werden fachgerecht auf dem Teller angerichtet und der Teller wird dabei nicht überladen.
- Sauce oder Jus wird mit dem Löffel aufgenommen und noch über der Platte mit der Gabel unter dem Löffel abgestreift, damit beim Vorlegen nichts auf den Tisch oder Tellerrand tropft.
- Der angerichtete Teller wird, mit der Handserviette getragen, dem Gast von rechts eingesetzt.
- Dabei wird zuerst den Damen, dann den Herren und zuletzt dem Gastgeber serviert.
- Den Tisch nach dem ersten Vorlegen im Auge behalten um rechtzeitig den Nachservice einzuleiten.

3.7 Nachservice (Supplément)

Für den Nachservice gibt es zwei Möglichkeiten:

- Werden die Speisen für alle Gäste noch einmal komplett vorgelegt, ist es üblich, die benutzten Teller einschließlich Besteck auszuheben, sauberes Besteck einzudecken und zum Vorlegen der Speisen (am Beistelltisch) neue, heiße Teller zu verwenden.
- Wünschen die Gäste nur noch einen Teil des Gerichtes, z. B. Gemüse, so wird dieses am Tisch von der Platte vorgelegt.

Aufgaben

1. Erstellen Sie ein 5-Gang-Menü mit korrespondierenden Getränken und nachfolgenden Menükomponenten und decken Sie das Menü anschließend für mehrere Personen ein:

Kalte Vorspeise:	mit Kalbspastete
Suppe:	von Pilzen
Fischgang:	von Seezunge
Hauptgang:	von Lammkarree
Dessert:	von Birne und Joghurt

2. Welche vorbereitenden Arbeiten müssen vor dem Eindecken einer Festtafel erledigt werden?
3. Was ist beim Eindecken der Bestecke besonders zu beachten?
4. Welche abschließenden Arbeiten werden nach dem Eindecken der Bestecke und Gläser an einer Bankett-Tafel vorgenommen?
5. Welche Regeln gelten für das Eindecken von Gläsern?
6. Erklären Sie Ihren Arbeitskollegen die Techniken des Vorlegens. Demonstrieren Sie anschließend die verschiedenen Griffarten.
7. Beschreiben Sie das Vorlegen von der Platte in sachlich korrekter Reihenfolge.
8. Bei einer Servicevorbesprechung wird eine Mischform des Vorlegeservices angesprochen. Erklären Sie Ihren Kollegen genau die Mischformen des Vorlegeservices.
9. Beschreiben Sie einer Arbeitskollegin die Besonderheit beim Anreichen der Speisen auf einer Platte.
10. Beschreiben Sie die Servicerichtlinien für das Vorlegen und Einsetzen.
11. Nennen Sie grundlegende Besonderheiten bzw. Richtlinien in Bezug auf Rechauds, Teller und Vorlegebestecke.

4 Getränkebüfett

beverage dispense
le débit de boissons

Das Büfett ist der Ausgabebereich für Getränke. Die dort tätigen Mitarbeiter haben in diesem Zusammenhang grundlegende Aufgaben zu erfüllen:

- Getränke sachgerecht zu pflegen, zu temperieren und bereitzustellen,
- Gläser und Karaffen in ausreichender Anzahl zu polieren und bereitzuhalten (s. S. 247),
- Schankanlagen zu pflegen und zu bedienen,
- Büfettkontrollen und Büfettabrechnungen durchzuführen.

Einrichtung eines Getränkebüfetts

Die Einrichtung eines Getränkebüfetts richtet sich nach der Auswahl der Getränke sowie nach der Art und der Größe der Restaurants.

Im Allgemeinen besteht die Einrichtung:
- aus Schränken, Glasvitrinen und Tischen mit Unterbauten,
- dem Gläserreinigungsbereich mit Spülbecken und Spülmaschine,
- aus mehreren Kühlschränken mit unterschiedlich einstellbaren Temperaturen,
- einer Bierschankanlage für mehrere Bierarten,
- einer Softdrink-Schankanlage und einem
- Eiswürfelbereiter und Froster für klare Spirituosen.

Vielfach sind in Getränkebüfetts Kaffeemaschinen und Schauvitrinen für Torten und Kuchen integriert.

Abb. 1: Einrichtung eines Getränkebüfetts

4.1 Getränkeangebot

Ausschlaggebend für die Getränkeauswahl sind einerseits die Art und das Niveau der Gaststätte oder des Restaurants und andererseits die Verzehr- bzw. Trinkgewohnheiten der Gäste.

Getränkekarte

list of beverages — *la carte des boissons*

In diesen Karten präsentiert der Betrieb sein Getränkeangebot. Man unterscheidet kombinierte Karten mit einem umfassenden Getränkeangebot und Karten die jeweils nur eine Getränkeart zum Inhalt haben, wie z. B. Weinkarten, Barkarten.

Getränkekarten sollen durch eine ansprechende Aufmachung ein wirksames Mittel der Verkaufsförderung sein und den Gast zur Bestellung anregen.

Gestaltung der Getränkekarten

Getränkekarten sollen genau wie Speisekarten die Originalität, den Stil und die Atmosphäre des Hauses widerspiegeln. Das muss *bereits in der äußeren Aufmachung* zum Ausdruck kommen:

- ein handliches Format, ein stilvoller und stabiler Einband sowie feste Innenblätter,
- in ansprechender Form das Wort „Getränkekarte".
  Aber auch durch die *innere Ausgestaltung* muss die Aufmerksamkeit und das Interesse des Gastes geweckt werden. Dazu können beitragen:
  - eine übersichtliche und klare Gliederung, ein schönes und angenehm lesbares Schriftbild,
  - eine ansprechende Textaufteilung,
  - Bilder, Skizzen oder Fotos, die Blickfänge darstellen und für Auflockerung sorgen.

Zur korrekten *Information des Gastes* gehören zu den Getränkebezeichnungen die gesetzlich vorgeschriebenen Angaben über Menge und Preis.

Wie bei Speisekarten ist es wichtig, von Zeit zu Zeit den Inhalt der Getränkekarte kritisch zu überprüfen. Im Interesse des Verkaufs ist es manchmal erforderlich, die Karte neu zu gestalten und das Angebot veränderten Verzehrgewohnheiten anzupassen bzw. mit neuen Angeboten des Marktes zu ergänzen.

Kombinierte Getränkekarten

Es handelt sich dabei um Karten, die das gesamte Angebot der Getränke umfassen. Die Gliederung ist unterschiedlich und richtet sich nach den Schwerpunkten, die der Betrieb im Rahmen seines Angebotes bzw. auf Grund der Gästenachfrage setzt.

Beispiel 1:	Beispiel 2:
Alkoholfreie Getränke	Cocktails
Kaffee, Tee, Schokolade	Aperitifs
Aperitifs, Cocktails	Weinbrände/Cognacs
Offene Weine	Spirituosen
Weinbrände/Cognacs	Alkoholfreie Getränke
Spirituosen, Liköre	Kaffee und Tee
Bier	Bier

Service Fachstufe

Getränkekarte

Alkoholfreie Getränke (0,2 l)

Mineralwasser (0,25 l) ......
Soda ......
Apfelsaft ......
Tonic Water ......
Coca-Cola ......
Bitter Lemon ......

Kaffee · Tee · Schokolade

Kännchen Kaffee ......
Kännchen Tee ......
Kännchen Schokolade ......
Rüdesheimer Kaffee ......
Irish Coffee ......

Aperitifs (5 cl)

Portwein ......
Sherry ......
Campari / Soda ......
Dubonnet ......

Offene Weine (0,2 l)

Weißweine

Rheingau
2002 Rauenthaler Steinmächer ......
Mosel – Saar – Ruwer
2002 Erdener Treppchen ......
Elsass
2002 Riesling ......
2001 Edelzwicker ......

Roséwein

Côtes du Rhône ......

Rotweine

Rheingau
2002 Aßmannshäuser Höllenberg ......
Frankreich / Burgund
2002 Beaujolais ......

Weinbrände · Cognacs (2 cl)

Asbach Uralt ......
Scharlachberg ......
Hennessy V.S. ......
Courvoisier V.S.O.P. ......

Spirituosen (2 cl)

Himbeergeist ......
Steinhäger ......
Dry Gin ......
Aquavit ......
Calvados ......
Wodka ......
Grappa ......

Liköre (2 cl)

Bénédictine ......
Cointreau ......
Grand Marnier ......
Crème de cassis ......

Biere vom Fass	0,2 l	0,4 l
Alt	...	...
Budweiser	...	...
Pilsener Urquell	...	...
Export	...	...

Weinkarte

wine-list — la carte des vins

Neben den allgemeinen Getränkekarten gibt es zusätzlich eine eigene Karte für das Weinangebot. Damit widmet der Betrieb dem Verkauf von Wein und dem Weinservice besondere Aufmerksamkeit.

Für die Reihenfolge der Weine in der Weinkarte haben sich folgende Regeln herauskristallisiert:

- **Offene Weine** werden vor den Flaschenweinen genannt,
- **Deutsche Weine,** nach Anbaugebieten gegliedert, wobei für die Reihenfolge der regionale Standort des Betriebs ausschlaggebend sein kann,
- **Französische Weine** vor anderen ausländischen Weinen, da sie bezüglich der Bewertung international einen vorrangigen Platz einnehmen.

In Bezug auf die Art der Weine ist folgende Reihenfolge üblich:

Weißwein → **Roséwein** (Weißherbst) → **Rotwein**

Wein ist ein hochwertiges Getränk, das seinen Preis hat und deshalb je nach Umfang des Verkaufs einen beachtlichen Anteil des Getränkeumsatzes ausmachen kann. Aus diesem Grunde kommt der verkaufsfördernden Aufmachung der Weinkarte eine besondere Bedeutung zu. Neben einem soliden und dekorativen Einband gibt es für die innere Gestaltung viele Möglichkeiten:

- Mehrfarbendrucke und Abwechslungen im Schriftbild sowie Fotos und andere bildliche Darstellungen,
- auflockernde Bemerkungen zum Weingenuss allgemein sowie zu regionalen Besonderheiten des Weinbaus und der Weine.

  In diesem Zusammenhang ist darauf zu achten, dass die Weincharakterisierungen wahrheitsgemäß und nicht übertrieben sind sowie keine Phantasiebezeichnungen darstellen, mit denen selbst der Weinkenner nichts anzufangen weiß.

Die aufgezeigten Gestaltungselemente sollen das Interesse des Gastes wecken.

Für den Gast muss erkennbar sein, dass der Betrieb dem Wein eine besondere Aufmerksamkeit schenkt.

Durch fachlich fundierte Gästeberatung, sorgfältige Auswahl beim Einkauf und gepflegten Weinservice besteht die Möglichkeit, den Flaschenweinverkauf zu steigern.

Weinkarte

Deutsche Weißweine

Mosel-Saar-Ruwer
Rheingau
Rheinhessen
Pfalz
Nahe
Baden
Württemberg
Franken
Saale- Unstrut
Sachsen

Deutsche Roséweine

Pfalz
Baden

Deutsche Rotweine

Ahr
Rheingau
Baden
Württemberg

Schweizer Weine
Österreichische Weine
Kalifornische Weine
Südafrikanische Weine
Australische Weine
Sekt
Champagner

Französische Weißweine

Elsass
Burgund
Bordeaux

Französische Rotweine

Burgund
Bordeaux
Côtes du Rhône

Italienische Weine

Umbrien, weiß
Toskana, rot
Piemont, rot

Alkoholgehalt von Getränken

Die sachgerechte Abgabe von Getränken am Büfett setzt getränkekundliche Kenntnisse voraus (s. S. 278). An dieser Stelle ist lediglich noch einiges zum Alkoholgehalt der Getränke nachzutragen.

Maßeinheiten für den Alkoholgehalt

Die Alkoholmenge der Getränke wird im Allgemeinen in %vol angegeben. Abweichend davon findet man bei englischen, kanadischen und amerikanischen Spirituosen auch die Alkoholgehaltsangabe **Proof.** Je nach dem Herkunftsland der Spirituose entsprechen 100 Proof einem Alkoholgehalt von etwa 50 bis 57 %vol. Die Proof-Angabe geteilt durch 2 ergibt also ungefähr die Menge des Alkohols in %vol.

Die Menge des Alkohols ist bei den Getränken verschieden. Sie reicht von unter 0,5 %vol bei alkoholarmem Bier bis über 40 %vol bei hochprozentigen Spirituosen.

Überblick über den Alkoholgehalt der Getränke

	%vol
Bier	
– „alkoholfrei“	unter 0,5
– normal	2,5 – 6
Wein	8 – 14
Schaumwein	12 – 14
Likörwein	17 – 22
Aperitifs	
– einfache (z. B. Byrrh)	15 – 18
– mittlere (z. B. Campari)	um 25
– starke (z. B. Pernod)	40 – 50
– Vermouth	15 – 18

	%vol
Spirituosen	
– Liköre	14 – 55
– Kümmel	30
– Korn	32
– aus Getreide, Anis	37,5
– Weinbrand, Brandy	37,5
– aus Obst, Korinthen	
Korn, Gin, Aquavit,	
Trester, Grappa, Marc	
Rum, Ouzo, Enzian, Wodka	37,5
– Whisky, Whiskey, Pastis	40

4.2 Serviertemperaturen

Der Genuss eines Getränkes ist wesentlich von der getränkespezifischen Temperatur abhängig. Dabei sind von einem Mittelwert um 10 °C ausgehend nach unten bzw. oben zwei Temperaturbereiche von Bedeutung.

Anmerkung: **Für die Anwendung eines bestimmten Temperaturbereichs gibt es unterschiedliche Gründe. In den folgenden Erläuterungen ist als Beispiel jeweils ein ganz typisches Getränk genannt.**

Serviertemperaturen von 10 °C abwärts

Sie werden bei Getränken angewendet, die

- vor allem erfrischen sollen, keine besonderen Duftstoffe enthalten und deren Geschmack durch niedrigere Temperaturen nicht beeinträchtigt wird z. B. Mineralwässer, Fruchtsäfte,
- deren stark ausgeprägter Geschmack u. U. etwas gedämpft werden muss z. B. Korn, Gin, Wodka,
- die Aufgrund des Gehaltes an Kohlensäure zu stark schäumen und rasch schal würden z. B. Schaumwein, Bier.

Getränkeart	Getränkebeispiele	Serviertemperatur (°C)
Erfrischungsgetränke	– Mineralwässer – Fruchtgetränke, Limonaden	8 – 10
Bier	– helle Sorten – dunkle Sorten	6 – 9 9 – 12
Wein	– Roséwein – Weißwein, leicht – Weißwein, schwer – Rotwein, leicht – Rotwein, schwer	9 – 11 9 – 11 10 – 12 12 – 14 16 – 18
Likörwein	– trocken – süß	10 – 12 16 – 18
Schaumwein	– weiß und rosé – rot	6 – 8 5 – 7
Liköre	– im Allgemeinen – Magenbitter	10 – 12 16 – 18
Brände und Geiste	– Korn, Wacholder, Genever – Steinhäger, Wodka, Gin – Enzian	0 – 4
	– Geiste: Aprikosen, Himbeeren – Wasser: Kirschen, Zwetschgen – Whisky	5 – 7
	– Hochwertige Obstbrände: Williamsbirne, Mirabelle, – Marc, Grappa, – Weinbrand, Cognac	16 – 18

Serviertemperaturen von 10 °C aufwärts

Diese Temperaturen sind erforderlich bei Getränken, deren Genuss in hohem Maße von der Entfaltung jeweils artspezifischer Duftstoffe (Bukett) abhängig ist. Je feiner und ausgeprägter diese Stoffe sind, desto höher sollte die Serviertemperatur sein. Vergleiche in aufsteigender Reihenfolge:

Weißwein → Rotwein → Weinbrand

4.3 Zapfen von Bier

Sachgerechter Druck ist die Voraussetzung für ein einwandfreies Glas Bier. Dabei sind drei verschiedene Druckbezeichnungen von Bedeutung.

Gleichgewichtsdruck

Nach dem Anstechen eines Fasses hat die Kohlensäure eine starke Tendenz, aus dem Bier auszutreten. Dies bezeichnet man als den **Eigendruck.** Mit höherem Kohlensäuregehalt und höherer Temperatur des Bieres nimmt der Eigendruck zu. Damit das Bier nicht schal wird und mit Kohlensäure gesättigt bleibt, ist ein entsprechender **Gegendruck** erforderlich, den man **Gleichgewichts-** bzw. auch **Sättigungs- oder Grunddruck** nennt. Er beträgt ungefähr **1 bar.**

Überdruck

Meist wird das Bier nicht direkt vom Fass gezapft, wie es z. B. bei einem Gartenfest der Fall sein kann. Für die Beförderung des Bieres vom Keller durch die Steigleitung in die Zapfanlage ist zusätzlicher Druck erforderlich. Diesen nennt man **Überdruck.**

Ausgleich von Druckverlusten	– für den Anstichkörper – als Sicherheitszuschlag	etwa 0,1 bar etwa 0,1 bar
Förderdruck	– je m Förderhöhe – je 5 m Bierleitung	etwa 0,1 bar etwa 0,1 bar

Gleichgewichtsdruck		1,00 bar
+ Überdruck	– Anstichkörper	0,10 bar
	– Förderhöhe 1,2m	0,12 bar
	– Bierleitung 1,5 m	0,03 bar
	– Sicherheitszuschlag	0,10 bar
Arbeitsdruck		1,35 bar

Zapfen des Bieres

Es kommt nicht selten vor, dass die guten Eigenschaften eines Bieres beim Zapfen, verdorben werden. Eine angemessene Sorgfalt ist deshalb unerlässlich. Zunächst müssen die Gläser in einwandfrei sauberem Zustand sein, weil selbst Spuren von Fett und Spülmittelresten keine stabile Schaumkrone zustande kommen lassen.

Darüber hinaus muss das Zapfen sachgerecht ausgeführt werden (s.S. 279).

Richtlinien für das Zapfen

Richtlinien	Erläuterungen
Das Glas vor dem Füllen in kaltes Wasser tauchen.	Das abgekühlte Glas (Temperatur) und die angefeuchtete Innenfläche (Gleitfähigkeit) verhindern zu starkes Schäumen.
Das Glas schräg unter den Zapfhahn halten und bei ganz geöffnetem Hahn bis zur größtmöglichen Menge füllen.	Das Bier gleitet an der Innenfläche des Glases entlang. Auch dadurch wird übermäßiges Schäumen verhindert bzw. eine angemessene Schaumbildung bewirkt.
Das Glas senkrecht unter den Hahn halten und bei gedrosseltem Bierzulauf zwei- bis dreimal kurz nachfüllen.	Die Schaumkrone wird stufenweise aufgebaut, stabilisiert und langsam hochgeschoben.

Nennvolumen für Getränke

Die Abgabe der Getränke erfolgt in unterschiedlich großen Flaschen oder in Schankgefäßen. Um den Gast vor Missbrauch zu schützen, sind gesetzlich für Flaschen und Schankgefäße genaue Nennvolumen vorgeschrieben. Diese müssen mit dem jeweiligen Preis auch im Angebot der Getränkekarte angegeben sein.

Nennvolumen für Flaschen in Litern (*l*)

Erfrischungsgetränke	Bier	Wein	Schaumwein
0,2	0,33	0,375	0,2
0,25	0,5	0,75	0,375
0,33	1,0	1,0	0,75
0,5		1,5	
1,0		2,0	1,5

Die Angaben beschränken sich auf gastronomieübliche Füllmengen.

Nennvolumen für Karaffen

0,2 *l*	0,25 *l*	0,5 *l*	1,0 *l*	1,5 *l*	2,0 *l*

Nennvolumen bei Gläsern (in *cl* und *l*)

Viele Getränke werden bereits am Büfett in Schankgefäße wie Gläser, Karaffen oder Krüge gefüllt.

Wein (*l*)	Schaumwein (*l*)	Bier (*l*)	Aperitif (*cl*)	Spirituosen (*cl*)
0,1	0,1	0,2	5	2
0,2		0,25		4
0,25		0,3		
		0,4		
		0,5		
		1,0		

Aufgaben

1 Erklären Sie den neuen Auszubildenden die Büfetteinrichtung Ihres Betriebes.

2 Entwerfen Sie zusammen mit Ihren Kollegen eine allgemeine Getränkekarte und eine spezielle Weinkarte.

3 Beschreiben Sie Gestaltungselemente, die bei Getränkekarten verkaufsfördernde Wirkungen haben:
a) äußere Gestaltung, b) innere Gestaltung.

4 Geben Sie Beispiele, wovon die Gliederung einer kombinierten Getränkekarte abhängig ist.

5 Nennen Sie Gestaltungsmöglichkeiten, die bei Weinkarten der Verkaufsförderung dienen.

6 Welche Richtlinien gibt es für die Reihenfolge der Weine in der Weinkarte?

7 Welche Nennvolumen gibt es bei Flaschen für a) Erfrischungsgetränke, b) Bier, c) Wein, d) Schaumwein?

8 Erläutern und begründen Sie an Getränkebeispielen die Anwendung der Serviertemperaturen:
a) von 10 °C abwärts, b) von 10 °C aufwärts.

9 Ordnen Sie den folgenden Getränken allgemein übliche Serviertemperaturen zu:
a) Erfrischungsgetränke und Bier, b) Weißwein, Rotwein, Schaumwein, c) Liköre und Brände.

10 Beschreiben Sie das sachgerechte Zapfen von Bier.

4.4 Büfettkontrollen

Zur Sicherstellung der Wirtschaftlichkeit sowie zur Verhinderung von Unkorrektheiten müssen alle Vorgänge am Büfett lückenlos erfasst und kontrolliert werden.

Grundlegende Maßnahmen zur Erleichterung der Kontrollen

Nummerieren der Getränke

Bei der Vielfalt der Getränke und deren sehr unterschiedlichen Preisen ist das Nummerieren der einzelnen Getränkepositionen eine hilfreiche Maßnahme. Dadurch werden Verwechslungen bei der Anforderung im Magazin, bei der Aufnahme einer Bestellung am Tisch, bei der Abgabe am Büfett und bei der Bestandsaufnahme weitgehend ausgeschaltet.

Festlegen von Verkaufseinheiten

Das ist insbesondere bei Getränken wichtig, die aus Flaschen in Schankgefäße ausgeschenkt werden. So kann man z. B. bei Spirituosen unter Berücksichtigung eines bestimmten Schankverlusts Richtwerte für die Menge der Verkaufseinheiten festlegen und diese zum Maßstab für die Abrechnung machen.

Beispiel für die Bestimmung von Verkaufseinheiten

Flascheninhalt 0,75 l	75 cl
Abzug für den Schankverlust	– 3 cl
Verkaufsmenge (Gläserfüllmenge)	72 cl
Verkaufseinheit	4 cl
Anzahl der Verkaufseinheiten (72 : 4)	18 Stück

Getränkezugang am Büfett

Der Erstzugang bzw. die Erstausstattung bildet den Anfangsbestand oder den **Grundstock.** Der Verkauf macht es notwendig, die reduzierten Bestände vom Magazin her täglich wieder aufzufüllen. Zur Kontrolle über den Zugang dienen die sogenannten **Anforderungsscheine.** Aufgrund der Eintragungen im Schein werden die Getränke vom Magazin an das Büfett ausgeliefert. Zu abschließenden Überprüfungs- und Kontrollzwecken kommen die Anforderungsscheine dann in das Kontrollbüro. Von Ausnahmen, d.h. von Sonderanforderungen abgesehen, wird der tägliche Zugang häufig so bemessen, dass er dem Verkauf entspricht bzw. dass immer bis zum festgelegten Bestand (Grundstock) aufgefüllt wird. Dieses Verfahren dient einer guten Übersicht und erschwert Betrug.

Getränkeabgabe am Büfett

Zur Kontrolle für die Abgabe dienen die von den Servierfachkräften übergebenen Bons.

Es ist deshalb wichtig, dass **kein Getränk ohne Bon** ausgegeben und dieser nach dem Bereitstellen des Getränks durch Aufspießen, Einreißen oder Streichen **sofort entwertet** wird. Gläser dürfen nicht über den Füllstrich hinaus gefüllt werden; natürlich auch nicht darunter, denn dies wäre Betrug.

Abweichungen beim Einschenken nach oben oder das Eingießen über den Füllstrich hinaus führt zu Verlusten bzw. zu Abweichungen zwischen dem **Soll**-Bestand und dem **Ist**-Bestand.

Getränkeumlauf- und -bestandskontrollen

Der Warenumlauf vollzieht sich zwischen dem Magazin, dem Büfett und dem Servicepersonal. Hilfsmittel der Kontrolle sind einerseits die Anforderungsscheine des Büfetts und andererseits die Bons des Servicepersonals.

Sie sind täglich an das Kontrollbüro zu übergeben, von dem die übergeordneten und zusammenfassenden Kontrollen durchgeführt werden.

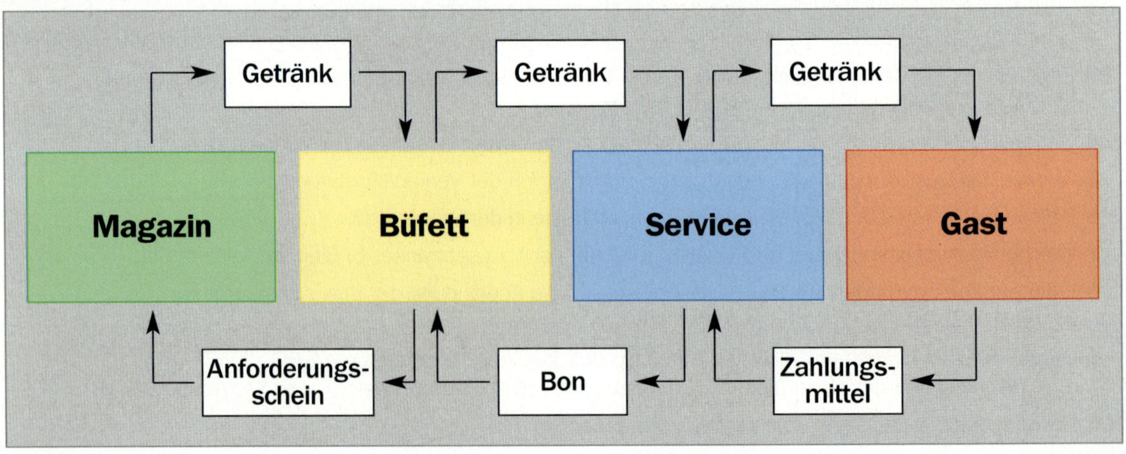

Beispiel eines Anforderungsscheins

HOTEL ALLGÄU Datum: 16.11.20..

Warenanforderung der Abteilung: Büfett

☐ **Lebensmittellager** ☒ **Weinkeller** ☐ **General Store** **N° 7450**

Menge	Stck/Dose/Kilo/Fl.	Waren-Bezeichnung
10	0,75 l Fl.	Deidesheimer Hofstück
7	0,75 l Fl.	Würzburger Stein
4	1 l Fl.	Bechtheimer Pilgerpfad

Ware ausgeliefert: Reiner (Unterschrift) Ware empfangen: Hübner (Unterschrift) Gebucht: Walther (Unterschrift)

Lagerkartei

Zur lückenlosen Erfassung des Warenumlaufs am Büfett wird im Kontrollbüro für jedes Getränk eine Karteikarte angelegt. In ihr werden, vom Anfangsbestand ausgehend, alle Zu- und Abgänge registriert:

- Grundlage für die Zugänge sind die Anforderungsscheine, die vom Magazin übergeben werden,
- Grundlage für die Abgänge sind die Bons, die nach Erledigung vom Büfett kommen.

In den Karteikarten kann der jeweilige Bestand der Ware entweder nach jedem Zu- oder Abgang festgestellt und eingetragen oder bei Bedarf ermittelt werden.

Beispiel einer Lagerfachkarte

HOTEL ALLGÄU

Lagerfachkarte

Stock-Nr.: 12
Lieferant: Böhm
Telefon: 07341 – 123456
Artikel: Deidesheimer Hofstück
Mindestbestand: 60

Datum	EK-Preis		Zugang	Ausgabe	Abteilung	Bestand
02.11	4	83	–	10	Bar	84
03.11			–	10	Büfett	74
07.11			–	30	Büfett	44
09.11	4	94	60	–	–	104
13.11			–	5	Bar	99
16.11			–	10	Büfett	89

Anfangsbestand + Zugänge – Abgänge = Endbestand **Soll**	**Soll** besagt, wie hoch der Warenbestand laut Karte sein **„sollte“.**

Beim Einsatz von **Computersystemen** (s. S. 429) werden die Lagerkarteikarten und Lagerfachkarten durch **Dateien** ersetzt. In diese gibt man die Anfangsbestände sowie Zu- und Abgänge der Waren ein.

Der Abruf der Sollbestände ist dadurch jederzeit möglich.

Der technische Fortschritt erlaubt es, Getränkeabrechnungen gleich mit der Zapfanlage zu verbinden.

Der Vorteil liegt

- ☺ in der genauen Aufzeichnung des Warenabganges,
- ☺ bei gleichzeitiger Umsatzerfassung der einzelnen Getränkegruppen,
- ☺ in einer Erfassung der Verkaufsumsätze der einzelnen Servicefachkräfte und
- ☺ in der Möglichkeit, jederzeit Zwischenabrechnungen vornehmen zu können.

Bestandsaufnahme am Büfett

Die Bestände am Büfett werden in regelmäßigen Abständen vom Kontrollbüro überprüft, und zwar:

- in jedem Falle einmal jährlich für die Jahresbilanz,
- für kurzfristige Kontrollen halb- bzw. vierteljährlich oder sogar monatlich.

Den Vorgang der Bestandsaufnahme nennt man **Inventur,** bei der sowohl die Anzahl der vollen Flaschen als auch die Restinhalte von angebrochenen Flaschen erfasst und in einer Inventurliste eingetragen werden.

Die bei der Inventur ermittelten Zahlen und Werte sind **Ist-Bestände.** Sie geben an, welcher Warenwert tatsächlich **vorhanden ist.**

Soll- und Ist-Bestände müssten theoretisch übereinstimmen.

Lagerkarteikarte oder Computerdatei werden mit der Inventurliste auf Übereinstimmung oder Abweichungen verglichen.

Werden Abweichungen festgestellt, muss der Ursache nachgegangen werden.

Die Inventur ist in jedem Fall für die Jahresbilanz erforderlich, wird jedoch heute zu innerbetrieblichen Kontrollzwecken im Allgemeinen **monatlich** durchgeführt (s. S. 497).

Dabei sind Abweichungen zwischen dem Soll- und Ist-Bestand in der Lagerkarteikarte oder im Computer zu berichtigen.

Beispiel einer Inventurliste zur Bestandsaufnahme

INVENTURLISTE am 31.01. ....

Abteilung: *Büfett* Artikelgruppe: *Weine*

	Gegenstand	Kartei-Nr.	Anzahl	Einheit	Inventurwert einzel	Inventurwert gesamt	Bemerkung
1	*Weißwein*	*212*	*17*	*0,75 l*	*8,43*	*143,31*	*nicht mehr lieferb.*
2	*Rotwein*	*223*	*22*	*0,75 l*	*7,99*	*175,78*	
3							
4							
5							

Weiteres Beispiel mit einer anderen Artikelgruppe

INVENTURLISTE am 31.01. ....

Abteilung: *Büfett* Artikelgruppe: *Aufgussgetränke*

	Gegenstand	Kartei-Nr.	Anzahl	Einheit	Inventurwert einzel	Inventurwert gesamt	Bemerkung
1	*Kaffeemehl*	*101*	*4*	*kg*	*19,90*	*79,60*	
2	*Espressobohnen*	*103*	*7*	*kg*	*24,10*	*168,70*	
3	*Teebeutel (schwarz)*	*110*	*280*	*Beutel*	*0,07*	*19,60*	
4							
5							

AUFGABEN

1 Welche Bedeutung hat für die Büfettkontrollen das Nummerieren von Getränken?

2 Warum ist es sinnvoll, bei Spirituosen Verkaufseinheiten festzulegen?

3 Welchem Zweck dient die Inventur am Büfett?

4 Bei der Inventuraufnahme am Büfett versteht ein Arbeitskollege die Begriffe „Soll-Bestand" und „Ist-Bestand" nicht. Erklären Sie Ihrem Kollegen diese Begriffe.

5 Getränkeservice

beverages service
le service des boissons

Das Bereitstellen der Getränke erfolgt am Büfett, wobei sich die Art der Bereitstellung aus dem Angebot in der Getränkekarte ergibt (s. S. 278).

5.1 Servieren von Wein in Flaschen

wine service — le service de vin

Zum gepflegten Weinservice benötigt man je nach Weinart unterschiedliche Utensilien.

Drahtgestell für Flaschen
Tropfring
Dekantiertrichter
Korkenzieher
Kapselschneider
Kellnermesser
Probierschale für Wein
Dekantierkaraffe
Weinthermometer
Dekantierkorb

Temperieren von Wein

Bei **Weißwein** kommt es gelegentlich vor, dass ein rasches Abkühlen bzw. **Frappieren** erforderlich wird.

Frappiert wird in einem Weinkühler.

Die Flasche ist dabei von Wasser mit Eiswürfeln umgeben, die mit Salz überstreut werden. Das Salz beschleunigt das Schmelzen des Eises, wobei Kälte freigesetzt wird.

Rotwein serviert man im Allgemeinen über 14 °C, weil das typische Rotweinbukett erst ab dieser Temperatur voll zur Entfaltung kommt. Deshalb wird Rotwein vor dem Service rechtzeitig vom Keller in einen temperierten Raum oder einen Weinklimaschrank gebracht.

Manchmal muss Rotwein **chambriert** (erwärmt) werden. Hierbei wird die Flasche mit warmen Tüchern umlegt.

Die Temperatur kann auch reguliert werden, indem man den Wein in eine vorgewärmte Karaffe umgießt.

Da rasche Temperaturregulierungen dem Bukett der Weine schaden, sollten sie möglichst durch rechtzeitiges Temperieren vermieden werden.

Diese Art von Weinpflege liegt in der Verantwortung der Büfettfachkraft oder des Sommeliers.

Weißweinservice

white wine service — le service de vin blanc

Nachdem ein Gast nach fachlicher Beratung die Weinorder gegeben hat, erfolgt die Vorbereitung für den Weinservice. Das Präsentieren und Öffnen der Flasche des Weines erfolgt am Tisch.

Mise en place

Die Weingläser werden den Gästen von rechts eingesetzt.

Auf einem Guéridon werden bereitgestellt:
- das Kellnermesser mit Korkenzieher,
- ein Probier- oder Reserveglas,
- zwei Papierservietten und eine Handserviette,
- zwei kleine Teller zum Ablegen des Korkens und der Kapsel,
- ein Weinkühler oder Temperaturgarant.

Präsentieren

Vor dem Öffnen der Weinflasche wird diese, auf einer Handserviette liegend, dem Besteller präsentiert. Das Etikett und die Halsmanschette sollen für den Gast gut lesbar sein, damit er sich von der Richtigkeit seiner Bestellung überzeugen kann.

Öffnen der Weinflasche

Das Öffnen der Flasche am Guéridon muss unter Beachtung der Regeln sorgfältig ausgeführt werden.

Service Fachstufe

Arbeitsablauf	Abbildung	Erläuterungen
Die Kapsel oberhalb des Flaschenhalswulstes oder mitten auf dem Wulst rundherum durchschneiden und den abgetrennten Teil abnehmen.	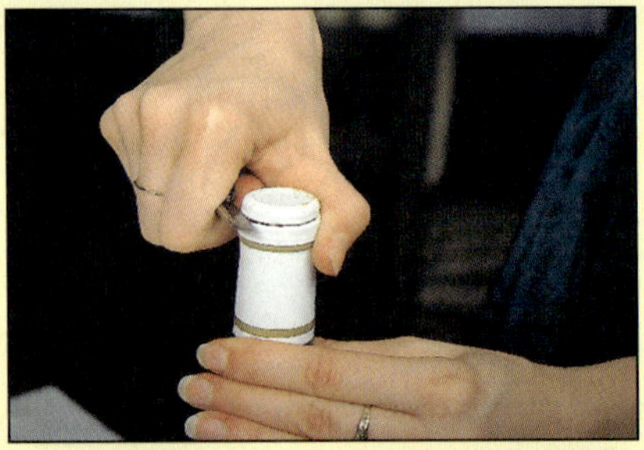	Das Messer wird um den Flaschenhals herumgeführt, wobei die Flasche selbst nicht gedreht werden sollte.
Den Flaschenmund und die Oberfläche des Korkens mit der ersten Papierserviette reinigen.	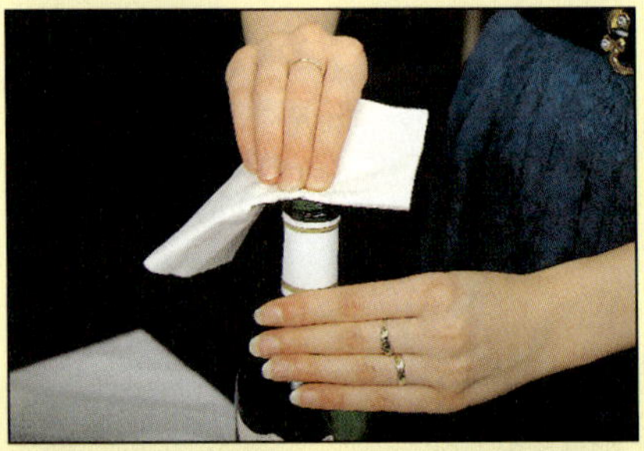	Unter der Kapsel bilden sich beim Lagern manchmal staubige Ablagerungen und Schimmel.
Den Korkenzieher in die Mitte des Korkens eindrehen, den Hebel auf den Flaschenhalsrand aufsetzen und den Korken gerade nach oben herausziehen. Die letzten Millimeter durch leichtes Hin- und Herbewegen des Korkens überwinden.	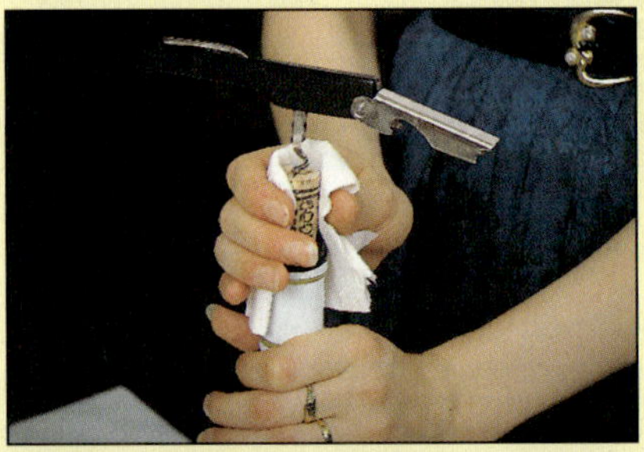	Der Korkenzieher sollte den Korken nach keiner Seite hin durchbrechen, weil sich dabei Korkkrümel ablösen, die beim Eingießen des Weines ins Glas gelangen.
Den Korken auf einwandfreien Geruch hin prüfen. Mit einer zweiten Papierserviette den Korken fassen und vom Korkenzieher abdrehen. Auf den kleinen Teller legen und neben dem Weinglas des Bestellers einsetzen.		Schlechter Korken könnte den Wein verdorben haben. Für den Gast kann neben der Geruchsprobe auch das auf dem Korken angebrachte Brandzeichen (Name oder Nummer des Abfüllers) interessant sein.
Den Flaschenmund mit der Papierserviette reinigen.		Auch Korkstückchen können im Bereich des Flaschenmundes mit der Serviette entfernt werden.

Probieren des Weines

Damit sich der Besteller von der einwandfreien Beschaffenheit des Weines überzeugen kann, wird ihm ein Probeschluck eingegossen.

Eventuelle Beanstandungen könnten sein:

- Der Wein ist trüb oder schmeckt nach Kork.
- Er hat einen artfremden Geruch oder Geschmack.
- Die Temperatur entspricht nicht den Wünschen der Gäste.

Das Mitprobieren der Servicefachkraft ist nur dann üblich, wenn diese ein fachkundiger Sommelier ist oder der Chef des Hauses den Wein serviert.

Eingießen des Weines

Nach der Zustimmung des Bestellers werden in kleinem Gästekreis die Damen zuerst, dann die Herren und zuletzt der Besteller bedient.

Bei einer größeren Personenzahl, z. B. anlässlich eines Banketts, wird, um das aufwendige und oftmals störende Hin und Her zu vermeiden, der Reihe nach den Gästen der Wein eingeschenkt.

Richtlinen zum Eingießen des Weißweines

Die Verwendung einer Handserviette beim Eingießen ist nur dann angebracht, wenn der Wein im Weinkühler serviert wird oder frappiert werden musste und die Flasche aus diesem Grunde nass ist. Sie wird in diesem Falle von Boden zum Hals hin um die Flasche gelegt.

Arbeitsablauf	Erläuterungen zu den einzelnen Arbeitsschritten
Die Flasche an der etikettfreien Seite mit der rechten Hand fest umfassen und, den Handrücken nach oben gerichtet, langsam über der Glasöffnung absenken.	Beim Eingießen des Weines ist darauf zu achten, dass das Etikett einigermaßen sichtbar für die Gäste bleibt, die gerade bedient werden. Wichtig ist, dass die Flasche sicher in der Hand liegt und der Glasrand nicht berührt wird.
Den Wein langsam fließend in das Glas eingießen.	Das Bukett des Weines wird somit nicht negativ beeinträchtigt.
Die Gläser bei leichtem Wein 2/3 bis 3/4, bei schwererem Wein 1/2 bis 2/3 füllen.	Der jeweils freie Raum im Glas ist erforderlich, damit sich Blume und Bukett voll entfalten können.
Die Flasche rechtzeitig und langsam wieder in die waagrechte Lage bringen und beim endgültigen Aufrichten etwas nach rechts abdrehen.	Der in der Flasche verbliebene Wein darf nicht unnötig aufgerüttelt werden. Die letzten Tropfen am Flaschenmund verteilen sich beim Drehen auf dem Flaschenrand und fallen somit nicht beim Anheben auf den Tisch.
Die Weinflasche in den Kühler oder Weingaranten zurückstellen.	Damit bleibt eine konstante Serviertemperatur des Weines erhalten.
Den Teller mit dem Korken ausheben.	Der Kork wird nicht mehr benötigt.
Den Guéridon in Ordnung bringen.	Überflüssige Utensilien entfernen.
Rechtzeitig Wein nachschenken.	Gläser im Auge behalten, damit sich die Gäste nicht selbst nachschenken müssen.

Abb. 1: Eingießen von Wein …

Abb. 2: … zuerst der Dame

Abb. 3: … dann dem Besteller

Beim Servieren einer Bocksbeutelflasche liegt diese, mit dem Etikett nach oben gerichtet, flach auf der Hand.

Rotweinservice

red wine service *le service de vin rouge*

Der Service von Rotwein verläuft wie der Weißweinservice. Einige unterschiedliche Merkmale sind dabei jedoch zu beachten.

Eingießen von Rotwein

Rotwein ohne Depot wird aus der Flasche in die Gläser eingegossen. Zu diesem Zweck kann das Glas ausgehoben werden. Es wird leicht schräg geneigt, dann die Flasche vorsichtig abgesenkt damit der Wein langsam einfließen kann.

Dekantieren von Rotwein

Dekantiert werden in der Regel Rotweine mit Depot. Unter **Dekantieren** versteht man das vorsichtige Umgießen des Weines von der Flasche in eine Karaffe. Sinn dieses Vorganges ist es, dass das Depot in der Flasche verbleibt.

Unter **Depot** versteht man Ablagerungen als Bodensatz, die durch chemische Umwandlung einiger Weinbestandteile bei alten Rotweinen entstehen. Solche Ablagerungen zeugen von einer hohen Weinqualität.

Damit das Depot nicht aufgerüttelt wird und den Wein trübt, werden die Flaschen **bereits im Weinkeller** so gelegt, dass die Etiketten nach oben gerichtet sind. Dadurch erübrigt sich das Umdrehen beim Servieren.

Zum Dekantieren von Rotwein werden auf einem Guéridon bereitgestellt:

- ein Kerzenständer mit Kerze und Streichhölzern,
- ein Korkenzieher und ein Kapselschneider,
- zwei Papierservietten und eine Handserviette,
- zwei kleine Teller für Kapsel und Korken,
- die Rotweinflasche, fachgerecht im Korb liegend,
- eine Dekantierkaraffe,
- ein Probier- oder Reserveglas.

Zum Transportieren, Präsentieren und Öffnen liegt die Flasche leicht schräg in einem speziellen Korb oder Flaschengestell. Das Öffnen der liegenden Flasche erfolgt wie beim Weißwein. Um ein Aufrütteln des Depots zu vermeiden, muss das Herausziehen des Korkens behutsam erfolgen. Vor dem Kerzenschein wird der Rotwein in eine schräg gehaltene Karaffe umgegossen (s. Abb. 2). Sobald die erste Trübung im Flaschenhals sichtbar wird, bricht man den Dekantiervorgang ab.

Es werden aber auch Rotweine, die kein Depot aufweisen, dekantiert. Auf diese Weise reichert sich der Wein durch das Umgießen in eine Karaffe mit Sauerstoff an, entfaltet dadurch verstärkt Aromastoffe und entwickelt sein volles Bukett.

Abb. 1: Mise en place

Abb. 2: Dekantieren von Rotwein

Abb. 3: Von der Karaffe ins Glas gießen

5.2 Servieren von Schaumwein

sparkling wine service
le service de vin mousseux

Damit Schaumwein kühl bleibt, wird er im Sektkühler mit Eiswürfeln und Wasser an den Tisch des Gastes gebracht. Anstelle eines Sektkühlers kann auch ein Temperaturgarant verwendet werden.

Mise en place

Zuerst werden am Tisch der Gäste die Sektgläser eingesetzt.

Auf einem Guéridon stellt man bereit:

- Sektflasche im Kühler auf einem Teller mit Serviette.
- Weinserviette und zwei kleine Teller.
- Sektbrecher bzw. Barzange als Hilfe für Drahtbügelverschluss oder festsitzenden Korken.

Öffnen der Schaumweinflasche

- Die Flasche wird aus dem Kühler genommen und mit einer Serviette abgetrocknet.
- Anschließend wird sie dem Gast präsentiert.
- Dann entfernt man die Stanniolkapsel bis zum Drahtbügelverschluss (Agraffe). Die Stanniolreste werden auf einem der Teller abgelegt.
- Eine Stoffserviette wird über den Korken gelegt und mit dem Daumen festgehalten.
(Bei den nachfolgenden Abbildungen wurde der besseren Sicht wegen auf die Serviette verzichtet.)
- Es gibt zwei Möglichkeiten der Agraffenentfernung:

Abb. 1: Stanniolkapsel entfernen

Abb. 2: Draht aufdrehen, Agraffe entfernen

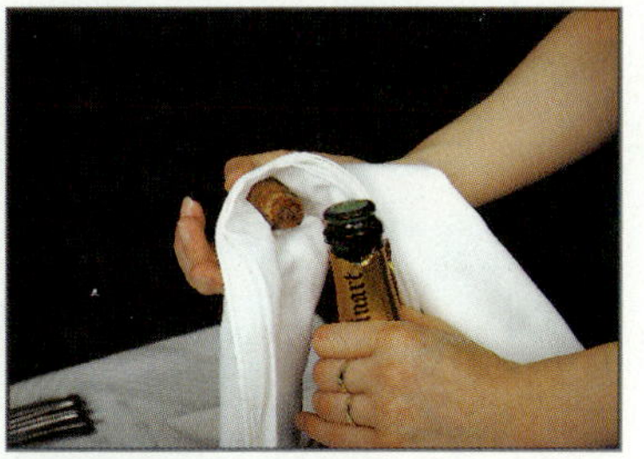
Abb. 3: Flasche entkorken

Methode I: Die Agraffe wird entgegen ihren Windungen aufgedreht und vorsichtig entfernt. Der Korken wird ständig mit dem Daumen gesichert.

Methode II: Dabei werden die Agraffenwindungen eine Umdrehung straffer gedreht und der Draht durch mehrmalige Links-Rechts-Bewegungen zum Abbrechen gebracht. Anschließend wird der Bügelverschluss vom Flaschenhals weggebogen und seitlich vom Korken geschoben.

- Den Korken nun mit der Serviette umfassen, diesen lockern und bei gleichzeitigem Gegendruck langsam und geräuschlos herausgleiten lassen. Dabei hält man die Flasche schräg und den Flaschenhals von den Gästen abgewendet.

  Damit der Korken nicht knallend austritt, lässt man den Überdruck im rechten Augenblick geräuschlos entweichen. Das Schräghalten der Flasche ist wichtig, weil auf diese Weise das Überschäumen des Sektes oder Champagners verhindert wird.
- Mit einer Serviette den Flaschenmund säubern.
- War die Sektflasche mit einem Naturkorken verschlossen, so wird dieser präsentiert.

Eingießen des Schaumweines

Der Probeschluck sollte so ausreichend bemessen sein, dass der Besteller zweimal probieren kann.

Das weitere Ausschenken des Sektes oder Champagners erfolgt nach den Servierregeln.

Die Schaumbildung ist wegen der zimmerwarmen Gläser zu Beginn des Eingießens besonders stark.

Aus diesem Grunde sollte man zunächst vorsichtig nur eine kleine Menge eingießen und dann das Glas langsam höchstens dreiviertel voll füllen.

Die Gäste beobachten und rechtzeitig nachschenken.

Abb. 4: Präsentieren des Korkens

Abb. 5: Sekt eingießen

Abb. 6: Andere Methode des Services

Aufgaben

1 Beschreiben Sie Ihrem Kollegen die Mise en place für Flaschenservice von Weißwein.

2 Weshalb wird einem Gast der von ihm bestellte Flaschenwein vor dem Öffnen präsentiert?

3 Erklären Sie das fachgerechte Öffnen einer Weinflasche.

4 Warum beträgt die Serviertemperatur bei Rotwein im Allgemeinen mehr als 14 °C?

5 Beschreiben Sie das Dekantieren von Rotwein.

6 Nennen Sie Gründe, weshalb Rotweine dekantiert werden.

7 Beschreiben Sie das sachgerechte Öffnen einer Schaumweinflasche.

PROJEKT

WEINPROBE

Sie erhalten von Ihrem Chef den Auftrag, im Rahmen einer geplanten Mitarbeiterschulung eine Weinprobe vorzubereiten. Die Weinprobe soll sich auf die gängigen Flaschen- und Ausschankweine Ihres Betriebes beschränken.

VORBEREITUNG

1 Bestimmen Sie die zu beurteilenden Weine.

2 Erstellen Sie eine Liste mit wichtigen Angaben von einzelnen Weinetiketten.

3 In welcher Reihenfolge werden Sie die Weine probieren lassen?

4 Welche schriftlichen Unterlagen stellen Sie Ihren Kolleginnen und Kollegen zur Verfügung?

5 Welche Tischform werden Sie wählen, um möglichst viel Kommunikation unter den Testern zu erreichen?

6 Was bieten Sie den Schulungsteilnehmern außer den Weinkostproben noch an?

7 Bestimmen oder finden Sie einen Mitarbeiter, der bereit ist, ein Kurzreferat von 5 Minuten über den Weinanbau und die Weinherstellung zu halten.

8 Erstellen Sie eine Liste der Materialien, die für eine Weinprobe benötigt werden.

DURCHFÜHRUNG

Anmerkung: falls die Weinprobe in der Berufsschule geplant wird, sollten die schulrechtlichen Vorschriften beachtet werden.

1 Bereiten Sie den Raum und die Tafel für eine Weinprobe vor.

2 Stellen Sie fest, ob die zu probierenden Weine richtig temperiert sind.

3 Analysieren Sie die Angaben eines Etiketts, indem sie eine Folie des Weinetiketts mit dem Overhead-Projektor zeigen.

4 Lassen sie Kleinstmengen der einzelnen Weine probieren, erarbeiten Sie gemeinsam ein Ergebnis und halten Sie dieses schriftlich fest.

KORRESPONDIERENDE SPEISEN

1 Wählen Sie anschließend 3 unterschiedliche Weine. Erteilen Sie den Schulungsteilnehmern die Aufgabe, passende Gerichte zu den Weinen zu sammeln, zu besprechen und zu notieren.

2 Geben Sie den Schulungsteilnehmern ein mehrgängiges Menü vor und lassen Sie sie passende Weine zu den einzelnen Gängen auswählen. Vergleichen Sie die Ergebnisse in einer großen Diskussionsrunde.

BERECHNUNGEN

Wählen Sie einen Wein aus und kalkulieren Sie über den Einkaufspreis den Kartenpreis, indem Sie folgende Werte einbeziehen:
Gemeinkosten 40 %; Gewinn 28 %; Service (Umsatzbeteiligung) 15 %; MwSt: 16 %

6 Abrechnen mit Gast und Betrieb

🇬🇧 *settlement of account*
🇫🇷 *régler ses comptes*

Restaurantfachkräfte sind eigenverantwortliche Verkäufer, die einerseits mit dem Gast und andererseits mit dem Betrieb abrechnen müssen. Um das gesamte Verkaufsgeschehen lückenlos kontrollieren zu können ist es erforderlich, dass für jeden Verkauf ein **Bon** bzw. Beleg ausgestellt wird.

6.1 Boniersysteme

Für das Bonieren gibt es folgende Möglichkeiten:

- das **Bonbuch,**
- die **Registrierkasse,**
- ein **computergesteuertes Boniersystem.**

Eine weitere Möglichkeit zum Erhalt von Speisen und Getränken sind **Wertmarken** und **Gutscheine.**

Der Bon ist eine Gutschrift (Bonus) und stellt ein betriebsinternes Zahlungsmittel dar. Jeder, der ihn im betrieblichen Ablauf besitzt, hat Anspruch auf eine Gegenleistung:

- die Restaurantfachkraft gegenüber der Ausgabestelle auf eine Speise oder ein Getränk,
- der Betrieb gegenüber den Restaurantfachkräften auf das vom Gast entgegengenommene Geld.

Bonbuch

Die einfachste Art des Bonierens erfolgt mit dem Bonbuch. Es wird dort eingesetzt, wo keine Registrierkassen vorhanden sind, z.B. im Partyservice oder im kurzzeitigen Saalbetrieb, und es kann bei Ausfall von Computerkassen eingesetzt werden.

Man unterscheidet **Einzel-** und **Doppelbons.**

Der Doppelbon ist mit einem **Talon** bzw. zusätzlichen Abriss versehen.

Beim Einsatz von Bonbüchern werden die Bons handschriftlich ausgefertigt.

Das Bonbuch besteht aus einem Oberblatt mit perforierten Bons und einem Unterblatt für die Durchschriften. Die Bons sind durchlaufend nummeriert und in verschiedenen Farben erhältlich.

Abb. 1: Bonbücher mit Durchschreibebons

Die **Originalbons** werden der jeweiligen Abgabestelle (Küche, Büfett oder Bar) übergeben als Aufforderung, die Ware bereitzustellen.

Die **Durchschriften** verbleiben im Bonbuch und sind die Grundlage für das Abrechnen mit dem Gast und mit dem Betrieb.

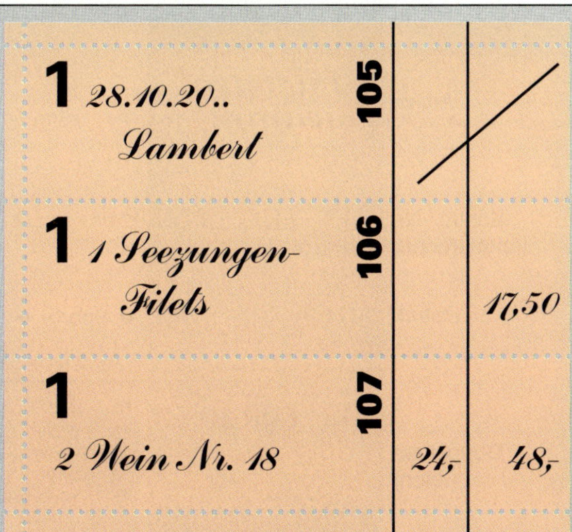

- Beim Dienstantritt werden auf dem ersten Bon das Datum und der Name der Servierfachkraft eingetragen. Damit ist der Beginn des Abrechnungszeitraumes fixiert.
- Die Bons werden mit den zur Bestellung erforderlichen Eintragungen versehen: **Menge, Art** und **Preis** der Ware.
- Die handschriftlichen Angaben auf den Bons müssen klar und gut leserlich sein.
- Jeder Bon darf nur mit einer Warenart beschriftet werden, damit das Annoncieren und die Ausgabe der Ware reibungslos verlaufen kann. Außerdem wird das Sortieren, Auszählen und Addieren im Kontrollbüro nicht unnötig erschwert.

Nach- und Vorteile von Bonbüchern

Die Verwendung hat gegenüber dem Bonieren mit Registrierkassen Nachteile:

- ☹ Großer Zeitaufwand beim Bonieren und Abrechnen sowie bei der Auswertung der Bons im Kontrollbüro.
- ☹ Feststellen von Zwischensummen bzw. Abschlägen ist nur durch erheblichen Zeitaufwand möglich.
- ☹ Vielfältige Fehlerquellen aufgrund ungenauer, unleserlicher oder falscher Eintragungen auf dem Bon.

Die Verwendung ist in besonderen Fällen allerdings zweckmäßig, z. B.:

- ☺ wenn eine kostspielige Registrierkasse für den Betrieb unwirtschaftlich ist,
- ☺ bei Sonderveranstaltungen wegen der vereinfachten und gesonderten Abrechnung,
- ☺ beim Einsatz von Aushilfskräften, die im Umgang mit Kassen unkundig sind.

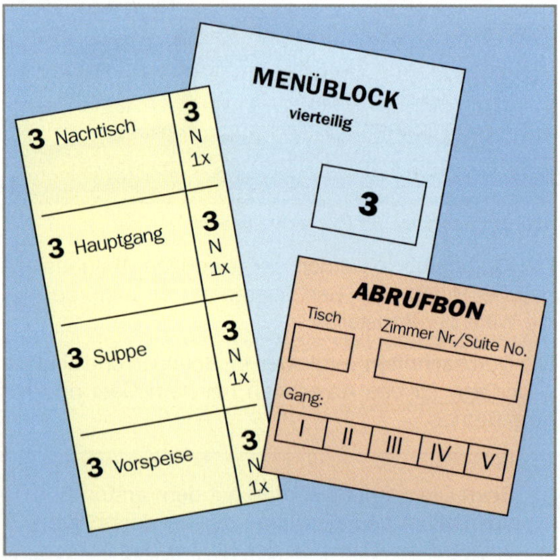

Abb. 1: Begleit- und Abrufbons für mehrgängige Menüs

Begleit- und Abrufbons

Es handelt sich um mehrteilige Bons, die im Menüservice oder bei Pensionsgästen eingesetzt werden. Mit Hilfe der Teilabschnitte kann die Servicefachkraft den jeweiligen Gang abrufen. Bei der Ausgabe wird der - Talon vom Bon getrennt und die einzelnen Gänge für den Service damit gekennzeichnet.

- **Marschierbons,** weil das jeweilige Teilstück beim *Marschieren* (Ausgabe) der Speise abgegeben bzw. entwertet wird,
- **Begleitbons,** weil sie den Ablauf des Menüs *begleiten.*

6.2 Arbeiten mit Registrierkassen

Gegenüber den Bonbüchern haben Registrierkassen Vorteile:

- Der zeitliche Aufwand beim Bonieren sowie bei den Abrechnungs- und Umsatzkontrollen ist wesentlich geringer,
- Fehler beim Multiplizieren und Addieren sowie beim Sortieren der Bons sind ausgeschlossen.

Es gibt zwei grundlegende Arten von Registrierkassen: mechanische und elektronische.

Bonieren mit mechanischen Registrierkassen

Die Servicefachkraft aktiviert die Kasse mit einem persönlicher Kassenschlüssel. Jetzt können Bonierungsdaten eingegeben werden.

Die nachfolgend eingegebenen Bonbeträge werden automatisch im Addierwerk der jeweiligen Servicefachkraft registriert und aufaddiert.

Der ausgedruckte Bon enthält folgende Angaben:

- Nummer der Servicefachkraft,
- Preis und Sparte,
- fortlaufende Kontrollnummer und Datum.

Die Angaben auf dem Bon müssen von der Servicefachkraft handschriftlich vervollständigt werden:

- Menge und Artikel
- Tischnummer
- Garstufen bei Fleisch, Beilagenänderung.

Beispiel eines Küchenbons

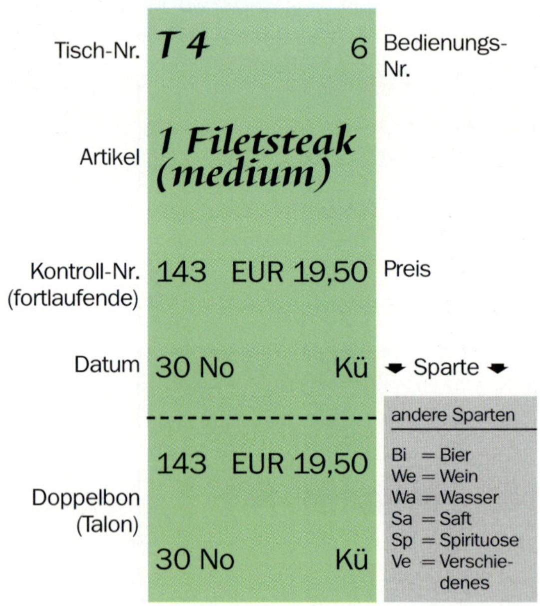

Service Fachstufe

Bonieren mit computergesteuerten Systemen

Elektronische Kassen sind vollprogrammierte Systeme mit unterschiedlich umfangreicher Ausrüstung.

Die Artikel sind mit allen Details einprogrammiert, sodass beim Bonieren nur noch die richtige Programmtaste bedient werden muss.

Auf manchen Speise- und Getränkekarten sind die Artikel mit einer Codenummer versehen, die man auf dem Programmfeld wiederfindet.

Die ausgeworfenen Bons sind bereits mit allen Angaben bedruckt. Die Artikelbezeichnung erfolgt im Klartext, einschließlich der Tischnummer und Informationen über Garstufen und Beilagen.

Ablauf des Bonierens

- Codierten Schlüssel oder Karte oder Kugelschreiber eingeben.
- Tisch- oder Zimmernummer eingeben.
- Eingabe, ob Einzel- oder Sammelbon gewünscht wird.
- Menge angeben.
- Art der Speisen und Getränke oder Codenummer des Artikels eintippen bzw. scannen.
- Bonauswurftaste aktivieren.

Beispiele von Bons aus Computerkassen

```
Tisch 3        Bon # 112
Datum:      -05-10
Uhrzeit: 13.31
Service: 2

1 Filetsteak        (213)

1xEUR 17.60=
              EUR 17.60
medium
.........................
Tisch 3         Bon#112
Datum:      -05-10
Uhrzeit: 13.31
Service: 2

1 Filetsteak        (213)

1xEUR 17.60=
              EUR 17.60
```

```
Tisch7         Bon # 013
Datum:      -07-14
Uhrzeit: 19.41
Service: 5

2 Sherry
  trocken           (101)
2xEUR 3.60=
              EUR   7.20

1 Hefeweizen        (102)
1xEUR 2.30=
              EUR   2.30

1 Pils              (102)
1xEUR 2.30=
              EUR   2.30

3 Tassen
  Kaffee            (110)
3xEUR 1.70=
              EUR   5.10
```

Abb. 1: Einzelbon mit Talon und Sammelbon eines computerunterstützten Kassensystems

Vorteile beim Arbeiten mit einer Computerkasse

- Manuelles Beschriften der Bons entfällt.
- Artikel, Preise und Uhrzeit können eingespeichert werden.
- Mit dem Bonieren kann gleichzeitig die Gästerechnung (Guest-check) angelegt werden.
- Rechenfehler sind ausgeschlossen.
- Preisänderungen (z.B. Happy hour) werden automatisch vorgenommen.
- Nachträgliche Erstellung von Gästerechnungen.
- Umsätze der einzelnen Sparten und der Servicemitarbeiter sind jederzeit abrufbar.
- Tagesabrechnungen der einzelnen Mitarbeiter können automatisch erstellt werden.

Besonderheiten

Für die bereits genannten Systeme gibt es technische Ergänzungen in Form eines computervernetzten Getränkeausgabeverbunds mit drahtlosen Fernbedienungen (portable Terminals). Sie ermöglichen den Servicefachkräften die Aufnahme von Speisen- und Getränkebestellungen direkt am Tisch des Gastes.

Durch die Eingabe der Artikel-Codenummer und der bestellten Menge werden sofort Kasse und Bondrucker an den Ausgabestellen aktiviert.

Noch während die Servicefachkraft am Tisch des Gastes steht, erhalten Küche und Büfett bereits die Bestellungen als Bons ausgedruckt.

Die bonierten Beträge werden von der Kasse registriert und ein Guest-check für den Tisch bzw. den Gast angelegt.

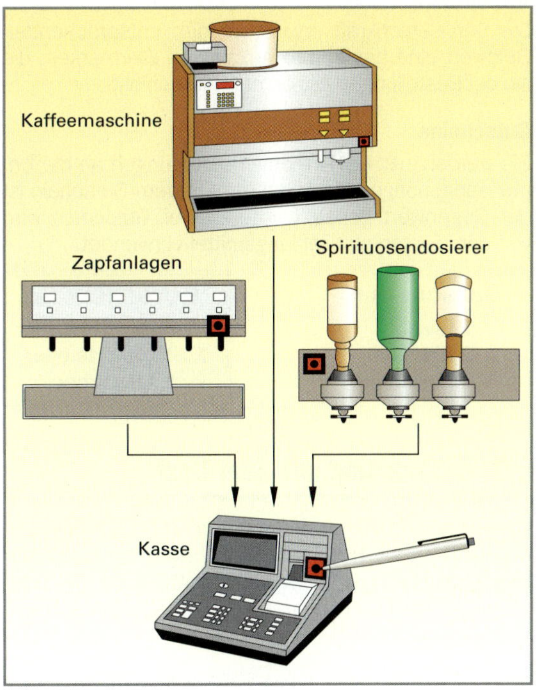

Abb. 2: Getränkeverbund-Anlage

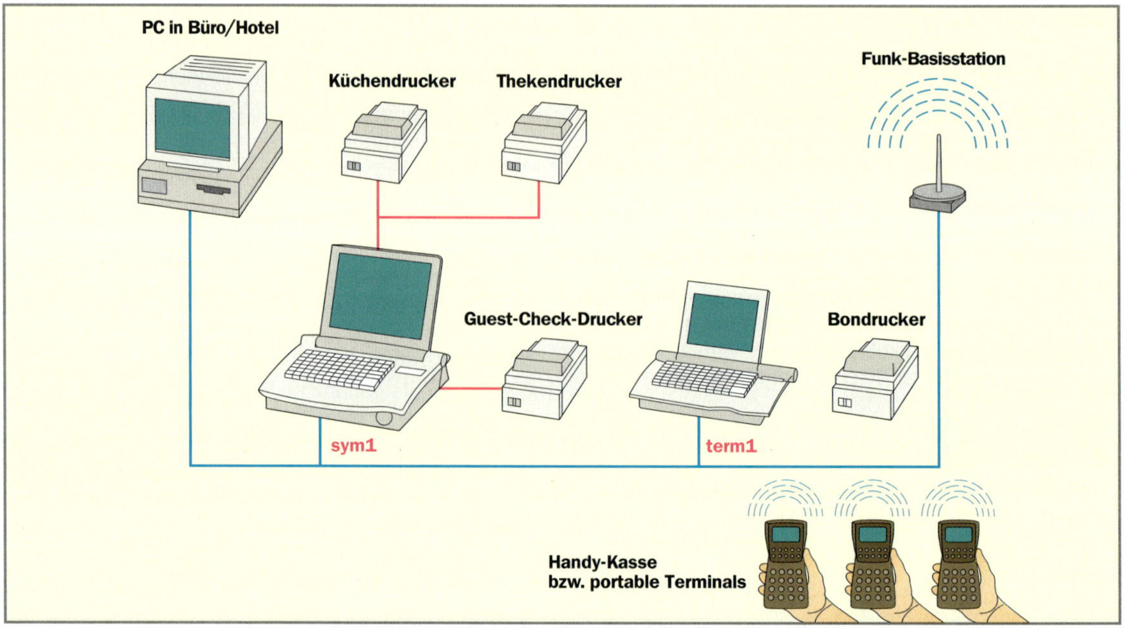

Abb. 1: Computerkasse

Wertmarken und Gutscheine

Mit dem Einsatz von Wertmarken und Gutscheinen erübrigt sich das Bonieren und das Kontrollsystem wird vereinfacht.

Biermarken

Die Servicefachkraft erwirbt für den entsprechenden Geldwert eine bestimmte Anzahl von Biermarken, die sie bei Bestellungen gegen das Bier einlöst.

Gutscheine

Sie werden z. B. bei Firmenveranstaltungen an die Betriebsangehörigen ausgegeben. Auf dem Gutschein ist der Gegenwert genau vermerkt. Der Gutschein wird von den Gästen als Zahlungsmittel verwendet.

GUTSCHEIN für
1 Essen
2 Bier oder
2 Softdrinks

GUTSCHEIN für
1 Portion Kaffee
1 Stück Torte oder
1 Eisbecher

6.3 Abrechnung mit dem Gast

Wenn man von der ganz einfachen Art der Abrechnung mit Notiz- oder Rechnungsblock absieht, erhält der Gast eine Rechnung mit folgenden Angaben:

- Menge, Art und Preis der in Anspruch genommenen Leistungen,
- Rechnungssumme und Datum,
- Unterschrift.

CROWNE PLAZA®
HOTELS • RESORTS

RECHNUNG

für ....

Datum 23.03. .... K.-Nr. 3

2 Menü Nr. 2	28,–
1 Menü Nr. 3	18,50
1 Johannisberger Erntebringer	9,50
2 Tassen Kaffee	5,–
Summe €	61,–

....
Unterschrift

Zahlt der Gast bar, wird ihm die quittierte Originalrechnung sofort ausgehändigt (s. S. 455).

Bei Hotelgästen, deren Verzehr in die Endabrechnung des Hotels übernommen werden soll, ist die Rechnung mit der Zimmernummer zu versehen, vom Gast zu unterschreiben und sofort an den Empfang weiterzuleiten.

Der Servicemitarbeiter bekommt diesen Betrag gutgeschrieben.

Bei Registrierkassen ohne Rechnungsstellung wird die Rechnung wie beim Arbeiten mit Bonbüchern handschriftlich angefertigt.

Handelt es sich um eine Kasse mit Rechnungsstellung (Guest-Check), dann wird die Rechnung beim Bonieren automatisch mitgeschrieben.

Die Angaben für die Rechnung werden in einem eigens für den Gast bestimmten Speicher registriert und bei Rechnungsstellung in einem Arbeitsgang ausgedruckt.

Per Computer ausgedruckte Rechnungen entsprechen den Vorschriften der Finanzämter, wenn die Rechnung als Nachweis für Bewirtungskosten eingereicht wird.

Die gesetzlichen Bestimmungen verlangen außerdem:

- Name und Anschrift des Restaurants bzw. der Gaststätte,
- Tag der Bewirtung sowie die Leistung nach Art, Umfang und Entgelt,
- Mehrwertsteuerprozentsatz und Mehrwertsteuerbetrag,
- Endbetrag der Rechnung.

Zentrale Restaurantkasse

Diese Kasse dient zur Vereinfachung der Abrechnung, indem die Gäste beim Verlassen des Restaurants ihre Verzehrschuld an dieser Kasse begleichen. Dadurch entfällt das Abrechnen der einzelnen Servicefachkräfte mit dem Gast und mit dem Betrieb:

- Die Servicefachkraft registriert die Bestellungen des Gastes fortlaufend auf einer Karte, die der Gast beim Betreten des Restaurants erhält.
- Möchte der Gast bezahlen, übergibt er die Karte vor dem Verlassen des Restaurants an der Kasse.
- Hier wird die Rechnung ausgefertigt und der Rechnungsbetrag kassiert.

Rechnung für:

Budget Host Inn

835	Bedienung	Datum	Tisch
	4	..-01-15	5

1 Sekt	34	13.00	13.00
2 Kueche		18.00	36.00
1 Wein	75	11.00	11.00
1 Storno		11.00	11.00 -
1 Wein	76	14.00	14.00
2 Kaffee	52	2.40	4.80

Im Rechnungsbetrag sind 16% Mehrwertsteuer € 9.35 enthalten

Kasse € 67.80

Rechnung anerkannt: Unterschrift ____________

Zimmer Nr. ______ Name ____________
Blockschrift

Wird nur ausgefüllt, wenn der Gast den Rechnungsbetrag nicht an die Bedienung bezahlt.

6.4 Abrechnung mit dem Betrieb

Die Servicefachkräfte rechnen ihre Einnahmen mit dem Betrieb ab.

Als Grundlage dazu dient der Umsatz der jeweiligen Servicefachkraft.

Dieser wird ermittelt entweder aus:

- den aufaddierten Bondurchschriften des Bonbuches,
- dem per Tastendruck abgerufenen Umsatz der Registrierkasse oder aus
- einem vom Computersystem automatisch angefertigten, detaillierten Umsatzbericht für jede Servicefachkraft.

Dazu wird ein Vordruck verwendet, in dem folgende Eintragungen gemacht werden:

- Datum sowie Name und Nummer des Servicemitarbeiters,
- Gesamtumsatz, Fehlbons (Stornos) und berichtigter Umsatz,
- das kassierte Bargeld, die angenommenen Reiseschecks sowie die Kreditkartenbelastungsbelege,
- Restanten.

In den voll durchorganisierten Systemen wird auf Abruf für jede Servicefachkraft automatisch ein detaillierter Umsatzbericht ausgefertigt (auch Servicebericht genannt).

Service-Nr. 5

Brutto-Umsatz	34	1815,40
Storno	2	76,30
Netto-Umsatz	32	1739,10
Kredit	6	1104,80
Kasse		634,30

Datum 18-10-..

Restanten sind offene Rechnungen von Hausgästen, die dem Empfang zugeleitet und auf die Hotelrechnung des Gastes übernommen werden.

Debitoren sind offene Rechnungen, die entweder Gästen oder einer Firma zugeschickt und dann erst per Überweisung beglichen werden.

Restaurant Classico

MARITIM HOTELS

Restaurant-Abrechnung

Datum: 23.03.20.. Name: Schmidt Nr.: 8

Umsatz	1.712,	40
./. Fehlbons [2]	34,	15
Berichtigter Umsatz	1.678,	25
./. Restanten	456,	50
Kasse	1.221,	75

Restanten / Rechnungen an Hotel

Rechnungs-Nr.	Zimmer-Nr.	€
318	128	123,90
459	434	332,60
	Summe:	456,50

Erhalten: Steinmüller

geprüft: Krause (Kontrollbüro)

Aufgaben

1 Beschreiben Sie die Grundausstattung von Bonbüchern.

2 Erklären Sie Ihrer neuen Kollegin die Handhabung von Bonbüchern.

3 Erklären Sie folgende Bonbezeichnungen:

a) Originalbon, Fehlbon, Sammelbon,

b) Einzelbon, Doppelbon, Abrufbon,

c) Begleitbon, Marschierbon.

4 Was versteht man unter dem Begriff Talon?

5 Nennen und erläutern Sie Regeln für das Bonieren.

6 Welche Nachteile hat das Bonieren mit Bonbüchern?

7 In welchen Fällen ist der Einsatz von Bonbüchern zweckmäßig?

8 Beschreiben Sie im Zusammenhang mit dem Bonbuch:

a) das Abrechnen mit dem Gast,

b) das Abrechnen mit dem Betrieb.

9 Beschreiben Sie den Bon einer Registrierkasse und dessen Handhabung.

10 Beschreiben Sie das Bonieren und die Ausstattung des Bons beim Arbeiten mit elektronischen bzw. computerunterstützten Kassen.

11 Welches sind die Besonderheiten bei elektronischen Kassen

a) in Bezug auf die Rechnungsstellung für den Gast,

b) in Bezug auf das Abrechnen mit dem Betrieb?

12 Erklären Sie die Besonderheiten bei der Verwendung

a) von Biermarken,

b) von Gutscheinen.

Marketing im Gastgewerbe

1 Besonderheiten im Gastgewerbe

particularities of the hotel- and catering industry — *les particularités (w) de la gastronomie et hôtellerie (w)*

Das Gastgewerbe mit seinen Hotel- und Restaurant-Betrieben unterscheidet sich in mancher Hinsicht von anderen Wirtschaftsbereichen.

Unter den im Gastgewerbe angebotenen **Gütern** stellen die Lebensmittel (Speisen und Getränke) als **Verbrauchsgüter** einen sehr großen Anteil dar. Bei den Speisen gibt es viele Gerichte, die erst auf Bestellung frisch zubereitet werden. Diese Gerichte sind nicht „auf Vorrat" produzierbar oder dem Lager entnehmbar wie manche Güter anderer Branchen.

Unter den Getränken gibt es ebenfalls viele, die erst auf Bestellung produziert werden können (Cocktails, Shakes, Aufgussgetränke…). Denn sie sind leicht verderblich, aromaempfindlich und – wenn überhaupt – nur kurzfristig lagerfähig.

Erschwerend kommt hinzu, dass diese leicht verderblichen Güter an **ganz unterschiedlichen Örtlichkeiten/Stellen** (gastronomische Outlets) angeboten werden. Nämlich dort, wo der Gast dies wünscht, wie z. B. in Restaurant, Bistro, Bankettabteilung, Hallenbar, Poolbar, auf der Etage, Terrasse oder, wie im Bereich des Party-Services, auch „Außer Haus".

Außerdem ist das Verkaufen in der Gastronomie durch einen ständigen **Wechsel der Nachfragesituation** zu unterschiedlichen Tageszeiten geprägt. Die Frühstücksgäste möchten ein anderes Angebot als die Mittagsgäste, die Nachmittagsgäste haben andere Vorstellungen als die Gäste, die am Abend kommen.

So können im selben Hotelbetrieb die unterschiedlichsten Verkaufssituationen bestehen: Frühstücksservice, Brunch, Mittagessen à-la-carte, Festbankett am Abend, Mitternachtsbüfett, Nachtbar, 24-Stunden-Etagenservice.

Nicht nur Verbrauchsgüter, sondern auch **Gebrauchsgüter** wie Zimmer, Suiten, Sport- und Fitness-Einrichtungen, Konferenz- und Veranstaltungsräume werden mit den daran gekoppelten **Dienstleistungen** verkauft. Oft werden dazu ganze Pakete (Packages) geschnürt und den Gästen angeboten. Um den unterschiedlichsten Gästewünschen zu entsprechen, werden Packages zielgruppengerecht verfasst. *Zielgruppen* eines Hotels können sein: *Individualgäste* (Kulturinteressierte, Sportler, Gesundheitsbewusste, …), *Tagungsgäste* (Konferenzteilnehmer), *Firmengäste* (zu Firmenveranstaltungen, Produktvorstellungen, Schulungen), *Reisegruppen*….

Abb. 1: „Millennium-Package" für Individual-Gäste

Für den *Tagungsgast* werden neben den Zimmern zur Übernachtung und den Tagungsräumen z.B. angeboten:

- modernste Tagungs- und Kommunikationstechnik,
- Konferenzbüros (Business-Center) mit Sekretärinnendienst,
- Simultan-Dolmetscherdienste,
- Rahmenprogramme für die Freizeit.

Abb. 1: Package für Rockmusik-Interessenten

Für mehrere Zielgruppen gleichzeitig können folgende Leistungen/Dienstleistungen interessant sein:

- Abholungs- oder Transportdienste (Shuttle-Service),
- Parkmöglichkeiten beim Hotel,
- Teilnahme an Sportveranstaltungen,
- Besuch kultureller Veranstaltungen.

Der Begriff **Dienstleistung** ist eigentlich viel zu sachlich, um zu beschreiben, was Gäste von uns erwarten:

- Freundlichkeit, Höflichkeit, Gastlichkeit
- reibungslose, pünktliche Abläufe
- Sauberkeit, Hygiene und Sicherheit
- Annehmlichkeiten in stressfreier Atmosphäre

und manches mehr.

Abb. 2: Beispiel eines zusätzlichen Dienstleistungsangebots

2 Angebot und Nachfrage – der Markt

supply and demand – the market *l'offre (w) et la demande – le marché*

Unter **Markt** versteht man das Zusammentreffen von Angebot und Nachfrage, d.h. von Verkäufern und Käufern.

Je nachdem ob die Angebotsseite oder die Nachfrageseite den Markt stärker bestimmt, spricht man vom Käufermarkt oder vom Verkäufermarkt.

Beim **Verkäufermarkt** ist die Nachfrage größer als das Angebot. Es besteht ein Nachfrageüberhang. Eine solche Absatzmarktsituation bestand zum Teil in Deutschland in der Nachkriegszeit bis Ende der 1950-er Jahre. Eine Marktorientierung ist in solcher Situation für die meisten Unternehmen von untergeordneter Bedeutung. Der Absatz ist meist problemlos.

Beim **Käufermarkt** ist das Angebot größer als die Nachfrage. Der Käufer (Gast) kann auf dem Markt unter einer Vielzahl von Angeboten auswählen.

Heute haben wir einen Käufermarkt.

Daraus ergibt sich:

- Die Wünsche, Bedürfnisse und Probleme der potentiellen Gäste sind zu berücksichtigen.
- Eine ständige Anpassung an sich verändernde Marktsituationen ist wichtig.
- Das Angebot sowie die damit verbundenen Dienstleistungen sind entsprechend neu zu gestalten und auszurichten.
- Harter Wettbewerb, bei unter Umständen sinkenden Preisen, unterstreicht die Notwendigkeit, den gastronomischen Betrieb vom Absatzmarkt her zu führen.
- Das macht oft auch eine Neuorientierung in der Unternehmenskonzeption notwendig.

Der Begriff **Marketing** (s. ab Seite 438) ist daher ein Schlüsselwort unserer Zeit geworden.

Heute wird im Gastgewerbe absolut gastorientiertes Denken und Handeln verlangt. Denn die Macht liegt beim Käufer – in unserem Fall beim Gast.

Marketing im Gastgewerbe heißt, die Welt aus dem Blickwinkel des Gastes zu sehen.

3 Unternehmensleitung

management
la direction

Der **Hotelier/Gastronom als Unternehmer** leitet eigenverantwortlich und durch eigene Initiative seinen Betrieb. Er trägt dabei das Kapitalrisiko und geht ein persönliches Wagnis ein.

Er bestimmt die Geschäftspolitik.

- Er setzt die Ziele,
- plant die Abläufe in den einzelnen Bereichen,
- entscheidet über die zu treffenden Maßnahmen,
- setzt die Pläne in Aktionen um,
- steuert dabei die Maßnahmen und Abläufe zur Zielerreichung und er
- kontrolliert die Ergebnisse.

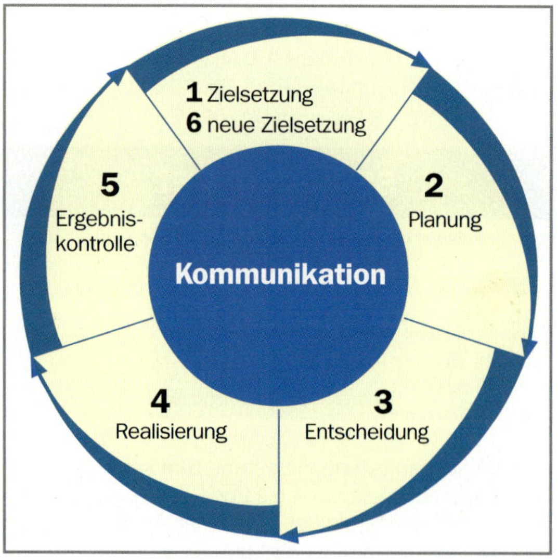

Abb. 1: Der Management-Regelkreis

Der Unternehmer entscheidet über den Einsatz von **Produktionsfaktoren.** Dies sind die Mittel, die eingesetzt werden, um die betriebliche Leistung zu erstellen.

Dazu zählen folgende **Produktionsfaktoren:**

Werkstoffe
Rohstoffe, Hilfsstoffe, Betriebsstoffe
Arbeit
objektbezogene Arbeit, Leitung, Weiterentwicklung
Betriebsmittel
Maschinen maschinelle Anlagen

Der Unternehmer ist – nicht zuletzt – für die Führung und das Wohl seiner Mitarbeiter verantwortlich. Damit sein Betrieb langfristig bestehen kann, muss der Unternehmer sein Angebot/seine Leistungen gewinnbringend verkaufen. Im Allgemeinen gilt die Gewinnmaximierung als oberstes **Unternehmensziel**, es kann jedoch von anderen, nebengeordneten Zielen umgeben, überlagert oder ersetzt sein. Ein Ziel ist ein angestrebter Zustand in der Zukunft, den ein Unternehmen als Erfolgskriterium seines Handelns definiert.

Unternehmensziele

Das oberste Unternehmensziel der Einkommenssteigerung sowie der Gewinnmaximierung kann z.B. erreicht werden durch:

Gastbezogene Unternehmensziele:

- Verbesserung der Qualität
- Erhöhung der Kundenzufriedenheit
- Reduzierung von Reklamationen
- Verbesserung des Ansehens (Image/Ruf)

Marketing

Mitarbeiterbezogene Unternehmensziele:

- Sozialer Ausgleich
- Arbeitsplatzsicherung
- Arbeitsfrieden

Betriebsbezogene Unternehmensziele:

- Steigerung des Umsatzes
- Erweiterung des Marktanteils
- Deckung/Minimierung der Kosten
- Deckung des Bedarfs
- Verbesserung der Wirtschaftlichkeit
- Erlangung einer wirtschaftlichen Machtposition
- Umsetzung der Ideen eines „Umweltschutz-Leitfadens" (z.B. vom Bayerischen Staatsministerium für Landesentwicklung und Umweltfragen)
- Erhaltung und Erweiterung der Substanz

3.1 Unternehmensleitbild

mission statement *l'ideal d'entreprise*

Im Unternehmensleitbild sind einige wichtige Unternehmens-Grundsätze formuliert, die die jeweilige Unternehmenspolitik bestimmen.

Die Grundsätze drücken meist das Verhalten gegenüber Gästen/Kunden oder auch Mitbewerbern aus. Sie stellen damit eine Grundlage der – späteren – konkurrenzorientierten Strategie dar.

Auch das Verhalten gegenüber den eigenen Mitarbeitern wird in diesem Bereich der Unternehmens-Grundsätze formuliert.

Die Unternehmensleitbilder in der Gastronomie legen die Verhaltensweisen gegenüber Gästen, Mitarbeitern, Mitbewerbern und der ortsansässigen Bevölkerung fest.

Mit einer Aufforderung beendete Firmenchef Dr. Heinrich v. Pierer seinen Rechenschaftsbericht an die Aktionäre. „Es lohnt sich, in Siemens Vertrauen zu haben und weiter zu investieren." Pierers Zukunftsbild von Siemens ist ein Unternehmen, das durch seine globale Präsenz und das exzellente Know-how seiner Mitarbeiterinnen und Mitarbeiter weltweit auf dem Gebiet der Elektrotechnik und Elektronik die erste Wahl für seine Kunden ist. Mit unserem neuen Leitbild, das auch im aktuellen Geschäftsbericht nachzulesen ist, soll diese Version umgesetzt werden: „Sieben Leitsätze sollen das Denken und Handeln aller Menschen prägen, die bei Siemens arbeiten. Sie sind für uns alle verbindlich. Wir richten unsere Organisation und alle Systeme daran aus. Wer sich in seinem täglichen Verhalten nicht an diese Leitsätze hält, hat bei Siemens auf Dauer keine Chance."

Das neue **SIEMENS**-Leitbild

- Der **Kunde** bestimmt unser Handeln.
- Unsere **Innovationen** gestalten die Zukunft.
- **Erfolgreich wirtschaften** heißt: Wir gewinnen durch Gewinn.
- Spitzenleistungen erreichen wir durch **exzellente Führung.**
- Durch **Lernen** werden wir immer besser.
- Unsere **Zusammenarbeit** kennt keine Grenzen.
- Wir tragen **gesellschaftliche Verantwortung.**

Abb. 1: Beispiel eines Unternehmensleitbildes

3.2 Unternehmensidentität

corporate Identity *l'identité d'entreprise*

„**Corporate**" bedeutet: das Unternehmen, die Unternehmensgruppe oder Institution betreffend.

„**Identity**" steht für Persönlichkeit, Stil oder Individualität.

Unter Unternehmens-Identität („**C.I.**") versteht man das Erscheinen oder Auftreten (die „Persönlichkeit") eines Unternehmens. Dieses Erscheinen („Selbstbild") soll möglichst einheitlich und in sich selbst stimmig und glaubhaft nach außen und innen gestaltet werden.

Durch die abgestimmten Verhaltensweisen, die in der Unternehmens-Identität zum Ausdruck kommen, werden Glaubwürdigkeit und Vertrauen in eine Organisation geschaffen bzw. sollen diese erhalten bleiben.

Im Einzelnen sind bei der **Corporate Identity** drei Komponenten bedeutsam, bei denen sich jeweils das Besondere, die Persönlichkeit eines Unternehmens oder einer Organisation ausdrückt:

- **Corporate Design,** das Unternehmens-Erscheinungsbild, d.h. äußere Merkmale wie z.B.: Firmenlogo, Kleidung der Mitarbeiter, Farbgebung, Gebäude, Außenanlagen;
- **Corporate Behaviour,** die Unternehmens-Verhaltensweisen, die Umsetzung der Unternehmensgrundsätze in Handlungen, z.B. als Anbieter, als Arbeitgeber, das Sozialverhalten, das Informationsverhalten bezüglich der Medien;

- **Corporate Communication,** die Unternehmens- bzw. Ortskommunikation. Sie richtet sich auf die Kommunikation mit den Mitarbeitern, den Marktteilnehmern (Gästen) und besonders mit den Medien. Hierbei ist sie eng verwandt mit der Öffentlichkeitsarbeit/Public Relations (s. S. 441).

Die Unternehmens-Identität stellt das Selbstbild eines Betriebes dar. Die Sicht und das Bild außenstehender Betrachter wird Fremdbild oder „Corporate Image" genannt. Identität und Image stimmen selten hundertprozentig überein.

Manchmal ist das Image eines Hotels in der Öffentlichkeit besser als die Realität, gelegentlich ist es auch umgekehrt.

Vor allem die Unternehmenskommunikation trägt dazu bei, dass Corporate Identity und Corporate Image nicht auseinander fallen.

Die Persönlichkeit ist Original und Ursache, das Image ist Abbild und Wirkung.

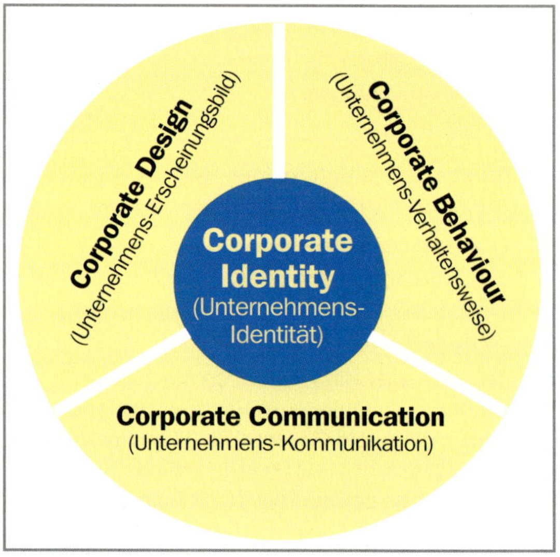

Abb. 1: Die drei Elemente der Unternehmens-Identität

4 Marketingkonzept

marketing concept
le concept de marketing

Der Begriff Marketing stammt aus der anglo-amerikanischen Sprache und steht für „in den Markt hineingehen" („to go into the market"). Dabei stehen die Wünsche der Gäste im Mittelpunkt aller Überlegungen und Aktivitäten.

Wenn ein Gastronom sein Unternehmen „vom Markt her führen" will, muss er zunächst ein Marketing-Konzept erstellen.

- Er fragt nach den Wünschen seiner Gäste und beobachtet seine Konkurrenten (Marktforschung/Marktanalyse).
- Er bestimmt die Ziele, die er erreichen will (Marketingziele).
- Er entwickelt Vorgaben, wie die Ziele erreicht werden sollen (Marketing-Strategie).
- Er plant, welche Mittel angewendet werden (Marketinginstrumente) und welche Maßnahmen zu ergreifen sind (Marketingplan).

4.1 Marktforschung / Marktanalyse

market research/market analysis
l' étude et l' analyse de marché

Untersuchungen über die Wünsche und Gewohnheiten der Gäste sind eine wichtige Informationsquelle. Das eigene betriebliche Angebot muss ausgewertet und mit dem der Konkurrenten verglichen werden.

Als Grundlage dienen eigene Befragungen oder in Auftrag gegebene Analysen. Bei regelmäßigen Untersuchungen spricht man von **Marktbeobachtung.**

Über die Gemeinde oder das Fremdenverkehrsamt erhält man zusätzliche Hinweise zur Situation des Gastgewerbes in der Region.

4.2 Marketingziele

marketing targets
les buts (m) du marketing

Die Unternehmensziele (siehe Seite 436) sind allgemein formuliert, Marketingziele bestimmen die konkrete Richtung. Sie stellen die „Philosophie" des Hauses dar.

Werden bestimmte Zahlen oder Mengen vorgegeben, spricht man von **quantitativen Marketingzielen.**

BEISPIELE:
- Zimmerauslastung um 10% erhöhen
- Durchschnittliche Aufenthaltsdauer von 6 Tagen erreichen
- Restaurantauslastung um 18% erhöhen
- Flaschenwein-Anteil am Getränkeumsatz um 8% steigern

Qualitative Marketingziele hingegen können sein:

- Ruf des Hauses/Image verbessern
- Marktstellung und -präsenz verbessern
- Äußeres Erscheinungsbild des Hauses dem Trend der Zeit anpassen
- Angebot des Hauses auf die Erfordernisse eines First-Class-Hotels abstimmen

4.3 Marketingstrategie

marketing strategy
la stratégie du marketing

Marketingstrategien enthalten Vorgaben, in welche Richtung sich das Unternehmen entwickeln soll. Sie stellen die „Leitplanke" für den zukünftigen Weg dar.

Es wird festgelegt, welche Ziele in welchem Umfang und in welcher Zeit erreicht werden sollen. Der „Ist-Zustand" soll langfristig in einen „Soll-Zustand" überführt werden. Meist handelt es sich um Zeiträume von 5 bis 10 Jahren.

BEISPIEL: „In 8 Jahren wollen wir das erste Haus am Platze sein."

4.4 Marketingplan

marketing plan *le plan du marketing*

Im **Marketingplan** werden die einzelnen Maßnahmen festgelegt, die zur Umsetzung der Strategie ergriffen werden sollen.

Der Marketingplan stellt den Prozess, das „Beförderungsmittel" dar.

Die Palette der Maßnahmen reicht von Anzeigen in Zeitungen/Zeitschriften über die Festlegung neuer Zimmerpreise bis hin zur Einführung einer Mittagskarte im Restaurant.

Marketingpläne werden für kürzere Zeiträume, meist für das nächste Geschäftsjahr, erstellt.

Voraussetzung für die Erstellung eines guten Marketingplans sind Kenntnisse über die **Marketinginstrumente,** die zur Verfügung stehen.

Sie sollen in einem ausgewogenen Verhältnis gemischt eingesetzt werden **(Marketing-Mix)**.

4.5 Marketinginstrumente

marketing instruments

les instruments (m) du marketing

Die Marketing-Instrumente sind:

- das **Angebot**/die **Leistung** (Art und Umfang des Produkts/der Produktgestaltung), z. B. aus den Bereichen Beherbergung und Food and Beverage,
- die **Preispolitik** (Preisgestaltung und Preisdifferenzierung),
- die **Verkaufsmethode** (Verkaufswege, Verkaufsorganisation),
- die **Kommunikation** mit dem Markt (Verkaufsförderung, Öffentlichkeitsarbeit und Werbung; s. S. 441).

4.6 Marketing-Mix

marketing mix *le marketing mix*

Das Zusammenspiel und der Einsatz der Marketing-Instrumente erfolgen flexibel, ganz nach Notwendigkeit. Dies wird als Marketing-Mix bezeichnet. Als **optimales Marketing-Mix** lässt sich diejenige Kombination von marketingpolitischen Instrumenten bezeichnen, durch die ein bestimmtes Verkaufsziel bestmöglich erreicht wird z. B. Aktionswoche oder Wochenendarrangement mit Wellness-Programm. Die relative Bedeutung der einzelnen Instrumente hängt vom Betriebstyp, vom Produkt und vom Gästeverhalten ab. So spielt bei manchen Produkten der Preis eine wesentliche Rolle, während er bei anderen von untergeordneter Bedeutung ist (Alltagsgüter – Luxusgüter).

4.7 Kontrolle des Marketingerfolges

controlling of the marketing success

la surveillance du marketing succès

Durch den Soll-/Ist-Vergleich – anhand der Zielvorgaben – wird abschließend eine Erfolgskontrolle der einzelnen Marketingmaßnahmen durchgeführt. Die gewonnenen Erkenntnisse fließen dann wieder in die Gestaltung zukünftiger Aktionen mit ein.

Das Marketingkonzept umfasst:

- **die Marketingziele, als übergeordnete „Philosophie“,**
- **die Marketingstrategien, als „Leitplanke“ für den zukünftigen Weg,**
- **das Marketing-Mix, als Prozess oder „Beförderungsmittel“ mit den jeweiligen Umsetzungsmaßnahmen.**

Aufgaben

1 Nennen Sie drei Besonderheiten, die den Verkauf im Gastgewerbe vom Verkauf in der Industrie unterscheiden.

2 Was sind gastronomische Outlets? Nennen Sie vier Beispiele dazu.

3 Nennen Sie je drei Beispiele für Verbrauchs- und für Gebrauchsgüter in der Gastronomie.

4 Was ist ein Package im Verkauf?

5 Erklären Sie die Nachfrage- und die Angebots-Situation auf einem Verkäufermarkt.

6 Erklären Sie die Nachfrage- und die Angebots-Situation auf einem Käufermarkt.

7 Welche gastronomische Marktsituation ist z. Zt. in Deutschland vorzufinden?

8 Nennen Sie die sechs Schritte des „Management-Regelkreises“.

9 Geben Sie fünf Beispiele für Unternehmensziele.

10 Was ist ein Unternehmensleitbild (mission statement) und wofür dient es?

11 Was versteht man unter Corporate Identity?

12 Nennen Sie die drei Komponenten, die für die Corporate Identity bedeutsam sind.

13 Wodurch unterscheiden sich Corporate Identity und Corporate Image?

14 Definieren Sie den Begriff Marketing.

15 Nennen Sie drei Beispiele für quantitative Marketing-Ziele.

16 Nennen Sie drei Beispiele für qualitative Marketing-Ziele.

17 Was beinhaltet der Marketing-Plan?

18 Nennen Sie vier Marketing-Instrumente.

19 Was bedeutet Marketing-Mix?

20 Aus welchen Bausteinen wird ein Marketing-Konzept zusammengestellt?

5 Kommunikation mit dem Markt – Kommunikationsinstrumente

communication with the market – instruments of communication

la communication sur le marché – les instruments de la communication

5.1 Verkaufsförderung

sales promotion

la promotion des ventes

Ziel der Verkaufsförderung ist die Absatzerweiterung. Dazu dient das gesamte **absatzpolitische Instrumentarium,** d.h. die Summe aller Instrumente zur Förderung des Absatzes. Wesentlich für die Verbesserung des Absatzes sind folgende **Instrumente,** deren Einsatz einzeln und kombiniert möglich ist:

- die **Absatzmethode,** bei der sich der Unternehmer entscheiden muss, welches Vertriebssystem er auswählt. Hier kommt für die Gastronomie nur der **eigene Vertrieb** in Betracht. Außerdem zählen dazu die *Absatzwege,* die beschritten werden: der direkte Absatz, ohne Absatzmittler, oder der *indirekte Weg,* z.B. über Reiseveranstalter (siehe Marketing-Mix, S. 440);
- die **Produkt- und Sortimentsgestaltung.**

  Zu **Leistungen** eines Gastronomiebetriebes zählen:
  - die **natürlichen Leistungen** des Hauses, z.B. seine ruhige Lage;
  - die **persönlichen Leistungen** aller Mitarbeiter, z.B. Freundlichkeit, Hilfsbereitschaft, Qualitätsorientiertheit und ihr Ausbildungs-/Schulungsgrad;
  - die **Beherbergungsleistung,** z.B. Zimmer-Service, Gästewäsche-Service, Nichtraucherzimmer, Hotel-TV-Informationssystem in jedem Zimmer;
  - die **Verpflegungsleistung,** z.B. die Frische der Produkte, Angebotsbreite und -tiefe, Abwechslung im Angebot, Berücksichtigung zeitgemäßer Ernährungsformen.

Die Produkt- und Sortimentsgestaltung lässt gerade in der Gastronomie viele erfolgversprechende Möglichkeiten zu.

- die **Werbung** (s. S. 442) und
- die **Preispolitik.**

  Das sind alle Maßnahmen, die ein Unternehmen ergreift, um mittels der Preise den Absatz zu steigern, den Umsatz zu erhöhen und den Gewinn zu verbessern. Die Preispolitik wird als Marketing-Instrument in das Marketing-Mix eingebaut. Dabei sind eine genaue Kenntnis des Absatzbereiches und der Gästevorlieben ebenso Voraussetzungen wie die Beachtung von Konkurrenz und Käuferverhalten.

  Deshalb muss der Gastronom sich darüber im Klaren sein, welche Preisfindungskriterien für ihn in Frage kommen und nach welchem Prinzip er seinen Preis bestimmen will.

5.2 Öffentlichkeitsarbeit

public relations

les rélations (w) publiques

Die Öffentlichkeitsarbeit – auch **PR** genannt – ist ein kommunikatives Marketinginstrument. Im Gegensatz zur Werbung, die sich auf das Produkt richtet, zielt die Öffentlichkeitsarbeit darauf ab, das Bild (Image) eines Unternehmens in der Öffentlichkeit positiv darzustellen. In der Gastronomie ist hierunter weniger die Öffentlichkeit allgemein, sondern vielmehr das Gästepotential zu verstehen. Diesem Personenkreis sollen mit Hilfe der Öffentlichkeitsarbeit das Ansehen und der gute Ruf des Hotels/Restaurants eingeprägt werden. Ferner sollen der Bekanntheitsgrad (Publizität) gesteigert und Sympathie und Vertrauen erzeugt werden.

Mit dem Instrument der Öffentlichkeitsarbeit kann sich der einzelne Gastronomiebetrieb leichter von Mitbewerbern auf dem Markt unterscheiden. Mit reiner Produktwerbung wäre dies nicht so leicht möglich.

Bei der Durchführung von Öffentlichkeitsarbeit werden folgende Mittel eingesetzt:

- **Pressearbeit und Medienpflege**
  - Bereitstellung von Pressemappen mit Informationen und Darstellung der Leistungen des Betriebes,
  - Durchführung von Pressekonferenzen.
- **PR-Aktionen**
  - Repräsentation und Sponsorship bei öffentlichen Veranstaltungen und bei kulturellen Ereignissen übernehmen,
  - Betriebsbesichtigungen ermöglichen – „Tag der offenen Tür" veranstalten.
- **Gästebetreuung**
  - Aktionen zur Gästeunterhaltung,
  - Hilfe bei anstehenden Problemen.
- **Innerbetriebliches Informationswesen**
  - Gästekartei-Auswertung für Gratulation zum Geburtstag/Hochzeitstag,
  - Hauszeitungen/Hauszeitschriften.
- **Öffentlichkeitswirksame Eigenveranstaltungen**
  - Raritätenweinproben mit Prominenten,
  - gastronomische Aktionswochen.
- **Auswertung der eingesetzten Mittel** im Hinblick auf die erreichte Effizienz.

Abb. 1: Beispiel einer PR-Aktion – Live-Übertragung einer Sport-Talkshow aus einer Hotelhalle

5.3 Werbung

🇬🇧 *publicity, advertising* 🇫🇷 *la publicité*

Die Werbung ist ein Informations- und Kommunikationsinstrument. Sie wird als Teil des absatzpolitischen Instrumentariums im Marketing-Mix (s. S. 440) eingesetzt, um den Absatz zu steigern. Sie hat die Aufgabe, die Nachfrage zu wecken und sie durch Wiederholung wachzuhalten. Durch Information und Motivation soll Vertrauen erzeugt werden. Der umworbene Gast soll die Ansichten des werbenden Gastronomiebetriebs übernehmen. Viele Werbeangebote in der Gastronomie sind auf gefühlsmäßig bestimmte Bedürfnisse abgestimmt, wie z. B.: „Erholung für Körper und Geist", „Wellness – das Konzept zum Sich-Wohlfühlen". Deshalb wirbt die Gastronomie in vielen Fällen mit Argumenten aus dem emotionalen Bereich.

Arten der Werbung

Berücksichtigt man die **Zahl der Werbenden,** unterscheidet man zwischen Allein- und Gemeinschafts-Werbung.

- **Alleinwerbung** wird immer von einem Werbenden, z. B. dem Hotelier durchgeführt.
- **Sammelwerbung** wird von mehreren Werbenden vereinbart, um gemeinsam zu werben, wobei jeder Werbende namentlich erwähnt wird, wie z. B. im Verzeichnis der Mitgliedsbetriebe einer Hotelkette/Hotelkooperation.

Abb. 2: Sammelwerbung einer Hotelkette

Marketing

Abb. 1: Werbe-Flyer – Beispiel einer Gemeinschaftswerbung

- **Gemeinschaftswerbung** ist eine Werbeart, bei der der Einzelne nicht mehr erwähnt wird. Dafür wird allgemein für eine bestimmte Gruppe, Branche, ein allgemeines Produkt oder z.B. eine Urlaubsregion geworben („Auf geht's, zum Urlaub im Bayerischen Wald!").

Nach der **Zahl der Umworbenen** wird zwischen Einzel- und Massenwerbung differenziert.

Bei der **Einzelwerbung** richtet sich die Maßnahme an den einzelnen Umworbenen, z.B. Geburtstagsgrüße an einen Stammgast. Die **Massenwerbung** richtet sich entweder an eine bestimmte Gruppe von Umworbenen, wie z.B. Familien, Kegler, Reiter, oder gestreut an die Allgemeinheit, wie z.B. bei der Kino-, Rundfunk-, Fernsehwerbung oder den Info-Blättern an Autofenstern.

Ferner kann nach dem **Gegenstand,** für den geworben wird, unterschieden werden, in **Betriebswerbung,** z.B. für einen Hotelbetrieb und in **Produktwerbung,** z.B. für ein bestimmtes Produkt.

Die **Werbebotschaft** kann informativ oder suggestiv sein:

- Bei der **informativen Werbung** werden die objektiven Eigenschaften der angebotenen Leistung/des Produkts sachlich, rational herausgestellt;
- Die **Suggestiv-Werbung** richtet sich vorwiegend an Empfindungen/Gefühle.

Eine besondere Form der Werbung ist die **Meinungswerbung** (Public Relations, s. S. 441). Sie ist darauf abgestellt, das Ansehen des Gastronomiebetriebs in der Öffentlichkeit zu stärken und Achtung vor der Leistung des Betriebs zu erzeugen.

Bevor mit der Werbung begonnen werden kann, ist eine sorgfältige Untersuchung/**Analyse** erforderlich. Diese beinhaltet:

- das **Streugebiet**, auf das sich die Werbung erstrecken soll,
- den **Streukreis,** d.h. den Personenkreis, den man ansprechen möchte,
- die **Streuzeit,** die günstigste Zeit für die Werbung,
- den **Streuweg,** den günstigsten Weg für die Werbung.

Abb. 2/3: Beispiele für Betriebswerbung

Abb. 1: Beispiel für eine Produktwerbung

Werbeprinzipien

Bei der Planung und Durchführung erfolgreicher Werbung sollen sieben Werbeprinzipien angewendet werden:

- Die **Zielklarheit** ist im Auge zu behalten. Der beabsichtigte Werbezweck ist eindeutig und einheitlich anzustreben.
- Die **Wirtschaftlichkeit** der Werbung ist zu beachten. Werbeaufwand und Werbeertrag müssen im sinnvollen Verhältnis stehen.
- Die **Wirksamkeit** muss optimiert werden. Werbung muss deshalb geplant und – soweit möglich – kontrolliert werden. Die Frage dazu lautet: Gelang es, den/die Umworbenen zum Kaufentschluss zu veranlassen?
- Sie muss den Grundsätzen von **Ehrlichkeit und Wahrheit** entsprechen. Sie muss sachlich richtig sein, eindeutig informieren und darf nicht irreführen oder täuschen.
- Die **Einheitlichkeit** muss durch Abstimmung verschiedener Einzelmaßnahmen auf die Werbekonzeption hin erreicht werden.
- Durch **Modernität und Aktualität** soll zeitgemäß geworben werden.

  Was passt zum **Zeitgeist**, was liegt im **Trend?** Neue Ideen sind gefragt.
- Durch **Originalität** soll sich die Werbung von der Masse abheben. Die Werbung soll Besonderheiten des Hotels herausheben und betonen.

Dreck, Lärm, 20 Mücken im Zimmer

Hotel wirbt damit, der »mieseste Schuppen der Stadt« zu sein

Amsterdam. (dpa) Das »Hans Brinker Hotel« in Amsterdam ist der »mieseste Schuppen der Stadt« – das behauptet jedenfalls der Direktor. In seinen Prospekten wirbt das Hotel: »Jetzt noch weniger Service.« Auf Plakaten in Berlin und Frankfurt, London und Paris lockt Hans Brinker mit Angeboten wie: »Jetzt kostenloser Gebrauch der Notausgänge. Ab sofort noch mehr Hundehaufen vor dem Haupteingang. Alle Zimmer ohne Aussicht. Gratis-Schlafpillen an der Rezeption.« Hoteldirektor Rob Penris hat in seinem Büro die Beschwerdebriefe in dicken Aktenordnern abgeheftet. Über seinem Schreibtisch hängt ein Zettel mit der Aufschrift »Trottel«. »Ich war das ewige Gemeckere leid«, sagt er. »Wenn jetzt noch jemand kommt und sich beschwert, sage ich ihm: Was wollen Sie? Haben Sie unsere Broschüren nicht gelesen? Wir hatten Sie doch gewarnt.« Und das stimmt, die Gäste wissen, was sie erwartet: Lärm, Dreck und 20 Mücken pro Zimmer als spezielles Sommerangebot.

»Um Ihnen eine ungestörte Nachtruhe garantieren zu können, hat keines unserer Zimmer ein Telefon«, verspricht der Prospekt. Dafür gibt es zu jedem Zimmer einen eigenen Schlüssel und pro Doppelbett ein Kissen.

»Was braucht man als junger Mensch mehr?«, fragt Penris. »Die Leute kommen ja schließlich nicht des Hotelzimmers wegen nach Amsterdam.« Wer dennoch zu lang im Bett liegenbleibt, wird mit »Kammermusik« geweckt: Die röhrenden Staubsauger der Putzkolonne reißen ihn gnadenlos aus dem Schlaf.

Zur Zeit locken in der Amsterdamer City 200 in Hundehaufen aufgespießte Reklame-Fähnchen zu Hans Brinker. Ein Einzelzimmer kostet pro Nacht 70 Gulden (62 Mark) – ein stolzer Preis für »das schlechteste Hotel der Stadt«. »Wir sind sicher nicht preiswert«, sagt Penris ohne Umschweife. »Aber die Frage ist doch nicht, ob wir teuer oder billig sind, sondern, ob unsere Gäste zahlen.«

Und das tun sie. In diesem Jahr hat es Hans Brinker mit seinen 540 Betten in 143 Zimmern erstmals auf über 100.000 Übernachtungen gebracht. Gleichzeitig kamen so wenige Klagen wie schon lange nicht mehr. Das ist der Vorteil der Anti-Reklame: Die Erwartungen der Gäste sind von Anfang an so niedrig, dass sie schon angenehm überrascht sind, wenn sie nicht auf dem Fußboden schlafen müssen.

Abb. 2: Extremes Beispiel für Originalität in der Werbung

(aus „Chamer Zeitung“ v. 20.11.96)

Werbemittel

Als Werbemittel werden eingesetzt:

- das **geschriebene Wort,** z.B. bei Anzeigen, Werbebriefen/Mailings, Plakaten;
- das **gesprochene Wort,** z.B. bei Radio-Werbung oder bei Werbeansagen;
- **Bilder und Zeichen,** z.B. bei Fernsehwerbung, Film, Homepage, Leuchtreklame („city light“);
- **Zugaben,** wie z.B. Werbe-Streichhölzer, Duschgel/Gästeseife mit Hotelaufdruck, Gutschein für Begrüßungsdrink an der Bar.

Häufig wird auch eine Kombination aus verschiedenen Werbemitteln eingesetzt.

Aufgaben

1 Nennen Sie vier absatzpolitische Instrumente, die der Verkaufsförderung dienen.
2 Erklären Sie, warum die Produkt- und Sortimentsgestaltung gerade in der Gastronomie von besonderer Bedeutung ist.
3 Nennen Sie sechs Mittel, die bei der Durchführung von PR-Maßnahmen eingesetzt werden.
4 Welches jeweilige Ziel wird von den Bereichen Öffentlichkeitsarbeit und Werbung verfolgt?
5 Unterscheiden Sie nach der Zahl der Werbenden drei Arten der Werbung.
6 Unterscheiden Sie nach der Zahl der Umworbenen zwei Arten der Werbung.
7 Auf welche vier Teilbereiche erstreckt sich eine Werbe-Untersuchung/-Analyse?
8 Nennen Sie 7 Werbeprinzipien, die bei der Planung und Durchführung von Werbung beachtet werden sollten.
9 In welche vier Gruppen können Werbemittel eingeteilt werden?
10 In der Gastronomie werden oft Zugaben als Werbemittel eingesetzt. Nennen Sie 5 branchentypische Beispiele.

Fallstudie

Ein junges Paar, beide gelernte Fachleute aus der Gastronomie, wollen sich selbstständig machen und einen Gastronomiebetrieb pachten. Dazu suchen sie nun ein geeignetes Pachtobjekt, ein bereits bestehendes, eingeführtes Hotel mit Restaurant.

Bevor sie einen Pachtvertrag unterschreiben, prüfen sie schon Wochen vorher das Pachtangebot und sammeln Informationen über den Betrieb und den Markt. Sie führen eine **Standort- und Marktanalyse** durch, bei der sie

- die Infrastruktur der Umgebung,
- die Bevölkerungsstruktur,
- das Fremdenverkehrsaufkommen,
- den gastronomischen Markt (Mitbewerber, Angebot, Art, Umfang, Preisniveau, Auslastung ...) und
- die wirtschaftliche Situation des Gastgewerbes in der Region erfassen und auswerten.

Bei der **Betriebsanalyse** werten sie die betriebswirtschaftlichen Daten des Pachtbetriebes – soweit erhältlich – aus. Außerdem analysieren sie sowohl die kommunalen Daten (Gemeinde, Fremdenverkehrsverband ...), als auch die aktuellsten Zahlen aus Hotelbetriebsvergleichen. Ebenso untersuchen sie die Antworten, die sie bei persönlich durchgeführten **Gästebefragungen** erhalten. Auch Gäste des zukünftigen Pachtbetriebs wurden befragt, was sie dort gut – oder weniger gut – finden und welche Leistungen sie dort vermissen.

Erst jetzt sind die künftigen Pächter in der Lage, Marktlücken zu erkennen und ihre eigenen zukünftigen Marktchancen bzw. Verkaufschancen einzuschätzen. Neben den Aussagen ihres Unternehmensleitbilds (Mission statement) lassen sie nun die Ergebnisse ihrer Standort- und Marktanalysen möglichst realistisch in die Formulierung der quantitativen und qualitativen **Marketingziele** einfließen.

Sie haben sich somit die Grundlagen ihrer Marketing-Planung erarbeitet.

Nun entwickeln sie ihre **Marketing-Strategie.** Sie entscheiden, welchen Weg sie zur Zielerreichung beschreiten wollen. Dabei konzentrieren sie ihre Kräfte auf die eigenen Standort-/Markt-Vorteile und betonen ihre Stärken. So schaffen sie sich Marktvorteile gegenüber den Mitbewerbern und die Voraussetzungen und Grundlagen für einen dauerhaften Erfolg. Sie wissen, dass es hier keine Patentrezepte gibt, ein unternehmerisches Restrisiko ist nicht ausschaltbar.

Als nächstes überlegen sie sich, welche **Marketing-Instrumente** (s. Seite 440) sie auf welche Weise gebündelt einsetzen wollen. Sie entscheiden über die Zusammensetzung und Gestaltung ihrer Angebote, z. B. Art, Anzahl und Umfang der à-la-carte-Gerichte, oder der Weine auf der Weinkarte. Sie kalkulieren die **Preise,** überlegen sich eine passende Preispolitik, und sie entscheiden über die Organisation des Verkaufs, bzw. der besten Verkaufswege. Besonderes Gewicht legen sie auf das Instrument der **Kommunikation,** denn sie wissen um die Bedeutung von Werbung (Publicity), Verkaufsförderung (Sales Promotion) und Öffentlichkeitsarbeit (Public Relations, siehe Seite 441). Sie entscheiden, mit welchen Maßnahmen sie bei ihren Zielgruppen das Nachfrage-Interesse wekken wollen.

Nun erst ist das junge Paar „reif" für die anstehende Entscheidung. Sind sie zu dem Ergebnis gekommen, dass ihre Schritte in die Selbstständigkeit richtig sind und von günstigen Ausgangsvoraussetzungen begleitet werden, unterschreiben sie nun den Pachtvertrag für diesen Betrieb.

Beratung und Verkauf im Restaurant

1 Kaufmotive

motivation of buying
les motifs (m) d'achat

Der amerikanische Psychologe und Motivationsforscher Abraham H. **Maslow** gewann die Erkenntnis, dass menschliche Motive (Beweggründe) nicht gleichrangig sind, sondern in unterschiedlichen Dringlichkeitsstufen in Erscheinung treten. Diese hat er in seiner „Bedürfnispyramide" veranschaulicht und in Primär- und Sekundärbedürfnisse gegliedert. Erst wenn die Grundbedürfnisse (= Primärbedürfnisse, unterste Stufe) befriedigt werden, wendet sich der Mensch den nächsten Bedürfnisstufen zu (**Sekundärbedürfnisse**).

Diese wissenschaftlichen Erkenntnisse können den Service-Mitarbeitern helfen, ihre Gäste besser zu verstehen. Somit gelingt es leichter, sich individuell auf Gäste einzustellen und die Erwartungshaltungen der Gäste mit einem Qualitätserlebnis auszufüllen.

Bedürfnispyramide nach Maslow:	Beispiele:
Stufe 5: Kreativitätsbedürfnisse	Streben nach Eigenverwirklichung, Entfaltung individueller Fähigkeiten, Umsetzung des eigenen Leistungsvermögens
Stufe 4: Differenzierungsbedürfnisse	Wunsch nach Status, Achtung, Stärke, Einfluss, Kompetenz, Aufstiegsmöglichkeiten, Abgrenzung zu Anderen (Verhalten in der Gruppe und gegenüber Mitarbeitern)
Stufe 3: Soziale Bedürfnisse	Wunsch nach Gruppenzugehörigkeit, sozialer Anerkennung, Leistungsbestätigung durch Gruppen, Freundschaften
Stufe 2: Sicherheits- und Schutzbedürfnisse (ab Stufe 2: **Sekundärbedürfnisse**)	Wunsch nach persönlicher Sicherheit (z. B.: Unfallschutz, Brandschutz, Einhaltung der Lebensmittel-Hygiene-VO), Schutz von Besitz und Eigentum (z. B.: funktionierende Schließsysteme), Abwendung von Gefahren aller Art
Stufe 1: Grundbedürfnisse Physiologische Bedürfnisse (Stufe 1: **Primärbedürfnisse**)	Stillung der Bedürfnisse wie Hunger, Durst, Ruhe, Bewegung, Erholung, Schlaf, Sexualität, körperliches Wohlbefinden

2 Qualität im Service

high quality service
la qualité du service

Ein Hotel begrüßt seine neuen Service-Mitarbeiter mit einer Info-Broschüre:

Warum Ihre Aufgabe im Service so wichtig ist!

Unsere Gäste wollen sich bei uns wohlfühlen, sie wollen freundlich und zuvorkommend, in angenehmer Atmosphäre kompetent bedient werden! Hier liegt Ihre besondere Verantwortung als Servicekraft, denn nur Sie und Ihre Abteilungskollegen haben direkten Gastkontakt, im Gegensatz zu den Mitarbeitern in Küche und Verwaltung.

Ihre **Freundlichkeit**, Ihr Einsatz und Ihr Auftreten sind mit entscheidende Faktoren dafür, wie der Gast die Qualität und den Ruf unseres Hauses erlebt und einstuft. Ihre gute Arbeitsleistung im Team sichert die Qualität und damit den Fortbestand Ihres Ausbildungsbetriebes – und somit auch Ihres Arbeitsplatzes!

Warum Ihre Aufgabe nicht einfach ist!

Sie wissen nicht, mit welchen Erwartungen unsere Gäste zu uns kommen und wie diese **Erwartungshaltungen** zustande kamen. Unsere Gäste sind alle unterschiedlich. Auf sie entsprechend einzugehen, will gelernt sein. Bedenken Sie bitte dabei:

Der Gast ist die wichtigste Person für unseren Gastronomiebetrieb. Egal ob er im Hause anwesend ist, ob er gerade anruft, oder ob Sie seinen Brief lesen.

Er ist nicht von uns abhängig, sondern wir von ihm.

Er stört uns nicht bei der Arbeit, sondern ist Sinn, Zweck und Inhalt, also Mittelpunkt unserer Arbeit.

Er ist kein Fremder, sondern ein lebendiger Bestandteil unseres Geschäftes. Wenn wir seine Wünsche erfüllen, tun wir ihm keinen Gefallen. Er tut uns einen Gefallen, wenn er sich seine Wünsche von uns erfüllen lässt.

Er ist keine Nummer, sondern ein Mensch aus Fleisch und Blut, mit Eigenschaften und Stimmungen, wie wir sie auch haben.

Er kommt nicht zu uns, um Streitgespräche zu führen oder seine Intelligenz messen zu lassen. Er hat einfach das Recht, seine Meinung zu äußern.

Er legt uns seine Wünsche vor. Unsere Aufgabe ist es, diese Wünsche sowohl für ihn als auch für uns gewinnbringend zu erfüllen.

Wenn es uns gelingt, die Erwartungen unserer Gäste mit einem Qualitätserlebnis zu erfüllen, so sind wir erfolgreich!

Von Ihnen wird ein hohes Maß an **Einfühlungsvermögen** und situationsbedingter **Anpassungsfähigkeit** verlangt, egal wie Ihre eigene Verfassung ist. Von Ihnen wird erwartet, dass Sie in Ihrer **Leistungsbereitschaft** nicht nachlassen und dass Sie Ihre **Leistungsfähigkeit** ständig verbessern.

Auswirkungen bei Misserfolgen

Gelingt es uns nicht, auf unsere Gäste einzugehen, so haben wir unzufriedene Gäste. Diese werden in ihrem Bekanntenkreis darüber sprechen, der Ruf des Hauses leidet.

Negativ-Berichte haben einen 10-mal größeren Multiplikator als positive Meldungen. Hier liegt eine große Gefahr!

Erkennen von und Wissen über Schwachstellen

Typische Schwachstellen im Service sind:

- *Unfreundlichkeit*
  Unfreundliche Servicemitarbeiter erzeugen eine schlechte Atmosphäre beim Gast.
- *Unkonzentriertheit*
  Unkonzentrierte Mitarbeiter vergessen und verwechseln Bestellungen und begehen die meisten Fehler. Das führt zu Reklamationen.
- *Mangelnde Informiertheit*
  Nicht informierte Mitarbeiter können kaum auf den Gast eingehen (Tagessuppe?, Tagesspezialitäten?); sie gelten schnell als inkompetent.
- *Mangelnde Identifikation*
  Mitarbeiter, die sich nicht mit den Zielen des Hauses identifizieren, sehen den Sinn ihrer Arbeit nicht, vernachlässigen die Qualität und wirken negativ auf die Atmosphäre im Restaurant. Außerdem verraten sie mangelhaftes Berufsinteresse.

Um die Schwachstellen auszugleichen ist persönlicher Einsatz gefragt!

Wenn sich die gesamte Service-Abteilung verbessern möchte, um das Qualitätserlebnis der Gäste zu steigern, so ist jeder einzelne Mitarbeiter gefordert.

Persönlicher Einsatz und der Leistungswille eines jeden Einzelnen entscheidet mit über den Erfolg oder Misserfolg der gesamten Abteilung.

3 Umgang mit Gästen

manner of dealing with guests
la manière de traiter des clients

Unter Gästetypologie versteht man die Einteilung von Gästen nach Menschentypen. Einerseits soll die Einteilung helfen, Gäste schneller und genauer einzustufen, mit dem Ziel, sie problemlos bedienen zu können. Andererseits sollte ein „Schubladendenken“ vermieden werden, wohl wissend, dass jeder Mensch einzigartig ist.

Wenn hier dennoch Gäste in sieben Grundtypen eingeteilt werden, so ist klar, dass diese in reiner Form kaum vorkommen. Vielmehr neigen wir Menschen, als sogenannte gemischte Typen, mehr oder weniger zum einen und/ oder zum anderen Typus. Welche der Eigenschaften wie stark vorherrschen, das bestimmt die Zuordnung zu den folgenden sieben Grundtypen.

3.1 Gästetypologie* – Sieben Gästegrundtypen ... und Empfehlungen zum Umgang mit diesen Gästen

Der selbstbewusste, entschlossene Gast
Er ist schon an der Art, wie er geht, am Ausdruck seiner Augen und an seinem Mienenspiel zu erkennen. Seine ganze Haltung drückt Entschlossenheit aus, die sagt: „Ich weiß, was ich will!“

EMPFEHLUNGEN
Treten Sie ihm ruhig aber sicher entgegen. Bedienen Sie ihn schnell, denn Warten ärgert. Geben Sie ihm die Karte und nehmen Sie gleich die Bestellung auf. Drängen Sie ihm keinen Rat auf. Seien Sie vorsichtig mit Empfehlungen. Behalten Sie ihn ständig im Auge, räumen Sie gleich ab und fragen Sie, ob er zufrieden war.

Der unsichere, unentschlossene Gast
Wenn er das Restaurant betritt, verweilt er meist zögernd. Fast ängstlich blickt er um sich. Er geht langsam, mit unsicheren Bewegungen. Sein Gesicht drückt Befangenheit aus.

EMPFEHLUNGEN
Helfen Sie ihm unbedingt bei der Wahl des Sitzplatzes. Empfehlen Sie nur wenige Speisen und Getränke und bieten Sie nicht zu viele Möglichkeiten an. Formulieren Sie Ihre Vorschläge so klar, dass Sie seine Entscheidungsfindung erleichtern. Vermeiden Sie jede Hektik, strahlen Sie Ruhe und Freundlichkeit aus.

Der redselige, stets gut gelaunte Gast
Schon nach Betreten des Restaurants knüpft er ein Gespräch an, das auch nicht unterbrochen wird, wenn er Platz genommen hat. Selbst beim Studieren der Speise-/Getränkekarten redet er fast unentwegt.

EMPFEHLUNGEN
Zeigen Sie sich bei seinen „Ausführungen“ interessiert, das Gegenteil würde ihn verletzen. Vermeiden Sie persönliche Stellungnahmen, das fördert die Redelust. Versuchen Sie, den Gast möglichst geschickt und höflich aufs Verkaufsgespräch zu bringen. Lassen Sie sich Ihre Ungeduld nicht anmerken. Entschuldigen Sie sich höflich, wenn andere Gäste etwas wünschen, das könnte zu einer schnelleren Bestellung führen.

* Prof. Edgar E. Schaetzing: „Aktiver Verkauf im Service“, Rhenania Fachverlag

Der aufgeregte, nervöse Gast

Er fällt durch seine Hast und Eile auf. Wenn man ihm keine Beachtung schenkt, wird er leicht aufgeregt. Wenn er am Tisch etwas warten muss, wird er ungeduldig und klopft auf die Tischplatte.
Dass andere Gäste vor ihm da waren interessiert ihn nicht. Er verlangt schnell nach der Geschäftsleitung.

EMPFEHLUNGEN

Versuchen Sie nicht, ihn mit eigener Gelassenheit zu beruhigen, das zieht nicht. Stellen Sie nur kurze, präzise Fragen und beschleunigen Sie somit Ihr Servicetempo. Widersprechen Sie ihm nicht, das macht ihn nur nervöser.
Seien Sie nicht beleidigt und nehmen Sie es nicht persönlich, wenn dieser Gast schimpft. Zeigen Sie ihm, dass Sie für ihn alles und noch dazu schnell erledigen.

Der argwöhnische, misstrauische Gast

Dieser Typ ist äußerst schwierig, sieht er doch überall Betrug und Übervorteilung und bildet sich ein, hintergangen zu werden. Man erkennt ihn leicht an seinem Mienenspiel, dem ironischen Lächeln, an seinen kritischen Äußerungen auf Empfehlungen von Servicemitarbeitern.

EMPFEHLUNGEN

Nehmen Sie sein Misstrauen nie persönlich, sonst wird es Ihnen nicht gelingen, eine Vertrauensbasis aufzubauen. Seien Sie vorsichtig mit Empfehlungen, Sie könnten seinen Argwohn provozieren. Wenn Sie empfehlen, dann nur mit präzisen Formulierungen und genau so, wie die Speisen sind. Er wird es genau überprüfen. Behandeln Sie ihn so, dass er glaubt, sich bei Ihnen noch am wohlsten zu fühlen.

Der knauserige, geizige Gast

Er lebt offensichtlich in ständiger Sorge, zu viel Geld auszugeben, natürlich auch für Speisen und Getränke. Servierkräfte spotten gern über ihn. Aber auch solche Gäste haben Anspruch auf freundliche Bedienung. Man erkennt diesen Menschentyp am besten an den Fragen nach dem Preis und an Hinweisen, dass dieses oder jenes Gericht zu teuer sei.

EMPFEHLUNGEN

Behandeln Sie ihn immer ausgesprochen höflich. Vermeiden Sie jeden Ausdruck der Geringschätzung – das würde das Verkaufsgespräch zerstören. Zeigen Sie, dass Sie Geduld haben, denn Sie wissen, dass sich dieser Gast nur schwer entscheiden kann.
Erwarten Sie kein großes Trinkgeld – bleiben Sie dennoch zuvorkommend und freundlich.

Der überhebliche, geltungsbedürftige Gast

Dieser Menschentyp tritt laut auf und behandelt die Servicekräfte von oben herab. Andere Meinungen lässt er nicht gelten. Er ist oft beleidigend: „Das weiß ich besser", „Das verstehen Sie nicht", „Erzählen Sie doch keine Märchen!" – das sind typische Redewendungen. Bei keinem der Typen wird die Geduld der Servierkraft auf eine so große Probe gestellt wie bei diesen Menschen, die in ihrer Einstellung und ihren Worten ihre charakterlichen Schwächen offenbaren und eigentlich eine andere Behandlung verdienten als Höflichkeit.

EMPFEHLUNGEN

Überhören Sie am besten seine eventuellen Taktlosigkeiten. Belehren Sie ihn nicht – er weiß sowieso alles besser. Widersprechen Sie ihm nicht, das würde sein unangenehmes Verhalten nur verstärken. Bedienen Sie ihn höflich, aber mit angemessener Zurückhaltung.

3.2 Service bei speziellen Gästegruppen

service with particular groups of guests

le service des groupes particuliaires

Damit sind Mitmenschen gemeint, die auf Grund ihres Lebensalters, ihres Gesundheitszustands oder ihrer Herkunft aus einem anderen Kulturkreis andere als sonst übliche Verhaltensweisen zeigen könnten. Diese Gäste sind mit besonderem Einfühlungsvermögen zu bedienen.

Kinder

Kinder sind mit ihren Wünschen oft einseitig und denken meist nicht ernährungsbewusst. Halten Sie deshalb bei spontan geäußerten Bestellwünschen auch Blickkontakt mit den Eltern und beachten Sie deren Zustimmung. Bedienen Sie Kinder vorrangig, um Unruhe am Tisch zu vermeiden. Gehen Sie auf die Anforderungen/Bedingungen der Kleinen ein.

BEISPIELE:

Kinderkarte mit speziellen Gerichten, Kinderstuhl, kleine Bestecke, Getränkeservice in kleinen, standfesten Bechergläsern, Buntstifte und Block zum Ausmalen, Kinderpuzzles reichen usw.

Senioren

Altersbedingte körperliche Gebrechen machen manche der älteren Mitbürger zu unsicheren, vergesslichen und manchmal auch schwierigen Gästen. Hier werden vom Service mehr Geduld und erhöhtes Einfühlungsvermögen, Verständnis und Hilfsbereitschaft verlangt.

BEISPIEL:

Der Servicemitarbeiter stellt für den älteren Gast den Salatteller am Salatbüfett nach Wunsch zusammen und bringt den Teller an den Tisch des Gastes.

Behinderte

Mit viel Taktgefühl – und ohne aufdringliche Hilfsbereitschaft – ist herauszufinden, ob und in welchem Umfang eine Hilfestellung erwünscht ist. Sich in die Situation des Gastes hineindenken hilft auch hier, um mögliche Probleme schon vorab zu erkennen und zu vermeiden.

BEISPIEL:

Bieten Sie einem gehbehinderten Gast einen Tisch in Eingangsnähe an, vermeiden Sie für ihn Treppen und lange Wege.

Ausländische Gäste

Wenn diese Gäste der deutschen Sprache nicht mächtig sind, kann eine Speise-/Getränkekarte in z. B. englischer oder französischer Sprache sehr nützlich sein. Betriebe mit hohem Gästeanteil aus bestimmten Ländern stellen sich auf diese „Zielgruppen" ein. Sie kommen ihren Gästen mit freundlicher Unterstützung und Hilfsbereitschaft entgegen.

Setzen Sie Ihre Fremdsprachenkenntnisse ein. Bedenken Sie, dass in anderen Kulturkreisen oft andere Verhaltensweisen üblich sind. Ihre Toleranz ist besonders gefordert.

4 Verkauf im Restaurant

sales at the restaurant
la vente au restaurant

4.1 Verkaufsgespräche und Fragetechniken

sales talks and formulation of questions/
les dialogues de vente et des techniques de poser des questions

Eine geschickte Fragetechnik ist das wichtigste rhetorische Hilfsmittel, um den Gast beim Verkaufsgespräch zum Sprechen zu veranlassen. Der Fragende hat die Möglichkeit, das Gespräch zu lenken, die Richtung zu beeinflussen.

Wer fragt – der führt!

Richtig formulierte Fragen, gästegerecht aufbereitet, bewirken im Verkaufsgespräch einige interessante Vorteile:

- sie schaffen die notwendige Vertrauensbasis;
- sie helfen, den Dialog mit Gästen zu finden;
- sie helfen, eventuell vorhandene Widerstände beim Gast zu erkennen;
- sie vermeiden Konflikte, die durch Missverständnisse entstehen könnten;
- sie ermöglichen eine konfliktfreie Korrektur der Meinung eines Gastes.

Gastorientierte Fragen bilden die Grundlage für den erfolgreichen Verlauf von Verkaufsgesprächen. Dabei sind die folgenden Fragearten in der betrieblichen Praxis bedeutsam.

Fragearten	
Informationsfragen	**Taktische Fragen**
Geschlossene und offene Fragen	Rhetorische Fragen Gegenfragen Suggestivfragen Alternativfragen Übereinstimmungsfragen Motivierungsfragen Kontrollfragen Richtungweisende Fragen

Informationsfragen

Sie dienen der Informationsbeschaffung und gliedern sich in die Fragearten „geschlossene Fragen“ und „offene Fragen“.

Geschlossene Fragen beginnen mit einem Verb, einem Zeitwort oder einem Hilfszeitwort. Diese Fragen haben den Nachteil, dass sie meist nur mit „ja“ oder „nein“ beantwortet werden. Der Dialog könnte schnell enden, bevor er richtig begonnen hat.

BEISPIELE:
„Möchten Sie unsere Aperitifauswahl vom Wagen sehen?“;
„Darf ich Ihnen unsere Aperitifkarte bringen?“

Nach der Wahrscheinlichkeitsrechnung werden Sie in 50% der Fälle ein „Nein“ als Antwort bekommen. Gerade in der Eröffnungsphase des Verkaufs- oder -Beratungsgesprächs stellt die Antwort „Nein“ einen Störfaktor dar und sollte deshalb nicht provoziert werden.

Offene Fragen beginnen mit den Fragewörtern „wer“, „wie“, „was“, „wo“, „wann“, „womit“, „welche“, „wie viel“, „wozu“. Offene Fragen aktivieren den Gast, mit ganzen Sätzen zu antworten.

BEISPIELE:
„Womit kann ich Ihnen helfen?“; „Was darf ich Ihnen als Gemüsebeilage bestellen?“; „Welches dieser Gebäckstücke darf ich Ihnen vorlegen?“.

Taktische Fragen

Bei **„Taktischen Fragen“** steht nicht die Bedarfsklärung und Informationsbeschaffung im Vordergrund. Sie dienen vielmehr der Gesprächslenkung und der positiven Prägung und Beeinflussung der Gesprächsatmosphäre.

Rhetorische Fragen verlangen keine Antworten vom Gesprächspartner, denn diese werden vom Fragensteller gleich selbst gegeben. Diese Fragetechnik hat den Vorteil, dass mit ihrer Hilfe ein „fingierter“ Dialog stattfinden kann. Die Antwort hilft gerade unsicheren und unentschlossenen Gästen sich zu entscheiden.

BEISPIEL:
„Welchen Wein kann ich Ihnen bei Ihren genannten Wünschen bringen? Ich glaube der ‚Lauffener Altenberg‘ wird Ihre Erwartungen am besten treffen!“

Gegenfragen verhelfen zu Hintergrundinformationen. Sie werden oftmals gestellt, um die Meinung des Fragenden zu korrigieren, eine Überprüfung seinerseits zu veranlassen oder um der Frage auszuweichen.

BEISPIEL:
Gast: *„Ist Ihr Orangensaft auf dem Frühstücksbüfett immer aus Konzentrat hergestellt?“*
Bedienung: *„Sie hätten lieber einen frisch gepressten getrunken? Das tut mir leid, aber das wusste ich nicht. Morgen bringe ich Ihnen einen frisch gepressten Orangensaft!“*

Es ist Vorsicht geboten beim Stellen von Gegenfragen im Service! Viele Gäste empfinden das Nichtbeantworten ihrer Frage und das Antworten mit einer Gegenfrage als ungehörig und unzulässig. Der Ton macht hier die Musik.

Suggestivfragen sind so formuliert, dass sie die angestrebte oder erwartete Antwort bereits enthalten. Der Gefragte wird beeinflusst, im Sinne des Fragenden zu antworten. Suggestivfragen sollten im Verkauf sehr vorsichtig angewendet werden, weil sie von den Gästen häufig als Meinungs-Manipulation empfunden werden. Der geschulte Service-Mitarbeiter wird diese Fragenart nur in den Fällen anwenden, bei denen eine zustimmende Antwort schon vorher im Gespräch vernehmbar war. Diese Sensibilität für Gästebedürfnisse vorausgesetzt, können Suggestivfragen eine gewünschte „Ja-Welle" bei den Antworten auslösen. Dazu werden gerne Füllwörter wie „sicherlich", „doch wohl", „doch nicht" oder „bestimmt auch" in die Frage eingebaut.

BEISPIELE:
„Sie werden diesen schönen Festabend doch nicht ohne einen Digestif ausklingen lassen?"; „Sie haben doch bestimmt nichts dagegen, wenn ich Ihnen Rotwein nachschenke?"

Alternativfragen sind eine spezielle Art von Suggestivfragen. Sie lassen dem Gefragten die Wahl zwischen mehreren positiven Möglichkeiten. Der Berater geht bei dieser Fragetechnik nicht mehr davon aus, ob der Gast überhaupt einen Wunsch in dieser Richtung hat. Vielmehr wird ein Wunsch hierzu unterstellt. Dem Gast wird keine Entscheidung zwischen „Ja" oder „Nein" abverlangt, sondern eine Entscheidung zwischen „diesem" oder „jenem" Artikel.

BEISPIEL:
„Bevorzugen Sie zum Hauptgang den Roséwein oder hätten Sie lieber den Rotwein?"

Übereinstimmungsfragen helfen herauszufinden und zu kontrollieren, ob eine Übereinstimmung im Verkaufsgespräch noch besteht, oder ob sie gestört ist. Außerdem festigen sie bereits erreichte gemeinsame Gesprächsbasen durch Gegenbestätigung des Gastes.

BEISPIELE:
„Habe ich das richtig verstanden, dass Sie meiner Weinempfehlung folgen wollen?"; „Es ist doch richtig, Frau Müller, dass Sie Ihren Salat mit Cocktail-Dressing wünschen?"

Motivierungsfragen werden gerne verwendet, um in sich zurückgezogene, introvertierte Gäste anzuregen, ihre Meinung zu äußern. Darüber hinaus erzeugen diese Fragen ein positives Gesprächsklima und regen zum Gespräch an.

BEISPIEL:
„Ihre Meinung zu diesem Sachverhalt würde mich besonders interessieren. Sind Sie nicht Spezialist auf diesem Gebiet?" „Ihr Vorschlag ist ausgezeichnet. Wie sind Sie nur darauf gekommen?"

Kontrollfragen sollen hinterfragen, ob man vom Gesprächspartner richtig verstanden wurde. Sie sollen vermeiden, dass später Missverständnisse entstehen. Sie sollten nicht direkt in verletzender Art gestellt werden, wie etwa: „Haben Sie mich verstanden?", oder: „Ist das jetzt klar?". Vielmehr sollten Kontrollfragen „diskret verpackt" formuliert werden.

BEISPIEL:
Sie wurden von einem Gast nach dem Weg zum Nationalpark gefragt. Sie haben den Weg beschrieben und stellen nun folgende Kontrollfrage: *„Ich kann Ihnen meine Wegbeschreibung gerne noch einmal auf der Straßenkarte wiederholen – oder glauben Sie, dass Sie auch so hinfinden werden?"*

Richtungweisende Fragen sollen das Gespräch in eine neue, eben in die gewünschte Richtung lenken. Oftmals geht man dabei zurück auf eine zuvor erreichte gemeinsame Gesprächsbasis. Von diesem Übereinstimmungspunkt aus kann der Gesprächspartner seine Position überdenken. Er kann Schlüsse ziehen, die sich den Vorstellungen des Fragenden nähern oder ihnen sogar entsprechen.

BEISPIEL:
Tagungsbesprechung mit einem Veranstalter: *„Sie sagten vorhin, dass Sie Ihre Kaffeepause bei schönem Wetter gerne im Freien verbringen würden. Da kommt mir eine Idee: Was halten Sie davon, wenn wir Ihnen den Kaffee auf der Terrasse vor dem Wintergarten servieren würden? Das ist in der Nähe Ihres Tagungsraumes und dort sind Sie ungestört."*

Mit wohl überlegten Fragen, zum richtigen Zeitpunkt gestellt, kann das Verkaufsgespräch positiv beeinflusst werden und zu einem erfolgreichen Abschluss kommen!

(Siehe auch nächstes Dialog-Beispiel, S. 453)

4.2 Tischreservierungen

table reservations
les réservations (w) de table

Die meisten Tischreservierungen erfolgen per Telefon und die Anrufer werden mit dem Restaurant direkt verbunden. Manchmal reservieren Gäste auch persönlich im Restaurant oder an der Hotel-Rezeption. Es ist in jedem Fall wichtig, dass die erforderlichen Angaben vollständig erfragt und sofort notiert werden. Unvollständige, manchmal auch falsche Angaben im Reservierungsbuch können zu Überschneidungen und Reklamationen führen.

Die Reservierungsannahme soll freundlich, zielstrebig und professionell erfolgen. Das Verhalten des Service-Mitarbeiters gegenüber dem Gast muss sich verkaufsfördernd auswirken.

Begrüßen Sie den Gast freundlich und notieren Sie seinen Namen sofort. Erfassen Sie dabei auch die richtige Schreibweise des Namens. Der Gast wird nun seinen Reservierungswunsch durchgeben. Lassen Sie ihn ausreden, unterbrechen Sie nicht.

Erfragen Sie dann – am besten mit Hilfe eines Formblattes – alle nötigen Angaben. Seien Sie dabei offen, kooperativ und hilfsbereit. Beispielsweise erwähnen Sie die zu diesem Termin laufende Spezialitätenwoche oder Ähnliches.

Wenn keine sonstigen Wünsche genannt werden, danken Sie dem Anrufer für seine Reservierung. Versichern Sie ihm, dass es ein schöner Aufenthalt in Ihrem Hause wird und verabschieden Sie ihn unbedingt mit seinem Namen.

Tragen Sie nun die Reservierung korrekt und vollständig ins Reservierungsbuch ein oder geben Sie die Reservierung weiter an den zuständigen Abteilungsleiter bzw. Restaurantchef.

Sehen Sie auch gleich in der Gästekartei nach, welche Besonderheiten bei diesem Gast zu beachten sind. Veranlassen Sie alles Nötige.

Hilfsmittel und Unterlagen zur Annahme von Tischreservierungen:

- Formblatt zur Reservierungsannahme
- Bleistift, Radiergummi, Kugelschreiber
- Notizblock
- Reservierungsbuch
- Veranstaltungsvorschau mit Aktionswochen
- Jahreskalender
- Speisekarte, Getränkekarte, Weinkarte
- Menüvorschläge mit Preisliste
- Gästekartei

Praxis-Beispiel

Im Restaurant klingelt das Telefon. Ein Service-Mitarbeiter hebt ab und meldet sich korrekt mit:

Mitarbeiter:
„Hier Hotel-Restaurant Wastlsäge, Sie sprechen mit Herrn Schiller, guten Tag!"

Gast:
„Guten Tag, hier spricht Müller, von der Firma ABM. Ich möchte gerne bei Ihnen einen Tisch reservieren, für 6 Personen, am Samstag. Geht das in Ordnung?"

Mitarbeiter:
„Ja, Herr Müller, Sie meinen sicher kommenden Samstag, den 31.? Für welche Uhrzeit möchten Sie reservieren?"

Gast:
„Ja, genau, diesen Samstag. Wir wollen uns gegen 19 Uhr zum Aperitif in Ihrer Hotelbar treffen, das heißt, wir kommen dann gegen 19:30 Uhr zu Ihnen ins Restaurant."

Mitarbeiter:
„Sehr gut. Ich darf kurz wiederholen: Für Samstag, den 31. Oktober, um 19:30 Uhr, einen Tisch für 6 Personen auf Ihren Namen, Herr Müller. Geben Sie mir bitte noch Ihre Adresse und Rufnummer?!"

Gast:
„Ja, also der Name ist Egon Müller, Arberstraße 12, in München. Meine Privat-Rufnummer lautet 089/1234567, aber bitte erst nach 18 Uhr!"

Mitarbeiter:
„Danke, Herr Müller. Erlauben Sie mir noch einen Hinweis? Bis einschließlich Sonntag bieten wir unsere Französische Gourmetwoche an, mit vielen Spezialitäten aus den Regionalküchen Frankreichs. Selbstverständlich könnten Sie auch hierbei à la carte wählen. Sagt Ihnen das zu, Herr Müller?"

Gast:
„Das klingt ja vielversprechend. Aber ich möchte die Wahl meinen Geschäftsfreunden selbst überlassen – auch wenn ich der Gastgeber bin!"

Mitarbeiter:
„Selbstverständlich, Herr Müller. Wünschen Sie einen bestimmten Tisch, vielleicht im Nichtraucher-Bereich?"

Gast:
„Das muss nicht sein. Hauptsache, wir können uns ungestört unterhalten."

Mitarbeiter:
„Das verstehe ich. Wir werden für Sie einen ruhigen Ecktisch bereithalten – da sind Sie völlig ungestört. Können wir sonst noch etwas für Sie tun, Herr Müller?"

Gast:
„Nein danke, das war's schon."

Mitarbeiter:
„Wir danken für Ihre Reservierung. Auf Wiederhören, Herr Müller!"

Gast: *„Auf Wiederhören!"*

Abb. 1: ***Restaurant Schwarzwaldstube im Hotel Traube Tonbach, Baiersbronn***

4.3 Gästeberatung

giving recommendations to guests

donner des recommandations aux hôtes

Der Gast, der das Restaurant betritt, ist voller innerer Anspannung. Er hat Hunger, er fühlt sich von anderen Gästen „gemustert" und der Serviceleiter kommt auf ihn zu. Der Gast möchte, dass ihm die Service-Mitarbeiter helfen, seine „innere Spannung" abzubauen. Als erstes ist er froh, zu einem passenden Tisch begleitet zu werden. Beim Platznehmen wird geholfen, und sogleich wird ihm eine Apéritif-Auswahl angeboten.

Die Empfehlung

Wenn Sie den Gast und seine Gewohnheiten kennen, dann können Sie ganz gezielt in Richtung seiner Vorlieben empfehlen. Dabei ist es wichtig, drei bis vier Alternativen aufzuzählen. So können Sie Ihre Verkaufschancen am besten nutzen:

BEISPIEL:
„Was dürfen wir Ihnen vorweg als Aperitif empfehlen? Hätten Sie lieber einen Sherry-Medium, einen weißen Portwein oder einen Bellini? Das ist Pfirsich-Püree, aromatisiert mit Pfirsich-Likör und dann mit Sekt aufgegossen! Oder hätten Sie lieber ein Glas halbtrockenen Champagner?"

Hier wird die **offene Frage** als rhetorischer Einstieg verwendet. Ohne lange Sprechpause wird sogleich mit einer Aufzählung von vier halbtrockenen Aperitifs fortgesetzt. Dann wird die Empfehlung mit einer **richtungweisenden Frage abgeschlossen.** Die beiden letztgenannten Vorschläge haben dabei die besten Bestellchancen, denn ihr Erinnerungswert ist am größten.

Wenn Sie den Gast und seine Vorlieben noch nicht kennen, so versuchen Sie durch geschickte Frageformulierung seine Geschmacksrichtung herauszufinden.

BEISPIEL:
„Wir möchten Ihnen gerne einen Aperitif anbieten – bevorzugen Sie dazu lieber ein trockenes, ein halbtrockenes oder eher ein liebliches Getränk?"

Je nach geäußerter Vorliebe zählen Sie dann drei bis vier entsprechende Alternativen auf.

Nach der Aperitif-Bestellung, die Sie notieren und wiederholen, präsentieren Sie jedem Gast eine geöffnete Speisekarte. Sie weisen sowohl auf Tagesspezialitäten als auch auf ein besonderes Angebot hin, z. B. auf die Spargelgerichte oder die Wildspezialitäten. Sie legen die Getränkekarte/Weinkarte am Tisch bereit und kümmern sich um einen schnellen Service von Apéritif, Couvert-Brot, Butter und „amuse gueule", den kleinen Appetithappen vor dem Essen, als kulinarische Begrüßung.

Die Beratung

Während die Empfehlung in der Regel den „unvorbereiteten" Gast trifft, zielt die Beratung auf den Gast, der die Karte gelesen hat und die Empfehlungen schon kennt. Sie beraten den Gast – wenn er dies wünscht – welcher Wein/welche Rebsorte zu der gewählten Speise harmoniert.

BEISPIELE:
„Zu dem gebratenen Kalbssteak mit Stangenspargel, holländischer Sauce und neuen Kartoffeln passt sehr gut unser Würzburger Stein, Silvaner, Kabinett, aus Franken!"
Oder:
„Zu der Steinpilz-Lauch-Kartoffeltorte eignet sich ideal unser Ockfener Bockstein, Riesling, Spätlese, halbtrocken, aus dem Anbaugebiet Mosel-Saar-Ruwer".

Bestellungsannahme

Dabei sollten Sie unbedingt den Blickkontakt zum Besteller suchen. Sie halten genügend Abstand zum Gast und notieren auf dem Bestellblock die Wünsche.

Bei mehreren Gästen an einem Tisch ist das Vorbereiten einer Sitzplan-Skizze mit Tischnummer, aus der Sicht der Servierrichtung am Tisch empfehlenswert. Das erspart später auch helfenden Kollegen die lästige Nachfragerei.

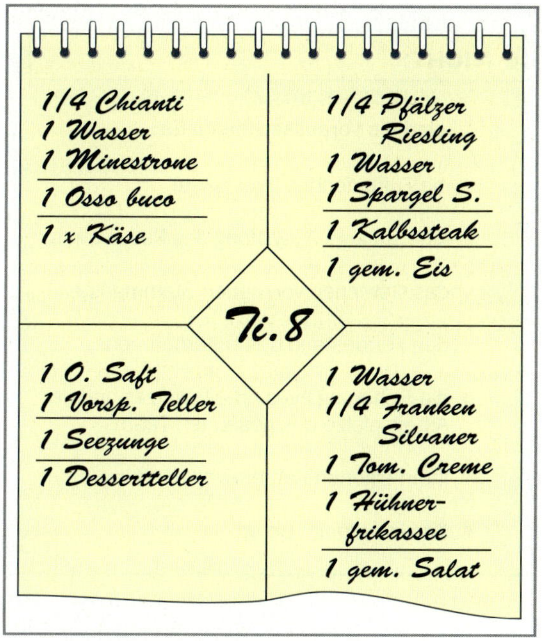

Abb. 1: ***Sitzplan-Skizze der Servicefachkraft***

In das entsprechende Feld wird für jeden Gast die Bestellung, in korrekter Reihenfolge, mit den Sonderwünschen eingetragen. Fragen Sie auch gleich nach speziellen Wünschen, wie z.B. der Zubereitung, dem Gargrad, dem Dressing usw.

BEISPIELE:
„Wünschen Sie Ihr Rinderfiletsteak blutig, medium oder durchgebraten?"; „Bevorzugen Sie zu Ihrem Salat eine Essig-Öl-Kräuter-Marinade oder eine Cocktailsauce?"; „Haben Sie lieber Milch oder Zitrone zum Tee?"

4.4 Zusatzverkäufe

additional sales
les ventes (w) supplémentaires

Behalten Sie auch das Thema **„Zusatzverkäufe"** im Auge. Sie haben hierzu in dieser Phase des Verkaufsgesprächs sehr gute Möglichkeiten!

BEISPIELE:
„Dürfen wir Ihnen vorab eine Spargelkremesuppe – unsere Suppen-Empfehlung des Tages – servieren? Wünschen Sie zu Ihrem Hauptgang einen gemischten Salat? Möchten Sie zu Ihrer Weinbestellung auch Mineralwasser haben?"

Wiederholen Sie deutlich die einzelnen Bestellungen anhand Ihrer Tischplan-Notizen und weisen Sie auf eine eventuell anfallende längere Zubereitungszeit oder eine voraussehbare Wartezeit hin. Sie bonieren die Bestellungen sofort und reichen sie unverzüglich an Küche und Getränkebüfett weiter.

Nach dem Getränkeservice decken Sie die Couverts der Bestellung entsprechend nach und kümmern sich um das „mise en place" am Beistelltisch (Guéridon). Sie behalten Ihre Gäste auch während der Wartezeit im Blickfeld, um Nachbestellungen annehmen zu können. Leere Gläser und Flaschen könnten ein Zeichen sein, dass am Tisch eine „Unterversorgung" besteht, die Sie mit einer freundlichen Nachfrage beseitigen.

Wenn der Hauptgang abgeräumt ist, lassen Sie Ihren Gästen eine „Verschnaufpause", denn mancher Gast hat einfach keinen Platz mehr im Magen. Vielleicht schafft hier ein Digestif Erleichterung. Andere Gäste freuen sich bereits auf den Käsewagen. Der sollte in jedem Fall vorgefahren werden, selbst wenn keine Bestellung erfolgt. Bieten Sie stets auch Desserts an! Wer kann schon einer fruchtigen oder süßen Verführung widerstehen?

Zur Abrundung des Mahles bieten Sie Kaffee und Digestifs an.

Mit den hier erzielten Zusatzumsätzen helfen Sie Ihrem Haus, die Preise bei anderen Artikeln moderater kalkulieren zu können.

4.5 Rechnungspräsentation und Verabschiedung

bill (GB), check (USA) and saying goodbye
l'addition (w) et faire ses adieux

Die Rechnung wird dem Besteller eingesetzt. Sie liegt meist auf einem Teller in einer Serviettentasche. Der Endbetrag ist verdeckt. Die Diskretion der Service-Mitarbeiter ist auch hier gefordert. Entfernen Sie sich vom Tisch und lassen Sie dem Besteller genügend Zeit zur Überprüfung und um das Bargeld oder die Kreditkarte in die Serviettentasche zu legen.

Erst dann gehen Sie zurück an den Tisch und bitten um den Teller. Im Office legen Sie das entsprechende Wechselgeld zur Rechnung, die bringen sie wieder zugedeckt auf dem Teller zurück.

Gehen Sie nicht davon aus, dass das Wechselgeld immer gleich Ihr Trinkgeld ist. Das wird der Gast erst noch entscheiden.

Das Kassieren darf nicht der letzte Kontakt zum Gast sein, denn das Verabschieden ist genauso wichtig wie das Begrüßen. Ist der erste Eindruck oft der entscheidende, so ist der letzte oft der bleibende!

Helfen Sie den Gästen bei der Garderobe, bedanken Sie sich für den Besuch und verabschieden Sie Ihre Gäste freundlich am Restaurant-Ausgang.

VERGESSEN SIE NICHT:

Ihr Lächeln, Ihre Gesten, Ihr Wort ...
Ihr freundliches Wesen, ...
Ihr gewandtes Auftreten, ...
Ihr Einfühlungsvermögen, ...
Ihr gepflegtes Äußeres, ...
Ihr professioneller Service, ...
Ihr Qualitätsempfinden, ...
Ihre Höflichkeit, ...
Ihre unaufdringliche Hilfsbereitschaft, ...
Ihre positive Einstellung und Haltung, ...
Ihre Identifikation mit den Service-Leistungen Ihres Betriebes, ...

... sind die Voraussetzungen für:

- die Zufriedenheit Ihrer Gäste,
- eine stärkere Auslastung des Restaurants,
- das Gewinnen von neuen Stammgästen,
- den Fortbestand des Unternehmens,
- die Sicherung Ihres Arbeitsplatzes und der Arbeitsplätze des gesamten Teams,
- Ihren eigenen Karriereweg und für
- Ihre Freude am Beruf!

5 Reklamationen

dealing with complaints
le traitement des réclamations

Auch in bestgeführten Restaurationsbetrieben kommt es gelegentlich zu Beschwerden oder Reklamationen. In jedem Fall sind diese Beanstandungen ernst zu nehmen. Man muss sich sofort um die Problemstellung kümmern.

Die Qualität von Betrieben wird auch daran gemessen, wie dort mit Beschwerden umgegangen wird. Bedenken Sie bitte:

Jede Reklamationsbehandlung sollte als Werbechance um den Gast angesehen werden.

Es ist viel kostengünstiger, vorhandene Gäste richtig zu betreuen, als Zeit und Geld zu investieren, um immer wieder neue Gäste zu gewinnen.

Unter **Beschwerdemanagement** versteht man die Art und Weise, wie mit Reklamationen umgegangen wird.

Dieser Umgang sollte als eine sinnvolle Investition für die Erhaltung des zukünftigen Gästestamms verstanden werden. Beschwerden haben zwar immer eine negative Ursache, sie können aber zu einem positiven Ergebnis geführt werden.

Beim gastfreundlichen Beschwerdemanagement hat die Geschäftsführung verschiedene Instrumente ausgewählt, die je nach Situation eingesetzt oder angewendet werden können.

Vom Management ist im voraus festzulegen, wer in welcher Situation welche Reaktionsinstrumente einsetzen sollte.

REAKTIONSINSTRUMENTE:

- **Leistungstausch,** z. B. wird ein Filetsteak anstatt des reklamierten Rumpsteaks serviert
- **Nachbesserung,** z. B. wird das noch „blutige“ Steak „medium“ nachgebraten
- **Abhilfe,** z. B. wird die vergessene Sauce nachserviert
- **Schadenersatz,** z. B. werden die Kosten für die chemische Reinigung übernommen
- **kleine Aufmerksamkeiten,** z. B. werden Werbegeschenke überreicht
- **Gutscheine,** z. B. für den Sonntags-Brunch
- **Erstattung der bezahlten Rechnung**
- **persönlicher Anruf** des Chefs beim Gast
- **Entschuldigungsschreiben** der Direktion

Die Reaktionsinstrumente sollten großzügig vorgegeben und eingesetzt werden. Diese Großzügigkeit kostet das Unternehmen weniger als ein unzufriedener Gast, der mit negativer „Mund-zu-Mund-Propaganda“ andere Gäste abschrecken könnte und selbst nie wiederkäme. So sollte beispielsweise die innerbetriebliche Regelung bestehen, dass für ein im Restaurant zurückgenommenes Gericht nicht bezahlt werden muss. Grundsätzlich sollte gelten:

Lieber ein Geschäft als einen Gast verlieren!

Folgende Verhaltensweisen sollen helfen, die schwierige Service-Situation bei Reklamationen noch besser „in den Griff" zu bekommen:

10 Empfehlungen bei Reklamationen:

- Bleiben Sie ruhig, sachlich und höflich; sprechen Sie möglichst wenig, zeigen Sie Verständnis und unterbrechen Sie den Gast nicht!
- Diskutieren Sie nicht mit dem Gast! Widerspruch reizt den Gast noch mehr, belehren Sie ihn nicht!
- Entschuldigen Sie sich gleich, z. B. so: *„Es tut mir leid, dass Sie jetzt solche Unannehmlichkeiten haben – ich werde das sofort in Ordnung bringen!"*
- Schieben Sie die Schuld nicht auf andere Mitarbeiter oder Abteilungen. Gebrauchen Sie keine Ausreden. Das interessiert den Gast nicht!
- Zeigen Sie dem Gast, dass Sie ihn ernst nehmen. Lassen Sie den Gast sein Gesicht wahren! Behandeln Sie ihn mit Respekt.
- Reagieren Sie sofort. Sorgen Sie für Abhilfe oder fragen Sie den Gast, wie Sie ihn wieder zufriedenstellen können. Machen Sie konkrete Vorschläge dazu.
- Informieren Sie Ihren Vorgesetzten, der sich ebenfalls sofort um den Gast bemühen wird.
- Fühlen Sie sich nicht persönlich angegriffen. Bedanken Sie sich für Beschwerden als Chance zur Qualitätsverbesserung.
- Prüfen Sie nach, ob der Fehler behoben wurde. Vereinbaren Sie das weitere Vorgehen, falls nicht sofort reagiert werden kann.
- Übernehmen Sie Verantwortung für jede Reklamation, die Ihnen gegenüber geäußert wurde. Überdenken Sie die Ursache und beugen Sie künftigen Fehlern vor!

6 Rechtsvorschriften

laws
la référence juridique

Kaufvertrag

Die **§§ 433 ff. BGB** regeln die entgeltliche Veräußerung von Sachen und Rechten. Der Kaufvertrag unterliegt keinen Formvorschriften, die Schriftform ist aus Beweisgründen empfehlenswert.

Bewirtungsvertrag

Dieser ist kein ausdrücklich im Gesetz geregelter Vertrag. Deshalb werden die Vorschriften über den

- Kaufvertrag (**§§ 433 ff. BGB**),
- Dienstvertrag (**§§ 611 ff. BGB**),
- Werkvertrag (**§§ 631 ff. BGB**),
- Werklieferungsvertrag (**§§ 651 ff. BGB**)

  und u. U. auch über das
- Mietrecht (**§§ 535 ff. BGB**)

angewendet. Der Bewirtungsvertrag beinhaltet weitgehend die Verpflegung des Gastes, mit den Pflichten des Wirts und den Pflichten des Gastes.

Preisangaben-Verordnung

„Inhaber von Gaststättenbetrieben haben Preisverzeichnisse für Speisen und Getränke aufzustellen und in hinreichender Zahl auf den Tischen auszulegen oder jedem Gast vor Entgegennahme von Bestellungen und auf Verlangen bei Abrechnung vorzulegen (§ 1)“. Ferner regelt die VO den Aushang eines Preisverzeichnisses neben dem Eingang (§ 2) und dass die genannten Preise Inklusivpreise bzw. Endpreise sein müssen (§ 4).

Lebensmittelkennzeichnungs-Verordnung und Zusatzstoff-Zulassungs-Verordnung

Sie betreffen die Kenntlichmachung von Zusatzstoffen, wie z. B.: Konservierungsstoffe, Süßstoffe, Lebensmittel-Farbstoffe, Diphosphate, Schwefeldioxid, Chinin, Coffein … auf Speisekarten, Aushängen u. ä. Diese Hinweise sollen gastronomische Betriebe und Einrichtungen der Gemeinschaftsverpflegung, wie z. B. Kantinen, auf die erforderliche und richtige Deklaration von Zusatzstoffen aufmerksam machen und so Beanstandungen bei Betriebskontrollen vermeiden helfen.

Schadenshaftung des Gastwirts

Hier muss zwischen **Schankwirt** und **Gastwirt** (Beherbergungswirt) unterschieden werden.

Der **Schankwirt** haftet nur für eigenes Verschulden und für das Verschulden seiner Mitarbeiter. Ein Gastwirt haftet darüber hinaus unter bestimmten Voraussetzungen.

§ 701 BGB regelt die Haftung des **Gastwirts** für Schäden an eingebrachten Gütern von Übernachtungsgästen:

(1) Ein Gastwirt, der gewerbsmäßig Fremde zur Beherbergung aufnimmt, hat den Schaden zu ersetzen, der durch den Verlust, die Zerstörung oder die Beschädigung von Sachen entsteht, die ein im Betrieb dieses Gewerbes aufgenommener Gast eingebracht hat.

(2) Als eingebracht gelten

1. *Sachen, welche in der Zeit, in der der Gast zur Beherbergung aufgenommen ist, in die Gastwirtschaft oder an einen von dem Gastwirt oder dessen Leuten angewiesenen oder von dem Gastwirt allgemein hierzu bestimmten Ort außerhalb der Gastwirtschaft gebracht oder sonst außerhalb der Gastwirtschaft von dem Gastwirt oder dessen Leuten in Obhut genommen sind;*
2. *Sachen, welche innerhalb einer angemessenen Frist vor oder nach der Zeit, in der der Gast zur Beherbergung aufgenommen war, von dem Gastwirt oder seinen Leuten in Obhut genommen sind.*

Im Falle einer Anweisung oder einer Übemahme der Obhut durch Leute des Gastwirts gilt dies jedoch nur, wenn sie dazu bestellt oder nach den Umständen als dazu bestellt anzusehen waren.

(3) Die Ersatzpflicht tritt nicht ein, wenn der Verlust, die Zerstörung oder die Beschädigung von dem Gast, einem Begleiter des Gastes oder einer Person, die der Gast bei sich aufgenommen hat, oder durch die Beschaffenheit der Sachen oder durch höhere Gewalt verursacht wird.

(4) Die Ersatzpflicht erstreckt sich nicht auf Fahrzeuge, auf Sachen, die in einem Fahrzeug belassen worden sind, und auf lebende Tiere.

§ 702 regelt die Beschränkung der Haftung an eingebrachten Gütern und bei Wertsachen:

*(1) Der **Gastwirt** haftet auf Grund des § 701 BGB nur bis zu einem Betrag, der dem Hundertfachen des Beherbergungspreises für einen Tag entspricht, jedoch mindestens bis zu dem Betrag von 600 € und höchstens bis zu dem Betrag von 3500 €, für Geld, Wertpapiere und Kostbarkeiten tritt an die Stelle von 3500 € der Betrag von 800 €.*

(2) Die Haftung des Gastwirts ist unbeschränkt,

1. *wenn der Verlust, die Zerstörung oder die Beschädigung von ihm oder seinen Leuten verschuldet ist,*

2. wenn es sich um eingebrachte Sachen handelt, die er zur Aufbewahrung übernommen oder deren Übernahme zur Aufbewahrung er entgegen der Vorschrift des Absatzes 3 abgelehnt hat.

(3) Der Gastwirt ist verpflichtet, Geld, Wertpapiere, Kostbarkeiten und andere Wertsachen zur Aufbewahrung zu übernehmen, es sei denn, dass sie im Hinblick auf die Größe oder den Rang der Gastwirtschaft von übermäßigem Wert oder Umfang oder dass sie gefährlich sind. Er kann verlangen, dass sie in einem verschlossenen oder versiegelten Behältnis übergeben werden.

§ 702 a regelt den Erlass der Haftung:

(1) Die Haftung des Gastwirts kann im Voraus nur erlassen werden, soweit sie den nach § 702 Abs. 1 maßgeblichen Höchstbetrag übersteigt. Auch insoweit kann sie nicht erlassen werden für den Fall, dass der Verlust, die Zerstörung oder die Beschädigung von dem Gastwirt oder von Leuten des Gastwirts vorsätzlich oder grob fahrlässig verursacht wird oder dass es sich um Sachen handelt, deren Übernahme zur Aufbewahrung der Gastwirt entgegen der Vorschrift des § 702 Abs. 3 abgelehnt hat.

(2) Der Erlass ist nur wirksam, wenn die Erklärung des Gastes schriftlich erteilt ist und wenn sie keine anderen Bestimmungen enthält.

§ 703 regelt das Erlöschen des Schadensersatzanspruchs:

Der dem Gast auf Grund der §§ 701, 702 zustehende Anspruch erlischt, wenn nicht der Gast unverzüglich, nachdem er von dem Verlust, der Zerstörung oder der Beschädigung Kenntnis erlangt hat, dem Gastwirt Anzeige macht. Dies gilt nicht, wenn die Sachen von dem Gastwirt zur Aufbewahrung übernommen waren oder wenn der Verlust, die Zerstörung oder die Beschädigung von ihm oder seinen Leuten verschuldet ist.

Pfandrecht des Gastwirts

§ 704 BGB: *Der Gastwirt hat für seine Forderungen für Wohnung und andere dem Gaste zur Befriedigung seiner Bedürfnisse gewährte Leistungen, mit Einschluss der Auslagen, ein Pfandrecht an den eingebrachten Sachen des Gastes. Die für das Pfandrecht des Vermieters geltenden Vorschriften des § 562 Abs. 1 Satz 2 und der §§ 562 a bis 562 d finden entsprechende Anwendung.*

Fundsachen / liegengelassene Sachen

Im Gastgewerbe unterscheidet man zwischen Fundsachen und liegengelassenen Sachen. Eingebrachte Güter von Übernachtungsgästen eines Gasthofs/ Hotels sind grundsätzlich liegengelassene Sachen, wenn sie vergessen wurden. Der Gastwirt hat solche Sachen unentgeltlich aufzubewahren und ggf. den Gast zu benachrichtigen. Der Gastwirt hat keinen Anspruch auf einen Finderlohn, jedoch kann er sich seine Kosten zur Benachrichtigung des Gastes erstatten lassen. Fundsachen kommen nur im öffentlichen Bereich des Betriebs vor, der auch von Passanten benutzt wird, wie z.B. der Restaurantbereich oder die Bankettabteilung. **§§ 965 ff. BGB** regeln die Pflichten des Finders und dessen Rechte, wie z.B. den Anspruch auf Finderlohn.

§ 971 BGB regelt die Höhe des Finderlohns:

(1) Der Finder kann von dem Empfangsberechtigten einen Finderlohn verlangen. Der Finderlohn beträgt von dem Werte der Sache bis zu 500 € fünf vom Hundert, von dem Mehrwert drei vom Hundert, bei Tieren drei vom Hundert. Hat die Sache nur für den Empfangsberechtigten einen Wert, so ist der Finderlohn nach billigem Ermessen zu bestimmen.

(2) Der Anspruch ist ausgeschlossen, wenn der Finder die Anzeigepflicht verletzt oder den Fund auf Nachfrage verheimlicht.

Garderobenhaftung

Der **Schank- oder Speisewirt** haftet für die Garderobe seiner Gäste nur dann, wenn ihm oder seinen Leuten schuldhaftes Handeln zugerechnet werden kann. Der Bewirtungsgast ist grundsätzlich für die Beaufsichtigung seiner Garderobe selbst zuständig. Dies gilt nicht, wenn der Wirt darauf besteht, dass die Garderobe an einem nicht einsehbaren Ort abzulegen ist. Bei einer bewachten Garderobe mit entgeltlicher Verwahrung haftet der Wirt/der Garderobenpächter für alle Schäden. Es gelten die Regelungen des Verwahrungsvertrags (**§§ 688 ff. BGB**). Bei unentgeltlicher Verwahrung von Garderobe haftet der Schank- oder Speisewirt nur bei grober Fahrlässigkeit und Vorsatz. Dem Wirt muss ein Verschulden nachgewiesen werden.

Sperrzeiten-Regelung

Für Schank- und Speisewirtschaften und öffentliche Vergnügungsstätten gilt eine Sperrzeit. Sie ist auf Länderebene unterschiedlich geregelt, z.B. ist in Bayern laut GastV § 8 „Allgemeine Sperrzeit" von 1 Uhr bis 6 Uhr. Während der Sperrzeit muss der Gaststättenbetrieb ruhen. Es dürfen keine Speisen oder Getränke serviert werden. In den Gasträumen dürfen sich keine Gäste aufhalten. Die Sperrzeit kann von den zuständigen Behörden verkürzt oder verlängert werden. Auch der Wirt kann im Einzelfall eine Verkürzung beantragen. Das **Gaststättengesetz**, **§ 18,** regelt die Einzelheiten wie Ausnahmen und Sonderregelungen.

Aufgaben

1 Geben Sie drei Beispiele, inwiefern „soziale Bedürfnisse“ der Gäste in der Gastronomie zu beachten sind.

2 Nennen Sie vier positive Eigenschaften, die dem Service-Mitarbeiter helfen, den Restaurantbesuch des Gastes zu einem Qualitätserlebnis werden zu lassen.

3 Nennen Sie vier typische Schwachstellen im Service, die zu Reklamationen führen können.

4 Sie bedienen in Ihrer Station eine Familie mit Kleinkindern. Nennen Sie vier Maßnahmen, mit denen Sie dazu beitragen können, dass der Restaurantbesuch nicht nur den Eltern in positiver Erinnerung bleibt.

5 Entwickeln Sie ein druckreifes Formblatt, das zur vollständigen Annahme von Tischreservierungen verwendet werden kann.

6 Wie viele Alternativen sollten Sie aufzählen, wenn Sie Ihren Gästen Empfehlungen geben?

7 Man kann Gästen Empfehlungen geben und man kann Gäste beraten. Worin unterscheiden sich diese Verkaufsaktivitäten?

8 Es ist unangenehm, wenn man die Gäste fragen muss, wer denn was bestellt hat. Wie kann man das vermeiden?

9 Nennen Sie sieben Sparten bzw. Umsatzbereiche, die Sie durch aktives Verkaufen mit interessanten Zusatzumsätzen versehen können.

10 Der Gast bittet um seine Restaurant-Rechnung. Schildern Sie den Ablauf bis zum Kassieren der Rechnung.

11 Erklären Sie den Zusammenhang zwischen Ihrem professionellen Verhalten im Service und der Zufriedenheit Ihrer Gäste.

12 Nennen Sie sechs „Reaktionsinstrumente“, die Sie bei Reklamationen im Restaurant anwenden oder einsetzen könnten.

13 Mit welchen Verhaltensweisen kann es Ihnen gelingen, die schwierige Aufgabe der Reklamationsbehandlung noch besser zu meistern?

14 Erklären Sie, warum eine großzügige Reklamationsbehandlung einer kleinlichen vorzuziehen ist.

15 Üben Sie mit einem Partner in einem Rollenspiel, mit welchen Formulierungen und Reaktionsinstrumenten Sie auf die Reklamation Ihres Partners antworten.

PROJEKT

AKTIONSWOCHE „SPARGEL UND WEIN“

Mit einer Aktionswoche zum Thema „Spargel und Wein“ möchte der F & B-Manager des Hotels Arberblick im hoteleigenen Restaurant „Waldlerstube“ (100 Sitzplätze) den Abendverkauf beleben. Die Auszubildenden Marianne und Max sind beauftragt, bei Planung und Vorbereitung mitzuhelfen.

ZEITRAUM

Schlagen Sie die günstigste Kalenderwoche für die Aktion vor.
Welche Faktoren berücksichtigen Sie dabei?

TRAGENDE MARKETING-IDEE

Mit welchem Slogan wollen Sie für die Aktionswoche werben?

GÄSTEKREIS

Welche Zielgruppen wollen Sie ansprechen und gewinnen?

MARKETING-INSTRUMENTE ANGEBOT UND PREIS

1 Entwerfen Sie eine „Spargel und Wein“-Karte mit zehn Spargelgerichten und fünf korrespondierenden deutschen Weinen, im offenen Ausschank.

2 Entwerfen Sie zwei 4-gängige Spargelmenüs, die als Menüempfehlung während dieser Woche geeignet sind.

3 Welche Tisch- und Raumdekoration planen Sie?
Wie viel € wird sie kosten?

4 Mit welcher Art von Musik im Restaurant wollen Sie Ihre Gäste-Zielgruppen unterhalten?
Wie viel € wird dies kosten?

5 Überlegen Sie, welche Unternehmen oder Verbände Kostenanteile durch Sponsoring übernehmen könnten?

6 Mit welchem Preis pro Gast planen Sie, wenn die Kosten für Musik und Dekoration auf die Gäste umgelegt werden?

MARKETING-INSTRUMENTE VERKAUFSFÖRDERUNG, ÖFFENTLICHKEITSARBEIT UND WERBUNG

1 Mit welchen Maßnahmen der Verkaufsförderung wollen Sie im Hotel auf die Aktionswoche hinweisen?

2 Mit welchen Maßnahmen der Öffentlichkeitsarbeit wollen Sie vor und während der Aktionswoche auf Ihr Restaurant aufmerksam machen?

3 Für welche Werbemaßnahmen werden Sie sich entscheiden?
Welche Medien sollen dabei die Werbebotschaft überbringen? Begründen Sie kurz.

4 Entwerfen Sie einen Werbebrief (1 Seite) an Stammgäste, der als Serienbrief auf dem PC geschrieben werden soll.

Wirtschaftsdienst – Hausdamenabteilung

Diese Abteilung *(housekeeping/service des étages)* umfasst die „Haushaltung“ des gesamten Gastronomiebetriebes. Die Organisation, Durchführung und Kontrolle der Hotelreinigung werden als die Hauptaufgaben der Abteilung angesehen. Die Hausdame (the housekeeper/la gouvernante) eines modern geführten Hotels ist zuständig für folgende **Aufgaben:**

- **Langfristige Planung** der Wäsche- und Materialbestände, des Maschinen- und Geräteeinsatzes sowie die Erstellung der Reinigungspläne, Ermittlung der zukünftigen Anzahl der Mitarbeiter;
- **Reinigungs- und Wartungsverfahren**
  Entwicklung und Festlegung von Arbeitsabläufen auf Checklisten, Qualitäts- und Zeitstandards sowie Leistungsmaßstäben;
- **Mitarbeitereinsatz**
  Dienstpläne, Urlaubspläne, Mitarbeitereinsatzplanung nach Geschäftsprognose, Arbeitsüberwachung;
- **Mitarbeiterführung**
  Führungsstil, Motivation, Ausbildung, Training, Fortbildung;
- **Kontrollverfahren**
  Entwicklung und Anwendung einer permanenten Zimmerzustandskartei, Instandhaltungsmeldung, Wäschebestandskontrolle, Mobiliarkontrolle, Materialverbrauch, Kontrolle der in Außer-Haus-Verträgen festgelegten Standards, Kontrolle und Verwaltung von liegen gebliebenen Sachen sowie Fundsachen;
- **Leistungsverbesserung und Weiterentwicklung**
  Umsetzung von Vorschlägen zur Produktivitätssteigerung und Arbeitsvereinfachung, Festlegung der Arbeitsmethoden und der Leistungsstandards;
- **Gästebetreuung**
  Erledigung von Sonderwünschen der Gäste, VIP-Betreuung, Reklamationsbehandlung.

Die 1. Hausdame eines modern geführten Hotels ist nicht die „1. Putzfrau“. Sie ist vielmehr Managerin der Qualität in einer der wichtigsten Abteilungen eines Hotels!

Sie trägt die Verantwortung für die Sauberkeit und den Zustand folgender Bereiche:

- die Gästezimmer, das Hauptprodukt eines Hotels;
- die sonstigen Räume des Hotelbetriebs: Hotelhalle, Bar, Restaurant, Frühstücksraum, Bankettabteilung;
- den Freizeit- und Fitness-Bereich: Hallenbad, Sauna, Massage- und Fitnessabteilung, Toiletten, Treppen, Flure, Aufzüge, Garderobe;
- die Wirtschaftsräume „hinter den Kulissen“ wie Produktions-, Lager- und Verwaltungsräume;
- die Außenanlagen, inklusive aller Ein- und Ausgänge, der Anfahrt und der Parkplätze.

Die Hausdamenabteilung hat eine Schlüsselstellung für das Wohlbefinden der Gäste. Sie trägt somit ganz wesentlich zum Betriebserfolg bei!

1 Materialkundliche Grundlagen

1.1 Reinigungs- und Pflegemittel

cleaning agents — *les produits (m) pour nettoyer et les produits d'entretien*

Da jeder Mitarbeiter in seinem Arbeitsbereich auch für die Sauberkeit, Reinigung und Pflege der Arbeitsgeräte und Materialien mit verantwortlich ist, sind hierzu Grundkenntnisse erforderlich. Aus der Fülle der verschiedenen Reinigungs- und Pflegemittel muss eine Fachkraft das richtige auswählen und anwenden können.

Mit **Reinigen** ist vor allem das trockene und feuchte Entfernen von Schmutz gemeint. **Pflegen** ist darüber hinaus das Anwenden von Mitteln, durch die bestimmte Oberflächen ein schöneres Aussehen erhalten und vor chemischen oder mechanischen Einwirkungen geschützt werden.

Reinigungsmittel

Eine reinigende Wirkung haben vor allem Scheuermittel, Lösungsmittel, Seifenlaugen und wässrige Lösungen aus Tensiden, das sind künstlich hergestellte, seifenähnliche Stoffe. Auch durch Reiben mit Lappen, Baumwoll- oder Leinentüchern, Fensterledern, Schwämmen u.ä. kann die reinigende Wirkung verstärkt werden.

Bevor ein Mittel angewendet wird, ist grundsätzlich zu klären:

- Woraus besteht das zu behandelnde Material und wie ist die Oberflächenbeschaffenheit?
- Um welche Schmutzart handelt es sich und wie stark ist die Verschmutzung?
- Welches ist das umweltfreundlichste Reinigungsmittel, das zur Schmutzentfernung verwendet werden könnte?
- Wie lauten die Dosierungsanweisungen und Bedienungsanleitungen?

Bedienungsanleitungen, Dosierungsanweisungen und Umweltschutzhinweise sind zu beachten! Mischen Sie nie verschiedene Reinigungsmittel!

Arten der Reinigungsmittel

Lösungsmittelfreie Reinigungsmittel

Ohne Scheuermittelanteil,

zur Entfernung von leichtlöslichem bzw. weniger hartnäckigem Schmutz, auf Seifenbasis, mit natürlichen Tensiden bzw. Oberflächen-Entspannungsmitteln, z.B. für Kunststoff, Glas, Keramik, Steinzeug und Edelstahl: Schmierseife, Neutralseife, Grüne Seife, Spülmittel.

Mit Scheuermittelanteil,

- feinere Scheuermittel, z. B. für Bade- und Duschwannen: Scheuermilch;
- grobere Scheuermittel, z.B. für Toiletten, Waschbecken und für keramische Fliesen auf Mineralbasis: Schlämmkreide, „Wiener Kalk“, Bimsmehle, Marmormehle.

Mit Anteil von synthetischen Tensiden,

für alle feucht abwischbaren Oberflächen, z.B. aus Edelstahl, Glas, Keramik, Kunststoff, Steinzeug: Universalreiniger, Allzweckreiniger

Mit Desinfektionsmittelanteil

auf Alkoholbasis zum Abtöten von Mikroben. Anwendung vor allem im Sanitärbereich.

Lösungsmittelhaltige Reinigungsmittel

Spezialreiniger,

zur Entfernung von stark fetthaltigem Schmutz oder teerhaltigen Rückständen z.B. in Backöfen. Nicht anwendbar auf Flächen mit Farb- und Lackanstrichen bzw. aus Kunststoffen, wegen der auflösenden Wirkung!

Aceton (Nagellackentferner),
zur Entfernung von Harz-, Lack-, Klebstoff- und Teerflecken. Nicht anwendbar auf acetathaltigen Stoffen, wegen der auflösenden Wirkung!

Fleckenwasser,
zur Entfernung von Flecken jeglicher Art.

Salmiak,
zur Entfernung von Farbflecken.

Bevorzugen Sie die umweltfreundlichen altbewährten Hausmittel mit natürlicher Reinigungskraft!

Diese sind biologisch leicht abbaubar und außerdem meist auch preiswerter:

Schmierseife oder **Neutralseife,**
für Reinigungszwecke vielseitig einsetzbar. Ein Nachpolieren von Flächen ist erforderlich.

Verdünnte Essig- und/oder **Zitronensäure**
als 3%ige Lösung sind zum Entkalken und zum Abwischen von Wasserflecken, z.B. auf Bad-Armaturen, bestens geeignet.

Spiritus
für die Reinigung von Fensterscheiben, Glastüren sowie von Glasgegenständen wie z.B. Kristallleuchtern.

Vermeiden Sie nach Möglichkeit die Anwendung lösungsmittelhaltiger Reinigungsmittel. Wenn Sie sie benutzen, lüften Sie den Raum gut. Verzichten Sie auf den Einsatz von Mitteln, die Chlor, Phosphate, Formaldehyde oder Sulfate enthalten!

Pflegemittel

Pflegemittel werden verwendet, um Oberflächen ein schöneres Aussehen zu verleihen und um diese bei späteren Verschmutzungen leichter reinigen zu können. Außerdem können z.B. Möbelpflegemittel gut eingesetzt werden, um kleine Kratzer und Flecken weitgehend zu überdecken.

Um Arbeitsgänge zu sparen, werden Reinigungs- und Pflegemittel häufig als **kombinierte Mittel** angewendet. Dabei wird die zu reinigende Oberfläche in einem Arbeitsgang gesäubert und gleichzeitig mit einem glänzenden und widerstandsfähigen Schutzfilm überzogen.

(Siehe auch das Kapitel „Werkstoffe und Wäschepflege“, ab S. 217)

Arten der Pflegemittel

Lösungsmittelfreie Pflegemittel

Selbstglanz-Emulsionen bzw. **Wischglanzmittel** oder **Wischwachse,**
die auf Kunststoffböden sowie auf versiegelten und lackierten Holzfußböden einen glänzenden und schützenden Film hinterlassen. Sie ersparen das Nachpolieren.

Möbelwachs und Spezialmittel zur **Möbelpolitur.**

Auch zur Oberflächenbehandlung von Türen und Holzwänden geeignet.

Poliermittel

für Kunststoffgegenstände und Kunststoffoberflächen, für Leder.

Lösungsmittelhaltige Pflegemittel

Bohnerwachse,

die auf **unversiegelten** und **unlackierten** Holzfußböden einen widerstandsfähigen und glänzenden Film bilden. Wegen ihrer Lösungsmittelbestandteile sind sie umweltbelastend und feuergefährlich.

Die aufsteigenden Dämpfe sind gesundheitsschädlich. Sollten solche Mittel dennoch zum Einsatz kommen, den Raum gut lüften!

Aus Gründen des Umweltschutzes sind lösungsmittelhaltige Pflegemittel weitgehendst abzulehnen!

(Siehe auch Umweltschutz in der Hausdamenabteilung, S. 482)

Reinigungsgeräte und Arbeitsmittel

Die Durchführung der Reinigungs- und Pflegearbeiten wird mit Hilfe von Maschinen und Geräten sowie weiteren Arbeitsmitteln wesentlich erleichtert.

Maschinen,

z. B. Staubsauger, Kehrmaschinen, Teppich-Shampoonierer, Sprühextraktionsgeräte, Dampfreiniger, Hochdruckreiniger, Scheuersaugmaschinen, Nass-Sauger/Allzwecksauger, Bohner- bzw. Poliermaschinen, Waschmaschinen, Trockner;

Geräte,

z. B. Etagenwagen, Putzwagen, Teppichkehrer, Feuchtwischgeräte, Nasswischmopps, Feuchtwischmopps, Fahreimer mit Presse, Wasserschieber, Leitern;

Arbeitsmittel,

z. B. Staubtücher, Fensterleder, Poliertücher, Reinigungspads, Schwämme, Vliesschwämme, Stahlwolle, Besen, Handfeger, Bürsten, Schrubber, Scheuertücher, Eimer, Körbe.

1.2 Reinigung von Wänden

cleaning of wall-coverings

le nettoyage des murs

Je nach Material und Oberflächenbeschaffenheit kommen unterschiedliche Reinigungs- und Pflegemittel bzw. Arbeitsmittel zur Anwendung.

Wandoberfläche:	Reinigungs-/Pflegemaßnahme:
abwaschbar:	
Dispersionsfarbe:	mäßig feucht mit Lappen abwischen
Ölfarbenanstrich:	mit milder Reinigungslösung vorsichtig abwaschen, trockenreiben
Keramische Fliesen:	mit heißer, starker Reinigungslösung abwaschen, mit klarem Wasser nachwaschen, trockenreiben
Tapeten:	mit milder Reinigungslösung vorsichtig abwischen. Keine Lösungsmittelhaltigen Mittel verwenden!
nicht abwaschbar:	
Tapeten:	mit Besen bzw. Staubsauger vorsichtig abstauben/absaugen
Stoffbespannungen:	mit Besen bzw. Staubsauger vorsichtig abstauben/absaugen
Weder Wasser noch Reinigungsmittel verwenden!	

1.3 Reinigung von Böden

floor cleaning *le nettoyage du plancher*

Je nach Material und Aufbau der Fußböden werden unterschiedliche Reinigungs- und Pflegemittel angewendet. Abgesehen von Teppichböden bzw. Teppichen geht bei allen anderen Böden das Entfernen von lockerem Schmutz durch Fegen oder Moppen als Vorreinigung den anderen Reinigungs- und Pflegemaßnahmen voraus.

Fußboden-Materialien:	Reinigungs-/Pflegemaßnahmen:
Holz-Parkett	Bei unbeschädigter Versiegelung mit Allzweck- oder Neutralreiniger mäßig feucht wischen; bei beschädigter Versiegelung mit Bohnerwachs behandeln.
Holz-Dielen	Zimmerböden aus Holz schonend, nebelfeucht mit Schmierseife wischen. Pflege mit Wachs als Oberflächenschutz.
Linoleum	Mit Seifenlauge feucht wischen, gelegentlich mit Wischglanz oder Selbstglanz-Emulsion pflegen, trocknen lassen. Absatzspuren mit Pads abreiben.
Kunststoff- und Gummiböden	Feucht wischen, gelegentlich mit Wischglanzmittel oder Selbstglanz-Emulsion behandeln, trocknen lassen
Steinfußböden Naturfliesen, Kunststeinfliesen	Mit milder Reinigungslösung zur Grundreinigung feucht wischen bzw. mit Wischpflegemittel pflegen.
Keramikfliesen	Mit starker Reinigungslösung nass wischen oder schrubben.

Durch Bohnern kann der Glanz von Wischpflegemitteln und Seifenreinigern verbessert werden. Selbstglanz-Emulsionen ersparen diesen 2. Arbeitsgang!

1.4 Reinigung von Teppichen und Teppichböden

cleaning of carpets and carpet tiles

le nettoyage des tapis et moquettes

Teppicharten

Unter Teppichen versteht man sowohl den klassischen Orientteppich als auch Teppichläufer, Brücken, Wandteppiche und die Auslegeware von Teppichböden und -fliesen. Bei der Herstellung können sowohl Naturfasern als auch Chemiefasern oder eine Mischung aus beiden verwendet werden. Wegen der großen Qualitätsunterschiede und der Vielzahl von Teppicharten sollte beim Kauf ein Fachmann zu Rate gezogen werden.

Die Teppichsiegel haben sich als eine gute Orientierungshilfe erwiesen. Sie sind an der Unterseite von Teppichrollen angebracht und werden vom „Deutschen Teppichforschungsinstitut e.V., Aachen", vergeben.

Abb. 1: Teppichsiegel-Beispiel

Tägliche Reinigung

Saugen

Die normale tägliche Reinigung von Teppichen im Hotel ist das Staubsaugen.

Vereinzelt werden zum Entstauben auch Teppichkehrmaschinen eingesetzt.

Zur anschließenden Fleckenentfernung auf Teppichen werden verschiedene Methoden angewendet.

Detachieren

Flecken können mit Hilfe eines Feinwaschmittel-Schaumes und eines Frottierlappens befeuchtet und dann abgerieben werden.

Pulver-Reinigung

Die Pulverreinigung wird bei Bedarf – je nach Verschmutzungsgrad – zur oberflächlichen Florreinigung angewendet. Das Reinigungspulver wird mit rotierenden Bürsten auf dem Teppichflor verteilt. Das Pulver nimmt den Schmutz auf und kann nach der empfohlenen Einwirkungszeit mit dem Staubsauger entfernt werden. Dabei sollte gründlich gelüftet werden.

Grundreinigung

Zur **Grundreinigung** eignen sich die beiden folgenden Verfahren:

Shampoonier-Reinigung

Kurzflorige Teppiche mit einem feuchtigkeitsbeständigen Trägermaterial können nach diesem Verfahren gereinigt werden. Das Shampooniermittel enthält Tenside, fettlösende Mittel und keimabtötende Stoffe. Der Shampooschaum wird mit Hilfe einer Shampooniermaschine in Bahnen aufgetragen und dabei eingebürstet. Nach dem Trocknen des Schaums wird der Teppichflor aufgebürstet und abgesaugt. Mit den Shampooresten wird so der gelöste Schmutz entfernt.

Sprühextraktions-Reinigung

Dieses Verfahren ist bei allen Florarten geeignet. Die Spezial-Reinigungsmittel hierfür enthalten schaumarme Tenside, Reinigungsverstärker, Entschäumer und teilweise Phosphate. Das Mittel wird in Bahnen aufgesprüht und löst den Schmutz aus dem Teppichboden. Die Lösung aus Reinigungsmittel und Schmutz wird aufgesaugt und in einen Tankbehälter geleitet. Die Entsorgung erfolgt über das Abwasser.

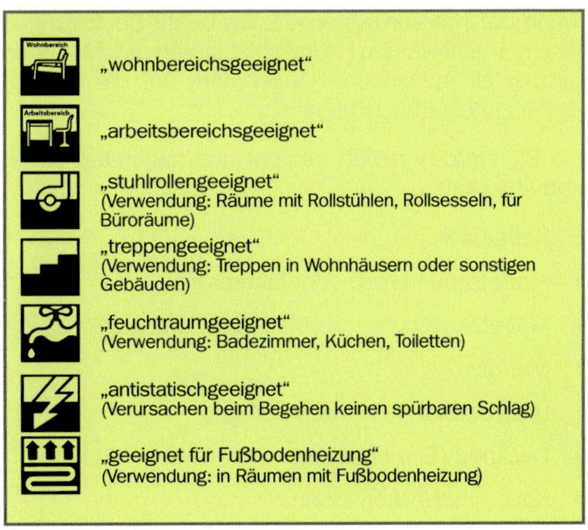

Abb. 2: Zusatzsymbole für Teppichböden

Wirtschaftsdienst

Bei der **Grundreinigung** von Teppichen ist zu beachten:

- Sie sollte jährlich nur einmal durchgeführt werden, da der Teppich dabei strapaziert wird.
- Eine eventuell vorhandene Fußbodenheizung ist rechtzeitig auszuschalten.
- Der Fußboden muss gestaubsaugt worden sein.
- Das Reinigungsmittel sollte auf die Verträglichkeit mit dieser Bodenart ausprobiert worden sein.
- Beim Absaugen muss das Reinigungsmittel vollständig aus dem Flor gesaugt werden. Sonst könnte es zu einer schnelleren Wiederverschmutzung kommen.

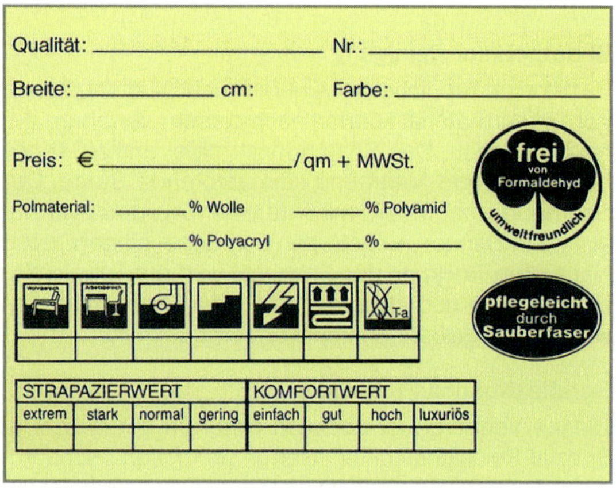

Abb. 1: Beispiel – Teppich-Karte als Kundeninformation

1.5 Gästebetten

bed — le lit

Wenn der Hotelier seinen Gästen beste Bedingungen für einen erholsamen Nachtschlaf bieten möchte, dann wird er ein besonderes Augenmerk auf die Qualität seiner Hotelbetten richten.

Ein Standard-Hotelbett besteht aus folgenden Teilen und Artikeln:

- Bettgestell,
- Matratzenunterbau oder Lattenrost,
- Matratzenschoner, als Matratzen-Unterlage,
- Matratze,
- Unterbett, als Matratzen-Auflage,
- Deckbett/Einziehdecke,
- Kopf- und Nackenkissen,
- Bettwäsche.

Abb. 2: Hotelzimmer mit Doppelbett

Vor dem Kauf von Hotelbetten sollte unbedingt der Rat von Bettfachleuten eingeholt werden. Denn neueste medizinische Erkenntnisse und Herstelltechnologien führen zu Weiterentwicklungen auch auf diesem Gebiet. Ferner sollte ein möglichst einfaches Abziehen, Säubern und Neubeziehen des Hotelbetts gewährleistet sein. Nicht zuletzt sollten die Hotelbetten den verschiedenen Schlaf- und Liegebedürfnissen der Gäste, z.B. eher hart oder eher weich, entsprechen.

Bettgestelle

bedstead — le lit

Das Bettgestell ist der Rahmen für den Lattenrost – oder die Matratzenunterlage – und somit auch die Einfassung für die aufliegende Matratze. Bettgestelle sind meist aus Holz, manchmal auch aus Metall oder Kunststoff. An den Außenseiten sind viele Bettgestelle mit gepolstertem Stoff bespannt, der in Musterung und Farbe mit der Gesamtausstattung des Zimmers abgestimmt ist. Die Bettfüße sind häufig auf Rollen oder Gleitfüßen montiert, um die Zimmermädchen-Arbeiten zu erleichtern.

Bettgestelle sind in ihren Maßen auf die entsprechenden Matratzen-Standardgrößen abgestimmt.

Einzelbett-Matratzen gibt es in den Größen:

0,90 m × 1,90 m oder	
1,00 m × 2,00 m	– Single size bed

Bei **Doppelbett**-Matratzen lauten die Maße:

1,30 m × 2,00 m	– Twin size bed,
1,50 m × 2,00 m	– Queen size bed,
1,60 m × 1,90 m	– Französisches Bett,
1,80 m/2,00 m × 2,00 m	– King size bed,
1,90 m × 2,00 m	– Grand lit

Matratzenunterbau und Lattenroste

Der Matratzenunterbau eines Bettes kann ein Spiralnetzrahmen bzw. Metallrost sein. Ferner sind fest oder flexibel gelagerte Lattenroste vorzufinden. Bei Luxus-Hotelbetten besteht die Bettenbasis meist aus einem Federkern- bzw. Taschenfederkern-System mit gepolsterter Auflage.

Lattenroste mit fester Lagerung sind nicht höhenverstellbar. Die Federholzleisten sind auf einem Rahmen einzeln fest montiert.

Bei den **flexibel gelagerten Lattenrosten** sind die einzelnen Federleisten an den Enden mit beweglichen Trägerelementen aus Kunststoff oder Gummi (Kautschukkappen) gefasst. Diese Lattenroste sind am Kopf- und Fußende höhenverstellbar. Im mittleren Bettbereich sollten die Federleisten in ihrer Elastizität einzeln verstellbar sein, mit Zonen-Härteverstellung.

Nur so kann eine individuelle und optimale Anpassung der Matratze an Körperform und Gewicht des jeweiligen Gastes gewährleistet sein. Es ist selbstverständlich, dass gute Lattenroste keine Geräusche verursachen dürfen.

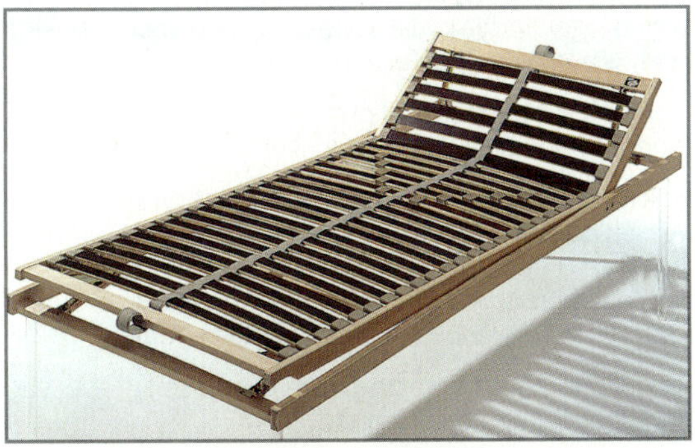

Abb. 1: Beispiel eines flexibel gelagerten Lattenrostes. Lattenrostrahmen mit verstellbarem Kopf- und Fußteil, mit Zonen-Härteverstellung, 28 Federleisten, Lagerung in Doppel-Kautschukkappen, Buche, Schichtholz.

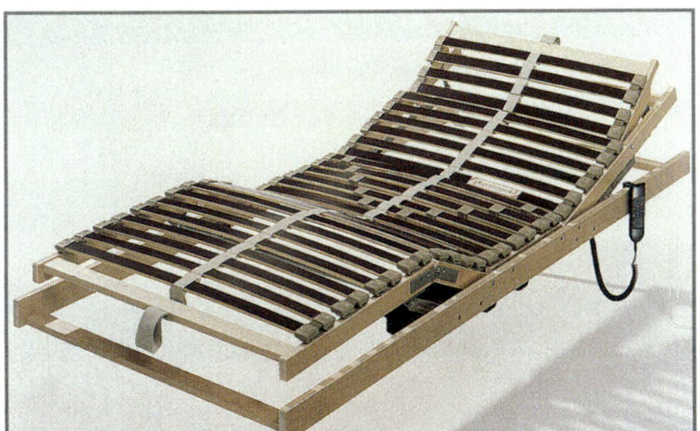

Abb. 2: Beispiel eines per Knopfdruck und Elektromotor variabel verstellbaren Betteinsatz-Lattenrostes.

Matratzen

mattresses
les matelas (m), les sommiers élastiques

Die Qualität der Matratze in Kombination mit dem zugehörigen Lattenrost bzw. Matratzenunterbau ist mit entscheidend für den Schlafkomfort des Gastes. Matratzen sollen die Entspannung der Körpermuskulatur und Bänder fördern und die Wirbelsäule mit den Bandscheiben entlasten. Matratzen sollten deshalb punkt- und dauerelastisch, weder zu hart noch zu weich sowie druckfrei und atmungsaktiv sein.

Durch Luftzufuhr von unten sollten Matratzen dazu beitragen können, die Wärme und die Luftfeuchtigkeit zu regulieren, die durch Transpiration (ca. 0,2 l pro Nacht) während des Schlafs entsteht. Gute Matratzen haben deshalb ein atmungsaktives, natürliches Bezugs- und Polstermaterial, z. B. aus Baumwolle, Schafschurwolle, Rosshaar, Kamelhaar oder Kokosfasern. Für Rheumatiker ist eine gute Wärmeisolation der Matratze wichtig. Hotelmatratzen sollten ferner geräuschlos und schwer entflammbar sein. Seitlich sollten sie zwei Griffe zum Wenden oder Transportieren haben. Der Bezugsstoff von Schaumstoff-Matratzen (z. B. Latex) sollte abziehbar und waschbar sein.

Arten von Matratzen

Matratzen werden in vier Arten unterschieden:

- **Schaumstoff-Matratzen,**
- **Schaumstoff-Matratzen mit Federkern,**
- **Federkern-Matratzen** und
- **Taschen-Federkern-Matratzen.**

Schaumstoff-Matratzen bestehen aus synthetischem Schaumstoff (Polyether oder Polyurethan) oder aus natürlichem Schaumgummi (Latex). Viele Luftkammern und kleine Luftkanäle sorgen für die Atmungsaktivität und die Elastizität der Matratze. Schaumstoff ist allerdings nicht gut zur Feuchtigkeitsaufnahme geeignet. Waschbare Baumwoll-Unterbetten als Auflage zu Schaumstoff-Matratzen sind aus diesem Grunde empfehlenswert.

Außerdem sollten Schaumstoff-Matratzen mit einem abzieh- und waschbaren Textilbezug versehen sein. Da Latexschaum eine keimabtötende Wirkung hat und weitgehend staubfrei ist, sind Latex-Matratzen besonders gut für Hausstaub- und Milben-Allergiker geeignet, ebenso für Asthmatiker.

Die Qualität von Schaumstoff-Matratzen wird nach dem **Raumgewicht (RG)** des verwendeten Schaumes in kg pro m^3 gemessen. Gute Schaumstoff-Matratzen verfügen über ein hohes Raumgewicht (siehe folgende Tabelle). Sie sind elastischer, haltbarer und tragfähiger als Matratzen mit niedrigem Raumgewicht.

Das Raumgewicht beschreibt nicht die Härte der Matratze, sondern das Wiederaufrichtevermögen.

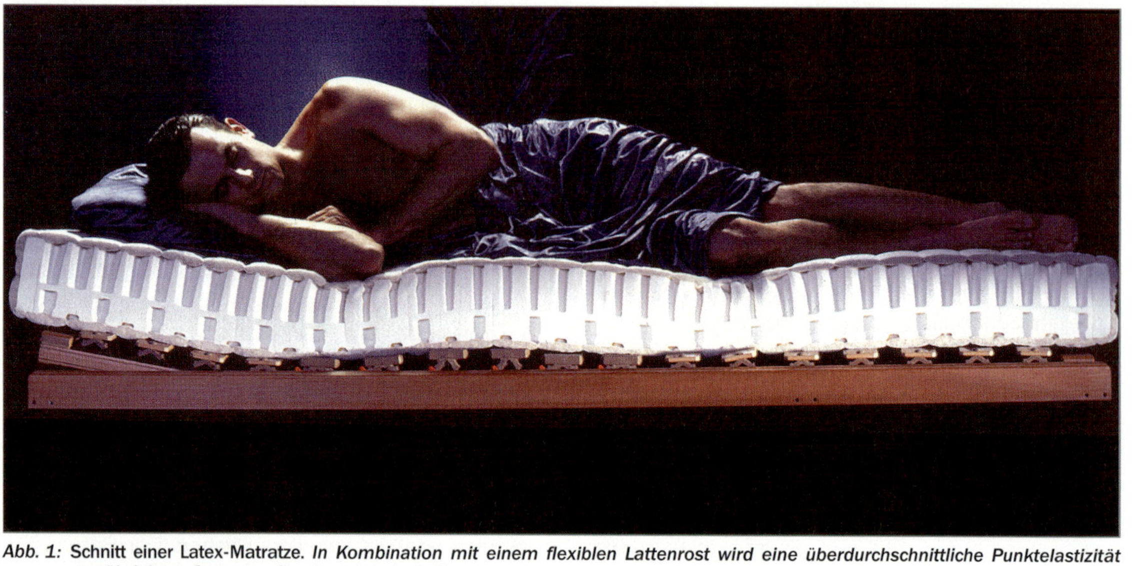

Abb. 1: Schnitt einer Latex-Matratze. *In Kombination mit einem flexiblen Lattenrost wird eine überdurchschnittliche Punktelastizität gewährleistet; Garanten für einen bandscheibengerechten, optimalen Liegekomfort*

Qualitätsklassen bei Schaumstoff-Matratzen:

- Geringe Qualität: < 30 RG
- Mittlere Qualität: 30 – 35 RG
  (RAL-Gütezeichen garantiert 36 RG)
- Gute Qualität: 40 – 50 RG

Schaumstoff-Matratzen mit Federkern verfügen über einzelne, voneinander unabhängige Federkernreihen, die in Längskanälen im Schaumstoff untergebracht sind. Diese Kanäle regulieren auch den Temperatur- und Luftaustausch der Matratze. Wegen der besonderen Elastizität sind diese Matratzen auf Lattenrosten mit höhenverstellbaren Kopf- und Fußteilen bestens geeignet. Einige der besten und teuersten Matratzen auf dem Markt sind dieser Kategorie zuzuordnen.

Federkern-Matratzen verfügen über einzelne elastische Stahlfedern, die miteinander verbunden sind und dadurch ein Netz bilden.

Bei vielen Federkern-Matratzen ist dieses Netz von einem Metallrahmen umschlossen.

Solche Matratzen sind deshalb für Betten mit höhenverstellbarem Lattenrost nicht geeignet. Metallrahmenlose Federkern-Matratzen hingegen lassen sich knicken und sind bei Betten mit höhenverstellbarem Lattenrost verwendbar.

Eine Federkern-Matratze besteht beidseitig aus verschiedenen Polsterschichten.

Direkt unter und über dem Metall-Federkern befindet sich eine atmungsaktive Grobpolsterschicht aus Sisal-, Palm- und/oder Kokosfasern.

Abb. 2: Schaumstoff-Taschenfederkern-Matratze

Abb. 3: Innenansicht einer Natur-Federkern-Matratze

Darauf und darunter liegt jeweils eine stützende Zwischenpolsterschicht aus Ross-Schweifhaar, das den Temperatur- und Feuchtigkeitsausgleich regelt. Eine Feinpolsterschicht aus Baumwollwatte und/oder Schafschurwolle bildet beidseitig die temperaturausgleichende Abdeckung der Matratze. Ein strapazierfähiger Drellbezug aus Baumwolle, Halbleinen oder Baumwoll-Polyester-Mischgewebe, elastisch versteppt, schützt die Matratze von außen.

Bei **Taschen-Federkern-Matratzen** sind die einzelnen Spiralfedern in textilen Taschen, z.B. Leinen- oder Baumwoll-Säckchen verpackt und zugenäht, um geräuschdämmend zu wirken. Diese Matratzen zeichnen sich durch eine hohe Punktelastizität aus. Sie entlasten die Wirbelsäule und die Bandscheiben optimal. Auch diese Matratzenart gehört zu der höchsten Qualitätskategorie und sie ist neben den Latex-Federkernmatratzen am teuersten.

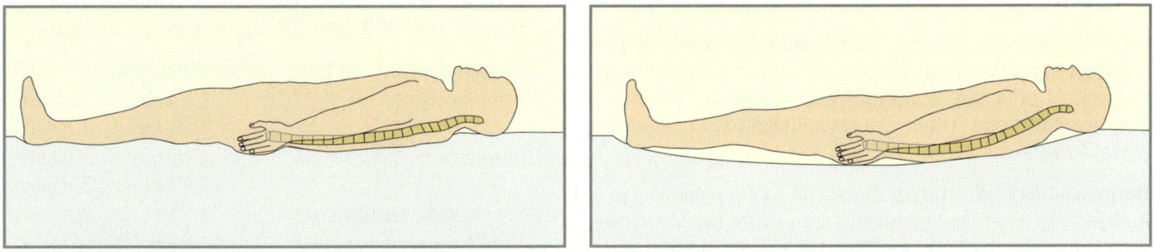

Abb. 1: Die Abbildungen verdeutlichen: Der Taschenfederkern (links) reagiert punktelastisch, der Endlosfederkern reagiert flächenelastisch

Warenkunde in der Hotellerie:

Hotelmitarbeiter sind über Matratzen miserabel informiert

„Was für Matratzen haben Sie?“

Antworten auf die Frage: „Ich möchte gern bei Ihnen ein Zimmer buchen, aber sagen Sie mir bitte vorher: Was für Matratzen hat Ihr Hotel?“

Wissen es nicht	72 Prozent
Behaupten, das werde sonst nie von den Gästen gefragt	44 Prozent
Verweisen auf die Hausdame	30 Prozent
Finden, das brauchten sie nicht zu wissen	28 Prozent
Verstehen den Sinn der Frage überhaupt nicht	19 Prozent
Erkundigen sich intern und nennen danach Matratzensystem oder Marke	17 Prozent
Nennen auf Anhieb ein Matratzen-System	12 Prozent
Kennen nur eine einzige Matratzeneigenschaft („hart“ oder „weich“)	12 Prozent
Nennen Selbstverständlichkeiten („Durchgehende Matratze“)	8 Prozent
Geben zunächst Fehlinformation und korrigieren später	7 Prozent
Finden die Frage unpassend („Wir verkaufen Zimmer, aber keine Matratzen ...!“)	5 Prozent
Gebrauchen Markennamen als den Gattungsbegriff („Schlaraffia“)	4 Prozent
Versprechen, es festzustellen, melden sich aber nie wieder	3 Prozent
Führen mehrere Matratzensysteme und können sie auch benennen	2 Prozent

Ergebnisse einer Umfrage bei 216 Hotels durch das Institut für Bildungs-Marketing, Hamburg und Feldkirchen 1996 (Mehrfachnennungen).

Zeitungsausschnitt, AHGZ, vom 3.5.97

Bettwäsche

bed linen
le linge de lit, la literie

Zur Bettwäsche gehören:

- Unterbetten als Matratzenauflagen,
- Bettlaken bzw. Betttücher oder Spannbetttücher,
- Deckbetten-Bezüge,
- Kissenbezüge und
- Bettvorleger.

Im Hotelbereich ist die Bettwäsche hauptsächlich aus den Rohstoffen Baumwolle, Leinen und Halbleinen hergestellt oder aus anderen Mischgeweben, wie z.B. Baumwoll-Viskose oder Baumwoll-Diolen (= Baumwolle/Polyester).

Baumwoll-Bettwäsche gibt es mit unterschiedlicher Ausrüstung. Darunter versteht man, dass die Wäsche vom Hersteller vorbehandelt wurde, um ihr bestimmte Gebrauchseigenschaften oder ein bestimmtes Aussehen zu verleihen. Beispielsweise gibt es Baumwoll-Bettwäsche in den folgenden **Qualitäten:**

- **Mako-Satin** wurde mercerisiert, d.h. mit waschbeständigem Glanz und erhöhter Reißfestigkeit versehen,
- **Biber** wurde aufgerauht,
- **Linon** leinwandbindiger, gebleichter Stoff,
- **Jersey** gewirkter, knitterarmer Stoff.
  (Siehe auch ab S. 222.)

Unterbetten werden oftmals an der Oberseite aus 100% Baumwolle, z.B. Mako-Perkal, supergekämmt und an der Unterseite aus einem Mischgewebe aus Baumwolle und Polyester, z.B. Perkal-Mischgewebe, hergestellt. Sie sollen die Matratzen als Auflagedecke vor Verunreinigungen schützen. An den vier Ecken sind diagonal verlaufende Gummibänder befestigt, mit deren Hilfe die Unterbetten auf der Matratze gehalten werden. Unterbetten sind in ihren Maßen auf die zugehörigen Matratzengrößen abgestimmt.

Bettlaken bzw. Betttücher müssen starke Punkt-Belastungen aushalten und sind deshalb meistens aus strapazierfähigen Rohstoffen wie Leinen, Halbleinen oder Baumwoll-Mischgeweben, z.B. Baumwoll-Diolen, hergestellt. Die Standardgröße für Bettlaken lautet 160 cm × 260 cm.

Elastische **Spannbetttücher** gibt es in den Qualitäten Jersey, Biber und Frottee.

Sie sollten sanforisiert sein, d.h. sie sollten bei Kauf gegen das Einlaufen (Schrumpfen/Krumpfen) ausgerüstet sein. Bei der Größenangabe für Spannbetttücher richtet man sich nach der zugehörigen Matratzengröße. Der Überhang mit Gummizug an den vier Seiten wird bei der Maßangabe nicht berücksichtigt. Die Standardgröße eines Spannbetttuches für eine Einzelbett-Matratze lautet 100 × 200 cm.

Deckbetten-Bezüge und **Kissenbezüge** sind im Hotelgewerbe meist aus reiner Baumwolle hergestellt. Häufig gibt es sie in den Qualitäten Linon, Cretonne, Renforcé, Streifensatin bzw. Streifendamast und Buntsatin bzw. Karo-Damast. Die Bezüge werden über die Deckbetten bzw. Kopfkissen gezogen. Der praktische Hotelverschluss, bestehend aus einer Stofftasche für das Einstecken des Deckbetts bzw. des Kissenendes, ermöglicht ein schnelles Beziehen. Den Zimmermädchen bleibt beim Bettwäsche-Wechsel das lästige und zeitraubende Auf- und Zuknöpfen der Bezüge erspart.

Gängige **Größen bei Deckbetten-Bezügen:**	
Normalgrößen:	135 cm × 200 cm,
	155 cm × 200 cm,
Übergrößen:	135 cm × 220 cm,
	155 cm × 220 cm,
Französische Betten:	200 cm × 200 cm,
und **bei Kissenbezügen:**	80 cm × 80 cm,
	80 cm × 60 cm,
	60 cm × 40 cm,
	40 cm × 40 cm.

Bettvorleger sind rechteckige Fußmatten, meist aus dickem Walkfrottier, wie sie auch im Badezimmer, bei Dusche und Badewanne bereitliegen. In First-class- und Luxus-Hotels gibt es diese Fußmatten auch im Bettbereich. Meist liegen sie zusammengefaltet auf einer Ablage des Nachttisches bereit. Gäste, die Bettvorleger benutzen möchten, platzieren diese dann selbst vor dem Bett. Eine gängige Größe für Bettvorleger lautet 80 cm × 60 cm.

Deckbetten, Inletts, Kissen

continental quilts and pillows
l' édredon (m) et l' oreiller (m)

Deckbetten

Deckbetten sollen eine angenehme, körpergerechte Schlaftemperatur ohne Wärmestau ermöglichen. Deckbetten sollen leicht, anschmiegsam und nicht belastend auf dem Körper liegen. Deckbetten mit Original-Federn und/oder Daunen gefüllt haben die Eigenschaft, dass sie atmungsaktiv, wärmespeichernd und zugleich wärmeregulierend sowie feuchtigkeitsregulierend wirken – und das auch bei einer sich ändernden Raumtemperatur.

Original-Federn und auch Daunen müssen von Enten oder Gänsen stammen.

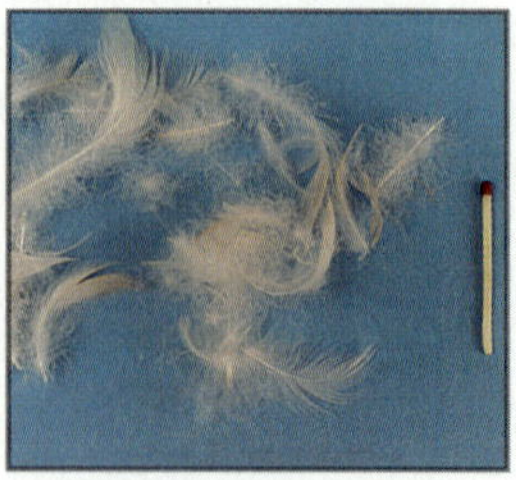

Abb. 1: Entenfedern

Abb. 2: Gänsefedern

Daunen sind kiellose, flockenartige Flaumfedern aus dem Gefieder junger Enten und Gänse. Daunen haben einen feinen Kern, an dem sich zahlreiche kleinste Härchen befinden. Daunen sind äußerst leicht und sehr teuer. Ein Deckbett mit Daunenfüllung ist um so teurer, je höher der Daunenanteil ist.

Abb. 1: Gänsedaunen

Abb. 2: handverlesene Gänsedaunen

Eiderdaunen sind die Daunen der Eiderente aus den nördlichen Ländern Island und Grönland. Sie haben mehr Füllkraft (Elastizität) als die kleineren Daunen von asiatischen Enten. Eiderdaunen sind die hochwertigsten und teuersten Daunen auf dem Markt.

Abb. 3: Eiderdaunen, beste Qualität

Die Füllungen aus Bettfedern und/oder Daunen werden nach RAL-Bestimmungen beurteilt. (RAL = Ausschuss für Lieferbedingungen und Gütesicherung). Wird bei der Beschreibung die Bezeichnung „Originalware“ oder „Originalfeder“ verwendet, so handelt es sich um ungebrauchte, also nicht aufgearbeitete Enten- oder Gänsefedern. Je nach Gewichtsanteil der Daunen gibt es bei Federfüllungen folgende Handelsbezeichnungen:

Bezeichnung:	Daunen-Gewichtsanteil:
Original reine Daune:	100%
Original Daune:	90%
Original fedrige Daune:	50 bis 89%
Original Dreivierteldaune:	30 bis 49%
Original Halbdaune:	15 bis 29%
Original daunenhaltige Federn:	9 bis 14%
Original Federn	0%

Inlett

Inlett ist die Bezeichnung für den Stoff der Deckbetten, der die Federn und Daunen umhüllt. Dieser Stoff muss einerseits luftdurchlässig, andererseits daunen- und federdicht sein. Das heißt, er muss so dicht und eng gewebt sein, dass ihn die teils spitzenkleinen Federkiele der Füllung nicht durchdringen können.

TEXTILES VERTRAUEN
Schadstoffgeprüfte Textilien
nach Öko-Tex Standard 100
Prüf-Nr. 27768 ÖTI Wien

Schadstoff geprüfte Textilien

Mit der Auszeichnung des Öko-Tex Standard 100 haben Sie die Sicherheit, dass keine schädliche Wirkung von unseren Textilien ausgeht.

Mit allergenfreiem Natur-Latex

Mit allergenfreiem Natur-Latex

Bei unseren Latex-Matratzen, die aus natürlichem und synthetischem Latex hergestellt werden, haben Sie die Sicherheit, dass keine Latexallergene enthalten sind.

Für Hausstaub- und Tierhaar-Allergiker geeignet

Spezielle Polster- und Bezugsvarianten lassen Hausstaub- und Tierhaar-Allergiker aufatmen. Sie unterstützen die antiallergischen Eigenschaften der hygienischen Latex-Kerne.

Für Hausstaub- und Tierhaar-Allergiker geeignet

Abb. 4: Gütesiegel einer Bettenfabrik

Je nach Füllung werden unterschiedliche Inletts aus Baumwollbatisten, z.B. bei Bettfedern und Satins oder bei Daunen verwendet. Inletts müssen farbecht sein und sie sollten humanökologisch geprüft sein.

Damit die Bettfeder-Füllung des Deckbetts nicht verrutschen kann, werden die Inletts abgesteppt (Karo-Steppung) oder mit festverbundenen Stegen in quadratische Füllungskammern unterteilt (Steg-Steppung). Diese Stege ermöglichen eine extrahohe Füllung jeder Kammer. In Handarbeit werden dabei die Daunen in jedes Kästchen (Karo) gleichgewichtig abgefüllt und eingenäht.

Naturhaar-Füllungen stellen eine Alternative zu Bettfedern und Daunen dar.

Dafür werden verwendet:

- **Schurwolle:** von Schaf, Lamm und Ziege (Alpaka-, Kaschmir- und Mohair-Ziege),
- **Tierhaare:** Yak-, Lama-, Kamelhaar und Angora-Kaninchenhaar.

Naturhaar-Füllungen bilden wärmende Luftpolster, nehmen Feuchtigkeit gut auf, sind anschmiegsam und haben teilweise eine anti-rheumatische Wirkung. Viele Rheumatiker bevorzugen deshalb Deckbetten mit Naturhaar-Füllung (z. B.: Angora-Füllung).

Naturhaare und auch Bettfedern könnten **Allergien** auslösen. Deshalb kommen für manche Gäste Bettfedern und Daunen als Füllung der Deckbetten nicht in Frage, während andere Gäste keine Naturhaar-Füllungen in Deckbetten vertragen.

Für beide Gästegruppen stellen Deckbetten mit waschbarer Synthetikfüllung eine Alternative dar.

Synthetische Füllungen für Deckbetten und Kopfkissen bestehen aus kochwaschbaren Polyesterfasern (z. B.: „Rhombofil"), die mit Lufteinschlüssen versehen sind. Dadurch halten auch solche Füllungen warm, sind leicht, füllig und anschmiegsam.

Kissen

Kissen sollen den Kopf während des Schlafes in der gewünschten Höhe stützen. Diesen Anforderungen entsprechen Deckbetten bzw. Kissen mit Bettfeder- und /oder Daunen-Füllung oder spezielle Nackenstützkissen.

Abb. 1: Beispiel für synthetisches Füllmaterial (hier „Rhombofil")

Abb. 2: Beispiel Latex-Nackenstützkissen

Viele Allergiker und Asthmatiker fragen nach dem Füll-Material der Deckbetten und Kissen.

Diese Gäste sind oftmals auf kochwaschbare, synthetische Füllungen angewiesen, weil sie bestimmte natürliche Füllungen meiden müssen!

Aufgaben

1 Nennen Sie sieben Hauptaufgaben/Verantwortungs-Bereiche, für die eine Hausdame zuständig ist.

2 Erklären Sie, inwiefern die Hausdame mit ihrer Abteilung wesentlich zum Betriebserfolg beiträgt.

3 Worin besteht der Unterschied zwischen Reinigen und Pflegen?

4 Welche vier Fragen/Vorüberlegungen sollten Sie geklärt/angestellt haben, bevor Sie ein Reinigungs- bzw. Pflegemittel anwenden?

5 Nennen Sie die beiden Hauptgruppen von Reinigungsmitteln und zu jeder Hauptgruppe vier Beispiele.

6 Welche drei biologisch leicht abbaubaren Reinigungsmittel/bewährte Hausmittel sind aus Umweltschutz-Gründen besonders empfehlenswert?

7 Auf welche Reinigungsmittelart, mit welchen vier Inhaltsstoffgruppen sollte man aus Umwelt- und Gesundheitsgründen verzichten?

8 Welchen besonderen Vorteil bieten „Kombinierte Reinigungs- und Pflegemittel“?

9 Nennen Sie je drei Beispiele für bestimmte Maschinen, Geräte und Arbeitsmittel, die zur Arbeitserleichterung im Hausdamenbereich beitragen können.

10 Schildern Sie die Reinigungs-/Pflegemaßnahme bei Verschmutzungen von
a) abwaschbaren Tapeten,
b) nicht abwaschbaren Tapeten.

11 Wie sollte ein Holz-Parkettboden mit unbeschädigter Versiegelung gereinigt werden?

12 Wie sollte ein Boden mit Keramik-Fliesen gereinigt werden?

13 Schildern Sie zwei Methoden zur Fleckenentfernung auf Teppichböden.

14 Nennen Sie die beiden Verfahren zur Teppichboden-Grundreinigung – und schildern Sie die jeweilige Vorgehensweise.

15 Welche fünf Punkte sind vor der Grundreinigung von Teppichböden zu beachten?

16 Aus welchen Teilen und Artikeln bzw. Rohstoffen besteht ein Standard-Hotelbett?

17 Nennen Sie die gängigen Matratzengrößen für Einbett- und Doppelbett-Matratzen.

18 Erklären Sie den Unterschied zwischen fest gelagerten und flexibel gelagerten Lattenrosten.

19 Welche vier Arten von Matratzen werden unterschieden?

20 Warum sind Latex-Schaumstoff-Matratzen für Asthmatiker und bestimmte Allergiker am verträglichsten?

21 Welche Matratzenart verfügt über eine hohe Punktelastizität und kann somit die Wirbelsäule und Bandscheiben entlasten?

22 Welche fünf Artikelgruppen zählen zum Oberbegriff Bettwäsche?

23 Was ist mit „Ausrüstung“ bei Baumwoll-Bettwäsche gemeint?

24 Beschreiben Sie den „Hotelverschluss“ bei Deckbetten- und Kopfkissen-Bezügen.

25 Wie lauten die gängigsten Maße in cm für Deckbetten- und Kopfkissen-Bezüge?

26 Nennen Sie drei Gruppen von Füllungsmaterialien für Deckbetten und Kissen.

27 Was bedeutet „Originalware“ oder „Originalfeder“ bei der Beschreibung von Deckbetten oder Kissen?

28 Welche sieben Handelsbezeichnungen gibt es für die Beschreibung des Daunen-Gewichtsanteils bei Federfüllungen?

29 Welche Eigenschaften weisen einen guten Inlett-Stoff aus?

30 Welche Arten von Naturhaar werden für Deckbetten/Füllungen verwendet?

31 Auf welches Füllungsmaterial sind viele Allergiker und Asthmatiker angewiesen?

2 Arbeitsabläufe

organisation of work and cleaning, work program
le déroulement du travail

2.1 Arbeitsvorbereitung

work preparation *la mise en place*

Zur rationellen Durchführung der umfangreichen Reinigungs- und Pflegearbeiten im Hausdamenbereich sind täglich bestimmte Vorbereitungsarbeiten zu erledigen. So müssen die Zimmermädchen-Etagenwagen aufgefüllt, die Reinigungs- und Arbeitsgeräte kontrolliert und die Reinigungs- und Pflegemittel bereitgestellt werden (s. S. 427).

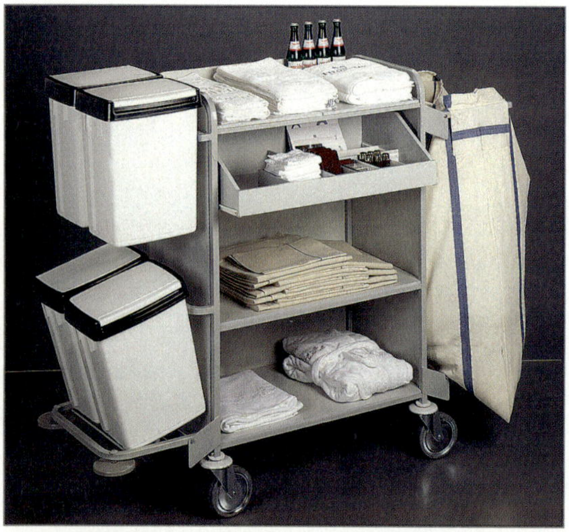

Abb. 1: Etagenwagen mit Behältern zur Mülltrennung

Aufgefüllt werden alle Wäscheartikel für Gästebett und Badezimmer sowie die fehlenden Gästeartikel (complementary articles oder guest supplies).

Gästeartikel

Gästeseife, Duschgel, Duschhaube, Hygienebeutel, Toilettenpapier, Kosmetiktücher, Schuhputzstreifen oder -handschuhe, Nähzeug, Werbezündhölzer, Briefpapier, Hausprospekt, Notizblock, Schreibstift, Wäschebeutel, Preisliste für Gästewäsche-Service, Minibar-Abrechnungsblock, Reparaturzettel für den Gast, Gästefragebogen, Speise- und Getränkekarte für Etagen-Service, Etagenfrühstück-Bestellzettel, TV-Programm und Pay-TV-Angebot, Werbeaufsteller, Bedienungsanleitungen.

Kontrolliert werden die **Reinigungsmaschinen** und **Arbeitsgeräte** auf Vollständigkeit und Funktionstüchtigkeit. Benötigt werden Staubsauger, Putzwagen mit Feuchtwisch-Gerät und -Mopp, Wasserschieber, Leiter. Bereitgestellt werden die benötigten **Arbeitsmittel**, wie z.B. Staubtücher, Fensterleder, Poliertücher, Reinigungspads, Schwämme, Vliesschwämme, Besen, Handfeger, Bürsten, Schrubber, Scheuertücher, Eimer, Körbe.

Eine gute Vorbereitung ermöglicht reibungslose und schnelle Arbeitsabläufe, vermeidet Zeitverluste und erspart unnütze Wege.

Die Hausdame wird die Einteilung der Zimmermädchen auf den Etagen vornehmen. Anhand der **Zimmerliste des Empfangs** (room status report) mit den **markierten Abreisen** und **Bleiben** wird sie ihren Mitarbeiterinnen eine bestimmte Anzahl von Abreise- und/oder Bleibezimmern zur Reinigung an diesem Tag zuteilen. Die Anzahl der zu reinigenden Zimmer (z.B. 18) während der regulären Arbeitszeit (z.B. in 8 Std.) wird als Leistungsmaßstab bezeichnet. Der Leistungsmaßstab kann von Hotel zu Hotel unterschiedlich hoch ausfallen, denn er hängt von Größe und Ausstattung der Zimmer und vom angestrebten Qualitätszustand ab.

Bei Dienstbeginn melden sich die Zimmermädchen bei der Hausdame. Sie erhalten dort ihre Pass-Schlüssel (master keys), die besonderen Arbeitsanweisungen des Tages sowie die Liste der zu reinigenden Abreise- und Bleibe-Zimmer. Zur Arbeitsplanung gehört auch eine Checkliste für den täglichen Gebrauch, auf der die Zimmermädchen die durchgeführten Arbeiten pro Zimmer abhaken können. Die Reihenfolge der auf der Checkliste genannten Punkte sollte den empfohlenen Arbeitsabläufen entsprechen.

Abb. 2 und 3: Gästeartikel für das Badezimmer

2.2 Herrichten eines Gästezimmers bei Abreise

cleaning of a departure room
le nettoyage d'une chambre au départ

Befragungen zu dem Thema, worauf Gäste bei ihrem Hotel-Aufenthalt den größten Wert legen, haben ergeben, dass deutsche Gäste der Sauberkeit ihres Hotelzimmers die erste Priorität geben.

Daraus kann für Hotel-Direktion und Housekeeping nur folgen, dass sie ihre besondere Aufmerksamkeit der Zimmerreinigung widmen müssen.

Um alle anfallenden Reinigungsarbeiten optimal ausführen zu können und um nichts zu vergessen ist eine gründliche Einarbeitung der Zimmermädchen durch eine Spitzenkraft des Hauses erforderlich. Beim Training wie bei der späteren Zimmerkontrolle wird auf folgende drei Punkte besonders geachtet:

- **Sauberkeit**
- **Funktionstüchtigkeit** und
- **Vollständigkeit.**

Bei der Einarbeitung sollte eine bestimmte Arbeitsreihenfolge in Arbeitsschritten trainiert werden.

Mögliche Arbeitsreihenfolge

- Etagenwagen in Zimmernähe abstellen;
- das „Bitte-nicht-stören!"-Schild beachten, ansonsten zweimal deutlich anklopfen, aufschließen, vorsichtig eintreten, Tür offen lassen, eventuell blockieren;
- Vorhänge öffnen, Lichter kontrollieren und ausschalten;
- Zimmer auf „liegen gebliebene Sachen" und auf „entwendete Gegenstände" hin kontrollieren, eventuell Empfang oder Hausdame benachrichtigen;
- Frühstückswagen oder -tablett, Getränkegläser usw. ins Etagen-Office bringen;
- Aschenbecher und Papierkorb am Etagenwagen entleeren, säubern, ins Zimmer zurückbringen;
- Heizung zurückdrehen;
- Fenster/Balkontür zum Lüften öffnen;
- Bett und Kissen abziehen, dabei:
  - Matratzenauflage/Unterbett auf Sauberkeit kontrollieren, bei Bedarf auswechseln,
  - Matratze absaugen, wegen der Haare, Schuppen, Milben und des Hausstaubs,
  - Deckbett zum Lüften auslegen,
  - auch unter dem Bett nachsehen und auf verloren gegangene Gegenstände achten;
- benutzte Bettwäsche und Badezimmerwäsche in den Wäschesack am Etagenwagen geben;
- auf dem Rückweg frische Wäsche mitnehmen.

Während das Gästezimmer lüftet, kann im **Badezimmer** weitergearbeitet werden:

- Abfallbehälter entleeren, auswischen und mit Plastiktüte versehen;
- Scheuerpulver bzw. Toilettenreiniger in Toilette und Bidet geben, einwirken lassen;
- Abluftgitter über der Badewanne/Dusche abwischen, Flusen entfernen;
- Wandfliesen über der Bade- bzw. Duschwanne und die Duschtrennwände abschnittweise von oben nach unten reinigen;
- Wasserablaufsiebe und Seifenablagen von Schmutz und Seifenresten befreien;
- Badewanne und/oder Duschwanne mit Scheuermilch reinigen, mit Wasser nachspülen und trockenwischen;
- Wasserflecken auf den verchromten Wannen-/Dusch-Armaturen wegpolieren;
- Beleuchtung und Wandspiegel über dem Waschbecken mit Fensterleder abwischen und trockenpolieren;
- Ablage für Toiletten-Artikel reinigen;
- Zahnputzgläser spülen und mit extra Gläsertuch polieren;
- Stöpsel des Waschbeckens herausnehmen, Haare und Schmutz entfernen, säubern und wieder zurückstecken;
- Waschbecken, Armaturen, Seifenschalen und Wasserüberlauf abwischen und polieren;
- Syphon und Armaturen, auch unter dem Waschbecken, säubern;

Abb. 1: Badezimmer im Hotel Traube Tonbach, Baiersbronn

- Toilettenbecken innen mit der Toilettenbürste reinigen, außen mit dem WC-Schwammtuch abseifen, Toilettensitz und -deckel beidseitig gründlich säubern;
- Badezimmerartikel nach Soll-Bestand auffüllen, z.B.: Gästeseife, Duschgel, Hygienebeutel, Toilettenpapier und Reserverolle, Kosmetiktücher, Schuhputzstreifen, Nagelfeile;
- Badezimmerwäsche nach hausüblichem Standard auffüllen, z.B.: 1 Badetuch und 2 Handtücher pro Person, eventuell Seifenlappen und ein Saunatuch;
- Bodenfliesen wischen, Wasserablauf säubern, Badematte/n bereitlegen;
- letzte Kontrolle – Lichter im Bad ausschalten.

Nun kann mit den Reinigungsarbeiten im **Gästezimmer** fortgesetzt werden:

- Matratze mit Bettlaken oder Spannbetttuch beziehen;
- Deckbett/en, Kopf- und Nackenkissen frisch beziehen, dabei schadhafte, beschmutzte oder fleckige Wäschestücke aussortieren;
- Deckbett/en und Kissen wie hausüblich auflegen oder – bei Tagesdecken-Einsatz – im vorgesehenen Schrankfach verstauen, dann Tagesdecke auflegen;
- Reinigungs- und Pflegemittel sowie Arbeitsmittel ins Zimmer bringen;
- Leder- bzw. Putzlappen anfeuchten und damit Staub wischen;
- Telefon inklusive Tastatur, Hör- und Sprechmuschel abwischen, Kabel ordnen; Notizblock, Schreibstift und Verzeichnis der Hausanschlüsse bereitlegen;
- Nachttischlampe und Radiowecker abstauben und Funktion überprüfen;
- Nachttischschublade auswischen, örtliches Telefonbuch mit Verzeichnis der Vorwahlen und die Bibel bereitlegen;
- Möbelstücke je nach Zimmereinrichtung und Material säubern und pflegen, ausrichten;
- Decken-, Wand- und Stehlampen kontrollieren, Lampenschirmnähte zur Wandseite ausrichten, Elektrokabel ordentlich hinlegen;
- Wandbilder und Bilderrahmen abstauben;
- Sockelleisten abwischen oder später beim Staubsaugen mit absaugen;
- Schreibtischablage mit TV-Gerät abwischen, Aschenbecher mit Zündhölzern versehen;

Abb. 1: Christian-Dior-Suite, St.-Regis-Hotel, New York

- Gästeartikel bereitlegen: TV-Programmheft mit aufgeschlagener Tagesseite, Schreibmappe mit Briefpapier und Briefkuverts, Minibar-Abrechnungsblock und Kugelschreiber, Speise- und Getränkekarte für Etagen-Service, Hotel-Service-Informationsheft, Gäste-Fragebogen, Hotelzeitschrift;
- Minibar überprüfen: Soll-Bestand, Schraubverschlüsse, Entnahmen/Verbrauch auflisten und an die Hausdame weiterleiten, Gläser, Öffner, Mundeis-Behälter, Kühlung, Beleuchtung prüfen, Knabbereien, Minibar auffüllen;
- Schrank öffnen, Ablageflächen auswischen, Kleiderbügel ergänzen, z. B. pro Person 6 Kleiderbügel und 2 Hosen-/Rock-Spannbügel gleichmäßig einhängen;
- Zimmer-Preisaushang kontrollieren;
- Reserve-Wolldecke/n, Wäschebeutel, Preisliste für Gästewäsche-Service, Nähboy und Reparaturzettel kontrollieren bzw. ergänzen;
- Wandsafe mit Bedienungsanleitung kontrollieren;
- Hinweise für den Brandfall, Fluchtplan an der Tür und „Bitte-nicht-stören"-Schild kontrollieren, Türklinkenbereich abwischen;
- Fensterscheiben und -rahmen putzen, Fenster schließen;
- Heizkörper abwischen, entstauben;
- hinter den Vorhängen auf Spinnweben achten und entfernen.

Wenn das Zimmer mit einem **Balkon** ausgestattet ist, muss dieser gereinigt werden:

- Balkonpflanzen gießen und abzupfen;
- Balkonmöbel, Fensterbrett und Geländer abwischen, Balkonaschenbecher kontrollieren;
- Liegestuhl und Sonnenschirm bereitstellen;
- Fußboden fegen und wischen;
- Balkontüre reinigen und schließen.

Im **Gästezimmer** sind dann noch einige Arbeiten auszuführen:

- Heizkörper im Winter wieder leicht aufdrehen;
- Gardinen ordnen und Vorhänge mit der Wand abschließen lassen;
- Reinigungs-, Pflege- und Arbeitsmittel zurück auf den Etagenwagen stellen;
- Punkte der Checkliste abhaken und nachsehen, ob nichts vergessen wurde;
- Boden staubsaugen, in der entferntesten Ecke beginnend zur Zimmertüre hin arbeiten;
- Lichter löschen, Zimmer abschließen;
- Zimmer auf der Arbeitsliste abhaken;
- Zimmer für Hausdamenkontrolle markieren. Die Hausdame kann nun die durchgeführten Arbeiten in diesem Zimmer kontrollieren und die Freimeldung an den Empfang weitergeben.

Endarbeiten

Die Endarbeiten des Zimmermädchens sind:

- Staubsauger und Geräte entleeren und säubern,
- Putzlappen, Staubtücher, Gläsertücher zum Waschen geben,
- Zimmermädchen-Wagen auffüllen und für die nächste Schicht herrichten,
- Etagenoffice kontrollieren und ordentlich hinterlassen, Lichter löschen, absperren,
- Pass-Schlüssel (master key) der Hausdame übergeben.

2.3 Herrichten eines Gästezimmers bei Bleibe

cleaning of a stay-on room

le nettoyage d' une chambre permanente

Die Reinigungsarbeiten in einem Bleibezimmer sind im Allgemeinen wie in einem Abreisezimmer. Jedoch ist auf folgende Punkte besonders zu achten:

Wenn Bargeld, Schmuck oder Wertsachen vermisst werden, tippen manche Gäste gleich auf Diebstahl und verdächtigen ihr Zimmermädchen. Deshalb:

- **Zimmertüre beim Arbeiten im Zimmer immer offen lassen;**
- **Bargeld, Schmuck und Wertsachen nicht berühren; beim Staub wischen die Ablagestellen dieser Dinge nicht bearbeiten;**
- **Kleiderschrank, Nacht- und Schreibtisch-Schubladen sowie Gepäckstücke nicht öffnen!**

Für die weiteren Arbeiten gilt:

- Kleidungsstücke, die am Boden liegen, aufheben, zusammenlegen und sichtbar auf ein Möbelstück legen, jedoch nicht in den Schrank;
- herumliegende Zeitungen, Zeitschriften, Bücher und alles was für den Gast von Bedeutung sein könnte, nicht eigenmächtig wegwerfen, sondern ordnen;
- beim Entleeren des Papierkorbes auf Dinge achten, die im Allgemeinen nicht zum Abfall gehören, wie z. B. eine Armbanduhr; solche Dinge vorsichtshalber zurück auf den Schreibtisch legen;

- zum Reinigen der Ablage von Kosmetik- und Toilettenartikeln im Bad diese Gegenstände nach dem Putzen möglichst wie vorher geordnet zurückstellen;
- Badezimmerwäsche dem Hinweis entsprechend erneuern, d.h. nur die am Boden liegenden Handtücher werden ausgewechselt;

Zimmertüre beim Verlassen immer unbedingt schließen, eventuell absperren!

Weitere wichtige Verhaltensregeln für Zimmermädchen:

- **Zimmerschlüssel nie ausleihen!**
- **Keine Zimmertüren für fremde Gäste öffnen, es sei denn, der Gast kann sich mit dem dazugehörigen Zimmer-Pass ausweisen!**
- **Diskretion über die Gäste und deren Umfeld wahren!**
  Keine Informationen weitergeben!
- **Gäste-Eigentum, wie z.B. Parfüm, Hautcreme, darf nicht benutzt werden!**
- **Alle Gäste, die einem begegnen, mit dem entsprechenden Tagesgruß grüßen!**
- **Beschädigungen im Zimmer, z.B. an den Möbeln, der Hausdame sofort melden!**

Durch bewusstes Handeln können Zimmermädchen Diebstähle auf der Etage verhindern helfen. Sie vermeiden Situationen, in denen sie selbst in Diebstahlverdacht geraten könnten.

2.4 Kontrolle eines Gästezimmers

checking of a hotel room, controlling measures
des moyens de contrôle des chambres aux étages

Für die hotelinterne Kontrolle der Gästezimmer ist die Hausdame als Abteilungsleiterin verantwortlich.

Sie achtet dabei besonders auf

- **Sauberkeit** im gesamten Zimmer, auf
- **Funktionstüchtigkeit** und auf
- **Vollständigkeit** aller Geräte und Teile.

Anhand eines festgesetzten Kontrollplans (Checkliste) überprüft sie vorrangig alle Abreisezimmer mit dem gesamten Inventar.

Eventuelle Mängel notiert sie auf der Checkliste und bespricht die Beseitigung mit dem zuständigen Zimmermädchen.

Erst wenn alle Mängel behoben sind, erfolgt durch die Hausdame die Freimeldung zur Neuvermietung an den Empfang.

Die ausgefüllten Checklisten werden regelmäßig ausgewertet und mit der Zimmerzustandskartei verglichen. Daraus ermittelt die Hausdame den Bedarf an:

- **Ersatzbeschaffungen**, wie z.B. neue Balkon-Markisen anstelle der beschädigten;
- **Ergänzungen**, wie z.B. Programmhinweise bzw. Werbeaufsteller zum neuen Pay-TV-Angebot des Hotels;
- **Reparaturen**, wie z.B. nicht funktionierende Abluftventilatoren in den Badezimmern.

Den Bedarf an Ersatzbeschaffungen und Ergänzungen meldet die Hausdame der Direktion, die über den Zeitpunkt der Durchführung und die Bereitstellung der finanziellen Mittel entscheidet. Reparaturmeldungen gibt sie zur Erledigung an die Abteilung Haustechnik weiter.

Die **Zimmerzustandskartei** ist ein wichtiges Hilfsmittel zur Zimmerkontrolle. Sie besteht aus einer Datensammlung für jedes Gästezimmer. Erfasst werden z.B.:

- **Kaufdaten** aller Inventar-Gegenstände;
- **Wartungstermine** für Geräte;
- **Reinigungsdaten**, z.B. der Teppich-Grundreinigung;
- **Renovierungsdaten**, z.B. der Malerarbeiten.

2.5 Sonstige Arbeiten auf der Etage

other duties of the housekeeping department
des autres traveaux par le service aux étages

Gänge, Foyers, Treppenhäuser, Lifte

Neben den Gästezimmern sind auch alle Gänge auf den unterschiedlichen Etagen, einschließlich der Wartebereiche vor den Aufzügen, zu reinigen und sauber zu halten. Ebenso die Treppenhäuser, Fluchtwege und alle Lifte.

Dazu zählt, dass regelmäßig die Aschenbecher kontrolliert und gesäubert werden, dass Klinken und Türgriffe feucht abgewischt werden und dass Fingerabdrücke von Glasflächen beseitigt werden.

Wirtschaftsdienst

Beispiel einer Checkliste für die Hausdame zur täglichen Kontrolle

Quality Room Inspection

Zimmer-Nr. ______ **Geprüft: (Name)** ______ **Datum:** ______

Zimmer	Bemerkungen:
Eingang und Tür mit Kette	
Fluchtplan mit Eingang	
Schrank und Kleiderbügel	
Preisliste im Schrank	
Möbel und Schubladen	
Lampen: Birnen und Schirme	
Papierkorb	
Spiegel und Bilder	
Aschenbecher/Streichhölzer	
Fernseher und Radio	
Video-Qualität	
Telefon und Messagelampe	
Gardinen und Vorhänge	
Fenster	
Fußboden	
Wände/Decken	
Polstermöbel	
Tagedecken	
Air conditioning und Heizung	
Sonstige Einrichtungen	
Supplies	
Briefmappe	
Briefbögen	
Briefumschläge	
Postkarten	
Kugelschreiber	
1 Wäschebeutel mit	
Reinigungs-Wäscheliste	
Bibel	
Hotel Directory	
Fernseh-Programm	
Gästefragebogen	
Schuhputzstreifen	
Koffergestell	
Bitte nicht stören-Schild	
Frühstück Doorknob Menü	
Telefonbuch	
Telefon-Preiskarte	
Telefonblock + Kugelschreiber	

Bad	Bemerkungen:
Wanne und Duschvorhang	
Badezimmerkacheln	
Wasserhahn, Dusche	
Toilette mit Wasserbehälter	
Toilettenbrille	
Wandaschenbecher Toilette	
Fußbodenbelag/Kacheln	
Spiegel	
Abfalleimer	
Badezimmertür	
Badezimmerdecke	
Luftabzug	
Waschbecken u. Armaturen	
Kleenexkasten	
Handtuch-Ablage u. -Halter	
Sonstige Einrichtungen	
Supplies	
Badetücher	
Handtücher	
Waschlappen	
Seife und Schaumbad	
Shampoo, Duschhaube	
Toilettenpapier und	
1 Rolle extra	
Badematte	
2 Wassergläser	
Minibar	
Saubere aufgestockte Minibar	
Eisfach (Sauberkeit)	
Gläser	
Preisliste	
Eiswürfelbehälter	

Bitte beachten: Original und Kopie in Duty Manager-Buch.
Zimmer-Nr. in Duty Manager-Buch eintragen.

Beispiel eines Auftrags- und Rechnungsblocks für Gäste-Wäscheservice auf der Etage

HOTEL GRAVENBRUCH
Kempinski Frankfurt
11010

WÄSCHELISTE/LAUNDRY LIST

Bitte wählen Sie Nr. 7

NORMAL-SERVICE:
Auftrag bis 9.00 Uhr/Rücklieferung bis 18.00 Uhr, Auftrag nach 9.00 Uhr/Rücklieferung an folgendem Werktag bis 18.00 Uhr.

EXPRESS-SERVICE:
Auftrag bis 9.00 Uhr/Rücklieferung bis 14.00 Uhr (50% Aufpreis). Auftrag zwischen 9.00 Uhr und 11.00 Uhr/Rücklieferung am selben Tag (100% Aufpreis). Bügeldienst innerhalb von 2 Stunden.
An Wochenenden und Feiertagen bitten wir um Kontaktaufnahme mit dem Portier.

Please Dial No. 7

REGULAR SERVICE:
Received before 9.00 a.m./Returned before 6.00 p.m., Received after 9.00 a.m./Returned before 6.00 p.m. the following work-day.

SPECIAL SERVICE:
Received before 9.00 a.m./Returned before 2.00 p.m., (50% extra charge). Received between 9.00 a.m.and 11.00 a.m./Returned within the same day (100% extra charge). – Pressing within two hours.
On weekends and Public Holidays please contact the Concierge.

Name ______________________

Zimmer-Nr. / Room No ______________________

Datum / Date delivered ______________________

Rücklieferung / To be returned on ______________________

Besondere Instruktionen / Special Instructions ______________________

Stückzahl/Count Gast/Guest	Stückzahl/Count Hotel	Herren-Wäsche	Gentlemens Linen	Preis/Price €	€
		Oberhemden	Shirts	3,50	
		Smokinghemden	Eveningshirts	4,50	
		Nachthemden	Nightshirts	5,00	
		Schlafanzüge	Pyjamas	5,00	
		Unterhosen	Under-Shorts	2,00	
		Unterhemden	Under-Vests	2,00	
		Paar Socken	Pair of Socks	1,50	
		Taschentücher	Handkerchiefs	1,00	
		Damen-Wäsche	**Ladies Linen**		
		Blusen	Blouses	5,50	
		Nachthemden	Nightdress	5,00	
		Schlafanzüge	Pyjamas	5,00	
		Unterhemden	Undershirts	2,00	
		Unterkleider	Slips	3,00	
		Schlupfhosen	Panties	2,00	
		Büstenhalter	Brassiers	2,00	
		Taschentücher	Handkerchiefs	1,00	
		Paar Strümpfe	Pair of Stockings	1,50	

Unterschrift des Gastes / Signature ______ **Total:** ______

HOTEL GRAVENBRUCH
Kempinski Frankfurt
11010

Name ______

Zi.-Nr. / Room No ______

Summe / Total € ______

Zuschlag / Extra charge € ______

Total € ______

Das Hotel haftet nicht für Schrumpfung und Farbechtheit der Artikel. Keine Verantwortung für Reklamationen, die einen Monat nach dem Abgabedatum gestellt werden. Für vorliegende Beschädigungen oder sonstige Fehler haftet das Hotel nur bis zum 15-fachen des für die Wäscherei/Reinigung berechneten Betrages.
The hotel is not responsible for shrinkage or fastness of color. Not resposible for any item not claimed after one month from date of deposit. The hotel is liable for the maximum of the 15 times of the value of the laundry or dry cleaning charge.

Ein Hotel der Kempinski Aktiengesellschaft

Öffentliche Toiletten

Für den sensiblen Bereich der öffentlichen Toiletten eines Hotels sollte die Hausdame einen Plan zur regelmäßigen Kontrolle und Reinigung durch einen bestimmten Mitarbeiter aufstellen. Jeder Kontrollgang sollte mit Uhrzeit und Unterschrift dokumentiert werden. Nur wenn Aufgaben eindeutig delegiert werden, ist die Versorgung und die Sauberkeit der Toiletten in den Bereichen Hotelhalle, Restaurant und Bankett gewährleistet.

Hallenbad, Sauna, Massage, Fitness-Bereich

Auch in diesen Abteilungsbereichen ist peinliche Sauberkeit geboten! In vielen Hotels werden diese Räume von speziell trainierten Reinigungskräften gesäubert. Gelegentlich werden hiermit auch Fremdfirmen beauftragt, die diese Arbeiten nachts durchführen. Die regelmäßige Kontrolle der Einhaltung der Sauberkeits-Standards obliegt in jedem Fall der Hausdame. Die Kontrolle der Hallenbad-Toiletten wird meist von den Mitarbeiterinnen der Badeabteilung mit übernommen.

Pflanzenschmuck

Zierpflanzen tragen wesentlich zum positiven Gesamteindruck eines Gastronomiebetriebes bei. Sie müssen regelmäßig gegossen und gepflegt werden. Nur bei genügend Licht, Wasser und Wärme können sie wachsen. Hydrokulturen sind erdlose Kulturen, meist von Zierpflanzen, die in einem neutralen Füllstoff mit möglichst guter Saugwirkung, z. B. Blähton stehen. Die Pflanzen entnehmen Wasser und Nährstoffe einer Nährlösung. Hydrokulturen erleichtern wesentlich die Pflege und Düngung der Pflanzen. Dabei sind folgende Hinweise zu beachten:

- Erst zwei bis drei Tage nach dem Tiefststand des Wasser-Anzeigers Wasser nachfüllen, damit wieder Luft an die Pflanzenwurzeln kommen kann.
- Zum Auffüllen des Wasserstandes nur warmes Wasser verwenden.
- Ionenaustauschdünger auf Kunstharzbasis verwenden, da sie keine Überdüngung verursachen können.
- Das Wasser sollte normales Leitungswasser sein und darf bei Ionenaustauschdüngern nicht enthärtet worden sein. Es sollte einen Härtegrad von mehr als 0,7 mmol/l aufweisen.
- Die relative Luftfeuchtigkeit der Umluft sollte nicht unter 30 % liegen, denn sonst droht Schädlingsbefall, wie z. B. die „Rote Spinne".
- Hydrokulturen sollten nicht in Zugluft stehen, sonst reagieren die Pflanzen mit Blattfall.
- Die Pflanzen bzw. die Hydrokulturen können gedreht werden, sollten dann aber mindestens drei bis vier Wochen so stehen bleiben.
- Die Hinweise des Hydrokultur-Spezialisten sind zu beachten.

Gästewäsche-Service

valet service
le valet service

Viele Hotels bieten ihren Gästen die Möglichkeit an, gegen Berechnung ihre Privatwäsche waschen oder reinigen zu lassen. Im Kleiderschrank des Gästezimmers oder im Badezimmer liegen hierfür Wäschebeutel und Auftragsblock mit Einzelheiten zur Verfahrensweise bereit. Meistens werden die Gäste gebeten, ihre Wäsche im beschrifteten Wäschebeutel mit ausgefülltem Wäschezettel dem Zimmermädchen bis 9:00 Uhr morgens zu übergeben, wenn die Wäsche noch am selben Tag geliefert werden soll. In manchen Luxus-Hotels wird darüber hinaus ein 5-Stunden-Express-Service angeboten.

Herrichten der Zimmer für die Nacht

In vielen First-class- und Luxus-Hotels werden die Gästebetten morgens mit Tagesdecken zugedeckt. Ein Abend-Zimmermädchen kümmert sich darum, die Tagesdecken wieder abzunehmen, die Betten herzurichten, die Gäste-Pyjamas und „Betthupferl" bereitzulegen und das Bad zu kontrollieren.

Aufgaben

1. Erklären Sie, mit welchen Materialien ein Zimmermädchen-Wagen zur Arbeitsvorbereitung aufgefüllt wird.
2. Was versteht man unter dem Fachbegriff „complementary articles"?
3. Nennen Sie jeweils sechs Beispiele für „complementary articles" aus dem Badezimmer- und aus dem Gästezimmer-Bereich.
4. Erklären Sie den Unterschied zwischen Arbeitsgeräten und Arbeitsmitteln und führen Sie jeweils fünf Beispiele dazu auf.

5 Was ist mit dem Begriff Leistungsmaßstab für Zimmermädchen gemeint?

6 Begründen Sie, warum der Leistungsmaßstab für Zimmermädchen von Hotel zu Hotel unterschiedlich hoch ausfallen kann.

7 Auf welche drei Schwerpunkte wird sowohl beim Training eines neuen Zimmermädchens als auch bei der späteren Zimmerkontrolle besonders geachtet?

8 Wodurch unterscheiden sich die Arbeiten des Zimmermädchens beim Herrichten eines Gästezimmers bei Bleibe vom Herrichten bei Abreise? Nennen Sie sechs Punkte.

9 Nennen Sie vier Empfehlungen, die einem Zimmermädchen helfen können, beim Arbeiten nicht in Diebstahlverdacht zu geraten.

10 Erklären Sie, warum in jedem Hotel die Kontrolle der gereinigten Abreise-Zimmer durch die Hausdame unbedingt notwendig ist.

11 Welchen Bedarf ermittelt die Hausdame bei der Auswertung der einzelnen Zettel ihrer Zimmer-Checkliste? Nennen Sie drei Bereiche.

12 Erklären Sie, welche Arten von Daten in einer Zimmerzustandskartei erfasst werden.

13 Entwerfen Sie eine Vorlage für ein Karteiblatt einer Zimmerzustandskartei. Gehen Sie dabei von den Gegebenheiten Ihres Ausbildungsbetriebes aus.

14 Wie werden Pflanzen in Hydrokulturen versorgt?

15 Nennen Sie sieben Voraussetzungen für Pflanzen bzw. Hinweise, die bei Hydrokulturen zu beachten sind.

16 Sie werden auf der Etage von Gästen gefragt, ob Ihr Haus auch einen Valet Service anbietet. Erklären Sie Bedeutung und branchenübliche Verfahrensweisen.

3 Umweltschutz in der Hausdamenabteilung

environmental protection in the housekeeping department
la protection de l'environnement par le service aux étages

Gäste werden zunehmend umweltbewusst. Sie erwarten Umweltqualität nicht nur in Natur und Landschaft, sondern auch in allen inneren Bereichen des Gastronomiebetriebes. Einen Hotelbetrieb unter ökologischen Gesichtspunkten zu überprüfen und zu verbessern nennt man umweltorientierte Unternehmensführung oder Öko-Management.

Wie in anderen Hotelabteilungen, so ist auch im Hausdamenbereich ein umweltbewusstes Wirtschaften nur realisierbar, wenn alle Mitarbeiter in den aktiven Umweltschutz mit einbezogen werden. Das setzt regelmäßige Besprechungen, kontinuierliche Information und Weiterbildung sowie Kontrollen voraus.

Die Benennung eines/einer Umweltschutzbeauftragten für die Koordination und Betreuung aller Umweltschutz-Aktivitäten ist empfehlenswert. Außerdem sollte die Umsetzung des Umweltkonzeptes in den Stellenbeschreibungen der einzelnen Mitarbeiter verpflichtend geregelt sein.

Öko-Management hat viele Vorteile:

- Kostensenkung für eine bessere Rentabilität
- Sicherung der Zukunftschancen für den Betrieb
- Vermeidung von Entsorgungsproblemen und Entsorgungskosten
- Stärkere Gästebindung und Erschließung neuer Gästekreise
- Wettbewerbsvorsprung und Festigung der Marktposition
- Meinungsbildende Signalwirkung in der Region
- Höhere Mitarbeitermotivation und mehr Freude am Beruf durch mehr Arbeitsqualität
- Unterstützung der örtlichen und regionalen Umweltschutzmaßnahmen
- Förderung eines qualitativen und umweltorientierten Konsum-Bewusstseins.

Auch die Gäste müssen durch entsprechende Informationen vom umweltorientierten Selbstverständnis des Hauses erfahren und mit einbezogen werden. Somit können die Voraussetzungen für das Erreichen der gesetzten Öko-Management-Ziele geschaffen werden.

Im Hausdamenbereich mit den Gästezimmern und Wirtschaftsräumen gibt es viele gute Ansatzpunkte für umweltbewusstes Wirtschaften, z.B. bei den Themen Reinigungmittel sowie Energie- und Wasserverbrauch.

> ***„Keine Marktwirtschaft wird von dauerhaftem Bestand sein, die die verantwortliche ökologische Rücksichtnahme nicht zum Bestandteil ihres eigenen Mechanismus zu machen weiß.***
>
> ***Die Widerstände auf diesem Weg sind groß, doch haben wir keine Alternative."***
>
> *Richard von Weizsäcker, 1990*

Umweltbewusstes Wirtschaften im Hausdamenbereich lässt sich in sechs Bereiche gliedern:

- Energie sparen,
- Wasser sparen, Abwasser entlasten,
- Umweltschonende Reinigungsmittel und Reinigungsmethoden sowie Verbrauchsmaterialien,
- Waschmittel und Wäsche,
- Abfallvermeidung, Wertstoffnutzung,
- Einrichtung, Umbau und Renovierung.

Energie sparen

- Rationeller, bedarfsorientierter Verbrauch von Energie.
- Permanente Kontrolle der Energie-Verbrauchsdaten in der Abteilung unter ökonomischen und ökologischen Gesichtspunkten.
- Stoßlüftung bei der Zimmerreinigung, keine Dauerlüftung.
- Bei offenem Fenster die Heizung abdrehen.
- Die Raumtemperatur absenken, wenn die Zimmer nicht belegt sind.
- „Dauerbeleuchtung" auf Etagengängen mit Energiesparlampen ausstatten und nachts mit Zeitautomatik und Bewegungsmeldern steuern.
- Gästezimmer mit Energiesparlampen versehen.
- TV-Geräte abschalten, keinen „Stand-by"-Betrieb zulassen.
- Waschmaschinen wann immer möglich in der Niedrig-Tarifzeit, meist zwischen 22:00 Uhr und 6:00 Uhr laufen lassen.

***Abb. 1:** Mit diesem Logo präsentieren sich die umweltbewussten Ringhotels werbewirksam in der Öffentlichkeit*

Wasser sparen, Abwasser entlasten

- Perlatoren an den Wasserhähnen vermindern den Wasser-Durchfluss um die Hälfte.
- Sparduschköpfe bei Duschen anbringen.
- WC-Spülkästen mit „Spartaste" ausstatten.
- Außenanlagen nicht mit Wasser aus der Leitung bewässern. Dazu Regenwasser auffangen und nutzen.

Umweltschonende Reinigungsmittel und Reinigungsmethoden sowie Verbrauchsmaterialien

- Lösungsmittelhaltige Reinigungsmittel nach Möglichkeit vermeiden.
- Reinigungsmittel vermeiden, die Chlor, Phosphate, Formaldehyde oder Sulfate enthalten.

- Bedienungsanleitungen, Dosierungsanweisungen und Umweltschutzhinweise beachten.
- Unterschiedliche Reinigungsmittel nicht mischen.
- Altbewährte Hausmittel mit natürlicher Reinigungskraft bevorzugen, wie z.B. Essig oder Essig- bzw. Zitronenreiniger anstelle der überflüssigen Desinfektionsreinigung oder chemischen Kalklöser.
- Auf „Duftsteine" im WC verzichten.
- Recycling-Toiletten-Papier einkaufen.
- Keine Möbelsprays verwenden, sondern flüssige Polituren, gegebenenfalls mit Pumpzerstäuber.
- Keine aggressiven Rohrreiniger verwenden. Akute Rohrverstopfungen mechanisch, mit Saugglocke und Rohrspirale umweltfreundlich beseitigen.
- Auf Insektizide und sonstige Pflanzenschutzmittel verzichten. Unerwünschte Pflanzen von Hand beseitigen.
- Keine Einweg-Zahnputzbecher aus Kunststoff verwenden, statt dessen Zahnputzgläser bereitstellen.

EU-Umweltzeichen

Im Gegensatz zum deutschen Umweltzeichen „Der Blaue Engel" (siehe Seite 450) wird das offizielle Umweltgütezeichen der EU nur für Produkte vergeben, die in ihrer Gesamtheit umweltverträglich sind. Es reicht nicht aus, wenn die Verpackung umweltfreundlich ist. Das Gesamtprodukt muss bestmöglich biologisch abbaubar sein bzw. besonders langlebig und dann optimal wieder verwertbar sein.

Waschmittel und Wäsche

- Vollwaschmittel nur bei Bedarf einsetzen, meist reichen Feinwaschmittel.
- Auch Waschmittel sollten keine Sulfate und Phosphate enthalten.
- Ab dem Wasser-Härtebereich 2 oder 0,7 mmol/l dem Waschmittel phosphatfreien Enthärter beigeben. Das spart Waschmittel.
- Keine Chlorbleiche verwenden, denn sie führt zu Giften im Abwasser.
- Flexibler Handtuchwechsel nach Bedarf.
- Hartnäckige Flecken mit Fleckensalz oder Gallseife vorbehandeln.
- Keine Weichspüler verwenden. Die meisten enthalten kationische Tenside, die schwer abbaubar sind und das Abwasser belasten.
- Bei geringer Verschmutzung des Gewebes auf Vorwaschgänge verzichten.

Lieber Gast,
für Sie und für den Erhalt unserer Umwelt wechseln wir „alt" gegen „neu", ganz nach Ihrem Bedürfnis. Bestimmen Sie selbst und legen Sie zum Tausch bestimmte Handtücher in den Korb an der Wand.
Unsere Mitarbeiterinnen sorgen für neue Frische. Wir danken Ihnen für Ihre Unterstützung!

Abb. 1: Aufsteller im Bad zur Aktion „WIRF DAS HANDTUCH!"

Abfallvermeidung, Wertstoffnutzung

Abfälle vermeiden beginnt beim Einkauf durch Verzicht auf portionsverpackte Artikel und die Bevorzugung von Mehrwegverpackungen bzw. Großpackungen. Beispiele:

- Keine Portionspackungen für Seife, Duschgel und Shampoo einkaufen. Als kostengünstigere Alternative Duschgel-Dosierspender mit Mehrweg-Großgebinden in den Bädern anbringen.
- Reinigungsmittel in großen Gebinden und/oder Konzentrate verwenden, die für die Zimmer- und Putzhilfen in Literflaschen umgefüllt werden.
- Zimmermädchen-Wagen mit entsprechenden Behältern zur Mülltrennung einsetzen.
- Getrenntes Sammeln von Abfällen aus Papier, Glas, Metall, Kunststoff zur Wiederverwertung und von organischen Abfällen zur Kompostierung.
- In den Minibars nur Getränke in Mehrwegflaschen, nicht in Dosen anbieten. Trinkgläser, keine Plastikbecher bereitstellen.
- Ausgediente Textilien, die nicht mehr „zweitgenutzt" werden können, in die Wiederverwertung geben.

DER „BLAUE ENGEL“

Fast unübersehbar sind die Listen der Produkte, die mehr oder weniger berechtigt den Umweltgedanken auf ihre „Werbefahne“ geschrieben haben. Hier hat es sich eine Institution zur Aufgabe gemacht, Licht in die verwirrende Vielfalt zu bringen:

RAL Deutsches Institut für Gütesicherung und Kennzeichnung e.V.

Eben jenes RAL-Institut – und dort eine unabhängige Jury – vergibt das Umweltzeichen nach strengen Kriterien. Das Zeichen attestiert, dass ...

- gefährliche Stoffe, wie z.B. Asbest oder chemische Lösungsmittel nicht oder nur in geringen Mengen enthalten sind;
- das Produkt einen sparsamen Umgang mit Naturgütern erlaubt, wie z.B. wassersparende Armaturen;
- das Produkt aus Altstoffen hergestellt ist und damit zur Verringerung des Müllaufkommens beiträgt.

Einrichtung, Umbau und Renovierung

- Möbel sollten aus stabilem Massivholz bestehen, nach Möglichkeit aus einheimischen Hölzern.
- Polstermöbel und Stühle sollten Rahmen aus Vollholz und Sitzflächenpolsterung nach herkömmlichem Muster haben: Gurte, Federn, Füllungen aus Naturmaterialien wie Wolle, Rosshaar und/oder Kapok-Samenhaar. Die Abdeckung sollte aus Naturtextilien sein.
- Umweltfreundliche Baustoffe bei Umbau-Maßnahmen verlangen und planen.
- Einsatz umweltschädlicher Produkte ausdrücklich untersagen.
- Keine chemischen Holzschutzmittel in Innenräumen verwenden. Dafür Leinölfirnis oder Naturharz-Imprägnierung verwenden.
- Fugen nicht mit FCKW- und formaldehydhaltigen Mitteln ausschäumen lassen.
- Technikräume in ausreichender Größe einplanen, die in ihrer Anordnung der Logik der Arbeitsabläufe entsprechen.
- Kühl- und Lagerräume nicht an beheizte Räume grenzen lassen.
- Verzicht auf Kippfenster verhindert Energieverluste durch Dauerlüftung und zwingt zur „Stoßlüftung“.
- Wärmeschutz durch Glasscheiben mit hohem Dämmwert, d.h. möglichst niedrigem „k-Wert“ einplanen.
- Möglichkeiten für Wärme-Rückgewinnung und Wärmetauscher prüfen.
- Todesgefahren für Tiere beseitigen, z.B. verglaste Gänge oder große Fensterflächen mit Greifvogel-Silhouetten auffällig machen.
- Kurze Entsorgungswege schaffen.
- Außenanlagen des Hotels naturnah gestalten, standortgerecht bepflanzen.
- Hotelgarten für Küchenkräuter und Schnittblumen anlegen.
- An natürlichen Sichtschutz denken, z.B. als Parkplatz-Abgrenzung und -Unterteilung, oder vor den Wertstoff- und Abfallbehältern.
- Fassaden begrünen, wo es möglich ist, z.B. Efeu an Nord- und Nordwestfassaden.
- Standortgerechte Bäume dort neu anpflanzen, wo ihr Schattenwurf nicht stört.
- Zur Gartenbeleuchtung eignen sich Solarzellen-Lampen, die die tagsüber anfallende Sonnenenergie speichern und nachts abgeben.
- Zur Beleuchtung der Außenanlagen ab ca. 23 Uhr eignet sich besonders eine Infrarot-Sensorschaltung in Kombination mit einer Zeitschaltautomatik.

4 Arbeitssicherheit

accident prevention
la prévention des accidents

Unfallursachen

Die meisten Arbeitsunfälle in der Hausdamenabteilung geschehen durch:

- **Ausrutschen** auf nassen und glatten Böden oder Treppen,
- **Stürzen** von Leitern oder Stühlen, die ungeeignet oder ungenügend gesichert waren, oftmals beim Fensterputzen, Ab- oder Aufhängen von Vorhängen und Übergardinen,
- **Stolpern** über elektrische Kabel, z.B. von Staubsaugern oder Reinigungsmaschinen.

Ferner kommt es gelegentlich zu:

- **Schnittverletzungen,** z.B. beim Waschen und Polieren von Zahnputz- und Minibar-Gläsern,
- **Verletzungen durch elektrischen Strom,** z.B. bei schadhaften Elektrogeräten, Kabeln und Anlagen,
- **Verletzungen durch Verätzungen,** z.B. beim Verdünnen von Säuren, Laugen oder sonstigen konzentrierten Mitteln.

Unfallverhütung

Für den Gefahrenbereich der **Böden, Treppen und Leitern** gilt:

- Geeignetes Schuhwerk tragen,
- rutschige Stellen, Ölflecken usw. unverzüglich beseitigen,
- Leitern mit mangelhafter Standfestigkeit nicht verwenden, Gefahr der Hausdame melden,
- Vorhänge nie bei geöffnetem Fenster ab- bzw. aufhängen,
- nicht auf Stühle mit Rollen steigen,
- elektrische Kabel von Arbeitsgeräten so verlaufen lassen, dass niemand stolpern kann.

Verletzungen durch elektrischen Strom

Diese lassen sich wie folgt vermeiden:

- Elektrokabel nur am Stecker aus der Steckdose ziehen, nicht am Kabel;
- Beschädigte Netzstecker und Steckdosen nicht mehr verwenden, durch den Hauselektriker reparieren lassen,
- Defekte und Störungen bei Elektrogeräten nur vom Fachmann beheben lassen;
- Vor den Reinigungsarbeiten an elektrischen Geräten den Netzstecker ziehen.

Verletzungen durch Verätzungen

- Gefahrenhinweise genau durchlesen, (siehe auch Sicherheits- und Gebotszeichen, ab S. 51)
- empfohlene Schutzkleidung und Gummihandschuhe anziehen; außerdem eine Schutzbrille aufsetzen,
- Dosierungshinweise genau beachten,
- unterschiedliche Mittel nicht mischen.

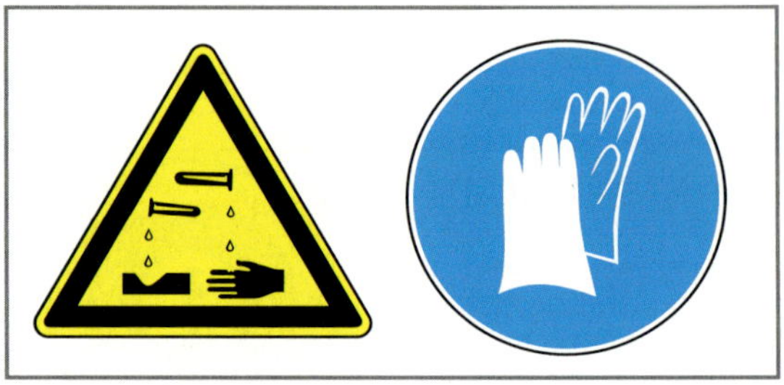

Maßnahmen der **Ersten Hilfe:** ab S. 52

Gefahrenquellen gleich bei Arbeitsbeginn in jeder neuen Abteilung kennen lernen und die - Unfallverhütungs-Hinweise gewissenhaft beachten!

5 Rechtsvorschriften

laws
la référence juridique

Haftung aus unerlaubten Handlungen

Der **§ 823 Abs. 1 BGB** besagt: „Wer vorsätzlich oder fahrlässig das Leben, die Gesundheit, die Freiheit, das Eigentum oder andere Rechte von Personen widerrechtlich verletzt, der ist dem anderen zum Ersatz des daraus entstehenden Schadens verpflichtet."

Für den Tatbestand einer unerlaubten Handlung müssen **drei Voraussetzungen** vorliegen:

- Es muss ein **Schaden** entstanden sein,
- es muss ein **Verschulden** vorliegen, z.B. durch Vorsatz, wie bei einer absichtlichen Schädigung, oder durch Fahrlässigkeit, d.h. die erforderliche Sorgfalt wurde außer Acht gelassen,
- es muss **Widerrechtlichkeit** vorliegen, d.h. für den entstandenen Schaden darf es keinen rechtlichen Grund geben.

Der Gastronom haftet auch ohne eigenes Verschulden im Rahmen seiner **Verkehrssicherungspflicht:**

Es besteht bereits beim Betreten eines Lokals eine „vorvertragliche Beziehung". Das bedeutet, der Gastwirt haftet für bestimmte Schäden, die ein Gast erleidet, auch wenn er noch nicht Platz genommen hat. Der Gastwirt hat dafür zu sorgen, dass dem Gast auf den öffentlich zugänglichen Grundstücks- und Gebäudeteilen unverschuldet nichts passieren kann.

BEISPIELE:
Der Hotelier lässt den Schnee auf dem Zugang zum Hotel räumen. Er sorgt dafür, dass gestreut wird.
Der Hotelier lässt die schadhafte Treppenbeleuchtung reparieren, um Unfällen vorzubeugen.

Haftung für den Erfüllungsgehilfen

§ 278 BGB setzt voraus, dass zwischen dem Wirt und der geschädigten Person ein Vertragsverhältnis besteht, bei dessen Erfüllung der Mitarbeiter im Auftrag des Wirtes tätig war.

BEISPIEL:
Ein Übernachtungsgast stolpert vor seinem Zimmer über ein Elektrokabel und verletzt sich. Das Zimmermädchen hatte beim Staubsaugen fahrlässig gearbeitet.

Haftung für den Verrichtungsgehilfen

§ 831 BGB nennt als Voraussetzung für die Haftung des Verrichtungsgehilfen, dass zwischen dem Wirt und der geschädigten Person **kein Vertragsverhältnis** besteht und der Gehilfe im Auftrag des Wirtes tätig geworden ist.

BEISPIEL:
Ein Zimmermädchen fährt im dienstlichen Auftrag des Wirtes zur Chemischen Reinigung. Auf dem Weg dorthin verursacht sie einen Verkehrsunfall.

Grundsätzlich haftet der Wirt, weil das Zimmermädchen in seinem Auftrag tätig wurde. Eine Haftungsbefreiung ist möglich, wenn der Wirt nachweisen kann, dass er bei der Auswahl seiner Mitarbeiterin weder fahrlässig noch vorsätzlich gehandelt hat.

Erbringt der Wirt diesen Nachweis, so muss der Verrichtungsgehilfe selbst für den Schaden aufkommen.

Hinweise zu den Themen „Bewirtungsvertrag", „Schadenshaftung des Gastwirtes", „Pfandrecht des Gastwirtes" und „Fundsachen" finden Sie auf den Seiten 458 f.

AUFGABEN

1 Erklären Sie den Begriff Öko-Management.

2 Nennen Sie acht Vorteile des umweltbewussten Wirtschaftens.

3 Zählen Sie sechs Bereiche auf, in die sich umweltbewusstes Wirtschaften im Hausdamenbereich gliedern lässt.

4 Wie können Sie in der Hausdamenabteilung dazu beitragen, dass Energie eingespart wird? Schlagen Sie fünf Maßnahmen vor.

5 Durch welche Maßnahmen können Sie dazu beitragen, dass die Belastung des Abwassers verringert wird? Nennen Sie fünf.

6 Was versteht man unter „flexiblem Handtuchwechsel" und warum wird dieser in den meisten Hotels praktiziert?

7 Schlagen Sie fünf Maßnahmen vor, die bei Umbau- bzw. Renovierungsarbeiten im Hotel berücksichtigt werden sollten.

8 Was besagt das deutsche Umweltzeichen „Der Blaue Engel" und wofür wird dieses vergeben?

9 Was unterscheidet die Vergabe des EU-Umweltzeichens von der Vergabe des deutschen Umweltzeichens „Der Blaue Engel"?

10 Warum ist die Benennung eines Umweltschutz-Beauftragten für jeden Hotelbetrieb sinnvoll?

11 Nennen Sie drei typische Unfallursachen in der Hausdamenabteilung.

12 Geben Sie fünf Hinweise zur Unfallverhütung im „Gefahrenbereich Böden, Treppen, Leitern".

13 Durch welche Maßnahmen können Sie dazu beitragen, dass Verletzungen durch elektrischen Strom verhindert werden?

14 Wie können Sie sich vor Verletzungen durch Verätzungen schützen und wie lautet die Erste-Hilfe-Maßnahme hierzu?

15 Welche drei Voraussetzungen müssen für den Tatbestand einer unerlaubten Handlung im Sinne des § 823 BGB vorliegen?

16 Auf welche Gebiete erstreckt sich die „Haftung aus unerlaubten Handlungen"?

17 Was ist ein „Erfüllungsgehilfe" und was ist ein „Verrichtungsgehilfe" im Sinne des Gesetzes? Nennen Sie je ein Beispiel.

Projekt

Generalreinigung von Gästezimmern

Nach umfangreichen Renovierungsarbeiten sollen die 24 Gästezimmer auf einer Etage des Hotels Arberblick generalgereinigt werden. Die Hausdame beauftragt zwei Auszubildende die Generalreinigung zu planen und den Bedarf an Zimmerfrauen, an Reinigungsgeräten, Arbeitsmitteln, Reinigungs- und Pflegemitteln vorzuschlagen.

Ist-Zustand der Gästezimmer

Entwerfen Sie eine Checkliste, mit deren Hilfe Sie den Ist-Zustand der Etage aufnehmen können.

Soll-Zustand der Gästezimmer

Definieren Sie den angestrebten Soll-Zustand pro Gästezimmer (Sauberkeitsgrad, Standardausstattung, Gästeartikel,…).

Vorgehensweise und Arbeitsreihenfolge

1 Legen Sie fest, welche Reinigungsgeräte und Arbeitsmittel für welche Tätigkeiten eingesetzt werden sollten.

2 Legen Sie fest, welche Reinigungs- und Pflegemittel für welche Oberflächen/Materialien verwendet werden sollten.

3 Bestimmen Sie die Vorgehensweise und Arbeitsreihenfolge auf einem Info-Blatt für neue Zimmerfrauen.

Arbeitszeitbedarf und Verbrauchsmengen pro Gästezimmer

1 Halten Sie fest, wie viel Zeit ein Team von zwei Zimmerfrauen für die Generalreinigung eines Gästezimmers nach vorgegebenem Standard benötigt.

2 Stellen Sie die Verbrauchsmengen der Reinigungs- und Pflegemittel fest.

3 Ermitteln Sie den Bedarf an Gästeartikeln für die Wiederausstattung der Gästezimmer und Bäder auf dieser Etage.

Gesamtarbeitszeitbedarf und -materialverbrauchsmengen für die Hoteletage

1 Berechnen Sie den Arbeitszeitbedarf für die Generalreinigung der 24 Gästezimmer.

2 Ermitteln Sie den zusätzlichen Arbeitszeitbedarf für die Reinigung der Flure, Flurfenster, Wände und des Treppenhausbereichs.

3 Berechnen Sie den Gesamtarbeitszeitbedarf für die Hoteletage.

4 Berechnen Sie den Gesamtbedarf an Reinigungs- und Pflegemitteln für die Hoteletage.

5 Berechnen Sie, wie viele Zimmerfrauen bei einer reinen Arbeitszeit von 8 Std. pro Tag zur Arbeit eingeteilt werden müssen, wenn für die Generalreinigung der Etage nur eine Zeit von zwei (drei) Tagen zur Verfügung steht?

Bericht für die Hausdame

Verfassen Sie einen kurzen schriftlichen Bericht mit den Ergebnissen Ihrer Untersuchung für die Hausdame.

Warenwirtschaft

Zur Warenwirtschaft *(purchasing, receiving, storing and issuing goods / acheter, recevoir, emmagasiner et livrer la marchandise)* zählen:

- **Wareneinkauf,**
- **Warenannahme,**
- **Warenlagerung** und
- **Warenausgabe**

innerhalb eines Betriebes.

Im Gastgewerbe handelt es sich hierbei überwiegend um **Lebensmittel** (Food) und um **sonstige Einkaufsgüter** (Non-food), d.h. Hilfsstoffe wie z.B. Büromaterial oder Dekorationsmittel, oder Investitionsgüter wie z.B. Gläser, Bestecke und Gebrauchsgegenstände.

In Großbetrieben werden die Lebensmittel meist von drei Mitarbeitern eingekauft:

- vom **Küchenchef** die Frischprodukte,
- vom **Sommelier** die Weine, Schaumweine und Spirituosen und
- vom **Einkäufer** *(purchaser / l'acheteur [m])* alle anderen Lebensmittel sowie sonstige Einkaufsgüter.

Der **Magaziner** *(storekeeper / le magazinier)* ist für die korrekte Warenannahme, die fachgerechte Lagerung, die Lagerverwaltung und die Warenausgabe zuständig. In kleineren Betrieben werden diese Tätigkeiten und Bereiche, inklusive des Wareneinkaufs, oftmals nur von einer Person ausgeübt und betreut (siehe auch Kapitel Magazin, ab S. 282).

1 Wareneinkauf

purchasing goods
faire des achats

Die Leistungsfähigkeit eines Gastronomiebetriebes hängt in hohem Maße vom qualifizierten Einkauf ab. Ein guter Einkäufer muss über genaue Waren-, Preis- und Marktkenntnisse verfügen. Wer laufend den Markt beobachtet und Preisvergleiche durchführt, kann bei Verhandlungen günstige Einkaufspreise erzielen. Diese müssen nicht zwangsläufig mit geringerer Qualität der Ware verbunden sein.

Was man im Einkauf einspart, muss nicht erst erarbeitet werden!

Abb. 1: Magazin eines Großhotels, mit mobilen Regal-Elementen

Kriterien für den Produktvergleich und die Beurteilung von Warenproben und Warenangeboten können sein: Aussehen, Farbe, Größe, Inhaltsmenge, Konsistenz, Geruch, Geschmack, Frische, Haltbarkeit, Lagerfähigkeit, Verfallsdatum, Preis, Gewicht, Qualität, küchentechnische Vorteile, Original- oder Ersatzstoffe, Zusatzstoffe.

Bedarfsermittlung

Der Einkauf beginnt mit der Bedarfsermittlung. Die Größe des Warenbedarfs pro Artikel ist von mehreren Faktoren abhängig:

- von der vorhandenen Artikelmenge,
- von dem durchschnittlichen Tagesverbrauch,
- von der vorhersehbaren zusätzlichen Absatzmenge, z.B. bei Sonderveranstaltungen,
- von der Bearbeitungsdauer im Hause,
- von der Beschaffungsdauer in Tagen,
- von der Größe der Lagerräume und Kühlräume,
- von der voraussichtlichen Preisveränderung, z.B. bei saisonalen Artikeln oder bei Sonderangeboten,
- von der Lagerfähigkeit bzw. Verderblichkeit,
- von der Finanzierbarkeit und
- von der Verpackungsgröße oder -einheit.

Bezugsquellen

Auf Grund der bisherigen Einkäufe verfügt jeder Einkäufer über Marktkenntnisse, Geschäftsverbindungen und eine interne Bezugsquellen-Kartei. Bei guten Einkaufserfahrungen wird er von seinen bisherigen Anbietern vorrangig Angebote einholen. Um aber auch zukünftig günstige Einkaufsquellen und somit Wettbewerbsvorteile nutzen zu können, ist jeder Einkäufer gezwungen, den Beschaffungsmarkt genau zu beobachten und immer wieder neue Angebote einzuholen und zu vergleichen.

Neue Einkaufskontakte lassen sich knüpfen:

- beim Besuch von Gastronomie-Messen,
- durch Beitritt zu einer Hotel-Kooperation mit angeschlossenem Einkaufsverbund,
- über Kollegen-Empfehlungen,
- über Inserate in der Fachpresse,
- über Auskünfte der zuständigen IHK,
- über Branchen-Verzeichnisse, „Gelbe Seiten" oder Adressbücher,
- mit Hilfe von Werbezusendungen und
- mit Hilfe von Internet Online-Diensten.

Angebotsvergleich

Verschiedene Angebote werden verglichen, um die optimale Kaufentscheidung treffen zu können. Anzustellen sind ein:

- **Qualitätsvergleich**, d.h. die Eigenschaften der Waren werden bewertet,
- **Preisvergleich**, d.h. die Einkaufspreise werden unter Berücksichtigung der Listenpreise, Rabatte, Skonti und Bezugskosten (z.B. Spedition, Paket unfrei) für gleiche Mengen ermittelt (Formel siehe oben),
- **Lieferervergleich**, d.h. Verkaufsbedingungen oder Konditionen, Kundendienst-Bedingungen, Garantieleistung, Geschäftssitz, Termintreue, Kulanz und Zuverlässigkeit werden bewertet.

	Listenpreis netto (ohne MwSt)
−	Rabatt des Lieferers
=	Zieleinkaufspreis
−	Skonto des Lieferers
=	Bareinkaufspreis
+	Bezugskosten einschl. Verpackung
=	Bezugspreis (Einstandspreis)

Abb. 1: Formel für Angebotspreisvergleiche

Preisverhandlungen

Nach Vergleich und Auswertung der Angebote können bei Rücksprachen mit Anbietern oftmals noch günstigere Verkaufsbedingungen erzielt werden. So könnten beispielsweise günstigere Staffelpreise, Rabatte, Naturalrabatte und Zahlungsziele ausgehandelt werden. Im Interesse des Betriebes sollte der Kauf bzw. die Bestellung erst dann erfolgen, wenn alle Einkaufs-Chancen genutzt worden sind.

Bestellung

Mit Abgabe der Bestellung durch den Käufer und Annahme einer Bestellung durch den Verkäufer kommt ein rechtsverbindlicher Kaufvertrag zustande. Eine vollständige Bestellung enthält:

- die Warenart mit Qualitätsbezeichnung,
- die Menge mit Preisangabe,
- die Verpackung und
- die Verkaufsbedingungen, d.h. die Liefer- und die Zahlungsbedingungen.

Telefonische Vereinbarungen sollten vom Besteller gleich schriftlich, z.B. per Fax, E-mail oder Brief, wiederholt werden. Zum einen lassen sich somit Irrtümer und Falschlieferungen vermeiden, zum anderen liegt für die Warenannahme ein Bestellschein vor. Zunächst gilt: Bestellt ist bestellt! Doch wenn eine Bestellung widerrufen oder geändert werden soll, dann muss der Widerruf oder die Änderung noch vor der Bestellung den Verkäufer erreichen, oder zum selben Zeitpunkt wie die Bestellung beim Verkäufer eintreffen. Nur dann gilt die Willenserklärung des Bestellers/Kunden als widerrufen. Es ist dann so, als wäre sie nicht abgegeben.

2 Warenannahme

receiving goods
la réception de marchandise

Kontrollieren der Lieferung

In Anwesenheit des Lieferers ist die Lieferung mit den Angaben auf dem Lieferschein (delivery note) oder dem Frachtbrief (waybill) und mit den eigenen Bestellunterlagen zu vergleichen. Dabei werden kontrolliert:

- Art der Ware,
- Stückzahl oder Gewicht der verschiedenen Artikel,
- Qualität, Frische, Mindesthaltbarkeitsdaten und Unversehrtheit der Ware,
- Anlieferungstemperatur (lt. HACCP).

(Siehe auch Kapitel Magazin, S. 282)

Beispiel einer Bestellung

Hotel Arberblick

Hotel Arberblick · Flurstraße 14 · 94234 Viechtach

Weingut Dr. Bürklin-Wolf
z.Hd. Herrn Klaus Bauer
Weinstraße 65

67157 Wachenheim

Flurstraße 14
94234 Viechtach
Tel.-Nr. 09942/90500-0
Fax-Nr. 09942/90500-50

Ihre Nachricht vom / Ihr Zeichen	Unsere Nachricht vom / unser Zeichen	Datum
	MM	.. -05-03

Bestellung

Sehr geehrter Herr Bauer,

hiermit bestellen wir:

60 Flaschen 2001 Wachenheimer Rechbächel, Riesling, Spätlese, trocken	à 13,00 EUR
48 Flaschen 2002 Ruppertsberger Gaisböhl, Riesling, Spätlese, trocken „Erstes Gewächs"	à 18,00 EUR
48 Flaschen 2002 Forster Jesuitengarten, Riesling, Spätlese, trocken „Erstes Gewächs"	à 19,00 EUR

Die Lieferung erfolgt frei Haus.
Bei Bezahlung der Rechnung innerhalb von 10 Tagen gewähren Sie uns 2% Skonto.

Wegen mehrerer Sonderveranstaltungen in unserem Hause bitten wir um schnelle Lieferung.

Mit freundlichen Grüßen

Hotel Arberblick Viechtach

Markus Müller

Markus Müller
– Sommelier –

Hotel Arberblick · Flurstraße 14 · 94234 Viechtach · Geschäftsführung Peter Altenstein
Bankverbindung: Sparkasse Regen-Viechtach · BLZ 741 514 50 · Konto-Nr. 987 654 321

Beispiel für einen geprüften und unterschriebenen Lieferschein

ZOLLNER®

WEBEREI · WÄSCHEFABRIK

Hotelberufsschule
Viechtach

Flurstraße 14

D 94234 Viechtach

LIEFERSCHEIN

Bei Schriftverkehr und Rückfragen unbedingt angeben:

Kunden-Nr.	Auftrags-Nr.	Datum
018665	76796	13.10...
		Blatt:

Wir liefern Ihnen zu unseren bekannten Liefer- und Zahlungsbedingungen

Auftrag vom 06.10...

Versandart:

Pos.	Artikel-Bezeichnung	TK	Größe ca. cm	Stck./Mtr.	Lagerplatz	Verpackungseinh./Inhalt
1	Nr:3000-3226 Frb:750-sortiert Geschirrtuch Qual. Delfin, Halbleinen, Zwirnkette	HI	50/70	200	431-43KF	4a50

Komplettlieferung

Ware vollständig erhalten,
am 16.10...
i.A. Th. Keßler

Ihr Fachberater:

Vertretung: Gierster Karl-Heinz
94474 Vilshofen
Tel. 08541/5518
Fax 08541/58151

TK = Textilkennzeichnungsschlüssel siehe Rückseite

Sollten Sie trotz ständiger Kontrollen Grund zur Beanstandung haben, muss dies innerhalb 8 Tagen nach Erhalt der Ware erfolgen. Teile in diesem Fall nicht waschen.

Zollner GmbH + Co.
Weberei · Wäschefabrik

Postfach 1140
D-84131 Vilsbiburg

Veldener Straße 4
D-84137 Vilsbiburg

Telefon 08741/306-0
Telefax 08741/306-66

Handelsregister:
HRA 5521, AG Landhut

Beispiel einer Mängelrüge

Hotel Arberblick

Flurstraße 14
94234 Viechtach
Tel.-Nr. 0 99 42 / 9 05 00-0
Fax-Nr. 0 99 42 / 9 05 00-50

Hotel Arberblick · Flurstraße 14 · 94234 Viechtach

Weinhandelsgesellschaft XYZ
z.Hd. Herrn Klaus Koch
Lindenallee 987

14050 Berlin

Ihre Nachricht vom / Ihr Zeichen	Unsere Nachricht vom / unser Zeichen	Datum
	PA	.. -05-03

Mängelrüge

Sehr geehrter Herr Koch,

am 8. Januar .... lieferten Sie uns auftragsgemäß

60 Flaschen 1997 Assmannshäuser Höllenberg, Spätburgunder,
Spätlese, halbtrocken, à 12,00 EUR

Die Rechnung Nr. XX0108-32 über 720,00 EUR haben wir am 1. Februar .... per Bank bezahlt.

Wie sich erst jetzt herausgestellt hat, verfügt dieser Wein über einen nicht flüchtigen, üblen Muffton.

Aufgrund dieses Qualitätsmangels, den wir Ihnen hiermit fristgemäß anzeigen, bitten wir Sie um unverzügliche Ersatzlieferung der gleichen Menge dieses Weines.

Sollte Ihnen dies nicht möglich sein, müssten wir unser Recht auf Wandelung gebrauchen und den Kaufvertrag rückgängig machen. Wir erwarten Ihre Antwort und verbleiben

mit freundlichen Grüßen
Hotel Arberblick Viechtach

Peter Altenstein

Peter Altenstein
Geschäftsführer

Hotel Arberblick · Flurstraße 14 · 94234 Viechtach · Geschäftsführung Peter Altenstein
Bankverbindung: Sparkasse Regen-Viechtach · BLZ 741 514 50 · Konto-Nr. 987 654 321

Erkannte Mängel müssen gleich reklamiert und auf dem Lieferschein vermerkt werden. Der Lieferer muss die Mängel durch Unterschrift bestätigen. Nicht bestellte Waren werden nicht angenommen.

Versteckte Mängel, wie sie oftmals erst bei der Weiterverarbeitung erkannt werden, sind unmittelbar nach der Entdeckung und spätestens 6 Monate nach dem Kauf zu beanstanden.

Der Mitarbeiter, der die Warenlieferung angenommen und kontrolliert hat, unterschreibt den Lieferschein. Eine Durchschrift erhält der Lieferer, das Original bleibt beim Empfänger.

3 Warenlagerung

storage of goods
le depot de marchandise

Tiefkühlkost und leicht verderbliche Lebensmittel werden unverzüglich und vorrangig – nach entsprechender Temperaturprüfung – in Kühlräumen fachgerecht einsortiert. Danach werden die anderen Artikel versorgt. Neu angekommene Ware ist nach dem FiFo-System hinter die noch vorhandene Ware einzuordnen, um einen gleichmäßigen Warenumschlag zu ermöglichen. (Siehe auch Kapitel Warenlagerung, ab S. 285)

Verbuchung des Wareneingangs

In großen Magazinen gibt es für jede Ware eine Lagerstelle, das Lagerfach. An der Lagerstelle befindet sich die **Lagerfachkarte** (bin card), auf der alle Bestandsveränderungen, d.h. alle Zugänge und Abgänge dieses Artikels eingetragen werden. Die neue Lieferung wird hier als Zugang verbucht und der neue Bestand wird errechnet und notiert. Die Bestandszahl auf der Lagerfachkarte kann jederzeit mit der vorhandenen Stückzahl im Lagerfach verglichen werden. Fehlmengen können somit schnell entdeckt werden.

Beispiel einer Lagerfachkarte

Nr. 248

EP: EUR 3,94

Buchungseinheit

Artikel: 2002 Becksteiner Pilgerpfad

VP Büfett :
VP Disco :
VP Hallenbad :
VP Minibar :

Lieferant: Winzergen. Beckstein

Verp.-Einheit: 0,75 l

Tag	Monat		Zugang	Abgang	Bestand	Tag	Monat		Zugang	Abgang	Bestand	Tag	Monat		Zugang	Abgang	Bestand
9.	09.		60		107												
10.	09.			17	90												
29.	09.			23	67												
4.	10.			10	57												
15.	10.			20	37												
18.	10.		120		157												
24.	10.			20	137												
30.	10.			20	117												
5.	11.			30	87												
16.	11.			14	73												

Beispiel einer Lagerkarteikarte

WARE 2002 Becksteiner Pilgerpfad

LIEFERER Winzergenoss. Beckstein

TAG	VERMERKE	ZUGANG	ABGANG	BESTAND	PREIS
30.8.	ÜBERTRAG			77	394
1.9.			30	47	
9.9.		60		107	394
10.9.			17	90	
29.9.			23	67	
4.10.			10	57	
15.10.			20	37	
18.10.		120		157	394
24.10.			20	137	
30.10.			20	117	
5.11.			30	87	
16.11.			14	73	
	ÜBERTRAG				

WARE

LIEFERER

TAG	VERMERKE	ZUGANG	ABGANG	BESTAND	PREIS
	ÜBERTRAG				
	ÜBERTRAG				

Außerdem wird eine **Lagerkartei** (stores ledger) im Büro des Magaziners geführt. Sie besteht aus Karteikarten (stores ledger sheets), die für jeden Artikel angelegt werden.

In **Wareneingangsbüchern** (receipt book) werden die Rechnungsdaten wie Lieferdatum, Lieferer, Warenart, Menge, Rechnungsbetrag, Skonti, Vorsteuer und Waren-Nettowert erfasst. Die Waren-Nettowerte werden nach Warenart, in die entsprechenden Sparten gegliedert wie z.B. Lebensmittel, Bier oder Wein, verbucht. Die Waren-Nettopreise dienen auch als Kalkulationsgrundlage zur Errechnung der Inklusivpreise in der Gastronomie.

Kontrolle der Rechnung

Wenn alle Waren eingeräumt und verbucht sind, werden Bestellunterlagen und Lieferschein bzw. Frachtbrief zusammengeheftet und vorläufig abgelegt. Diese Papiere werden beim Eingang der Rechnung für eine vergleichende und rechnerische Kontrolle durch die Buchhaltung benötigt.

Dabei wird geprüft, ob:

- die in Rechnung gestellten Warenmengen mit den laut Lieferschein tatsächlich gelieferten Mengen übereinstimmen;
- die in Rechnung gestellten Einzelpreise mit den laut Bestellung vereinbarten Einzelpreisen übereinstimmen;
- der Gesamtpreis richtig errechnet wurde;
- der Mehrwertsteuersatz stimmt und der enthaltene Mehrwertsteuerbetrag korrekt ist;
- die ausgehandelten Konditionen, wie Lieferbedingungen, Frachtkosten, Rabattstaffel und Skonto, korrekt berücksichtigt wurden.

Das Kapitel **Warenlagerung**, ab Seite 285, behandelt ausführlich die Themen Grundsätze der **Lagerhaltung** sowie **Lagerräume**.

4 Warenausgabe und Bestandskontrolle

issuing goods and stores control — *les sorties (w) et contrôles du stock*

Neben der Erfassung von Wareneingang und Warenausgang zählen Bestandsüberwachung und Verbrauchsfeststellung zu den Hauptaufgaben der Lagerhaltung.

Warenausgabe

Die verschiedenen Betriebsabteilungen bestellen mit Hilfe von **Warenanforderungsscheinen** (requisition sheets) die benötigten Waren im Magazin. Der Magaziner bereitet die Warenausgabe vor und verbucht für jeden Artikel die Abgänge auf den Lagerfachkarten. Eine unkontrollierte Warenausgabe darf nicht stattfinden.

Lagerbestand

stock — *le stock*

Die Vorräte im Warenlager müssen so groß sein, dass Küche, Restaurant und Bar störungsfrei produzieren und verkaufen können.

- Zu geringe Lagerbestände führen manchmal zu teuren Eilbestellungen,
- zu große Lagerbestände binden das Kapital und erhöhen die Lagerkosten.

Erfahrene Magaziner wissen auch mit saisonalen Schwankungen in Angebot und Nachfrage umzugehen und behalten die Lagerkosten im Auge.

Bestandskontrolle

Werden Waren entnommen, so trägt man das in die Lagerfachkarte ein.

Bei einer Kontrolle vergleicht man den laut Lagerfachkarte rechnerisch ermittelten neuen Bestand, den **Soll-Bestand,** mit dem tatsächlich im Lagerfach vorhandenen **Ist-Bestand.**

Dieser Vergleich dient der Kontrolle der Lagerbuchhaltung. Sollten Ist- und Soll-Bestand voneinander abweichen, so ist die Ursache zu ermitteln.

Ursachen für Differenzen könnten z.B. Übertragungsfehler, Rechenfehler, unkontrollierte Entnahmen, Schwund, nicht eingetragener Bruch, Diebstahl oder Verderb sein. Aus diesem Grunde sind regelmäßige Kontrollen und zeitweilig die genehmigte Berichtigung von Warenbestandszahlen unerlässlich.

Beispiel eines Warenanforderungsscheins

Warenanforderung für *Büfett* (Muss mit Durchschrift übereinstimmen) — Datum: *16.11. ....* — 38427

Menge	Stück Dosen Kilo Flaschen	Warenart	Ausrechnungen: Einkaufspreis	€	Verkaufspreis	€
10	0,75	Deidesheimer Hofstück				
7	0,75	Würzburger Stein				
14	0,75	Becksteiner Pilgerpfad				
8	1,0	Piesporter				
6	1,0	Kalterer				

Ware ausgeliefert: *Mayr* (Unterschrift) — Ware empfangen: *Keßler* (Unterschrift) — Gebucht: (Unterschrift)

Inventur

Laut HGB § 39 ist jeder Kaufmann einmal jährlich zur Aufstellung eines **Inventars** verpflichtet. Dies ist das Verzeichnis des Betriebsvermögens, der Schulden und des Reinvermögens. Zur Aufstellung dieses Verzeichnisses führt der Betrieb eine **Inventur** durch, bei der er seine Bestände zählt, misst oder wiegt. Die tatsächlich vorhandene Warenmenge, der Ist-Bestand, wird dabei ermittelt und auf **Inventurlisten** (stock sheets) erfasst.

Die Ermittlung des Inventars erfolgt in Kleinbetrieben meist durch eine **Stichtag-Inventur** am letzten Tag des Wirtschaftsjahres. Großbetriebe und Konzern-Hotels praktizieren meist eine permanente Inventur für Waren, Roh- und Hilfsstoffe.

Das bedeutet, dass die Inventur monatlich oder quartalsweise durchgeführt wird.

Die Kontrolle der Lagerbuchhaltung erfolgt durch Vergleich der Bestandszahlen laut Stichtag-Inventur mit den Eintragungen der Lagerkartei.

Beispiel einer Inventurliste

Inventur Bestandsaufnahme am 03.01. . . . . Blatt-Nr. 3

Lagerstelle/Abteilung Büfett Kostenstelle

Artikelgruppe Weine

	Gegenstand	Lager-Nr. Bestell-Nr.	Menge	Einheit kg Stück usw.			Inventurwert einzeln	Inventurwert gesamt	Bemerkungen
1	Piesporter	240	7	1,0			6,44	45,08	
2	Trollinger	223	22	0,75			6,99	153,78	
3	Deidesheimer	247	17	0,75			4,83	82,11	
4	Becksteiner	248	11	0,75			7,71	84,81	
5	Radebeuler	246	13	0,75			7,32	95,16	
6									
7									
8									
9									
22									
23									
24									
25									
26									
							Summe		

angesagt Me. geschrieben Ke.

Bestandskontrolle Huber Preiskontrolle Ke.

vorgerechnet Grü. nachgerechnet Müller

Keinen Übertrag machen! Seiten auf Sonderblatt zusammenstellen und addieren! Bei Berichtigungen wird dadurch das neuerliche Durchrechnen aller Seiten vermieden.

5 Wareneinsatzkontrolle

food cost control
le contrôle de la nourriture

Der wirtschaftliche Erfolg eines Küchenleiters wird vorwiegend an der **Wareneinsatzquote** gemessen.

Diese Kennzahl steht für den Anteil des Warenaufwands am Netto-Verkaufserlös, z.B. der Küchenprodukte. Es werden die Zahlen desselben Zeitraums, z.B. eines Monats, Quartals oder Jahres herangezogen.

Die Wareneinsatzquote wird mit dem Küchenleiter geplant und nach Ablauf des Kontrollzeitraums errechnet.

Für eine gute Planung gilt:

- Die Soll-Wareneinsatzkosten für jeden Artikel erfassen und kalkulieren.
- Standardisierte Portionsgrößen, einheitliche Rezepturen und die Präsentation festlegen.
- Die Warenlieferungen des Magazins an die Küche sowie alle Abgaben von Lebensmitteln aus der Küche an andere Abteilungen, wie z.B. das Büfett, die Hausdamenabteilung, die Bar usw., möglichst genau belegen.
- Die Ist-Wareneinsatzkosten regelmäßig mit den Soll-Werten vergleichen.

Wareneinsatzkosten der verkauften Waren

Die am Monatsanfang durch Inventur in der Küche erfassten Waren werden bewertet. Dazu verwendet man die Netto-Einkaufspreise. Das Ergebnis ist der Waren-Anfangsbestand.

Hierzu werden alle Zugänge eines Monats addiert. Das sind die vom Magazin an die Küche gelieferten Waren, die ebenfalls mit den Netto-Einkaufspreisen bewertet wurden.

Am Monatsende wird der Wert des Waren-Endbestandes per Inventur ermittelt und abgezogen. Außerdem wird der betriebsinterne Verbrauch wertmäßig erfasst und abgezogen.

Dies sind alle Privatentnahmen, geschäftlichen Bewirtungen sowie Mitarbeiter-Verpflegungen. Das Ergebnis ist der **Netto-Warenverbrauch**, der auch **Wareneinsatz** genannt wird.

Die Formel lautet:

	Warenanfangsbestand
+	Waren-Zugänge
–	Waren-Endbestand
–	betriebsinterner Verbrauch
=	Netto-Warenverbrauch/Wareneinsatz

Netto-Erlös

Die Gesamt-Verkaufserlöse der Abteilung Küche während des gewählten Zeitraumes werden ermittelt. Der Z-Abschlag der Restaurant-Registrierkasse zeigt diese auf. Die in den Inklusivpreisen enthaltene Mehrwertsteuer wird herausgerechnet. Das Ergebnis ist der Netto-Erlös.

$$\textbf{Wareneinsatz in \%} = \frac{\text{Wareneinsatz} \times 100}{\text{Netto-Erlös}}$$

BEISPIEL:

Anfangsbestand 31.12. ..	4 000 €
Warenzugänge laut Magazinabrechnung im Monat Januar:	+ 54 000 €
Zwischensumme	= 58 000 €
Warenendbestand 31.1. ..	– 5 000 €
Betriebsinterner Verbrauch	– 3 000 €
Netto-Warenverbrauch oder Wareneinsatz	= 50 000 €
Netto-Erlös im Januar	150 000 €

Wareneinsatzberechnung in %:

$$\frac{50\,000 \times 100}{150\,000} = 33{,}33\,\%$$

Wird festgestellt, dass trotz exakter Datenerfassung und Berechnung der prozentuale Wareneinsatz zu hoch ausgefallen ist, so muss nach den Ursachen geforscht werden. Mögliche Gründe könnten sein:

- die Rezepturen wurden nicht eingehalten,
- einige Lebensmittel wurden nicht fachgerecht verarbeitet und mussten vernichtet werden,
- Waren wurden ohne Bon ausgegeben,
- es gab Lagerungsverluste, z.B. durch Bruch,
- es gab Überproduktion,
- Produktionsreste wurden nicht sinnvoll verwertet,
- es wurden Lebensmittel gestohlen,
- es wurde vergessen, den Eigenverbrauch zu berücksichtigen.

6 Warenwirtschafts-Systeme

stock flow control system
le systéme de contrôle de la marchandise

Computergesteuerte Warenwirtschafts-Systeme sind die zeitgemäße Alternative in der Warenwirtschaft. Es handelt sich hierbei oftmals um Module, die in einem integrierten **Hotelmanagement-System** eingesetzt werden. Neben dem Warenwirtschafts-System sind auch ein Front-Office-System und ein Point-Of-Sales-System (POS-Software, z.B. für Restaurant, Bar, Bankett) als Module an eine zentrale Datenbank angeschlossen.

Alle Informationen und Daten aller Module laufen in der Datenbank zusammen und werden dort bearbeitet. Doppelte Eingaben an verschiedenen Eingabestellen werden so vermieden. Die Datenbank liefert in Sekunden abteilungs- und modulübergreifend die gewünschten Management-Informationen.

Ist beispielsweise der Waren-Mindestbestand in einer Abteilung erreicht, so können sich die Mitarbeiter eine Auffüll-Liste aus dem System holen und die Waren im Magazin anfordern.

Das Bestellwesen der Warenwirtschaft ist so aufgebaut, dass Angebotsanfragen vom System automatisch gefaxt oder per E-mail oder Internet erledigt werden. Die Angebote werden verglichen, der günstigste Anbieter wird ermittelt und die Bestellung erfolgt auf dem gleichem Wege.

Die Buchungen des Wareneingangs erfolgen automatisch anhand der Bestellliste.

Die Buchungen des Warenausgangs können manuell oder auch automatisch mit dem Bonieren in den Verkaufsstellen (Outlets) erfolgen.

Warenwirtschafts-Systeme ermöglichen jederzeit genaue statistische Berechnungen und den Vergleich der Ergebnisse mit den Werten bestimmter anderer Abrechnungsperioden, z.B. des Vormonats oder des Vorjahres. Die System-Software gibt es als fertige Module oder sie wird für die speziellen Erfordernisse eines Hotelbetriebes „maßgeschneidert".

Aufgaben

1 Welche vier Bereiche zählen zur Warenwirtschaft?

2 Welche Eigenschaften und Kenntnisse zeichnen einen guten Einkäufer aus?

3 Zählen Sie drei Mitarbeiter auf, die in gastronomischen Großbetrieben Waren einkaufen, und nennen Sie die Warenarten.

4 Nennen Sie sieben Faktoren, die die Größe des Warenbedarfs pro Artikel beeinflussen können.

5 Geben Sie sieben Wege an, wie der Einkäufer neue Bezugsquellen erschließen kann.

6 In welche drei Bereiche gliedert sich ein Angebotsvergleich?

7 Nennen Sie die Formel für Preisvergleiche.

8 Welche Angaben ergeben eine vollständige Bestellung?

9 Anhand welcher Unterlagen kontrollieren Sie eine Warenlieferung?

10 Welche sechs Punkte kontrollieren Sie bei der Warenlieferung?

11 Was müssen Sie tun, wenn Sie bei einer Warenlieferung Mängel erkennen?

12 Innerhalb welcher Frist muss der Kaufmann einen versteckten Mangel bei seinem Händler reklamieren?

13 Nennen Sie fünf Punkte, die bei der Kontrolle einer Lieferer-Rechnung geprüft werden.

14 Wie ermittelt der Magaziner den Soll-Bestand und den Ist-Bestand einer Ware?

15 Was ist ein Inventar und was ist eine Inventur im Sinne des Gesetzes?

16 Wie unterscheiden sich eine permanente Inventur und eine Stichtag-Inventur?

17 Nach welcher Formel wird der Wareneinsatz einer Abteilung errechnet?

18 Nennen Sie acht mögliche Gründe für einen zu hohen Wareneinsatz.

19 Erklären Sie, wie sich ein Warenwirtschafts-System zusammensetzt.

20 Welche Vorteile kann ein Warenwirtschafts-System dem Betrieb bieten?

PROJEKT

MONATSINVENTUR AN DER HOTELBAR

Sie arbeiten als Auszubildende/r in der F&B-Abteilung des Hotels Arberblick. Die neue Hotel-Bar steht kurz vor der Eröffnung. Sie sollen die ersten beiden Inventuren, vor der Eröffnung und am Monatsende planen, vorbereiten und durchführen. Der F&B-Manager möchte einen Bericht über das Inventurergebnis erhalten.

PLANEN UND VORBEREITEN DER ANFANGSINVENTUR

1 Entwerfen Sie die Inventurlisten an Hand der Barkarte Ihres Betriebes.

2 Tragen Sie die Flaschen-Füllvolumen und die Netto-Einkaufspreise der einzelnen Artikel ein.

3 Legen Sie den günstigsten Zeitraum für die Durchführung der Inventur fest.

4 Stellen Sie die Hilfsgeräte bereit, die Sie zum Erfassen der Warenbestände benötigen.

DURCHFÜHREN DER ANFANGSINVENTUR

1 Ermitteln Sie die vorhandenen Mengen (Ist-Werte) bei allen Artikeln an der Bar.

2 Tragen Sie diese Mengen in die Inventurlisten ein.

3 Errechnen Sie den Netto-Einkaufswert für jeden Artikel und den Wert des gesamten Anfangsbestands.

DURCHFÜHREN DER INVENTUR AM MONATSENDE

1 Ermitteln Sie wieder die vorhandenen Mengen bei allen Artikeln an der Bar, und tragen Sie diese in die Inventurlisten ein.

2 Errechnen Sie den Netto-Einkaufswert für jeden Artikel und den Wert des gesamten Monats-Endbestands.

AUSWERTEN DER MONATSINVENTUR

1 Ermitteln Sie die Netto-Verkaufserlöse (ohne Mehrwertsteuer) laut Z-Abschlag der Registrierkasse, am Monatsende an der Bar.

2 Errechnen Sie den prozentualen Wareneinsatz für diesen Abrechnungszeitraum.

BERICHT AN DEN F&B-MANAGER

Verfassen Sie einen kurzen Bericht über das Inventurergebnis für den F&B-Manager.

Gastgewerbliche Betriebsorganisation

1 Grundbegriffe der Organisation

principles of organization
la conception fondamentale de l' organisation

Jeder Gastronomiebetrieb ist nach bestimmten Ordnungsgesichtspunkten aufgebaut. Diese Ordnung zu gestalten heißt organisieren. Das Ergebnis des Organisierens wird Organisation genannt.

Ziele des Organisierens

- eine möglichst wirtschaftliche Leistungserstellung, die den Gästewünschen entspricht,
- die Schaffung und Gestaltung von sicheren Arbeitsplätzen bei humanen Bedingungen,
- die Umsetzung der Umweltschutzgedanken.

Im Gastronomiebetrieb sollten die Erwartungen und Wünsche der Gäste bei allen Organisationsaktivitäten mit einbezogen werden (siehe auch Marketing, ab S. 434).

Beispiele für Organisationsfragen im betrieblichen Alltag:

- Welche Wünsche und Erwartungen wurden von den Gästen geäußert?
- Welche Arbeiten, Tätigkeiten oder Dienstleistungen müssen ausgeführt werden?
- Welches Team oder welcher Mitarbeiter ist für die Verrichtung der Arbeit zuständig?
- Welche Werkstoffe und welche Betriebsmittel können eingesetzt werden?
- Welche Räume können benutzt werden?
- Welche Zeit steht zur Verfügung?
- Welche finanziellen Mittel können genutzt werden?
- Wer hat für welchen Bereich Entscheidungsbefugnis?
- Welche Unternehmensziele sollen erreicht werden?
- Welche Maßnahmen empfehlen sich zur Erreichung der gesetzten Ziele?

Die Betriebsorganisation soll der Aufgabenerfüllung im Betrieb dienen und darf nicht zum Selbstzweck werden. Deshalb ist der Organisationsgrad den jeweiligen betrieblichen Erfordernissen anzupassen.

Mit hohem Aufwand wenig zu leisten, ist keine Kunst. Jedoch ein gestecktes Ziel mit möglichst geringem Mitteleinsatz zu erreichen, setzt große organisatorische Fähigkeiten und ausgeprägtes wirtschaftliches Denken voraus.

Wirtschaftlichkeits-Prinzipien

Maximal-Prinzip

Mit den gegebenen Mitteln einen möglichst hohen Ertrag erzielen.

BEISPIEL:
Einem Küchenteam gelingt es, durch konzentriertes Arbeiten nach Rezepturvorgaben Produktionsverluste zu vermeiden und alle vorgesehenen Lebensmittel zu Speisen zu verarbeiten. Dem Service gelingt es mit Verkaufsgeschick, alle diese Speisen zu verkaufen.

Minimal-Prinzip

Eine vorgegebene Leistung wird mit möglichst geringen Mitteln erbracht.

BEISPIEL:
Es gelingt einem Küchenteam, die Energiekosten der Abteilung – verglichen mit den Vormonatswerten – bei gleich hohen Küchenerlösen um ein Drittel zu reduzieren.

Regelungen

Mit Hilfe von organisatorischen Regelungen werden sich wiederholende Vorgänge und Abläufe beschrieben und die entsprechenden Verhaltensweisen festgelegt. Wenn solche Regelungen zu Einschränkungen und Erschwernissen bei der Arbeit der Mitarbeiter führen sollten, so handelt es sich um eine Form von **Überorganisation.**

BEISPIEL:
Ein Abteilungsleiter hält schriftlich fest, welche Punkte von seinen Mitarbeitern beim Annehmen von Bargeld als Zahlungsmittel zu prüfen sind. Es kommt zu Behinderungen.

Fehlen jedoch wichtige Regelungen und führt dies zu Unsicherheiten und Störungen des Betriebsablaufs, so spricht man von einer **Unterorganisation.**

BEISPIEL:
Aufgrund fehlender Regelungen wissen Mitarbeiter nicht, wie sie sich beim Annehmen von Kreditkarten als Zahlungsmittel zu verhalten haben. Es entstehen Zeitverluste.

Im Idealfall sind die betrieblichen Regelungen so abgestimmt, dass nicht mehr Regelungen als erforderlich und nur so viele Regelungen wie nötig formuliert werden, um reibungslose Abläufe zu garantieren.

Improvisation

Bei unerwarteten, neuartigen Problem-Situationen kann man nicht auf organisatorische Regelungen zurückgreifen. Da ist man gezwungen, durch Improvisation zu reagieren. Das bedeutet, dass man aus dem Stegreif heraus versucht, das Problem gut und schnell zu lösen. Im Nachhinein wird zu überlegen sein, ob und in welchen Bereichen dauerhafte organisatorische Regelungen hierfür zu treffen sind.

BEISPIEL:
Die elektronische Registrierkasse eines Restaurants ist plötzlich ausgefallen. Der Restaurantleiter gibt dem Mitarbeiter am Getränkebüfett die Anweisung, vorerst die gewünschten Artikel ohne Bon auszuhändigen, diese aber mit dem Namen des jeweiligen Service-Mitarbeiters zu notieren. Inzwischen holt er Bonbücher und fordert den Kundendienst an. Für zukünftige Notfälle dieser Art besorgt er später weitere Bonbücher, legt diese griffbereit zur Kasse und informiert seine Mitarbeiter.

Disposition

Wenn im Betrieb einmalige Maßnahmen fallweise geregelt werden, spricht man von Disposition.

Beispiel:
Der Bankettleiter wird bei einer Bankettabsprache vom Besteller gefragt, ob die Gruppe der Festgäste im Hause übernachten könne. Der Bankettleiter wird nicht sofort zusagen, sondern erst den Reservierungsstatus an diesem Tag prüfen und dann für diesen Fall entscheiden, d.h. disponieren.

Zur schnelleren Verständigung werden innerhalb einer Betriebsorganisation verschiedene Fachausdrücke benutzt:

Stelle

Eine Stelle ist die kleinste organisatorische Einheit zur Aufgabenerfüllung im Betrieb.

BEISPIEL:
Die Stelle des Magaziners.

Abteilung

Die Zusammenfassung mehrerer Stellen unter einer Leitungsstelle wird Abteilung genannt.

BEISPIEL:
Der Chef-Buchhalter als Abteilungsleiter ist der Vorgesetzte der anderen Buchhalter.

Instanz

Mit Instanz bezeichnet man eine leitende Stelle mit Verantwortung sowie Entscheidungs- und Anordnungsbefugnis.

BEISPIEL:
Der kaufmännische Direktor könnte die Instanz für den Chef-Buchhalter, den Einkäufer, den Magaziner und den EDV-Berater sein.

Stabsstellen

Stabsstellen sind Leitungs-Hilfsstellen mit Vorschlagsrecht. Das heißt, Spezialisten unterstützen die Unternehmensleitung durch fachliche Beratung. Sie helfen bei anstehenden Problemen, die beste Lösung zu finden.

BEISPIELE:
Der Steuerberater, Werbeberater, Rechtsberater, Marketingberater und der Berater in Personalfragen.

Betriebs-Organisations-Analyse

Unter Betriebs-Organisations-Ananalyse versteht man eine Untersuchung oder Beobachtung der bestehenden Organisationsform eines Betriebes oder einzelner Abteilungen. Drei Untersuchungsmethoden werden dabei angewendet:

- Die **Fragebogen-Methode,** d.h. die Mitarbeiter beantworten schriftlich gestellte Fragen;
- die **Interview-Methode,** d.h. die Mitarbeiter werden mündlich befragt;
- die **Beobachtungs-Methode,** d.h. ein Fachmann (operations analyst) beobachtet und analysiert die Organisationsabläufe.

Der ermittelte Ist-Zustand wird mit den Vorgaben des Soll-Zustandes verglichen. Korrigierende Maßnahmen werden vorgeschlagen.

Die Betriebsorganisation umfasst zwei Teile:

- Die **Aufbauorganisation** und
- die **Ablauforganisation.**

Bei der **Aufbauorganisation** werden die Aufgaben auf die einzelnen Abteilungen verteilt und festgelegt, auf welche Weise die einzelnen Abteilungen zusammenarbeiten.

Die graphische Darstellung der Aufbauorganisation wird **Organigramm** genannt.

Bei der **Ablauforganisation** wird der Arbeitsablauf selbst geplant, gestaltet und gesteuert.

Die Aufgaben der Mitarbeiter werden genau beschrieben und zeitlich wie räumlich festgelegt.

Das Zusammenwirken zwischen Mitarbeitern und Gästen sowie Mitarbeitern und Sachmitteln wie Einrichtungen, Maschinen und Rohstoffen wird organisiert.

BEISPIEL:
Ein Arbeitsablauf-Plan für die Vorbereitung und Durchführung einer Sonderveranstaltung.

Stellenbesetzungsplan

Hierbei handelt es sich um eine graphische Darstellung aller Stellen mit ihrer hierarchischen Einordnung ins Betriebsgeschehen.

Neben der Stellenbezeichnung ist auch der Name des Stelleninhabers genannt. Dieser Plan zeigt auch unbesetzte Stellen an, ebenso Krankheitsausfälle und Urlaubsabwesenheiten.

Beispiel:
Organigramm, wie auf Seite 504, zusätzlich mit den Namen der einzelnen Stelleninhaber versehen, sowie mit Kennzeichnung der erkrankten und beurlaubten Mitarbeiter.

Stellenbeschreibung

In einer Stellenbeschreibung werden alle Aufgaben und Verantwortungen, die Rechte, Befugnisse oder Vollmachten und die Anforderungen an den Inhaber der Stelle festgelegt.

Weil eine gute Organisation insbesondere in Großbetrieben erforderlich ist, sind Stellenbeschreibungen hauptsächlich in Betrieben der Konzernhotellerie und Großgastronomie anzufinden.

Dabei handelt es sich meist um Stellenbeschreibungen von Abteilungsleiter-Stellen, Instanzen und anderen Führungspositionen.

Eine vollständige Stellenbeschreibung enthält:

- die Bezeichnung der Stelle,
- die Nennung des unmittelbaren Vorgesetzten,
- die Aufzählung der unmittelbaren Untergebenen der Stelle,
- eine kurze, allgemeine Darstellung der Ziele, Aufgaben und Kompetenzen der Stelle,
- wichtige Einzelaufgaben der Stelle,
- die Regelungen für die Zusammenarbeit mit anderen Stellen und Abteilungen, z. B.:
  - wer von bestimmten Tatsachen zu informieren ist,
  - wer vor oder nach wichtigen Entscheidungen zu informieren ist,
  - wer vor einer Entscheidung um Rat zu fragen ist,
- die Aufzählung der Berichte, die die Stelle empfangen soll,
- die Aufzählung der Berichte, die die Stelle zu geben hat,
- die Aufzählung der Gremien, bei denen der Stelleninhaber mitarbeiten muss,
- der Bewertungsmaßstab für die Beurteilung der Leistung des Stelleninhabers und
- die Aufzählung der Anforderungen an den Stelleninhaber.

Vorteile einer Betriebsorganisation mit Hilfe von Stellenbeschreibungen:

- Sie können als Grundlage für die Stellenausschreibung dienen;
- sie dienen als Grundlage für Lohn- und Gehaltsabsprachen;
- sie können als Hilfsmittel für die Einschätzung der Fähigkeiten und der beruflichen Schwerpunkte von Bewerbern dienen;
- sie sind eine Orientierungshilfe in der Einarbeitungsphase von neuen Mitarbeitern;
- sie sind ein Hilfsmittel zur klaren Erkennung von Aufgabe und der gewährten Handlungsfreiheit;
- sie können als Hilfsmittel zur Selbstkontrolle dienen;
- sie sind eine Orientierungshilfe bei der Mitarbeiterbeurteilung;
- sie sind eine Orientierungshilfe für die Organisation von Mitarbeiterschulungen;
- sie sind eine Orientierungshilfe für die Mitarbeiter für das Erkennen von Fortbildungs-Defiziten.

ORGANIGRAMM EINES HOTELS MIT 200 ZIMMERN
Organization chart of a hotel with 200 units/bedrooms

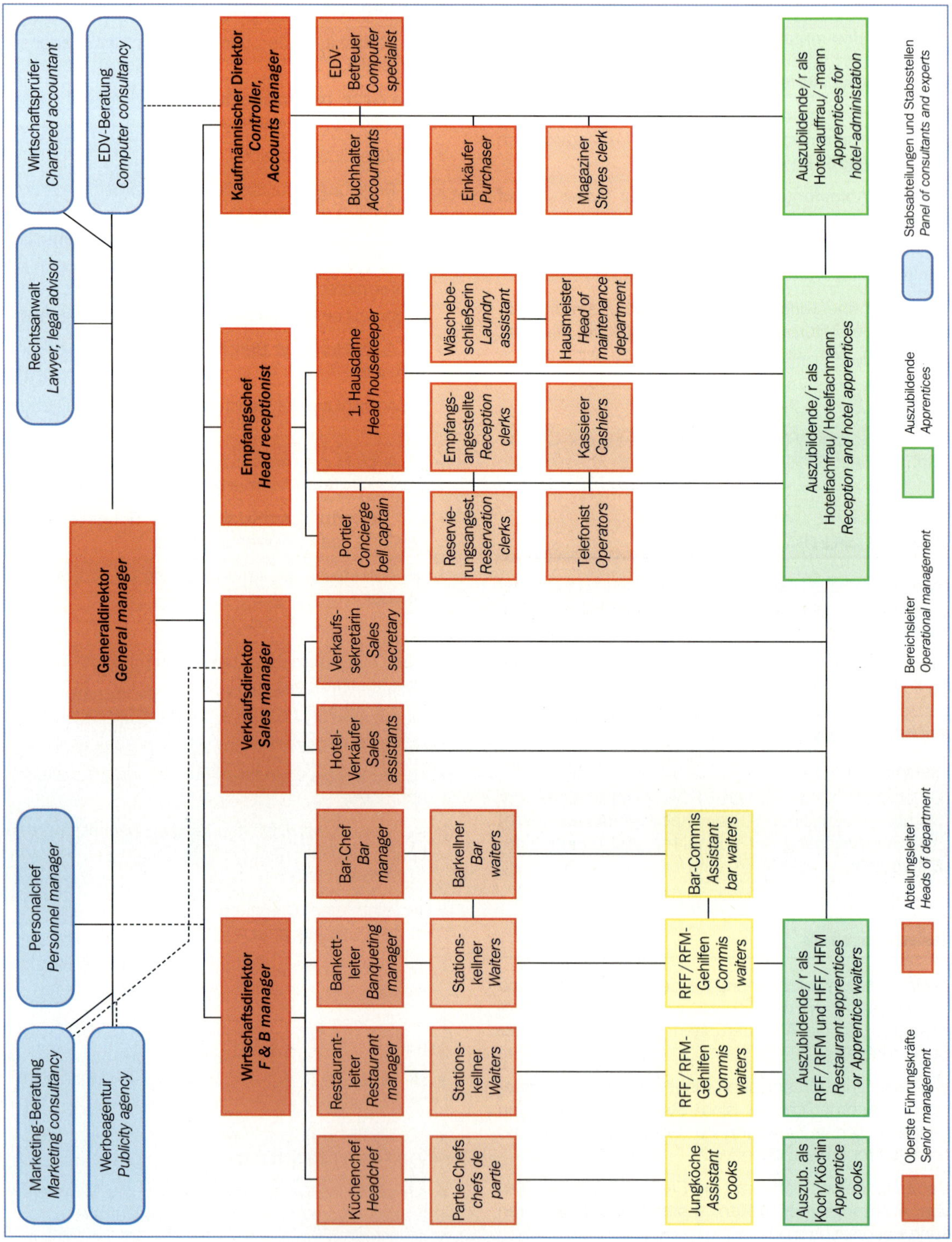

2 Organisation im Gastgewerbe

🇬🇧 *organization in the hotel and catering trade*
🇫🇷 *l' organisation (w) de l'industrie (w) hôtelière*

Von Betrieb zu Betrieb ist die Aufbauorganisation unterschiedlich gestaltet, da sie nach Größe und Art des Betriebs und dem Ausbildungsstand der Mitarbeiter ausgerichtet werden muss.

Im Hinblick auf die auszufüllenden Aufgaben muss die Aufbauorganisation

- zweckmäßig sein, d.h. sie muss Aufgaben sinnvoll verteilen und störungsfreie Abläufe gewährleisten. Außerdem muss sie
- elastisch sein, d.h. sie muss sich den ständig ändernden Gästewünschen schnell anpassen können.

Durch die Organisationsform wird festgelegt, wer im Betrieb die Entscheidungen trifft und die jeweiligen Anordnungen erteilt.

Zu diesem Zweck sind die Rangordnungsstrukturen, d.h. die Über-, Gleich- und Unterordnung festzulegen.

Dabei haben sich verschiedene Modelle von Organisationsformen herausgebildet:

- Das **Einliniensystem** oder Liniensystem,
- das **Mehrliniensystem** oder Funktionale System,
- das **Stabliniensystem** und
- das **Team-** oder **Kooperationssystem.**

Einliniensystem

Bei dieser Organisationsform hat der Mitarbeiter nur einen direkten Vorgesetzten, von dem er ausschließlich seine Anweisungen erhält. Alle Informationen werden über den Instanzenweg (Instanz siehe Seite 502) weitergegeben. Bei Unklarheiten wendet sich der Mitarbeiter nur an seinen direkten Vorgesetzten.

ORGANISATIONSFORM: EINLINIENSYSTEM

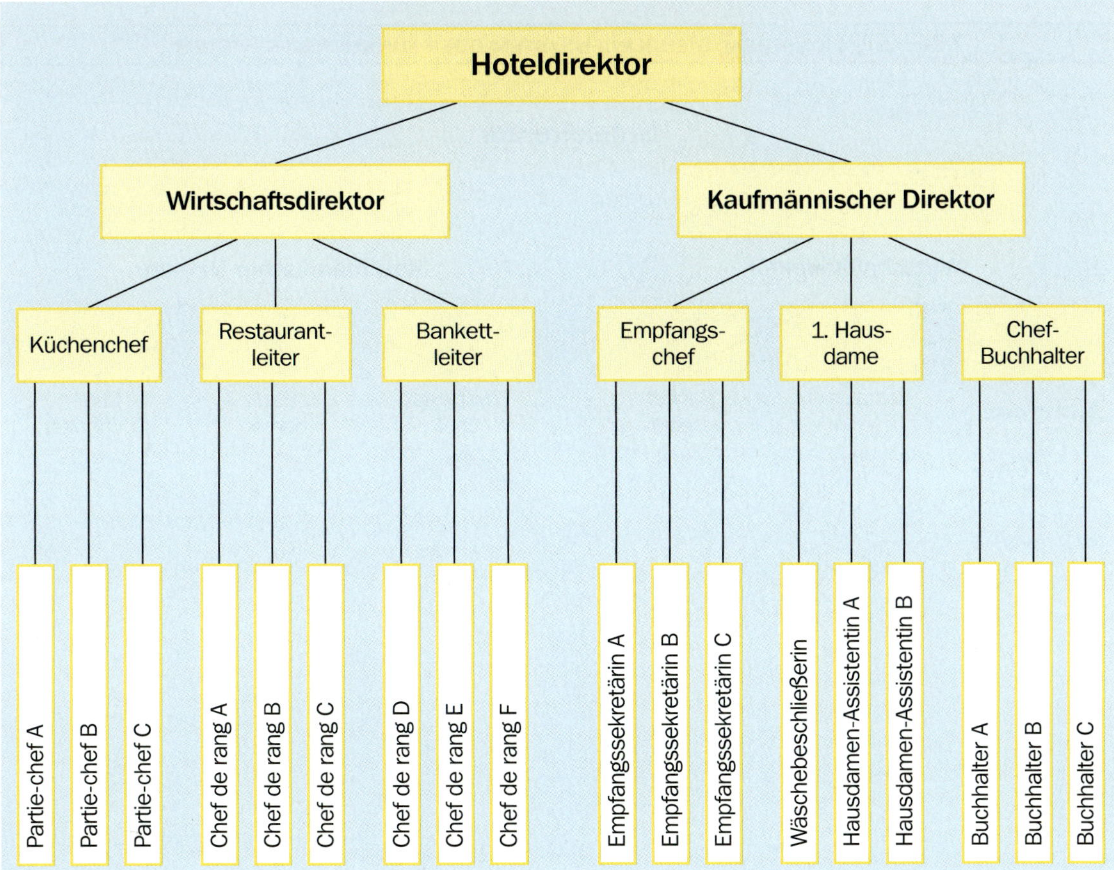

Vorteile:

- ☺ Klare Zuordnung von Aufgaben und Kompetenzen,
- ☺ übersichtliche Organisationsform,
- ☺ eindeutiger Weisungs- und Berichtsweg,
- ☺ schnelle Durchsetzung von Entscheidungen,
- ☺ gute Kontrollmöglichkeiten.

Nachteile:

- ☹ Unzureichende Motivation der Mitarbeiter,
- ☹ zeitraubender und schwerfälliger Dienstweg, unflexibles System,
- ☹ überlastete Führungsspitze, Problemstau,
- ☹ störanfälliges System bei Abwesenheit der Führungskräfte,
- ☹ gefilterter oder geschönter Informationsfluss in beiden Richtungen möglich,
- ☹ System stellt hohe Anforderungen an den Ausbildungsgrad und die Verantwortung der Führungskräfte.

Mehrliniensystem oder funktionales System

Verantwortungen und Zuständigkeiten, wie z. B. Einkauf werden auf die Abteilungsleiter, wie z. B. Küchenchef oder Restaurantleiter übertragen. Weil mehrere Vorgesetzte weisungsbefugt sind, kann flexibler auf Gästewünsche eingegangen werden. Nachteile des Einliniensystems können dadurch teilweise ausgeglichen werden. Der Informationsfluss in beiden Richtungen ist besser.

Vorteile:

- ☺ Die Anweisungen kommen von Spezialisten,
- ☺ der „Dienstweg" ist kurz und flexibel,
- ☺ die Zusammenarbeit der Abteilungen wird gefördert,
- ☺ hohe Motivation der Abteilungsleiter durch größere Verantwortung,
- ☺ die Führungsspitze wird entlastet.

Nachteile:

- ☹ Konfliktsituationen durch Weisungsüberschneidungen sind vorprogrammiert,
- ☹ zeitaufwendige Absprachen sind erforderlich,
- ☹ Kontrolle der Arbeitsausführung und der Leistungsbeurteilung ist schwieriger,
- ☹ eventuelle Überforderung der Mitarbeiter durch mehrere parallele Arbeitsaufträge oder durch sich widersprechende Anweisungen verschiedener Vorgesetzter.

ORGANISATIONSFORM: MEHRLINIENSYSTEM ODER FUNKTIONALES SYSTEM

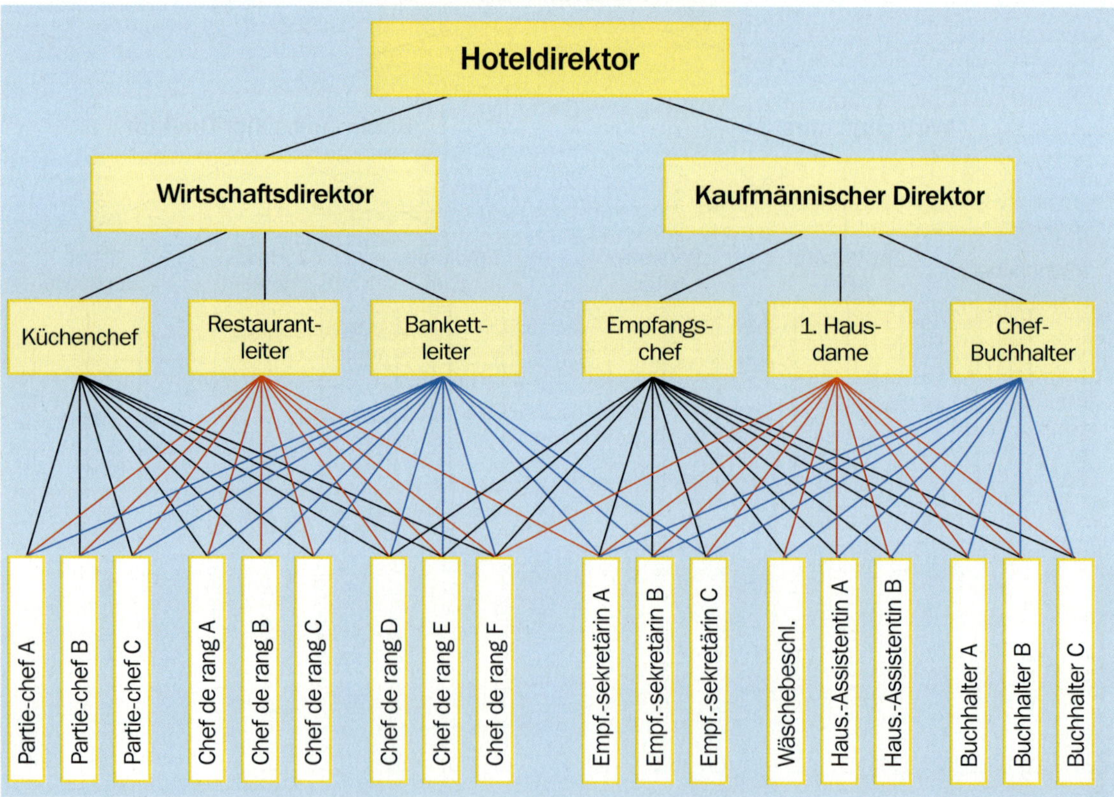

Stabliniensystem

Das Stabliniensystem entspricht vom Aufbau her dem Liniensystem, nur sind den Führungsebenen teilweise Stabsstellen zur fachkompetenten Beratung zugeordnet. Damit soll die Führungsspitze entlastet werden.

Beispiele für Stabsstellen können sein:
- Informatiker zur EDV-Beratung,
- Werbefachleute zur Werbeberatung,
- Rechtsanwalt zur Rechtsberatung,
- Steuerberater zur Finanzberatung.

Diese Stabsstellen haben keine Anordnungs- und Entscheidungsbefugnis, die liegt bei der Führungskraft.

Vorteile:
- ☺ Die beratenden Spezialisten bieten bessere Entscheidungsgrundlagen,
- ☺ die Führungskräfte werden in der Entscheidungsfindung entlastet,
- ☺ die Verantwortungsbereiche sind klar aufgeteilt,
- ☺ Außenstehende sind nicht „betriebsblind“ und dadurch objektiver.

Nachteile:
- ☹ Spezialisten sind teuer und meist nur von Großbetrieben finanzierbar,
- ☹ Stäbe neigen gerne dazu, auf Grund ihres Fachwissens die Führung in dem Bereich übernehmen zu wollen,
- ☹ Stäbe können sich gegen Linien-Instanzen nicht durchsetzen.

ORGANISATIONSFORM: STABLINIENSYSTEM

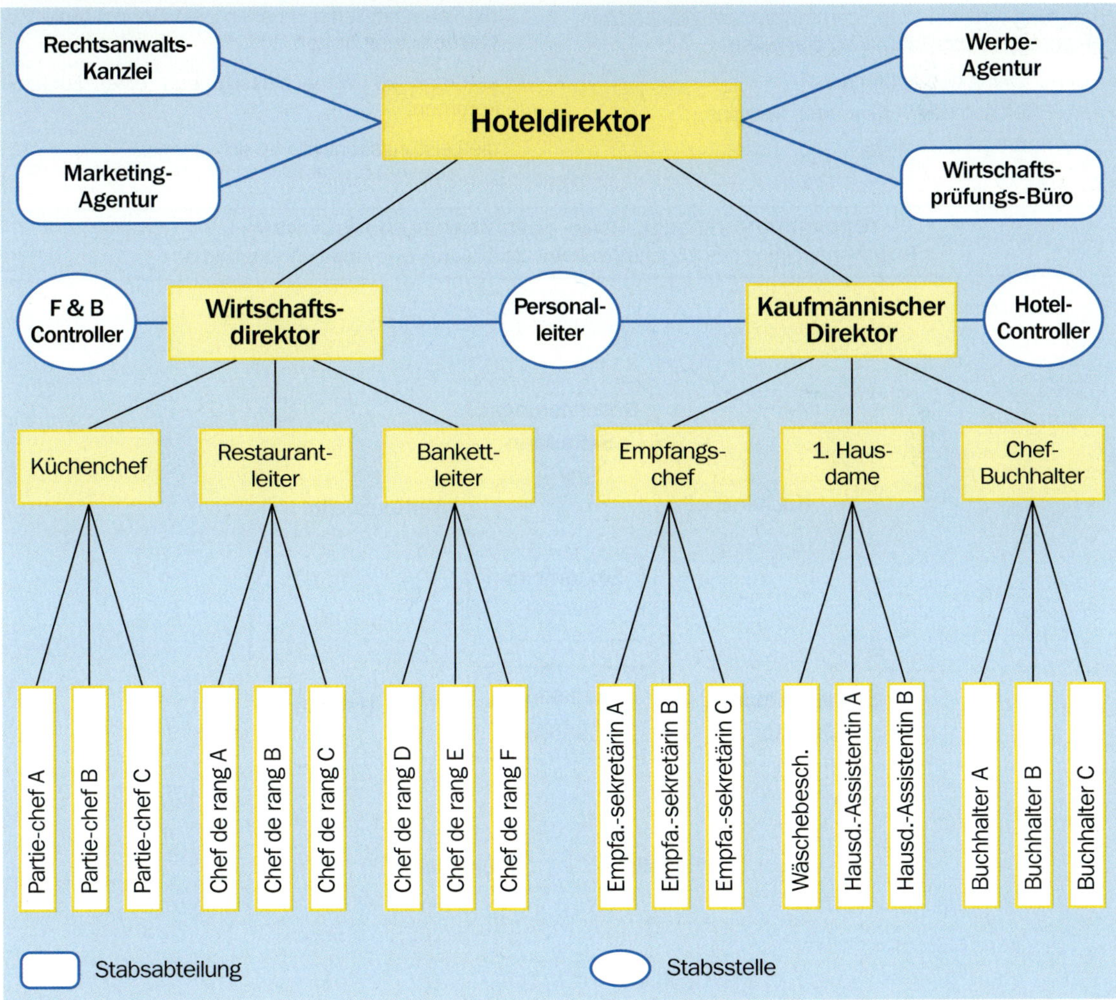

Team- oder Kooperationssystem

Mitarbeiter mit unterschiedlichen Kenntnissen aus verschiedenen Abteilungen eines Betriebes sowie Stabsstellen-Inhaber bilden eine Arbeitsgruppe zur Erreichung eines gesetzten Zieles. Sie kooperieren im Team. Je nach Aufgabenstellung werden die Mitglieder des Teams von der Unternehmensführung befristet berufen.

Im Team sind alle Mitglieder gleichgestellt, es gibt keinen Team-Vorgesetzten. Die Führung des Teams ist nicht an eine Person gebunden. Sie wird situationsbedingt dem Teammitglied anvertraut, das den besten Beitrag zur Problemlösung in dem bestimmten Bereich einbringen kann. Diese Art der Führung wird **situationelle Führung** genannt.

Die Teil- und Einzelaufgaben werden jeweils von demjenigen übernommen, der hierfür am besten geeignet ist. Das kann auch ein Stabsstellen-Inhaber sein, der bei dieser Organisationsform aktiv mitarbeitet und nicht mehr „nur" berät. Die Verantwortung für die Leistungserbringung wird von allen Teammitgliedern gleichermaßen getragen. Das Team wird aufgelöst:

- bei Erfüllung des Auftrags,
- bei Erreichen des vereinbarten Termins,
- bei Auftragsstornierung.

Vorteile:

- ☺ Optimale Lösungsfindung durch Spezialisten, auch bei schwierigen Aufgaben,
- ☺ leichtere Umsetzung der Arbeiten in der Linie, da die Teammitglieder aus den betroffenen Bereichen kommen und die Schwierigkeiten schon im Vorfeld beseitigen,
- ☺ besserer Zusammenhalt im Betrieb wird durch Teamwork gefördert,
- ☺ sehr große Motivation bei den Teammitgliedern.

Nachteile:

- ☹ Durch die Teammitarbeit kann es am angestammten Arbeitsplatz der Teammitarbeiter zu Lücken in den Abläufen kommen,
- ☹ die Teammitglieder müssen in der Linie vertreten werden,
- ☹ die Teammitglieder müssen eine Doppel- oder Zusatzbelastung tragen,
- ☹ es kann zu Vernachlässigungen einer Funktion kommen,
- ☹ die Leistungskontrolle ist schwieriger.

ORGANISATIONSFORM: TEAM- ODER KOOPERATIONSSYSTEM
z. B. zur Vorbereitung des 25-jährigen Betriebsjubiläums eines Industrie-Konzerns

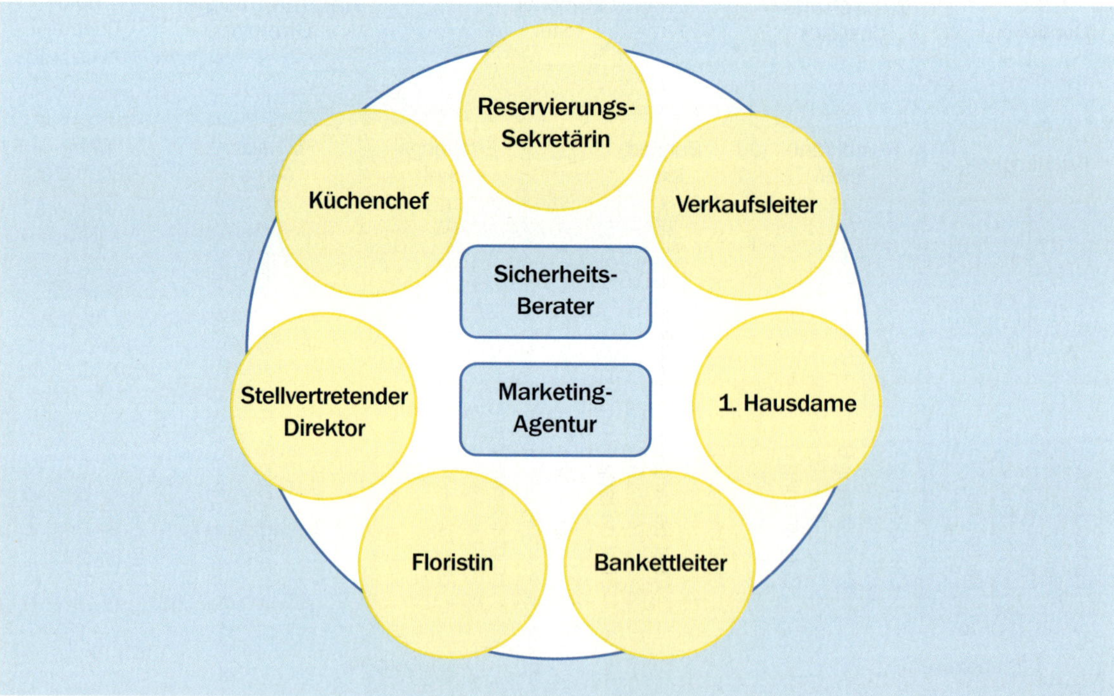

Betriebsorganisation

Aufgaben

1 Nennen Sie drei Ziele des Organisierens im Betrieb.

2 Geben Sie acht Beispiele für Organisationsfragen, wie sie sich im gastronomischen Betrieb häufig stellen.

3 Wie heißen die beiden Wirtschaftlichkeits-Prinzipien? Erklären Sie diese.

4 Woran erkennt man eine betriebliche Über- und eine Unterorganisation?

5 Erklären Sie den Begriff „Improvisation" in der Betriebsorganisation.

6 Wann kann Improvisation erforderlich werden und wie sollte sie reduziert werden?

7 Was bedeutet „disponieren" im betrieblichen Geschehen?

8 Worin unterscheiden sich Stelle, Abteilung und Instanz?

9 Welche Aufgaben erfüllt eine Stabsstelle und welche Rechte hat sie?

10 Welche Angaben kann man einem Stellenbesetzungsplan entnehmen?

11 Definieren Sie, was eine Stellenbeschreibung ist.

12 Welche Angaben enthält eine vollständige Stellenbeschreibung?

13 Zählen Sie acht Vorteile auf, die die Organisation eines Betriebes mit Hilfe von Stellenbeschreibungen hat.

14 Was versteht man unter einer Betriebs-Organisations-Analyse?

15 Wie nennt man die graphische Darstellung der Aufbau-Organisation eines Betriebes?

16 Worin unterscheiden sich Stellenbesetzungsplan und Organigramm?

17 Welche Punkte beinhaltet eine Ablauf-Organisation?

18 Wie heißen die vier Modelle der betrieblichen Organisationsformen?

19 Wodurch unterscheidet sich das Stabliniensystem vom Liniensystem und welche Vorteile hat dieses?

20 Was versteht man unter einer „situationellen Führung"?

Lösungen der Aufgaben von Seite 395 (Die Menüs weisen folgende Fehler auf)

Menü 1 2 × Sellerie; 4 × gebundene Speisen bzw. Saucen; Sättigungsbeilage vor Gemüse benannt

Menü 2 4 Menügänge dunkel; 5 × gebundene Suppe, Saucen bzw. Dessert; Menü zu üppig

Menü 3 Reihenfolgefehler (Zwischengericht vor Suppe); 2 × Geflügelleber; 2 × Eier (Sauce und Suppe)

Menü 4 Reihenfolgefehler (Suppe vor Avocado); alle Speisen zu hell; 2 × Creme bzw. Rahm; 2 × Blumenkohl; Sprachgemisch (Dubarry statt Blumenkohl)

Menü 5 2 × Pfannkuchen; 2 × Tomaten (auch in Garnitur nach Tiroler Art); Sprachgemisch (Pfannkuchenstreifen, Zwischenrippenstück)

Menü 6 4 × gebundene Suppe, Saucen bzw. Dessert; 2 × Frittiertes

Restaurantorganisation

Unter dem Begriff Organisation wird das gesamte planerische Handeln eines Betriebes zusammengefasst. Gründliche Planung von Arbeit und sorgfältige Diensteinteilung sind wichtige Voraussetzungen für reibungslose Betriebsabläufe. Unvorhergesehene Situationen erfordern aber auch die Bereitschaft zur Improvisation.

Bei einer guten Organisationsstruktur ist jeder Mitarbeiter informiert, von wem er Anordnungen entgegennehmen muss, wem gegenüber er verantwortlich ist und bei wem er in besonderen Situationen Auskünfte und Hilfe erhält (s. S. 501).

1 Die Servicebrigade

service team
la brigade de service

Damit für den Gast die Dienstleistungsaufgaben der Servicefachkräfte im Restaurant reibungslos ablaufen, ist es nötig, Stellen und Funktionen im betrieblichen Ablauf festzulegen. Wichtig dabei sind klare Aussagen über Unterweisungs- und Anweisungsbefugnisse sowie die betriebliche Überstellung und Unterstellung aller Mitarbeiter.

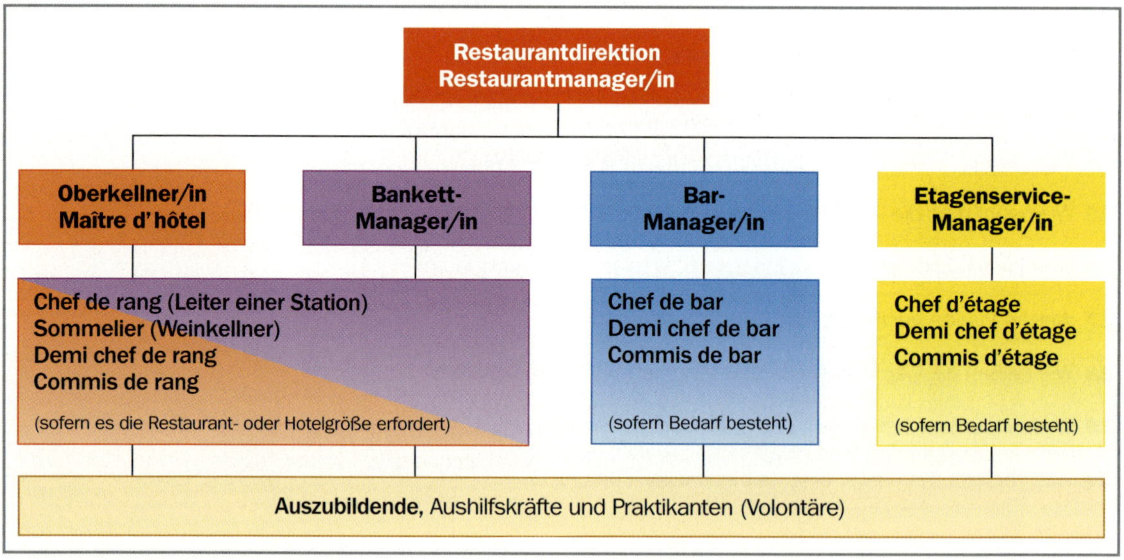

1.1 Stellenbeschreibungen

job descriptions
le descriptif de postes

Die Stellenbeschreibungen stehen in enger Beziehung zur Aufbauorganisation eines Betriebes.

Neben den folgenden, spezifischen Beschreibungen haben alle im Service tätigen Mitarbeiter die grundsätzliche Aufgabe, Gäste freundlich zu empfangen, ihnen einen Tisch anzuweisen, sie fachgerecht, wenn nötig auch in einer Fremdsprache zu beraten und zuvorkommend zu bedienen.

Restaurantmanager / in

Neben einer gründlichen Fachausbildung ist eine zusätzliche Qualifikation Hotelbetriebswirt/in wünschenswert.

Der Aufgabenbereich umfasst:

- Oberster Repräsentant/in und Verantwortliche/r für den gesamten Restaurant- und Servicebereich,
- Verantwortung gegenüber der Hotelgesellschaft bzw. der Geschäftsleitung,

- Enge Zusammenarbeit mit Küche und Rezeption,
- Erarbeitung von Speise- und Menükarten in Teamarbeit mit dem Küchenchef,
- Genehmigung von Dienst- und Urlaubsplänen,
- Organisation und Durchführung von Mitarbeiterschulungen,
- Organisation des Frühstücks- und des à la carte-Services,
- Planung des Personaleinsatzes und Verteilung der Servicestationen,
- Zuständigkeit für den Bankettbereich in Betrieben ohne eigene Bankettabteilung.

Bankett-Manager / in

(nur bei gesonderter Bankettabteilung s. S. 550)

Oberkellner / in – Maître d' hôtel

Diese Position ist dem Restaurantmanagement unterstellt und den anderen Servicemitarbeitern überstellt.

Zu den fachlichen Anforderungen gehören:

- Beherrschen von mindestens zwei Fremdsprachen, vorbildliche Umgangsformen, Kontaktfreudigkeit, Organisationstalent, Menschenkenntnis, Verhandlungsgeschick sowie Personalführung,
- Kenntnisse im Arbeiten am Tisch des Gastes wie Tranchieren, Flambieren, Filetieren und Herstellung von Mixgetränken,
- Stellvertreter/in des Restaurantmanagements,
- Erfolgreich abgelegte Meisterprüfung.

Der Aufgabenbereich umfasst:

- Entgegennahme von Tischreservierungen,
- Führung von Verkaufsgesprächen mit Menüabsprachen und Weinberatung,
- Erstellung von Dienst- und Urlaubsplänen und Überwachung des fachgerechten Services,
- Unterweisung und Betreuung der Auszubildenden.

Chef de rang

Der Chef de rang ist dem Maître d' hôtel unterstellt und den Demi chefs, Commis und anderen Servicemitarbeitern überstellt.

Zu den fachlichen Anforderungen gehören:

- eine abgeschlossene Fachausbildung sowie die Ausbildereignungsprüfung,
- Fremdsprachenkenntnisse,
- gepflegtes Aussehen und gute Umgangsformen.

Der Aufgabenbereich umfasst:

- Vorbereitung des Service (Mise en place),
- Beratung der Gäste und Verkauf von Speisen und Getränken,
- Bestellungsaufnahme und Bonieren,
- Servicedurchführung, im Bedarfsfall Tranchieren, Flambieren, Filetieren und Flaschenweinservice,
- Abrechnen mit Gästen und Betrieb,
- Anleiten und Kontrollieren der Mitarbeiter.

Sommelier (Weinkellner)

Der Sommelier arbeitet in der Position eines Chef de rang und hat sich besondere Weinkenntnisse angeeignet. Er betreut den Weinkeller und ist für die Weinpflege zuständig. Im Restaurant nimmt er persönlich bei der Gästeberatung die Weinempfehlungen vor. Von ihm wird der Flaschenweinservice durchgeführt.

Demi chef de rang

Der Demi chef unterscheidet sich vom Chef de rang lediglich dadurch, dass er eine kleinere Station betreut und somit weniger Verantwortung zu tragen hat.

Seine Position ist die Übergangsstufe vom Commis zum Chef de rang.

Commis de rang

Der Commis untersteht dem Chef de rang oder dem Demi chef. Er nimmt von ihnen Anweisungen entgegen und arbeitet ihnen zu. Er ist berechtigt, Aushilfskräften und Auszubildenden Anweisungen zu erteilen.

Zu den fachlichen Anforderungen gehören:

- Erfolgreicher Abschluss einer Fachausbildung,
- gepflegtes Aussehen und gute Umgangsformen,
- wünschenswert ist die Ausbildereignungsprüfung.

Der Aufgabenbereich umfasst:

- Mitarbeit beim Eindecken der Tische und Tafeln,
- Herrichten von Servicetischen,
- Getränkeservice vornehmen,
- Auftragen und Vorlegen von Speisen,
- Abräumen des Geschirrs,
- Unterstützung des Chef de rang bei besonderen Serviervorgängen.

Auszubildende im Restaurantbereich

Sie müssen ihre Ausbildung in allen Bereichen des Service und möglichst wechselnd an der Seite von allen Servicemitarbeitern einschließlich der Restaurantleitung erhalten.

2 Organisation

organization
l'organisation (w)

Das Betriebsgeschehen ist im Gastgewerbe einerseits darauf ausgerichtet, den Gast mit guten Leistungen zufriedenzustellen, andererseits für das Unternehmen den größtmöglichen wirtschaftlichen Erfolg zu erzielen.

2.1 Eckpunkte zur Organisation

main points for organization
les points (m) princiaux de l'organisation

Bei den vielfältigen Aufgaben zur Organisation im Restaurant sollten nachfolgende Eckpunkte berücksichtigt werden:

- Öffnungszeiten des Betriebes
- Arbeitsbeginn und Arbeitsende
- Zu verrichtende Tätigkeiten
- Aufgaben und Arbeitsverteilung
- Zur Verfügung stehende Einrichtung und Geräte
- In Frage kommende Räumlichkeiten
- Entscheidungsbefugnis, Kompetenz
- Verantwortungsbereich
- Zielsetzung

2.2 Ablauforganisation

methods and procedures
l'organisation (w) fonctionnelle

Das Geschehen im gastgewerblichen Betrieb ist durch eine Vielzahl von Abläufen und Vorgängen gekennzeichnet. Sie werden in einfache und komplexe Abläufe eingeteilt.

Beispiele einfacher Abläufe:

- Eindecken einer Festtafel,
- Präsentieren und Öffnen einer Flasche Wein,
- Entgegennehmen von Tischreservierungen,
- Empfangen und Begrüßen eines Gastes,
- Anfordern von Tischwäsche.

Beispiele komplexer Abläufe:

- Vorbereiten eines kalten Büfetts,
- Vorbereiten und Durchführen eines Banketts,
- Vorbereiten/Durchführen einer Spezialitätenwoche,
- Durchführen der Jahresinventur.

Es ist unerlässlich, Abläufe so genau wie möglich zu organisieren und zu planen. Ansonsten würden die Einzeltätigkeiten in vielen Fällen planlos und willkürlich neben- und nacheinander erledigt werden. Wichtige Tätigkeiten würden vielleicht vergessen oder nicht im richtigen Ablauf koordiniert.

Für Bedarfsermittlungen, wie z. B. die Zahl der benötigten Mitarbeiter, empfiehlt es sich, die tägliche Anzahl der Gäste schriftlich zu erfassen und statistisch auszuwerten. So wird festgehalten, wie viele Gäste an den einzelnen Wochentagen das Restaurant zur Mittagszeit oder zum Abendservice besucht haben.

Aus diesem Ergebnis kann man **Erfahrungswerte** ableiten.

Beispiel für die Berechnung eines Mitarbeiterbedarfs für ein à la carte-Restaurant mit 100 Sitzplätzen an 25 Tischen, die mit 2, 4 und 6 Personen besetzt werden können:

Formelbeispiel für den Abendservice:	
Plätze im Restaurant	100
abzüglich der Reservierungen	30
freie Platzkapazitäten	70
70 : 1,5 (Erfahrungswert) =	47
plus Reservierungen	30
zu erwartende Gästeanzahl	**77**

Bei der Festlegung des benötigten Bedarfs an Mitarbeitern muss auch die Qualität des Services in die Überlegungen und Entscheidungen einbezogen werden:

3	Mitarbeiter bei einfachem Tellerservice mit einfachem Getränkeservice,
4	Servicekräfte bei Tellerservice mit Flaschenweinangebot
5	Servicekräfte bei Vorlegeservice mit Weinservice
6 – 7	Fachkräfte bei besonders aufwendigem Service mit Tranchieren, Flambieren oder Filetieren am Tisch des Gastes und Weinservice durch einen Sommelier.

Beispiel eines grob strukturierten Organisationsplanes für ein à la carte-Restaurant mit 100 Sitzplätzen:

Vorbereitungsarbeiten (mise en place)

- Servicetisch herrichten, Materialien bereitstellen
- Tische je nach Mahlzeit oder Angebot eindecken
- Speisekarten mit Menüangebot versehen.

Servicedurchführung

- Gäste freundlich empfangen, begrüßen und zum Tisch begleiten
- Speise- und Getränkekarten aushändigen und gleichzeitig Aperitif anbieten
- in einem Verkaufsgespräch Gäste beraten

- Bestellung aufnehmen, bonieren und weiterleiten
- Getränke und Speisen servieren
- Abservieren des Geschirrs
- Dessert, Kaffee und Digestif anbieten
- Abrechnen mit dem Gast und Verabschiedung
- Vorbereitung der Tische des Restaurants für einen neuen Service, Abrechnen mit dem Betrieb.

2.3 Erstellen von Organisationsplänen

preparing of organization plans
la préparation des plans d'organisation

Organisationspläne werden für die verschiedenartigsten Zwecke erstellt und dienen dazu, dass Arbeiten reibungslos, sachgerecht und reklamationsfrei ablaufen.

Beispiele

Reservierungsplan (s. S. 452)

- Wie viele Tische sind an einem bestimmten Tag bereits belegt?
- Wie viele Plätze stehen noch für weitere Reservierungen zur Verfügung?

Veranstaltungsplan (s. S. 551)

- An welchem Tag werden in welchen Räumen Veranstaltungen durchgeführt?
- Welchen Zeitrahmen haben die Veranstaltungen?
- Welche Räumlichkeiten stehen noch zur Verfügung?

Tafelorientierungsplan (s. S. 556)

- Welcher Bereich einer Fest- oder Banketttafel wird welcher Servicefachkraft zugeordnet?

Dienstplan

- Welcher Mitarbeiter hat wo und wann Dienst?
- Wann ist das Einstellen von Aushilfskräften notwendig?

Dienstpläne werden als Wochenpläne erstellt, wobei für die personelle Besetzung im Arbeitsbereich Service ausschlaggebend sind:

- die Anzahl der zu erwartenden Gäste im Restaurant oder die Hotelbelegung z. B. für das Frühstück,
- Umfang der Leistungen und des Arbeitsaufwandes,
- die vom Betrieb erarbeiteten Leistungsmaßstäbe,

Wochendienstplan für Restaurantfachleute

Tag/Datum	Montag 6.		Dienstag 7.		Mittwoch 8.		Donnerstag 9.		Freitag 10.		Samstag 11.		Sonntag 12.	
	Frühst. Mittag	Abend	Frühst. Mittag	Abend	Frühst. Mittag	Abend	Frühst. Mittag	Abend	Frühst. Mittag	Abend	Frühst. Mittag	Abend	Frühst. Mittag	Abend
Gedecke (Prognose)	140	120	240	60	160	55	240	60	130	45	240	150	320	120
Leistungsmaßstab	50	30	50	30	50	30	50	30	50	30	50	30	50	30
Personalbedarf	3*	4	5	2	4	2*	5	2	3*	2*	5	5	6	4
Personaleinsatz 1	Früh			frei	Früh		Früh		Früh		Früh		Früh	
2	Früh		Früh			frei	Früh		Früh		Früh		Früh	
3		Spät	Früh			frei	Früh			Spät	Früh		Früh	
4		Spät	Früh		Früh			frei		Spät		Spät		Spät
5		Spät		Spät		Spät		Spät		frei		Spät		Spät
6		Spät		Spät		Spät		Spät		frei		Spät		Spät
7	Früh		Früh		Früh		Früh		frei		Früh		Früh	
Aushilfe 1			A		A				A		A**	A	A	
2								A				A	A**	A
Personal im Dienst	3	4	5	2	4	2	5	2	3	2	5	5	6	4
frei		–		1		2		1		2		–		–

* mindestens 2 Bedienungen ** nur für Frühstück

Restaurantorganisation

Urlaubsplan

Jeder Arbeitnehmer hat Anspruch auf Urlaub. Um einerseits den reibungslosen Ablauf im Betrieb sicherzustellen, andererseits den Urlaubswünschen der Mitarbeiter entgegenzukommen, müssen diese langfristig geplant, koordiniert und in Urlaubsplänen festgehalten werden.

Im Zusammenhang mit der Erstellung von Dienstplänen sind Urlaubspläne eine wichtige Organisationsgrundlage.

Vertretungsplan

Krankheit und vielfältige andere oft unvorhersehbare Ereignisse sind Gründe, bei denen es zum Ausfall von Mitarbeitern kommt. Zur Aufrechterhaltung der Betriebsbereitschaft werden in solchen Fällen kurzfristig Vertretungspläne erstellt.

Mitarbeitern, die sich zur Vertretung bereit erklären, werden die zusätzlichen Arbeitszeiten gutgeschrieben.

Ist das nicht möglich, müssen Aushilfskräfte eingesetzt werden.

Urlaubsplan für das Jahr .... Abteilung: ....

Name	Monate								Arbeitstage		
	Jan	Feb	Mar	Apr	Mai	Jun	Jul	Aug	Anspruch	erhalten	Rest +/–
Andor V.	25.–	05.					23.–	03.	30	20	+10
Batic S.					20.–	14.			15	18	–03
Grams I.		12.–	10.						30	20	+10
Klever J.	30.–	11.							18	10	+08
Patula F.				26.–	10.				20	11	+09
Schmid I.									20		
Simson N.									21		
Weber W.							31.–	12.	20	06	+14
Zumdik K.			27.–	17.					15	15	0

Aufgaben

1 Erklären Sie an Beispielen den Begriff Organisation.

2 Beschreiben Sie den Unterschied zwischen einfachen Abläufen und komplexen Abläufen.

3 Nennen Sie die Grundlagen für das Erstellen von Dienst-, Urlaubs- und Vertretungsplänen.

4 Sie erhalten den Auftrag eine Woche lang die Organisation des Restaurants zu übernehmen. Um dies zufriedenstellend und sicher bewerkstelligen zu können, sollten Sie nach den im Text genannten Eckpunkten vorgehen. Fertigen Sie nach Ihren Möglichkeiten schriftlich einen Organisationsplan für ein à la carte-Restaurant.

5 Erstellen Sie nach dem grob strukturierten Organisationsplan von Seite 512 einen Plan, der im Detail deutlicher strukturiert ist.

Getränkepflege und -verkauf

„Anregend und genussreich, mit viel Stoff und Fülle“! – Die Schaffung von Weinatmosphäre ist ein erster Schritt, das Vertrauen der Gäste zu gewinnen und hinterlässt bei diesen das Gefühl, gut beraten zu sein. Um ein guter Berater und somit auch ein guter Verkäufer zu werden, muss man sich mit der Materie gründlich befassen. Dazu gehört auch das harmonische Zusammenspiel von edlen Speisen und Menüs mit Wein.

1 Wein

wine
le vin

Abb. 1: Deutsche Weinlandschaft

Ergänzend zum Kapitel Getränkekunde (s. S. 197) werden weitere Gesichtspunkte zu deutschen Weinen aufgezeigt.

Bedeutende Weinorte im deutschen Weinbau

In den folgenden Übersichten sind die **Weinorte** den jeweiligen bestimmten Anbaugebieten (b. A.) zugeordnet. Außerdem sind die für das jeweilige Anbaugebiet typischen **Rebsorten** genannt.

Ahr *Spätburgunder, Portugieser, Riesling*

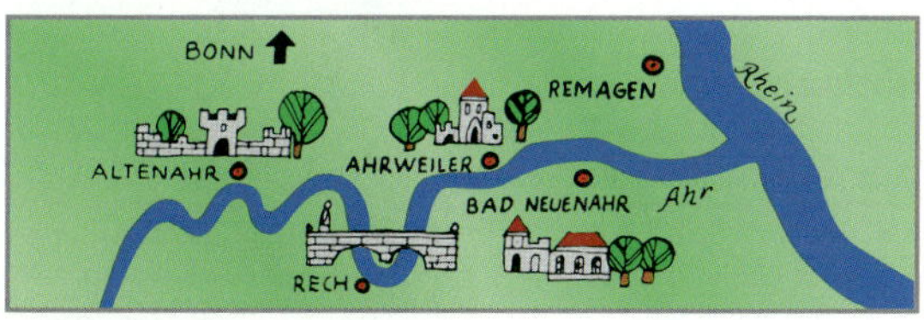

Altenahr
Marienthal
Mayschoß
Walporzheim
Dernau
Ahrweiler

Mosel-Saar-Ruwer *Riesling, Elbling*

Zell
Ürzig
Graach
Piesport
Ockfen
Erden
Kröv
Bernkastel
Trittenheim
Grünhaus
Traben-Trarbach
Wehlen
Brauneberg
Wiltingen
Eitelsbach

Mittelrhein *Riesling, Müller-Thurgau*

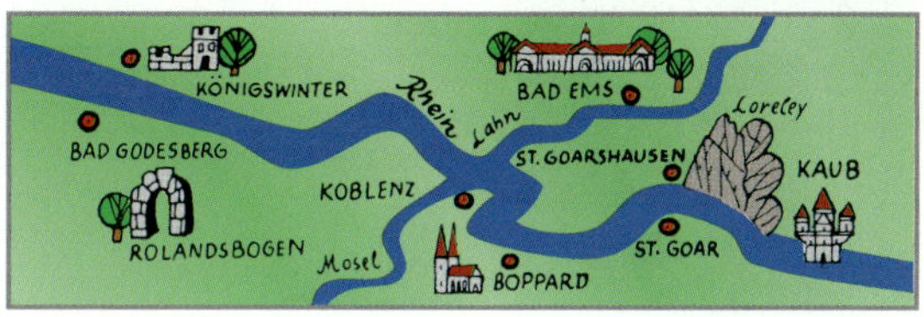

Boppard
Bacharach
St. Goar
Kaub
St. Goarshausen
Oberwesel

Rheingau *Riesling, Müller-Thurgau, Spätburgunder*

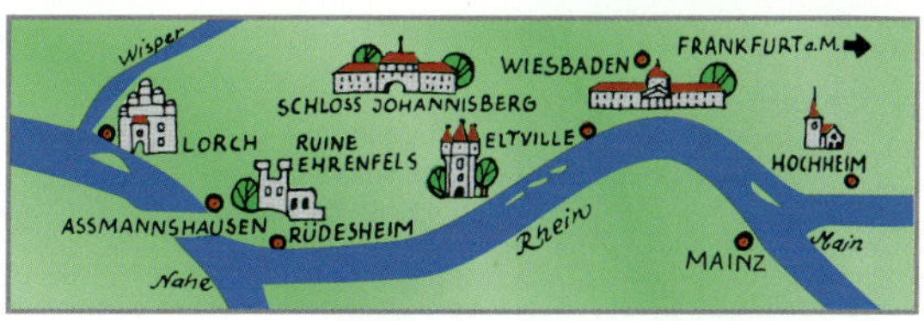

Lorch
Johannisberg
Kiedrich
Aßmannshausen
Oestrich
Rauentahl
Rüdesheim
Hallgarten
Hochheim

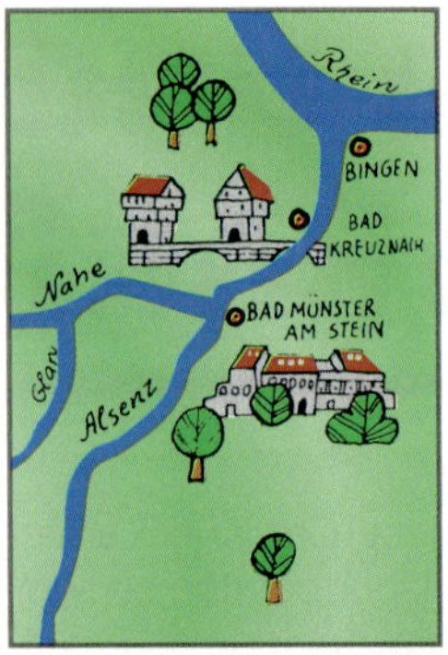

Nahe *Müller-Thurgau, Silvaner, Riesling*

Bad Kreuznach
Schloßböckelheim

Rheinhessen *Silvaner, Müller-Thurgau, Riesling, Portugieser*

Bingen
Ingelheim
Nierstein
Oppenheim
Bechtheim

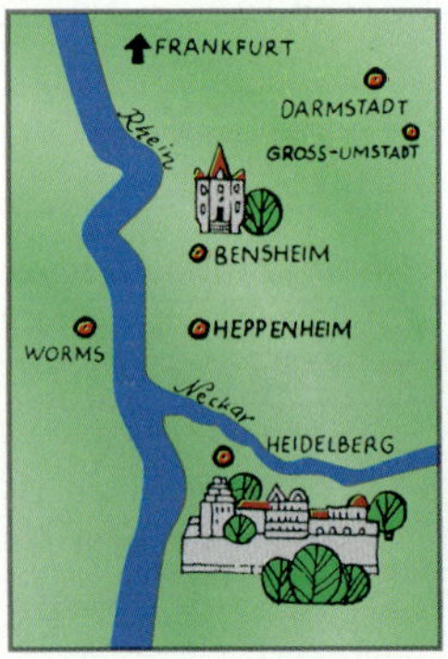

Hessische Bergstraße *Riesling, Müller-Thurgau, Silvaner*

Bensheim
Heppenheim

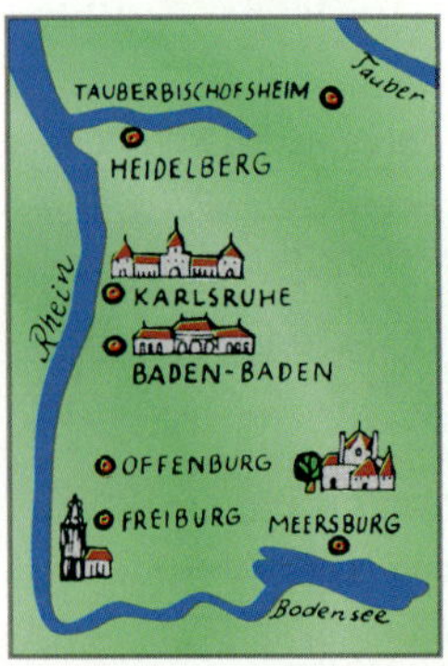

Baden *Müller-Thurgau, Spätburgunder, Ruländer, Gutedel*

Königshofen
Weinheim
Tiefenbach
Sasbachwalden
Kenzingen
Ihringen
Achkarren
Mülheim
Meersburg

Württemberg *Riesling, Trollinger, Müller-Thurgau, Silvaner*

Niedernhall
Weikersheim
Flein
Weinsberg
Bad Cannstatt
Schnait

Pfalz

Müller-Thurgau, Silvaner, Riesling, Portugieser

Kallstadt ***Forst*** ***Bad Dürkheim*** ***Wachenheim***
Maikammer ***Deidesheim*** ***Ruppertsberg***

Franken *Silvaner, Müller-Thurgau*

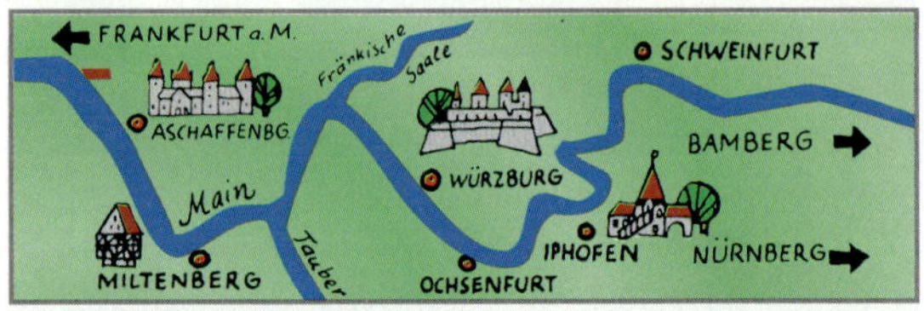

Klingenberg ***Sommerach*** ***Randersacker***
Würzburg ***Iphofen*** ***Escherndorf***

Saale-Unstrut *Müller-Thurgau, Weißburgunder, Silvaner, Ruländer*

Naumburg
Freyburg

Sachsen *Müller-Thurgau, Weißburgunder*

Radebeul
Meißen

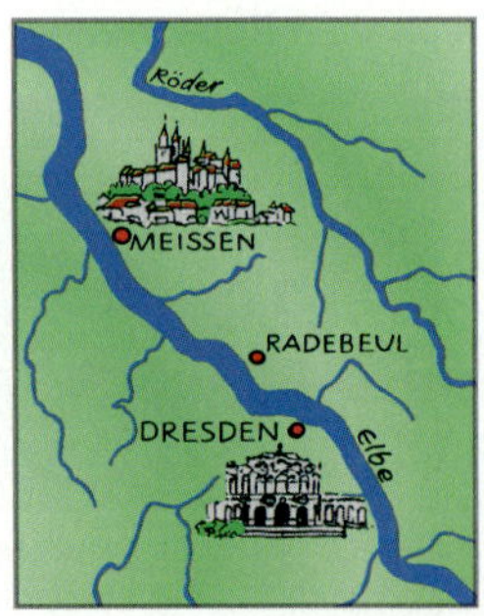

Etikettierung deutscher Weine

Die Weinetiketten enthalten vorgeschriebene sowie zulässige Angaben über den Wein.

Vorgeschriebene Angaben

Die Etiketten müssen unabhängig von den unterschiedlichen Güteklassen in jedem Fall enthalten:

- das Nennvolumen (Menge des Flascheninhalts),
- den Alkoholgehalt (in %vol),
- den Namen (Firma) des Abfüllers sowie den Gemeindenamen seines Hauptsitzes oder den Namen des tatsächlichen Abfüllortes,
- den Erzeugerstaat bei Versand in andere Länder.

Spezielle vorgeschriebene Angaben sind: Deutscher **Tafelwein** oder **Landwein**; **Qualitätswein** b.A. oder **Qualitätswein mit Prädikat** (s.S. 203).

Zulässige Angaben

- Eine engere geografische Herkunftsangabe, z.B.:

Bereich	→	nur bei Land- und Qualitätswein
Gemeinde und Lage	→	nur bei Qualitätswein
Weinbaugebiet od. Untergebiet	→	speziell für Tafelwein

- höchstens zwei Rebsorten und der Jahrgang,
- Geschmacksangaben wie trocken, halbtrocken, lieblich, süß
- Weingut, Erzeugerabfüllung, Weinhändler, Winzer, Importeur, Burg, Domäne, Kloster, Schloss, Stift
- Prämierungen und Gütezeichen.

Bei den Angaben „Jahrgang", „Rebsorte", „Weinort" und „Lage" müssen die namengebenden Anteile **85%** betragen.

Beispiele für die Gestaltung von Weinetiketten unter Berücksichtigung der gesetzlichen Vorschriften:

Verpflichtende Angaben sind **schwarz** gedruckt.
Zusätzliche, zulässige Angaben sind **grün** gedruckt.

Mostgewicht und Anreicherung des Mostes

Der Zuckergehalt der Weintrauben/des Mostes ist ein wichtiges Kriterium im Hinblick auf den herzustellenden Wein. Hoher Zuckergehalt im Traubenmost deutet darauf hin, dass die klimatischen Bedingungen des Jahres gut waren, die Trauben einen hohen Reifegrad erreicht haben und deshalb auch in reichlichen Mengen Duft- und Geschmacksstoffe gespeichert wurden. All das sind Voraussetzungen für einen ausgezeichneten Wein.

Qualitätsweine und Öchslegrade

Für Weine, die als Qualitätsweine zugelassen werden sollen, sind Mindesthöhen für das Mostgewicht vorgeschrieben:

Qualitätswein b.A.	→ 50 bis 72° Öchsle
Qualitätswein mit Prädikat	
– Kabinett	→ 67 bis 82° Öchsle
– Spätlese	→ 76 bis 90° Öchsle
– Auslese	→ 83 bis 100° Öchsle
– Beerenauslese	→ 110 bis 128° Öchsle
– Trockenbeerenauslese	→ 150 bis 154° Öchsle
– Eiswein	→ 110 bis 128° Öchsle

Anreichern des Mostes

Anreichern (Chaptalisation) bedeutet **Zugabe von Zucker zum Mos**t vor dem Vergären. Das ist laut Gesetz mit Ausnahme bei den Qualitätsweinen mit Prädikat grundsätzlich erlaubt, wenn die Öchslegrade aufgrund ungünstiger Witterungsbedingungen nicht ausreichen, um einen harmonischen und haltbaren Wein zu gewinnen. Die Höhe der Anreicherung ist gesetzlich geregelt, darf aber, wie schon angedeutet, bei Prädikatsweinen nicht angewendet werden. Bei diesen wird vorausgesetzt, dass sie von Natur aus entsprechende Mengen Zucker enthalten.

Amtliche Qualitätsprüfung der Weine

Sie umfasst 3 Stufen und beginnt mit der Ernte der Trauben und endet mit einer Beurteilung des fertigen Weins.

Lese- und Reifeprüfung

Die Absicht, einen Qualitätswein herzustellen ist meldepflichtig. Je nach beabsichtigter Qualitätsstufe müssen die dafür vorgesehenen Trauben den vorgeschriebenen Reifegrad erreicht haben und dürfen erst nach dem amtlich festgelegten Lesetermin geerntet werden.

Analytische Prüfung

Im einem amtlich zugelassenen Labor prüft man den fertigen Wein auf den mengenmäßigen Gehalt an **Alkohol, Extraktstoffen, Zucker** und **Säure.** Das positive Ergebnis der Analyse dient der abschließenden Bewertung des Weins.

Sinnenprüfung

Fachlich geschulte Prüfer verkosten die nur mit einer Nummer versehenen Weine. Hier wird die endgültige Entscheidung über die Güteklasse getroffen.

Als Prüfungsmerkmale gelten zunächst:

- Rebsorte und Herkunft,
- Prädikat
- Farbe und Klarheit,
- Ausbau im Barriquefass (Eichenfass).

Fällt auch hier eine positive Entscheidung wird der Wein nach **Geruch**, **Geschmack** und **Harmonie** bewertet.

Nur die Weine, die bei allen drei Merkmalen die vorgegebenen Mindestwerte erreichen oder übertreffen erhalten die „Amtliche Prüfungsnummer" zuerkannt.

Sie besagt im Einzelnen:

5 381 123 002 03

- 03 → Jahr der Prüfung
- 002 → Nr. des geprüften Weins
- 123 → Abfüllbetrieb/Erzeuger
- 381 → Ort der Herstellung
- 5 → Prüfstelle

Besondere Auszeichnungen für deutsche Weine

Sofern sich Qualitätsweine über die Punktbewertung der amtlichen Prüfung hinaus auszeichnen, können für sie besondere Gütezeichen und Prämierungen verliehen werden.

Auszeichnung	Mindestpunktzahl
Amtliche Prüfnummer	→ 1,5
Gütezeichen	→ 2,5
Prämierungen	→ 3,5

Probieren und Beurteilen der Weine

Die Beurteilung des Weines durch die amtliche Prüfstelle kann durch den Verbraucher in einer **Weinprobe** (Degustation) nachvollzogen werden.

Auch für das **Servierpersonal** sind solche **Proben von Bedeutung**, weil sie dazu befähigen, den Gast entsprechend zu beraten.

Grundlage für das Beurteilen sind die Wahrnehmungen durch die Sinnesorgane.

1.1 Verkauf von Wein

wine selling — la vente de vin

Weinverkauf ist Vertrauenssache. Der Gast erwartet, dass Empfehlungen der Wahrheit entsprechen. Die Restaurantfachkräfte sollten sich deshalb eine gewisse Weinerfahrung aneignen. Dabei ist es vorteilhaft, Eigeninitiative zu entwickeln durch:

- das Lesen von einschlägiger Fachliteratur,
- den Besuch eines Weinguts oder Weinseminars,
- die Teilnahme an einer Weinprobe.

Weinprobe

Weinproben laufen nach ähnlichen Regeln ab wie die Weinempfehlungen zu einem festlichen Menü.

- Zuerst werden herbe Weine und dann die lieblichen oder süßen Weine probiert.
- Die leichten vor den gehaltvollen Weinen.
- Werden verschiedene Weinarten probiert, so beginnt man mit den Weißweinen, geht dann über zu den Roséweinen sowie Weißherbst und verkostet zum Schluss die Rotweine.
- Die Weine müssen richtig temperiert sein.
- Zwischen den Proben neutralisiert man sein Geschmacksempfinden durch Wasser und Weißbrot.
- Vor dem Degustieren betrachtet man die Farbe und die Klarheit des Weines.
- Durch sachtes Schwenken des Weines im Glas reichert er sich mit Sauerstoff an und entfaltet dabei sein volles Bukett. Dieses kann man nun durch Riechen wahrnehmen.
- Bei der Verkostung schlürft man bedächtig den ersten Schluck, lässt ihn über die Zunge rollen und „kaut" ihn noch ein wenig. Dadurch kann man das ganze Aroma des Weines erschmecken, denn es werden alle Geschmackszonen der Zunge vom Wein berührt.

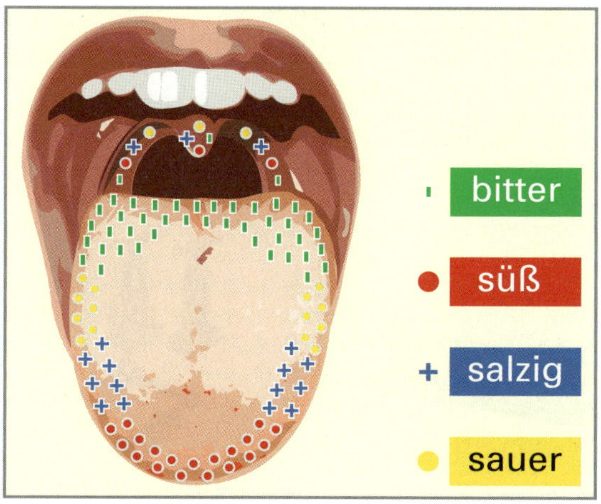

Abb. 1: Zunge mit Geschmackssektionen

Weinpflege

Ein wichtiger Aspekt neben der entsprechenden Temperierung des Weins ist die Lagerung. Sie erfolgt im Weinkeller in Regalen, die Luftzirkulation gewährleisten. In Betrieben ohne Weinkeller wird der Wein in klimatisierten Räumen gelagert.

Grundsätzlich müssen Wein- und Sektflaschen mit Naturkorken **liegend** gelagert werden, damit der Kork feucht und elastisch bleibt.

Richtig geordnete Weinregale sorgen für gute Übersicht und Kontrolle der vorhandenen Bestände.

Weinklimaschränke im Office oder in den Restaurants sorgen für eine gleichbleibende Temperatur. Die Weine sind so stets servierbereit.

Diese Schränke verfügen über unterschiedliche Temperierzonen. Somit werden gleichzeitig verschiedene Weinarten, vom Schaumwein bis zum Rotwein mit der jeweils passenden Serviertemperatur bereitgehalten.

Weinklimaschränke im Restaurant richtig platziert schaffen Weinatmosphäre und fördern Impulsentscheidungen der Gäste nach dem so genannten AIDA-Effekt.

Abb. 2: Wein- und Käseklimaschrank im Restaurant

Verkaufsgespräche sollten geplant sein und strukturiert ablaufen. Amerikanische Vertriebsfachleute haben die „AIDA-Verkaufsformel" erfunden, die die Struktur erfolgreicher Verkaufsgespräche auf den Punkt bringt:

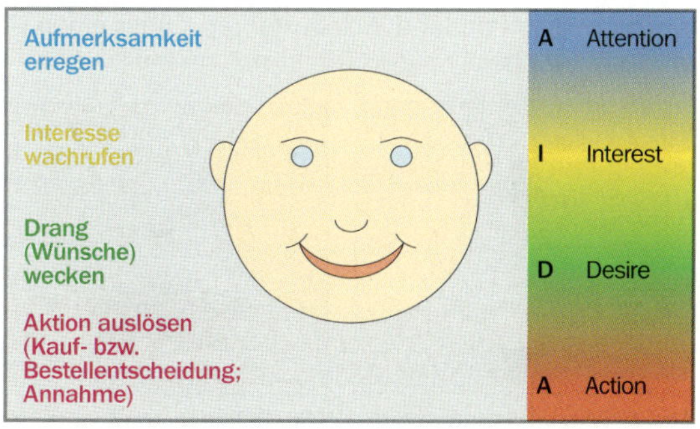

Abb. 3: Gesprächsablauf nach der AIDA-Formel

Getränkepflege

Voraussetzung für einen gezielten Weinverkauf ist ein fundiertes Wissen um die eigenen Weine und klare Argumentationen für die Beratung.

Ein Hilfsmittel hierfür ist die persönliche Erstellung einer Kurzbeschreibung, die folgende Punkte enthält:

Beispiele

2002 Chianti classico

Erzeugerland: Italien

Herkunft: Toscana, Chiantigebiet

Rebsorten: Sangiovese mit Canaiolo nero und Trebbiano Toscana

Wein: trockener Rotwein

Temperatur: 16 – 18 °C

Passt zu Wild, Braten und kräftigem Käse

Optimale Genussreife: 3 – 5 Jahre nach der Ernte

2002 Kapellener Kloster Liebfrauenberg, Spätlese

Erzeugerland: Deutschland

Herkunft: Pfalz, Bereich Südl. Weinstraße

Rebsorte: Kerner

Wein: Weißwein, lieblich bis süß

Temperatur: 10 – 12 °C

Passt zu milden Hauptgerichten von Lamm und Geflügel, Desserts, Gebäck

Optimale Genussreife: 3 – 5 Jahre nach der Abfüllung

2001 Château St. André Gigondas

Erzeugerland: Frankreich

Herkunft: Côtes du Rhône

Rebsorten: Grenache, Syrah und Muscardin

Wein: Rotwein, fein, kraftvoll füllig mit kräftigem Bukett, lagerfähig

Temperatur: 16 – 18 °C

Passt zu Wild, Braten, Grilladen, Käse

Optimale Genussreife: 3 – 5 Jahre nach der Ernte

2001 Fendant du Valais

Erzeugerland: Schweiz

Herkunft: Wallis / Sitten

Rebsorte: Gutedel

Wein: Weißwein, brillant, rund, trocken von ausgewogener Fruchtigkeit mit Aromen von gerösteten Mandeln

Temperatur: 10 – 12 °C

Passt als Aperitif und zu gebratenem Fisch, Hähnchen und Hartkäse

Optimale Genussreife: 1 – 3 Jahre nach der Ernte

Mit diesen optimalen Vorbereitungen wird der Weinservice auch für junge Restaurantfachkräfte sicher und problemlos ablaufen. Perfekte Hilfen des Weinservices sind Temperaturgaranten, die ohne Eis und störendes Wasser die vorhandene Weintemperatur über einen längeren Zeitraum halten sowie ein Degustierglas und Screwpull Korkenzieher.

Abb. 1: Temperaturgarant für Schlegelflaschen

Abb. 2: Temperaturgarant für Bocksbeutelflaschen

Abb. 3: Degustierglas

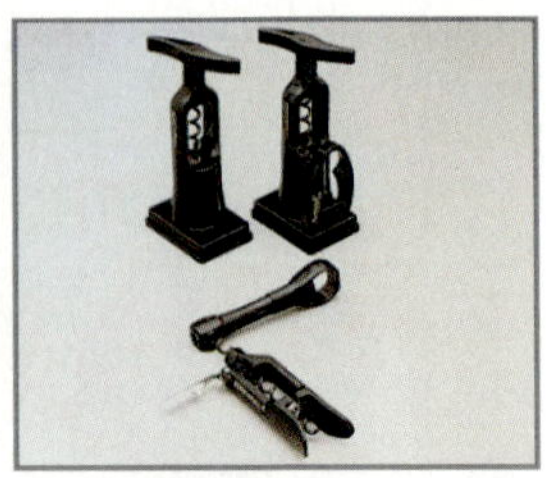

Abb. 4: Korkenzieher

1.2 Besondere Weinkenntnisse

particular knowledge of wine *la connaissance (w) particulière de vins*

Wein ist heute auf der ganzen Welt das klassische Getränk zu gepflegten Speisen und Menüs. Er muss sorgfältig und fachgerecht ausgewählt und auf die Speisen abgestimmt werden. Hierfür sind viel Übung und Erfahrung nötig. Dabei spielen vor allen Dingen die Geschmacksrichtung, der Duft, das Aroma, die Säure und das Bukett eine große Rolle. Bei der Harmonisierung von Wein und Speisen werden die nachfolgenden Tabellen hilfreich sein.

Weißweine

Rebsorte	Anbauländer	Farbe	Weincharakter	Körper	Speisenzuordnung
Riesling	Deutschland Frankreich USA Österreich	blassgelb mit zartem Grünstich	verhaltener Pfirsichduft, reifer Apfelgeschmack, feinfruchtig, betont rassig	leicht	Zarter Seefisch und fettarmer Flussfisch, gedünstet mit dezenten Saucen, Hähnchen in Riesling, Frischkäse
Müller-Thurgau, Rivaner	Deutschland Italien Österreich	hellgelb, eher blass	blumig duftend, zartes Muskataroma, sehr mild	mittel bis kräftig	Saftige Braten vom Schwein, fettreicher Süßwasserfisch, fettreicher Schnittkäse, Gemüsegerichte
Silvaner	Deutschland Frankreich	blass, fast wasserhell	sehr verhalten, je nach Boden z.B. erdig geprägt, mild bis feinrassig	mittel bis kräftig	gedünstete Süßwasserfische, Huhn, Kalb und Gekochtes vom Rind, milder Schnittkäse
Ruländer, Grauburgunder, Pinot Grigio, Tokay d'Alsace	Deutschland Italien Frankreich	goldgelb	deutlicher Duft, oft nach Honig, voller Geschmack, manchmal leichter Bittermandelton, mild bis feinrassig		Braten von Rind, Schwein, Kaninchen, Teigwarengerichte, reifer Käse, trockene Sorten zu Meeresfrüchten
Weißer Burgunder/ Chardonnay Pinot blanc	Deutschland Frankreich Österreich	blass bis hellgelb	entwickelt butterigen Frucht- oder Nussgeschmack, weich bis feinrassig	mittel bis kräftig	Braten von Jungwild, Rindfleisch und Kalb, kräftig schmeckender Seefisch, Meeresfrüchte
Kerner	Deutschland	hellgelb bis strohgelb	feiner Duft, fruchtig mit leichtem Muskatelleraroma, Eisbonbon, Drops, feinrassig bis rassig	mittel bis kräftig	Braten von Kalb und Schwein, Schnitzel vom Kalb und Schwein mit aromatischen Saucen und Garnituren, Spargel
Morio-Muskat Muscat	Deutschland Frankreich	hellgelb	sehr blumig nach Lavendel, erinnert an Muskatgewürz, feinrassig	mittel bis kräftig	Süß-Sauer-Gerichte, Pikante Ragouts, Lammgerichte mit Kräutern
Gewürztraminer	Deutschland Frankreich Italien	goldgelb	stark duftend, oftmals nach Rosen, sehr würzig, feinrassig	gehaltvoll	Zu würzigem fettreichen Käse, fruchtig aromatischen Desserts
Sauvignon blanc	Schweiz Frankreich USA Österreich	gold	grasiger, stachelbeerähnlicher Geschmack	leicht bis schwer	Zu Fisch, Krebs- und Weichtieren, hellem Geflügel und leichten Teigwarengerichten

Rotweine

Rebsorte	Anbauländer	Farbe	Weincharakter	Körper	Speisenzuordnung
Cabernet-Sauvignon	Frankreich Italien USA Schweiz	intensives Rot	starkes Aroma nach Johannisbeeren, hoher Gerbsäuregehalt	kräftig	Würzige Gerichte von Wild, Rind und dunklem Geflügel
Spätburgunder, Blauburgunder, Pinot noir	Frankreich Deutschland USA, Italien Schweiz	tiefrot	zarter Bittermandelton, Brombeergeschmack, samtig, mit feiner Gerbsäure	gehaltvoll	Kräftige Braten von Wild, Wildgeflügel und Rind, gehaltvoll, würzige Käsesorten
Portugieser	Deutschland Österreich	hellrot	verhalten, fast neutral, leicht, mild, gefällig im Geschmack	leicht	Leichte Braten und Kurzgebratenes vom Rind, Frischkäse
Trollinger	Deutschland	leuchtend hell- bis blassrot	feinblumig, zarter Muskatton, feinrassig, lebendig	leicht	Steaks vom Rind, Frischkäse, dunkles Hausgeflügel, gegrillter Fisch
Lemberger, Blaufränkisch	Deutschland Österreich	tiefrot bis schwarzrot	blumig, herb und herzhaft im Geschmack, säurebetont	leicht bis mittel	Braten vom Wild und Lamm, Schmorbraten, Grillfleisch, würziger Käse
Merlot	Frankreich Italien Schweiz USA	rubinrot	leichter Brombeergeschmack, manchmal mit Honig- oder Pflaumenton, samtig	mittel bis kräftig	Dunkles Haus- und Wildgeflügel, herzhafte Pastagerichte, Jungwild, Lamm, Grillgerichte
Nebbiolo	Italien USA	schwarzrot	von sanft über fruchtig bis beißend	mittel bis kräftig	Würzige Pastagerichte, dunkles Hausgeflügel, Wild und Wildgeflügel,
Zinfandel	USA	intensives Rot	lebendiges Himbeeraroma	gehaltvoll	Grillgerichte vom Schwein, Lamm, Rind sowie Wild, dunkles Hausgeflügel

2 Likörwein

dessert wine
le vin à dessert

Zu diesen Getränken wurden unter dem Stichwort Likörwein im Kapitel Getränke (s. S. 209) wichtige Informationen gegeben. An dieser Stelle sollen einige Ergänzungen zu den Likörweinen Sherry und Portwein ausgeführt werden.

Sherry

Das Produkt kommt aus der spanischen Provinz Andalusien rund um die Stadt Jerez de la Frontera.

Die bekannte Anbauregion ist Jerez und die wichtigste Rebsorte ist Palomino.

Herstellungsmerkmale

Die Trauben werden einige Stunden auf Matten in der Sonne getrocknet.

Nach dem Keltern finden zwei Gärungen statt.

Die 2. Gärung wird in Eichenfässern durchgeführt.

Nach ca. 3 Monaten wird der Jungwein gefiltert und klassifiziert.

Der Sherry erhält seine Reife und Geschmacksnote durch:

- das Lagern in Eichenholzfässern,

- eine Florhefeschicht an der Oberfläche des Weines, die sherryspezifische Bukette entwickelt,
- das über mehrere Jahre wiederkehrende Verschneiden der verschiedenen Jahrgänge, Solerasystem genannt,
- das Aufspriten mit Weinbrand aus der Sherryregion.

Geschmacksrichtungen

Sherry gibt es von hell bis dunkel und von trocken bis süß: Je trockener desto heller, je süßer desto dunkler. Man unterscheidet folgende Grundtypen:

Manzanilla	– sehr hell, gelbweiß – sehr trocken, leicht salzig	
Fino	– hell bis hellgold – trocken, wenig Säure	– feines Mandelaroma
Amontillado	– bernsteinfarben – halbtrocken	– mit feinem vollem Aroma
Oloroso	– dunkelgold – trocken bis halbsüß	– mit feinem Nussaroma
Cream	– dunkel und dickflüssig – süß, lieblich und mild	

Sherryservice

Sherry wird im speziellen Sherryglas (Copita) oder im Südweinglas mit 5 cl serviert.

Gekühlt und als Aperitif werden angeboten: Manzanillas, Finos und Amontillados.

Als Digestif raumtemperiert werden angeboten: Olorosos und Cream Sherries.

Portwein

Dieser portugiesische Wein wird nach sehr strengen Weingesetzen, die staatlich überwacht werden, hergestellt, gelagert und versandt.

Herstellung

Der Most aus blauen Trauben wird mit Destillat aus der Region verschnitten, dadurch wird die Gärung gestoppt

Abb. 1: Sherry-Likörweine

und die Restsüße erhalten. Die Reifung und Lagerung erfolgt in Holzfässern in staatlichen Bodegas (Lagerhallen). Die Lagerzeit beträgt mindestens 2 Jahre. Der fertige Portwein ist meistens ein Verschnitt mit ca. 20% Alkoholgehalt.

Arten des Portwein

Name	Farbe	Geschmack	Temperatur
Ruby-Port	rubinfarben	fruchtig, süßlich	ungekühlt
Tawny-Port aus rotem und weißem Port	von rötlich über orange bis gelb	mild, süßlich	ungekühlt
White-Port	goldfarben	relativ trocken	gekühlt als Aperitif
Vintage-Port mind. 10 J.	intensives Rotbraun	fruchtig, süß	ungekühlt, bildet Depot

Aufgaben

1 Welche Angaben müssen die Etiketten für deutsche Weine laut Gesetz enthalten? Nennen Sie die laut Gesetz zulässigen Angaben.

2 Notieren Sie zu jedem deutschen Weinanbaugebiet 2 verschiedene Weine mit Ort, möglichst mit Lage, und die Rebsorte.

3 Welche Faktoren beinhaltet die amtliche Qualitätsprüfung für Wein?

4 Beschreiben Sie die richtige Weinpflege.

5 Nach welchen Kriterien können Sie sich selbst Kurzbeschreibungen für Weine anfertigen?

6 Nennen Sie je 4 Arten von Sherry-Likörwein und Portwein. Benennen Sie die auf dieser Seite abgebildeten Sherry-Likörweine.

3 Schaumwein – Champagner

sparkling wine – champagne
le vin mousseux – le champagne

Schaumwein ist der Oberbegriff für ein Weinerzeugnis mit natürlich gebildeter Kohlensäure. Der Kohlensäuregehalt bewirkt beim Öffnen der Flasche das Schäumen (Moussieren) und verleiht dem Getränk einen prickelnden, erfrischenden Geschmack.

Neben den Produkten Schaumwein und Sekt (s. S. 209) gibt es den französischen Champagner.

Champagner

Er unterliegt strengen gesetzlichen Vorschriften:

- Gattungsname für das eng begrenzte Gebiet der Champagne,
- zur Herstellung sind nur drei Rebsorten zugelassen:
  Pinot Noir (Spätburgunder) ***– rote Trauben,***
  Pinot Meunier (Schwarzriesling) ***– rote Trauben,***
  Chardonnay ***– weiße Trauben,***
- außerdem ist die **méthode champenoise** anzuwenden (Flaschengärung).

Besondere Champagnerbezeichnungen

Blanc de blancs
nur aus den weißen Chardonnay-Trauben hergestellt

Champagne Crémant
Schaumwein mit geringerem Mousseux

Champagne millésimé
Jahrgangs-Champagner

Trockenen Sekt oder Champagner serviert man gerne mit kalten Vorspeisen wie Kaviar, frischen Austern und Hummer.

Zu warmen Süßspeisen kann man einen halbtrockenen oder süßen Sekt servieren.

Abb. 1: Sektservice

4 Spirituosen

spirits – liqueurs
les spiritueux (m)

Abb. 2: Spirituosenwagen im Restaurant

- Spirituosen werden dem Gast direkt im geeigneten und mit Füllstrich versehenen Glas serviert.
- Je nach Spirituose sind die Getränke und die Gläser vorgefrostet, gekühlt oder raumtemperiert.
- In manchen Hotels und Restaurants bietet man mit einem fahrbaren Spirituosenwagen den Gästen Aperitifs und Digestifs zur Auswahl an.
- Der Wagen ist bestückt mit Spirituosenflaschen, Eiswürfeln und Gläsern wie Schwenker, Stamper mit und ohne Stiel, Likörschalen und Medium-Tumbler.
- Eiswürfel dürfen einem Getränk erst zugegeben werden, nachdem es dem Gast möglich war, die Füllmenge zu prüfen.
- Für den Aperitifservice können auch Sekt und Champagner mitgeführt werden.

5 Bar

bar
le bar

Die Hotel-Bar ist ein wichtiger Kommunikationsbereich für unsere Gäste. Man trifft sich zur „Happy-hour" vor dem Abendessen um zu plaudern und einen Drink einzunehmen, der zugleich Aperitif sein kann. Später, nach dem Essen oder nach einer Veranstaltung, wird die Bar wieder aufgesucht um den Abend ausklingen zu lassen.

In vielen Häusern ist die Bar ein wichtiger Umsatzfaktor geworden.

Geräte der Bar:
Messglas
Hamilton-Beach-Mixer
Eiswürfelbehälter
Früchtekorb
Mixer
Saftpresse
Rührglas · Shaker

Zum Grundwissen, mit dem jede Restaurant-Fachkraft vertraut sein muss, gehören Kenntnisse:

- der Arbeitsgeräte,
- der Zutaten,
- der Arbeitstechniken.

5.1 Arbeitsgeräte

equipment *les appareils (m) de travail*

Schüttelbecher (shaker)
- Er besteht aus zwei oder drei Teilen, der Dreiteilige hat einen Siebeinsatz für Mixgetränke, deren Zutaten geschüttelt werden.

Barsieb (strainer)
- Zum Abseihen der Mixgetränke.

Roheisbehälter (ice bucket) mit Siebeinsatz
- Zum Vorrätighalten von Eiswürfeln; Schmelzwasser kann sich unter dem Sieb sammeln.

Eiszange (ice pincer)
- Zum Entnehmen der Eiswürfel.

Rührglas (mixing glass)
- Für Mixgetränke, deren Zutaten durch Rühren gemischt werden.

Boston shaker
- Rührglas wird mit Metallbecher zum Boston-Shaker zusammmengesteckt.

Messbecher (jigger)

- Zum Abmessen von 2 cl oder 4 cl einer Flüssigkeit.

Spritzflasche (dashbottle)

- Zur Dosierung von Spritzern (dashes) von hochkonzentrierten, häufig bitteren Flüssigkeiten (Angostura).

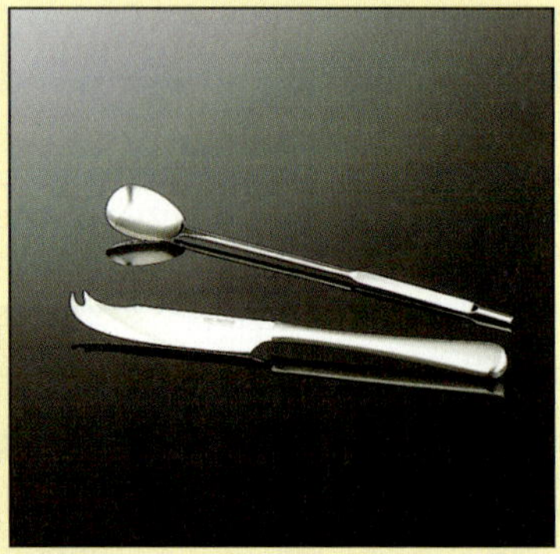

Barlöffel (bar spoon)

- Langstieliger Löffel zum Rühren im Mixglas.

Barmesser (bar knife)

- Zum Schneiden von Früchten und Richten von Garnituren.

Weitere Arbeitsutensilien sind:

Fruchtsaftpresse, Barzange, Eisschaufel, elektrischer Mixer, Hamilton-Beach-Mixer, Schneidebrett, Untersetzer, Messzylinder und schöne, fachgerechte **Bargläser.**

Abb. 1: Bargläser

5.2 Zutaten

ingredients
les ingredients (m)

Sie sind von sehr unterschiedlicher Art und geschmacklich stark ausgeprägt.

Die folgende Aufstellung gibt einen Überblick:

Alkoholische Zutaten	
Campari	Zuckerrohrschnaps
Cognac/Weinbrand	Vermouth
Gin · Whisky · Rum · Wodka	

Aromatische Zutaten
Angosturabitter und andere Bitter
Zitronen-/Limettensaft
Liköre wie z. B.:
Maraschino, Cointreau, Curaçao, Crème de Cacao
Sirupe wie z. B.:
Läuterzucker, Grenadine, Kokosnuss, Mandel, Pfefferminze, Ananas

Füllende Zutaten	
Fruchtsäfte	Schaumwein
Wein	Portwein, Sherry
Wasser	Sodawasser
Limonaden wie Bitter Lemon	
Milch	Tomatensaft

Garnituren	
Cocktailkirschen	Oliven
Minzeblätter	Melisse
Orangen	Limetten
Früchtespieße	Zuckerrand
geriebene Muskatnuss	
Früchte wie: Beeren, Ananas, Sternfrucht, Physalis	

Zur Kühlung der Bargetränke wird Eis in verschiedenen Zustandsformen gebraucht:

Eiswürfel:

Man verwendet sie bei der Herstellung von Cocktails, wobei sie zusammen mit den Zutaten gerührt oder geschüttelt und dann abgeseiht werden.

Gestoßenes Eis (crushed-ice):

In dieser Form verwendet man das Eis bei Longdrinks. Dabei wird die gemixte „Basis" über das Eis im Glas gegossen und dann mit füllenden Zutaten aufgefüllt.

5.3 Arbeitstechniken

technics of preparation
les techniques de travail

Die grundsätzlichen **Herstellungsmethoden** für Mixgetränke sind:

Rühren im Rührglas (s. S. 528)

Anwendung bei Zutaten, die sich leicht mischen lassen.

Mit dem Barlöffel 10 bis 20 Sekunden auf Eis vom Gefäßboden nach oben rühren.

Schütteln im Shaker (s. S. 529)

Ist unerlässlich bei Flüssigkeiten, die sich nur schwer mit anderen Zutaten mischen lassen, wie z. B. Liköre, Sirup, Sahne, Eigelb oder Eiweiß.

Shaker in Längsrichtung mit beiden Händen umfassen und waagerecht in Schulterhöhe kräftig hin- und her bewegen.

Bauen oder Anrichten im Trinkglas

Die bedeutet, dass die Zutaten mit unterschiedlichen Konsistenzen direkt in einem Glas angerichtet werden.

In einem schlanken **Pousse-café-Glas** werden Getränke so aufeinander gegossen, dass dabei bunte Schichten im Glas entstehen.

Abb. 1: Pousse café American flag

Abspritzen

Ein kleines Stück Schale einer ungespritzten Zitrone, Limette oder Orange wird über dem Mixgetränke zusammengedrückt. Mit der Dashbottle wird tropfenweise ein Getränk aromatisiert.

Abseihen (s. Seite 528/5 und 529/5)

Dazu wird das Barsieb mit der Spirale nach innen in die Öffnung des Rührglases oder des Shakers eingesetzt, festgehalten und der Inhalt in ein Cocktailglas umgegossen. Eis- und Fruchtstücke bleiben zurück.

Maßeinheiten der Bar

1 Barlöffel (BL)	≙	0,25 cl
1 Dash (d = ¼ Barlöffel)	≙	0,05 cl
1 Spirituosenmenge	=	2 cl
1 Whisky	=	4 cl
1 Likörweinmenge	=	5 cl

Mixgetränke unterscheiden sich nach Menge und Zeitpunkt des Services:

Short Drinks 6 cl

Kleine Mengen mit hoher Konzentration des Alkohols und der Geschmacksstoffe. Am bekanntensten sind die **Cocktails.**

Long Drinks 0,1 – 0,25 l

Größere Mengen, wobei die Alkoholkonzentration durch füllende Zutaten geschmacklich abgeschwächt wird, z. B. Sours, Fizzes, Cobblers, Collinses.

Before-Dinner Drinks

Trockene, eher bittere oder säuerliche Zutaten mit appetitanregender Wirkung, z. B. Martini-Cocktail.

After-Dinner Drinks

Zum harmonischen Ausklang des Essens sind auch aromastarke und süße Zutaten geeignet.

Mixgetränke, mit und ohne Alkohol, sind beispielsweise auch am Morgen, am Nachmittag oder am Abend unabhängig von Mahlzeiten sehr beliebt.

Grundlegende Arten der Mixgetränke

Cobblers

Cobblers sind besonders erfrischende Long Drinks.

Die Basis ist Likörwein, Sekt oder Soda mit etwas Likör.

Sie werden mit gestoßenem Eis in der Sektschale oder in einem Cobblerglas angerichtet, mit Früchten garniert, mit der Basis übergossen, mit Trinkhalm und Barlöffel serviert.

Fizzes

Diese beliebten Getränke gehören zur Gruppe der Long Drinks. Die Zutaten Zitronensaft, Zucker, Spirituosen werden im Shaker kräftig geschüttelt, bis er beschlägt.

Im Tumbler mit Sodawasser auffüllen und mit Strohhalm rasch servieren.

Fancy Drinks

Es sind Fantasiegetränke, für die man kein klassisches Grundrezept kennt. Es gibt eine Vielzahl dieser Drinks mit und ohne Alkohol.

Bekannte Drinks:
Caipirinha,
Bloody Mary,
Screw driver

Abb. 2: Caipirinha

Getränkepflege

Herstellen von Cocktails durch Schütteln im Shaker

Eiswürfel in Shaker geben

Cocktailschale mit Eiswürfeln vorkühlen

Zutaten abmessen, in den Shaker gießen

Typische Shakerhaltung mit Grifftechnik

Cocktail ins Glas seihen

Garnitur anbringen

5.4 Rezepturen für Bargetränke

recipes for cocktails *les recettes (w) de cocktail*

Short Drinks (6 cl)

Cocktails	Rezeptur	Arbeitsweise	Barglas
Alexander	Eis, 2 cl Weinbrand oder Cognac, 2 cl Crème de Cacao, 2 cl Sahne	im Shaker	Cocktailschale
Daiquiri	Eis, 4,5 cl weißer Rum, 1,5 cl Zitronensaft, 2 BL Zuckersirup	im Shaker	Cocktailschale
Manhattan	Eis, 1 ds Angostura, 2 cl Vermouth rot, 4 cl Canadian Whisky, Cocktailkirsche	im Rührglas	Cocktailschale
Martini Dry	Eis, 1,5 cl Vermouth dry, 4,5 cl Dry Gin, Olive	im Rührglas	Cocktailschale
Old Fashioned	Eis, 4 cl Bourbon Whiskey, 1 Stück Würfelzucker, 3 ds Angostura, Orangenscheibe, Zitronenscheibe, Cocktailkirsche	direkt ins Gästeglas	kleiner Tumbler
Side Car	Eis, 2 cl Zitronensaft, 2 cl Cointreau, 2 cl Weinbrand	im Shaker	Cocktailschale
White Lady	Eis, 2 cl Zitronensaft, 2 cl Cointreau, 2 cl Gin	im Shaker	Cocktailschale
Whiskey Sour	Eis, 4 cl Bourbon Whiskey, 2 cl Zitronensaft, 1 BL Zuckersirup, Orangenscheibe, Cocktailkirsche (Sodawasser)	im Shaker	kleiner Tumbler

Herstellen von Cocktails durch Rühren im Mixglas

Eiswürfel in Rührglas u. Cocktailschale

Zutaten abmessen

Spritzer Angostura zugeben

Cocktail rühren

Cocktail ins Glas seihen

Garnitur an den Glasrand anbringen

Long Drinks (mehr als 10 bis 25 cl)

Cocktails	Rezeptur	Arbeitsweise	Barglas
Americano	Eis, 3 cl Campari, 3 cl Vermouth rot, Sodawasser, Zitronenschale	direkt ins Gästeglas	großer Tumbler
Bloody Mary	2 cl Zitronensaft, 4 cl Wodka, 10 cl Tomatensaft, 2 ds Worcestershiresauce, 2 ds Tabasco, Salz, Pfeffer	direkt ins Gästeglas	großer Tumbler
Caipirinha	Eis, 6 cl Zuckerrohrschnaps (Cachaca), 2 BL Rohrzucker, Limettenstücke	direkt ins Gästeglas	großer Tumbler
Gin Fizz	Eis, 2 cl Zuckersirup, 3 cl Zitronensaft, 4 cl Dry Gin, Sodawasser	im Shaker	großer Tumbler
Sektcocktail	1 Stück Würfelzucker, 1 ds Angostura, Sekt, Zitronenschale ins Glas	direkt ins Gästeglas	Sektschale

Alkoholfreie Drinks

Cocktails	Rezeptur	Arbeitsweise	Barglas
Florida	Eis, 1 cl Zitronensaft, 8 cl Orangensaft, 12 cl Ananassaft, 1 cl Grenadine	im Shaker	großer Tumbler oder Highball-Glas
Golden Ginger	Eis, 2 cl Orangensaft, 2 cl Grapefruitsaft, 2 cl Ananassaft, Ginger Ale	im Shaker	großer Tumbler

PROJEKT

POOLBAR

Ihr Betrieb stellt Ihnen die Aufgabe, den Bereich im Garten mit Swimming-Pool für Zusatzgeschäft zu nutzen. Sie planen, für die schönen Tage, als besondere Attraktion, eine **Poolbar** zu schaffen.

VORÜBERLEGUNGEN

1 Wie sollte der Platz für die Poolbar geschaffen sein?

2 Welche Installationen wären nützlich?

3 Was wollen Sie dort anbieten?

4 Welche technischen Voraussetzungen sind nötig?

VORBEREITUNG

1 Erstellen Sie ein übersichtliches Getränkeangebot mit attraktiven Drinks.

2 Welche verschiedenen Arten von Drinks wollen Sie anbieten?

3 Prüfen Sie bei den beabsichtigten Drinks den Aufwand für die Herstellung.

4 Denken Sie sich schnelle aber dekorative Garnituren für die Drinks aus.

5 Erstellen für jeden Drink eine Rezeptur.

6 Sammeln Sie Ideen für eine themenbezogene Präsentation der Bar.

7 Was für Produkte neben den Drinks könnten Sie außerdem anbieten?

8 Benötigen Sie für zusätzliche Verkaufsprodukte besondere Geräte?

KALKULATION

1 Erstellen Sie auf Grund Ihrer Drink-Rezepturen eine Warenanforderung, pro Drink für 20 Personen.

2 Kalkulieren Sie die Materialkosten für die einzelnen Drinks.

3 Errechnen Sie die Kartenpreise für die einzelnen Drinks unter Verwendung eines Kalkulationsfaktors 5.

DURCHFÜHRUNG

1 Fertigen Sie Listen für notwendige Einrichtungsgegenstände.

2 Listen Sie den Bedarf an Gläsern und Barutensilien auf.

3 Eröffnen Sie einen schnell improvisierten Barbetrieb und bieten Sie dort Drinks an.

Führen einer Station

Sowohl im à la carte-Restaurant wie im Bankettbereich wird der Service in Stationen eingeteilt und von Restaurantfachkräften eigenverantwortlich betreut. Wichtige Voraussetzungen zum Führen einer Station sind neben fachlichem Können die Orientierung zum Gast. Selbstständiges Arbeiten heißt Verantwortung für sich und das Mitarbeiterteam übernehmen.

Der Gast wünscht sich qualitativ hochwertige Mahlzeiten in einer gepflegten Atmosphäre zusammen mit einem unaufdringlich professionellen Service.

1 Anforderung zur Führung einer Station

demands on running a service area — *des exigences (w) pour travailler comme chef de rang*

Ein wichtiger Faktor im Service ist die Kommunikation. Ohne sie ist eine effektive Teamarbeit nicht möglich. Restaurantfachkräfte sollen einen Service bieten, der sich gut verkauft.

Diese hochgesteckten Ziele erreicht man durch:

- sinnvolles Planen und Durchführen der Vorbereitungsarbeiten,
- die Betreuung der Gäste von der Begrüßung bis zur Verabschiedung,
- Führen von Verkaufs- und Beratungsgesprächen,
- Erkennen der Gästewünsche,
- gastorientiertes Behandeln von Reklamationen im Interesse des Unternehmens,
- richtiges Anwenden der Abrechnungssyteme,
- fachgerechten Umgang mit besonderen Gedeckausstattungen, speziellen Gedecken sowie
- Arbeiten am Tisch des Gastes.

2 Besondere Gedeckausstattungen

special equipment for laying covers — *les équipements (m) speciaux pour mettre des couverts*

Im grundlegenden Kapitel Servierkunde (s. S. 216) wurde bereits Wichtiges über das richtige Ausstatten von Grundgedecken und Menügedecken ausgesagt.

Bei der Planung von Menügedecken muss außerdem festgelegt werden, welche Besteckteile man eindeckt bzw. welche während des Menüservice nachgedeckt werden.

In den folgenden Ausführungen soll nun detailliert dargestellt werden:

- Die Zuordnung der jeweils richtigen Bestecke zu den verschiedenartigen Speisen,
- die Ausstattung vollständiger Gedecke für ganz spezielle Speisen.

Abb. 1: Gebratener Seeteufel

Bestecke zu Fischgerichten

▸ gegarter Fisch	– gedünstet, pochiert, gebraten oder frittiert	→ **Fischmesser** und **Fischgabel** → **Gourmetlöffel** zu Gerichten mit einer besonders vorzüglichen Sauce
▸ geräucherter Fisch ▸ marinierter Fisch	– Lachs, Aal – Matjesfilets, Rollmops, Bismarckhering	→ **Mittelmesser** und **Mittelgabel** der Fisch muss durch *Schneiden* zerteilt werden Nur zu geräucherten Forellenfilets reicht man wegen der zarten Beschaffenheit häufig das Fischbesteck.

Bestecke zu Vorspeisen

▸ Vorspeisen-Cocktails	– aus Fisch und Krebstieren	→ Fischgabel und Kaffeelöffel
	– aus Fleisch, Geflügel, Gemüsen oder Früchten	→ Mittelgabel und Kaffeelöffel
▸ feine Ragouts – in Porzellanschalen oder in Pastetchen	– aus Fleisch oder Gemüse	→ Mittelgabel und Mittelmesser
	– aus Fisch sowie Krebs- und Weichtieren	→ Fischgabel und Fischmesser
– in Näpfchen oder Muschelschalen	– aus Fleisch oder Gemüse	→ Mittelgabel und Kaffeelöffel
	– aus Fisch sowie Krebs- und Weichtieren	→ Fischgabel und Kaffeelöffel

Zugehörige Gedeckbeispiele siehe im Kapitel „Speisenkunde", Abschnitt „Kalte und warme Vorspeisen".

Bestecke zu Eierspeisen und Teigwarengerichten

Eierspeisen	– Rühreier und Omelett	→ große Gabel → große Gabel und großes Messer, **wenn** ergänzend bestimmte Zutaten gereicht werden z. B. Gemüse, Geflügelleber
	– Spiegeleier	→ Mittelgabel und Mittelmesser
Teigwarengerichte	– Spaghetti	→ großer Löffel (links) und große Gabel (rechts)
	– Cannelloni, Ravioli oder Lasagne	→ Mittelgabel und Mittellöffel → **oder** Mittelgabel und Mittelmesser

Bestecke zu Fondues

Käsefondue

Käsefonduegabel zum Aufspießen des Brotes, das in die zähflüssige Käsemasse eingetaucht wird

Fleischfondue

große Gabel und großes Messer

Fleischfonduegabel, mit der die Fleischstücke aufgespießt, in den Fonduetopf eingelegt und nach dem Garen auf den Teller vorgelegt werden

Abb. 1: Fonduegedeck

Stationsführung

3 Spezial-Gedecke

special covers
les couverts (m) speciaux

Spezialgedecke sind Gedecke für Spezialgerichte. Diese unterscheiden sich durch:

- die Art der Zubereitung,
- die Art des Anrichtens,
- die Art der Beilagen.

Aufgrund dieser Besonderheiten sind Spezialgedecke nicht nur mit besonderen Bestecken, sondern mit jeweils speisenspezifischem Tischgerät auszustatten:

Menagen, z.B. Zucker, Pfeffermühle, Senf, Worcestershire Sauce, Chilisauce, Ketchup, Tabasco.

Ablageteller dienen zur Aufnahme von nichtverzehrbaren Teilen der Speise, z.B. Knochen, Gräten, Teile von Krebs- und Weichtieren.

Fingerschalen, auch Fingerbowlen genannt, werden eingesetzt, wenn es üblich ist, die Speisen mit den Fingern anzufassen (s.S. 252).

Artischocke

Anrichteweise und Beigaben

Nach dem Kochen wird die ganze Frucht auf einer Platte mit Stoffserviette angerichtet. Die Serviette ist in die sogenannte „Artischockenform" gebrochen.

Als Beigaben reicht man:

Vinaigrettesauce, holländische Sauce oder Mousselinesauce.

Art des Verzehrs

Der Gast bricht die Blätter mit den Fingern einzeln von der ganzen Frucht ab, dippt den dickfleischigen Teil des Blattes in die Sauce und streift diesen beim Essen zwischen den Zähnen aus. Der am Schluß verbleibende Artischockenboden wird mit dem Mittelbesteck zerteilt und gegessen.

Gedeck

- großer, flacher Gedeckteller
- Serviette und Mittelbesteck
- Brotteller und Ablageteller
- Fingerschale

Austern auf Eis

Anrichteweise und Beigaben

Zunächst werden die Austern in der Küche geöffnet. Dann entfernt man aus der tiefen Schale mit einem befeuchteten Pinsel möglicherweise anhaftende Schalensplitter. Das Anrichten erfolgt auf Eis, und zwar entweder auf einem großen Austernteller oder auf einer Silberplatte.

Dazu werden gereicht:

- Zitrone und Chesterhappen
- Pfeffermühle sowie, je nach Gepflogenheit, Tabasco, Ketchup und Worcestershire Sauce
- Chablis, ein trockener weißer Burgunderwein

Während die Zitrone bisher üblicherweise in Form von Ecken gesondert angerichtet wurde, gibt es heute Austernplatten mit einer Vertiefung, in die eine halbe Zitrone eingelegt wird.

Art des Verzehrs

Die Austerngabel dient dazu, den Austernbart zu entfernen und die Auster von der Schale abzulösen. Nach dem Würzen schlürft der Gast die Auster aus der Schale heraus oder führt sie mit Hilfe der Austerngabel zum Mund.

Gedeck

- großer, flacher, kalter Teller und Serviette
- Austerngabel und Weißweinglas
- Brotteller und Fingerschale
- Salzmenage und Pfeffermühle

Ein Ablageteller ist nicht erforderlich, weil die Schalen auf den Austernteller zurückgelegt werden können.

Abb. 1: Gedeck für frische Austern auf Eis

Avocado in der Schale

Anrichteweise und Beigaben

Die halbierte und vom Kern befreite Frucht wird ein wenig mit Zitronensaft beträufelt und auf einem Mittelteller mit Serviette angerichtet.

Stationsführung

Beigaben sind:

- Toast oder Graubrot, Salz und Pfeffer
- evtl. Mayonnaise, Cocktailsauce oder Ketchup

Die Frucht kann mit Krabben- oder Geflügelsalat gefüllt werden.

Art des Verzehrs

Der Gast löst das Fruchtfleisch mit Hilfe eines Löffels schichtweise aus der Schale heraus und führt es mit dem Löffel zum Mund.

Gedeck

- Mittelteller mit Serviette
- Kaffeelöffel und Brotteller
- Salzmenage und Pfeffermühle

Für gefüllte Avocados werden ergänzt:

- bei Füllung mit Geflügelsalat eine Mittelgabel,
- bei Füllung mit Krabbensalat eine Fischgabel.

Bouillabaisse

Bouillabaisse ist eine franz. *Fischsuppe,* die wegen der Einlagen auch als *Fischeintopf* bezeichnet wird.

Einlagen:

- Fleisch von verschiedenen Fischen
- Muscheln mit den Schalen
- Krebstiere im Panzer

Anrichteweise und Beigaben

Die Suppe wird in einer Terrine angerichtet und am Tisch in den Teller geschöpft. Als Beilagen werden Baguette und Butter gereicht.

Art des Verzehrs

Die „eigentliche" Suppe isst man mit dem Löffel, die Fischeinlage mit dem Fischbesteck. Muscheln und Krebstiere werden mit den Fingern aufgebrochen.

Gedeck

- Serviette
- Fischbesteck und großer Löffel
- Brotteller mit Buttermesser
- Ablageteller und Fingerschale
- Salzmenage und Pfeffermühle

Der tiefe, vorgewärmte Teller wird auf einen Unterteller gesetzt und zusammen mit dem Auftragen der Terrine am Tisch eingesetzt.

Eintöpfe

Anrichteweise

Eintöpfe z.B. Irish Stew, Pichelsteiner, Lamm-Bohnen-Eintopf werden entweder im Teller oder in einer Terrine angerichtet. Da im Eintopf bereits alle Zutaten enthalten sind, gibt es als Beigabe nur ein spezielles **Brot.**

Art des Verzehrs

Der Eintopf wird beim Essen mit dem Löffel geschöpft. Sofern er jedoch größere Fleischeinlagen als Tranchen oder Stücke oder ganze Würstchen enthält, müssen diese zuerst zerkleinert werden.

Gedeck

- Serviette
- großer Löffel und, falls erforderlich, großes Messer und große Gabel
- Brotteller sowie Salz-Pfeffer-Menage

Beim Anrichten in einer Terrine ist vor dem Auftragen der Speise ein tiefer vorgewärmter Teller einzusetzen.

Hummer

Anrichteweise und Beigaben

Die Küche bereitet den Hummer wie folgt vor:

- Die Scheren und Zwischenglieder vom Körper abtrennen,
- den Körper über den Rücken in Längsrichtung halbieren,
- die Zwischenglieder in Längsrichtung spalten,
- die Scheren an den Kanten aufschlagen.

Dann werden die Teile auf einer Silberplatte dekorativ angerichtet.

Als Beigaben werden gereicht:

- Toast oder Melbatoast
- Chantillysauce (= Mayonnaise, mit geschlagener Sahne ergänzt)
- Weißwein oder Champagner

Gedeck für kalten Hummer

- großer, flacher Teller und Serviette
- Mittelmesser, Mittelgabel und Hummergabel
- Brotteller mit Buttermesser, sowie Pfeffer-Salz-Menage
- Ablageteller und Fingerschale
- Weißwein- oder Champagnerglas

Abb. 1: Gedeck für kalten Hummer natur

Obwohl der klassische Service dem Hummerservice das Fischbesteck zuordnet, ist das bei dieser Zubereitung nicht sinnvoll, weil es sich beim Hummerschwanz um ein festes Fleisch handelt, das durch Schneiden zerkleinert werden muss.

Für **warmen Hummer** wird ein großer, flacher, vorgewärmter Teller mit der Platte aufgetragen und am Tisch eingesetzt.

Kaviar

Anrichteweise und Beigaben

Kaviar kann serviert werden:

- in der Originaldose oder im Originalglas, auf Eis angerichtet,
- in einem Kristallschälchen, in gestoßenem Eis eingebettet oder auf einem Eissockel angerichtet.

Man reicht dazu:

- Toastbrot und Butter
- manchmal auch Sauerrahm und Buchweizenpfannkuchen, **Blinis** genannt
- trockenen Sekt oder Champagner

Gedeck

- flacher Teller und Serviette
- Brotteller, Buttermesser und Kaviarmesser
- Sekt- oder Champagnerglas

Die Bestecke für den Kaviar müssen wegen der Empfindlichkeit des Kaviars gegenüber Oxidationseinwirkung aus Chrom-Stahl, Horn oder Perlmutt sein.

Krebse im Sud

Anrichteweise und Beigaben

Die Krebse werden zusammen mit dem Dünstfond in einer Terrine angerichtet.

Abb. 1: Gedeck für Keta-Kaviar auf Eis

Beigaben sind:

- Graubrot oder Stangenweißbrot (Baguette) und Butter
- Weißwein

Art des Verzehrs

Das Essen von Krebsen nimmt einige Zeit in Anspruch, denn man muß schon etwas Mühe aufwenden, um an das von Panzern umgebene Fleisch heranzukommen. Dazu dient ein Spezialbesteck. Um zwischendurch immer wieder ein wenig von dem köstlichen Sud genießen zu können, schöpft man diesen in die zum Gedeck gehörende Sudtasse.

Gedeck

- Serviette
- Krebsmesser und Krebsgabel (eventuell Fischbesteck) sowie Hummergabel
- Spezialsuppentasse mit Kaffeelöffel
- Brotteller mit Buttermesser
- Ablageteller und Fingerschale
- Weißweinglas

Der vorgewärmte, auf einem Unterteller aufgesetzte tiefe Teller sowie die vorgewärmte Spezialtasse für den Sud werden zusammen mit der Terrine aufgetragen. Die Schöpfkelle und das Vorlegebesteck dürfen nicht vergessen werden.

Abb. 2: Gedeck für frische Krebse im Würzsud

Muscheln

Muscheln, vor allem Pfahlmuscheln, werden als Speise in zunehmendem Maße beliebter.

Anrichteweise und Beigaben

Die Muscheln werden im Dünstfond in einem tiefen Teller oder in einer Terrine serviert.

Als Beigaben reicht man:

- Graubrot, Kümmelbrot, Schwarzbrot, Baguette
- Weißwein

Art des Verzehrs

Beim Dünsten der Muscheln öffnen sich die Schalen. Das Muschelessen geht folgendermaßen vor sich:

Zuerst wählt man eine Muschel, deren beiden Schalen am Gelenkende noch zusammenhängen, und nimmt das Muschelfleisch heraus. Die Doppelschale benutzt man dann wie eine Zange, mit deren Hilfe das Fleisch aus den weiteren Muscheln herausgelöst und zum Mund geführt wird. Es gibt aber auch Gäste, die das Muschelfleisch auslösen, auf dem Teller ablegen und dann mit dem Besteck essen. Ergänzend dazu isst man das Brot und genießt den Muschelfond (Dünstfond).

Gedeck

- Serviette und Salz-Pfeffer-Menage
- Fischgabel und Mittellöffel
- Brotteller, Ablageteller und Fingerschale
- Weißweinglas

Beim Anrichten in einer Terrine wird vorher ein tiefer, vorgewärmter Teller eingesetzt. Beim Auftragen der Speise darf das Vorlegebesteck nicht vergessen werden.

Abb. 1: Muscheln im Dünstfond

Schnecken

Anrichteweise und Beigaben

Das Anrichten der Schnecken erfolgt

- entweder in Schneckenhäusern
- oder in den Mulden eines Schneckenpfännchens.

Die Schneckenhäuser bzw. die Mulden werden mit feiner Schneckenbutter zugestrichen.

In beiden Fällen werden die Schnecken vor dem Servieren im heißen Rohr oder im Salamander erhitzt.

Beigaben sind:

- Weißbrot oder Baguette
- Weißwein oder leichter Rotwein

Art des Verzehrs

Beim Anrichten in Schneckenhäusern wird das Haus mit der Schneckenzange aufgenommen und gehalten, die Schnecke mit Hilfe der Schneckengabel aus dem Haus herausgenommen und auf einen Löffel vorgelegt. Bevor man den Löffel zum Mund führt, wird noch die im Schneckenhaus befindliche Butter darübergegossen.

Gedeck

- Serviette sowie Salz-Pfeffer-Menage
- Schneckenzange und Schneckengabel
- Brotteller sowie Weißwein- oder Rotweinglas

Der vorgewärmte tiefe Teller, auf einem Unterteller mit Mittellöffel, wird zusammen mit den Schnecken aufgetragen und eingesetzt.

Abb. 2: Schnecken im Haus

Beim Anrichten in Schneckenpfanne die Schnecken mit Hilfe der Schneckengabel aus der Vertiefung herausnehmen und zum Essen auf Kaffeelöffel vorlegen. Die Butter mit Brot aus der Vertiefung heraustunken.

Gedeck

- Serviette und Weinglas
- Schneckengabel und Kaffeelöffel
- Brotteller

Vor dem Servieren wird das Schneckenpfännchen auf einen Unterteller gesetzt.

Abb. 3: Schnecken im Pfännchen

Stationsführung

4 Arbeiten am Tisch des Gastes

tableside working
travailler à la table des hôtes

Darunter versteht man ganz spezielle Tätigkeiten, die am Tisch vor den Augen der Gäste ausgeführt werden.

Dazu gehören:

- Tranchieren,
- Filetieren,
- Flambieren,
- Zubereiten von Speisen.

Diese Fertigkeiten erfreuen sich bei Gästen wieder größerer Beliebtheit und stellen eine besondere Art der Erlebnisgastronomie dar.

Es handelt sich dabei um Arbeiten, die einerseits handwerkliches Geschick voraussetzen, andererseits aber nur durch intensive Übung zum Erfolg führen.

4.1 Tranchieren am Tisch

tableside carving
le découpage sur la table

Tranchieren ist das portionsgerechte Zerteilen von Fleischstücken. Um diese Arbeiten sach- und fachgerecht ausführen zu können sind einerseits technologische und andererseits rohstoffkundliche Kenntnisse unerlässlich.

Arbeitsgeräte und Arbeitsrichtlinien

Arbeitsgeräte

- Guéridon oder Wärmewagen,
- saubere und appetitlich aussehende Tranchierbretter und Tranchierbestecke,
- handliche, gut geschliffene Messer in unterschiedlichen Größen,
- entsprechende Vorlegebestecke in ausreichender Anzahl,
- Tischrechauds zum Warmhalten der Platten,
- Speiseteller und Ablageteller,
- Platten mit Kloschen.

Arbeitsrichtlinien

Das Tranchieren wird bei ganz leichtem Schneidedruck mit ziehendem Schnitt durchgeführt. Eine wichtige Voraussetzung dafür sind scharfe Messer, ohne die es zu folgenden Mängeln kommen kann:

- Ungleich große Tranchen,
- rauhe Schnittflächen und ausgefranste Ränder,
- viel austretender Fleischsaft,
- vom Fleisch losgerissene Haut bei Geflügel.

Ein sichtbares Zeichen für einwandfreies Tranchierwerkzeug und sachgerechtes Arbeiten ist es, wenn die Tranchen exakt zur ursprünglichen Form der unzerteilten Stückes zusammengesetzt werden können.

Im Einzelnen gelten folgende Arbeitsrichtlinien:

- Bevor mit dem Tranchieren begonnen wird, ist dem Gast das Bratenstück zu präsentieren.
- Die Mise en place muss vollständig sein.
- Die Speisen sollten heiß serviert werden, deshalb genügend Rechauds, Kloschen und heiße Teller bereithalten.
- Die Schnittführung erfolgt quer zur Fleischfaser, weil andernfalls Stücke mit langen Fasern entstehen, die den Verzehr des Fleisches erschweren.
- Das Anstechen mit der Gabel vermeiden, damit kein Fleischsaft ausfließt.
- Die besten Stücke zuerst vorlegen.
- Reststücke für den Nachservice warmhalten.
- Speisen nicht mit bloßen Händen berühren; Stoffservietten zum Halten bereitlegen.
- Karkassen, Knochenstücke und Abschnitte sofort abtragen und nicht am Guéridon stehen lassen.

Tranchieren von Steaks

Chateaubriand / Entrecôte double

Das Fleisch wird mit dem Gabelrücken von oben festgehalten, während gleichzeitig mit dem Messer die Tranchen geschnitten werden. Die Schnittführung erfolgt in schräger Richtung zur Gabel hin und unter der Gabel hindurch.

Dabei ergeben sich beim **Chateaubriand:**

- zuerst ein kleines Endstück,
- dann **4** Tranchen mit einer Dicke von etwa 1,5 cm,
- übrig bleibt ein zweites kleines Endstück.

Zum Zurücklegen auf die Platte schiebt man das Messer mit der Breitseite unter die Tranchen und hält diese gleichzeitig von oben mit der Gabel fest.

Beim **Entrecôte double,** das im Vergleich zum Chateaubriand aufgrund der ovalen Form etwas länger ist, ergeben sich **6** mittlere Tranchen.

Beide Steakarten serviert man in der Regel für zwei Personen. Dabei werden zuerst die mittleren Tranchen vorgelegt, während man die kleineren Tranchen sowie die Endstücke zum Nachservice anbietet.

Beim Tranchieren von Steaks verwendet man heute anstelle des Servierbrettes häufig einen heißen Porzellanteller, weil sich der angesammelte Bratensaft von einem Teller leichter über das tranchierte Fleisch gießen lässt.

Rinderkotelett / Porterhousesteak

In beiden Fällen sind vor dem Tranchieren die Fleischstücke von den Knochen abzulösen.

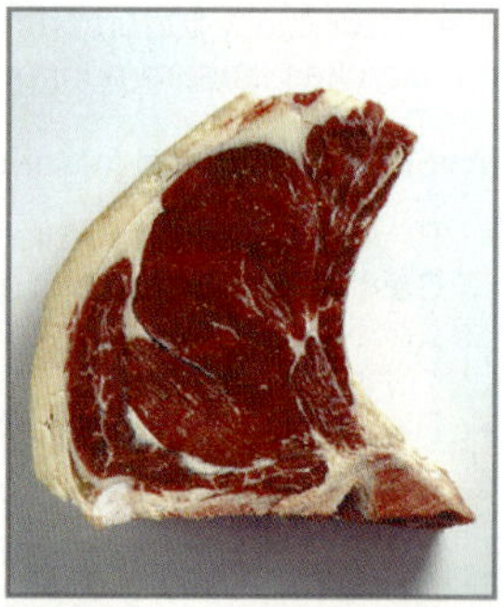

Beim **Rinderkotelett** wird zu diesem Zweck der Knochen an der fleischfreien Seite (in Verbindung mit einer Stoffserviette) erfasst, das Kotelett hochgestellt und dann das Fleisch am Knochen entlang vorsichtig abgelöst.

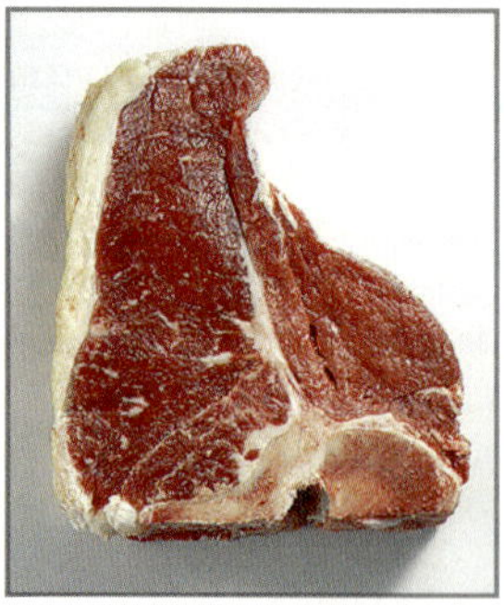

Beim **Porterhousesteak** gibt es für das Vorbereiten zum Tranchieren zwei Möglichkeiten:

- Das Steak kann in flacher Lage bearbeitet werden. Dabei legt man zuerst den Rippenbogen (die Spitze der Rippe) frei. Dann werden die beiden Fleischstücke vom Knochen abgetrennt.
- Bei der zweiten Methode richtet man das Steak nach dem Freilegen des Rippenbogens auf und löst in dieser Stellung das Fleisch an den Knochen entlang ab. Dazu sind Vorsicht und etwas Geschick erforderlich, damit die Fleischstücke beim Abtrennen nicht abstürzen.

Das anschließende Tranchieren wird wie bei einem Chateaubriand und Entrecôte double durchgeführt.

Tranchieren von Keulen

Für das Tranchieren von Keulen z.B. Lamm-, Frischlings- oder Rehkeule verwendet man häufig ein Tranchierbrett mit besonderer Ausstattung.

Dieses besteht entweder aus einem speziellen Metallgestell oder aus Metalldornen. Beides dient dazu, der Keule einen guten Halt zu geben und das Ablösen des Fleisches zu erleichtern.

Für das Tranchieren gibt es zwei Methoden:

Methode 1

Bei diesem Verfahren löst man die Fleischteile zu beiden Seiten des Knochens als ganze Stücke, wobei Könner diese Arbeit nicht mit einem Messer, sondern mit einem Löffel ausführen.

Anschließend werden die Fleischstücke auf dem Tranchierbrett liegend in gleichmäßige Tranchen geschnitten. Auf diese Weise bearbeitet man die Kalbshaxe und das Eisbein.

Abb. 1: Chateaubriand

Abb. 2: Tranchiertes Chateaubriand

Abb. 3: Entrecôte double

Stationsführung

Methode 2

Die Keule wird mit einer Serviette am Haxenknochen erfasst und senkrecht aufgerichtet. Dann wird tranchiert:

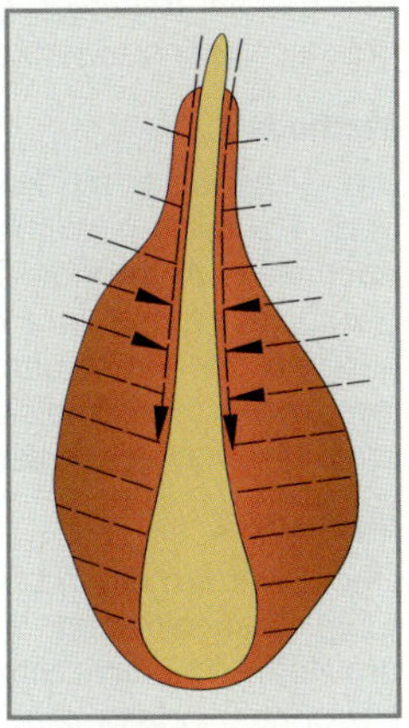

- Von der Haxe ausgehend am Knochen entlang so weit herunter einschneiden, dass in Querrichtung zunächst 3 bis 4 Scheiben abgeschnitten werden können, dann vom anschließenden dickeren Fleischteil in horizontaler, leicht schräger Richtung auf den Knochen hin gleichmäßig dicke Scheiben schneiden und diese abschließend am Knochen entlang ablösen.

Tranchieren von Rücken

Der auf der Platte angerichtete Rücken oder das Teilstück eines Rückens muss den Gästen vor dem Abstellen auf dem Guéridon präsentiert werden. Dann erst wird es mit Hilfe des Vorlegebestecks so auf das Tranchierbrett gelegt, dass der Teil des Rückens aus der Sicht des Trancheurs nach links gerichtet ist.

Reh- und Hasenrücken

Rehe und Hasen haben im Bereich der Wirbelsäule sehr starke Sehnen. Damit man diese beim Auslösen der Rückenfilets nicht zusammen mit dem Fleisch abschneidet, wird bei der Bearbeitung dieser Rücken eine spezielle Technik angewandt:

Beim **Rehrücken** löst man das Fleisch am Gratknochen entlang nur so tief hinein ab, dass die starken Sehnen mit dem Messer nicht erreicht werden. Das weitere Ablösen der Rückenfilets erfolgt dann mit der **Wölbung eines Löffels.** Und nun werden vom dickeren Ende her in schräger Schnittführung 1,5 bis 2 cm dicke Tranchen geschnitten (s. Abb. 1 und 2).

Bei **Hasenrücken** ist es üblich, die Rückenfilets bereits vor dem Braten in der Küche durch leichtes Einschneiden am Gratknochen entlang zu lösen, sodass bei der Weiterbearbeitung am Tisch eigentlich kein Messer, sondern nur noch ein **Löffel** benötigt wird. Die Rückenfilets sind im Vergleich zum Reh kleiner und werden deshalb in Tranchen von nur 1cm Dicke geschnitten.

Nun beginnt das eigentliche Tranchieren. Dazu werden die sogenannten Rückenfilets in 1 bis 1,5 cm dicke Tranchen geschnitten und dann, zwischen Tranchiermesser (Auflage) und Tranchiergabel (Halt von oben), auf dem Rückenknochen in die ursprüngliche Form zurückgelegt.

Beim „Tranchieren nach dem englischen Schnitt" erfolgt das Schneiden der Tranchen in Längsrichtung, d.h. parallel zur Fleischfaser. Bei uns wird diese Art des Tranchierens nur selten angewendet, weil das tranchierte Fleisch bei dieser Schnittführung sehr rasch austrocknet.

Bei Reh- und Hasenrücken gibt es eine weitere Besonderheit. Sind die unter den Rippen liegenden kleinen Filets nicht schon vor dem Braten entfernt worden, löst man sie am Tisch mit dem Löffel heraus und schneidet sie in 3 bis 4 Stücke.

Lammrücken werden nach dem gleichen Prinzip wie Rehrücken abgelöst und tranchiert.

Tranchieren von Geflügel

Auch hierbei wird den Gästen zunächst die Platte mit dem unzerteilten Geflügel präsentiert. Dann erst beginnt man mit dem Tranchieren.

Hähnchen / Poularde

Geflügel mit dem Tranchierbesteck so anheben, dass der sich im Körper befindliche Bratensaft auf einen Teller abfließen kann (s. Abb: 3).

Danach wird das Hähnchen so auf das Tranchierbrett gelegt, dass die Brustpartie zum Gast zeigt.

Stationsführung

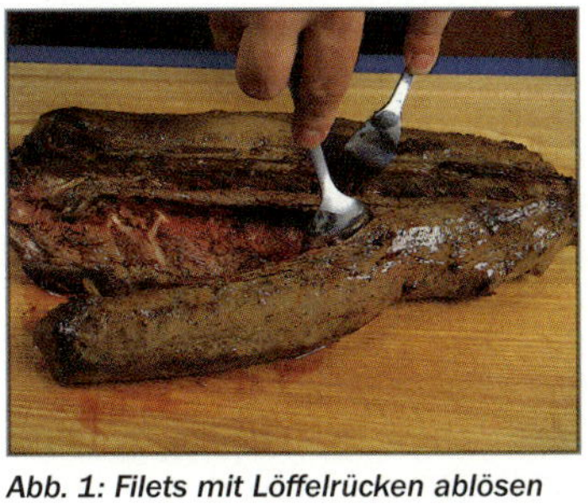

Abb. 1: Filets mit Löffelrücken ablösen

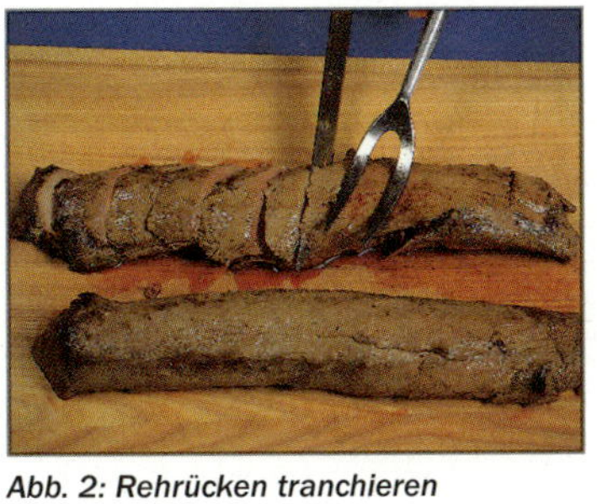

Abb. 2: Rehrücken tranchieren

Abb. 3: Aus Brathähnchen Saft abtropfen

Mit der Gabel sticht man unterhalb des Schenkelgelenks, schneidet die Geflügelhaut dicht am Körper rund um den Schenkel herum durch und dreht die Keule mit Hilfe der Gabel vom Geflügelkörper ab.

Eventuell muss dabei noch ein wenig mit dem Messer nachgeschnitten werden. Die zweite Keule wird in gleicher Weise bearbeitet.

Beide Keulen werden dann im Gelenk durchgeschnitten und die vier Teilstücke sofort auf die warme Platte gelegt.

Man dreht nun das Hähnchen auf den Rücken und

- sticht die Gabel an der Stelle ein, an der sich die Keule befand, erreicht damit für das weitere Tranchieren einen festen Halt,
- macht dann oberhalb des Flügels in Richtung Brustknochen einen waagerechten Schnitt und führt diesen beim Verspüren eines Widerstandes bei einer gleichzeitigen Richtungsänderung um 90° nach unten zu Ende.

Die beidseitig abgetrennten Flügelstücke legt man ebenfalls auf der Platte ab.

Zum Abschluss werden

- die beiden Brusthälften mit der Messerspitze am Brustbein entlang sowie von der Karkasse abgetrennt und jeweils in **zwei** Tranchen geschnitten,
- die in den Rückenblättern eingebetteten Nüßchen mit Hilfe eines Löffels herausgelöst
- und alle Teile auf der Platte angerichtet.

Poularden werden beim Tranchieren wie Hähnchen behandelt. Wegen der Größe schneidet man jedoch aus den beiden Brusthälften **drei bis vier** gleichmäßig starke Tranchen.

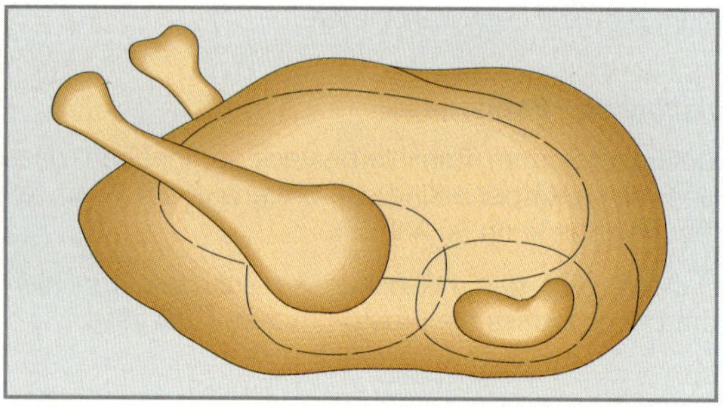

Ente

Enten werden üblicherweise leicht rosa gebraten. Die verschiedenen Fleischteile brauchen bis zu dieser Garstufe jedoch unterschiedliche Garzeiten. Daraus ergibt sich, dass z.B. das Brustfleisch zu einem bestimmten Zeitpunkt bereits die richtige Garstufe erreicht hat, die fleischigeren und außerdem dicht am Rumpf anliegenden Keulen aber noch blutig, in den Gelenken sogar noch halb roh sind. Die abgetrennten Keulen müssen deshalb in der Küche oder auf einem Flambierrechaud nachgebraten werden.

In der Zwischenzeit wird dann zunächst einmal das Brustfleisch tranchiert und serviert. Dafür gibt es zwei unterschiedliche Methoden:

Methode 1

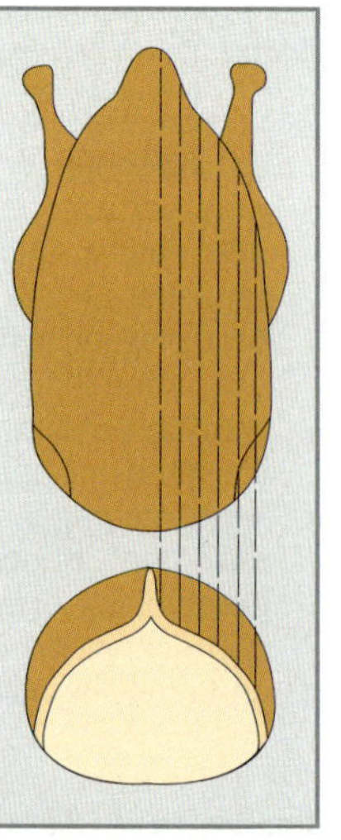

Im Gegensatz zu Hähnchen und Poularden werden hier nach dem Abtrennen des Flügelstücks parallel zur Fleischfaser von der Brust unmittelbar am Körper 1 cm dicke Tranchen heruntergeschnitten.

Methode 2

Dabei werden die in Längsrichtung geschnittenen Tranchen am Kopfende nicht einzeln abgetrennt, sodass sie zusammenhängend fächerartig an der Seite herunterfallen und auch später zusammenhängend vom Rumpf abgeschnitten werden können.

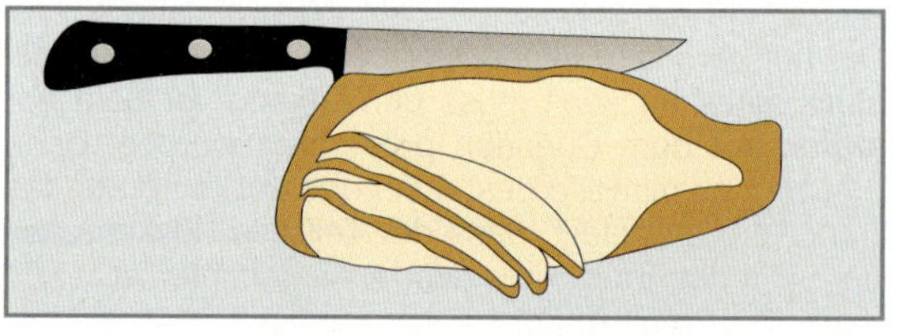

Das Anrichten geht schnell und die als Fächer vorgegebene Arbeitsweise wirkt sehr dekorativ und ansprechend. Diese Methode gilt deshalb auch als besonders elegant und kunstvoll.

Fasan

Die Technik des Tranchierens ist hier grundsätzlich wie bei einem Hähnchen. Abweichend gibt es jedoch eine Besonderheit: Die Unterschenkel sind mit sehr starken Sehnen durchzogen. Wenn die Schenkel beim Essen mit vorgelegt werden sollen, dann ist es erforderlich, die Sehnen in der Küche vor dem Braten zu entfernen.

Tranchieren von Räucherlachs oder Graved Lachs

Es handelt sich dabei um filetierte Lachsseiten. Als Tranchiermesser dient ein langes, schmales und sehr scharfes Messer.

Übliche Methode des Tranchierens

Das Kopfende des Filets ist in diesem Fall auf dem Tranchierbrett oder dem speziellen Lachsbrett nach links gerichtet. Für das Tranchieren sind folgende Arbeitsrichtlinien zu beachten:

Mit dem Tranchieren wird ungefähr handbreit vom Schwanzende her begonnen, wobei die Schnittführung zum Schwanzende hin erfolgt.

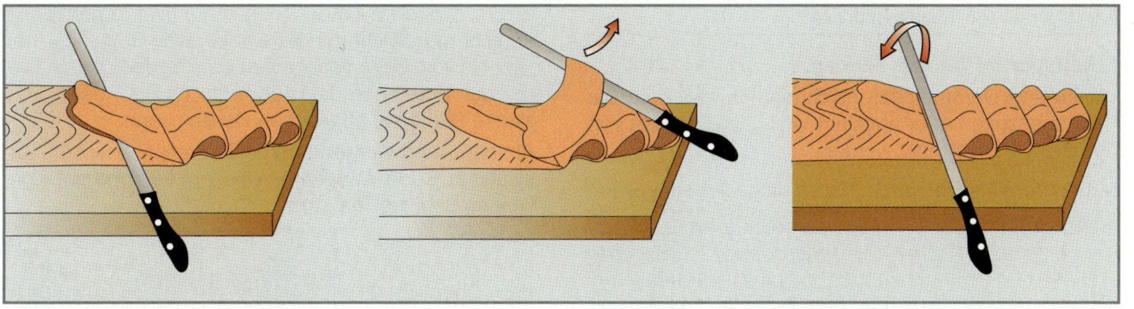

Abb. 1: Tranchieren von Räucherlachs oder Graved Lachs

Mit Hilfe des leicht schräg geführten Messers schneidet man möglichst dünne Scheiben, die entweder sofort auf einem Teller angerichtet oder zunächst fächerartig auf dem Tranchierbrett aneinandergereiht werden.

Beim Tranchieren ist darauf zu achten, dass die Silberhaut nicht mit angeschnitten wird.

Bei ganz frisch geräuchertem Lachs, der eine noch sehr weiche Struktur hat, sollte das Tranchiermesser nach jeder Schnittführung durch eine gut angefeuchtete Stoffserviette gezogen werden, andernfalls bleibt in zunehmendem Maße Lachsfleisch am Messerblatt haften, sodass die erforderliche glatte Schnittführung nicht mehr möglich ist.

Tranchieren des Hummers

- Der ganze Hummer wird dem Gast präsentiert.
- Dann legt man ihn am Guéridon mit einer Handserviette von der Platte auf das Tranchierbrett, sodass der Schwanz nach rechts gerichtet ist.
- Die Scheren mit den Armteilen werden mit einer Stoffserviette gefasst, abgedreht und die Beine mit dem Tranchiermesser abgeschnitten.

Danach wird der Hummerkörper mit einem Tranchiermesser halbiert. Der Magen mit Inhalt und der Darm werden mit Löffel und Gabel entfernt.

Das im Rückenteil befindliche Hummermark (Coreil) und die dünne Schicht Hummerbutter werden dem Gast auf Wunsch mitserviert.

Abb. 2: Hummer tranchieren

Abb. 3: Hummer spalten

Das Schwanzfleisch mit Löffel und Gabel aus dem Panzer herausschälen und ganz oder tranchiert auf den Teller vorlegen.

Die Scheren werden nun von den Armen abgedreht. Durch Hin- und Herbewegen des Scherenteils wird das Kochwasser über einer Glasschale herausgepumpt.

Den beweglichen Scherenteil so abtrennen, dass aus dem großen Scherenteil auch der schildpattähnliche Knorpel (Chitinplatte) mit entfernt wird.

- Den großen Scherenteil mit der Hummerzange aufbrechen und das Fleisch mit der Hummernadel herauslösen.
- Die Armteile mit einem Messer in Längsrichtung aufschneiden.
- Alle Teile nun auf dem Teller anrichten, garnieren und dem Gast servieren.

Stationsführung

4.2 Filetieren am Tisch

tableside filleting *le filetage sur la table*

Die Technik des Filetierens wird bei gegarten Fischen angewendet. Man versteht darunter das Auslösen von Fischfilets und das fachmännische Zerlegen und Portionieren von Fischen die im Ganzen zubereitet wurden.

Bei Rund- und Plattfischen (s.S. 331) ergeben sich durch die Form, Größe, Anzahl der Filets sowie durch die Lage und den Richtungsverlauf der Gräten beachtliche Unterschiede.

Arbeitsgeräte und Arbeitsrichtlinien

Arbeitsgeräte für das Filetieren

Wichtigstes Gerät ist das **Fischbesteck**, mit dem die Haut abgezogen oder abgelöst wird und die Filets von den Gräten abgetrennt werden.

Neben dem Fischbesteck gibt es diese Arbeitsgeräte:

- Fischheber oder L-Paletten zum Abheben der Filets von großen Fischen, die wegen ihrer Größe und zarten Beschaffenheit leicht zerfallen würden
- Löffel für das Abheben der Filets von kleineren Plattfischen.

Allgemeine Arbeitsrichtlinien für das Filetieren

Im Allgemeinen wird Fisch auf der Platte filetiert, auf der er von der Küche angerichtet wurde. Befinden sich auf der Platte mehrere Fische, so werden sie einzeln auf einen vorgewärmten Teller vorgelegt und dort zerteilt.

Eine spezielle Methode ergibt sich beim Anrichten von blaugekochten Fischen im Fischkessel, der gleichzeitig als Anrichtegeschirr und beim Filetieren als Arbeitsunterlage dient. Der Lochbodeneinsatz des ovalen Kessels kann an seinen Griffen herausgehoben und am Kesselrand eingehängt werden. Auf diese Weise liegt der Fisch nicht mehr im Sud, kühlt jedoch aufgrund des aufsteigenden Wasserdampfes nicht ab und kann außerdem beim Filetieren gut bearbeitet werden.

Filetieren von Rundfischen

Forelle blau

Zum Filetieren liegt die Forelle mit der Bauchöffnung zum Trancheur hin, der Kopf ist nach links gerichtet.

- Zunächst werden mit dem Fischmesser die Rücken- und Bauchflossen entfernt.
- Dann führt man das Fischmesser am Rücken entlang um die Haut aufzuritzen.
- Das Fischmesser leicht unter die Haut schieben und diese damit zum Bauch hin ablösen.
- Nun wird das Filet durch leichtes Eindrücken der Fischmesserspitze hinter dem Kopf abgetrennt und anschließend mit dem Fischmesser vom Kopfende zum Schwanz hin von der Gräte abgehoben und auf den Teller vorgelegt.

Um festzustellen ob das freigelegte Filet grätenfrei ist, streicht man leicht mit der Gabelspitze längs über das Filet hinweg. Beim Vorlegen ist es erforderlich, das Filet mit der Unterseite nach oben zu drehen, damit die zweite Hautseite abgezogen werden kann.

Abschließend werden noch die Forellenbäckchen vorsichtig aus den Wangen herausgehoben und auf einer kleinen Scheibe Tomate angerichtet.

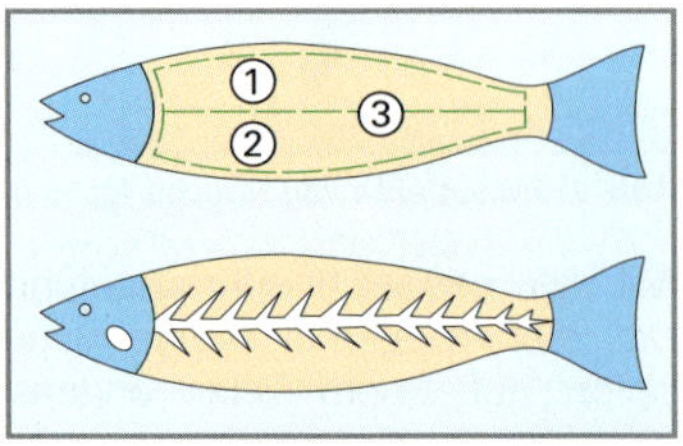

In der Praxis ist es aber auch üblich, das Oberfilet ① und das Unterfilet ② getrennt voneinander abzuheben. Zu diesem Zweck wird das Filet auf der über die Mitte verlaufenden sichtbaren Trennungslinie ③ markiert und die beiden Teilstücke in getrennten Arbeitsgängen, von der Mitte ausgehend nach oben bzw. nach unten von der Gräte gelöst und abgehoben.

Um an das Filet der anderen Fischseite heranzukommen, wird die Gräte abgehoben. Dabei fährt man zu ihrer Lockerung zunächst mit der Gabel an den Grätenenden entlang. Dann wird die Gräte am Schwanzende zwischen den Gabelzinken eingeklemmt und das ganze Gerüst einschließlich Kopf mit einer leichten kreisförmigen Bewegung abgehoben.

Forelle nach Müllerinart

Im Gegensatz zur Forelle blau wird hier die Haut nicht entfernt, denn durch das Braten ist eine gebräunte und sehr gut schmeckende Kruste entstanden.

Beim Filetieren ritzt man die Haut rundherum ein, entfernt die Flossen, löst das obere Filet in einem Stück von der Gräte ab und legt es zunächst neben der Forelle ab.

Nach dem Abheben des Grätengerüstes wird das untere Filet auf möglicherweise noch vorhandene Gräten hin überprüft und dann das obere Filet auf das untere zurückgelegt. Die beiden aufeinanderliegenden Filets richtet man auf dem Teller an. Auch bei dieser Anrichteweise dürfen die Bäckchen nicht vergessen werden, obwohl das Herauslösen aufgrund des gebratenen Zustandes der Forelle etwas schwieriger ist.

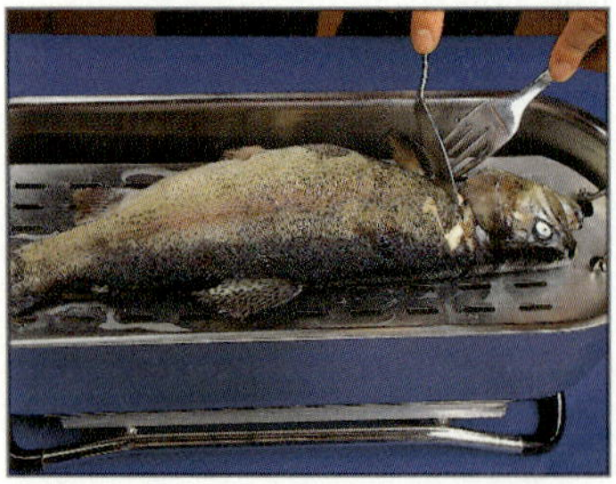

Abb. 1: Forelle am Kopf einschneiden

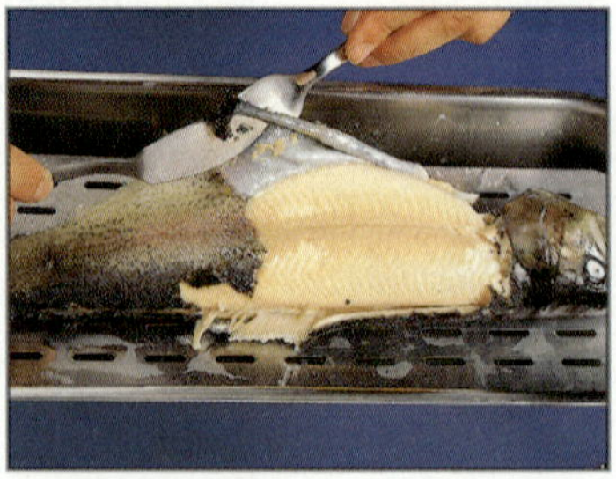

Abb. 2: Haut ablösen

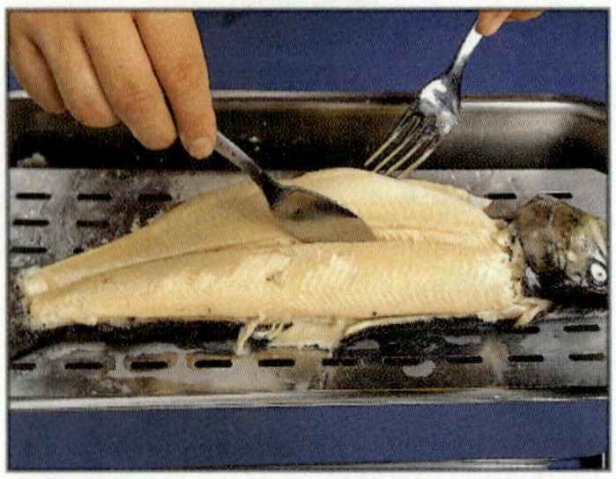

Abb. 3: Filets an der Mittellinie trennen

Stationsführung

Andere Rundfische

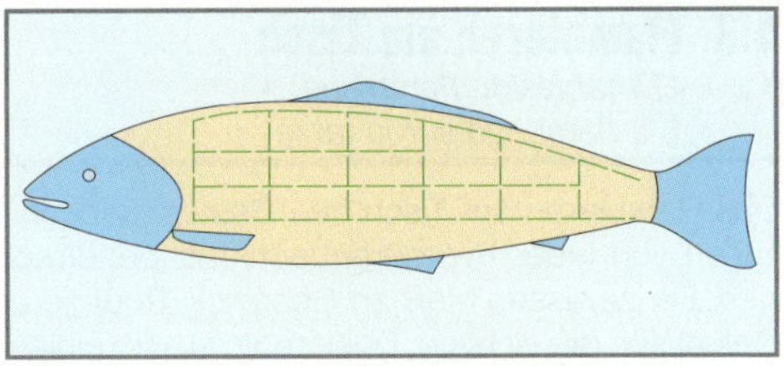

Alle kleinen Portionsfische werden wie die Forelle filetiert. Die Filets von großen Fischen (z.B. Lachsforelle, Zander oder Lachs) zerteilt man in kleine Stücke, indem man auf dem Filet mit der Spitze des Fischmessers in Längs- und Querrichtung Einschnitte markiert. Die nun erkennbaren Stücke werden, am Rücken beginnend, mit Hilfe der Fischgabel und eines Fischhebers abgehoben.

Filetieren von Plattfischen

Steinbutt, Heilbutt

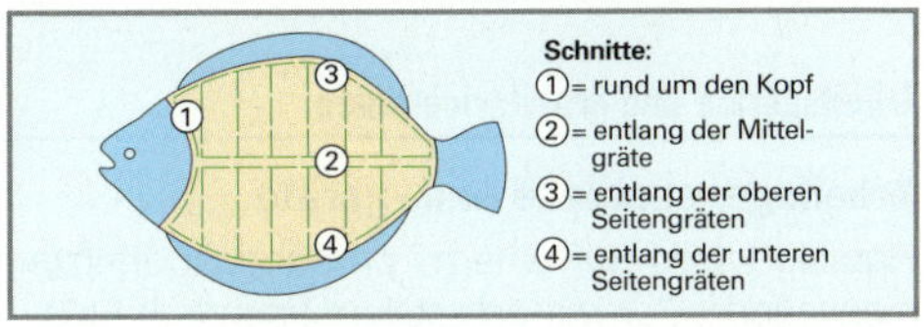

Bei diesen größeren Plattfischen ist im Vergleich zu den kleinen Fischen eine andere Arbeitstechnik erforderlich.
Nachdem der Plattfisch wie nebenstehend skizziert vorbereitet ist, wird in der Mitte längs ein Schnitt gesetzt und dann das obere und untere Filet in Tranchen aufgeteilt.

Seezunge, Rotzunge, Scholle

Zum Filetieren dieser kleineren Plattfische dienen Löffel, Fischgabel und Fischmesser. Tranchierbesteck ist das Fischbesteck.

Zunächst werden mit dem Löffel oder dem Fischmesser der Flossensaum gelockert, vom Fisch weggezogen und auf dem Restteller abgelegt.

Dann fährt man mit dem Fischmesser an der Mittelgräte entlang, löst die beiden Oberfilets und legt sie oberhalb und unterhalb der Gräte ab.

Damit sich die Gräte leichter löst, streicht man mit dem Löffel über die offen liegende Gräte und hebt sie dann ab.

Die beiden oberen Seezungenfilets nach dem Entfernen der Gräte auf die unteren Filets legen, somit den Fisch wieder zusammensetzen und auf den Teller vorlegen.

Eine **Variante** in der Filetiertechnik bei Plattfischen ermöglicht noch rascheres Arbeiten:
Nach dem Entfernen des Flossensaums auf beiden Seiten der Mittelgräte mit dem Fischmesser längs einritzen.

Mit zwei Fischgabeln wird rechts und links der Mittelgräte durch die Gräten gestochen.

Die Ober- und Unterfilets werden gleichzeitig von der Gräte gelöst.

Dabei arbeitet man vom Kopf zum Schwanzende und legt die Filets vor.

4.3 Flambieren am Tisch

tableside flambéing
flambage sur la table

Das Flambieren am Tisch des Gastes sollte in Grundzügen von jeder Restaurantfachkraft beherrscht werden. Ein gewisses Maß an Geschick, Routine und das Gefühl für die richtige Dosierung sowie einige Kochkenntnisse sind Voraussetzung um beim Flambieren die gewünschte Qualität zu liefern und wohltuende Atmosphäre zu schaffen.

Arbeitsgeräte und Arbeitsrichtlinien

Arbeitsgegenstände und -geräte

Flambiert wird auf einem propangasbeheizten Flambierwagen oder mit speziellen Tischrechauds, die mit Spiritus, Brennpasten oder Propangaskartuschen betrieben werden.

Abb. 1: Flambierwagen

Darüber hinaus benötigt man:

- Vorlege- und Arbeitsbestecke (Löffel und Gabel),
- eine Gießkelle zum Dosieren der Spirituosen,
- eine Gabel, auf die eine halbierte Zitrone gesteckt ist und die zum Rühren der Saucen gebraucht wird.

Die für die jeweiligen Zwecke erforderlichen Spirituosen wie Edelbrände, Geiste und Liköre müssen bereitstehen, wobei die Flaschen jeweils mit einem Ausgießer versehen sein sollten.

Flambieren am Tisch setzt eine sehr sorgfältige und vollständige Mise en place voraus, denn der Flambiervorgang darf unter gar keinen Umständen unterbrochen werden. Alles was gebraucht wird, muss griffbereit zur Verfügung stehen, es darf nichts fehlen.

Arbeitsrichtlinien

Flambiert werden Fleisch, ausgelöste Krebstiere, Süßspeisen oder Früchte. Beim Abflämmen mit Spirituosen wird deren Geschmack auf die Speisen übertragen und geben diesen eine besondere Note. Die Spirituosenmenge soll so dosiert werden, dass der Eigengeschmack der jeweiligen Speise nicht überdeckt wird.

Da es sich beim Flambieren um Hantieren mit offenem Feuer handelt, ist aus Sicherheitsgründen größte Vorsicht geboten.

Im Einzelnen ist zu beachten:

- Vor Arbeitsbeginn wird das Flambiergerät auf Funktionstüchtigkeit überprüft.
- Der Sicherheitsabstand zum Tisch des Gastes sollte etwa 1 Meter betragen.
- Die Pfanne darf beim Eingießen der Spirituose nicht zu heiß sein.
- Das Entzünden der Flamme kann auf unterschiedliche Weise erfolgen:
  - entweder die Pfanne beiseiteziehen, die angemessene Spirituosenmenge zugießen, die Pfanne dann schräg über die Flamme des Rechauds halten, damit diese in die Pfanne überspringen kann,
  - oder besser wäre es, die Spirituose in die Gießkelle (Louche) zu füllen, zu erwärmen und nach dem Entflammen über die Speise zu gießen.
- Die Höhe der Flamme darf wegen der Brandgefahr nicht vom Showbedürfnis her bestimmt werden. Sie sollte höchstens die Breite einer Hand betragen.
- Heiße Spiritusbrenner erst nach dem Abkühlen nachfüllen.
- Nach Beendigung des Flambierens sollte bei gasbetriebenen Geräten das Sicherheitsventil der Gasflasche geschlossen werden.

Flambieren von Sauerkirschen

Zutaten für 2 Personen

20 g	Zucker
20 g	Butter
30 g	Johannisbeergelee oder Kirschkonfitüre
200 g	Sauerkirschen, entsteint
4 cl	Kirschwasser
2 – 4	Kugeln Vanilleeis

Zubereitung

- Den Zucker in der Pfanne schmelzen lassen, bis zu goldgelber Farbe erhitzen,
- zusammen mit der Butter schaumig rühren,
- das Gelee bzw. die Konfitüre unterrühren,
- etwas Kirschsaft angießen und reduzieren,
- die Kirschen zugeben und heiß werden lassen,
- Kirschwasser zugeben und flambieren,
- den Fond bis zur richtigen Konsistenz einkochen lassen und neben das angerichtete Eis geben,
- sofort servieren.

Stationsführung

Flambieren von Bananen

Zutaten für 2 Personen

2	Bananen
40 g	Zucker
30 g	Butter
4 cl	Orangensaft, frisch gepresst
4 cl	Cognac oder Curaçao (Triple sec)

Als **Garnitur** verwendet man einige Esslöffel Erdbeermark sowie Schokoladensauce oder Vanilleeis.

Zubereitung

- Den Zucker in der Pfanne schmelzen,
- die Butter zugeben und schaumig rühren,
- den Orangensaft zugießen und gut durchkochen,
- die Bananenhälften in dem Fond erhitzen,
- mit dem Cognac bzw. Curaçao flambieren,
- Bananen herausnehmen und anrichten,
- den Fond bis zur angemessenen Konsistenz einkochen und über die Bananen gießen,
- garnieren.

Eine feine Geschmacksvariante ergibt sich bei dieser Süßspeise durch die Zugabe von Kokosnusslikör oder Kokosnusssirup bzw. auch durch Zugaben von ähnlichen Produkten aus Mango oder Maracuja.

Bei anderen Früchten wird das Flambieren ähnlich oder sogar auf gleiche Weise durchgeführt. Es unterscheiden sich lediglich die Zutaten.

Frucht	geeignete Spirituosen	sonstige Zutaten
Flambierte Birnen	Williamsgeist, Himbeergeist oder Rum	Birnensaft, heiße Schokolade, gehobelte, geröstete Mandeln
Flambierte Pfirsiche	Aprikosengeist, Kirschwasser oder Persiko (Pfirsichlikör)	Marzipanmus, Erdbeerpüree, Zitronen- und Orangensaft
Flambierte Erdbeeren	Grand Marnier und Tequila	Zitronen- und Orangensaft, grüne Pfefferkörner
Flambierte Feigen	Feigen- oder Kiwilikör, Cognac	Zitronen- und Orangensaft, Pinienkerne, frisch gemahlenen, schwarzen Pfeffer

Flambieren von Crêpes Suzette

Zutaten für 2 Personen

4 – 6	Crêpes	1	Zitrone (Saft)
40 g	Zucker	5 cl	Grand Marnier
50 g	Butter	3cl	Cognac
2	Orangen (Saft)		

Zubereitung

- Den Zucker in der Pfanne schmelzen und bis zu goldgelber Farbe karamelisieren lassen; dabei gleichzeitig mit der an die Gabel gesteckten halben Zitrone rühren (glatte Schnittfläche zum Pfannenboden gerichtet),
- die Butter hinzufügen und zusammen mit dem Zucker aufschäumen lassen,
- die Flamme kleiner stellen, die entstandene Masse in die eine Hälfte der Pfanne schieben und den Orangensaft in die freigewordene Hälfte gießen (käme der kalte Saft unmittelbar mit der Masse in Berührung, würde der in ihr befindliche Zucker durch das rasche Abkühlen anziehen oder sogar fest bzw. hart werden),
- den Saft und die Zuckermasse mit Hilfe der aufgesteckten Zitrone vermischen und so lange rühren, bis sich der Zucker ganz aufgelöst hat,
- den Zitronensaft dazugeben, das Ganze aufkochen lassen und durch Einkochen reduzieren,
- den Grand Marnier dazugeben,
- die Crêpes nacheinander in die Pfanne nehmen, entfalten, durch die Sauce ziehen, zu einem Dreieck zusammenlegen und dann beiseite schieben,
- in einer Schöpfkelle den Cognac direkt an der Flamme erwärmen, entzünden und brennend über die Crêpes verteilen.

4.4 Speisezubereitung am Tisch

tableside cooking
la préparation de mets à la table

Pariser Pfeffersteak

Zutaten für 2 Personen

2	Rinderfiletsteaks
20 g	Butter
10 g	Pfefferschrot schwarz
50 g	Zwiebelbrunoise
10 g	grüne Pfefferkörner
100 g	Rotwein
10 g	Öl zum Braten
100 g	Sauce Demiglace
50 g	Sahne · Cognac zum Flambieren

Die Steaks werden in der Küche gesalzen, der Pfefferschrot angedrückt und gleich scharf angebraten. Anschließend wird das Pfeffersteak im Restaurant flambiert und fertiggestellt.

Zubereitung

- Die Zutaten werden am Guéridon bereitgestellt
- Pfanne zu Saucenzubereitung auf dem Rechaud erwärmen,
- Butter in der Pfanne zergehen lassen und die Zwiebelbrunoise darin glasig anschwitzen,
- grüne Pfefferkörner zugeben,
- mit dem Rotwein ablöschen,
- Sauce Demiglace hinzufügen, würzen und aufkochen,
- Sahne unterrühren und die Sauce bei kleiner Flamme sämig einkochen lassen,
- die vorgebratenen Steaks in einer zweiten Pfanne in heißem Öl beidseitig bis zum gewünschten Bratgrad weitergaren,
- über dem Ablageteller Cognac in die Louche füllen, Pfanne beiseite ziehen, den Cognac über der Flamme erhitzen und entzünden,
- den Cognac mit Vorsicht über die Steaks gießen,
- nach dem Erlöschen der Flamme die Pfeffersteaks auf die Teller anrichten,
- die Sauce nochmals kurz aufkochen und halbseitig über die Steaks nappieren,
- die fertig angerichteten Teller den Gästen einsetzen.

Abb. 1: Mise en place

Abb. 2: Sauce bereiten

Abb. 3: Steak flambieren

Zubereiten von Salaten

Dem Zubereiten von Salaten am Tisch kommt eine ganz besondere Bedeutung zu. Unmittelbar vor dem Verzehr zubereitete Speisen haben ein angenehmeres Aussehen und vermitteln einen höheren Genuss. Diese Art von Zubereitung ist allerdings sehr aufwendig und deshalb nur in begrenztem Umfang anwendbar (s. S. 156).

Geeignete Salate

Salate, die erst einige Zeit in der Marinade ziehen müssen, sind für das Zubereiten am Tisch des Gastes ungeeignet. Geeignet sind dagegen alle zarten Salate und Gemüse, welche die Marinade oder Salatsauce (Dressing) rasch annehmen.

Geeignet

- ☺ alle Blattsalate
- ☺ rohe Gemüse, wie Tomaten, Gurken, Karotten, Sellerie

Ungeeignet

- ☹ rohe Gemüse, wie Rot- und Weißkohl
- ☹ gegarte Gemüse, wie Bohnen, Blumenkohl,
- ☹ Sellerie, Spargel

Bereiten von Salatsaucen

Wenn sich ein Restaurant dazu entschließt, Salatsaucen am Tisch frisch zuzubereiten, dann darf das nur auf entsprechendem Niveau geschehen.

Dabei sollten unbedingt folgende Voraussetzungen erfüllt sein:

- Erstklassige Zutaten müssen in angemessener Auswahl und Menge zur Verfügung stehen,
- die Bedienungsfachkräfte müssen so geschult sein, dass sie in der Lage sind, die Zutaten richtig zu dosieren und zusammenzustellen sowie den Salaten die geeigneten Saucen zuzuordnen.

Fertigstellen der Salate

Werden in einem Restaurant Salatsaucen am Tisch des Gastes frisch zubereitet, müssen folgende wichtige Voraussetzungen erfüllt sein:

- Bei der Herstellung der Salatsauce ist darauf zu achten, dass die Zutaten mit einem Tafellöffel oder einem Kaffeelöffel kontrolliert abgemessen werden.
- Die Salatsauce wird im Allgemeinen separat zubereitet. Erst nach Fertigstellung der Salatsauce wird der Salat mariniert.

Dafür gibt es folgende Möglichkeiten:

- Die Salatsauce wird in einer Glas- oder Porzellanschüssel zubereitet, dann der Salat hinzugefügt, mit dem Dressing vermischt und auf Tellern angerichtet, oder
- die Salatsauce wird in einem tiefen Teller zubereitet, dann über den in einer Schüssel vorbereiteten Salat gegeben und untergemischt, oder
- das Dressing wird mit einem kleinen Löffel über die angerichtete Salatauswahl geträufelt.

Anrichten von Salaten

Salate können auf Glasplatten, in Glasschalen, in Glaspokalen oder auf flachen oder tiefen Tellern attraktiv angerichtet werden.

Servieren vom Wagen

Bei diesem Service werden die auf dem Wagen bereitgestellten kalten oder warmen Speisen bzw. Getränke an den Tisch des Gastes herangefahren, präsentiert und vom Wagen aus serviert, z. B.:

- kalte Vorspeisen oder Salate,
- frische Fischarten auf Eis zur Auswahl,
- kleine Speisenfolgen in der Reihenfolge Suppe, Hauptgericht und Desserts,
- Käse, warme und kalte Desserts oder Kuchen,
- Spirituosen als Digestifgetränke.

Bei dieser besonderen Servierart werden die auf Brettern, Platten, Chafing-dishes bzw. in Schüsseln angerichteten Speisen erst vor dem Gast auf Teller bzw. Schalen vorgelegt oder in Gläser gefüllt und serviert.

Präsentieren und Servieren von Käse

Nach einer Mahlzeit werden dem Gast verschiedene Käsesorten (s. S. 325) zur Auswahl angeboten. Die Käse sind auf einem Brett mit Glasglocke (Cloche) oder einem Käsewagen angerichtet und werden zum Tisch des Gastes gebracht.

Abb. 1: Brett mit Käseauswahl

Für die Käseempfehlung und den Service sollte fachlich geschultes Servierpersonal zuständig sein, um den Gästen die unterschiedlichen Geschmacksrichtungen der Käsesorten erklären zu können. Zum Zerteilen und Vorlegen der Käse müssen ausreichend Besteckteile zur Verfügung gehalten werden, um ein appetitliches Anrichten zu ermöglichen.

Zum Käse passende Garnituren sowie verschiedene Brotsorten müssen bereitgestellt werden.

Aufgaben

1 Welche Anforderungen sind nötig um eine eigene Servicestation führen zu können?

2 Nennen Sie 6 Beispiele für Spezial-Gedecke und beschreiben Sie diese im Einzelnen.

3 Nennen Sie die Arbeitsgeräte und die Arbeitsrichtlinien für das Tranchieren.

4 Beschreiben Sie den Ablauf für das Tranchieren von Chateaubriand, Rehrücken und Ente.

5 Nennen Sie die Arbeitsgeräte und die Arbeitsrichtlinien für das Filetieren.

6 Erklären Sie Ihrem Kollegen(in) das Filetieren einer Forelle blau und einer Seezunge.

7 Beschreiben Sie die Arbeitsgeräte und die Vorsichtsmaßnahmen, die beim Flambieren wichtig sind.

8 Welche Arbeitsrichtlinien gelten für das Flambieren?

9 Beschreiben Sie das Flambieren von Crêpes Suzette und Pariser Pfeffersteak.

5 Zigarrenservice

cigar service
le service de cigares

Neben der allgemeinen Verfügbarkeit von Zigaretten wird dem Zigarrenservice im Restaurant eine besondere Aufmerksamkeit gewidmet. Neben einer speziellen Zigarrenkarte für den Gast, erfordert diese Form von Service eine sachgerechte Pflege und Lagerung der Zigarren sowie deren Präsentation.

Im Gegensatz zum Zigarettenrauch, wird der Duft einer Zigarre auch von nichtrauchenden Gästen eher als angenehm empfunden. In manchen Hotels und Restaurants gibt es für den Genuss von Tabakwaren eigene Salons, in die sich die Raucher zurückziehen können.

Abb. 1: Präsentation von Zigarren

Pflege und Lagerung

Zigarren werden in der Regel in Klimaschränken, auch Humidors genannt, gelagert. Diese schaffen für die Zigarren ein perfektes Klima.

Es gibt auch die Möglichkeit Zigarren in Klimakisten, auch Boitair genannt, aufzubewahren. Diese Kisten funktionieren aber nur im Zusammenhang mit einem Wein-Klima-Schrank, dabei wird die Box in der Rotweinzone gelagert. Durch Schlitze an der Rückseite und im Boden gelangt die ideal klimatisierte Luft der Rotweinzone mit 16 °C und 70% relativer Luftfeuchtigkeit zu den Zigarren.

In der Klimakiste ist an der Deckelunterseite ein Klimakontroller untergebracht, bestehend aus einem abnehmbaren Hygrometer und einem fest installierten Thermometer. Der Hygrometer sollte alle drei Monate auf Funktionsgenauigkeit überprüft und neu justiert werden. Dazu legt man ihn für 30 Minuten auf ein gut angefeuchtetes Tuch. Er muss nach Ablauf der Testzeit 95% Luftfeuchtigkeit anzeigen.

Verkauf und Präsentation

Eine attraktive Zigarrenkarte kann den Gästen zusammen mit der Digestifempfehlung gereicht werden.

Wollen die Gäste eine Zigarre auswählen, präsentiert man das Angebot immer am Guéridon. Der Boitair ist mit Zigarren aus verschiedenen Tabaksorten und mit unterschiedlichen Formaten bestückt.

Zigarrenservice

Für diesen Service werden bereitgestellt:

- Zigarrenabschneider und Zigarrenschere
- Kerze und Zündhölzer
- Fidibusse (dünne Zedernholzspäne)
- Aschenbecher

Nachdem der Gast sich eine Zigarre ausgewählt hat, bekommt er diese von der Restaurantfachkraft mit der Zigarrenzange gereicht. Mit dem Zigarrenabschneider bereitet er sich die Zigarre vor und erhält von der Restaurantfachkraft einen Fidibus, der an er brennenden Kerze entzündet wurde.

Abb. 2 und 3: Unterschiedlich bestückte Boitairs

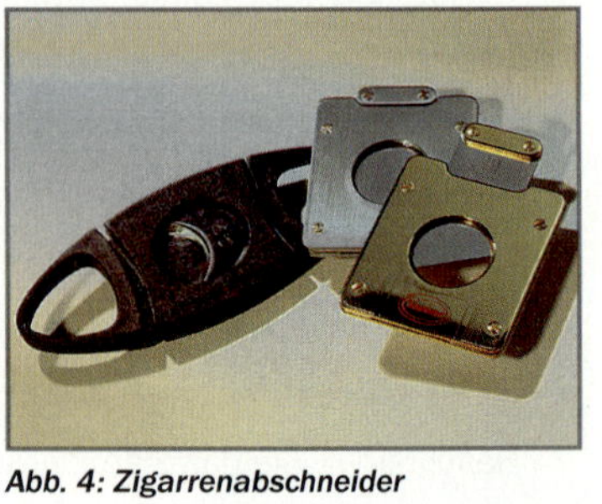

Abb. 4: Zigarrenabschneider

PROJEKT

MITARBEITERSCHULUNG SERVICEPERSONAL

Ihr Chef bittet Sie sich Gedanken für eine Mitarbeiterschulung für das Servierpersonal zu machen und diese durchzuführen. Dabei sollen auch die Möglichkeit geprüft werden, inwieweit es heutzutage noch möglich ist, gehobenen Service ins Alltagsgeschäft einzubauen.

PLANUNG

1 Lassen Sie sich von Ihren Kolleginnen und Kollegen Vorschläge machen, welche
- besonderen Serviertechniken,
- Spezialgedecke,
- Arbeiten am Tisch des Gastes wie Tranchieren, Filetieren, Flambieren und
- Speisenzubereitungen

gezeigt und geübt werden sollen.

2 Prüfen Sie, welche Gerätschaften hierfür im Hause vorhanden sind.

3 Erstellen Sie eine Liste mit den Vorschlägen, besprechen Sie diese mit den Mitarbeitern und legen Sie dann gemeinsam den Umfang der Schulung fest.

4 Erstellen Sie einen Zeit- und Kostenrahmen für die Schulung.

VORBEREITUNG

1 Beauftragen Sie Kolleginnen und Kollegen mit den Mise-en-place-Arbeiten für die verschiedenen Schulungsinhalte.

2 Geben Sie hierzu im Einzelnen genaue Arbeitsanweisungen.

DURCHFÜHRUNG

1 Lassen Sie die Materialien für die einzelnen Arbeiten herrichten.

2 Überprüfen Sie alle gemeinsam die Mise en place.

3 Lassen Sie die einzelnen Arbeiten nach und nach durchführen und geben Sie wenn nötig Hilfestellung.

Arbeiten im Bankettbereich

Es gab Zeiten, da wurde in gastgewerblichen Betrieben neben dem Beherbergen und dem Bewirten auch ab und zu einmal ein Bankett wie z. B. Hochzeit, Firmung, Jubiläum, durchgeführt.

Heute sind solche und andere Veranstaltungen in mittleren und größeren Häusern ein regelmäßiger, eigenständiger und wichtiger Bestandteil des Umsatzvolumens. Ihre Bedeutung wird durch die Tatsache unterstrichen, dass viele Hotels eine eigene Bankettabteilung unterhalten und dass es bereits ausgesprochene Veranstaltungs- und Tagungshotels gibt.

1 Organisationsstruktur

structure of organization
la structure d'organisation

Die Bankett- oder Veranstaltungsabteilung eines Hotels arbeitet nach einer anderen Organisationsstruktur als die à la carte-Restaurants.

Die Abteilung wird vom Bankett-Management geleitet und betreut.

Bankett-Manager / in

Neben einer gründlichen Fachausbildung ist eine zusätzliche Qualifikation als Hotelbetriebswirt/in wünschenswert. Innerhalb einer Kreativ-Abteilung müssen ganz besonders kaufmännische Grundsätze beachtet werden.

Der Aufgabenbereich umfasst:

- Verantwortung je nach Betriebsstruktur gegenüber der Gesellschaft bzw. der Geschäftsleitung,
- Erstellung von Bankett-Arrangements und Veranstaltungsunterlagen,
- Führung von Beratungsgesprächen mit Gästen/Kunden,
- Abschließen von Bankettvereinbarungen,
- Information aller am Bankett beteiligten Abteilungen des Hotels.
- Koordinationspflicht mit den Abteilungen,
- Erstellung von Organisationsplänen,
- Verantwortung bei Vorbereitung, Durchführung und Abschluss eines Banketts.

2 Organisationsmittel

organization means
les moyens (m) d'organisation

Für den Verkauf von Veranstaltungen ist es wichtig, dass sich das Unternehmen mit seinem Angebot auf dem Markt präsentiert und Werbung betreibt.

Dazu wird eine **Bankett- oder Veranstaltungsmappe** erstellt und diese auch im Internet präsentiert.

Bankett- und Veranstaltungsmappe

Die Mappe enthält:

- Hinweise auf den idealen Standort:
  - abseits vom Alltagslärm im Grünen gelegen,
  - dennoch günstige Anbindung zu Autobahnen,
  - in der Nähe eines internationalen Flughafens.
- Hinweise auf die Rahmenbedingungen des Hauses:
  - Räumlichkeiten mit Raumplänen und Raumgrößen, Nutzungsmöglichkeiten und Sitzordnungen,
  - Tagungs- und Kommunikationstechnik,
  - Vermittlungen von Bühnen, Musik, Laufstegen usw.
- Hinweise auf das Beherbergungs- und Bewirtungsangebot:
  - Anzahl, Art und Ausstattung der Gästezimmer,
  - Speisen- und Getränkeangebot,
  - zusätzliche Einrichtungen im Wellness- und Fitnessbereich.

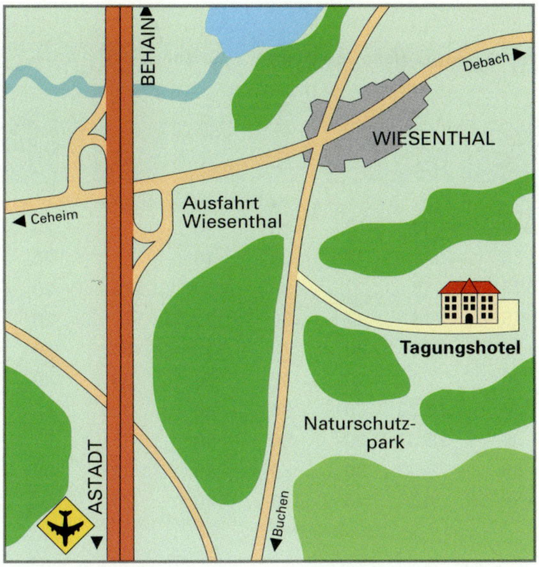

Abb. 1: Anfahrtsskizze zu einem Tagungshotel

Verkaufsabteilung

Um effektiv arbeiten zu können sind folgende Voraussetzungen notwendig:

- ein **Verkaufsbüro**, eingerichtet mit allen gängigen Medientechniken,
- gut geschultes Verkaufspersonal, das in Kenntnis aller betrieblichen Möglichkeiten sachkundig fundierte und überzeugende Verkaufsgespräche führen kann.

Veranstaltungsplan

Dieser Plan, in dem alle vereinbarten Veranstaltungen registriert werden, dient verschiedenen Zwecken:

- Er ist in Verbindung mit dem Veranstalter-Auftrag die Grundlage für das Erstellen der Veranstaltungsvorschau im Hinblick auf die jeweils kommende Woche. Die Vorschau dient zur Information aller Abteilungen des Hotelbetriebes und ist für die sorgfältige Vorbereitung und Durchführung der Veranstaltung außerordentlich wichtig.
- Der Plan ist darüber hinaus die Grundlage zur Vorbereitung der Informationstafel in der Empfangsabteilung für die zur Veranstaltung eintreffenden Gäste.
- Der Plan informiert außerdem die Verkaufsabteilung jederzeit darüber, welche Räume zu welchen Zeiten noch für weitere Veranstaltungen zur Verfügung stehen.

Veranstaltungsplan

Datum ↓ Raum →	Bad Soden	Eschborn	Kronberg	Königstein	Harz
Montag 3. 4.		19^{30} bis 22^{00} Lichtbildervortrag Kunstverein		16^{00} bis 20^{00} Weinprobe Fa. Reinhard	
Dienstag 4. 4.	10^{30} bis 13^{00} Empfang der IHK			13^{00} bis 20^{00} Skatmeisterschaft	10^{00} bis 16^{00} Symposion Innere Medizin
Mittwoch 5. 4.		11^{30} bis 16^{00} Familienfeier Rudolf			9^{00} bis 18^{00} Jahreshauptvers. d. Kleingartenv.
Donnerstag 6. 4.	9^{30} bis 15^{00} Wohnungsbauges. Herr Franke			10^{00} bis 14^{00} Jubiläumsempfg. Fa. Helm	
Freitag 7. 4.			11^{00} bis 17^{00} Hochzeitsfeier Lehnert		
Samstag 8. 4.			8^{30} bis 18^{00} Seminar „Betriebsberatung"		
Sonntag 9. 4.		12^{00} bis 16^{00} Konfirmation Fam. Huber			

Hilfsmittel des Verkaufs

Es gibt eine ganze Reihe von Hilfs- und Organisationsmitteln, die dazu dienen, den Auftraggeber rasch und umfassend über das gastronomische Angebot zu informieren. Die Wünsche des Gastes können somit schnell, lückenlos und so detailliert wie möglich erfasst werden.

Raumplan

Der Raumplan gibt Auskunft über die vorhandenen Räume sowie die unterschiedlichen Möglichkeiten der Nutzung. Der Plan macht die Raumgrößen, die Bestuhlungsvarianten und die damit im Zusammenhang stehenden Personenzahlen ersichtlich. Für eine Veranstaltung ist somit eine rasche Ermittlung der geeignetsten Räumlichkeiten gegeben.

Übersicht über Räumlichkeiten

Raum	m²	Länge in m	Breite in m	Höhe in m	Konferenzen, Tagungen, Seminare: Parla-ment	Block	U-Form	T-Form	Theater	Gesellschaftl. Anläs-se: Cocktail	Buffet	Lunch / Dinner
Bad Soden	27	7,55	3,60	2,55	20	18	18	17	30	30	–	20
Eschborn	27	7,55	3,60	2,55	20	18	18	17	30	30	–	20
Kronberg	27	7,55	3,60	2,55	20	18	18	17	30	30	–	20
Königstein	27	7,55	3,60	2,55	20	18	18	17	30	30	–	20
Harz	72	10,41	7,10	2,54	50	32	30	30	70	100	50	60
Frankfurt	54	7,00	7,70	3,20	28	26	24	20	45	60	35	40
Spessart	54	11,40	4,75	3,20	32	36	28-32	30	80	80	32	50
Main / Taunus	65	11,40	5,75	3,20	32	36	28-32	30	80	80	32	50
Eifel	57	11,40	5,00	3,20	32	36	28-32	30	80	80	32	50
2 Räume	120	11,40	10,00	3,20	70	Karree 56	42	40	170	160	70	120

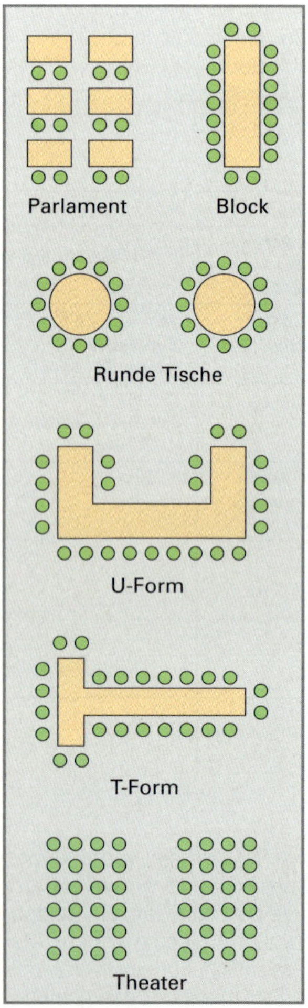

Abb. 1: Bestuhlungsplan

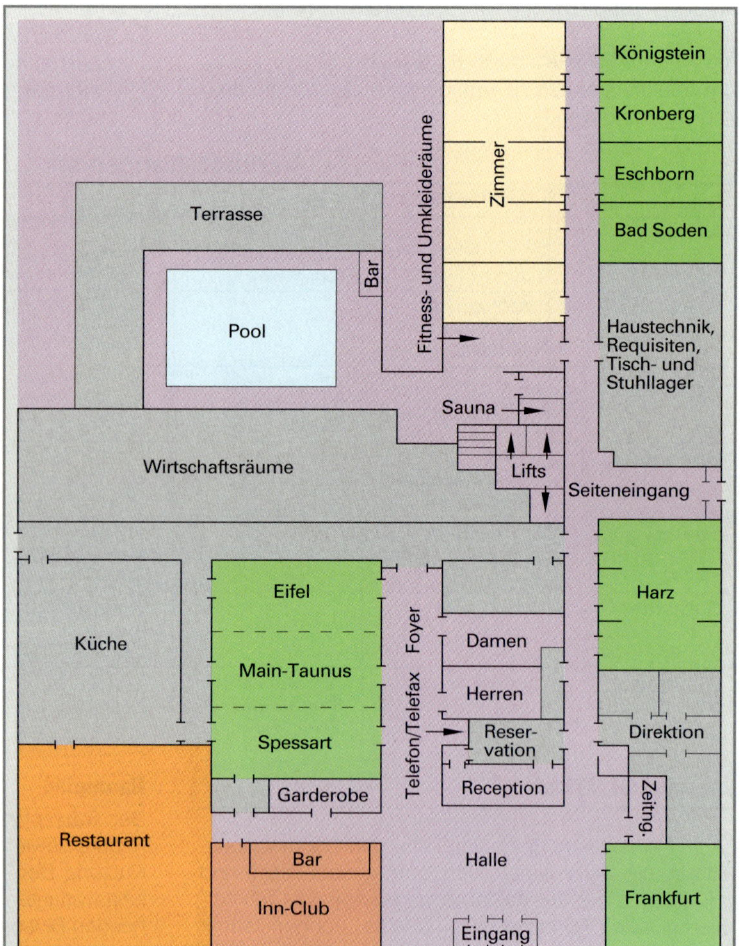

Abb. 2: Orientierungsplan zu den Veranstaltungs-Räumlichkeiten

Checklisten

Beim Verkaufsgespräch für eine Veranstaltung darf nichts vergessen werden.

Zu diesem Zweck gibt es Checklisten, in denen die entsprechenden Wünsche angekreuzt bzw. eingetragen und für weitere Bearbeitung festgehalten werden.

Checkliste für Materialien und Vermittlungen

1. Stichwort der Veranstaltung	*M-Seminar*	
2. Zeitraum: Anreise-Tag	*17.11. ..*	
Abreise-Tag	*19.11.*	
3. Teilnehmer:		
Teilnehmerzahl:	*28*	
4. Unterbringung: Im Holiday Inn	*24* E-Zi.	*2* D.-Zi.
Zusätzl. Hotel	*–* E-Zi.	*–* D.-Zi.
Anzahl der Nächte	*2*	

5. Technische Anlagen und Ausstattung **Zur Verfügung stehen:**	
(X) Rednerpult, Tischglocke	
○ Podium	
○ Standmikrofon	
○ Funkmikrofon	
○ Tischmikrofon	
○ Tischpult	
(X) Flip-Chart	
(X) Tafel und Kreide	
(X) Zeigestock/Pointer	
(X) Projektionswand + Tisch	
○ Beamer	
○ Filmprojektor	
○ Diaprojektor	
(X) Overheadprojektor	
○ Spotlight	
○ Tonbandgerät	
(X) Episkop	
○ AV-Gerät	
○ Simultananlage	
○ Diktiergerät	
○ Videogroßwand	
○ Fernsehkameras	
○ Computer	
○ Schreibmaterial	
○ Vervielfältigungsgerät	
○ Überraschung	
Wir vermitteln:	
○ Fotografen	
(X) Sekretärin	
○ Hostessen	
○ Floristen	
○ Grafiker	
○ Musiker	
○ Videoteam	
○ Ausflüge	
○ Damenprogramme	
○ Pressekontakte	

6. Drucksachen-Checkliste	
Zu Ihrere Verfügung stehen:	benötigte Anzahl
(X) Hotelprospekte	*28*
(X) Wegweiser	*1*
○ Infomations-Prospekte	
(X) Frankfurt, Stadtplan	*28*
(X) Frankfurt, Veranstaltungskalender	*28*
○ Menükarten	
Wir organisieren für Sie zum Selbstkostenpreis den Druck von:	
○ Einladungen jeglicher Art	
○ Antwortkarten	
○ Veranstaltungs-Programmen	
○ Umschlägen	
○ Pressemitteilungen	
(X) Mappen	*28*
○ Tischkarten	

Checkliste für Speisen und Getränke

1. Tagungen, Konferenzen	(Gewünschtes bitte ankreuzen)	Ja	Nein
Zum Empfang der Teilnehmer:	Begrüßungsdrink	✗	
Empfangsparty am Vorabend:	als Poolparty		✗
	als Cocktailparty	✗	
	– mit Hors d'œuvres		✗
	– Fingerfood		
Zum Frühstück:	Büfett		✗
Erfrischungen:	Konferenzgetränke	✗	
Kaffepause vormittags:	mit gemeinsamem Imbiss	✗	
	ohne gemeinsamen Imbiss		
Mittagessen:	3-Gänge-Menü oder leichter Manager-Lunch	✗	
	Arbeitsessen		
Kaffeepause nachmittags:	mit Gebäck	✗	
	ohne Gebäck		
	kalte Getränke	✗	
Abendessen gemeinsam:	festliches Dinner		✗
	Grillparty (bei schönem Wetter)	✗	
	Spezialitäten-Büfett		
Abschlussabend mit Selbstbedienung vom Büfett:	**Original Hessenabend:** Hessische Spezialitäten, Getränke und Musik		
	Fiesta Siciliana: Italienische Speisen und Getränke mit italienischer Musik	✗	
	Pusztanächte: Ungarische Speisen und Getränke mit Musik		
	Soirée Parisienne: Französische Spezialitäten, Käse und Wein mit Original-Musik		
2. Feiern Zu jeglichem Anlass arrangieren wir für Sie:	Verlangen Sie unsere Vorschläge für:		
Betriebsfeiern:	Weihnachtsfeiern		
	Jubiläen		
Familienfeiern:	Taufe		
	Geburtstag		
	Konfirmation		
	Kommunion		
	Verlobung		
	Hochzeit von Grün bis Diamant		
Vereins- und Clubfeiern:	Kostümbälle		
	Ehrenabende		
	Sommernachtsbälle		
Platz für Ihre Ideen:			

Veranstaltungsauftrag

Die Ergebnisse des Verkaufsgesprächs und die in den Checklisten eingetragenen Wünsche des Bestellers werden in einem Veranstaltungs-Auftrag schriftlich festgehalten. Durch die Unterschrift des Auftraggebers erhält dieser vertraglichen Charakter und ist die Grundlage

- für die Vorbereitung und Durchführung der Veranstaltung von seiten des Betriebes,
- für eventuelle Rückfragen und Klarstellungen,
- für das Abrechnen mit dem Auftraggeber.

Veranstaltungsauftrag

Veranstaltungsauftrag		lfd. Nr. 183
Datum: Mittwoch	den 28. 5. ..	Art der VA: Konferenz
Veranstalter: Verband Deutscher Makler		Tel.: 03 47/56 35 07
bestellt durch: Frau Steinhuber		Fax: 03 47/56 35 07
Rechnungsanschrift: 31468 Immobilienstadt, Neuweg 7		
Text für Informationstafel: /		

angen. am: 20. 3. ..	durch: Reinhard	Tel. ☐ Korr. ☐	Pers. ☒ Fax. ☐
Uhrzeit: von 7⁰⁰ bis 8⁰⁰	Personen: 68/Frühstück	Raum: Frühstück 1	Tischplan: /
Uhrzeit: von 9⁰⁰ bis 12³⁰	45/Konferenz	Harz	Parlament
Uhrzeit: von 13³⁰ bis 15³⁰	48/Diner	Großer Saal	Karree
Uhrzeit: von bis			

Getränke:
Abrechnung nach Verbrauch – Berechnung nach Getränke-Karte

zur Konferenz: Mineralwasser und Säfte eingedeckt — ja ☒ nein ☐

Kaffeepausen: vom.: / nachm.: Kaffee und Tee bereithalten

zum Empfang:

zum Essen: nach Wahl (kleine Getränkekarte erstellen, passend zum Menü)

nach dem Essen: Digestifgetränke anbieten

Speisen: Tischreden:

Uhrzeit: 13³⁰ Personen: 68 Raum: Großer Saal

Tatar von gebeiztem Lachs
*
Briesklößchen auf Lauchstreifen mit Safransauce
*
Sorbet von Ananas und Erdbeeren
*
Tournedos
Bearner Sauce
Feine Gemüseauswahl
Mandelkroketten
*
Crêpes Suchard

Preis: 35,00 €

Bemerkungen: Zur Kaffeepause vormittags belegte Brötchen (Schinken und Käse)
nachmittags Kuchen und Teegebäck
Zur Konferenz keine Aschenbecher

Menükarten: 68	à 3,00 €	Mikrofone: 2	Preis: 20,00 €
Blumen: 8 kleine Gestecke	à 20,00 €		
Tabakwaren:		Filmprojektor: 1	Preis: 30,00 €
Fotograf:	Zeit:	Diaprojektor:	Preis: €
Bereitstellungskosten:		Overhead:	Preis: €
Garderobe: €	pauschal ☐ individuell ☐	Tonband:	
Kerzen: 4 dreiarmige Leuchter		Flipchart: X	
Podium:		Leinwand: 1	Preis: 10,00 €
Musik:	Tanzfläche:	Laufsteg:	Prüfungs-Verm.
GEMA:	Tanzerlaubnis:	Telefon:	

Datum: 20. 3. ..

Steinhuber
Unterschrift des Bestellers/Veranstalters

3 Vorbereiten und Durchführen eines Banketts

preparing and managing a banquet — *la mise en place et la réalisation d' un banquet*

Bankette sind Sonderveranstaltungen, bei denen ein festliches Essen im Mittelpunkt steht. Die folgenden Ausführungen dienen dazu, an einem Beispiel alle organisatorischen Überlegungen und Maßnahmen aufzuzeigen. Grundlegendes zum Thema „Sonderveranstaltungen" sollte zunächst im Kapitel „Organisation" nachgelesen werden.

Bankettvereinbarung

Diese schriftliche Aufzeichnung (s. Seite. 555), in der alle mit dem Auftraggeber besprochenen Details festgehalten werden, ist die Grundlage:

- für die Vorbereitung und Durchführung des Banketts sowie für eventuelle Rückfragen und Klarstellungen,
- für den Mitarbeitereinsatz,
- für die Abrechnung mit dem Auftraggeber.

Planungsmaßnahmen

Den vorbereitenden Arbeiten kommt eine besondere Bedeutung zu, denn je sorgfältiger diese erledigt werden, desto wahrscheinlicher ist die reibungslose Durchführung des Banketts. Dabei ist zu unterscheiden zwischen den vorbereitenden Planungsmaßnahmen und den eigentlichen Vorbereitungsarbeiten, dem Mise en place.

Information

Alle betroffenen Abteilungen erhalten eine Kopie der Bankettvereinbarung. Sie informiert über den Zeitpunkt der Veranstaltung und ist gleichzeitig die Basis, mit der die Abteilungen ihre Arbeitsbeiträge planen können.

Tafelorientierungsplan

Wie aus dem Namen hervorgeht, handelt es sich um einen Plan, der zur Orientierung an der Festtafel dient: einerseits für die Gäste und andererseits für das Servierpersonal. Dazu erhält der Service aus der Bankettvereinbarung in unserem Beispiel folgende Hinweise:

- Personenzahl: 32
- Tafelform: U-Form

Darüber hinaus teilt der Veranstalter mit:

- Unter den Gästen befinden sich 8 Ehrengäste.
- Eine namentliche Liste der Gäste enthält die Reihenfolge für die Sitzordnung.

Aus diesen Vorgaben leitet sich der Aufbau der Festtafel ab (siehe oben).

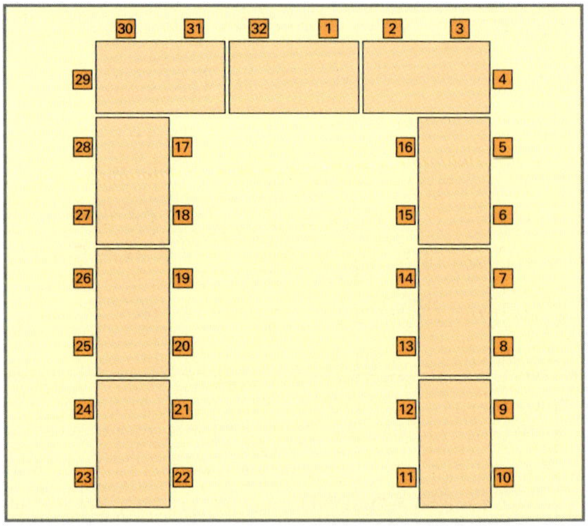

Eine ergänzende Liste informiert die Gäste über ihren Platz an der Festtafel. Diese wird, für die Gäste leicht zu erkennen, an einer Tafel im Eingangsbereich aufgestellt. Obwohl man bei kleineren Veranstaltungen im allgemeinen Tischkarten verwendet, soll an dieser Stelle beispielhaft die Gästeliste angedeutet werden.

Tafelorientierungsplan (Gäste)

Gästeliste

Name d. Gastes	Platz-Nr.	Name des Gastes	Platz-Nr.
Frau Domes	32	Frau Seibert	5
Herr Domes	1	Herr Neumann	6
Herr Reimann	2	Herr Rudolf	7
Frau Rosenbach	3	Frau Prange	8
Herr Dahlberg	4	Frau Libert	9
Frau Ahrend	31	usw. ...	
Frau Brunner	30	...	
Herr Lehmann	29	...	

Abb. 1: Festliches Gedeck

Hotel STADT MÜNCHEN

Bankettvereinbarung

Veranstalter: *Fa. Müller & Co.* Wochentag: *Mittwoch*

Besteller: *Frau Bertram* Datum: *15. 11. ..*

Bestelleranschrift: *Hofgartenstr. 17 – 19, 80011 Imdorf*

Rechnungsanschrift: *31468 Immobilienstadt, Neuweg 7*

angenommen am: *31. 10. ..* durch: *Reinhold Michel*

Personenzahl: *32* Raum: *Paris* Tafelform: *U-Form*

Beginn: *13^{00}* Ende: *ca. 15^{00}*

Getränke

Aperitif:
Sekt, Orangensaft, Sektcocktail

zum Essen:
Erdener Treppchen, trocken
Glottertaler Rote Bur, Weißherbst
Sekt

nach dem Essen:
Mokka, Cognac, Cremeliköre

Menü

Geräuchertes Forellenfilet
Sahnemeerrettich
Toast und Butter
*
Klare Ochsenschwanzsuppe
mit Sherry
*
Kalbsmedaillons mit Morchelrahm
Spargel, Erbsen, Karotten
Dauphinekartoffeln
Salatherzen
*
Birne Helene

Preis: 38,50 €

Bemerkungen: *Jubiläum des Hauptgeschäftsführers Domes*
Tischreden: nach der kalten Vorspeise und
nach dem Hauptgang

Menükarten: *werden vom Haus bereitgestellt*

Blumen: *Bodenvasen, Tischgestecke* Kerzen:

Lautsprecheranlage:

Fotograf: Uhrzeit:

Musik, Tanz: Art der Bezahlung:

Gema, Tanzerlaubnis:

Garderobe:

Kopien an:

Küche ☒
Restaurant ☒
Empfang ☒
Technik ☐

Datum: *31. 10. ..* *Bertram*
Unterschrift

Servicebereiche

Für den reibungslosen und optisch einwandfreien Ablauf des Service ist es unbedingt erforderlich, dass jede Bedienung weiß, welche Gäste sie an der Festtafel zu betreuen hat. Dazu gibt es bezüglich der Anzahl der Gäste pro Bedienung folgende allgemeinen Richtwerte:

Zuordnung der Servierkräfte zu den Servicebereichen

Service-bereich	Gäste	Name der Bedienung
I	1 – 4	Anton
II	5 – 10	Dora
III	11 – 16	Gustav
IV	17 – 22	Jürgen
V	23 – 28	Martin
VI	29 – 32	Paula

Tafelorientierungsplan (Service)

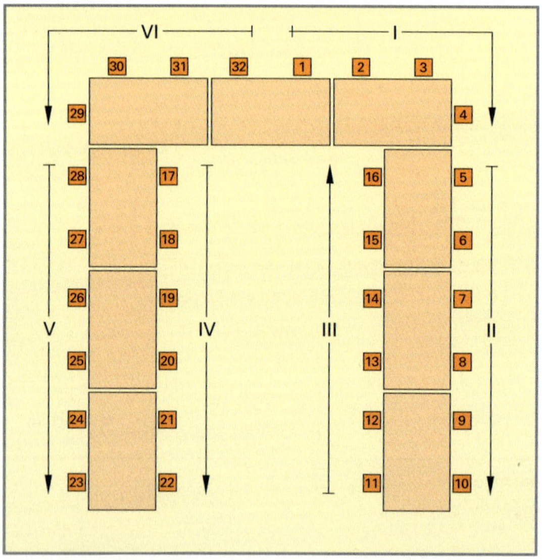

Mise en place

Zeit- und Arbeitsablaufplan

8.00 Getränke für Aperitif:
5 Flaschen Sekt (0,75 L) und 3 L Orangensaft kühlstellen

Getränke zum Menü:
6 Flaschen Erdener Treppchen (0,75 L) und
6 Flaschen Rüdesheimer Bischofsberg (0,75 L)
6 Flaschen Sekt (0,75 L) ebenfalls kühlstellen

In Reserve gekühlt:
Mineralwasser und Softdrinks

Cognac und Cremeliköre bereitstellen

8.00 Vorbereiten der Tisch- und Tafelgeräte
– Falten der Servietten

10.00 – Stellen und Eindecken der Festtafel
– Herrichten von zwei Servicetischen für die Servicebereiche I bis III und IV bis VI
– Herrichten eines Getränkebüfetts

12.00 Empfang der Gäste

Bereitstellen der Tisch- und Tafelgeräte

Gänge	Tafelgeräte und sonstige Geräte	Fest-tafel	Service-tisch
Vorspeise	– Fischbesteck – Brotteller, Mittelmesser – Weißweingläser	32 32 32	2 2 3
Suppe	– Mittellöffel – Suppengedecke	32 –	3 35
Haupt-gang	– großes Messer und große Gabel – Roséweingläser – Menagen – Vorlegebesteck → Löffel (Sauce) → Löffel und Gabel (Fleisch, Kartoffeln)	32 32 6 8 	3 3 2 16
Dessert	– Mittellöffel, Mittelgabel – Sektgläser	32 32	3 3
außerdem	– Servietten – Menükarten	32 32	6 6

Abb. 1: Gedeck zum Menü

Darüber hinaus sind bereitzustellen:

Zweck	Gegenstände
Aperitif	→ 50 Sektgläser
Mokkaservice	→ 36 Kaffeeuntertassen und Kaffeelöffel → 6 mal Sahne und Zucker
Spirituosen-service	→ 20 Schwenker → 20 Likörschalen
Sonstiges	→ 10 Aschenbecher → 8 Serviertabletts

Durchführen des Banketts

Bankette sind festliche Anlässe. Es ist deshalb wichtig, dass die Servierabläufe reibungslos und präzise ausgeführt werden. Dazu gibt es entsprechende Anweisungen:

Arbeitsrichtlinien

Gleichzeitigkeit der Bedienungsabläufe

Bei bestimmten Serviervorgängen von Speisen oder Getränken begeben sich die in Reihe „aufmarschierenden" Restaurantfachkräfte jeweils zum ersten Gast innerhalb ihres Servicebereichs. Auf das Zeichen des Serviceleiters hin beginnen alle gleichzeitig mit dem Bedienungsablauf.

Servieren von Speisen

- Das **Einsetzen** der auf Tellern oder in Schalen angerichteten Speisen erfolgt grundsätzlich **von der rechten Seite** des Gastes mit Ausnahme der Teile, die links vom Gedeck stehen, z. B. Toast, Salat.
- Das **Anbieten** oder **Vorlegen** von der Platte wird **von der linken Seite** des Gastes ausgeführt.
- Die grundlegende Laufrichtung innerhalb des Servicebereichs verläuft beim Einsetzen von rechts nach links, beim Anbieten oder Vorlegen von links nach rechts.

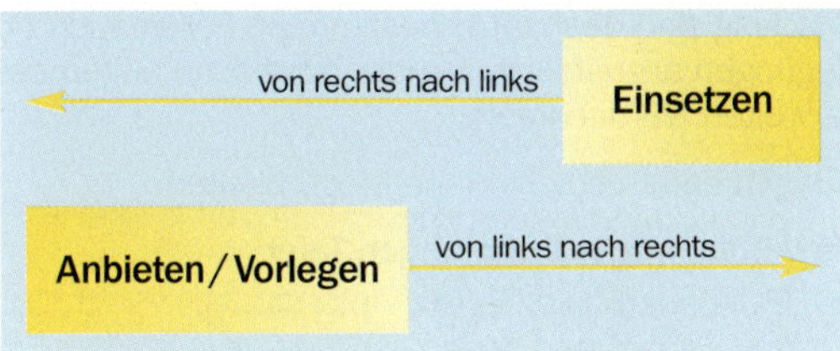

Im Beispiel gibt es bedingt durch die U-Tafel-Form eine Abweichung von dieser Grundregel:

im Bereich der Ehrengäste, bei denen jeweils von der Mitte ausgehend nach beiden Seiten serviert wird (s. Tafelorientierungsplan, Servicebereiche).

- Für das Servieren von Speisen, bei denen die Beigaben bzw. Beilagen getrennt vom Hauptbestandteil angerichtet werden, sind verschiedene Gesichtspunkte zu beachten:
  - Steht für einen Servicebereich nur eine Bedienung zur Verfügung, dann serviert sie den Hauptbestandteil. Zuvor müssen dann jedoch beim ersten Gast des Servicebereichs die Beigaben eingesetzt werden, damit dieser sofort mit dem Selbstbedienen beginnen und die Speise daraufhin weiterreichen kann. Andernfalls sitzen die Gäste zu lange wartend vor ihren Tellern, die Speisen werden kalt und der Ablauf des Essens verzögert sich unnötig.
  - Stehen für das Servieren der Beigaben/Beilagen weitere Bedienungen zur Verfügung, folgen diese z. B. mit Gemüse, Kartoffeln oder Sauce jeweils der vorausgehenden Bedienung nach.

    Dabei ist es jedoch notwendig, dass die nachfolgende Servicekraft erst dann mit dem Vorlegen beginnt, wenn die vorausgehende beim übernächsten Gast angelangt ist, damit sie sich nicht gegenseitig behindern und außerdem den Gast nicht unnötig stören.
- Beim Hauptgang darf das Nachservieren nicht vergessen werden.
- Stellt man während des Servierens fest, dass der Gast ein falsches Besteck benutzt hat, wird dieses unaufgefordert und diskret ergänzt.

Ausheben

- Mit Ausnahme der Teile, die links vom Gedeck stehen, erfolgt das **Ausheben von der rechten Seite** des Gastes, die **Laufrichtung** ist immer **von rechts nach links.**
- Platzteller, Brotteller und Menagen werden im Allgemeinen nach dem Hauptgang ausgehoben. Gibt es nach dem Hauptgang Käse, so bleiben die Brotteller stehen.
- Die Bestecke freigebliebener Plätze werden nach dem jeweiligen Gang mit ausgehoben, denn später eintreffende Gäste werden mit dem laufenden Gang bedient.

  Eine Abweichung gibt es nur dann, wenn der Gastgeber das Nachservieren der vorangegangenen Speisen ausdrücklich wünscht. In diesem Fall sind die entsprechenden Bestecke wieder einzudecken.

Servieren von Getränken

- Das Getränk ist jeweils vor dem Servieren der zugehörigen Speise einzugießen, weil es ein wenig auf die Speise einstimmen soll. Das **Eingießen** erfolgt **immer von der rechten Seite** des Gastes.
- Geleerte Gläser werden erst nach Befragen des Gastes nachgefüllt; vor Ansprachen sind grundsätzlich alle Gläser zu füllen, damit während der Rede unnötige Störungen vermieden werden.
- Im Rahmen der Speisenfolge werden die benutzten Gläser jeweils **nach** dem Eingießen des nächsten Getränks ausgehoben, damit die Gäste zu keiner Zeit ohne Getränk sind.

  Hat ein Gast das Glas noch nicht leergetrunken, muss er befragt werden, ob es stehenbleiben soll, denn es könnte sein, dass er einen Wein zu Ende genießen oder ihn mit dem nachfolgenden vergleichen möchte.

4 Büfett-Service

🇬🇧 *self service from the buffet*
🇫🇷 *le libre-service du buffet*

Das klassische **kalte Büfett** ist als Ursprung des Büfett-Service anzusehen. Neben der dekorativen Präsentation der Speisen geht es bei dieser Art des Services vor allem darum, bei geringem Personaleinsatz möglichst viele Gäste zur gleichen Zeit zu bedienen. Die wachsende Nachfrage der modernen Wohlstandsgesellschaft hat bei gleichzeitigem Mangel an Restaurantfachkräften zu einer starken Ausweitung des Büfett-Service geführt. Unter diesem Gesichtspunkt haben sich, unabhängig vom klassischen kalten Büfett, sehr verschiedene andere Arten des Büfetts entwickelt:

- Frühstücks- und Lunchbüfett (kalt und warm),
- Salat-, Käse-, Süßspeisen- und Kuchenbüfett,
- das Büfett mit warmen Speisen,
- das kombinierte kalt-warme Büfett.

Während sich die erstgenannten Büfett-Arten in vielen Betrieben inzwischen zu festen Einrichtungen entwickelt haben, sind kalte und warme Büfetts sowie die Kombination „kalt-warm" nach wie vor als Angebotsformen zu betrachten, die von Fall zu Fall ganz individuell vereinbart werden.

Grundlegendes

Mittelpunkt des Büfett-Services ist die Büfett-Tafel, die es in verschiedenen Formen gibt. Form und Größe der Tafel sind von verschiedenen Faktoren abhängig:

- Größe und Zuschnitt des Raumes,
- Anzahl der Gäste.

Formen der Büfett-Tafel

Lange Tafel

Sie kann sowohl an der Wand als auch frei im Raum stehend aufgebaut werden.

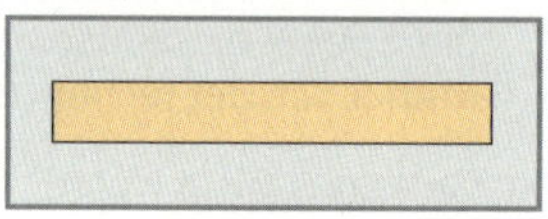

Hufeisen

Quadrat

Es handelt sich dabei um Tafelformen, die frei im Raum stehen, wobei die Restaurantfachkräfte das Büfett von innen her betreuen, während die Gäste von außen an das Büfett herantreten.

Störungsfreie Abläufe während des Essens

Der Büfett-Service ist auf die Selbstbedienung durch den Gast ausgerichtet, und da es sich im Allgemeinen um eine größere Anzahl von Gästen handelt, müssen Voraussetzungen erfüllt sein, die während des Essens störungsfreie Abläufe gewährleisten. Dabei ist vor allem auf die Tiefe der Tafel sowie auf ausreichende Büfettflächen zu achten.

Tiefe der Büfett-Tafel

Die Fläche der Tafel darf nicht zu tief bzw. zu breit sein, damit einerseits die Gäste die angerichteten Speisen bequem erreichen und andererseits die Servicekräfte mühelos über die Tafel hinweg bedienen können.

Fläche der Büfett-Tafel

Sie muss auf die Anzahl der Gäste abgestimmt sein, damit sich diese am Büfett nicht behindern. Bei der Planung sind deshalb in bestimmten Fällen auch Überlegungen anzustellen, wie die Tafelfläche angemessen erweitert werden kann.

Es gibt dafür verschiedene Möglichkeiten:

In Verbindung mit der langen Tafel

- Es können zwei Tafeln, und zwar an gegenüberliegenden Wänden aufgestellt werden.

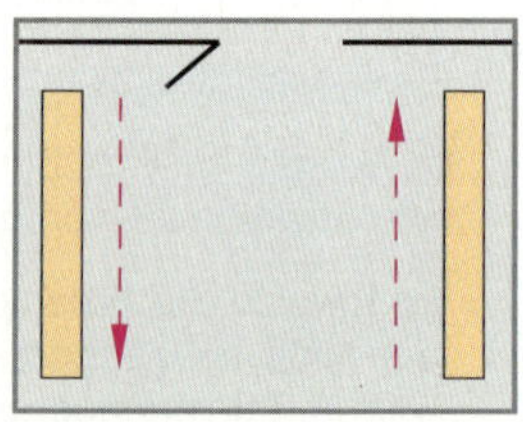

- Das Büfett kann in der Raummitte in doppelter Breite aufgebaut werden.

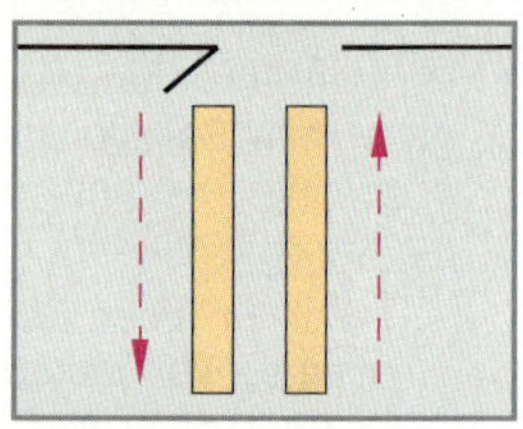

In beiden Fällen gibt es zwei sogenannte „Gästeläufe", wobei selbstverständlich jedes Büfett-Teil mit den gleichen Speisen ausgestattet sein muss.

In Verbindung mit dem Hufeisen und dem Quadrat

- Beide Tafelformen sind, in der Mitte des Raumes stehend, grundsätzlich schon auf eine größere Anzahl von Gästen ausgerichtet.

- Ferner kann durch die Einrichtung von zwei „Gästeläufen“ eine zusätzliche Auflockerung erreicht werden. Dabei ist der Beginn des jeweiligen „Gästelaufs“ durch das Platzieren von Tellerstapeln anzuzeigen.

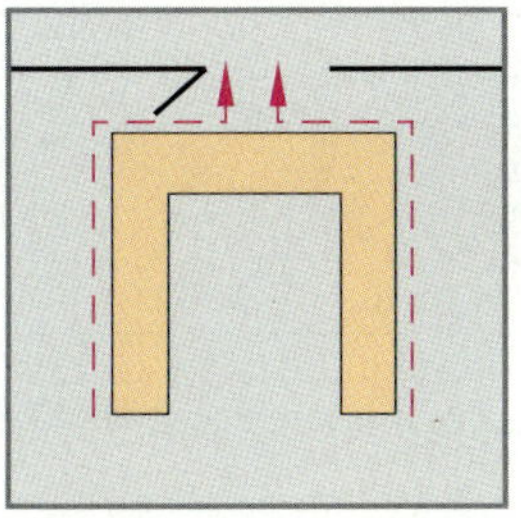

Eine Besonderheit bezüglich der Auflockerung des Büfetts sind sogenannte **„Büfett-Inseln“.** Aufgrund dieser Dezentralisierung können sich zwar einerseits in einem raschen Ablauf viele Gäste gleichzeitig mit Speisen versorgen, andererseits gehen jedoch der attraktive Charakter des Büfetts sowie die festliche Stimmung des Büfett-Service verloren.

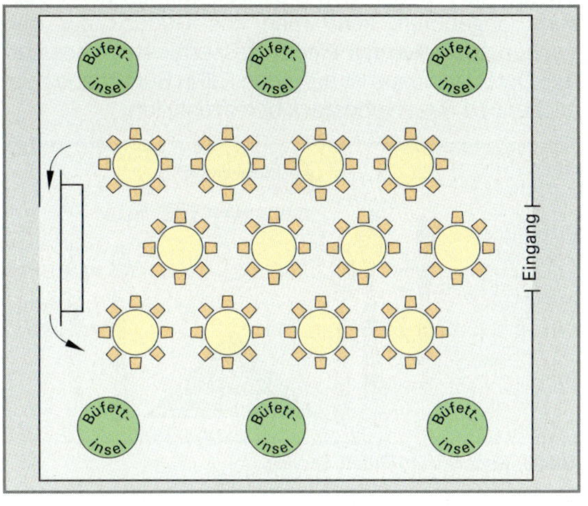

Vorbereiten des Büfetts und Durchführen des Büfett-Services

Das Vorbereiten des Büfetts nimmt viel Zeit in Anspruch und ist mit angemessener Sorgfalt zu planen und auszuführen.

Vorbereiten des Büfetts

Herrichten der Büfett-Tafel

Auf die mit Moltons überdeckte Tafel werden entsprechend große Tafeltücher so aufgelegt, dass sie bis fast auf den Boden herabhängen. Bei Tafeln, die an der Wand stehen, ist dies jedoch nur auf den vom Raum her einsehbaren Seiten erforderlich. Damit die Übergänge an den Ecken sowie die Überlappungen der Decken ordentlich aussehen, bedient man sich unterschiedlicher Hilfsmittel:

- Eine geschickte Falttechnik ist schon ausreichend.
- Darüber hinaus gibt es jedoch spezielle Hilfsmittel wie Klebe- oder Klettbänder.
- Eine ganz besondere und gleichzeitig sehr dekorative Form seitlicher Verkleidung sind die nach individuellen Angaben fabrikmäßig angefertigten Snapdrape-Skirtings (schnappen und drapieren).

Abb. 1: Verkleidete Büfett-Tafel

Platzieren der Speisen auf dem Büfett

Die Speisen können entweder auf der ebenen Fläche der Tafel oder in Verbindung mit Aufbauten stufenweise auf verschiedenen Ebenen angeordnet werden. Durch diese Auflockerung wird das Büfett überschaubarer und optisch wirkungsvoller.

- Die Anordnung der Speisen auf dem Büfett entspricht der klassischen Speisenfolge. Danach befinden sich z. B. Cocktails, Pasteten, Galantinen und Terrinen am Anfang des Büfetts, während Süßspeisen, Käse und Obst auf dem Büfett den Abschluss bilden.
- Dekorative Platten mit Langusten, Geflügel, Mastkalbs- oder Rehrücken sind attraktive Schaustücke, mit deren Hilfe auf dem Büfett optische Glanzpunkte geschaffen werden. Wenn es die Speisen zulassen, unterlegt man solche Platten außerdem mit Holzklötzchen oder Tellern. Durch die Schrägstellung wird die Draufsicht verbessert. Die Schauplatten haben ihren Platz in der vorderen Reihe, bei stufenförmigen Aufbauten auf der unteren Ebene. Nebenplatten, Schüsseln und Saucieren werden auf den dahinter liegenden Stufen angeordnet.
- Saucen, in Saucieren angerichtet, sind den zugehörigen Platten bzw. Speisen zuzuordnen.
- Beilagen und Salate, in Schüsseln angerichtet, zu den danebenstehenden Hauptplatten stellen.
- Warme Speisen werden in eigens dafür bereitgestellte Chafing-dishes (Behältnisse zum Warmhalten der Speisen) präsentiert.
- Brot und Partybrötchen haben ihren Platz bei den Tellern am Anfang des Büfetts oder werden auf den Gasttischen eingesetzt.

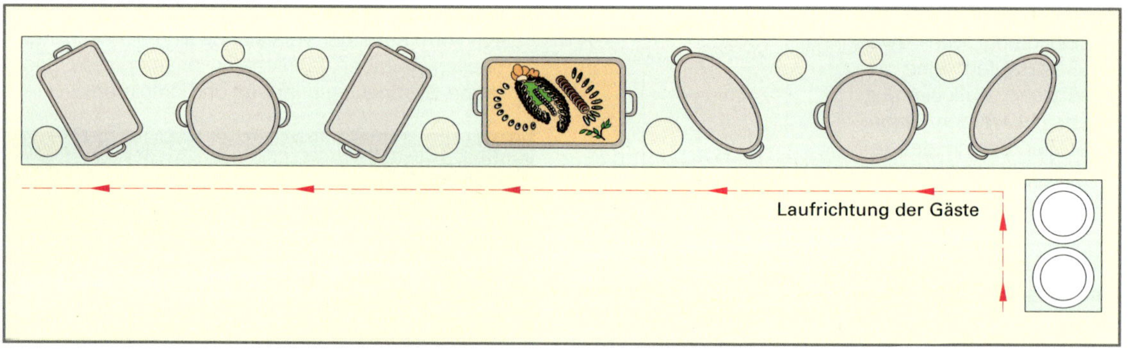

Abb. 1: Skizze eines Büfetts

Abb. 2: Festliche Schauplatte

Vorlegebestecke dürfen nicht vergessen werden und müssen bei Platten und Schüsseln so angelegt werden, dass sie der Gast leicht erreichen kann.

Dekorieren des Büfetts

In erster Linie muss die dekorative Wirkung von den Schauplatten sowie von der bunten Vielfalt der übrigen Platten und Schüsseln ausgehen. Darüber hinaus können aber noch andere Dekorationsmittel eingesetzt werden:

- Blumen in Form von Gestecken oder in wertvollen Vasen,
- Obstkörbe oder Obstschalen,
- Leuchter mit dem angenehmen Licht von brennenden Kerzen,
- Skulpturen aus Fett, Eis oder Zucker.

Bei den genannten Dekorationsmitteln ist unbedingt darauf zu achten, dass sie auf dem Büfett lediglich eine belebende Ergänzung darstellen und insofern die optische Wirkung der Speisen nicht überdecken dürfen.

Bereitstellen von Tellern und Bestecken

Teller werden im allgemeinen entweder auf gesonderten Tischen oder am Beginn des Büfetts bereitgestellt. Ferner ist es üblich, sie im Bereich von Süßspeisen und Käse in den Büfettaufbau mit einzubeziehen. Werden Suppen und warme Speisen angeboten, sind selbstverständlich auch in ausreichender Zahl vorgewärmte Teller und Suppentassen bereitzustellen.

Bestecke sollten bereits auf den Gästetischen eingedeckt sein. Folgende Gedeckausstattung hat sich als zweckmäßig erwiesen: 2 Gabeln und 2 Messer sowie ein Brotmesser auf dem Brotteller. Werden auch Desserts angeboten, kann man das Gedeck auf den Tischen zusätzlich mit einem Dessertbesteck ausstatten. Darüber hinaus ist auf jeden Fall in Büfettnähe ausreichendes Reservebesteck bereitzustellen.

Abb. 3: Gedeck zum Büfett-Service

Bereitstellen von Getränken

Sind die Getränke zur Selbstbedienung im Büfett integriert, wird Bier vom Fass angeboten. Weine, Spirituosen, alkoholfreie Getränke werden auf Eis oder in Temperaturgaranten bereitgestellt. Passende Gläser stehen unmittelbar in der Nähe des jeweiligen Getränks.

Abb. 4: Bereitgestellte Büfett-Getränke

Bankettbereich

Durchführen des Büfett-Service

Der Büfett-Service erfordert vom Servierpersonal in hohem Maße Aufmerksamkeit und Sorgfalt.

Speisenservice

Er ist in erster Linie auf Selbstbedienung durch den Gast ausgerichtet. Es ist jedoch wichtig, Gäste bezüglich der angebotenen Speisen zu beraten und bei der Auswahl und beim Vorlegen auf den Teller behilflich zu sein. Von Gästen benutztes Tischgerät muss fortwährend abgeräumt werden, damit es sich nicht in unschöner Weise ansammelt. Der Gast darf sich niemals durch solches Geschirr behindert oder eingeengt fühlen.

Getränkeservice

Sind die Getränke nicht zur Selbstbedienung in das Büfett einbezogen, gehört es zur Aufgabe des Servicepersonals die vorgesehenen Getränke anzubieten, Bestellungen entgegenzunehmen und auszuführen.

Betreuung des Büfetts

Mit dem Fortschreiten des Essens werden die Platten und Schüsseln auf dem Büfett leerer, sodass sich das optische Bild laufend verändert. Die Betreuer des Büfetts müssen jedoch dafür sorgen, dass das Büfett zu keinem Zeitpunkt einen „ausgeraubten“ oder „verwilderten“ Eindruck macht. Das lässt sich durch folgende Maßnahmen verhindern:

- Leer gewordene Platten rechtzeitig durch neue, gefüllte Platten ersetzen,
- angebrochene Platten neu ordnen,
- rechtzeitig bei den Chafing-dishes wenn nötig Speisen nachfüllen oder die Gastronorm-Einsätze mit neuen Speisen austauschen,
- auf dem mit der Zeit kleiner werdenden Büfett mit etwas Geschick immer wieder neue und ausgleichende Blickpunkte schaffen durch verändertes Zuordnen von Platten, Schüsseln und Saucieren.

5 Blumendekorationen

flower arrangements
les arrangements (m) de fleurs

Neben der Qualität von Küche und Service tragen eine gepflegte Einrichtung und stilvolle Dekorationen zum Wohlbefinden unserer Gäste bei.

Nicht nur beim Büfett- und Bankettservice vermitteln Blumenarrangements eine frische, angenehme Atmosphäre.

Dies gilt auch auf dem Gästetisch im à la carte-Restaurant oder auf dem Frühstückstablett (siehe Seite 253).

Blumendekorationen im Bankettbereich

- Sie sollen dem Anlass entsprechend arrangiert sein.
- Die Gäste dürfen durch die Größe und Höhe der Gestecke bei der Unterhaltung nicht gestört werden.
- Tische und Tafeln sollten nicht durch zu üppige Gestecke überladen wirken.
- Bei der Blumenauswahl ist darauf zu achten, dass sie nicht zu stark duften und keinen Blütenstaub absondern.
- Es sollten nur frische Schnittblumen verwendet werden.
- Blumentöpfe mit Erde sind aus hygienischen Gründen auf Büfetts oder Bankett-Tafeln ungeeignet.

Italienische Woche

Zubehör:
1 weiße Kugelvase (∅ 10 cm), Steckschaum, ca. 10 Drähte (5 cm), 7 weiße Zwerg-Margeriten, 15 rote Zwergrosen, 4 Stiele Petersilie, 3 rote Bartnelken, Farfallenudeln, Stoffband

Steckanleitung:

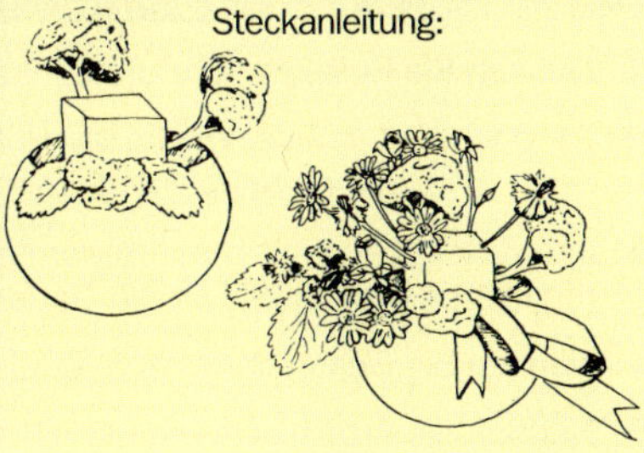

Gestaltung von Blumengestecken

Die Gestecke werden in Größe und Form der Tafel angepasst. Ein rund oder kugelig arrangiertes Blumengesteck eignet sich für eine runde oder quadratische Tafel.

Auf langen Tafeln werden mehrere Gestecke in länglicher Form dekorativ verteilt.

Arbeitsrichtlinien

- Die verwendeten Steckschalen müssen einwandfrei sauber sein.
- Steckschaum wässern, zuschneiden und in die Schale einfüllen.
- Steckschaum immer 2 fingerbreit über den Gefäßrand ragen lassen.
- Die Stängel von Blättern und Blumen werden mit einem scharfen Messer schräg angeschnitten und mit dem Ende etwa 2 bis 4 cm tief in den Steckschaum gesteckt.
- Die einzelnen Blüten sollen in ihrer Höhe abgestuft über- und untereinander angeordnet sein.
- Gesteck mit Blättern und Gräsern ausfüllen, bis der Steckschaum nicht mehr zu sehen ist.

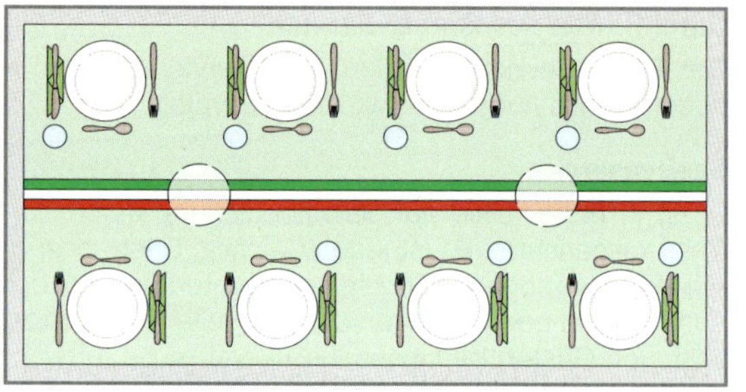

Abb. 1 und 2: Platzierungsmöglichkeiten von Blumengestecken auf Festtafeln

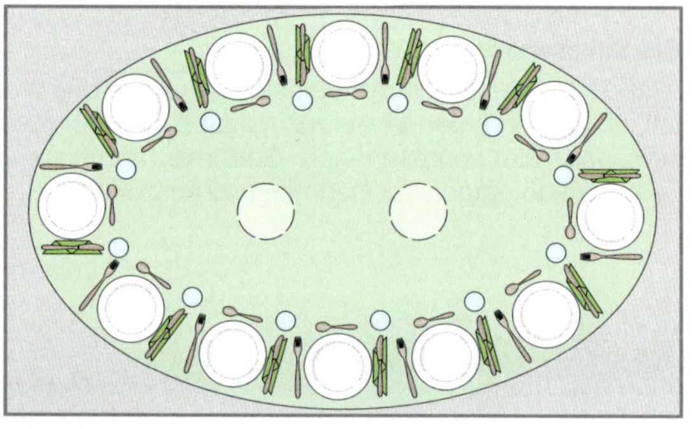

Asiatische Woche

Zubehör:
1 Teller, ∅ 25 cm, farbig (z. B. rot), Steckschaum, Moos, Steine, 2 Bambustriebe, 5 grüne Amaranthus, 8 Wasserbinsen, 3 große Anturienblätter, 2 Ampfertriebe, 3 rote Gerbera, 2 Chinaschilfblätter, 2 Scabiosen-Fruchtstände, 1 weißer Fächer

Steckanleitung:

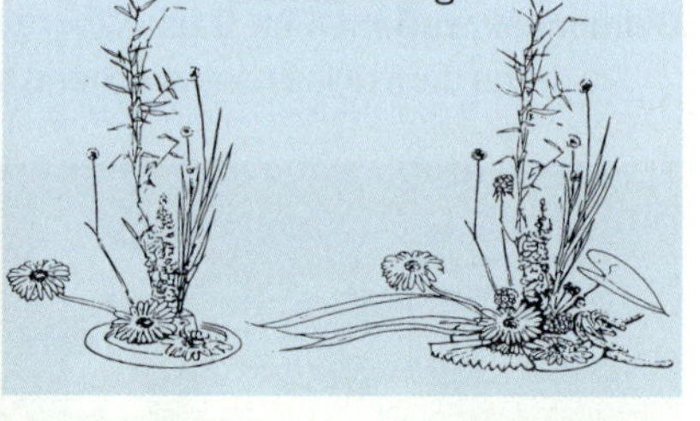

Aufgaben

1. Nennen Sie Beispiele für Büfetts. Wählen Sie ein Büfettthema und arbeiten Sie es aus.
2. Sie beobachten an einem kalten Büfett, dass Unruhe bei den Gästen aufkommt und sich eine lange Schlange bildet. Wie können Sie beim nächsten Büfett hier Abhilfe schaffen?
3. Ihre Kollegin arbeitet zum erstenmal im Bankettbereich und soll Gedecke für ein kaltes Büfett auflegen. Erklären und begründen Sie ihr die Gedeckausstattung.
4. Nennen Sie Dekorationsmittel für ein Büfett und beschreiben Sie Richtlinien ihrer Verwendung.
5. Nennen Sie Arbeitsrichtlinien für Blumengestecke.

PROJEKT

PLANEN EINES BANKETTS

Aus einer Bankettvereinbarung sind nebenstehende und nachfolgende Vorgaben zu ersehen.

Sie sind für die Vorbereitung und Durchführung des Banketts verantwortlich.

An dem Bankett nehmen 32 Personen teil.

Für die Speisen- und Getränkefolge wurde nebenstehende Vereinbarung getroffen.

Getränkefolge	Speisenfolge	Anrichteweise
Aperitif: Sherry		
Weißwein 1	Perlhuhn-Galantine mit Sellerie-Apfelsalat Tomatierte Kraftbrühe mit Basilikumklößchen	auf Tellern in Tassen
Weißwein 2	Seezungenfilets, in Weißwein gedünstet, Weißweinsauce, Reis	auf 4 Platten in 8 Saucieren in 4 Schüsseln
Rotwein	Tournedos, mit Béarner Sauce, Gartengemüse, Strohkartoffeln	auf 4 Platten in 8 Saucieren auf 8 kleinen Platten
Schaumwein	Salat von frischen Früchten mit Maraschino	in Glasschalen

TISCHFORMEN UND TISCHTEXTILIEN

1 Wählen Sie geeignete Tafelformen aus, teilen Sie diese in Servicebereiche ein und bestimmen Sie eine angemessene Anzahl von Servicemitarbeitern.

2 Bestimmen Sie auf Grund der Gästeanzahl und der Tafelformen die Arten und Mengen der notwendigen Tisch- und Tafeltextilen.

TISCH- UND TAFELGERÄTE

1 Erstellen Sie Bedarfspläne bzw. –listen über die Menge und Art der erforderlichen Tafelgeräte wie Besteckteile, Porzellan und Gläser.

2 Bestimmen Sie, welche und wie viele Porzellanteile vor dem Service im Tellerrechaud vorgewärmt werden müssen.

KORRESPONDIERENDE GETRÄNKE

1 Wählen Sie aus Ihrem betrieblichen Getränkeangebot entsprechende Weine für das Bankett aus und benennen Sie diese.
Ergänzen Sie das Getränkeangebot aufgrund von Erfahrungswerten.

2 Beraten Sie sich mit Ihren Kolleginnen und Kollegen im Service, welche Getränkemengen durchschnittlich für ein Bankett dieser Art benötigt werden.
Benennen Sie die Art und Menge der Getränke, die vor dem Service kühlgestellt werden.

3 Berechnen Sie anhand der vorgeschlagenen Menge den ungefähren Getränkeumsatz des Banketts.

PROJEKT

PLANEN EINES BANKETTS

TAFELDEKORATIONEN

1 Bestimmen Sie den Einsatz von Platztellern und legen Sie die Serviettenform fest.

2 Überlegen Sie sich weitere Möglichkeiten der Tischdekoration und bestimmen Sie die Art von Tischblumengestecken für das Bankett.

SERVICE-ORGANISATIONSPLÄNE

1 Fertigen Sie einen Tafelorientierungsplan für die Gäste und die Servicemitarbeiter.

2 Wo bringen Sie die Tafelorientierungspläne an?

3 Erstellen Sie einen Serviceablaufplan einschließlich der namentlichen Zuordnung der Servicemitarbeiter.

DURCHFÜHRUNG

1 Decken Sie die Festtafel ein; richten Sie einen Servicetisch und ein improvisiertes Getränkebüfett her.

2 Kontrollieren Sie die Tafel und die Arbeitstische auf deren Vollständigkeit.

3 Führen Sie mit Ihren Kolleginnen und Kollegen eine Servicebesprechung durch und erklären Sie dabei auch, warum die Gleichzeitigkeit der Bedienungsabläufe der einzelnen Servicekräfte an der Festtafel wichtig ist und auf welche Weise dies sichergestellt wird.

Sonderveranstaltung

Sonderveranstaltungen sind heute ein wichtiger Teil der Erlebnisgastronomie. Dabei handelt es sich um besonders attraktive, wirkungsvolle Angebote. Um erfolgreich zu sein, muss die Veranstaltung von Anfang bis Ende perfekt durchorganisiert werden.

1 Der Gast im Mittelpunkt

the guest as center of attention
l' hôte (m) au centre d'intérêt gastronomique

Früher wartete man meist, bis der Gast ein Restaurant betrat, sich setzte, die Karte las und bestellte. Heute wird der Gast mit attraktiven Angeboten umworben und angesprochen. Seine Neugierde wird gezielt geweckt. Einige Vorlieben und Gewohnheiten der Gäste sind uns durch den häufigen Umgang mit ihnen bekannt. Mehr Informationen über unsere Gäste und deren Wünsche erhalten wir durch gezielte Fragebogenaktionen. Sie werden nach Abschluss ausgewertet und bei unseren Planungen von Aktionstagen oder Aktionswochen berücksichtigt.

Der Erfolg von Sonderaktionen wird letztendlich daran gemessen, inwieweit es uns gelingt, die Erwartungshaltung unserer Gäste durch unsere Leistungen zu einem Qualitätserlebnis werden zu lassen.

2 Aktionen

campaigns
les actions (w)

Sie dienen dazu, den Bedürfnissen unserer Gäste nach Abwechslung entgegenzukommen. Eine aktive Verkaufsförderung und die damit verbundene Umsatzsteigerung soll erreicht werden.

Neben Gastorientierung und Wirtschaftlichkeit gibt es wesentliche Aspekte, die bei jeder Aktion wichtig sind:

- Stammgästen und Hausgästen wird etwas Besonderes geboten,
- neue Gästekreise werden erschlossen,
- in der Öffentlichkeit wird der Bekanntheitsgrad unseres Betriebes gefördert,
- Kapazitätsauslastung während ruhiger Betriebszeiten bzw. Zwischensaisonzeiten wird angestrebt.

2.1 Aktionsbeispiele

Werbewirksam wird eine Aktion durch ein interessantes und deutliches Motto. Waren es bisher hauptsächlich die Fest- und Feiertage, die den Anlass und das Motto für eine Aktion lieferten, so bieten sich heute viele andere Möglichkeiten an:

- **Produktbezogenes Angebot**
  Kartoffeln, Pilze, Reis, Nudeln, Meeresfrüchte, Gerichte mit Bier und/oder Wein, Spargel, Tomaten, Vegetarisches, Wild, Fische, Lamm, Käse, Exotische Früchte usw.
- **Saisonbedingte Aktionen**
  Spargel, Wild, Matjeshering, Maischolle, Austern, Muscheln, Krebse, Grünkohl, Beeren, Pilze, Eis
- **Internationale Spezialitäten**
  Mit einem solchen Angebot holt man bei den Gästen Urlaubsstimmung zurück oder stimmt sie auf eine bevorstehende Reise ein, z.B. mit einer USA-Woche, Viva España, Mitsommernacht, Nationalfeiertage
- **Themenbezogene Aktionen**
  Historische Hintergründe (Fürstenhochzeit, Stadterhebung), Vollwertkost, Faschingsball, Silvester, Jazz-Brunch oder begleitend zu einer musikalischen Festwoche
- **Jahrestage**
  Gedenkjahr für Dichter, Komponisten oder Schriftsteller, Städtegründungen usw.
- **Regionale Spezialitäten**
  Münsterländer Schmaus, Fränkisches Weinfest, Unterm bayerischen Himmel, Impressionen von der Waterkant usw.

Es gibt also Anlässe genug, um ein schönes Programm zusammenstellen zu können, bei dem nicht nur kulinarische Höhepunkte geboten werden, sondern auch die Dekorationen originell auf das Thema abgestimmt werden.

3 Planung und Durchführung

planning and implementation
la planification et la mise en action

Für die Mitarbeiter ist die Abwechslung mindestens genau so wichtig wie für die Gäste.

Die Einbeziehung möglichst aller Mitarbeiter bei der Planung, Organisation und Durchführung dieser Aktionen bedeutet:

- Motivation durch die Herausforderung, Neues zu unternehmen,
- der Alltagsroutine etwas entgegenzusetzen,
- Teambewusstsein zu wecken,
- Teamfähigkeit zu fördern,
- fachliches Können in einer besonderen Situation zu beweisen,
- sich der Konkurrenz gegenüber zu behaupten,
- aktionsbezogene Schulung und Fortbildung zu erhalten.

3.1 Jahresplanung

annual operating plan
le plane à moyen terme

Zunächst sollen alle Mitarbeiter, also auch die Auszubildenden, Ideen zu möglichen und interessanten Aktionen vorbringen dürfen.

Aus diesen Vorschlägen werden die besten oder sinnvollsten ausgewählt und ein Jahres-Aktions-Plan erstellt.

Anschließend werden die unterschiedlichen Aufgaben den jeweiligen Abteilungen für die Vorausplanung übertragen.

3.2 Detail-Planung

detail planning *la planification en détail*

In der Abteilung **Service / Bankett** erarbeiten die Mitarbeiter Vorschläge für die Dekoration und eventuell für besonderes Besteck oder Porzellan. Sie denken über spezielle aktionsbezogene „Gags" nach, z. B. landesübliche Trachten, Kostüme des Mittelalters oder sonstige Requisiten.

Des weiteren überlegen sie sich die Art und Weise des Servierens und machen Vorschläge für den Getränkeservice. Die Art und Menge der Getränke muss bestimmt werden. Sie suchen Rezepturen für Cocktails oder andere Mischgetränke und notieren deren Zubereitung.

Sonderkarten für den speziellen Anlass müssen erstellt werden.

Die **Empfangsabteilung** und das **Verkaufsbüro** erarbeiten mit ihren Mitarbeitern Wochenendarrangements und veranlassen ein rechtzeitiges Mailing (Briefinformation) an ausgewählte Gäste und besondere Persönlichkeiten. Von dieser Abteilung aus wird auch die Pressearbeit gesteuert und die Presse über die Aktion rechtzeitig gezielt informiert.

Im **Hausdamenbereich** denkt man sich passenden Blumenschmuck für Tische und/ oder Büfett-Tafeln und für Bodenvasen in der Empfangshalle und im Restaurantbereich aus.

Außerdem werden spezielle Tafeltücher, besondere Servietten und Dekorationstücher bereitgestellt.

Die Mitarbeiter der **Abteilung Küche** stecken den Rahmen für den kulinarischen Bereich ab. Sie suchen nach geeigneten Gerichten, informieren sich über deren Zubereitung, erstellen Rezepturen und Warenanforderungen. Die einzelnen Gerichte werden, wenn sie der Küche noch nicht bekannt genug sind, durchgekocht und erprobt. Der Geschmack und die Anrichteweisen werden festgelegt.

Alle Arbeiten und Überlegungen in den einzelnen Bereichen müssen schriftlich erfasst sein. Checklisten und eventuell auch Fotos werden für den speziellen Einsatz erstellt.

3.3 Ablauforganisation

organization *l'organisation (w)*

Der Chef des Hotel Mozart in Kirchheim betreut gastronomisch alle Veranstaltungen im Schloss. Deshalb hat er auch die Möglichkeit, zusammen mit dem Verkehrsamt des Ortes im Festsaal des Schlosses Konzerte in Verbindung mit Gastronomie durchzuführen. Von den Mitarbeitern des Hotels kommt der Vorschlag, im Herbst eine Konzert-Gala über fünf Tage zu organisieren. Trotz des damit verbundenen Mehraufwands wird dem Plan begeistert zugestimmt. Die Aktion erhält den Namen:

„Kulinarisch-musikalischer Herbst"

Nachdem sich die **Abteilungen Küche und Service** auf einen bestimmten Servierablauf (Menüservice, Büfett oder eine Kombination aus beiden) geeinigt haben, wird die Planung und Organisation fortgesetzt.

Die gesamte Aktion erstreckt sich über 5 Abende. Am Premierenabend wird ein Gala-Menü für **100 Personen** im Hotel Mozart serviert.

Premieren-Gala-Menü
für den
Kulinarisch-Musikalischen Herbst
auf Schloss Kirchheim

Für das Gala-Menü wird die Anzahl und die Art der Gänge benannt. Der Service eines „Amuse gueule" wird überlegt.

Die Regeln für die kulinarische Abstimmung müssen beim Erstellen des herbstlichen Menüs grundsätzlich beachtet werden (s. S. 389).

Dabei sind unbedingt auch die technischen und organisatorischen Möglichkeiten zu berücksichtigen, damit die Aktion ein Erfolg wird.

Die Mitarbeiter von Küche und Service schlagen Gerichte zur Menügestaltung vor. Sie diskutieren nach fachlichen Grundsätzen und erstellen in Abstimmung mit den Abteilungsleitern oder der Geschäftsleitung folgendes Menü:

Gala-Menü

Herbstliche Blattsalate
mit marinierten Forellenröllchen

Tomatierte Kraftbrühe
mit Basilikumklößchen

Gebratene Kalbsnierenscheiben
in leichter Senfsauce mit Wildreis

Feines vom Perlhuhn
mit glasierten Karotten, Bohnengemüse,
gebackenen Champignons und
Schlosskartoffeln

Himbeercharlotte mit Schokoladenmantel
auf Fruchtsaucen von Kiwi und Apfel

Nachdem das Gala-Menü komponiert wurde, müssen Rezepturen und Warenanforderungen erstellt werden, damit eine Mengen- und Preiskalkulation durchgeführt werden kann.

Da als erster Gang des festlichen Menüs eine frische, kleine Vorspeise und zum Aperitif Finger-Food serviert wird, verzichtet man auf den Service eines „Amuse gueule".

Geklärt werden muss der Einsatz des Anrichtegeschirrs. Wichtig sind dabei die Tellerart und Tellergrößen zum Anrichten der Speisen. Außerdem wird überlegt, ob es sinnvoll ist, den Hauptgang von Platten vorzulegen.

Das Fleischstück des Hauptganges könnte von Köchen vor den Gästen tranchiert werden.

Servicebrigade und Küchenbrigade präsentieren das Dessert in Form einer Parade und setzen die Teller am Tisch der Gäste ein.

Für die Mitarbeiter im Service und der Küche ist es wichtig zu wissen, wie die einzelnen Menügänge angerichtet werden. Deshalb wird die Anrichteweise schriftlich festgehalten und für alle Mitarbeiter in Küche und Service verständlich formuliert.

Kalte Vorspeise

Herbstliche Blattsalate
mit marinierten Forellenröllchen

Anrichteweise:

Kleines Bouquet aus Zupfsalaten seitlich auf einen Teller mit ∅ 28 cm setzen, mit Dressing marinieren, auf freie Fläche aus grüner Sauce einen kleinen Spiegel gießen, das Forellenröllchen darauf legen und Radieschenstreifen kreisförmig auf den inneren Rand des Tellers streuen.

Suppe

Tomatierte Kraftbrühe mit Basilikumklößchen

Anrichteweise:

In Suppentasse oder kleinen Suppenteller Tomatenfleischwürfel, Staudenselleriescheiben und Topfenklößchen geben; mit heißer, klarer Tomatenkraftbrühe auffüllen.

Zwischengericht

Gebratene Kalbsnierenscheiben
in leichter Senfsauce mit Wildreis

Anrichteweise:

Auf einenTeller mit ∅ 26 cm in die Mitte Senfsauce geben, darauf je drei Scheiben Kalbsniere anrichten und den angeschwenkten Reis ringsum aufstreuen.

Hauptgericht

Feines vom Perlhuhn
mit glasierten Karotten, Bohnengemüse,
gebackenen Champignons und Schlosskartoffeln

Anrichteweise:

Perlhuhnteile und Schlosskartoffeln auf Platten, die Gemüse in Porzellanschalen (Légumiers) und die Sauce in Saucieren anrichten.

Dessert

Himbeercharlotte mit Schokoladenmantel auf Fruchtsaucen von Kiwi und Apfel

Anrichteweise:

Auf den Teller mit mindestens 28 cm ∅ Apfelsauce verteilen und darauf mit Kiwisauce Tupfen aufbringen. Die Creme aus dem Timbal stürzen und auf die Apfelsauce setzen. Seitlich abwechselnd Apfelspalten und Kiwischnitze auflegen. Die ganzen Himbeeren gezielt auf Teller verteilen. Die Creme halbseitig mit Schokoladensauce nappieren und kurz vor dem Servieren ein Hippenblatt daran stecken.

Warenanforderung und Rezepturen

Bei den vorausgegangenen Gesprächen wurde festgestellt, dass genaue Inventar-, Warenanforderungen und Rezepturen im Besonderen auch für die zu erstellende Kalkulation schriftlich ausgearbeitet werden müssen.

Dies gilt besonders auch im Bereich Service für die Herstellung der Cocktails zum Aperitif und die Bereitstellung der Gedeckutensilien sowie für Getränke. Diese müssen noch korrespondierend zum Menü bestimmt und gegebenenfalls besorgt werden.

Die Servicegruppe stellt an Hand des festgelegten Menüs folgendes Getränkeangebot zusammen:

Aperitif:	Cocktails zur Wahl
2002	**Bechtheimer Stein** Weißer Burgunder, Kabinett Weingut Dreißigacker, Bechtheim Rheinhessen
2001	**Heppinger Burggarten** Spätburgunder, Spätlese, trocken Weingut Weilerhof, Ahrweiler Ahr
2000	**Crémant d'Alsace** Blanc de noirs Weingut Dopff, Riquewihr Elsass
Kaffee	
Digestif:	Spirituosenauswahl vom Wagen

Die Kosten für die Getränke werden auf Grund von Erfahrungswerten in den Menüpreis mit einbezogen.

Checkliste für Logistik

Der Erfolg einer kulinarischen Sonderaktion beginnt mit einer wohlüberlegten Detailplanung.

Nachdem der Termin, das Motto, das Gala-Menü, die Personenzahl, die Rezepturen und Warenanforderungen feststehen, wird ein zeitlicher Ablaufplan in Form einer Checkliste erstellt.

Die Checkliste ist für den Bereich Service und enthält Informationen darüber,

wer	verantwortlich ist,
was	an Tätigkeiten erledigt werden muss,
wann	die einzelnen Arbeiten durchgeführt und fertig gestellt sein müssen,
wer	im Servicebereich eindeckt, Getränke oder Speisen serviert,
wie	der Bankettservice ablaufen muss.

Die Gesamtorganisation erfordert rechtzeitiges Erstellen von genauen Dienst- und Einsatzplänen.

Die nachfolgenden Checklisten beziehen sich nur auf den Aktionstag mit dem Gala-Menü.

Checklisten als Organisationshilfe für den Bereich Service

Allgemeines		
Aktion	Kulinarisch-Musikalischer Herbst	
Datum	zz-yy-xx	
Personenzahl	100	
Räumlichkeit	Festsaal im Schloss	
Aperitif	Cocktails mit Finger-Food	
Menü	Gala-Menü, 5-gängig	
Büfett		
Stehempfang		
Kaffeetafel		
Tagung		
Digestif	Spirituosenwagen	
Tische / Tafeln	10 runde Tische für je 10 Personen	

Waren / Magazin		
Warenbestand	Magazinverwalter 6 Wochen vorh.	
W-bestellung	F&B-Abteilung 5 Wochen vorher	
Liefertermine	F&B-Abteilung	
W-annahme	Magazinverwaltung	
W-kontrolle	Magazinverwaltung	
W-verteilung	Magazinverwaltung	
W-lagerung	Restaurantchef	
Besonderheit	Weine entsprechend temperieren. Ausreichend Mundeis für Cocktails. Brot und Butter für Vorspeise	

Service		
3 Tage vorher		
X	Serviceleitung erstellt Materialanforderung an Stewardingabteilung	
X	Tafelorientierungsplan	
X	Tischkärtchen	
X	Dienstpläne	

Stewarding		
2 Tage vorher		
	Gläser	
X	120 Cocktailgläser bereitstellen	
X	120 Weissweingläser	
X	120 Rotweingläser	
X	120 Wassergläser	
X	120 Sektgläser	
X	120 Universal-Digestifgläser	
	Bestecke (Silber)	
X	320 Mittelmesser	
X	320 Mittelgabeln	
X	220 Mittellöffel	
X	120 Tafelmesser	
X	120 Tafelgabeln	
X	60 Vorlegebestecke	
X	12 Saucenlöffel	
	Anrichtegeschirr (inkl. Reserven)	
X	102 Platzteller Silber	
X	105 Teller für Vorspeise ∅ 26	
X	105 Suppentasse 0,2 L mit Unterteller	
X	105 Mittelteller für Suppe	
X	105 Teller Zwischengericht ∅ 26	
X	105 Teller Hauptgang ∅ 26	
X	105 Teller für Desserts ∅ 28	
X	105 Brotteller ∅ 15	
X	35 Porzellanfässchen für Butter	
X	12 Saucieren	
X	10 Silberplatten für je 10 Personen	
X	22 Beilagenschalen	
	Tischgeräte	
X	20 Kerzenleuchter und 60 Kerzen	
X	2 Rollen Dekorationsbänder	
X	12 Salz- und Pfefferstreuer/-mühlen	
X	24 Aschenbecher	
X	evtl. 10 Temperaturgaranten	
X	evtl. 10 Sektkühler	

Housekeeping		
2 Tage vorher		
X	Bankettsaal reinigen	
X	10 Moltons für Banketttafeln rund	
X	11 Tafeltücher für runde Tische	
X	Servietten für Dekoration Küche	
X	110 Mundservietten bereitlegen	
X	102 Spitzendeckchen für Platzteller	
X	Handservietten/Weinservietten	
X	Blumen mit Steckmaterial ordern	
X	Garderobenbereich überprüfen	
1 Tag vorher		
X	10 Blumengestecke herstellen	
X	6 Gestecke für Seitentische	
X	4 Bodenvasen für Festsaal	
X	Bankettsaal kontrollieren	
X	Beleuchtung überprüfen	

Getränkebüfett oder Weinkellner (Sommelier)		
1 Tag vorher		
X	Weine temperieren	
X	Spirituosenwagen richten	

Stewarding		
1 Tag vorher		
X	Gläser polieren und abdecken	
X	Bestecke polieren und abdecken	
X	Teller polieren (kühlen/wärmen)	
X	Platzteller polieren	
X	Servietten vorfalten für Küche	
X	Handservierer bereitlegen	
X	Teller kühlen (Vorspeise/ Dessert)	
X	Menagen reinigen und auffüllen	

Service		
Aktionstag		
X	Tisch und Stühle stellen	
X	Tischwäsche bereitlegen	
X	Moltons aufziehen	
X	Mundservietten falten	
X	Tischtücher auflegen	
X	Dekorationsbänder drapieren	
X	Stühle ausrichten	
X	Platzteller auflegen	
X	Gedecke auflegen	

Sonderveranstaltung

Service		
Aktionstag		
X	Gläser eindecken	
X	Blumenschmuck einstellen	
X	Kerzenleuchter platzieren	
X	Salzmenagen einstellen	
X	Mundservietten einstellen	
X	Menükarten einsetzen	
X	Tischkärtchen aufstellen	
X	Tafelorientierungsplan für Gäste	
X	Aschenbecher bereitstellen	
X	Wärmerechauds einschalten	
X	Reservebestecke bereitlegen	
X	Reserveporzellan bereitstellen	
X	Reservegläser bereitstellen	
X	Teller warmstellen	
X	Vorleger ordnen und bereitlegen	
X	Endkontrolle der Festtafeln	
X	Endkontrolle Mise en place	
X	Einteilung der Servicebrigade	
X	Besprechung des Serviceablaufes	
X	Butterfässchen einstellen	
X	Kerzen anzünden	
X	Aperitif und Finger-Food anbieten	
X	Getränke servieren	
X	Vorspeisenservice mit Brot	
X	Suppenservice	
X	Nachservice von Weisswein	
X	Zwischengericht	
X	Rotweinservice	
X	Weissweingläser ausheben	
X	Gewärmte Hauptgangteller einsetzen	
X	Hauptgang vorlegen	
X	Supplément anbieten	
X	Hauptgang abräumen	
X	Salzstreuer ausheben	
X	Tisch reinigen	
X	Dessertbesteck seitlich ziehen	
X	Getränk zum Dessert servieren	
X	Parade vorbereiten	
X	Dessertservice	
X	Zucker und Sahne einstellen	
X	Pralinen einstellen	
X	Kaffeeservice	
X	Spirituosen anbieten	
X	Endarbeiten am Gästetisch	

3.4 Veranstaltungsanalyse

record of success and review

le contrôle et la critique des resultats

Unmittelbar nach einer solchen Aktionswoche müssen in einem gemeinsamen Gespräch Erfolgskontrolle und Manöverkritik stattfinden. Der Erfolg ist durch den Vergleich der Umsatzzahlen mit den Kosten leicht messbar. Doch der Schein kann trügen. Beispielsweise, wenn auf Grund des sehr attraktiven Angebotes zusammen mit dem guten Ruf des Hotels alle Veranstaltungen ausgebucht waren, die Aktionen und Ausführungen jedoch nicht das hielten, was die Gäste erwarteten. In einer solchen Situation muss sofort reagiert und Schadensbegrenzung eingeleitet werden.

Daher ist es besonders wichtig die Probleme rasch zu erkennen. Das kann mit Manöverkritik bei einer Nachbetrachtung der Veranstaltungen erreicht werden.

Erfolg oder Misserfolg lassen sich mit Fragen überprüfen wie z. B.:

- Waren alle Gäste zufrieden?
- Gab es Reklamationen?
- Was hat die Veranstaltung für die Mitarbeiter gebracht?
- War die Zusammenarbeit der einzelnen Abteilungen in Ordnung?
- Wurde die Teamfähigkeit durch die Aktion gefördert?
- Wurde die Identifizierung mit dem Betrieb gestärkt?
- War der Umgangston trotz Hektik und starker Belastung fair?
- Bedarf es einer Klärung oder Entschuldigung?
- Waren die vorausgegangenen Schulungen und Fortbildungen sinnvoll und richtig?
- Wo sind personelle oder materielle Engpässe entstanden oder andere Probleme aufgetreten?
- War die gesamte Planung richtig?
- Gibt es Verbesserungsmöglichkeiten bei den Arbeitsabläufen?
- Stimmte die Qualität der gelieferten Waren?
- Wurden die Liefertermine eingehalten?
- Welche Gerichte oder Menügänge schafften Probleme?
- Wie war die Resonanz in der Presse?
- Welche hier nicht angesprochene Probleme sind aufgetreten?
- Welche Verbesserungsvorschläge können gemacht werden?
- Würde jeder Mitarbeiter eine solche Aktion gerne wiederholen?

Nach dieser Manöverkritik müssen die positiven Aspekte belassen bzw. noch stärker in den betrieblichen Alltag übernommen und negative Erfahrungen baldmöglichst abgestellt werden.

3.5 Weitere Aktionen

🇬🇧 *further promotional activities*
🇫🇷 *des autres activités promotionnelles gastronomiques*

Die anderen Abende sind im Rittersaal des Schlosses vorgesehen. In diesem Saal finden 250 Personen Platz. Das Hotel Mozart übernimmt das komplette Catering. Wegen der hohen Personenzahl ist es sinnvoll, das Bankett außer Haus in Form von täglich wechselnden warm-kalten Büfetts als kulinarische Höhepunkte anzubieten. Es ist damit zu rechnen, dass nur ein kleiner Teil der Gäste mehrmals an den Büfetts teilnimmt.

Die Aktionen haben jeweils unterschiedliche Themen und Dekorationen zu Ehren der musizierenden Künstler. Sie kommen aus Hamburg, Rom und Wien. Zum Finale am letzten Abend spielt das Jugend-Symphonieorchester Europas.

Am Spätnachmittag des Finaltages findet im Foyer des Schlosses ein Sektempfang für 250 Personen statt. Hierfür werden 1250 Canapés hergestellt und auf Platten angerichtet. Die Mitarbeiter des Hotel Mozart wollen den Gästen 10 verschiedene Sorten Canapés (s. S. 370) präsentieren.

Das nebenstehende festliche, warm-kalte Büfett wird zu Ehren eines bekannten Geigenvirtuosen aus Hamburg gegeben.

Abb. 1: Festliche Büfettplatte

Für die anderen Tage des Musik-Festivals wurden drei weitere warm-kalte Büffets zu Ehren der Künstler mit entsprechendem Motto geplant:

- Bufetto Bella Italia
- Österreichische Schmankerln mit Wiener Charme
- Zu Gast in Europa

IMPRESSIONEN VON DER WATERKANT

Frisch geräucherte
Kieler Sprotten, Aale, Schillerlocken, Heilbutt, Pfeffermakrelen
Galantine vom Zander mit Krabben
Heilbuttmedaillons mit Wachteleiern
Hausgebeizter Lachs in Dillsenfsauce
Erlesene Fischterrinen mit Sauerampfersauce
Gefüllte Gurken mit Rauchlachssalat
Krabbencocktail mit Champignons
Tomaten mit Thunfisch gefüllt
Gefüllte Eier mit Sardellenschaum
Matjessalat mit Äpfeln und Zwiebeln
Rollmöpse in verschiedenen Marinaden

Hamburger Aalsuppe
Suppe von Miesmuscheln mit Safranfäden

Labskaus
Hamburger National
Hechtklößchen in Kerbelschaum
Gebratene Seeteufelmedaillons mit Kräutern und Tomaten
Blattspinat, Champignonreis, Petersilienkartoffeln

Rote und gelbe Grütze mit flüssigem Schmand
Weingelee mit Früchten
Rumcreme mit Rosinen
Früchtesavarin

Verschiedene Brotsorten und Butter

AUFGABEN

1 Erstellen Sie jeweils eine Karte für die anderen drei aufgeführten Büfetts nach dem Muster des warm-kalten Büfetts „Impressionen von der Waterkant“.

2 Nennen Sie Getränke, die zu den verschiedenen Büfetts angeboten werden sollen.

3 Erstellen Sie für die Büfetts eine Checkliste nach vorgegebenem Muster.

4 Unterbreiten Sie Dekorationsvorschläge für die einzelnen Büfetts.

PROJEKT

FESTLICHES ESSEN

Besondere Anlässe und familiäre Feste wie Muttertag, Konfirmation/Kommunion, runde Geburtstage werden gefeiert. Familien treffen sich, man geht aus. Für unser Restaurant sind das Gelegenheiten, besondere Angebote zu machen und damit unseren Ruf, unser Image zu stärken. „Bei diesem großen Anlass gehen wir doch zu xy". Wenn an der Stelle xy unser Haus steht, dann haben wir ein Ziel erreicht.

Bei diesem Vorhaben stellen wir zunächst Sätze aus einem Verkaufsgespräch der Bankettabteilung und die Situation der Küche voran.

Der Gastgeber, auf seine Wünsche befragt, antwortet: „Ja, eine klare Suppe soll es sein, so eine sehr schöne mit mehreren Einlagen und dann den Hauptgang so schön von der Platte serviert, damit wir das Fest angemessen gestalten. Und dann noch: Fünf Gänge sollen es schon sein. Wir treffen uns so selten, dann wollen wir 24 Leutchen an diesem Tag schon schön feiern und uns Zeit lassen.

Und jetzt die Information der Küche: „Um Gottes Willen, noch eine Gesellschaft. Wie sollen wir das schaffen? Wir haben an diesem Tag doch schon …

PLANEN

1 Nachdem der Gastgeber für die Menügestaltung viel Freiheit lässt, ergeben sich vielfältige Möglichkeiten der Menüplanung. Wir planen das Fest zeitlich einmal für Juni und einmal für Oktober und nutzen das Angebot der jeweiligen Saison. Die Arbeitsbelastung für die Küche muss zusätzlich bedacht werden.

- 1.1 Wer gut plant, arbeitet leichter. Notieren Sie zunächst die Vorgaben aus dem Gespräch mit dem Gastgeber.
- 1.2 Erstellen Sie zwei Menüs, die den Vorgaben unter Berücksichtigung der Jahreszeit entsprechen. (Das sind dann vier Vorschläge, je zwei für Juni und zwei für Oktober.)
- 1.3 Welche Getränke passen zu den Speisenfolgen?

2 Wir gehen davon aus, dass die Gesellschaft in einem kleinen Nebenzimmer unter sich sein kann.

- 2.1 Welche Tafelformen sind grundsätzlich bei der Größe der beschriebenen Gesellschaft möglich?
- 2.2 Machen Sie zu jedem Termin einen Vorschlag für eine Tischdekoration.
- 2.3 Stellen Sie in einer Liste alle Geschirr- und Besteckteile für ein Gedeck zusammen.

AUSFÜHREN

1 Die Arbeiten zu diesem Projekt sind so umfassend, dass im Einzelfall ausgewählt werden muss, welche Gerichte hergestellt werden.

- 1.1 Erstellen Sie für die Ihrer Gruppe zugewiesenen Aufgaben eine Materialanforderung.
- 1.2 Fertigen Sie für Ihren Bereich einen Arbeitsablaufplan.

2 Führen Sie die Arbeitsaufträge aus.

BEWERTEN

Aus den einzelnen Arbeitsgruppen werden „Gäste" gewählt. Diese nehmen an der eingedeckten Tafel Platz und haben vorbereitete Unterlagen für eine Bewertung bei sich.

1 Bewerten Sie jede Zubereitung mit (mindesten zwei) Worten.

2 Ist das gesamte Menü harmonisch aufgebaut? Würden Sie bei einer Wiederholung etwas ändern? Zusammenstellung, Arbeitsablauf, Arbeitsbelastung.

4 Rechtsvorschriften

laws
les référence (w) juridique

Jugendarbeitsschutzgesetz (Stand 2001)

§§ 1 – 7 Mindestalter für die Beschäftigung

Die Beschäftigung von Kindern und Jugendlichen unter 15 Jahren ist grundsätzlich verboten. Kind ist, wer das 14. Lebensjahr noch nicht vollendet hat oder noch der Vollzeitschulpflicht von derzeit 9 Jahren unterliegt.

Jugendlicher ist, wer 14 aber noch nicht 18 Jahre alt ist.

§§ 8, 12 Arbeitszeit – Schichtzeit

Die **Arbeitszeit** von Jugendlichen darf grundsätzlich **40 Stunden wöchentlich** und **8 Stunden täglich** nicht überschreiten. Sie darf auf 8½ Stunden an Werktagen verlängert werden, wenn sie dafür an einzelnen Werktagen derselben Woche verkürzt wird.

Die **Schichtzeit** – das ist die tägliche Arbeitszeit unter Hinzurechnung der Ruhepausen – darf höchstens 10 Stunden, …, im Gaststättengewerbe … **höchstens 11 Stunden betragen.** Jugendliche dürfen nur **an 5 Tagen** in der Woche beschäftigt werden.

§§ 11, 13, 19 Ruhepausen – Freizeit – Urlaub

Ruhepausen

Jedem Jugendlichen sind Ruhepausen wie folgt zu gewähren:

- bei einer Arbeitszeit von mehr als 4 1/2 bis zu 6 Stunden: 30 Minuten
- bei einer Arbeitszeit von mehr als 6 Stunden: 60 Minuten.

Als Ruhepausen gelten nur Arbeitsunterbrechungen von mindestens 15 Minuten. Länger als 4 1/2 Stunden hintereinander dürfen Jugendliche nicht ohne Ruhepause beschäftigt werden. Die Lage der Ruhepausen ist wie folgt zu gewähren:

- frühestens 1 Stunde nach Beginn,
- spätestens 1 Stunde vor Ende der Arbeitszeit.

Freizeit

Nach Beendigung der täglichen Arbeitszeit ist Jugendlichen bis zum nächsten Arbeitsbeginn eine ununterbrochene Freizeit von **mindestens 12 Stunden** zu gewähren.

Urlaub

Für jedes Kalenderjahr ist Jugendlichen ein bezahlter Erholungsurlaub wie folgt zu gewähren:

- mindestens 30 Werktage, wenn der Jugendliche zu Beginn des Kalenderjahres noch nicht 16 Jahre alt ist,
- mindestens 27 Werktage, wenn der Jugendliche zu Beginn des Kalenderjahres noch nicht 17 Jahre alt ist,
- mindestens 25 Werktage, wenn der Jugendliche zu Beginn des Kalenderjahres noch nicht 18 Jahre alt ist.

§§ 9, 10 Berufsschule und Prüfungen

Jugendliche sind für die Teilnahme am Berufsschulunterricht von jeglicher Beschäftigung freizustellen.

Sie dürfen nicht beschäftigt werden:

- vor einem vor 9 Uhr beginnenden Unterricht,
- einmal in der Woche an einem Berufsschultag mit mehr als 5 Unterrichtsstunden von mindestens je 45 Minuten,
- in Berufsschulwochen mit einem planmäßigen Blockunterricht von mindestens 25 Stunden an mindestens 5 Tagen; zusätzliche betriebliche Ausbildungsveranstaltungen bis zu 2 Stunden wöchentlich sind zulässig.

Jugendliche sind weiter freizustellen:

- für die Teilnahme an Prüfungen und außerbetrieblichen Ausbildungsmaßnahmen, die aufgrund öffentlicher oder vertraglicher Bestimmungen außerhalb der Ausbildungsstätte durchgeführt werden,
- an dem Arbeitstag, der der schriftlichen Abschlussprüfung unmittelbar vorangeht.

Die Vorschriften über die bezahlte Freistellung für den Berufsschulunterricht gelten **auch** für über 18 Jahre alte Personen, die noch berufsschulpflichtig sind.

§ 14 Nachtruhe

Grundsätzlich dürfen Jugendliche nur in der Zeit von 6 Uhr bis 20 Uhr beschäftigt werden. Abweichend davon dürfen Jugendliche **über 16 Jahre** im **Gaststätten- und Schaustellergewerbe** bis 22 Uhr … beschäftigt werden. Nach vorheriger Anzeige an das Gewerbeaufsichtsamt dürfen in **mehrschichtigen** Betrieben Jugendliche über 16 Jahre ab 5:30 Uhr oder bis 23:30 Uhr … beschäftigt werden.

§ 16 Samstagsruhe

An Samstagen dürfen Jugendliche grundsätzlich nicht beschäftigt werden. Abweichend davon ist die Beschäftigung an Samstagen **zulässig** … im **Gaststätten- und Schaustellergewerbe**, …

§§ 17, 18
Sonntagsruhe – Feiertagsruhe

Auch an Sonntagen dürfen Jugendliche grundsätzlich nicht beschäftigt werden. Abweichend davon ist die Beschäftigung an Sonntagen zulässig … **im Gaststättengewerbe.** Jeder 2. Sonntag soll, **mindestens 2 Sonntage im Monat müssen beschäftigungsfrei bleiben.** Die Fünf-Tage-Woche ist stets durch Freistellung an einem anderen berufsschulfreien Tag sicherzustellen.

An gesetzlichen Feiertagen ist die Beschäftigung Jugendlicher nur in den vorgenannten Bereichen zulässig (dazu zählt das Gaststättengewerbe). Am **24.** und **31. Dezember** dürfen Jugendliche **nicht nach 14 Uhr,** am **25. Dezember**, am **1. Januar**, am **ersten Osterfeiertag** und am **1. Mai** überhaupt nicht beschäftigt werden.

§§ 28–31, 47–49
Pflichten des Arbeitgebers

Jeder Arbeitgeber, der Jugendliche beschäftigt,

- hat bei der Einrichtung und Unterhaltung der Arbeitsstätte sowie bei der Regelung der Beschäftigung alle **Vorkehrungen und Maßnahmen zu treffen,** die zum Schutze der Jugendlichen gegen Gefahren für Leben und Gesundheit sowie zur Vermeidung einer Beeinträchtigung der körperlichen und seelischen Entwicklung der Jugendlichen erforderlich sind,
- hat die Jugendlichen vor Beginn der Beschäftigung über alle Unfall- und Gesundheitsgefahren im Betrieb zu **unterweisen** und dies mindestens halbjährlich zu wiederholen,
- hat Jugendlichen, die in die häusliche Gemeinschaft aufgenommen worden sind, eine **angemessene Unterkunft** zur Verfügung zu stellen und ihnen im Falle der Erkrankung Pflege und ärztliche Betreuung zuteil werden zu lassen,
- muss sie vor **körperlicher Mißhandlung** und vor **sittlicher Gefährdung schützen** und darf Jugendlichen unter 16 Jahren **keine alkoholischen Getränke und Tabakwaren** geben,
- hat einen **Abdruck des Jugendarbeitsschutzgesetzes** und die Anschrift des zuständigen Gewerbeaufsichtsamtes im Betrieb auszulegen oder auszuhängen,
- hat, wenn mindestens drei Jugendliche im Betrieb tätig sind, einen **Aushang** über Beginn und Ende der regelmäßigen täglichen Arbeitszeit und der Pausen an geeigneter Stelle im Betrieb anzubringen,
- hat ein **Verzeichnis** der bei ihm beschäftigten Jugendlichen mit Namen, Geburtsdatum und Anschrift zu führen, in dem das Datum des Beginns der Beschäftigung enthalten ist.

Gesetz über die Zahlung des Arbeitsentgelts an Feiertagen und im Krankheitsfall (Stand 2001)

§ 1 Anwendungsbereich

(1) *„Dieses Gesetz regelt die Zahlung des Arbeitsentgelts an gesetzlichen Feiertagen und die Fortzahlung des Arbeitsentgelts im Krankheitsfall an Arbeitnehmer sowie die wirtschaftliche Sicherung im Bereich der Heimarbeit für gesetzliche Feiertage und im Krankheitsfall."*

(2) *„Arbeitnehmer im Sinne des Gesetzes sind Arbeiter und Angestellte sowie die zu ihrer Berufsbildung Beschäftigten."*

Die weiteren §§ regeln:

§ 2 Entgeltzahlungen an Feiertagen

§ 3 Anspruch auf Entgeltfortzahlung im Krankheitsfall

§ 4 Höhe des fortzuzahlenden Arbeitsentgelts

§ 5 Anzeige- und Nachweispflichten

(1) *„Der Arbeitnehmer ist verpflichtet, dem Arbeitgeber die Arbeitsunfähigkeit und deren voraussichtliche Dauer unverzüglich mitzuteilen. Dauert die Arbeitsunfähigkeit länger als drei Kalendertage, hat der Arbeitnehmer eine ärztliche Bescheinigung über das Bestehen der Arbeitsunfähigkeit sowie deren voraussichtliche Dauer spätestens an dem darauffolgenden Arbeitstag vorzulegen. Der Arbeitgeber ist berechtigt, die Vorlage der ärztlichen Bescheinigung früher zu verlangen. …"*

§ 7 Leistungsverweigerungsrecht des Arbeitgebers

(1) *„Der Arbeitgeber ist berechtigt, die Fortzahlung des Arbeitsentgelts zu verweigern,*

1. *solange der Arbeitnehmer die von ihm nach § 5 Abs. 1 vorzulegende ärztliche Bescheinigung nicht vorlegt oder den ihm nach § 5 Abs. 2 obliegenden Pflichten nicht nachkommt;*
2. *wenn der Arbeitnehmer den Übergang eines Schadensersatzanspruchs gegen einen Dritten auf den Arbeitgeber (§ 6) verhindert."*

Gesetz über die Fortzahlung des Arbeitsentgelts im Krankheitsfalle (Stand 2001)

Ausgleich der Arbeitgeberaufwendungen

§ 10 Erstattungsanspruch

(1) *„Die Ortskrankenkassen, … erstatten den Arbeitgebern, die in der Regel ausschließlich der zu ihrer Berufsausbildung Beschäftigten nicht mehr als zwanzig Arbeitnehmer beschäftigen, achtzig vom Hundert*

1. *des … an Arbeiter fortgezahlten Arbeitsentgelts und der nach § 12 Abs. 1 Nr. 2 Buchstabe b des Berufsbildungsgesetzes an Auszubildende fortgezahlten Vergütung,*

2. des vom Arbeitgeber nach § 14 Abs. 1 des Mutterschutzgesetzes gezahlten Zuschusses zum Mutterschaftsgeld,
3. des vom Arbeitgeber nach § 11 des Mutterschutzgesetzes bei Beschäftigungsverboten gezahlten Arbeitsentgelts,
4. der auf die Arbeitsentgelte und Vergütungen nach den Nummern 1 und 3 entfallenden von den Arbeitgebern zu tragenden Beiträge zur Bundesanstalt für Arbeit und Arbeitgeberanteile an Beiträgen zur gesetzlichen Krankenversicherung; in den Fällen der Nummer 2 und 3 und der Nummer 4 in Verbindung mit Nummer 3 werden die Aufwendungen der Arbeitgeber abweichend vom ersten Halbsatz voll erstattet.

Am Ausgleich der Arbeitgeberaufwendungen nehmen auch die Arbeitgeber teil, die nur Auszubildende beschäftigen."

Gesetz zur Vereinheitlichung und Flexibilisierung des Arbeitszeitrechts (Stand 2001)

Allgemeine Vorschriften

§ 2 Begriffsbestimmungen

(1) *„Arbeitszeit im Sinne dieses Gesetzes ist die Zeit vom Beginn bis zum Ende der Arbeit ohne die Ruhepausen; …"*

(2) *„Arbeitnehmer im Sinne des Gesetzes sind Arbeiter und Angestellte sowie die zu ihrer Berufsbildung Beschäftigten."*

(3) *„Nachtzeit im Sinne dieses Gesetzes ist die Zeit von 23 bis 6 Uhr."*

(4) *„Nachtarbeit im Sinne dieses Gesetzes ist jene Arbeit, die mehr als zwei Stunden der Nachtzeit umfasst."*

Werktägliche Arbeitszeit und arbeitsfreie Zeiten

§ 3 Arbeitszeit der Arbeitnehmer

„Die werktägliche Arbeitszeit der Arbeitnehmer darf acht Stunden nicht überschreiten. Sie kann bis zu zehn Stunden nur verlängert werden, wenn innerhalb von sechs Kalendermonaten oder innerhalb von 24 Wochen im Durchschnitt acht Stunden werktäglich nicht überschritten werden."

§ 4 Ruhepausen

„Die Arbeit ist durch im voraus feststehende Ruhepausen von mindestens 30 Minuten bei einer Arbeitszeit von mehr als sechs bis zu neun Stunden und 45 Minuten bei einer Arbeitszeit von mehr als neun Stunden insgesamt zu unterbrechen. Die Ruhepausen nach Satz 1 können in Zeitabschnitte von jeweils 15 Minuten aufgeteilt werden. Länger als sechs Stunden hintereinander dürfen Arbeitnehmer nicht ohne Ruhepause beschäftigt werden."

§ 5 Ruhezeit

(1) *„Die Arbeitnehmer müssen nach Beendigung der täglichen Arbeitszeit eine ununterbrochene Ruhezeit von mindestens elf Stunden haben."*

(2) *„Die Dauer der Ruhezeit des Absatzes 1 kann in Krankenhäusern und anderen Einrichtungen zur Behandlung, Pflege und Betreuung von Personen, in* ***Gaststätten und anderen Einrichtungen zur Bewirtung und Beherbergung … um bis zu eine Stunde verkürzt werden****, wenn jede Verkürzung der Ruhezeit innerhalb eines Kalendermonats oder innerhalb von vier Wochen durch Verlängerung einer anderen Ruhezeit auf mindestens zwölf Stunden ausgeglichen wird."*

§ 6 Nacht- und Schichtarbeit

(1) *„Die Arbeitszeit der Nacht- oder Schichtarbeitnehmer ist nach den gesicherten arbeitswissenschaftlichen Erkenntnissen über die menschengerechte Gestaltung der Arbeit festzulegen."*

(2) *„Die werktägliche Arbeitszeit der Nachtarbeitnehmer darf acht Stunden nicht überschreiten. Sie kann auf bis zu zehn Stunden nur verlängert werden, wenn abweichend von § 3 innerhalb von einem Kalendermonat oder innerhalb von vier Wochen im Durchschnitt acht Stunden werktäglich nicht überschritten werden …"*

§ 7 Abweichende Regelungen

(1) *„In einem Tarifvertrag oder auf Grund eines Tarifvertrags in einer Betriebsvereinbarung kann zugelassen werden,*

1. *abweichend von § 3*
   a) *die Arbeitszeit über zehn Stunden werktäglich auch ohne Ausgleich zu verlängern, wenn in die Arbeitszeit regelmäßig und in erheblichem Umfang Arbeitsbereitschaft fällt,*
   b) *einen anderen Ausgleichszeitraum festzulegen,*
   c) *ohne Ausgleich die Arbeitszeit auf bis zu zehn Stunden werktäglich an höchstens 60 Tagen im Jahr zu verlängern,*
2. *abweichend von § 4 Satz 2 die Gesamtdauer der Ruhepausen in Schichtbetrieben und Verkehrsbetrieben auf Kurzpausen von angemessener Dauer aufzuteilen,*
3. *abweichend von § 5 Abs. 1 die Ruhezeit um bis zu zwei Stunden zu kürzen, wenn die Art der Arbeit dies erfordert und die Kürzung der Ruhezeit innerhalb eines festzulegenden Ausgleichszeitraumes ausgeglichen wird,*
4. *abweichend von § 6 Abs. 2*
   a) *die Arbeitszeit über zehn Stunden werktäglich hinaus auch ohne Ausgleich zu verlängern, wenn in die Arbeitszeit regelmäßig und in erheblichem Umfang Arbeitsbereitschaft fällt,*
   b) *einen anderen Ausgleichszeitraum festzulegen,*

5. den Beginn des siebenstündigen Nachtzeitraums des § 2 Abs. 3 auf die Zeit zwischen 22 und 24 Uhr festzulegen. ..."

Sonn- und Feiertagsruhe

§ 10 Sonn- und Feiertagsbeschäftigung

(1) „Sofern die Arbeiten nicht an Werktagen vorgenommen werden können, dürfen Arbeitnehmer an Sonn- und Feiertagen abweichend von § 9 beschäftigt werden ...

4. in Gaststätten und anderen Einrichtungen zur Bewirtung und Beherbergung sowie im Haushalt, ...

14. bei der Reinigung und Instandhaltung von Betriebseinrichtungen, soweit hierdurch der regelmäßige Fortgang des eigenen oder eines fremden Betriebs bedingt ist, bei der Vorbereitung der Wiederaufnahme des vollen werktäglichen Betriebs sowie bei der Aufrechterhaltung der Funktionsfähigkeit von Datennetzen und Rechnersystemen, ..."

§ 11 Ausgleich für Sonn- und Feiertagsbeschäftigung

(1) „Mindestens 15 Sonntage im Jahr müssen beschäftigungsfrei bleiben."

(2) „Für die Beschäftigung an Sonn- und Feiertagen gelten die §§ 3 bis 8 entsprechend, jedoch dürfen durch die Arbeitszeit an Sonn- und Feiertagen die in den §§ 3, 6 Abs. 2 und § 7 bestimmten Höchstarbeitszeiten und Ausgleichszeiträume nicht überschritten werden."

(3) „Werden Arbeitnehmer an einem Sonntag beschäftigt, müssen sie einen Ersatzruhetag haben, der innerhalb eines den Beschäftigungstag einschließenden Zeitraums von zwei Wochen zu gewähren ist. Werden Arbeitnehmer an einem auf einen Werktag fallenden Feiertag beschäftigt, müssen sie einen Ersatzruhetag haben, der innerhalb eines der Beschäftigung einschließenden Zeitraums von acht Wochen zu gewähren ist."

(4) „Die Sonn- oder Feiertagsruhe des § 9 oder der Ersatzruhetag des Absatzes 3 ist den Arbeitnehmern unmittelbar in Verbindung mit einer Ruhezeit nach § 5 zu gewähren, soweit dem technische oder arbeitsorganisatorische Gründe nicht entgegenstehen."

§ 12 Abweichende Regelungen

„In einem Tarifvertrag oder auf Grund eines Tarifvertrags in einer Betriebsvereinbarung kann zugelassen werden,

1. abweichend von § 11 Abs. 1 die Anzahl der beschäftigungsfreien Sonntage in den Einrichtungen des § 10 Abs. 1 Nr. 2, 3, 4 (Hotel- und Gaststättengewerbe) und ... auf mindestens 10 Sonntage ... im Jahr zu verringern,
2. abweichend von § 11 Abs. 3 den Wegfall von Ersatzruhetagen für auf Werktage fallende Feiertage zu vereinbaren oder Arbeitnehmer innerhalb eines festzulegenden Ausgleichszeitraums beschäftigungsfrei zu stellen."

Durchführung des Gesetzes

§ 16 Aushang und Arbeitszeitnachweise

(1) „Der Arbeitgeber ist verpflichtet, einen Abdruck dieses Gesetzes, der auf Grund dieses Gesetzes erlassenen, für den Betrieb geltenden Rechtsverordnungen und der für den Betrieb geltenden Tarifverträge und Betriebsvereinbarungen im Sinne des § 7 Abs. 1 bis 3 und des § 12 an geeigneter Stelle im Betrieb zur Einsichtnahme auszulegen oder auszuhängen."

(2) „Der Arbeitgeber ist verpflichtet, die über die werktägliche Arbeitszeit des § 3 Satz 1 hinausgehende Arbeitszeit der Arbeitnehmer aufzuzeichnen. Die Aufzeichnungen sind mindestens zwei Jahre aufzubewahren."

Mindesturlaubsgesetz für Arbeitnehmer (Stand 2001)

§ 1 Urlaubsanspruch

„Jeder Arbeitnehmer hat in jedem Kalenderjahr Anspruch auf bezahlten Erholungsurlaub."

§ 2 Geltungsbereich

„Arbeitnehmer im Sinne des Gesetzes sind Arbeiter und Angestellte sowie die zu ihrer Berufsausbildung Beschäftigten. ..."

§ 3 Dauer des Urlaubs

(1) „Der Urlaub beträgt jährl. mindestens 24 Werktage."

(2) „Als Werktage gelten alle Kalendertage, die nicht Sonn- oder gesetzliche Feiertage sind."

§ 4 Wartezeit

„Der volle Urlaubsanspruch wird erstmalig nach sechsmonatigem Bestehen des Arbeitsverhältnisses erworben."

§ 5 Teilurlaub

(1) „Anspruch auf ein Zwölftel des Jahresurlaubs für jeden vollen Monat des Bestehens des Arbeitsverhältnisses hat der Arbeitnehmer

a) für Zeiten eines Kalenderjahres, für die er wegen Nichterfüllung der Wartezeit in diesem Kalenderjahr keinen vollen Urlaubsanspruch erwirbt;

b) wenn er vor erfüllter Wartezeit aus dem Arbeitsverhältnis ausscheidet."

(2) „Bruchteile von Urlaubstagen, die mindestens einen halben Tag ergeben, sind auf volle Urlaubstage aufzurunden."

§ 6 Ausschluss von Doppelansprüchen

(1) *„Der Anspruch auf Urlaub besteht nicht, soweit dem Arbeitnehmer für das laufende Jahr bereits von einem früheren Arbeitgeber Urlaub gewährt worden ist."*

(2) *„Der Arbeitgeber ist verpflichtet, bei Beendigung des Arbeitsverhältnisses dem Arbeitnehmer eine Bescheinigung über den im laufenden Kalenderjahr gewährten oder abgegoltenen Urlaub auszuhändigen."*

§ 7 Zeitpunkt, Übertragbarkeit und Abgeltung des Urlaubs

(1) *„Bei der zeitlichen Festlegung des Urlaubs sind die Urlaubswünsche des Arbeitnehmers zu berücksichtigen, es sei denn, dass ihrer Berücksichtigung dringende betriebliche Belange oder Urlaubswünsche anderer Arbeitnehmer, die unter sozialen Gesichtspunkten den Vorrang verdienen, entgegenstehen. Der Urlaub ist zu gewähren, wenn der Arbeitnehmer dies im Anschluss an eine Maßnahme der medizinischen Vorsorge oder Rehabilitation verlangt."*

(2) *„Der Urlaub ist zusammenhängend zu gewähren, es sei denn, dass dringende betriebliche oder in der Person des Arbeitnehmers liegende Gründe eine Teilung des Urlaubs erforderlich machen. Kann der Urlaub aus diesen Gründen nicht zusammenhängend gewährt werden, und hat der Arbeitnehmer Anspruch auf Urlaub von mehr als zwölf Werktagen, so muss einer der Urlaubsteile mindestens zwölf aufeinanderfolgende Werktage umfassen."*

(3) *„Der Urlaub muss im laufenden Kalenderjahr gewährt und genommen werden. Eine Übertragung des Urlaubs auf das nächste Kalenderjahr ist nur statthaft, wenn dringende betriebliche oder in der Person des Arbeitnehmers liegende Gründe dies rechtfertigen. Im Fall der Übertragung muss der Urlaub in den ersten drei Monaten des folgenden Kalenderjahres gewährt und genommen werden. ..."*

(4) *„Kann der Urlaub wegen Beendigung des Arbeitsverhältnisses ganz oder teilweise nicht mehr gewährt werden, so ist er abzugelten."*

§ 8 Erwerbstätigkeit während des Urlaubs

„Während des Urlaubs darf der Arbeitnehmer keine dem Urlaubszweck widersprechende Erwerbstätigkeit leisten."

§ 9 Erkrankung während des Urlaubs

„Erkrankt ein Arbeitnehmer während des Urlaubs, so werden die durch ärztliches Zeugnis nachgewiesenen Tage der Arbeitsunfähigkeit auf den Jahresurlaub nicht angerechnet."

§ 10 Maßnahmen der medizinischen Vorsorge oder Rehabilitation

„Maßnahmen der medizinischen Vorsorge oder Rehabilitation dürfen nicht auf den Urlaub angerechnet werden, soweit ein Anspruch auf Fortzahlung des Arbeitsentgelts nach den gesetzlichen Vorschriften über die Entgeltfortzahlung im Krankheitsfall besteht."

§ 11 Urlaubsentgelt

(1) *„Das Urlaubsentgelt bemisst sich nach dem durchschnittlichen Arbeitsverdienst, das der Arbeitnehmer in den letzten dreizehn Wochen vor dem Beginn das Urlaubs erhalten hat, mit Ausnahme des zusätzlich für Überstunden gezahlten Arbeitsverdienstes. ..."*

(2) *„Das Urlaubsentgelt ist vor Antritt des Urlaubs auszuzahlen."*

§ 13 Unabdingbarkeit

(1) *„Von den vorstehenden Vorschriften mit Ausnahme der §§ 1, 2 und 3 Abs. 1 kann in Tarifverträgen abgewichen werden."*

Gesetz über die Gewährung von Erziehungsgeld und Erziehungsurlaub (Stand 2001)

Erziehungsurlaub für Arbeitnehmer

§ 15 Anspruch auf Erziehungsurlaub

(1) *„Arbeitnehmer haben Anspruch auf Erziehungsurlaub* ***bis zur Vollendung des dritten Lebensjahres eines Kindes,*** *... wenn sie ...*

1. ... mit ihrem leiblichen Kind in einem Haushalt leben

und

2. dieses Kind selbst betreuen und erziehen. ..."

(4) *„Während des Erziehungsurlaubs ist Erwerbstätigkeit zulässig, wenn die wöchentliche Arbeitszeit 19 Stunden nicht übersteigt. Teilerwerbstätigkeit bei einem anderen Arbeitgeber oder als Selbstständiger bedarf der Zustimmung des Arbeitgebers. ..."*

§ 16 Inanspruchnahme des Erziehungsurlaubs

(1) *„Der Arbeitnehmer muss den Erziehungsurlaub spätestens vier Wochen vor dem Zeitpunkt, von dem ab er ihn in Anspruch nehmen will, vom Arbeitgeber verlangen und gleichzeitig erklären, für welchen Zeitraum oder für welche Zeiträume er Erziehungsurlaub in Anspruch nehmen will. ..."*

Bildquellen

Für das zur Verfügung gestellte Bildmaterial bedanken wir uns bei den nachfolgend aufgeführten Unternehmen und Verbänden.

Firma / Verband	Ort	Seite / Bild-Nr.
Accor Hotellerie Deutschland GmbH	München	442/2, 443/1
Achenbach Delikatessenmanufaktur	Sulzbach	348/2, 369/1
ADA – Guest Supplies Intern.	Kehl	473/2–3
AEG	Frankfurt/Main	116
Bettenhaus Mühldorfer	Haidmühle	470/1–2, 471/1–3, 472/1, 474/1
Billerbeck GmbH	Wuppertal	471/2
Buff	Biberach	29/1, 31/1
Bulls Press	Frankfurt	457
Carma	Dübendorf (CH)	379, 381/1, 381/3
Chambrair	Hamburg	520/1–4, 539/3, 548/1–4
CMA	Bonn	279, 323, 324, 325, 326, 327/3, 362
Culinary Institute of America	Hydepark N.Y. USA	110, 173, 174, 175, 176, 178, 180, 181, 183, 199, 298/1–4, 331/1–3,
Deutsche Lebensmittelwerke	Hamburg	162, 255/1
Deutsche See-Backliner	Bremen	190, 193, 277, 366
Deutscher Brauerbund e.V.	Bonn	103, 416
Deutsches Teebüro	Hamburg	99/1, 189
Deutsche Weininformation	Mainz	109, 110, 198, 199
Dick	Esslingen	103–106, 194, 195, 196
ETO	Ettlingen	305/1, 310/1, 322/1, 346
Fima	Bremen	339, 341
Frilich Zapfsystem	Buseck	182, 268
Gebrüder Hepp	Pforzheim	151/2, 153/3, 164/2, 165/3, 177, 178, 264, 265
Goedeken jr.	Hamburg	336
Hobarth	Offenburg	111, 202
Homann Lebensmittelwerke	Dissen	376/4, 376/6
Hotel Adlon, Kempinski AG	Berlin	434
Hotelwäschefabrik Zollner	Vilsbiburg	135/1–3, 139, 147, 224, 226, 234, 468, 561
Humana Milchunion	Everswinkel	269
Hussmann und Hahn	Cuxhaven	321
Hutschenreuther-Bauscher	Weiden	388, 401
Hyatt Hotels	Köln	435/1
Kraft Jacobs Suchard	Bremen	154, 158, 307/1–3, 308/1–4, 316/1
Landesvereinigung der Bayerischen Milchwirtschaft	München	180, 267, 328/1
Lauterjung	Solingen	216
Leybold Didactic	Hürth	22, 29/1

Firma / Verband	Ort	Seite / Bild-Nr.
Lieder	Ludwigsburg	29/2, 31/2
Lükon Lüscher-Werke	Täuffelen (CH)	165/1, 252
Meggle	Wasserburg	305/2
MGH	Bremen	332, 339, 340
Nestlé Foodservice GmbH	Frankfurt / Main	381/4 – 5
Palux AG	Bad Mergentheim	39/2, 45
Paulaner-Salvator-Thomasbräu AG	München	106, 107
Rational	Landsberg / Lech	117, 208
Rieber Werke	Reutlingen	110/5, 201/5
Rösle Metallwarenfabrik	Marktoberdorf	103, 105, 194, 196, 319, 356/1, 378/5
Schöller Mövenpick	Nürnberg	377/3
Schönwald Porzellanfabrik	Schönwald	162, 163, 164, 250, 251, 252
Schweizerischer Käseunion AG	Bern (CH)	327, 341/2
Servicebund Bundeszentrale	Lübeck	333, 334, 341/2, 373, 378/5
Silit-Werke	Riedlingen	116, 207/2
Stockfood	München	131, 132, 134, 190, 213, 530, 549
Teubner Foodfoto	Füssen	332, 339
Underberg	Rheinberg	524/2
Van den Bergh Food Service	Bremen	172, 255/2, 283/1
Verband der Köche / Klaus Huber	Frankfurt / Main	573
Verband Deutscher Sektkellereien	Wiesbaden	120, 210
Verlag Europa-Lehrmittel	Haan	131, 133, 134, 222, 225
Vorratsschutz GmbH	Laudenbach	36, 38
Waldi	München	427
Wamsler	München Puchheim	204, 205
Warsteiner Brauerei	Warstein	151, 152, 153, 154, 166, 238, 239, 240, 241, 563, 564
WMF	Geislingen	108, 109, 110, 146/1, 158, 164/2, 165/2, 165/4, 165/6, 188, 199, 200, 201, 233, 245, 251, 252, 275, 340, 408, 474/1, 525, 526, 533, 535, 544, 547, 556, 562
wpr Communication	Hennef	347

Fotostudio Stefan Hebel	Bad Wörishofen	Handlungsbezogene Fotoarbeiten Küche und Service

Grüner / Metz „DerJunge Koch“: Fachbuchverlag Pfanneberg
279/2 – 4, 296, 298, 307/1 – 2, 308, 310, 313, 316, 500, 503, 538, 541

Degen / Jobst / Kessler „Getränkeservice für Hotelbar, Büfett und Restaurant“: Fachbuchverlag Pfanneberg
421/1, 422/1 – 5, 423/1 – 3, 424/1 – 3, 425/1 – 6

Degen / Jobst / Kessler „Filetieren, Tranchieren und Flambieren im Restaurant“: Fachbuchverlag Pfanneberg
525, 528, 529, 537, 538/1 – 3, 539/1 – 3, 542/1 – 3, 543, 545, 546/1 – 3

Internet-Adressen

Jedermann kann Informationen ins Internet stellen. Niemand prüft, ob die Aussagen wahr sind, ob sich die Hinweise als brauchbar erweisen.

Doch es ist anzunehmen, dass Firmen Aussagen zu ihrem Vorteil machen.

Darum muss man lernen auszuwählen. Begleitende Werbung kann Hinweise geben. Wer in eine Suchmaschine Firmennamen von Produzenten eingibt, erhält viele Treffer.

Hier eine Zusammenstellung von Institutionen, die uns verwertbare Informationen liefern.

www.speisekarten-seite.de	Tipps zur Speisekartengestaltung
www.aid.de	Vielfältige Informationen zu Lebensmitteln
www.ang.kfunigraz.at/	Sehr gutes Lexikon für Gewürze und Kräuter
www.atlanta.de	Lexikon zu Gemüse und Obst
www.bier.de	Alles über Bier
www.dge.de	Deutsche Gesellschaft für Ernährung
www.deutsche-puten.de	Verband deutscher Putenerzeuger
www.fischinfo.de	Fischinformationszentrum
www.fisch-reese.de	Eine Fischkunde
www.fleischwirtschaft.at	Sehr gute Informationen zu Benennung und Verwendung von Teilstücken von Schlachttieren.
www.fleischwirtschaft.de	Kompetente Fachzeitschrift für Fleisch
www.gastronomische-akadamie.de	Gastronomische Akademie Deutschlands
www.jagd-online.de	Deutscher Jagdschutzverband
www.kaffeeverband.de	Gute Informationen zu Kaffee
www.lebensmittellexikon.de	Ein gutes Lebensmittellexikon
www.ard.de/ratgeber	Verbraucherinformationen der ARD
www.rezeptzentrum.com	Viele Rezepte, die auf jede gewünschte Personenzahl umgerechnet werden können.
www.ruhr-uni-bochum.de/kochfreunde	Große Rezeptsammlung, Rezeptverwaltungsprogramm zum Herunterladen
www.staat-moder.de/gesetze/uebersicht/index.html	Gesetze können abgerufen werden
www.vkd.com	Verband der Köche Deutschlands
www.verbraucherministerium.de	Informationen der Bundesregierung
www.vsr-online.de	Verband der Serviermeister, Restaurant- und Hotelfachkräfte
www.zmp.de	Informationen über Preise

Sachwortverzeichnis

A

C

D

G

H

I

J

K

L

M

N

Q

R

S

Z